作者简介

任留存

山东济宁人，本科毕业于西北政法大学，上海交通大学法律硕士，从事检察工作12年。曾获“江苏省新时代优秀检察官”称号，被记二等功、三等功各一次，入选首批全国网络犯罪检察人才；负责的部门被确定为首批全国网络犯罪（金融犯罪）检察工作联系点。

戴　奎

湖南岳阳人，中南财经政法大学法律硕士，从事侦查工作7年，曾被抽调至中央政法委、广西壮族自治区纪委监委、广西壮族自治区检察院协助工作，荣立个人三等功两次；曾出版《职务犯罪办案手册》《刑事重点疑难问题二十八讲》《纪检监察干部必备核心技能》《纪检监察办案实务指南》等著作。

蜀黍家
SHUSHUJIA

网络犯罪办案手册

任留存
戴　奎　编著

法律出版社 LAW PRESS · CHINA

编写说明

随着经济社会的发展，网络犯罪蔓延迅速，检察机关办理网络犯罪案件数量逐年大幅上升，年平均增幅达34%以上。① 且犯罪类型多样，所有线下可能发生的犯罪，均可通过网络实施。与此同时，网络犯罪因不受地域限制、技术特征明显，危害后果往往更大。

办理网络犯罪案件，尤其是新类型网络犯罪案件时，司法实务人员往往有畏难情绪，究其原因：一是案件类型新，甚至可能是该地区首例；二是作案手法隐蔽，侦查取证困难重重；三是现有法律纷繁庞杂，有时不能快速准确地找到可供适用的规范性文件。因此，办理此类案件是一个需要目光在事实与规范甚至是案例之间来回流连、穿梭的过程。在办理网络犯罪案件时，首先，大致了解案件的基本事实，思考个案应该如何适用法律；其次，思考哪些法律或司法解释的规定与在办案件是契合的，检索哪些案例与在办案件具有相似性；最后，学习相关资料之后再次思考案件的法律适用。

网络犯罪虽不是一个单纯的罪名，但也有其相对独立的体系，在事实认定和法律适用上有其专业性。市面上优质的整体性法律汇编有之，但缺少一本专门针对网络犯罪的体系化的办案手册，这促使我们开始了本手册的编写。

编写过程中，我们遵照办案需求，将典型案例、法律和司法解释的规定进行了系统梳理。体例上，本手册共分三编，第一编区分网络犯罪的不同行为类型，将相应类型的典型案例进行梳理，分十章对网络犯罪做了介绍，旨在揭示网络犯罪的具体行为类型，提示相关网络犯罪案件办理的基本思路，并分别提出取证建议，即网络犯罪的侦查篇；第二编与第一编相对应，介绍各类型网络犯罪涉及的主要罪名，梳理具体罪名在司法实践中常见的疑难复杂问题，力求全面收录现行法律规定、理解与适用及典型案例，给司法工作者提供详尽的办案指引，即网络犯罪的审查、辩护篇；第三编是管辖和取证等程序问题的梳理，旨在解决司法人员困惑的管辖问题和证据收集提取尤其是电子数据的收集提取问题，也即网络犯

① 数据来源：最高人民检察院2020年4月8日召开的第十八批指导性案例新闻发布会。

罪的基础程序篇。

本书力求为司法实务人员提供办理网络犯罪案件的基本思路和解决常见疑难问题的方法。主要有如下特点：

第一，网络犯罪主要类型全覆盖。本书区分网络犯罪类型撰写，涵盖了互联网金融、数据信息、网络支付、网络诈骗、窃听窃照及伪基站、危害计算机信息系统安全、网络谣言、网络赌博、网络涉毒和网络淫秽等十大行为类型。每一类型又根据不同的行为表现进行了细分，基本囊括目前已经掌握的网络犯罪的具体类型。

第二，网络犯罪重点罪名全覆盖。根据2019年11月19日，最高人民法院发布的《司法大数据专题报告：网络犯罪特点和趋势》，2016年至2018年全国网络犯罪案件共涉及258个罪名，本书对其中的30余个常见、多发罪名进行了详细分析，包括诈骗罪，开设赌场罪，盗窃罪，组织、领导传销活动罪，非法吸收公众存款罪等，基本满足网络犯罪办案需要。

第三，重点剖析网络犯罪的疑难复杂问题。本书将各类网络犯罪与罪名、案例高度融合，以案例表述行为类型，以罪名阐释疑难问题。在编纂时，第一编注重类型全，第二编注重释义权威，所有疑难复杂问题均来源于司法解释和典型案例的分析，是对目前已有解决方案的全面梳理，能有效指引网络犯罪案件办理。

第四，调查技巧紧扣网络犯罪行为，对侦破案件具有指导意义。本书在第一编各章结尾均结合作者自身工作实践，提出了各类型案件的办案思路，为公安机关办案提供指引；在第二编各章疑难问题中对目前的取证方法做了梳理，为司法实务人员高效办案提供指引，对司法实务人员发现案源、侦破案件、审查证据均具有很强的指导意义。

第五，案例具有典型代表性。本书收录了最高检、最高法截至2021年5月历次颁布的网络犯罪指导性案例，《刑事审判参考》等刊发的网络犯罪典型案例。在收录的同时进行了必要的精简，对其要旨、裁判思路等力求做到原汁原味，对具有典型意义的众多网络犯罪第一案也均进行了整理汇编。

第六，适用人群广泛。本书可有效辅助公安、检察及法院工作人员办理网络犯罪案件，也可为律师提供有效参考。本书对网络犯罪行为类型的梳理，可以方便快捷地帮助上述人员根据已有素材，快速比对，提供法律适用意见，是司法实务人员尤其是刑事办案人员必备的工具书。

即便这样，由于编写能力及知识的局限，本手册仍难免存在错误，敬请在阅读后指出、斧正。

目录

第一编　网络犯罪的行为类型

第三编　程　序

第一编

网络犯罪的行为类型

第一章　互联网金融犯罪

一、互联网金融简介

互联网金融，是传统金融机构与互联网企业利用互联网技术和信息通信技术实现资金融通、支付、投资和信息中介服务的新型金融业务活动，涉及网络借贷、股权众筹、第三方支付、互联网保险以及通过互联网开展资产管理及跨界从事金融业务等多个金融领域。互联网金融是金融与互联网的跨界产物，其本质仍是金融。常见的互联网金融类型有：

（一）网络借贷

网络借贷是利用互联网的扩展性与易得性展开的，是在传统民间借贷基础上发展而来的。网络借贷通过建立电子网络信息中介服务平台，公开借贷交易信息，让投资人和借款人进行在线磋商。网络借贷在继承了传统民间借贷优势的同时，摒弃了传统民间借贷的弊端，并借助网络的优势发展出自己的特点与优势，是民间借贷渠道和运作模式的创新。

网络借贷包括个体网络借贷（即 P2P 网络借贷）和网络小额贷款。

P2P 网络借贷，是指个人利用中介机构的网络平台，将自己的资金出借给资金短缺者的商业模式。根据中国银行业监督管理委员会、工业和信息化部、公安部、国家互联网信息办公室制定的《网络借贷信息中介机构业务活动管理暂行办法》等监管规定，P2P 作为新兴金融业态，必须明确其信息中介性质，平台本身不得提供担保，不得归集资金搞资金池，不得非法吸收公众资金。

网络小额贷款，是指互联网企业通过其控制的小额贷款公司，利用互联网向客户提供的小额贷款。有的网络小额贷款平台以低息、无抵押、快速放款为诱饵，诱使或迫使被害人借贷，通过收取多种费用，虚增债务后予以催讨，其常见罪名有诈骗罪、敲诈勒索罪等。

（二）股权众筹

股权众筹，是指通过互联网形式进行公开小额股权融资的活动，是融资者出让一定比例股份以获取企业发展资金，社会投资者通过出资入股成为公司股东并享有相应股东权利的一种众筹活动。实践中，股权众筹多以有限合伙的形式开展，但应限制在50人以下①。对于法人之间、其他组织之间以及它们相互之间为生产、经营需要订立的民间借贷合同，法人或者其他组织在本单位内部通过借款形式向职工筹集资金，用于本单位生产、经营，只要不属于《民法典》规定的合同无效的情形，借贷合同合法有效，且其借款对象特定和宣传方式非公开，故不具有违法性。

合法的股权众筹有利于缓解微小企业融资难，促进多层次资本市场的构建。但也极易引发非法集资类犯罪和擅自发行股票、公司企业债券罪的风险。非法股权众筹具备非法集资的四个基本特征，构成非法吸收公众存款罪②，如果融资人还具有非法占有的目的，则会构成集资诈骗罪。

（三）互联网基金销售

互联网基金销售，是指基金销售机构与其他机构通过互联网合作销售基金等理财产品。正规的基金销售具有营销规范化、个性化、专业化的特点，严格遵循证监会相关方面的法律法规要求，及时披露风险。

《证券投资基金法》对基金的运作方式和组织、基金的募集进行了规定，其中把基金的募集方式分为公开募集方式和非公开募集方式，规定“公开募集基金的基金管理人，由基金管理公司或者经国务院证券监督管理机构按照规定核准的其他机构担任”，“设立管理公开募集基金的基金管理公司”，应当“经国务院证券监督管理机构批准”，“公开募集基金，应当经国务院证券监督管理机构注册。未经注册，不得公开或者变相公开募集基金”；非公开募集基金应当向合格投资者募集，合格投资者累计不得超过二百人，合格投资者是指达到规定资产规模或者收入水平，并且具备相应的风险识别能力和风险承担能力、其基金份额认

① 《合伙企业法》规定，“有限合伙企业由二个以上五十个以下合伙人设立”。

② 《最高人民法院关于审理非法集资刑事案件具体应用法律若干问题的解释》第1条第1款规定：“违反国家金融管理法律规定，向社会公众（包括单位和个人）吸收资金的行为，同时具备下列四个条件的，除刑法另有规定的以外，应当认定为刑法第一百七十六条规定的‘非法吸收公众存款或者变相吸收公众存款’：（一）未经有关部门依法批准或者借用合法经营的形式吸收资金；（二）通过媒体、推介会、传单、手机短信等途径向社会公开宣传；（三）承诺在一定期限内以货币、实物、股权等方式还本付息或者给付回报；（四）向社会公众即社会不特定对象吸收资金。”该条第2款规定：“未向社会公开宣传，在亲友或者单位内部针对特定对象吸收资金的，不属于非法吸收或者变相吸收公众存款。”

购金额不低于规定限额的单位和个人；非公开募集基金，不得向合格投资者之外的单位和个人募集资金，不得通过报刊、电台、电视台、互联网等公众传播媒体或者讲座、报告会、分析会等方式向不特定对象宣传推介。2014 年 8 月开始实施的《私募投资基金监督管理暂行办法》对私募投资基金的登记备案、合格投资者、资金的募集等进行了规范，其中规定“各类私募基金管理人应当根据基金业协会的规定，向基金业协会申请登记”；各类私募基金募集完毕，私募基金管理人应当根据基金业协会的规定，办理基金备案手续；私募基金应当向合格投资者募集，单只私募基金的投资者人数累计不得超过《证券投资基金法》《公司法》《合伙企业法》等法律规定的特定数量；私募基金的合格投资者是指具备相应风险识别能力和风险承担能力，投资于单只私募基金的金额不低于 100 万元，且需符合净资产不低于 1000 万元的单位，金融资产不低于 300 万元或者最近三年个人年均收入不低于 50 万元的个人的标准；私募基金管理人、私募基金销售机构不得向合格投资者之外的单位和个人募集资金，不得通过报刊、电台、电视、互联网等公众传播媒体或者讲座、报告会、分析会和布告、传单、手机短信、微信、博客和电子邮件等方式，向不特定对象宣传推介；私募基金管理人、私募基金销售机构不得向投资者承诺投资本金不受损失或者承诺最低收益。实践中，部分公司或中介机构未向证监会注册为公开募集基金销售的机构，未取得证监会的核准，即以基金销售或提供信息中介服务为名，通过互联网直接或间接归集资金、从事自融或变相自融等行为，应当依法追究刑事责任。通过拆分融资项目期限、实行债权转让等方式为自己吸收资金的，可认定为非法吸收公众存款。

（四）互联网保险销售

互联网保险销售，是指保险公司通过互联网开展保险业务，比如易安保险、网易保险等；或者保险公司借助于电子商务技术或者移动互联网技术对保险业务进行销售的一种新型商业模式。网络销售、在线投保作为保险业销售的一个重要平台，大大提高了投保的便捷性，降低了保险业运营成本。相比传统的保险销售，互联网保险实现即时即地的流程运转，增强核保、承保、保全以及理赔服务的针对性和实效性，有助于降低与客户互动的成本和中介费用。根据《保险法》的规定，保险业务由依法设立的保险公司以及法律、行政法规规定的其他保险组织经营，其他单位和个人不得经营保险业务。中国银保监会依法对保险业实施监督管理，相关保险业务须经中国银保监会批准后方可开展。

（五）互联网信托

互联网信托，是指信托公司通过互联网开展业务。《信托公司管理办法》第

7 条规定："设立信托公司，应当经中国银行业监督管理委员会批准，并领取金融许可证。未经中国银行业监督管理委员会批准，任何单位和个人不得经营信托业务……"根据《信托公司集合资金信托计划管理办法》第 8 条第 3 款的规定，信托公司不得"委托非金融机构进行推介"。银监会《关于信托公司风险监管的指导意见》规定："严格执行《信托公司集合资金信托计划管理办法》，防止第三方非金融机构销售风险向信托公司传递。"因此，互联网金融平台如果没有金融机构资质，是不可以在网络上推介信托产品的。

（六）互联网消费金融

互联网消费金融，是指利用互联网技术向社会各阶层金融需求者提供消费信贷金融服务，它是传统消费金融业务各环节的电子化、网络化、信息化表现，其涉足领域包括：P2P、旅游、电商、医疗、教育、农村等。互联网消费金融的本质仍是消费金融。根据《消费金融公司试点管理办法》的规定，消费金融公司，是指经银监会批准，在中华人民共和国境内设立的，不吸收公众存款，以小额、分散为原则，为中国境内居民个人提供以消费为目的的贷款的非银行金融机构。消费贷款是指消费金融公司向借款人发放的以消费（不包括购买房屋和汽车）为目的的贷款。

二、互联网金融犯罪的特点

互联网金融与传统金融相比，具有普惠、方便、快捷的特点，但其积聚风险的隐蔽性、传染性、广泛性、突发性也相对严重。互联网金融风险及其引发的犯罪呈爆发式增长，对国家的金融秩序和人民的财产安全造成了极大威胁。犯罪总量与不法程度较之物理空间实施的同类犯罪呈几何级数增长。

该类型犯罪呈现以下特点：

（一）犯罪呈融合之势，案件数量逐年上升

互联网金融作为新型金融业务模式，其本质是金融，自带金融本身固有的高收益、高风险属性，具有方便、快捷、广泛参与性等特点，但在互联网技术的"加持"下，其固有风险成倍扩大，在金融模式不断创新、资金融通效率得以提高的同时，也给不法分子提供了可乘之机。不法分子打着"互联网金融创新"的幌子，夸大宣传、虚假宣传金融产品，大肆吸收、任意处置公众投资款项，无法兑付时或投案自保或携款潜逃，广大投资者财产受损。

（二）犯罪涉案数额巨大、覆盖区域广泛

近年来，互联网金融犯罪案件数量和涉案人数大幅上升的同时，涉案金额也

屡破新高，涉案范围更加广泛，全国性、区域性非法集资类案件频发。司法机关办理跨区域性非法集资案件，面临同步立案难、强制措施不平衡、诉讼程序协调难、单位犯罪及主从犯认定难、追赃挽损协作难等诸多问题。

（三）犯罪主体呈现组织化、公司化

互联网金融犯罪多以共同犯罪形式出现，表现为设立各种投资、理财、科技公司，明确管理制度、分红规则等，通过招募高管、会员、业务员、财务人员等，虽然以公司名义从事违法犯罪活动，但多属滥用法人资格。

（四）犯罪对象呈现重叠化、年轻化

随着居民理财意识不断增强，为分散投资风险，很多投资人选择分批投资或在多个公司投资。一是同一公司重复投资频率高。部分投资人获得前期按时支付的利息后，继续追加金额再次投资，一旦爆雷，往往造成更大损失。二是不同公司重叠投资现象多，部分投资人在3个以上的公司分别投资，后期这一部分投资人往往被推为信访代表人。三是赌博型感性投资增多，主要表现为倾其家庭全部财产投资、聚集朋友圈财产投资、租房居住卖房投资、倾其子女结婚或退休积蓄投资等。四是被骗主体呈现年轻化，前期金融犯罪案件投资人主要为辨别意识、防骗意识较弱的中老年人。近年来，随着互联网技术的发展，非法集资线上平台名目繁多、手段不断翻新，P2P网络借贷等线上融资平台投资人则以80后、90后等年轻群体为主。

（五）黑色产业链形成，犯罪渐渐产业化

相较于传统犯罪，互联网金融犯罪链条表现出跨部门、跨行业的特点，网络将从事不同类型违法行为的人联络起来，形成了盘根错节的网络犯罪黑灰产业链。这种产业链下的分工也日趋精细，无孔不入，上下游人员不必面对面进行联系；行为人之间完全通过网络进行交易，突破了传统的犯意联络，互联网金融日益发展为产业经营、按“需”交易。

（六）追赃挽损难度大、信访压力大

近年来，互联网金融犯罪案件高发，案件追赃挽损难度加大。一是资金去向复杂，甚至有些资金流向境外，资金流向难以查清。二是募集资金无法追回。大多数跨区域性非法集资类案件，资金、运营成本、人事等事项由总部决定，总部采取拆东墙补西墙的模式，造成未兑付资金无法追回。三是信访压力大。漫长的诉讼周期、较低的追赃挽损率、巨大的财产损失，以及投资失败带来的无所适从与深度绝望，极易引起集体信访事件，造成极大信访压力。

三、互联网金融犯罪的表现形式

互联网金融活动如满足非法性、公开性、利诱性、社会性要件，则可能构成非法吸收公众存款罪。其主要的行为方式有以下两种：第一种是以 P2P 等形式募集资金形成资金池，即网贷平台先将债权打包拆分，再以债权、基金、信托等理财产品在线上出售给投资者，相关资金通过平台归集、使用，这种情况下匹配的交易会产生时间错配和金额拆分，从而容易滋生犯罪。第二种是自融，即涉案企业、平台经营者将获取的投资者资金用于自身或者关联的生产经营甚至是对外放贷赚取利差。在这种模式下，P2P 平台仅仅是非法集资活动的伪装形式，并没有改变非法集资犯罪活动的性质。与之相类似的融资模式为有限合伙型股权众筹模式，但根据《合伙企业法》的规定，这种模式下投资者人数不能超过 50 人，否则与非法自融无异。

（一）以 P2P 等形式募集资金形成资金池

1. 涉案公司、网络借贷平台等信息中介机构或其控制人，未经国家有关主管部门（中国证监会及地方监管局）批准，向社会不特定公众宣传，吸引公众（包含特定公众超过 200 人）购买该公司股权、证券或相应标的，实际系向社会公众发售股票、债券的①

典型案例

简某等非法吸收公众存款、擅自发行股票罪二审刑事裁定书

（2018）粤刑终 481、482 号

2010 年，简某等人成立广东某投资股份公司。投资公司成立运营期间，平台允许投资人在投资金额一定比例范围内自行发标借款供投资人自己使用和允许股东自行发标借款供股东自己使用等。简某还指使方某利用邱某（另案处理）

① 这种行为符合擅自发行股票、公司、企业债券罪的构成要件，但具体罪名视侵犯对象不同选择适用。

名义在平台开设的账户进行发标融资，指使其他工作人员利用部分借款人身份信息、员工信息为不存在的借款发标融资，或自己使用，或用于填补为垫付到期未还借款本息造成的资金缺口。简某等被法院以擅自发行股票罪追究刑事责任。

2. 涉案企业、网络借贷平台等信息中介机构或其控制人，违反国家金融管理法律规定，公开宣传以高额利息为诱饵并承诺一定期限内还本付息的形式向社会公众吸收资金，相关理财业务并非“个体和个体之间通过互联网平台实现的直接借贷”，涉案平台采取金额拆分、期限错配等方式，变相接受、归集出借人（投资人）资金设立资金池的①

典型案例

孙某非法吸收公众存款罪一审刑事判决书

（2018）粤0304刑初982号

2016年，被告人孙某以实际控制的不具备向公众募集资金资质的甲投资担保公司（以下简称甲公司）与深圳乙互联网金融服务有限公司（以下简称乙公司）签订《债权转让合作协议》，约定由甲公司指定债权人将合法享有的车贷债权，通过乙公司名下P2P投资平台进行转让并定期回购，获取资金融通，并由深圳汇金所与孙某个人作为上述协议履行的担保人承担连带责任，深圳汇金所向该P2P投资平台缴存债权转让金额5%的保证金作为逾期垫付金。双方合作期间，孙某等人将持有的184个车贷债权标的分218次在该P2P投资平台进行转让，承诺投资参与人保本付息（年化收益率达8%至15%），乙公司向甲公司收取中介费用。后甲公司转让的部分车贷债权到期后无法定期回购，致使乙公司启用公司风险备付金对投资参与人的投资款进行全额兑付。孙某利用乙公司车辆抵押的债权，通过债权拆分、期限错配、重复抵押等多种形式向多家P2P企业募集资金，最终造成700余万元本金无法归还。孙某被法院以非法吸收公众存款罪追究刑事责任。

---

① 这种行为不符合“P2P”网络借贷、股权众筹等互联网金融的基本规定和要求，符合非法吸收公众存款罪的构成要件。

3. 违反国家金融法律规定，未经有关部门依法批准，设立金融公司、资产公司等公司，以债权转让、股权众筹、销售、租赁业务等为名非法向社会公开宣传，承诺在一定期限内以货币方式还本并给付回报，非法向社会不特定对象变相吸收资金的

典型案例

被告人岳某等人非法吸收公众存款罪二审刑事裁定书

（2018）京03刑终754号

2013年至2015年，被告人岳某伙同公司实际控制人、其他高管以及相关业务人员，在不具备公开募集资金资质的情况下，利用第三方渠道的推介和口口相传等方式，公开向社会宣传以设立北京某投资管理中心（有限合伙）等多个有限合伙企业和债权转让的形式，投资“安阳×”“廊坊×”“秦皇岛×商贸”“山海关×旅游”“×照明”“×2旅游”等项目，并承诺年化收益7%至12%不等的高额货币回报和返本付息，向投资人募集资金以形成资金池，后将集资款主要用于上述项目的投资和向投资人返本付息等活动。除此之外，其运营的公司无其他合法经营业务。岳某被法院以非法吸收公众存款罪追究刑事责任。

吕某非法吸收公众存款罪一审刑事判决书

（2016）京0105刑初206号

2011年8月至2015年，被告人吕某通过公司及第三方机构销售人员电话推销、个人推介、发放宣传资料等途径向社会公开宣传，承诺定期以货币方式还本付息，采取投资合伙企业的形式销售多种“投资基金”“信托产品”，共计向327名投资人（单位）吸收资金共计9亿余元。其间，吕某经营的公司于2014年5月在中国证券投资基金业协会登记为私募基金管理人，填报了部分管理基金。后由于“投资基金”“信托产品”到期未能兑付，投资人陆续向公安机关报

案。吕某被法院以非法吸收公众存款罪追究刑事责任。

4. 涉案公司、网络借贷平台等信息中介机构或其控制人，利用网络借贷平台发布虚假信息，非法建立资金池募集资金，所得资金大部分未用于生产经营活动，主要用于借新还旧和个人挥霍，致使无法归还所募资金数额巨大的

典型案例

周某集资诈骗案

检例第40号

2011年2月，被告人周某注册成立中某投资公司，担任法定代表人。公司上线运营“中某投资”网络平台，借款人（发标人）在网络平台注册、缴纳会费后，可发布各种招标信息，吸引投资人投资。投资人在网络平台注册成为会员后可参与投标，通过银行汇款、支付宝、财付通等方式将投资款汇至周某公布在网站上的8个其个人账户或第三方支付平台账户。借款人可直接从周某处取得所融资金。项目完成后，借款人返还资金，周某将收益给予投标人。运行前期，周某通过网络平台为13个借款人提供总金额约170万余元的融资服务，因部分借款人未能还清借款造成公司亏损。此后，周某除用本人真实身份信息在公司网络平台注册2个会员外，自2011年5月至2013年12月陆续虚构34个借款人，并利用上述虚假身份自行发布大量虚假抵押标、宝石标等，以支付投资人约20%的年化收益率及额外奖励等为诱饵，向社会不特定公众募集资金。所募资金未进入公司账户，全部由周某个人掌控和支配。除部分用于归还投资人到期的本金及收益外，其余主要用于购买房产、高档车辆、首饰等。这些资产绝大部分登记在周某名下或供周某个人使用。2011年5月至案发，周某通过中某投资网络平台累计向全国1586名不特定对象非法集资共计10.3亿余元，除支付本金及收益回报6.91亿余元外，尚有3.56亿余元无法归还。周某被法院以集资诈骗罪追究刑事责任。

5. 行为人注册成立电子商务企业，以此名义建立电子商务网站。以网络营

销、网络直销等名义，变相收取入门费，设置各种返利机制，激励会员发展下线，上线从直接或者间接发展的下线的销售业绩中计酬，或以直接或者间接发展的人员数量为依据计酬或者返利的

典型案例

叶某等组织、领导传销活动案

检例第 41 号

2011 年 6 月，被告人叶某等人成立宝某公司，先后开发“经销商管理系统网站”“金某网商城网站”（以下简称金某网）。以网络为平台，或通过招商会、论坛等形式，宣传、推广金某网。金某网的经营模式是：经上线经销商会员推荐并缴纳保证金成为经销商会员，无须购买商品，只需发展下线经销商，根据直接或者间接发展下线人数获得推荐奖金，晋升级别成为股权会员，享受股权分红。经销商会员或消费者在金某网经销商会员处购物消费满 120 元以上，向宝某公司支付消费金额 10% 的现金，即可注册成为返利会员参与消费额双倍返利，可获一倍现金返利和一倍的金某币（虚拟电子货币）返利。金某网在全国各地设立省、地区、县（市、区）三级区域运营中心，各运营中心设区域代理，由经销商会员负责本区域会员的发展和管理，享受区域范围内不同种类业绩一定比例的提成奖励。截至案发，金某网注册会员 3 万余人，其中注册经销商会员 1.8 万余人。在全国各地发展省、地区、县三级区域代理 300 余家，涉案金额 1.5 亿余元。叶某被法院以组织、领导传销活动罪追究刑事责任。

（二）以 P2P 等形式自融或变相自融

1. 网络借贷平台及其实际控制人违背其中介服务性质，超出为借贷双方提供信息服务的职责范围，以实施 P2P 网络借贷业务为名，违反国家法律规定，承诺还本付息，公开向社会公众吸收资金，开展非法吸收公众存款活动，所吸收资金均为网贷平台及其实际控制人自行支配使用，并非用于其宣称的第三人融资项目的

典型案例

简某等非法吸收公众存款、擅自发行股票罪二审刑事裁定书

（2018）粤刑终481、482号

2010年，简某等人成立广东某投资股份公司。投资公司成立运营期间，简某组织公司技术人员开发e某贷网络借贷平台（以下简称平台），并指使公司员工通过在互联网发布集资广告、在街上派发小广告、拉横幅等方式，向社会不特定公众宣传投资其平台的借款标会有丰厚的收益回报，同时安排公司人员寻找借款人。2010年11月，平台上线运营面向社会不特定公众开放，投资人通过在平台注册，即可获得虚拟账号。简某先行以个人或者公司员工名义与借款人签订借款合同、抵押担保合同等，再将相关材料制作成一定金额的标发布在平台供投资人购买，投资人以注册的虚拟账号将资金通过第三方支付平台在线充值到投资公司的虚拟账号，通过上述方式所吸收的资金均流入由简某控制和支配的以简某等人个人名义开设的银行账户，归集资金后再汇款到借款人账户。简某等被法院以非法吸收公众存款罪追究刑事责任。

2. 行为人编造并发布虚假投资标的、虚构集资用途，以虚假的证明文件和高回报率为诱饵，未经有权机关批准，向社会公众非法募集资金，非法集资款除部分返还被害人本息外，主要用于高风险投资（亏损的风险大）、个人消费及其所控制公司的日常消耗等，并未用于其所发布的投资目的，也未用于正常生产经营活动或实体经营的比例极小、行为人根本无法通过正常经营偿还前期非法募集的本金及约定利息，造成被害人巨额经济损失的

典型案例

郭某集资诈骗罪一审刑事判决书

（2017）津0104刑初681号

被告人郭某于2015年4月担任上海某某互联网金融信息服务有限公司天津分公司（以下简称某某公司天津分公司）负责人，负责以股权众筹形式对外宣传吸揽资金。2015年9月至2016年8月，郭某在明知上海某某公司相关成员因涉嫌非法集资案件被浙江省、上海市公安机关侦查并被羁押、集资参与人的资金无法兑付等的情况下，隐瞒上述事实，继续带领某某公司天津分公司员工对外吸揽资金，鼓动集资参与人将到期的资金续投，将吸揽的资金归置涉案公司账号后转至郭某。吸揽的资金除小部分用于涉案公司租房费用、员工工资、集资参与人返利外，其余涉案款未用于生产经营活动或者其他投资。截至案发，郭某利用某某公司天津分公司吸揽资金共计1345万余元，造成集资参与人经济损失共计1268.779万元。郭某被法院以集资诈骗罪追究刑事责任。

3. 行为人通过设立网站或手机App，吸引投资参与者现金充值后通过玩游戏或者签到、做任务等手段获取收益，进而实现非法吸收公众存款目的的

典型案例

范某、王某非法吸收公众存款罪一审刑事判决书

（2018）陕0113刑初761号

2016年2月，被告人范某、王某注册成立云果游公司，范某负责公司运营管理，王某负责联系商户采购礼品。云果游公司成立后，范某以王某的名义创建微信公众号“丰果游天下”，向社会不特定公众宣传微信公众号游戏，以高额收益为诱饵，吸引公众认购游戏中的虚拟“果树”。范某、王某使用该方法变相吸

收公众存款4000余万元。范某、王某被法院以非法吸收公众存款罪追究刑事责任。

（三）网络小额贷款平台套路贷

1. 以"小额贷款公司""投资公司""咨询公司""担保公司""网络借贷平台"等名义对外宣传，以低息、无抵押、无担保、快速放款等为诱饵吸引被害人借款，继而以"保证金""行规"等虚假理由诱使被害人基于错误认识签订金额虚高的"借贷"协议或相关协议，制造民间借贷假象的①

典型案例

阮某诈骗罪一审刑事判决书

（2019）浙06刑初17号

2016年3月至2018年2月，阮某等犯罪集团成员通过网络推广、中介介绍、购买公民个人信息等方式获取"客户资源"。话务部、审核部成员以"小额贷款公司""网络借贷平台"等名义对外宣传，以"凭身份证借款，无抵押，秒下款"等为诱饵，吸引他人注册，并以需要审核身份真实性为由，骗取他人提供手机通讯录、通话记录、支付宝收货地址、微信地理位置截图等信息，为后续催收做好准备。经审核人员初审、终审确定"借款"额度后，将被害人推送给财务部人员，以"静""米房曼""开咸壹周金"等56个财务号放款。放款财务人员利用被害人急需资金的心理，在未全面介绍"借贷"协议细则的情况下，以"押金""公司规矩"等理由要求被害人在"米房""壹周金"等平台签订虚高电子"借贷"协议，将"借款"金额的首期"利息"扣除后发放给被害人。之后通过短期内支付高额"利息""展期"、财务人员互相推荐、提高"借款"额度、继续签订金额更大的虚高"借款"协议等方式，不断恶意垒高被害人"债务"，以支付"利息""展期费""逾期费""押金"等名义骗取被害人交付财

---

① 此类型犯罪中，如行为人未采用明显的暴力或者威胁手段，行为特征从整体上表现为以非法占有为目的，通过虚构事实、隐瞒真相骗取被害人财物的，一般以诈骗罪定罪处罚。

产。阮某参与骗得1万余名被害人22097291.66元。阮某被法院以诈骗罪追究刑事责任。

2. 以虚高的“借贷”协议金额将资金转入被害人账户，制造已将全部借款交付被害人的银行流水痕迹，随后便采取各种手段将其中全部或者部分资金收回，被害人实际上并未取得“借贷”协议、银行流水上显示钱款的

典型案例

夏某、盛某等诈骗罪一审刑事判决书

（2019）甘0102刑初672号

2017年9月至2018年8月，被告人夏某、盛某为谋取非法利益，成立了无金融资质、未在工商部门注册的某金融公司，以“无抵押”等民间借贷为诱饵，吸引被害人借款，继而以“逾期费”“展期费”“行业规矩”等各种名义，诱骗被害人接受不平等合同条款，并制定高额度、高利息、短周期的苛刻逾期、违约条件，以“借一押一”的方式签订虚高于实际借款金额一倍的明显不利于被害人的借款协议，以制造民间借贷假象。借款协议签订后，先按照借款协议记载的虚高借款金额全额转账放款，再以返还“押金”及预扣利息等名义，让被害人将大部分金额返还给该犯罪集团，制造资金转账流水，以此来制约被害人按照被告人设置的“套路”偿还借款。当被害人逾期或无力偿还债务时，该恶势力集团以被害人违约为由，以“逾期费”“展期费”等名义增加被害人的债务，或将被害人介绍给其他放贷人，通过“转单平账”的方式，诱骗被害人借新还旧，累加被害人的债务，或肆意认定违约，从中牟利。并通过“呼死你”软件对被害人及其亲朋好友进行24小时不间断的电话轰炸，通过手机短信、彩信、微信的方式向被害人及其亲朋好友群发威胁、恐吓、辱骂等侮辱性信息以及该犯罪团伙制作的由被害人头像P图的“灵堂”照片等手段，有计划地进行“软暴力”催收，迫使被害人偿还远高于贷款本金及法定利息数倍的违约金等高额费用，从而达到非法获利的目的。夏某、盛某等被法院以诈骗罪追究刑事责任。

3. 利用被害人急需用钱的心理和防范意识薄弱的特点，诱骗或迫使被害人签订协议，通过制造银行流水、销毁还款证据、单方肆意认定违约、恶意垒高借款金额等方式，形成虚假债权债务。一旦逾期未还款则采用暴力、胁迫或者其他软暴力手段催收，强行要求被害人偿还虚假债务的①

典型案例

温某龙等 23 人敲诈勒索案

检察机关推进网络空间治理典型案例（2021）

2017 年起，温某龙纠集林某浩、朱某常投资成立或参股福建省福鼎市财神投资咨询有限公司（以下简称财神公司）等 4 家公司，招募人员专门从事网络“套路贷”活动。4 家公司均有完整的规章制度、工资奖励机制，人员分工明确，组织架构严密，设客服组、风控组、财务组、催收组等部门，在实施犯罪过程中逐渐形成恶势力犯罪集团。公司内部分工明确，首先由客服组获取有借款需求的“客户资料”，并以审核身份真实性为由，向被害人索要手机号、手机服务密码、QQ 同步助手账号密码，非法收集被害人个人信息，为后续“软暴力”催收做准备。风控组负责对被害人还款能力进行核实筛选，并决定是否放款。放款后，公司以“押金”“逾期费”等理由要求被害人在指定网络借款平台签订与实际借款不符的协议，制造虚高借款、虚假期限的合同，并直接扣除首期 30% 至 50% 的高额利息。如果逾期未还款，催收组根据被害人的手机号码、通讯录联系人、身份证照片等个人信息，通过电话或微信辱骂、威胁、恐吓、发送附有被害人头像的侮辱信息等方式，向被害人及其亲友施压，迫使被害人支付虚高本金、高额利息、续期费等。2017 年 2 月至 2018 年 8 月，财神公司等 4 家公司在实施上述“套路贷”犯罪过程中，共放款 3 万余笔，累计放款 1.22 亿余元，非法获利 1867 万余元。个别被害人因欠款被“软暴力”催收而精神崩溃喝农药自杀，因

---

① 如行为人单纯制造违约，后续无明显的暴力或者威胁手段，迫使被害人交出财物的，一般仍以诈骗罪定罪处罚；但对于在实施“套路贷”过程中多种手段并用，构成诈骗、敲诈勒索、非法拘禁、虚假诉讼、寻衅滋事、强迫交易、抢劫、绑架等多种犯罪的，应当根据具体案件事实，区分不同情况，依照刑法及有关司法解释的规定数罪并罚或者择一重处。

发现及时得以救治。温某龙等23人被法院以敲诈勒索罪追究刑事责任。

李某等敲诈勒索罪一审刑事判决书

（2018）浙0103刑初506号

2017年至2018年，被告人李某、肖某纠集被告人张某等人，以非法占有为目的，通过“虚增债务”“签订虚假借款协议”，在被告人向被害人银行账户转账后，当日即以收取GPS安装费、家访费、介绍费等名义向被害人回收约50%的现金，后续又以被害人未按约定还款、借故拖延接受还款、要求被害人继续借款等理由，向被害人索要“违约金”等钱款，共计38.88万余元，其中已得手28.88万余元。李某等被法院以敲诈勒索罪追究刑事责任。

4. 行为人安排其所属公司或者指定的关联公司、关联人员为无力偿还的被害人偿还“借款”，继而与被害人签订金额更大的虚高“借贷”协议或相关协议，通过这种“转单平账”“以贷还贷”的方式不断垒高“债务”的

典型案例

宋某、岳某等诈骗罪一审刑事判决书

（2019）皖1322刑初126号

2017年10月，被告人宋某、岳某与他人合伙成立合肥某金融工作室做网络贷款，宋某负责日常工作，岳某负责财务、放款、收款、提醒收款，拱某某负责催款、线下借款。工作室成立后，有专人负责联系借款人及做审核工作。该工作室通过网络向在校大学生放款，并将每周30%左右的费用先行从放款中扣除，要求借款人签订高额借款合同，收取高额中介费、服务费、逾期费、高额利息等费用，在借款人无法偿还欠款时，会要求借款人以每周30%左右的金额将借款续期，或向借款人推荐其他放款人，要求借款人向其他放款人借款来还款，导致

借款人债务不断增高；或威胁借款人，对其进行电话、短信轰炸，使借款人产生畏惧心理，不得不偿还高额借款及手续费、续期费、逾期费等。宋某、岳某等被法院以诈骗罪追究刑事责任。

5. 借助诉讼、仲裁、公证或者采用暴力、威胁以及其他手段向被害人或者被害人的特定关系人索取虚高“借款债务”的

典型案例

郁某等诈骗、寻衅滋事罪一审刑事判决书

（2018）闽0581刑初1500号

2017年以来，被告人郁某未经办理工商登记取名“某甲金融公司”从事网络高利放贷业务，郁某是该公司的实际负责人，负责业务运营、资金投入、人员管理等事项。“某甲金融公司”的具体放贷流程为：由业务审核员通过微信、QQ等网络联络方式与需要借款的借款人取得联系，要求借款人提供姓名、身份证、工作单位、收入情况、家庭住址、手机通讯录、手机服务密码、电话通话记录等信息。审核后由郁某决定是否放贷及放贷数额、利息。借款人如逾期未还款，则由郁某等人指示业务审核员将借款人的信息推送给催收人员，由催收人员通过频繁拨打电话、发送信息及上门催收对被害人及其近亲属进行骚扰、威胁恐吓，并以在网上发布合成有借款人头像的不雅图片对被害人进行威胁，从而逼迫借款人还款。在从事高利放贷中，郁某等人在借款人到期无力还款时，以其本人及实际控制的“某甲金融”“某乙金融”“某丙金融”等不同的微信号互相扮演不同公司的名义借款给同一个借款人等方式进行“转单平账”，及以收取续期费等为名目，虚增借款人的借款金额，骗取被害人财物共计83300元。郁某等被法院以诈骗罪、寻衅滋事罪追究刑事责任。

（四）单纯经营高利贷的行为

行为人违反国家规定，未经监管部门批准，或者超越经营范围，以营利为目的，以超过36%的实际年利率，在2年内向不特定多人（包括单位和个人）以

借款或其他名义出借资金10次（贷款到期后延长还款期限的，发放贷款次数按照1次计算）以上，但又不存在套路贷相关情形，单纯扰乱金融市场秩序情节严重的。①

典型案例

纪某某、刘某某非法经营罪一审刑事判决书

（2020）零0507刑初610号

2019年10月21日以来，被告人纪某某、刘某某为非法牟利，在未经有关部门批准的情况下，合伙在汕头市某城区为主的区域从事高利放贷活动，其中被告人纪某某负责支出放贷资金，被告人刘某某负责记账、收放款等财务工作，另招引同案人陈某某等人招揽借款客户。同案人陈某某等人在各自微信朋友圈或放贷微信群中发布广告，向不特定对象进行宣传，招揽借款客户。当有借贷客户时，同案人陈某某等人负责对借款客户的家庭、收入等情况进行审核，审核后由被告人纪某某、刘某某确定放款数额，再由陈某某等人与借款客户签订借款合同，最后由刘某某利用陈某某等人开设的“老丈”“老舅”等微信号进行放款，每次放款需扣除手续费、砍头息等费用，借款每日利率1%，均已超过72%的实际年利率。经查，2019年10月21日至2020年5月28日，被告人纪某某、刘某某以实际超过72%的年利率向林某某等43名不特定对象非法放贷，非法放贷金额达351100元。纪某某、刘某某被法院以非法经营罪追究刑事责任。

（五）以互联网金融为幌子实施的其他犯罪行为

1. 以帮助他人开展互联网金融（基金、保险、信托、消费金融等）活动的名义，实施实际占有被害人财物行为的

① 2019年10月21日《最高人民法院、最高人民检察院、公安部、司法部关于办理非法放贷刑事案件若干问题的意见》规定：“违反国家规定，未经监管部门批准，或者超越经营范围，以营利为目的，经常性地向社会不特定对象发放贷款，扰乱金融市场秩序，情节严重的，依照刑法第二百二十五条第（四）项的规定，以非法经营罪定罪处罚。”

典型案例

刘某诈骗罪一审刑事判决书

（2019）黑0604刑初18号

自2016年6月起，被告人刘某谎称自己是线上贷款App的代理商，以可以给他人介绍兼职工作，让他人给其做贷款刷单业务并支付一定好处费为由，在某农垦大学、某师范学院招募在校大学生在线上App上为其贷款刷单，刘某向贷款大学生承诺得到贷款款项后由其负责偿还贷款，其在偿还一定贷款后便不再还款。刘某将收取的贷款部分用于偿还App平台贷款，其他款项被其挥霍。刘某共计诈骗277042.36元。刘某被法院以诈骗罪追究刑事责任。

2. 虚构投资项目，以投资需要缴纳会费并通过上线会员推荐，会员按照推荐发展的顺序形成上下层级关系，以直接或间接发展下线会员的投资提成作为主要收益方式的

典型案例

时某祥等15人组织、领导传销活动案

检察机关推进网络空间治理典型案例（2021）

2017年12月，时某祥谋划成立亚泰坊传销组织，委托深圳华某未来科技有限公司实际负责人赵某宝等在互联网上搭建亚泰坊传销平台。2018年上半年，时某祥等人通过召开会议、路演、微信群等方式公开宣传平台奖励制度，在宣传过程中假借国家“一带一路”政策，虚构海外投资项目，在无任何实际经营活动的情况下，谎称境外金融公司授权平台发行亚泰坊币，可信度高、收益高。投资者如要投资亚泰坊币，需要通过上线会员推荐并缴纳会费，才能成为亚泰坊平台的会员。会员按照推荐发展的顺序形成上下层级关系，可发展无限层级，以直接或间接发展下线会员的投资提成作为主要收益方式。同时，时某祥安排组织成员在境外某数字资产交易平台上线亚泰坊币进行公开交易，并用收取的会费控制

亚泰坊币在平台上的交易价格，制造投资亚泰坊币可以赚钱的假象。截至2018年6月11日，亚泰坊平台共有会员账号41万余个、会员层级108层，收取会费共计6.3亿余元。此外，2018年4月，时某祥套用亚泰坊平台组织架构，发展“码联天下”传销平台会员，涉案金额共计1.8亿余元。时某祥等15人被法院以组织、领导传销活动罪追究刑事责任。

四、互联网金融犯罪案件的办案思路

（一）非法集资

1. 从非法集资四要件展开侦查

非法集资是违反国家金融管理法律规定，向社会公众（包括单位和个人）吸收资金的行为。根据《最高人民法院关于审理非法集资刑事案件具体应用法律若干问题的解释》（以下简称《审理非法集资刑事案件解释》）的规定，非法集资需具备非法性、公开性、利诱性、社会性四个特征，即：（1）未经有关部门依法批准或者借用合法经营的形式吸收资金；（2）通过媒体、推介会、传单、手机短信等途径向社会公开宣传；（3）承诺在一定期限内以货币、实物、股权等方式还本付息或者给付回报；（4）向社会公众即社会不特定对象吸收资金。实践中，可通过调取涉案企业的工商登记资料、相应资质证书判断涉案企业是否具有开展相应业务的资质，明确其非法性；通过调取涉案企业的宣传材料判断其是否具有公开性、社会性；通过询问投资人判断其是否具有利诱性。

2. 围绕融资资质确定是否具有非法性

是否具有融资资质的认定，主要证据为工商登记、经营牌照等相关书证。但在收集证据时，应全面收集相关证据，包括犯罪嫌疑人关于公司经营范围、主营业务等供述和辩解；集资参与人关于投资产品内容、投资目的、投资收益、有无实际接受真实的商品或服务的证言；公司业务员、行政人员、技术人员等工作人员关于公司经营资质、主营业务等证言；工商登记资料、证券监督管理委员会及保险监督管理委员会出具的行政认定书、批准文件，金融机构经营许可证、营业执照、行政处罚决定书等证明犯罪嫌疑人未经有关部门批准，不具有吸收公众存款的合法主体资格的书证；各类合同协议、存款凭证、记账凭证、票据、账簿、广告、说明书、宣传单、银行存单等证明经营运作方式和资金性质的书证等。

3. 围绕宣传方式确定是否具有公开性

公开宣传的途径包括但不局限于媒体、推介会、传单、手机短信、网络、标语、横幅、宣传册、宣传画、讲座、论坛、研讨会、口口相传等。应注重收集宣传单、宣传会、讲座、论坛、研讨会的录音或视频，自媒体上的广告以及手机或电脑等载体上的微信、短信、QQ 等发送的讯息材料等书证、电子数据；单位规定业务总体流程的文件，单位从事非法吸收或变相吸收公众存款的决议、记录、纪要等文件类书证。

4. 围绕投资回报确定是否具有利诱性

普通投资型非法集资案件，需要重点收集犯罪嫌疑人承诺在一定的期限内以货币、实物、股权等方式还本付息或者给予回报的证据，尤其各种宣传资料、广告、推介书、合同、协议等客观证据中是否存在“返本付息”“年化收益率”“多重保障确保本息安全”等内容。投资转股、商品回购等类型非法集资案件，需要重点收集“投资转原始股”“筹划上市”“股息、分红”“到期无条件赎回”等内容的客观证据。通过网络在线玩游戏、做任务等类型的非法集资案件，需要重点收集“固定期限”“固定收益”“固定投资”等内容的证据，证实犯罪嫌疑人已经通过上述不同方式以货币、实物、股权等方式兑现还本付息或者给予回报。

5. 围绕融资对象确定是否具有社会性

融资对象的社会性体现在指向对象的广泛性和不特定性，即非法吸收公众存款对象为不特定多数人。可重点收集宣传单、宣传会录音录像、媒体广告、微信、短信、QQ 等发送的讯息等客观证据，以证明犯罪嫌疑人实施非法集资行为对象的广泛性；集资参与人员的证言、犯罪嫌疑人供述等言词证据来证明借贷双方的关系，以排除亲友及单位内部人员的可能性。

6. 以投资人是否为《私募投资基金募集行为管理办法》规定的合格投资人为切入点

部分案件存在基金行业协会为私募基金管理人办理登记备案、部分从业人员具有相应的从业资格的情形，但这都不构成对私募基金管理人管理能力及募集基金行为持续合规情况的认可。判断行为人的募资行为是否属于非法集资，关键在于行为人的募资行为是否违反国家金融管理法律规定，以及行为人是否公开向不特定对象（包括合格投资者以外的对象）募集资金并承诺保本付息。我国《私募投资基金募集行为管理办法》规定，私募只能面对特定的合格投资者，合格投资者是指具备相应风险识别能力和风险承担能力，金融资产不低于 300 万元或最近 3 年个人年收入不低于 50 万元的个人以及净资产不低于 1000 万元的机构，且投资于单只私募基金的金额不低于100万元。违反上述规定的，通过报刊、电台、电视、互联网等传播媒体或者讲座、报告会、分析会，采取布告、传单、手机短信、微信、博客和电子邮件等方式，向不特定对象宣传推介，承诺投资本金不受损失或者承诺最低收益的，仍属非法集资。

7. 结合投资合同的内容开展侦查

互联网金融类非法集资案件大都通过投资理财开展，在侦查之初可通过投资人提供的投资合同、理财协议等开展，合同的几方当事人除投资人外往往就是后续案件的犯罪嫌疑人或涉案单位。可根据投资合同、理财协议等，进一步审查各当事方是否系关联公司甚至同一公司；审查投资资金是直接进入被投资方账户还是存在归集资金账户；审查借款合同和投资合同是否一一对应，是否存在金额拆分、期限错配等情况；审查合同载明的投资资金用途是否真实存在，运营情况如何等，逐步扩大案件侦查范围。

8. 从涉案公司有无形成资金池开展侦查

资金池是非法集资类案件的典型表现特征。非法集资类案件有无形成资金池，重点在于资金的归集过程和使用过程，收集证据需要围绕归集资金的账户资金流向，通过调取投资理财协议，明确投资理财协议的主体及约定的收款账户；讯问会计、主管人员，调取包含交易对手信息的POS机流水、银行账户交易明细等证据，揭露涉案企业、网贷平台均通过设立资金池对投资人的资金进行统一调配使用，平台上借款人的借款来源是来自资金池，而非与借贷关系一一对应，投资人取得的本息并非来自其合同上对应的借款人，也来自资金池。

9. 从涉案公司募集资金的用途开展侦查，是否系自融或变相自融

自融或变相自融是非法集资类案件的典型表现特征。非法集资类案件是否系自融或变相自融，重点在于揭示编造融资项目吸收公众资金并自行支配使用的过程，收集证据需要围绕确定发布融资项目的实际主体、吸收资金流转过程、资金实际用途展开，可通过讯问会计、主管人员，调取包含交易对手信息的POS机流水、银行账户交易明细等证据，以确定行为人系自融或变相自融的行为。

10. 区别个人犯罪和单位犯罪开展侦查

实践中，非法募集资金行为多是以单位名义实施，且个人和单位的追诉立案标准和取证标准均存在较大差异，故应注重收集以下证据：（1）涉案单位的证据，包括单位的工商注册登记、经营范围、股东情况、纳税记录、公司账户资金流转情况等，证实涉案单位是否真实存在，是否冒用了其他单位的名义，是否具

有相应的资质，是否存在真实的生产经营？是不是为了实施违法犯罪而设立，单位设立后是不是以实施犯罪为主要活动以及犯罪所得是否归单位所有等。个人为进行违法犯罪活动而设立公司、企业、事业单位实施犯罪的，或者公司、企业、事业单位设立后，以实施犯罪为主要活动的，依法不能认定为单位犯罪。（2）业务开展的证据，包括法定代表人及直接主管人员和其他直接负责人员的供述、股东会议记录、宣传手册、借款或债权转让合同、单位的财务账目等书证，尤其是合同印章和宣传情况等，证明相关业务是以何名义开展，是否系冒用单位名义实施等。经单位集体研究决定或由有关负责人员代表单位决定，为本单位谋取利益而故意实施的，依法认定为单位犯罪。

11. 视是否具有非法占有目的不同分别开展侦查

是否具有非法占有目的是区分非法吸收公众存款罪和集资诈骗罪的关键。因两罪量刑差距较大，往往是行为人的辩护重点，也应是案件取证的重点。实践中，认定行为人是否具有非法占有的目的，应当坚持主客观相一致的原则，既要避免单纯根据损失的结果客观归罪，也不能仅凭犯罪嫌疑人的供述定罪，应结合案件的具体情况作出分析和判断。证据方面重点在于收集资金往来记录、会计账簿和会计凭证、资金使用成本（包括利息和佣金等）、资金决策使用过程、资金主要用途、投资项目实际经营情况，通过查清募集资金的使用情况，明确行为人是否具有归还能力和归还意图，是否不负责任地挥霍使用资金，是否隐匿转移资金，是否未将资金用于生产经营等。

12. 传销型非法集资案件应从人员层级等开展侦查

组织、领导传销活动罪和非法吸收公众存款罪、集资诈骗罪多有交叉，在罪名适用上也是适用从一重罪原则，但组织、领导传销活动罪在取证上与另外两罪有明显区别。对于传销组织打着“金融创新”的旗号，以“资本运作”“消费投资”“网络理财”“众筹”“慈善互助”等为名从事传销活动的，除依照非法集资类犯罪的取证规范外，还需格外重视传销组织的人员层级、职责作用证据的收集，明确组织者、管理者以及相关人员的层级关系。

13. 借助专门机构，明确犯罪数额

互联网金融类案件往往持续时间较长、涉及人员众多，有相对复杂的书证、电子数据等。为明确犯罪数额，在有条件的情况下，应聘请专门的审计部门对涉案金额进行审计。审计时，应结合涉案公司会计账册、涉案平台后台数据、涉案银行资金明细及集资参与人的言词证据等，明确各集资参与人的投资金额、已收回本息金额、损失金额，明确各涉案犯罪嫌疑人、被告人的违法所得，协助厘清涉案资金流向，进而全面分析矛盾点，准确认定犯罪事实和相关量刑情节。

（二）“套路贷”

1. 从是否存在套路贷的五种表现形式开展侦查

“套路贷”是在办案实践中对假借民间借贷之名非法占有他人财物的类型化违法犯罪的概括性称谓，“套路贷”具有行为目的的非法性、债权债务虚假性、“讨债”手段多样性。故讯问犯罪嫌疑人取证时，在明确其主观故意的同时还需注意收集以下证据：宣传资料、借款合同、资金明细，证实钱款有无真实交付，实际借款金额与合同金额是否一致，是否存在刻意制造的虚假给付痕迹的情形；询问借款人时，应注意收集以下证据：是否存在刻意制造违约的情形，借款人对预扣的利息、收取的费用是否明知，是否存在暴力、威胁以及其他手段强行索债等。区分“套路贷”和民间借贷，要根据案件事实和证据综合评判，不能只关注某个因素、某个情节。

2. 网络“套路贷”案件应注重对电子数据的取证

网络“套路贷”借助网络平台实施，多存在相对完整的借款合同、银行流水，故在取证时应着重收集审查阴阳借款合同、账册、银行流水、还款凭证等书证，及时查封、扣押计算机、手机等电子存储设备，提取借款记录、催收记录等电子数据，从电子数据反映的套路、借款人联系方式等情况反哺侦查，开展讯问犯罪嫌疑人、询问借款人等工作，查明全案犯罪事实。

3. 网络“套路贷”案件应以共犯中的薄弱环节为切入点开展侦查

实践中，“套路贷”犯罪多为共同犯罪，分工日趋细化，环节众多，涉及人员广泛，包括组织及管理人员、前期门店经理、签约客服、催收人员等，其中“拉客户”、协助制造走账记录等配合、支持、帮助行为对于“套路贷”犯罪顺利实施并最终达成非法占有目的发挥了重要作用。相关人员是否均需追究刑事责任，要依据其参与程度、主观明知等综合评断。其中，“明知他人实施‘套路贷’犯罪”，应当结合行为人的认知能力、既往经历、行为次数和手段、与同案人及被害人的关系、获利情况、是否曾因“套路贷”受过处罚、是否故意规避查处等主客观因素综合分析认定。因此，取证中应注重对犯罪团伙组织框架的侦查，采取外围突破、打拉结合的方式，对参加时间较短、作用较小且积极配合的人员，给予最大程度的从宽，从而督促其协助查明团伙的组织框架、人员职责等。

第二章　数据信息类犯罪

一、数据信息简介

数据信息也可简称为数据，是以数据形式体现的信息内容。2017 年 12 月 8 日，在中央政治局就“实施国家大数据战略”进行集体学习的会议上，习近平总书记指出“数据是新的生产要素，是基础性资源和战略性资源，也是重要生产力”，“要构建以数据为关键要素的数字经济”。这一判断对数据的重要性给出了明确的定位。

根据《计算机信息系统安全保护条例》以及《公安部关于对〈中华人民共和国计算机信息系统安全保护条例〉中涉及的“有害数据”问题的批复》精神，笔者认为，数据是指计算机信息系统及其存储介质中存在、出现的，以计算机程序、图像、文字、声音等多种形式表示的，包括即时通讯账号、电子邮箱账号、社交网站账号等账号信息以及储存在账户内的虚拟货币、装备等，既可能是存储在该计算机信息系统中的数据，也可能是该系统处理的数据，还可能是该系统传输的数据。

法律意义上，数据是“计算机系统中，反映一定客观事实，可供利用的财产权利”，具体表现为对数据的控制、处理能力，是一种控制权。① 基于数据信息概念的广泛性，本章仅就目前刑事犯罪中较为常见的三种类型予以系统梳理。

（一）公民个人信息

《网络安全法》第 76 条中规定：“个人信息，是指以电子或者其他方式记录的能够单独或者与其他信息结合识别自然人个人身份的各种信息，包括但不限于自然人的姓名、出生日期、身份证件号码、个人生物识别信息、住址、电话号码等。”《网络安全法》对个人信息使用广义上的“身份识别信息”这一概念，亦

---

① 史宇航：《数据的法律属性与保护模式》，载《网络信息法学研究》2019 年第 1 期。

即包括个人活动情况信息在内。基于此，2017 年 5 月 8 日公布的《最高人民法院、最高人民检察院关于办理侵犯公民个人信息刑事案件适用法律若干问题的解释》第 1 条在上述规定的基础上，进一步明确“公民个人信息”包括身份识别信息和活动情况信息，规定：“刑法第二百五十三条之一规定的‘公民个人信息’，是指以电子或者其他方式记录的能够单独或者与其他信息结合识别特定自然人身份或者反映特定自然人活动情况的各种信息，包括姓名、身份证件号码、通信通讯联系方式、住址、账号密码、财产状况、行踪轨迹等。”

此外，根据《最高人民法院、最高人民检察院关于办理侵犯公民个人信息刑事案件适用法律若干问题的解释》第 1 条的规定，关于“公民个人信息”的外延，有以下几个具体问题值得注意：

（1）“公民个人信息”，既包括中国公民的个人信息，也包括外国公民和其他无国籍人的个人信息。

（2）公民个人信息须与特定自然人关联。这是公民个人信息所具有的关键属性。因此，经过处理无法识别特定个人且不能复原的信息，虽然也可能反映自然人活动情况，但与特定自然人无直接关联，不能成为公民个人信息的范畴。对于与特定自然人关联，可以是识别特定自然人身份，也可以是反映特定自然人活动情况。需要注意的是，无论是识别特定自然人身份，还是反映特定自然人活动情况，都应当是能够单独或者与其他信息结合所具有的功能。例如，身份证号与公民个人身份一一对应，可以单独识别公民个人身份；而工作单位、家庭住址等无法单独识别公民个人身份，需要同其他信息结合才能识别公民个人身份。但是，上述两类信息无疑都属于公民个人信息的范畴。

（3）与特定自然人关联的账号密码属于“公民个人信息”。当前账号密码往往绑定身份证号、手机号码等特定信息，即使未绑定，非法获取账号密码后往往也会引发侵犯财产甚至人身的违法犯罪。因此，《最高人民法院、最高人民检察院关于办理侵犯公民个人信息刑事案件适用法律若干问题的解释》第 1 条明确将“账号密码”列入“公民个人信息”的范围。①

（二）商业秘密

商业秘密，是指不为公众所知悉，能为权利人带来经济利益，具有实用性并

---

① 周加海、邹涛、喻海松：《〈关于办理侵犯公民个人信息刑事案件适用法律若干问题的解释〉的理解与适用》，载《人民司法（应用）》2017 年第 19 期。

经权利人采取保密措施的技术信息和经营信息。这一概念来源于反不正当竞争法的有关规定。1998 年 12 月 3 日国家工商行政管理局修订公布的《关于禁止侵犯商业秘密行为的若干规定》对商业秘密的有关术语作了进一步的解释①，为司法实践认定商业秘密提供了重要依据。

其中，有以下几个具体问题值得注意：

（1）“不为公众所知悉”，是指该信息是不能从公开渠道直接获取的，而公开渠道包括：出版物公开和公开销售、使用、反向工程以及口头泄密等其他方式公开。但除了出版物公开外，其他方式公开仅具有公开的可能性，并不必然导致被不特定的人所知悉，而且“知悉”不能仅仅是一知半解。

（2）“能为权利人带来经济利益，具有实用性”，是指该信息具有确定的可应用性，能为权利人带来现实的或者潜在的经济利益或者竞争优势。

（3）“权利人采取保密措施”，包括订立保密协议、建立保密制度及采取其他合理的保密措施，只要权利人提出了保密要求，权利人的职工或业务关系人知道或应当知道存在商业秘密的，即应认定权利人采取了合理的保密措施。

（4）“技术信息和经营信息”，包括设计、程序、产品配方、制作工艺、制作方法、管理诀窍、客户名单、货源情报、产销策略、招投标中的标的及标书内容等信息。

（三）虚拟财产

虚拟财产是互联网的衍生物，它是指具有财产性价值以电磁数据形式存在于网络空间的财物。虚拟财产作为一种特殊的财物，具有三个特征：第一，以电磁数据为载体；第二，以财产价值为内容；第三，以互联网为空间。学者将虚拟财产分为三类：第一类是账号类的虚拟财产；第二类是物品类的虚拟财产；第三类是货币类的虚拟财产。虚拟财产具有形态的虚拟性和价值的真实性相统一的特征，虚拟财产用于表明它具有一定的虚拟性，这种虚拟性是相对于现实财产的真实性而言的。②

目前，张明楷教授、陈兴良教授均认为虚拟财产符合《刑法》中财物的特

---

① 吴小军、江显和：《李宁侵犯商业秘密案——如何认定侵犯商业秘密罪中的经营信息与重大损失》，载《刑事审判参考》2009 年第 1 集，法律出版社 2009 年版。

② 陈兴良：《虚拟财产的当代命运——2016 刑事法制高峰论坛“数据、个人权益与网络犯罪”上的主旨发言》，载中国社会科学网：http：//www. cssn. cn/fx/fx_ rdty/20170131_ 3400573. shtml，2020 年 3 月 5 日最后访问。

质，但司法实践中仍未形成统一判例，既有按照侵犯财产罪论处的，也有按照侵犯计算机信息系统罪论处的。

二、数据信息类犯罪的特点

（1）犯罪数量呈现逐年上升趋势。其中侵犯公民个人信息罪的数量最大、增速最快，侵犯公民个人信息罪与诈骗罪交织类案件数量较多。

（2）犯罪行为隐蔽，作案成本低。随着信息化时代的到来，大量的数据信息犯罪发生在网络空间中，不受时间、地点的限制，行为模式多表现为非法获取、提供或者出售，行为人多利用虚拟身份实施，犯罪工具相对简单——一部手机或者一台电脑即可，因而作案成本极低，且很难被察觉。

（3）犯罪对象不特定，危害后果难以估量。与传统犯罪相比，数据信息类犯罪对象模糊，除部分商业秘密案件外，大都属于典型的针对“不特定陌生人的犯罪”；对象群体海量，且对象本身不易被感知，即绝大部分被害人并不会第一时间知道个人信息、商业秘密、虚拟财产等受到侵害。行为人往往会利用数据信息实施其他犯罪行为，次生危害严重。

三、数据信息类犯罪的表现形式

（一）侵犯公民个人信息

1. 购买并非法出售户籍信息、手机定位、住宿记录等个人信息的

典型案例

邵某等侵犯公民个人信息罪一审刑事判决书

（2016）浙0783刑初1171号

2016年年初，被告人邵某等人以“某调查公司”的名义向他人出售公民个人信息。被告人邵某等人通过在微信朋友圈发布出售个人户籍、车辆档案、手机定位、个人征信、旅馆住宿等各类公民个人信息的广告的方式寻找客户，接单后通过微信向上家购买信息或让其他被告人帮忙向上家购买信息后加价出售，每单收取10元至1000余元不等的费用。经查，被告人邵某获利26000元。邵某等被

法院以侵犯公民个人信息罪追究刑事责任。

2. 利用征信查询账户，为他人非法查询征信信息牟利的

典型案例

韩某等侵犯公民个人信息罪一审刑事判决书

（2016）鄂2823刑初132号

2015年9月，被告人韩某等人利用某农村商业银行员工的征信查询ID号、密码及银行专用网络，使用电脑非法查询公民个人银行征信信息8万余条。被告人韩某等人将查询获得的上述公民个人银行征信信息出售给他人。韩某等被法院以侵犯公民个人信息罪追究刑事责任。

3. 购买学生信息，再向他人出售牟利的

典型案例

周某等侵犯公民个人信息罪一审刑事判决书

（2016）浙0482刑初1022号

2016年4月，被告人周某向他人购买浙江省学生信息193万余条。后被告人周某将其中100万余条嘉兴、绍兴地区的学生信息以6万余元的价格出售给被告人陈某，将45655条嘉兴地区的学生信息以3500元的价格出售给被告人刘某等人，将7214条平湖地区的学生信息以1400元的价格出售，将2320条平湖地区的学生信息以500元的价格出售，共计非法获利65400元。此外，2016年4月，被告人刘某、陈某等人以3000元的价格向他人购买嘉兴地区学生信息25068条。周某等被法院以侵犯公民个人信息罪追究刑事责任。

4. 购买含有公民姓名、收货地址、手机号码等内容的网购订单信息，再向他人出售的

典型案例

夏某侵犯公民个人信息罪一审刑事判决书

（2017）浙 0603 刑初 97 号

2015 年 10 月至 2016 年 7 月，被告人夏某买卖大量含有公民姓名、收货地址、手机号码等内容的网购订单信息，非法获利约 5 万元。被告人夏某在归案后如实供述自己的罪行。夏某被法院以侵犯公民个人信息罪追究刑事责任。

5. 利用黑客手段窃取公民个人信息出售牟利的

典型案例

肖某、周某等侵犯公民个人信息罪一审刑事判决书

（2016）内 0402 刑初 396 号

被告人肖某、周某预谋窃取邮局内部的公民个人信息进行出售牟利，共同出资购买了黑客软件。2016 年 5 月至 2016 年 6 月，二人通过黑客软件侵入邮局内网，在邮局内网窃取邮局内部的公民个人信息 103257 条，并将窃取的公民个人信息全部出售给被告人李某。后李某将购买的公民个人信息出售给被告人王某 40000 条，王某又将购买到的公民个人信息出售给被告人宋某 30000 条。肖某、周某等人被法院以侵犯公民个人信息罪追究刑事责任。

6. 通过互联网非法购买、交换、出售公民个人信息牟利的

典型案例

杜某甲、杜某乙侵犯公民个人信息罪一审刑事判决书

（2016）苏 0106 刑初 943 号

被告人杜某甲、杜某乙加入涉及个人信息交换买卖的 QQ 群，通过购买、交换等方式获取大量公民个人信息，再在群里发布广告招揽买家。2015 年 11 月至 2016 年 3 月，杜某甲向他人购买或者交换车主信息等公民个人信息 28 万余条，向他人出售关于期货、基金、车主、信用卡等公民个人信息 42 万余条；杜某乙向他人购买杭州地区新生儿及其父母信息等公民个人信息 3 万余条，向他人出售车主信息、小区业主信息等公民个人信息近 40 万条。杜某甲、杜某乙被法院以侵犯公民个人信息罪追究刑事责任。

7. 通过网络下载等方式非法获取公民住宿记录等信息，并将上述住宿记录供他人查询牟利的

典型案例

丁某侵犯公民个人信息罪一审刑事判决书

（2016）浙 0382 刑初 2332 号

2013 年年底，一家为全国 4500 多家酒店提供网络服务的公司因系统存在安全漏洞，致使全国高达 2000 万条宾馆住宿记录泄露。2015 年年初至 2016 年 6 月，被告人丁某通过在不法网站下载的方式，非法获取宾馆住宿记录等公民个人信息，并上传至自己开办的“嗅密码”网站。该网站除了能够查询住宿记录外，还提供用户 QQ、部分论坛账号及密码找回功能。其中住宿记录共有将近二千万

条，用户经注册成为会员后，可以在网页“开房查询”栏目项下，以输入关键字“姓名”或“身份证号”的方式查询网站数据库中宾馆住宿记录（显示姓名、身份证号、手机号码、地址、住宿时间等信息）。丁某自2015年5月左右开始对该网站采取注册会员方式收取费用60元/人，自2016年1月上调到120元/人。2015年11月1日至2016年6月23日，“嗅密码”网站共有查询记录49698条，收取会员费191440.92元。丁某被法院以侵犯公民个人信息罪追究刑事责任。

8. 利用钓鱼网站非法获取公民个人信息或设立专门用于非法获取他人信息的钓鱼网站，并将网站有偿提供给他人的

典型案例

陈某等人非法利用信息网络罪二审刑事裁定书①

（2017）闽08刑终267号

2015年8月至2016年6月，被告人陈某伙同被告人周某设立用于非法获取公民个人信息的钓鱼网站，该钓鱼网站具有生成假冒“淘宝”“京东”等商城网络域名及退款中心页面，并记录登录用户名、登录密码、银行卡号、取款密码、居民身份证号、银行预留手机号、验证码等功能。被告人周某主要负责编写钓鱼网站程序及网站日常运营维护，被告人陈某负责通过QQ等即时通讯软件联系客户，并出租钓鱼网站的使用权供他人进行网络违法犯罪活动，共收取租金218万元。其中被告人陈某非法获利79万元，被告人周某非法获利139万元。陈某等人被法院以非法利用信息网络罪追究刑事责任。

① 利用钓鱼网站非法获取公民个人信息的，同时构成非法利用信息网络罪和侵犯公民个人信息罪，本案按照《最高人民法院、最高人民检察院关于办理侵犯公民个人信息刑事案件适用法律若干问题的解释》第8条规定，以侵犯公民个人信息罪定罪处罚。

9. 以营利为目的，通过互联网窃取、收买他人信用卡信息资料，并非法转卖给他人的

典型案例

邵某甲窃取、收买、非法提供信用卡信息罪二审刑事裁定书

（2015）商刑终字第219号

2014年4月至2015年3月，被告人邵某甲将在网上搜索、窃取、收买、非法获取的300多条外国公民信用卡信息卖给邵某乙。邵某乙将从邵某甲手里非法获得的300多条外国公民信用卡信息通过网络销售的方式卖给他人。2014年5月至2015年3月，被告人邵某甲将从网上非法获得的80条外国公民信用卡信息以网络聊天的方式，通过支付宝交易卖给项某，项某一共给邵某甲转账52次，共转给邵某甲1412元。2013年9月至2014年7月，被告人邵某甲将从网上非法获得的外国公民信用卡信息以网络聊天的方式，通过支付宝交易给刘某。刘某一共给邵某甲转账72次，共转给邵某甲50025元。邵某甲被法院以窃取、收买、非法提供信用卡信息罪追究刑事责任。

10. 收购他人银行卡后再出租、出售给他人的

典型案例

刘某侵犯公民个人信息罪一审刑事判决书

（2019）湘1228刑初154号

2018年7月的一天，被告人刘某将自己的5张银行卡（开通网银）以1400元钱的价格卖给邓某某（另案处理）。之后，刘某见出售银行卡有利可图，在得知邓某某利用购买的银行卡进行违法犯罪活动的情况下，仍于2018年7月至12

月，陆续找人办理了26张银行卡、9张手机卡，以单卡100元/张、套卡400元/张的价格收购，并以单卡250元/张、套卡600元/张的价格出售给邓某某，出售给邓某某的银行卡包括统一的密码、手机卡、办卡人身份证、地址等信息。刘某出售银行卡共计获利5600元。刘某被法院以侵犯公民个人信息罪追究刑事责任。

徐某某、方某某窃取、收买、非法提供信用卡信息罪二审刑事裁定书

（2021）豫16刑终43号

2019年9月12日，被告人徐某某和王某某在黄某某（另案处理）的带领下，携带64套银行卡前往老挝。后徐某某返回国内，指使下线非法收集他人银行卡60余张及相关U盾、电话卡等，带至老挝交给王某某。2020年4月，被告人徐某某收买他人办理的银行卡、U盾、电话卡17套，王某某让他人办理的银行卡18套，统一设置取款密码及U盾密码，由被告人方某某进行登记，并登录电脑验卡后交由徐某某，后被告人徐某某用衣服包裹邮寄给在老挝的王某某。其中，被告人徐某某、方某某提供的李某1、蔡某等人的十余张银行卡被诈骗犯罪分子利用，转移诈骗资金高达400多万元。被告人徐某某非法获利10100元。徐某某、方某某被法院以收买、非法提供信用卡信息罪追究刑事责任。

11. 收购他人银行卡、手机卡后，再出租、出售给他人的

典型案例

吕某春、曹某民妨害信用卡管理罪二审刑事裁定书

（2021）晋08刑终74号

2019年11月中旬，李某6、徐某以能为他人办理贷款、利息低、不分黑白户为由，吸引拉拢被告人吕某春帮忙宣传，每个贷款户需要提供两张银行卡、一个手机卡及身份证复印件，这一套资料称为一“件”，并承诺除支付被告人吕某

春基本工资，办成一件再支付被告人吕某春100—200元不等的提成。被告人吕某春等人将从全国各地收取的银行卡、手机卡进行登记、整理后交给徐某。2019年12月，被告人曹某民通过被告人吕某春经营的“赚多多”投资平台了解到上述贷款项目后，个人以办理贷款为由收取了四五十件，通过联系被告人吕某春来到了徐某在河北廊坊燕郊镇租用的工作室，被告人吕某春负责该工作室及人员的运营和食宿，并向曹某民承诺，要是能办成500件以上，每超出1件给100元提成。2020年1月，被告人曹某民自己直接或者通过他人在运城市盐湖区、垣曲县、平陆县等地，收取他人500多件，共计千余张银行卡交给了被告人吕某春，其中庭审中经被害人指认的银行卡达62张。2020年5月，垣曲县有群众反映，其提供给被告人曹某民办理贷款的银行卡出现无法注销、注册新卡，办理的手机卡出现巨额欠费、因涉嫌诈骗被停机、无法注销等问题。经查，在云南省昆明市东川区、浙江省杭州市余杭区、广东省广州市增城区、吉林省长春市经济技术开发区、江西省瑞金市、重庆市酉阳县等地出现有人用上述群众手机卡进行电信诈骗，当地公安机关已立案侦查。吕某春、曹某民被法院以妨害信用卡管理罪追究刑事责任。

（二）侵犯商业秘密

1. 商业秘密权利单位的雇员违反与单位的保密协议约定，向他人泄露作为本单位商业秘密的计算机软件源代码的

典型案例

项某、孙某侵犯商业秘密罪刑事裁定书

（2001）沪一中刑终字第703号

1999年3月，新加坡商人投资筹建凌某信息技术（上海）有限公司（以下简称凌某公司），委托上海延某实业有限公司为其招聘电脑技术人员并组织开发软件项目。被告人孙某、项某任软件工程师。在聘用合同中，两人均与凌某公司签有“不得将公司的技术用于被聘方或告知第三方”的保密条款。2000年11月初，项某提议并与孙某预谋，由孙某将凌某公司开发的加密电子邮件系统——

Webmail 软件（新版）提供给项某，再由项某交给 ARL 公司，借此向该公司推荐孙某。同月 6 日，孙某按约定，利用凌某公司邮件服务器上自己的电子信箱通过新浪网将该软件的源代码发送到项某的电子信箱中，在马来西亚的项某用其自带的手提电脑将该软件源代码下载后，即安装到 ARL 公司服务器上并进行了软件的功能演示。公安机关从项某带回的手提电脑中发现 Webmail 软件的源代码。经公安部计算机信息系统安全产品质量检验中心出具鉴定，凌某公司提供的 Webmail 软件源代码和从项某手提电脑中获取的源代码有较大程度的雷同，属于同一软件不同版本的源代码。项某、孙某被法院以侵犯商业秘密罪追究刑事责任。

2. 商业秘密权利单位的雇员违反与单位的保密协议约定，向他人泄露作为本单位商业秘密的网络游戏源代码，给单位造成重大经济损失的

典型案例

伍某等侵犯著作权、侵犯商业秘密罪一审刑事判决书

2010 年伍某在担任某软件公司高级开发经理期间，违反其与公司签订的保密合同，将该公司享有著作权的《剑侠世界》网络游戏软件的源代码向李某披露。李某遂伙同孙某、宋某利用该源代码私自架设服务器运营《情缘剑侠》游戏，非法经营额达 110 余万元。后袁某、熊某以 58 万元的价格购得《情缘剑侠》游戏继续运营，非法经营额达人民币 40 余万元。伍某等被法院分别以侵犯商业秘密罪和侵犯著作权罪追究刑事责任。

3. 利用爬虫软件，突破视频网站、服务器的正常防护措施，获取视频网站、服务器中存储的他人享有著作权的音视频数据的

典型案例

段某侵犯著作权罪一审刑事判决书

（2017）沪0104刑初325号

被告人段某于2013年在互联网上设立名为“窝窝电影网”的视频网站，利用视频“搜索爬虫”技术，针对乐视、土豆等各大知名视频网站的影视作品设置加框链接，为提高网站的知名度和被链接影视作品的点击量，在网页内以设置目录、索引、内容简介、排行榜等方式推荐影视作品，吸引用户点击播放，并为提高用户黏度，利用技术措施屏蔽权利人设置在部分影视作品上的片头广告。段某被法院以侵犯著作权罪追究刑事责任。

4. 利用网络将自己掌握的权利人的不为公众所知悉，并且能为权利人带来经济利益、具有实用性的信息出售、公开披露的

典型案例

惠某侵犯商业秘密罪一审刑事判决书

（2014）鼓知刑初字第1号

2010年12月16日，被告人惠某与某公司签订劳动合同书，担任车间部副主任，负责生产调度、发放生产指导书和派工单、安排生产等工作。同日，惠某还与该公司签订员工保密协议，承诺严格遵守某公司的保密制度，禁止泄露公司的商业秘密。惠某作为车间副主任负责生产，掌握该公司专有技术秘密资料。2013年1月至2月，被告人惠某多次通过网站对外发布广告，自称有成熟的化工产品

技术，寻求对外合作，同时，其还通过即时通讯软件建立的“消泡剂QQ群”与消泡剂同行业者进行商谈，兜售其所掌握的该公司专有技术资料。经上海市知识产权司法鉴定中心鉴定，惠某对外兜售的专有技术资料与该公司系列产品专有技术资料相同或实质相同，均属于不为公众知悉的技术信息。经审计，该公司系列产品研发费用合计1039248.64元。惠某被法院以侵犯商业秘密罪追究刑事责任。

（三）虚拟财产

1. 非法进入计算机信息系统获取游戏装备、游戏币等虚拟财产并出售牟利的①

典型案例

王某非法获取计算机信息系统数据罪一审刑事判决书

（2017）京0108刑初365号

被告人王某于2015年5月至2016年4月，购买他人非法获取的北京某某在线科技有限责任公司独家运营的网络游戏账号和密码六万余组，后将上述账号内的游戏装备等物品通过互联网变卖牟利。在此期间，其共销售游戏装备等物品数额达69093元。被告人销售游戏装备等物品的来源账号中，自己合法所有的账户只有10个，购买他人非法获取的账号有6万余个。王某被法院以非法获取计算

① 获取他人网络游戏账号、密码，而后出售其中游戏装备等物品的行为，部分判决是以非法侵入计算机信息系统罪、破坏计算机信息系统罪、盗窃罪定罪处罚的，笔者认为，此类案件的定性应坚持主客观相一致，对于行为人获取他人网络游戏账号、密码，仅出售其中游戏装备的，宜认定为非法获取计算机信息系统数据罪。理由为：虚拟装备、游戏币等虚拟财产通常由网络企业发行，不具备法律意义上财产的稀缺性这一属性，价值计算难有标准；虚拟财产整体属于新兴事物，在社会上存在各类表现形式，其中不乏不规范的品种，如司法领域将虚拟财产统一认定为盗窃罪中予以保护的传统财物，存在变相确认所有虚拟财产的法律地位、对某些不合规品种做出性质误判的危险。游戏装备等虚拟财产作为计算机信息系统的数据，属于非法获取计算机信息系统数据罪的客体，以非法获取计算机信息系统数据罪定罪处罚符合刑法的规定。

机信息系统数据罪追究刑事责任。

2. 通过网络盗窃他人与现实生活中享有的财产对应的虚拟财产（比如Q币）的

典型案例

孟某、何某盗窃罪一审刑事判决书

最高法公报案例

被害单位某某公司系腾讯在线Q币以及网易一卡通在上海地区网上销售的代理商。2005年6—7月，被告人孟某通过互联网，利用黑客程序窃得某某公司登录腾讯、网易在线充值系统使用的账号和密码。同年7月22日下午，孟某通过网上聊天方式与被告人何某取得联系，向何某提供了上述所窃账号和密码，二人预谋入侵某某公司的在线充值系统，窃取Q币和游戏点卡后在网上低价抛售。二被告人盗窃的Q币、游戏点卡，共计价值25948.96元，某某公司合计损失14384.33元。孟某、何某被法院以盗窃罪追究刑事责任。

3. 在出售网络游戏账号后，通过虚假申诉、密码找回等取回网络游戏账号的

典型案例

梁某盗窃罪一审刑事判决书

（2018）沪0106刑初338号

2017年8月6日，被告人梁某通过网购平台将其在网易网络有限公司（以下简称网易公司）注册登记的《倩女幽魂》手游账号以2000元的价格出售给被害人吴某。吴某使用该账号先后充值3740元用于购买游戏中虚拟物品。2017年

12月16日，被告人梁某产生非法占有该账号内虚拟物品的想法，遂通过网易公司申诉平台恶意盗回该手游账号，并重置登录密码和变更绑定手机号。吴某在发现无法登录游戏账号后通过申诉平台得知梁某盗回了游戏账号，遂报警。梁某被法院以盗窃罪追究刑事责任。

4. 以出售网络游戏账号、游戏装备等为幌子，将网络游戏账号、游戏装备等出售得款后，通过虚假申诉、密码找回等取回网络游戏账号的

典型案例

林某诈骗罪二审刑事裁定书

（2017）豫07刑终194号

被告人林某本无出售游戏装备的意图，为非法获取他人财物，2012年4月28日15时许，将自己网络游戏账号中的“金箍棒”装备以5000元价格卖给被害人宋某，后于当天20时许，在网络游戏内采用申诉的方式，谎称卖给被害人宋某的“金箍棒”装备被盗，通过客服将该装备收回至自己账号。林某被法院以诈骗罪追究刑事责任。

5. 虚构有内幕信息等手段诱导被害人入金购买虚拟货币，对被害人实施诈骗的

典型案例

张某、袁某诈骗罪一审刑事判决书

（2019）豫0105刑初875号

2018年11月以来，被告人张某、袁某等人利用虚假身份，通过网络社交平

台加男性好友，以聊感情的方式，虚构有内幕信息等手段诱导被害人入金购买一种名为“TUU”的虚拟货币，对被害人实施诈骗。经审计，入金折算共计356659.49元。张某、袁某等人被法院以诈骗罪追究刑事责任。

6. 通过侵入、控制等方式，获取他人计算机系统中存储的虚拟货币的

典型案例

李某、周某非法获取计算机信息系统数据罪二审刑事判决书

（2019）川01刑终948号

2018年1月6日晚，被告人李某正式入职成都某科技有限公司担任CEO。2018年1月8日，被告人周某经李某介绍入职成都某未来网络科技有限公司（以下简称某未来公司），担任客服专员。2018年3月初，被告人李某、周某预谋侵入某未来公司计算机信息系统，非法获取虚拟货币。二被告人向其注册账户虚假充值10亿元，然后通过该账户在BI网上购得EOS、LRC、NEO、XAS、ETH、DDV 7种虚拟货币共计355万余个，并将这些虚拟货币转移至其他交易平台。李某、周某被法院以非法获取计算机信息系统数据罪追究刑事责任。

7. 内外勾结获取电信公司内部免费宽带账户后转卖的

典型案例

汤某与许某盗窃罪二审刑事裁定书

（2016）粤01刑终1513号

2014年5月至9月，被告人汤某与许某合伙通过盗取中国电信内部宽带账号后出售牟利。被告人汤某利用其在中国电信股份有限公司某分公司的工作便

利，负责侵入中国电信业务系统，通过解除宽带账号和设备端口的绑定等手段，盗取中国电信内部宽带账号19个（价值共67090元），后由被告人许某负责向社会高价出售牟利。另查，公安机关在被告人许某家中查获被盗取的中国电信宽带账号2个，共价值26730元。汤某、许某被法院以盗窃罪追究刑事责任。

8. 以虚假理由骗取他人虚拟货币的

典型案例

孟某、刘某非法获取计算机信息系统数据罪二审刑事裁定书

（2019）浙03刑终1117号

被告人孟某、刘某创建“BTCETH担保交易群”，以对以太坊虚拟币（以下简称以太币）提供交易担保的名义发展成员。2017年12月30日，被害人朱某在该群内发布出售以太币的信息，刘某、孟某经合谋后由刘某通过微信联系朱某并谎称以每个以太币5000多元的价格收购朱某50个以太币。当日15时许，朱某将50个以太币转到刘某指定的以太坊钱包后，刘某、孟某即将朱某的微信“拉黑”并“踢出”群。同日，刘某、孟某以同样手段获取被害人倪某10个以太币。此后，孟某将获取的60个以太币等虚拟货币出售套现38万余元并与刘某予以瓜分。刘某、孟某被法院以非法获取计算机信息系统数据罪追究刑事责任。

裴某诈骗罪二审刑事裁定书

（2016）粤19刑终573号

2014年8月初，被告人裴某用自己的笔记本电脑上网，在互联网上购买了域名为“比特币. cc”的网站，制作了一个以投资比特币为内容的论坛，然后用昵称为“铲锨”的QQ在一些比特币QQ群里发广告，谎称该网站存比特币有丰厚的利息及奖励报酬，吸引别人将比特币转入该网站。后裴某联系到被害人朱某，朱某按照“铲锨”的指引，于2014年8月3日联系了该“比特币. cc”网

站的充值客服QQ（该客服QQ也由裴某所操作）后，于2014年8月3日至10日分多次将共计约183.8个比特币（约价值668100.134元）转入该客服提供的比特币网址，并转账10000元给裴某，共被骗678100.134元。得手后，裴某于2014年8月10日删除了该网站的源代码，将网址转接到其在百度网盘编辑的一个公告文档页面，并公告声称网站被攻击，网站内的比特币被盗走无法追回。裴某将所骗得的比特币分多个网站转移，并将所有比特币变卖，变现所得共计约700000元。裴某被法院以诈骗罪追究刑事责任。

9. 开设网站层层发展下线会员，要求参与者缴纳不等金额的费用取得会员资格，以此推广、发行虚拟货币的

典型案例

孙某、韩某组织、领导传销活动罪二审刑事裁定书

（2018）豫01刑终1212号

宋某、司某等人通过策划、开设网站层层发展下线会员，推广“五化联盟”“五行币”，许诺高额收益。参与者缴纳不等金额的费用取得会员资格，通过发展新会员可获得动态奖励。被告人孙某、韩某通过微信大肆宣传、推广“五化联盟”，宣称“五行币”系我国即将发行的“数字货币”，可以保值、升值，500元注册会员，直接推荐下线有提成，引诱参加者继续发展他人参加。通过“五化联盟”平台孙某发展下线会员44层7120人，韩某发展下线会员42层7118人。孙某、韩某被法院以组织、领导传销活动罪追究刑事责任。

10. 将数字货币包装成投资理财项目，向不特定社会公众发售，募集资金的

典型案例

黄某非法吸收公众存款罪二审刑事裁定书

（2018）沪01刑终904号

2015年起，被告人黄某经他人介绍参与投资了境外组织通过网络平台运营的“马克币”数字货币项目；其后，在未经我国金融管理部门批准的情况下，向他人宣传该项目投资到期保本返还且有静态增值、动态奖金等高额回报，发展包括某市某区居民在内的社会公众投资“马克币”。在此期间，被告人黄某发展公众投资者78人，非法吸收投资本金304万余元，造成投资者投向该网络平台的资金损失达252万余元。黄某被法院以非法吸收公众存款罪追究刑事责任。

11. 以非法占有为目的，虚设数字货币投资理财项目，向不特定社会公众发售，募集资金的

典型案例

温某等集资诈骗罪二审刑事裁定书

（2019）闽01刑终1300号

被告人温某系福建某公司董事长。从2015年12月起，温某等人虚设某币投资理财项目。福建某公司对外谎称参与投资其公司发行的虚拟电子货币某币，可获得高额回报，通过策划福州、杭州、武汉、郑州、厦门、台湾等多个招商说明会以及培训班的方式向受害人虚假宣传某币的投资价值，全国某币注册会员5423人。温某多次在某币招商会上进行虚假宣传，称该项目以线上租赁某币挖矿机挖矿，通过新进投资者的区链放大收益，最终获得1—4倍收益回报。2016年7月，温某等明知某币的投资已出现问题，仍伙同他人将某币兑换成国际积

分，宣称可用于日常消费，可支持加油站、的士车消费、缴纳罚款和社保、在台湾用某币支付70万商家产生的消费等，骗取被害人的信任，吸收大量受害人的巨额现金后通过各种方式予以转移。经审计，涉案金额为25572158.16元。温某被法院以集资诈骗罪追究刑事责任。

12. 以将赢取的虚拟货币非法变现为目的，利用木马程序远程控制，进而在网络对局游戏中赢取具有赌博筹码功能的虚拟货币，用以销售获利的

典型案例

叶某诈骗罪二审刑事裁定书

（2012）浙丽刑终字第54号

2009年至2010年，叶某伙同他人，故意在互联网上设置假冒游戏网站，传播木马病毒，并利用木马程序非法控制他人计算机信息系统。2010年4月25日18时许，叶某伙同他人，通过木马程序控制一名为“罗马帝国主义”的游戏玩家（真实姓名为任某）的电脑，发现该玩家持有大额的虚拟货币，为赢取该玩家的虚拟货币，叶某使用以徐永清身份证申请的“复古环境棵”的游戏账号，与被害人任某在“456棋牌游戏”中的“温州二人麻将”里，以虚拟货币作为“筹码”进行赌博，叶某利用远程控制程序看任某的“麻将底牌”，将任某持有的260亿余元虚拟货币赢走。叶某等人将所得虚拟货币变卖后非法获利共计160万余元，其中叶某分得120万余元。叶某被法院以诈骗罪追究刑事责任。

四、数据信息类犯罪案件的办案思路

（一）侵犯公民个人信息

1. 根据查获环节树立多层次侦查思路①

侵害公民个人信息犯罪多显现链条化特点。贩卖源头往往是一些特定行业

① 赵晨曦、杨战海：《侵犯公民个人信息犯罪打击与治理对策研究》，载《黑龙江省政法管理干部学院学报》2018年第1期。

(快递、医院、学校等)的内鬼、黑客、无良商家等。中间商是起着对具有出卖需求和购买需求的两方的建桥作用，他们一般会通过即时通信软件等将买卖双方联系起来。购买者一般是保险公司、商贸公司、中介等一些想要进行精确营销的公司或个人；同时有部分预谋犯罪的重点群体，也会通过购买目标个人的信息，以达到犯罪目的。公安机关应追根溯源、深入侦查、深挖犯罪，尽力对整个犯罪链条整体打破，实现最大的侦查收益。

2. 公民个人信息的来源和用途往往是侦查的切入点

在司法实践中，行为人通过网络非法获取公民个人信息的方式多种多样，包括侵入他人计算机信息系统获取，通过短信群发平台、QQ 群、微信群及淘宝网等渠道购买、下载或交换等。用途方面既有经商自用的，也有用于违法犯罪或转售牟利的。在抓获犯罪嫌疑人时，应着重对其信息来源、用途予以侦查，往往会由此牵出上下线，进而扩大办案成果。

3. 从电子证据入手，构建完整证据链

侵犯公民个人信息类案件往往通过即时通讯软件、邮件等形式发送，行为人会将其储存在电脑、移动存储设备中，故应第一时间对相关的介质予以依法扣押、提取其中的电子数据。通过即时通讯软件聊天记录、邮件发送记录还可进一步追踪数据流转情况。

4. 区分公民个人信息的类型展开侦查

善于运用司法解释，《最高人民法院、最高人民检察院关于办理侵犯公民个人信息刑事案件适用法律若干问题的解释》规定：“对批量公民个人信息的条数，根据查获的数量直接认定，但是有证据证明信息不真实或者重复的除外。”对批量处理的公民个人信息，不必逐一核实，但需注意听取犯罪嫌疑人、被告人的辩解，注意剔除不真实或者不充分的信息。同时，对于公民个人敏感信息，由于入罪门槛较低，因而仍需要逐一核实信息的真实性。

(二) 侵犯商业秘密

1. 通过线索审查，确定案件性质和管辖

侵犯商业秘密案件来源主要为权利人报案，少数为工商行政管理机关移送。对于报案或移送的材料，应按照侵犯商业秘密罪的构成要件进行审查，确定是否属于商业秘密，犯罪行为或犯罪结果是否发生在本辖区，是否属于自己管辖。

2. 对有条件接触商业秘密者进行排查，发现犯罪嫌疑人

行为人往往为扩张市场份额，赚取高额利润，排挤竞争对手，而非法获取他

人商业秘密。故此类案件多为内外勾结，由内部有条件接触商业秘密的人员获取后提供给竞争单位。因此，应围绕有条件接触商业秘密的人开展调查，同时对市场上侵犯商业秘密的相关产品、技术进行鉴定，及时固定商业秘密被侵犯的证据。

3. 对涉案的技术信息、经营信息进行鉴定，明确其商业秘密属性

侦查人员首先应熟悉涉案产品、技术情况，包括其技术参数、运行机理等；其次因案件具有较强的专业性，应及时聘请相关专家和有关机构进行鉴定。鉴定对象包括：财务会计账目、电子数据资料、生产设备性能、某种产品的具体生产技术手段等。该鉴定包括客观鉴定和主观鉴定两种，客观鉴定是针对外观、成分、含量、比例、性能等方面的鉴定，依赖科技手段和仪器设备才能进行。主观鉴定围绕新颖性、创造性、实用性等特性进行，需要鉴定人员利用专业知识进行主观判断。对知识产权的鉴定要严格依照程序进行。①

（三）虚拟财产

1. 根据虚拟财产流转情况开展侦查

对以游戏账号、装备等虚拟财产为犯罪对象的案件，行为人往往系利益驱动获取他人游戏账号、装备等虚拟财产，相应的虚拟财产必定依托游戏存在，存储于计算机信息系统中，其流转也有一定的痕迹，可通过对相应账号、装备的后续使用人开展侦查，明确其获取的途径。

2. 从“异常”IP 记录、入侵软件操控等开展侦查

网络犯罪案件，行为人要么利用黑客软件、要么通过远程操控等形式实施，相应的操控大都会被系统日志予以记录。在侦查中，应注重对系统日志等的提取，固定入侵记录，锁定入侵人员的 IP 地址，进而通过虚拟身份锁定其现实身份。这其中，还可结合虚拟财产销赃款的流向同步锁定人员身份。

3. 结合违法所得、经济损失、身份认证信息等相关罪名的量刑情节开展侦查

量刑情节是人民法院对犯罪分子裁量刑罚时应当考虑的、据以决定量刑轻重或者免除刑罚处罚的各种情况，因而也是侦查的重点。实务中对于危害计算机信息系统的犯罪，上述几项指标的具体认定存在一定难度时，可以通过被告人的供述、证人证言、勘验笔录、登录记录等证据来确定以上几项指标的最低水平。

---

① 董邦俊：《论侵犯知识产权犯罪案件侦查》，载《中国人民公安大学学报（社会科学版）》2013 年第 6 期。

第三章　网络支付犯罪

一、网络支付简介

网络支付是一个综合性的支付方式，需要借助计算机、手机等，通过网络指令，实现支付、转移货币资金等功能，[①] 而第三方支付是其中的重要类型。近年来，随着手机的大众化，支付宝、财付通（微信支付）等网络第三方支付平台提供的支付服务以其高效便捷性迅速影响了公众生活。[②] 支付宝、微信等网络第三方支付平台已从单纯支付工具延伸至网络理财、信贷、公共事业费用缴付等多种场合，相关的产品除快捷支付外，还包括零钱类的支付宝余额、微信零钱；理财类的余额宝、零钱通；消费、透支类的蚂蚁花呗、蚂蚁借呗、微粒贷；理财类的余额宝、理财通等。另外还有京东白条以及内嵌在各第三方支付平台上的小程序，如安逸花、招联金融、捷信消费金融、马上消费金融等。作为一种新兴的支付服务，第三方支付在展现出高效性的同时，不可避免地引发各类网络支付领域犯罪活动，成为侵犯财产犯罪的新兴领域，相关案件因其新颖性，在法律适用上存在较大分歧。本章将网络支付领域的相关问题进行类型化分析，为司法办案提供相对系统的参考。

（一）网络第三方支付平台的法律界定

根据《金融机构编码规范》，网络第三方支付平台不属于我国金融机构范围。《最高人民检察院关于办理涉互联网金融犯罪案件有关问题座谈会纪要》和央行公布的《金融机构大额交易和可疑交易报告管理办法》均秉持这一观点。2010 年央行制定并出台的《非金融机构支付服务管理办法》，明确了第三方支付

---

① 陈龙鑫：《第三方支付中涉互联网支付犯罪问题研究》，载《检察调研与指导》2018 年第 6 辑。

② 浙江省杭州市人民检察院课题组：《涉网络支付犯罪规制的实践范例》，载《人民检察》2019 年第 6 期。

平台的非金融机构定位。以支付宝为例，2016年3月31日，支付宝公司修改了《支付宝服务协议》，在增加的条款中规定："支付宝服务是支付宝公司向客户提供的非金融机构支付服务，是受客户委托代客户收付款的资金转移服务。"支付宝账户所记录的资金余额系用户委托支付宝保管的、所有权归属于用户的预付价值。可见，支付宝与用户之间是委托保管关系，支付宝与银行是托管关系，支付宝在支付的整体过程中，充当了资金保管和指令支付的中介角色。①

（二）网络支付账户的法律属性

网络支付账户本身不属于刑法意义上的信用卡。根据全国人大常委会的立法解释，刑法规定的"信用卡"，是指由商业银行或者其他金融机构发行的具有消费支付、信用贷款、转账结算、存取现金等全部功能或者部分功能的电子支付卡。其发行主体是金融机构，具有主体和功能特定性，信用卡的物质表现形式是一种特制的卡片，借以实现无现金支付。《商业银行信用卡业务监督管理办法》将不具有透支功能的借记卡等也纳入"信用卡"的概念之下，但仍未突破发卡主体为商业银行或者其他金融机构的形式要件限制。根据中国人民银行出台的《非金融机构支付服务管理办法》规定，第三方支付平台为非金融机构，故网络支付账户本身不应认定为刑法意义上的信用卡。

（三）条码（二维码）支付信息的法律属性

条码（二维码）支付业务由中国人民银行《条码支付业务规范（试行）》予以规范。该规范规定了条码支付业务的概念，要求条码信息限于当次支付，不含任何与客户及其账户相关的支付敏感信息，移动终端展示的条码，不得包含未经加密处理的客户本人账户信息。② 据此，条码（二维码）支付信息是包含当次支付有关的商户信息、受理终端类型和代码，交易时间、地点、金额类型、渠道、发起方式等信息的条码信息，具有单次性。同时，信用卡账户信息和条码（二维码）支付信息由加密系统隔断，不能认为行为人获取被害人付款二维码信息与获得被害人信用卡账户信息等同。③

从近年来司法实践中出现的案例来看，网络支付领域刑事犯罪一般可以分为以下类型：

---

① 曾业妮：《私转支付宝账户资金的刑法规制》，载《人民司法》2019年第1期。

② 参见《条码支付业务规范（试行）》第18条。

③ 金果：《扫描付款二维码转移财产构成盗窃罪》，载《人民司法》2019年第20期。

1. 非法获取支付账户财产

从犯罪手法来看，该类型的犯罪又细化为：第一，登录他人网络支付账户非法获取他人账户余额。主要表现为通过登录他人网络支付账户，在他人不知情的情况下，非法获取他人账户内资金。获取他人网络支付用户名和密码的手段，包括骗取、事先无意知晓、事后技术破解甚至撞库[①]等。第二，登录网络支付平台非法获取他人账户已关联银行卡内钱款。第三，获取他人银行卡（银行卡信息）后，将他人银行卡与第三方支付平台绑定进而非法获取卡内钱款。第四，侵犯第三方支付平台所关联账户内的信贷资金。借助第三方支付平台的授信额度，假冒真实使用人，通过套取信贷资金，用以消费、取款等。[②]

2. 利用二维码非法获取财产

司法实践中主要表现为偷换他人网络收付款二维码和利用虚假罚款（费用）缴纳二维码非法获取钱款。此类案件的主要表现形式包括通过调包他人收付款二维码或张贴虚假的违停缴费单、虚假的共享单车缴费码非法获取钱款。

3. 利用网络支付账户套现

利用网络支付（消费/透支）账户套现的类型有以中介身份帮助他人套现，收取套现手续费和以套现为名获取财物。常见的有花呗套现、白条套现等。

4. 利用网络支付账户虚假刷单

常见的有以虚假刷单形式获取网络第三方支付平台返利，主要表现为行为人以非法占有为目的，通过虚构交易、虚假刷单等方式，虚构事实、隐瞒真相，使第三方支付平台陷入认识错误，误以为真实交易现实发生，最终返利给行为人。也有部分以刷单炒信为名实施的犯罪行为。

5. 利用网络支付账户开展支付结算

随着网络支付业务的开展，部分人员在第三方支付平台开立账户后，实际从事为他人结算资金的服务。实践中，常见的有通过在第三方支付平台开立企业账户，以自身生产经营之名，行为他人接收、流转资金之实，涉嫌非法经营、洗钱、掩饰隐瞒犯罪所得等罪名。

---

① 撞库是指黑客通过收集已泄露的用户信息，利用账户使用者相同的注册习惯，如相同的用户名和密码，尝试批量登录其他网站，从而非法获取可登录用户信息的行为。

② 黄伯青、宋文健：《涉第三方支付类侵财案件的刑事规制解析》，载《人民法院报》2019年2月14日，第5版。

二、网络支付犯罪的特点

网络支付领域的刑事案件呈现出以下几个方面的特征：

（一）信息交换的失真性强

与传统支付方式相比，网络支付是一种非接触式支付，平台与用户之间的联系薄弱，不需要面对面办理，身份审查宽泛，信息交换的失真性强。

（二）犯罪行为的隐蔽性强

与传统支付方式相比，网络支付突破了时间、空间、物理等方面的限制，在金融因素基础上加入互联网因素，行为人大多具有计算机及网络方面的专业背景，犯罪行为的隐蔽性更强。

（三）犯罪结果的危害性强

与传统支付业务相比，网络支付双重叠加了金融活动与互联网的安全风险及技术漏洞，波及面广，传播速度快，覆盖范围广，社会危害性更强。①

（四）法律适用的疑难性高

网络支付领域新型犯罪行为层出不穷，手段复杂，作案手段包含利用非法获取他人支付账户私密信息窃取他人账户资金、偷换他人收款二维码、更换他人支付密钥以及利用技术手段非法修改服务器网页冒用支付网站等，现有刑法条文、刑法体系难以适应这类犯罪，该领域的案件在法律适用上存在较大分歧，法律适用的疑难性也较高。

（五）涉案罪名具有集中性

网络支付类案件涉案罪名具有相对集中性。以第三方支付平台所涉案件为例，这类案件罪名一般涉及未经中国人民银行批准取得支付业务许可证，从事或变相从事支付业务的非法经营罪，利用第三方支付平台进行的套现诈骗案以及利用网络技术“黑客”等手段攻击、窃取或修改支付信息进一步盗取网络账号内资金的盗窃案等。②

（六）案件办理的证明力强

与传统实体货币支付方式相比，网络支付模式下各种电子数据全程留痕，网

---

① 胡春健、陈龙鑫：《互联网金融案件的刑民界分》，载《人民检察》2019 年第 9 期。

② 沈雪中、吴露萍、王挺：《互联网金融刑事法律风险及防控》，载《人民检察》2017 年第 9 期。

络支付领域犯罪活动的交易记录、支付记录、聊天记录等，只要不被故意破坏、损坏，更能被获取、固定和鉴定，更容易形成证据锁链，案件办理的证明力更强。

三、网络支付犯罪的表现形式

（一）非法获取网络支付账户财产

1. 利用事先知晓的他人网络支付账户的账号、密码，在他人不知情的情况下，登录他人网络支付账户，非法获取账户内资金的

典型案例

黄某盗窃罪一审刑事判决书

（2017）赣1103刑初250号

2017年1月27日下午14时许，被告人黄某到叶某家玩时，借用叶某的手机，从叶某的第三方支付账户转账5000元到黄某本人的第三方支付账户里。转账完成后，黄某删除了转账记录。黄某被法院以盗窃罪追究刑事责任。

2. 利用技术破解、撞库等手法，获取他人网络支付账户的账号、密码，在他人不知情的情况下，登录他人网络支付账户，非法获取账户内资金的

典型案例

刘某盗窃罪一审刑事判决书

（2015）黔钟刑初字第965号

2015年5月以来，被告人刘某通过在网上下载名为“花和尚”的木马病毒软件，破解网吧服务器管理员的账号密码后，种植在多个网吧服务器内，盗取到被害人钱某、张某的QQ账号及密码，进而进入被害人第三方支付账户修改账户密码。因直接转账容易被查获，被告人刘某通过网上虚拟交易的方式，盗刷被害

人在第三方支付账户绑定的银行卡，套现后转入自己的银行卡。2015 年 6 月 22 日，刘某通过上述方式将钱某第三方支付账户绑定的银行卡中的 12000 余元转到自己的银行卡中；2015 年 6 月 25 日，刘某通过上述方式直接将张某第三方支付账户绑定的银行卡中的 39960 元转入自己的银行卡中。被告人刘某共计盗窃张某及钱某 51960 余元。刘某被法院以盗窃罪追究刑事责任。

3. 骗取他人网络支付账户的账号、密码，在他人不知情的情况下，登录他人网络支付账户，非法获取账户内资金的

典型案例

杨某诈骗罪一审刑事判决书

（2018）内 0424 刑初 111 号

被告人杨某通过网络发布消息，称其能办理贷款、提升信用卡额度，骗得被害人信任后，向被害人索要第三方支付账号和密码，于 2018 年 1 月 3 日，从被害人的第三方支付账户里转账 1500 元到自己的第三方支付账户内。所得赃款被其挥霍。被告人杨某共实施诈骗 4 起，合计诈骗 38189.56 元。杨某被法院以诈骗罪追究刑事责任。

4. 利用事先知晓的他人网络支付账户的账号、密码，在他人不知情的情况下，登录他人网络支付账户，非法获取账户已关联银行卡内资金的

典型案例

袁某盗窃罪一审刑事判决书

（2019）皖 0221 刑初 140 号

2018 年 12 月 1 日，被害人王某因需使用新注册第三方支付账户在网上申请

贷款，故要求被告人袁某帮其申请注册。被告人袁某便使用自己的手机号码帮王某注册了账号并绑定了王某的身份信息和一张交通银行卡，后因该申请不符合条件而未能贷款成功。2018 年 12 月 3 日至 4 日间，被告人袁某在被害人王某不知情的情况下，利用事先知晓账号密码登录王某新注册的第三方支付账号，先后六次将该账号所绑定的银行卡内现金共计 3003 元转至自己控制的第三方支付账户中，后予以提现和消费使用。袁某被法院以盗窃罪追究刑事责任。

5. 利用技术破解、撞库等手法，获取他人网络支付账户的账号、密码，在他人不知情的情况下，登录他人网络支付账户，非法获取账户已关联银行卡内资金的

典型案例

温某等盗窃罪一审刑事判决书

（2017）川 0124 刑初 720 号

2017 年 1 月 24 日 14 时许，被告人温某等人经预谋后，撬门进入被害人李某家中，将两部手机、六只手表、四个玉器、一个挎包盗走，之后根据被害人李某的身份信息，破解了李某第三方支付账户密码，以转账、快捷支付等方式将被害人李某的银行卡内的银行存款和零钱共计 54608.89 元盗走。温某等人被法院以盗窃罪追究刑事责任。

6. 骗取他人网络支付账户的账号、密码，在他人不知情的情况下，登录他人网络支付账户，非法获取账户已关联银行卡内资金的

典型案例

黄某诈骗罪一审刑事判决书

（2017）苏0602刑初503号

2016年11月27日至2017年1月25日，被告人黄某以帮被害人马某办理信用卡为由，骗得马某的第三方支付账户的账号及密码。后又以办卡需要走流程等理由，将马某上述账号中关联银行卡内的资金共计114154.05元转至自己的第三方支付账户。其间，黄某还以帮马某购买二手汽车为由，骗取马某10000元。黄某被法院以诈骗罪追究刑事责任。

7. 获取他人银行卡（银行卡信息）后，冒充持卡人将他人银行卡与网络支付账号绑定，再利用网络支付账号的转账、消费等功能，非法获取他人银行卡内钱款的

典型案例

龚某信用卡诈骗罪二审刑事裁定书

（2017）沪01刑终736号

2016年8月中上旬始，被告人龚某通过网络结识被害人王某，并在交往中获知王某的第三方支付账户的密码及信用卡号码。自2016年8月25日始，被告人龚某多次私自使用王某的移动电话机登录第三方支付账户，采用信用卡绑定支付宝后转账的方法，将王某信用卡内合计50000元转出后供自己使用。龚某被法院以信用卡诈骗罪追究刑事责任。

8. 欺骗持卡人将银行卡与网络支付账号绑定，再在他人不知情的情况下，利用网络支付账号的转账、消费等功能，非法获取他人银行卡内钱款的

典型案例

石某盗窃罪一审刑事判决书

（2018）苏0602刑初610号

2018年2月5日12时许，石某在帮助李某办理网络贷款过程中，将李某的银行卡与李某的第三方支付账户关联。其间，石某在李某不知情的情况下，登录李某的银行网银、第三方支付账号，将刚刚绑定的银行卡内资金7760元转至自己的第三方支付账户。石某被法院以盗窃罪追究刑事责任。

9. 利用事先知晓的他人网络支付账户的账号、密码，在他人不知情的情况下，登录他人网络支付账户，将账户内已开通的消费、信贷账户（花呗、借呗、微粒贷、白条等）内额度资金，用以消费、套现的

典型案例

刘某盗窃罪二审刑事裁定书

（2017）湘01刑终1100号

被告人刘某与被害人朱某于2016年3月确定情侣关系，其间，被告人刘某利用知道被害人朱某手机开机密码、第三方支付账户密码的便利条件，趁被害人朱某熟睡之机偷用被害人朱某手机，通过盗刷、借款的方式从第三方支付账户关联的已开通的消费、信贷账户中盗窃8051元。刘某被法院以盗窃罪追究刑事责任。

10. 利用骗取的他人网络支付账户的账号、密码，冒用他人名义开通的消费、信贷账户（花呗、借呗、微粒贷、白条等），将额度资金用以自己消费、套现的

典型案例

朱某等诈骗、贷款诈骗罪一审刑事判决书

（2017）湘0921刑初254号

2016年1月至2017年6月，被告人朱某伙同他人，非法获取他人身份证件或身份信息后，通过在银行和通讯公司办理银行卡和通讯卡，套取他人手机号码、银行账户或第三方支付账号等方式，获取第三方支付账户的余额，并通过网络借贷平台某消费金融有限公司申请贷款以骗取财物。被告人朱某伙同他人先后冒用陈某、刘某、李某、唐某等11人的身份信息，获取第三方支付账户的余额和骗取财物。朱某被法院以贷款诈骗罪、诈骗罪追究刑事责任。

11. 利用事先知晓的他人网络支付账户的账号，冒用他人名义开通的消费、信贷账户（花呗、借呗、微粒贷、白条等），将额度资金用以自己消费、套现的

典型案例

苏某盗窃罪一审刑事判决书

（2019）桂0721刑初132号

2017年至2018年8月，被告人苏某以帮助被害人办理信用卡、提升信用卡额度为由，获取了被害人的相关身份证、银行卡、信用卡及网上支付账户、密码等身份信息，之后在被害人不知情情况下，利用被害人身份、账户信息，采取盗刷被害人信用卡、银行卡，利用被害人身份信息在相关网络借贷平台借款，所盗刷的钱款及网络借贷平台上的借款在到达被害人账户后，苏某即将款项转走使用，通过采取上述方式共盗窃被害人374996元。苏某被法院以盗窃罪追究刑事

责任。

12. 在帮他人开通网络支付账户内消费、信贷功能（花呗、借呗、微粒贷、白条等）时，谎称未办理成功，而将消费、信贷资金转至自己控制的账户或直接消费的

典型案例

冯某盗窃罪一审刑事判决书

（2015）甬象刑初字第849号

2015年6月8日上午，蒋某欲套现3000元，要求被告人冯某帮助开通互联网支付账户的消费透支功能。被告人冯某遂使用蒋某的手机开通蒋某的互联网支付账户的消费透支功能，并通过网络商店透支消费3000元，网络商店扣除手续费后将2850元退回蒋某的第三方支付账户，被告人冯某即私自将蒋某的第三方支付账户中的2850元转账至被告人冯某的账户并向蒋某谎称没有套现成功。冯某被法院以盗窃罪追究刑事责任。

13. 利用事先知晓的他人网络支付账户的账号、密码，在他人不知情的情况下，登录他人网络支付账户，将账户关联的理财资金（如支付宝内的余额宝、微信内的零钱通等）赎回，再将所得钱款非法转移或直接消费的

典型案例

朱某盗窃罪二审刑事裁定书

（2018）浙03刑终441号

2017年10月18日，被告人朱某利用帮被害人黄某修改手机上“饿了么”

信息的机会，将黄某第三方支付账号中关联的理财资金12000元转至其女友第三方支付账号上，将该款占为己有。朱某被法院以盗窃罪追究刑事责任。

14. 利用技术破解、撞库等手法，获取他人网络支付账户的账号、密码，在他人不知情的情况下，登录他人网络支付账户，将账户关联的理财资金赎回，再将所得钱款非法转移或直接消费的

典型案例

孙某盗窃罪二审刑事裁定书

（2019）沪02刑终157号

被告人孙某将捡到的被害人万某的手机卡插入自己使用的OPPO牌A57型手机内，经破解该手机卡号绑定的第三方支付账户密码后，于2018年6月18日至8月13日，通过使用万某第三方支付账户内的消费功能，先后多次盗刷该第三方支付账户及关联的银行卡、理财账户内资金共计74650元。孙某被法院以盗窃罪追究刑事责任。

（二）利用二维码非法获取财产

1. 利用自己或行为人实际控制的以他人名义申请的收款二维码覆盖商家收款二维码的方式，获取顾客购买商品或服务时支付的钱款的

典型案例

邹某盗窃罪一审刑事判决书

（2017）闽0581刑初1070号

2017年2月至3月，被告人邹某先后到石狮市、晋江市青阳街道等地的店铺、摊位，乘无人注意之机，将多个店铺、摊位上的收款二维码覆盖为自己的收

款二维码，从而获取顾客通过扫码支付给上述商家的钱款。经查，被告人邹某获取钱款共计6983.03元。邹某被法院以盗窃罪追究刑事责任。

2. 在手机面对面扫二维码支付过程中，将收款二维码换成付款二维码，骗取被害人财物的

典型案例

李某诈骗罪一审刑事判决书

（2017）赣0502刑初234号

有章

2017年1月15日至2017年3月11日，被告人李某用偷来的手机冒充他人骗取刘某300元，采取以手机面对面扫二维码支付，将收款二维码偷换成付款二维码的方式，骗取被害人胡某500元、被害人黄某1000元、被害人简某1650元、被害人吴某1800元、被害人宋某500元、被害人李某600元、被害人陈某510元（因被发现，当场退还）、被害人占某300元、被害人廖某1150元、被害人张某720元、被害人项某1800元（因被发现，当场退还）。李某被法院以诈骗罪追究刑事责任。

3. 发布虚假信息，诱骗被害人扫描与宣称内容不符的虚假的二维码，造成被害人损失的

典型案例

朱某等诈骗罪一审刑事判决书

（2016）鲁1721刑初568号

有章

2015年5月，被告人朱某伙同他人预谋采用网上办理假信用卡的方式实施

诈骗。被告人朱某通过QQ联系到制作虚假网站的被告人钱某，以每个网站300—500元的价格购买被告人钱某1制作的虚假银行二维码跳转网站、银行信用卡进度查询网站。被告人朱某等人购买作案用的假信用卡，将从被告人钱某制作的网站上打印的含虚假二维码跳转网站的信函粘贴在信用卡上，邮寄给被害人。被害人收到银行卡后，通过手机扫描二维码跳转网站登录后，查询到伪造信用卡的信用额度。被告人朱某等人冒充信用卡客户经理，以激活信用卡需交手续费和押金、提高银行信用卡额度等理由让被害人向指定账户汇款。被告人朱某等人自2015年10月17日至2015年10月23日骗取71500元。朱某被法院以诈骗罪追究刑事责任。

4. 以“兼职刷单”“充值退款”“充值游戏币”“套现”等名义，诱骗被害人扫描虚假二维码，造成被害人损失的

典型案例

崔某诈骗罪一审刑事判决书

（2018）浙1122刑初367号

2017年国庆节后，被告人崔某先后加入多个诈骗QQ群，结伙通过网络诈骗他人钱款。其中，在网络平台发布出售游戏币、淘宝刷单等虚假广告，从而通过被害人的支付行为套取被害人第三方支付账户余额的人称为“发单手”；冒充相应平台客服人员与被害人取得联系，并发送诈骗二维码诱导被害人付款的人称为“秒单手”；根据被害人第三方支付账户余额制作用于诈骗的虚假二维码的人称为“发二维码的人”。2017年国庆节后至2018年4月，作为“秒单手”的崔某在QQ群里，根据“发单手”提供的被害人信息，冒充相关网络平台的客服人员与被害人联系，虚构了游戏币需激活才能使用、身份经过验证才可进行刷单等事实，从“发二维码的人”处拿到二维码后发送给被害人，并告知被害人利用余额不足的银行卡进行扫码支付，待被害人扫码支付显示余额不足时，又隐瞒了更换支付方式，第三方支付无须重新输入支付密码即可支付的真相，诱导被害人更换有余额的银行卡完成支付，从而骗取被害人的钱款。崔某被法院以诈骗罪

追究刑事责任。

5. 以国家机关名义印制带有个人转账二维码的虚假缴费单据的

典型案例

胡某伪造国家机关公文罪一审刑事判决书

（2017）粤1391刑初61号

被告人胡某于2016年8月开始在电脑上制作违章停车罚单模板，购买热敏打印机、打印纸和刻有“惠州市公安局交通警察支队”内容的假公章，在软件上生成支付200元的二维码，意图利用伪造附有支付二维码和假公章的违章停车罚单进行诈骗。打印出日期为2016年10月1日的“惠州市公安局交通警察支队”违章停车罚单约100份，日期为2016年10月2日的“惠州市公安局交通警察支队”违章停车罚单约200份，并对违停车辆予以张贴，导致多名被害人信以为真，各支付了200元的费用。胡某被法院以伪造国家机关公文罪追究刑事责任。

（三）利用网络支付消费（透支）账户套现

1. 帮助他人消费信贷产品套现：网店店主与套现者串通，套现者先在网店内购买商品，利用消费信贷产品付款给网店店主，买家确认收货后，消费信贷产品的资金转到卖家的账户，卖家扣除一定“手续费”后，将剩下的金额打回买家的

典型案例

杜某甲等人非法经营罪一审刑事判决书

（2017）渝0105刑初817号

2015年7月，被告人杜某甲与杜某乙等人共谋串通淘宝用户，在淘宝网店

铺上虚构商品交易，利用“蚂蚁花呗”套现，并从中收取手续费。其具体手法是，杜某甲、杜某乙等人向他人购得可以使用“蚂蚁花呗”支付的淘宝店铺后，通过中介人员将店铺的链接发送给意图套现的淘宝用户，淘宝用户则根据其套现的金额点击链接购买同等价值的商品，同时申请由“蚂蚁花呗”代为支付货款。杜某甲、杜某乙所掌控的淘宝店铺的支付宝账户在收到货款后，淘宝用户在无真实商品交易的情况下即在购物页面确认收货随即再申请退货，杜某甲、杜某乙等人扣除7%—10%的手续费后，将剩余的款项转入淘宝用户的支付宝账户。杜某甲、杜某乙等人所获取的手续费，除一部分支付给中介人员外，余款由杜某甲、杜某乙等人分配。2015年11月10日至2015年11月13日，被告人杜某甲与杜某乙等人向他人购得淘宝网店铺后，通过中介人员串通多名淘宝用户，虚构交易2500余笔，利用“蚂蚁花呗”套取4700000余元，被告人杜某甲获利6000余元。杜某甲等人被法院以非法经营罪追究刑事责任。

2. 以“套现”为幌子，欺骗套现人，骗得套现人财物的

典型案例

杨某诈骗罪一审刑事判决书

（2018）闽0603刑初110号

2017年6月底至10月，被告人杨某通过网络向不特定人群发布提升第三方支付消费、投资账户额度及套现的虚假信息，诱骗被害人按照其提供的付款二维码进行刷单消费，或让被害人提供第三方支付账号、密码等信息，由其操作被害人第三方支付账户等方式，多次骗取他人财物。杨某被法院以诈骗罪追究刑事责任。

（四）利用网络支付账户虚假刷单

1. 基于报复和牟利的目的，通过在网络交易平台恶意大量购买他人商品或服务，导致相关单位被网络交易平台认定为虚假交易进而被采取商品搜索降权的管控措施，造成相关单位遭受损失的

典型案例

董某、谢某破坏生产经营罪二审刑事判决书

（2016）苏01刑终33号　最高法公报案例

2013年9月，北京某某数汇科技有限公司通过北京万方数据股份有限公司获得万方数据知识资源系统V1.0的使用权，后于2013年11月在淘宝网注册成立名称为“PaperPass论文通行证”的网上店铺，主要经营论文相似度检测业务（俗称“论文查重”），由该公司南京分公司即某某科技南京公司具体负责运营。

2014年4月，在淘宝网经营论文相似度检测业务的被告人董某为谋取市场竞争优势，雇用并指使被告人谢某，多次以同一账号恶意大量购买某某科技南京公司淘宝网店铺的商品。2014年4月23日，浙江淘宝网络有限公司认定某某科技南京公司淘宝网店铺从事虚假交易，并对该店铺作出商品搜索降权的处罚，后经某某科技南京公司线下申诉，于4月28日恢复该店铺商品的搜索排名。被处罚期间，因消费者在数日内无法通过淘宝网搜索栏搜索到某某科技南京公司淘宝网店铺的商品，严重影响该公司正常经营。经审计，某某科技南京公司因其淘宝网店铺被商品搜索降权处罚而导致的订单交易额损失为159844.29元。董某、谢某被法院以破坏生产经营罪追究刑事责任。

2. 针对支付平台规则，采取虚假消费、虚假刷单的形式，获取平台给予真实消费的补贴、奖励，即所谓虚假刷单薅羊毛的

典型案例

李某、梅某诈骗罪一审刑事判决书

（2016）浙0304刑初958号

2015年8月，支付宝公司针对餐饮商家开展“随机立减最高100元”活动，即用户在购买商品时使用支付宝付款可以享受随机立减最高100元的优惠，所减

免金额由支付宝公司补贴给商家。根据内部程序设定，每日中午12时通过支付宝付款可以享受满100元立减30元，每日下午18时可以享受满200元立减100元。李某、梅某经营的某水果大卖场多家门店均为支付宝手机客户端商家频道内的餐饮商家，参加了该优惠活动。2015年8月3日，该水果大卖场员工经试验后发现上述满减规律，遂在每日12时、18时采取虚构交易刷空单的方式套取支付宝公司发放的补贴，共计套取支付宝公司补贴款达263950余元。李某、梅某被法院以诈骗罪追究刑事责任。

3. 以营利为目的创建炒信平台（提供经营性互联网信息服务网站），为炒信双方搭建联系渠道，对商品或服务做虚假宣传的

典型案例

李某非法经营罪一审刑事判决书

（2016）浙0110刑初726号

2013年2月，被告人李某通过创建“零距网商联盟”网站和利用YY语音聊天工具建立刷单炒信平台，吸纳淘宝卖家注册账户成为会员，并收取300元至500元不等的会员费和40元的平台管理维护费。被告人李某通过制定刷单炒信规则与流程，组织及协助会员通过该平台发布或接受刷单炒信任务。会员在承接任务后，通过与发布任务的会员在淘宝网上进行虚假交易并给予虚假好评的方式，赚取任务点，从而有能力在该平台自行发布刷单任务，使其他会员为自己刷单，进而提升自己淘宝店铺的销量和信誉，欺骗淘宝买家。其间，被告人李某通过向会员销售任务点的方式谋利。截至2014年6月，被告人李某共计获利90余万元。经查询，由江苏省通信管理局回函，涉案网站不具备获得增值电信业务经营许可的条件。李某被法院以非法经营罪追究刑事责任。

（五）利用网络支付账户开展支付结算

1. 未取得中国人民银行颁发的支付许可证，以营利为目的非法从事资金支付结算业务的

典型案例

深圳某传奇互联网金融服务有限公司、孟某等非法经营罪一审刑事判决书

（2017）苏0381刑初688号

2015年10月，被告单位深圳某传奇互联网金融服务有限公司总经理孟某在明知公司无中国人民银行颁发的支付许可的情况下，以公司名义与某币公司总经理刘某（另案处理）签订协议，由深圳某传奇互联网金融服务有限公司向某币公司出售1000台POS机，为某币公司开发网络支付软件某宝App，负责某币公司的资金结算业务。

2015年10月至2016年10月，深圳某传奇互联网金融服务有限公司在未取得中国人民银行颁发的支付许可情况下，非法为某币交易网站进行资金支付结算业务。被告人余某（某公司结算部经理）在明知某公司无支付许可的情况下，提供个人银行卡用于某公司与上游公司间的账户转账对接，并与某币公司人员通过邮件联系、核对转移资金的账目。经审计，深圳某传奇互联网金融服务有限公司从事第三方支付业务，是在未取得第三方支付牌照的情况下发生，为某币交易网站支付结算资金1亿元，从中获利20余万元。深圳某传奇互联网金融服务有限公司、孟某等被法院以非法经营罪追究刑事责任。

2. 搭建非法“第四方支付”平台，在未取得国家支付结算许可的情况下，违反国家金融管理制度，以正常商业交易为掩护，依托正规第三方支付平台，利用收集的大量支付账户开展支付结算业务的

典型案例

林某甲等8人非法经营案

检察机关推进网络空间治理典型案例（2021）

2018年1月至9月，林某甲以杭州某智能科技有限公司名义，在未获得支

付结算业务资质的情况下，伙同林某乙、张某等人，以支付宝、微信等第三方支付平台为接口，自建非法“第四方支付”系统。林某甲等人通过向他人收买、要求本公司员工注册等方式收集大量无实际经营业务的空壳公司资料（包括工商资料、对公银行账户、法人资料等），利用上述资料在支付宝、微信等第三方支付平台注册数百个公司支付宝、微信等账户，再将上述账户绑定在其自建的支付平台上，实现资金的非法支付结算。上述非法“第四方支付”系统与境外赌博网站联通，协助资金支付转移。赌客在赌博网站点击充值后，赌博网站即向该系统发送指令，系统随机调用已接通的空壳公司支付宝、微信等账户，与赌客间生成一笔虚假商业交易（如购买电子书等），并给赌客发送收款码。赌客扫描收款码支付赌博资金，资金直接进入空壳公司支付宝、微信等账户，再转移到空壳公司的对公银行账户，经过层层转账后，最终转入赌博平台实际控制的账户。林某甲等人以上述方法为境外赌博网站等非法提供资金支付结算服务，结算金额共计46亿余元。林某甲等人的行为同时构成开设赌场罪和非法经营罪，按照想象竞合从一重处断的原则，林某甲等人被法院以非法经营罪追究刑事责任。

朱某、宇某等非法经营罪一审刑事判决书

（2019）浙0326刑初491号

2018年2月至8月7日，被告人朱某、宇某等人在未取得支付业务许可证的情况下，先后架建通源支付、九鼎支付、至极支付、鼎盛支付、盛某支付、精灵支付六个平台，利用从社会人员处收集的大量支付宝账号、微信账号，为赌博网站等商户提供支付接口，非法从事资金支付结算业务，并从中收取巨额佣金。2018年7月1日，郑某在平阳县内通过支付宝二维码扫码的方式在赌博网站充值人民币200元，该笔钱款流入朱某等人所持有的支付宝账号中。朱某、宇某等被法院以非法经营罪追究刑事责任。

3. 明知他人利用信息网络实施犯罪，仍为其犯罪提供支付结算账号、支付结算金额统计等帮助行为的

典型案例

李某等帮助信息网络犯罪活动罪一审刑事判决书

（2019）湘0721刑初202号

被告人李某等人明知他人通过网络以虚假招嫖、假冒亲友等手段对各被害人实施诈骗，仍提供本人及亲属、朋友实名认证的微信及支付宝收款二维码、银行卡账户，帮忙代收违法所得，然后将所收资金转至指定账户内，并收取相应报酬。李某被法院以帮助信息网络犯罪活动罪追究刑事责任。

四、网络支付犯罪案件的办案思路

（一）非法获取支付账户财产

1. 从资金流寻找案件线索

作为侵财类案件，资金流是案件的侦查主线，可收集的证据包括：银行转账凭证、交易流水、第三方支付交易记录以及其他关联账户交易记录等。受理案件后，侦查人员首先要厘清被害人财产流出后的资金去向，以接收资金账户展开侦查，从中审查相关银行卡信息与被害人钱款、转款等账号有无关联，资金交付支配占有过程。大多数情况下，相关资金的接收账户要么是犯罪嫌疑人掌控的账户，要么是犯罪嫌疑人购物消费的对家。部分行为人利用他人账户购物消费后，还会留有一些物流地址信息和电话信息，这也是侦查中可以重点关注的情节。

2. 虚拟账户的落地，即虚拟身份与现实身份的关联

首先，可通过IP、MAC等信息解决设备关联的问题；其次，通过技术手段明确相关犯罪工具是犯罪嫌疑人使用的或所有的，调取犯罪嫌疑人、被告人的虚拟身份信息，包括网络注册信息身份认证信息、网络社区登录密码等。在认定犯罪嫌疑人、被告人网络身份与现实身份的同一性时，可通过核查相关IP地址、网络活动记录、上网终端归属、相关证人证言以及犯罪嫌疑人、被告人供述和辩

解等进行综合判断。如通过证据显示被害人信息（被害人信息、出入金金额、微信账号信息等）出现在行为人处，则可基本确认相关犯罪事实与行为人有关联。

3. 损失来源和账户所有人参与程度也是侦查中应当重点关注的环节

网络支付类刑事案件，财产来源多样，资金在被害人多个账户之间流转也是较为常见的，从刑事案件角度，只要相关的资金仍在被害人账户内，则不能计算为犯罪既遂。同时，账户所有人是否知情、是否主动参与，不仅是案件得以顺利侦查的要点，更决定了案件的定性，因而也是侦查的重点。另外，为了减少网络诈骗带来的损失，目前我国对于转账规定了 24 小时内可撤回，因此办案中应注重及时撤销转账，以便最大限度挽回损失，同时对于已经撤回的该部分财物，应认定为犯罪未遂。

（二）利用二维码非法获取财产

1. 关注二维码背后的信息

二维码是一个具有可读性的特定图形的存储器，其所存储的内容存在于二维码背后的链接。程序、名片、网址、付款和收款信息等都可以通过二维码图案展现出来。二维码具有抽象性、隐蔽性等特点，我们无法通过直接观察识别其内容。因而，在案发之处，必须及时对二维码及其背后的信息进行依法提取、固定，防止相关信息被犯罪嫌疑人破坏。

2. 及时开展现场勘察，调取张贴（覆盖）、取款的监控①

公安机关在侦办此类案件时，首先，应该对相关证据及时固定，要利用相关专用解析工具，对二维码进行解析，解析后可以得到相应的链接，并对此链接进行固定。其次，对被害人的手机进行取证，将被害人的手机微信交易记录予以提取，确定受骗方式、时间以及金额。最后，公安机关应调取案发现场附近的监控，并对有用的相关视频监控信息进行录像固定。

（三）利用网络支付账户套现

1. 是否存在真实交易是此类案件的切入点

虚假交易套现类案件中，交易仅仅是噱头。但为了逃避平台监管，相关的交易因素在平台均会有体现，这其中套现组织方会填写虚假的交易物流，以实现在

---

① 英宏程、汤艳君、斯嘉懿：《基于共享单车二维码犯罪案件的侦查取证方法与防范策略——从一起典型案件谈起》，载《公安教育》2018 年第 1 期。

平台上发货的假象。侦查人员应及时调取相关的物流信息证实交易的虚假性。同时，结合言词证据，就套现返现情况开展侦查，从而形成完整的证据锁链。

2. 通过询问犯罪嫌疑人掌握犯罪流程

网络支付类案件，行为人的作案方式多样，根据不同作案方式，案件的定性也会有所区别。有条件的情况下，侦查机关应当在第一次讯问犯罪嫌疑人时即让其操作演示作案经过并截图保存；由侦查人员操作的，应当将操作经过交犯罪嫌疑人核实。操作过程应同步录音录像，以确保其证据效力。

3. 电子数据仍是此类案件的重点

除扣押电子证据相关的存储介质外，对扣押的犯罪嫌疑人的手机、电脑等通讯设备，应先行勘查，提取与案件相关的通话记录、即时社交软件上的聊天记录、支付宝等支付工具上的交易记录，且应注重调取 IP 地址、MAC 地址、银行交易明细、网上支付平台的数据、上网记录、电子邮件等数据，提取上述电子数据后，应迅速将收集到的证据备份，将扣押到的证据予以封存。需要提交鉴定的证据应及时委托鉴定，避免因服务器过期等各种原因无法鉴定。

（四）利用网络支付账户虚假刷单

1. 从批量性交易入手侦查

此类案件中，行为人追求的不是交易本身，不是为了购买所谓的产品或服务，而是交易的数量，以及通过交易获取的利益。因而，交易大都以批量的形式存在，部分案件中甚至利用软件批量下单，因而实现交易的便利性，相关的订单往往具有一定的规律，比如金额特定、人员集中等。侦查人员可结合相关特点开展询问、讯问等侦查工作。

2. 结合交易规则开展侦查

虚假刷单薅羊毛类案件往往是利用了交易规则，因而在侦查之处应首先明确交易规则以及获取返利最大化所对应的交易金额，行为人大都会根据交易规则下单。比如针对“10000 元返还 50 元”的交易规则，行为人选取的就是 10000 元的交易金额，而后将 50 元券变现的物品金额均设置为 50. 01 元。

3. 交易物流可作为突破点

虚假刷单与虚假交易套现类案件一样，均不存在真实的交易物流，可结合物流信息证实交易的虚假性。

（五）利用网络支付账户开展支付结算

1. 从被害人资金流转锁定用于支付结算的网络支付账户

网络支付结算案件中，相关平台多被诈骗、赌博等网络违法犯罪利用，采取技术手段层层伪装，虚构交易场景规避监管。但无论如何逃避，均会存在控制、归集资金的账户。侦查机关可结合多个被害人的资金流转，寻找其中的交集账户，往往该交集账户就是用于网络支付结算的一级账户，进而由该一级账户扩展侦查范围，查明开立人、使用人等。

2. 以账户开立人、使用人为中心开展侦查，明确相关人员的职责、相关公司的经营业务

为逃避金融监管，行为人往往会采取招募会员、租用账号等形式，汇聚众多的网络支付账户，而这些账户开立人，包括代理、“兼职”收佣的网络支付用户等，往往因贪图小利将网络支付账号出租、出借，与上下家均不存在真实的交易，且一般无反侦查意识，较易突破。因此，可有针对性进行询问，查明钱款来源，进而找出上线。

3. 分析控制、归集资金的账户明细，确定犯罪数额

非法从事支付结算类案件行为人必定会将资金归集、汇总，而后根据需求通过自己控制的账户再次流转，表现为对个人的转账，从而躲避银行监管，往往成为洗钱的工具。因此，此类银行账户的资金流水多表现为向多人收款，而后又向多人转账、汇款，相关收款人与行为人之间基本不会存在任何的业务关联。公安机关在立案后，应及时调取用于支付结算的银行交易明细等电子数据，及时对电子数据进行梳理分析。同时，鉴于此类案件涉及资金流巨大、数据庞杂，还应及时委托专门审计机构对支付结算金额予以审计，从而快速、准确认定犯罪金额。

第四章　网络诈骗犯罪

一、网络诈骗简介

网络诈骗又称电信网络诈骗，根据《最高人民法院、最高人民检察院关于办理诈骗刑事案件具体应用法律若干问题的解释》《最高人民法院、最高人民检察院、公安部关于办理电信网络诈骗等刑事案件适用法律若干问题的意见》《检察机关办理电信网络诈骗案件指引》的规定，电信网络诈骗犯罪是指犯罪分子以非法占有为目的，利用电信通讯、互联网络等电信网络技术手段为传播方式或媒介，对不特定被害人发布虚假信息，设置骗局，实施远程、非接触式诈骗，诱使被害人给付钱财或网络转账而遭受损失的犯罪行为。

单纯以手段划分，电信网络诈骗可分为网络购物诈骗、网络钓鱼诈骗（虚假链接）、网络拍卖诈骗、网络中奖诈骗、网络理财荐股（网络投资、荐股诈骗）、网络贷款诈骗、网络赌博诈骗、提供考题诈骗、假冒亲友诈骗（或冒充公检法、冒充领导、“猜猜我是谁”等）、网络交友诈骗、虚假兼职诈骗、薅羊毛式诈骗等。

电信网络诈骗犯罪活动持续高发，且与侵犯公民个人信息，扰乱无线电通讯管理秩序，掩饰、隐瞒犯罪所得、犯罪所得收益等上下游关联犯罪交织，严重侵害人民群众财产安全和其他合法权益，严重干扰电信网络秩序，严重破坏社会诚信，严重影响人民群众安全感和社会和谐稳定，社会危害性大。网络诈骗种类繁多，手法五花八门，为有效遏制网络诈骗等犯罪活动，本章将结合网络诈骗的具体类型进行梳理，为司法办案提供参考。

二、网络诈骗犯罪的特点

（一）案件数量持续增加，侵害法益广泛

互联网从提供简单的信息媒介服务到成为商业平台、舆论平台与生活平台，

人们生活的方方面面都与互联网紧密关联。与此同时，越来越多的犯罪活动也从传统的犯罪领域转移至虚拟的网络空间。据统计，网络诈骗案件每年的立案增速、年均立案增速都明显高于传统诈骗案件和其他刑事案件；网络诈骗案件立案数量分别占同期财产诈骗案件和所有刑事案件立案数量的比重也在逐年增大。①电信网络诈骗犯罪活动持续高发，侵犯公民个人信息，扰乱无线电通讯管理秩序，掩饰、隐瞒犯罪所得、犯罪所得收益等上下游关联犯罪不断蔓延，组成了完整的黑灰产业链，法益侵害从单纯的财产，蔓延至公民个人信息、信用卡等金融监管秩序等。

（二）犯罪多样化、公司化、隐蔽化

互联网的普及与推广，为掌握信息网络技术的不法分子提供了多样化的作案手段。行为人已经从最初的电话诈骗“猜猜我是谁”，发展到利用技术冒充身份主动出击。犯罪分子通过朋友圈、贴吧等通讯群组发布虚假信息，代购、推荐理财等诈骗案屡屡发生。被害群体也从最初的广撒网式，转变为购买信息“精准投放”。与此同时，网络诈骗犯罪逐步从单人作案、两三人的小团伙作案，演变为公司化运营、组织化作案，组织程度越来越严密，团伙分工越来越细化，受害人群越来越广、危害性越来越大。犯罪分子利用投资管理公司、信息咨询公司等“合法”外衣伪装自己，实施犯罪。在网络犯罪手法不断翻新的同时，作案手段也越来越隐蔽。犯罪分子在网络中使用匿名账户、更换IP、冒充身份等方式，致使此类案件线索发现难、证据固定难、全面排查难、身份认定难。

（三）犯罪具有明显的跨地域性

从台式机，到笔记本电脑，再到智能手机，移动互联网带来便捷、舒适生活的同时，也让网络诈骗不受时间、空间、地域的限制。互联网的虚拟性、非接触性让犯罪分子可以跨地域甚至跨境实施诈骗犯罪活动。

---

① 吴照美、李永涛：《我国电信网络诈骗犯罪总体形势的实证研究》，载《武汉公安干部学院学报》2018年第3期。

三、网络诈骗犯罪的表现形式

（一）网络购物诈骗

1. 以非法占有为目的，利用通讯网络虚构代购、代售演唱会门票，骗取他人钱款的

典型案例

张某诈骗罪一审刑事判决书

（2017）苏0602刑初736号

2017年3月以来，被告人张某通过在微信朋友圈、闲鱼网等媒介发布代购演唱会门票的虚假广告，骗取江苏省、山东省、天津市、湖南省、浙江省、四川省、安徽省等多地的被害人的购票款，骗得20余名被害人的68000余元。张某被法院以诈骗罪追究刑事责任。

2. 以非法占有为目的，利用通讯网络虚构海外代购途径，采取不发货、少发货或发售劣质产品的形式，骗取他人钱款的

典型案例

张某甲、张某乙诈骗罪一审刑事判决书

（2018）苏0114刑初181号

2017年8月至9月，被告人张某甲在微信上冒充知名品牌运动鞋海外代购实施诈骗，被告人张某乙在明知其诈骗的情况下，通过注册微信小号、提供QQ账号、支付宝账号以及拍摄真品运动鞋视频、照片等方式提供帮助行为，共同从多名被害人处骗取124150元。张某甲、张某乙被法院以诈骗罪追究刑事责任。

杨某诈骗罪二审刑事裁定书

（2019）苏06刑终330号

2017年8月，被告人杨某通过网络销售京东E卡，并在QQ群等网络平台上发布有打折京东E卡销售的信息。起初按订单额按时发货，骗取被害人信任，继而诱骗被害人大量购买京东E卡。在被害人大量付款购买后，被告人杨某将一张面值50元的京东E卡发给被害人，此后便不再向被害人发货。被告人杨某通过上述作案手法，实施诈骗犯罪4起，骗得被害人钱财共计1353980元。杨某被法院以诈骗罪追究刑事责任。

3. 以非法占有为目的，利用24小时可撤销转账、非法盗刷银行撤单等交易规则，以代被害人缴费有优惠、打折等噱头吸引被害人，骗取他人钱款的

典型案例

王某诈骗罪一审刑事判决书

（2019）粤0204刑初29号

被告人王某与他人结伙，利用国际互联网，以在澳大利亚工作、学习的中国人为对象，在澳洲生活信息好帮手、澳洲华人论坛网站、澳洲留学生微信群等网络平台上发布虚假信息，谎称可以在澳大利亚范围内以4—7折的优惠，代缴学费、房租水电费、网络费、罚单等各种费用。当接到被害人的代缴账单后，被告人便使用他人信用卡进行网上缴费，缴费平台当天显示缴费成功，被告人便要求被害人支付相应的人民币到指定的账户。而代缴的费用实为非法盗刷他人信用卡所得，最终缴费账单被银行撤销，致使被害人缴费失败、蒙受财产损失。王某被法院以诈骗罪追究刑事责任。

4. 以非法占有为目的，利用通讯网络冒充客服、店小二等，以缺货、存在

质量瑕疵等理由，虚构向被害人退款但需被害人提高信用积分等理由，要求被害人配合转账，骗取财物的

典型案例

谢某诈骗罪一审刑事判决书

（2019）苏0602刑初293号

2018年8月初，谢某在福建省南平市一小山村设置诈骗窝点，雇用被告人简某等人作为话务人员，并提供某电商网店买家信息、聊天话术单、手机等作案工具，由被告人简某等4人担任话务员，冒充网店客服谎称退款，但需要提高信用积分，然后吸引买家添加谢某冒充的客服经理微信号，由谢某继续实施诈骗。2018年8月9日下午，话务人员联系被害人杨某，谎称对方购买的7件衣服存在质量问题可以退款，但需要提高信用积分。后谢某一边使用微信（昵称“小倩”“雪儿”）与杨某联系，一边指导话务人员接听电话，二人配合，以资金安全、提高信用积分为由，要求杨某将工商银行卡中钱款及网贷平台的贷款转入谢某提供的“公共账户”，被害人杨某转账款共计415900元。谢某被法院以诈骗罪追究刑事责任。

5. 以非法占有为目的，利用通讯网络冒充客服、店小二等，以缺货、存在质量瑕疵等理由，虚构向被害人退款但需被害人点击绑定了木马病毒的链接，通过木马病毒获取被害人财物的

典型案例

刘某、周某诈骗罪二审刑事裁定书

（2017）粤07刑终236号

有章

2016年4月至8月，被告人刘某、周某通过网络发布虚假的低价出售苹果

手机等信息，引诱他人购买，并利用购买来的虚假快递单号及虚假快递查询网站链接骗取被害人的信任，进而以支付购买手机费用、税费、激活安装费、海关扣押罚款、快递保证金等各种名目在网上对多名被害人实施诈骗。其间，被告人刘某、周某还通过要求被害人提供付款截图、银行扣费短信等方式获知被害人的账户余额，随后以“丢单手”的身份将申请退款的被害人相关个人信息发给“秒单手”，“秒单手”或单独或伙同他人假冒客服人员通过网络与被害人联系并发送“一元木马”网址链接给被害人，骗称被害人需要点击该链接操作支付一元激活费才能成功退款，在被害人受骗操作支付一元时利用木马程序骗取被害人支付宝账户内钱财；“秒单手”得手后将赃款转到网络支付平台，平台抽取提成后将余下赃款转给“秒单手”，“秒单手”将赃款的50%分成给被告人刘某、周某。刘某、周某被法院以诈骗罪追究刑事责任。

柳某盗窃罪二审刑事裁定书

（2017）浙01刑终807号

2016年1月至5月，被告人柳某伙同他人分工合作，利用信息网络，通过诱骗他人点击链接、输入银行账户信息等方式，多次非法获取他人钱款。具体作案过程是：先由统称为“丢单手”的人在网上发布虚假的低价充值手机话费等信息，吸引被害人联系并付款充值，后以核实订单等为由，要求被害人发送交易截图、支付宝截图等，通过截图获知被害人的账户余额等信息，随后“丢单手”将上述截图转发给统称为“秒单手”的人，并将“秒单手”的网络聊天号码给被害人，谎称该网络聊天号码为负责充值的客服人员，让被害人与该网络聊天号码联系。此后，“秒单手”冒充客服人员与被害人联系，部分以激活话费等为由，向被害人发送支付金额显示为人民币一元而实际植入了支付大额资金的“木马”程序链接，被害人安某打开后，“秒单手”谎称只要完成支付操作即能完成充值，被害人完成支付操作后，其账户内相应金额的钱款即被转入“秒单手”联系的他人账户或“洗钱者”的账户中（以下简称“一元木马”方式）；部分以激活话费等为由，向被害人发送由“洗钱者”提供的支付链接，谎称系激活操作需要，让被害人点击链接并用支付宝进行操作，先要求被害人选择余额不足的账户作为付款方式进行支付并输入密码，支付失败后，谎称激活没有成功，要求被害人更换付款方式，并诱导被害人点击选择有足够余额的账户，被害人点击更换付款方式后，无须再次输入密码，其账户内相应金额的钱款即被转入“洗钱者”的账户中。柳某被法院以盗窃罪追究刑事责任。

6. 利用他人不熟悉电商经营，或者急需电商经营配套服务等情况，通过通信网络等途径，针对不特定对象广泛发布不实信息，虚构或者过分夸大自身运营能力，实际缺乏运营店铺所必需的资金设备、专业人员、物流仓储等基本条件，收取被害人费用后不提供承诺的运营服务的

典型案例

简某、胡某（刷单）诈骗罪一审刑事判决书

（2016）粤1702刑初497号

2015年9月，被告人简某购置了多台台式电脑，成立了某网络工作室，并先后纠集了被告人胡某等人作为其工作人员。简某通过对胡某等人的岗前培训，由胡某等人分别在互联网上联系网店店主，以其工作室可以支付少量报酬帮助新开的网店刷店铺信誉（钻石）级别、提升宝贝收藏量、美化宝贝上架图片等服务内容为诱骗，待客户支付少量钱款后，使用刷单软件帮被害人的店铺进行少量的真实刷单从而取得被害人的信任。在取得被害人的进一步信任后，胡某等人诱使被害人继续汇款，但不再提供真实的服务。在被害人察觉被诈骗后，具体负责实施诈骗的操作人员就会在QQ上将被害人的QQ号拉入黑名单，后中断联系。简某、胡某被法院以诈骗罪追究刑事责任。

李某等诈骗罪二审刑事裁定书

（2018）豫01刑终198号

被告人李某为实施诈骗犯罪，于2014年12月成立郑州某技术有限公司。李某确立了公司的诈骗方法、运营模式、部门设置、诈骗分成比例、奖励方法、层级关系。李某管理公司、参与培训工作人员、负责客服部等，通过网络招收所谓的工作人员。工作人员经李某以及所属团队培训后，通过QQ、微信等聊天交友工具，使用女性的身份和虚假的姓名，按照李某事先拟订好的实施诈骗时应对各种可能问题的标准参考答语、话术，向聊天对象谎称郑州某科技有限公司能帮助开办淘宝网店，有数百款淘宝热销货源，帮助提供货源，不需要加盟进货。如果有顾客在店里下单，只需要把顾客的订单信息发给公司客服，公司帮忙将货发到买家手中。同时公司专门安排专业网店指导老师全程指导，加盟开网店人只需投入很少时间就会赚钱，并推出三种不同服务标准服务套餐，分别收费1080元、1480元、1980元，三种套餐除了都承诺上述服务以外，还承诺对客户的网店进行推广，保证客户的网店一定有访问量和销量。以此骗取聊天对象信任，使他们向李某银行账户、支付宝账户汇款购买服务套餐。被告人李某将收到被害人的每一笔汇款按照事先约定的比例与业务员、业务主管、业务经理分成。被告人李某及其团伙的被告人均未按照事先的承诺为被害人进行任何真正的、有价值的服务，而是对被害人进行敷衍、欺骗、拖延。经认定，以被告人李某为首的犯罪团伙共诈骗张某等2837名被害人4096059元。李某被法院以诈骗罪追究刑事责任。

7. 利用装修公司寻找客户的需求，通过通信网络等途径，针对不特定对象广泛发布虚假装修房源的信息，虚构或者过分夸大自身运营能力，承诺在一定时间内提供一定数量的装修房源信息，实际缺乏寻找装修信息所必需的人员、途径等基本条件，收取被害人费用后不提供承诺的推荐装修服务的

典型案例

邵某诈骗罪一审刑事判决书

（2019）苏0602刑初259号

2016年5月以来，被告人邵某与朱某、贾某等人采取分股合作的方式先后成立郑州某誉、某乐、某宝等多家网络科技公司，以网络装修平台网站实施诈骗活动。具体诈骗方式如下：通过网上招聘的方式招募十余名员工，采取分组的方式，在无实际相关装修房源信息的情况下，由公司给员工提供固定手机、微信、QQ等，业务员主动查找装修公司负责人，通过发送虚假装修房源的信息吸引装修公司，许诺在一定时间内提供一定数量的装修房源信息，骗取全国多家装修公司"合作费"。2016年4月起，被告人邵某负责上述网站客户的售后工作，领取公司利润10%的分成，于2017年9月2日离职。2016年11月至离职，邵某参与经营的公司诈骗被害人钱款共计44.14万元。邵某被法院以诈骗罪追究刑事责任。

8. 以非法占有为目的，利用网络以通讯群组、网站等形式公开宣传，虚构"医院、专家、神药"，假冒病患、导医、医生、收费员、药品发放员等身份，通过夸大被害人病情，不及时治疗所产生的后果，公司产品疗效、治愈率等手段，获取被害人信任后，骗取财物的

典型案例

李某宁等5人诈骗案

检察机关推进网络空间治理典型案例（2021）

2017年下半年起，李某宁为实施电信诈骗活动，通过非法途径购买老年人客户资料，以每盒12元至100元不等的价格购入多种廉价保健品，定做抽奖卡、"纪念金币"等奖品，制作话术单，招录吴某倩、王某娜、裴某凤、王某娟为话

务员，并为每人配备装有北京号码的手机。2018 年 3 月至 9 月，李某宁指使吴某倩等人按照事先购买的客户资料，通过装有北京号码的手机拨打电话，冒充北京沐某堂健康指导中心主任，与老年人沟通联络。在聊天过程中套取老年人身体状况等信息，骗得信任后，分步骤实施诈骗。一是谎称所售保健品有抗癌保健等功效，原价 2980 元的产品现在仅需支付 298 元的体验费或产品检测费即可获赠。老年人同意购买后，由李某宁联系快递公司负责配送和代收相关费用。二是在快递包裹中放置抽奖卡，均事先设置为一等奖。快递签收后话务员随即联系老年人，告知其中了一等奖，奖品为价格一万余元的“纪念金币”等，只需要支付个人所得税、保价费或奖品代销费等费用，即可获取，以此骗取钱财，而老年人实则仅获得廉价礼品。三是继续利用老年人信任，虚构帮助办理养老保险等理由实施诈骗。在此过程中话务员会根据每位老年人的被骗程度，随机调整收费名目和具体价格。吴某倩等话务员的工资包括底薪和提成，为便于计算销售业绩，每名话务员需记录下被害人相关信息。经审查，李某宁等人先后骗得 266 名老年人 66 万余元。李某宁等人被法院以诈骗罪追究刑事责任。

刘某诈骗罪二审刑事裁定书

（2019）豫 14 刑终 321 号

自 2007 年以来，许某、雷某（均另案处理）创立了湖北某药业有限公司（以下简称湖北某公司），以湖北某公司为依托，纠集他人又先后注册了若干公司。湖北某公司设立推广部、事业部、广告部、销售部、客服部和销售团队，每个部门和团队均设有负责人，这些部门和团队分工负责，相互配合、相互支持，形成了一个完整的诈骗犯罪集团。在经营中，许某、雷某等人选中某个产品，后与生产厂家签订包销合同，或者让生产厂家为其公司贴牌生产，进行独家销售。2016 年，许某带领公司员工通过微信销售产品，让员工首先收集关注人群较多的微信公众号，投放其公司产品广告进行夸大宣传，吸引患者通过微信咨询，而后让招聘的不具有医学及健康咨询方面专业知识、未经专业培训的销售人员，按照制定好的推销话术，冒充专家、老师等，通过夸大被告人病情，不及时治疗所产生的后果，无限夸大公司产品疗效、治愈率等手段，骗取被告人的信任，诱使被告人高价购买公司的产品，骗取被害人财物。当被害人订购产品之后，该公司就让仓储部通过快递公司将产品发送给被害人，然后由公司的复购部团队对患者进行所谓的跟踪售后服务，其目的是诱使患者续购产品。2016年9月以来，被告人刘某作为湖北某公司“宜昌办”的主管，在负责人的直接指使下，带领其团队销售员按照公司提供的话术，利用该公司提供的工作手机和工作微信号，通过微信网络冒充“医生”“专家”与患者聊天，以能治疗“女性妇科疾病”为由，夸大事实，隐瞒真相，向被告人销售所谓的“膏滋”，先后骗取78人现金224490元。刘某被法院以诈骗罪追究刑事责任。

9. 以非法占有为目的，利用网络以通讯群组、网站等形式公开宣传，虚构产品性能，骗取财物的

典型案例

常某某等诈骗罪一审刑事判决书

（2018）鲁15刑初19号

2015年4月，被告人常某某注册成立山东聊城某电子商务有限公司，公司下设行政部、财务部、技术部、销售部等部门，销售部分六个小组。常某某以280元至480元的价格购入8寸、10寸的平板电脑，将“某金融联盟”App和“某数据”App装入到平板电脑后命名为“金融一体机”，以2680元至4280元的价格通过微信群在网络上推销。经鉴定，“某金融联盟”App和“某数据”App仅是各银行官网在线申办信用卡链接的合成，点击其中任一办卡、办贷款模块就跳转到银行的官网办卡。App即是将银行官网和网贷平台办信用卡、贷款的链接及办卡攻略，养卡、提额技巧做了集成，为用户提供一个便捷途径根据自己的需求去选择。该App不具备任何额外帮助客户下卡、下款、提额、屏蔽个人征信等功能。被告人常某某以某公司为平台，在销售“金融一体机”过程中，编造“黑户白户都能够办理信用卡”“公司技术团队开发的滤网通道会自动过滤掉你的不良记录”“黑户洗白提额办卡贷款，下卡率95%以上”“能够办理高额度信用卡”等虚假内容，并编制成销售话术，供销售人员在销售过程中使用。销售人员采取微信加群、换群并在群里发送办卡和贷款广告、视频等手段，吸引客户咨询“金融一体机”。通过以上手段虚构“金融一体机”的虚假功能，骗取被害人高价购买“金融一体机”。各被害人通过微信交付小额订金后，该公司发货部门采用货到付款的物流方式发货，被害人收到“金融一体机”发现不能实现办理高额度信用卡、黑户办卡等功能，联系销售人员退款退货时，销售人员则采取拖延推诿、拒接电话、删除信息等手段，不再与被害人联系，仅向极少数被害人退款。常某某被法院以诈骗罪追究刑事责任。

10. 以非法占有为目的，利用网络以通讯群组、网站等形式公开宣传，夸大某种产品的投资前景和升值空间，营造投资后即可获取高额回报的假象，骗取财物的

典型案例

林某甲、林某乙诈骗罪二审刑事裁定书

（2016）浙刑终549号

2010年至2014年，被告人林某甲先后设立多家公司从事“关键词”或手机App的营销活动。林某甲之兄即被告人林某乙负责上述公司的工商登记和财务管理工作，并担任公司的法定代表人。林某甲、林某乙通过举办讲座、会议等形式，虚假宣传“关键词”、手机App的投资前景和升值空间，安排公司员工假扮客户到现场烘托气氛、虚假抢购，致使被害人对“关键词”或手机App的经济价值和投资前景陷入错误认识从而签订购买合同，骗取他人钱款。事后，林某甲、林某乙还安排公司员工假冒第三方投资人，电话联系部分被害人，以支付小额款项为诱饵，谎称有意高价收购被害人的“关键词”或手机App，或谎称向被害人租赁广告位，使被害人误以为“关键词”或手机App具有很大升值空间，欺骗被害人追加投资，从而骗取更多钱款。林某甲、林某乙被法院以诈骗罪追究刑事责任。

11. 在疫情防控期间，假借研制、生产或者销售用于疫情防控的物品的名义骗取公私财物，或者捏造事实骗取公众捐赠款物数额较大的

典型案例

应某诈骗案

最高检首批妨害新冠肺炎疫情防控犯罪典型案例七

2020年2月3日，浙江省宁波市鄞州区应某通过微信、社交软件结识被害人吴某，谎称自己系鄞州二院女护士，有获取医用口罩的特殊渠道，并使用另一微信号编造“鄞州二院仓库管理员”身份与吴某交易，共骗得被害人吴某六千余元。应某被法院以诈骗罪追究刑事责任。

伍某诈骗案

最高检第五批妨害新冠肺炎疫情防控犯罪典型案例四

被告人伍某原系广州某药业公司医药代表。2020年1月下旬，伍某由于沉迷赌博需要资金，遂萌生利用新冠肺炎疫情期间口罩紧缺骗取钱财的想法。由于伍某担任医药代表期间添加了大量从事医疗行业客户的微信，加入了多个医疗行业微信群，了解到这些客户有大量采购口罩的需求。于是伍某有意在自己的微信朋友圈或相关微信群内发布售卖口罩信息，谎称有专门渠道可以购买到N95口罩、KN95口罩和医用一次性口罩，并抓住客户渴求口罩的心理，要求必须付清款项后才能发货。1月23日至2月5日，山东、浙江、安徽等省的11名被害人为购买医用口罩，通过微信等方式向伍某支付货款共计1621301元。伍某收到被害人支付的全额货款后，均没有为被害人联系购买口罩、发货。被害人发现上当受骗后，要求退还货款，其间伍某共退还795400元给被害人，其余货款共825901元用于网络赌博。伍某被法院以诈骗罪追究刑事责任。

（二）网络钓鱼诈骗

1. 通过网络发布虚假广告，以“免费试刷游戏装备”“贷款”等为由，诱

骗被害人下载并安装木马程序，利用钓鱼网站链接、“木马”程序链接、网络渗透等隐蔽技术手段，获取被害人财物的

典型案例

吴某、黎某诈骗罪二审刑事裁定书

（2017）浙06刑终340号

被告人黎某等人利用被告人吴某制作的木马程序源代码生成木马程序后，分别利用QQ等形式散发虚假广告，以“免费试刷游戏装备”“支付宝贷款”等为由，诱骗被害人下载并安装木马程序，后以支付“激活费”0.01元、1元的形式诱骗被害人在木马程序中输入支付宝账号及密码，后该木马程序自动将被害人支付宝账号及绑定银行账号内的余额限额、限次转移到被告人指定的支付宝账号。经查明：被告人黎某利用上述方式共计骗得38000余元。吴某、黎某被法院以诈骗罪追究刑事责任。

2. 利用伪基站向不特定对象发布虚假链接信息，在被害人陷入错误认识，误以为是正规网站链接的情况下，通过点击虚假链接，使用其信用卡完成交付财物的行为，致使被害人财产损失的

典型案例

吴某等人诈骗罪二审刑事判决书

（2017）浙03刑终487号

2016年年初，被告人吴某、徐某伙同他人预谋利用伪基站设备发送假冒银行的钓鱼网站短信牟利。同年2月18日至19日，徐某指使他人驾驶微型普通客车载其至温州鹿城、瑞安市虹桥路、万松路等地，由徐某操作伪基站设备群发假

冒建设银行的短信，提示积分兑换现金，诱骗他人点击短信内“wap. ccbofk. pw”的链接登录假冒建设银行的钓鱼网站，输入银行卡卡号、银行卡密码、身份证号码、银行预留手机号码、短信验证码等信息。吴某及胡某通过钓鱼网站后台获取上述信息并提供给上线，由上线以网络消费的方式转走被害人银行账户内资金，其中，转走多名被害人总计14979元。吴某等人被法院以诈骗罪追究刑事责任。

3. 利用网络发布虚假销售信息，在被害人陷入错误认识，误以为是正规网站链接的情况下，通过点击虚假链接付款，致使被害人财产损失的

典型案例

李某诈骗罪再审刑事判决书

（2018）浙08刑再2号

2016年6月起，被告人李某从郑某（另案处理）等人处购买淘宝账户，使用购买的淘宝账户在淘宝“闲鱼网”上发布二手商品，并用另外的淘宝账户以半小时为周期重新拍下自己发布的二手物品，以利用被拍下商品不能重复购买的规则使被害人主动联系被告人李某，被告人李某诱导被害人在其QQ推送的钓鱼网站上付款购买点卡而实施诈骗。2016年9月9日12时许，被害人王某在浏览“闲鱼网”时，发现了被告人李某利用淘宝账户发布在该网上的出售二手索尼微单相机的信息，并通过信息上预留的QQ联系上了被告人李某。被告人李某通过QQ将伪造成“闲鱼网”的钓鱼网站链接发送给王某，使王某误以为该钓鱼网站为正规的“闲鱼网”网站而点击付款4989.90元。被告人李某先后诈骗成功6起，涉案金额30861.99元。李某被法院以诈骗罪追究刑事责任。

4. 明知是诈骗短信，仍利用伪基站等技术手段，向不特定人群发送的①

典型案例

夏某等人诈骗罪二审刑事裁定书

（2018）陕03刑终20号

2016年3月4日至3月25日，被告人夏某等人驾驶安装“伪基站”设备的面包车，按照“淘金”（另案处理）的要求途经山西、甘肃、宁夏、陕西等地冒充工商银行发送诈骗链接短信，共计发送诈骗短信3042794条，非法所得9000元。2016年3月25日被害人刘某锋按照短信内容进行操作后被网上转账11639元。夏某等人被法院以诈骗罪追究刑事责任。

5. 利用钓鱼网站获取他人账号、密码、身份证号码、电话号码等信息的

典型案例

何某侵犯公民个人信息罪一审刑事判决书

（2018）浙0602刑初35号

2017年3月以来，被告人何某采用网上购买、电脑软件采集并通过钓鱼网站破解等方式获取他人QQ账号、密码、身份证号码、电话号码等密码保护信息。何某明知他人利用QQ号及个人信息实施网络诈骗，仍将上述公民个人信息

① 依据《最高人民法院、最高人民检察院、公安部关于办理电信网络诈骗等刑事案件适用法律若干问题的意见》之相关规定，明知他人实施电信网络诈骗犯罪，为其制作、销售、提供“木马”程序和“钓鱼软件”等恶意程序的，提供互联网接入、服务器托管、网络存储、通讯传输等技术支持，或者提供支付结算等帮助的，以共同犯罪论处，对其参与期间该诈骗团伙实施的全部诈骗行为承担责任。

以80元左右或者260元左右1套的价格贩卖给他人，违法所得至少28464.1元。何某被法院以侵犯公民个人信息罪追究刑事责任。

（三）网络拍卖诈骗

1. 设立虚假购物、拍卖等交易网站，诱骗被害人通过该网站交易，在被害人交付财物后不付款，致使被害人损失的

典型案例

谢某等人诈骗罪一审刑事判决书

（2015）湛赤法刑初字第204号

2014年10月，梁某找到谢某，提出让谢某制作一个商城网站用于诈骗，谢某按照梁某的要求制作了一个名为“博古珍藏网”的网站，该网站具有后台设置账户虚拟资金的功能。网站设计成功后，梁某与谢某分别使用该网站进行诈骗。2014年10月29日，被告人谢某在百姓网上看到被害人吴某挂网出售的两套第四套豹子号人民币和一张错版的第四套100元面额的人民币后，用QQ与吴某取得联系并提出要购买钱币。经过讨价还价，吴某同意以7万元的价格成交，并要求谢某到淘宝网站交易汇钱。谢某谎称自己没有淘宝账号，要求吴某到博古珍藏网站交易。吴某按照谢某的要求，在博古珍藏网注册新账号，并将钱币挂在该网站出售。谢某将该商品拍下后，利用网站后台设置其账户虚拟资金为7万元，转账支付到吴某的账户上。吴某看到账户收到交易款7万元后，当天就通过顺丰快递将钱币寄往谢某提供的收货地址。11月3日，吴某再次登录博古珍藏网准备提取货款时，发现网站无法打开，谢某电话关机无法联系。谢某等人被法院以诈骗罪追究刑事责任。

2. 以非法占有为目的，针对他人已经注册的域名信息，以帮助高价拍卖为由，骗取被害人财物的

典型案例

杨某、田某等诈骗罪一审刑事判决书

（2019）渝0113刑初6号

2017年9月，被告人杨某、田某等人经商议，共同出资开办某某信息技术有限公司从事诈骗，盈利平分。公司成立后，通过网络非法收集公民姓名、电话号码、注册域名等公民信息，利用收集的信息以帮被害人举行拍卖会出售网络域名为由，骗取被害人保证金；或者由公司其他人员冒充买家与被害人联系欲高价购买其域名，以要求被害人交易时提供计算机版权证书、TM商标域名、网络交易许可证等资料为由，骗取被害人高额资料费；或者以邀约商家入驻被害人拥有的平台为由，骗取被害人推广费等费用。杨某、田某等被法院以诈骗罪追究刑事责任。

（四）网络中奖诈骗

1. 以非法占有为目的，采用虚构中奖事实的方法，通过利用“钓鱼网站”链接、发送诈骗信息、拨打诈骗电话等手段针对不特定多数人实施诈骗的

典型案例

陈某诈骗罪二审刑事判决书

（2018）粤刑终27号

2016年6月初，被告人陈某等人商议通过发送虚假中奖信息的诈骗方法骗取他人财物。陈某使用笔记本电脑上网，通过QQ聊天软件向他人购买了多个“钓鱼网站”域名、手机号码，后雇用他人向前述手机号码群发“淘宝”“奔跑

吧兄弟”等虚假中奖信息，诱导接到信息的“中奖者”登录“钓鱼网站”填写个人信息认领奖品。之后，陈某等人冒充“淘宝”或“奔跑吧兄弟”的客服人员（即“话务组”），拨打或者接听“中奖者”的电话，以兑奖需要交纳保证金或公证费、税款等为由，骗取“中奖者”的财物。陈某被法院以诈骗罪追究刑事责任。

2. 以非法占有为目的，采用虚构掌握内部信息、跟随操作可以中奖等稳赚不赔的方法，向不特定人员发布上述信息，诱骗被害人到指定平台充值，骗取被害人钱款的

典型案例

谭某等诈骗罪二审刑事裁定书

（2019）吉刑终63号

以吴某为首的诈骗集团以非法占有为目的，伙同侯某、谭某等人设立财务团队、金装团队等若干发展团队，设立并实行严格的组织纪律和分成办法等规章制度。该诈骗集团通过QQ、微信等网络聊天工具以加好友等方式向不特定人群宣传、发送“重庆时时彩”等虚拟的稳赚不赔的彩票购买计划并虚构网络高中奖信息等，诱骗被害人在其虚假平台充值投注，采取对被害人充值投注的资金采取拖延、限制提现、冻结及删除账户等方式将资金据为集团所有，并致使一名被害人死亡的严重后果。谭某被法院以诈骗罪追究刑事责任。

3. 采用虚构掌握内部信息、跟随操作可以中奖等稳赚不赔的方法，向不特定人员发布上述信息，诱骗被害人到指定平台充值赌博，但不能实际控制赌博输赢，仅与被害人对赌的

典型案例

林某等开设赌场罪二审刑事裁定书

（2019）陕01刑终200号

2017年3月，被告人林某、邱某（另案处理）等人，以经营微信商城为名，通过微信等网络通讯手段，利用“白某”“高某”等虚假身份和虚假中奖截图等获利信息，引诱网友在“东亚云”“亚商所”“天果商城”网站注册并投注，进行虚假商品涨跌赌博，并与后台进行利润分成。经查证，2017年8月14日至8月31日，“天果商城”网站接受投注赌资共计2582014元。林某等被法院以开设赌场罪追究刑事责任。

4. 明知他人采用虚构中奖事实的方法，通过利用“钓鱼网站”链接、发送诈骗信息、拨打诈骗电话等手段针对不特定多数人实施诈骗，仍提供信用卡、资金支付结算账户、手机卡、通讯工具、公民个人信息、制作、销售、提供“木马”程序和“钓鱼软件”、互联网接入、服务器托管、网络存储、通讯传输等技术支持，或者提供支付结算、资金、场所、交通、生活保障、转移诈骗犯罪所得及其产生的收益，套现、取现等帮助的

典型案例

杨某等诈骗罪二审刑事裁定书

（2017）苏01刑终788号

2015年起，被告人杨某与“小龙虾”（另案处理）等人经预谋，由“小龙虾”等人在互联网上发布机票订票、改签电话或群发电视节目中奖短信，冒充航空公司、电视节目组工作人员与被害人联系，欺骗被害人向指定账户转账；由被告人杨某准备大量银行卡、POS机，组织其他被告人将诈骗钱款通过转账、刷卡等方式转移并最终取出，被告人杨某从骗得钱款中分成10%，其中部分用于

向其他被告人支付报酬。杨某等被法院以诈骗罪追究刑事责任。

（五）网络理财荐股诈骗

1. 以非法占有为目的，采用免费推荐股票方式吸引被害人，在获取被害人信任后，采取虚构掌握内部信息，跟随操作可以快速、高额盈利的方法，诱骗被害人到指定平台投资，骗取被害人钱款的

典型案例

朱某、夏某等诈骗罪二审刑事裁定书

（2016）粤刑终416、417、418号

2013年，被告人夏某、朱某商议，决定通过开设虚拟的贵金属交易平台，操控交易平台上贵金属的涨跌来骗取他人财物。两人商定后，朱某便在网上租来服务器和交易软件，设计标志后将该贵金属交易平台更名为贵丰（兴盛）珠宝订货回购系统。夏某则开始找代理人去发展到该系统来炒南非蓝钻、贵金属的客户。找到相关人员后，朱某租来虚拟的交易平台开始运作。以向客户推荐股票为由初步筛选客户，如客户有意投资股票，业务员便会将客户上报。代理人员会再给客户推荐一些股票，如股票赚了钱，客户开始信任后，代理人员便会向客户推荐该系统，谎称该交易平台是一个炒南非蓝钻、贵金属的交易平台，他们能让客户很快赚到钱，客户的钱实际就转入了朱某与深圳快汇宝绑定的自己的银行账号内。一开始，朱某、夏某会将交易平台的涨跌情况告知各代理商，各代理商再告知客户去买卖南非蓝钻、贵金属，开始都会让客户赚取30%以下的利润，当客户完全信任并加大了投入后，被告人、犯罪嫌疑人觉得骗取客户的时机成熟，便按照朱某告知的交易平台涨跌情况，让客户反向操作，当行情涨时让客户买跌，当行情跌时让客户买涨，达到让客户亏钱的目的来骗取客户的钱，客户亏钱后，如不想再炒南非蓝钻要求退出，朱某则在后台将客户账面上剩下的钱通过银行卡转回给客户，让客户以为是一个真实的交易平台。骗到客户的钱后，由朱某和夏某按照一定的比例将钱分配给其他被告人、犯罪嫌疑人。2014年8月7日，在骗取了大量客户的钱款后，朱某、夏某便关闭了该系统。朱某、夏某等被法院以

诈骗罪追究刑事责任。

2. 未经许可经营原油期货业务，并向客户提供反向提示操作，致使客户在交易过程中遭受重大损失的

典型案例

徐某等人非法经营案

《刑事审判参考》总第113集第1238号

天津矿产资源交易所成立于2010年11月24日，经营范围包括矿产资源产品交易的市场经营及管理服务、相关产品交易的资金清算等，但不具有现货原油销售、仓储经营业务资质。2013年5月15日，天津纭沣伟业矿业资源经营有限公司（以下简称天津纭沣）成立，并于2015年5月1日取得天津矿产资源交易所会员资格，双方约定：天津矿产资源交易所向天津纭沣提供电子交易平台及相关报价、资讯培训、协调管理等服务，天津纭沣作为天津矿产资源交易所的综合会员，利用电子交易平台完成与投资者的交易，每年交付会费培训费等，并按每笔交易额的2‰向天津矿产资源交易所交纳交易管理费。2015年8月至9月，被告人徐某与他人合伙成立了江西省沃伦投资咨询有限公司（以下简称沃伦公司），徐某担任法定代表人。后沃伦公司与天津纭沣签订居间合作协议，成为天津纭沣的A类居间代理商，使用天津纭沣平台，开展原油、沥青等“现货”交易。

沃伦公司分行政部和业务部，业务部由电话营销部和网络营销部组成。沃伦公司在天津纭沣平台的投资交易具体由业务部负责。具体操作由沃伦公司行政部工作人员将公司购买的电话号码客户资源提供给业务部，业务员再拨打电话，以虚拟的“白富美”女性的形象冒充第三方身份添加微信好友、QQ好友，与对方聊天获得信任后，业务主任、业务员将扮演的“表叔助理”推荐给客户，帮客户开户、安装操作软件，将扮演的“表叔”“专业分析师”推荐给客户，指导客户具体投资交易。天津纭沣平台交易产品有原油、沥青等。被告人在指导客户投资操作时存在将天津纭沣提供的行情反向提供给客户的行为。2015年10月至2016年3月，沃伦公司业务员、业务主任等招揽25名客户到天津纭沣平台进行

“现货”交易，客户损失2769049.71元，沃伦公司违法所得共计4044839.68元。徐某等人被法院以非法经营罪追究刑事责任。

3. 以非法占有为目的，向不特定人员发送虚假荐股信息，在获取被害人信任后，采取虚构掌握内部信息，跟随操作可以快速、高额盈利的方法，要求被害人支付会员费、咨询费、保密费等骗取被害人钱款的

典型案例

包某、陈某等诈骗罪二审刑事裁定书

（2017）苏12刑终267号

被告人包某、陈某等人于2015年12月至2016年3月，合谋以推荐“优质股票”、提供“炒股服务”为名实施诈骗。被告人包某通过短信平台向不特定炒股人员发送虚构的带客户获利、股票上涨等信息骗取被害人信任，后伙同陈某等人通过电话、QQ等方式要求被害人支付“炒股信息咨询费”“保密费”“拉升股票集资费”等费用。被告人包某、陈某实施诈骗作案8起，骗取被害人共计230800元。包某、陈某等被法院以诈骗罪追究刑事责任。

4. 以非法占有为目的，利用私设的理财、期货交易平台，采取虚构事实与隐瞒真相的方法，诱骗客户在该平台进行虚拟交易，骗取客户佣金、点差，并人为造成客户亏损的

典型案例

王某诈骗罪二审刑事裁定书

（2016）粤03刑终155号

2013年至2014年，被告人王某以其注册成立的深圳某公司为幌子，搭建虚

假的大宗白银贵金属网络交易平台（既缺乏真实的贵金属储备，又未与合法交易场所关联对接），以高额回报为诱饵，虚构交易骗取钱财。具体由周某青负责招聘业务员，并由公司业务员以及会员单位广州某公司工作人员李某、连某、赵某诱骗客户投资，并通过后台负责人付某等人设置“点差”“杠杆”操作交易的涨跌，人为造成投资人白银交易“亏损”，“亏损”的资金变成被告人王某等人以及会员单位和相关代理商的非法收入（客户在操作平台亏损的钱会进入深圳某公司相关账户）。如果系会员单位或代理商招揽的客户，则由代理商分得60%至70%的份额，深圳某公司则分到剩余份额。被告人王某等人通过以上虚构事实与隐瞒真相的方法诈骗多名被害人钱财，共计数额高达3158009.84元。王某被法院以诈骗罪追究刑事责任。

杨某等诈骗罪一审刑事判决书

（2020）苏0602刑初140号

2017年起，靳某通过网络与虚假炒股平台人员王某共谋，由王某先后提供华融、银盛证通虚假股票平台，靳某担任上述平台代理，诈骗被害人钱款，非法所得按约定比例分成。为实施诈骗，靳某提供电脑、U盘等作案工具，通过网络招募员工，将招募人员分为两个团队，内部设立人事部、销售部、财务部。人事部的人事专员负责招聘员工，注册、分发作案账号等工作；财务部负责在虚假平台为被害人开户、核算员工提成、发放工资等工作；销售部人员分别负责虚构身份，引诱被害人在虚假平台开户入金。被害人入金的钱款未进入股市，而是通过第三方平台转入了王某等人控制的银行卡。具体诈骗方式如下：销售人员虚构单身成功中年男性身份，在多家交友婚恋网站注册账号，以交友、婚恋的名义搭识中老年妇女，在聊天过程中发送虚假炒股赚钱图片，谎称自己通过公司平台炒股已大额盈利，编造被害人在老师指导下能够盈利的谎言，获取被害人信任后，向被害人推荐由销售团队长扮演的“开户经理”，再由团队长通过财务专员为被害人在虚假平台上注册账号，在被害人入金后将被害人推荐给由靳某、曹某扮演的“老师”，由“老师”引导被害人在虚假平台“投资”操作。而后靳某等人通过反向引导、多倍杠杆、强制平仓等方式诈骗被害人钱款。2018年4月左右至案发，靳某与其先后招募的刘某以及被告人杨某等人以上述虚构荐股的方式，通过银盛证通虚假股票平台诈骗来自全国各地被害人钱款共计209万余元，以出金的方式返还被害人钱款共计62万余元，被害人实际损失为147万余元。其间，被告人杨某2018年8月21日加入犯罪集团，担任巅峰队销售员，负责按照上级要求虚构身份，搭识被害人获取信任，推荐虚假平台，引诱被害人入金等。其任职期间，A座诈骗窝点诈骗全国各地被害人钱款共计477000元，以“出金”的方式返还被害人钱款共计35430元，被害人实际损失为441570元。其中，被告人杨某直接聊天被害人王某戊，推荐虚假股票平台，引诱被害人入金5万元，造成被害人实际损失5万元。杨某被法院以诈骗罪追究刑事责任。

5. 以非法占有为目的，采用免费推荐股票方式吸引被害人，在获取被害人信任后，采取虚构掌握内部信息，跟随操作购买邮币卡可以快速、高额盈利的方法，诱骗被害人到指定平台购买邮币卡，骗取被害人钱款的

典型案例

姜某诈骗罪一审刑事判决书

（2019）赣0724刑初76号

2016年8月，姜某先后招募卢某等员工，开始从事股票投资。11月，卢某与宁夏某邮公司的代理商湛某商议，由湛某提供邮币卡后台客户信息，开始发给卢某，后来直接发给姜某，姜某将客户信息提供给公司业务员，由业务员通过所谓的指导数据分析等，诱导客户投资邮币卡，客户购买邮币卡的，则先将资金打入宁夏某邮公司账户，邮币的涨跌由湛某负责操作，客户损失的资金由湛某掌控。宁夏某邮公司通过湛某操控交易平台，先制造暴涨的行情，在引诱投资者高位接盘后，行情急转直下连续暴跌，诈骗他人钱财。姜某被法院以诈骗罪追究刑事责任。

6. 以非法占有为目的，采用免费推荐股票方式吸引被害人，在获取被害人信任后，采取虚构掌握内部信息，跟随操作购买版画、普洱茶、酒等现货投资产

品可以快速、高额盈利的方法，诱骗被害人到指定平台购买版画等投资产品，骗取被害人钱款的

典型案例

顾某诈骗罪一审刑事判决书

（2018）苏0382刑初23号

江苏华某商品经纪有限公司（以下简称华某公司）法定代表人顾某以公司的名义成为上海某产权交易所申江某商品运营服务平台的经纪会员，后进行邮币卡现货电子盘交易。顾某等人又以苏州某贸易有限公司的名义与湖南某商品交易市场有限公司签订经销商合作协议，后进行普洱茶现货电子盘交易。2016年5月左右，华某公司顾某等人决定通过人为操控电子盘上票商品价格涨跌，赚取交易商亏损获利，先后在上述电子交易平台上票（发售）或介绍他人上票并操控"南华寺"等邮币卡、"无量"等普洱茶现货。顾某等人安排在上述两个交易平台以员工名义设立主力账户和护盘资金账户，购入发售现货的绝大多数份额，剩余份额用于"打新"即引导客户购买。顾某等人先通过操控少量的交易买卖致上票商品价格不断上涨，同时将涨势行情信息通过终端部或代理商等途径传递给交易商，骗取交易商的信任，诱导交易商加大资金投入，当上票商品价格上涨数倍后，根据后台入金量等数据信息，经向顾某汇报后，风控员工开始抛售所持上票商品，同时继续发送虚假涨势行情，诱骗交易商高价买入，不断的抛售最终导致上票商品价格不断下跌，致使交易商亏损。顾某等被法院以诈骗罪追究刑事责任。

7. 以非法占有为目的，搭建虚假的投资理财网站，通过网络推广向不特定人员宣传该网站，宣称通过该网站投资可获取高额利润，诱骗客户在该网站投资，骗取客户投资款的

典型案例

王某甲、陈某等诈骗罪一审刑事判决书

（2016）苏0602刑初628号

2015年8月初，被告人王某甲、陈某、王某乙、王某丙在福建省安溪县长坑乡共谋利用名为“油某宝”的虚假投资理财网站进行诈骗，获利4人均分。被告人王某甲通过网络对“油某宝”网站进行推广，对外宣称该网站是由上海某投资管理有限公司设立，主营石油期货投资，以高收益为诱饵吸引被害人投资。截至2015年11月12日“油某宝”网站关闭，被告人王某甲、陈某、王某乙、王某丙通过该网站骗得被害人张某等人共计850余万元。王某甲、陈某等被法院以诈骗罪追究刑事责任。

8. 以非法占有为目的，虚构可以帮助被害人购买相关公司原始股票，骗取被害人投资款的

典型案例

张某诈骗罪二审刑事裁定书

（2014）一中刑终字第366号

被告人张某于2011年7月使用网名“竹林七贤”，通过网络聊天与被害人罗某结识，后被告人张某于2012年1月19日以帮助购买某钢原始股为由，骗取被害人罗某现金200000元。张某被法院以诈骗罪追究刑事责任。

（六）网络贷款诈骗

1. 以非法占有为目的，虚构网络贷款可以不用归还，以小恩小惠诱骗在校生办理网络贷款后归行为人使用的

典型案例

刘某诈骗罪二审刑事裁定书

（2019）辽01刑终640号

2016年6月至10月，被告人刘某伙同赵某谎称网络贷款平台有漏洞，以贷款可以不用还且不影响征信并有好处费为由，在沈阳市某学院内，诱骗被害人在"名校贷""优分期""我来贷"等平台上贷款、购物。累计诈骗金额134440元。刘某被法院以诈骗罪追究刑事责任。

2. 以非法占有为目的，利用被害人急需资金的心理，冒用贷款公司，以低门槛发放贷款的名义，收取保险费、保证金、激活费、服务费等实施诈骗的

典型案例

张某诈骗罪二审刑事裁定书

（2019）闽08刑终340号

2018年3月3日至4月18日，被告人张某等人冒充"某某贷"贷款公司工作人员，通过拨打被害人电话，以发放贷款为名，骗取被害人梁某、张某支付的贷款平台服务费、保证金计18728.7元。其间，该诈骗团伙共拨打诈骗电话6124次。张某被法院以诈骗罪追究刑事责任。

3. 以非法占有为目的，利用被害人急需资金的心理，冒用贷款公司，以低门槛发放贷款的名义，收取手续费、公证费等实施诈骗的

典型案例

黄某等诈骗罪二审刑事判决书

（2019）晋05刑终183号

2017年11月至2018年1月，被告人黄某在网上购买被害人信息后，雇佣被告人鲁某、丁某冒充北京××担保公司工作人员，以能帮助被害人办理小额贷款的名义给被害人打电话，又通过“黑客”为被害人银行卡做流水，取得被害人信任。后其以办理贷款需在银行卡内做流水或交手续费等为由，诈骗被害人王某等人钱财。黄某等被法院以诈骗罪追究刑事责任。

4. 以非法占有为目的，利用被害人急需资金的心理，冒用贷款公司，以办理贷款业务前需验证资金流水为由，要求被害人向自己的银行卡存入资金，实为获取被害人银行卡账户、密码及手机验证码，转走被害人资金的

典型案例

陈某诈骗罪一审刑事判决书

（2019）鄂0112刑初504号

2019年2月，被告人陈某与一杨姓男子约定，由杨姓男子方人员向被告人陈某提供欲进行贷款的被害人名单，被告人陈某冒充北京某投资担保有限公司客服人员与被害人联系，以办理贷款需预存贷款总额的10%至20%的资金的名义要求被害人将资金存至银行卡内，后被告人陈某将预存资金的被害人信息提供给杨姓男子，杨姓男子方人员冒充北京某投资担保有限公司信贷部人员以贷款需刷银行流水的名义骗取被害人的刷卡验证码后将被害人资金骗走。陈某被法院以诈骗罪追究刑事责任。

5. 以非法占有为目的，利用被害人急需资金的心理，冒用贷款公司，以办

理贷款业务前需验证资金流水为由，要求被害人向指定银行账户存入资金，骗取被害人资金的

典型案例

徐某、韩某诈骗罪二审刑事裁定书

（2019）皖04刑终253号

2017年11月至2018年1月，被告人徐某、韩某参与诈骗团伙进行电信诈骗，待被害人将钱款汇入指定银行账户后，徐某、韩某负责取款。其间徐某、韩某帮助取现共计229000元。2017年12月25日，张某在家中上网时看到诈骗团伙发布的办理信用卡的广告，随即与之联系。对方以银行要求验资测评还款能力、体现银行流水为由，让张某向两个指定账户汇款，共计骗取15000元。徐某、韩某被法院以诈骗罪追究刑事责任。

6. 以非法占有为目的，利用被害人急需资金的心理，冒用贷款公司，以办理贷款过程中发现被害人银行卡号被冻结或贷款App无法提现等理由，要求被害人充值解冻或充值提高征信等，骗取被害人资金的

典型案例

曾某等诈骗罪二审刑事判决书

（2019）闽08刑终448号

2018年12月25日至2019年1月18日，被告人曾某等人先后雇用多人冒充虚假的“某金融”网贷平台客服人员，拨打事先购买的信息资料上的被害人的电话，询问有无贷款需求。对于有贷款意向的被害人则发短信要求其添加“某金融”贷款平台客服QQ号码，将被害人招引至虚假的“某金融”贷款平台，诱使被害人识别二维码下载虚假的“某金融”App、在该客户端上填写贷款金

额、身份信息、银行账号等内容，被告人则操作后台篡改被害人的银行卡号，后以被害人填写银行卡号错误需要支付修改费、支付费用开通 VIP 会员可以提现、提高信用度需支付包装费等各种理由不断要求被害人扫二维码支付或转账，并承诺“支付的费用会退回”以骗取被害人确认支付，诱使被害人将银行卡或支付宝、微信账户上的钱转入事先购买的洗钱账户内。曾某等被法院以诈骗罪追究刑事责任。

（七）网络赌博诈骗

1. 以非法占有为目的，采用虚构掌握内部信息、跟随操作可以中奖等稳赚不赔的方法，向不特定人员发布上述信息，诱骗被害人到指定平台购买其彩票产品，骗取被害人钱款的

典型案例

吴某诈骗罪二审刑事裁定书

（2019）吉刑终 62 号

被告人吴某伙同他人以非法占有为目的成立诈骗集团，伙同他人设立财务团队及若干发展团队，设立并实行严格的组织纪律和分成办法等规章制度。该诈骗集团通过 QQ、微信等网络聊天工具以加好友等方式向不特定人群宣传、发送“重庆时时彩”等虚拟稳赚不赔的彩票购买计划、虚构网络高中奖信息等手段，诱骗被害人在其虚假平台充值投注，对被害人充值投注的资金采取拖延、限制提现、冻结、删除账户等方式将资金据为集团所有，并致使一名被害人死亡的严重后果。其间，为逃避打击，该诈骗集团又将部分犯罪窝点设立在印度尼西亚雅加达和斐济共和国等地。吴某被法院以诈骗罪追究刑事责任。

2. 以非法占有为目的，设置赌博网站，通过网络发布赌博网站信息，诱骗被害人投注网络博彩游戏，直接占有被害人投入资金的

典型案例

李某诈骗罪一审刑事判决书

（2020）浙1002刑初79号

2017年至2018年上半年，许某、杨某等人（均另案处理）在缅甸组建以网络赌博为陷阱的诈骗团伙，通过“不撸帝”“微信”等互联网聊天软件添加被害人，再将被害人带入“微博彩票平台”赌博网站，以上分赌博为名骗取他人钱财。钱款经流转最后由赖某等取款人取走后上交。被告人李某等人先后至缅甸加入该诈骗团伙，通过聊天加好友，将被害人带入赌博网络平台骗取钱财，并获取工资和提成。李某被法院以诈骗罪追究刑事责任。

3. 以非法占有为目的，通过网络发布赌博网站信息，诱骗被害人投注网络博彩游戏，通过后台控制等方式，骗取财物的

典型案例

张某诈骗罪二审刑事裁定书

（2020）陕04刑终48号

2017年8月，被告人张某等人预谋成立工作室，利用网络彩票赌博软件实施诈骗，遂由黄某、张某出资，张某联系人员购买“众乐国际”网络彩票赌博软件，张某、黄某负责联系购买用于招揽客户实施诈骗的手机及电脑等设备，王某等人负责联系购买用于流转诈骗资金的微信账号、支付宝账号及银行卡，李某负责控制软件后台数据、记账、分配诈骗资金至银行卡，黄某负责找人通过银行ATM机取现。2017年9月至12月，被告人张某等人利用购买来的微信、陌陌等聊天软件账号，以虚假身份通过聊天软件招揽客户，骗客户下载“众乐国际”彩票软件并进行充值投注。充值款到账后黄某随即安排专人取款。李某根据客户充值金额在平台账号上添加虚假数字，客户平台账号显示的虚假数字无法提现。

客户充值后，业务员骗客户在平台上投注，通过修改后台数据控制客户输赢，偶尔让客户小额提现，诱骗客户充值转账更多金额，以赢小输大的方式骗客户输光。张某被法院以诈骗罪追究刑事责任。

（八）提供考题诈骗

1. 以非法占有为目的，通过网络发布出售相关考试的“真题”“答案”等，标榜“准确率极高”“违约退款”等诱惑信息，要求考生先付费，骗取财物的

典型案例

司某诈骗罪一审刑事判决书

（2004）南刑初字第 571 号

2004 年 3 月初，被告人司某欲通过互联网诈骗钱财，而后购得假身份证一个及农业银行卡、建设银行卡、招商银行卡、工商银行卡共四张，在互联网网站上出资申请了服务器存储空间，建立了“中华证件网”网站。通过该网站发布可以办理大学文凭、各类等级证书、身份证等证件以及出售大学英语四、六级考题等虚假信息，并公布了四张银行汇款账号。同年 4 月至 6 月，被告人司某以为被害人办理假学历证书、出售考题的名义，先后骗取被害人共计 15281 元。司某被法院以诈骗罪追究刑事责任。

2. 以非法占有为目的，通过网络发布能够提前查询考试成绩、录取结果、更改考试成绩等信息，要求考生先付费，骗取财物的

典型案例

罗某、高某诈骗罪二审刑事裁定书

（2017）粤02刑终44号

2016年3月至5月，被告人罗某、高某等人以设计好的包过关的“密卷”“考试答案”“能改考分”等虚假信息，针对医学类从业人员考试资格证和评级考试，使用公司营业执照、开户许可证等资料和电脑、手机、营销QQ号及考试信息、考生信息、客户资料等，用虚假姓名在网络聊天工具上群发虚假信息、添加好友，先骗得被害人信任，随后以购买“密卷”“答案”“改分”项目需交“试卷费”“资料费”“考试答案费”“包过费”“保密金”“查分费”“改分费”等费用为由，诱骗被害人支付款项到其指定账户内。罗某、高某被法院以诈骗罪追究刑事责任。

3. 以非法占有为目的，通过网络发布虚假的提前发放助学金、高考贫困补助金等信息，要求考生先将学杂费事先打入指定的银行账户骗取财物的

典型案例

陈某诈骗罪一审刑事判决书

（2017）鲁1311刑初333号

2016年8月，被告人陈某伙同郑某等人（均另案处理），冒充教育局、财政局工作人员，以发放贫困学生助学金为名，拨打诈骗电话共计2000余次，骗取山东省临沂市罗某区高考学生徐某、山东省邹平县高考学生郝某等人的钱款共计8万余元，并造成徐某死亡的严重后果。陈某被法院以诈骗罪追究刑事责任。

（九）假冒亲友、领导、国家机关公益组织诈骗

1. 采用向不特定人群拨打电话、发送信息，假借亲友身份，编造亲友遭遇意外事故入院、招嫖被抓需要交罚款、酒后伤人被抓要交保释金、做生意急需用钱等各种理由，营造紧迫气氛，骗取“亲友”转账、汇款的

典型案例

黄某等诈骗罪二审刑事裁定书

（2015）泰中刑二终字第00043号

2014年5月至6月，被告人黄某等人在互联网上筛选在国外工作的男性QQ用户作为目标人物，然后通过播放虚拟的美女聊天视频等手段，假扮女性与目标人物视频聊天，骗取对方的真实聊天视频、基本信息等，并进入目标人物的QQ空间，选取与目标人物关系密切的QQ用户，作为诈骗对象。其后，被告人等使用购买的QQ账户，复制目标人物的QQ资料，然后乘目标人物不在线之机，用复制的QQ账户登录互联网，假冒目标人物与事先选取的诈骗对象聊天，谎称目标人物原QQ号受限或者被禁用，并在聊天过程中播放事先复制保存的目标人物聊天视频，在骗取对方信任后，谎称目标人物在国内亲友生病急需医药费，而自己所在的国外银行因系统升级无法汇款，请求被害人帮助汇款救急，待银行系统升级完毕后即予以归还。为进一步骗取被害人信任，被告人等把事先准备的用于诈骗的手机号码留给被害人，当被害人拨打此手机号码确认时，被告人等人接听电话时重复上述内容，并将事先购买的银行卡卡号告知被害人。被害人被骗上当汇款后，被告人等人随即通过网银将赃款转至事先购买的其他银行卡账户，经他人抽取20%的“取款费”后将余款取出，由被告人等分用。黄某等被法院以诈骗罪追究刑事责任。

2. 假冒企业老板的微信、QQ等，添加企业财务人员为好友，模仿老板口吻向财务人员下达转账指令，或将财务人员拉进所谓“公司高管群”，让财务人员信以为真，将钱款打入诈骗分子指定的账户的

典型案例

潘某、丘某诈骗罪二审刑事裁定书

（2017）浙07刑终611号

2015年8月至2016年3月底，被告人潘某组织了以其为首的诈骗团伙。被告人丘某等人先后加入该组织。该团伙经事先商量，通过邮件、微信等方式冒充被害公司的老板、股东等人，从被害公司的财务人员处骗取钱财。该团伙由被告人潘某统一组织，集中进行网络诈骗，参与诈骗人员统一食宿、统一管理、统一诈骗手段、统一对诈骗所得财物进行分配，根据被告人潘某传授的作案方法，从企查查等网站上搜索被害公司，发邮件获取被害公司老板、法人等人的微信号及头像，并制作假冒公司老板的微信与公司财务联系（俗称“作料”）；后由被告人潘某伪装成被害公司老板、法人等人，利用虚构的事实授意财务人员向指定银行汇款；待钱款转入指定银行账户后，由被告人潘某指使他人在ATM机上取出。潘某、丘某被法院以诈骗罪追究刑事责任。

3. 采用向不特定人群拨打电话，以“猜猜我是谁”的方式，冒充被害人的领导或朋友，以借为名，实施诈骗，要求被害人向指定的银行账户汇款的

典型案例

陈某诈骗罪二审刑事裁定书

（2017）苏06刑终33号

被告人陈某于2016年4月18日至7月9日，以江苏省南通市、南京市、苏州市等地区号段为诈骗目标，采用拨打电话让对方先猜其身份、后冒充熟人向对方借钱的方式实施诈骗，以号码130××××2508先后向被害人拨打诈骗电话合计1719次，并于2016年5月23日以上述方式骗得被害人张某1300元。陈某被

法院以诈骗罪追究刑事责任。

4. 采用向不特定人群拨打电话，冒充国家工作人员身份实施诈骗，存在拨通后不信、拨错或没有拨通等情形的①

典型案例

肖某等人诈骗罪二审刑事裁定书

（2015）吉中刑二终字第80号

2014年3月左右，被告人肖某在“小易”（未到案）的提议下，同意拨打电话到台湾地区实施诈骗活动。受“小易”的指使，肖某用“小易”提供的身份信息到吉安县电信分公司营业厅开设了宽带网络、购买了8台电话机，并在“小易”提供的技术人员的指导下用“小易”寄来的2台交换机将8台电话机利用网络实现了拨打台湾地区电话的功能。2014年4月1日，被告人肖某按照“小易”邮寄过来的台湾地区居民信息资料（含有姓名、身份证号码、住址、电话号码信息），冒充台湾地区高雄长庚医院、台湾地区新竹马偕医院、台湾地区台南奇美医院的工作人员给台湾地区居民拨打电话，询问其是否委托一个名叫林美惠的人员到医院办理医疗证明，并谎称其个人信息有可能外泄被冒用于从事违法犯罪活动，当台湾地区居民相信后，便会说以医院名义帮其报警，并让其等候警察的电话，接着肖某等人便会将台湾地区居民的信息通过电话传送给“小易”，以便其他团伙成员冒充警察再次与台湾地区居民联系，继续实施诈骗。被告人肖某等人按台湾地区居民信息资料拨打电话后，对通话了可能会相信的台湾地区居民，在信息资料上相应位置打“√”；对打通了电话不相信的、电话号码空号的、打错了电话的（指非信息资料上的本人接电话），在信息资料上相应位置打“×”；对没有人接电话的，在信息资料上相应位置打“○”。经统计，共打

① 犯罪分子在实施电话诈骗中，针对不特定对象拨打的电话号码，存在拨通后不信、拨错或没有拨通等情形，属于因意志以外的原因诈骗犯罪未能得逞情形，应认定为犯罪未遂。拨通后不信、拨错或没有拨通的电话均应计入拨打次数予以量刑。

"√" 92 个，打 "×" 8075 个，打 "○" 4077 个。从 2014 年 4 月 1 日至案发，肖某等人共拨打电话 12244 个。肖某被法院以诈骗罪追究刑事责任。

5. 以通讯网络发布或直接拨打电话的方式，利用地震、疫情、医保改革、小汽车牌照摇号等时下热点，冒充政府机关人员向不特定对象发布虚假信息，要求被害人配合调查，将相关资金转移至安全账户，被害人在陷入错误认识的情况下，交付财物的

典型案例

张某甲等人诈骗罪二审刑事裁定书

（2018）京刑终 22 号

2014 年 6 月至 11 月，被告人张某甲等 35 人先后出境至肯尼亚，参加他人组织的针对我国居民进行电信诈骗的犯罪集团，该犯罪集团租用肯尼亚内罗毕市的某别墅作为窝点实施电信诈骗活动。在电信诈骗过程中，该集团成员分工配合，被告人张某甲等对部分新加入成员进行话术培训；被告人刘某等作为电脑操作手，利用电信网络技术手段向我国不特定人员发送含有"医保信息泄露""转拨电话报警"等内容的电话"语音包"；从事一线接听电话的被告人丁某等人冒充"社保局""医保局"等单位工作人员，谎称被害人医保卡消费异常，身份信息遭泄露，建议向公安机关报警并将电话转接至二线；从事二线接听或拨打电话的被告人周某等人冒充公安民警等，虚构被害人信息泄露被用于犯罪活动，谎称检察机关已介入并将电话转接至三线；从事三线接听或拨打电话的被告人张某甲等人冒充检察官等，谎称需对被害人资金流向进行调查等事实，套取被害人个人及银行账户信息，并要求被害人向被告人指定的银行账户转账、汇款，或者要求被害人同意并协助他人远程操作被害人的电子银行账户进行转账，以此骗取山东、河南、江苏、安徽等多地被害人钱款。已查明该犯罪集团诈骗被害人 110 名，被骗钱款共计 6588978.7 元。张某甲等被法院以诈骗罪追究刑事责任。

林某等诈骗罪二审刑事裁定书

（2018）粤刑终 1222 号

2015 年 7 月至 2016 年 1 月，叶某伙同李某、陈某在马来西亚吉隆坡投资组建电信诈骗团伙。林某等人先后加入该诈骗团伙。该诈骗团伙在境外设立服务器，通过 VOS 网络电话平台向中国境内固定电话群拨“宽带欠费停机”的语音包，通过改号软件更改来电显示号码，冒充电信部门或司法部门的工作人员拨打被害人电话，谎称被害人宽带欠费停机、身份信息被盗用涉嫌诈骗、洗钱等事实，以司法机关需要核实、清查被害人资金合法性为由，冒充公安机关办案民警、专案检察官，骗取被害人通过开通网银转账、ATM 机存款、银行转账等方式将资金转入诈骗团伙指定的账号。林某等被法院以诈骗罪追究刑事责任。

6. 以伪造病历或建立虚假捐款平台、网站的方式，通过网络发起筹款，骗取社会大众同情心和钱款的

典型案例

李某诈骗罪一审刑事判决书

（2018）粤 0106 刑初 2289 号

2017 年 12 月，被告人李某在注册成立广州聚力网络科技有限公司，任公司实际负责人。被告人李某利用微信平台建立“容易筹”公众号，谎称可以免费为病患提供平台发布募捐信息、收取捐款并给予一定的补贴，诱骗病患及其亲友在“容易筹”公众号发布募捐信息，使病患亲友及社会人员信以为真从而通过“容易筹”公众号进行捐款。被告人李某将所收取的捐款非法占有并挥霍一空，导致病患无法提取捐款而报案。李某被法院以诈骗罪追究刑事责任。

（十）网络交友诈骗

1. 通过网络交友（如微信、QQ 等）、相亲网站，编造国家机关工作人员、

高校教职工等虚假身份，与被害人进行网络交流，骗取被害人信任、确立交往关系后，虚构自己能帮助解决机关事业单位工作、学校学籍、购买公司原始股票等理由，骗取钱财的

典型案例

曾某诈骗罪一审刑事判决书

（2019）闽0206刑初428号

2016年4月以来，被告人曾某通过互联网虚构年轻女性的身份，结识异性网友后，遂以购买原始股权、进货费、退货费等理由诈骗被害人钱财。曾某被法院以诈骗罪追究刑事责任。

2. 通过网络交友（如微信、QQ等）、相亲网站，编造出“高富帅”或“白富美”等虚假身份，与被害人进行网络交流，骗取被害人信任、确立交往关系后，选择时机提出借钱周转、家庭遭遇变故等各种理由，骗取钱财的

典型案例

杨某瑞等11人诈骗案

检察机关推进网络空间治理典型案例

2017年11月至2019年5月，杨某瑞与他人合伙成立公司，在“乐趣”“一嗨么”等网络直播平台开设直播间，招募刘某醒、孙某林等人担任女主播，程某楠等人担任业务员。各被告人相互配合，由业务员使用女主播身份和头像照片，通过婚恋交友网站、微信摇一摇等途径结识赵某等被害人，加为微信好友后，使用话术引诱被害人在上述网络直播平台注册成为会员，进入直播间观看女主播直播。其间，业务员虚构女主播感情故事、个人遭遇等与被害人互动交流，博取同情信任。如被害人提出见面，则安排女主播与被害人视频聊天或线下见面。通过上述系列行为，女主播与被害人确立虚假恋爱关系。之后，女主播编造

“完成平台业绩任务才能领取提成”“想与平台解约需要解约金”等理由，先后欺骗赵某等4名被害人在直播平台为主播打赏或者直接向主播转账，合计诈骗17.2万余元。杨某瑞等人还涉嫌其他诈骗犯罪事实。杨某瑞等人被法院以诈骗罪追究刑事责任。

成某诈骗罪一审刑事判决书

（2019）苏0113刑初522号

2018年9月1日至2019年5月31日，被告人成某以非法占有为目的，假扮男性使用微信分别与被害人孙某、王某两人谈恋爱，以亲友需要手术费、丧葬费、老家修祠堂、开店、分房、发工人工资等理由，先后多次从被害人孙某、王某处分别骗取共计110.7万余元。成某被法院以诈骗罪追究刑事责任。

3. 以“美国大兵”“维和部队”“外籍华人”身份，利用网站、通讯群组发布征婚、交友信息，诱导被害人上钩，确立“男女朋友关系”后，再以各种理由骗取钱财的

典型案例

万某诈骗罪二审刑事裁定书

（2019）豫17刑终611号

2019年2月以来，被告人万某伙同其男友“凯文”从万某老乡处购买9张银行卡，后“凯文”将银行卡号提供给诈骗分子使用。诈骗分子通过冒充在外服役的外国人或者船长等身份，在取得被害人信任后，以邮寄美钞、黄金、“传家宝”，让被害人支付快递费、通关费为由，骗取钱财。被害人将钱款汇入诈骗分子指定的账户后，万某伙同“凯文”通过万某办理的POS机帮助诈骗分子刷款套现以及到ATM自动取款机帮助取款，并从中挣取好处费。万某被法院以诈骗罪追究刑事责任。

4. 伪装成特定身份、年龄的人员，利用网站、通讯群组发布征婚、交友信息，寻找收入尚可的目标人群，通过交流后以谎称自己是海外证券、投资或大型公司内部员工有相关信息，会以低投入得到高额的报酬作为诱惑，骗取他人财物的

典型案例

张某诈骗罪二审刑事判决书

（2019）粤03刑终2620号

张某等32名被告人，在没有证券从业资质，没有证券投资专业知识的情况下，以小组为单位，先冒充女性利用众多微信、QQ账号，在各类交友软件上广撒网，通过网络聊天刻意接近并添加被害人为好友，圈定诈骗目标客户，在取得被害人好感与信任后，又以炒股投资为名，将被害人拉进由团伙成员组成的、专门以被害人为目标的微信群。在该微信群内，有所谓的老师讲解股票的直播链接，小组成员相互协作配合，以股友的身份作托，抱怨现在的股市越来越难赚钱，谎称跟着所谓的老师投资黄金期货会赚大钱，并不时在群里发虚假的赚钱交易截图和红包，鼓动、诱导被害人在被告人推荐的“××”“H”等非法黄金期货交易平台开户、入金（注资）炒黄金期货。被害人被诱骗开户后，又被由被告人所假扮的老师，拉进由假扮投资客的各小组成员所组成的期货炒群，各小组成员也会使用模拟账户进行黄金期货交易，冒充投资客作托，吹嘘按照老师的指点炒黄金稳赚不赔，并发布虚假的交易赚钱截图，鼓动、诱骗被害人按照老师指示的买卖点位操作。该群要求被害人严格按照老师指示的买卖点位进行黄金期货交易；并把交易截图发给所谓的助理核实，否则就把被害人踢出该微信群。老师指示的买卖点位，系由被告人张某根据在网上查找的黄金期货实时行情，所发布的反向操作指令。按照老师的指点买进卖出，被害人大概率会亏损，有的甚至爆仓（亏完本金）。被害人在“××”“H”等非法黄金期货交易平台上的每手买卖，均被收取50美元的手续费。为扩大被害人的损失，被告人张某等人还会故意诱导被害人频繁买卖操作。张某被法院以诈骗罪追究刑事责任。

5. 以非法占有为目的，利用网络针对不特定对象，发布虚假卖淫信息，添加好友后，骗取他人财物的

典型案例

章某诈骗罪一审刑事判决书

（2019）苏0602刑初673号

被告人章某通过网络发布虚假的卖淫女信息，骗取他人加其微信后实施诈骗。2019年7月底，被害人周某通过百度贴吧上的信息加了章某微信好友。后被告人章某先后虚构帮周某购买演唱会门票、租房、办贷款需要钱等事实，多次骗取周某钱款共计42881元。其间，章某为取得周某信任，先后返还给周某3050元，实际骗得周某39831元。章某被法院以诈骗罪追究刑事责任。

6. 以非法占有为目的，虚构美女身份，常见的有"茶叶妹妹""工艺品妹妹""支教美女""虫草姑娘"等，利用网络通讯群组交友的方式，用统一话术与客户聊天，以向命运抗争、讨彩头、帮助贫困儿童等名义，骗取他人财物的

典型案例

史某、陈某诈骗罪一审刑事判决书

（2019）粤0309刑初1430号

2018年11月，被告人史某在网上找到了一些诈骗的资料，预谋假冒美女山区支教老师诈骗他人的钱财。经商议，被告人鲁某（系史某的妻子）拿出自己的积蓄3万元给史某，史某用上述钱款给被告人陈某、鄢某、郭某、鲁某每人配备了电脑和手机，让每个人的微信都使用同一个美女的头像，微信名均改为"樱花雨梦"，并使用统一的话术、朋友圈照片及文字，在微信内将自己包装成一个美丽的山区支教女老师。史某等人通过添加微信好友的方式，与微信好友聊天，熟悉后就以山区小孩过生日、买衣服、买文具及自己过生日等理由骗取被害

人的钱财。骗取到钱财后，史某会将诈骗所得的钱款统一转账到自己购买的一个微信的账户内。史某、陈某被法院以诈骗罪追究刑事责任。

（十一）虚假兼职、薅羊毛诈骗

1. 通过网络等发布刷单兼职的诈骗信息，以刷单兼职名义，骗取被害人刷单资金的

典型案例

谢某、许某诈骗罪一审刑事判决书

（2017）皖1522刑初352号

2017年3月至5月，诈骗嫌疑人（待查）利用手机发送短信或QQ在网络上发送招聘"淘宝兼职刷单""兼职刷单"等信息，以高额佣金为诱饵，通过QQ向被害人发送商品链接网址及支付宝二维码，指示被害人拍下商品后扫描支付宝二维码付款，通常第一次被害人拍下金额较小的商品付款后，诈骗嫌疑人能及时返还"本金"及"佣金"，待被害人信任并再次"刷单"付款后，以"一单多刷"、系统故障等为名欺骗被害人继续"刷单"付款，后不予返还，以此骗取钱财。被告人谢某伙同他人购置笔记本电脑、手机及他人企业支付宝账号、身份证、银行卡等作案工具，在福建省南平市浦城县租赁房屋，以在网络上经营"商城"出售充值卡为幌子，向诈骗嫌疑人提供收款的支付宝二维码，待被骗的钱款进入谢某等人控制的支付宝账户后迅速转移，通过在福建千游网络技术有限公司开发的千游数卡平台购买手机充值卡形式帮助诈骗嫌疑人转移资金，致使诈骗嫌疑人诈骗既遂。谢某等人则按所购买充值卡金额的5%—6%比例截留充值卡，后在安徽讯银科技有限公司开发的易收卡交易平台出售，再由被告人许某乘车至江西省上饶市、福建省南平市建阳县等地取款，截至案发时谢某等人非法获利15.2701万元，许某取款14.26万元。谢某、许某被法院以诈骗罪追究刑事责任。

2. 以非法占有为目的，采用自我交易方式，虚构提供服务事实，骗取互联网公司垫付费用及订单补贴的

典型案例

董某等四人诈骗案

检例第 38 号

2015 年，某网约车平台注册登记司机董某等人，分别用购买、租赁未实名登记的手机号注册网约车乘客端，并在乘客端账户内预充打车费一二十元。随后，他们各自虚构用车订单，并用本人或其实际控制的其他司机端账户接单，发起较短距离用车需求，后又故意变更目的地延长乘车距离，致使应付车费大幅提高。由于乘客端账户预存打车费较少，无法支付全额车费。网约车公司为提升市场占有率，按照内部规定，在这种情况下由公司垫付车费，同样给予司机承接订单的补贴。被告人采用这一手段，分别非法获取网约车公司垫付车费及公司给予司机承接订单的补贴。董某获取 40664.94 元。董某等人被法院以诈骗罪追究刑事责任。

典型案例

李某等诈骗罪一审刑事判决书

（2019）浙 0106 刑初 380 号

2018 年 9 月至 2018 年 12 月，被告人李某等人合谋，以空跑刷单的形式虚增打车费用，骗取杭州快智科技有限公司的车费补贴。被告人李某作为刷单团伙的老板在自己进行刷单诈骗的同时，负责对其他被告人的招募、管理，传授犯罪方法，并对违法所得进行分配。李某等人被法院以诈骗罪追究刑事责任。

3. 以非法占有为目的，利用电商平台交易规则，虚构批量购物消费、退货

退款、积分抵扣交易款等事实，骗取电商平台可供兑换现金的积分等具有财产性价值的虚拟物品的

典型案例

陆某等人诈骗罪二审刑事判决书

（2017）苏06刑终140号

2015年，浙江某技术有限公司（以下简称某公司）推出某双倍积分卡促销活动。活动规则是：会员在生日周内通过某网络平台购买商品每消费2元，即获赠购物积分1分，某公司还赠送等额生日积分1分，以5000积分为限，该积分在消费者购买商品并确认收货后即发至消费者的积分账户，发生退货也不收回。消费者再次向某电商购买商品，可按100积分抵扣1元。2015年10月下旬，被告人陆某、朱某等人针对该活动规则，共谋通过合资购买并实际控制的6家店铺，同时大量购买新注册的消费者账号（行内称“白号”），雇用数十名员工，进行批量虚假交易，骗取某公司赠送的生日积分，并在上述店铺内使用该积分抵款购物，将积分套现。被告人陆某等人通过上述手段形成虚假交易额达14亿余元，骗取某公司7亿余积分，实际骗取671万余元。陆某、朱某等被法院以诈骗罪追究刑事责任。

四、网络诈骗犯罪案件的办案思路

（一）全面排查被害人报案资料，顺藤摸瓜

网络诈骗类案件虽区分不同种类，但一般情况均系因被害人报案而案发，且犯罪行为人多采用虚假身份作案。故在被害人报案后，应及时收集、提取被害人处的聊天记录等电子数据，及时调取被害人资金转移情况，将聊天记录中对应的人员、资金接受账户对应的人员落地，包括是用谁的身份信息注册的账户，使用人的IP地址，使用人的实际地址等。再由这些关联信息进一步向上推导，抽丝剥茧，明确可疑人员。

（二）做好虚拟账户的落地

打击电信网络诈骗犯罪，首先要解决的问题就是虚拟世界的数据和现实社会

人员身份落地关联的问题。网络环境下可通过 IP、MAC 等信息，解决设备关联的问题。比如服务器定位，可通过网站域名获取网站 IP 地址、网站备案，对 IP 地址为反向代理（VPN）的，还需进行分析才能定位真实的 IP 服务器地址。然后通过调取网络注册信息、身份认证信息、网络社区登录密码以及相关技术手段，明确犯罪工具所包含的账号、网络流量、恶意代码、设备指纹信息等是犯罪嫌疑人使用的或所有的，被害人资金是流向犯罪嫌疑人的，包括相关银行卡在犯罪嫌疑人处扣押，或相关被害人信息、通讯账号信息等在犯罪嫌疑人处被发现。

（三）注重有关资金链条证据的收集

资金流的梳理是网络诈骗案件的关键。应及时调取银行转账凭证、交易流水、第三方支付交易记录以及其他关联账户交易记录、现场书证的查扣、与犯罪关联的银行卡及申请资料等，从中审查相关银行卡信息与被害人存款、转移赃款等账号有无关联，资金交付支配占有过程；犯罪嫌疑人的短信以及 QQ、微信、skype 等即时通讯工具聊天记录等与犯罪有关的信息，用于查明是否出现涉案银行卡账号、资金流转等犯罪信息，赃款是否由犯罪嫌疑人取得。对犯罪团伙类网络诈骗，还应注意用于诈骗的银行卡、记账本、表格等，这些往往是后续继续寻找被害人以及明确整个犯罪团伙犯罪数额的关键。

（四）注重有关信息链条证据的收集

侦查机关对有远程勘验条件的，应第一时间根据被害人报案开展远程证据提取，收集犯罪行为人用于犯罪的软件、工具等，明确犯罪使用的 CDR 电话清单、手机 IMEI 串号、语音网关设备、路由设备、交换设备、手持终端等。要注意审查诈骗窝点物理 IP 地址是否与所使用电话 CDR 数据清单中记录的主叫 IP 地址或 IP 地址所使用的线路（包括此线路的账号、用户名称、对接服务器、语音网关、手持终端等设备的 IP 配置）一致，电话 CDR 数据清单中是否存在被害人的相关信息资料，改号电话显示号码、呼叫时间、电话、IP 地址是否与被害人陈述及其他在案证据印证。在电信网络诈骗窝点查获的手机 IMEI 串号以及其他电子作案工具，是否与被害人所接到的诈骗电话显示的信息来源一致；在诈骗窝点查获的纸质和电子账目报表，是否与被害人陈述的时间、金额等细节相互印证。

（五）注重有关人员链条证据的收集

电信网络诈骗多为共同犯罪，在审查刑事责任年龄、刑事责任能力方面的证据基础上，应重点审查犯罪嫌疑人供述和辩解、手机通信记录、犯罪嫌疑人之间的聊天记录、诈骗脚本、内部分工、培训资料、监控视频等证据，通过自供和互证，以及与其他证据之间的相互印证，查明各自的分工和作用，以区分主、从犯。对于分工明确、有明显首要分子、较为固定的组织结构的 3 人以上固定的犯罪组织，应当认定为犯罪集团。注意审查犯罪嫌疑人供述的行为方式与被害人陈述的被骗方式、交付财物过程或者其他证据是否一致。对于团伙作案的，还要重视对同案犯罪嫌疑人供述和辩解的审查，梳理各个同案犯罪嫌疑人的指证是否相互印证。

（六）及时扣押、收集、提取电子数据

在电子数据取证中，应首先尽可能地收集和保全与电子数据相关的存储介质，以免介质出现毁损、灭失等情况而导致电子数据无法收集。除传统犯罪案件办理过程中的扣押程序外，还可采取网络远程勘验的方式，分析服务器网站数据，找到网站及其数据库数据所在路径，获取对应的网站数据及数据库数据；可采取电子数据检查的方式，通过本地镜像，获取与案件相关的网站数据及数据库数据。在提取时，应做到依法、全面提取与案件相关的通话记录、即时社交软件上的聊天记录、支付宝等支付工具上的交易记录，且应注重调取 IP 地址、MAC 地址、银行交易明细、网上支付平台的数据、上网记录、电子邮件等数据，提取上述电子数据后，应将收集到的证据备份，将扣押的证据封存。需要提交鉴定的证据应及时委托鉴定。

（七）以电子数据为中心开展讯问工作

网络诈骗犯罪多呈现公司化运作，组织结构严密，分工精细。讯问前应注重对电子数据的审查，通过电子数据明确作案手法、人员分工、大致的犯罪数额等，以便掌握讯问的主动性，确保讯问工作有的放矢，提高讯问效率。同时，网络犯罪案件，行为人的作案方式多样，根据不同作案方式，案件的定性也会有所区别。在确保办案安全的情况下，侦查机关可以在讯问犯罪嫌疑人时即让其操作演示作案经过并截图保存；由侦查人员操作的，应当将操作经过交犯罪嫌疑人核实，操作过程可采取同步录音录像的方式固定。

（八）从认罪态度好的人员开始讯问

公司型诈骗集团人员众多，层级也较多。新加入人员虽对犯罪集团了解不深，但一般态度相对较好，属于相对容易讯问突破的人选。在犯罪中处于从属地位的人员、有立功意愿的人员，大都会如实供述相关犯罪事实，可优先讯问，了解更多犯罪细节后，再去讯问组织者、领导者，往往也能起到较好的效果。对于网站数据库内容，还可通过有关责任人员或管理、技术人员了解网站管理路径和

用户密码、网站数据库相关表项结构和功能等技术细节，进一步获取注册用户数量、交易金额统计及更改交易金额查询等。实践中，常用的数据库查询工具为Navicat，它是一套数据库管理工具，主要功能包括支持对象列表在SQL编辑器、简化SQL、数据库范围搜索、ER图表查看等。

（九）输赢的确定性和考题的一致性也是侦查中应当关注的要点

网络赌博诈骗应对涉案赌局输赢的确定性进行侦查，赌博具有随机性而诈骗要求确定性，故应对犯罪嫌疑人实施行为的控制性展开侦查，明确盈利是否为犯罪嫌疑人掌控；同时，考试、考题类案件之所以能够以诈骗罪定罪处罚，其前提是行为人虚构了拥有真实考题等内容，一旦比对下来考题具有一致性，虚构事实的前提也就不存在了。

（十）订单信息的真实性可作为刷单类诈骗的切入点

兼职刷单诈骗和薅羊毛式诈骗都是通过虚假刷单实现的，均不存在真实的消费者，故此类案件订单信息的人员和金额信息均会呈现相对集中的特点，可结合订单信息展开侦查。

第五章　窃听窃照、伪基站类犯罪

一、窃听窃照、伪基站简介

近年来，随着我国经济和信息技术的快速发展，不法分子利用窃听窃照专用器材和“伪基站”设备从事违法犯罪的行为呈泛滥之势，导致社会非法调查活动日益猖獗、利用信息手段实施的考试作弊类、获取信息类、诈骗类案件多发。本章在明晰窃听窃照专用器材和“伪基站”设备的基础上，对相关行为进行类型化分析，以期为司法实践提供借鉴。

（一）窃听专用器材

根据《禁止非法生产销售使用窃听窃照专用器材和“伪基站”设备的规定》第3条的规定，窃听专用器材，是指以伪装或者隐蔽方式使用，经公安机关依法进行技术检测后作出认定性结论，有以下情形之一的：具有无线发射、接收语音信号功能的发射、接收器材；微型语音信号拾取或者录制设备；能够获取无线通信信息的电子接收器材；利用搭接、感应等方式获取通讯线路信息的器材；利用固体传声、光纤、微波、激光、红外线等技术获取语音信息的器材；可遥控语音接收器件或者电子设备中的语音接收功能，获取相关语音信息，且无明显提示的器材（含软件）；其他具有窃听功能的器材。

（二）窃照专用器材

根据《禁止非法生产销售使用窃听窃照专用器材和“伪基站”设备的规定》第4条的规定，窃照专用器材，是指以伪装或者隐蔽方式使用，经公安机关依法进行技术检测后作出认定性结论，有以下情形之一的：具有无线发射功能的照相、摄像器材；微型针孔式摄像装置以及使用微型针孔式摄像装置的照相、摄像器材；取消正常取景器和回放显示器的微小相机和摄像机；利用搭接、感应等方式获取图像信息的器材；可遥控照相、摄像器件或者电子设备中的照相、摄像功能，获取相关图像信息，且无明显提示的器材（含软件）；其他具有窃照功能的器材。

当前，窃听、窃照器材品种门类繁多，功能强大。大致可分为3类：（1）密拍密录器材。（2）窃听、跟踪、定位器材。（3）集合前两类功能的窃听、窃照器材。①

（三）“伪基站”设备

根据《禁止非法生产销售使用窃听窃照专用器材和“伪基站”设备的规定》第5条的规定，“伪基站”设备，是指未取得电信设备进网许可和无线电发射设备型号核准，具有搜取手机用户信息，强行向不特定用户手机发送短信息等功能，使用过程中会非法占用公众移动通信频率，局部阻断公众移动通信网络信号，经公安机关依法认定的非法无线电通信设备。

目前我国第二代公众移动通信系统（GSM）采用单向认证的机制，即在移动终端间通信的过程中，移动运营商网络可以识别移动终端的身份，并对其身份进行验证，但移动终端却无法验证其连接的基站是否为真实合法的移动运营商基站。基于这一技术现实，伪基站可以自我伪装成移动运营商的合法基站，使用与移动运营商相同的GSM频段，非法占用无线电频点，搜索以其为中心、一定范围半径内的各种手机终端，利用GSM网络技术规范单向鉴权的漏洞，强行使周边手机终端脱离合法基站而接入伪基站网络，进而可以以任意号码强行向接入的手机终端推送各种形式的短信息内容。② 载有伪基站的车辆行驶速度只要不高于时速60公里，就可以有效地向周边用户群发信息。

（四）猫池（Modem POOL）

猫池就是将相当数量的Modem使用特殊的拨号请求接入设备连接在一起，可以同时接受多个用户拨号连接的设备。模拟成手机终端，能同时放置多张电话SIM卡，与相应的软件连接，具有群体性收发短信、接打电话、拨号上网及wap浏览等功能。多被用于诈骗、广告推广、批量收发手机验证码而恶意批量注册账号等。其工作原理在于，猫池的核心模块实际上是手机的核心模块，猫池相当于一个处于黑箱操作的手机，需要计算机驱动、控制。当猫池接通电源，插入SIM卡，就可以像手机一样接入移动通讯网。通过猫池可实现随机拨打电话和群呼

---

① 喻海松：《网络犯罪二十讲》，法律出版社2018年版，第287页。

② 吴沈括、谢君泽：《电信网络诈骗防治视野下伪基站犯罪治理》，载《国家检察官学院学报》2017年第6期。

功能。

二、窃听窃照、伪基站类犯罪的特点

较之传统违法犯罪，窃听窃照、伪基站类案件主要有以下特点：

（一）作案方式隐蔽，不易识别

由于非法使用窃听窃照器材、伪基站设备违法犯罪活动均是通过相关设备来实现的，该设备通常安装在隐蔽地点，故在打击非法使用此类违法犯罪活动时需要借助专门的检测设备进行。例如“伪基站”仪器检测的是以仪器为中心周边360度范围内的“伪基站”信号，故检测到信号后侦查员并不能马上确定“伪基站”设备的准确方向，需通过周边多次查找才能确定“伪基站”信号的具体位置，识别难度较大。尤其是对于在移动交通工具上的“伪基站”设备，侦查员驾车在公路上即使发现了“伪基站”信号，但由于路上车辆较多，且都在行驶中，很难最终认定违法犯罪车辆。

（二）团伙分工复杂，排查难度大

此类犯罪案件大都属于团伙、技术犯罪，内部分工明确，组织却较松散。如利用窃听窃照类作弊案件的犯罪团队，有人负责使用设备窃取考题，有人负责制作答案，有人负责传输，还有人负责广告发布等；再如利用伪基站发送诈骗短信的团伙，有专人负责技术处理并编辑短信内容，有专人掌控银行账号，有专人负责银行取款等，而执行信息发送任务的通常是底层或外围人员，并不了解核心人员的身份及分布，仅依靠信息发送量与上家结算收入。因此，面对反侦查意识如此强大的犯罪团伙，如果单打一条线则很难定罪，这也给公安机关的摸排工作设置了很多障碍，提出了更大挑战。

（三）犯罪科技化、成本低，方式便捷

从公安机关已起获的窃听窃照器材、“伪基站”设备来看，所有的设备均未标明生产地、生产厂商等信息，可以推断出该设备是由非法“小工厂”生产出来的“三无产品”，生产成本较小。根据违法犯罪嫌疑人交代的情况来看，窃听窃照器材、“伪基站”设备的销售价格日益降低。同时设备安装简单，违法犯罪分子在购买到设备后只需要根据说明书，就可以组装好。

三、窃听窃照、伪基站类犯罪的表现形式

（一）非法生产、销售专用间谍器材、窃听窃照专用器材

1. 无权生产、销售专用间谍器材的主体，违反有关规定，擅自生产、销售上述器材的

典型案例

邹某等非法销售间谍专用器材罪一审刑事判决书

（2015）闵刑初字第2812号

2014年5月至11月，被告人韦某明知无权销售间谍专用器材，仍从被告人邹某、张某处购入窃听、窃照器材，并利用其注册的网站进行非法销售；被告人邹某、张某明知无权销售间谍专用器材，仍将窃听、窃照器材出售给被告人韦某，其中张某通过邹某的介绍将4副经过加装无线传输接收装置的密拍眼镜出售给了韦某。同年11月6日，被告人韦某将1副上述密拍眼镜以4700元的价格出售给柴某某。经鉴定，上述带无线传输接收装置的密拍眼镜属于窃听、窃照专用器材。邹某等被法院以非法销售间谍专用器材罪追究刑事责任。

2. 无权生产、销售窃听、窃照专用器材的主体，违反有关规定，擅自生产、销售上述器材的

典型案例

付某非法生产、销售窃照专用器材罪一审刑事判决书

（2019）粤0304刑初688号

2017年12月起，被告人在付某不具有销售窃听、窃照器材资质的情况下，

利用微信朋友圈发布广告非法销售带有监听监视功能的器材。2018年6月5日2时许，民警将被告人付某抓获，并在该房内缴获11个带有监听监视功能的插座和一个带有监听监视功能的无线路由器状设备。经鉴定，涉案无线路由器状设备是窃照专用器材。付某被法院以非法销售窃照专用器材罪追究刑事责任。

3. 使用窃听、窃照专用器材组织考试作弊的

典型案例

王某、董某组织考试作弊罪二审刑事裁定书

（2019）赣11刑终170号

2018年5月，由被告人王某发起，被告人王某、董某二人商量组织高考考试作弊，王某负责购买高考答案、作弊设备及联系操作设备的人，董某负责寻找有考生生源的老师参与高考作弊。2018年5月下旬，王某联系好肖某负责操作高考作弊用的设备，安排董某到时负责对接肖某，并将“橡皮擦”式接收器寄给董某。2018年5月中下旬，董某找到曹某（开办一家艺术高考生文化培训机构）并许诺曹某如能介绍考生参加考试作弊可获得相应报酬。董某将联系王某的联系方式给了曹某。曹某同意并将几十份今年要参加高考的考生名字、联系电话发给董某，董某将信息转发给王某，王某向名单上的考生发送高考作弊的推介信息。另外也有认识曹某的考生或家长主动找到曹某购买高考答案。2018年6月5日，王某、曹某与考生或考生家长之间商谈好价格、分发作弊接收器、传授作弊工具使用方式及注意事项。2018年6月6日，董某按照王某的要求带着发射器及借来的电脑找到肖某。二人当晚测试信号，由肖某在宾馆操作发射器，董某拿着接收器开车先后到相关高考考点附近测试信号接收。其间，王某一直和肖某联系，要求肖某尽快把设备调好，直到次日凌晨2点，肖某发现发射器在现场修不好，与王某、董某商量后准备将发射器带去南昌维修，后被公安机关当场抓获。被告人王某、董某被法院以组织考试作弊罪追究刑事责任。

易某非法销售间谍专用器材、非法获取国家秘密罪一审刑事判决书

（2018）赣1128刑初1号

江西省2016年“三支一扶”考试前几天，被告人易某与肖某（已判刑）见面谈了“三支一扶”考试作弊的事，肖某表示在考试时会找人偷拍试卷，被告人易某即支付2万元给肖某购买其偷拍的“三支一扶”试卷。同时肖某为了帮助“三支一扶”景德镇考点的考生考试作弊，从被告人易某处购买了4套考试作弊的答案接听电子设备，并让被告人易某帮忙在考试时发送答案给考生。肖某在“三支一扶”考试前将答案接听电子设备寄给考生徐某3套，收取了1000元；在鹰潭高速路口给了王某的朋友3套，收取了1000元。2016年6月26日上午，江西省“三支一扶”考试期间，因肖某安排偷拍试卷的上饶考点考生徐某没有将偷拍设备带进考场进行偷拍，肖某认为偷拍失败便询问被告人易某是否有“三支一扶”考试答案。上午10时许，被告人易某即通过微信发送了“三支一扶”考试答案给肖某，同时也将答案发送给拿了其答案接听电子设备的考生。肖某收到被告人易某发送的答案后，通过自己安装的发射器将答案传送给了作弊考生，并将答案发送给了张某等其他组织考试作弊的人员。易某被法院以非法销售间谍专用器材罪、非法获取国家秘密罪追究刑事责任。

4. 为考试作弊提供窃听、窃照专用器材的

典型案例

韩某、苏某非法销售窃听专用器材罪一审刑事判决书

（2019）辽0302刑初57号

2017年至2018年，被告人韩某通过网络QQ群，在黄某处购买了全国卫生资格护师考试答案，又在他人处购买了具有窃听功能的作弊器材。之后其在鞍山市各医院附近张贴出售考试答案、考试包过的小广告，从而向60余名准备参加

全国卫生专业技术资格考试的考生销售考试答案及作弊器材80余台。其中，被告人苏某于2017年在韩某处购买了考试答案及作弊器材，并帮助韩某组织、联络台安地区考生，非法销售作弊器材20余台。经公安部物证鉴定中心鉴定，被告人韩某、苏某销售的作弊器材及韩某发送答案用的发送器材，均为窃听专用器材。韩某、苏某被法院以非法销售窃听专用器材罪追究刑事责任。

（二）非法生产、销售、使用“黑广播”“伪基站”

1. 非法组装、生产、销售“黑广播”（指未经批准私自设立的非法广播电台）、“伪基站”、无线电干扰器等无线电设备的

典型案例

杨某非法经营罪一审刑事判决书

（2015）安刑初字第11号

2013年5月，被告人杨某与同案人张某（另案处理）欲利用销售“伪基站”全套设备或主板、零配件等牟利，即学习了生产、组装“伪基站”设备的技术。杨某负责向同案人员臧某（另案处理）网购了“伪基站”设备的主要零件“SSRP”主板，并购入用于生产“伪基站”设备的功率放大器、电源模块、天线及机箱外壳等众多零部件，生产、组装“伪基站”设备成品、半成品及其售后维修服务。自2013年至2014年1月，被告人杨某通过开设的网店，以1000元至22500元不等的价格分别销售“伪基站”全套设备和主机、机箱、“SSRP”主板等部件。被告人杨某通过上述方式，共销售“伪基站”全套设备及“SSRP”主板等250余台（块），销售金额123.717万元。杨某被法院以非法经营罪追究刑事责任。

2. 未经批准设置无线电广播电台，非法使用广播电视专用频段的频率的

典型案例

张某扰乱无线电通讯管理秩序罪一审刑事判决书

（2019）津0119刑初101号

2018年8月，被告人张某未经批准设置无线电广播电台，非法使用广播电视专用频段频率向社会播放广播。经天津市无线电监测站测试，该无线电发射功率为717.28W，发射频率为90.3MHz。经天津市无线电管理委员会办公室确认，该无线电设备为“黑广播”电台。张某被法院以扰乱无线电通讯管理秩序罪追究刑事责任。

3. 以非法牟利为目的，未经批准设置通信基站（“伪基站”），受雇或自身使用“伪基站”设备强行向不特定用户发送商业性质的广告宣传信息，非法使用公众移动通信频率的

典型案例

李某扰乱无线电通讯管理秩序案

刑事审判参考第1227号

2016年4月2日，被告人李某以每天工资200元受雇用，利用伪基站设备，冒充工商银行95588号发送虚假的兑换积分短信，以及招聘司机短信。后李某邀约他人驾驶车辆，在湖北省咸宁市、仙桃市、武汉市的闹市区，非法利用移动公司频段，强行向范围内的46109名用户发送短信息，迫使用户与移动通信网络中断。李某被法院以扰乱无线电通讯管理秩序罪追究刑事责任。

陈某扰乱无线电通讯管理秩序罪一审刑事判决书

（2018）沪0110刑初572号

2017年11月中旬至12月上旬，被告人陈某先后两次架设无线电台（黑广播），非法使用无线电频率发布销售药品广告。上述行为导致上海浦东机场、虹桥机场塔台主频受到干扰，无法正常使用，影响对空指挥等民航通信。陈某被法院以扰乱无线电通讯管理秩序罪追究刑事责任。

4. 以非法牟利为目的，受雇或自身使用“伪基站”设备发送具有违法、犯罪性质的短信，如开具虚假发票、办理假证件、赌博、招嫖、诈骗、木马病毒、钓鱼网站链接等违法犯罪信息的

典型案例

王某甲、韩某扰乱无线电通讯管理秩序罪二审刑事判决书

（2017）皖11刑终120号

2016年10月，王某甲以6000元卖出一台伪基站设备给韩某，两人商量雇用陆某、王某乙利用伪基站到外地发布诈骗短信。王某甲联系需要发布诈骗短信的上家，同年10月15日至17日，安排陆某、王某乙到指定的江苏省扬州市、镇江市及滁州市发送诈骗短信，共支付3200元报酬。由王某乙驾驶租赁的轿车，陆某利用伪基站设备发送诈骗短信。假冒建设银行客服热线发送内容为“尊敬的建行用户您好：您的信用卡已达到我行提额标准，可提升5万元，详情致电010－57290730……”“尊敬的用户：您的信用卡额度已达到我行提额标准，固定额度可提高1倍，如需办理请详情致电010－57290975……”，假冒农业银行客服电话发送内容为“尊敬的用户：您的账户累计积分8640即将到期，请立即登陆WWW.95××9－e.pw兑换386元现金，逾期清零”等信息。陆某为提高业绩，对计数进行了增加。王某甲、韩某被法院以扰乱无线电通讯管理秩序罪追

究刑事责任。

吴某某非法利用信息网络罪一审刑事判决书

（2020）鄂1222刑初178号

2019年年初，被告人吴某某在赌博网站上认识一名自称李某2（待查）的人。同年10月，两人约定由李某2出资购买“多卡宝”，吴某某提供地点建立伪基站，李某2支付吴某某每天1000元的工资。同月12日至18日，李某2先后多次从武汉利用“滴滴”出租车将200台“多卡宝”、589张电话卡和8台网络转换器运至通城，随后吴某某将伪基站设备分别安装在出租房和自己家中。现查实，通过上述设备向不特定人员拨打电话，分别冒充快递客服、淘宝客服等身份，以被害人快递丢失需赔偿、产品质量问题、购物退货需交保证金等事由，致使11人上当受骗，共计被骗金额329614元。吴某某被法院以非法利用信息网络罪追究刑事责任。

5. 明知他人实施诈骗等犯罪，使用“黑广播”“伪基站”等无线电设备为其发送信息或者提供其他帮助的

典型案例

王某等诈骗罪二审刑事裁定书

（2018）鲁07刑终33号

2016年3月以来，被告人王某、张某结伙并指使他人使用伪基站设备在青岛、济南、寿光等地发送银行金融诈骗短信，所发送诈骗信息致被害人刘某被骗199980元，据统计发送诈骗信息合计43417条。王某等被法院以诈骗罪追究刑事责任。

6. 明知他人实施诈骗等犯罪，使用“猫池”等设备为其发送信息或者提供其他帮助的

典型案例

刘某、池某等诈骗罪一审刑事判决书

（2019）渝0235刑初41号

2015年10月至2018年1月，被告人池某为了谋取非法利益，在山东省章丘市先后组织邀约刘某等人为陈某（另案处理）、龙某（另案处理）等人发送各类考试诈骗信息125万余条，累计获利7.8万余元。在此期间，由池某负责租赁房屋，提供电脑、猫池、SIM卡等作案工具，负责制定诈骗信息发送价格（600—1000元/10000条），提供收款账户。刘某等人负责通过QQ发广告寻找需要群发信息的客户，两人与客户谈好业务以后，客户将公民的个人信息（姓名、电话号码等）、诈骗短信内容（提供××考试答案或更改××考试成绩，联系QQ：××）发送过来，并将款项打到池某银行账户或者池某支付宝账户，刘某接收到信息以后，在机房将诈骗信息发送到他人手机上。刘某、池某等被法院以诈骗罪追究刑事责任。

7. 利用“猫池”等电子设备获取他人手机号码验证码，出售给他人用于网站、软件注册用户的

典型案例

陈某某侵犯公民个人信息一审刑事判决书

（2020）津0116刑初337号

2019年7月至10月，被告人陈某某在天津市滨海新区，利用自己经营手机店储存的实名制手机副卡2600余个以及从网络上购买的6组“猫池”电子设备，在为客户提供维护该副卡配套主卡正常使用的服务过程中，通过多个平台出售用

于抖音、快手、拼多多、京东和淘宝软件注册新用户的手机副卡号码和验证码，从中获利 21613.5 元。陈某某等被法院以侵犯公民个人信息罪追究刑事责任。

8. 利用“猫池”等电子设备，开通相应号码付费业务，透支话费的

典型案例

孙某盗窃罪二审刑事裁定书

（2015）泰中刑二终字第 00034 号

2013 年 6 月至 8 月，被告人孙某通过淘宝网匿名购买泰州、徐州、苏州等江苏地区移动手机卡 639 张后，利用移动公司短信充值计费系统存在扣费延迟的漏洞，使用“猫池”“嘻唰唰”软件、江苏移动自助服务系统等工具，透支手机话费充值游戏币，并通过淘宝网出售游戏币，而从中获利。被告人孙某采取上述手段，窃取话费共计 114719 元。孙某被法院以盗窃罪追究刑事责任。

四、窃听窃照、伪基站类犯罪案件的办案思路

（一）通过网店交易明细梳理销售和购买人员

对于通过网店销售窃听窃照器材、伪基站设备的，可通过线索锁定销售店铺及对应的嫌疑人的身份信息，同时调取其交易明细，对买家情况、非法所得进行梳理；询问时可选择有案底人员先行开展询问工作，明确购买的设备确属窃听窃照器材、伪基站设备。

（二）窃听窃照器材、伪基站设备的检测鉴定

窃听窃照器材由公安机关负责认定。伪基站设备应委托无线电管理部门鉴定，明确其对于公共移动通信网络无线电信号的阻断影响、对于通信造成的干扰影响、对于公用电脑设施的破坏影响、对于公用电信设施的毁坏影响及对于嫌疑人是否持有无线电台执照的确认，明确嫌疑人使用的设备是否为国家明令禁止使用的无线电设备；涉及间谍专用器材的还需要委托国务院国家安全主管部门进行鉴定。

（三）伪基站类案件还需要及时对设备进行数据提取

提取伪基站设备中的软件、工作日志中的 IM－SI① 记录及发送的信息数据，明确伪基站的使用情况，包括使用的起始时间、收发信息条数、内容等。同时，还需向通信管理部门调取造成通信中断的用户数量情况。

（四）讯问犯罪嫌疑人扩大战果

此类案件多为团伙作案，互相分工协作，故在抓获犯罪嫌疑人后，应及时开展讯问工作。比如抓获利用窃听窃照专用器材考试作弊的人员，可通过讯问明确有无其他配合人员，相关的窃听窃照专用器材的来源等，进而及时采取相应措施，抓获配合人员、提供设备的上线等。同时，通过讯问了解窃听窃照专用器材、“伪基站”设备的工作原理、特征等。

---

① 即国际移动用户识别码（International Mobile Subscriber Identification Number），是区别移动用户的标志，储存在 SIM 卡中，可用于区别移动用户的有效信息。其总长度不超过 15 位，同样使用 0－9 的数字。其中 MCC 是移动用户所属国家代号，占 3 位数字，中国的 MCC 规定为 460；MNC 是移动网号码，最多由两位数字组成，用于识别移动用户所归属的移动通信网；MSIN 是移动用户识别码，用以识别某一移动通信网中的移动用户。

第六章　危害计算机信息系统安全犯罪

一、危害计算机信息系统安全简介

随着信息技术和互联网业的快速发展，计算机在现代社会中发挥着越来越重要的作用。计算机极大地方便了人民群众生产生活，但它的安全问题也日益突出。为此，1997 年《刑法》第 285 条、第 286 条规定了非法侵入计算机信息系统罪和破坏计算机信息系统罪。针对维护计算机信息系统安全方面出现的新情况，2009 年 2 月 28 日全国人大常委会通过的《刑法修正案（七）》增设了非法获取计算机信息系统数据、非法控制计算机信息系统罪，提供侵入、非法控制计算机信息系统程序、工具罪。2015 年 8 月 29 日全国人大常委会通过的《刑法修正案（九）》增设了拒不履行信息网络安全管理义务罪、非法利用信息网络罪、帮助信息网络犯罪活动罪。至此，危害计算机信息系统安全类罪名体系已基本形成。这些规定为维护计算机信息系统安全，打击计算机网络犯罪提供了有力的法律依据。

近年来，网络犯罪呈上升趋势，我国面临黑客攻击、网络病毒等违法犯罪活动的严重威胁，是世界上黑客攻击的主要受害国之一。从司法实践来看，制作传播计算机病毒、侵入和攻击计算机信息系统的犯罪增长迅速，非法获取计算机信息系统数据、非法控制计算机信息系统的犯罪日趋增多，制作销售黑客工具、倒卖计算机信息系统数据和控制权等现象十分突出。这些违法犯罪行为具有严重的社会危害性，不仅破坏了计算机信息系统运行安全与信息安全，而且危害了国家安全和社会公共利益，侵害了公民、法人和其他组织的合法权益。①

随着计算机技术的发展，计算机操作系统与提供信息服务的系统已密不可分，《最高人民法院、最高人民检察院关于办理危害计算机信息系统安全刑事案

---

① 李敏：《危害计算机信息系统行为的罪与罚——访最高人民法院审判委员会委员、研究室主任胡云腾》，载《中国审判》2011 年第 10 期。

件应用法律若干问题的解释》对“计算机信息系统”和“计算机系统”作了统一解释，规定“计算机信息系统”和“计算机系统”，是指具备自动处理数据功能的系统，包括计算机、网络设备、通信设备、自动化控制设备等。其中，网络设备是指路由器、交换机等组成的用于连接网络的设备；通信设备包括手机、通信基站等用于提供通信服务的设备；自动化控制设备是指在工业中用于实施自动化控制的设备，如电力系统中的监测设备、制造业中的流水线控制设备等。结合最高人民检察院第一检察厅于2019年发布的《网络犯罪案件技术法律术语解释汇编（一）》，危害计算机信息系统安全犯罪主要涉及以下技术术语：

（一）IP地址、域名

IP地址（Internet Protocol Address）是指互联网协议地址，是为了保证互联网上计算机设备之间的正常通信而为互联网上的每台设备分配的唯一的数字串编号。在网络犯罪案件的办理过程中，通过对IP地址的追踪可以确定用于作案的设备的地理位置（经纬度等），为判断人机同一问题提供有利参考。

域名是由一串用点分隔的英文字母等符号组合的互联网上某一台计算机或计算机组的名称，用于在数据传输时标识计算机的电子方位。例如“www. baidu. com”是一个域名，和IP地址“220. 181. 38. 148”对应。域名的产生，使计算机设备使用人在访问互联网上计算机设备时，不需要输入较难记忆的IP地址数字串，只需要输入方便好记的域名即可。

域名与IP地址之间是一一对应的，它们之间的转换工作称为域名解析。域名解析需要由专门的域名服务器（Domain Name Server，DNS）来完成。当一个计算机设备使用人在浏览器地址框打入某一个域名，或者从其他网站点击链接来到这个域名，浏览器向这个用户的上网接入商发出域名请求，接入商的DNS服务器要查询域名数据库，看这个域名的DNS服务器是什么，然后到该服务器中抓取DNS记录，也就是获取这个域名指向哪一个IP地址。在获得这个IP信息后，接入商的服务器就去这个IP地址所对应的服务器上抓取网页内容，然后传输给发出请求的浏览器，整个过程是自动进行的。

（二）流量劫持（攻击）

流量劫持是指攻击者通过技术手段，非法拦截、修改或控制用户上网的行为，以此达到网络流量的引流甚至诱导用户安装木马程序、获取用户数据的非法行为。

流量劫持黑产链条主要包含两类作案团伙：一是有推广App、网站、广告等流量需求的团伙，希望通过不法手段实现广告弹窗、网页跳转、主页锁定、安装推广、暗扣刷量等进行引流，从而变现牟利；二是流量劫持团伙，通过弹窗木马软件、捆绑流氓软件、DNS 劫持、运营商基础设施劫持等，对用户进行流量劫持，对访问者的客户端进行主页锁定、网页跳转，向访问者推出弹窗广告、安装推广 App、暗扣流量等，从而与业务推广需求商进行分成牟利。

司法判决中，对流量劫持类案件的处理，主要分为两类：一类是以网页中带有误导性广告、下拉框、菜单等手段，诱导用户进入特定网站，从而实现流量劫持的目的，并未采取技术手段控制、破坏他人计算机系统，一般以不正当竞争论处，归类为“非强制性”流量劫持；另一类是以非法控制、破坏他人计算机信息系统等方法，强制改变他人网站访问路径，归类为“强制性”流量劫持，应予刑事打击。司法实践中，流量劫持行为的刑事判例主要涉及非法控制计算机信息系统罪、非法获取计算机信息系统数据罪、非法侵入计算机信息系统罪等罪名。

DNS 劫持是流量劫持的手段之一，是指攻击者通过一定的技术手段，篡改某个域名解析的结果，使指向该域名的 IP 变成另一个 IP，导致对相应网址的访问被劫持到另一个不可达的网址或假冒的网址。最高人民检察院 2017 年发布的指导性案例（检例第 33 号）将非法控制或修改他人域名解析系统，造成计算机信息系统不能正常运行的行为，定性为破坏计算机信息系统罪。

DoS（Denial of Service，拒绝服务）攻击是指通过利用各类网络通信协议中所存在的漏洞，使用对应网络通信协议下合理的服务请求来占用过多的服务资源，从而使正常用户无法得到服务的响应的一种网络攻击方式，是黑客常用的攻击 IP 的手段之一，是较常见的流量攻击方式。DoS 攻击采用一对一的方式，当攻击目标服务器性能不高时，它的效果较为明显。随着计算机与网络技术的发展，计算机的处理能力迅速增长，DoS 攻击的困难程度加大。这时，分布式的拒绝服务攻击手段（DDoS）就应运而生。

DDoS（Distributed Denial of Service，分布式拒绝服务）攻击是指通过控制“肉鸡”等资源，对一个或多个目标发动攻击，致使目标服务器断网或资源用尽，最终停止提供服务。DDoS 攻击常伴随敲诈金钱、打击报复、同行恶意竞争等行为。

DDoS 攻击的黑产链条主要包括发单人（出资并发出对具体网站或服务器的攻击需求）、攻击实施者、攻击程序作者、肉鸡商（侵入计算机信息系统的实施人，或者买卖被侵入计算机系统权限的中间商，他们通过后门程序配合各种安全漏洞，获得个人计算机和服务器的控制权，通过植入木马，使计算机变成能实现DDoS攻击的“肉鸡”。“肉鸡”通常被利用实施DDoS攻击，“肉鸡”可以是一家公司、企业、学校甚至是政府军队的服务器，还可以是摄像头、机顶盒等物联网设备）、高宽带服务器租售者和担保人（在发单、购买肉鸡、购买流量等各个交易环节中，交易双方找到业内“信誉”较高的黑客作担保，负责买卖双方的资金中转，担保人从中抽取一定的好处费）。

司法判决中，对DDoS攻击的处理主要涉及两个罪名：一是破坏计算机信息系统罪。理由是：DDoS攻击虽然不直接对计算机信息系统功能进行增、删、改，但是却通过操纵网络资源，虚拟网络请求，对目标发动攻击，耗尽目标主机的资源和网络带宽，以达到瘫痪网络的目的，因此将此评价为对系统的干扰。二是非法控制计算机信息系统罪。理由是：一次完整的DDoS攻击包括前期的控制“肉鸡”等资源的行为和后期的直接攻击行为，二者为手段和目的的关系。但是一些案件中，行为人只参与了前半程行动，没有实施直接攻击行为，而在证据上难以认定前后行为存在共谋，则只对前半程行为单独认定；或者后半程行为证据缺失，则也只能对前半程控制行为予以认定。

反射型DDoS攻击是DDoS攻击的变种。攻击者并不直接攻击目标服务器IP地址，而是利用互联网上的某些提供开放服务的服务器，通过伪造被攻击者的IP地址、向多个有开放服务的服务器发送请求数据的报文，后者会根据报文请求将数倍于请求报文的回复数据发送到被攻击者IP，从而对被攻击者间接形成DDoS攻击。在反射型DDoS攻击中，攻击者利用网络协议的缺陷或者漏洞进行IP欺骗，主要是因为很多协议（例如ICMP、UDP等）对源IP不进行认证。反射型DDoS攻击通过第三方开放性服务器的“反射”，攻击能力成倍增加并远超普通DDoS攻击，危害极大。

CC攻击是指通过代理服务器或者大量肉鸡模拟多个用户访问目标网站的动态页面，制造大量的后台数据库查询动作，消耗目标CPU资源，造成拒绝服务。CC攻击一般是针对数据库，CC攻击者常常利用某个页面，模拟多个用户（多少线程就是多少用户）不停地进行访问，进而调用大量数据库资源，使数据库无法处理，往往会导致服务器宕机。与DDoS攻击是主要针对IP不同，CC攻击的主要是网页。CC攻击的危害不是毁灭性的，但因其持续时间长，持续消耗目标服务器带宽，危害性较大。

（三）程序外挂

2003 年 12 月 18 日，新闻出版总署、信息产业部等单位联合发布的《关于开展对“私服”“外挂”专项治理的通知》中规定，私服、外挂是指未经许可或授权，破坏合法出版、他人享有著作权的互联网游戏作品的技术保护措施、修改作品数据、私自架设服务器、制作游戏充值卡（点卡），运营或挂接运营合法出版、他人享有著作权的互联网游戏作品的行为。

外挂是指未经许可或授权，破坏合法出版、他人享有著作权的互联网软件作品的技术保护措施、修改作品数据，挂接运营合法出版、他人享有著作权的互联网软件作品的行为。外挂程序是利用计算机技术改变其他软件的部分程序的作弊程序，是通过某种事件触发而得以挂接到另外一个或多个程序的空间里（常用的触发事件有键盘触发、鼠标触发、消息触发等），挂接的目的通常是想改变被挂接程序的运行方式。外挂程序多见于“网游”行业。通常认为，网游外挂是他人故意编制的，非网游本身客户端程序，对网游及其程序产生直接或间接影响的非网游本身客户端程序的计算机程序。通常表现为，在游戏中用封包和抓包工具对游戏服务器提交假的数据从而直接或间接改变游戏人物能力、工具或器具。

（四）私服

网络游戏“私服”（Private Server）是“私设服务器”的简称，是相对于网络游戏官服的概念。网络游戏官服是指经过合法授权，以及有关部门的准许，对一款网络游戏进行合法的运营。网络游戏私服，是指未经网络游戏软件著作权人或其授权的网络游戏软件运营商的同意，通过非法途径获得网络游戏软件的服务器端程序源代码，修改源代码并制作出相仿的游戏程序之后，私自架设、运营的网络游戏服务器，此服务器中运行的程序与合法出版的网络游戏的底层程序相同。[①] 它的特点在于：技术上规避或破解技术措施，进行反向工程，盗用官方源代码；私自架设盗版网络游戏服务器并运营。

2011 年 1 月 10 日，最高人民法院、最高人民检察院、公安部出台的《关于办理侵犯知识产权刑事案件适用法律若干问题的意见》，将“私服”行为规定为侵犯著作权罪，为更好地查处该类犯罪案件提供了可操作性的指导性意见。[②]

---

① 参见寿步、陈跃华：《网络游戏法律政策研究》，上海交通大学出版社 2005 年版。

② 童益群：《“私服”的犯罪认定与证据剖析》，载《法制与社会》2015 年第 25 期。

（五）其他

1. 云服务器

云服务器（Elastic Compute Service，ECS）是一种简单高效、安全可靠、处理能力可弹性伸缩的计算服务。其管理方式比物理服务器更简单高效。用户无须提前购买硬件，即可迅速创建或释放任意多台云服务器。

2. 数据库

电子化的文件柜——存储电子文件的处所，用户可以对文件中的数据运行新增、截取、更新、删除等操作。

3. 暗网

暗网，又称不可见网、隐藏网，是指那些存储在网络数据库里，但不能通过超链接访问而需要通过动态网页技术访问的资源集合，不属于那些可以被标准搜索引擎索引的表面网络。

4. 虚拟货币

虚拟货币是指非真实的货币。知名的虚拟货币如百度公司的百度币，腾讯公司的 Q 币、Q 点，盛大公司的点券，新浪推出的微币（用于微游戏、新浪读书等），侠义元宝（用于侠义道游戏），纹银（用于碧雪情天游戏）。

5. 比特币

比特币是一种 P2P 形式的数字货币。点对点的传输意味着比特币是一个去中心化的支付系统。去中心化、全世界流通、专属所有权、低交易费用、无隐藏成本、跨平台挖掘是比特币的特点。目前全世界发行有上百种数字货币，除比特币外，较流行的数字货币有莱特币、无限币、夸克币、泽塔币、烧烤币、便士币（外网）、隐形金条、红币、质数币。

6. MAC 地址

MAC 地址又称以太网地址（Ethernet Address）或物理地址（Physical Address），它是一个用来确认网上设备位置的地址。在 OSI 模型中，第三层网络层负责 IP 地址，第二层数据链接层则负责 MAC 地址。MAC 地址用于在网络中唯一标示一个网卡，一台设备若有一个或多个网卡，则每个网卡都需要并会有一个唯一的 MAC 地址。司法实践中，对于网络计算机信息系统的落地，主要依据其 MAC 地址的唯一性。

7. 数据挖掘

数据挖掘一般是指从大量的数据中通过算法搜索隐藏于其中信息的过程。数据挖掘通常与计算机科学有关，并通过统计、在线分析处理、情报检索、机器学习、专家系统（依靠过去的经验法则）和模式识别等诸多方法来实现上述目标。

8. 信息获取

信息获取指围绕一定目标，在一定范围内，通过一定的技术手段和方式方法获得原始信息的活动和过程。

9. 密码破译

密码破译指在不知道密钥的情况下，恢复出密文中隐藏的明文信息的过程。

10. 渗透侦察

渗透侦察的形式多样。如利用诱骗手段将木马作为探头，进行大量信息的收集，最后穿过防火墙由内向外回传信息。

二、危害计算机信息系统安全犯罪的特点

危害计算机信息系统安全犯罪是指违反国家规定，侵入、破坏、窃取计算机信息系统数据以及非法控制计算机信息系统，危害计算机信息系统安全，情节严重的行为。根据危害行为的外在特征，可以将危害计算机信息系统安全犯罪分为侵入、控制型和破坏型两类。危害计算机信息系统安全犯罪具有以下特点：

（一）犯罪为行政犯

形式上以行政违法为必要条件且符合《刑法》分则该罪规定的行为，始得成立本章相关犯罪。

（二）以网络为手段

本类犯罪规定的“侵入”“破坏”“窃取”“控制”等类型行为，均需借助网络实施。对直接针对计算机及其网络实施的外力行为，如使用铁锹破坏计算机与网络设备，则不属于本类罪的行为范畴，而是普通的财产犯罪。犯罪表现为对计算机信息系统安全的侵害与威胁，侵害计算机信息系统安全为危害计算机信息系统安全犯罪的本质。①

（三）技术性强

该类犯罪具有专业性强、隐蔽性强、组织化程度高、犯罪成本低等特点，部分案件还涉及对程序、软件进行鉴定等。

---

① 先德奇：《论危害计算机信息系统犯罪——基于刑法规范的类型分析》，载《政法学刊》2015年第1期。

三、危害计算机信息系统安全犯罪的表现形式

（一）破坏、控制计算机信息系统

1. 采用劫持域名服务器的方法欺骗互联网用户，使域名服务器错误解析，从而使他人访问行为人指定的域名，以获取流量、提高搜索排名、开展推广业务等的

典型案例

李某破坏计算机信息系统案

检例第 33 号

被告人李某为牟取非法利益，预谋以修改大型互联网网站域名解析指向的方法，劫持互联网流量访问相关赌博网站，获取境外赌博网站广告推广流量提成。2014 年 10 月 20 日，李某冒充某知名网站工作人员，采取伪造该网站公司营业执照等方式，骗取该网站注册服务提供商信任，获取网站域名解析服务管理权限。10 月 21 日，李某通过其在域名解析服务网站平台注册的账号，利用该平台相关功能自动生成了该知名网站二级子域名部分 DNS（域名系统）解析列表，修改该网站子域名的 IP 指向，使其连接至自己租用境外虚拟服务器建立的赌博网站广告发布页面。当日 19 时许，李某对该网站域名解析服务器指向的修改生效，致使该网站不能正常运行。23 时许，该知名网站经技术排查恢复了网站正常运行。11 月 25 日，李某被公安机关抓获。至案发时，李某未及获利。经司法鉴定，该知名网站共有 559 万有效用户，其中邮箱系统有 36 万有效用户。按日均电脑客户端访问量计算，10 月 7 日至 10 月 20 日邮箱系统日均访问量达 12.3 万。李某的行为造成该知名网站 10 月 21 日 19 时至 23 时长达 4 小时左右无法正常发挥其服务功能，案发当日仅邮件系统电脑客户端访问量就从 12.3 万减少至 4.43 万。李某被法院以破坏计算机信息系统罪追究刑事责任。

2. 采用劫持域名服务器的方法欺骗互联网用户，使域名服务器错误解析从而指向到其设置的携带多种网络游戏木马（一种远程监控软件，用于搜集用户

的上网信息及键盘操作，并进行远程传送）的服务器上，盗取网络用户账号信息的

典型案例

江苏省无锡市滨湖区人民检察院诉马某等破坏计算机信息系统案

互联网运营商的公共域名服务器是我国互联网的重要基础设施。域名服务器的作用是对网站和其对应的 IP 地址进行解析，使互联网用户通过输入网址访问到相应的网站，即域名服务器的解析是互联网用户访问网站的必要步骤。

2007 年 7 月，被告人马某获悉可以通过劫持域名服务器的方法盗取他人的网络游戏账号信息并掌握了劫持域名服务器的原理，随后，马某与被告人彭某一起研究、学习劫持域名服务器的具体方法。同年 8 月，彭某按照马某的要求和思路编写出域名服务器的劫持程序，马某遂准备采用劫持域名服务器的方法欺骗互联网用户，使域名服务器错误解析从而指向到其设置的携带多种网络游戏木马（一种远程监控软件，用于搜集用户的上网信息及键盘操作，并进行远程传送）的服务器上，以达到盗取用户网络游戏账号信息的目的。同年 9 月，马某将上述意图告知被告人补某某、柳某等人，4 人出资租用作案用的出租房、电脑以及服务器等。其中，服务器用于存放由马某伪造的腾讯公司迷你网首页和收集到的 17 种用于盗取国内网络游戏账号的木马。2007 年 10 月初，马某通过网络联系他人为其编写了收集各地域名服务器地址的程序以及优化修改下载的木马程序和编写网页木马的免杀程序，用于劫持域名服务器。

2007 年 9 月底至 11 月中旬，被告人马某等人在成都市使用编译好的劫持程序对上海市、重庆市、扬州市等 10 余个省市共计 27 台域名服务器实施攻击劫持，造成互联网用户在访问腾讯公司迷你网主页时，被错误指向到马某等人事先设置于无锡市的携带 17 种网络游戏木马的服务器上，从而被感染木马病毒。因马某等人的攻击劫持行为，腾讯公司被迫暂时关闭其迷你网首页，致使腾讯公司迷你网及 QQ 客户端的计算机信息系统不能正常运行，由此造成腾讯公司直接经济损失达 100800 元。马某等被法院以破坏计算机信息系统罪追究刑事责任。

3. 通过查找漏洞网站，向目标服务器或网站上传指定内容，实现在他人网站展示指定内容的

典型案例

杨某破坏计算机信息系统罪一审刑事判决书

（2018）川 0811 刑初 18 号

被告人杨某为通过网络发布办理假证广告牟利，于 2017 年 6 月以来在网上先后购买网站漏洞查询软件，对网站漏洞进行扫描后上传后缀名为“JSP”的文件获取网站管理权限，侵入互联网相关网站，发布“办理出生医学证明”的虚假广告。2017 年 9 月 24 日至 10 月 10 日，被告人杨某使用上述方式先后 4 次非法侵入青川县电子政务大厅—行政权力依法规范公开运行平台等国家事务领域的计算机信息系统。被告人杨某通过在以上网站后台上传程序，将大厅平台网页篡改为“中国新闻网”，导致大厅平台出现虚假广告和乱码，部分平台服务器长时间关闭不能正常使用。杨某被法院以破坏计算机信息系统罪追究刑事责任。

4. 利用各种恶意软件修改网络用户的浏览器、锁定主页或不停弹出新窗口，强制网络用户访问指定网站的

典型案例

付某、黄某破坏计算机信息系统案

最高法指导案例第 102 号

2013 年年底至 2014 年 10 月，被告人付某、黄某等人租赁多台服务器，使用恶意代码修改互联网用户路由器的 DNS 设置，进而使用户登录“2345. com”等导航网站时跳转至其设置的“5w. com”导航网站，被告人付某、黄某等人再将

获取的互联网用户流量出售给杭州某科技有限公司（系“5w. com”导航网站所有者），违法所得合计754762.34元。付某、黄某被法院以破坏计算机信息系统罪追究刑事责任。

5. 通过修改互联网域名解析系统的配置文件，致使在用户访问被劫持的网站时，强行跳转到指定页面的

典型案例

施某等非法控制计算机信息系统罪一审刑事判决书

（2015）渝北法刑初字第00666号

2008年10月起，被告人施某在某有限公司重庆网络监控维护中心核心平台部工作，负责业务平台数据配置。2013年2月至2014年12月，被告人施某、唐某、李某甲、高某甲为谋取非法利益，违反规定，先后对某有限公司重庆分公司互联网域名解析系统进行非法控制。2013年3月左右，被告人高某甲邀约被告人李某甲做传奇私服游戏的域名劫持，以从开设该私服游戏的人中获取经济利益。李某甲找到在某有限公司重庆分公司工作的被告人施某。施某利用其负责公司网络域名解析的便利，按照指定需要劫持的网站和网络IP地址，修改某有限公司重庆分公司的互联网域名解析系统的配置文件，致使在用户访问被劫持的网站时，强行跳转到另外的页面，用户实际访问的页面与用户输入的网址不同，或者致使在用户访问网站时，自动加入推广商的代码。被告人施某实际违法所得共计157.1万元。施某被法院以非法控制计算机信息系统罪追究刑事责任。

6. 为报复、泄愤或打压竞争对手等原因，利用黑客技术攻击他人网站、服务器的

典型案例

姚某等人破坏计算机信息系统案

检例第 69 号

2017 年年初，被告人姚某等人接受王某（另案处理）雇用，招募多名网络技术人员，在境外成立“暗夜小组”黑客组织。“暗夜小组”从被告人丁某等 3 人处购买大量服务器资源，再利用木马软件操控控制端服务器实施 DDoS 攻击（指黑客通过远程控制服务器或计算机等资源，对目标发动高频服务请求，使目标服务器因来不及处理海量请求而瘫痪）。2017 年 2—3 月，“暗夜小组”成员 3 次利用 14 台控制端服务器下的计算机，持续对某互联网公司云服务器上运营的 3 家游戏公司的客户端 IP 进行 DDoS 攻击。攻击导致 3 家游戏公司的 IP 被封堵，出现游戏无法登录、用户频繁掉线、游戏无法正常运行等问题。为恢复云服务器的正常运营，某互联网公司组织人员对服务器进行了抢修并为此支付 4 万余元。姚某等人被法院以破坏计算机信息系统罪追究刑事责任。

陈某、董某破坏计算机信息系统罪一审刑事判决书

（2018）粤 0113 刑初 524 号

2017 年 5 月至 6 月，被告人陈某通过被告人董某聘请被告人王某等人，利用黑客技术攻击某计算机软件有限公司的网站，使该公司的计算机信息系统不能正常运行，导致该公司的客户无法使用其支付系统进行消费，造成该公司损失为恢复网站功能而支出的购买 DDoS 高防 IP 费用 33600 元。陈某、董某被法院以破坏计算机信息系统罪追究刑事责任。

7. 通过对他人电脑植入木马，使其成为“肉鸡”，而后以牟利为目的，将“肉鸡”提供给他人进行 CC 攻击（向被攻击目标发送链接请求），致使目标服务器瘫痪，无法登录的

典型案例

蔡某非法控制计算机信息系统、于某破坏计算机信息系统罪一审刑事判决书

（2018）京 0108 刑初 1271 号

2017 年 6 月至 8 月，被告人蔡某利用互联网，通过植入木马病毒等方法非法控制计算机信息系统 1100 余台，并采用将上述计算机信息系统“控制权”租赁给他人的方式牟利。同年 7 月至 8 月，被告人蔡某将“控制权”租赁给被告人于某使用，共获利 18800 元。同年 7 月 23 日，被告人于某使用从被告人蔡某处租赁的“控制权”，攻击善豹公司的游戏服务器，致使受攻击的服务器无法正常运营，造成善豹公司经济损失 4 万元。蔡某被法院以非法控制计算机信息系统罪追究刑事责任、于某被法院以破坏计算机信息系统罪追究刑事责任。

8. 行为人受他人雇用，采用“肉鸡”等方式对网站、服务器等计算机系统进行 DDoS 攻击的

典型案例

于某、赵某等破坏计算机信息系统罪一审刑事判决书

（2017）沪 0110 刑初 11 号

被告人于某、赵某、张某均为“阿布黑客组织”成员，于某任组长，赵某为于某小组中“3 号攻击组”的攻击手之一，张某为于某小组中“1 号攻击组”的攻击手之一。被告人黎某提供“肉机”给“阿布黑客组织”从中牟利。2015

年10月起，于某受命下达指令给“3号攻击组”打击注册在本市杨浦区的兴动公司开发的移动网络游戏《大庆麻将》，指使攻击手赵某等人使用黎某等人有偿提供给“阿布黑客组织”的“肉机”，对兴动公司租用的阿里云、中国电信股份有限公司江苏分公司等处的服务器实施DDoS攻击，致服务器在遭到攻击时无法正常运行，由张某自2016年3月起负责监测“肉机”实用攻击流量以结算报酬。至2016年5月，于某、赵某、黎某、张某分别获取违法所得25万元、17万元、19万余元、9万元。于某、赵某等被法院以破坏计算机信息系统罪追究刑事责任。

9. 行为人冒用购物网站买家身份进入网站内部评价系统删改购物评价，影响到被修改物品的搜索流量分配、推荐排名、营销活动报名资格、同类商品在消费者购买比较时的公平性等的

典型案例

李某等破坏计算机信息系统罪一审刑事判决书

（2014）杭滨刑初字第106号

2011年5月至2012年12月，被告人李某在工作单位及自己家中，单独或伙同他人通过聊天软件联系需要修改中差评的某购物网站卖家，并从被告人黄某等处购买发表中差评的该购物网站买家信息300余条。李某冒用买家身份，骗取客服审核通过后重置账号密码，登录该购物网站内部评价系统，删改买家的中差评347个，获利9万余元。李某被法院以破坏计算机信息系统罪追究刑事责任。

10. 违反国家规定，对企业自主研发的机械远程监控系统功能进行删除、修改、增加、干扰，造成计算机信息系统不能正常运行或对机械远程监控系统中存储、处理、传输的数据进行修改的

典型案例

徐某破坏计算机信息系统案

最高法指导案例第 103 号

为了加强对分期付款的工程机械设备的管理，中联重科股份有限公司（以下简称中联重科）投入使用了中联重科物联网 GPS 信息服务系统，该套计算机信息系统由中联重科物联网远程监控平台、GPS 终端、控制器和显示器等构成，该系统具备自动采集、处理、存储、回传、显示数据和自动控制设备的功能，其中，控制器、GPS 终端和显示器由中联重科在工程机械设备的生产制造过程中安装到每台设备上。中联重科对“按揭销售”的泵车设备均安装了中联重科物联网 GPS 信息服务系统，并在产品买卖合同中明确约定“如买受人出现违反合同约定的行为，出卖人有权采取停机、锁机等措施”以及“在买受人付清全部货款前，产品所有权归出卖人所有。即使在买受人已经获得机动车辆登记文件的情况下，买受人未付清全部货款前，产品所有权仍归出卖人所有”的条款。然后由中联重科总部的远程监控维护平台对泵车进行监控，如发现客户有拖欠、赖账等情况，就会通过远程监控系统进行“锁机”，泵车接收到“锁机”指令后依然能发动，但不能作业。2014 年 5 月，被告人徐某使用“GPS 干扰器”先后为钟某某、龚某、张某名下或管理的五台中联重科泵车解除锁定，致使中联重科物联网 GPS 信息服务系统无法对泵车进行实时监控和远程锁车。徐某被法院以破坏计算机信息系统罪追究刑事责任。

11. 用棉纱等物品堵塞环境质量监测采样设备，干扰采样，致使监测数据严重失真的

典型案例

李某、何某、张某甲等人破坏计算机信息系统案

最高法指导案例第104号

西安市长安区环境空气自动监测站（以下简称长安子站）系国家环境保护部（以下简称环保部）确定的西安市13个国控空气站点之一，通过环境空气质量自动监测系统采集、处理监测数据，并将数据每小时传输发送至中国环境监测总站（以下简称监测总站），一方面通过网站实时向社会公布，另一方面用于编制全国环境空气质量状况月报、季报和年报，向全国发布。长安子站为全市两个国家直管监测子站之一，由监测总站委托武汉宇虹环保产业股份有限公司进行运行维护，不经允许，非运维方工作人员不得擅自进入。

2016年2月4日，长安子站回迁至西安市长安区西安邮电大学南区动力大楼房顶。被告人李某利用协助子站搬迁之机私自截留子站钥匙并偷记子站监控电脑密码，此后至2016年3月6日，被告人李某、张某甲多次进入长安子站内，用棉纱堵塞采样器的方法，干扰子站内环境空气质量自动监测系统的数据采集功能。被告人何某明知李某等人的行为而没有阻止，只是要求李某把空气污染数值降下来。被告人李某还多次指使被告人张某乙、张某丙采用上述方法对子站自动监测系统进行干扰，造成该站自动监测数据多次出现异常，多个时间段内监测数据严重失真，影响了国家环境空气质量自动监测系统正常运行。为防止罪行败露，2016年3月7日、3月9日，在被告人李某的指使下，被告人张某乙、张某丙两次进入长安子站将监控视频删除。2016年2—3月，长安子站每小时的监测数据已实时传输发送至监测总站，通过网站向社会公布，并用于环保部编制2016年2月、3月和第一季度全国74个城市空气质量状况评价、排名。李某、何某、张某甲等被法院以破坏计算机信息系统罪追究刑事责任。

12. 通过“云呼”平台，制作、传播具有拨打骚扰电话、发送骚扰短信功能的软件并进行后期维护的①

典型案例

雷某、林某破坏计算机信息系统罪一审刑事判决书

（2018）粤0305刑初1673号

被告人雷某、林某为了获取非法利益，通过“云呼”平台，制作、传播具有拨打骚扰电话、发送骚扰短信功能的“呕死他”软件，干扰手机用户的正常使用。2017年10月起被告人雷某通过互联网推广具有手机语音骚扰功能的“云呼”App，并以出售软件授权码的方式获利。2018年2月左右，被告人雷某在“精易论坛”上联系到QQ昵称为“壹&零”的被告人林某，由被告人林某根据雷某提出的要求制作和“云呼”平台配套使用的专门针对手机用户进行短信和

① 恶意呼叫、短信轰炸是否属于“破坏”？刑法中“破坏”的外延很宽，干扰也是“破坏”。破坏包括有形破坏即物理性破坏，如破坏界碑、界桩罪；也包括无形破坏，如破坏集会、游行、示威罪。在无形“破坏”中，除了秩序性破坏（如破坏金融管理秩序），还包括功能性破坏，破坏计算机信息系统罪中的“破坏”就是典型的功能性破坏。网络犯罪很少直接破坏硬件（如果直接破坏计算机硬件则构成故意毁坏财物罪），主要是破坏系统的正常运行。因此，本罪法条对“破坏”的表述是：“对计算机信息系统功能进行删除、修改、增加、干扰，造成计算机信息系统不能正常运行”。即确立了“破坏＝干扰＝不能正常运行”的逻辑。本案中“呼死你”软件的恶意呼叫、短信轰炸行为，表现为每隔10秒就拨打一次受害人的手机，并大量发送短信。这实际是一种“干扰”行为，按照社会一般人的习惯，手机10秒响一次，已经无法正常使用通话服务——既无法正常拨出，也无法正常接听。因而，“呼死你”软件干扰了用户手机中的信息系统，使其无法正常运行、使用，属于“破坏”。功能性破坏不要求功能完全丧失。根据法条规定，“破坏”需要达到的程度是“不能正常运行”，而非“完全不能运行”。按照语义解释，很多人会把“破坏”一律解释为崩溃、完全毁坏等，进而把功能性破坏理解为功能完全丧失，这实际是对法条的误解。法条明确规定，只要不能“正常运行”就属于破坏。换言之，手机系统虽然可以运行、没有死机，但不像之前一样流畅和正常运行，就属于破坏。让系统变慢、变卡，都是无法正常运行的表现。如在DDoS攻击中，行为人用肉鸡控制大量账号同时恶意登录，造成网站变卡、运行速度变慢，也同样构成破坏计算机信息系统罪。参考高艳东：《刑法应锁住技术之恶的潘多拉魔盒——“呼死你”软件案评析》，载https：//mp. weixin. qq. com/s/OrGgdmEUEFsmLlfFO6Y3aQ，2020年7月8日最后访问。

语音骚扰“呕死他”软件并进行后期维护。其间，被告人雷某支付给林某研发维护费6000元。2018年4月，软件研发完成后，被告人雷某通过网络进行推广销售“呕死他”软件，至案发被告人雷某共通过以上软件获利约35600元。经鉴定，“云呼”软件具有呼叫手机的功能，该功能能够影响被呼叫手机的通讯功能与其他功能的正常使用；经鉴定，被告人雷某的电脑上检出“呕死他”等电话短信骚扰软件，被告人林某的手机上检出“呕死他”等电话短信骚扰软件及安装包；经鉴定，被告人雷某注册的网站上部署了“呕死他”客户端及运用。雷某、林某被法院以破坏计算机信息系统罪追究刑事责任。

13. 恶意批量注册账号，造成网站服务器瘫痪的

典型案例

邹某破坏计算机信息系统罪一审刑事判决书

（2018）湘1103刑初564号

2018年4—5月，被告人邹某在淘宝上开设淘宝店铺，出售各种网站和app账号。2018年6月6日，一位网友向邹某购买“今日永州”的app账号后，邹某觉得注册“今日永州”的app账号有利可图，遂在网络上购买注册机和VPS服务器，利用“今日永州”的程序漏洞，至2018年10月共在“今日永州”客户端恶意注册25万多个账号，造成“今日永州”的服务器瘫痪，后台数据错乱，无法正常运行推广。后被告人将其通过非法手段注册的账户，在淘宝网等网站上贩卖，获利5680元。案发后，邹某赔偿了被害单位永州新闻网的经济损失，取得了被害单位的谅解。邹某被法院以破坏计算机信息系统罪追究刑事责任。

14. 通过植入木马程序的方式，非法获取网站服务器的控制权限，进而通过修改、增加计算机信息系统数据，向相关计算机信息系统上传网页链接代码的，对该计算机信息系统实施非法控制，但未造成系统功能实质性破坏或者不能正常运行的

典型案例

张某某等非法控制计算机信息系统案

最高法指导案例第 145 号

自 2017 年 7 月开始，被告人张某某等人经事先共谋，为赚取赌博网站广告费用，在马来西亚吉隆坡市租住的 Trillion 公寓 B 幢 902 室内，相互配合，对存在防护漏洞的目标服务器进行检索、筛查后，向目标服务器植入木马程序（后门程序）进行控制，再使用“菜刀”等软件链接该木马程序，获取目标服务器后台浏览、增加、删除、修改等操作权限，将添加了赌博关键字并设置自动跳转功能的静态网页，上传至目标服务器，提高赌博网站广告被搜索引擎命中概率。截至 2017 年 9 月底，被告人张某某等链接被植入木马程序的目标服务器共计 113 台，其中部分网站服务器还被植入了含有赌博关键词的广告网页。张某某等被法院以非法控制计算机信息系统罪追究刑事责任。

15. 制作并提供用途单一，只能用于侵入计算机信息系统的撞库软件、打码软件的

典型案例

叶某、张某提供侵入计算机信息系统程序、谭某非法获取计算机信息系统数据案

检例第 68 号

2015 年 1 月，被告人叶某编写了用于批量登录某电商平台账户的“小黄伞”撞库软件供他人免费使用。“小黄伞”撞库软件运行时，配合使用叶某编写的打码软件（“打码”是指利用人工大量输入验证码的行为）可以完成撞库过程中对大量验证码的识别。叶某通过网络向他人有偿提供打码软件的验证码识别服务，同时将其中的人工输入验证码任务交由被告人张某完成，并向其支付费用。2015

年1月至9月，被告人谭某通过下载使用“小黄伞”撞库软件，向叶某购买打码服务，获取到某电商平台用户信息2.2万余组。被告人叶某、张某通过实施上述行为，从被告人谭某处获取违法所得共计4万余元。谭某通过向他人出售电商平台用户信息，获取违法所得共计25万余元。被告人叶某、张某被法院以提供侵入计算机信息系统程序罪追究刑事责任，被告人谭某被法院以非法获取计算机信息系统数据罪追究刑事责任。

16. 为他人提供具有通过查找漏洞网站、劫持用户的互联网访问地址等专门用于侵入、非法控制计算机系统程序、工具的

典型案例

石某犯提供侵入、非法控制计算机信息系统程序、工具罪一审刑事判决书

（2016）鄂0922刑初32号

被告人石某于2011年6月在互联网上注册成立“华夏联盟”网站，由其自行管理维护，后为提高网站点击率分别于2014年7月13日、2015年7月31日转载“小凡域名劫持hosts劫持插件V1.3”和“吾爱破解IK123DJ嗅探器1.0绿色版”两款软件到“华夏联盟”网站免费提供给用户下载。经鉴定：“小凡域名劫持hosts劫持插件V1.3”的功能是，在用户不知情的情况下，通过劫持用户的互联网访问地址，使用用户只能访问指定的其他网站，该软件下载次数201次；“吾爱破解IK123DJ嗅探器1.0绿色版”的功能是，绕过网站（www.IK123.COM）对用户注册身份的有效性验证，直接下载网站提供给具有权限的用户的舞曲，该软件下载次数106次。石某被法院以提供侵入、非法控制计算机信息系统程序、工具罪追究刑事责任。

17. 制作、销售专门用于“秒杀”火车票、抢购商品的“黄牛”抢购软件的

典型案例

任某、张某提供侵入、非法控制计算机信息系统程序、工具罪一审刑事判决书

（2017）晋0106刑初583号

2014年，任某通过自己建立的针对小米官网手机进行秒杀的QQ群结识张某，后二人商量由张某开发一款“黑米”软件用于抢购小米官网手机，进而推广牟利，并约定非法获利由两人五五分成。因使用效果不佳，任某、张某在网上找到陈某帮其制作“黑米”抢购软件的官方网站，用于出售该软件，并由陈某作为该抢购软件的销售代理之一。之后，任某、张某又陆续开发了黑米华为、黑米魅族抢购软件，并在2015年开发了专门针对天猫网站的黑米天猫（淘宝）抢购软件，在其官方网站上大量销售。经查，任某、张某通过出售黑米天猫（淘宝）抢购软件赚取买家抢购成功商品部分差价的方式非法获利110708元；陈某通过建立“黑米”系列抢购软件销售网站、网站维护、广告服务代理销售该抢购软件，共非法获利6500余元。2017年1月案发后，经中国刑事警察学院物证鉴定中心检验，黑米天猫（淘宝）抢购软件为恶意程序，具有以非常规的方式构造网络请求发送给淘宝网站服务器，进而实现模拟用户自动登录淘宝账号、自动批量下单、自动付款的功能。同时，在任某等人操作中，该软件通过调用第三方打码平台发送非常规图形验证码，绕过淘宝安全防护系统的人机识别验证机制，还通过重新拨号更换IP地址以绕过淘宝安全防火墙对同一IP地址不能频繁发送网络请求的限制。任某、张某被法院以提供侵入、非法控制计算机信息系统程序、工具罪追究刑事责任。

18. 经营打码平台，为他人提供自动识别验证码功能的

典型案例

裴某提供侵入、非法控制计算机信息系统程序、工具罪一审刑事判决书

（2018）川1302刑初93号

武汉森之态文化信息有限公司于2013年10月15日成立，经营范围为计算机软硬件开发等，法定代表人为应某，裴某为股东之一。2016年7月，裴某与蔺某（另案处理）合作经营光速答题打码平台，商定裴某主要负责资金、管理，蔺某主要负责打码技术，裴某一次性向蔺某支付100余万元技术费，利润二人六四分成，裴某占大头。2016年7月21日，武汉森之态文化信息有限公司光速答题打码平台网站备案许可设立，网站首页网址××。光速答题打码平台的主要功能是用户向平台提交含有字符（数字或字母）的图片，平台识别图片中的字符后，将结果返回给用户。该功能可与批量验证账号密码等撞库验密软件配合使用，批量盗取他人网络账号密码。光速答题打码平台成立后，曾某（另案处理）即为平台的用户。裴某一边让蔺某向曾某提供打码服务，一边向曾某提供张某（“燕”QQ17×××32，另案处理）编写的撞库验密软件并介绍两人添加QQ联系，同时裴某还安排蔺某与张某对接软件功能。曾某通过使用张某的撞库验密软件和光速答题打码平台提供的打码服务撞库验密，多次批量盗取他人QQ号码。裴某和蔺某在管理维护光速答题打码平台，明知曾某利用该打码平台多次批量盗取他人QQ号，仍为其提供技术支持。蔺某还通过人工智能“训练”的方式，提高打码平台识别验证码的能力，从而增加他人QQ号被盗取的风险。2016年7月21日至2017年2月，曾某支付宝账户共向裴某支付宝账户转账269800元，支付“光速答题”平台打码费用。曾某利用非法获取的QQ号，通过撞库验密软件导入数据进行撞库，将腾讯服务器下发的验证码图片发送到裴某、蔺某经营的光速答题打码平台，打码平台针对QQ登录安全保护的验证码进行自动识别后返回打码结果到软件，绕过了腾讯公司系统安全保护措施。裴某被法院以提供侵入、非法控制计算机信息系统程序、工具罪追究刑事责任。

19. 为发泄不满，利用岗位职权破坏公司计算机信息系统的

典型案例

马某破坏生产经营罪一审刑事判决书

（2012）海刑初字第33号

被告人马某于2011年10月21日至27日，为发泄对公司不满，利用其工作便利与职务权限，3次通过公司网络服务器，以损害单位形象为目的，在公司网站多处页面标题上修改、添加字体；登录公司网站呼叫中心系统，关闭计算机通讯功能，致使公司客服与该网站客户的联系运行异常长达29小时；将核心交换机上的SAP系统所使用的路由表删除，导致公司所属的上海、沈阳、成都、武汉4家分公司无法进行正常的货物打包、分拣、发货等送货工作，故障持续时间长达16小时。马某被法院以破坏生产经营罪追究刑事责任。

陈某破坏生产经营罪一审刑事判决书

（2015）杭余刑初字第469号

2014年2月20日，被告人陈某所在的杭州某云电子商务有限公司（以下简称某云公司）与被害单位杭州某甲食品有限公司（以下简称某甲公司）签订电子商务托管服务合同，后由某云公司员工被告人陈某负责对某甲公司淘宝网天猫商城上的“某乙食品旗舰店”进行美工设计，但因某甲公司对被告人陈某的设计不满意，双方公司于2014年5月9日终止托管服务合同。同年5月19日，被告人陈某自认为在履行合同中遭受言语侮辱，遂产生报复心理，于当日9时许，在某云公司内利用其事先掌握的天猫商铺的用户名和密码进入该“某乙食品旗舰店”网店后台，将某甲公司欲上架销售的盐津葡萄、盐津桃肉等10种蜜饯产品的销售价格改低至3.5元或1元并上架销售，致使上述商品被买家大量抢购，产生订单交易6079笔，涉及交易金额4666191元。某甲公司当日14时许发现其

天猫店铺异常，后迅速将商品下架并与买家、天猫商场方协商取消订单、冻结交易等事宜，同时向公安机关报案，但因某甲公司未能查清异常缘由等原因致使协商未果。同年5月21日晚，某甲公司为保证其店铺能够继续在天猫商城上经营，只得按照天猫规则对3416笔交易（交易金额124967元）进行发货，涉及商品数量49252件（商品成本价共计250022.08元），造成上述商品成本损失共计125055.08元。陈某被法院以破坏生产经营罪追究刑事责任。

（二）获取计算机信息系统数据

1. 利用在目标电脑安装木马程序的方式，获取他人账号、密码的

典型案例

董某、李某非法获取计算机信息系统数据罪一审刑事判决书

（2013）姑苏刑初字第0273号

2012年10月至2013年1月17日，经刘某峰（未归案）纠集，被告人董某、李某利用多台计算机进行操作，通过互联网外挂木马程序，并在游戏内设置“喊话”窗口吸引苏州蜗牛数字科技股份有限公司的网络游戏“九阴真经”玩家点击该木马程序，进入被害单位服务器非法获取游戏玩家的账号及密码，后将他人游戏注册账号内的虚拟财产转移至被告人等的游戏账号并通过网络出售牟利。其中被告人董某参与非法获取9267组数据，被告人李某参与非法获取8646组数据。董某、李某被法院以非法获取计算机信息系统数据罪追究刑事责任。

2. 超出授权范围使用账号、密码登录计算机信息系统后，下载该系统中储存的数据的

典型案例

卫某、龚某、薛某非法获取计算机信息系统数据案

检例第 36 号

被告人卫某曾于2012年至2014年在北京某大型网络公司工作，被告人龚某供职于该公司运营规划管理部，两人原系同事。被告人薛某系卫某商业合作伙伴。因工作需要，龚某拥有该公司Token令牌（计算机身份认证令牌），具有登录该公司内部管理开发系统的账号及密码、查看工作范围内相关数据信息的权限。但该公司禁止员工私自在内部管理开发系统查看、下载非工作范围内的电子数据信息。2016年6月至9月，经事先合谋，龚某向卫某提供自己所掌握的该大型网络公司内部管理开发系统账号、密码、Token令牌。卫某利用龚某提供的账号、密码、Token令牌，违反规定多次在异地登录该公司内部管理开发系统，查询、下载该计算机信息系统中储存的电子数据。后卫某将非法获取的电子数据交由薛某通过互联网出售牟利，违法所得共计3.7万元。被告人卫某、龚某、薛某被法院以非法获取计算机信息系统数据罪追究刑事责任。

3. 利用爬虫软件，突破他人网站、服务器的正常防护措施，获取其中的数据、信息的

典型案例

上海某网络科技有限公司、侯某等非法获取计算机信息系统数据罪一审刑事判决书

（2017）京0108刑初2384号

被告单位上海某网络科技有限公司系有限责任公司，经营计算机网络科技领域内的技术开发、技术服务、电子商务、电子产品等业务。被告人张某系上海某网络科技有限公司法定代表人兼CEO，负责公司整体运行；被告人宋某于2016

年 8 月至 2017 年 2 月任职上海某网络科技有限公司，担任联席 CEO，系产品负责人；被告人侯某于 2016 年 8 月至 2017 年 2 月任上海某网络科技有限公司 CTO，系技术负责人；被告人郭某系上海某网络科技有限公司职员。被告人张某、宋某、侯某经共谋，于 2016 年至 2017 年采用技术手段抓取被害单位北京某网络技术有限公司服务器中存储的视频数据，并由侯某指使被告人郭某破解北京某网络技术有限公司的防抓取措施，使用“tt_ spider”文件实施视频数据抓取行为，造成被害单位北京某网络技术有限公司损失技术服务费 2 万元。经鉴定，“tt_ spider”文件中包含通过视频列表、分类视频列表、相关视频及评论 3 个接口对北京某网络技术有限公司某服务器进行数据抓取，并将结果存入数据库中的逻辑。在数据抓取的过程中使用伪造 device_ id 绕过服务器的身份校验，使用伪造 UA 及 IP 绕过服务器的访问频率限制。上海某网络科技有限公司、侯某等被法院以非法获取计算机信息系统数据罪追究刑事责任。

4. 利用非法手段获取他人账户的 Cookies 数据（Cookies 是某些网站为了辨别用户身份，进行会话控制跟踪而储存在用户本地终端上的数据），进而利用 Cookies 数据登录他人账户，实现利用他人账户加群、发布信息、引流等功能的

典型案例

陈某、王某等人非法获取计算机信息系统数据罪一审刑事判决书

（2016）渝 0106 刑初 1393 号

2014 年下半年，被告人陈某与王某共谋，在中国某通信集团湖南有限公司主干网机房架设服务器，镜像中国某通信集团湖南有限公司主干网服务器中上网用户的 80 端口、8080 端口的 GET 数据。2015 年下半年，陈某、王某利用其架设的服务器抓取 QQCookies 数据，并将抓取到的 QQCookies 数据的关键值生成文本文件，发送至被告人于某提供的 FTP 服务器上。被告人于某等人利用上述 QQCookies 数据，实现在 QQ 用户在不知情的情况下被加入指定的群、在其 QQ 空间内发布包含淘宝商品链接的“说说”等。自 2015 年下半年至案发，上述人员通过架设在中国某通信集团湖南有限公司主干网机房的服务器共非法获取

3103035个QQ用户的Cookies数据，非法获利107万余元。其中，于某分得35万余元、陈某分得3.5万余元。陈某、王某等人被法院以非法获取计算机信息系统数据罪追究刑事责任。

5. 行为人通过钓鱼链接窃取他人网络账号及密码的

典型案例

张某非法获取计算机信息系统数据罪一审刑事判决书

（2016）川0121刑初310号

被告人张某等人购买域名、服务器等，搭建仿腾讯公司安全中心的“钓鱼网站”，并利用盗取的大型企业邮箱账号，向腾讯公司开发的“DNF”游戏中高级别玩家账号的QQ邮箱等广泛发送“你的账号存在异常”“你的账号在异地登录”等邮件，并在邮件中要求链接事先购买或搭建的“钓鱼网站”进行QQ安全处理，而阅读邮件、误以为QQ号码存在异常的用户，点击链接“钓鱼网站”后，根据提示录入姓名、身份证号码、绑定手机号、历史密码、密保问题等信息后，上述信息即由被告人掌握。被告人张某等人通过网络将获取的QQ号码贩卖给他人，以此获利12000元。张某被法院以非法获取计算机信息系统数据罪追究刑事责任。

6. 通过钓鱼链接窃取他人微信公众号的账号及密码的

典型案例

林某甲、林某乙非法获取计算机信息系统数据罪一审刑事判决书

（2017）粤0105刑初39号

2016年3月20日，被告人林某甲、林某乙经商议，由被告人林某甲通过网络制作了钓鱼链接，再由被告人林某甲、林某乙利用其公司所运营的微信公众号登录至微信公众平台，以被侵权为由向其他微信公众号进行投诉，并在投诉描述中植入上述钓鱼链接，诱骗微信公众号运营者点击登录并查看投诉内容，从而在后台窃取他人微信公众号的账号及密码。随后二人通过登录非法获取的微信公众号大量推送其公司代理的微商产品和乐活网广告，从中牟利。至21日，被告人林某甲、林某乙通过上述方法非法获取他人微信公众号的身份认证信息共计715组，破坏了微信公众平台的正常运营。林某甲、林某乙被法院以非法获取计算机信息系统数据罪追究刑事责任。

7. 利用专门工具，通过批量导入用户名和密码的方式，批量查询检测实施撞库行为的

典型案例

张某、邱某、宁某等非法获取计算机信息系统数据罪二审刑事判决书

（2019）闽08刑终210号

自2016年6月以来，被告人张某出资购买了电脑等工具后，陆续纠集被告人邱某、宁某等人先后从事非法侵入计算机系统盗卖游戏装备，进行非法牟利活动。其主要方法是先由被告人张某通过网络购买韩国游戏账号、游戏扫号软件（包括“NC天一”“NC永恒”扫号软件）及VPN专业代理软件，接着被告人张某、邱某、宁某等人通过使用VPN专业代理软件篡改作案电脑的IP地址，非法侵入韩国“天堂1”“永恒之塔”游戏公司计算机系统，利用扫号软件扫描游戏玩家数据，筛选出有价值的游戏账号并将游戏装备等卖给收购装备的商人，再将卖装备所得的游戏金币及该游戏账号内原有金币转到自己操控的游戏账号，最后通过自己操控的游戏账号把金币贩卖给下游收币商人并从中非法牟利。事后，按照事前约定，被告人邱某、宁某等人按照各自所做的业绩的30%进行抽成，另外70%由被告人张某个人所得，其间被告人张某、邱某、宁某等人违法所得共计9万元。张某、邱某、宁某被法院以非法获取计算机信息系统数据罪追究刑事责任。

8. 开发并向他人提供、出售专门用于批量导入用户名和密码，批量查询检测具有撞库功能的软件的

典型案例

孙某提供侵入、非法控制计算机信息系统程序、工具罪一审刑事判决书

（2017）苏 0382 刑初 356 号

2016 年 5 月初，被告人孙某为牟取非法利益，受网友劝说开发名称为“隔壁老王”微信扫号软件，专门用于侵入计算机信息系统获取数据，利用该扫号软件将在网络上非法获取的大量含有用名户和密码的原始数据导入，采取逐个尝试登录微信的方法，将微信用户名和密码发送至深圳市腾讯计算机系统有限公司（以下简称腾讯公司）微信服务器进行验证，非法获取验证数据，将微信用户名和密码相匹配并可以直接登录的微信数据分别标记为“正常登录”“短信直接登录”，将微信用户名和密码尚需要二次验证完成匹配的微信数据标记为“短信验证”等，并进行分类存储，以便出售或者使用。被告人孙某为增加该软件销量，组建 QQ 交流群，宣传微信扫号软件功能，发布使用指导方法，提供售后服务，按使用期限设定为 100 元至 366 元不等的价格予以出售，该 QQ 群还成为不同被告人通过非法扫号获取微信用户名和密码予以出售、倒卖，以及购销扫号所用原始数据等违法交易的平台。至 2016 年 7 月案发时，被告人孙某向被告人黄某、郑某（另案处理）等人出售微信扫号软件 176 个以上，违法所得 4 万余元。被告人黄某等人通过购买孙某微信扫号软件获得的“正常登录”“短信直接登录”的微信数据，以每组 10—30 元不等的价格予以出售，部分被告人还将标记为“短信验证”等类型的微信数据予以出售。购买者将买来的微信号用于商业推广“引流”、公众号加关注、扔漂流瓶等。部分漂流瓶内容含有色情视频链接。其归案后退缴赃款 33992 元。孙某被法院以提供侵入、非法控制计算机信息系统程序、工具罪追究刑事责任。

（三）通过破坏、控制、侵入计算机信息系统后实施的相关犯罪

1. 行为人通过域名劫持、流量劫持等方式对网站、服务器等计算机系统进

行攻击后，勒索财物的

典型案例

刘某甲、刘某乙敲诈勒索罪二审刑事裁定书

（2015）厦刑终字第482号

被告人刘某甲因认为被害单位厦门某金融技术服务有限公司在网络上诋毁其经营的福建省某电子商务有限公司并抢走其客户，遂心生不满，在网络上寻找黑客欲攻击被害单位经营的网站。2014年9月，被告人刘某甲雇请被告人刘某乙以DDoS的方式多次对被害单位经营的网站进行攻击，致使被害单位的网站瘫痪，无法登录。被告人刘某甲又指使被告人刘某乙申请QQ号。自2014年9月中旬起，二被告人共同使用该QQ号联系被害单位的客服人员及主管人员，以被害单位的网络安全作为要挟，要求被害单位往其指定的账户转账500000.45元，同年10月13日凌晨，在与被害单位法定代表人李某的QQ谈话中，又将转账金额降至30万元，但被害单位均予拒绝。刘某甲、刘某乙被法院以敲诈勒索罪追究刑事责任。

2. 通过远程控制或安装软件等方式对计算机、手机等计算机系统进行锁定后，勒索财物的

典型案例

曾某、王某破坏计算机信息系统案

检例第35号

2016年10月至11月，被告人曾某与王某结伙或者单独使用聊天社交软件，冒充年轻女性与被害人聊天，谎称自己的苹果手机因故障无法登录“iCloud”

（云存储），请被害人代为登录，诱骗被害人先注销其苹果手机上原有的ID，再使用被告人提供的ID及密码登录。随后，曾、王二人立即在电脑上使用新的ID及密码登录苹果官方网站，利用苹果手机相关功能将被害人的手机设置修改，并使用“密码保护问题”修改该ID的密码，从而远程锁定被害人的苹果手机。曾、王二人再在其个人电脑上，用网络聊天软件与被害人联系，以解锁为条件索要钱财。采用这种方式，曾某单独或合伙作案共21起，涉及苹果手机22部，锁定苹果手机21部，索得7290元；王某参与作案12起，涉及苹果手机12部，锁定苹果手机11部，索得4750元。曾某、王某被法院以破坏计算机信息系统罪追究刑事责任。

3. 利用黑客技术攻击他人网站，获取他人网站账户内资金的

典型案例

朱某、李某甲、李某乙盗窃罪二审刑事裁定书

（2019）浙02刑终166号

2018年8月，被告人李某甲、朱某与他人预谋利用网站漏洞攻击网上贷款平台盗钱。其间，被告人李某甲利用“DDoS”软件攻破“天天回租”平台，窃取该平台的后台密码并告知被告人朱某，被告人朱某遂将利用网站漏洞盗钱告知被告人李某甲、李某乙，并要求被告人李某甲、李某乙各办理一张浦发银行卡和一个中国移动手机号。同月25日零时至5时，被告人朱某在浙江省杭州市余杭区，用密码进入“天天回租”平台，盗得浙江省宁海县的陈某的易拉宝账户内的148130元，并分别转入自己及被告人李某甲、李某乙在浦发银行的账户内。其中，被告人朱某分得79130元，被告人李某甲分得29000元，被告人李某甲、李某乙各分得20000元。朱某、李某甲、李某乙被法院以盗窃罪追究刑事责任。

4. 非法侵入景点检售票系统修改门票数据获取门票收益的

典型案例

赵某等盗窃案

刑事审判参考第 1202 号

被告人赵某系东阳市横店影视城有限公司网管员。2011 年，赵某通过 PE 光盘启动横店影视城有限公司网络部开发组组长的电脑，盗取了公司检售票系统源程序和服务器密码。2012 年 6 月至 7 月，赵某在其笔记本电脑上编写程序，可以秘密侵入横店影视城有限公司检售票系统，修改梦幻谷景区门票数据，将允许进入人数从一人改成多人，遂产生以此盗取门票收益的想法。2012 年 7 月至 8 月，赵某、章某改卡 20 余张，赵某、金某改卡 20 余张，赵某参与盗窃数额为 42000 余元。赵某等人被法院以盗窃罪追究刑事责任。①

5. 侵入单位内部未联网的计算机人事系统篡改他人工资卡账号，非法占有他人工资款的

典型案例

黄某诈骗案

刑事审判参考第 820 号

2011 年 6 月至 8 月，由于公司工作人员疏于修改人事系统的原始密码，被告人黄某利用在某股份有限公司工作的便利，轻松获取账号和原始密码后，非法登录公司内部未联网计算机的人事系统，将公司其他员工工资卡号改为其持有的

---

① 对照曾兴亮、王玉生破坏计算机信息系统案（检例第 35 号）的指导意义及刑法规定，本案属于手段行为构成的破坏计算机信息系统罪与目的行为构成的盗窃罪之间成立牵连犯。牵连犯应当从一重罪处断。

银行账号，骗取他人公司工资款合计25862元。黄某被法院以诈骗罪追究刑事责任。

6. 侵入红十字会计算机信息系统，篡改网页内容发布虚假募捐消息骗取他人财物的

典型案例

杨某诈骗案

刑事审判参考第1049号

2008年5月18日，被告人杨某为利用网络骗取社会各界对汶川地震提供的捐款，在深圳市龙岗区坂田和堪村9号暂住地使用自行组装的台式电脑，登录昆山市红十字会网站管理后台，将其本人篡改过的包含虚假募捐账户为"5·12四川汶川地震捐款"的消息链接至昆山市红十字会网站上，致使网站管理员无法正常管理网站，昆山市红十字会网站被迫关闭27小时。杨某发布的虚假消息载明募捐账户名为庞土贤。该账户由杨某实际控制。至案发无募捐款项汇入该账号。杨某被法院以诈骗罪追究刑事责任。

7. 公安交通管理部门协管员非法侵入道路交通违法信息管理系统，清除车辆违章信息，收取违章人员钱财的

典型案例

童某、蔡某破坏计算机信息系统案

刑事审判参考第783号

被告人童某、蔡某系长汀县公安局交警大队协管员。二被告人因工作需要掌握车辆违章行政处罚的程序及相关工作流程。2009年4月，童某、蔡某预谋通过盗用长汀县交警大队干警及财务人员的银行对账用户名、密码的方式进入龙岩

市公安局道路交通违法信息管理系统。二被告人利用该系统对电子监控的车辆违章行为进行虚假处罚后，在未打印、送达《行政处罚决定书》和被处罚人未实际缴纳罚款的情况下，编造收款票据号码，核销网上罚款（造成罚款已缴纳的假象，系统校验通过后，写入本地违法数据库，并通过接口函数更新网上公布的违法数据），使被处罚人在网上查询时显示违章记录已被清除，以此收取违章人员给付的处理费。童某则根据蔡某提供的交通违章信息，在长汀县交警大队配发给其使用的电脑上，采用上述方式非法处理违章车辆37辆、违章信息738条。童某、蔡某非法获利25000余元。童某、蔡某被法院以破坏计算机信息系统罪追究刑事责任。

8. 通过手机生产商或方案供应商将扣费软件预装入手机，通过公司后台控制手机实施扣费，并屏蔽扣费短信的

典型案例

任某、郑某、汪某盗窃罪二审刑事裁定书

（2017）粤刑终209号

2010年11月，任某、郑某、汪某等人成立深圳市某某互通科技有限公司（以下简称某某互通公司），任某负责公司重大决策、财务管理，汪某担任总经理并负责管理具体业务，郑某负责公司商务管理，任某、郑某、汪某均是该公司的股东。在公司运营过程中，任某、郑某、汪某经商议决定，某某互通公司研发恶意扣费软件并植入手机方案商、制造商的手机，通过收购广州楚某通信科技有限公司、广州君某科技有限公司等SP公司（电信服务提供商）并与其他SP公司合作，从而使用上述公司从电信运营商获得的SP扣费通道，在手机用户不知情的情况下进行扣费，以获取非法利润。某某互通公司技术部人员针对功能手机的MTK平台、展讯平台、MSTAR平台、互芯平台研发出具有恶意扣费功能的HDM软件包及相应的后台服务器管理系统，使手机界面屏蔽电信运营商发送的扣费短信，并通过后台服务器控制扣费事宜。某某互通公司商务部人员与上海博某通讯科技有限公司、深圳市三某科技有限公司等数十家手机生产商、手机方案

商洽谈，将恶意扣费软件安装到手机软件系统中，并商定非法利润的分成。2011年4月至2012年7月，某某互通公司通过恶意扣费软件扣取手机用户话费共计67269035元，与SP公司、手机方案商或生产商按照约定比例分赃。任某、郑某、汪某被法院以盗窃罪追究刑事责任。

（四）程序外挂、私服

1. 无经营主体资质，利用“外挂”软件“代练升级”牟利的

典型案例

董某、陈某非法经营案

（2011）宁刑二终字第10号

被告人董某、陈某通过互联网向他人购买名为“冰点传奇”的“外挂”程序，为盛大公司经营的《热血传奇》游戏提供代练服务并收取代练费。董某、陈某将雇用来的12名员工分成客服组和代练组，利用“外挂”软件“冰点传奇”日夜经营代练，并适时与“外挂”程序卖家联系进行版本升级，以对抗盛大公司游戏保护措施。至案发时止，已先后替1万多个《热血传奇》游戏玩家的账户代练升级，从中获利近20万元。

“冰点传奇”是使用“外挂”程序直接连接游戏服务器，同一台计算机可同时运行多个“冰点传奇”程序。利用“冰点传奇”程序可同时登录多个《热血传奇》网络游戏账号。该“外挂”程序通过游戏封包的加密与解密算法的破解、游戏指令与数据结构的筛查、游戏地图文件的破解与转换等方法，绕过了正常的游戏客服端与服务器端之间的通讯协议，通过发送网络数据包攻击、入侵游戏服务器，以达到增加和修改使用用户游戏的参数数据库里生存和成长的过程体验。该“外挂”程序修改了盛大公司《热血传奇》游戏的使用用户在服务器上的内容，帮助《热血传奇》游戏的使用用户完成自动化循环操作。

被告人董某、陈某以牟利为目的，违反国家规定，未经国家主管部门批准，也未获得盛大公司许可和授权，将明知是破坏了他人享有著作权的互联网游戏作品技术保护措施并修改他人游戏作品数据的非法互联网出版物——“外挂软件”

使用到盛大公司享有著作权的游戏程序上，进行有偿代练经营活动，牟取了巨额非法利益，客观上是对该非法“外挂”程序的发行、传播，根据《最高人民法院关于审理非法出版物刑事案件具体应用法律若干问题的解释》第11条的规定，属于出版非法互联网出版物的行为。被告人董某、陈某被法院以非法经营罪追究刑事责任。

2. 为牟利，制作并对外销售具有破译和擅自使用原网络游戏通信协议的外挂程序，截取并修改游戏发送到游戏服务器的数据，修改客户端内存中的数据，进而实现复制游戏程序“源代码”功能的

典型案例

李某、项某等制作、销售网络游戏外挂程序案

（2014）龙泉刑初字第390号

《穿越火线》是由韩国公司研发后授权“腾讯公司”运营的第一人称射击类网络游戏，该游戏于2008年4月正式运营。2012年8月，被告人李某针对《穿越火线》网络游戏研究制作外挂程序，并于2013年7月开始在“淘宝网”上对外销售该外挂游戏，谋取非法利益。2013年9月，被告人项某在网上以“夏孝棋”的名义与被告人李某商定，由被告人项某销售外挂程序，被告人李某负责外挂程序的修改和升级工作，共同分取销售收入。经福建中证司法鉴定中心鉴定，该外挂程序功能为：通过注入DEL文件的方式修改《穿越火线》游戏客户端，在《穿越火线》游戏中增加“方框透视”功能。在不执行送检程序的情况下，《穿越火线》游戏客户端本身不具备该功能。

被告人李某、项某为了谋取非法利益，违反国家规定，在《穿越火线》游戏客户端不具备透视功能的情况下，增加了透视功能，该功能的实现必须复制互联网游戏程序的“源代码”，而被告人李某制作的网络游戏外挂程序与《穿越火线》游戏程序具有高度的相似性。同时，被告人要想使其制作的外挂程序与《穿越火线》游戏对接，势必要破译和擅自使用原网络游戏的通信协议，截取并修改游戏发送到游戏服务器的数据，修改客户端内存中的数据，以达到增强客户

端透视功能的目的，其行为符合法律规定的“复制发行”的要求。李某、项某被法院以侵犯著作权罪追究刑事责任。

3. 为他人获取计算机信息系统数据或控制计算机信息系统而提供相应的外挂程序，或者明知他人实施侵入、非法控制计算机信息系统的违法犯罪行为而为其提供程序、工具的

典型案例

吕某、张某等提供侵入计算机信息系统的程序罪一审刑事判决书

（2018）苏1091刑初219号

2017年8月至2018年8月，被告人张某通过互联网与被告人吕某取得联系，二人商议由被告人张某提供“易语言”编写的源代码，被告人吕某在该源代码基础上制作出一款能够绕过YY公司计算机信息系统安全策略的YY外挂软件。后被告人吕某制作出YY外挂软件“战火”，并将该软件以每台300元或400元的价格出售给被告人张某，由被告人张某利用互联网以每台800元或900元的价格向姜某等人出售，共计130余人次，销售金额共计10万余元。经福建中证司法鉴定中心鉴定：“战火”外挂软件能够自动对批量导入的账号进行批量登录验证并导出正确的账号密码；对导入的账号进行批量登录到设置的YY频道中，突破了YY客户端程序单台机器只允许5个账号登录的限制。吕某、张某被法院以提供侵入计算机信息系统的程序罪追究刑事责任。

刘某犯提供非法控制计算机信息系统程序、工具案

（2017）川1623刑初字第77号

2014年8月至2016年8月6日，被告人刘某在邻水县九龙镇以一个外挂软件一年900元至1500元不等的价格向邻水县16家网吧出售破解万象实名管理系

统的网吧外挂软件，用于未携带居民身份证的人在网吧登记上网使用。被告人刘某销售该外挂软件金额共19300元，从中获利9100元。刘某被法院以提供非法控制计算机信息系统程序、工具罪追究刑事责任。

4. 利用制作的外挂程序，破坏、干扰、控制正常的计算机程序，致使计算机程序不能正常运行的

典型案例

周某甲、周某乙、李某破坏计算机信息系统罪一审刑事判决书

（2019）豫1024刑初98号

2018年4月至7月，被告人周某甲、周某乙在鄢陵县翠柳路“冠锦宾馆”二楼合作开办工作室，通过购买多个游戏账号，使用在淘宝网上购买的“牛牛捕鱼助手”挂机辅助软件，采用自动挂机、一机多开的方式，刷取腾讯公司“猎鱼达人3D”游戏道具，将挂机中获取的游戏道具转卖获利17054.5元；2018年4月至9月，被告人李某在上述地点使用同样的手段和挂机辅助软件刷取腾讯公司“猎鱼达人3D”游戏道具转卖获利59071元。经鉴定，“牛牛捕鱼助手”修改了游戏“猎鱼达人3D”的功能，并对其游戏规则、正常操作流程和正常运行方式造成了破坏，属于破坏性程序。被告人周某甲、周某乙、李某违反国家规定，利用涉案程序，对计算机信息系统中存储、处理或者传输的数据和应用程序进行删除、修改、增加的操作，其犯罪行为客观上破坏了游戏“猎鱼达人3D”的游戏规则、正常操作流程和正常运行方式，本质上属于修改网络游戏运行数据，干扰网络游戏服务端计算机信息系统功能，危害计算机信息系统安全的行为。周某甲、周某乙、李某被法院以破坏计算机信息系统罪追究刑事责任。

5. 利用外挂程序侵入他人计算机信息系统，并对系统内数据进行增加、删除、修改的

典型案例

刘某破坏计算机信息系统罪一审刑事判决书

（2017）闽 0102 刑初 872 号

2016 年 12 月至 2017 年 3 月，被告人刘某利用“幸运内购”手机外挂软件，非法侵入福州市榕城一卡通有限责任公司的榕城通 App，通过非法手段绕过支付方式，办理了榕城一卡通 500 张，价值 10024 元，并向卡内虚假充值 87250 元。刘某被法院以破坏计算机信息系统罪追究刑事责任。

6. 利用外挂程序侵入他人计算机信息系统，并对系统内数据进行查询、复制的

典型案例

曹某非法获取计算机信息系统数据罪一审刑事判决书

（2018）沪 0118 刑初 1335 号

被告人曹某于 2013 年年底起在未经某甲公司授权的情况下开发“运单助手”“金刚手机版 . apk”等某甲公司金刚系统外挂软件，通过网络向某甲公司部分网点员工以充值续费的方式收取软件使用费。上述软件在未经某甲公司授权的情况下调用接口获取数据，在使用人不知情的情况下非法获取使用人的某甲公司金刚系统账号、密码及 MAC 等认证信息，并将上述认证信息保存在其实名注册的阿里云服务器（IP：120. 77. 232. 32）内。经鉴定，“金刚手机版 . apk”具备将用户输入的用户名、密码及登录后获取的姓名、所在区域等用户信息加密发送至上述服务器的功能；“运单助手”具备获取软件中的用户名、密码、MAC、所在区域等用户信息加密发送至上述服务器的功能；从上述服务器镜像的数据库共检出 12034 条与用户名、密码相关的信息。曹某被法院以非法获取计算机信息系统数据罪追究刑事责任。

7. 以出售程序外挂为名实施诈骗行为的

典型案例

郭某诈骗罪一审刑事判决书

（2018）湘1022刑初96号

2016年11月，被害人张某通过QQ看到被告人郭某发布的可以开发赌博网站看牌程序外挂的消息后，遂通过QQ与被告人郭某联系；后双方达成协议，由被害人张某出资50000元，被告人郭某出资30000元（实际被告人郭某分文未出），共同购买网站漏洞的入侵软件，用来开发看牌器外挂程序。实际骗得被害人张某通过手机向郭某转账46620元，郭某无软件开发的能力和途径，相关资金也未用于软件开发。郭某被法院以诈骗罪追究刑事责任。

8. 未经著作权人许可，将非法获取的他人网络游戏源代码编译成网络私服游戏软件并运营以营利，或受让经营网络游戏私服网站的

典型案例

伍某等侵犯著作权、侵犯商业秘密罪一审刑事判决书

2010年伍某在担任某软件公司高级开发经理期间，违反其与公司签订的保密合同约定，将该公司享有著作权的《剑侠世界》网络游戏软件的源代码向李某披露。李某遂伙同孙某、宋某利用该源代码私自架设服务器运营《情缘剑侠》游戏，非法经营额达110余万元。后袁某、熊某以58万元的价格购得《情缘剑侠》游戏继续运营，非法经营额达40余万元。伍某等被法院分别以侵犯商业秘密罪和侵犯著作权罪追究刑事责任。

（五）帮助网络犯罪活动

1. 拒不履行信息网络安全管理义务的

典型案例

胡某拒不履行信息网络安全管理义务罪一审刑事判决书

（2018）沪 0115 刑初 2974 号

2015 年 7 月至 2016 年 12 月 30 日，被告人胡某为非法牟利，租用国内、国外服务器，自行制作并出租“土行孙”“四十二”翻墙软件，为境内 2000 余名网络用户非法提供境外互联网接入服务。2016 年 3 月、2016 年 6 月上海市公安局浦东分局先后两次约谈被告人胡某，并要求其停止联网服务。2016 年 10 月 20 日，上海市公安局浦东分局对被告人胡某利用上海丝洱网络科技有限公司擅自建立其他信道进行国际联网的行为，作出责令停止联网、警告、并处罚款 15000 元，没收违法所得 40445.06 元的行政处罚。被告人胡某拒不改正，于 2016 年 10 月至 2016 年 12 月 30 日，继续出租“土行孙”翻墙软件，违法所得共计 236167 元。经鉴定，“土行孙”翻墙软件采用了 gotunnel 程序，可以实现代理功能，适用本地计算机通过境外代理服务器访问境外网站。胡某被法院以拒不履行信息网络安全管理义务罪追究刑事责任。

2. 假冒国家机关、金融机构名义，设立用于实施违法犯罪活动的网站的

典型案例

梁某非法利用信息网络罪一审刑事判决书

（2019）粤 0104 刑初 751 号

2017 年至 2018 年 9 月，被告人梁某租用境外服务器，建立域名为“imudou. com”的网站并在该网站内发布虚假的 2018 年法律职业资格考试报名

服务和提供2018年法律职业资格考试试题及答案等信息。之后又通过建立QQ群，向群内人员推荐上述“imudou. com”网站，通过该网站上的虚假信息骗取报考人员的信任，诱骗报考人员交纳考试报名费和购买试题及答案。梁某被法院以非法利用信息网络罪追究刑事责任。

3. 以实施违法犯罪活动为目的而设立或者设立后主要用于实施诈骗、传授犯罪方法、制作或者销售违禁物品、管制物品等违法犯罪活动的网站的

典型案例

杨某非法利用信息网络罪一审刑事判决书

（2020）川3426刑初20号

被告人杨某自2017年开始在网络上购买了“楼上”论坛网站源代码开设淫秽网站，其网站网址域名分别为loushang98、loushang82、loushang11、loushang22；其间，杨某还开设了网名为“佳人坊”“纵情天下”的论坛。网站主要内容为各地娱乐场所、卖淫女信息及联系方式等；2017年至2019年11月，杨某依靠其建立的网站通过收取会员费、广告费赚取钱财共计7万多元。杨某被法院以非法利用信息网络罪追究刑事责任。

曹某、王某等非法利用信息网络罪二审刑事裁定书

（2019）浙06刑终633号

“园丁丁”论坛是一个从事大麻种植经验交流、大麻种子、种植设备肥料、吸食用具及大麻成品买卖等非法活动的网络论坛。该论坛须通过邀请码加入，共有会员1585人，成员结构自上而下为站长、超级管理员（超级版主）、版主、会员。其中超级管理员、版主负责维持秩序，具有禁言、删帖等权限。该论坛共有园丁论坛、大麻品种大麻种子、种植论坛、种植用具/农具、收成论坛、飞行

用具/装备、科普/教育等10个分区共38个版块。通过成员在论坛中发帖、回帖、站内信交流等，已形成交流大麻种植知识、大麻种子买卖、大麻种植设备及肥料买卖、大麻吸食用具买卖、成品大麻买卖的一条龙黑色产业链，该网站还传授站内人员反侦查手段以逃避法律责任。其中，被告人王某、黑某系论坛超级版主，被告人曹某系论坛版主。曹某、王某等被法院以非法利用信息网络罪追究刑事责任。

4. 设立用于实施诈骗等违法犯罪活动的网站并出卖给他人的

典型案例

李某非法利用信息网络罪一审刑事判决书

（2019）豫0122刑初1030号

2019年5、6月，被告人李某为了牟利在明知购买者购买钓鱼网站和源码的目的是用于犯罪的情况下，仍然通过网络倒卖了3个钓鱼网站和6个源码，共获利6500元左右。李某被法院以非法利用信息网络罪追究刑事责任。

5. 设立网站后用于出售打印假发票的软件的

典型案例

刘某非法利用信息网络罪一审刑事判决书

（2019）川1123刑初198号

2013年至2019年，被告人刘某利用自己的专业知识开发了一款可用于打印假发票的软件，并将该软件发布于自己在互联网上设立的域名为www.cxrj123.com、销售店名为“创新软件”的网站上，以500元至2800元不等的价格进行销售。买家通过互联网搜索即可查询并访问该网站，在该网站上可查询、咨询、浏览假发票打印软件的相关信息，通过刘某在网站上留的手机号、QQ号、微信号与刘某取得联系。在支付购买款后，由刘某通过在线上发送假发票打印软件包，在线下邮寄加密狗（使用假发票打印软件工具）的方式出售假发票打印软件。至案发，刘某共计销售软件4347套，非法获利300余万元。根据假发票软件买家使用上传后台数据统计，买家共打印假发票15598条。刘某被法院以非法利用信息网络罪追究刑事责任。

6. 以实施违法犯罪活动为目的而设立或者设立后主要用于实施诈骗、传授犯罪方法、制作或者销售违禁物品、管制物品等违法犯罪活动的通讯群组的

典型案例

李某非法利用信息网络罪一审刑事判决书

（2019）辽1402刑初385号

被告人李某于2018年6月28日至2018年11月19日，先后用QQ号建立“葫芦岛VIP同城交友”“葫芦岛奢侈品交流”“葫芦岛柔情妩媚”3个QQ群组，为从事卖淫嫖娼活动人员发送信息提供平台。其中“葫芦岛VIP同城交友”群成员301人；“葫芦岛奢侈品交流”群成员452人；“葫芦岛柔情妩媚”群成员420人。被告人李某等多人在上述群中通过发送表情图片的方式发布卖淫嫖娼信息，与群内的嫖娼人员取得联系，从事卖淫嫖娼活动。李某被法院以非法利用信息网络罪追究刑事责任。

7. 利用信息网络提供信息的链接、截屏、二维码、访问账号密码及其他指引访问服务，发布有关违法犯罪的信息或者为实施违法犯罪活动发布信息的

典型案例

石某、刘某非法利用信息网络罪二审刑事判决书

（2019）粤01刑终1604号

2018年4月至2019年1月，被告人石某、刘某接受上家“浪李个浪”（在逃）提供的赌博QQ群二维码，然后将该二维码制作成推广赌博QQ群的广告图片，再利用购买的QQ数据和相关软件、模拟器在他人QQ空间发布制作好的赌博彩票类的违法犯罪信息，从中获利约50万元。石某、刘某被法院以非法利用信息网络罪追究刑事责任。

8. 明知他人利用信息网络实施犯罪，为其犯罪提供互联网接入、服务器托管、网络存储、通讯传输等技术支持，或者提供广告推广、支付结算等帮助的

典型案例

张某帮助信息网络犯罪活动罪一审刑事判决书

（2016）苏0206刑初578号

2016年1月至8月，被告人张某明知被告人吴某正在从事非法控制计算机信息系统的犯罪，仍数次远程登录IP地址为58.220.21.160的主控端服务器，帮助被告人吴某进行非法控制的计算机信息系统的维护，并提供财付通账户为被告人吴某的获利提供支付结算的帮助。张某被法院以帮助信息网络犯罪活动罪追究刑事责任。

9. 明知他人利用信息网络实施犯罪，为其犯罪提供通讯传输（电话卡）等技术支持的

典型案例

周某奇、尤某杰帮助信息网络犯罪活动案

检察机关推进网络空间治理典型案例（2021）

2019年11月上旬，周某奇伙同尤某杰在杭州某职业技术学院设立学生兼职微信群，发布招聘话务员的消息，要求应聘学生到附近营业厅办理电话卡并将卡上交。周某奇、尤某杰以上述方式购得刘某欣等20余名学生办理的实名制电话卡75张，每张卡支付给学生几十元至一百元不等的费用。2019年11月中下旬，周某奇、尤某杰又通过类似方式招募了石某行等130余名社会人员，用大巴车将他们从河北省带至北京市办理400张左右实名制北京电话卡并收购，每张卡支付几十元的费用。周某奇、尤某杰明知他人利用信息网络实施犯罪，仍将上述电话卡出售供他人使用，违法所得12万余元。上述电话卡通过非法途径流出境外，犯罪分子使用其冒充国家机关工作人员实施诈骗，骗取被害人李某等10余人钱款共计200余万元。周某奇、尤某杰被法院以帮助信息网络犯罪活动罪追究刑事责任。

10. 组建网络平台，为他人出售游戏外挂程序提供广告推广或支付结算服务的

典型案例

王某帮助信息网络犯罪活动罪一审刑事判决书

（2019）川2002刑初274号

2018年1月，被告人王某以成都未来明天网络科技有限公司名义，在互联网开办“发卡啦自动发卡平台”（www.8ka.la）通过投放百度关键字广告，吸引全国各地虚拟物品销售商到其平台销售个人论坛邀请码、游戏CDKEY、游戏账号等虚拟物品，并提供支付结算服务，按照2%的比例对销售金额进行抽成牟

利。在其平台商家中，存在大量游戏外挂软件销售商，非法对外出售游戏外挂软件。自2018年1月以来，王某明知其开办的网络发卡平台上存在大量销售非法游戏外挂软件的商家，仍为其提供支付结算服务。至2018年6月26日，王某在其开办的网络平台共销售虚拟商品65万件，销售金额达2300万元。其间，王某通过平台销售外挂非法获利20万元。王某被法院以帮助信息网络犯罪活动罪追究刑事责任。

四、危害计算机信息系统安全犯罪案件的办案思路

（一）破坏、控制计算机信息系统

1. 从涉案计算机信息系统的勘查入手

危害计算机信息系统类案件大多通过线上实施，传统的线索较少。侦查人员在受案后应第一时间就犯罪现场进行勘验取证，主要收集留在服务器、网络传输中的可疑数据，如破坏性程序、攻击数据报文、犯罪嫌疑人使用的电脑中正在运行程序和正在进行操作、服务器的系统日志和应用程序日志、内存中的缓存数据，以及正在运行的木马、病毒和恶意代码等，尽快确定攻击源；收集留存在服务器中的系统日志、应用程序日志、安全系统日志等，并对上述日志做初步分析，确定侦查方向和制定初步侦查计划。①

2. 注重对涉案IP地址的侦查

Ping属于一个通信协议，是TCP/IP协议的一部分。利用Ping命令可以检查网络是否连通。在通常情况下，Ping可以用于分析和判定网络故障。在危害计算机信息系统安全案件中，行为人往往会首先使用Ping来获知其要攻击的被害人服务器IP地址，在使用攻击软件攻击被害人的IP地址后，往往会再使用Ping来测试攻击效果。在办理危害计算机信息系统安全犯罪案件中，应当注意勘查犯罪嫌疑人的计算机设备中使用过的Ping命令中是否输入过被害人IP地址，以此印证犯罪嫌疑人对被害人实施攻击行为的事实。与此同时，在利用“肉鸡”实施的非法侵入计算机信息系统、破坏计算机信息系统、利用钓鱼软件实施的网络诈骗等案件中，公安机关可以通过勘验“肉鸡”内相关数据，获取侵入“肉鸡”的远程控制程序的服务器IP地址，从而锁定实施攻击行为的真实服务器。

① 刘绪崇、赵薇、钟情花：《危害计算机信息系统犯罪案件侦查方法》，载《湖南警察学院学报》2015年第6期。

3. 注重危害行为和危害结果间因果关系的证据收集

由于此类案件多以非接触方式实施，故危害行为和危害结果间是否存在因果关系是办理此类案件的难点。在犯罪嫌疑人被抓获后，公安机关应当及时查证网络攻击路径中的网站建立者、攻击者。从网站建立者的服务器中及时勘查攻击者注册信息、网站建立者使用网站进行攻击的记录，调取案发时间攻击者在攻击网站时输入的被害人 IP 记录。

4. 从是否存在流量清洗、黑洞等判断涉及阿里云的计算机信息系统不能正常运行时长

“流量清洗”和“黑洞”都是阿里云服务器为其用户提供的防御 DDoS 攻击的服务。当网络流量达到阈值，系统就会自动对该 IP 流量进行清洗。关于“流量清洗”，是指将流量从原始网络路径定向到清洗设备上，通过清洗设备对该 IP 的流量成分进行正常和异常的判断，丢弃异常流量，并对最终到达服务器的流量实施限流，减缓攻击对服务器造成的损失。关于“黑洞”，是指云服务器遭受大量攻击且超过免费防御的流量值时，进入的防护状态。“流量清洗”和“黑洞”是两个不同的防护操作，互不影响，黑洞期间流量清洗也有可能继续执行。流量清洗对较小的异常流量的访问请求予以拒绝，以保障正常流量的访问请求不受影响。黑洞触发时阿里云后台会拒绝该服务器所有的访问请求，包括正常流量和异常流量。黑洞期间，服务器处于完全瘫痪状态，不能响应任何请求。在办理破坏阿里云服务器用户计算机信息系统案件时，应及时从阿里云服务器中调取流量清洗和黑洞的起止时间，以此认定计算机信息系统不能正常运行的累计时间。

5. 从是否存在封堵判断涉及腾讯云的计算机信息系统不能正常运行时长

封堵是腾讯云为用户提供的免费 DDoS 攻击防护服务，腾讯云在发现服务器异常大流量涌入时即会采取封堵措施。当外网 IP 被攻击峰值超过 2G bps，腾讯云会执行 IP 封堵操作，一般封堵的时长为 2 小时，大流量攻击时，封堵的时长从 24 小时到 72 小时不等。在办理破坏计算机信息系统案时，应及时从腾讯云服务器中调取封堵的起止时间，以此来判断计算机信息系统不能正常运行的累计时间。根据腾讯云封堵时间的设置，DDoS 攻击只要激活腾讯云的封堵操作，则起步时间即为 2 小时。

6. 从涉案软件的功能特征入手，查明是否系侵入计算机信息系统的程序

一是完善涉案软件的编制过程、运作原理、功能等方面的证据，以便明确涉案软件是否具有避开或突破网站服务器的安全保护措施，非法获取计算机信息系

统数据的功能。二是对涉案电脑进行补充勘验，调取其中含有账号、密码的文件，查明文件的生成时间和特征，以便确定被查获的存储介质中的网站服务器数据是否系使用涉案软件获取。三是提取行为人被扣押电脑的 MAC 地址（又称网卡地址，由 12 个 16 进制数组成，是上网设备在网络中的唯一标识），分析涉案软件源代码中是否含有犯罪行为人电脑的 MAC 地址，以便查明关联性。

（二）获取计算机信息系统数据或采取破坏、控制、侵入计算机信息系统后实施的相关犯罪

1. 注重计算机信息系统日志的收集

一般情况，获取计算机信息系统数据需侵入计算机信息系统后方可实施，即便具有非接触性，但相应的登录、下载等均会留下操作日志。因此，提取、固定计算机信息系统日志对侦破此类案件作用也非同小可。一般来说，需提取固定计算机信息系统中删除、增加、修改数据的日志、文件操作日志、Web 服务器访问日志、应用程序的使用日志，以及入侵检测系统、防火墙、路由器、交换机中的日志。①

2. 注重对涉案木马、软件的固定、分析和鉴定

对采用木马、软件通过侵入他人计算机信息系统获取数据的，应注重对该木马、软件的提取固定和分析，必要时还应及时对软件工具做功能性鉴定，验证该木马、软件的功能。

在抓获犯罪嫌疑人后，应及时对其使用的计算机系统进行勘验，提取使用该计算机软件工具的记录等电子数据，被侵入计算机信息系统的数据在犯罪嫌疑人处被查获的，则可进一步明确其获取计算机信息系统数据的事实。

3. 通过计算机信息系统数据本身开展侦查

行为人获取他人计算机信息系统数据后，必然涉及使用。侦查人员应从使用人开展侦查，查明使用人是犯罪行为人，还是从他人处获取，进而开展进一步的侦查工作。对于获取账号、密码后用于敲诈勒索的，还可结合被害人询问及被害人提供的转账明细、银行账户等开展侦查，根据查明的对手账户信息、交易明细等开展进一步分析研判。

---

① 刘绪崇、赵薇、钟情花：《危害计算机信息系统犯罪案件侦查方法》，载《湖南警察学院学报》2015 年第 6 期。

4. 注重异地协作的规范性

通过公安机关信息化系统调取异地公安机关依法制作、收集的刑事案件受案登记表、立案决定书、被害人陈述等证据材料，调取时不得少于两名民警，并应当记载调取的时间、使用的信息化系统名称等相关信息，调取人签字并加盖办案地公安机关印章。

5. 拍照、打印、录像方式固定电子数据的收集注意事项

应注意清晰、完整地反映电子数据的内容；在相应笔录中注明未能扣押、封存原始存储介质，而是采用拍照、打印、录像方式固定电子数据的原因、固定证据的时间、电子数据的存储位置、移动终端特征和原件所在位置等。做到由办案人员、电子数据持有人、提供人的签名或盖章，电子数据持有人、提供人拒绝签名或盖章的，应当在笔录中注明，由见证人签名或盖章。

（三）程序外挂、私服等

1. 从明确程序外挂、私服的功能入手

程序外挂是否具有对计算机信息系统内容增加、删除、修改的权限，还是仅仅具有优化权限，私服是否系修改网络游戏软件的服务器端程序源代码，并制作的游戏程序等直接决定了案件的性质。为此，相关程序的功能鉴定尤为必要。同时，对于部分案件存在多个外挂程序的，应全部鉴定，并给出确定性结论。

2. 查明行为人利用程序外挂、私服的获利

本节犯罪的追诉立案标准中均有违法所得或经济损失标准，而此类案件中行为人出售外挂程序多以次数或时间为计费标准，故应结合行为人出售程序外挂的聊天销售记录、银行卡、支付宝、微信转账明细等情况综合认定。

3. 依托聊天记录等电子数据，查明提供人次

提供侵入、非法控制计算机信息系统程序、工具罪的追诉立案标准有提供对象人次的规定，故应结合聊天记录、相关软件下载、发送次数等电子数据综合认定，公安机关在收集固定此类证据时要注意对相关内容及时导出和复制，及时拍照、截图或者打印，以进行保全。

第七章 网络谣言犯罪

一、网络谣言简介

根据2013年9月10日“两高”通过的《关于办理利用信息网络实施诽谤等刑事案件适用法律若干问题的解释》的规定，信息网络包括以计算机、电视机、固定电话机、移动电话机等电子设备为终端的计算机互联网、广播电视网、固定通信网、移动通信网等信息网络，以及向公众开放的局域网络。谣言指没有事实存在而捏造的话。网络谣言是指行为人通过信息网络散布谣言的相关行为，具体可理解为行为人基于故意的动机，无中生有，凭空捏造对他人的社会评价或者对社会秩序、国家政权带来混乱与冲击的具有某种程度的具体内容的虚假事实，并通过网络发布，意图迷惑不明真相的人，达到诋毁别人、制造混乱，给他人、社会、国家带来一定危害的行为。近年来，各色网络谣言总能在一些事情上推波助澜，将本来微不足道甚至不存在的事件演化为重大的公共事件。网络谣言不仅损害了公共安全、社会大众的利益、诋毁政府形象，也构成了对公民个人的侵害。

网络社会不是法外之地，信息网络亦属于公共场所①。2000年12月28日，全国人民代表大会常务委员会通过的《关于维护互联网安全的决定》明确规定，利用互联网造谣、诽谤或者发表、传播其他有害信息，构成犯罪的，依照刑法有关规定追究刑事责任。《关于办理利用信息网络实施诽谤等刑事案件适用法律若干问题的解释》对利用信息网络实施的四种传统犯罪“寻衅滋事罪、诽谤罪、

---

① 刑法中的公共场所一般是指供不特定人或多数人进行工作、学习、社交、娱乐和满足部分生活需要的开放性场所，主要包括车站、码头、机场、医院、商场、公园、影剧院、展览会、运动场等物理性场所，亦应包括信息网络空间。随着信息社会的发展，人们的工作、学习、社交、娱乐及购物等部分生活需要均得以通过信息网络进行，信息网络空间已被赋予更多的社会属性。2013年9月10日起施行的《最高人民法院、最高人民检察院关于办理利用信息网络实施诽谤等刑事案件适用法律若干问题的解释》中明确了信息网络属于公共场所。

非法经营罪、敲诈勒索罪”进行了扩张性的解释，划清了网络谣言罪与非罪的界限。2015 年 8 月 29 日通过的《刑法修正案（九）》增设“编造、传播虚假信息罪”。[①] 目前，网络谣言最常见的犯罪形态为通过网络发布虚假信息实施的诽谤、寻衅滋事、敲诈勒索等行为以及利用有偿删帖实施的非法经营行为。

根据我国《刑法》以及《关于办理利用信息网络实施诽谤等刑事案件适用法律若干问题的解释》的规定，按照侵犯客体的不同，网络谣言的犯罪类型可分为以下几类：

1. 侵犯国家法益类网络谣言犯罪

主要罪名涉及煽动颠覆国家政权罪，煽动分裂国家罪，战时造谣扰乱军心罪，战时造谣惑众罪。

2. 侵犯社会法益类网络谣言犯罪

主要包括破坏社会主义市场经济秩序类网络谣言犯罪和妨害社会管理秩序类网络谣言犯罪。罪名涉及非法经营罪，编造并传播证券、期货交易虚假信息罪，损害商业信誉、商品声誉罪，寻衅滋事罪，编造、故意传播虚假恐怖信息罪，煽动暴力抗拒法律实施罪，组织、利用会道门、邪教组织、利用迷信破坏法律实施罪，组织、利用会道门、邪教组织、利用迷信致人死亡罪。

3. 侵犯个人法益类网络谣言犯罪

主要包括侵犯公民人身权利、民主权利类网络谣言犯罪。罪名涉及诽谤罪，寻衅滋事罪，敲诈勒索罪。

二、网络谣言犯罪的特点

网络谣言一经发布，则可通过电脑网络、手机自媒体、客户端等媒体平台大量转发，往往具有以下特征：

（一）传播速度快、传播范围广

传统谣言一般通过口口相传，相对于传统传播途径，通过多元化互联网平台的传播，可突破时空限制，使谣言在短时间内即可以迅雷不及掩耳之势在网络环境中散播开来。网络的互动性等特点还使网络谣言波及范围呈现广域性，大量的转发在某些情形下甚至可以使网络谣言被全球共享。

---

① 廉波：《论网络谣言入罪的正当性——兼评〈刑法修正案（九）〉相关条款》，载《人民论坛》2015 年第 32 期。

（二）专业化程度高、隐蔽性强、诱惑性大

面对肆虐的网络谣言，人们根本无法识别谣言与真相的区别。除了制造者外，数量众多的网民之所以传播谣言还在于他们传播时无法了解事实的真相，这就使网络谣言传播的刑事打击缺乏现实基础。更何况从证据法的角度而言很难认定谣言传播者所造成的后果，这就使网络谣言的刑事打击存在取证困难的问题①。

（三）应变灵活、破坏力强、消除难度大

网络谣言在散播之初，人们对其真实性可能存疑，但是随着其在互动性自媒体平台上的大规模转载，谣言在网民心中的可信度也随之提升，其所造成的危害程度也步步加深，有些网络谣言甚至会造成人人自危的社会动荡局面。同时，“众口铄金”效应使辟谣的难度系数增加，网络谣言一旦深入人心即使政府或相关部门及时辟谣，其消极影响仍然难以全面消除，甚至有些人会将相关的辟谣扭曲化，经过添油加醋式的深加工使相关事实更加扑朔迷离。②

（四）行为成本低、牟利性突出

网络谣言的散布甚至不需要任何的经济成本，日常生活中的手机、电脑即可发布、转载。基于简单易行的低成本，网络传谣甚至异化成一种谋生手段，造谣者、传谣者呈现出明显的专业化甚至职业化趋势，“网络公关公司”“策划营销组织”“网络推手”应运而生，牟利性特征越来越明显。

三、网络谣言犯罪的表现形式

（一）编造、传播虚假信息

1. 利用社会敏感热点问题，借题发挥，炮制谣言，误导民众，造成公共秩序严重混乱，甚至引发群体性事件的

① 冉巨火：《网络谣言刑法规制的冷思考》，载《中国检察官》2012 年第 4 期。

② 唐丽：《网络谣言的刑法规制问题研究》，载《理论观察》2016 年第 9 期。

典型案例

秦某诽谤、寻衅滋事罪一审刑事判决书

（2013）朝刑初字第 2584 号

2011 年 7 月 23 日，甬温铁路浙江省温州市相关路段发生特别重大铁路交通事故（即 7·23 甬温线动车事故）。在事故善后处理期间，被告人秦某为了利用热点事件进行自我炒作，提高网络关注度，于 2011 年 8 月 20 日使用昵称为“中国秦某×_ f92”的新浪微博账户编造并散布虚假信息，称原××部向 7·23 甬温线动车事故中外籍遇难旅客支付 3000 万欧元高额赔偿金。该微博被转发 11000 次，评论 3300 余次，引发大量网民对国家机关公信力的质疑，原××部被迫于当夜辟谣。被告人秦某的行为对事故善后工作的开展造成了不良影响。秦某被法院以寻衅滋事罪追究刑事责任。

2. 利用信息网络辱骂、恐吓他人，情节恶劣，破坏社会秩序的

典型案例

郭某、李某寻衅滋事罪一审刑事判决书

（2019）豫 0191 刑初 1192 号

2018 年 10 月以来，被告人郭某先后以“翼赢催收公司”、河南鑫展企业管理咨询有限公司的名义，接受网贷平台的委托，设立催收“坐席”部对网贷平台到期债务进行提醒和催收，设立催收“佣金”部对网贷平台逾期债务进行催收。雇用被告人王某担任催收“坐席”主管和催收“佣金”主管，通过非法催收债务牟利。其间，被告人王某作为主管，负责对“坐席”和“佣金”培训、指导业务，根据网贷平台提供的贷款人通讯录及身份信息，利用网络话机或个人电话，通过给债务人频繁拨打电话、发短信或微信，给债务人紧急联系人及通讯录朋友拨打电话等形式，多次骚扰、辱骂、威胁、恐吓债务人，迫使债务人偿还

网贷平台债务，严重影响了被害人李某等债务人的工作和生活。经查，被告人郭某2019年4月1日之后催收的网贷平台有“猪猪侠”“幸运草”“金蝉钱包”等十余个，仅催收还款达369人。郭某、李某被法院以寻衅滋事罪追究刑事责任。

3. 编造虚假信息，或者明知是编造的虚假信息，在信息网络上散布，或者组织、指使人员在信息网络上散布，起哄闹事，造成公共秩序严重混乱的

典型案例

沈某寻衅滋事罪一审刑事判决书

（2017）沪0115刑初183号

被告人沈某系金某“尚海郦景”项目的销售经理，其为促使客户尽快完成正式签约、缴足剩余款项，从而提高团队销售业绩，在未接到通知且并未确悉市委将召开相关会议调整房地产新政的情况下，于2016年8月22日11时36分许在自己手机中编辑了虚假的房产新政信息“已接到通知，由于最近土地拍卖价格过高，市委将于下周召开各部门会议，计划于9月起调整银行贷款政策，未办未审完的贷款合同请催促尽快办理，这次的信贷政策收紧力度很大”，接连3次发送至用户总数为23人的“低调做人高调做事［金丰］”的微信群，并要求下属业务员将该虚假信息告知自己客户。当日17时49分许，被告人沈某再次将该虚假的房产新政信息发送至“低调做人高调做事［金丰］”的微信群，并提醒下属业务员“朋友圈不要发”，“删掉，提醒客户就ok”。该条虚假信息短时间内在网络上被大量转发、评论及数十家媒体报道，系导致2016年8月上海房地产市场出现非理性购房情绪的谣言之一，造成政府部门为维护房地产市场秩序启动重大舆情处置预案，并于2016年8月27日、8月29日、9月6日先后3次通过市房地产交易中心网站、“上海发布”等渠道发布公告、辟谣帖，以消除谣言产生的不良影响。沈某被法院以寻衅滋事罪追究刑事责任。

4. 编造虚假的险情、疫情、灾情、警情，在信息网络或者其他媒体上传播，或者明知是上述虚假信息，故意在信息网络或者其他媒体上传播，严重扰乱社会秩序的

典型案例

陈某故意传播虚假信息罪二审刑事裁定书

（2016）粤 08 刑终 219 号

2015 年 12 月 22 日，被告人陈某在 QQ 空间看到标题为“吴川玛莎枪战”的视频，在明知“吴川玛莎枪战”是虚假视频的情况下，其当天对该虚假视频添加标注为“吴川真的太乱了”后，在微信朋友圈、QQ 空间进行传播，至 2016 年 1 月 8 日 15 时止，“吴川真的太乱了”的虚假视频在号码为 83 × × ×87 的 QQ 空间点赞量为 3934，转发量为 934 次，评论 11 条，在微信也被多人转发，造成多人看过该虚假视频后引起了恐慌，影响了他们的正常生活。陈某被法院以故意传播虚假信息罪追究刑事责任。

5. 针对特定公司、企业捏造并散布虚伪事实，损害他人的商业信誉（社会公众对某一经营者的经济能力、信用状况等所给予的社会评价，即该经营者在经济生活中信用、名誉的地位），给他人造成重大损失或者有其他严重情节的

典型案例

张某损害商业信誉罪二审刑事裁定书

（2019）粤 03 刑终 378 号

被告人张某指使其公司员工铁某，雇用专业水军，在互联网门户网站上，捏造并散布关于百丽国际公司、新百丽公司巨额逃税、巨额亏损、操纵证券交易价格、非法经营地下钱庄犯罪的虚伪事实，并进行大肆炒作。其作案手法为：通过

QQ 将事先准备好的微博链接发给水军，并根据工作量利用支付宝付款，水军层层转包在各大门户网站发帖，并通过大量转载、顶帖等方式进行炒作。经侦查人员对百丽国际控股有限公司部分客户调查取证，证实确有部分客户因看到上述不实网帖而取消或减少与百丽国际控股有限公司或其下属公司的商业订单。张某被法院以损害商业信誉罪追究刑事责任。

6. 针对特定公司、企业的产品捏造并散布虚伪事实，损害他人的商品声誉（社会公众对一经营者的商品性能、品质所给予的社会评价，即该商品在经济生活中的地位），给他人造成重大损失或者有其他严重情节的

典型案例

张某、黎某损害商业信誉、商品声誉罪二审刑事裁定书

（2015）惠中法刑二终字第 294 号

深圳市景田食品饮料有限公司（以下简称景田公司）以其注册商标“景田”、“百岁山”、商标专用权或使用的专用名称“水中贵族”被他人仿冒商标生产、销售，继而状告侵权人及侵权公司，侵权产品被相关工商部门查扣或人民法院认定侵权。2014 年 7、8 月，被告人张某决定发布虚构信息报复景田公司时，以其拍摄的景田公司生产基地、水井及横河沿江自来水公司大门、水塔、输水管道等照片，并在征得被告人黎某同意后，在图片上添加捏造景田公司利用水库水、自来水制作天然矿泉水等虚假内容的信息及“举报信”，使用黎某、方某等人的身份信息和手机号码在互联网上散布。2014 年 8 月 14 日，张某及微信名称“一片落叶”将该虚构信息和“举报信”发给黎某，黎某则通过手机微信在朋友圈转发。根据博罗县公安局公共信息网络安全监察大队统计，截至 2014 年 8 月 25 日，多家媒体网站均引用、转载发表题为“举报人称景田人工造天然矿泉水景田未正面回应”等报道，引起广泛关注，并引发举报人与被举报人各种回应；浏览人数约 2100 人，发表评论 7 人，转载 4 人，相关帖子 2 条。张某、黎某被法院以损害商业信誉、商品声誉罪追究刑事责任。

7. 针对不特定个人、单位、产品发布网络谣言，意在制造社会恐怖情绪，扰乱社会秩序，情节严重的

典型案例

李某编造、故意传播虚假恐怖信息案

检例第 9 号

2010 年 8 月 4 日 22 时许，被告人李某为发泄心中不满，用手机编写短信“今晚要炸北京首都机场”，并向数十个随意编写的手机号码发送。彭某收到短信后于 2010 年 8 月 5 日向当地公安机关报案，北京首都国际机场公安分局于当日接警后立即通知首都国际机场运行监控中心。首都国际机场运行监控中心随即启动紧急预案，对东、西航站楼和机坪进行排查，并加强对行李物品的检查和监控工作，耗费大量人力、物力，严重影响了首都国际机场的正常工作秩序。李某被法院以编造、故意传播虚假恐怖信息罪追究刑事责任。

（二）捏造事实诽谤他人

1. 捏造损害他人名誉的事实，在信息网络上散布，或者组织、指使人员在信息网络上散布的

典型案例

秦某诽谤、寻衅滋事罪一审刑事判决书

（2013）朝刑初字第 2584 号

被告人秦某明知罗某系军人，于 2013 年 2 月 25 日使用昵称为“东土秦某×”的新浪微博账户捏造“罗某之兄罗某 1 在德国西门子公司任职”的事实，无端质疑罗某及其家人搞“利益交换关系”，并在信息网络上散布。该信息被转

发2500余次，引发大量网民对罗某的负面评价。秦某被法院以诽谤罪追究刑事责任。

谷某诉郎某诽谤案

最高人民检察院2020年度十大法律监督案例之四

2020年7月7日18时许，被告人郎某在杭州市余杭区良渚街道某快递驿站内，使用手机偷拍正在等待取快递的被害人谷某并将视频发布在某微信群。后郎某伙同被告人何某分别使用各自微信号，捏造谷某因取快递结识快递员、二人多次发生不正当性关系的微信聊天记录。为增强聊天记录的可信度，郎某、何某还捏造"赴约途中""约会现场"等视频、图片。同月7日至16日，郎某将上述捏造的微信聊天记录截图数十张及视频、图片陆续发布在该微信群，引发群内大量低俗、淫秽评论。之后，上述偷拍的视频以及捏造的微信聊天记录截图被他人合并转发，并相继扩散到群成员总数达2万余人的110余个微信群，引发大量低俗评论，多个微信公众号、网站等对上述聊天记录合辑转载推文，总阅读数2万余次，影响了谷某的正常工作生活。谷某向公安机关报案后，郎某、何某主动到公安机关接受调查，承认前述事实。公安机关对郎某、何某行政拘留，并发布警情通报辟谣。2020年8月至12月，此事经媒体报道并引发网络热议，该事件在网络上的广泛传播给广大公众造成不安全感，严重扰乱网络社会公共秩序。2020年12月25日，根据杭州市余杭区检察院建议，杭州市公安局余杭区分局对郎某、何某涉嫌诽谤案立案侦查。案发后，郎某、何某对谷某进行了赔偿。郎某、何某被法院以诽谤罪追究刑事责任。

2. 将信息网络上涉及他人的原始信息内容篡改为损害他人名誉的事实，在信息网络上散布，或者组织、指使人员在信息网络上散布的

典型案例

秦某诽谤、寻衅滋事罪一审刑事判决书

（2013）朝刑初字第2584号

被告人秦某在信息网络上看到了“兰某（男，35岁）被老女人包养”的不实信息后，将上述信息篡改为“兰某被老女人周某包养”，并于2013年7月至8月间使用昵称为“××_307”的新浪微博账户（UID号：××08323，昵称曾为“江淮秦某×”）多次在信息网络上散布。该信息累计被转发900余次，引发大量网民对兰某的负面评价。秦某被法院以诽谤罪追究刑事责任。

3. 明知是捏造的损害他人名誉的事实，在信息网络上散布，情节恶劣的

典型案例

秦某诽谤、寻衅滋事罪一审刑事判决书

（2013）朝刑初字第2584号

被告人秦某明知“杨某（女，×集团控股有限公司董事局主席）向希望工程虚假捐赠”系捏造的事实，于2013年7月15日使用昵称为“淮上秦某×”的新浪微博账户（UID号：××06850）在信息网络上散布。该信息被转发700余次，引发大量网民对杨某的负面评价。秦某被法院以诽谤罪追究刑事责任。

（三）有偿删帖

1. 专门从事造谣、炒作、“删帖”等活动的所谓“网络公关公司”“策划营销组织”“网络推手”，以营利为目的，违反国家规定，有偿提供“删帖”“发帖”等服务，牟取巨额非法利益的

典型案例

王某非法经营罪二审刑事判决书

（2014）宁刑二终字第 224 号

2013 年 5 月以来，被告人王某以营利为目的，通过 QQ 从网名为“诚信网络传媒”“屏蔽”等数十人处承揽删除“××胡同”网站的帖文业务，后与周某商定以每条 400—800 元不等的价格删除相关帖文。周某在明知谭某掌握的“××胡同”等网站论坛板块管理员账号和密码系非法获得的情况下，与谭某共同利用上述权限，进行违法删帖牟利。2013 年 7 月，谭某因他人告知该行为违法，便停止删帖，但未采取措施让周某停止使用其所提供的“××胡同”网站论坛板块管理员的账号和密码继续删帖。截至案发，王某通过支付宝账户付给周某删帖费用共计 284810 元，周某利用谭某提供的账号和密码，单独或与谭某共同删除××胡同的帖文费用为 250110 元，周某将其中的 54000 余元作为删帖报酬支付给谭某。王某被法院以非法经营罪追究刑事责任。

北京××公关顾问有限公司等非法经营罪二审刑事裁定书

（2019）鄂 10 刑终 141 号

2015 年 7 月至案发，北京××公关顾问有限公司与安利公司签订了三份百度 SEO（搜索引擎优化）合同，按照合同约定，北京××公关顾问有限公司使用删除、屏蔽、下沉等手段在百度搜索引擎上清理涉及安利公司的负面信息。被告人姜某某在担任北京××公关顾问有限公司大数据中心负责人期间，为了删除安利公司负面信息，通过 QQ 在网上找到专门从事有偿删帖业务的被告人吴某、何某，谈好价格后，姜某某将其部门搜集的相关帖文链接发给吴某、何某进行删帖，吴某、何某共为姜某某删除、屏蔽帖文 1800 余条，姜某某代表北京××公关顾问有限公司向吴某、何某支付删帖费用 143 万余元，北京××公关顾问有限公司通过有偿删帖服务向安利公司收取巨额费用，非法删帖经营数额为 5846971.98 元，违法所得共计 4415697.98 元。北京××公关顾问有限公司等被法院以非法经营罪追究刑事责任。

2. 明知他人通过信息网络实施有偿删帖等行为，仍为其提供资金、场所、技术支持等帮助的

典型案例

郭某、景某非法经营罪二审刑事裁定书

（2014）榕刑终字第814号

被告人郭某在其位于福州市仓山区某小区的住所通过网络联系被告人景某等网络中介、“黑客”帮助删除有关“董氏家族”负面信息等帖子数百条，并向被告人景某等人支付删帖费。郭某、景某被法院以非法经营罪追究刑事责任。

3. 具有删除信息网络上发布的信息的工作权限，利用该职务便利，为他人谋取非法利益，违规删除相关信息，并从中收取钱款的①

典型案例

华某等非国家工作人员受贿罪二审刑事判决书

（2015）三中刑终字第00537号

被告人华某系新某网股份有限公司技术保障部系统运维工程师，被告人姚某系技术保障部数据库管理员，被告人王某系技术保障部内容管理系统管理员。三被告人经预谋后利用职务便利违规为高某删除新某网信息并收取费用。2013年2

---

① 该行为同时符合非法经营罪和对非国家工作人员行贿罪的构成要件，依法应当择一重罪处断。

月至2013年8月，三被告人共收取了被告人高某给付的246320元且基本均分，并利用自身职务便利为高某在新某网违规删除信息。华某等被法院以非国家工作人员受贿罪追究刑事责任。

（四）信息敲诈

1. 通过各种途径收集到有关被害人的负面信息（不要求虚假），然后主动联系被害人，以在信息网络上发布相关负面信息为由，威胁、要挟被害人或者被害单位，进而索取财物的

典型案例

李某敲诈勒索罪一审刑事判决书

（2015）广刑初字第81号

2014年3月，李某等人得知清河县谢炉镇王唐口村“亲亲宝贝幼儿园”上学的儿童被烫伤的消息，遂以私人幼儿园管理混乱为由，先后去幼儿园、教育局以记者身份进行调查，并声称要在网上发负面报道。为消除影响，幼儿园被迫支付现金3000元。后李某等人将钱平分。李某被法院以敲诈勒索罪追究刑事责任。

2. 通过各种途径收集到有关被害人的负面信息（不要求虚假）后，先在信息网络上发布，然后主动联系被害人，以删除上述负面信息为条件威胁、要挟被害人或者被害单位，进而索取财物的

典型案例

鲁某等敲诈勒索罪二审刑事裁定书

（2020）京03刑终137号

被告人鲁某伙同涂某、何某于2018年11月至12月，在网站上发布位于本市朝阳区的被害人孙某（女，31岁，长春市人）及北京某时尚科技发展有限公司的不实言论，并以有偿删帖为由向孙某及北京某时尚科技发展有限公司索要50万元。北京某时尚科技发展有限公司于2018年12月先后向何某担任法定代表人的深圳某投资发展有限公司汇款共计50万元。鲁某等被法院以敲诈勒索罪追究刑事责任。

3. 利用极限广告词，以商家夸大宣传、到工商部门控告为由，向商家索取财物的①

---

① 《广告法》第9条第3项规定了广告不得使用“国家级”“最高级”“最佳”等用语。第57条规定了发布第9条规定的禁止情形的广告所应承担的法律责任，即：由市场监督管理部门责令停止发布广告，对广告主处二十万元以上一百万元以下的罚款，情节严重的，并可以吊销营业执照，由广告审查机关撤销广告审查批准文件、一年内不受理其广告审查申请。值得注意的是，《广告法》第53条规定：任何单位或者个人有权向市场监督管理部门和有关部门投诉、举报违反本法的行为。据此，行使投诉、举报权利的主体就不限于消费者，而是任何单位或个人。笔者同意李世阳老师的观点，即当行为人编造的财产处分根据，原本就会导致相对人遭受其本应面临的害恶时，便在表达害恶的同时向被害人提供了更多可能的选项，非但没有限缩被害人的消极自由，反而拓展了其自主意志，因此被害人的意志自由并未陷入被强制的状态，但由于行为人虚构了财产给付根据，导致交付财物之目的落空，因此符合诈骗罪的基本构造。与此相对，当行为人编造的财产处分根据所言非虚，被害人不做出相应的财产处分行为，将会使自己遭受本来不应遭受的害恶时，则可以说其财产处分行为是在其意志被强制的状态下做出的，因此符合敲诈勒索罪的构成要件。

典型案例

滕某、瞿某敲诈勒索罪二审刑事判决书

（2020）苏03刑终118号

2016年9月至2018年8月，被告人滕某雇用被告人瞿某等人在网上购买大量未实名登记的手机号码，并注册淘宝网号码，同时在淘宝网上寻找宣传语中带有“极限词”的商家，后利用注册的淘宝号码在淘宝网站购买该类商铺的商品，购买后立即申请退款，并以商家夸大宣传为由对商家进行投诉，商家在得知被投诉后，根据二被告人所留的电话号码与之联系，经过协商，商家支付钱款给滕某，滕某即安排瞿某撤销投诉，如商家不愿给钱，即以到工商部门控告为由进行恐吓。被告人滕某、瞿某利用上述方法，对吴某、张某、孙某等多名被害人进行敲诈，涉案金额38万余元。滕某、瞿某被法院以敲诈勒索罪追究刑事责任。

四、网络谣言犯罪案件的办案思路

（一）编造、传播虚假信息

鉴于编造、传播虚假信息与捏造事实诽谤他人在侦办中具有类似性，故综合梳理思路如下：

1. 及时对涉案信息进行固定

网络谣言通过信息网络发布、传播，在证据类型上属于电子数据，应严格按照《刑事诉讼法》中电子数据的取证规范及时、全面收集、提取，优先固定原始存储介质；在收集、提取时，不仅要对发帖情况进行固定，还要对转发、评论情况进行固定。同样，为便于后续的证据审查，建议同步采用将谣言内容和证据进行截图打印的方式直观呈现。

2. 明确涉案信息的真伪

除利用信息网络辱骂、恐吓他人外，其余寻衅滋事、诽谤行为的内容均要求系捏造或编造的虚假信息。因而信息的真实性直接关乎案件的定性，侦查人员应根据信息内容，寻求有权单位、个人的帮助，核实信息真伪。

3. 收集相关信息被点击、浏览、转发、评论的数量

网络谣言作为信息在互联网中处于一种动态的运动共享状态，其传播的过程

有迹可循，比如访问量、转发量、评论量等。且这一过程性变化在网络谣言被彻底扑灭前是不断变化的，所以为了能够准确反映网络谣言的影响，就必须建立起一个其从产生初始到中期扩散再到最后消亡的过程性证据链。①

4. 排查利害关系人

针对特定个人或单位的网络虚假信息类案件，多为报复、滋事类。犯罪行为人多与被害人或被害单位存在利害关系，行为动机要么是打击报复，要么是败坏名声。公安机关可通过对被害人或被害单位社会背景的摸排、询问等，摸排重点应在行业竞争、个人矛盾、债务纠纷、劳资纠纷等矛盾因素中筛选嫌疑对象，进而确定犯罪嫌疑人。

5. 追根溯源，从发帖人和最初转发人展开侦查

此类案件，行为人往往会同时采用多个账号甚至会雇用大量网络枪手进行相互发布、转发，但发帖人和最初转发人要么是犯罪行为人，要么是犯罪行为人雇用的人。公安机关可通过发帖账户的注册 IP 地址或涉案网络用户发布的 IP 地址查询及账户号码进行比对，确定涉案信息的发布源头。

（二）有偿删帖

1. 以删帖利害关系人为切入点

有偿删帖行业的诞生就是为了满足某些人应对负面舆情的需求。委托删帖人必定是负面舆情的当事人等利害关系人。公安机关可从相关利害关系人入手，询问删帖的具体流程及参与人员，锁定支付钱款的方式、账户信息及对手账户信息。

2. 以资金流转账户为突破点

非法经营有偿删帖行为构成犯罪，有偿是必要条件，因而非法经营数额或违法所得数额须达到非法经营罪的立案标准。因而可通过行为人接收资金的账户明细进行反查，梳理向该账户打款的人员信息，开展进一步的摸排工作，进而扩大战果，寻找到更多的委托删帖人，明确相关删帖事实。

3. 对于提供有偿发帖服务的，应以明知该信息内容虚假为侦查重点

行为人以营利为目的，有偿删除信息网络用户发布的真实信息，其行为既侵犯了广大网民的合法权益，也破坏了信息网络服务市场管理秩序，应当以非法经

---

① 张雨晨、徐超、陈磊、董鑫：《网络谣言的法治治理与侦查模式的完善》，载《法制与社会》2019 年第 17 期。

营罪定罪处罚。但对于通过信息网络向他人有偿提供发布信息等服务的，《关于办理利用信息网络实施诽谤等刑事案件适用法律若干问题的解释》明确规定，必须以行为人明知所发布的信息是虚假信息为前提。如果行为人通过信息网络有偿提供发布信息服务，但发布的信息是真实的，即使收取了一定数额的费用，也不应认定为非法经营罪。

（三）信息敲诈

1. “删帖型”敲诈案件可从网站建立者或有权限人员中开展摸排

实践中，敲诈勒索罪主要表现为“发帖型”敲诈勒索和“删帖型”敲诈勒索两种方式。与“发帖型”敲诈勒索相比，“删帖型”敲诈勒索通常要借助一定的网络平台。例如行为人自己建立或者经营所谓的“维权网站”，收集不利于被害人的负面信息后，发布在该网站，然后与被害人联系并告知该网站上有不利于被害人的负面信息，要求对方将特定数额的钱款存入指定的账户，否则就要继续在网络上发布或者炒作相关的负面信息，由此达到索取财物的非法目的，因此行为人往往具有删除信息的权限。

2. 可根据行为人为索要财物使用的电话号码、网络通讯账号、邮箱地址等开展侦查工作

要依据犯罪嫌疑人使用手机或电话、发送传真或电子邮件、投寄信件以及办理银行卡账户的时间、地点等情况，查明犯罪嫌疑人使用的身份证件、手机卡号、电话号码、电子信箱等源头信息，循线追踪、顺藤摸瓜，判明其作案人数、关系人员、活动轨迹和落脚点。同时，针对犯罪嫌疑人使用手机、电话或电子邮箱的情况，立即开展技术侦控工作。①

3. 查明涉案双方是否存在债权债务关系等正当权利

实践中，一些权利受到不法侵害的人，可能在向对方主张权利未果的情况下，以在信息网络上发布、删除不利于对方的负面信息为由，争取自己的正当权利。上述行为的实践表现形式较多，有代表性的当属债权债务关系问题。对于此类情形，由于行为人的目的具有正当性，只要其主张的赔偿金额未明显超出自己的权利金额，则应慎重入罪。

---

① 毕惜茜：《以“爆炸”“投放危险物质”相威胁进行敲诈勒索案件的处置与侦查》，载《中国人民公安大学学报（社会科学版）》2005 年第 4 期。

第八章　网络赌博犯罪

一、网络赌博简介

网络赌博是指利用或通过网络从事赌博活动的统称，依附于互联网技术的发展而出现并以网络为传播平台，是传统赌博行为的网络化和异化。与传统的赌博行为相比，二者的关键区别在于前者利用了现代的信息技术，发生于网络空间中，其与传统的赌博并没有本质上的不同。但由于网络的介入，网络赌博的行为手段日益丰富，常见的有：通过开设赌博网站、建立赌博平台、设计 App 接受赌客投注；组建通信群组，以抢红包踩雷等方式的赌博；利用网络游戏对战平台、棋牌类网络游戏平台开展的赌博活动等。

传统的赌博由于受时空条件的限制，只是被一定范围的人所知，而网络赌博由于存在于网络这一虚拟空间中，只要是上网的人就有可能接触到，更加快捷、方便，投注、资金交割隔空即可完成。如果说二者都是针对不特定的人，那么显然网络赌博的潜在受害对象比传统赌博更多。传统的赌博只是扰乱了现实空间的社会秩序，而网络赌博不仅扰乱了现实空间的社会秩序还扰乱了网络空间中的秩序。因为参与网络赌博的网民同时存在于虚拟空间和现实社会中，他们很有可能把网络赌博的网站传播给其生活中的其他人，从而影响其他人的生活秩序，社会危害性更为严重。

（一）线下赌场的网络化

2010 年 8 月 31 日，最高人民法院、最高人民检察院、公安部联合印发了《关于办理网络赌博犯罪案件适用法律若干问题的意见》，对网络赌博犯罪尤其是网上开设赌场犯罪的具体构成条件及其共同犯罪的认定和处罚等依法予以了明确，指出利用互联网、移动通讯终端等传输赌博视频、数据，组织赌博活动，具有建立赌博网站并接受投注、建立赌博网站并提供给他人组织赌博、为赌博网站担任代理并接受投注、参与赌博网站利润分成等情形之一的，属于《刑法》第

303 条第 2 款规定的“开设赌场”行为。

（二）利用网络平台实施赌博

2014 年 3 月 26 日，最高人民法院、最高人民检察院、公安部联合印发了《关于办理利用赌博机开设赌场案件适用法律若干问题的意见》，对利用具有赌博功能的电子游戏设施设备开设赌场的犯罪活动依法予以了明确，指出设置具有退币、退分、退钢珠等赌博功能的电子游戏设施设备，并以现金、有价证券等贵重款物作为奖品，或者以回购奖品方式给予他人现金、有价证券等贵重款物组织赌博活动的，应当认定为《刑法》第 303 条第 2 款规定的“开设赌场”行为。该意见对于认定赌博给出了实质性的判断标准，即赌博功能 + 钱物回退。实践中，部分游戏平台假借游戏之名，通过体外循环如主播打赏、红包等方式实现赌博和赌资流转，相对隐蔽性更大。

（三）利用通讯群组实施赌博

随着移动通讯的发展，微信群、QQ 群等通讯群组可实现群组内成员互发、互抢红包，利用该红包功能实施的实时交互性赌博成为网络赌博的新趋势。行为人以营利为目的，通过邀请人员加入微信群招揽赌客，设定赌博规则，常见的赌博规则为抢红包踩雷，中雷者根据赔率赔付，在一段时间内持续组织网络赌博。近年来，利用通讯群组以抢红包的方式开设赌场的案件屡见不鲜，危害严重。

网络赌博涉及的罪名多为开设赌场罪，少数案件表现为利用网络平台聚众赌博或以赌博为业的，可考虑赌博罪的适用。

二、网络赌博犯罪的特点

（一）网络赌博犯罪呈现集团化、链条化

网络赌博组织呈金字塔形，依职能分为庄家、代理、赌客三类。其中，庄家负责网站设立和维护，代理负责寻找赌客、结转赌资，部分案件还存在专门流转赌资的洗钱组，各方分工协作，相互配合，形成了环环相扣的利益链条。

（二）网络赌博犯罪隐蔽性强、全链条打击难度大

网络赌博类案件网站服务器多在国外，国内犯罪人员多为下层代理人员或洗钱人员，不具体负责网站设置及运营，仅负责赌客招募和资金流转。即便抓获了部分国内代理人，该网络赌博仍不能完全铲除，且相应网站网址经常变动，给侦查带来困难。

（三）网络赌博犯罪参与便捷、运营成本低

相较于传统赌博，网络赌博不需要实体场地，赌客也不需要长途奔波，投注、资金结算通过网络均可实施，对参赌各方均节省了人力、物力和财力成本。这也导致此类案件中参赌人员呈现时空跨度大的特点，跨省、跨国参赌司空见惯。

（四）网络游戏异化为网络赌博

行为人将网络赌博包装成网络游戏，依托游戏设置赌局，游戏房间的管理人员以接受打赏、发放红包等方式负责赌资流转。网络游戏异化为网络赌博既玩法多种多样且简单易懂，又兼具隐蔽性，因而是目前网络赌博类犯罪的新趋势。

三、网络赌博犯罪的表现形式

（一）线下赌场的网络化行为

1. 利用互联网、移动通讯终端等，建立赌博网站，传输赌博视频、数据，组织赌博接受投注的

典型案例

陈某、唐某开设赌场罪二审刑事裁定书

（2019）湘 06 刑终 33 号

2018 年 7 月 28 日至 8 月 14 日，被告人陈某伙同被告人唐某等人商议在“7 播”直播平台上利用“老虎机”（赌博机）开设赌场，并购买了 3 台赌博机，利用手机直播的方式开设赌场进行赌博。陈某、唐某等人轮流负责直播、接受投注，并冒充观众参赌吸引参赌人员等。其间，共组织 168 人参赌，接受投注 973 次，累计赌资 106800 元，非法获利 95964 元。陈某、唐某被法院以开设赌场罪追究刑事责任。

2. 利用互联网、移动通讯终端等，建立赌博网站并提供给他人，用于传输赌博视频、数据，组织赌博接受投注的

典型案例

方某开设赌场罪二审刑事裁定书

（2020）川34刑终28号

2018年6月以来，被告人方某使用自己手机建微信群（群名为“－235－”），将参与赌博的人员拉入群。方某向微信名为“艾薇－房卡总代”的人购买网络赌博房卡，通过自己对购买到的网络赌博房间的人数、下注金额、最高封顶金额、几把为一局等规则进行设置后，将该网络赌博房间的链接发送至“－235－”微信群，群内人员庄某、张某、甘某等30余人进入设置好的链接房间后以“炸金花”（拼三张）的方式进行赌博，方某对赌博中每局赢钱最多的“大赢家”按照所赢金额的5%—10%的比例进行抽头盈利。截至2019年4月，方某开设的网络赌场抽头28000余元。方某被法院以开设赌场罪追究刑事责任。

3. 为赌博网站担任代理并接受投注的

典型案例

顾某开设赌场罪再审刑事判决书

（2010）鄂刑监一再终字第00008号

2006年10月起，顾某的同居男友刘某甲以营利为目的，为皇冠赌球网站担任账号TT776、TT773、TT775的代理。自2007年2月至2008年7月，该团伙接受参赌会员投注金额为94490万元，其中收取下一级代理金额为152023636.41元，从中获利16814550.25元。顾某被法院以开设赌场罪追究刑事责任。

4. 参与赌博网站利润分成的

典型案例

吴某开设赌场罪二审刑事裁定书

（2020）晋08刑终8号

被告人吴某自2019年1月底开始，在网上一款捕鱼赌博游戏中充当客服人员，通过百度打广告的方式在网上招揽多名玩家，给玩家进行现金充值上分（每分一元），让玩家在其平台进行捕鱼赌博游戏，被告人吴某上线通过后台操作游戏难度控制玩家输赢，被告人吴某根据玩家充值金额抽成，获利8万元。吴某被法院以开设赌场罪追究刑事责任。

5. 明知是赌博网站，仍为赌博网站提供互联网接入、服务器托管、网络存储空间、通讯传输通道、投放广告、发展会员、软件开发、技术支持等服务，收取服务费数额在2万元以上的

典型案例

陈某甲、陈某乙妨害信用卡管理罪、开设赌场罪一审刑事判决书

（2016）闽0524刑初511号

被告人陈某甲、陈某乙于2015年3月至10月19日，建立“博赢天下”广告网站，为“太阳城”“澳门百家乐”“澳门金沙集团”“三亚”“银河赌场”等赌博网站提供投放广告服务，并按月收取广告费。其间，被告人陈某甲、陈某乙为了吸引上述赌博网站继续投放广告，购买大量银行卡，并先后雇用王某、汪某、苏某，利用事先注册好的账户登录投放广告的赌博网站进行“洗水”。至被查获时，被告人陈某甲、陈某乙共非法持有银行卡242张，获利1297904元。被告人陈某甲、陈某乙被法院以妨害信用卡管理罪、开设赌场罪追究刑事责任。

6. 明知是赌博网站，仍为赌博网站提供资金支付结算服务，收取服务费数额在 1 万元以上或者帮助收取赌资 20 万元以上的

典型案例

王某、胡某等开设赌场罪二审刑事裁定书

（2019）浙 07 刑终 991 号

2017 年三四月至 2018 年 3 月，被告人王某、胡某在明知开心山庄游戏网站是赌博网站的情况下，仍在网站开设用户账号为“胃 zsq1294”“喂 zsq1294”的银商号成为开心山庄赌博网站的银商，使用该两个银商号为赌博网站提供资金结算服务，共帮助收取赌资 2000 余万元。王某、胡某等被法院以开设赌场罪追究刑事责任。

7. 未经国家批准设立销售彩票的网站，擅自发行、销售彩票，扰乱市场秩序，情节严重的

典型案例

谭某、姚某等非法经营罪一审刑事判决书

（2017）湘 1103 刑初 372 号

2014 年，被告人谭某、姚某商定私自注册一家网站，从事彩票销售，按 6∶4 的比例出资。后由被告人姚某具体经办，成立了“恒旺彩”网站，私自在网上销售“11 选 5”、广东时时彩、重庆时时彩等彩票，并聘请了被告人雷某等人任该网站主管，负责该网站桂阳站的彩票销售工作，双方利润按 7.5∶2.5 的比例分成。后以加盟的形式发展多个网站销售点。截至案发，“恒旺彩”网站的非法经营额总计 4528282.3 元。谭某、姚某等被法院以非法经营罪追究刑事责任。

（二）利用网络平台实施赌博

1. 以营利为目的，组建网络游戏平台进行赌博，通过平台房间管理人员或通讯网络群组进行赌资结算，在一段时间内持续组织网络赌博活动的

典型案例

黄某、胡某等开设赌场罪二审刑事裁定书

（2019）苏06刑终464号

被告人黄某系南通创润网络科技有限公司（以下简称创润公司）的股东、实际负责人，被告人胡某亦系创润公司股东。截至案发，被告人黄某、胡某两人分别占股60%与40%，公司利润按照各自的占股比例分红。被告人王某等分别是“天骄娱乐”“伯爵娱乐视频社区Ⅱ”“财团娱乐”“9188新视觉”网络视频聊天平台站长，向创润公司购买了捆绑“车行”“拉霸”等赌博软件的视频聊天软件后即招揽聊天平台的玩家，利用该“车行”“拉霸”等赌博软件进行赌博。各平台站长负责管理、招募代理等实际经营活动，组织人员进行赌博、退现等。被告人刘某等分别是“天骄娱乐”“财团娱乐”“伯爵娱乐视频社区Ⅱ”平台招募的代理，负责招募赌客到自己管理的房间内赌博。具体方式是聊天平台的玩家用人民币赌资购买游戏币在平台内进行押注赌博，玩家将游戏币计价的平台预设虚拟礼物赠送给平台房间代理或者主播后，代理或者主播向平台兑换人民币，再返还给玩家。游戏币的充值比例、兑换比例均由平台站长和创润公司的工作人员沟通设定，差额部分由平台抽取，平台再以底薪、提成、发放扶持比等方式给代理、主播分成。上述创润公司的被告人黄某、胡某等人在明知被告人王某等人利用网络视频聊天平台开设赌场的情况下，仍向其出售捆绑赌博软件的视频聊天软件、提供服务器租赁、网络接入、网站架构、网站维护、数据查询、网站后台支撑、赌博游戏修改、支付通道接入、手机客户端接入、电脑客户端维护等技术服务，并按月向客户收取两三千元不等的技术服务费、一万元左右不等的服务器租赁费用，从中抽头渔利、谋取非法所得。其中创润公司的研发部负责软件的设计、开发、后台数据维护、服务器租赁、视频聊天软件平台优化、赌博游戏的接入、赌博游戏筹码数值变更等；创润公司运维部负责替客户提供互联网接入、网

站架设、音视频服务器、游戏服务器等维护、公司软件的售后服务和维护等；销售部负责公司聊天软件、赌博游戏、赌博游戏作弊器的销售等。黄某、胡某等被法院以开设赌场罪追究刑事责任。

2. 以营利为目的，利用网络游戏平台进行赌博，通过通讯网络群组进行赌资结算，在一段时间内持续组织网络赌博活动的

典型案例

陈某开设赌场罪二审刑事裁定书

（2020）闽05刑终336号

2018年11月至2018年12月，被告人陈某伙同黄某甲（另案处理）预谋后建立“一分一毛”微信赌博群，由被告人陈某向黄某乙（另案处理）购买“乐酷众娱”平台的房卡，发送网址链接供微信群内成员以“牛牛”的方式进行赌博，并向每局的赢家抽取费用牟利。其间，被告人陈某与黄某甲累计在微信群内组织赌博386局，赌资流水123262.3元，被告人陈某分得抽成5000元。陈某被法院以开设赌场罪追究刑事责任。

3. 以“二元期权”交易的名义，在法定期货交易场所之外利用互联网招揽“投资者”，以未来某段时间外汇品种的价格走势为交易对象，按照“买涨”“买跌”确定盈亏，买对涨跌方向的“投资者”得利，买错的本金归网站（庄家）所有，盈亏结果不与价格实际涨跌幅度挂钩行为的

典型案例

陈某甲等人开设赌场案

最高法指导案例第 146 号

2016 年 6 月，北京龙汇联创教育科技有限公司（以下简称龙汇公司）设立，负责为龙汇网站的经营提供客户培训、客户维护、客户发展服务，幕后实际控制人为周某某。周某某利用上海麦曦商务咨询有限公司聘请讲师、经理、客服等工作人员，并假冒上海哲荔网络科技有限公司等在智付电子支付有限公司的支付账户，接收全国各地会员注册交易资金。

龙汇网站以经营“二元期权”交易为业，通过招揽会员以“买涨”或“买跌”的方式参与赌博。会员在龙汇网站注册充值后，下载安装市场行情接收软件和龙汇网站自制插件，选择某一外汇交易品种，并选择 1 分钟到 60 分钟不等的到期时间，下单交易金额，并点击“买涨”或“买跌”按钮完成交易。买定离手之后，不可更改交易内容，不能止损止盈，若买对涨跌方向即可盈利交易金额的 76%—78%，若买错涨跌方向则本金全亏，盈亏情况不与外汇实际涨跌幅度挂钩。龙汇网站建立了等级经纪人制度及对应的佣金制度，等级经纪人包括 SB 银级至 PB 铂金三星级 6 个等级。截至案发之日，龙汇网站在全国约有 10 万会员。

2017 年 1 月，陈某甲受周某某聘请为顾问、市场总监，从事日常事务协调管理，维系龙汇网站与高级经纪人之间的关系，出席“培训会”“说明会”并进行宣传，发展会员，拓展市场。2016 年 1 月，陈某乙在龙汇网站注册账号，通过发展会员一度成为 PB 铂金一星级经纪人，下有 17000 余个会员账号。2016 年 2 月，赵某某在龙汇网站注册账号，通过发展会员一度成为 PB 铂金级经纪人，下有 8000 余个会员账号。经江西大众司法鉴定中心司法会计鉴定，2017 年 1 月 1 日至 2017 年 7 月 5 日，陈某乙从龙汇网站提款 180975. 04 美元，赵某某从龙汇网站提款 11598. 11 美元。陈某甲等人被法院以开设赌场罪追究刑事责任。

4. 通过搭建网络赌博平台，打着网上购物、网络游戏等“幌子”，接受投注，吸引社会公众参与赌博的

典型案例

张某勇、张某明等25人开设赌场案

检察机关推进网络空间治理典型案例（2021）

2018年6月底，张某勇、张某明经共谋后，以“厦门市崇毅投资咨询有限公司”的名义，设立“易淘货栈”手机App网购平台，对外名义上是销售茶叶、红酒、玉石等商品，实际上则是开设网络赌场。张某勇、张某明各占股50%，公司下设4个市场部门，每个部门下设经理或主管、业务组长及业务员，分别按不同比例、按月或季度进行抽成。公司招聘60余名业务员，使用年轻女性照片作为头像，通过网络即时通讯工具招揽客户，以“购物即能赚钱”“商城有转购活动”为由，吸引客户到“易淘货栈”App进行购物，平台提前将商品销售价格调整为进价的10倍至40倍。在客户下单后，诱导客户以其所购的商品作为筹码进行“转购升级”，即以押大小的方式进行赌博，并按正规发售的彩票“重庆时时彩”开奖结果同步确定输赢，5至10分钟开奖一次。客户如果赌赢能把商品退货按原购买价格的1.6倍提领现金，赌输只可得到所下单的商品，且不能选择退货。2018年9月3日，公安机关查获该赌博平台。平台运行2个多月间，涉案赌资共计810余万元。张某勇、张某明等25人被法院以开设赌场罪追究刑事责任。

（三）利用通讯群组实施赌博

1. 以营利为目的，通过邀请人员加入微信群的方式招揽赌客，根据竞猜游戏网站的开奖结果等方式进行赌博，设定赌博规则，利用微信群进行控制管理，在一段时间内持续组织网络赌博活动的

典型案例

洪某甲、洪某乙、洪某丙、李某开设赌场案

最高法指导案例第105号

2016年2月14日，被告人李某、洪某乙、洪某丙伙同他人，运用智能手机、电脑等设备建立微信群拉拢赌客进行网络赌博。被告人李某主要负责财务、维护赌博软件；被告人洪某乙主要负责后勤；被告人洪某丙主要负责处理与赌客的纠纷。被告人洪某甲为出资人，并介绍了陈某等赌客加入微信群进行赌博。该微信赌博群将启动资金300000元分成100份资金股，并另设10份技术股。其中，被告人洪某甲占资金股6股，被告人洪某乙、洪某丙各占技术股4股，被告人李某占技术股2股。参赌人员加入微信群，通过微信或支付宝将赌资转至庄家的微信或者支付宝账号计入分值（一元相当于一分）后，根据“PC蛋蛋”等竞猜游戏网站的开奖结果，以押大小、单双等方式在群内投注赌博。该赌博群24小时运转，每局参赌人员数十人，每日赌注累计达数十万元。截至案发时，该团伙共接受赌资累计达3237300元。赌博群运行期间共分红2次，其中被告人洪某甲分得36000元，被告人李某分得6000元，被告人洪某乙分得12000元，被告人洪某丙分得12000元。洪某甲、洪某乙、洪某丙、李某被法院以开设赌场罪追究刑事责任。

2. 以营利为目的，通过邀请人员加入微信群的方式招揽赌客，并利用微信群进行控制管理，根据设定的赌博规则，以抢红包方式，在一段时间内持续组织网络赌博活动的

典型案例

谢某、高某甲、高某乙、杨某开设赌场案

最高法指导案例第106号

2015年9月至2015年11月，向某（已判决）在杭州市萧山区活动期间，分别伙同被告人谢某、高某甲、高某乙、杨某等人，以营利为目的，邀请他人加入其建立的微信群，组织他人在微信群里采用抢红包的方式进行赌博。其间，被告人谢某、高某甲、高某乙、杨某分别帮助向某在赌博红包群内代发红包，并根据发出赌博红包的个数，从抽头款中分得好处费。谢某、高某甲、高某乙、杨某被法院以开设赌场罪追究刑事责任。

四、网络赌博犯罪案件的办案思路

（一）线下赌场的网络化

1. 从明确线下赌场的真实性入手

线下赌场的网络化依托真实的线下赌场，网络只是其开设赌场的工具或者说传输媒介，因而对于相关行为的认定，应首先明确线下赌场的性质，是否属于赌博行为等。当然，证实的手段既可以是赌客的供述，也可以通过勘验其赌博网站、平台等予以查实。

2. 从线上人员的职责作用展开侦查

线上赌博网站的运营与线下无异，既需要有人招揽赌客，也需要流转资金、结算赌资，因而相关人员的职责也不尽相同，有的为赌博网站担任代理并接受投注，有的参与赌博网站利润分成，还有的仅仅为赌博网站进行赌资流转。建议通过询问参赌人员，明确各组织赌博人员的职责作用。相较于组织人员的犯罪行为，参赌人员的行为属于行政违法，因而更易被突破。侦查人员可根据掌握的信息情报，针对其他涉赌人员信息，赌资上分、下分流程，组织赌博人员的职责、分工等对参赌人员展开询问。

3. 通过流转资金的银行卡、第三方支付账户查明赌资数额和非法获利

网络赌博案件的资金周转量巨大，可对调取的银行卡明细或第三方支付账户

明细使用分析工具进行分析，梳理资金的流向，区分充值、提现、转账分别梳理资金数额。在线下赌场网络化的案件中，充值金额可以作为保底的赌资数额予以认定。

（二）利用网络平台实施赌博

1. 从明确对赌关系是否真实存在入手

文化和旅游部对普通竞猜类游戏、含宣言赌博内容的网络游戏和网络赌博游戏进行了区分，其主要区别就是是否可以“直接或间接获得法定货币、实物”。司法实践中并不能以网站是否已经取得“网络文化经营许可证”作为判断是否为赌博网站的依据。仍应坚持《关于办理利用赌博机开设赌场案件适用法律若干问题的意见》对开设赌场行为的界定，因此赌博功能 + 钱物回退是此类案件侦查的重点。

2. 通过勘验获取赌博平台的相关数据

网络赌博依托网络，一经被发现即会第一时间变更网站、转移服务器。为此，侦查人员应第一时间使用涉案账号和密码访问赌博网站，对目标计算机或网站信息系统进行远程勘验，以提取存储在其中的服务器数库、日志、账号投注金额、洗码量等。

3. 通过电子数据查明赌资数额

网络开设赌场类案件，涉案赌资数额直接体现为洗码量、上分数额，侦查人员应注重对此类证据的收集提取。比如可通过对账号的勘验、记账本的搜查、银行或第三方支付账户明细的调取等方式获取。在调取相关电子数据或书证后，可据此反查，进一步排查参赌人员，进而反向印证收集、调取证据的真实性，从而形成证据锁链。围绕交易账户查明非法获利。从充值和退分行为展开侦查等。

（三）利用通讯群组实施赌博

1. 从明确赌博规则入手

利用通讯群组实施赌博的，一般都会有其独特的赌博规则，比如踩雷、免死等，应注意调取涉案通讯群组的公告、群主号、客服号的聊天记录等，一般赌博规则会通过公告或相关账号发布；应注意收集赌客的证言印证相应的赌博规则。对于存在免死号的，该账号往往系犯罪嫌疑人控制，该账号的获利往往可以直接认定为犯罪嫌疑人的违法所得。

2. 通过流转资金的银行卡、第三方支付账户查明赌资数额

网络赌博案件的资金周转量巨大，可对调取的银行卡明细或第三方支付账户

明细使用分析工具进行分析，梳理资金的流向，区分充值、提现、转账分别梳理资金数额。在利用通讯群组实施赌博的案件中，提现金额可考虑抽头渔利。另外，基于不同公司调取的证据格式不同，办案中对可能涉及的微信支付记录、陌陌打赏记录等进行审查时，应使用 WPS 表格打开，以便得到正确的格式和数值。

第九章　网络涉毒犯罪

一、网络涉毒简介

网络涉毒是指利用或通过网络从事毒品类违法犯罪活动的统称，依附于互联网技术的发展而出现，网络多为毒品类犯罪活动的传播平台和联络渠道，便利了涉毒违法犯罪行为的线下传播，是传统毒品违法犯罪行为的网络化和异化。由于网络的介入，网络涉毒手段日益丰富，常见的有：通过网络销售制毒物品、贩卖毒品、运输毒品；通过网络支付毒资、招募人员；通过网络平台传播制毒方法、引诱、教唆及聚众吸毒等。与传统的线下毒品违法犯罪活动相比，网络涉毒行为更加快捷、方便，购买毒品可实现不见面交付，犯罪行为更加隐蔽，其打击处理难度更大。

（一）线下毒品犯罪行为的网络化

随着互联网经济的发展，尤其是电商平台的繁荣、物流技术的发展，原本需要线下接头才能进行的毒品交易，逐渐演变成通过电商平台以卖保健品、药品等为幌子，使用暗语、行话向网购用户提供毒品或制毒原料，并通过快递等物流方式实现毒品的运输，整个交易过程全部通过网络，但最终仍实现了涉案毒品的线下流动。网络作为购物平台，促成了毒品犯罪的实施。与此同时，在利用通讯群组实施的网络涉毒犯罪中，通讯群组替代了传统的手机、电话，起到了联系、沟通的作用。随着网络音视频通话技术的发展，一些不法分子刻意使用网络音视频通话规避侦查，提高了案件侦办难度。

（二）利用网络平台实施毒品犯罪

2016 年 4 月 7 日，最高人民法院发布《关于审理毒品犯罪案件适用法律若干问题的解释》，该解释第 14 条规定，利用信息网络，设立用于实施传授制造毒品、非法生产制毒物品的方法，贩卖毒品，非法买卖制毒物品或者组织他人吸食、注射毒品等违法犯罪活动的网站、通讯群组，或者发布实施前述违法犯罪活动的信息，情节严重的，以非法利用信息网络罪定罪处罚。该解释对于利用网络平台实施毒品犯罪进行了明确。实践中，部分涉毒平台多以贴吧、讨论群组的形式出现，以发布、传播、讨论制毒配方的视频、文档，开设聊天室、租借服务器、提供视频工具等方式组织人员吸毒，观看他人吸毒、交流吸毒感受等。

根据犯罪行为的不同，网络毒品犯罪涉及的常见罪名有贩卖毒品罪、非法买卖制毒物品罪、传授犯罪方法罪和非法利用信息网络罪。

二、网络涉毒犯罪的特点

涉毒行为借助于网络的力量后呈现出与传统涉毒行为不同的特点：

（一）隐蔽性强

网络空间中人们可以通过匿名等形式参与交流，无须露面和接触，这使一些涉毒违法犯罪行为难以被察觉，不法分子在“隐身”状态下实现非法目的。同时，网络交易存在较多的“隐语”“暗语”，比如部分犯罪嫌疑人会利用网络平台，以出售“叶子”“麻叶”“进口 LED 植物灯”等名义贩卖毒品。

（二）跨地域性广

网络不受地域限制，因此网络涉毒行为往往具有较强的跨地域性特点，网络即时通讯工具可以瞬时传达涉毒行为意思，物流、支付行业的发展也使涉毒行为摆脱了传统的交易方式，陌生人交易增多。此外，随着国际物流业的发展，跨国性的涉毒行为也逐渐增多。

（三）危害性大

传统的贩毒、吸毒行为往往在隐蔽之处进行，被外人感知的程度较小，网络涉毒行为因其自身门槛低、受众多的特点，决定了其存在被大多数人感知的可能，往往会使毒品的危害性倍增。

（四）毒品类型新

实践中查获的网络涉毒案件中，绝大多数的毒品类型都为新型毒品。新型毒品主要指人工化学合成的致幻剂、兴奋剂类毒品，例如 K 粉、摇头丸、曲马多等。新型毒品易制造、成本低、易携带、易服用、易隐藏。这些特性恰好与网络涉毒行为所需要的隐蔽性等特点相契合，为网络涉毒行为提供了便利。①

---

① 王锐园：《网络涉毒行为探析》，载《上海政法学院学报（法治论丛）》2014 年第 5 期。

三、网络涉毒犯罪的表现形式

（一）线下毒品犯罪行为的网络化

1. 通过网络电商平台店铺，以销售药品、生活用品、虚拟物品等名义，向他人贩卖国家规定管制的能够使人形成瘾癖的麻醉药品或者精神药品、毒品的

典型案例

姚某贩卖毒品罪一审刑事判决书

（2017）鄂0684刑初118号

被告人姚某2015年1月至4月在淘宝网上的“御之堂牛樟芝”店铺购买标注为“柬埔寨香粉”的粉状物质200余克，以多种方式亲自进行尝试后认为掺进烟油里吸食效果最佳，有类似吸食大麻的感觉。随后姚某从淘宝网上购买了大量30毫升一瓶装的烟油和大小号电子烟及配制工具量杯等，将烟油倒进量杯里以3∶1的比例在烟油里掺加自称“柬埔寨香粉”的粉状物质，然后将配制好的烟油再分装到从网上购买的5毫升容量的小瓶里进行包装后，通过淘宝网上开的店铺进行销售，售价一瓶850元至2000元不等。2016年12月2日公安机关将姚某抓获后在其租住的房屋里当场收缴铁盒装粉状物半盒（“柬埔寨香粉”），净重54.47克；瓶装棕色液体两瓶，净重40.28克；此外从王某手中提取烟油一瓶。经公安部物证鉴定中心和公安部禁毒情报技术中心毒品实验室鉴定：铁盒装粉状物、瓶装棕色液体两瓶以及卖给王某1的烟油一瓶和2016年10月25日、11月15日二次密取的烟油里均含N-(1-甲氧基羰基-2-甲基丙基)-1-(5-氟戊基)吲哚-3-甲酰胺（英文简称5F-AMB）成分，系国家2015年9月24日以公通字〔2015〕27号颁布的《非药用类麻醉药品和精神药品列管办法》中的第29类管制物质，属新精神活性物质。2016年10月以来，被告人姚某通过网络共贩卖含5F-AMB物质的烟油22瓶，非法获利25495元，销售地涉及5个省市6人次，该贩卖含5F-AMB物质的烟油22瓶净重110克，加上收缴的含5F-AMB的物质共计净重204.75克。姚某被法院以贩卖毒品罪追究刑事责任。

刘某贩卖毒品罪一审刑事判决书

（2018）粤0308刑初183号

2018年4月下旬开始，被告人刘某多次从他人处以每克50元的价格购得毒品大麻叶共计350克，然后再以每克130元（5克起售）的价格，通过微信、QQ、闲鱼等方式把毒品大麻叶多次贩卖给他人牟利。2018年4月25日，韦某（另案处理）在网上某QQ群看到刘某发布出售毒品大麻叶的信息，遂与刘某联系并谈好毒品交易事宜，刘某以650元的价格贩卖5克毒品大麻叶给韦某，并让韦某以在闲鱼平台购物的方式支付毒资。4月26日，刘某通过天天快递将藏有毒品大麻叶的包裹寄给韦某。5月1日，韦某在收到上述快递包裹后被民警查获，从包裹内缴获用茶叶袋包装的两小包绿色干叶状大麻，重5.66克。经鉴定，从上述查获的绿色干叶状物检材中检出四氢大麻酚成分。刘某被法院以贩卖毒品罪追究刑事责任。

2. 通过网络电商平台店铺、贴吧、通讯群组，以销售药品、生活用品、虚拟物品等名义，向他人贩卖非药品类易制毒化学品的

典型案例

魏某、郭某非法买卖制毒物品罪一审刑事判决书

（2016）鲁01刑终255号

2014年1月7日，被告人郭某成立济南市天桥区腾达化工产品销售部，经营化工产品（不含易燃易爆、危险品）的零售。同年2月26日，被告人魏某成立淄博启钶星化工销售有限公司，经营范围为医药中间体、农药中间体、染料中间体、化工试剂、精细化工品、化工原料（以上6项不含危险、易制毒化学品）的销售。2014年4月，为购买易制毒化学品生产麻黄素，湖南省株洲市的伊某（另案处理）向山东省济阳县的尹某（另案处理）求购1吨溴代苯丙酮。尹某联

系郭某，约定9.3万元购买1吨溴代苯丙酮。郭某通过网络联系自称“徐经理”的魏某，约定9万元购买1吨溴代苯丙酮，并将尹某的收货地址发给魏某。同年5月16日，郭某收到尹某9.3万元汇款后，向魏某汇款9万元，魏某租了一辆面包车将4桶（每桶250公斤）溴代苯丙酮由淄博市运输到济南市。尹某通过物流公司将溴代苯丙酮发给伊某，后湖南警方将该批溴代苯丙酮查获。魏某、郭某被法院以非法买卖制毒物品罪追究刑事责任。

3. 明知他人实施网络贩卖毒品行为，仍将自己经营的网络电商平台店铺或收款账号转借他人，帮助他人实施接收毒资、利用快递交付毒品等行为的

典型案例

欧某贩卖毒品罪一审刑事判决书

（2015）鼓刑初字第309号

2014年12月，萧某通过网络与陈某结识后，商定以每克100元的价格，通过快递方式向陈某出售冰毒。被告人欧某在明知萧某贩卖毒品，仍积极提供名为“自由feeling”网店店铺，让购毒者以购买店内衣物为名收取毒资。2014年12月25日，在萧某的指示下，陈某在“自由feeling”网店店铺内以购买衣服为名支付999元，购买冰毒10克。被告人欧某在见到毒资后，即通知萧某。后萧某按照陈某提供的地址，通过发快递的方式将10克冰毒出售给陈某。2015年1月11日，按照萧某提供的农业银行卡卡号，陈某汇款1400元，向萧某购买14克冰毒。收到毒资后，萧某按照陈某提供的地址，通过发快递的方式将14克冰毒出售给陈某。欧某被法院以贩卖毒品罪追究刑事责任。

4. 通过网络发布贩卖毒品的广告而后予以销售的

典型案例

王某贩卖毒品罪一审刑事判决书

（2018）鲁0406刑初6号

2016年以来，被告人王某在QQ群内发布“出肉”即出卖毒品广告。2016年12月28日，王某以网店店铺下单进行担保交易的形式，将毒品隐藏在燃气阀门里通过中通快递邮寄给枣庄市山亭区“杨某”甲基苯丙胺（冰毒）0.76克。王某被法院以贩卖毒品罪追究刑事责任。

5. 通过“暗网”购买毒品并贩卖的

典型案例

董某澜贩卖毒品案

检察机关推进网络空间治理典型案例（2021）

2019年8月，为了贩卖毒品牟利，董某澜在湖北省武汉市暂住地通过VPN软件和境外专用浏览器登录“暗网”网站获取毒品交易信息，使用境外即时通讯工具Telegram软件与卖家进一步联系交易。董某澜与境外贩毒人员商定购买500克甲基苯丙胺（冰毒），以比特币（BTC）支付等方式预付部分毒资5万元，要求卖家将毒品寄到重庆市某快递代收点。得知卖家已将毒品从云南寄出后，董某澜于同年8月29日从湖北省武汉市乘坐火车至重庆市黔江区，住宿在当地网友家中。8月30日下午，董某澜在黔江区城东街道光明隧道附近取得装有毒品的快递包裹，后被黔江区公安局民警抓获。经拆封检查，公安机关从包裹中的女士高跟鞋底内查获甲基苯丙胺13包（净重510.02克）、甲基苯丙胺片剂1包（净重1.32克）。董某澜被法院以贩卖毒品罪追究刑事责任。

6. 通过通讯群组发布销售广告，并向他人贩卖国家规定管制的能够使人形成瘾癖的麻醉药品或者精神药品、毒品的

典型案例

林某贩卖毒品罪二审刑事裁定书

（2019）粤03刑终2612号

2017年7月中旬，证人超某在一QQ群内发现网名为“人参果”的QQ号发布贩卖冰毒的信息，便与“人参果”商定以800元的价格购买两个（两克）冰毒，被告人林某通过快递将毒品邮寄到深圳市南山区某村，超某收到冰毒后于8月8日向南山分局民警举报，并将毒品包裹交给公安机关，经称量，两小袋冰毒分别重1.05克、0.89克。林某被法院以贩卖毒品罪追究刑事责任。

7. 利用网络聊天工具商定贩卖毒品的数量和价格，并通过线上完成资金交付，而后线下交付毒品的

典型案例

唐某贩卖毒品罪一审刑事判决书

（2017）浙0225刑初229号

2016年11月14日凌晨，陈某微信联系被告人唐某要求向被告人唐某购买200元的毒品，被告人唐某表示同意，陈某即用手机二维码支付给被告人唐某毒资200元，双方约定交易地点。后被告人唐某将1包重约0.8克的毒品甲基苯丙胺（冰毒）贩卖给陈某。唐某被法院以贩卖毒品罪追究刑事责任。

（二）利用网络平台实施毒品犯罪

1. 通过网络出售制造毒品技术，传授制毒方法的

典型案例

陈某制造毒品罪一审刑事判决书

（2009）浦刑初字第126号

2008年7月至9月，被告人殷某通过互联网QQ聊天平台搭识了被告人陈某，后由被告人陈某通过网络聊天形式分3阶段将制造甲基苯丙胺的方法传授给被告人殷某，并收取了殷某给予的所谓学费共计9000元。其间，被告人陈某明知被告人殷某正在试制毒品，还不断帮其采购试验器皿及呋麻滴鼻液等制毒原料并发货至被告人殷某的住处。2008年9月26日17时许，公安人员通过侦查抓获了被告人殷某，并从现场缴获了其制造的黄色晶体状物质，经鉴定，该黄色晶体净重0.83克，从中检出甲基苯丙胺成分。陈某被法院以制造毒品罪追究刑事责任。

2. 为寻求刺激和获得非法利益，利用信息网络设立违法犯罪活动网站或利用网络平台开设虚拟房间，通过视频吸毒为吸毒人员提供聚众吸毒及贩卖毒品平台、表演吸毒行为、交流吸毒感受

典型案例

陈某非法利用信息网络罪、刘某帮助信息网络犯罪活动罪一审刑事判决书

（2019）黑0713刑初6号

2015年被告人陈某开始吸食毒品，建立一个“引领时尚”QQ群，参加者都是吸毒人员。2016年年末，通过QQ好友“会会”加入“夜时尚”视频吸毒

平台，一起在房间内吸食毒品、听刺激音乐、与女性聊天，感觉很刺激，便产生自己建立一个视频吸毒平台的想法。2017 年 5、6 月，陈某在江苏镇江服务器出租公司租一台服务器，自己架设一个网名叫“迪士尼”的视频吸毒平台，并在自己的 QQ 群中发布消息，称想一起视频吸毒的来这个平台，并发布平台安装包。因技术不成熟，导致平台经常出现问题，运行不久就关闭了。2017 年 11 月，被告人刘某来到广东省肇庆市陈某处，陈某对刘某提出帮忙要架设一个网络视频平台，刘某同意后，陈某给其提供租的服务器和网站域名，刘某便利用自己的软件和技术架设一个网络视频聊天平台，按照陈某的要求起名叫“粉红佳人”。刘某在陈某家居住期间，亲自教陈某如何修改玩家权限、更改图标等。刘某明知陈某运营的是网络视频吸毒平台，但为了获利，仍为其提供技术上的帮助。此后，当网络视频吸毒平台出现技术问题、网站受到黑客攻击、视频吸毒平台出现流量攻击、玩家掉线、网站系统中病毒、更改麦序等问题时，刘某均帮助解决。视频平台架设好之后，陈某在自己的“引领时尚”QQ 群里发布消息，让有想一起视频吸毒的好友来到这个平台，并发了一个安装包，玩家下载安装就可以进入平台。在此期间陈某先后找到宋某、郭某、张某等人做平台管理员。想进入平台的人员需自行下载安装包，由管理员给新人开号，为逃避公安机关打击，陈某规定进入平台的新人都要视频吸毒验证，否则就“踢”出去，从而保证平台内都是吸毒人员。“粉红佳人”网络视频吸毒平台设有 3 个房间，管理员随机安排人员进入。平台内玩家分为 3 个等级，站长（陈某）和管理员权限最高，能在后台给新人开号，能看见玩家 IP，能看到其他人的悄悄话，能踢人；其次是督察级别，能看玩家 IP，能踢人，能看悄悄话；其余都是普通玩家，普通玩家每月充值 500 元可以变成“消费号”，升级为督察级别。平台内会员每天上线时间不固定，在线时间也没有限制，在平台内通过视频一起吸食毒品、聊天、听音乐、玩小游戏等。陈某为保持平台新鲜感和躲避公安机关打击，多次更换平台名称，分别叫过“粉红佳人”“花好月圆”“引领时尚”等名称。2017 年 5 月至 2017 年 11 月该平台内共有会员账号 1538 个，去除重复实有账号 1379 个；2017 年 12 月至 2018 年 10 月该平台内共有会员账号 534 个，去除重复实有账号 258 个。经查陈某通过出售“消费号”获利，扣除服务器租金，非法获利 3160 元。刘某明知陈某设立专门用于组织吸毒的网络视频平台，给其提供技术帮助，多次通过微信转账收取报酬 550 元。陈某被法院以非法利用信息网络罪追究刑事责任；刘某被法院以帮助信息网络犯罪活动罪追究刑事责任。

四、网络涉毒犯罪案件的办案思路

（一）线下毒品犯罪行为的网络化

1. 通过虚拟信息追踪锁定犯罪行为人

线下毒品犯罪行为的网络化，行为人往往使用虚假身份通过网络实施犯罪，因而锁定其线下真实身份是案件侦破的关键。公安机关可通过对网络涉毒人员使用的虚拟账号、关联的支付账户等开展研判，包括使用人员、使用地址、行踪轨迹、资金流转对方账户等，以实现虚拟信息的落地。

2. 及时开展现场勘查和人身检查

线上的毒品活动最终还是要在线下交接、使用，因此毒品案件必有犯罪现场，公安机关应对查获的犯罪现场进行及时勘察，包括查获毒品的地点、抓获犯罪嫌疑人的地点、隐藏毒品的地点以及犯罪嫌疑人脱逃的地点等，要记明查获毒品的具体位置、毒品的数量以及周围环境的具体情况。对抓获的犯罪行为人及时进行人身检查并进行吸毒检测。

3. 可适当开展控制下交付

《刑事诉讼法》规定：对涉及给付毒品等违禁品或者财物的犯罪活动，公安机关根据侦查犯罪的需要，可以依照规定实施控制下交付。从而以法律形式将控制下交付的合法性予以确认。为了适应打击毒品犯罪的需要，公安机关应在充分尊重犯罪嫌疑人合法权利的前提下，遵循法定程序和要求，对有线索已经实施了涉毒行为的人员实施控制下交付的侦查行为。

4. 收集提取相关聊天内容

网络涉毒案件在带来隐蔽性的同时，也给此类案件的侦破提供了另一种形式的证据类型——电子数据，尤其是其中的聊天记录，更能相对清晰地反映交易的内容、时间、地点、资金交付等情况。因此，办案人员应强化与技侦部门的合作，依法、科学、完整地收集、提取相关电子数据，注重对涉毒行为人的电脑、手机、U 盘、支付宝、淘宝、微信、QQ 账号数据进行提取分析、数据恢复及完整保全，注重运用间接证据形成证据锁链，通过对手机中软件安装使用情况、快递收货电话、通话记录、乘车车票、行动轨迹等客观证据进行审查，梳理贩毒方式、资金流和物品流，共同完成利用网络、通讯群组沟通的涉毒犯罪案件的侦破。

5. 梳理网络店铺的交易记录和物流记录

网络涉毒案件“网上勾联、电银转账、寄递送达”的特点，这一点在通过网店销售毒品或制毒物质的案件中尤为突出。相应店铺的交易记录往往可以直接反映涉案数额和金额；物流记录则可反映涉案物品的寄达地、收货人。虽然在物流实名制的要求下，仍有人在使用虚假信息邮寄快递，但收货的电话往往是犯罪嫌疑人使用的，可据此再追踪收货人。

（二）利用网络平台实施毒品犯罪

1. 从涉案网络平台表面出售的物品展开侦查

通过对涉案网络平台表面出售的物品表面进行提取，同时讯问犯罪行为人，让其明确涉案网络平台出售的物品的品牌、进货店铺、市场名称等，对于不能说明其出售物品的真正来源、不能描述其出售物品具体特征、不能提供出售的实物以及相关交易明显不符合正常交易习惯的，则属于侦查的异常情况，应格外予以重视。

2. 规范收集涉案证人证言

通过对证人的询问，明确犯罪行为人贩卖毒品的时间、联系方式、毒品数量、价格、支付手段、店铺名称、如何伪装、邮寄毒品的交易细节特征、毒品的载体等；对于犯罪行为人拒不供认犯罪事实的，还应做好询问证人的同步录音录像，确保询问依法、规范，不存在诱供、逼供、串供等非法取证行为。同时对于双方关系予以确认，是否存在矛盾及纠纷。

3. 从涉案网络平台规则、运行等情况展开侦查

可通过对网站平台勘验或截图的方式，证实开设的网络平台专为吸毒人员进行视频吸毒，为吸毒人员提供平台，组织玩家视频吸食毒品等；可通过相关证人的询问，证实网络平台的建立时间、进入平台的流程和规则、网站人员结构、运行等情况；可通过调取服务器租赁协议、网站运营协议等，证实涉案网站的运营主体，进而明确全案犯罪事实。

第十章　网络淫秽犯罪

一、网络淫秽简介

《刑法》第367条规定："淫秽物品，是指具体描绘性行为或者露骨宣扬色情的诲淫性的书刊、影片、录像带、录音带、图片及其他淫秽物品。有关人体生理、医学知识的科学著作不是淫秽物品。包含有色情内容的有艺术价值的文学、艺术作品不视为淫秽物品。"2004年9月，最高人民法院、最高人民检察院颁布的《关于办理利用互联网、移动通讯终端、声讯台制作、复制、出版、贩卖、传播淫秽电子信息刑事案件具体应用法律若干问题的解释》第9条规定："刑法第三百六十七条第一款规定的'其他淫秽物品'，包括具体描绘性行为或者露骨宣扬色情的诲淫性的视频文件、音频文件、电子刊物、图片、文章、短信息等互联网、移动通讯终端电子信息和声讯台语音信息。有关人体生理、医学知识的电子信息和声讯台语音信息不是淫秽物品。包含色情内容的有艺术价值的电子文学、艺术作品不视为淫秽物品。"

淫秽性是所有淫秽物品的本质属性，它具有以下三个方面的特征：第一，与性有关。这是淫秽性的首要特征。如果一件物品与性无关，不会使人产生性冲动，则不属于淫秽物品行列。第二，能使一般人产生不正常的性冲动。一般人指生理和精神方面正常的成年人。不正常即性欲过度兴奋。第三，违反性的道德。即违反所处时代一般的关于性的伦理道德观念。由于道德观念随着社会的发展而变化，因而必须按照行为人所处时代健全的社会观念，来决定是否违反性的道德。

淫秽物品反映在网络空间就是淫秽电子信息，主要表现为在线电影、动画、即时通信、电子刊物、图片、文章、短信息等非实物化的电子信息。根据《刑法》第367条第1款的规定，具体描绘性行为或者露骨宣扬色情，并具有诲淫性，是判断淫秽物品的法定标准。该标准不因为淫秽物品的载体形式而有所区别。无论载体形式是实物化的，还是电子化的，只要符合该法定标准，就应该属于淫秽物品。

通过网络实施淫秽电子信息犯罪的主要行为类型有：

（一）通过网站实施淫秽活动

根据2010年2月最高人民法院、最高人民检察院联合发布的《关于办理利用互联网、移动通讯终端、声讯台制作、复制、出版、贩卖、传播淫秽电子信息刑事案件具体应用法律若干问题的解释（二）》第12条的规定："《最高人民法院、最高人民检察院关于办理淫秽电子信息刑事案件具体应用法律若干问题的解释》和本解释所称网站，是指可以通过互联网域名、IP地址等方式访问的内容提供站点。以制作、复制、出版、贩卖、传播淫秽电子信息为目的建立或者建立后主要从事制作、复制、出版、贩卖、传播淫秽电子信息活动的网站，为淫秽网站。"实践中，网站包括门户网站、论坛、社区、博客、播客、群组等具体表现形式。

利用网站，犯罪分子可以贩卖、张贴、发送淫秽的电影、表演、动画、声音、照片、文章、短信息等各种电子信息。具体包括建立淫秽色情网站，向他人提供淫秽电子信息；开发淫秽色情App，向他人提供淫秽电子信息；利用个人主页传播淫秽电子信息；利用手机终端、移动客户端，通过微信、QQ等聊天软件、通讯群组传播淫秽电子信息；或建立淫秽电子信息超链接。需要明确的是，提供淫秽电子信息的链接，与提供淫秽电子信息没有本质区别，任何人只要点击有关链接，就可以浏览、下载淫秽电子信息。

（二）通过直播平台实施淫秽活动

研究显示，我国网络直播始于2005年，个别平台率先开创视频聊天业务，形成了直播模式的雏形；2009年至2013年，直播模式开始得到关注，多个PC端直播平台纷纷入局；2014年至2016年，直播平台出现爆发式增长，主流视频网站加紧布局直播业务，其中2016年被称为"中国网络直播元年"，移动直播乘着4G网络的东风，进入了鼎盛时期，全国在线直播平台数量超过200家。据统计，截至2019年6月，我国网络直播用户（含主播和直播观众）规模达4.33亿，占整体网民的50.7%。①

① 《2019年中国网络直播行业市场现状及发展趋势分析平台管理与规范化发展持续进行时》，载前瞻产业研究院：https://bg.qianzhan.com/report/detail/300/191029-db68392a.html，2020年4月16日最后访问。

随着技术和直播平台的发展，行为人通过网络视频聊天工具（如“E话通”“碧聊”、QQ、微信等）即可实现“点对点”、“点对多”或“多方”视频聊天，直播裸聊亟待规制。“裸聊”可分“点对点”私密性“裸聊”、“多方”聚众性裸聊和通过直播平台向网民提供有偿“裸聊”服务三种类型。

（三）利用网络淫秽实施的其他活动

网络淫秽电子信息还会触发一些关联犯罪。比如黑客通过在淫秽视频、图片、文本中植入木马实施犯罪；行为人利用“裸聊”，拍摄他人“裸聊”视频，进行诈骗、强奸、敲诈勒索等犯罪；行为人通过网络发布欺诈性招嫖信息，实施诈骗犯罪等。

二、网络淫秽犯罪的特点

（一）表现形式多样

淫秽电子信息可通过网站、论坛、社区、博客、网盘、播客、直播平台、群组等线上传播，表现为淫秽色情文字、图片、音频、视频或链接，链接的网址又可通过种子、图片、压缩文件等形式发布。加之目前网络直播的兴起，其表现形式势必会更加丰富。

（二）传播方便快捷

随着网络传播速度的提升，原本需要专门下载工具开通会员才能实现的高速下载，已飞入寻常百姓家。移动通讯让网络的虚拟性特征表现得更为突出，使犯罪分子仅需使用电脑、手机，便可将淫秽色情物品在网络上快速传播，且不受地域限制，在任何有网络连接、通讯信号的地方均可实施犯罪。

（三）危害性尤其是对青少年的危害大

网上淫秽色情信息泛滥，严重污染网络环境，不仅给网民施以感官刺激，而且大肆教唆、引诱网民进行淫秽色情活动，毒害人们思想，败坏社会风气，尤其对青少年和儿童的危害更是特别严重。随着计算机信息技术的迅猛发展，网络淫秽色情网站对青少年和儿童的危害已经为全球瞩目。

从犯罪的构成要件来看，司法实践中所遇到的网络淫秽色情犯罪行为涉及的罪名主要有制作、复制、出版、贩卖、传播淫秽物品牟利罪，传播淫秽物品罪，组织淫秽表演罪等。

三、网络淫秽犯罪的表现形式

（一）通过网站实施淫秽活动

1. 以牟利为目的，利用互联网、移动通讯终端制作、复制、出版、贩卖、传播淫秽电子信息，制作、复制、出版、贩卖、传播淫秽电影、表演、动画等视频文件的

典型案例

陈某、房某制作、复制、出版、贩卖、传播淫秽物品牟利罪二审刑事裁定书

（2018）浙11刑终299号

2015年至2018年，被告人陈某通过偷拍、手机拍摄等形式，将与多名女性发生性行为的过程拍摄成视频，经编辑后通过互联网向不特定对象进行销售牟利，其中以“小鲜肉”名义销售淫秽视频65个、淫秽图片122个；以“乌某”名义销售淫秽视频43个、淫秽图片59个；以“秦先生”名义销售淫秽视频23个、淫秽图片134个。其间，被告人陈某通过销售淫秽视频、图片获利90余万元。2018年3月至5月，被告人房某在明知被告人陈某销售淫秽视频的情况下，帮陈某制作用于宣传、销售淫秽视频的网站和发卡平台销售网站，并负责网站的日常维护。在被告人房某的帮助期间，被告人陈某销售淫秽视频、图片非法获利10余万元，被告人房某非法获利4757.30元。陈某、房某被法院以制作、贩卖、传播淫秽物品牟利罪追究刑事责任。

2. 以牟利为目的，建立会员制淫秽网站，收取会员费和广告费，通过网站传播淫秽电子信息的

典型案例

巫某、吴某传播淫秽物品牟利罪二审刑事裁定书

（2019）粤刑终248号

2016年12月，被告人巫某通过互联网联系到被告人吴某，要求吴某为其重新优化其设立的淫秽色情网站"黑哥看片网"，即按照原来的网站内容，把网站的后门去掉，重新做一个网站。吴某明知维护的网站是淫秽色情网站，仍为巫某维护淫秽色情网站并收取报酬。经对涉案网站视频进行鉴定，该网站共有2584部视频，从中按照随机的方法下载250部视频鉴定，其中的241部属淫秽片，5部属色情片，即该网站绝大部分的视频为淫秽片。经深圳市某鉴定中心审计，巫某用于收取"黑哥看片网"会员费用及广告、点击流量费用的昵称"黑哥2"微信号账户共计收入2282177元。巫某、吴某等被法院以传播淫秽物品牟利罪追究刑事责任。

3. 以牟利为目的，建立淫秽网站，开发程序软件，以电视棒的形式向他人出售，传播淫秽电子信息的

典型案例

陈某传播淫秽物品牟利罪二审刑事裁定书

（2017）浙01刑终723号

2014年4、5月，周某伙同他人，为获取非法利益，对从他人处获取的可观看淫秽视频的电视棒进行了软件破解、修改和制作，租用境外服务器并设立了网站，添加了其从互联网获取的淫秽视频链接，制作了命名为"苹果"型、"环球精灵"型、"VIP"型的程序软件，同时对获取的视频链接设定访问密码，并写入U盘，作为直接浏览淫秽视频链接网站的客户端，以电视棒的形式提供给他

人批量制作、贩卖。耿某乙在明知上述电视棒程序可用于观看淫秽视频的情况下，仍先后向周某购买电视棒、电视棒程序及密码卡等，雇用耿某甲等人组装电视棒，并通过互联网将耿某乙所经营的该类电视棒出售给被告人陈某等下家。在此期间，被告人陈某为牟取非法利益，以20元左右的价格从耿某乙处购得3D环球精灵电视棒和VIP电视棒共计约400个，并通过淘宝网店“批发零售电视卡”等进行销售。其间，被告人陈某将其中约150个电视棒出售给谭某等人，非法获利3000余元。陈某被法院以传播淫秽物品牟利罪追究刑事责任。

4. 以牟利为目的，开发含有淫秽电子信息的手机App，采取付费观看模式，传播淫秽电子信息的

典型案例

熊某、沈某等传播淫秽物品牟利罪二审刑事裁定书

（2019）浙01刑终790号

2014年12月10日，杭州某某科技有限公司注册成立，被告人熊某为公司法定代表人，被告人熊某、沈某为公司股东，蔡某、杨某、方某、陈某乙、肖某、宋某、陈某甲等人为公司员工。熊某全面负责公司事务，沈某负责网站后台管理，方某负责界面设计和维护，蔡某负责系统研发，杨某负责平台网页端界面开发和设计，陈某乙负责运营推广和网站审核，肖某负责系统维护，宋某负责财务，陈某甲负责电商界面维护。2016年4月，杭州某某科技有限公司研发成功“PR社”App。此后，该公司通过宣传推广，招揽多人在“PR社”平台上传淫秽视频，供用户付费观看，公司按照事先约定比例抽成，由此获利。经鉴定，“PR社”App上传的视频中共计有476部为淫秽物品。熊某、沈某等被法院以传播淫秽物品牟利罪追究刑事责任。

5. 以牟利为目的，建立网站论坛、贴吧，收取会员费和广告费，通过网站论坛、贴吧传播淫秽电子信息的

典型案例

刘某、罗某传播淫秽物品牟利罪二审刑事裁定书

（2014）浙甬刑二终字第189号

2010年4月至2013年3月，被告人刘某、罗某以牟利为目的，结伙在互联网上设置了“欲望之都”等网站，并通过网站的“会员发图自拍区”“国产色图精选专区”等版块，发布或允许他人发布淫秽图片、淫秽小说，传播淫秽信息，以此吸纳会员，并收取费用。经检查、鉴定，“欲望之都”网站共有40920张图片属于淫秽物品。两被告人的非法获利为50万元，其中，被告人刘某非法获利30万元，被告人罗某非法获利20万元。刘某、罗某被法院以传播淫秽物品牟利罪追究刑事责任。

陈某传播淫秽物品牟利罪一审刑事判决书

（2014）东三法刑初字第1312号

2013年4月开始，被告人陈某在互联网上建立“东莞桑拿浦友”色情淫秽网站，通过本人以及其他网站注册会员在网站上发布大量色情淫秽信息，吸引网友点击浏览，同时通过帮客户在网站上刊登招嫖广告获利。经检查，“东莞桑拿浦友”色情淫秽网站至案发时共有注册会员2000个，发布帖子118132个。经鉴定，该网站所发布的121个帖子含有淫秽物品（共296张图片及94篇文章）。其中23个帖子由陈某使用admin账号发布，点击查看数为30365次。陈某被法院以传播淫秽物品牟利罪追究刑事责任。

6. 以牟利为目的，通过网站、论坛、贴吧、通讯群组发布含有淫秽电子信息的链接种子，传播淫秽视频的

典型案例

杨某传播淫秽物品牟利罪二审刑事判决书

（2015）阳中法刑一终字第75号

被告人杨某以牟利为目的，于2013年5月在“爱唯侦察”色情网站注册“meihuahun”账号，至2014年8月止，使用该账号在“爱唯侦察”色情网站先后发帖2000多个，其中上传淫秽视频、图片的种子下载链接100余部，通过吸引网民在其帖子中提供的种子资源下载淫秽视频、图片，将其存储在第三方网盘网站内的淫秽视频、图片的种子资源向网民传播。网民在点击并下载杨某提供的淫秽视频、图片资源链接过程中，会弹出附带的广告。按照网民的下载数量，杨某从第三方网盘运营商处赚取广告宣传费获利约6000元。经鉴定，阳江市公安局网警支队远程勘验提取的“meihuahun”账号65个涉嫌淫秽视频属于淫秽音像制品、1005张涉嫌淫秽图片属于淫秽图片。杨某被法院以传播淫秽物品牟利罪追究刑事责任。

7. 以牟利为目的，利用互联网、移动通讯终端制作、复制、出版、贩卖、传播淫秽电影、表演、动画等内容含有不满14周岁未成年人的淫秽电子信息的

典型案例

马某、刘某等传播淫秽物品牟利罪一审刑事判决书

（2015）泉刑初字第15号

被告人刘某于2013年9、10月购买淫秽色情网站的相关数据及域名，建立了淫秽色情网站“幼幼资源网”。后被告人刘某与被告人马某商定后共同出资、合伙经营幼幼资源网，并通过收取会员会费牟利。2014年年初，幼幼资源网因故被他人关闭。2014年2月，被告人马某、刘某又商议继续合伙经营淫秽色情

网站，使用“幼幼资源网”的备份数据建立了淫秽色情网站“萝莉阁”。截至2014年4月，被告人马某、刘某经营上述淫秽色情网站共计获得约2万元。经侦查机关对“萝莉阁”网站备份数据恢复重建并勘验，从该网站中提取送审的图片中共鉴定出淫秽图片2146张，且有涉及未成年人的内容。马某、刘某等被法院以传播淫秽物品牟利罪追究刑事责任。

8. 网站建立者和管理者以牟利为目的，不履行管理职责，虽自身不发布淫秽电子信息，但允许或者放任他人在自己所有、管理的网站或者网页上发布淫秽电子信息，致使淫秽电子信息在其所有、管理的网站或者网页上传播的

典型案例

王某等传播淫秽物品牟利罪一审刑事判决书

（2015）海刑初字第512号

某播公司持有网络文化经营许可证，至案发之日没有取得互联网视听节目服务许可。被告人王某为某播公司的法定代表人、股东、执行董事、经理，负责某播公司经营和管理工作。某播公司快播事业部负责公司视频播放器的技术开发和市场推广。某播公司通过免费提供QSI（QVOD Server Install，即QVOD资源服务器程序）和QVOD Player（即快播播放器程序或客户端程序）的方式，为网络用户提供网络视频服务。为提高热点视频下载速度，某播公司搭建了以缓存调度服务器（运行Cache Tracker缓存调度服务器程序）为核心的平台，通过自有或与运营商合作的方式，在全国各地不同运营商处设置缓存服务器1000余台。在视频文件点播次数达到一定标准后，缓存调度服务器即指令处于适当位置的缓存服务器（运行Cache Server程序）抓取、存储该视频文件。当用户再次点播该视频时，若下载速度慢，缓存调度服务器就会提供最佳路径，供用户建立链接，向缓存服务器调取该视频，提高用户下载速度。部分淫秽视频因用户的点播、下载次数较高而被缓存服务器自动存储。缓存服务器加速了淫秽视频的下载、传播。2012年8月，深圳市公安局公安信息网络安全监察分局对某播公司进行检查，针对该公司未建立安全保护管理制度、未落实安全保护技术措施等问题，给

予行政警告处罚，并责令整改。随后，深圳网监将违法关键词和违法视频网站链接发给某播公司，要求采取措施过滤屏蔽。某播公司于是成立了信息安全组开展了不到一周的突击工作，于8月8日投入使用“110”不良信息管理平台，截至9月26日共报送“色情过滤”类别的不良信息15836个。但在深圳网监验收合格后，信息安全组原有4名成员或离职或调到其他部门，“110”平台工作基本搁置，检查屏蔽工作未再有效进行。2013年10月11日，南山广电局认定某播公司擅自从事互联网视听节目服务，提供的视听节目含有诱导未成年人违法犯罪和渲染暴力、色情、赌博、恐怖活动的内容，对某播公司予以行政处罚。此后，某播公司的“110”平台工作依然搁置，检查屏蔽工作依然没有有效落实。某播公司直接负责的主管人员王某等人在明知某播公司擅自从事互联网视听节目服务、提供的视听节目含有色情等内容的情况下，未履行监管职责，放任淫秽视频在某播公司控制和管理的缓存服务器内存储并被下载，导致大量淫秽视频在网上传播。王某等被法院以传播淫秽物品牟利罪追究刑事责任。

9. 以牟利为目的，通过黑客手段入侵网站服务器，在服务器上架构网站，传播淫秽电子信息的

典型案例

荣某传播淫秽物品牟利罪一审刑事判决书

（2004）汉刑初字第055号

被告人荣某于2004年3月建立了“性福天堂”网站。“性福天堂”是一种论坛性质的淫秽网站，被告人荣某在该网站中设立的版区中有亚洲美女区、欧美贴图区、人兽贴图区、A4U、另类其他、幼幼贴图区、卡通漫画区、网友自拍区、欧美电影区、人兽电影区、幼幼电影区等11个淫秽版区。2004年5月18日，被告人荣某利用天津市民政局低保网页服务器的SQL漏洞，侵入该服务器中，并上传后门程序，控制了该服务器。随后将“性福天堂”网站程序及域名均转至该服务器内。2004年5月25日，荣某为牟利，利用论坛管理员在论坛发布了募捐方案，收取了论坛会员的汇款，并将汇款会员转成VIP会员，以浏览一

般会员不能浏览的部分淫秽图片或电影。被告人荣某还利用托管在仙桃市联通公司的服务器建立了论坛 VIP 会员电影下载、上传 FTP 站点，供论坛 VIP 会员进行下载和上传淫秽电影及图片。荣某被法院以传播淫秽物品牟利罪追究刑事责任。

10. 以非法牟利为目的，建立网站、组建通讯群组，为他人通过网络发布卖淫招嫖广告违法信息进行盈利的

典型案例

杨某、苏某非法利用信息网络罪一审刑事判决书

（2019）川 0108 刑初 489 号

2015 年以来，被告人杨某和苏某共谋在成都市温江区，先后建立四川逍遥网、四川耍耍网、成都耍耍网 3 个非法网站，在网站上为他人发布卖淫招嫖广告。杨某主要负责购买域名以及网站的日常运营、管理；苏某负责编写四川逍遥网代码、参与四川逍遥网网站前期经营，并为杨某建立、运营四川耍耍网、成都耍耍网提供技术支持。杨某、苏某通过在前述网站发布卖淫招嫖广告，收取信息费用 30100 元，杨某向苏某转款 6400 元。经远程勘验，成都耍耍网主页显示总帖数 137139、会员总数 103842。自 2016 年下半年以来，曾某在成都市成华区某小区暂住地内，通过四川逍遥网、四川耍耍网等网站发布招嫖信息广告，并多次通过微信、QQ 介绍卖淫。杨某、苏某被法院以非法利用信息网络罪追究刑事责任。

（二）通过直播平台实施淫秽活动

1. 以非法牟利为目的，建立网站、组建直播平台，组织直播女在该平台进行淫秽表演的

典型案例

刘某、朱某等组织淫秽表演罪一审刑事判决书

（2018）苏0311刑初458号

2017年10月至12月，被告人刘某、朱某等招募郭某、孙某（均另案处理）等人分别成立“邪狼”“至尊”“水晶”家族，并以家族长的身份组织郭某等人利用“老司机”网络视频直播平台，通过裸露性器官、发生性行为等方式直播淫秽表演，赚取观众观看及打赏费用。刘某、朱某等被法院以组织淫秽表演罪追究刑事责任。

2. 以非法牟利为目的，通过即时聊天软件、视频直播平台，组织直播女进行淫秽表演的

典型案例

何某组织淫秽表演罪一审刑事判决书

（2017）沪0117刑初1360号

2017年4月至6月，被告人何某通过QQ等聊天工具招揽观看人员并使用微信收取28元或40元的费用，先后组织卢某某、李某利用QQ直播平台进行网络淫秽表演直播，其中何某获得分红10000余元。何某被法院以组织淫秽表演罪追究刑事责任。

王某等组织淫秽表演罪一审刑事判决书

（2017）苏0106刑初548号

2016年7月至2017年1月，被告人王某通过网络纠集被告人刘某、黎某等人，利用互联网QQ群的直播功能，多次策划、组织女性裸体自慰、男女性交等淫秽表演。此间，几乎于每日23时许及次日凌晨1时30分许，组织两场淫秽表演，每场表演时间约为40分钟。为组织表演，王某通过网络招募被告王某等人代理销售门票。在组织淫秽表演过程中，王某负责招募表演人员，确定淫秽表演内容、支付表演人员酬金，与他人共同使用表演人员的照片及挑逗、露骨的文字合成宣传广告，发送至门票销售代理QQ群内，并单独销售门票。上述被告人及其他各被告人将广告复制、更改后，从微信朋友圈、QQ群、直播平台等渠道发布，按每张30元或35元等价格销售门票，通过微信红包、QQ红包方式收取费用。为此，各被告人分别组织或参与组织淫秽表演十余场至数百场、销售门票数十张至数千张不等。王某等被法院以组织淫秽表演罪追究刑事责任。

（三）利用网络淫秽实施的其他活动

1. 以网络交友的形式，有针对性地添加被害人为好友，在聊天过程中引诱被害人视频裸聊，在拍摄被害人不雅视频后，以将裸聊照片、视频传播至互联网络等恶害为威胁，实施敲诈勒索的

典型案例

蔡某、张某、江某敲诈勒索罪二审刑事裁定书

（2019）浙06刑终769号

2018年3月至7月，邱某、“包子”（另案处理）直接或间接招募罗某（另案处理）及被告人蔡某、张某、江某等人，至印度尼西亚巴淡岛一别墅内组成犯罪集团，有组织地分工合作，多次通过选取医生等职业群体作为犯罪对象，诱

使被害人进行裸聊，并秘密录取裸聊视频，进而以公开视图相威胁的手段进行敲诈勒索活动，严重侵犯遍布国内各地众多被害人的利益，扰乱社会生活秩序，造成恶劣的社会影响。该犯罪集团分工明确：有一线客服、二线裸聊女、三线敲单手、电脑手等人员。先由一线客服运用集团成员提供的信息，通过微信添加被害人为好友，以女性身份引诱被害人进行裸聊，被害人同意后，由二线裸聊女与被害人裸聊并录制视频，由电脑手整理出截图，交由三线敲单手利用裸聊视图胁迫被害人，并索要钱款。该犯罪集团非法所得原定由成员按比例分配，一线人员业绩底薪6000元/月，超过底薪的按13%计算提成，二线人员按7%计算提成，三线人员按10%计算提成。但实际分配时，一线人员并未严格按约定规则发放底薪。该犯罪集团内部管理制度严密：有明确的上下班制度、业绩通报制度；一般三线人员负责管理自己召集的一线人员，并参与发放一线人员的非法所得；二线人员、三线人员的非法所得由邱某通过“车队”即洗钱公司发放。该犯罪集团非法获利数百万元。蔡某、张某、江某被法院以敲诈勒索罪追究刑事责任。

2. 在互联网上发布裸聊信息广告，有针对性地添加被害人为好友，在聊天过程中通过虚假视频、图片，诱惑被害人充值激活账号等方式，实施诈骗的

典型案例

吴某诈骗罪一审刑事判决书

（2019）苏0111刑初838号

2019年6月17日至18日，被告人吴某在网络平台上发布裸聊广告以吸引有裸聊意向的人，在网上下载性感女性视频冒充女性骗取被害人冯某信任，以试看费用、裸聊套餐费用、保证金、激活房间费用、退款手续费用等名义骗取冯某钱款9374元。吴某被法院以诈骗罪追究刑事责任。

3. 在互联网上发布淫秽信息广告，有针对性地添加被害人为好友，在聊天过程中通过发送虚假淫秽视频、图片链接，诱骗被害人继续支付费用方可查看，实施诈骗的

典型案例

谢某、吴某诈骗罪二审刑事裁定书

（2019）粤12刑终145号

2017年2月至7月，谢某、吴某等人建立“新生联盟”等网站生成用于诈骗的二维码链接，发展了多名一级代理，然后一级代理再各自发展下线，下线通过QQ、微信等网络平台大量推送该链接，诱骗陆某、李某等众多被害人点击链接，被害人点击链接后会短暂弹出涉黄照片或视频，随后便提示扫描二维码支付后成为会员可继续看完整视频或进入所谓的“闺蜜群”等。但当被害人支付金额后，并不能看到相应内容或者进入相应的群聊，从而骗取大量被害人财物。被害人被诈骗的钱进入到谢某委托的第三方支付公司账户，由第三方支付公司转入谢某使用的谢某、郭某、卢某等人的银行卡，谢某按比例抽取提成后再根据一级代理各自的业务量分配诈骗所得款。谢某、吴某被法院以诈骗罪追究刑事责任。

4. 以哄骗、欺诈等方式获取被害人不雅视频后，以将不雅照片、视频传播至互联网络等相威胁，实施强奸、强迫卖淫的

典型案例

沈某猥亵儿童、强奸、强迫卖淫罪一审刑事判决书

（2019）苏0106刑初148号

2018年4月、7月，被告人沈某陆续通过抖音网络平台结识被害人康某（2006年11月出生）、张某（2006年5月出生）等人，后被告人沈某冒充抖音工作人员，以让上述被害人在抖音上能火为名，以骗得上述被害人拍摄裸露性器官的照片和视频以及裸聊等方式，多次猥亵被害人康某和张某。被告人沈某还将被害人康某的QQ号公布在百度贴吧，称要找对象，后张某（另案处理）通过QQ联系被告人沈某。2018年7月16日18时许，被告人沈某介绍张某，通过视

频裸聊以让被害人康某裸露上半身的方式猥亵了被害人康某，并收取张某400元。2018年5月至6月，被告人沈某以公布其掌握的被害人康某裸露性器官的照片和视频为要挟，在南京市4次强奸被害人康某。被告人沈某还将被害人康某的QQ号公布在百度贴吧，称要找对象，后张某（另案处理）、杨某（另案处理）分别通过QQ联系被告人沈某。2018年7月5日，被告人沈某在网上冒充被害人康某与杨某联系并约好见面地点，然后以公布裸照视频等要挟被害人康某，强迫被害人康某去和杨某见面并提供性服务。当日22时许，杨某至南京市鼓楼区南通路路边，在自己驾驶的汽车后座用手抚摸被害人康某私密处并强奸被害人康某。事后，杨某通过微信陆续给康某以及被告人沈某转了3000余元，被告人沈某拿走其中的2000余元。沈某被法院以猥亵儿童罪、强奸罪、强迫卖淫罪追究刑事责任。

5. 以满足性刺激为目的，以诱骗、强迫或者其他方法要求儿童拍摄裸体、敏感部位照片、视频等供其观看的

典型案例

骆某猥亵儿童案

检例第43号

2017年1月，被告人骆某使用化名，通过QQ软件将13岁女童小羽加为好友。聊天中得知小羽系初二学生后，骆某仍通过言语恐吓，向其索要裸照。在被害人拒绝并在QQ好友中将其删除后，骆某又通过小羽的校友周某对其施加压力，再次将小羽加为好友。同时骆某还虚构“李某”的身份，注册另一QQ号并添加小羽为好友。之后，骆某利用“李某”的身份在QQ聊天中对小羽进行威胁恐吓，同时利用周某继续施压。小羽被迫按照要求自拍裸照10张，通过QQ软件传送给骆某观看。后骆某又以在网络上公布小羽裸照相威胁，要求与其见面并在宾馆开房，企图实施猥亵行为。因小羽向公安机关报案，骆某在依约前往宾馆途中被抓获。骆某被法院以猥亵儿童罪追究刑事责任。

四、网络淫秽犯罪案件的办案思路

（一）通过网站实施淫秽活动

1. 注重对淫秽电子信息的提取

传播淫秽物品类犯罪，涉案的淫秽电影、表演、动画等视频文件、音频文件、电子刊物、图片、文章、短信息的数量均涉及案件的追诉立案标准，也是后续淫秽物品的鉴定基础。因此，在办理案件之初，就应当做好涉案淫秽信息的收集、提取和固定工作，做好文件个数及名称统计、性质鉴定。相关工作在抓获犯罪嫌疑人之前能完成最佳，以防后续被犯罪行为人销毁。

2. 注重对会员数量、非法获利和被点击数的侦查

在办案过程中，应注重围绕涉案网站的运营情况、涉案通讯群组的组建情况进行侦查，通过网站后台数据、通讯群组的人员概况，厘清网站会员体系、会员数量、人员层级；通过对证人的询问、被告人的讯问，明确网站牟利途径；通过调取相关账户交易明细，查明牟利金额；适时对网站的服务器进行远程勘验，通过对网站日志的调取和恢复、对网站的数据库文件进行备份，明确相关文件的被点击数、被下载数量等。

3. 注重对牟利证据的收集

是否牟利是区分传播淫秽物品罪和传播淫秽物品牟利罪的主要标准。淫秽色情网站的牟利方式主要有会员费、广告费。会员制收费方式需要网民付费成为会员，会员级别制则对不同级别的会员收取不同的会员费，提供不同级别的淫秽色情信息。广告牟利则是通过为相关厂家在网站刊登广告，依靠其流量和点击量收费。

4. 注重手机 Wap 网站取证

利用手机 Wap 网站传播淫秽物品的，应及时开展远程勘验，获取网站文件和涉嫌淫秽文章内容，同时对涉案淫秽信息的点击量进行鉴定。对于通过手机 App 传播淫秽物品的案件，应强化对手机 App 的功能鉴定，对手机 App 上关联的淫秽电子信息进行提取，提取方式可以是结合其存储空间的远程勘验，也可以是针对手机客户端的手机录屏。对于利用软件传播的，还应通过对工程师、程序员等技术人员的询问了解涉案软件的技术原理和运行方式，必要时应予以鉴定。

5. 重建网站并选择合适的方式固定证据

在扣押到淫秽色情网站服务器的情况下，应结合网站的建站形式、数据库形

式重建网站并选择合适的方式固定证据。目前论坛的建站主要有“DISCUZ!”“PHP”“ASP”“动网论坛”等，且采取会员制、网站动态地址发布等方式避开侦查视线，因此在对论坛形式的淫秽色情网站进行取证时，应依托侦查技术力量，全面把握涉案网站的数据库形式、架构、数据源，为侦破工作打开突破口。

6. 充分运用行政监管部门的处理印证涉案人员的主观明知

网站建立者、直接负责的管理者存在已经被行政主管机关书面告知的、接到过举报的、收取服务费明显高于市场价格的、广告点击率明显异常等情形的，可推定其主观明知。尤其是对于行政主管部门已经开具正式法律文书，给予行政处罚，并责令整改，再次出现类似情况的，可直接认定其主观明知。

（二）通过直播平台（网络视频）实施淫秽活动

1. 注重对直播信息的提取

利用直播平台实施的淫秽活动，大多为通过直播平台在线表演淫秽信息，多以视频流的形式存在，无具体形式的载体，一旦错过，无从恢复。因此，在对此类案件侦办之初，就应当通过技术手段有效提取、保存相关视频流。基于目前相关案件以直播间的方式存在，相关视频流可以房间为单位，做好提取、归类、汇总以及鉴定工作。

2. 充分利用线上信息做好身份落地

通过获取犯罪嫌疑人开设网站服务器的维护管理日志，分析其网络行为习惯，并适时落地查证。利用互联网各类搜索引擎以及各类侦查方法进行关联，争取关联出犯罪行为人使用的即时聊天工具、视频直播软件平台的网上虚拟身份信息，对虚拟身份的活动情况及时关注，通过 IP 地址等，摸清上网位置，上网条件，周边的社会环境，落地抓捕，并做好作案现场证据的搜查、提取、固定。

3. 及时固定电子数据

办理利用网络对儿童实施猥亵行为的案件，要及时固定电子数据，证明行为人出于满足性刺激的目的，利用网络，采取诱骗、强迫或者其他方法要求被害人拍摄、传送暴露身体的不雅照片、视频供其观看的事实。要准确把握猥亵儿童罪的本质特征，全面收集客观证据，证明行为人通过网络不接触被害儿童身体的猥亵行为，具有与直接接触被害儿童身体的猥亵行为相同的性质和社会危害性。

第二编

罪名释义及定罪量刑标准

第一章　互联网金融类罪名释义及定罪量刑标准

第一节　非法吸收公众存款罪

一、犯罪构成

（一）《刑法》（2020 年 12 月 26 日修正）

第一百七十六条　【非法吸收公众存款罪】非法吸收公众存款或者变相吸收公众存款，扰乱金融秩序的，处三年以下有期徒刑或者拘役，并处或者单处罚金；数额巨大或者有其他严重情节的，处三年以上十年以下有期徒刑，并处罚金；数额特别巨大或者有其他特别严重情节的，处十年以上有期徒刑，并处罚金。

单位犯前款罪的，对单位判处罚金，并对其直接负责的主管人员和其他直接责任人员，依照前款的规定处罚。

有前两款行为，在提起公诉前积极退赃退赔，减少损害结果发生的，可以从轻或者减轻处罚。

（二）学理解释

非法吸收公众共存款罪的犯罪主体既可以是个人也可以是单位；行为表现为非法吸收公众共存款或变相吸收公众存款；行为对象为社会公众即社会不特定对象，包括个人与单位；责任形式为故意，但不另要求具有特定目的。①

---

① 参见张明楷：《刑法学》，法律出版社 2016 年版，第 778 - 780 页。

二、疑难问题

（一）非法吸收公众存款罪的认定

1.《最高人民法院关于审理非法集资刑事案件具体应用法律若干问题的解释》（法释〔2010〕18号，2011年1月4日起施行）

第一条　违反国家金融管理法律规定，向社会公众（包括单位和个人）吸收资金的行为，同时具备下列四个条件的，除刑法另有规定的以外，应当认定为刑法第一百七十六条规定的“非法吸收公众存款或者变相吸收公众存款”：

（一）未经有关部门依法批准或者借用合法经营的形式吸收资金；

（二）通过媒体、推介会、传单、手机短信等途径向社会公开宣传；

（三）承诺在一定期限内以货币、实物、股权等方式还本付息或者给付回报；

（四）向社会公众即社会不特定对象吸收资金。

未向社会公开宣传，在亲友或者单位内部针对特定对象吸收资金的，不属于非法吸收或者变相吸收公众存款。

第二条　实施下列行为之一，符合本解释第一条第一款规定的条件的，应当依照刑法第一百七十六条的规定，以非法吸收公众存款罪定罪处罚：

（一）不具有房产销售的真实内容或者不以房产销售为主要目的，以返本销售、售后包租、约定回购、销售房产份额等方式非法吸收资金的；

（二）以转让林权并代为管护等方式非法吸收资金的；

（三）以代种植（养殖）、租种植（养殖）、联合种植（养殖）等方式非法吸收资金的；

（四）不具有销售商品、提供服务的真实内容或者不以销售商品、提供服务为主要目的，以商品回购、寄存代售等方式非法吸收资金的；

（五）不具有发行股票、债券的真实内容，以虚假转让股权、发售虚构债券等方式非法吸收资金的；

（六）不具有募集基金的真实内容，以假借境外基金、发售虚构基金等方式非法吸收资金的；

（七）不具有销售保险的真实内容，以假冒保险公司、伪造保险单据等方式非法吸收资金的；

（八）以投资入股的方式非法吸收资金的；

（九）以委托理财的方式非法吸收资金的；

（十）利用民间“会”、“社”等组织非法吸收资金的；

（十一）其他非法吸收资金的行为。

2.《最高人民检察院关于办理涉互联网金融犯罪案件有关问题座谈会纪要》（高检诉〔2017〕14号，2017年6月2日发布）

二、准确界定涉互联网金融行为法律性质

5. 互联网金融涉及P2P网络借贷、股权众筹、第三方支付、互联网保险以及通过互联网开展资产管理及跨界从事金融业务等多个金融领域，行为方式多样，所涉法律关系复杂。违法犯罪行为隐蔽性、迷惑性强，波及面广，社会影响大，要根据犯罪行为的实质特征和社会危害，准确界定行为的法律性质和刑法适用的罪名。

（一）非法吸收公众存款行为的认定

6. 涉互联网金融活动在未经有关部门依法批准的情形下，公开宣传并向不特定公众吸收资金，承诺在一定期限内还本付息的，应当依法追究刑事责任。其中，应重点审查互联网金融活动相关主体是否存在归集资金、沉淀资金，致使投资人资金存在被挪用、侵占等重大风险等情形。

7. 互联网金融的本质是金融，判断其是否属于“未经有关部门依法批准”，即行为是否具有非法性的主要法律依据是《商业银行法》、《非法金融机构和非法金融业务活动取缔办法》（国务院令第247号）[①] 等现行有效的金融管理法律规定。

8. 对以下网络借贷领域的非法吸收公众资金的行为，应当以非法吸收公众存款罪分别追究相关行为主体的刑事责任：

（1）中介机构以提供信息中介服务为名，实际从事直接或间接归集资金、甚至自融或变相自融等行为，应当依法追究中介机构的刑事责任。特别要注意识别变相自融行为，如中介机构通过拆分融资项目期限、实行债权转让等方式为自己吸收资金的，应当认定为非法吸收公众存款。

（2）中介机构与借款人存在以下情形之一的，应当依法追究刑事责任：①中介机构与借款人合谋或者明知借款人存在违规情形，仍为其非法吸收公众存款提供服务的；中介机构与借款人合谋，采取向出借人提供信用担保、通过电子

---

① 已被《防范和处置非法集资条例》废止。

渠道以外的物理场所开展借贷业务等违规方式向社会公众吸收资金的；②双方合谋通过拆分融资项目期限、实行债权转让等方式为借款人吸收资金的。在对中介机构、借款人进行追诉时，应根据各自在非法集资中的地位、作用确定其刑事责任。中介机构虽然没有直接吸收资金，但是通过大肆组织借款人开展非法集资并从中收取费用数额巨大、情节严重的，可以认定为主犯。

（3）借款人故意隐瞒事实，违反规定，以自己名义或借用他人名义利用多个网络借贷平台发布借款信息，借款总额超过规定的最高限额，或将吸收资金用于明确禁止的投资股票、场外配资、期货合约等高风险行业，造成重大损失和社会影响的，应当依法追究借款人的刑事责任。对于借款人将借款主要用于正常的生产经营活动，能够及时清退所吸收资金，不作为犯罪处理。

（二）非法吸收公众存款主观故意的认定

1.《最高人民法院、最高人民检察院、公安部关于办理非法集资刑事案件若干问题的意见》（高检会〔2019〕2 号，2019 年 1 月 30 日印发）

四、关于主观故意的认定问题

认定犯罪嫌疑人、被告人是否具有非法吸收公众存款的犯罪故意，应当依据犯罪嫌疑人、被告人的任职情况、职业经历、专业背景、培训经历、本人因同类行为受到行政处罚或者刑事追究情况以及吸收资金方式、宣传推广、合同资料、业务流程等证据，结合其供述，进行综合分析判断。

2.《最高人民检察院关于办理涉互联网金融犯罪案件有关问题座谈会纪要》（高检诉〔2017〕14 号，2017 年 6 月 2 日发布）

9. 在非法吸收公众存款罪中，原则上认定主观故意并不要求以明知法律的禁止性规定为要件。特别是具备一定涉金融活动相关从业经历、专业背景或在犯罪活动中担任一定管理职务的犯罪嫌疑人，应当知晓相关金融法律管理规定，如果有证据证明其实际从事的行为应当批准而未经批准，行为在客观上具有非法性，原则上就可以认定其具有非法吸收公众存款的主观故意。在证明犯罪嫌疑人的主观故意时，可以收集运用犯罪嫌疑人的任职情况、职业经历、专业背景、培训经历、此前任职单位或者其本人因从事同类行为受到处罚情况等证据，证明犯罪嫌疑人提出的“不知道相关行为被法律所禁止，故不具有非法吸收公众存款的主观故意”等辩解不能成立。除此之外，还可以收集运用以下证据进一步印证犯罪嫌疑人知道或应当知道其所从事行为具有非法性，比如犯罪嫌疑人故意规避法律以逃避监管的相关证据：自己或要求下属与投资人签订虚假的亲友关系确认书，频繁更换宣传用语逃避监管，实际推介内容与宣传用语、实际经营状况不一致，刻意向投资人夸大公司兑付能力，在培训课程中传授或接受规避法律的方法，等等。

10. 对于无相关职业经历、专业背景，且从业时间短暂，在单位犯罪中层级较低，纯属执行单位领导指令的犯罪嫌疑人提出辩解的，如确实无其他证据证明其具有主观故意的，可以不作为犯罪处理。另外，实践中还存在犯罪嫌疑人提出因信赖行政主管部门出具的相关意见而陷入错误认识的辩解。如果上述辩解确有证据证明，不应作为犯罪处理，但应当对行政主管部门出具的相关意见及其出具过程进行查证，如存在以下情形之一，仍应认定犯罪嫌疑人具有非法吸收公众存款的主观故意：

（1）行政主管部门出具意见所涉及的行为与犯罪嫌疑人实际从事的行为不一致的；

（2）行政主管部门出具的意见未对是否存在非法吸收公众存款问题进行合法性审查，仅对其他合法性问题进行审查的；

（3）犯罪嫌疑人在行政主管部门出具意见时故意隐瞒事实、弄虚作假的；

（4）犯罪嫌疑人与出具意见的行政主管部门的工作人员存在利益输送行为的；

（5）犯罪嫌疑人存在其他影响和干扰行政主管部门出具意见公正性的情形的。

对于犯罪嫌疑人提出因信赖专家学者、律师等专业人士、主流新闻媒体宣传或有关行政主管部门工作人员的个人意见而陷入错误认识的辩解，不能作为犯罪嫌疑人判断自身行为合法性的根据和排除主观故意的理由。

（三）“非法性”的认定

1.《最高人民法院、最高人民检察院、公安部关于办理非法集资刑事案件若干问题的意见》（高检会〔2019〕2号，2019年1月30日印发）

一、关于非法集资的“非法性”认定依据问题

人民法院、人民检察院、公安机关认定非法集资的“非法性”，应当以国家金融管理法律法规作为依据。对于国家金融管理法律法规仅作原则性规定的，可以根据法律规定的精神并参考中国人民银行、中国银行保险监督管理委员会、中国证券监督管理委员会等行政主管部门依照国家金融管理法律法规制定的部门规章或者国家有关金融管理的规定、办法、实施细则等规范性文件的规定予以

认定。

2.《最高人民检察院关于办理涉互联网金融犯罪案件有关问题座谈会纪要》（高检诉〔2017〕14号，2017年6月2日发布）

1. 准确认识互联网金融的本质。互联网金融的本质仍然是金融，其潜在的风险与传统金融没有区别，甚至还可能因互联网的作用而被放大。要依据现有的金融管理法律规定，依法准确判断各类金融活动、金融业态的法律性质，准确界定金融创新和金融违法犯罪的界限。在办理涉互联网金融犯罪案件时，判断是否符合"违反国家规定""未经有关国家主管部门批准"等要件时，应当以现行刑事法律和金融管理法律法规为依据。对各种类型互联网金融活动，要深入剖析行为实质并据此判断其性质，从而准确区分罪与非罪、此罪与彼罪、罪轻与罪重、打击与保护的界限，不能机械地被所谓"互联网金融创新"表象所迷惑。

3.《中国人民银行法》（2003年12月27日修正）

第二条　中国人民银行是中华人民共和国的中央银行。

中国人民银行在国务院领导下，制定和执行货币政策，防范和化解金融风险，维护金融稳定。

第三条　货币政策目标是保持货币币值的稳定，并以此促进经济增长。

第四条　中国人民银行履行下列职责：

（一）发布与履行其职责有关的命令和规章；

（二）依法制定和执行货币政策；

（三）发行人民币，管理人民币流通；

（四）监督管理银行间同业拆借市场和银行间债券市场；

（五）实施外汇管理，监督管理银行间外汇市场；

（六）监督管理黄金市场；

（七）持有、管理、经营国家外汇储备、黄金储备；

（八）经理国库；

（九）维护支付、清算系统的正常运行；

（十）指导、部署金融业反洗钱工作，负责反洗钱的资金监测；

（十一）负责金融业的统计、调查、分析和预测；

（十二）作为国家的中央银行，从事有关的国际金融活动；

（十三）国务院规定的其他职责。

中国人民银行为执行货币政策，可以依照本法第四章的有关规定从事金融业务活动。

4.《商业银行法》(2015 年 8 月 29 日修正)

第十一条　设立商业银行，应当经国务院银行业监督管理机构审查批准。

未经国务院银行业监督管理机构批准，任何单位和个人不得从事吸收公众存款等商业银行业务，任何单位不得在名称中使用“银行”字样。

第十二条　设立商业银行，应当具备下列条件：

（一）有符合本法和《中华人民共和国公司法》规定的章程；

（二）有符合本法规定的注册资本最低限额；

（三）有具备任职专业知识和业务工作经验的董事、高级管理人员；

（四）有健全的组织机构和管理制度；

（五）有符合要求的营业场所、安全防范措施和与业务有关的其他设施。

设立商业银行，还应当符合其他审慎性条件。

第十三条　设立全国性商业银行的注册资本最低限额为十亿元人民币。设立城市商业银行的注册资本最低限额为一亿元人民币，设立农村商业银行的注册资本最低限额为五千万元人民币。注册资本应当是实缴资本。

国务院银行业监督管理机构根据审慎监管的要求可以调整注册资本最低限额，但不得少于前款规定的限额。

第十四条　设立商业银行，申请人应当向国务院银行业监督管理机构提交下列文件、资料：

（一）申请书，申请书应当载明拟设立的商业银行的名称、所在地、注册资本、业务范围等；

（二）可行性研究报告；

（三）国务院银行业监督管理机构规定提交的其他文件、资料。

第十五条　设立商业银行的申请经审查符合本法第十四条规定的，申请人应当填写正式申请表，并提交下列文件、资料：

（一）章程草案；

（二）拟任职的董事、高级管理人员的资格证明；

（三）法定验资机构出具的验资证明；

（四）股东名册及其出资额、股份；

（五）持有注册资本百分之五以上的股东的资信证明和有关资料；

（六）经营方针和计划；

（七）营业场所、安全防范措施和与业务有关的其他设施的资料；

（八）国务院银行业监督管理机构规定的其他文件、资料。

第十六条　经批准设立的商业银行，由国务院银行业监督管理机构颁发经营许可证，并凭该许可证向工商行政管理部门办理登记，领取营业执照。

第十七条　商业银行的组织形式、组织机构适用《中华人民共和国公司法》的规定。

本法施行前设立的商业银行，其组织形式、组织机构不完全符合《中华人民共和国公司法》规定的，可以继续沿用原有的规定，适用前款规定的日期由国务院规定。

5. 国务院《防范和处置非法集资条例》（国务院令第737号，2021年5月1日起施行）

第二条　本条例所称非法集资，是指未经国务院金融管理部门依法许可或者违反国家金融管理规定，以许诺还本付息或者给予其他投资回报等方式，向不特定对象吸收资金的行为。

非法集资的防范以及行政机关对非法集资的处置，适用本条例。法律、行政法规对非法从事银行、证券、保险、外汇等金融业务活动另有规定的，适用其规定。

本条例所称国务院金融管理部门，是指中国人民银行、国务院金融监督管理机构和国务院外汇管理部门。

第三条　本条例所称非法集资人，是指发起、主导或者组织实施非法集资的单位和个人；所称非法集资协助人，是指明知是非法集资而为其提供帮助并获取经济利益的单位和个人。

第四条　国家禁止任何形式的非法集资，对非法集资坚持防范为主、打早打小、综合治理、稳妥处置的原则。

第五条　省、自治区、直辖市人民政府对本行政区域内防范和处置非法集资工作负总责，地方各级人民政府应当建立健全政府统一领导的防范和处置非法集资工作机制。县级以上地方人民政府应当明确防范和处置非法集资工作机制的牵头部门（以下简称处置非法集资牵头部门），有关部门以及国务院金融管理部门分支机构、派出机构等单位参加工作机制；乡镇人民政府应当明确牵头负责防范和处置非法集资工作的人员。上级地方人民政府应当督促、指导下级地方人民政府做好本行政区域防范和处置非法集资工作。

行业主管部门、监管部门应当按照职责分工，负责本行业、领域非法集资的防范和配合处置工作。

第六条 国务院建立处置非法集资部际联席会议（以下简称联席会议）制度。联席会议由国务院银行保险监督管理机构牵头，有关部门参加，负责督促、指导有关部门和地方开展防范和处置非法集资工作，协调解决防范和处置非法集资工作中的重大问题。

第十一条 除国家另有规定外，任何单位和个人不得发布包含集资内容的广告或者以其他方式向社会公众进行集资宣传。

市场监督管理部门会同处置非法集资牵头部门加强对涉嫌非法集资广告的监测。经处置非法集资牵头部门组织认定为非法集资的，市场监督管理部门应当及时依法查处相关非法集资广告。

广告经营者、广告发布者应当依照法律、行政法规查验相关证明文件，核对广告内容。对没有相关证明文件且包含集资内容的广告，广告经营者不得提供设计、制作、代理服务，广告发布者不得发布。

第十二条 处置非法集资牵头部门与所在地国务院金融管理部门分支机构、派出机构应当建立非法集资可疑资金监测机制。国务院金融管理部门及其分支机构、派出机构应当按照职责分工督促、指导金融机构、非银行支付机构加强对资金异常流动情况及其他涉嫌非法集资可疑资金的监测工作。

第十三条 金融机构、非银行支付机构应当履行下列防范非法集资的义务：

（一）建立健全内部管理制度，禁止分支机构和员工参与非法集资，防止他人利用其经营场所、销售渠道从事非法集资；

（二）加强对社会公众防范非法集资的宣传教育，在经营场所醒目位置设置警示标识；

（三）依法严格执行大额交易和可疑交易报告制度，对涉嫌非法集资资金异常流动的相关账户进行分析识别，并将有关情况及时报告所在地国务院金融管理部门分支机构、派出机构和处置非法集资牵头部门。

第十四条 行业协会、商会应当加强行业自律管理、自我约束，督促、引导成员积极防范非法集资，不组织、不协助、不参与非法集资。

第十五条 联席会议应当建立中央和地方上下联动的防范非法集资宣传教育工作机制，推动全国范围内防范非法集资宣传教育工作。

地方各级人民政府应当开展常态化的防范非法集资宣传教育工作，充分运用各类媒介或者载体，以法律政策解读、典型案例剖析、投资风险教育等方式，向社会公众宣传非法集资的违法性、危害性及其表现形式等，增强社会公众对非法集资的防范意识和识别能力。

行业主管部门、监管部门以及行业协会、商会应当根据本行业、领域非法集资风险特点，有针对性地开展防范非法集资宣传教育活动。

新闻媒体应当开展防范非法集资公益宣传，并依法对非法集资进行舆论监督。

第十六条　对涉嫌非法集资行为，任何单位和个人有权向处置非法集资牵头部门或者其他有关部门举报。

国家鼓励对涉嫌非法集资行为进行举报。处置非法集资牵头部门以及其他有关部门应当公开举报电话和邮箱等举报方式、在政府网站设置举报专栏，接受举报，及时依法处理，并为举报人保密。

第十七条　居民委员会、村民委员会发现所在区域有涉嫌非法集资行为的，应当向当地人民政府、处置非法集资牵头部门或者其他有关部门报告。

第十八条　处置非法集资牵头部门和行业主管部门、监管部门发现本行政区域或者本行业、领域可能存在非法集资风险的，有权对相关单位和个人进行警示约谈，责令整改。

第三章　处　置

第十九条　对本行政区域内的下列行为，涉嫌非法集资的，处置非法集资牵头部门应当及时组织有关行业主管部门、监管部门以及国务院金融管理部门分支机构、派出机构进行调查认定：

（一）设立互联网企业、投资及投资咨询类企业、各类交易场所或者平台、农民专业合作社、资金互助组织以及其他组织吸收资金；

（二）以发行或者转让股权、债权，募集基金，销售保险产品，或者以从事各类资产管理、虚拟货币、融资租赁业务等名义吸收资金；

（三）在销售商品、提供服务、投资项目等商业活动中，以承诺给付货币、股权、实物等回报的形式吸收资金；

（四）违反法律、行政法规或者国家有关规定，通过大众传播媒介、即时通信工具或者其他方式公开传播吸收资金信息；

（五）其他涉嫌非法集资的行为。

第二十条　对跨行政区域的涉嫌非法集资行为，非法集资人为单位的，由其登记地处置非法集资牵头部门组织调查认定；非法集资人为个人的，由其住所地或者经常居住地处置非法集资牵头部门组织调查认定。非法集资行为发生地、集资资产所在地以及集资参与人所在地处置非法集资牵头部门应当配合调查认定工作。

处置非法集资牵头部门对组织调查认定职责存在争议的，由其共同的上级处置非法集资牵头部门确定；对跨省、自治区、直辖市组织调查认定职责存在争议的，由联席会议确定。

第二十一条　处置非法集资牵头部门组织调查涉嫌非法集资行为，可以采取下列措施：

（一）进入涉嫌非法集资的场所进行调查取证；

（二）询问与被调查事件有关的单位和个人，要求其对有关事项作出说明；

（三）查阅、复制与被调查事件有关的文件、资料、电子数据等，对可能被转移、隐匿或者毁损的文件、资料、电子设备等予以封存；

（四）经处置非法集资牵头部门主要负责人批准，依法查询涉嫌非法集资的有关账户。

调查人员不得少于2人，并应当出示执法证件。

与被调查事件有关的单位和个人应当配合调查，不得拒绝、阻碍。

第二十二条　处置非法集资牵头部门对涉嫌非法集资行为组织调查，有权要求暂停集资行为，通知市场监督管理部门或者其他有关部门暂停为涉嫌非法集资的有关单位办理设立、变更或者注销登记。

第二十三条　经调查认定属于非法集资的，处置非法集资牵头部门应当责令非法集资人、非法集资协助人立即停止有关非法活动；发现涉嫌犯罪的，应当按照规定及时将案件移送公安机关，并配合做好相关工作。

行政机关对非法集资行为的调查认定，不是依法追究刑事责任的必经程序。

第二十七条　为非法集资设立的企业、个体工商户和农民专业合作社，由市场监督管理部门吊销营业执照。为非法集资设立的网站、开发的移动应用程序等互联网应用，由电信主管部门依法予以关闭。

第二十八条　国务院金融管理部门及其分支机构、派出机构，地方人民政府有关部门以及其他有关单位和个人，对处置非法集资工作应当给予支持、配合。

任何单位和个人不得阻挠、妨碍处置非法集资工作。

第二十九条　处置非法集资过程中，有关地方人民政府应当采取有效措施维护社会稳定。

第四章　法律责任

第三十条　对非法集资人，由处置非法集资牵头部门处集资金额20%以上1倍以下的罚款。非法集资人为单位的，还可以根据情节轻重责令停产停业，由有关机关依法吊销许可证、营业执照或者登记证书；对其法定代表人或者主要负责人、直接负责的主管人员和其他直接责任人员给予警告，处50万元以上500万元以下的罚款。构成犯罪的，依法追究刑事责任。

第三十一条　对非法集资协助人，由处置非法集资牵头部门给予警告，处违法所得1倍以上3倍以下的罚款；构成犯罪的，依法追究刑事责任。

第三十二条　非法集资人、非法集资协助人不能同时履行所承担的清退集资资金和缴纳罚款义务时，先清退集资资金。

第三十三条　对依照本条例受到行政处罚的非法集资人、非法集资协助人，由有关部门建立信用记录，按照规定将其信用记录纳入全国信用信息共享平台。

第三十四条　互联网信息服务提供者未履行对涉嫌非法集资信息的防范和处置义务的，由有关主管部门责令改正，给予警告，没收违法所得；拒不改正或者情节严重的，处10万元以上50万元以下的罚款，并可以根据情节轻重责令暂停相关业务、停业整顿、关闭网站、吊销相关业务许可证或者吊销营业执照，对直接负责的主管人员和其他直接责任人员处1万元以上10万元以下的罚款。

广告经营者、广告发布者未按照规定查验相关证明文件、核对广告内容的，由市场监督管理部门责令改正，并依照《中华人民共和国广告法》的规定予以处罚。

第三十五条　金融机构、非银行支付机构未履行防范非法集资义务的，由国务院金融管理部门或者其分支机构、派出机构按照职责分工责令改正，给予警告，没收违法所得；造成严重后果的，处100万元以上500万元以下的罚款，对直接负责的主管人员和其他直接责任人员给予警告，处10万元以上50万元以下的罚款。

第三十六条　与被调查事件有关的单位和个人不配合调查，拒绝提供相关文件、资料、电子数据等或者提供虚假文件、资料、电子数据等的，由处置非法集资牵头部门责令改正，给予警告，处5万元以上50万元以下的罚款。

阻碍调查人员依法执行职务，构成违反治安管理行为的，由公安机关依法给予治安管理处罚；构成犯罪的，依法追究刑事责任。

第三十七条 国家机关工作人员有下列行为之一的，依法给予处分：

（一）明知所主管、监管的单位有涉嫌非法集资行为，未依法及时处理；

（二）未按照规定及时履行对非法集资的防范职责，或者不配合非法集资处置，造成严重后果；

（三）在防范和处置非法集资过程中滥用职权、玩忽职守、徇私舞弊；

（四）通过职务行为或者利用职务影响，支持、包庇、纵容非法集资。

前款规定的行为构成犯罪的，依法追究刑事责任。

第五章 附 则

第三十八条 各省、自治区、直辖市可以根据本条例制定防范和处置非法集资工作实施细则。

第三十九条 未经依法许可或者违反国家金融管理规定，擅自从事发放贷款、支付结算、票据贴现等金融业务活动的，由国务院金融管理部门或者地方金融管理部门按照监督管理职责分工进行处置。

法律、行政法规对其他非法金融业务活动的防范和处置没有明确规定的，参照本条例的有关规定执行。其他非法金融业务活动的具体类型由国务院金融管理部门确定。

6.《网络借贷信息中介机构业务活动管理暂行办法》（中国银行业监督管理委员会、工业和信息化部、公安部、国家互联网信息办公室令 2016 年第 1 号，2016 年 8 月 17 日起施行）

第二条 在中国境内从事网络借贷信息中介业务活动，适用本办法，法律法规另有规定的除外。

本办法所称网络借贷是指个体和个体之间通过互联网平台实现的直接借贷。个体包含自然人、法人及其他组织。网络借贷信息中介机构是指依法设立，专门从事网络借贷信息中介业务活动的金融信息中介公司。该类机构以互联网为主要渠道，为借款人与出借人（即贷款人）实现直接借贷提供信息搜集、信息公布、资信评估、信息交互、借贷撮合等服务。

本办法所称地方金融监管部门是指各省级人民政府承担地方金融监管职责的部门。

第三条 网络借贷信息中介机构按照依法、诚信、自愿、公平的原则为借款人和出借人提供信息服务，维护出借人与借款人合法权益，不得提供增信服务，不得直接或间接归集资金，不得非法集资，不得损害国家利益和社会公共利益。

借款人与出借人遵循借贷自愿、诚实守信、责任自负、风险自担的原则承担借贷风险。网络借贷信息中介机构承担客观、真实、全面、及时进行信息披露的责任，不承担借贷违约风险。

第四条　按照《关于促进互联网金融健康发展的指导意见》中“鼓励创新、防范风险、趋利避害、健康发展”的总体要求和“依法监管、适度监管、分类监管、协同监管、创新监管”的监管原则，落实各方管理责任。国务院银行业监督管理机构及其派出机构负责制定网络借贷信息中介机构业务活动监督管理制度，并实施行为监管。各省级人民政府负责本辖区网络借贷信息中介机构的机构监管。工业和信息化部负责对网络借贷信息中介机构业务活动涉及的电信业务进行监管。公安部牵头负责对网络借贷信息中介机构的互联网服务进行安全监管，依法查处违反网络安全监管的违法违规活动，打击网络借贷涉及的金融犯罪及相关犯罪。国家互联网信息办公室负责对金融信息服务、互联网信息内容等业务进行监管。

第五条　拟开展网络借贷信息中介服务的网络借贷信息中介机构及其分支机构，应当在领取营业执照后，于10个工作日以内携带有关材料向工商登记注册地地方金融监管部门备案登记。

地方金融监管部门负责为网络借贷信息中介机构办理备案登记。地方金融监管部门应当在网络借贷信息中介机构提交的备案登记材料齐备时予以受理，并在各省（区、市）规定的时限内完成备案登记手续。备案登记不构成对网络借贷信息中介机构经营能力、合规程度、资信状况的认可和评价。

地方金融监管部门有权根据本办法和相关监管规则对备案登记后的网络借贷信息中介机构进行评估分类，并及时将备案登记信息及分类结果在官方网站上公示。

网络借贷信息中介机构完成地方金融监管部门备案登记后，应当按照通信主管部门的相关规定申请相应的电信业务经营许可；未按规定申请电信业务经营许可的，不得开展网络借贷信息中介业务。

网络借贷信息中介机构备案登记、评估分类等具体细则另行制定。

第六条　开展网络借贷信息中介业务的机构，应当在经营范围中实质明确网络借贷信息中介，法律、行政法规另有规定的除外。

第十条　网络借贷信息中介机构不得从事或者接受委托从事下列活动：

（一）为自身或变相为自身融资；

（二）直接或间接接受、归集出借人的资金；

（三）直接或变相向出借人提供担保或者承诺保本保息；

（四）自行或委托、授权第三方在互联网、固定电话、移动电话等电子渠道以外的物理场所进行宣传或推介融资项目；

（五）发放贷款，但法律法规另有规定的除外；

（六）将融资项目的期限进行拆分；

（七）自行发售理财等金融产品募集资金，代销银行理财、券商资管、基金、保险或信托产品等金融产品；

（八）开展类资产证券化业务或实现以打包资产、证券化资产、信托资产、基金份额等形式的债权转让行为；

（九）除法律法规和网络借贷有关监管规定允许外，与其他机构投资、代理销售、经纪等业务进行任何形式的混合、捆绑、代理；

（十）虚构、夸大融资项目的真实性、收益前景，隐瞒融资项目的瑕疵及风险，以歧义性语言或其他欺骗性手段等进行虚假片面宣传或促销等，捏造、散布虚假信息或不完整信息损害他人商业信誉，误导出借人或借款人；

（十一）向借款用途为投资股票、场外配资、期货合约、结构化产品及其他衍生品等高风险的融资提供信息中介服务；

（十二）从事股权众筹等业务；

（十三）法律法规、网络借贷有关监管规定禁止的其他活动。

第十七条 网络借贷金额应当以小额为主。网络借贷信息中介机构应当根据本机构风险管理能力，控制同一借款人在同一网络借贷信息中介机构平台及不同网络借贷信息中介机构平台的借款余额上限，防范信贷集中风险。

同一自然人在同一网络借贷信息中介机构平台的借款余额上限不超过人民币20万元；同一法人或其他组织在同一网络借贷信息中介机构平台的借款余额上限不超过人民币100万元；同一自然人在不同网络借贷信息中介机构平台借款总余额不超过人民币100万元；同一法人或其他组织在不同网络借贷信息中介机构平台借款总余额不超过人民币500万元。

第十九条 网络借贷信息中介机构应当为单一融资项目设置募集期，最长不超过20个工作日。

第二十六条 网络借贷信息中介机构应当向出借人以醒目方式提示网络借贷风险和禁止性行为，并经出借人确认。

网络借贷信息中介机构应当对出借人的年龄、财务状况、投资经验、风险偏好、风险承受能力等进行尽职评估，不得向未进行风险评估的出借人提供交易服务。

网络借贷信息中介机构应当根据风险评估结果对出借人实行分级管理，设置可动态调整的出借限额和出借标的限制。

第二十七条　网络借贷信息中介机构应当加强出借人与借款人信息管理，确保出借人与借款人信息采集、处理及使用的合法性和安全性。

网络借贷信息中介机构及其资金存管机构、其他各类外包服务机构等应当为业务开展过程中收集的出借人与借款人信息保密，未经出借人与借款人同意，不得将出借人与借款人提供的信息用于所提供服务之外的目的。

在中国境内收集的出借人与借款人信息的储存、处理和分析应当在中国境内进行。除法律法规另有规定外，网络借贷信息中介机构不得向境外提供境内出借人和借款人信息。

第二十八条　网络借贷信息中介机构应当实行自身资金与出借人和借款人资金的隔离管理，并选择符合条件的银行业金融机构作为出借人与借款人的资金存管机构。

第三十九条　地方金融监管部门存在未依照本办法规定报告重大风险和处置情况、未依照本办法规定向国务院银行业监督管理机构提供行业统计或行业报告等违反法律法规及本办法规定情形的，应当对有关责任人依法给予行政处分；构成犯罪的，依法追究刑事责任。

第四十条　网络借贷信息中介机构违反法律法规和网络借贷有关监管规定，有关法律法规有处罚规定的，依照其规定给予处罚；有关法律法规未作处罚规定的，工商登记注册地地方金融监管部门可以采取监管谈话、出具警示函、责令改正、通报批评、将其违法违规和不履行公开承诺等情况记入诚信档案并公布等监管措施，以及给予警告、人民币 3 万元以下罚款和依法可以采取的其他处罚措施；构成犯罪的，依法追究刑事责任。

网络借贷信息中介机构违反法律规定从事非法集资活动或欺诈的，按照相关法律法规和工作机制处理；构成犯罪的，依法追究刑事责任。

第四十一条　网络借贷信息中介机构的出借人及借款人违反法律法规和网络借贷有关监管规定，依照有关规定给予处罚；构成犯罪的，依法追究刑事责任。

7. 国务院办公厅《互联网金融风险专项整治工作实施方案》（国办发〔2016〕21号，2016年4月12日印发）

（一）P2P网络借贷和股权众筹业务。

1. P2P网络借贷平台应守住法律底线和政策红线，落实信息中介性质，不得设立资金池，不得发放贷款，不得非法集资，不得自融自保、代替客户承诺保本保息、期限错配、期限拆分、虚假宣传、虚构标的，不得通过虚构、夸大融资项目收益前景等方法误导出借人，除信用信息采集及核实、贷后跟踪、抵质押管理等业务外，不得从事线下营销。

2. 股权众筹平台不得发布虚假标的，不得自筹，不得“明股实债”或变相乱集资，应强化对融资者、股权众筹平台的信息披露义务和股东权益保护要求，不得进行虚假陈述和误导性宣传。

3. P2P网络借贷平台和股权众筹平台未经批准不得从事资产管理、债权或股权转让、高风险证券市场配资等金融业务。P2P网络借贷平台和股权众筹平台客户资金与自有资金应分账管理，遵循专业化运营原则，严格落实客户资金第三方存管要求，选择符合条件的银行业金融机构作为资金存管机构，保护客户资金安全，不得挪用或占用客户资金。

4. 房地产开发企业、房地产中介机构和互联网金融从业机构等未取得相关金融资质，不得利用P2P网络借贷平台和股权众筹平台从事房地产金融业务；取得相关金融资质的，不得违规开展房地产金融相关业务。从事房地产金融业务的企业应遵守宏观调控政策和房地产金融管理相关规定。规范互联网“众筹买房”等行为，严禁各类机构开展“首付贷”性质的业务。

（二）通过互联网开展资产管理及跨界从事金融业务。

1. 互联网企业未取得相关金融业务资质不得依托互联网开展相应业务，开展业务的实质应符合取得的业务资质。互联网企业和传统金融企业平等竞争，行为规则和监管要求保持一致。采取“穿透式”监管方法，根据业务实质认定业务属性。

2. 未经相关部门批准，不得将私募发行的多类金融产品通过打包、拆分等形式向公众销售。采取“穿透式”监管方法，根据业务本质属性执行相应的监管规定。销售金融产品应严格执行投资者适当性制度标准，披露信息和提示风险，不得将产品销售给与风险承受能力不相匹配的客户。

3. 金融机构不得依托互联网通过各类资产管理产品嵌套开展资产管理业务、

规避监管要求。应综合资金来源、中间环节与最终投向等全流程信息，采取“穿透式”监管方法，透过表面判定业务本质属性、监管职责和应遵循的行为规则与监管要求。

4. 同一集团内取得多项金融业务资质的，不得违反关联交易等相关业务规范。按照与传统金融企业一致的监管规则，要求集团建立“防火墙”制度，遵循关联交易等方面的监管规定，切实防范风险交叉传染。

（三）第三方支付业务。

1. 非银行支付机构不得挪用、占用客户备付金，客户备付金账户应开立在人民银行或符合要求的商业银行。人民银行或商业银行不向非银行支付机构备付金账户计付利息，防止支付机构以“吃利差”为主要盈利模式，理顺支付机构业务发展激励机制，引导非银行支付机构回归提供小额、快捷、便民小微支付服务的宗旨。

2. 非银行支付机构不得连接多家银行系统，变相开展跨行清算业务。非银行支付机构开展跨行支付业务应通过人民银行跨行清算系统或者具有合法资质的清算机构进行。

3. 开展支付业务的机构应依法取得相应业务资质，不得无证经营支付业务，开展商户资金结算、个人 POS 机收付款、发行多用途预付卡、网络支付等业务。

（四）互联网金融领域广告等行为。

互联网金融领域广告等宣传行为应依法合规、真实准确，不得对金融产品和业务进行不当宣传。未取得相关金融业务资质的从业机构，不得对金融业务或公司形象进行宣传。取得相关业务资质的，宣传内容应符合相关法律法规规定，需经有权部门许可的，应当与许可的内容相符合，不得进行误导性、虚假违法宣传。

8. 《证券投资基金法》（2015 年 4 月 24 日修正）

第十二条　基金管理人由依法设立的公司或者合伙企业担任。

公开募集基金的基金管理人，由基金管理公司或者经国务院证券监督管理机构按照规定核准的其他机构担任。

第十三条　设立管理公开募集基金的基金管理公司，应当具备下列条件，并经国务院证券监督管理机构批准：

（一）有符合本法和《中华人民共和国公司法》规定的章程；

（二）注册资本不低于一亿元人民币，且必须为实缴货币资本；

（三）主要股东应当具有经营金融业务或者管理金融机构的良好业绩、良好的财务状况和社会信誉，资产规模达到国务院规定的标准，最近三年没有违法记录；

（四）取得基金从业资格的人员达到法定人数；

（五）董事、监事、高级管理人员具备相应的任职条件；

（六）有符合要求的营业场所、安全防范设施和与基金管理业务有关的其他设施；

（七）有良好的内部治理结构、完善的内部稽核监控制度、风险控制制度；

（八）法律、行政法规规定的和经国务院批准的国务院证券监督管理机构规定的其他条件。

第三十二条　基金托管人由依法设立的商业银行或者其他金融机构担任。

商业银行担任基金托管人的，由国务院证券监督管理机构会同国务院银行业监督管理机构核准；其他金融机构担任基金托管人的，由国务院证券监督管理机构核准。

第三十三条　担任基金托管人，应当具备下列条件：

（一）净资产和风险控制指标符合有关规定；

（二）设有专门的基金托管部门；

（三）取得基金从业资格的专职人员达到法定人数；

（四）有安全保管基金财产的条件；

（五）有安全高效的清算、交割系统；

（六）有符合要求的营业场所、安全防范设施和与基金托管业务有关的其他设施；

（七）有完善的内部稽核监控制度和风险控制制度；

（八）法律、行政法规规定的和经国务院批准的国务院证券监督管理机构、国务院银行业监督管理机构规定的其他条件。

第四十四条　基金合同应当约定基金的运作方式。

第四十五条　基金的运作方式可以采用封闭式、开放式或者其他方式。

采用封闭式运作方式的基金（以下简称封闭式基金），是指基金份额总额在基金合同期限内固定不变，基金份额持有人不得申请赎回的基金；采用开放式运作方式的基金（以下简称开放式基金），是指基金份额总额不固定，基金份额可以在基金合同约定的时间和场所申购或者赎回的基金。

采用其他运作方式的基金的基金份额发售、交易、申购、赎回的办法，由国务院证券监督管理机构另行规定。

第五十条　公开募集基金，应当经国务院证券监督管理机构注册。未经注册，不得公开或者变相公开募集基金。

前款所称公开募集基金，包括向不特定对象募集资金、向特定对象募集资金累计超过二百人，以及法律、行政法规规定的其他情形。

公开募集基金应当由基金管理人管理，基金托管人托管。

第八十七条　非公开募集基金应当向合格投资者募集，合格投资者累计不得超过二百人。

前款所称合格投资者，是指达到规定资产规模或者收入水平，并且具备相应的风险识别能力和风险承担能力、其基金份额认购金额不低于规定限额的单位和个人。

合格投资者的具体标准由国务院证券监督管理机构规定。

第九十七条　从事公开募集基金的销售、销售支付、份额登记、估值、投资顾问、评价、信息技术系统服务等基金服务业务的机构，应当按照国务院证券监督管理机构的规定进行注册或者备案。

第九十八条　基金销售机构应当向投资人充分揭示投资风险，并根据投资人的风险承担能力销售不同风险等级的基金产品。

第九十九条　基金销售支付机构应当按照规定办理基金销售结算资金的划付，确保基金销售结算资金安全、及时划付。

9.《私募投资基金监督管理暂行办法》（中国证券监督管理委员会令第105号，2014年8月21日起施行）

第二条　本办法所称私募投资基金（以下简称私募基金），是指在中华人民共和国境内，以非公开方式向投资者募集资金设立的投资基金。

私募基金财产的投资包括买卖股票、股权、债券、期货、期权、基金份额及投资合同约定的其他投资标的。

非公开募集资金，以进行投资活动为目的设立的公司或者合伙企业，资产由基金管理人或者普通合伙人管理的，其登记备案、资金募集和投资运作适用本办法。

证券公司、基金管理公司、期货公司及其子公司从事私募基金业务适用本办法，其他法律法规和中国证券监督管理委员会（以下简称中国证监会）有关规定对上述机构从事私募基金业务另有规定的，适用其规定。

第十一条　私募基金应当向合格投资者募集，单只私募基金的投资者人数累计不得超过《证券投资基金法》、《公司法》、《合伙企业法》等法律规定的特定数量。

投资者转让基金份额的，受让人应当为合格投资者且基金份额受让后投资者人数应当符合前款规定。

第十二条　私募基金的合格投资者是指具备相应风险识别能力和风险承担能力，投资于单只私募基金的金额不低于100万元且符合下列相关标准的单位和个人：

（一）净资产不低于1000万元的单位；

（二）金融资产不低于300万元或者最近三年个人年均收入不低于50万元的个人。

前款所称金融资产包括银行存款、股票、债券、基金份额、资产管理计划、银行理财产品、信托计划、保险产品、期货权益等。

第十三条　下列投资者视为合格投资者：

（一）社会保障基金、企业年金等养老基金，慈善基金等社会公益基金；

（二）依法设立并在基金业协会备案的投资计划；

（三）投资于所管理私募基金的私募基金管理人及其从业人员；

（四）中国证监会规定的其他投资者。

以合伙企业、契约等非法人形式，通过汇集多数投资者的资金直接或者间接投资于私募基金的，私募基金管理人或者私募基金销售机构应当穿透核查最终投资者是否为合格投资者，并合并计算投资者人数。但是，符合本条第（一）、（二）、（四）项规定的投资者投资私募基金的，不再穿透核查最终投资者是否为合格投资者和合并计算投资者人数。

第十四条　私募基金管理人、私募基金销售机构不得向合格投资者之外的单位和个人募集资金，不得通过报刊、电台、电视、互联网等公众传播媒体或者讲座、报告会、分析会和布告、传单、手机短信、微信、博客和电子邮件等方式，向不特定对象宣传推介。

第十五条　私募基金管理人、私募基金销售机构不得向投资者承诺投资本金不受损失或者承诺最低收益。

第十六条　私募基金管理人自行销售私募基金的，应当采取问卷调查等方式，对投资者的风险识别能力和风险承担能力进行评估，由投资者书面承诺符合合格投资者条件；应当制作风险揭示书，由投资者签字确认。

私募基金管理人委托销售机构销售私募基金的，私募基金销售机构应当采取前款规定的评估、确认等措施。

投资者风险识别能力和承担能力问卷及风险揭示书的内容与格式指引，由基金业协会按照不同类别私募基金的特点制定。

第十七条　私募基金管理人自行销售或者委托销售机构销售私募基金，应当自行或者委托第三方机构对私募基金进行风险评级，向风险识别能力和风险承担能力相匹配的投资者推介私募基金。

第十八条　投资者应当如实填写风险识别能力和承担能力问卷，如实承诺资产或者收入情况，并对其真实性、准确性和完整性负责。填写虚假信息或者提供虚假承诺文件的，应当承担相应责任。

10.《信托公司管理办法》（中国银行业监督管理委员会令2007年第2号，2007年3月1日起施行）

第七条　设立信托公司，应当经中国银行业监督管理委员会批准，并领取金融许可证。

未经中国银行业监督管理委员会批准，任何单位和个人不得经营信托业务，任何经营单位不得在其名称中使用“信托公司”字样。法律法规另有规定的除外。

第八条　设立信托公司，应当具备下列条件：

（一）有符合《中华人民共和国公司法》和中国银行业监督管理委员会规定的公司章程；

（二）有具备中国银行业监督管理委员会规定的入股资格的股东；

（三）具有本办法规定的最低限额的注册资本；

（四）有具备中国银行业监督管理委员会规定任职资格的董事、高级管理人员和与其业务相适应的信托从业人员；

（五）具有健全的组织机构、信托业务操作规程和风险控制制度；

（六）有符合要求的营业场所、安全防范措施和与业务有关的其他设施；

（七）中国银行业监督管理委员会规定的其他条件。

第二十一条　信托公司不得开展除同业拆入业务以外的其他负债业务，且同业拆入余额不得超过其净资产的20%。中国银行业监督管理委员会另有规定的除外。

11.《消费金融公司试点管理办法》（中国银行业监督管理委员会令2013年第2号，2014年1月1日起施行）

第二条　本办法所称消费金融公司，是指经银监会批准，在中华人民共和国境内设立的，不吸收公众存款，以小额、分散为原则，为中国境内居民个人提供以消费为目的的贷款的非银行金融机构。

第三条　本办法所称消费贷款是指消费金融公司向借款人发放的以消费（不包括购买房屋和汽车）为目的的贷款。

第四条　消费金融公司名称中应当标明“消费金融”字样。未经银监会批准，任何机构不得在名称中使用“消费金融”字样。

第二十一条　消费金融公司向个人发放消费贷款不应超过客户风险承受能力且借款人贷款余额最高不得超过人民币20万元。

（四）行政部门对于非法集资的性质认定

1.《最高人民法院、最高人民检察院、公安部关于办理非法集资刑事案件适用法律若干问题的意见》（公通字〔2014〕16号，2014年3月25日公布）

一、关于行政认定的问题

行政部门对于非法集资的性质认定，不是非法集资刑事案件进入刑事诉讼程序的必经程序。行政部门未对非法集资作出性质认定的，不影响非法集资刑事案件的侦查、起诉和审判。

公安机关、人民检察院、人民法院应当依法认定案件事实的性质，对于案情复杂、性质认定疑难的案件，可参考有关部门的认定意见，根据案件事实和法律规定作出性质认定。

2.《最高人民法院关于非法集资刑事案件性质认定问题的通知》（法〔2011〕262号，2011年8月18日发布）

一、行政部门对于非法集资的性质认定，不是非法集资案件进入刑事程序的必经程序。行政部门未对非法集资作出性质认定的，不影响非法集资刑事案件的审判。

二、人民法院应当依照刑法和最高人民法院《关于审理非法集资刑事案件具体应用法律若干问题的解释》等有关规定认定案件事实的性质，并认定相关行为是否构成犯罪。

三、对于案情复杂、性质认定疑难的案件，人民法院可以在有关部门关于是否符合行业技术标准的行政认定意见的基础上，根据案件事实和法律规定作出性质认定。

四、非法集资刑事案件的审判工作涉及领域广、专业性强，人民法院在审理此类案件当中要注意加强与有关行政主（监）管部门以及公安机关、人民检察院的配合。审判工作中遇到重大问题难以解决的，请及时报告最高人民法院。

（五）单位犯罪的认定

1.《最高人民法院、最高人民检察院、公安部关于办理非法集资刑事案件若干问题的意见》（高检会〔2019〕2号，2019年1月30日印发）

二、关于单位犯罪的认定问题

单位实施非法集资犯罪活动，全部或者大部分违法所得归单位所有的，应当认定为单位犯罪。

个人为进行非法集资犯罪活动而设立的单位实施犯罪的，或者单位设立后，以实施非法集资犯罪活动为主要活动的，不以单位犯罪论处，对单位中组织、策划、实施非法集资犯罪活动的人员应当以自然人犯罪依法追究刑事责任。

判断单位是否以实施非法集资犯罪活动为主要活动，应当根据单位实施非法集资的次数、频度、持续时间、资金规模、资金流向、投入人力物力情况、单位进行正当经营的状况以及犯罪活动的影响、后果等因素综合考虑认定。

三、关于涉案下属单位的处理问题

办理非法集资刑事案件中，人民法院、人民检察院、公安机关应当全面查清涉案单位，包括上级单位（总公司、母公司）和下属单位（分公司、子公司）的主体资格、层级、关系、地位、作用、资金流向等，区分情况依法作出处理。

上级单位已被认定为单位犯罪，下属单位实施非法集资犯罪活动，且全部或者大部分违法所得归下属单位所有的，对该下属单位也应当认定为单位犯罪。上级单位和下属单位构成共同犯罪的，应当根据犯罪单位的地位、作用，确定犯罪单位的刑事责任。

上级单位已被认定为单位犯罪，下属单位实施非法集资犯罪活动，但全部或者大部分违法所得归上级单位所有的，对下属单位不单独认定为单位犯罪。下属单位中涉嫌犯罪的人员，可以作为上级单位的其他直接责任人员依法追究刑事责任。

上级单位未被认定为单位犯罪，下属单位被认定为单位犯罪的，对上级单位中组织、策划、实施非法集资犯罪的人员，一般可以与下属单位按照自然人与单位共同犯罪处理。

上级单位与下属单位均未被认定为单位犯罪的，一般以上级单位与下属单位中承担组织、领导、管理、协调职责的主管人员和发挥主要作用的人员作为主犯，以其他积极参加非法集资犯罪的人员作为从犯，按照自然人共同犯罪处理。

2.《最高人民检察院关于办理涉互联网金融犯罪案件有关问题座谈会纪要》（高检诉〔2017〕14号，2017年6月2日发布）

三、依法认定单位犯罪及其责任人员

20. 涉互联网金融犯罪案件多以单位形式组织实施，所涉单位数量众多、层级复杂，其中还包括大量分支机构和关联单位，集团化特征明显。有的涉互联网金融犯罪案件中分支机构遍布全国，既有具备法人资格的，又有不具备法人资格的；既有受总公司直接领导的，又有受总公司的下属单位领导的。公安机关在立案时做法不一，有的对单位立案，有的不对单位立案，有的被立案的单位不具有独立法人资格，有的仅对最上层的单位立案而不对分支机构立案。对此，检察机关公诉部门在审查起诉时，应当从能够全面揭示犯罪行为基本特征、全面覆盖犯罪活动、准确界定区分各层级人员的地位作用、有利于有力指控犯罪、有利于追缴违法所得等方面依法具体把握，确定是否以单位犯罪追究。

21. 涉互联网金融犯罪所涉罪名中，刑法规定应当追究单位刑事责任的，对同时具备以下情形且具有独立法人资格的单位，可以以单位犯罪追究：

（1）犯罪活动经单位决策实施；

（2）单位的员工主要按照单位的决策实施具体犯罪活动；

（3）违法所得归单位所有，经单位决策使用，收益亦归单位所有。但是，单位设立后专门从事违法犯罪活动的，应当以自然人犯罪追究刑事责任。

22. 对参与涉互联网金融犯罪，但不具有独立法人资格的分支机构，是否追究其刑事责任，可以区分两种情形处理：

（1）全部或部分违法所得归分支机构所有并支配，分支机构作为单位犯罪主体追究刑事责任；

（2）违法所得完全归分支机构上级单位所有并支配的，不能对分支机构作为单位犯罪主体追究刑事责任，而是应当对分支机构的上级单位（符合单位犯罪主体资格）追究刑事责任。

23. 分支机构认定为单位犯罪主体的，该分支机构相关涉案人员应当作为该分支机构的“直接负责的主管人员”或者“其他直接责任人员”追究刑事责任。

仅将分支机构的上级单位认定为单位犯罪主体的，该分支机构相关涉案人员可以作为该上级单位的“其他直接责任人员”追究刑事责任。

24. 对符合追诉条件的分支机构（包括具有独立法人资格的和不具有独立法人资格）及其所属单位，公安机关均没有作为犯罪嫌疑单位移送审查起诉，仅将其所属单位的上级单位作为犯罪嫌疑单位移送审查起诉的，对相关分支机构涉案人员可以区分以下情形处理：

（1）有证据证明被立案的上级单位（比如总公司）在业务、财务、人事等方面对下属单位及其分支机构进行实际控制，下属单位及其分支机构涉案人员可以作为被移送审查起诉的上级单位的“其他直接责任人员”追究刑事责任。在证明实际控制关系时，应当收集、运用公司决策、管理、考核等相关文件，OA系统等电子数据，资金往来记录等证据。对不同地区同一单位的分支机构涉案人员起诉时，证明实际控制关系的证据体系、证明标准应基本一致。

（2）据现有证据无法证明被立案的上级单位与下属单位及其分支机构之间存在实际控制关系的，对符合单位犯罪构成要件的下属单位或分支机构应当补充起诉，下属单位及其分支机构已不具备补充起诉条件的，可以将下属单位及其分支机构的涉案犯罪嫌疑人直接起诉。

3.《全国法院审理金融犯罪案件工作座谈会纪要》（法〔2001〕8号，2001年1月21日印发）

根据刑法和《最高人民法院关于审理单位犯罪案件具体应用法律有关问题的解释》的规定，以单位名义实施犯罪，违法所得归单位所有的，是单位犯罪。

1. 单位的分支机构或者内设机构、部门实施犯罪行为的处理。以单位的分支机构或者内设机构、部门的名义实施犯罪，违法所得亦归分支机构或者内设机构、部门所有的，应认定为单位犯罪。不能因为单位的分支机构或者内设机构、部门没有可供执行罚金的财产，就不将其认定为单位犯罪，而按照个人犯罪处理。

2. 单位犯罪直接负责的主管人员和其他直接责任人员的认定：直接负责的主管人员，是在单位实施的犯罪中起决定、批准、授意、纵容、指挥等作用的人员，一般是单位的主管负责人，包括法定代表人。其他直接责任人员，是在单位犯罪中具体实施犯罪并起较大作用的人员，既可以是单位的经营管理人员，也可以是单位的职工，包括聘任、雇佣的人员。应当注意的是，在单位犯罪中，对于受单位领导指派或奉命而参与实施了一定犯罪行为的人员，一般不宜作为直接责任人员追究刑事责任。对单位犯罪中的直接负责的主管人员和其他直接责任人员，应根据其在单位犯罪中的地位、作用和犯罪情节，分别处以相应的刑罚，主管人员与直接责任人员，在个案中，不是当然的主、从犯关系，有的案件，主管人员与直接责任人员在实施犯罪行为的主从关系不明显的，可不分主、从犯。但具体案件可以分清主、从犯，且不分清主、从犯，在同一法定刑档次、幅度内量刑无法做到罪刑相适应的，应当分清主、从犯，依法处罚。

3. 对未作为单位犯罪起诉的单位犯罪案件的处理。对于应当认定为单位犯罪的案件，检察机关只作为自然人犯罪案件起诉的，人民法院应及时与检察机关协商，建议检察机关对犯罪单位补充起诉。如检察机关不补充起诉的，人民法院仍应依法审理，对被起诉的自然人根据指控的犯罪事实、证据及庭审查明的事实，依法按单位犯罪中的直接负责的主管人员或者其他直接责任人员追究刑事责任，并应引用刑罚分则关于单位犯罪追究直接负责的主管人员和其他直接责任人员刑事责任的有关条款。

4. 单位共同犯罪的处理。两个以上单位以共同故意实施的犯罪，应根据各单位在共同犯罪中的地位、作用大小，确定犯罪单位的主、从犯。

（六）非法吸收公众存款罪的犯罪数额认定

1.《最高人民法院、最高人民检察院、公安部关于办理非法集资刑事案件若干问题的意见》（高检会〔2019〕2号，2019年1月30日印发）

五、关于犯罪数额的认定问题

非法吸收或者变相吸收公众存款构成犯罪，具有下列情形之一的，向亲友或者单位内部人员吸收的资金应当与向不特定对象吸收的资金一并计入犯罪数额：

（一）在向亲友或者单位内部人员吸收资金的过程中，明知亲友或者单位内部人员向不特定对象吸收资金而予以放任的；

（二）以吸收资金为目的，将社会人员吸收为单位内部人员，并向其吸收资金的；

（三）向社会公开宣传，同时向不特定对象、亲友或者单位内部人员吸收资金的。

非法吸收或者变相吸收公众存款的数额，以行为人所吸收的资金全额计算。集资参与人收回本金或者获得回报后又重复投资的数额不予扣除，但可以作为量刑情节酌情考虑。

2.《最高人民检察院关于办理涉互联网金融犯罪案件有关问题座谈会纪要》（高检诉〔2017〕14号，2017年6月2日发布）

11. 负责或从事吸收资金行为的犯罪嫌疑人非法吸收公众存款金额，根据其实际参与吸收的全部金额认定。但以下金额不应计入该犯罪嫌疑人的吸收金额：

（1）犯罪嫌疑人自身及其近亲属所投资的资金金额；

（2）记录在犯罪嫌疑人名下，但其未实际参与吸收且未从中收取任何形式好处的资金。①

吸收金额经过司法会计鉴定的，可以将前述不计入部分直接扣除。但是，前述两项所涉金额仍应计入相对应的上一级负责人及所在单位的吸收金额。

12. 投资人在每期投资结束后，利用投资账户中的资金（包括每期投资结束后归还的本金、利息）进行反复投资的金额应当累计计算，但对反复投资的数额应当作出说明。对负责或从事行政管理、财务会计、技术服务等辅助工作的犯罪嫌疑人，应当按照其参与的犯罪事实，结合其在犯罪中的地位和作用，依法确定刑事责任范围。

13. 确定犯罪嫌疑人的吸收金额时，应当重点审查、运用以下证据：（1）涉案主体自身的服务器或第三方服务器上存储的交易记录等电子数据；（2）会计账簿和会计凭证；（3）银行账户交易记录、POS机支付记录；（4）资金收付凭证、书面合同等书证。仅凭投资人报案数据不能认定吸收金额。

3.《最高人民法院、最高人民检察院、公安部关于办理非法集资刑事案件适用法律若干问题的意见》（公通字〔2014〕16号，2014年3月25日公布）

六、关于证据的收集问题

办理非法集资刑事案件中，确因客观条件的限制无法逐一收集集资参与人的言词证据的，可结合已收集的集资参与人的言词证据和依法收集并查证属实的书面合同、银行账户交易记录、会计凭证及会计账簿、资金收付凭证、审计报告、互联网电子数据等证据，综合认定非法集资对象人数和吸收资金数额等犯罪事实。

---

① 编者注：本条规定与《最高人民法院、最高人民检察院、公安部关于办理非法集资刑事案件若干问题的意见》（2019年1月30日起施行）规定不一致，根据法律位阶及颁布时间，应适用2019年意见的规定。

（七）以“虚拟货币”“区块链”名义进行非法集资的主要特征及法律风险

1.《中国银行保险监督管理委员会、中央网络安全和信息化委员会办公室、公安部、中国人民银行、国家市场监督管理总局关于防范以“虚拟货币”“区块链”名义进行非法集资的风险提示》（2018年8月24日公布）

一、网络化、跨境化明显。依托互联网、聊天工具进行交易，利用网上支付工具收支资金，风险波及范围广、扩散速度快。一些不法分子通过租用境外服务器搭建网站，实质面向境内居民开展活动，并远程控制实施违法活动。一些个人在聊天工具群组中声称获得了境外优质区块链项目投资额度，可以代为投资，极可能是诈骗活动。这些不法活动资金多流向境外，监管和追踪难度很大。

二、欺骗性、诱惑性、隐蔽性较强。利用热点概念进行炒作，编造名目繁多的“高大上”理论，有的还利用名人大V“站台”宣传，以空投“糖果”等为诱惑，宣称“币值只涨不跌”“投资周期短、收益高、风险低”，具有较强蛊惑性。实际操作中，不法分子通过幕后操纵所谓虚拟货币价格走势、设置获利和提现门槛等手段非法牟取暴利。此外，一些不法分子还以ICO、IFO、IEO等花样翻新的名目发行代币，或打着共享经济的旗号以IMO方式进行虚拟货币炒作，具有较强的隐蔽性和迷惑性。

三、存在多种违法风险。不法分子通过公开宣传，以“静态收益”（炒币升值获利）和“动态收益”（发展下线获利）为诱饵，吸引公众投入资金，并利诱投资人发展人员加入，不断扩充资金池，具有非法集资、传销、诈骗等违法行为特征。

2.《关于防范比特币等所谓“虚拟货币”风险的提示》（中国互联网金融协会2017年9月13日发布）

比特币等所谓“虚拟货币”缺乏明确的价值基础，市场投机气氛浓厚，价格波动剧烈，投资者盲目跟风炒作，易造成资金损失，投资者需强化风险防范意识。值得注意的是，比特币等所谓“虚拟货币”日益成为洗钱、贩毒、走私、非法集资等违法犯罪活动的工具，投资者应保持警惕，发现违法犯罪活动线索应立即报案。

投资者通过比特币等所谓“虚拟货币”的交易平台参与投机炒作，面临价格大幅波动风险、安全性风险等，且平台技术风险也较高，国际上已发生多起交易平台遭黑客入侵盗窃事件，投资者须自行承担投资风险。不法分子也往往利用交易平台获取所谓“虚拟货币”以从事相关非法活动，存在较大的法律风险，近期大量交易平台因支持代币发行融资活动（ICO）已被监管部门叫停。各类所谓“币”的交易平台在我国并无合法设立的依据。

中国互联网金融协会呼吁：各会员单位应履行行业自律公约的承诺，严格遵守国家法律和监管规定，不参与任何与所谓“虚拟货币”相关的集中交易或为此类交易提供服务，主动抵制任何违法违规的金融活动。

3.《中国互联网金融协会、中国银行业协会、中国支付清算协会关于防范虚拟货币交易炒作风险的公告》（2021 年 5 月 18 日发布）

一、正确认识虚拟货币及相关业务活动的本质属性

虚拟货币是一种特定的虚拟商品，不由货币当局发行，不具有法偿性与强制性等货币属性，不是真正的货币，不应且不能作为货币在市场上流通使用。

开展法定货币与虚拟货币兑换及虚拟货币之间的兑换业务、作为中央对手方买卖虚拟货币、为虚拟货币交易提供信息中介和定价服务、代币发行融资以及虚拟货币衍生品交易等相关交易活动，违反有关法律法规，并涉嫌非法集资、非法发行证券、非法发售代币票券等犯罪活动。

二、有关机构不得开展与虚拟货币相关的业务

金融机构、支付机构等会员单位要切实增强社会责任，不得用虚拟货币为产品和服务定价，不得承保与虚拟货币相关的保险业务或将虚拟货币纳入保险责任范围，不得直接或间接为客户提供其他与虚拟货币相关的服务，包括但不限于：为客户提供虚拟货币登记、交易、清算、结算等服务；接受虚拟货币或将虚拟货币作为支付结算工具；开展虚拟货币与人民币及外币的兑换服务；开展虚拟货币的储存、托管、抵押等业务；发行与虚拟货币相关的金融产品；将虚拟货币作为信托、基金等投资的投资标的等。

金融机构、支付机构等会员单位应切实加强虚拟货币交易资金监测，依托行业自律机制，强化风险信息共享，提高行业风险联防联控水平；发现违法违规线索的，要及时按程序采取限制、暂停或终止相关交易、服务等措施，并向有关部门报告；同时积极运用多渠道、多元化的触达手段，加强客户宣传和警示教育，主动做好涉虚拟货币风险提示。

互联网平台企业会员单位不得为虚拟货币相关业务活动提供网络经营场所、商业展示、营销宣传、付费导流等服务，发现相关问题线索应及时向有关部门报告，并为相关调查、侦查工作提供技术支持和协助。

三、消费者要提高风险防范意识，谨防财产和权益损失

虚拟货币无真实价值支撑，价格极易被操纵，相关投机交易活动存在虚假资产风险、经营失败风险、投资炒作风险等多重风险。从我国现有司法实践看，虚拟货币交易合同不受法律保护，投资交易造成的后果和引发的损失由相关方自行承担。

广大消费者要增强风险意识，树立正确的投资理念，不参与虚拟货币交易炒作活动，谨防个人财产及权益受损。要珍惜个人银行账户，不用于虚拟货币账户充值和提现、购买和销售相关交易充值码以及划转相关交易资金等活动，防止违法使用和个人信息泄露。

四、加强对会员单位的自律管理

各会员单位要严格落实国家有关监管要求，恪守行业自律承诺，坚决不开展、不参与任何与虚拟货币相关的业务活动。三家协会将加强对会员单位的自律监督，发现违反有关监管规定和行业自律管理要求的，将依照相关自律规范对其采取业内通报、暂停会员权利、取消会员资格等处分措施，并向金融管理部门报告，涉嫌违法犯罪的，将有关线索移送公安机关。

（八）假借办理预付卡或预付消费的名义进行非法集资的主要特征

《严密防范利用预付消费进行非法集资的提示》（2016 年 10 月发布）

处置非法集资部际联席会议、商务部、工商总局提示：

近段时间以来，个别不法分子假借办理预付卡或预付消费的名义从事非法集资活动，给部分群众造成经济损失。此形式非法集资的主要特征有：

一是通过传单、广告、业务员推广、购卡人员推荐等各种途径公开宣传；

二是不以真实消费为目的，承诺在一定期限内向购卡人返还购卡资金、预付资金并支付一定利息；

三是以购买“预付卡”、“购物卡”或“预付消费”等名义向社会公众吸收资金。

此类运作模式实际上是变相承诺高额回报，违背消费服务的价值规律，资金运转难以长期维系，一旦资金链断裂，参与者将面临严重损失。

（九）“现金贷”业务的分类处置

《互联网金融风险专项整治工作领导小组办公室、P2P网络借贷风险专项整治工作领导小组办公室关于规范整顿“现金贷”业务的通知》（整治办函〔2017〕141号，2017年12月1日发布）

五、分类处置，加大对各类违法违规机构处置力度

（一）各类机构违反前述规定开展业务的，由各监管部门按照情节轻重，采取暂停业务、责令改正、通报批评、不予备案、取消业务资质等措施督促其整改，情节严重的坚决取缔；同时，视情由省级人民政府相关职能部门及金融监管部门依法实施行政处罚。对协助各类机构违法违规开展业务的网站、平台等，有关部门应叫停并依法追究责任。

（二）对于未经批准经营放贷业务的组织或个人，在银监会指导下，各地依法予以严厉打击和取缔；对于借机逃废债、不支持配合清理整顿工作的，加大处罚、打击力度；涉嫌非法经营的，移送相关部门进行查处；金融机构和非银行支付机构停止提供金融服务，通信管理部门依法处置互联网金融网站和移动应用程序。涉嫌非法集资、非法证券等违法违规活动的，分别按照处置非法集资、打击非法证券活动、清理整顿各类交易场所等工作机制予以查处。

（三）对涉嫌恶意欺诈和暴力催收等严重违法违规的机构，及时将线索移交公安机关，切实防范风险，确保社会大局稳定。

（十）网络借贷中介机构非法控制、支配资金的行为定性

[检例第64号：杨卫国等人非法吸收公众存款案]

【要旨】

单位或个人假借开展网络借贷信息中介业务之名，未经依法批准，归集不特定公众的资金设立资金池，控制、支配资金池中的资金，并承诺还本付息的，构成非法吸收公众存款罪。

【指导意义】

1. 向不特定社会公众吸收存款是商业银行专属金融业务，任何单位和个人未经批准不得实施。根据《中华人民共和国商业银行法》第11条规定，未经国务院银行业监督管理机构批准，任何单位和个人不得从事吸收公众存款等商业银行业务，这是判断吸收公众存款行为合法与非法的基本法律依据。任何单位或个人，包括非银行金融机构，未经国务院银行业监督管理机构批准，面向社会吸收公众存款或者变相吸收公众存款均属非法。非法吸收公众存款、变相吸收公众存

款、以任何名义向社会不特定对象进行的非法集资都属于非法金融活动，必须予以取缔。为了解决传统金融机构覆盖不了、满足不好的社会资金需求，缓解个体经营者、小微企业经营当中的小额资金困难，国务院金融监管机构于2016年发布了《网络借贷信息中介机构业务活动管理暂行办法》等“一个办法、三个指引”，允许单位或个人在规定的借款余额范围内通过网络借贷信息中介机构进行小额借贷，并且对单一组织、单一个人在单一平台、多个平台的借款余额上限作了明确限定。检察机关在办案中要准确把握法律法规、金融管理规定确定的界限、标准和原则精神，准确区分融资借款活动的性质，对于违反规定达到追诉标准的，依法追究刑事责任。

2. 金融创新必须遵守金融管理法律规定，不得触犯刑法规定。金融是现代经济的核心和血脉，金融活动引发的风险具有较强的传导性、扩张性、潜在性和不确定性。为了发挥金融服务经济社会发展的作用，有效防控金融风险，国家制定了完善的法律法规，对商业银行、保险、证券等金融业务进行严格的规制和监管。金融也需要发展和创新，但金融创新必须有效地防控可能产生的风险，必须遵守金融管理法律法规，尤其是依法须经许可才能从事的金融业务，不允许未经许可而以创新的名义擅自开展。检察机关办理涉金融案件，要深入分析、清楚认识各类新金融现象，准确把握金融的本质，透过复杂多样的表现形式，准确区分是真的金融创新还是披着创新外衣的伪创新，是合法金融活动还是以金融创新为名实施金融违法犯罪活动，为防范化解金融风险提供及时、有力的司法保障。

3. 网络借贷中介机构非法控制、支配资金，构成非法吸收公众存款。网络借贷信息中介机构依法只能从事信息中介业务，为借款人与出借人实现直接借贷提供信息搜集、信息公布、资信评估、信息交互、借贷撮合等服务。信息中介机构不得提供增信服务，不得直接或间接归集资金，包括设立资金池控制、支配资金或者为自己控制的公司融资。网络借贷信息中介机构利用互联网发布信息归集资金，不仅超出了信息中介业务范围，同时也触犯了《刑法》第176条的规定。检察机关在办案中要通过对网络借贷平台的股权结构、实际控制关系、资金来源、资金流向、中间环节和最终投向的分析，综合全流程信息，分析判断是规范的信息中介，还是假借信息中介名义从事信用中介活动，是否存在违法设立资金池、自融、变相自融等违法归集、控制、支配、使用资金的行为，准确认定行为性质。

（十一）办理非法集资刑事案件中宽严相济刑事政策的贯彻

1.《最高人民法院、最高人民检察院、公安部关于办理非法集资刑事案件若干问题的意见》（高检会〔2019〕2号，2019年1月30日印发）

六、关于宽严相济刑事政策把握问题

办理非法集资刑事案件，应当贯彻宽严相济刑事政策，依法合理把握追究刑事责任的范围，综合运用刑事手段和行政手段处置和化解风险，做到惩处少数、教育挽救大多数。要根据行为人的客观行为、主观恶性、犯罪情节及其地位、作用、层级、职务等情况，综合判断行为人的责任轻重和刑事追究的必要性，按照区别对待原则分类处理涉案人员，做到罚当其罪、罪责刑相适应。

重点惩处非法集资犯罪活动的组织者、领导者和管理人员，包括单位犯罪中的上级单位（总公司、母公司）的核心层、管理层和骨干人员，下属单位（分公司、子公司）的管理层和骨干人员，以及其他发挥主要作用的人员。

对于涉案人员积极配合调查、主动退赃退赔、真诚认罪悔罪的，可以依法从轻处罚；其中情节轻微的，可以免除处罚；情节显著轻微、危害不大的，不作为犯罪处理。

2. 最高法刑三庭有关负责人就审理非法集资刑事案件有关问题答记者问（2019年1月30日发文）

在办理非法集资刑事案件中，主要从以下几方面贯彻宽严相济政策精神：一是严格把握定罪处罚的法律要件，防止将经济纠纷作为经济犯罪处理。对于非法吸收公众存款，主要用于正常的生产经营活动，能够及时清退所吸收资金的，可以免予刑事处罚；情节显著轻微的，不作为犯罪处理。二是按照区别对待的原则，对涉案人员分类处理。重点惩处非法集资犯罪活动的组织者、领导者和管理人员，包括单位犯罪中的上级单位（总公司、母公司）的核心层、管理层和骨干人员，下属单位（分公司、子公司）的管理层和骨干人员，以及其他发挥主要作用的人员。对于参与非法集资的普通业务人员，一般不作为直接责任人员追究刑事责任。三是切实贯彻认罪认罚从宽制度，最大限度地体现政策精神。对于涉案人员积极配合调查、主动退赃退赔、真诚认罪悔罪的，可以依法从轻处罚；其中情节轻微的，可以免除处罚；情节显著轻微、危害不大的，不作为犯罪处理。

3.《最高人民检察院关于办理涉互联网金融犯罪案件有关问题座谈会纪要》（高检诉〔2017〕14号，2017年6月2日发布）

2. 妥善把握刑事追诉的范围和边界。涉互联网金融犯罪案件涉案人员众多，要按照区别对待的原则分类处理，综合运用刑事追诉和非刑事手段处置和化解风险，打击少数、教育挽救大多数。要坚持主客观相统一的原则，根据犯罪嫌疑人在犯罪活动中的地位作用、涉案数额、危害结果、主观过错等主客观情节，综合判断责任轻重及刑事追诉的必要性，做到罪责适应、罚当其罪。对犯罪情节严重、主观恶性大、在犯罪中起主要作用的人员，特别是核心管理层人员和骨干人员，依法从严打击；对犯罪情节相对较轻、主观恶性较小、在犯罪中起次要作用的人员依法从宽处理。

四、综合运用定罪量刑情节

25. 在办理跨区域涉互联网金融犯罪案件时，在追诉标准、追诉范围以及量刑建议等方面应当注意统一平衡。对于同一单位在多个地区分别设立分支机构的，在同一省（自治区、直辖市）范围内应当保持基本一致。分支机构所涉犯罪嫌疑人与上级单位主要犯罪嫌疑人之间应当保持适度平衡，防止出现责任轻重“倒挂”的现象。

26. 单位犯罪中，直接负责的主管人员和其他直接责任人员在涉互联网金融犯罪案件中的地位、作用存在明显差别的，可以区分主犯和从犯。对起组织领导作用的总公司的直接负责的主管人员和发挥主要作用的其他直接责任人员，可以认定为全案的主犯，其他人员可以认定为从犯。

27. 最大限度减少投资人的实际损失是办理涉互联网金融犯罪案件特别是非法集资案件的重要工作。在决定是否起诉、提出量刑建议时，要重视对是否具有认罪认罚、主动退赃退赔等情节的考察。分支机构涉案人员积极配合调查、主动退还违法所得、真诚认罪悔罪的，应当依法提出从轻、减轻处罚的量刑建议。其中，对情节轻微、可以免予刑事处罚的，或者情节显著轻微、危害不大、不认为是犯罪的，应当依法作出不起诉决定。对被不起诉人需要给予行政处罚或者没收违法所得的，应当向行政主管部门提出检察意见。

4.《最高人民法院、最高人民检察院、公安部关于办理非法集资刑事案件适用法律若干问题的意见》（公通字〔2014〕16号，2014年3月25日发布）

四、关于共同犯罪的处理问题

为他人向社会公众非法吸收资金提供帮助，从中收取代理费、好处费、返点费、佣金、提成等费用，构成非法集资共同犯罪的，应当依法追究刑事责任。能够及时退缴上述费用的，可依法从轻处罚；其中情节轻微的，可以免除处罚；情节显著轻微、危害不大的，不作为犯罪处理。

（十二）非法集资案件的涉案财物追缴处置

1.《最高人民法院、最高人民检察院、公安部关于办理非法集资刑事案件若干问题的意见》（高检会〔2019〕2号，2019年1月30日印发）

九、关于涉案财物追缴处置问题

办理跨区域非法集资刑事案件，案件主办地办案机关应当及时归集涉案财物，为统一资产处置做好基础性工作。其他涉案地办案机关应当及时查明涉案财物，明确其来源、去向、用途、流转情况，依法办理查封、扣押、冻结手续，并制作详细清单，对扣押款项应当设立明细账，在扣押后立即存入办案机关唯一合规账户，并将有关情况提供案件主办地办案机关。

人民法院、人民检察院、公安机关应当严格依照刑事诉讼法和相关司法解释的规定，依法移送、审查、处理查封、扣押、冻结的涉案财物。对审判时尚未追缴到案或者尚未足额退赔的违法所得，人民法院应当判决继续追缴或者责令退赔，并由人民法院负责执行，处置非法集资职能部门、人民检察院、公安机关等应当予以配合。

人民法院对涉案财物依法作出判决后，有关地方和部门应当在处置非法集资职能部门统筹协调下，切实履行协作义务，综合运用多种手段，做好涉案财物清运、财产变现、资金归集、资金清退等工作，确保最大限度减少实际损失。

根据有关规定，查封、扣押、冻结的涉案财物，一般应在诉讼终结后返还集资参与人。涉案财物不足全部返还的，按照集资参与人的集资额比例返还。退赔集资参与人的损失一般优先于其他民事债务以及罚金、没收财产的执行。

2. 最高法刑三庭有关负责人就审理非法集资刑事案件有关问题答记者问（2019年1月30日发文）

一是明确追缴或者责令退赔的范围。向社会公众吸收的资金属于违法所得，应当予以追缴或者责令退赔。对审判时尚未追缴到案或者尚未足额退赔的违法所得，人民法院应当判决继续追缴或者责令退赔。二是明确了涉案财物的处置方式。对于查封、扣押、冻结的涉案财物，一般在诉讼终结后，返还集资参与人。涉案财物不足全部返还的，按照集资参与人的集资额比例返还。对于分别处理的跨区域非法集资刑事案件，按照统一制定的方案处置涉案财物。退赔集资参与人的损失一般优先于其他民事债务以及罚金、没收财产的执行。三是明确了追缴处置涉案财物的工作机制。人民法院对涉案财物依法作出判决后，有关地方和部门应当在处置非法集资职能部门统筹协调下，切实履行协作义务，综合运用多种手段，做好涉案财物清运、财产变现、资金归集、资金清退等工作，确保最大限度追赃挽损，最大限度减少实际损失。

3.《最高人民法院、最高人民检察院、公安部关于办理非法集资刑事案件适用法律若干问题的意见》（公通字〔2014〕16号，2014年3月25日印发）

五、关于涉案财物的追缴和处置问题

向社会公众非法吸收的资金属于违法所得。以吸收的资金向集资参与人支付的利息、分红等回报，以及向帮助吸收资金人员支付的代理费、好处费、返点费、佣金、提成等费用，应当依法追缴。集资参与人本金尚未归还的，所支付的回报可予折抵本金。

将非法吸收的资金及其转换财物用于清偿债务或者转让给他人，有下列情形之一的，应当依法追缴：

（一）他人明知是上述资金及财物而收取的；

（二）他人无偿取得上述资金及财物的；

（三）他人以明显低于市场的价格取得上述资金及财物的；

（四）他人取得上述资金及财物系源于非法债务或者违法犯罪活动的；

（五）其他依法应当追缴的情形。

查封、扣押、冻结的易贬值及保管、养护成本较高的涉案财物，可以在诉讼终结前依照有关规定变卖、拍卖。所得价款由查封、扣押、冻结机关予以保管，待诉讼终结后一并处置。

查封、扣押、冻结的涉案财物，一般应在诉讼终结后，返还集资参与人。涉案财物不足全部返还的，按照集资参与人的集资额比例返还。

4.《防范和处置非法集资条例》（2021年5月1日起施行）

第二十四条　根据处置非法集资的需要，处置非法集资牵头部门可以采取下列措施：

（一）查封有关经营场所，查封、扣押有关资产；

（二）责令非法集资人、非法集资协助人追回、变价出售有关资产用于清退集资资金；

（三）经设区的市级以上地方人民政府处置非法集资牵头部门决定，按照规定通知出入境边防检查机关，限制非法集资的个人或者非法集资单位的控股股东、实际控制人、董事、监事、高级管理人员以及其他直接责任人员出境。

采取前款第一项、第二项规定的措施，应当经处置非法集资牵头部门主要负责人批准。

第二十五条　非法集资人、非法集资协助人应当向集资参与人清退集资资金。清退过程应当接受处置非法集资牵头部门监督。

任何单位和个人不得从非法集资中获取经济利益。

因参与非法集资受到的损失，由集资参与人自行承担。

第二十六条　清退集资资金来源包括：

（一）非法集资资金余额；

（二）非法集资资金的收益或者转换的其他资产及其收益；

（三）非法集资人及其股东、实际控制人、董事、监事、高级管理人员和其他相关人员从非法集资中获得的经济利益；

（四）非法集资人隐匿、转移的非法集资资金或者相关资产；

（五）在非法集资中获得的广告费、代言费、代理费、好处费、返点费、佣金、提成等经济利益；

（六）可以作为清退集资资金的其他资产。

第二十七条　为非法集资设立的企业、个体工商户和农民专业合作社，由市场监督管理部门吊销营业执照。为非法集资设立的网站、开发的移动应用程序等互联网应用，由电信主管部门依法予以关闭。

第二十八条　国务院金融管理部门及其分支机构、派出机构，地方人民政府有关部门以及其他有关单位和个人，对处置非法集资工作应当给予支持、配合。

任何单位和个人不得阻挠、妨碍处置非法集资工作。

第二十九条　处置非法集资过程中，有关地方人民政府应当采取有效措施维护社会稳定。

（十三）非法吸收公众存款罪的地域管辖

1.《最高人民检察院关于办理涉互联网金融犯罪案件有关问题座谈会纪要》（高检诉〔2017〕14号，2017年6月2日发布）

3. 注重案件统筹协调推进。涉互联网金融犯罪跨区域特征明显，各地检察机关公诉部门要按照“统一办案协调、统一案件指挥、统一资产处置、分别侦查诉讼、分别落实维稳”（下称“三统两分”）的要求分别处理好辖区内案件，加强横向、纵向联系，在上级检察机关特别是省级检察院的指导下统一协调推进办案工作，确保辖区内案件处理结果相对平衡统一。跨区县案件由地市级检察院统筹协调，跨地市案件由省级检察院统一协调，跨省案件由高检院公诉厅统一协调。各级检察机关公诉部门要加强与公安机关、地方金融办等相关单位以及检察机关内部侦监、控申等部门的联系，建立健全案件信息通报机制，及时掌握重大案件的立案、侦查、批捕、信访等情况，适时开展提前介入侦查等工作，并及时上报上级检察院。省级检察院公诉部门要发挥工作主动性，主动掌握社会影响大的案件情况，研究制定工作方案，统筹协调解决办案中遇到的问题，重大、疑难、复杂问题要及时向高检院报告。

4. 坚持司法办案“三个效果”有机统一。涉互联网金融犯罪影响广泛，社会各界特别是投资人群体十分关注案件处理。各级检察机关公诉部门要从有利于全案依法妥善处置的角度出发，切实做好提前介入侦查引导取证、审查起诉、出庭公诉等各个阶段的工作，依法妥善处理重大敏感问题，不能机械司法、就案办案。同时，要把办案工作与保障投资人合法权益紧密结合起来，同步做好释法说理、风险防控、追赃挽损、维护稳定等工作，努力实现司法办案的法律效果、社会效果、政治效果有机统一。

31. 落实“三统两分”要求，健全证据交换共享机制，协调推进跨区域案件办理。对涉及主案犯罪嫌疑人的证据，一般由主案侦办地办案机构负责收集，其他地区提供协助。其他地区办案机构需要主案侦办地提供证据材料的，应当向主案侦办地办案机构提出证据需求，由主案侦办地办案机构收集并依法移送。无法移送证据原件的，应当在移送复制件的同时，按照相关规定作出说明。各地检察机关公诉部门之间要加强协作，加强与公安机关的协调，督促本地公安机关与其他地区公安机关做好证据交换共享相关工作。案件进入审查起诉阶段后，检察机关公诉部门可以根据案件需要，直接向其他地区检察机关调取证据，其他地区检察机关公诉部门应积极协助。此外，各地检察机关在办理案件过程中发现对其他地区案件办理有重要作用的证据，应当及时采取措施并通知相应检察机关，做好依法移送工作。

2.《最高人民法院、最高人民检察院、公安部关于办理非法集资刑事案件若干问题的意见》（高检会〔2019〕2 号，2019 年 1 月 30 日印发）

七、关于管辖问题

跨区域非法集资刑事案件按照《国务院关于进一步做好防范和处置非法集资工作的意见》（国发〔2015〕59 号）确定的工作原则办理。如果合并侦查、诉讼更为适宜的，可以合并办理。

办理跨区域非法集资刑事案件，如果多个公安机关都有权立案侦查的，一般由主要犯罪地公安机关作为案件主办地，对主要犯罪嫌疑人立案侦查和移送审查起诉；由其他犯罪地公安机关作为案件分办地根据案件具体情况，对本地区犯罪嫌疑人立案侦查和移送审查起诉。

管辖不明或者有争议的，按照有利于查清犯罪事实、有利于诉讼的原则，由其共同的上级公安机关协调确定或者指定有关公安机关作为案件主办地立案侦查。需要提请批准逮捕、移送审查起诉、提起公诉的，由分别立案侦查的公安机关所在地的人民检察院、人民法院受理。

对于重大、疑难、复杂的跨区域非法集资刑事案件，公安机关应当在协调确定或者指定案件主办地立案侦查的同时，通报同级人民检察院、人民法院。人民检察院、人民法院参照前款规定，确定主要犯罪地作为案件主办地，其他犯罪地作为案件分办地，由所在地的人民检察院、人民法院负责起诉、审判。

本条规定的“主要犯罪地”，包括非法集资活动的主要组织、策划、实施地，集资行为人的注册地、主要营业地、主要办事机构所在地，集资参与人的主要所在地等。

3.《最高人民法院、最高人民检察院、公安部关于办理非法集资刑事案件适用法律若干问题的意见》（公通字〔2014〕16号，2014年3月25日发布）

八、关于跨区域案件的处理问题

跨区域非法集资刑事案件，在查清犯罪事实的基础上，可以由不同地区的公安机关、人民检察院、人民法院分别处理。

对于分别处理的跨区域非法集资刑事案件，应当按照统一制定的方案处置涉案财物。

国家机关工作人员违反规定处置涉案财物，构成渎职等犯罪的，应当依法追究刑事责任。

（十四）非法集资涉及民事案件的处理

《最高人民法院、最高人民检察院、公安部关于办理非法集资刑事案件适用法律若干问题的意见》（公通字〔2014〕16号，2014年3月25日发布）

七、关于涉及民事案件的处理问题

对于公安机关、人民检察院、人民法院正在侦查、起诉、审理的非法集资刑事案件，有关单位或者个人就同一事实向人民法院提起民事诉讼或者申请执行涉案财物的，人民法院应当不予受理，并将有关材料移送公安机关或者检察机关。

人民法院在审理民事案件或者执行过程中，发现有非法集资犯罪嫌疑的，应当裁定驳回起诉或者中止执行，并及时将有关材料移送公安机关或者检察机关。

公安机关、人民检察院、人民法院在侦查、起诉、审理非法集资刑事案件中，发现与人民法院正在审理的民事案件属同一事实，或者被申请执行的财物属于涉案财物的，应当及时通报相关人民法院。人民法院经审查认为确属涉嫌犯罪的，依照前款规定处理。

（十五）非法吸收公众存款罪的取证要求

1.《最高人民检察院关于办理涉互联网金融犯罪案件有关问题座谈会纪要》（高检诉〔2017〕14号，2017年6月2日发布）

28. 涉互联网金融犯罪案件证据种类复杂、数量庞大、且分散于各地，收集、审查、运用证据的难度大。各地检察机关公诉部门要紧紧围绕证据的真实性、合法性、关联性，引导公安机关依法全面收集固定证据，加强证据的审查、运用，确保案件事实经得起法律的检验。

29. 对于重大、疑难、复杂涉互联网金融犯罪案件，检察机关公诉部门要依法提前介入侦查，围绕指控犯罪的需要积极引导公安机关全面收集固定证据，必要时与公安机关共同会商，提出完善侦查思路、侦查提纲的意见建议。加强对侦查取证合法性的监督，对应当依法排除的非法证据坚决予以排除，对应当补正或作出合理解释的及时提出意见。

30. 电子数据在涉互联网金融犯罪案件的证据体系中地位重要，对于指控证实相关犯罪事实具有重要作用。随着互联网技术的不断发展，电子数据的形式、载体出现了许多新的变化，对电子数据的勘验、提取、审查等提出了更高要求，处理不当会对电子数据的真实性、合法性造成不可逆转的损害。检察机关公诉部门要严格执行《最高人民法院、最高人民检察院、公安部关于办理刑事案件收集提取和审查判断电子数据问题的若干规定》（法发〔2016〕22号），加强对电子数据收集、提取程序和技术标准的审查，确保电子数据的真实性、合法性。对云存储电子数据等新类型电子数据进行提取、审查时，要高度重视程序合法性、数据完整性等问题，必要时主动征求相关领域专家意见，在提取前会同公安机关、云存储服务提供商制定科学合法的提取方案，确保万无一失。

2. 最高人民检察院公诉厅编：《公诉案件证据参考标准》，法律出版社2014年版

（1）主体证据。

由于本罪主体为一般主体，因此按照一般主体证据的收集即可。需要注意的

是，实践中许多非法吸收公众存款的行为是以单位名义实施的，对此应当查明该单位是否真实存在，是否冒用其他单位的名义，是不是为了实施犯罪而设立的单位，还应当注意审查非法吸收公众存款的行为所体现的是个人意志还是单位意志，从而区分自然人犯罪与单位犯罪。

（2）主观方面证据。

主观方面证据是指证明行为人实施非法吸收公众存款行为系故意为之的证据，主要通过收集如下证据予以证明：犯罪嫌疑人、被告人的供述和辩解，证实其吸收公众存款的目的、动机、参与人员、预谋过程、分工情况、实施经过、是否曾受行政处罚、是否经人民银行批准、是否具有吸收公众存款业务经营权等情况；被害人陈述、证人证言，证实行为人吸收公众存款的方式、手段、详细经过等；其他证据，如相关物证、书证等，也可反映行为人的主观故意。若要证明单位犯本罪，还需收集单位法定代表人、直接主管人员、其他直接责任人员的供述，以及单位财务账簿、签署文件、会议记录、知情人证言等证据，以证明非法吸收公众存款的行为是单位研究决定的。此外，若是非银行金融机构（如信托公司、证券公司等）构成本罪共犯的，还应当收集相关证据证明行为人明知自己不具有吸收公众存款业务经营权，而实施非法吸收或者变相吸收公众存款、扰乱金融秩序行为的主观故意。

（3）客观方面证据。

客观方面证据是指证明行为人实施了非法吸收或者变相吸收公众存款、扰乱金融秩序行为的证据。主要可通过收集如下证据予以证明：

①犯罪嫌疑人、被告人的供述和辩解。应围绕非法集资非法性、公开性、利诱性、社会性 4 个特征进行，并将非法集资资金的管理、使用、用途作为重点进行取证。应查明涉案款物的去向以及犯罪嫌疑人、被告人的退赔能力。证实其实施非法吸收公众存款的时间、地点、参与人员，非法吸收或变相吸收公众存款的方式、手段、详细经过，非法吸收公众存款的数额与去向，是否经国家有关主管部门批准、是否伪造有关部门的批准文书、是否曾受有关国家机关的行政处罚等。

②非法集资参与人的言词证据。主要围绕参加集资的起因、方式、金额、回报（方式、次数、金额）、损失金额等方面进行。对非法集资参与人人数众多的案件，为全面查明非法集资参与人的实际损失，公安机关应及时发布公告要求非法集资参与人限期申报债权，对非法集资参与人进行确认，并及时告知相关权利

及义务。证实其投资的时间、地点、经过，财产损失数额，行为人非法吸收或变相吸收的方式、名义，如高利息、高回报等情况。

③证人证言。主要围绕知情人证言、经办人证言、单位有关人员证言、侦查人员的证言等，证实其所知悉的非法吸收公众存款的过程、手段、结果、数额、存款去向、侦查或鉴定过程中的有关情况等。

④物证、书证。要重视对言词证据的收集，更要重视对虚假宣传材料、股权证、协议书等书证及电子数据的收集取证。应当调取包括非法集资方案、宣传手段，资金来源、资金管理、使用、流向等方面的书证，如非法吸收的公众存款的合同、凭证、相关票据、账簿、广告宣传单等，重点收集所集资金的管理、使用、用途等影响非法集资行为定性方面的书证。对财务账目齐全，被告人及相关财务人员均能印证财务书证的案件，应以财务账目为核心进行取证。证实非法吸收公众存款的性质、数额、过程、存款去向等情况。

⑤鉴定意见，如文检鉴定、审计鉴定、会计鉴定等，在非法集资刑事案件办理中，对具有相应财务资料的，公安机关在立案侦查后一般应及时委托相关单位进行审计或者出具司法会计意见，进而准确认定犯罪嫌疑人、被告人非法集资金额、损失数额、犯罪金额。

⑥其他证据，如勘验、检查、辨认、侦查实验等笔录，视听资料，电子数据，等等。

需要注意的是，非法集资案件涉及多个行政区域，各涉案地分别立案的，相关证据材料应当共享，交换使用。

（十六）非法集资案件证据审查要求

1. 司法会计鉴定意见的审查

司法会计鉴定意见应审查鉴定主体资质和与待证事实的关联性。非法吸收公众存款罪应审查：①非法集资数额——应为行为人非法吸收资金的总额，包括案发前后已归还的部分。②重复投资金额——投资人在每期投资结束后，利用投资账户中的资金（包括每期投资结束后归还的本金、利息）进行反复投资的金额应当累计计算，但对反复投资的数额应当在审计中作出说明。③损失数额——应为在案发前后不能归还的本金总额。④各犯罪嫌疑人参与集资数额——根据参与集资犯罪、任职时间等因素，确定犯罪嫌疑人参与的非法吸收资金的数额。

2. 电子数据的审查和认定

①审查电子数据收集、提取程序和技术标准，确保数据真实、合法、完整。

尤其是在对云存储电子数据等新类型电子数据进行提取、审查时，要高度重视程序合法性、数据完整性等问题，必要时主动征求相关领域专家意见，提取前会同公安机关、云存储服务提供商制定科学合法的提取方案。

②审查涉案主体自身的服务器或第三方服务器上存储的交易记录，核实记录的完整性、真实性。结合公司会计账簿、会计凭证、银行转账记录、交款凭证等书证材料综合认定犯罪数额。

3. 众筹、私募型案件证据审查要点

审查要点主要针对容易异化为犯罪的股权众筹型、私募股权投资基金型非法集资进行审查。

（1）股权众筹型非法吸收公众存款：

①对第三方筹资平台主体资格进行审查。

结合中国银行保险监督管理委员会、中国证券监督管理委员会出具的行政认定书、批准文件，金融机构经营许可证、营业执照、互联网备案材料等书证，审查第三方筹资平台的合法性。

②对第三方筹资平台项目与资金之间的先后关系及资金去向进行审查。

结合各类合同、协议、会议纪要、财务鉴定意见等物证、书证，记账凭证、转账凭证等票据，电子账册、筹资平台服务器数据等电子证据及嫌疑人的供述，审查第三方筹资平台是否在无明确投资项目的情况下，事先归集投资者的资金。然后公开宣传吸引项目上线，再对项目进行投资。

③对第三方筹资平台是否公开宣传且承诺还本付息进行审查。

结合各类合同、宣传资料、宣传广告等物证、书证、视听资料、电子证据及集资参与人的陈述，证实第三方筹资平台是否向不特定人群公开宣传并同时承诺由专业团队代为选择投资项目，风险为零，至少还本付息。判断第三方筹资平台实质上是否将投资者对项目的直接投资转变为投资者先投资平台、再由平台投资项目的间接投资，进而结合至少还本付息的承诺，判断是否属于非法吸收公众存款。

（2）私募股权投资基金型非法吸收公众存款：

①对资金募集主体进行审查。

结合工商登记材料、批准文件，金融机构经营许可证、营业执照等书证，审查公司的经营范围是否包括以不公开方式募集资金。

②对资金募集的过程进行审查。

结合宣传单、宣传会的录音和视频、媒体上的广告等宣传资料以及手机和电脑等载体上的微信、短信、QQ 等发送的讯息材料，及嫌疑人供述、单位工作人员的陈述，证实资金募集过程是否公开。私募股权投资基金的资金募集方式必须以符合特定条件的非公开发行方式募集发行，不得采用广告、公告、广播、电话、传真、信函、推介会、说明会、网络、短信、公开劝诱等公开方式或变相公开方式向社会公众发行。

③对资金募集的人数及人群特点进行审查。

结合受害人登记表、收据、客户合同书、股权投资理财协议、公司报表等书证及受害人陈述，证实受害人的人数以及人群特点。有限责任公司组织形式的私募股权投资基金，其股东人数上限为 50 人。采用股份有限公司形式，则其发起人人数上限为 200 人，其中须有半数以上的发起人在中国境内有住所。

人群特点的审查主要判断对募集对象是否做区分，合法私募的对象必须限定于特定的具有风险识别能力和风险承受能力的成熟投资者，而非法集资的对象则为不特定的社会公众。

④对投资收益是否固定、风险是否揭示进行审查。

结合股权投资理财协议、认购风险申明书、银行汇款、转账收据、公司报表等书证及嫌疑人供述、受害人陈述，审查是否向集资参与人承诺在一定期限内保证归还认购的投资本金和支付高额利息。实践中，基金发起人在私募股权投资基金募集过程中不得承诺任何形式的固定收益；私募发行向投资者揭示投资风险时应明确提示：投资收益无法保证、投资本金也可能会出现亏损。

4. 互联网金融型

注重收集相关电子数据，包括证明所设立网站、App 的框架、内容、功能的数据信息，以及证明网站、App 收取集资参与人投资、资金流转、还本付息等财务流转过程的数据信息，尤其注意收集相关证明网站、App 上玩游戏或者签到、做任务等虚假形式手段与实际投资后还本付息关系的证据。着重审查以下要点：

①线上的公开性。互联网金融型非法吸收公众存款案件的宣传一般集中在网络领域，包括通过搜索排名、网站推广、其他网站外挂广告、微信微博宣传等。要注重对于线上相关宣传内容电子证据的调取和固定。

②投资参与人的虚拟性。互联网金融型非法吸收公众存款案件投资参与人通过网络注册并以注册的账号参与投资，注册的账号本身具有虚拟性，需重点围绕

查明投资账号是否实名注册，投资账号与其使用银行账户、第三方支付平台账户的关系，投资账户与实际使用者网络一致性等来审查判断其与实际集资参与人的对应关系。

③非法吸收公众存款的自动性。犯罪嫌疑人往往利用互联网金融，使用技术手段通过网站、手机 App 后台设定的模块和运行方式实现线上自助投资、线上投资项目自选、线上自动还本付息的非法吸收公众存款自动模式。要通过电子数据勘验、检查，线上侦查试验等方法，结合相关言词证据对此种自动模式进行有效证明。

④非法吸收公众存款的隐蔽性。犯罪嫌疑人往往通过在网站、手机 App 上设定完成游戏、签到等任务而产生收益作为非法吸收公众存款的幌子，具有较高的隐蔽性。要通过电子数据勘验、检查，线上侦查试验等方法，结合相关言词证据查明游戏、签到等任务的虚假性，查明隐蔽在游戏等任务下的固定投资额度、固定投资期限、固定收益标准的实质非法吸收公众存款行为。

三、追诉量刑

（一）非法吸收公众存款罪的定罪量刑标准①

1.《最高人民法院关于审理非法集资刑事案件具体应用法律若干问题的解释》（法释〔2010〕18 号，2011 年 1 月 4 日起施行）

第三条 非法吸收或者变相吸收公众存款，具有下列情形之一的，应当依法追究刑事责任：

（一）个人非法吸收或者变相吸收公众存款，数额在 20 万元以上的，单位非法吸收或者变相吸收公众存款，数额在 100 万元以上的；

（二）个人非法吸收或者变相吸收公众存款对象 30 人以上的，单位非法吸收或者变相吸收公众存款对象 150 人以上的；

（三）个人非法吸收或者变相吸收公众存款，给存款人造成直接经济损失数额在 10 万元以上的，单位非法吸收或者变相吸收公众存款，给存款人造成直接经济损失数额在 50 万元以上的；

（四）造成恶劣社会影响或者其他严重后果的。

---

① 《刑法修正案（十一）》颁布并施行后，非法吸收公众存款罪的法定刑分为三档，相应的标准应会有所调整。

具有下列情形之一的，属于刑法第一百七十六条规定的“数额巨大或者有其他严重情节”：

（一）个人非法吸收或者变相吸收公众存款，数额在100万元以上的，单位非法吸收或者变相吸收公众存款，数额在500万元以上的；

（二）个人非法吸收或者变相吸收公众存款对象100人以上的，单位非法吸收或者变相吸收公众存款对象500人以上的；

（三）个人非法吸收或者变相吸收公众存款，给存款人造成直接经济损失数额在50万元以上的，单位非法吸收或者变相吸收公众存款，给存款人造成直接经济损失数额在250万元以上的；

（四）造成特别恶劣社会影响或者其他特别严重后果的。

非法吸收或者变相吸收公众存款的数额，以行为人所吸收的资金全额计算。案发前后已归还的数额，可以作为量刑情节酌情考虑。

非法吸收或者变相吸收公众存款，主要用于正常的生产经营活动，能够及时清退所吸收资金，可以免予刑事处罚；情节显著轻微的，不作为犯罪处理。

2.《最高人民检察院、公安部关于公安机关管辖的刑事案件立案追诉标准的规定（二）》（公通字〔2010〕23号，2010年5月7日起施行）

第二十八条　［非法吸收公众存款案（刑法第一百七十六条）］非法吸收公众存款或者变相吸收公众存款，扰乱金融秩序，涉嫌下列情形之一的，应予立案追诉：

（一）个人非法吸收或者变相吸收公众存款数额在二十万元以上的，单位非法吸收或者变相吸收公众存款数额在一百万元以上的；

（二）个人非法吸收或者变相吸收公众存款三十户以上的，单位非法吸收或者变相吸收公众存款一百五十户以上的；

（三）个人非法吸收或者变相吸收公众存款给存款人造成直接经济损失数额在十万元以上的，单位非法吸收或者变相吸收公众存款给存款人造成直接经济损失数额在五十万元以上的；

（四）造成恶劣社会影响的；

（五）其他扰乱金融秩序情节严重的情形。

3.最高人民法院、最高人民检察院《关于常见犯罪的量刑指导意见（试行）》（法发〔2021〕21号，2021年7月1日起施行）

1.构成非法吸收公众存款罪的，根据下列情形在相应的幅度内确定量刑起点：

（1）犯罪情节一般的，在一年以下有期徒刑、拘役幅度内确定量刑起点。

（2）达到数额巨大起点或者有其他严重情节的，在三年至四年有期徒刑幅度内确定量刑起点。

（3）达到数额特别巨大起点或者有其他特别严重情节的，在十年至十二年有期徒刑幅度内确定量刑起点。

2. 在量刑起点的基础上，根据非法吸收存款数额等其他影响犯罪构成的犯罪事实增加刑罚量，确定基准刑。

3. 对于在提起公诉前积极退赃退赔，减少损害结果发生的，可以减少基准刑的40%以下；犯罪较轻的，可以减少基准刑的40%以上或者依法免除处罚。

4. 构成非法吸收公众存款罪的，根据非法吸收公众存款数额、存款人人数、给存款人造成的直接经济损失数额等犯罪情节，综合考虑被告人缴纳罚金的能力，决定罚金数额。

5. 构成非法吸收公众存款罪的，综合考虑非法吸收存款数额、存款人人数、给存款人造成的直接经济损失数额、清退资金数额等犯罪事实、量刑情节，以及被告人主观恶性、人身危险性、认罪悔罪表现等因素，决定缓刑的适用。

（二）定罪量刑对应表

表1-1 《刑法修正案（十一）》颁布前的非法吸收公众存款罪定罪量刑对应表

非法吸收公众存款罪	个人	单位	刑期
第一档	（一）吸收数额在20万元以上； （二）吸收对象30人以上； （三）造成直接经济损失数额10万元以上； （四）造成恶劣社会影响或者其他严重后果	（一）吸收数额100万元以上； （二）吸收对象150人以上； （三）造成直接经济损失数额50万元以上； （四）造成恶劣社会影响或者其他严重后果	三年以下有期徒刑或者拘役，并处或者单处二万元以上二十万元以下罚金
第二档	（一）吸收数额100万元以上； （二）吸收对象100人以上； （三）造成直接经济损失数额50万元以上； （四）造成特别恶劣社会影响或者其他特别严重后果	（一）吸收数额500万元以上； （二）吸收对象500人以上； （三）造成直接经济损失数额250万元以上； （四）造成特别恶劣社会影响或者其他特别严重后果	三年以上十年以下有期徒刑，并处五万元以上五十万元以下罚金

表 1 – 2　《刑法修正案（十一）》颁布后的非法吸收公众存款罪定罪量刑对应表

非法吸收公众存款罪	个人	单位	刑期
第一档			三年以下有期徒刑或者拘役，并处或者单处罚金
第二档			三年以上十年以下有期徒刑，并处罚金
第三档			十年以上有期徒刑，并处罚金

第二节　组织、领导传销活动罪

一、犯罪构成

（一）《刑法》（2020 年 12 月 26 日修正）

第二百二十四条之一　【组织、领导传销活动罪】组织、领导以推销商品、提供服务等经营活动为名，要求参加者以缴纳费用或者购买商品、服务等方式获得加入资格，并按照一定顺序组成层级，直接或者间接以发展人员的数量作为计酬或者返利依据，引诱、胁迫参加者继续发展他人参加，骗取财物，扰乱经济社会秩序的传销活动的，处五年以下有期徒刑或者拘役，并处罚金；情节严重的，处五年以上有期徒刑，并处罚金。

（二）学理解释

组织、领导传销活动罪的主体既可以是个人也可以是单位，责任形式为故意，本罪的实行行为是组织、领导诈骗型传销活动的行为，故参与传销的行为不成立本罪。① 同时，网络传销借助网络技术，作案更加便捷，传播速度更快。但归根结底，其本质特征没有变，仍然是要求参加者缴纳会费或购买商品、服务等方式获得加入资格，并按照一定顺序组成层级，直接或者间接以发展人员的数量作为计酬或者返利依据。

① 参见张明楷：《刑法学》，法律出版社 2016 年版，第 836 – 839 页。

二、疑难问题

（一）组织、领导传销活动罪中组织者、领导者的认定

1.《最高人民法院、最高人民检察院、公安部关于办理组织领导传销活动刑事案件适用法律若干问题的意见》（公通字〔2013〕37号，2013年11月14日公布）

二、关于传销活动有关人员的认定和处理问题

下列人员可以认定为传销活动的组织者、领导者：

（一）在传销活动中起发起、策划、操纵作用的人员；

（二）在传销活动中承担管理、协调等职责的人员；

（三）在传销活动中承担宣传、培训等职责的人员；

（四）曾因组织、领导传销活动受过刑事处罚，或者一年以内因组织、领导传销活动受过行政处罚，又直接或者间接发展参与传销活动人员在十五人以上且层级在三级以上的人员；

（五）其他对传销活动的实施、传销组织的建立、扩大等起关键作用的人员。

以单位名义实施组织、领导传销活动犯罪的，对于受单位指派，仅从事劳务性工作的人员，一般不予追究刑事责任。

2.［刑事审判参考案例第842号：王某组织、领导传销活动案］

传销组织的组织者是指策划、纠集他人实施传销犯罪的人，即那些在传销活动前期筹备和后期发展壮大中起主要作用，同时获取实际利益的骨干成员，除此之外的人不应当作为组织者加以处理。领导行为，主要是指在传销组织中居于领导地位的人员，对传销组织的活动进行策划、决策、指挥、协调的行为，也包括一些幕后组织者对传销组织的实际操纵和控制行为。传销组织的领导者主要是指在传销组织的层级结构中居于最核心的，对传销组织的正常运转起关键作用的极少数成员。对领导者的身份，应当从负责管理的范围、在营销网络中的层级、涉案金额等三个方面综合认定。下列行为均属于组织、领导行为：为传销活动的前期筹备、初步实施、未来发展实施谋划、设计起到统领作用的行为；在传销初期，实施了确定传销形式、采购商品、制定规则、发展下线和组织分工等宣传行为；在传销实施过程中，积极参与传销各方面的管理工作，如讲课、鼓动、威逼利诱、胁迫他人加入行为，等等。

（二）组织、领导传销活动罪中传销组织层级及人数的认定

《最高人民法院、最高人民检察院、公安部关于办理组织领导传销活动刑事案件适用法律若干问题的意见》（公通字〔2013〕37号，2013年11月14日发布）

一、关于传销组织层级及人数的认定问题

以推销商品、提供服务等经营活动为名，要求参加者以缴纳费用或者购买商品、服务等方式获得加入资格，并按照一定顺序组成层级，直接或者间接以发展人员的数量作为计酬或者返利依据，引诱、胁迫参加者继续发展他人参加，骗取财物，扰乱经济社会秩序的传销组织，其组织内部参与传销活动人员在三十人以上且层级在三级以上的，应当对组织者、领导者追究刑事责任。

组织、领导多个传销组织，单个或者多个组织中的层级已达三级以上的，可将在各个组织中发展的人数合并计算。

组织者、领导者形式上脱离原传销组织后，继续从原传销组织获取报酬或者返利的，原传销组织在其脱离后发展人员的层级数和人数，应当计算为其发展的层级数和人数。

办理组织、领导传销活动刑事案件中，确因客观条件的限制无法逐一收集参与传销活动人员的言词证据的，可以结合依法收集并查证属实的缴纳、支付费用及计酬、返利记录，视听资料，传销人员关系图，银行账户交易记录，互联网电子数据，鉴定意见等证据，综合认定参与传销的人数、层级数等犯罪事实。

七、其他问题

本意见所称“以上”、“以内”，包括本数。

本意见所称“层级”和“级”，系指组织者、领导者与参与传销活动人员之间的上下线关系层次，而非组织者、领导者在传销组织中的身份等级。

对传销组织内部人数和层级数的计算，以及对组织者、领导者直接或者间接发展参与传销活动人员人数和层级数的计算，包括组织者、领导者本人及其本层级在内。

（三）组织、领导传销活动罪中骗取财物的认定

《最高人民法院、最高人民检察院、公安部关于办理组织领导传销活动刑事案件适用法律若干问题的意见》（公通字〔2013〕37号，2013年11月14日发布）

三、关于“骗取财物”的认定问题

传销活动的组织者、领导者采取编造、歪曲国家政策，虚构、夸大经营、投

资、服务项目及盈利前景，掩饰计酬、返利真实来源或者其他欺诈手段，实施刑法第二百二十四条之一规定的行为，从参与传销活动人员缴纳的费用或者购买商品、服务的费用中非法获利的，应当认定为骗取财物。参与传销活动人员是否认为被骗，不影响骗取财物的认定。

（四）“团队计酬”行为的认定

《最高人民法院、最高人民检察院、公安部关于办理组织领导传销活动刑事案件适用法律若干问题的意见》（公通字〔2013〕37号，2013年11月14日发布）

五、关于“团队计酬”行为的处理问题

传销活动的组织者或者领导者通过发展人员，要求传销活动的被发展人员发展其他人员加入，形成上下线关系，并以下线的销售业绩为依据计算和给付上线报酬，牟取非法利益的，是“团队计酬”式传销活动。

以销售商品为目的、以销售业绩为计酬依据的单纯的“团队计酬”式传销活动，不作为犯罪处理。形式上采取“团队计酬”方式，但实质上属于“以发展人员的数量作为计酬或者返利依据”的传销活动，应当依照刑法第二百二十四条之一的规定，以组织、领导传销活动罪定罪处罚。

（五）非法传销过程中携款潜逃的行为定性

［刑事审判参考案例第167号：袁某等人诈骗案］

对于非法传销过程中携传销款潜逃的行为，由于有买卖货物的行为，是在非法经营活动中进行诈骗活动，没有侵犯金融管理秩序，主要侵犯的是传销参与者的财产权和市场经济秩序，因此应以诈骗罪或者合同诈骗罪定罪处罚。

非法传销和变相传销活动中，参与群众交纳的费用往往完全被组织者非法占有或支配，相当一部分不法分子仅将参与者交纳的小部分费用用于维持非法活动的运作，大部分转入个人账户，一旦难以为继或者罪行败露就携款潜逃。我们认为，传销或者非法传销活动虽然具有价格欺诈等特征，但与非法集资行为存在区别：一是非法集资行为人往往是承诺以定期利息、红利等形式返还巨额利益相引诱；而传销的利益主要是靠传销人自己层层发展下线来获取，没有下线就没有利益。二是非法集资一般没有或者很少有货物经营行为；而传销行为存在货物买卖行为，基本上是上线低价买进再高价卖给下线。三是非法集资的结果往往是几个主要责任人骗取大量非法资金，受害人数众多；而传销中往往是最底层、最后发展的下线、加盟者遭受损失，上线和先加入者一般不会有损失。

（六）组织、领导传销活动罪的罪名适用

1.《最高人民法院、最高人民检察院、公安部关于办理组织领导传销活动刑事案件适用法律若干问题的意见》（公通字〔2013〕37号，2013年11月14日发布）

六、关于罪名的适用问题

以非法占有为目的，组织、领导传销活动，同时构成组织、领导传销活动罪和集资诈骗罪的，依照处罚较重的规定定罪处罚。①

犯组织、领导传销活动罪，并实施故意伤害、非法拘禁、敲诈勒索、妨害公务、聚众扰乱社会秩序、聚众冲击国家机关、聚众扰乱公共场所秩序、交通秩序等行为，构成犯罪的，依照数罪并罚的规定处罚。

2.［刑事审判参考案例第842号：王某组织、领导传销活动案］

单层次直销是商品和服务的生产者将生产的产品通过专卖店或者营销人员直接把产品销售给终端客户，且给予服务的销售方式，是一种合法且受法律保护的经营行为。它与传销的本质区别，主要表现在以下几个方面：（1）是否以销售产品为企业营运的基础。直销以销售产品或者提供服务作为公司收益的来源。而传销则以拉人头牟利或者借销售伪劣或质次价高的产品变相拉人头牟利，有的传销甚至根本无销售产品可言。（2）是否收取高额入门费。单层次直销企业的推销员无须缴付任何高额入门费，也不会被强制认购货品。而在传销中，参加者通过缴纳高额入门费或者被要求先认购一定数量质次价高（通常情况下价格严重高于产品价值）的产品以变相缴纳高额入门费作为参与的条件，进而刺激下线

① 组织、领导传销活动罪与集资诈骗罪同属于欺诈型犯罪。但组织、领导传销活动罪被规定在“扰乱市场秩序罪”之中，旨在强调其对市场经济秩序的破坏，而集资诈骗罪规定在“金融诈骗罪”中，旨在强调其对国家金融秩序的破坏。当两者出现竞合时，可以按照从一重罪处罚原则进行处理。也正是基于此，《最高人民法院、最高人民检察院、公安部关于办理组织领导传销活动刑事案件适用法律若干问题的意见》中规定：以非法占有为目的，组织、领导传销活动，同时构成组织、领导传销活动罪和集资诈骗罪的，依照处罚较重的规定定罪处罚。在办理个案时，应当注意以下问题：（1）行为人实施的同一行为必须同时构成集资诈骗罪和组织、领导传销活动罪。（2）应结合个案情况，确定对被告人适用的罪名和刑罚。集资诈骗罪的量刑总体上要重于组织、领导传销活动罪。在一般情形下，如果行为人同时构成集资诈骗罪和组织、领导传销活动罪，在同样的量刑档内，原则上应适用集资诈骗罪定罪量刑。但是这并不意味着，在所有情形下，对行为人都应当按照集资诈骗罪定罪处罚。在行为人的集资诈骗行为属于该罪的第二量刑档，组织、领导传销活动行为也属于该罪的第二量刑档时，应结合个案情况，决定应当适用的罪名，而不是当然适用集资诈骗罪。

人员不择手段地拉人加入以赚取利润。（3）是否拥有经营场所。单层次直销企业都有自己的经营场所，有自己的产品和服务，销售人员都直接与公司签订合同，其从业行为直接接受公司的规范与管理。而传销的“经营者”没有自己的经营场所，也没有从事销售产品或者提供服务的经营活动，只是假借“经营活动”骗取他人信任和逃避有关机关的管理和打击，通过收取高额入门费为整个传销组织的组织者和领导者攫取暴利，其本身不会产生任何的利润和收益，也不会为国家和社会创造任何的经济价值。（4）是否遵循价值规律分配报酬。单层次直销企业的工作人员主要通过销售商品、提供服务获取利润，其薪酬的高低主要与工作人员的销售业绩相挂钩。而通过以高额回报为诱饵招揽人员从事“变相销售”的传销行为，因为其不存在销售行为，故不会产生任何的销售收入，其报酬全部来源于高额的会员费。从整体上看，只有处于组织核心和顶层的领导者和组织者才能获取暴利，其余人员均是损失的承担者。（5）是否具有完善的售后服务保障制度。单层次直销企业作为正规经营的经济体，有合格、规范、快捷的售后服务操作流程，通常能够为顾客提供完善的退货保障。而传销活动绝大部分没有产品和服务，即便提供也通常强制约定不可退货或者退货条件非常苛刻。再者，传销组织一般也不会设立专门的售后服务部门，消费者已购的产品难以退货，遇到质量问题也得不到解决，消费者退货和投诉无门的情况普遍存在。（6）是否实行制度化的人员管理。单层次直销形式下，企业对工作人员的管理模式正规、科学，有健全的工会组织，充分尊重人员的自由，保障员工的合法权益。而在传销组织中，上线主要通过非法拘禁、诱骗，甚至在某种情况下采取非常暴力的手段控制下线，并以此对下线产生威慑进而使其继续发展下线。

3. ［刑事审判参考案例第865号：曾某某等非法经营案］

在《刑法修正案（七）》施行之后，对传销活动的刑法评价应当实行单轨制，即仅以是否符合组织、领导传销活动罪的构成特征进行评价，如果不符合该罪构成特征，就应当宣告无罪，而不能再以非法经营罪定罪处罚。

2005年8月23日，国务院颁布《禁止传销条例》，将传销活动概括为三种主要表现形式：（1）“拉人头”型，是指组织者或者经营者通过发展人员，要求被发展人员发展其他人员加入，对发展的人员以其直接或者间接滚动发展的人员数量为依据计算和给付报酬，牟取非法利益；（2）“骗取入门费”型，是指要求被发展人员交纳费用或者以认购商品等方式变相交纳费用，取得加入或者发展其他人员加入的资格，牟取非法利益；（3）“团队计酬”型，是指要求被发展人员发展其他人员加入，形成上下线关系，并以下线的（商品、服务）销售业绩为依据计算和给付上线报酬，牟取非法利益。然而，“拉人头”型、“骗取入门费”型传销活动，本质上不属于商业经营活动。因此，《刑法修正案（七）》第4条（《刑法》第224条之一）规定：“组织、领导以推销商品、提供服务等经营活动为名，要求参加者以缴纳费用或者购买商品、服务等方式获得加入资格，并按照一定顺序组成层级，直接或者间接以发展人员的数量作为计酬或者返利依据，引诱、胁迫参加者继续发展他人参加，骗取财物，扰乱经济社会秩序的传销活动的，处五年以下有期徒刑或者拘役，并处罚金；情节严重的，处五年以上有期徒刑，并处罚金。”对于客观表现为组织、领导“拉人头”型或者“骗取入门费”型的传销活动，只能以其是否符合组织、领导传销活动罪的构成特征来判断罪与非罪，不能按照《刑法修正案（七）》施行以前的做法，以非法经营罪定罪处罚，更不能在不具备组织、领导传销活动罪构成要件的情况下适用刑法第二百二十五条第四项即非法经营罪的兜底项定罪处罚。

（七）网络传销活动的管辖

《国家工商行政管理总局、公安部、工业和信息化部等关于开展打击网络传销违法犯罪专项行动的通知》（工商直字〔2011〕138号，2011年6月27日发布）

网络传销违法犯罪活动涉及地域广，各涉案地工商、公安机关均负有重要责任，对所发现的线索均要主动出击，深挖源头，延伸打击。其中，公司、网站注册地，服务器所在地，组织者、领导者违法犯罪地和居住地，涉案资金主要流出地及流入地，违法犯罪活动人员集中地的工商、公安机关要积极履行打击及协助责任。工作中，各地工商、公安机关要注重加强部门内和部门间的沟通和协调，妥善解决跨区域管辖及协作问题，形成协同作战的良好局面。各省、自治区、直辖市对涉及人数众多、跨地区的网络传销案件要加强督导，组织涉案地工商、公安机关做好查处工作。对涉及多个省份的特别重大案件，由国家工商总局、公安部指导协调涉案地工商、公安机关联合查办。

三、追诉量刑

（一）组织、领导传销活动罪的定罪量刑标准

1.《最高人民法院、最高人民检察院、公安部关于办理组织领导传销活动刑事案件适用法律若干问题的意见》（公通字〔2013〕37号，2013年11月14日发布）

一、关于传销组织层级及人数的认定问题

以推销商品、提供服务等经营活动为名，要求参加者以缴纳费用或者购买商品、服务等方式获得加入资格，并按照一定顺序组成层级，直接或者间接以发展人员的数量作为计酬或者返利依据，引诱、胁迫参加者继续发展他人参加，骗取财物，扰乱经济社会秩序的传销组织，其组织内部参与传销活动人员在三十人以上且层级在三级以上的，应当对组织者、领导者追究刑事责任。

组织、领导多个传销组织，单个或者多个组织中的层级已达三级以上的，可将在各个组织中发展的人数合并计算。

组织者、领导者形式上脱离原传销组织后，继续从原传销组织获取报酬或者返利的，原传销组织在其脱离后发展人员的层级数和人数，应当计算为其发展的层级数和人数。

四、关于"情节严重"的认定问题

对符合本意见第一条第一款规定的传销组织的组织者、领导者，具有下列情形之一的，应当认定为刑法第二百二十四条之一规定的"情节严重"：

（一）组织、领导的参与传销活动人员累计达一百二十人以上的；

（二）直接或者间接收取参与传销活动人员缴纳的传销资金数额累计达二百五十万元以上的；

（三）曾因组织、领导传销活动受过刑事处罚，或者一年以内因组织、领导传销活动受过行政处罚，又直接或者间接发展参与传销活动人员累计达六十人以上的；

（四）造成参与传销活动人员精神失常、自杀等严重后果的；

（五）造成其他严重后果或者恶劣社会影响的。

2.《最高人民检察院、公安部关于公安机关管辖的刑事案件立案追诉标准的规定（二）》（公通字〔2010〕23号，2010年5月7日印发）

第七十八条　［组织、领导传销活动案（刑法第二百二十四条之一）］组

织、领导以推销商品、提供服务等经营活动为名，要求参加者以缴纳费用或者购买商品、服务等方式获得加入资格，并按照一定顺序组成层级，直接或者间接以发展人员的数量作为计酬或者返利依据，引诱、胁迫参加者继续发展他人参加，骗取财物，扰乱经济社会秩序的传销活动，涉嫌组织、领导的传销活动人员在三十人以上且层级在三级以上的，对组织者、领导者，应予立案追诉。

本条所指的传销活动的组织者、领导者，是指在传销活动中起组织、领导作用的发起人、决策人、操纵人，以及在传销活动中担负策划、指挥、布置、协调等重要职责，或者在传销活动实施中起到关键作用的人员。

（二）定罪量刑对应表

表 1－3　组织、领导传销活动罪定罪量刑对应表

组织、领导传销活动罪	情节	刑期
第一档	人员在三十人以上且层级在三级以上	五年以下有期徒刑或者拘役，并处罚金
第二档	（一）人员累计达一百二十人以上的； （二）资金数额累计达二百五十万元以上的； （三）曾因本罪受过刑事处罚，或者一年以内因组织、领导传销活动受过行政处罚，又直接或者间接发展参与传销活动人员累计达六十人以上的； （四）造成参与传销活动人员精神失常、自杀等严重后果的	五年以上有期徒刑，并处罚金

第三节　集资诈骗罪

一、犯罪构成

（一）《刑法》（2020 年 12 月 26 日修正）

第一百九十二条　【集资诈骗罪】以非法占有为目的，使用诈骗方法非法集资，数额较大的，处三年以上七年以下有期徒刑，并处罚金；数额巨大或者有其他严重情节的，处七年以上有期徒刑或者无期徒刑，并处罚金或者没收财产。

单位犯前款罪的，对单位判处罚金，并对其直接负责的主管人员和其他直接责任人员，依照前款的规定处罚。

第二百条　【单位犯金融诈骗罪的处罚规定】单位犯本节第一百九十四条、

第一百九十五条规定之罪的，对单位判处罚金，并对其直接负责的主管人员和其他直接责任人员，处五年以下有期徒刑或者拘役，可以并处罚金；数额巨大或者有其他严重情节的，处五年以上十年以下有期徒刑，并处罚金；数额特别巨大或者有其他特别严重情节的，处十年以上有期徒刑或者无期徒刑，并处罚金。

（二）学理解释

集资诈骗罪的犯罪主体既可以是个人也可以是单位，其行为表现为以非法占有为目的，使用诈骗方法非法集资，行为对象为社会公众即社会不特定对象，包括个人与单位，责任形式为故意，要求以非法占有为目的。①

二、疑难问题

（一）集资诈骗罪"以非法占有为目的"的认定

1.《最高人民法院、最高人民检察院、公安部关于办理非法集资刑事案件若干问题的意见》（高检会〔2019〕2号，2019年1月30日印发）

四、关于主观故意的认定问题

犯罪嫌疑人、被告人使用诈骗方法非法集资，符合《最高人民法院关于审理非法集资刑事案件具体应用法律若干问题的解释》第四条规定的，可以认定为集资诈骗罪中"以非法占有为目的"。

办案机关在办理非法集资刑事案件中，应当根据案件具体情况注意收集运用涉及犯罪嫌疑人、被告人的以下证据：是否使用虚假身份信息对外开展业务；是否虚假订立合同、协议；是否虚假宣传，明显超出经营范围或者夸大经营、投资、服务项目及盈利能力；是否吸收资金后隐匿、销毁合同、协议、账目；是否传授或者接受规避法律、逃避监管的方法，等等。

2.《最高人民检察院关于办理涉互联网金融犯罪案件有关问题座谈会纪要》（高检诉〔2017〕14号，2017年6月2日发布）

14. 以非法占有为目的，使用诈骗方法非法集资，是集资诈骗罪的本质特征。是否具有非法占有目的，是区分非法吸收公众存款罪和集资诈骗罪的关键要件，对此要重点围绕融资项目真实性、资金去向、归还能力等事实进行综合判断。犯罪嫌疑人存在以下情形之一的，原则上可以认定具有非法占有目的：

（1）大部分资金未用于生产经营活动，或名义上投入生产经营但又通过各

---

① 参见张明楷：《刑法学》，法律出版社2016年版，第796－798页。

种方式抽逃转移资金的；

（2）资金使用成本过高，生产经营活动的盈利能力不具有支付全部本息的现实可能性的；

（3）对资金使用的决策极度不负责任或肆意挥霍造成资金缺口较大的；

（4）归还本息主要通过借新还旧来实现的；

（5）其他依照有关司法解释可以认定为非法占有目的的情形。

15. 对于共同犯罪或单位犯罪案件中，不同层级的犯罪嫌疑人之间存在犯罪目的发生转化或者犯罪目的明显不同的，应当根据犯罪嫌疑人的犯罪目的分别认定。

（1）注意区分犯罪目的发生转变的时间节点。犯罪嫌疑人在初始阶段仅具有非法吸收公众存款的故意，不具有非法占有目的，但在发生经营失败、资金链断裂等问题后，明知没有归还能力仍然继续吸收公众存款的，这一时间节点之后的行为应当认定为集资诈骗罪，此前的行为应当认定为非法吸收公众存款罪。

（2）注意区分犯罪嫌疑人的犯罪目的的差异。在共同犯罪或单位犯罪中，犯罪嫌疑人由于层级、职责分工、获取收益方式、对全部犯罪事实的知情程度等不同，其犯罪目的也存在不同。在非法集资犯罪中，有的犯罪嫌疑人具有非法占有的目的，有的则不具有非法占有目的，对此，应当分别认定为集资诈骗罪和非法吸收公众存款罪。

16. 证明主观上是否具有非法占有目的，可以重点收集、运用以下客观证据：

（1）与实施集资诈骗整体行为模式相关的证据：投资合同、宣传资料、培训内容等；

（2）与资金使用相关的证据：资金往来记录、会计账簿和会计凭证、资金使用成本（包括利息和佣金等）、资金决策使用过程、资金主要用途、财产转移情况等；

（3）与归还能力相关的证据：吸收资金所投资项目内容、投资实际经营情况、盈利能力、归还本息资金的主要来源、负债情况、是否存在虚构业绩等虚假宣传行为等；

（4）其他涉及欺诈等方面的证据：虚构融资项目进行宣传、隐瞒资金实际用途、隐匿销毁账簿；等等。司法会计鉴定机构对相关数据进行鉴定时，办案部门可以根据查证犯罪事实的需要提出重点鉴定的项目，保证司法会计鉴定意见与待证的构成要件事实之间的关联性。

3.《最高人民法院关于审理非法集资刑事案件具体应用法律若干问题的解释》(法释〔2010〕18号，2011年1月4日起施行)

第四条　以非法占有为目的，使用诈骗方法实施本解释第二条规定所列行为的，应当依照刑法第一百九十二条的规定，以集资诈骗罪定罪处罚。

使用诈骗方法非法集资，具有下列情形之一的，可以认定为“以非法占有为目的”：

(一) 集资后不用于生产经营活动或者用于生产经营活动与筹集资金规模明显不成比例，致使集资款不能返还的；

(二) 肆意挥霍集资款，致使集资款不能返还的；

(三) 携带集资款逃匿的；

(四) 将集资款用于违法犯罪活动的；

(五) 抽逃、转移资金、隐匿财产，逃避返还资金的；

(六) 隐匿、销毁账目，或者搞假破产、假倒闭，逃避返还资金的；

(七) 拒不交代资金去向，逃避返还资金的；

(八) 其他可以认定非法占有目的的情形。

集资诈骗罪中的非法占有目的，应当区分情形进行具体认定。行为人部分非法集资行为具有非法占有目的的，对该部分非法集资行为所涉集资款以集资诈骗罪定罪处罚；非法集资共同犯罪中部分行为人具有非法占有目的，其他行为人没有非法占有集资款的共同故意和行为的，对具有非法占有目的的行为人以集资诈骗罪定罪处罚。

4.《全国法院审理金融犯罪案件工作座谈会纪要》(法〔2001〕8号，2001年1月21日印发)

3. 集资诈骗罪的认定和处理：集资诈骗罪和欺诈发行股票、债券罪、非法吸收公众存款罪在客观上均表现为向社会公众非法募集资金。区别的关键在于行为人是否具有非法占有的目的。对于以非法占有为目的而非法集资，或者在非法集资过程中产生了非法占有他人资金的故意，均构成集资诈骗罪。但是，在处理具体案件时要注意以下两点：一是不能仅凭较大数额的非法集资款不能返还的结果，推定行为人具有非法占有的目的；二是行为人将大部分资金用于投资或生产经营活动，而将少量资金用于个人消费或挥霍的，不应仅以此便认定具有非法占有的目的。

5. [公报案例：江苏省南京市人民检察院诉许官成、许冠卿、马茹梅集资诈骗案]①

行为人以非法占有为目的，采取虚构集资用途，以虚假的证明文件和高回报率为诱饵，未经有权机关批准，向社会公众非法募集资金，骗取集资款的行为，构成《刑法》第192条规定的集资诈骗罪。在认定行为人是否具有非法占有目的时，应当坚持主客观相统一的认定标准，既要避免单纯根据损失结果客观归罪，也不能仅凭被告人自己的供述，应当根据案件具体情况全面分析行为人无法偿还集资款的原因，若行为人没有进行实体经营或实体经营的比例极小，根本无法通过正常经营偿还前期非法募集的本金及约定利息，将募集的款项隐匿、挥霍的，应当认定行为人具有非法占有的目的。

6. [人民司法案例：黄某集资诈骗案]②

非法集资的表象通常表现为非法吸收公众存款，行为人是否使用诈骗方法非法集资，应当根据案情依照最高人民法院《关于审理非法集资刑事案件具体应用法律若干问题的解释》第4条第2款规定的8种情形进行认证，作出以非法占有为目的的司法认定。

集资诈骗罪中的非法占有目的，应当区分情形进行具体认定。行为人部分非法集资行为具有非法占有目的的，对该部分非法集资行为所涉集资款以集资诈骗罪定罪处罚；非法集资共同犯罪中部分行为人具有非法占有目的，其他行为人没有非法占有集资款的共同故意和行为的，对具有非法占有目的的行为人以集资诈骗罪定罪处罚。

7. [人民司法案例：张某集资诈骗案]③

主观上是否具有非法占有目的是区分集资诈骗罪与非法吸收公众存款罪的关键。行为人将非法集资的大部分资金用于生产经营，少部分资金用于个人高档消费，在未超出预期收益的情况下，不应认定为挥霍，不能据此认定行为人主观上具有非法占有目的，从而认定其构成集资诈骗罪。

---

① 参见《最高人民法院公报》2009年第10期。

② 参见《人民司法》2017年第11期。

③ 参见《人民司法》2016年第29期。

8. 把握“非法占有目的”须考量五方面事实①

非法吸收公众存款罪中，行为人对于他人“存款”，并无非法占有的目的；集资诈骗罪中，对于所融资金，行为人具有不法所有的意图。所以，两罪界分的关键在于行为人主观上对资金是否具有“以非法占有为目的”。

对于企业融资中是否存在“非法占有为目的”的认定，有必要重点考量以下事实：

第一，融资真实性、模式与规模。如果融资项目系虚构的，或者所采取的融资模式不可能实现，或者融资金额与企业实际所需要资金明显不相称的，在造成资金重大损失的情形下，认定行为人主观上具有“以非法占有为目的”的可能性就高。

第二，资金用途。改变资金用途是集资诈骗犯罪经常使用的手段，但是要注意区分情况分析。对于行为人吸收资金后，只是改变资金用途，但资金仍用于企业合法生产经营活动的，自然不能理解为行为人非法占有了该资金；如果资金主要用于非法活动，按照《全国法院审理金融犯罪案件工作座谈会纪要》规定，应认定为行为人“以非法占有为目的”；如果资金进入自己或者他人个人账户，或者由个人控制，主要用于个人消费，该种情形也应依法认定行为人具有非法占有资金的故意。

第三，资金流向。司法机关无法查清资金的用途和流向，对于那些大量资金及其流向出现“断崖式”消失或中断的案件，如果涉案人员无法对此作出合理解释，那么可以考虑推定行为人主观上具有“以非法占有为目的”。

第四，行为人集资手段合法性。相对于行为人采取合法手段融资而导致大量资金损失的情况，如果行为人使用非法手段集资，在造成大量资金损失的情况下，认定行为人主观上具有“以非法占有为目的”的可能性将大大提高。

第五，事后的态度与关联行为。行为人融资后逃跑的；融资后抽逃、转移资金、隐匿财产，以逃避返还资金的；融资后隐匿、销毁账目，或者搞假破产、假倒闭，以逃避返还资金的，对于上述情形，往往会推定主观上非法占有目的的存在，《全国法院审理金融犯罪案件工作座谈会纪要》对此作了明确规定。

---

① 何荣功：《把握“非法占有目的”须考量五方面事实》，载《检察日报》2019 年 1 月 25 日，第 3 版。

（二）非法集资类犯罪社会性的认定

1.《最高人民法院、最高人民检察院、公安部关于办理非法集资刑事案件适用法律若干问题的意见》（公通字〔2014〕16号，2014年3月25日发布）

二、关于“向社会公开宣传”的认定问题

《最高人民法院关于审理非法集资刑事案件具体应用法律若干问题的解释》第一条第一款第二项中的“向社会公开宣传”，包括以各种途径向社会公众传播吸收资金的信息，以及明知吸收资金的信息向社会公众扩散而予以放任等情形。

三、关于“社会公众”的认定问题

下列情形不属于《最高人民法院关于审理非法集资刑事案件具体应用法律若干问题的解释》第一条第二款规定的“针对特定对象吸收资金”的行为，应当认定为向社会公众吸收资金：

（一）在向亲友或者单位内部人员吸收资金的过程中，明知亲友或者单位内部人员向不特定对象吸收资金而予以放任的；

（二）以吸收资金为目的，将社会人员吸收为单位内部人员，并向其吸收资金的。

2.［人民司法案例：毛某某集资诈骗案］①

行为人以向亲友集资为名，实质上希望或者放任亲友向社会介绍，通过亲友间接向社会公众吸收资金的，不影响其向社会公众吸收资金的认定；以口头方式发布、传播集资信息，以达到通过口口相传向社会公众非法集资的目的，符合向社会公开宣传的本质特征；行为人在非法集资过程中产生非法占有目的，应当仅对非法占有目的的支配下的非法集资犯罪行为以集资诈骗罪定性处罚。对于之前实施的行为，构成非法吸收公众存款罪等其他犯罪的，应按相关犯罪处理，并实行数罪并罚。

（三）非法集资类罪名及其界限

1.《全国法院审理金融犯罪案件工作座谈会纪要》（法〔2001〕8号，2001年1月21日印发）

3. 集资诈骗罪的认定和处理：集资诈骗罪和欺诈发行股票、债券罪、非法吸收公众存款罪在客观上均表现为向社会公众非法募集资金。区别的关键在于行为人是否具有非法占有的目的。对于以非法占有为目的而非法集资，或者在非法

---

① 参见《人民司法》2012年第2期。

集资过程中产生了非法占有他人资金的故意，均构成集资诈骗罪。但是，在处理具体案件时要注意以下两点：一是不能仅凭较大数额的非法集资款不能返还的结果，推定行为人具有非法占有的目的；二是行为人将大部分资金用于投资或生产经营活动，而将少量资金用于个人消费或挥霍的，不应仅以此便认定具有非法占有的目的。

2. 非法集资类犯罪的罪名及其界限①

根据《刑法》的规定，非法集资类犯罪主要涉及 3 个罪名，即《刑法》第 192 条规定的集资诈骗罪、《刑法》第 176 条规定的非法吸收公众存款罪、《刑法》第 179 条规定的擅自发行股票、公司、企业债券罪。

集资诈骗罪的主要特征是“以非法占有为目的，使用诈骗方法非法集资，数额较大”。此种犯罪与非法吸收公众存款犯罪有着明显的区别。根据《刑法》第 176 条的规定，非法吸收公众存款或者变相吸收公众存款，扰乱金融秩序的，构成非法吸收公众存款罪。集资诈骗和非法吸收公众存款都属于非法集资类犯罪，但二者之间的犯罪构成有着明显的区别，而且社会危害性相差悬殊，因此在判处的刑罚上有较大差别，根据《刑法》第 199 条的规定，犯集资诈骗罪，数额特别巨大并且给国家和人民利益造成特别重大损失的，处无期徒刑或者死刑，并处没收财产，而非法吸收公众存款罪的最高刑期为十年以下有期徒刑。社会危害性不同的主要原因是集资诈骗罪是以非法占有为目的，行为人采取的是以诈骗的手段进行非法集资，集资的主要目的不是用于经营活动，而是进行挥霍或者携款潜逃或者用于违法犯罪活动，而非法吸收公众存款罪，行为人在主观上并没有以非法占有为目的，吸收的存款主要也是用于正常的经营活动。

3. 集资诈骗罪与非法集资犯罪的关系

《刑法》中涉及非法集资犯罪的罪名共 7 个，分别是《刑法》第 160 条规定的欺诈发行证券罪，第 174 条第 1 款规定的擅自设立金融机构罪，第 176 条规定的非法吸收公众存款罪，第 179 条规定的擅自发行股票、公司、企业债券罪，第 192 条规定的集资诈骗罪，第 224 条之一规定的组织、领导传销活动罪以及《刑法》第 225 条规定的非法经营罪。其中，擅自设立金融机构（商业银行）可以视为非法集资的准备行为，或者说是广义上的非法集资行为；非法吸收公众存

---

① 最高人民检察院：《非法集资类犯罪的罪名及其界限》，载《人民法院报》2013 年 11 月 27 日，第 2 版。

款，欺诈发行股票、债券，擅自发行股票、债券，组织、领导传销活动，非法经营5个罪名属于刑法上处理非法集资犯罪的主体罪名；在5个主体罪名中，非法吸收公众存款罪具有基础性意义，属于非法集资犯罪的一般法规定，其他4个罪名则属特别法规定；集资诈骗罪是非法集资犯罪的加重罪名。①

（四）集资诈骗与民间借贷的区分

集资诈骗和民间借贷都是不通过国家认可的金融机构而自行进行的资金借贷活动，两者的差别在于：

1. 目的不同

集资诈骗的行为人具有非法占有的目的，意图永久性占有投资者的投资款；民间借贷则是债务主体为了弥补生产、生活等方面出现的暂时性资金短缺，并在约定时间内偿还本息的行为。

2. 从客观表现看，集资诈骗承诺的利息往往数额较大

一般情况下，集资诈骗行为人向投资者承诺的利息要高出银行同期存款利率的几倍、十几倍甚至几十倍以上。虽然利率高低并不是集资诈骗与民间借贷纠纷本质区别的界限，但可以作为参考依据。对于集资者承诺明显无法兑现的虚高利率吸引投资，并最终导致投资者血本无归的案件，一般可以认定构成集资诈骗罪。②

（五）集资诈骗罪犯罪数额的认定

《最高人民检察院关于办理涉互联网金融犯罪案件有关问题座谈会纪要》（高检诉〔2017〕14号，2017年6月2日发布）

17. 集资诈骗的数额，应当以犯罪嫌疑人实际骗取的金额计算。犯罪嫌疑人为吸收公众资金制造还本付息的假象，在诈骗的同时对部分投资人还本付息的，集资诈骗的金额以案发时实际未兑付的金额计算。案发后，犯罪嫌疑人主动退还集资款项的，不能从集资诈骗的金额中扣除，但可以作为量刑情节考虑。

---

① 参见《刑事审判参考》2011年第2集。

② 高憬宏、杨万明主编：《基层人民法院法官培训教材》（实务卷·刑事审判篇），人民法院出版社2005年版，第192－193页。

（六）网络借贷平台发布虚假信息，募集资金用于借新还旧和个人挥霍的行为定性

1. ［检例第40号：周辉集资诈骗案］

网络借贷信息中介机构或其控制人，利用网络借贷平台发布虚假信息，非法建立资金池募集资金，所得资金大部分未用于生产经营活动，主要用于借新还旧和个人挥霍，无法归还所募资金数额巨大，应认定为具有非法占有目的，以集资诈骗罪追究刑事责任。

2. 行为定性

是否具有非法占有目的，是正确区分非法吸收公众存款罪和集资诈骗罪的关键。对非法占有目的的认定，应当围绕融资项目真实性、资金去向、归还能力等事实、证据进行综合判断。行为人将所吸收资金大部分未用于生产经营活动，或名义上投入生产经营，但又通过各种方式抽逃转移资金，或供其个人肆意挥霍，归还本息主要通过借新还旧来实现，造成数额巨大的募集资金无法归还的，可以认定具有非法占有的目的。

对集资诈骗罪类犯罪，检察机关应着重从以下几个方面开展工作：一是强化证据审查。非法集资类案件由于参与人数多、涉及面广，受主客观因素影响，取证工作易出现瑕疵和问题。检察机关对重大复杂案件要及时介入侦查、引导取证。在审查案件中要强化对证据的审查，需要退回补充侦查或者自行补充侦查的，要及时退查或补查，建立起完整、牢固的证据锁链，夯实认定案件事实的证据基础。二是在法庭审理中要突出指控和证明犯罪的重点。要紧紧围绕集资诈骗罪构成要件，特别是行为人主观上具有非法占有目的、客观上以欺骗手段非法集资的事实梳理组合证据，运用完整的证据体系对认定犯罪的关键事实予以清晰证明。三是要将办理案件与追赃挽损相结合。检察机关办理相关案件，要积极配合公安机关、人民法院依法开展追赃挽损、资产处置等工作，最大限度减少人民群众的实际损失。四是要结合办案开展以案释法，增强社会公众的法治观念和风险防范意识，有效预防相关犯罪的发生。

（七）采取虚构资金用途、隐瞒公司亏损状况的方式募集资金的行为定性

最高人民法院发布四起集资诈骗犯罪典型案例之一：被告人唐亚南集资诈骗案

被告人唐亚南原系安徽省万物春科技开发有限公司董事长、法定代表人。

2004年6月至2007年3月，唐亚南伙同他人以高额回报为诱饵，夸大、虚假宣传万物春公司养殖梅花鹿的经营状况，在安徽等7省市116县区，以万物春公司的名义先后与49786人（次）签订《联合种植养殖合同书》，非法集资9.73亿余元，所得款项绝大部分被唐亚南等人用于个人购车、购置房产、挥霍、转移隐匿以及支付先前集资的本息、发放高额集资业务奖励及业务提成等。至案发时止，尚有集资款3.33亿余元无法归还，并导致一名被害人自杀。被告人唐亚南以非法占有为目的，伙同他人采取虚构资金用途、隐瞒公司亏损状况的方式骗取他人钱财，其行为已构成集资诈骗罪，且诈骗数额特别巨大。

（八）将募集资金主要用于赌博、挥霍的行为定性

1. 最高人民法院发布四起集资诈骗犯罪典型案例之二：被告人孙小明集资诈骗案

2006年12月至2007年11月，被告人孙小明以支付高额利息为诱饵，以杭州之江度假区发明售寄行、杭州长荣投资管理有限公司转塘分公司等需要资金为由，并虚构投资拍电视剧需要资金等事实，在杭州市先后骗取刘大龙等28名被害人集资款共计1466万元，所得款项除少部分用于支付集资款利息外，大部分被孙小明用于赌博、还债、高利放贷及挥霍等。至案发时止，尚有集资款1299万余元无法归还。孙小明的行为构成集资诈骗罪。

2. 最高人民法院发布四起集资诈骗犯罪典型案例之三：被告人吕伟强集资诈骗案

2004年8月至2008年3月，被告人吕伟强以支付高额利息为诱饵，虚构工程招投标、与他人合伙做外贸生意、投资基金等资金用途，采取出具借据、签订借款协议等方式，在浙江省丽水市莲都区、缙云县、青田县等地非法集资2.6亿余元，所得款项除用于偿还前期集资款、支付高额利息外，其余部分被吕伟强用于在澳门赌博、购买房产、汽车等个人挥霍。至案发时，尚有集资款4038万余元无法归还。吕伟强的行为构成集资诈骗罪。

（九）将募集资金主要用于支付前期本息、挥霍的行为定性

最高人民法院四起集资诈骗犯罪典型案例之四：被告人张元蕾集资诈骗案

1997年7月至2007年7月，被告人张元蕾利用中国人寿保险股份有限公司广州市分公司保险代理人的身份，以到期返回本金及每月高额回报为诱饵，虚构险种，并私刻公司印章制作假保险单证，欺骗被害人胡某某等多人投保，收取上述人员“保险费”共计2125万余元，骗取款项除用于支付被害人到期的高额利

息外，其余部分被用于个人挥霍。至案发时止，尚有集资款488万余元无法归还。张元蕾的行为构成集资诈骗罪。

（十）非法集资案件集资参与人权利保障

1.《最高人民法院、最高人民检察院、公安部关于办理非法集资刑事案件若干问题的意见》（高检会〔2019〕2号，2019年1月30日印发）

集资参与人，是指向非法集资活动投入资金的单位和个人，为非法集资活动提供帮助并获取经济利益的单位和个人除外。

人民法院、人民检察院、公安机关应当通过及时公布案件进展、涉案资产处置情况等方式，依法保障集资参与人的合法权利。集资参与人可以推选代表人向人民法院提出相关意见和建议；推选不出代表人的，人民法院可以指定代表人。人民法院可以视案件情况决定集资参与人代表人参加或者旁听庭审，对集资参与人提起附带民事诉讼等请求不予受理。

2.《最高人民检察院关于办理涉互联网金融犯罪案件有关问题座谈会纪要》（高检诉〔2017〕14号，2017年6月1日发布）

32. 涉互联网金融犯罪案件投资人诉求复杂多样，矛盾化解和维护稳定工作任务艰巨繁重，各地检察机关公诉部门在办案过程中要坚持刑事追诉和权益保护并重，根据《刑事诉讼法》等相关法律规定，依法保证互联网金融活动中投资人的合法权益，坚持把追赃挽损等工作贯穿到侦查、起诉、审判各个环节，配合公安、法院等部门最大限度减少投资人的实际损失，加强与本院控申部门、公安机关的联系沟通，及时掌握涉案动态信息，认真开展办案风险评估预警工作，周密制定处置预案，并落实责任到位，避免因部门之间衔接不畅、处置不当造成工作被动。发现重大风险隐患的，及时向有关部门通报情况，必要时逐级上报高检院。

（十一）非法集资案件的办案工作机制

《最高人民法院、最高人民检察院、公安部关于办理非法集资刑事案件若干问题的意见》（高检会〔2019〕2号，2019年1月30日印发）

八、关于办案工作机制问题

案件主办地和其他涉案地办案机关应当密切沟通协调，协同推进侦查、起诉、审判、资产处置工作，配合有关部门最大限度追赃挽损。

案件主办地办案机关应当统一负责主要犯罪嫌疑人、被告人涉嫌非法集资全部犯罪事实的立案侦查、起诉、审判，防止遗漏犯罪事实；[①] 并应就全案处理政策、追诉主要犯罪嫌疑人、被告人的证据要求及诉讼时限、追赃挽损、资产处置等工作要求，向其他涉案地办案机关进行通报。其他涉案地办案机关应当对本地区犯罪嫌疑人、被告人涉嫌非法集资的犯罪事实及时立案侦查、起诉、审判，积极协助主办地处置涉案资产。

案件主办地和其他涉案地办案机关应当建立和完善证据交换共享机制。对涉及主要犯罪嫌疑人、被告人的证据，一般由案件主办地办案机关负责收集，其他涉案地提供协助。案件主办地办案机关应当及时通报接收涉及主要犯罪嫌疑人、被告人的证据材料的程序及要求。其他涉案地办案机关需要案件主办地提供证据材料的，应当向案件主办地办案机关提出证据需求，由案件主办地收集并依法移送。无法移送证据原件的，应当在移送复制件的同时，按照相关规定作出说明。

（十二）非法集资案件的行政执法与刑事司法衔接

1.《最高人民法院、最高人民检察院、公安部关于办理非法集资刑事案件若干问题的意见》（高检会〔2019〕2 号，2019 年 1 月 30 日印发）

十一、关于行政执法与刑事司法衔接问题

处置非法集资职能部门或者有关行政主管部门，在调查非法集资行为或者行政执法过程中，认为案情重大、疑难、复杂的，可以商请公安机关就追诉标准、证据固定等问题提出咨询或者参考意见；发现非法集资行为涉嫌犯罪的，应当按照《行政执法机关移送涉嫌犯罪案件的规定》等规定，履行相关手续，在规定的期限内将案件移送公安机关。

人民法院、人民检察院、公安机关在办理非法集资刑事案件过程中，可商请处置非法集资职能部门或者有关行政主管部门指派专业人员配合开展工作，协助查阅、复制有关专业资料，就案件涉及的专业问题出具认定意见。涉及需要行政处理的事项，应当及时移交处置非法集资职能部门或者有关行政主管部门依法处理。

2.《商业银行法》（2015 年 8 月 29 日修正）

第八十一条　未经国务院银行业监督管理机构批准，擅自设立商业银行，或

---

① 在非法集资犯罪案件中，因人数众多而遗漏集资参与人、需要追加起诉的，一般应当安排在一审开庭审理前依法进行。一审庭审后，被遗漏的集资参与人直接向法院主张权利的，法院应当将相关证据材料移交检察机关先行审核，在检法办案人员审核确认以后，可以参与涉案资产分配。

者非法吸收公众存款、变相吸收公众存款，构成犯罪的，依法追究刑事责任；并由国务院银行业监督管理机构予以取缔。

伪造、变造、转让商业银行经营许可证，构成犯罪的，依法追究刑事责任。

第八十三条　有本法第八十一条、第八十二条规定的行为，尚不构成犯罪的，由国务院银行业监督管理机构没收违法所得，违法所得五十万元以上的，并处违法所得一倍以上五倍以下罚款；没有违法所得或者违法所得不足五十万元的，处五十万元以上二百万元以下罚款。

3.《国务院关于进一步做好防范和处置非法集资工作的意见》（国发〔2015〕59号，2015年10月19日发布）

（九）发挥金融机构监测防控作用。加强金融机构内部管理，确保分支机构和员工不参与非法集资。加强金融机构对社会公众的宣传教育，在营业场所醒目位置张贴警示标识。金融机构在严格执行大额可疑资金报告制度基础上，对各类账户交易中具有分散转入集中转出、定期批量小额转出等特征的涉嫌非法集资资金异动进行分析识别，并将有关情况及时提供给地方各级防范和处置非法集资工作领导小组办公室。人民银行、银监会、证监会、保监会、外汇局要指导和督促金融机构做好对涉嫌非法集资可疑资金的监测工作，建立问责制度。

（十三）集资诈骗罪的取证参考标准

1. 最高人民检察院公诉厅编：《公诉案件证据参考标准》，法律出版社2014年版

（1）主体证据

除了年满十六周岁、具有刑事责任能力的自然人外，本罪的主体还可以是单位。实践中许多集资诈骗行为都是以单位名义实施，但不一定是单位犯罪，对此应当重点审查和判断集资诈骗行为所体现的是个人意志还是单位意志，从而判断犯罪主体是个人还是单位。

（2）主观方面证据

主观方面证据即表明集资诈骗行为系行为人故意为之，且具有非法占有目的的证据，主要应收集如下几类证据：

①犯罪嫌疑人、被告人供述和辩解、被害人陈述、证人证言等言词证据。其中，犯罪嫌疑人、被告人的供述和辩解可证实其使用诈骗方法非法集资的动机、目的，非法集资的起意、策划、分工、实施过程，赃款去向，是否有偿还能力等；被害人陈述则可证实其被骗经过、犯罪嫌疑人的主观态度等；证人证言可证

实行为人实施集资诈骗的过程、不偿还的情况等。

②物证、书证。如货币、银行转账流水、财务账簿、收据等，证明赃款来源、去向，行为人集资后是否大量挥霍、携款潜逃、进行违法犯罪活动等，通过其客观行为来证实其主观目的。

③鉴定意见。如司法会计鉴定、文检痕检鉴定等，可证明其虚构事实、隐瞒真相、骗取财物、无法归还等情况。

④其他能够证明其非法占有目的的证据，包括勘验、检查笔录、视听资料、电子数据等。

若要证明单位犯本罪的主观故意，则需要收集单位相关人员（法定代表人、直接主管人员、其他直接负责人、知情人等）的供述或者证人证言，以及单位开会讨论记录、签署文件、各类合同、单位财务账目、工作制度、业务培训文件等证据材料，证明非法集资行为系单位集体决定，且所集资金的去向等事实。

（3）客观方面证据

由于本罪的客观方面表现为以诈骗方法非法集资，骗取集资款数额较大的行为，因此收集客观方面证据应当以“诈骗方法＋非法集资＋数额较大”的模式展开。

①证明行为人使用诈骗方法的证据。犯罪嫌疑人、被告人的供述和辩解，证实其向受骗者表示虚假的事项，或者向受骗者传递不真实的资讯，使受骗者产生或维持认识错误，从而作出财产处分行为；被害人陈述、相关证人证言，证实行为人是采用何种方法致使受害者产生错误认识、诱惑其作出集资决定的；非法集资的货币、财务账簿、集资文件等物证、书证，以及文检鉴定、司法会计鉴定、审计报告等，证明行为人采取了欺骗的方法诱骗他人集资。

②证明行为人非法集资的证据。通过犯罪嫌疑人、被告人的供述和辩解、被害人陈述、证人证言等言词证据，查明行为人的集资方式、集资过程等事实，从而证明行为人实施了违反相关法律、法规募集资金的行为；用于骗取集资的证件、文件，有关部门出具的证明，以及相关鉴定意见，证明行为人的集资行为违反了相关法律、法规，属于非法集资。

③证明行为人骗取集资款数额较大的证据。犯罪嫌疑人、被告人的供述和辩解，证实受其诱骗集资的人数、募集资金的数额、资金去向、返还情况、不能返还原因、是否造成被害人损失或其他严重社会影响等后果；被害人陈述，证实其被骗的过程、数额、财产损失情况、对其生活是否产生不利影响等；知情人、参

与人、单位相关工作人员、其他金融机构有关人员等的证人证言，证明其所知悉的集资诈骗过程、诈骗数额、赃款去向等情况；非法集资的货币、用于诱骗受害者的动产和不动产等物证，以及用于集资的证件、文件、集资说明书、宣传材料、合同、账簿等书证，证实行为人非法募集资金的过程与金额以及造成的社会影响；文检鉴定、审计报告、资产评估报告、会计鉴定等鉴定意见，可证实行为人是否虚构事实、隐瞒真相进行非法募集资金，以及具体募集的数额与去向等。

④紧扣集资诈骗犯罪的构成要件收集和审查证据。在确定全部犯罪事实的过程中，应全面收集所有被害人的陈述、投资数额及损失情况，确因客观条件的限制无法逐一收集的，可以结合依法收集并查证属实的其他证据，综合认定全案涉案人数、集资金额等犯罪事实；涉嫌犯非法吸收公众存款罪的，需收集具有代表性、相当数量被害人的证言，以准确判断是否向不特定社会公众进行了集资活动，并查明集资金额；对共同犯罪的，应当查明各行为人分配、控制或挥霍的数额；对非法集资类犯罪应注意收集犯罪嫌疑人、被告人是否具有非法占有目的的证据。

在本罪的证据收集与审查中，客观方面的事实是比较容易证明的，难点在于主观上非法占有目的的认定。认定本罪的主观故意与非法占有目的，必须坚持主客观统一的原则，既不能仅凭犯罪嫌疑人、被告人的供述主观判断，也不能仅凭损失结果客观判断，而必须结合案件的具体情况，结合司法解释规定的能认定"非法占有目的"的8种情形，根据犯罪嫌疑人、被告人的行为方式与损害后果综合评判。

2.《最高人民法院、最高人民检察院、公安部关于办理非法集资刑事案件若干问题的意见》(高检会〔2019〕2号，2019年1月30日印发)

办案机关在办理非法集资刑事案件中，应当根据案件具体情况注意收集运用涉及犯罪嫌疑人、被告人的以下证据：是否使用虚假身份信息对外开展业务；是否虚假订立合同、协议；是否虚假宣传，明显超出经营范围或者夸大经营、投资、服务项目及盈利能力；是否吸收资金后隐匿、销毁合同、协议、账目；是否传授或者接受规避法律、逃避监管的方法，等等。

(十四) 非法集资案件证据审查要求

1. 集资诈骗罪的主观认定

重点围绕融资项目真实性、资金去向、归还能力等事实综合判断，确定犯罪嫌疑人经营恶化的时间点，何时开始明确知道自己经营完全瘫痪，而又借后款归还欠款利息等就具有非法占有目的。具有以下情况宜认定行为人在进行非法吸收公众存款时具有“非法占有目的”：

（1）集资后不用于生产经营活动或者大部分资金未用于生产经营活动，或名义上投入生产经营但又通过各种方式抽逃转移资金，致使集资款不能返还的；

（2）虚构集资项目，欺骗集资参与人的；

（3）集资项目真实，但资金使用成本过高，生产经营活动的盈利能力不具有支付全部本息的现实可能性的；

（4）向集资参与人隐瞒公司、企业实际资产状况，集资前有高额债务，并将集资款大部分用于归还前期债务的；

（5）在项目资金链出现严重问题时，仍然隐瞒真实情况，继续进行非法集资的；

（6）肆意挥霍大部分集资款，包括购买奢侈品、高档轿车，购置房产等，致使集资款不能返还的；

（7）将集资款用于赌博、放高利贷等违法犯罪活动，或者将集资款用于炒股、期货等高风险投资，致使集资款不能返还的；

（8）归还本息主要通过借新还旧来实现；

（9）对资金使用决策极度不负责任，造成资金缺口较大的；

（10）拒不交代资金去向，或者交代资金去向无法查实，逃避返还资金的；

（11）抽逃、转移资金、隐匿财产，逃避返还资金的；

（12）隐匿、销毁账目，或者搞假破产、假倒闭，逃避返还资金的；

（13）携带集资款逃匿的；

（14）其他依照有关司法解释可以认定为非法占有目的的情形。

证明主观上是否具有非法占有目的，主要审查以下证据：

（1）审查投资合同、宣传资料、培训内容等，以证实集资诈骗整体行为模式；

（2）审查资金往来记录、会计账簿、会计凭证、资金用途、资金决策使用过程、财产转移情况等；

（3）审查投资项目内容、投资实际经营情况、盈利能力、归还本息资金的主要来源、负债情况等；

（4）审查是否存在虚假宣传、隐瞒资金实际用途、隐匿销毁账簿等情况。

2. 司法会计鉴定意见的审查

司法会计鉴定意见应审查鉴定主体资质和与待证事实的关联性。

集资诈骗罪：①损失数额——以犯罪嫌疑人实际骗取的金额计算，即案发前不能归还的数额。对于犯罪嫌疑人为吸收公众资金制造还本付息的假象，在诈骗的同时对部分投资人还本付息的，集资诈骗的金额以案发时实际未兑付的金额计算。②非法集资数额——为行为人非法吸收资金的总额，案发后犯罪嫌疑单位或嫌疑人主动退还集资款项的，不能从集资诈骗的金额（即损失金额）中扣除，只是作为量刑情节考虑。③各犯罪嫌疑人参与诈骗数额——根据参与集资诈骗犯罪、任职时间等因素，确定犯罪嫌疑人参与的骗取金额。

三、追诉量刑

（一）集资诈骗罪的定罪量刑标准①

1.《最高人民法院关于审理非法集资刑事案件具体应用法律若干问题的解释》（法释〔2010〕18号，2011年1月4日起施行）

第五条　个人进行集资诈骗，数额在10万元以上的，应当认定为“数额较大”；数额在30万元以上的，应当认定为“数额巨大”；数额在100万元以上的，应当认定为“数额特别巨大”。

单位进行集资诈骗，数额在50万元以上的，应当认定为“数额较大”；数额在150万元以上的，应当认定为“数额巨大”；数额在500万元以上的，应当认定为“数额特别巨大”。

集资诈骗的数额以行为人实际骗取的数额计算，案发前已归还的数额应予扣除。行为人为实施集资诈骗活动而支付的广告费、中介费、手续费、回扣，或者用于行贿、赠与等费用，不予扣除。行为人为实施集资诈骗活动而支付的利息，除本金未归还可予折抵本金以外，应当计入诈骗数额。

2.《最高人民检察院、公安部关于公安机关管辖的刑事案件立案追诉标准的规定（二）》（公通字〔2010〕23号，2010年5月7日印发）

第四十九条　［集资诈骗案（刑法第一百九十二条）］以非法占有为目的，使用诈骗方法非法集资，涉嫌下列情形之一的，应予立案追诉：

（一）个人集资诈骗，数额在十万元以上的；

① 《刑法修正案（十一）》对刑档有调整，故相关司法解释中的量刑标准后续应有适当调整。

（二）单位集资诈骗，数额在五十万元以上的。

3. 最高人民法院、最高人民检察院《关于常见犯罪的量刑指导意见（试行）》（法发〔2021〕21号，2021年7月1日起施行）

1. 构成集资诈骗罪的，根据下列情形在相应的幅度内确定量刑起点：

（1）达到数额较大起点的，在三年至四年有期徒刑幅度内确定量刑起点。

（2）达到数额巨大起点或者有其他严重情节的，在七年至九年有期徒刑幅度内确定量刑起点。依法应当判处无期徒刑的除外。

2. 在量刑起点的基础上，根据集资诈骗数额等其他影响犯罪构成的犯罪事实增加刑罚量，确定基准刑。

3. 构成集资诈骗罪的，根据犯罪数额、危害后果等犯罪情节，综合考虑被告人缴纳罚金的能力，决定罚金数额。

4. 构成集资诈骗罪的，综合考虑犯罪数额、诈骗对象、危害后果、退赃退赔等犯罪事实、量刑情节，以及被告人主观恶性、人身危险性、认罪悔罪表现等因素，决定缓刑的适用。

（二）定罪量刑对应表

表1－4 《刑法修正案（十一）》颁布前的集资诈骗罪定罪量刑对应表

集资诈骗罪	个人	单位	刑期	备注
第一档	10万元	50万元	五年以下有期徒刑或者拘役，并处二万元以上二十万元以下罚金	对于构成单位犯罪的，在罚金的规定上有所不同
第二档	30万元	150万元	五年以上十年以下有期徒刑，并处五万元以上五十万元以下罚金	
第三档	100万元	500万元	十年以上有期徒刑或者无期徒刑，并处五万元以上五十万元以下罚金或者没收财产	

表1－5 《刑法修正案（十一）》颁布后的集资诈骗罪定罪量刑对应表

集资诈骗罪	个人	单位	刑期
第一档			三年以上七年以下有期徒刑，并处罚金
第二档			七年以上有期徒刑或者无期徒刑，并处罚金或者没收财产

第二章　数据信息类罪名释义及定罪量刑标准

第一节　侵犯著作权罪

一、犯罪构成

（一）《刑法》（2020年12月26日修正）

第二百一十七条　【侵犯著作权罪】以营利为目的，有下列侵犯著作权或者与著作权有关的权利的情形之一，违法所得数额较大或者有其他严重情节的，处三年以下有期徒刑，并处或者单处罚金；违法所得数额巨大或者有其他特别严重情节的，处三年以上十年以下有期徒刑，并处罚金：

（一）未经著作权人许可，复制发行、通过信息网络向公众传播其文字作品、音乐、美术、视听作品、计算机软件及法律、行政法规规定的其他作品的；

（二）出版他人享有专有出版权的图书的；

（三）未经录音录像制作者许可，复制发行、通过信息网络向公众传播其制作的录音录像的；

（四）未经表演者许可，复制发行录有其表演的录音录像制品，或者通过信息网络向公众传播其表演的；

（五）制作、出售假冒他人署名的美术作品的；

（六）未经著作权人或者与著作权有关的权利人许可，故意避开或者破坏权利人为其作品、录音录像制品等采取的保护著作权或者与著作权有关的权利的技术措施的。

第二百二十条　【单位犯侵犯著作权罪的处罚规定】单位犯本节第二百一十三条至第二百一十九条之一规定之罪的，对单位判处罚金，并对其直接负责的主管人员和其他直接责任人员，依照本节各该条的规定处罚。

（二）学理解释

侵犯著作权罪的犯罪主体为一般主体，既可以是个人也可以是单位，主观方面由故意构成，表现为侵犯行为人具有侵犯他人著作权的故意，且以营利为目的，侵犯的是国家对版权的管理秩序。①

二、疑难问题

（一）侵犯著作权罪中复制发行的认定

1.《最高人民法院、最高人民检察院、公安部关于办理侵犯知识产权刑事案件适用法律若干问题的意见》（法发〔2011〕3号，2011年1月10日印发）

十二、关于刑法第二百一十七条规定的“发行”的认定及相关问题

“发行”，包括总发行、批发、零售、通过信息网络传播以及出租、展销等活动。

非法出版、复制、发行他人作品，侵犯著作权构成犯罪的，按照侵犯著作权罪定罪处罚，不认定为非法经营罪等其他犯罪。

2.《最高人民法院、最高人民检察院关于办理侵犯知识产权刑事案件具体应用法律若干问题的解释（二）》（法释〔2007〕6号，2007年4月5日起施行）

第二条 刑法第二百一十七条侵犯著作权罪中的“复制发行”，包括复制、发行或者既复制又发行的行为。

侵权产品的持有人通过广告、征订等方式推销侵权产品的，属于刑法第二百一十七条规定的“发行”。

非法出版、复制、发行他人作品，侵犯著作权构成犯罪的，按照侵犯著作权罪定罪处罚。

3.《最高人民法院、最高人民检察院关于办理侵犯著作权刑事案件中涉及录音录像制品有关问题的批复》（法释〔2005〕12号，2005年10月18日起施行）

未经录音录像制作者许可，通过信息网络传播其制作的录音录像制品的行为，应当视为刑法第二百一十七条第（三）项规定的“复制发行”。

---

① 参见最高人民检察院公诉厅编：《公诉案件证据参考标准》，法律出版社2014年版，第226－229页。

4.《最高人民法院、最高人民检察院关于办理侵犯知识产权刑事案件具体应用法律若干问题的解释》(法释〔2004〕19号，2004年12月22日起施行)

第十一条第三款　通过信息网络向公众传播他人文字作品、音乐、电影、电视、录像作品、计算机软件及其他作品的行为，应当视为刑法第二百一十七条规定的“复制发行”。

5.［公报案例：江苏省苏州市虎丘区人民检察院诉成都某网络科技有限公司、孙某某等人侵犯著作权案］

行为人未经著作权人许可复制其计算机软件，通过修改相应程序捆绑其他软件后在互联网上发布供他人下载，并因此获取广告费等收益的，属于刑法第二百一十七条规定的“以营利为目的”的“复制发行”行为。根据《最高人民法院、最高人民检察院关于办理侵犯知识产权刑事案件具体应用法律若干问题的解释》第十一条第三款的规定，行为人通过信息网络向公众传播他人文字作品、音乐、电影、电视、录像作品、计算机软件及其他作品的行为，应当视为刑法第二百一十七条规定的“发行”行为。

6.［刑事审判参考案例第942号：余某某等侵犯著作权案］

复制部分实质性相同的计算机程序文件并加入自行编写的脚本文件形成新的外挂程序后运用的行为属于侵犯著作权罪中的“复制发行”。

(1)“复制”不限于复制“完全相同”的软件，而只需要具备“实质性相同”即可。基于《计算机软件保护条例》的规定，在刑法没有明确界定第217条第1项中“复制发行”含义的情况下，将“部分复制”纳入侵犯著作权罪中的“复制”范围(同时强调前文分析的实质性相同)具有法律根据。

(2)复制后广泛运用的行为应当认定为刑法意义上的“复制发行”。《著作权法》第十条第一款第六项规定，“发行权，即以出售或者赠与方式向公众提供作品的原件或者复制件的权利”。可见，提供复制件也属于“发行”。《最高人民法院、最高人民检察院关于办理侵犯知识产权刑事案件具体应用法律若干问题的解释》第11条第3款规定：“通过信息网络向公众传播他人文字作品、音乐、电影、电视、录像作品、计算机软件及其他作品的行为，应当视为刑法第二百一十七条规定的‘复制发行’。”2007年《最高人民法院、最高人民检察院关于办理侵犯知识产权刑事案件具体应用法律若干问题的解释(二)》第2条第2款规定：“侵权产品的持有人通过广告、征订等方式推销侵权产品的，属于刑法第二百一十七条规定的‘发行’。”2011年《最高人民法院、最高人民检察院、公安部关于办理侵犯知识产权刑事案件适用法律若干问题的意见》第 12 条更是将发行解释为“包括总发行、批发、零售、通过信息网络传播以及出租、展销等活动”。从上述法律及相关司法解释的规定可知，“发行”的含义整体呈不断扩展之势，由最初强调新的含义、出售或者赠与方式不断扩展到“通过网络传播”“通过广告、征订”以及批发、零售、出租、展销等活动方式。经由上述分析，对“复制发行”的理解，应当结合国民的普通用语和刑法的规范用语语境，在罪刑法定原则的指导下，正视社会生活事实的变化，从不断变化的社会文化中挖掘和把握其准确内涵和外延。

（3）脱机外挂程序属于刑法意义上的“复制发行”。“外挂”本身系计算机程序的一种，通常是指针对一个或者多个网络游戏，通过改变游戏软件的部分程序制作而成的作弊程序，其原理是截取、修改游戏客户端和服务器之间通过通讯数据包传输的数据，模拟服务器发给客户端，或者模拟客户端发给服务器，从而达到修改游戏、实现各种游戏功能增强的目的。外挂程序制作及运行的过程决定其必须对官方客户端程序的大量数据进行收集、复制和修改。脱机型外挂系脱胎于官方客户端程序，除非掌握该游戏的内部技术秘密，一般技术层面很难完成。这种复制部分实质性相同的程序文件并加入自行编写的脚本文件形成新的外挂程序后运用的行为，应当认定为刑法意义上的“复制发行”。

7. ［刑事审判参考案例第 678 号：凌某某侵犯著作权案］

销售普通侵权盗版光碟的行为属于《刑法》第 217 条规定的“发行”的一种方式。销售侵权复制品的行为具有非法经营的性质，销售侵权复制品的行为属于非法经营行为的一种。但并非所有的销售侵权复制品的行为，都可以认定为非法经营罪。非法出版行为以非法经营罪处罚的前提是该非法出版物属于具有反动性政治内容出版物、侵权复制品、淫秽物品等以外的其他严重危害社会秩序和扰乱市场秩序的非法出版物。贩卖普通侵权盗版光碟的行为应当认定为侵犯著作权罪，不能认定为非法经营罪或者销售侵权复制品罪。贩卖、销售普通侵权盗版光碟的行为属于《刑法》第 217 条规定的“发行”的一种方式，“发行”包括总发行、批发、零售、通过信息网络传播以及出租、展销等活动。

8. 关于办理侵犯知识产权刑事案件具体应用法律若干问题的解释（二）的理解与适用①

《刑法》第217条规定的“复制发行”应当包括复制、发行或者既复制又发行的行为。《著作权法》第10条规定，以印刷、复印、拓印、录音、录像、翻录、翻拍等方式将作品制作一份或多份的权利是复制权，以出售或者赠与方式向公众提供作品的原件或者复制件的权利是发行权。经研究认为，复制权和发行权都是法律规定属于著作权人的权利，未经著作权人许可，不管是实施复制行为，还是发行行为，或者是既复制又发行的行为，都侵犯了著作权人的著作权。

9. 关于办理侵犯知识产权刑事案件具体应用法律若干问题的解释的理解与适用②

关于在网络环境下复制和发行盗版软件即在线盗版的问题。《著作权法》第10条规定信息网络传播权，即以有线或者无线方式向公众提供，使公众可以在其选定的时间和地点获得作品的权利。《著作权法》第47条③规定了通过信息网络向公众传播其作品是一种侵权行为，构成犯罪的，依法追究刑事责任。因此，《最高人民法院、最高人民检察院关于办理侵犯知识产权刑事案件具体应用法律若干问题的解释》将通过信息网络向公众传播他人文字作品、音乐、电影、电视、录像作品、计算机软件及其他作品的行为，规定为属于《刑法》第217条规定的“复制发行”。

（二）侵犯著作权罪中以营利为目的、未经著作权人许可的认定

1.《最高人民法院、最高人民检察院关于办理侵犯知识产权刑事案件具体应用法律若干问题的解释》（法释〔2004〕19号，2004年12月22日起施行）

第十一条　以刊登收费广告等方式直接或者间接收取费用的情形，属于刑法第二百一十七条规定的“以营利为目的”。

刑法第二百一十七条规定的“未经著作权人许可”，是指没有得到著作权人授权或者伪造、涂改著作权人授权许可文件或者超出授权许可范围的情形。

---

① 李洪江：《〈关于办理侵犯知识产权刑事案件具体应用法律若干问题的解释（二）〉的理解与适用》，载《刑事审判参考》2007年第3集（总第56集），法律出版社2007年版。

② 李晓：《〈关于办理侵犯知识产权刑事案件具体应用法律若干问题的解释〉的理解与适用》，载《人民司法》2005年第1期。

③ 2020年《著作权法》第53条。

2. 关于办理侵犯知识产权刑事案件具体应用法律若干问题的解释的理解与适用①

伪造、涂改著作权人授权许可文件的行为属于《刑法》第217条的“未经著作权人许可”。软件的销售实际上就是软件著作权人对软件使用的许可行为，伪造、涂改授权许可文件在严重侵犯软件著作权人权利的同时，也欺骗了意在使用正版软件的用户，尤其是在假冒软件产品出现质量问题的时候将会造成不可估量的损失（例如承担重大责任的政府部门、银行、铁路、医院等），扰乱了正常的市场和社会秩序，具有严重的社会危害性。因此，《最高人民法院、最高人民检察院关于办理侵犯知识产权刑事案件具体应用法律若干问题的解释》将伪造、涂改著作权人授权许可文件的行为规定为刑法第二百一十七条的“未经著作权人许可”。

3.《最高人民法院、最高人民检察院、公安部关于办理侵犯知识产权刑事案件适用法律若干问题的意见》（法发〔2011〕3号，2011年1月10日印发）

十、关于侵犯著作权犯罪案件“以营利为目的”的认定问题

除销售外，具有下列情形之一的，可以认定为“以营利为目的”：

（一）以在他人作品中刊登收费广告、捆绑第三方作品等方式直接或者间接收取费用的；

（二）通过信息网络传播他人作品，或者利用他人上传的侵权作品，在网站或者网页上提供刊登收费广告服务，直接或者间接收取费用的；

（三）以会员制方式通过信息网络传播他人作品，收取会员注册费或者其他费用的；

（四）其他利用他人作品牟利的情形。

十一、关于侵犯著作权犯罪案件“未经著作权人许可”的认定问题

“未经著作权人许可”一般应当依据著作权人或者其授权的代理人、著作权集体管理组织、国家著作权行政管理部门指定的著作权认证机构出具的涉案作品版权认证文书，或者证明出版者、复制发行者伪造、涂改授权许可文件或者超出授权许可范围的证据，结合其他证据综合予以认定。

在涉案作品种类众多且权利人分散的案件中，上述证据确实难以一一取得，

---

① 李晓：《〈关于办理侵犯知识产权刑事案件具体应用法律若干问题的解释〉的理解与适用》，载《人民司法》2005年第1期。

但有证据证明涉案复制品系非法出版、复制发行的，且出版者、复制发行者不能提供获得著作权人许可的相关证明材料的，可以认定为“未经著作权人许可”。但是，有证据证明权利人放弃权利、涉案作品的著作权不受我国著作权法保护，或者著作权保护期限已经届满的除外。

4. 关于办理侵犯知识产权刑事案件适用法律若干问题的意见的理解与适用①

以营利为目的是侵犯著作权罪的主观方面要件，要求行为人主观上具有营利目的，至于行为人营利的方式以及实际营利与否，则在所不问。根据《刑法》第217条的规定，未经著作权人许可是侵犯著作权罪的构成要件之一。公安机关一般要收集到《最高人民法院、最高人民检察院、公安部关于办理侵犯知识产权刑事案件适用法律若干问题的意见》第11条规定的证据，并结合该案的其他证据予以认定。在涉案作品种类众多且权利人分散的案件中，上述证据确实难以一一取得，但有证据证明涉案复制品系非法出版、复制发行，且出版者、复制发行者不能提供获得著作权人许可的相关证明材料的，可以认定为未经著作权人许可。但是，有证据证明权利人放弃权利、涉案作品的著作权不受我国著作权法保护或者著作权保护期限已经届满的除外。这里的有证据证明既可以是犯罪嫌疑人（被告人）或其他有关人员提供的经查证属实的证据，也可以是公安机关依法收集、调取的证据。理解和掌握本款应当重点把握三点：第一，本款只适用于涉案作品种类众多且权利人分散的案件。第二，涉案作品有的已有证据证明未经著作权人许可，但全部查证认定难度较大。第三，有证据证明涉案复制品系非法出版、复制发行的，且出版者、复制发行者不能提供获得著作权人许可的相关证明材料。这里的有证据证明涉案复制品系非法出版、复制发行，就是指已有证据证明涉案复制品未遵守《出版管理条例》《音像制品管理条例》等有关法律法规的规定，系非法出版、复制发行。

5. ［刑事审判参考案例第679号：凌某某侵犯著作权案］

在刑事审判中，对于有证据证明涉案复制品系非法复制发行，且复制发行者不能提供获得著作权人许可的相关证明材料的，可以认定为“未经著作权人许可”。

---

① 逄锦温、刘福谦、王志广、丛媛：《〈关于办理侵犯知识产权刑事案件适用法律若干问题的意见〉的理解与适用》，载《人民司法·应用》2011年第5期。

（三）未经许可将非法获得的计算机软件修改后出售牟利行为的定性

［刑事审判参考案例第117号：王某某侵犯著作权案］

未经软件著作权人许可，将其计算机软件修改后复制发行的行为，属于刑法意义上的“复制发行”。发行未办理软件著作权登记的软件侵犯了软件开发者的软件著作权，可能构成侵犯著作权罪。

软件著作权属于软件开发者。中国公民和单位对其所开发的软件，不论是否发表，不论在何地发表，均依照本条例享有著作权。软件著作权人享有下列各项权利：(1) 发表权，即决定软件是否公之于众的权利；(2) 开发者身份权，即表明开发者身份的权利以及在其软件上署名的权利；(3) 使用权，即在不损害社会公共利益的前提下，以复制、展示、发行、修改、翻译、注释等方式使用其软件的权利；(4) 使用许可权和获得报酬权，即许可他人以上述第3项中规定的部分或者全部方式使用其软件的权利和由此而获得报酬的权利；(5) 转让权，即向他人转让由本条第3项和第4项规定的使用权和使用许可权的权利。

下列行为，依法构成侵犯软件著作权的行为：(1) 未经软件著作权人同意发表其软件作品；(2) 将他人开发的软件当作自己的作品发表；(3) 未经合作者同意，将与他人合作开发的软件当作自己单独完成的作品发表；(4) 在他人开发的软件上署名或者涂改他人开发的软件上的署名；(5) 未经软件著作权人或者其合法受让者的同意修改、翻译、注释其软件作品；(6) 未经软件著作权人或者其合法受让者的同意复制或者部分复制其软件作品；(7) 未经软件著作权人或者其合法受让者的同意向公众发行、展示其软件的复制品；(8) 未经软件著作权人或者其合法受让者的同意向任何第三方办理其软件的许可使用或者转让事宜。

（四）侵犯著作权行为非法经营数额的认定标准

1.［经济犯罪审判指导与参考：李某某、哈某某侵犯著作权案］

盗版行为的非法经营数额，除非法出版物没有定价或以境外货币定价，应当以非法出版物上所标定价乘以行为人经营的非法出版物数量所得的数额认定，而不能以行为人实际销售的价格和数量计算。

根据《刑法》第217条之规定，作为犯罪追究的侵犯著作权行为，必须具有3个特征：一是以营利为目的；二是未经著作权人许可复制发行他人享有著作权的作品；三是违法所得数额较大或有其他严重情节。实际上也就是那些出于商业目的、具有商业规模的故意侵权行为。在查处盗版等侵犯著作权犯罪案件时，应当正确理解和适用《刑法》规定的犯罪构成要件，无论是对于“违法所得数额”的认定，还是对于“其他严重情节”的把握，都要充分考虑侵犯著作权行为的商业目的和商业规模所反映的非法经营性质，充分考虑其侵权行为对著作权人合法权益的侵害和对市场经济秩序的危害。对于其“违法所得数额”的认定，既要考虑其复制发行他人享有著作权的作品实际已得的非法利润，又要考虑其复制发行他人享有著作权的作品后应得的非法利润；对于非法经营数额的认定，根据《最高人民法院关于审理非法出版物刑事案件具体应用法律若干问题的解释》第17条之规定，经营数额是指以非法出版物的定价乘以行为人经营的非法出版物数量所得的数额，不能以行为人非法经营活动实际发生的经营额来认定。只有这样才能准确反映出复制发行行为对著作权人的合法权益和出版市场秩序的危害程度。只有对于没有定价或以境外货币定价的，才以行为人复制发行的数量乘以实际售价来确定其经营数额。

2. “非法经营数额”的计算方法

侵犯知识产权犯罪涉及的犯罪数额主要有“销售金额”“违法所得数额”“非法经营数额”“重大损失数额”四种。《最高人民法院、最高人民检察院关于办理侵犯知识产权刑事案件具体应用法律若干问题的解释》规定的“非法经营数额”的计算方法是在综合考虑各方面因素的基础上加以规定的，基本计算方法是对已销售的侵权产品的价值，按照实际销售的价格计算。值得注意的是，该解释在价值计算方面也有很大的突破，它还规定：制造、储存、运输和未销售的侵权产品的价值，按照标价或者已经查清的侵权产品的实际销售平均价格计算。没有标价或者无法查清实际销售价格的，按照被侵权产品的市场中间价格计算。①

（五）擅自销售党章、十七大报告行为的定性

［刑事审判参考案例第680号：张某某等人侵犯著作权案］

党章和《十七大报告》单行本可视为“具有立法、行政、司法性质的文件”，不存在著作权人。单纯销售、贩卖他人享有专有出版权的图书的，不属于“出版”也就不构成侵犯著作权罪，但其他组织和个人的出版行为，侵犯了人民出版社的专有出版权，可能构成销售侵权复制品罪或非法经营罪。如同时构成上

---

① 胡云腾：《正确理解知识产权刑法解释充分发挥刑法的保护功能》，载《人民司法》2005年第1期。

述两罪，则按想象竞合犯的处理原则，择一重罪处罚。如果行为人明知是他人侵犯出版权出版的此类刊物而予以销售，违法所得数额达到10万元以上的，可以按照销售侵权复制品罪论处。如果行为人明知是非法出版物而销售，达到2000册以上的，可以根据《最高人民法院关于审理非法出版物刑事案件具体应用法律若干问题的解释》第11、12条之规定，按照非法经营罪定罪处罚。在同时构成销售侵权复制品罪和非法经营罪的情况下，按照想象竞合犯的处理原则，择一重罪处罚。与此同时，销售盗版《十七大报告辅导读本》的行为构成侵犯著作权罪，而非销售侵权复制品罪。《十七大报告辅导读本》具有明确的著作权人，且经鉴定属于侵权复制品。

（六）适用刑事司法解释的时间效力

1.《最高人民法院、最高人民检察院关于适用刑事司法解释时间效力问题的规定》（高检发释字〔2001〕5号，2001年12月7日起施行）

一、司法解释是最高人民法院对审判工作中具体应用法律问题和最高人民检察院对检察工作中具体应用法律问题所作的具有法律效力的解释，自发布或者规定之日起施行，效力适用于法律的施行期间。

二、对于司法解释实施前发生的行为，行为时没有相关司法解释，司法解释施行后尚未处理或者正在处理的案件，依照司法解释的规定办理。

三、对于新的司法解释实施前发生的行为，行为时已有相关司法解释，依照行为时的司法解释办理，但适用新的司法解释对犯罪嫌疑人、被告人有利的，适用新的司法解释。

四、对于在司法解释施行前已办结的案件，按照当时的法律和司法解释，认定事实和适用法律没有错误的，不再变动。

2.［刑事审判参考案例第417号：谭某某、蒋某某侵犯著作权案］

对于同一个具体应用法律问题，最高司法机关在《刑法》颁布生效期间先后作出了两个司法解释的，需要适用从旧兼从轻原则，选择适用对被告人最有利的司法解释。对于新的司法解释实施前发生的行为，行为时已有相关司法解释对有关法律条文进行解释的，应当适用从旧兼从轻原则，依照行为时的司法解释办理，但适用新的司法解释对犯罪嫌疑人、被告人有利的，应适用新的司法解释。

三、追诉量刑

（一）侵犯著作权罪的定罪量刑标准

1.《最高人民法院、最高人民检察院关于办理侵犯知识产权刑事案件具体应用法律若干问题的解释》（法释〔2004〕19号，2004年12月22日起施行）

第五条　以营利为目的，实施刑法第二百一十七条所列侵犯著作权行为之一，违法所得数额在三万元以上的，属于“违法所得数额较大”；具有下列情形之一的，属于“有其他严重情节”，应当以侵犯著作权罪判处三年以下有期徒刑或者拘役，并处或者单处罚金：

（一）非法经营数额在五万元以上的；

（二）未经著作权人许可，复制发行其文字作品、音乐、电影、电视、录像作品、计算机软件及其他作品，复制品数量合计在一千张（份）以上的；

（三）其他严重情节的情形。

以营利为目的，实施刑法第二百一十七条所列侵犯著作权行为之一，违法所得数额在十五万元以上的，属于“违法所得数额巨大”；具有下列情形之一的，属于“有其他特别严重情节”，应当以侵犯著作权罪判处三年以上七年以下有期徒刑，并处罚金：

（一）非法经营数额在二十五万元以上的；

（二）未经著作权人许可，复制发行其文字作品、音乐、电影、电视、录像作品、计算机软件及其他作品，复制品数量合计在五千张（份）以上的；

（三）其他特别严重情节的情形。

2.《最高人民法院、最高人民检察院关于办理侵犯知识产权刑事案件具体应用法律若干问题的解释（二）》（法释〔2007〕6号，2007年4月5日起施行）

第一条　以营利为目的，未经著作权人许可，复制发行其文字作品、音乐、电影、电视、录像作品、计算机软件及其他作品，复制品数量合计在五百张（份）以上的，属于刑法第二百一十七条规定的“有其他严重情节”；复制品数量在二千五百张（份）以上的，属于刑法第二百一十七条规定的“有其他特别严重情节”。

3.《最高人民检察院、公安部关于公安机关管辖的刑事案件立案追诉标准的规定（一）》（公通字〔2008〕36号，2008年6月25日印发）

第二十六条　［侵犯著作权案（刑法第二百一十七条）］以营利为目的，未经著作权人许可，复制发行其文字作品、音乐、电影、电视、录像作品、计算机软件及其他作品，或者出版他人享有专有出版权的图书，或者未经录音录像制作者许可，复制发行其制作的录音录像，或者制作、出售假冒他人署名的美术作品，涉嫌下列情形之一的，应予立案追诉：

（一）违法所得数额三万元以上的；

（二）非法经营数额五万元以上的；

（三）未经著作权人许可，复制发行其文字作品、音乐、电影、电视、录像作品、计算机软件及其他作品，复制品数量合计五百张（份）以上的；

（四）未经录音录像制作者许可，复制发行其制作的录音录像制品，复制品数量合计五百张（份）以上的；

（五）其他情节严重的情形。

以刊登收费广告等方式直接或者间接收取费用的情形，属于本条规定的“以营利为目的”。

本条规定的“未经著作权人许可”，是指没有得到著作权人授权或者伪造、涂改著作权人授权许可文件或者超出授权许可范围的情形。

本条规定的“复制发行”，包括复制、发行或者既复制又发行的行为。

通过信息网络向公众传播他人文字作品、音乐、电影、电视、录像作品、计算机软件及其他作品，或者通过信息网络传播他人制作的录音录像制品的行为，应当视为本条规定的“复制发行”。

侵权产品的持有人通过广告、征订等方式推销侵权产品的，属于本条规定的“发行”。

本条规定的“非法经营数额”，是指行为人在实施侵犯知识产权行为过程中，制造、储存、运输、销售侵权产品的价值。已销售的侵权产品的价值，按照实际销售的价格计算。制造、储存、运输和未销售的侵权产品的价值，按照标价或者已经查清的侵权产品的实际销售平均价格计算。侵权产品没有标价或者无法查清其实际销售价格的，按照被侵权产品的市场中间价格计算。

（二）定罪量刑对应表

表 2－1　侵犯著作权罪定罪量刑对应表

侵犯著作权罪	情节	《刑法修正案（十一）》颁布前的刑期	《刑法修正案（十一）》颁布后的刑期
第一档	（一）违法所得数额三万元以上的； （二）非法经营数额五万元以上的； （三）未经著作权人许可，复制发行其文字作品、音乐、电影、电视、录像作品、计算机软件及其他作品，复制品数量合计五百张（份）以上的； （四）未经录音录像制作者许可，复制发行其制作的录音录像制品，复制品数量合计五百张（份）以上的； （五）其他情节严重的情形	三年以下有期徒刑或者拘役，并处或者单处罚金	三年以下有期徒刑，并处或者单处罚金
第二档	第一档情节的五倍标准	三年以上七年以下有期徒刑，并处罚金	三年以上十年以下有期徒刑，并处罚金

第二节　侵犯商业秘密罪

一、犯罪构成

（一）《刑法》（2020 年 12 月 26 日修正）

第二百一十九条　【侵犯商业秘密罪】有下列侵犯商业秘密行为之一，情节严重的，处三年以下有期徒刑，并处或者单处罚金；情节特别严重的，处三年以上十年以下有期徒刑，并处罚金：

（一）以盗窃、贿赂、欺诈、胁迫、电子侵入或者其他不正当手段获取权利人的商业秘密的；

（二）披露、使用或者允许他人使用以前项手段获取的权利人的商业秘密的；

（三）违反保密义务或者违反权利人有关保守商业秘密的要求，披露、使用或者允许他人使用其所掌握的商业秘密的。

明知前款所列行为，获取、披露、使用或者允许他人使用该商业秘密的，以侵犯商业秘密论。

本条所称权利人，是指商业秘密的所有人和经商业秘密所有人许可的商业秘密使用人。

第二百一十九条之一　【为境外窃取、刺探、收买、非法提供商业秘密罪】为境外的机构、组织、人员窃取、刺探、收买、非法提供商业秘密的，处五年以下有期徒刑，并处或者单处罚金；情节严重的，处五年以上有期徒刑，并处罚金。

第二百二十条　【单位犯侵犯知识产权罪的处罚规定】单位犯本节第二百一十三条至第二百一十九条之一规定之罪的，对单位判处罚金，并对其直接负责的主管人员和其他直接责任人员，依照本节各该条的规定处罚。

（二）学理解释

侵犯商业秘密罪的犯罪主体为一般主体，既可以是个人也可以是单位，侵犯的客体既包括国家对商业秘密的管理制度，又包括商业秘密的权利人享有的合法权利。责任形式为故意，但要求具有营利目的，给商业秘密的权利人造成重大损失的构成本罪。

二、疑难问题

（一）商业秘密的认定与重大损失的计算

1. ［公报案例：西安市人民检察院诉裴某某侵犯商业秘密案］

凌钢连铸机主设备设计具有实用性，不为公众所知悉，能为权利人带来经济利益，权利人为其采取了保密措施，因此该技术是权利人依法受保护的商业秘密。被告人裴某某利用工作之便盗窃该商业秘密，并提供给他人使用，从而使权利人遭受1782万元的经济损失，后果特别严重，构成侵犯商业秘密罪。

2. ［公报案例：上海市人民检察院第二分院诉周某某等人侵犯商业秘密案］

违反与原单位的保密约定，伙同他人利用原单位专利技术以外不为公众知悉的工艺技术信息，生产与原单位相同的产品，并给原单位造成重大经济损失的，应根据《刑法》第219条第1款第3项和第2款之规定，按侵犯商业秘密罪论处。明知他人违反与原单位的保密约定，仍伙同其利用掌握原单位专利技术以外不为公众知悉的工艺技术信息，生产与他人原单位相同的产品，并给他人原单位造成重大经济损失的，应根据第219条第1款第3项和第2款之规定，按侵犯商业秘密罪论处。

3. [刑事审判参考案例第609号：杨某某、周某某侵犯商业秘密案]

商业秘密区分公知技术与非公知技术是针对特定情形或者特定案件而言的，不具有普遍性。对本案自诉人的涂料配方，应作为一个整体认定为商业秘密加以法律保护，不应区分公知技术和非公知技术。《刑法》第219条规定侵犯商业秘密的行为方式包括违反约定或者违反权利人有关保守商业秘密的要求，披露、使用或者允许他人使用其所掌握的商业秘密。这是一种违约型侵犯商业秘密的行为，以行为人与商业秘密权利人之间是否存在保守商业秘密的协议为前提。实践中，有时行为人掌握商业秘密本身是合法的，但由于其违反约定或者违反权利人有关保守商业秘密的要求，将自己因工作、职责掌握的商业秘密予以披露、使用，或者允许他人使用，从而构成侵权。对商业秘密采取保密措施，只要权利人采取了合理的保密措施，使负有保密义务以外的其他人不能轻易获得该秘密即可，并不要求权利人采取的措施能做到万无一失。关于措施是否合理，可以从以下几个角度考虑：（1）权利人是否明确了作为商业秘密保护的信息范围；（2）是否制定了相应的保密制度或以其他方法使他人知晓其掌握或接触的信息系应当保密的信息；（3）是否采取了一定的物理防范措施，除非通过不正当手段，他人轻易不能获得该信息。所谓反向工程，是指通过对终端产品的分析研究，找出该产品的原始配方或者生产工艺。反向工程是对商业秘密权的一种限制，一旦他人通过反向工程获得技术秘密，权利人则无权阻止他人披露和使用获得的技术信息。

4. [刑事审判参考案例第233号：项某某、孙某某侵犯商业秘密案]

源代码是用源语言编制的计算机程序，是计算机软件的核心内容和软件设计方案的具体表现，一旦被公开，软件的核心技术即泄露，从而会失去应有的商业价值。因此，源代码作为一种技术信息，属商业秘密范畴。被告人违反合同约定义务，向他人提供权利人软件源代码，属于侵犯商业秘密的行为；明知被告人以不正当手段获取权利人的商业秘密仍加以使用，以侵犯商业秘密论。依照国家工商行政管理局《关于禁止侵犯商业秘密行为的若干规定》第2条第5款的规定，“技术信息和经营信息”，应当包括设计、程序、产品配方、制作工艺、制作方法、管理诀窍、客户名单、货源情报、产销策略、招投标中的标底及标书内容等信息。《计算机软件保护条例》第2条规定，计算机软件包括计算机程序及其有关文档。对于本案所涉的Webmail软件源代码能否认定为商业秘密，还应当取决于其是否属于1997年《刑法》第219条第3款规定的“不为公众所知悉，能为权利人带来经济利益，具有实用性并经权利人采取保密措施”的技术信息。

根据1997年《刑法》第219条第1款的规定，违反约定或者违反权利人有关保守商业秘密的要求，披露、使用或者允许他人使用其所掌握的商业秘密的行为，属于侵犯商业秘密；明知或者应知他人向其披露的商业秘密违反了约定或者违反了权利人有关保守商业秘密的要求，仍然获取、使用或者披露他人的商业秘密的，以侵犯商业秘密论。“给权利人造成重大损失”是侵犯商业秘密罪的必要构成要件。在刑事司法实践中，“重大损失”主要是指被害人由于被告人的犯罪行为而遭受的物质损失。依照《最高人民法院关于刑事附带民事诉讼范围问题的规定》（已废止）第2条的解释，“被害人因犯罪行为遭受的物质损失，是指被害人因犯罪行为已经遭受的实际损失和必然遭受的损失”。但由于商业秘密是一种能够创造财富的技术信息或者经营信息，属于无形资产，以不正当手段获取、披露、使用或者允许他人使用权利人的商业秘密，给权利人造成的损失，通常表现为权利人现实的利益和预期的合理利益的丧失，如市场份额被削减、权利人竞争力减弱、产品在市场上的地位受到打击等而使权利人遭受物质损失，具体数额也往往难以精确计算。在刑事司法实践中，一般参照法律规定的侵权行为人应当承担的民事赔偿数额确定给权利人造成的损失数额。就侵犯商业秘密而言，根据《反不正当竞争法》第20条第1款的规定，经营者侵犯商业秘密，给权利人造成损害的，应当承担损害赔偿责任。权利人的损失难以计算的，赔偿额为侵权人在侵权期间因侵权所获得的利润；并应当承担被侵害的经营者因调查该经营者侵害其合法权益的不正当竞争行为所支付的合理费用。据此，对于侵犯商业秘密犯罪行为给商业秘密权利人造成损失数额的认定，一般遵循以下原则：（1）对于能够计算权利人的损失的，应当计算权利人的损失数额；（2）权利人的损失数额难以计算的，以侵权人在侵权期间因侵犯商业秘密所获得的实际利润计算权利人的损失数额。然而，在某些情况下，权利人的损失数额和侵权人所获得的实际利润均难以查实。在此情况下，以权利人已经销出的涉案软件的销售价格来认定被告人的侵权行为给商业秘密权利人所造成的损失数额，是一种合理、合法的计算办法。

5. ［刑事审判参考案例第1005号：伊某某公司、郭某某等侵犯商业秘密案］

根据1997年《刑法》第219条的规定，实施商业秘密侵权行为，给权利人造成重大损失的，构成侵犯商业秘密罪。公安部在《关于在办理侵犯商业秘密犯罪案件中如何确定“给商业秘密权利人造成重大损失”计算方法的答复》中明确以下原则：“对难以计算侵犯商业秘密给权利人所造成的损失的，司法实践一般可参照《中华人民共和国反不正当竞争法》规定的民事赔偿额的计算方法。”在侵犯商业秘密犯罪案件中，重大损失的计算主要存在四种方式，即权利人的实际损失、侵权人的获利、商业秘密许可费的倍数以及商业秘密的商业价值。之所以不能将人民法院酌定赔偿方式作为商业秘密刑事案件重大损失的计算方法，主要是因为刑事诉讼与民事诉讼证据标准不同。刑事诉讼实行确实、充分的证据标准，而民事诉讼实行高度盖然性的证据标准，在商业秘密刑事案件中，“重大损失”是决定被告人行为罪与非罪的重要依据，重大损失的数额必须有确实、充分的证据予以证明，而不允许法官具有自由裁量的空间。同时，鉴于文义解释优先的法律适用规则，在计算损失方面，应当优先计算权利人的实际损失。以权利人的损失来计算“重大损失”存在法律和事实的障碍，法院应参照相关法律规范的规定，综合证据状况以及无商业秘密许可使用、商业秘密未对外泄露等事实，最终确定以侵权人获利作为计算方法。在确定以侵权人获利作为计算方法之后，还涉及计算对象的确定问题。通常情况下，商业秘密的价值应当与其秘点相对应；然而，在有的产品中，秘点与整体不可分割，则要考虑受到侵害部分或者产品部件在整个产品中所起的作用或者比重及诸如在先公知技术、市场因素等其他非侵权因素来计算权利人的损失。

（二）刑事附带民事诉讼被告人的范围

1.《最高人民法院关于适用〈中华人民共和国刑事诉讼法〉的解释》（法释〔2021〕1号，2021年3月1日起施行）

第一百八十条　附带民事诉讼中依法负有赔偿责任的人包括：

（一）刑事被告人以及未被追究刑事责任的其他共同侵害人；

（二）刑事被告人的监护人；

（三）死刑罪犯的遗产继承人；

（四）共同犯罪案件中，案件审结前死亡的被告人的遗产继承人；

（五）对被害人的物质损失依法应当承担赔偿责任的其他单位和个人。

2.［公报案例：西安市人民检察院诉裴某某侵犯商业秘密案］①

根据《最高人民法院关于执行〈中华人民共和国刑事诉讼法〉若干问题的

---

① 参见《最高人民法院公报》2006年第12期（总第122期）。

解释》，行为人窃取他人技术秘密供自己所在的公司使用，从而给技术秘密权利人造成特别严重后果的，在追究行为人侵犯商业秘密罪的刑事责任时，可以根据附带民事诉讼原告人的请求，将行为人所在公司列为附带民事诉讼被告人一并追究侵权的民事赔偿责任。

三、追诉量刑

（一）侵犯商业秘密罪的定罪量刑标准

1.《最高人民检察院、公安部关于修改侵犯商业秘密刑事案件立案追诉标准的决定》（高检发〔2020〕15 号，2020 年 9 月 17 日印发）

【侵犯商业秘密案（刑法第二百一十九条）】侵犯商业秘密，涉嫌下列情形之一的，应予立案追诉：

（一）给商业秘密权利人造成损失数额在三十万元以上的；

（二）因侵犯商业秘密违法所得数额在三十万元以上的；

（三）直接导致商业秘密的权利人因重大经营困难而破产、倒闭的；

（四）其他给商业秘密权利人造成重大损失的情形。

前款规定的造成损失数额或者违法所得数额，可以按照下列方式认定：

（一）以不正当手段获取权利人的商业秘密，尚未披露、使用或者允许他人使用的，损失数额可以根据该项商业秘密的合理许可使用费确定；

（二）以不正当手段获取权利人的商业秘密后，披露、使用或者允许他人使用的，损失数额可以根据权利人因被侵权造成销售利润的损失确定，但该损失数额低于商业秘密合理许可使用费的，根据合理许可使用费确定；

（三）违反约定、权利人有关保守商业秘密的要求，披露、使用或者允许他人使用其所掌握的商业秘密的，损失数额可以根据权利人因被侵权造成销售利润的损失确定；

（四）明知商业秘密是不正当手段获取或者是违反约定、权利人有关保守商业秘密的要求披露、使用、允许使用，仍获取、使用或者披露的，损失数额可以根据权利人因被侵权造成销售利润的损失确定；

（五）因侵犯商业秘密行为导致商业秘密已为公众所知悉或者灭失的，损失数额可以根据该项商业秘密的商业价值确定。商业秘密的商业价值，可以根据该项商业秘密的研究开发成本、实施该项商业秘密的收益综合确定；

（六）因披露或者允许他人使用商业秘密而获得的财物或者其他财产性利

益，应当认定为违法所得。

前款第二项、第三项、第四项规定的权利人因被侵权造成销售利润的损失，可以根据权利人因被侵权造成销售量减少的总数乘以权利人每件产品的合理利润确定；销售量减少的总数无法确定的，可以根据侵权产品销售量乘以权利人每件产品的合理利润确定；权利人因被侵权造成销售量减少的总数和每件产品的合理利润均无法确定的，可以根据侵权产品销售量乘以每件侵权产品的合理利润确定。商业秘密系用于服务等其他经营活动的，损失数额可以根据权利人因被侵权而减少的合理利润确定。

商业秘密的权利人为减轻对商业运营、商业计划的损失或者重新恢复计算机信息系统安全、其他系统安全而支出的补救费用，应当计入给商业秘密的权利人造成的损失。

2.《最高人民法院、最高人民检察院关于办理侵犯知识产权刑事案件具体应用法律若干问题的解释》（法释〔2004〕19号，2004年12月22日起施行）

第七条　实施刑法第二百一十九条规定的行为之一，给商业秘密的权利人造成损失数额在五十万元以上的，属于“给商业秘密的权利人造成重大损失”，应当以侵犯商业秘密罪判处三年以下有期徒刑或者拘役，并处或者单处罚金。

给商业秘密的权利人造成损失数额在二百五十万元以上的，属于刑法第二百一十九条规定的“造成特别严重后果”，应当以侵犯商业秘密罪判处三年以上七年以下有期徒刑，并处罚金。

（二）定罪量刑对应表

表2－2　侵犯商业秘密罪定罪量刑对应表

侵犯商业秘密罪	个人或单位	《刑法修正案（十一）》颁布前的刑期	《刑法修正案（十一）》颁布后的刑期	备注
第一档	造成损失/违法所得数额在三十万元以上	三年以下有期徒刑或者拘役，并处或者单处罚金	处三年以下有期徒刑，并处或者单处罚金	构成单位犯罪的，在罚金的规定上有所不同
第二档	造成损失数额在二百五十万元以上的	三年以上七年以下有期徒刑，并处罚金	三年以上十年以下有期徒刑，并处罚金	

第三节　侵犯公民个人信息罪

一、犯罪构成

（一）《刑法》（2020 年 12 月 26 日修正）

第二百五十三条之一　【侵犯公民个人信息罪】违反国家有关规定，向他人出售或者提供公民个人信息，情节严重的，处三年以下有期徒刑或者拘役，并处或者单处罚金；情节特别严重的，处三年以上七年以下有期徒刑，并处罚金。

违反国家有关规定，将在履行职责或者提供服务过程中获得的公民个人信息，出售或者提供给他人的，依照前款的规定从重处罚。

窃取或者以其他方法非法获取公民个人信息的，依照第一款的规定处罚。

单位犯前三款罪的，对单位判处罚金，并对其直接负责的主管人员和其他直接责任人员，依照各该款的规定处罚。

（二）学理解释

“公民个人信息”的范围既包括中国公民的个人信息，也包括外国公民和其他无国籍人的个人信息，包括身份识别信息和活动情况信息、公开的个人信息、账号密码。公民个人信息须与特定自然人关联，经过处理无法识别特定个人且不能复原的信息，虽然也可能反映自然人的活动情况，但与特定自然人无直接关联，不属于公民个人信息的范畴。在司法适用中具体判断部分关联信息是否可以认定为“公民个人信息”时应当注意以下几点：一是需要结合的其他信息的程度。二是信息本身的重要程度。三是行为人主观目的。如果行为人主观上获取涉案信息就不需要识别特定自然人身份或者反映特定自然人活动情况，则此类部分关联信息原则上不宜认定为“公民个人信息”。

基于不同类型公民个人信息的重要程度，《最高人民法院、最高人民检察院关于办理侵犯公民个人信息刑事案件适用法律若干问题的解释》分别设置了“五十条以上”“五百条以上”“五千条以上”的入罪标准，以实现罪责刑相适应。具体而言[①]：

---

① 喻海松：《侵犯公民个人信息罪司法疑难之案解》，载《人民司法（案例）》2018 年第 32 期。

行踪轨迹信息、通信内容、征信信息、财产信息与人身安全、财产安全直接相关，系高度敏感信息，故该司法解释第5条第1款第3项将入罪标准设置为50条以上。鉴于该项规定的入罪标准门槛较低，故此处严格限缩所涉公民个人信息的类型，仅限于行踪轨迹信息、通信内容、征信信息、财产信息4类信息，不允许司法适用中再通过等外解释予以扩大。对于财产信息，可以根据案件具体情况把握：既包括银行账户、第三方支付结算账户、证券期货等金融服务账户的身份认证信息（一组确认用户操作权限的数据，包括账号、口令、密码、数字证书等），也包括存款、房产等财产状况信息。如这些信息可以具体反映出特定信息主体的存款余额、可透支金额等财产状况，具有明确的指向性，属于公民个人信息中的财产信息。

此外，《最高人民法院、最高人民检察院关于办理侵犯公民个人信息刑事案件适用法律若干问题的解释》未对侵犯公民个人信息罪的罪数处断规则作出明确规定。《最高人民法院、最高人民检察院、公安部关于办理电信网络诈骗等刑事案件适用法律若干问题的意见》规定："使用非法获取的公民个人信息，实施电信网络诈骗犯罪行为，构成数罪的，应当依法予以并罚。"参照上述规定的精神，对于侵犯公民个人信息进而实施信用卡诈骗，构成数罪的，宜实行数罪并罚。

根据《刑法》第253条之一第1款、第2款的规定，违反国家有关规定，向他人非法出售或者提供公民个人信息，是侵犯公民个人信息罪的客观行为方式之一。根据《刑法》第253条之一第3款的规定，窃取或者以其他方法非法获取公民个人信息是侵犯公民个人信息罪的客观行为方式之一。①

二、疑难问题

（一）公民个人信息的认定

1.《民法典》（2021年1月1日起施行）

第一百一十一条　自然人的个人信息受法律保护。任何组织或者个人需要获取他人个人信息的，应当依法取得并确保信息安全，不得非法收集、使用、加工、传输他人个人信息，不得非法买卖、提供或者公开他人个人信息。

---

① 参见喻海松：《侵犯公民个人信息罪的司法适用态势与争议焦点探析》，载《法律适用》2018年第7期。

第九百九十九条　为公共利益实施新闻报道、舆论监督等行为的，可以合理使用民事主体的姓名、名称、肖像、个人信息等；使用不合理侵害民事主体人格权的，应当依法承担民事责任。

第一千零三十二条　自然人享有隐私权。任何组织或者个人不得以刺探、侵扰、泄露、公开等方式侵害他人的隐私权。

隐私是自然人的私人生活安宁和不愿为他人知晓的私密空间、私密活动、私密信息。

第一千零三十三条　除法律另有规定或者权利人明确同意外，任何组织或者个人不得实施下列行为：

（一）以电话、短信、即时通讯工具、电子邮件、传单等方式侵扰他人的私人生活安宁；

（二）进入、拍摄、窥视他人的住宅、宾馆房间等私密空间；

（三）拍摄、窥视、窃听、公开他人的私密活动；

（四）拍摄、窥视他人身体的私密部位；

（五）处理他人的私密信息；

（六）以其他方式侵害他人的隐私权。

第一千零三十四条　自然人的个人信息受法律保护。

个人信息是以电子或者其他方式记录的能够单独或者与其他信息结合识别特定自然人的各种信息，包括自然人的姓名、出生日期、身份证件号码、生物识别信息、住址、电话号码、电子邮箱、健康信息、行踪信息等。

个人信息中的私密信息，适用有关隐私权的规定；没有规定的，适用有关个人信息保护的规定。

2.《最高人民法院、最高人民检察院关于办理侵犯公民个人信息刑事案件适用法律若干问题的解释》（法释〔2017〕10号，2017年6月1日起施行）

第一条　刑法第二百五十三条之一规定的“公民个人信息”，是指以电子或者其他方式记录的能够单独或者与其他信息结合识别特定自然人身份或者反映特定自然人活动情况的各种信息，包括姓名、身份证件号码、通信通讯联系方式、住址、账号密码、财产状况、行踪轨迹等。

3. 关于办理侵犯公民个人信息刑事案件适用法律若干问题的解释的理解与适用①

（一）“公民个人信息”的范围

《网络安全法》第76条规定：“个人信息，是指以电子或者其他方式记录的能够单独或者与其他信息结合识别自然人个人身份的各种信息，包括但不限于自然人的姓名、出生日期、身份证件号码、个人生物识别信息、住址、电话号码等。”基于此，《最高人民法院、最高人民检察院关于办理侵犯公民个人信息刑事案件适用法律若干问题的解释》第1条在上述规定的基础上，进一步明确“公民个人信息”包括身份识别信息和活动情况信息。当前账号密码往往绑定身份证号、手机号码等特定信息，即使未绑定，非法获取账号密码后往往也会引发侵犯财产甚至人身的违法犯罪。因此，该司法解释第1条明确将“账号密码”列为“公民个人信息”的范围。

4. 关于办理侵犯公民个人信息刑事案件适用法律若干问题的解释理解与适用②

（一）“公民个人信息”的范围

一是该条对公民个人信息的外延没有全部列举，实践中公民个人信息不限于该条列明的几类信息。公民个人信息最根本的特征在于能够识别个人身份或者体现个人活动，在《最高人民法院、最高人民检察院关于办理侵犯公民个人信息刑事案件适用法律若干问题的解释》中把具体的公民个人信息全部列明不太可能，也不具有司法可操作性。二是与特定自然人关联的“账号密码”属于“公民个人信息”。当前账号密码往往绑定身份证号、手机号码等特定信息，非法获取账号密码后可以进一步实施侵犯公民人身、财产安全的行为，将“账号密码”列明为“公民个人信息”，有利于保护公民个人信息安全和合法权益。三是“公民个人信息”既包括中国公民的个人信息，也包括外国公民和其他无国籍人的个人信息。

---

① 周加海、邹涛、喻海松：《〈关于办理侵犯公民个人信息刑事案件适用法律若干问题的解释〉的理解与适用》，载《人民司法（应用）》2017年第19期。

② 线杰、宋丹：《〈关于办理侵犯公民个人信息刑事案件适用法律若干问题的解释〉理解与适用》，载《人民检察》2017年第16期。

5. 最高人民检察院侵犯公民个人信息犯罪典型案例（2017年5月16日发布）

［韩某等侵犯公民个人信息案］国家工作人员利用职务便利非法获取公民个人信息并出售，构成侵犯公民个人信息罪的，应当从重处罚。

［张某某、姚某某侵犯公民个人信息案］利用恶意程序，在未经网站授权的情况下，进入该网站后台管理系统，批量非法获取网站用户个人信息的，构成侵犯公民个人信息罪。

［郭某某侵犯公民个人信息案］为了获取非法利益，将在提供服务过程中获得的公民个人信息出售、提供给他人的，构成侵犯公民个人信息罪。

［籍某某、李某某侵犯公民个人信息案］特殊主体将在履行职责过程中获得的公民个人信息出售，数量达到一般主体立案追诉标准一半以上的，依法追究刑事责任。

6. "两高"侵犯公民个人信息犯罪典型案例（2017年5月10日发布）

［邵某某等侵犯公民个人信息案］非法出售户籍信息、手机定位、住宿记录等个人信息，构成侵犯公民个人信息罪。

［韩某某等侵犯公民个人信息案］非法查询征信信息牟利，构成侵犯公民个人信息罪。

［周某某等侵犯公民个人信息案］非法购买学生信息出售牟利，构成侵犯公民个人信息罪。

［夏某某侵犯公民个人信息案］非法买卖网购订单信息，构成侵犯公民个人信息罪。

［肖某某、周某某等侵犯公民个人信息案］利用黑客手段窃取公民个人信息出售牟利，构成侵犯公民个人信息罪。

［杜某某等侵犯公民个人信息案］通过互联网非法购买、交换、出售公民个人信息，构成侵犯公民个人信息罪。

［丁某某侵犯公民个人信息案］非法提供近二千万条住宿记录供他人查询牟利，构成侵犯公民个人信息罪"情节特别严重"。

7. ［刑事审判参考案例第1009号：胡某等非法获取公民个人信息案］

《刑法》第253条之一规定的"公民个人信息"，一般是指专属于某一自然人的一切能用于识别其特定身份的重要信息，其不为一般人所知悉，且具有保护价值。具体包括：公民的姓名、职业、职务、年龄、婚姻状况、种族、学历、学位、专业资格、工作经历、住址、电话号码、网上登录姓名及密码、居民身份号码、护照号码、社会保险卡号码、医疗保险卡号码、驾驶证号码、银行卡号码、指纹、唇纹、声音印记、DNA、书写的签名和电子签名等。只要与公民个人信息相关，公民不想公开，而且与公共利益无关的，都应当纳入“公民个人信息”的范围。如通过手机定位所获取的公民个人行踪情况，属于刑法保护的“公民个人信息”。手机定位属于动态信息，当公民从事某些活动不希望被他人获悉时，因其所处具体位置与其从事的活动具有直接联系，一旦所处位置被他人获悉，其所从事的活动也就相应暴露，从而可能损害其利益。故其所处的具体位置就具有明显的隐私性和权益性，属于刑法所保护的“公民个人信息”。

（二）提供公民个人信息的界定

1.《最高人民法院、最高人民检察院关于办理侵犯公民个人信息刑事案件适用法律若干问题的解释》（法释〔2017〕10号，2017年6月1日起施行）

第三条　向特定人提供公民个人信息，以及通过信息网络或者其他途径发布公民个人信息的，应当认定为刑法第二百五十三条之一规定的“提供公民个人信息”。

未经被收集者同意，将合法收集的公民个人信息向他人提供的，属于刑法第二百五十三条之一规定的“提供公民个人信息”，但是经过处理无法识别特定个人且不能复原的除外。

2. 关于办理侵犯公民个人信息刑事案件适用法律若干问题的解释理解与适用①

一是向特定人提供公民个人信息的，属于一对一的“提供”，是较为典型的“提供”行为。二是通过信息网络或者其他途径发布公民个人信息，实际是向社会不特定多数人提供公民个人信息，属于一对“多”的“提供”，相比较一对一的“提供”，举轻以明重，更应当认定为“提供”。《最高人民法院、最高人民检察院关于办理侵犯公民个人信息刑事案件适用法律若干问题的解释》第3条第2款根据网络安全法的相关规定和大数据发展的社会现实，明确未经被收集者同意，将合法收集的公民个人信息向他人提供的，属于《刑法》第253条之一规定的“提供公民个人信息”，但是经过处理无法识别特定个人且不能复原的除

① 缐杰、宋丹：《〈关于办理侵犯公民个人信息刑事案件适用法律若干问题的解释〉理解与适用》，载《人民检察》2017年第16期。

外。可以认为，法律层面是允许合法的个人信息交易和流动的，对于未违反国家有关规定，经得被收集者同意，将合法收集的公民个人信息提供给他人的，不能纳入刑事打击范围。另外，经过处理无法识别特定个人且不能复原的信息，由于已经不具备“公民个人信息”与特定人的关联性和识别性的属性，提供这类信息的，当然也不能作为犯罪处理。对于实践中较为关注的“人肉搜索”案件，行为人未经他人同意，将其姓名、身份信息、住址等个人信息公布于众，影响其正常的工作、生活秩序的，如果达到“情节严重”的标准，可以按照该条的规定定罪处罚。

3.《最高人民法院、最高人民检察院、公安部关于办理电信网络诈骗等刑事案件适用法律若干问题的意见（二）》（法发〔2021〕22号，2021年6月17日发布）

五、非法获取、出售、提供具有信息发布、即时通讯、支付结算等功能的互联网账号密码、个人生物识别信息，符合刑法第二百五十三条之一规定的，以侵犯公民个人信息罪追究刑事责任。

对批量前述互联网账号密码、个人生物识别信息的条数，根据查获的数量直接认定，但有证据证明信息不真实或者重复的除外。

4.《民法典》（2021年1月1日起施行）

第一千零三十八条　信息处理者不得泄露或者篡改其收集、存储的个人信息；未经自然人同意，不得向他人非法提供其个人信息，但是经过加工无法识别特定个人且不能复原的除外。

信息处理者应当采取技术措施和其他必要措施，确保其收集、存储的个人信息安全，防止信息泄露、篡改、丢失；发生或者可能发生个人信息泄露、篡改、丢失的，应当及时采取补救措施，按照规定告知自然人并向有关主管部门报告。

第一千零三十九条　国家机关、承担行政职能的法定机构及其工作人员对于履行职责过程中知悉的自然人的隐私和个人信息，应当予以保密，不得泄露或者向他人非法提供。

（三）以其他方法非法获取公民个人信息的界定

1.《最高人民法院、最高人民检察院关于办理侵犯公民个人信息刑事案件适用法律若干问题的解释》（法释〔2017〕10号，2017年6月1日起施行）

第四条　违反国家有关规定，通过购买、收受、交换等方式获取公民个人信息，或者在履行职责、提供服务过程中收集公民个人信息的，属于刑法第二百五十三条之一第三款规定的“以其他方法非法获取公民个人信息”。

2. 关于办理侵犯公民个人信息刑事案件适用法律若干问题的解释的理解与适用①

（1）购买公民个人信息的处理。非法获取公民个人信息的方式主要表现为购买、收受、交换和侵入计算机信息系统或者采用其他技术手段。非法购买公民个人信息属于非法获取公民个人信息的情形，不少侵犯公民个人信息犯罪案件，购买往往是后续出售、提供的前端环节。

（2）获取公民个人信息行为“非法”的判断。基于体系解释的原理，对此处的“非法”，应当以是否违反国家有关规定作为判断标准。

（3）非法收集公民个人信息的处理。《网络安全法》第41条规定：“网络运营者收集、使用个人信息，应当遵循合法、正当、必要的原则，公开收集、使用规则，明示收集、使用信息的目的、方式和范围，并经被收集者同意。网络运营者不得收集与其提供的服务无关的个人信息，不得违反法律、行政法规的规定和双方的约定收集、使用个人信息，并应当依照法律、行政法规的规定和与用户的约定，处理其保存的个人信息。”违反上述规定，未经他人同意收集公民个人信息，或者收集与提供的服务无关的公民个人信息的，应当认定为“非法获取公民个人信息”。

3.《民法典》(2021年1月1日起施行)

第一千零三十五条　处理个人信息的，应当遵循合法、正当、必要原则，不得过度处理，并符合下列条件：

（一）征得该自然人或者其监护人同意，但是法律、行政法规另有规定的除外；

（二）公开处理信息的规则；

（三）明示处理信息的目的、方式和范围；

（四）不违反法律、行政法规的规定和双方的约定。

个人信息的处理包括个人信息的收集、存储、使用、加工、传输、提供、公开等。

第一千零三十六条　处理个人信息，有下列情形之一的，行为人不承担民事

---

① 周加海、邹涛、喻海松：《〈关于办理侵犯公民个人信息刑事案件适用法律若干问题的解释〉的理解与适用》，载《人民司法（应用）》2017年第19期。

责任：

（一）在该自然人或者其监护人同意的范围内合理实施的行为；

（二）合理处理该自然人自行公开的或者其他已经合法公开的信息，但是该自然人明确拒绝或者处理该信息侵害其重大利益的除外；

（三）为维护公共利益或者该自然人合法权益，合理实施的其他行为。

第一千零三十七条　自然人可以依法向信息处理者查阅或者复制其个人信息；发现信息有错误的，有权提出异议并请求及时采取更正等必要措施。

自然人发现信息处理者违反法律、行政法规的规定或者双方的约定处理其个人信息的，有权请求信息处理者及时删除。

（四）为合法经营活动而非法获取公民个人信息的处罚范围

1.《最高人民法院、最高人民检察院关于办理侵犯公民个人信息刑事案件适用法律若干问题的解释》（法释〔2017〕10号，2017年6月1日起施行）

第六条　为合法经营活动而非法购买、收受本解释第五条第一款第三项、第四项规定以外的公民个人信息，具有下列情形之一的，应当认定为刑法第二百五十三条之一规定的“情节严重”：

（一）利用非法购买、收受的公民个人信息获利五万元以上的；

（二）曾因侵犯公民个人信息受过刑事处罚或者二年内受过行政处罚，又非法购买、收受公民个人信息的；

（三）其他情节严重的情形。

实施前款规定的行为，将购买、收受的公民个人信息非法出售或者提供的，定罪量刑标准适用本解释第五条的规定。

2. 关于办理侵犯公民个人信息刑事案件适用法律若干问题的解释的理解与适用①

《最高人民法院、最高人民检察院关于办理侵犯公民个人信息刑事案件适用法律若干问题的解释》针对为合法经营活动而购买、收受公民个人信息的行为只规定了“情节严重”的具体情形。适用该定罪量刑标准须满足3个条件：一是为了合法经营活动，对此可以综合全案证据认定，但主要应当由被告方提供相关证据；二是限于普通公民个人信息，即不包括可能影响人身、财产安全的敏感

① 周加海、邹涛、喻海松：《〈关于办理侵犯公民个人信息刑事案件适用法律若干问题的解释〉的理解与适用》，载《人民司法（应用）》2017年第19期。

信息；三是信息没有再流出扩散，即行为方式限于购买、收受。根据《最高人民法院、最高人民检察院关于办理侵犯公民个人信息刑事案件适用法律若干问题的解释》第6条第2款的规定，如果将购买、收受的公民个人信息非法出售或者提供的，定罪量刑标准应当适用该司法解释第5条的规定。对此应当注意的是，为了合法经营活动交换公民个人信息的，由于在获取信息的同时造成了信息扩散，不符合前述3个要件，定罪量刑标准亦应适用该司法解释第5条的规定。

（五）公民个人信息类型的界定

1. 关于办理侵犯公民个人信息刑事案件适用法律若干问题的解释的理解与适用①

（1）非法获取、出售或者提供行踪轨迹信息、通信内容、征信信息、财产信息五十条以上的。鉴于本项规定的入罪标准门槛较低，故此处严格限缩所涉公民个人信息的类型，仅限于行踪轨迹信息、通信内容、征信信息、财产信息4类信息，不允许司法适用中再通过等外解释予以扩大。对于财产信息，可以根据案件具体情况把握：既包括银行账户、第三方支付结算账户、证券期货等金融服务账户的身份认证信息（一组确认用户操作权限的数据，包括账号、口令、密码、数字证书等），也包括存款、房产等财产状况信息。

（2）非法获取、出售或者提供住宿信息、通信记录、健康生理信息、交易信息等其他可能影响人身、财产安全的公民个人信息五百条以上的。本项规定有“等其他可能影响人身、财产安全的公民个人信息”的表述，司法实践中可以根据具体情况作等外解释，但应当确保所适用的公民个人信息涉及人身、财产安全，且与“住宿信息、通信记录、健康生理信息、交易信息”在重要程度上具有相当性。

（3）非法获取、出售或者提供一般公民个人信息五千条以上的。对出售、提供公民个人信息的入罪掌握在数量五千条以上，基本上可以满足严厉打击此类犯罪的需要，且给行政处罚留有一定空间。

此外，鉴于实践中存在混杂公民个人信息的情形，该司法解释第5条第1款第6项将“数量未达到第三项至第五项规定标准，但是按相应比例合计达到有关数量标准的”情形规定为“情节严重”。

---

① 周加海、邹涛、喻海松：《〈关于办理侵犯公民个人信息刑事案件适用法律若干问题的解释〉的理解与适用》，载《人民司法（应用）》2017年第19期。

2. 关于办理侵犯公民个人信息刑事案件适用法律若干问题的解释理解与适用①

第5条第1款列举了非法获取、出售或者提供公民个人信息“情节严重”的10项情形。（1）第1项“出售或者提供行踪轨迹信息，被他人用于犯罪的”。行踪轨迹信息是最为敏感的公民个人信息，侵犯这类信息，行为人知道或者应当知道信息可能被用于犯罪。办案时，一是只需证明这类信息被他人用于犯罪，不必再具体判断行为人主观上是否知道或者应当知道涉案信息用于犯罪；二是出售或者提供这类信息，不论数量多少，即使只有一条行踪轨迹信息，也应当追究刑事责任。（2）第2项“知道或者应当知道他人利用公民个人信息实施犯罪，向其出售或者提供的”。可能被他人利用实施犯罪的公民个人信息，虽然未被用于犯罪，但公民的人身和财产安全面临即被侵害的现实威胁。出售或者提供这类信息的，不需要有信息数量的限制，但应当注意有证据证明行为人主观上知道或者应当知道他人利用这类信息实施犯罪。（3）第3项“非法获取、出售或者提供行踪轨迹信息、通信内容、征信信息、财产信息五十条以上的”。行踪轨迹信息、通信内容、征信信息、财产信息对公民的人身和财产安全最为重要。办案时只要查实涉案50条的，即应当立案追诉。需要注意的是，“五十条”标准仅限于上述4种信息，不允许实践中再通过等外解释予以扩大适用。（4）第4项“非法获取、出售或者提供住宿信息、通信记录、健康生理信息、交易信息等其他可能影响人身、财产安全的公民个人信息五百条以上的”。住宿信息、通信记录、健康生理信息、交易信息等在重要程度上略低于行踪轨迹信息、通信内容、征信信息、财产信息，但与公民人身和财产安全直接相关。“五百条”标准主要适用于上述类别的可能影响公民人身财产安全的信息，办案时可以根据案件具体情况，对该项没有列举，但可能影响人身、财产安全的信息适用此标准。需要注意的是，涉案信息应与上述列举的4种信息在重要程度上具有相当性。（5）第5项“非法获取、出售或者提供第三项、第四项规定以外的公民个人信息五千条以上的”。除公民个人敏感信息和影响人身、财产安全的公民个人信息外，涉案信息还包括姓名等一般性信息，对此类信息适用“五千条”标准。（6）第6项“数量未达到第三项至第五项规定标准，但是按相应比例合计达到有关数量标准

---

① 缐杰、宋丹：《〈关于办理侵犯公民个人信息刑事案件适用法律若干问题的解释〉理解与适用》，载《人民检察》2017年第16期。

的”。涉案信息往往是各类型混杂的，办案时需要对信息进行分类分析，如果每一相应类型的公民个人信息数量均没有达到第3、4、5项规定的“五十条”“五百条”“五千条”入罪标准的，需要进行比例折算，按照1、10、100的倍比关系，合计达到上述标准之一的，即应当追究刑事责任。（7）第7项“违法所得五千元以上的”。办案时，在对信息类型和用途难以界定的情况下，根据违法所得数额认定“情节严重”，具有较强的实践操作性。（8）第8项“将在履行职责或者提供服务过程中获得的公民个人信息出售或者提供给他人，数量或者数额达到第三项至第七项规定标准一半以上的”。办案时需要注意，一是履行职责或者提供服务的人员，不限于国家工作人员，还包括金融、电信、交通、教育、医疗等单位的工作人员；二是按此标准定罪处罚的，不宜再根据《刑法》第253条之一第2款的规定从重处罚。（9）第9项“曾因侵犯公民个人信息受过刑事处罚或者二年内受过行政处罚，又非法获取、出售或者提供公民个人信息的”。此种情形下，行为人屡罚屡犯，主观恶性较大。办案时，须着重考察犯罪嫌疑人的前科情况。（10）第10项“其他情节严重的情形”。此项是兜底条款，对于前述9项情形以外，确需追究刑事责任的，可以考虑适用此项。

（六）“违法所得”与“获利”的合理界分①

鉴于非法出售、提供公民个人信息往往为了牟利，《最高人民法院、最高人民检察院关于办理侵犯公民个人信息刑事案件适用法律若干问题的解释》第5条明确规定违法所得5000元以上的构成“情节严重”；违法所得5万元以上的，构成“情节特别严重”。此外，该解释第6条针对为合法经营活动购买、收受公民个人信息的情形，专门规定利用非法购买、收受的公民个人信息获利5万元以上的，构成“情节严重”。

违法所得是否需要扣除成本的问题。本书赞同对于此处的“违法所得”不应扣除成本。主要考虑如下：（1）刑法中的“违法所得”，一般是指犯罪分子因实施违法犯罪活动而取得的全部财物。行为人非法出售公民个人信息，获得的对价，将其认定为违法所得，并无不妥。（2）从以往司法解释、规范性文件的规定来看，对于实践中需要资质的经营活动，行为人由于缺乏资质而构成非法经营

---

① 喻海松：《侵犯公民个人信息罪的司法争点解析——结合四个案例》，载喻海松编著：《最高人民法院、最高人民检察院侵犯公民个人信息罪司法解释理解与适用》，中国法制出版社2018年版。

罪等犯罪的，通常会区分“违法所得数额”与“非法经营数额”。此种情形下，自然不应将二者混同，对于违法所得数额的认定当然应当扣除成本。然而，对于实践中根本不允许存在的活动，构成相应犯罪的，通常只有“违法所得”而非“非法经营数额”的标准。对于后一种情形，则不应当再扣除成本。非法出售、提供公民个人信息即是适例，其本身就是法律所禁止从事的活动，不存在合法经营的情形，故《最高人民法院、最高人民检察院关于办理侵犯公民个人信息刑事案件适用法律若干问题的解释》只设置了“违法所得”标准。按照上述原则，对于此处的“违法所得”不应再扣除成本。

获利数额是否需要扣除成本的问题。本书主张，对于《最高人民法院、最高人民检察院关于办理侵犯公民个人信息刑事案件适用法律若干问题的解释》第6条规定的“获利”数额不宜与第5条规定的“违法所得”数额混为一谈，前者应当扣除成本。主要考虑如下：（1）该解释第6条之所以对为合法经营活动购买、收受公民个人信息规定定罪量刑的特殊标准，就在于该类情形较为普遍，且社会危害性相对较小，故在具体适用刑法时应秉持谦抑，体现宽严相济。因此，在适用“利用非法购买、收受的公民个人信息获利五万元以上”规定时，自然应当体现控制打击面的精神。（2）实践中，合法经营活动的获利情况十分复杂，有利用非法购买、收受的公民个人信息的因素，也有行为人合法经营的因素。在此背景下，自然不宜不扣除成本计算获利数额。

（七）国家有关规定的界定

1.《最高人民法院、最高人民检察院关于办理侵犯公民个人信息刑事案件适用法律若干问题的解释》（法释〔2017〕10号，2017年6月1日起施行）

第二条　违反法律、行政法规、部门规章有关公民个人信息保护的规定的，应当认定为刑法第二百五十三条之一规定的“违反国家有关规定”。

2. 关于办理侵犯公民个人信息刑事案件适用法律若干问题的解释理解与适用①

（二）“违反国家有关规定”的认定

《刑法修正案（九）》将侵犯公民个人信息罪的前提要件由“违反国家规定”修改为“违反国家有关规定”。根据刑法的修改，《最高人民法院、最高人

---

① 缐杰、宋丹：《〈关于办理侵犯公民个人信息刑事案件适用法律若干问题的解释〉理解与适用》，载《人民检察》2017年第16期。

民检察院关于办理侵犯公民个人信息刑事案件适用法律若干问题的解释》第2条将“国家有关规定”解释为法律、行政法规、部门规章有关公民个人信息保护的规定，特指国家层面的涉及公民个人信息管理方面的规定，不包括地方性法规等非国家层面的规定，“违反国家有关规定”不同于“违反国家规定”，前者的范围更为宽泛。

（八）侵犯公民个人信息罪与其他罪名的适用

1.《最高人民法院、最高人民检察院、公安部关于办理电信网络诈骗等刑事案件适用法律若干问题的意见》（法发〔2016〕32号，2016年12月19日发布）

三、全面惩处关联犯罪

（二）违反国家有关规定，向他人出售或者提供公民个人信息，窃取或者以其他方法非法获取公民个人信息，符合刑法第二百五十三条之一规定的，以侵犯公民个人信息罪追究刑事责任。

使用非法获取的公民个人信息，实施电信网络诈骗犯罪行为，构成数罪的，应当依法予以并罚。

2.《最高人民法院、最高人民检察院关于办理侵犯公民个人信息刑事案件适用法律若干问题的解释》（法释〔2017〕10号，2017年6月1日起施行）

第八条　设立用于实施非法获取、出售或者提供公民个人信息违法犯罪活动的网站、通讯群组，情节严重的，应当依照刑法第二百八十七条之一的规定，以非法利用信息网络罪定罪处罚；同时构成侵犯公民个人信息罪的，依照侵犯公民个人信息罪定罪处罚。

第九条　网络服务提供者拒不履行法律、行政法规规定的信息网络安全管理义务，经监管部门责令采取改正措施而拒不改正，致使用户的公民个人信息泄露，造成严重后果的，应当依照刑法第二百八十六条之一的规定，以拒不履行信息网络安全管理义务罪定罪处罚。

3. 最高人民检察院侵犯公民个人信息犯罪典型案例［章某某等诈骗、侵犯公民个人信息案］

非法获取公民个人信息后，实施电信网络诈骗等犯罪构成数罪的，依法予以并罚。

4. 关于办理侵犯公民个人信息刑事案件适用法律若干问题的解释的理解与适用[①]

（七）设立网站、通讯群组侵犯公民个人信息行为的定性

根据《刑法》第287条之一的规定，设立用于实施违法犯罪活动的网站、通讯群组，情节严重的，构成非法利用信息网络罪。经研究认为，供他人实施非法获取、出售或者提供公民个人信息违法犯罪活动的网站、通讯群组实际上属于“用于实施违法犯罪活动的网站、通讯群组”。

（八）拒不履行公民个人信息安全管理义务行为的处理

为了促进网络运营者采取切实有效的措施加强对公民个人信息的保护，《网络安全法》明确了网络信息安全的责任主体，确立了“谁收集，谁负责”的原则，将收集和使用个人信息的网络运营者，设定为个人信息保护的责任主体。其中，第40条明确规定：“网络运营者应当对其收集的用户信息严格保密，并建立健全用户信息保护制度。”与之相衔接，《刑法修正案（九）》设立了拒不履行信息网络安全管理义务罪，规定网络服务提供者不履行法律、行政法规规定的信息网络安全管理义务，经监管部门责令采取改正措施而拒不改正，致使用户信息泄露，造成严重后果的，处3年以下有期徒刑、拘役或者管制，并处或者单处罚金。因此，对于网络服务提供者未切实落实个人信息保护措施，符合《刑法》第286条之一规定的，可能构成拒不履行信息网络安全管理义务罪。

（九）单位犯侵犯公民个人信息罪的处罚

1.《最高人民法院、最高人民检察院关于办理侵犯公民个人信息刑事案件适用法律若干问题的解释》（法释〔2017〕10号，2017年6月1日起施行）

第七条　单位犯刑法第二百五十三条之一规定之罪的，依照本解释规定的相应自然人犯罪的定罪量刑标准，对直接负责的主管人员和其他直接责任人员定罪处罚，并对单位判处罚金。

2. 最高人民检察院侵犯公民个人信息犯罪典型案例［鲁某等侵犯公民个人信息案］

单位实施侵犯公民个人信息犯罪的，依法追究单位和相关责任人员的刑事责任。

---

① 周加海、邹涛、喻海松：《〈关于办理侵犯公民个人信息刑事案件适用法律若干问题的解释〉的理解与适用》，载《人民司法（应用）》2017年第19期。

（十）侵犯公民个人信息罪的条数认定

1.《最高人民法院、最高人民检察院关于办理侵犯公民个人信息刑事案件适用法律若干问题的解释》（法释〔2017〕10号，2017年6月1日起施行）

第十一条　非法获取公民个人信息后又出售或者提供的，公民个人信息的条数不重复计算。

向不同单位或者个人分别出售、提供同一公民个人信息的，公民个人信息的条数累计计算。

对批量公民个人信息的条数，根据查获的数量直接认定，但是有证据证明信息不真实或者重复的除外。

2. 关于办理侵犯公民个人信息刑事案件适用法律若干问题的解释理解与适用①

一是对于同一条信息中涉及多个公民个人信息的，如家庭住址、银行卡信息、电话号码等，可以认定为一条公民个人信息。二是非法获取公民个人信息后又出售或者提供给同一对象的，不宜先计算非法获取的信息数量，再计算出售或者提供的信息数量，此种情形下数量不重复计算。比如，非法获取他人拨打电话的记录五十条，将其出售给同一人或者单位的，应当认定为侵犯公民个人信息五十条。三是向不同对象分别出售、提供公民个人信息的，属于重复出售或者提供个人信息，社会危害性较一次性出售或提供危害性更大，数量应累计计算。比如，非法获取他人拨打电话的记录五十条，将其出售给两个人或者单位的，应当认定为侵犯公民个人信息一百条。四是涉案的公民个人信息上万条甚至更多的，可能存在信息重复的情况。比如，针对同一对象可能并存“姓名＋住址”“姓名＋电话号码”“姓名＋身份证号”等数条信息，但要求做到完全去重较为困难。为便于办案部门实际操作，突出对侵犯公民个人信息犯罪的从严惩治，《最高人民法院、最高人民检察院关于办理侵犯公民个人信息刑事案件适用法律若干问题的解释》明确对批量公民个人信息的数量根据查获的数量直接认定，但允许根据在案证据排除不真实或者重复的信息。

---

① 缐杰、宋丹：《〈关于办理侵犯公民个人信息刑事案件适用法律若干问题的解释〉理解与适用》，载《人民检察》2017年第16期。

3. 公民个人信息数量计算的细节把握①

《最高人民法院、最高人民检察院关于办理侵犯公民个人信息刑事案件适用法律若干问题的解释》第 11 条明确了涉案公民个人信息的数量计算规则，特别是第 3 款确立了批量公民个人信息的数量认定规则。这对于方便司法实务操作，便利相关案件的办理发挥了重要作用。但是，从实践情况来看，以下问题值得关注。

第一，一条公民个人信息的认定，应当综合考虑实践交易规则和习惯。例如，一条信息中涉及多个个人信息的，如家庭住址、银行卡信息、电话号码，按照一条公民个人信息来交易的，则往往会认定为一条公民个人信息。此外，需要注意的是，有些情形下“一条”公民个人信息应当理解为“一组”公民个人信息。例如，公民个人的银行账户、支付结算账户、证券期货等金融服务账户的身份认证信息，应当理解为一组确认用户操作权限的数据，包括账号、口令、密码、数字证书等，而非单个数据。

第二，对于敏感公民个人信息不宜适用《最高人民法院、最高人民检察院关于办理侵犯公民个人信息刑事案件适用法律若干问题的解释》第 11 条第 3 款的规定，而应当逐一认定。主要考虑如下：（1）从司法实践来看，一般公民个人信息的价格相对较低，甚至不会按条计价，故要求逐一认定不具有可操作性；而公民个人敏感信息价格通常较高，通常按条计价，逐条认定不存在难题。（2）涉敏感信息的案件入罪标准较低，50 条或者 500 条即达到入罪标准。为此，对于此类案件要求逐一认定敏感信息的数量，对于确保定罪量刑的准确，完全必要。

第三，对于批量公民个人信息可以适用《最高人民法院、最高人民检察院关于办理侵犯公民个人信息刑事案件适用法律若干问题的解释》第 11 条第 3 款的规定，即根据查获的数量直接认定，但是有证据证明信息不真实或者重复的除外。需要注意的是，推定规则并不意味着举证责任的倒置，公诉机关仍然承担对公民个人信息数量的举证责任。基于此，对于批量公民个人信息仍然应当要求作去重处理，对于明显重复的信息应当予以排除。

---

① 喻海松：《侵犯公民个人信息罪的司法争点解析——结合四个案例》，载喻海松编著：《最高人民法院、最高人民检察院侵犯公民个人信息罪司法解释理解与适用》，中国法制出版社 2018 年版。

（十一）侵犯公民个人信息罪宽严相济的把握

《最高人民法院、最高人民检察院关于办理侵犯公民个人信息刑事案件适用法律若干问题的解释》（法释〔2017〕10号，2017年6月1日起施行）

第十条　实施侵犯公民个人信息犯罪，不属于“情节特别严重”，行为人系初犯，全部退赃，并确有悔罪表现的，可以认定为情节轻微，不起诉或者免予刑事处罚；确有必要判处刑罚的，应当从宽处罚。

三、追诉量刑

（一）侵犯公民个人信息罪中“情节严重”“情节特别严重”的认定

1.《最高人民法院、最高人民检察院关于办理侵犯公民个人信息刑事案件适用法律若干问题的解释》（法释〔2017〕10号，2017年6月1日起施行）

第五条　非法获取、出售或者提供公民个人信息，具有下列情形之一的，应当认定为刑法第二百五十三条之一规定的“情节严重”：

（一）出售或者提供行踪轨迹信息，被他人用于犯罪的；

（二）知道或者应当知道他人利用公民个人信息实施犯罪，向其出售或者提供的；

（三）非法获取、出售或者提供行踪轨迹信息、通信内容、征信信息、财产信息五十条以上的；

（四）非法获取、出售或者提供住宿信息、通信记录、健康生理信息、交易信息等其他可能影响人身、财产安全的公民个人信息五百条以上的；

（五）非法获取、出售或者提供第三项、第四项规定以外的公民个人信息五千条以上的；

（六）数量未达到第三项至第五项规定标准，但是按相应比例合计达到有关数量标准的；

（七）违法所得五千元以上的；

（八）将在履行职责或者提供服务过程中获得的公民个人信息出售或者提供给他人，数量或者数额达到第三项至第七项规定标准一半以上的；

（九）曾因侵犯公民个人信息受过刑事处罚或者二年内受过行政处罚，又非法获取、出售或者提供公民个人信息的；

（十）其他情节严重的情形。

实施前款规定的行为，具有下列情形之一的，应当认定为刑法第二百五十三条之一第一款规定的“情节特别严重”：

（一）造成被害人死亡、重伤、精神失常或者被绑架等严重后果的；

（二）造成重大经济损失或者恶劣社会影响的；

（三）数量或者数额达到前款第三项至第八项规定标准十倍以上的；

（四）其他情节特别严重的情形。

2.《最高人民法院、最高人民检察院〈关于办理侵犯公民个人信息刑事案件适用法律若干问题的解释〉解读》（2017 年 5 月 8 日印发）

根据法律精神，结合司法实践，该司法解释第 5 条第 1 款设 10 项对“情节严重”的认定标准作了明确规定，大致涉及如下 5 个方面：一是信息类型和数量。公民个人信息的类型繁多，行踪轨迹信息、通信内容、征信信息、财产信息、住宿信息、交易信息等公民个人敏感信息涉及人身安全和财产安全，被非法获取、出售或者提供后极易引发绑架、诈骗、敲诈勒索等关联犯罪，具有更大的社会危害性。基于不同类型公民个人信息的重要程度，该司法解释分别设置了“五十条以上”“五百条以上”“五千条以上”的入罪标准，以体现罪责刑相适应。二是违法所得数额。出售或者非法提供公民个人信息往往是为了牟利，基于此，该司法解释将违法所得 5000 元以上的规定为“情节严重”。三是信息用途。被非法获取、出售或者提供的公民个人信息，用途存在不同，对权利人的侵害程度也会存在差异。基于此，该司法解释将“出售或者提供行踪轨迹信息，被他人用于犯罪”“知道或者应当知道他人利用公民个人信息实施犯罪，向其出售或者提供”规定为“情节严重”。四是主体身份。公民个人信息泄露案件不少系内部人员作案，诸多公民个人信息买卖案件也可以见到“内鬼”参与的“影子”。为切实加大对此类行为的惩治力度，该司法解释明确，“将在履行职责或者提供服务过程中获得的公民个人信息出售或者提供给他人”的，认定“情节严重”的数量、数额标准减半计算。五是前科情况。曾因侵犯公民个人信息受过刑事处罚或者二年内受过行政处罚，又非法获取、出售或者提供公民个人信息的，行为人屡教不改、主观恶性大，该司法解释将其也规定为“情节严重”。

在此基础上，该司法解释第 5 条第 2 款对侵犯公民个人信息罪的“情节特别严重”的认定标准，也即“处三年以上七年以下有期徒刑”量刑档次的适用标准作了明确，主要涉及如下两个方面：一是数量数额标准。根据信息类型不同，非法获取、出售或者提供公民个人信息“五百条以上”“五千条以上”“五万条以上”，或者违法所得五万元以上的，即属“情节特别严重”。二是严重后果。

该司法解释将“造成被害人死亡、重伤、精神失常或者被绑架等严重后果”“造成重大经济损失或者恶劣社会影响”规定为“情节特别严重”。

3. ［刑事审判参考案例第1009号：胡某等非法获取公民个人信息案］

判断非法获取公民个人信息行为是否达到“情节严重”，可从以下4个方面综合考量：一是从用途考虑，非法获取的信息是否被用于犯罪活动；二是从结果考虑，该信息是否严重影响被害人的正常生活，或者给被害人带来较大经济损失；三是从行为方式考虑，采取的手段、方法是否恶劣，是否使用违禁工具等；四是从信息数量、获利数额、行为持续时间等方面考虑，非法获取公民个人信息的数量、次数较多，行为人获利数额较大，以及非法获取行为持续时间较长等的，一般都可以认定为“情节严重”。综合以上因素考虑，对于没有使用违禁的密拍设备、窃听窃照器材，跟踪时间较短，没有非法获利的普通跟踪行为，一般不宜作为犯罪处理。

（二）侵犯公民个人信息罪的罚金刑

《最高人民法院、最高人民检察院关于办理侵犯公民个人信息刑事案件适用法律若干问题的解释》（法释〔2017〕10号，2017年6月1日起施行）

第十二条　对于侵犯公民个人信息犯罪，应当综合考虑犯罪的危害程度、犯罪的违法所得数额以及被告人的前科情况、认罪悔罪态度等，依法判处罚金。罚金数额一般在违法所得的一倍以上五倍以下。

（三）定罪量刑对应表

表2－3　侵犯公民个人信息罪定罪量刑对应表

<table>
<tr><th>侵犯公民个人信息罪</th><th>情节</th><th>刑期</th><th>备注</th></tr>
<tr><td>第一档</td><td>（一）出售或者提供行踪轨迹信息，被他人用于犯罪的；
（二）知道或者应当知道他人利用公民个人信息实施犯罪，向其出售或者提供的；
（三）非法获取、出售或者提供行踪轨迹信息、通信内容、征信信息、财产信息五十条以上；
（四）非法获取、出售或者提供住宿信息、通信记录、健康生理信息、交易信息等其他可能影响人身、财产安全的公民个人信息五百条以上；
（五）非法获取、出售或者提供第三项、第四项规定以外的公民个人信息五千条以上；
（六）数量未达到第三项至第五项规定标准，但是按相应比例合计达到有关数量标准的；
（七）违法所得五千元以上；
（八）将在履行职责或者提供服务过程中获得的公民个人信息出售或者提供给他人，数量或者数额达到第三项至第七项规定标准一半以上的；
（九）曾因侵犯公民个人信息受过刑事处罚或者二年内受过行政处罚，又非法获取、出售或者提供公民个人信息的；
（十）其他情节严重的情形</td><td>三年以下有期徒刑或者拘役，并处或者单处罚金</td><td rowspan="2">违反国家有关规定，将在履行职责或者提供服务过程中获得的公民个人信息，出售或者提供给他人的，依照前款的规定从重处罚</td></tr>
<tr><td>第二档</td><td>（一）造成被害人死亡、重伤、精神失常或者被绑架等严重后果的；
（二）造成重大经济损失或者恶劣社会影响的；
（三）数量或者数额达到第一档第三项至第八项规定标准十倍以上的；
（四）其他情节特别严重的情形</td><td>三年以上七年以下有期徒刑，并处罚金</td></tr>
</table>

第三章　网络支付类罪名释义及定罪量刑标准

第一节　贷款诈骗罪

一、犯罪构成

（一）《刑法》（2020年12月26日修正）

第一百九十三条　【贷款诈骗罪】有下列情形之一，以非法占有为目的，诈骗银行或者其他金融机构的贷款，数额较大的，处五年以下有期徒刑或者拘役，并处二万元以上二十万元以下罚金；数额巨大或者有其他严重情节的，处五年以上十年以下有期徒刑，并处五万元以上五十万元以下罚金；数额特别巨大或者有其他特别严重情节的，处十年以上有期徒刑或者无期徒刑，并处五万元以上五十万元以下罚金或者没收财产：

（一）编造引进资金、项目等虚假理由的；

（二）使用虚假的经济合同的；

（三）使用虚假的证明文件的；

（四）使用虚假的产权证明作担保或者超出抵押物价值重复担保的；

（五）以其他方法诈骗贷款的。

（二）学理解释

贷款诈骗罪的主体为自然人，单位不构成此罪，对以单位名义实施贷款诈骗的，应处罚有关自然人；本罪主观方面要求直接故意，且以非法占有为目的；侵害的客体是国家对金融机构的贷款管理制度以及金融机构对贷款的所有权；在客观方面表现为采取捏造（虚构）事实或隐瞒真相的方法，诈骗金融机构贷款的行为。①

二、疑难问题

（一）贷款诈骗罪的认定

1.《全国法院审理金融犯罪案件工作座谈会纪要》（法〔2001〕8号，2001年1月21日印发）

2. 贷款诈骗罪的认定和处理。贷款诈骗犯罪是目前案发较多的金融诈骗犯罪之一。审理贷款诈骗犯罪案件，应当注意以下两个问题：

一是单位不能构成贷款诈骗罪。根据刑法第三十条和第一百九十三条的规定，单位不构成贷款诈骗罪。对于单位实施的贷款诈骗行为，不能以贷款诈骗罪定罪处罚，也不能以贷款诈骗罪追究直接负责的主管人员和其他直接责任人员的刑事责任。但是，在司法实践中，对于单位十分明显地以非法占有为目的，利用签订、履行借款合同诈骗银行或其他金融机构贷款，符合刑法第二百二十四条规定的合同诈骗罪构成要件的，应当以合同诈骗罪定罪处罚。

二是要严格区分贷款诈骗与贷款纠纷的界限。对于合法取得贷款后，没有按规定的用途使用贷款，到期没有归还贷款的，不能以贷款诈骗罪定罪处罚；对于确有证据证明行为人不具有非法占有的目的，因不具备贷款的条件而采取了欺骗手段获取贷款，案发时有能力履行还贷义务，或者案发时不能归还贷款是因为意志以外的原因，如因经营不善、被骗、市场风险等，不应以贷款诈骗罪定罪处罚。

2. ［刑事审判参考案例第306号：张某某贷款诈骗案］

刑法意义上的“非法占有”，不仅是指行为人意图使财物脱离相对人而非法实际控制和管领，而且意图非法所有或者不法所有相对人的财物，为使用、收益、处分之表示。因此，不能单纯以行为人使用欺诈手段实际获取了贷款或者贷款到期不能归还，就认定行为人主观上具有非法占有贷款的目的，而应坚持主客观相一致的原则，在对行为人贷款时的履约能力、取得贷款的手段、贷款的使用去向、贷款无法归还的原因等方面及相关客观事实进行综合分析的基础上，判断行为人是否具有非法占有贷款的目的，以准确界定是贷款欺诈行为还是贷款诈骗

---

① 参见杜万华、宋晓明主编：《基层人民法院法官培训教材（实务卷·民商事审判篇）》，人民法院出版社2005年版，第781－782页。

犯罪。

3. ［刑事审判参考案例第92号：吴某某贷款诈骗案］

没有证据证明行为人具有非法占有目的的贷款欺诈行为不构成贷款诈骗罪。贷款欺诈通常属于贷款纠纷，是指因贷款人在签订、履行借款合同过程中采取了虚构事实或者隐瞒真相的方法而产生的经济纠纷。贷款欺诈与贷款诈骗的区分标准主要应从借款人主观上是否具有非法占有目的上来分析。“非法占有的目的”属于行为人主观上的心理活动，往往通过其客观行为表现出来。从行为人具体实施的客观行为事实来判断，某些行为本身就足以证明行为人主观上具有非法占有的目的，例如，行为人使用虚假的产权证明作担保，从金融机构获取贷款后，携款逃跑的。但是，某些行为本身尚不能直接表明行为人主观上具有非法占有目的，例如，编造引进资金的虚假理由取得贷款，使用虚假证明文件取得贷款等，而只能间接表明行为人主观上具有非法占有目的的可能性，还必须借助相关的客观事实来加以分析认定。至于查明行为人在实施了某种间接表明其主观上具有非法占有目的可能性的行为之后，还需借助哪些具体客观事实来认定行为人主观上确实具有非法占有的目的，应根据不同的犯罪构成要件来加以分析。

（二）贷款诈骗罪与借款纠纷交叉的处理

区分贷款诈骗罪与借款纠纷的界限。我们认为，关键在于看行为人主观上是否具有非法占有贷款的故意。贷款纠纷也称借款纠纷，借款人在签订、履行合同过程中，主观上没有非法占有的故意；而贷款诈骗的行为人在收到银行发放的贷款后，根本没有偿还贷款的意思。值得注意的是，根本不想偿还贷款与没有偿还能力是两个概念。有的借款人生产、经营不善，导致不能偿还贷款，这与贷款诈骗是有区别的。①

（三）金融诈骗罪中非法占有目的的认定

1. 《全国法院审理金融犯罪案件工作座谈会纪要》（法〔2001〕8号，2001年1月21日印发）

金融诈骗犯罪都是以非法占有为目的的犯罪。在司法实践中，认定是否具有非法占有为目的，应当坚持主客观相一致的原则，既要避免单纯根据损失结果客观归罪，也不能仅凭被告人自己的供述，而应当根据案件具体情况具体分析。根

---

① 杜万华、宋晓明主编：《基层人民法院法官培训教材（实务卷·民商事审判篇）》，人民法院出版社2005年版，第781－782页。

据司法实践，对于行为人通过诈骗的方法非法获取资金，造成数额较大资金不能归还，并具有下列情形之一的，可以认定为具有非法占有的目的：（1）明知没有归还能力而大量骗取资金的；（2）非法获取资金后逃跑的；（3）肆意挥霍骗取资金的；（4）使用骗取的资金进行违法犯罪活动的；（5）抽逃、转移资金、隐匿财产，以逃避返还资金的；（6）隐匿、销毁账目，或者搞假破产、假倒闭，以逃避返还资金的；（7）其他非法占有资金、拒不返还的行为。但是，在处理具体案件的时候，对于有证据证明行为人不具有非法占有目的的，不能单纯以财产不能归还就按金融诈骗罪处罚。

2. ［刑事审判参考案例第85号：郭某某被控贷款诈骗案］

利用含有虚假项目的财务报表进行申请贷款，能否认定为“以其他方法诈骗贷款”而构成贷款诈骗罪，关键在于结合案件的其他事实来证明行为人主观上是否具备“非法占有贷款的目的”。在向银行申请贷款的过程中，提交的财务报表对部分数字的申报有推算和虚假成分，尽管不影响其代表该公司与银行签订的贷款300万元的借款的效力，且此项贷款业务已由有关单位提供经银行确认为真实、有效的担保保证，但是其利用含有虚假项目的财务报表向银行申请贷款的行为，可以认定归属于贷款诈骗的“其他方法”。但是该行为是否构成贷款诈骗罪，还必须进一步借助其他的行为事实来证明郭某某主观上是否具备“非法占有目的”。对于合法取得贷款后，没有按规定的用途使用贷款，到期没有归还贷款的，不能以贷款诈骗罪定罪处罚；对于确有证据证明行为人不具有非法占有目的，因不具备贷款的条件而采取了欺骗手段获取贷款，案发时有能力履行还贷义务，或者案发时不能归还贷款是因为意志以外的原因，如因经营不善、被骗、市场风险等，不应以贷款诈骗罪定罪处罚。因此，总之，在处理具体案件的时候，应正确区分贷款诈骗罪（刑事违法行为）与贷款诈欺（民事违法行为）在主观方面的界限。若有证据证明行为人主观上不具有非法占有目的，则不能单纯以贷款不能归还而按金融诈骗罪论处。

3. ［刑事审判参考案例第963号：陈某某骗取贷款案］

骗取贷款罪与贷款诈骗罪最主要的区别在于主观要件，即行为人主观上是否以非法占有为目的。非法占有目的，是指行为人实施犯罪行为的目的，在于使财物脱离其合法所有人或者持有人的控制而将其据为己有。质言之，是指行为人改变公私财产所有权的目的。非法占有目的，是行为人的一种主观心理状态，但主观最终必定见诸于客观，不可能完全脱离客观外在活动而存在。对行为人非法占有目的的认定，可以通过行为人具体实施的客观行为加以判断。实践中，有的行为体现非法占有的目的非常直接明显，如使用虚假证明骗取贷款后携款逃跑；但也有的行为，难以单独体现行为人主观上的非法占有目的，还必须借助相关的客观事实加以分析认定。我们认为，认定行为人主观上具有占有贷款为目的，必须具备以下条件：（1）行为人是通过欺诈手段获取贷款，即行为人实施了《刑法》第 193 条规定的 5 项情形之一；（2）行为人到期没有归还贷款；（3）行为人贷款时即明知不具有归还能力或者贷款后实施了某种特定行为。如果行为人同时具备上述三个条件，就可以认定行为人主观上具有非法占有贷款的目的；如果行为人骗取贷款的行为欠缺上述三个条件之一，则一般不应认定其主观上具有非法占有贷款的目的，从而不能认定构成贷款诈骗罪。

（四）贷款诈骗罪中共犯的认定

《浙江省高级人民法院、浙江省人民检察院、浙江省公安厅关于办理骗取贷款、票据承兑、金融票证罪有关法律适用问题的会议纪要》（浙检发研字〔2015〕9 号，2016 年 8 月 26 日起施行）

四、担保人明知他人实施骗取贷款、票据承兑、金融票证行为而为其提供虚假担保的，可作为共同犯罪处理。

银行或其他金融机构工作人员明知行为人采取了虚构事实、隐瞒真相手段仍予以发放贷款、出具票据等金融票证，或者行为人、银行或其他金融机构工作人员各自或共同虚构事实、隐瞒真相取得担保人担保，构成其他犯罪的，按照刑法和相关司法解释的规定处理。

（五）骗取小额贷款公司贷款行为的定性

1. ［刑事审判参考案例第 962 号：江某某骗取贷款案］

小额贷款公司是经银行业监督管理机构授权的省级政府部门批准设立和主管的其他金融机构。第一，非银行金融机构的批准设立可以由中国银行业监督管理委员会负责。《银行业监督管理法》第 2 条第 3 款规定，对在中华人民共和国境内设立的金融资产管理公司、信托投资公司、财务公司、金融租赁公司以及经国务院银行业监督管理机构批准设立的其他金融机构的监督管理，适用本法对银行业金融机构监督管理的规定。第二，小额贷款公司是经银行业监督管理机关授权的省级政府部门批准设立的。根据《中国银行业监督管理委员会、中国人民银行关于小额贷款公司试点的指导意见》第 2 条第 4 款的规定，申请设立小额贷款公司，应向省级政府主管部门提出正式申请，经批准后，到当地工商行政管理部门申请办理注册登记手续并领取营业执照。此外，还应在5个工作日内向当地公安机关、中国银行业监督管理委员会派出机构和中国人民银行分支机构报送相关资料。第三，中国银行业监督管理委员会、中国人民银行作为金融机构的相关主管部门授权省级政府主管部门（金融办或者相关机构）对小额贷款公司的经营活动进行监督管理。

对不足以证实行为人具有非法占有目的的骗取小额贷款公司贷款的行为，构成犯罪的，应当以骗取贷款罪论处。骗取贷款罪与贷款诈骗罪、合同诈骗罪的主要区别在于行为人是否具有非法占有目的。对于骗取小额贷款公司贷款的行为，只有行为人明确不具有非法占有目的或者证据不足以证实行为人具有非法占有目的时，才能依照骗取贷款罪定罪处罚。否则，应当以贷款诈骗罪或者合同诈骗罪论处。

2.《刑法修正案（十一）》（2021年3月1日起施行）

十一、将刑法第一百七十五条之一第一款修改为："以欺骗手段取得银行或者其他金融机构贷款、票据承兑、信用证、保函等，给银行或者其他金融机构造成重大损失的，处三年以下有期徒刑或者拘役，并处或者单处罚金；给银行或者其他金融机构造成特别重大损失或者有其他特别严重情节的，处三年以上七年以下有期徒刑，并处罚金。"①

（六）金融机构的范畴

中国人民银行《金融机构编码规范》（银发〔2009〕363号，2009年11月30日起施行）

C－银行业存款类金融机构

1－银行

2－城市信用合作社（含联社）

3－农村信用合作社（含联社）

4－农村资金互助社

5－财务公司

D－银行业非存款类金融机构

---

①《刑法修正案（十一）》对骗取贷款罪做了修正，删去了本罪基本犯成立条件中的"或者有其他严重情节"。这意味着骗取贷款的行为只有在"给银行或者其他金融机构造成重大损失"的情况下，才构成本罪。

1 – 信托公司
2 – 金融资产管理公司
3 – 金融租赁公司
4 – 汽车金融公司
5 – 贷款公司
6 – 货币经纪公司
E – 证券业金融机构
1 – 证券公司
2 – 证券投资基金管理公司
3 – 期货公司
4 – 投资咨询公司
F – 保险业金融机构
1 – 财产保险公司
2 – 人身保险公司
3 – 再保险公司
4 – 保险资产管理公司
5 – 保险经纪公司
6 – 保险代理公司
7 – 保险公估公司
8 – 企业年金
G – 交易及结算类金融机构
1 – 交易所
2 – 登记结算类机构
H – 金融控股公司
1 – 中央金融控股公司
2 – 其他金融控股公司
Z – 其他
1 – 小额贷款公司

三、追诉量刑

（一）贷款诈骗罪的定罪量刑标准

1.《最高人民检察院、公安部关于公安机关管辖的刑事案件立案追诉标准的规定（二）》（公通字〔2010〕23号，2010年5月7日印发）

第五十条　［贷款诈骗案（刑法第一百九十三条）］以非法占有为目的，诈骗银行或者其他金融机构的贷款，数额在二万元以上的，应予立案追诉。

2.《江苏省高级人民法院、江苏省人民检察院、江苏省公安厅关于加强经济犯罪案件办理工作座谈会的纪要》（苏高法〔2017〕243号，2017年12月22日起施行）

以非法占有为目的，诈骗银行或者其他金融机构的贷款，数额在五十万元至二百万元之间的，一般应认定为刑法第一百九十三条规定的“数额巨大”；数额在二百万元以上的，一般应认定为刑法第一百九十三条规定的“数额特别巨大”。

（二）定罪量刑对应表

表3-1　贷款诈骗罪定罪量刑对应表

贷款诈骗罪	数额	刑期	备注
第一档	2万元	五年以下有期徒刑或者拘役，并处二万元以上二十万元以下罚金	第二档及第三档数额为江苏标准
第二档	50万元	五年以上十年以下有期徒刑，并处五万元以上五十万元以下罚金	
第三档	200万元	十年以上有期徒刑或者无期徒刑，并处五万元以上五十万元以下罚金或者没收财产	

第二节　信用卡诈骗罪

一、犯罪构成

（一）《刑法》（2020年12月26日修正）

第一百九十六条　【信用卡诈骗罪】有下列情形之一，进行信用卡诈骗活动，数额较大的，处五年以下有期徒刑或者拘役，并处二万元以上二十万元以下罚金；数额巨大或者有其他严重情节的，处五年以上十年以下有期徒刑，并处五万元以上五十万元以下罚金；数额特别巨大或者有其他特别严重情节的，处十年以上有期徒刑或者无期徒刑，并处五万元以上五十万元以下罚金或者没收财产：

（一）使用伪造的信用卡，或者使用以虚假的身份证明骗领的信用卡的；

（二）使用作废的信用卡的；

（三）冒用他人信用卡的；

（四）恶意透支的。

前款所称恶意透支，是指持卡人以非法占有为目的，超过规定限额或者规定期限透支，并且经发卡银行催收后仍不归还的行为。

盗窃信用卡并使用的，依照本法第二百六十四条的规定定罪处罚。

（二）学理解释

信用卡诈骗罪的犯罪主体为一般主体，包括年满16周岁具有刑事责任能力的自然人，单位不能成为本罪的主体。责任形式为故意，且要求具有非法占有的目的。

二、疑难问题

（一）信用卡的认定

1.《全国人民代表大会常务委员会关于〈中华人民共和国刑法〉有关信用卡规定的解释》（2004年12月29日通过）

刑法规定的“信用卡”，是指由商业银行或者其他金融机构发行的具有消费支付、信用贷款、转账结算、存取现金等全部功能或者部分功能的电子支付卡。

2.《银行卡业务管理办法》（银发〔1999〕17号，1999年3月1日起施行）

第二条　本办法所称银行卡，是指由商业银行（含邮政金融机构，下同）向社会发行的具有消费信用、转账结算、存取现金等全部或部分功能的信用支付工具。

商业银行未经中国人民银行批准不得发行银行卡。

第三条　凡在中华人民共和国境内办理银行卡业务的商业银行、持卡人、商户及其他当事人均应遵守本办法。

第四条　商业银行应在协商、互利的基础上开展信息共享、商户共享、机具共享等类型的银行卡业务联合。

第五条　银行卡包括信用卡和借记卡。

银行卡按币种不同分为人民币卡、外币卡；按发行对象不同分为单位卡（商务卡）、个人卡；按信息载体不同分为磁条卡、芯片（IC）卡。

第六条　信用卡按是否向发卡银行交存备用金分为贷记卡、准贷记卡两类。

贷记卡是指发卡银行给予持卡人一定的信用额度，持卡人可在信用额度内先消费、后还款的信用卡。

准贷记卡是指持卡人须先按发卡银行要求交存一定金额的备用金，当备用金账户余额不足支付时，可在发卡银行规定的信用额度内透支的信用卡。

第七条　借记卡按功能不同分为转账卡（含储蓄卡，下同）、专用卡、储值卡。借记卡不具备透支功能。

第八条　转账卡是实时扣账的借记卡。具有转账结算、存取现金和消费功能。

第九条　专用卡是具有专门用途、在特定区域使用的借记卡。具有转账结算、存取现金功能。

专门用途是指在百货、餐饮、饭店、娱乐行业以外的用途。

第十条　储值卡是发卡银行根据持卡人要求将其资金转至卡内储存，交易时直接从卡内扣款的预付钱包式借记卡。

第十一条　联名/认同卡是商业银行与盈利性机构/非盈利性机构合作发行的银行卡附属产品，其所依附的银行卡品种必须是已经中国人民银行批准的品种，并应当遵守相应品种的业务章程或管理办法。

发卡银行和联名单位应当为联名卡持卡人在联名单位用卡提供一定比例的折扣优惠或特殊服务；持卡人领用认同卡表示对认同单位事业的支持。

第十二条　芯片（IC）卡既可应用于单一的银行卡品种，又可应用于组合的银行卡品种。

第二十八条　个人申领银行卡（储值卡除外），应当向发卡银行提供公安部门规定的本人有效身份证件，经发卡银行审查合格后，为其开立记名账户；

凡在中国境内金融机构开立基本存款账户的单位，应当凭中国人民银行核发的开户许可证申领单位卡；

银行卡及其账户只限经发卡银行批准的持卡人本人使用，不得出租和转借。

第二十九条　单位人民币卡账户的资金一律从其基本存款账户转账存入，不得存取现金，不得将销货收入存入单位卡账户。

第三十条　单位外币卡账户的资金应从其单位的外汇账户转账存入，不得在境内存取外币现钞。其外汇账户应符合下列条件：

（一）按照中国人民银行境内外汇账户管理的有关规定开立；

（二）其外汇账户收支范围内具有相应的支付内容。

第三十一条　个人人民币卡账户的资金以其持有的现金存入或以其工资性款项、属于个人的合法的劳务报酬、投资回报等收入转账存入。

第三十二条　个人外币卡账户的资金以其个人持有的外币现钞存入或从其外汇账户（含外钞账户）转账存入。该账户的转账及存款均按国家外汇管理局《个人外汇管理办法》办理。

个人外币卡在境内提取外币现钞时应按照我国个人外汇管理制度办理。

第三十三条　除国家外汇管理局指定的范围和区域外，外币卡原则上不得在境内办理外币计价结算。

3. ［刑事审判参考案例第 472 号：张某某信用卡诈骗案］

我国刑法中的信用卡，既包括国际通行意义上具有透支功能的信用卡，也包括不具有透支功能的银行借记卡。2004 年 12 月 29 日，全国人大常委会作出了《关于〈中华人民共和国刑法〉有关信用卡规定的解释》。该解释规定：刑法规定的“信用卡”，是指由商业银行或者其他金融机构发行的具有消费支付、信用贷款、转账结算、存取现金等全部功能或者部分功能的电子支付卡。可见，立法机关的意图很明确，就是通过立法解释进一步扩大并统一刑法意义上“信用卡”的范围认定，即针对银行或者其他金融机构发行的电子支付卡，只要其具备消费支付、信用贷款、转账结算、存取现金等全部功能或者部分功能，都属于刑法意义上的信用卡。

（二）伪造、使用虚假的身份证明骗领、冒用他人信用卡的认定

《最高人民法院、最高人民检察院关于办理妨害信用卡管理刑事案件具体应用法律若干问题的解释》（2018 年 11 月 28 日法释〔2018〕19 号修正）

第一条　复制他人信用卡、将他人信用卡信息资料写入磁条介质、芯片或者以其他方法伪造信用卡一张以上的，应当认定为刑法第一百七十七条第一款第四项规定的“伪造信用卡”，以伪造金融票证罪定罪处罚。

伪造空白信用卡十张以上的，应当认定为刑法第一百七十七条第一款第四项规定的“伪造信用卡”，以伪造金融票证罪定罪处罚。

伪造信用卡，有下列情形之一的，应当认定为刑法第一百七十七条规定的“情节严重”：

（一）伪造信用卡五张以上不满二十五张的；

（二）伪造的信用卡内存款余额、透支额度单独或者合计数额在二十万元以上不满一百万元的；

（三）伪造空白信用卡五十张以上不满二百五十张的；

（四）其他情节严重的情形。

伪造信用卡，有下列情形之一的，应当认定为刑法第一百七十七条规定的“情节特别严重”：

（一）伪造信用卡二十五张以上的；

（二）伪造的信用卡内存款余额、透支额度单独或者合计数额在一百万元以上的；

（三）伪造空白信用卡二百五十张以上的；

（四）其他情节特别严重的情形。

本条所称“信用卡内存款余额、透支额度”，以信用卡被伪造后发卡行记录的最高存款余额、可透支额度计算。

第二条　明知是伪造的空白信用卡而持有、运输十张以上不满一百张的，应当认定为刑法第一百七十七条之一第一款第一项规定的“数量较大”；非法持有他人信用卡五张以上不满五十张的，应当认定为刑法第一百七十七条之一第一款第二项规定的“数量较大”。

有下列情形之一的，应当认定为刑法第一百七十七条之一第一款规定的“数量巨大”：

（一）明知是伪造的信用卡而持有、运输十张以上的；

（二）明知是伪造的空白信用卡而持有、运输一百张以上的；

（三）非法持有他人信用卡五十张以上的；

（四）使用虚假的身份证明骗领信用卡十张以上的；

（五）出售、购买、为他人提供伪造的信用卡或者以虚假的身份证明骗领的信用卡十张以上的。

违背他人意愿，使用其居民身份证、军官证、士兵证、港澳居民往来内地通行证、台湾居民来往大陆通行证、护照等身份证明申领信用卡的，或者使用伪造、变造的身份证明申领信用卡的，应当认定为刑法第一百七十七条之一第一款第三项规定的“使用虚假的身份证明骗领信用卡”。

第三条　窃取、收买、非法提供他人信用卡信息资料，足以伪造可进行交易的信用卡，或者足以使他人以信用卡持卡人名义进行交易，涉及信用卡一张以上不满五张的，依照刑法第一百七十七条之一第二款的规定，以窃取、收买、非法提供信用卡信息罪定罪处罚；涉及信用卡五张以上的，应当认定为刑法第一百七十七条之一第一款规定的“数量巨大”。

第四条　为信用卡申请人制作、提供虚假的财产状况、收入、职务等资信证明材料，涉及伪造、变造、买卖国家机关公文、证件、印章，或者涉及伪造公司、企业、事业单位、人民团体印章，应当追究刑事责任的，依照刑法第二百八十条的规定，分别以伪造、变造、买卖国家机关公文、证件、印章罪和伪造公司、企业、事业单位、人民团体印章罪定罪处罚。

承担资产评估、验资、验证、会计、审计、法律服务等职责的中介组织或其人员，为信用卡申请人提供虚假的财产状况、收入、职务等资信证明材料，应当追究刑事责任的，依照刑法第二百二十九条的规定，分别以提供虚假证明文件罪和出具证明文件重大失实罪定罪处罚。

第五条　使用伪造的信用卡、以虚假的身份证明骗领的信用卡、作废的信用卡或者冒用他人信用卡，进行信用卡诈骗活动，数额在五千元以上不满五万元的，应当认定为刑法第一百九十六条规定的“数额较大”；数额在五万元以上不满五十万元的，应当认定为刑法第一百九十六条规定的“数额巨大”；数额在五十万元以上的，应当认定为刑法第一百九十六条规定的“数额特别巨大”。

刑法第一百九十六条第一款第三项所称“冒用他人信用卡”，包括以下情形：

（一）拾得他人信用卡并使用的；

（二）骗取他人信用卡并使用的；

（三）窃取、收买、骗取或者以其他非法方式获取他人信用卡信息资料，并通过互联网、通讯终端等使用的；

（四）其他冒用他人信用卡的情形。

（三）关于恶意透支“以非法占有为目的”的认定

1.《最高人民法院、最高人民检察院关于办理妨害信用卡管理刑事案件具体应用法律若干问题的解释》（2018 年 11 月 28 日法释〔2018〕19 号修正）

第六条　持卡人以非法占有为目的，超过规定限额或者规定期限透支，经发卡银行两次有效催收后超过三个月仍不归还的，应当认定为刑法第一百九十六条规定的“恶意透支”。

对于是否以非法占有为目的，应当综合持卡人信用记录、还款能力和意愿、申领和透支信用卡的状况、透支资金的用途、透支后的表现、未按规定还款的原因等情节作出判断。不得单纯依据持卡人未按规定还款的事实认定非法占有目的。

具有以下情形之一的，应当认定为刑法第一百九十六条第二款规定的“以非法占有为目的”，但有证据证明持卡人确实不具有非法占有目的的除外：

（一）明知没有还款能力而大量透支，无法归还的；

（二）使用虚假资信证明申领信用卡后透支，无法归还的；

（三）透支后通过逃匿、改变联系方式等手段，逃避银行催收的；

（四）抽逃、转移资金，隐匿财产，逃避还款的；

（五）使用透支的资金进行犯罪活动的；

（六）其他非法占有资金，拒不归还的情形。

2.“两高”关于修改《关于办理妨害信用卡管理刑事案件具体应用法律若干问题的解释》的决定重点问题解读

（三）关于恶意透支“以非法占有为目的”的认定

根据《刑法》的规定，“以非法占有为目的”是恶意透支的主观要件，是区分恶意透支与民事违约的最重要标准。司法实践中，认定恶意透支时往往虚置“以非法占有为目的”这一要件，将“经发卡银行两次催收后超过三个月仍不归还”的客观行为直接认定为“以非法占有为目的”，或者对持卡人提出的不具有非法占有目的的辩解不予甄别，存在客观归罪、唯结果论的不当倾向。为了坚持主客观相统一原则，《关于修改〈关于办理妨害信用卡管理刑事案件具体应用法律若干问题的解释〉的决定》第一条第一款明确了恶意透支的定义；第二款明确了认定“以非法占有为目的”应当坚持综合判断原则，不得单纯依据持卡人未按规定还款的事实认定非法占有目的；第三款列举了应当认定为“以非法占有为目的”的六种情形，强调和引导办案机关综合全案证据审慎认定恶意透支“以非法占有为目的”的主观要件。

3. 关于修改《关于办理妨害信用卡管理刑事案件具体应用法律若干问题的解释》的决定的理解与适用①

2.“以非法占有为目的”的综合考量。对非法占有目的应当根据案件的具

① 耿磊：《〈关于修改《关于办理妨害信用卡管理刑事案件具体应用法律若干问题的解释》的决定〉的理解与适用》，载《人民司法》2019 年第 1 期。

体情况综合认定，具体可以从如下几个方面考量：申领信用卡时提交材料是否真实，有无严重弄虚作假；使用信用卡时是否具有相对稳定的还款能力，如是否具有稳定合法的工作或者收入来源等；透支情况与收入水平是否基本相符；涉案信用卡是否存在大量套现情况；透支款项用途是否合法，是否用于违法犯罪活动；是否存在持续且有效的还款行为；透支后是否与发卡银行保持联系、积极沟通，是否存在故意逃避催收的情况，等等。对于持卡人原有合法、稳定收入来源，长期正常使用信用卡，信用记录良好，但在正常透支消费后，因突发重大疾病或者其他客观原因，导致一时无力还款，事后与发卡银行积极沟通说明情况、尽力筹措还款资金的，不应认定为以非法占有为目的。

3. “以非法占有为目的”的推定情形。主要有以下几个方面：（1）不再将“肆意挥霍透支的资金，无法归还的”作为认定非法占有为目的的情形之一。司法实践普遍反映，“肆意挥霍”的认定存在较大弹性，受持卡人自身情况和消费时间、地点等因素影响较大，且与信用卡“透支消费”这一最重要功能的界限难以准确把握，不利于信用卡功能的正常发挥和持卡人合法权益的有效维护。（2）将“使用虚假资信证明申领信用卡后透支，无法归还的”增设为认定非法占有目的的情形之一。实践中，一些持卡人通过提供虚假的财产状况、收入、职务等资信证明材料的方式，骗领信用卡或者提高信用卡的授信额度后透支，导致无法归还的情况时有出现。此种情形，反映持卡人具有相当的主观恶性，且往往是实施信用卡套现、信用卡诈骗的前提和基础，危害较大，有必要加以规制。基于此，将此种情形纳入认定非法占有目的的情形。（3）增加但书规定。鉴于司法实践的情况比较复杂，应当允许对具有本款规定推定“以非法占有为目的”的情形提出反证，即“有证据证明持卡人确实不具有非法占有目的的除外”。

（四）关于“有效催收”的认定

1.《最高人民法院、最高人民检察院关于办理妨害信用卡管理刑事案件具体应用法律若干问题的解释》（2018年11月28日法释〔2018〕19号修正）

第七条　催收同时符合下列条件的，应当认定为本解释第六条规定的“有效催收”：

（一）在透支超过规定限额或者规定期限后进行；

（二）催收应当采用能够确认持卡人收悉的方式，但持卡人故意逃避催收的除外；

（三）两次催收至少间隔三十日；

（四）符合催收的有关规定或者约定。

对于是否属于有效催收，应当根据发卡银行提供的电话录音、信息送达记录、信函送达回执、电子邮件送达记录、持卡人或者其家属签字以及其他催收原始证据材料作出判断。

发卡银行提供的相关证据材料，应当有银行工作人员签名和银行公章。

2. 关于修改《关于办理妨害信用卡管理刑事案件具体应用法律若干问题的解释》的决定的理解与适用①

根据《刑法》第196条第2款的规定，“经发卡银行催收后仍不归还”是认定恶意透支的条件之一。根据司法实践反映的问题，该修改决定第1条明确刑法规定的催收应为有效催收，即发卡银行的催收，只有被持卡人确实收到后，方可认定为刑法规定的催收。在此基础上，该修改决定第2条通过增加1条，作为修改后《最高人民法院、最高人民检察院关于办理妨害信用卡管理刑事案件具体应用法律若干问题的解释》第7条，进一步明确了有效催收的认定标准和有关问题。

1. 有效催收的认定标准。根据修改后《最高人民法院、最高人民检察院关于办理妨害信用卡管理刑事案件具体应用法律若干问题的解释》第7条第1款的规定，对于有效催收，应当从催收的时间、效果、间隔、合法性等方面加以认定。具体而言：（1）在透支超过规定限额或者规定期限后进行。持卡人的透支尚未超过规定限额或者规定期限的，属于对信用卡的合法使用，此时的所谓催收，本质上属于中国银行业监督管理委员会《商业银行信用卡业务监督管理办法》第67条“发卡银行应当及时就即将到期的透支金额、还款日期等信息提醒持卡人”中的提醒，不属于催收，故明确催收应当在透支超过规定限额或者规定期限后进行。（2）催收应当采用能够确认持卡人收悉的方式，但持卡人故意逃避催收的除外。这是有效催收的本质要求，以将持卡人由于搬迁或者出差等原因，没有收到银行催收以致未能按时还款的情况排除在外。需要注意的问题有三个：一是这里的“确认持卡人收悉”，并非仅指持卡人实际知晓催收内容，也包括司法机关根据一般生活经验，判断持卡人确实收悉催收的情况，例如发卡银行按照约定，将催收短信送达持卡人的手机，即使不能证明持卡人已实际阅读，也

---

① 耿磊：《〈关于修改《关于办理妨害信用卡管理刑事案件具体应用法律若干问题的解释》的决定〉的理解与适用》，载《人民司法》2019年第1期。

可以认定有效催收。二是有的持卡人通过变更联系方式不通知发卡银行等方式故意逃避催收的，要求发卡银行的催收现实、确定被故意逃避催收的持卡人知悉，显然不符合现实情况。考虑到发卡银行催收与人民法院民事送达有一定的相似性，故参考《最高人民法院关于进一步加强民事送达工作的若干意见》第6条“当事人变更送达地址，应当以书面方式告知人民法院。当事人未书面变更的，以其确认的地址为送达地址”的规定，明确对于有证据证明持卡人故意逃避催收的，不需要发卡银行的催收必须采用能够确认其收悉的方式，只要发卡银行按照与持卡人约定的方式进行了催收，例如向故意逃避催收的持卡人预留的手机号码发送催收短信的，也可以认定为有效催收。三是催收方式。该修改决定对催收形式未作限制，主要是考虑到随着信息技术的发展，催收的方式更加灵活多样，例如近年开始出现短信、微信、电子邮件等催收方式，司法解释难以全面列举；而且，在该修改决定已经明确规定“催收应当采用能够确认持卡人收悉的方式”的情况下，亦无必要。(3) 两次催收至少间隔30日。作此规定，同样是为了确保持卡人能够收悉发卡银行的催收，避免短时间内连续催收造成把两次催收实质上合并为一次催收的情况。之所以确定为30天，是参考了信用卡对账单的生成周期一般为30天的做法。(4) 符合催收的有关规定或者约定。此处规定的“约定”，是指持卡人与发卡银行就催收达成的合意，主要表现为持卡人同意发卡银行的信用卡章程中有关催收的条款。至于“规定”，目前主要是指《商业银行信用卡业务监督管理办法》第68条至第70条的相关规定，如“不得对与债务无关的第三人进行催收”“对催收过程应当进行录音，录音资料至少保存2年备查”等。下一步关于催收的相关规定有调整的，从其规定。

2. 认定有效催收的证据标准。根据修改后的《最高人民法院、最高人民检察院关于办理妨害信用卡管理刑事案件具体应用法律若干问题的解释》第7条第2、3款的规定，对于是否属于有效催收，应当根据发卡银行提供的电话录音、信息送达记录、信函送达回执、电子邮件送达记录、持卡人或者其家属签字以及其他催收原始证据材料作出判断。而且，发卡银行提供的相关证据材料，应当有银行工作人员签名和银行公章，以确保相关证据材料的客观真实。

对于持卡人与实际透支人不一致时的催收对象及相关问题，该修改决定未予涉及。具体操作中，可以根据实际透支人获得信用卡的不同方式分别作出处理：(1) 违背持卡人真实意愿情形的处理。以拾得、骗取、窃取、收买甚至抢劫、盗窃等方式获取他人信用卡后恶意透支，根据刑法和司法解释的有关规定，可以盗窃罪、信用卡诈骗罪（冒用他人信用卡）等规定定罪处罚，不需要催收。(2) 未违背持卡人的真实意愿情形的处理。持卡人明知甚至与实际透支人共谋，共同使用自己的信用卡恶意透支的，对持卡人进行催收即可。因为此种情形下，持卡人与实际透支人一般存在某种关联，且双方违反了中国人民银行《银行卡业务管理办法》第28条“银行卡及其帐户只限经发卡银行批准的持卡人本人使用，不得出租和转借”的规定。需要特别强调，此处只是明确催收对象是持卡人，但是否构成恶意透支型信用卡诈骗罪，以及追究的刑事责任具体主体，还需要根据案件具体情况作出判断。

3.《商业银行信用卡业务监督管理办法》（中国银行业监督管理委员会令2011年第2号，2011年1月13日起施行）

第六十七条 发卡银行应当及时就即将到期的透支金额、还款日期等信息提醒持卡人。持卡人提供不实信息、变更联系方式未通知发卡银行等情况除外。

第六十八条 发卡银行应当对债务人本人及其担保人进行催收，不得对与债务无关的第三人进行催收，不得采用暴力、胁迫、恐吓或辱骂等不当催收行为。对催收过程应当进行录音，录音资料至少保存2年备查。

第六十九条 信用卡催收函件应当对持卡人充分披露以下基本信息：持卡人姓名和欠款余额，催收事由和相关法规，持卡人相关权利和义务，查询账户状态、还款、提出异议和提供相关证据的途径，发卡银行联系方式，相关业务公章，监管机构规定的其他内容。

发卡银行收到持卡人对信用卡催收提出的异议，应当及时对相关信用卡账户进行备注，并开展核实处理工作。

第七十条 在特殊情况下，确认信用卡欠款金额超出持卡人还款能力、且持卡人仍有还款意愿的，发卡银行可以与持卡人平等协商，达成个性化分期还款协议。个性化分期还款协议的最长期限不得超过5年。

个性化分期还款协议的内容应当至少包括：

（一）欠款余额、结构、币种；

（二）还款周期、方式、币种、日期和每期还款金额；

（三）还款期间是否计收年费、利息和其他费用；

（四）持卡人在个性化分期还款协议相关款项未全部结清前，不得向任何银行申领信用卡的承诺；

（五）双方的权利义务和违约责任；

（六）与还款有关的其他事项。

双方达成一致意见并签署分期还款协议的，发卡银行及其发卡业务服务机构应当停止对该持卡人的催收，持卡人不履行分期还款协议的情况除外。达成口头还款协议的，发卡银行必须留存录音资料。录音资料留存时间至少截至欠款结清日。

第七十一条　发卡银行不得将信用卡发卡营销、领用合同（协议）签约、授信审批、交易授权、交易监测、资金结算等核心业务外包给发卡业务服务机构。

4.［刑事审判参考案例第921号：房某某信用卡诈骗案］

认定有效催收，应当对银行是否实施催收、持卡人本人是否获悉催收信息进行审查。在恶意透支型信用卡诈骗罪中，银行催收方式多样，一般采用短信、电话催收，向户籍地或者持卡人预留的其他地址发催收信函以及上门催收等。持卡人恶意透支后往往采取各种方式逃避银行催收，拒接银行电话、更换手机号码或者拒收催收信函。我们认为，银行信函催收还是电话催收，都是催收方式之一，无论哪种方式，均需要其他证据的印证，即查证属实的，方能认定为有效催收。原则上银行应当证明其催收内容、持卡人本人已收悉银行催收信息，否则不能认定催收的效力。这种证明最有效的方式就是由持卡人在催收函回执上签字认可，或者有电话录音的印证。信函催收的，如果持卡人外出，则其同住成年家属签收也可以视为持卡人签收，但在这种情况下应当允许持卡人反证。如果持卡人能够举出证据证明其确实没有收到催收函，如其因为工作或者其他原因长期在外未归，确没有收到家属签收的催收函，则催收不发生效力。实践中，被告人对当庭质证的催收记录不提出异议的，法院可以对催收的有效性予以认可。若被告人庭审中提出异议，则需要具体分析。如果持卡人透支以后故意更换住址、电话号码逃避银行催收，则只要银行有证据证明按照信用卡协议约定的持卡人地址寄送了催收函或者拨打过电话，即可认定催收的效力。否则，银行单方面提供的催收记录，无法独立证实有效催收。

（五）恶意透支数额的计算和认定

1.《最高人民法院、最高人民检察院关于办理妨害信用卡管理刑事案件具体应用法律若干问题的解释》（2018年11月28日法释〔2018〕19号修正）

第九条　恶意透支的数额，是指公安机关刑事立案时尚未归还的实际透支的本金数额，不包括利息、复利、滞纳金、手续费等发卡银行收取的费用。归还或者支付的数额，应当认定为归还实际透支的本金。

检察机关在审查起诉、提起公诉时，应当根据发卡银行提供的交易明细、分类账单（透支账单、还款账单）等证据材料，结合犯罪嫌疑人、被告人及其辩护人所提辩解、辩护意见及相关证据材料，审查认定恶意透支的数额；恶意透支的数额难以确定的，应当依据司法会计、审计报告，结合其他证据材料审查认定。人民法院在审判过程中，应当在对上述证据材料查证属实的基础上，对恶意透支的数额作出认定。

发卡银行提供的相关证据材料，应当有银行工作人员签名和银行公章。

2. 关于修改《关于办理妨害信用卡管理刑事案件具体应用法律若干问题的解释》的决定的理解与适用①

1. 恶意透支定罪量刑数额标准的适度上调。该修改决定将恶意透支定罪量刑的数额标准提升至《最高人民法院、最高人民检察院关于办理妨害信用卡管理刑事案件具体应用法律若干问题的解释》规定标准的5倍。（1）恶意透支定罪量刑的数额标准提高后，未对其他类型信用卡诈骗定罪量刑的数额标准作相应提高。（2）恶意透支与信用卡诈骗罪的其他类型虽然适用同一罪名，但性质有所不同，不宜相互折抵，分别计算似更为适宜。

2. 恶意透支数额计算方法的完善。对于恶意透支数额的认定，应当着重把握如下3个方面的问题：（1）恶意透支的数额是指实际透支的本金数额。恶意透支的犯罪对象主要是发卡银行的本金，而利息、复利、滞纳金、手续费等发卡银行收取的费用属于发卡银行的市场收入，通过民事等其他法律手段加以保护更为妥当。同时，为了避免将利息、复利、滞纳金、手续费等发卡银行收取的费用计入下个还款周期的本金，该修改决定特别强调，恶意透支的本金，仅指持卡人实际透支的本金。（2）计算恶意透支数额的时间节点为“公安机关刑事立案时”。这是实践中的普遍做法，能够鼓励持卡人还款，有助于发卡银行及时挽回损失。（3）归还或者支付的数额，应当认定为归还实际透支的本金。《商业银行信用卡业务监督管理办法》第57条“逾期1－90天（含）的，按照先应收利息或各项费用、后本金的顺序进行冲还；逾期91天以上的，按照先本金、后应收利息或各项费用的顺序进行冲还”的规定，属于银行的信用卡业务规则，二者

---

① 耿磊：《〈关于修改《关于办理妨害信用卡管理刑事案件具体应用法律若干问题的解释》的决定〉的理解与适用》，载《人民司法》2019年第1期。

应当并行但不能混同。

3. ［刑事审判参考案例第841号：陈某某信用卡诈骗案］

犯罪数额只限于透支本金。恶意透支型信用卡诈骗罪是一种数额犯，只有恶意透支到一定数额时才对恶意透支的行为追究刑事责任。在恶意透支型信用卡诈骗罪中，行为人犯罪时所指向的对象只是透支的本金部分，至于后来透支本金所产生的各种费用并不是其犯罪时意图占有的部分。因此，持卡人意图非法占有和实际非法占有的是本金部分，依据《刑法》第64条的规定，对犯罪分子违法所得予以追缴或者责令退赔的，也仅指恶意透支的本金部分。透支本金所产生的复利等不属于犯罪造成的直接经济损失，只是银行与持卡人约定的持卡人违反还款义务时承担的违约责任。对于透支本金所产生的复利、滞纳金等间接损失，即使是物质损失，也不能以追缴或者返还的方式在刑事裁判中判决，不能通过附带民事诉讼的方式解决，应当通过民事救济途径解决。

（六）关于恶意透支型信用卡诈骗罪的从宽处理

1.《最高人民法院、最高人民检察院关于办理妨害信用卡管理刑事案件具体应用法律若干问题的解释》（2018年11月28日法释〔2018〕19号修正）

第十条　恶意透支数额较大，在提起公诉前全部归还或者具有其他情节轻微情形的，可以不起诉；在一审判决前全部归还或者具有其他情节轻微情形的，可以免予刑事处罚。但是，曾因信用卡诈骗受过两次以上处罚的除外。

2. 关于修改《关于办理妨害信用卡管理刑事案件具体应用法律若干问题的解释》的决定重点问题解读

（六）关于恶意透支型信用卡诈骗罪的从宽处理

为了贯彻认罪认罚从宽制度，推动对恶意透支从宽处理的真正落地，该修改决定第5条对原规定作了3方面调整：一是适度限缩“全部归还”的对象，即不再明确要求“全部归还”的对象为“透支款息”，调整为“实际透支的本金数额”。二是适度放宽从宽处理的时间范围，即不再限制为“公安机关立案前”，而是把握“提起公诉前”和“一审判决前”两个时间节点分别作出规定：在提起公诉前全部归还或者具有其他情节轻微情形的，可以不起诉；在一审判决前全部归还或者具有其他情节轻微情形的，可以免予刑事处罚。需要注意的是，这里的“不起诉”是绝对不起诉，而不是存疑不起诉或者相对不起诉。三是适度限制从宽处理的适用情形。鉴于该修改决定第3条已经上调了恶意透支的定罪量刑标准，因此对于恶意透支达到“数额巨大”“数额特别巨大”标准的，不适用本条规定。对于曾因信用卡诈骗受过两次以上处罚的持卡人，也不适用本条规定。

（七）名为透支信用卡实为贷款情形的处理规则

1.《最高人民法院、最高人民检察院关于办理妨害信用卡管理刑事案件具体应用法律若干问题的解释》（2018 年 11 月 28 日法释〔2018〕19 号修正）

第十一条　发卡银行违规以信用卡透支形式变相发放贷款，持卡人未按规定归还的，不适用刑法第一百九十六条“恶意透支”的规定。构成其他犯罪的，以其他犯罪论处。

2. 关于修改《关于办理妨害信用卡管理刑事案件具体应用法律若干问题的解释》的决定的理解与适用①

该行为实质上是借用信用卡的形式发放贷款，所发放的信用卡的主要功能是作为贷款载体而非用于透支消费，不符合信用卡的本质特征，此种情况下持卡人透支不还的行为主要属于不及时归还贷款，不应适用恶意透支的规定定罪处罚。当然，如果符合《刑法》第 175 条之一规定的骗取贷款罪、第 193 条规定的贷款诈骗罪等其他犯罪，可以依照其他犯罪定罪处罚。

（八）窃取他人开卡邮件并激活信用卡使用的行为认定

［刑事审判参考案例第 874 号：王某某等信用卡诈骗案］

窃取他人信用卡后激活并使用的行为构成信用卡诈骗罪。

1. 私自激活他人信用卡并使用属于冒用他人信用卡行为。信用卡办理流程一般需经过申领、审核、寄送、激活、使用 5 个阶段。当事人申领信用卡通过审核后，银行一般会在 10 至 15 个工作日内将卡片通过信件的形式邮寄至申领人预留的地址，申领人签收后再将卡片激活并使用。所谓“激活”，即申领人按照发卡银行寄送信件指定的步骤，拨打银行服务电话，按照语音提示输入个人预留身份资料、手机号码、初始密码等重要私密信息，成功通过审核的过程。只有成功激活才能启动“沉睡”中的卡片的各项功能。因此，激活在信用卡的申办流程中占据核心地位，信用卡不特定的价值必须通过激活这一关键步骤的完成才能最终实现。信用卡的激活应当体现申领人的意志，一般由申领人或者经其授权的人进行操作。在信用卡申领人不知情的情况下，利用截取的开卡信件及作为同事知晓申领人身份信息的便利，私自激活信用卡，并以信用卡卡主的身份刷卡取现或

---

① 耿磊：《〈关于修改《关于办理妨害信用卡管理刑事案件具体应用法律若干问题的解释》的决定〉的理解与适用》，载《人民司法》2019 年第 1 期。

者消费，侵犯他人财产权的同时也侵害了国家对信用卡的管理制度，扰乱了正常的金融管理秩序，属于冒用他人信用卡的行为。

2. 未被激活的信用卡不属于“盗窃信用卡并使用”调整的范围。《全国人民代表大会常务委员会关于〈中华人民共和国刑法〉有关信用卡规定的解释》明确规定，刑法规定的“信用卡”，是指由商业银行或者其他金融机构发行的具有消费支付、信用贷款、转账结算、存取现金等全部功能或者部分功能的电子支付卡。当然，该卡应当是真实、有效的。《刑法》第 196 条第 3 款中的“盗窃信用卡并使用”中的“信用卡”应当是已被激活、能正常使用的信用卡，即具备消费、支付、转账、存取等全部或者部分功能。无效卡、伪造卡、变造卡、涂改卡均不能归入其中，故盗窃未激活的信用卡超出了《刑法》第 196 条第 3 款规定的“信用卡”外延。

3. 盗窃不同财产权利载体物的处理。随着经济活动日益频繁，有价支付凭证、有价证券、有价票证及信用卡等财产权利载体逐渐丰富。根据最高人民法院 2013 年出台的《关于办理盗窃刑事案件适用法律若干问题的解释》第 5 条的规定，盗窃不记名、不挂失的有价支付凭证、有价证券、有价票证的，按票面数额和盗窃时应得的孳息、奖金或者奖品等可得收益一并计算盗窃数额。盗窃记名的载体物，已经兑现的，按照兑现部分的财物价值计算盗窃数额；没有兑现，但失主无法通过挂失、补领、补办手续等方式避免损失的，按照给失主造成的实际损失计算盗窃数额。这里未区分记名载体物财物价值的不同兑现方式。实务中，可视不同情形作相应认定：

（1）盗窃不记名、不挂失的财产权利载体物，因能即时兑现财产权利，行为人窃取后，就拥有了对相对应财物的控制权，以盗窃罪论处。

（2）盗窃记名的票据、金融凭证、信用卡，行为人不论是否采取其他欺骗行为，在兑现时，须冒充权利人行使权利从而取得载体物财产价值，且“冒用”情形是票据诈骗罪、金融凭证诈骗罪、信用卡诈骗罪客观方面均要求的行为。行为人如果冒充权利人兑现财产价值，则以上述金融诈骗罪定罪量刑。

（3）盗窃除（2）以外记名的权利载体物，如果采用伪造银行预留印鉴、印章，仿冒持票人签名等形式兑现财产价值，由于其后续欺骗行为是取得财产的关键行为，以票据诈骗罪追究刑事责任；如果盗窃的是印鉴齐全的载体物，兑现时无须另行提供身份证明等资料，将其兑现行为视为实现窃取物价值的事后不可罚行为，则以盗窃罪处理。

（九）拾得他人信用卡并在自动柜员机（ATM）上使用行为的定性

最高人民检察院《关于拾得他人信用卡并在自动柜员机（ATM）上使用的行为如何定性问题的批复》（高检发释字〔2008〕1号，2008年5月7日起施行）

拾得他人信用卡并在自动柜员机（ATM机）上使用的行为，属于刑法第一百九十六条第一款第（三）项规定的“冒用他人信用卡”的情形，构成犯罪的，以信用卡诈骗罪追究刑事责任。

（十）利用网络钓鱼、木马链接实施犯罪的定性

《检察机关办理电信网络诈骗案件指引》（高检发侦监字〔2018〕12号，2018年11月9日印发）

在一些案件中，尤其是利用网络钓鱼、木马链接实施犯罪的案件中，既存在虚构事实、隐瞒真相的诈骗行为，又可能存在秘密窃取的行为，关键要审查犯罪嫌疑人取得财物是否基于被害人对财物的主动处分意识。如果行为人通过秘密窃取的行为获取他人财物，则应认定构成盗窃罪；如果窃取或者骗取的是他人信用卡资料，并通过互联网、通讯终端等使用的，根据《最高人民法院、最高人民检察院关于办理妨害信用卡管理刑事案件具体应用法律若干问题的解释》（法释〔2009〕19号），则可能构成信用卡诈骗罪；如果通过电信网络技术向不特定多数人发送诈骗信息后又转入接触式诈骗，或者为实现诈骗目的，线上线下并行同时进行接触式和非接触式诈骗，应当按照诈骗取财行为的本质定性，虽然使用电信网络技术但被害人基于接触被骗的，应当认定普通诈骗；如果出现电信网络诈骗和合同诈骗、保险诈骗等特殊诈骗罪名的竞合，应依据刑法有关规定定罪量刑。

三、追诉量刑

（一）信用卡诈骗罪的定罪量刑标准

1.《最高人民法院、最高人民检察院关于办理妨害信用卡管理刑事案件具体应用法律若干问题的解释》（2018年11月28日法释〔2018〕19号修正）

第五条　使用伪造的信用卡、以虚假的身份证明骗领的信用卡、作废的信用卡或者冒用他人信用卡，进行信用卡诈骗活动，数额在五千元以上不满五万元的，应当认定为刑法第一百九十六条规定的“数额较大”；数额在五万元以上不满五十万元的，应当认定为刑法第一百九十六条规定的“数额巨大”；数额在五

十万元以上的，应当认定为刑法第一百九十六条规定的“数额特别巨大”。

刑法第一百九十六条第一款第三项所称“冒用他人信用卡”，包括以下情形：

（一）拾得他人信用卡并使用的；

（二）骗取他人信用卡并使用的；

（三）窃取、收买、骗取或者以其他非法方式获取他人信用卡信息资料，并通过互联网、通讯终端等使用的；

（四）其他冒用他人信用卡的情形。

第八条　恶意透支，数额在五万元以上不满五十万元的，应当认定为刑法第一百九十六条规定的“数额较大”；数额在五十万元以上不满五百万元的，应当认定为刑法第一百九十六条规定的“数额巨大”；数额在五百万元以上的，应当认定为刑法第一百九十六条规定的“数额特别巨大”。

2.《最高人民检察院、公安部关于公安机关管辖的刑事案件立案追诉标准的规定（二）》（公通字〔2010〕23号，2010年5月7日印发）

第五十四条第一款第一项　［信用卡诈骗案（刑法第一百九十六条）］进行信用卡诈骗活动，涉嫌下列情形之一的，应予立案追诉：

（一）使用伪造的信用卡，或者使用以虚假的身份证明骗领的信用卡，或者使用作废的信用卡，或者冒用他人信用卡，进行诈骗活动，数额在五千元以上的；

3. 最高人民法院、最高人民检察院《关于常见犯罪的量刑指导意见（试行）》（法发〔2021〕21号，2021年7月1日起施行）

1. 构成信用卡诈骗罪的，根据下列情形在相应的幅度内确定量刑起点：

（1）达到数额较大起点的，在二年以下有期徒刑、拘役幅度内确定量刑起点。

（2）达到数额巨大起点或者有其他严重情节的，在五年至六年有期徒刑幅度内确定量刑起点。

（3）达到数额特别巨大起点或者有其他特别严重情节的，在十年至十二年有期徒刑幅度内确定量刑起点。依法应当判处无期徒刑的除外。

2. 在量刑起点的基础上，根据信用卡诈骗数额等其他影响犯罪构成的犯罪事实增加刑罚量，确定基准刑。

3. 构成信用卡诈骗罪的，根据诈骗手段、犯罪数额、危害后果等犯罪情节，综合考虑被告人缴纳罚金的能力，决定罚金数额。

4. 构成信用卡诈骗罪的，综合考虑诈骗手段、犯罪数额、危害后果、退赃退赔等犯罪事实、量刑情节，以及被告人主观恶性、人身危险性、认罪悔罪表现等因素，决定缓刑的适用。

（二）定罪量刑对应表

表 3－2 信用卡诈骗罪定罪量刑对应表

信用卡诈骗罪	伪造、骗领、冒用	恶意透支	刑期
第一档	5000 元	5 万元	五年以下有期徒刑或者拘役，并处二万元以上二十万元以下罚金
第二档	5 万元	50 万元	五年以上十年以下有期徒刑，并处五万元以上五十万元以下罚金
第三档	50 万元	500 万元	十年以上有期徒刑或者无期徒刑，并处五万元以上五十万元以下罚金或者没收财产

第三节 盗窃罪

一、犯罪构成

（一）《刑法》（2020 年 12 月 26 日修正）

第二百六十四条 【盗窃罪】盗窃公私财物，数额较大的，或者多次盗窃、入户盗窃、携带凶器盗窃、扒窃的，处三年以下有期徒刑、拘役或者管制，并处或者单处罚金；数额巨大或者有其他严重情节的，处三年以上十年以下有期徒刑，并处罚金；数额特别巨大或者有其他特别严重情节的，处十年以上有期徒刑或者无期徒刑，并处罚金或者没收财产。

第一百九十六条第三款 【盗窃罪】盗窃信用卡并使用的，依照本法第二百六十四条的规定定罪处罚。

第二百一十条第一款 【盗窃罪】盗窃增值税专用发票或者可以用于骗取出口退税、抵扣税款的其他发票的，依照本法第二百六十四条的规定定罪处罚。

第二百五十三条第二款 犯前款罪①而窃取财物的，依照本法第二百六十四

① 邮政工作人员私自开拆或者隐匿、毁弃邮件、电报的。

条的规定定罪从重处罚。

第二百六十五条 【盗窃罪】以牟利为目的，盗接他人通信线路、复制他人电信码号或者明知是盗接、复制的电信设备、设施而使用的，依照本法第二百六十四条的规定定罪处罚。

（二）学理解释

盗窃罪的犯罪主体为一般主体，且只有自然人才能成为本罪的主体，即年满十六周岁、具有刑事责任能力的自然人。单位组织、指使盗窃，符合《刑法》第264条及有关规定的，以盗窃罪追究组织者、指使者、直接实施者的刑事责任。本罪责任形式为故意，要求具有非法占有的目的。

二、疑难问题

（一）“多次盗窃”的认定

1.《最高人民法院、最高人民检察院关于办理盗窃刑事案件适用法律若干问题的解释》（法释〔2013〕8号，2013年4月4日起施行）

第三条第一款 二年内盗窃三次以上的，应当认定为“多次盗窃”。

2. 关于办理盗窃刑事案件适用法律若干问题的解释的理解和适用①

实践中认定多次盗窃，应注意把握：一是盗窃3次以上，有时间限制，为“二年内”；二是3次盗窃行为并不要求均为“未经处理的”，3次中有受过刑事处罚或者行政处罚的，也应该算在“三次”内。

需要注意的是，实施“多次盗窃”“入户盗窃”“携带凶器盗窃”“扒窃”行为，构成犯罪不需要盗窃数额达到一定标准。但根据《刑法》第13条的规定，对于情节显著轻微，危害不大的上述行为，不应认定为犯罪。

（二）盗窃数额的认定

《最高人民法院、最高人民检察院关于办理盗窃刑事案件适用法律若干问题的解释》（法释〔2013〕8号，2013年4月4日起施行）

第四条 盗窃的数额，按照下列方法认定：

（一）被盗财物有有效价格证明的，根据有效价格证明认定；无有效价格证明，或者根据价格证明认定盗窃数额明显不合理的，应当按照有关规定委托估价

---

① 陈国庆、韩耀元、宋丹：《〈关于办理盗窃刑事案件适用法律若干问题的解释〉的理解和适用》，载《人民检察》2013年第11期。

机构估价；

（二）盗窃外币的，按照盗窃时中国外汇交易中心或者中国人民银行授权机构公布的人民币对该货币的中间价折合成人民币计算；中国外汇交易中心或者中国人民银行授权机构未公布汇率中间价的外币，按照盗窃时境内银行人民币对该货币的中间价折算成人民币，或者该货币在境内银行、国际外汇市场对美元汇率，与人民币对美元汇率中间价进行套算；

（三）盗窃电力、燃气、自来水等财物，盗窃数量能够查实的，按照查实的数量计算盗窃数额；盗窃数量无法查实的，以盗窃前六个月月均正常用量减去盗窃后计量仪表显示的月均用量推算盗窃数额；盗窃前正常使用不足六个月的，按照正常使用期间的月均用量减去盗窃后计量仪表显示的月均用量推算盗窃数额；

（四）明知是盗接他人通信线路、复制他人电信码号的电信设备、设施而使用的，按照合法用户为其支付的费用认定盗窃数额；无法直接确认的，以合法用户的电信设备、设施被盗接、复制后的月缴费额减去被盗接、复制前六个月的月均电话费推算盗窃数额；合法用户使用电信设备、设施不足六个月的，按照实际使用的月均电话费推算盗窃数额；

（五）盗接他人通信线路、复制他人电信码号出售的，按照销赃数额认定盗窃数额。

盗窃行为给失主造成的损失大于盗窃数额的，损失数额可以作为量刑情节考虑。

第五条　盗窃有价支付凭证、有价证券、有价票证的，按照下列方法认定盗窃数额：

（一）盗窃不记名、不挂失的有价支付凭证、有价证券、有价票证的，应当按票面数额和盗窃时应得的孳息、奖金或者奖品等可得收益一并计算盗窃数额；

（二）盗窃记名的有价支付凭证、有价证券、有价票证，已经兑现的，按照兑现部分的财物价值计算盗窃数额；没有兑现，但失主无法通过挂失、补领、补办手续等方式避免损失的，按照给失主造成的实际损失计算盗窃数额。

（三）盗骗交织手段非法占有他人财物行为的定性

1. 反复将同一物品出卖给他人后又偷回的行为认定①

对于同时存在“骗售”和“盗取”多环节的行为，需要进一步辨析“骗

---

① 载《刑事审判参考》2013 年第 3 集（总第 92 集），法律出版社 2014 年版，第 223 - 226 页。

售”和“盗取”行为中究竟哪一行为是实现“非法获利”的关键行为。对于虽然有“骗”的成分，但在他人不知情的情况下利用秘密窃取而实现财物转移占有的情形下，“盗取”是对实现非法获利具有决定性影响的行为，故整体行为应当认定为盗窃罪。反之，对于虽然有“偷”的成分，但实际是因他人产生错误认识后进而实现的财物占有转移情形，整体行为应当认定为诈骗罪。多次盗窃同一物品的案件中盗窃数额是否累计计算，不能一概而论，应当结合具体案情加以判断。如数次盗窃行为均造成独立损害，并给行为人带来独立非法利益，应当累计计算多次盗窃的数额。如数次盗窃行为服务于同一个犯罪目的，针对同一被害人，且数次被盗的被害人实质上仅遭受一次财产损失，行为人获得的非法利益与一次所获无异，该情形下盗窃数额不应累计计算。

2. ［刑事审判参考案例第1048号：葛某某等诈骗案］

行为人在买卖过程中采取秘密的欺骗手段，致使被害人对所处分财物的真实重量产生错误认识进而处分财物的行为构成诈骗罪。

（一）在买卖过程中，行为人采取秘密的欺骗手段，致使被害人对所处分财物的真实重量产生错误认识，并进而处分财物的行为构成诈骗类犯罪。盗窃罪的逻辑结构可以表述为：犯罪人窃取财物—被害人失去对财物的有效控制—犯罪人取得财物；而诈骗罪的行为逻辑结构为：犯罪人实施了欺骗行为—被害人陷入错误认识—被害人基于认识错误交付财物—行为人取得财物。由此可以看出，两罪的本质区别在于被害人针对财物是否存在处分行为。司法实践中主要存在以下两种情形：一是当被害人知道交付的财物是甲财物，并且实际上交付的确实是甲财物时，尽管犯罪人采取欺骗手段隐瞒了财物的实际价值等内在属性，但被害人对所交付财物的种类、名称等外观物理特征并没有发生认识错误，故不影响处分行为的定性。二是行为人采用秘密“调包”或者其他隐蔽方法，使被害人对自己所交付财物的种类、名称等外观物理都没有认识到，即不知道自己对某财物进行了处分，此时被害人不存在处分意识，故不能认定其实施了处分行为。

（二）合同诈骗罪要求行为人必须充分利用合同的签订与履行来骗取财物，对采用其他诈骗方法骗取对方财物的，应当以诈骗罪论处。诈骗罪与合同诈骗罪主要的区别在于所侵犯的客体不同，由此带来客观方面的行为方式也不同。其中，诈骗罪旨在保护的法益是财产所有权；合同诈骗罪主要保护的法益是市场秩序。由于合同是市场经济活动的一项重要内容，是人们进行经济活动赖于信任的基础，利用合同进行诈骗，势必扰乱市场秩序，进而需要以合同诈骗论处。这就要求合同诈骗罪在客观行为上，必须是市场交易活动中利用合同的签订、履行来骗取他人财物，系行为人利用合同这种对双方当事人具有约束力的形式，故意违背市场经济中的诚实信用原则，来达到非法占有他人财物的犯罪目的。利用合同即是其诈骗行为。反之，尽管行为人与对方签订了合同，但如果其获得财物并没有利用合同，而是采用其他虚构事实、隐瞒真相的方式；同样，相对方陷入错误认识也并非基于合同，而是合同以外的其他欺骗因素，那么，该行为所侵害的法益仅仅是他人的财产所有权，直接以普通诈骗罪认定即可。

3. ［刑事审判参考案例第751号：孙某某盗窃案］

伪造证明材料，将借来的车辆冒名抵押给他人，后又从抵押权人处窃回车辆的行为，应以盗窃罪一罪定罪处罚。被告人孙某某虽然主观上具有非法占有的故意，但其伪造证件冒名质押，并从被害人处取得质押款72000元时，并未给被害人造成损失，双方之间是一种民事行为。此时，孙某某的行为尚不构成诈骗罪。孙某某最终是通过盗窃行为实现非法占有的故意，被害人合法占有的质押物脱离占有，导致财产损失。孙某某的盗车行为是一个单独的盗窃行为，应以盗窃罪一罪定罪量刑。

4. ［刑事审判参考案例第492号：朱某某盗窃案］

交互使用欺骗与窃取手段的侵财案件行为性质认定的关键是看行为人获取财物时起决定性作用的手段是窃取还是欺骗。若采用“虚构和蒙骗”的直接手段取得他人财物，应认定诈骗罪；若采用“秘密窃取”为直接手段取得他人财物，则应认定盗窃罪。诈骗罪是一种交互型犯罪，被害人是否具有处分财物的意思和行为，是区分诈骗还是盗窃的客观标准。对被害人来说，被告人趁被害人不备调包取走财物，被害人当时不知情、事后才知道，在这种情况下，虽然财物在被告人手中暂时持有，但被害人既在主观上没有让被告人取得财物控制权的意思，客观上被告人也没有取得财物的实际控制，被害人仅是让其利用财物“施法驱鬼”，并不带走财物，因而被害人虽然受骗了，但他并没有因此而具有将财物转移给被告人支配与控制的处分意思和行为。被告人取得财物的支配与控制完全是后来的调包秘密窃取行为所致。因此，通过欺诈取得对财物的暂时持有，不是被告人的目的行为，而只是其实现占有财物目的的辅助手段行为。相对于前述欺诈行为而言，被告人的“调包”行为属于秘密窃取的性质。

（四）盗卖股票行为的定性

1.［刑事审判参考案例第325号：钱某某盗窃案］

窃取他人证券股票账户账号及密码后，非法侵入他人股票账户与本人股票账户非法交易从中获利的行为构成盗窃罪，获利数额为盗窃数额。

盗卖股票构成盗窃罪。非法控制他人股票账户，与自己的股票账户进行相对委托证券买卖，影响证券交易价格和交易量的行为，不构成操纵证券交易价格罪；窃取他人股票账户的账号和密码后，在被害人不知情的情况下进行股票相对买卖的行为，不符合诈骗罪的构成特征，不能以诈骗罪定罪处罚；非法侵入他人股票账户，利用窃取的账号、密码与自己的股票账户进行交易非法牟利的，应当以盗窃罪定罪处罚。

盗买盗卖股票案件中盗窃数额的认定。2004年《证券法》第33条规定："证券在证券交易所挂牌交易，应当采用公开的集中竞价交易方式。证券交易的集中竞价应当实行价格优先、时间优先的原则。"行为人在被害人的股票账户上进行低卖高买股票的同时，不能排除同一交易时间内具有"价格优先、时间优先"的其他人与被害人的股票账户进行股票交易，被害人遭受的损失数额一般要大于行为人实际非法占有的数额。我们认为，获利数额认定为盗窃数额是合理的。理由是：

第一，盗窃数额，一般是指被告人盗窃财物的实际价值。对于盗窃股票的案件，应当依照1998年《最高人民法院、最高人民检察院关于办理盗窃刑事案件适用法律若干问题的解释》第5条第2项的规定，按照股票"被盗当日证券交易所公布的该种股票成交的平均价格计算"，盗窃数额应为所盗窃的股票价值总额。但对于盗买盗卖股票案件而言，被告人并非是为了直接非法占有股票所体现的财产价值，而是通过盗买盗卖股票行为获得超额价差。由于股票交易的特点，被告人为实现非法占有目的必须支付一定的价款才能取得被害人的股票、转移股票所有权才能将被害人股票账户中的资金转入自己的股票账户。换言之，被告人在被害人的股票账户中进行盗卖股票操作时，被害人并没有损失被盗卖股票体现的全部价值；被告人在被害人股票账户中进行盗买股票操作时，被害人还对行为人所盗买股票体现的实际价值有所有权，并没有损失被转出的全部资金。因此，盗买盗卖股票案件的盗窃数额不是被告人所盗买盗卖股票的全部价值。

第二，将被害人的损失数额认定为盗买盗卖股票案件的盗窃数额，考虑到了被告人盗买盗卖股票行为与被害人损失之间的因果关系，与典型盗窃案件中对被害人损失的评价相同，是司法实践中需要坚持的一般原则。但这种计算方法对盗买盗卖股票案件没有可操作性。根据2004年《证券法》第29条的规定，股票交易必须在经证券委批准可以进行股票交易的证券场所进行。由于被告人是通过证券交易场所在被害人股票账户上进行盗买盗卖股票操作，证券交易场所的股票挂牌价就是被告人的盗买盗卖价。在被告人实施盗买盗卖行为时，盗买（卖）价与正常价之间没有差额。而被盗买盗卖当日证券交易所公布的该种股票成交的平均价格，也是被告人故意抬高或者降低的结果，不能准确反映被害人所遭受的损失。同时，从证据的角度看，被告人盗买盗卖股票前的一瞬间，该股票在证券交易所的挂牌价格几乎是无法获取的。本案认定的损失数额是被害人将被盗买（卖）股票进行协议平仓后所降低的财产价值，但由于股票交易的特点，被害人平仓时股票的价格具有很大的不确定性，这种损失不能完全归责于被告人的盗买盗卖行为。如果将被害人股票账户资产因股票价格涨跌的增减值认定为盗窃数额，可能导致轻纵被告人的情形，如当被告人在被害人的股票账户上进行盗买操作后股票价格上扬，被害人的损失可能出现负数。因此，由于股票价格的即时性和波动性，被害人的损失很难计算，在诉讼上也难以证明，将被害人的损失认定为盗窃数额，既没有可操作性，也存在很大的不确定性。

第三，相比较而言，以被告人的获利数额作为盗买盗卖股票案件的盗窃数额，较为合理。这种认定方法虽然没有将其他股民按照“时间优先”的原则低价收购被告人盗卖股票给被害人造成的损失认定为盗窃数额，忽略了被告人盗窃行为与被害人损失之间的因果关系，但可以根据1998年《最高人民法院、最高人民检察院关于办理盗窃刑事案件适用法律若干问题的解释》第5条第13项的规定精神，对于被告人盗买盗卖股票行为给被害人造成的损失，作为量刑情节予以考虑。

2. ［刑事审判参考案例第103号：孔某某盗窃案］

窃取他人股票账户号码和密码后秘密使用他人账上资金高价买入朋友抛卖的股票从中获利的行为，构成盗窃罪；盗窃数额应按行为人及其朋友在股票交易中所获的差价数额认定，被害单位被盗用的资金数额及其损失数额可作为量刑情节予以考虑。盗用的他人账上资金数额，虽也在一定程度上反映了其行为的社会危害性，但其并非将他人账上资金全部窃为己有。也就是说，被害单位并未丧失全部被盗用资金的所有权，被盗用的资金不是也不可能全部成为盗窃所占有的数额，因而，不能作为盗窃数额。孔某某等人在本案股票交易行为中共获得的差价数额，是孔某某实施本案所占有的实际数额，应当为本案的盗窃数额。

（五）侵入银行计算机系统窃取银行资金的行为定性

1. ［公报案例：郝某某等盗窃案］①

行为人以非法占有为目的，采用秘密方法将自制的侵入银行计算机系统装置与银行计算机连通后，秘密将银行资金 72 万元转入其事先开立的个人账户，从而非法占有资金，构成盗窃罪。

2. ［公报案例：南京市玄武区人民检察院诉余某某等四人盗窃案］

根据《刑法》第 264 条的规定，利用编写、传播病毒程序在网上窃取他人的银行账号、密码，窃取或实际控制他人网上银行账户内存款的行为，构成盗窃罪。

3. ［刑事审判参考案例第 1277 号：许某某、汤某某盗窃案］

利用自己作为网络维修人员的技术以及易于进入公司计算机系统的工作便利对宽带账号解绑后出租给他人的行为构成盗窃罪。电信公司内部免费宽带账号具有财产性价值，非法获取并转卖的构成侵犯财产类犯罪；职务侵占罪和盗窃罪的核心区别在于是否利用职务上的便利，且职务侵占罪的行为人在犯罪前已经合法占有财物，行为人需具有主管、管理、经手财物的职责，如只是利用工作所带来的能够接触到财物的便利，则不构成职务侵占罪。利用自己作为网络维修人员的技术以及易于进入公司计算机系统的工作便利对宽带账号解绑后出租给他人的，手段行为和目的行为分别触犯不同的罪名，成立牵连犯，应从一重处罚。在量刑相当时，目的行为吸收手段行为，构成盗窃罪。

（六）盗窃网络虚拟财产行为的定性

1. 以非法获取计算机信息系统数据罪论处

采用技术手段非法获取包括虚拟财产在内的计算机信息系统数据的行为应当以非法获取计算机信息系统数据罪论处。当然，如果未来相关民事法律明确虚拟财产的财产属性，作为其他部门法的保障法的刑法再行跟上，对于盗窃虚拟财产的行为适用盗窃罪等财产犯罪，本书宜持支持态度。②

---

① 参见《最高人民法院公报》2000 年第 2 期（总第 64 期）。

② 喻海松：《网络犯罪二十讲》，法律出版社 2018 年版，第 251－255 页。

2. 关于办理盗窃刑事案件适用法律若干问题的解释的理解与适用①

对于盗窃虚拟财产的行为，如确需刑法规制，可以按照非法获取计算机信息系统数据等计算机犯罪定罪处罚，不应按盗窃罪处理。主要考虑：其一，虚拟财产与金钱财物等有形财产、电力燃气等无形财产存在明显差别，将其解释为盗窃罪的犯罪对象“公私财物”，超出了司法解释的权限。其二，虚拟财产的法律属性是计算机信息系统数据，对于非法获取计算机信息系统数据的行为当然可以适用非法获取计算机信息系统罪定罪量刑。其三，对盗窃虚拟财产的行为适用盗窃罪会带来一系列棘手问题，特别是盗窃数额的认定，目前缺乏能够被普遍接受的计算方式。而《最高人民法院、最高人民检察院关于办理危害计算机信息系统安全刑事案件应用法律若干问题的解释》对非法获取计算机信息系统数据罪明确了具体定罪量刑标准，适用该罪名可以罚当其罪，实现罪责刑相适应。

3. ［检例第 37 号：张某某盗窃案］

网络域名具备法律意义上的财产属性，盗窃网络域名可以认定为盗窃行为。

网络域名是网络用户进入门户网站的一种便捷途径，是吸引网络用户进入其网站的窗口。网络域名注册人注册了某域名后，该域名将不能再被其他人申请注册并使用，因此网络域名具有专属性和唯一性。网络域名属稀缺资源，其所有人可以对域名行使出售、变更、注销、抛弃等处分权利。网络域名具有市场交换价值，所有人可以货币形式进行交易。通过合法途径获得的网络域名，其注册人利益受法律承认和保护。本案中，行为人利用技术手段，通过变更网络域名绑定邮箱及注册 ID，实现了对域名的非法占有，并使原所有人丧失了对网络域名的合法占有和控制，其目的是非法获取网络域名的财产价值，其行为给网络域名的所有人带来直接的经济损失。该行为符合以非法占有为目的窃取他人财产利益的盗窃罪本质属性，应以盗窃罪论处。对于网络域名的价值，当前可综合考虑网络域名的购入价、销赃价、域名升值潜力、市场热度等综合认定。

4. ［刑事审判参考案例第 795 号：陈某盗窃案］

窃取公司提供充值服务的密保卡数据，并进行非法充值，使公司 QQ 密保卡对应的等值服务资费遭受损失的，构成盗窃罪，盗窃数额应当按照 QQ 密保卡对应的等值服务资费实际受到的损失认定。

---

① 胡云腾、周加海、周海洋：《〈关于办理盗窃刑事案件适用法律若干问题的解释〉的理解与适用》，载《人民司法》2014 年第 15 期。

刑法规定的财物，通常是指传统观念中以实物形态存在的、有形的、具有经济价值的物质。然而，随着经济社会的发展，财物的存在形态发生了巨大的变化，部分财物开始以非实物形态存在。如随着通讯技术的发展，网民可以随时利用网络服务卡消费相当于货币使用的有价财产权益，网络服务卡基于其便利、安全的充值功能，已受到网民的广泛使用。虚拟财产作为盗窃的犯罪对象已日渐得到司法部门的认同，如相关司法解释已经将电力、煤气等无形财产以及代表一定财产权益的电信卡等作为盗窃的对象。QQ 密保卡是持卡人支付对价后取得有偿网络服务的指令媒介，QQ 密保卡上的数据与公共信息网络上网的账号、密码在本质上相似，具备承载和保护一定数额的无形财产的功能，具有普通财物所具有的使用价值和交换价值。根据“失控加控制说”的通说标准，主张以被盗财物是否脱离所有人或者保管人的控制并且实际置于行为人控制之下为标准，如果被盗财物已脱离所有人或者保管人控制并且已实际置于行为人控制之下，应当认定为盗窃罪既遂；反之，就应认定为盗窃罪未遂。一个犯罪行为既遂之后就不可能再存在预备、中止、未遂等犯罪形态。

（七）利用信息网络，诱骗他人点击虚假链接而实际上通过预先植入的计算机程序窃取他人财物行为的定性

［最高法指导案例 27 号：臧某某等盗窃、诈骗案］

对既采取秘密窃取手段又采取欺骗手段非法占有财物行为的定性，应从行为人采取主要手段和被害人有无处分财物意识方面区分盗窃与诈骗。盗窃是指以非法占有为目的，秘密窃取公私财物的行为；诈骗是指以非法占有为目的，采用虚构事实或者隐瞒真相的方法，骗取公私财物的行为。对既采取秘密窃取手段又采取欺骗手段非法占有财物行为的定性，应从行为人采取主要手段和被害人有无处分财物意识方面区分盗窃与诈骗。如果行为人获取财物时起决定性作用的手段是秘密窃取，诈骗行为只是为盗窃创造条件或作掩护，被害人也没有“自愿”交付财物的，就应当认定为盗窃；如果行为人获取财物时起决定性作用的手段是诈骗，被害人基于错误认识而“自愿”交付财物，盗窃行为只是辅助手段的，就应当认定为诈骗。在信息网络情形下，行为人利用信息网络，诱骗他人点击虚假链接而实际上通过预先植入的计算机程序窃取他人财物构成犯罪的，应当以盗窃罪定罪处罚；行为人虚构可供交易的商品或者服务，欺骗他人为支付货款点击付款链接而获取财物构成犯罪的，应当以诈骗罪定罪处罚。

（八）利用系统故障，故意输入错误信息，无偿获取游戏点数的行为认定

［刑事审判参考案例第766号：邓某某盗窃案］

利用出现系统故障的网络第三方交易平台无偿获取游戏点数，且造成他人损失数额较大的行为构成盗窃罪。盗窃罪与诈骗罪在犯罪行为客观方面的表现不同。盗窃罪客观方面的表现是秘密窃取，即行为人采取不为财产权利人或保管人所知的秘密方式将所有人或保管人的财物占为己有。诈骗罪客观方面则表现为行为人通过虚构事实或者隐瞒真相的方法，使被害人产生错误认识，从而自愿交付财物、处分财产。根据刑法理论上的通说观点，诈骗罪中的被害人必须是能够表示自己真实意思的人，即具有一定认识能力和意志能力的主体，否则就无从判断被害人是否有“错误认识”。对于机器是否属于“有意识的主体”，我们认为，人工智能及其操作系统和硬件（设施）如果处于正常工作状态，应当视为管理者意志的体现，可以认为属于“有意识的主体”，故可以成为诈骗的对象。然而，处于故障状态的人工智能系统和机器因已经丧失独立的意思表示能力，不能正确识别相关代码，作出的决定不能代表其管理者的真实意志，不能代表其管理者真正“处分”财物，不能成为诈骗的对象。

（九）盗用他人电信卡、上网账号、密码上网，造成电信资费损失行为的定性

1.《最高人民法院关于审理扰乱电信市场管理秩序案件具体应用法律若干问题的解释》（法释〔2000〕12号，2000年5月24日起施行）

第七条　将电信卡非法充值后使用，造成电信资费损失数额较大的，依照刑法第二百六十四条的规定，以盗窃罪定罪处罚。

第八条　盗用他人公共信息网络上网账号、密码上网，造成他人电信资费损失数额较大的，依照刑法第二百六十四条的规定，以盗窃罪定罪处罚。

2. 最高人民法院研究室《关于盗窃互联网上网流量如何认定盗窃数额的研究意见》

盗窃互联网上网流量的，可以按照销赃数额认定盗窃数额。①

---

① 载沈德咏主编、最高人民法院研究室编著：《司法研究与指导》2013年第1辑（总第5辑），人民法院出版社2014年版，第180页。

3. ［刑事审判参考案例第602号：程某盗窃案］

充值卡的明文密码及与之相对应的密码共同代表着一定金额的电信服务，该密码本身具有一定的财产价值，属于财物范畴，能够作为盗窃罪的对象。非法侵入移动公司充值中心修改充值卡数据，并将充值卡明文密码出售的行为属于将电信卡非法充值后使用，给移动公司造成了资费损失，构成盗窃罪。

（十）盗窃未遂的处理

1.《最高人民法院、最高人民检察院关于办理盗窃刑事案件适用法律若干问题的解释》（法释〔2013〕8号，2013年4月4日起施行）

第十二条　盗窃未遂，具有下列情形之一的，应当依法追究刑事责任：

（一）以数额巨大的财物为盗窃目标的；

（二）以珍贵文物为盗窃目标的；

（三）其他情节严重的情形。

盗窃既有既遂，又有未遂，分别达到不同量刑幅度的，依照处罚较重的规定处罚；达到同一量刑幅度的，以盗窃罪既遂处罚。

2. 关于办理盗窃刑事案件适用法律若干问题的解释的理解与适用①

盗窃罪系财产犯罪，根据传统认识、社会一般观念，应当将造成他人财产损失补充解释为该罪的构成要件要素；对实施盗窃行为但没有实际造成他人财产损失的，不应认定为盗窃既遂，只能认定为盗窃未遂。对多次盗窃、入户盗窃、携带凶器盗窃或者扒窃，未使被害人失去对财物的控制的，应当认定为盗窃未遂。确定基准刑时，应当根据目标财物价值作为确定基准刑的依据，在此基础上，依照刑法总则有关犯罪未遂的处罚规定，从轻或者减轻处罚。

（十一）单位组织、指使盗窃的处理

1.《最高人民法院、最高人民检察院关于办理盗窃刑事案件适用法律若干问题的解释》（法释〔2013〕8号，2013年4月4日起施行）

第十三条　单位组织、指使盗窃，符合刑法第二百六十四条及本解释有关规定的，以盗窃罪追究组织者、指使者、直接实施者的刑事责任。

---

① 胡云腾、周加海、周海洋：《〈关于办理盗窃刑事案件适用法律若干问题的解释〉的理解与适用》，载《人民司法》2014年第15期。

2. 关于办理盗窃刑事案件适用法律若干问题的解释的理解与适用①

尽管根据《最高人民法院、最高人民检察院关于办理盗窃刑事案件适用法律若干问题的解释》，可追究组织者、指使者、直接实施者的刑事责任，但还应注意区分不同情况，贯彻体现宽严相济刑事政策。应重点打击组织者、指使者、积极主动的实施者。对囿于情势被迫、被动参与的，一般不宜追究刑事责任；有多人参与组织、策划、实施，而行为人所处地位、所起作用又有明显差异的，则应依法区分主、从犯。

3.《全国人民代表大会常务委员会关于〈中华人民共和国刑法〉第三十条的解释》（2014 年 4 月 24 日通过）

全国人民代表大会常务委员会根据司法实践中遇到的情况，讨论了刑法第三十条的含义及公司、企业、事业单位、机关、团体等单位实施刑法规定的危害社会的行为，法律未规定追究单位的刑事责任的，如何适用刑法有关规定的问题，解释如下：

公司、企业、事业单位、机关、团体等单位实施刑法规定的危害社会的行为，刑法分则和其他法律未规定追究单位的刑事责任的，对组织、策划、实施该危害社会行为的人依法追究刑事责任。

（十二）情节轻微可不起诉或者免除处罚的情形

1.《最高人民法院、最高人民检察院关于办理盗窃刑事案件适用法律若干问题的解释》（法释〔2013〕8 号，2013 年 4 月 4 日起施行）

第七条 盗窃公私财物数额较大，行为人认罪、悔罪，退赃、退赔，且具有下列情形之一，情节轻微的，可以不起诉或者免予刑事处罚；必要时，由有关部门予以行政处罚：

（一）具有法定从宽处罚情节的；

（二）没有参与分赃或者获赃较少且不是主犯的；

（三）被害人谅解的；

（四）其他情节轻微、危害不大的。

第八条 偷拿家庭成员或者近亲属的财物，获得谅解的，一般可不认为是犯罪；追究刑事责任的，应当酌情从宽。

---

① 胡云腾、周加海、周海洋：《〈关于办理盗窃刑事案件适用法律若干问题的解释〉的理解与适用》，载《人民司法》2014 年第 15 期。

2. 关于办理盗窃刑事案件适用法律若干问题的解释的理解和适用①

一是“可以不起诉或者免予刑事处罚”针对的是盗窃财物数额达到较大标准的行为，即已经构成盗窃犯罪的行为。二是本条列举的可以不起诉或者免予刑事处罚的四种情况，前提是行为人认罪、悔罪，退赃、退赔，结合全案情况来考虑，才可认为犯罪情节轻微。三是对于不起诉或者免予刑事处罚的，必要时由有关部门予以行政处罚。如果根据治安管理处罚法的规定应当处罚，由治安管理部门予以相应的治安处罚。

（十三）破坏广播电视设施罪与盗窃罪、故意毁坏财物罪的区分

《最高人民法院关于审理破坏广播电视设施等刑事案件具体应用法律若干问题的解释》（法释〔2011〕13号，2011年6月13日起施行）

第五条　盗窃正在使用的广播电视设施，尚未构成盗窃罪，但具有本解释第一条、第二条规定情形的，以破坏广播电视设施罪定罪处罚；同时构成盗窃罪和破坏广播电视设施罪的，依照处罚较重的规定定罪处罚。

第六条　破坏正在使用的广播电视设施未危及公共安全，或者故意毁坏尚未投入使用的广播电视设施，造成财物损失数额较大或者有其他严重情节的，以故意毁坏财物罪定罪处罚。

（十四）盗窃罪与侵占罪的区分

1. [公报案例：上海市黄浦区人民检察院诉崔某某等盗窃案]②

将银行卡租给他人使用后，通过挂失、补卡等手段将银行卡内租用人的存款占为己有，以盗窃罪定罪处罚。行为人将银行卡出租给他人使用，租用人更改银行卡密码后，因使用不慎，银行卡被ATM机吞掉。行为人出于非法占有的目的，利用租用人请求其帮助取卡之机，在租用人掌握密码并实际占有、控制银行卡内存款的情况下，通过挂失、补卡等手段将银行卡内租用人的存款取出并占为己有，其行为属于秘密窃取他人财物，应以盗窃罪定罪处罚。

2. [刑事审判参考案例第887号：曹某某侵占案]

将银行卡借给他人使用后，通过挂失方式将银行卡内的他人资金取走的行为构成侵占罪。准确区分盗窃罪和侵占罪，应当重点分析考察：（1）行为人占有

① 陈国庆、韩耀元、宋丹：《〈关于办理盗窃刑事案件适用法律若干问题的解释〉的理解和适用》，载《人民检察》2013年第11期。

② 参见《最高人民法院公报》2011年第9期（总第179期）。

财物的时间。盗窃罪的犯罪对象为他人控制的财物，对于自己已实际控制的他人财物一般不能成立盗窃罪，行为人在实施盗窃行为之前，尚未实际控制他人财物。侵占罪的犯罪对象为行为人代为保管的他人财物或者他人的遗忘物、埋藏物，行为人在实施侵占行为之前，已经控制他人财物，其特征是将自己控制的财产不法“占为己有”。控制是指人对财物的支配、管理状态。控制属于事实上和物理意义上的掌控，不等于法律意义上的占有，即“占为己有”。侵占罪不仅可能侵占自己直接控制的他人财物，而且可能侵占法律形式上控制的他人财物。无论银行卡由谁实际持有并使用，银行卡的权利义务都由申领人承受，卡内资金在法律形式上都处于申领人的控制之下。（2）行为人非法占有财物的手段。侵占罪的手段，既可以是秘密的，也可以是公开的或半公开的。而盗窃罪中，非法占有他人财物之前，该财物并不在行为人的实际控制之下，行为人必须通过秘密窃取的手段才能实现非法占有。所谓秘密窃取，是指行为人采取自认为不为财物所有者、保管者或者经手者所发觉的方法，暗中将财物取走的行为，具有不可否认的主观性特征，行为人的主观内容包括对于手段行为秘密性的认识。（3）行为人犯罪故意产生的时间。侵占罪的犯罪故意可能产生于实际控制他人财物之后，而盗窃罪的犯罪故意只能产生于持有、控制他人财物之前。

3. ［刑事审判参考案例第160号：罗某某盗窃案］

侵占罪和盗窃罪均属侵犯财产类犯罪，两罪的犯罪对象都是他人的财物，主观上都具有非法占有他人财物的目的，但两罪犯罪的前提、犯罪目的产生的时间以及犯罪客观方面都不同。侵占罪和盗窃罪的区别表现在：（1）犯罪的前提不同。侵占罪的行为人在侵占他人财物之前，必须已实际持有或控制他人财物。实际持有或控制他人财物的方式以刑法规定的方式为限，即代为保管他人财物、拾得他人的遗忘物和发现他人的埋藏物三种方式。而盗窃罪的行为人在实施盗窃他人财物时，并不具备实际持有或控制他人财物的前提条件。易言之，在实施盗窃行为前，被盗财物仍处于物主的实际持有或直接控制之下，由于盗窃者的秘密窃取行为才使被盗财物脱离物主的实际持有或控制。（2）犯罪目的产生的时间不同。侵占行为人的非法占有目的，发生在实际持有或控制他人的托管物以及拾得他人的遗忘物和发现他人的埋藏物之后；而盗窃行为人的不法占有目的，则发生在秘密窃取他人财物之前，即行为人是为了非法占有才去秘密窃取他人持有的公私财物的。（3）犯罪客观方面不同。侵占罪的行为，是对自己已实际持有或控制的他人的托管物、拾得的他人的遗忘物以及发现的他人的埋藏物，拒不退还或者拒不交出，从而实现非法占有。手段上可以是秘密的，也可以是公开或半公开的。如没有拒不退还或者拒不交出的行为，则不能构成侵占罪。盗窃罪的行为则是对他人持有和控制的公私财物，采取秘密窃取的方法，使其脱离所有人的控制，从而实现非法占有。其手段只能是秘密的，且窃得他人财物后又主动退还的不影响盗窃罪的成立。

（十五）盗窃案件证据审查指引

《江苏省人民检察院盗窃案件证据审查指引（试行）》

第一章　盗窃案件证据审查总体要求

第一条　盗窃案件一般应当具备以下证据：

（一）证明被害人基本情况的证据；

（二）证明被盗财物的性质、特征、价格、购买时间、数额等的证据；

（三）证明被盗财物是否为被害人占有的证据；

（四）证明盗窃的时间、地点、场所、周边环境、次数、方法、手段、作案工具、赃款赃物处理等客观行为要素的证据；

（五）证明盗窃行为系犯罪嫌疑人所为的证据；

（六）证明犯罪嫌疑人自然情况、责任年龄、责任能力、曾受刑事及行政处罚情况等证据；

（七）证明犯罪嫌疑人犯罪动机、目的、故意等主观要素的证据；

（八）证明自首、坦白、立功、退赔、和解等量刑情节的证据；

（九）证明犯罪嫌疑人到案经过、抓获经过的证据；

（十）其他与盗窃罪定罪量刑相关的证据。

第二条　二人以上共同实施的盗窃案件，一般应当有下列证据：

（一）证明共同实施窃取他人财物行为的证据；

（二）证明各犯罪嫌疑人之间就共同实施盗窃行为进行意思联络等主观要素的证据；

（三）证明各犯罪嫌疑人分工、配合、分赃情况的证据；

（四）其他与共同盗窃定罪量刑有关的证据。

二人以上共同实施的盗窃案件，除应具备第一条要求的证据外，一般还应当有下列证据：

（一）各犯罪嫌疑人实施的是盗窃实行行为、帮助行为还是教唆行为及其具体内容；

（二）各犯罪嫌疑人在共同盗窃中起主要作用、次要作用还是辅助作用；

（三）犯罪嫌疑人之间是否存在共同盗窃故意，是否系无犯罪意思联络的同时犯；

（四）对共同盗窃中有未达到刑事责任年龄或无刑事责任能力犯罪嫌疑人参与的，应先审查共同盗窃行为的违法性，再审查各犯罪嫌疑人是否应依法承担刑事责任。

第三条　盗窃未遂的案件，一般应当有下列证据：

（一）证明盗窃目标系数额巨大的财物、珍贵文物或者有其他严重情节的证据；

（二）证明已经着手实行盗窃行为的证据；

（三）证明盗窃行为未得逞的证据；

（四）证明盗窃行为未得逞原因的证据。

对于上述证据，应当重点审查：

（一）被盗财物体积、重量、大小等特征；

（二）被盗财物所处场所的开放程度；

（三）被害人对财物占有的紧密程度；

（四）其它可能影响财物占有状态判断的情节。

对被盗财物未脱离被害人支配空间的，还应重点审查犯罪嫌疑人是否已通过藏匿等方式对被盗财物予以实际控制。

第二章　盗窃案件构成要件证据审查

第一节　被害人财产损失

第四条　证明被害人财产损失，一般应当有赃款、赃物、购物凭证、交易记录、说明书、外包装盒、价格认定意见、被害人陈述、证人证言、犯罪嫌疑人的供述等证据。

对于上述证据，应当重点审查：

（一）能否证明被盗财物的来源；

（二）能否证明财物的种类、型号、数量、购买时间、购买地点、购买价格、成新率等特征；

（三）不同证据对同一财物特征的证明能否相互印证。

第五条　被盗财物有有效价格证明的，应当有发票、进货记录、销售记录等相应的价格证明材料。

对上述证据，应当重点审查发票、销售记录等是否系被窃财物原始销售凭证，特别注意审查上述材料记载的销售时间是否有涂改、倒签，记载的品种、批次、型号等特征是否与被盗财物相符。

第六条 被盗财物根据法律、司法解释等有关规定可以直接确认价格的，应当重点审查：

（一）盗窃外币的，是否有盗窃时中国外汇交易中心或者中国人民银行授权机构公布的人民币对该货币的外汇牌价表；中国外汇交易中心或者中国人民银行授权机构未公布汇率中间价的外币，一般应当有盗窃时境内银行人民币对该货币价目表，或者盗窃时该货币在境内银行、国际外汇市场对美元汇率，以及中国外汇交易中心或者中国人民银行授权机构公布的人民币对美元的外汇牌价表；

（二）盗窃电力、燃气、自来水等财物的，是否有缴费记录、计量仪表记录等反映使用量的证据；

（三）明知是盗接他人通信线路、复制他人电信码号的电信设备、设施而使用的，是否有合法用户为其支付的费用证明、缴费记录等证据；

（四）盗接他人通信线路、复制他人电信码号出售的，是否有销赃过程中形成的银行转账记录、网络支付记录、账簿凭证、收赃人的证言等反映销赃数额的证据；

（五）盗窃不记名、不挂失的有价支付凭证、有价证券、有价票证的，是否有发行单位出具的票面数额的说明材料等证据；

（六）盗窃记名的有价支付凭证、有价证券、有价票证的，已经兑现的部分，是否有支付兑现过程中形成的凭证等证据；尚未兑现的部分，一般应当有发行单位出具的使用记录等证据。

第七条 被盗财物没有有效价格证明，或者根据价格证明认定盗窃数额明显不合理的，一般应当有价格认定机构出具的价格认定意见。

对价格认定意见，应重点审查：

（一）价格认定机构及其人员是否符合相关规定，价格认定人员是否具有应当回避的情形；

（二）认定对象的取得、保管、送检是否符合相关规定，与提取笔录、扣押物品清单等书证是否相符；

（三）价格认定材料是否充足、可靠；

（四）认定程序是否符合法律、有关规定；认定的过程和方法是否符合相关专业的规范要求；

（五）认定意见是否明确，与案件待证事实是否具有关联性；

（六）认定意见与勘验、检查笔录及相关照片等其他证据是否有矛盾；

（七）形式要件是否完备，是否注明委托人、认定机构、认定要求、认定过程、认定方法、认定日期等相关内容；

（八）认定意见是否依法及时告知相关人员，当事人对认定意见有无异议。

第八条 盗窃信用卡并使用的，应当审查是否有银行交易明细、短信通知、取款监控视频、银行工作人员的证言等证据。

利用网络支付平台盗窃的，应当审查是否有网络支付平台的交易记录、支付凭证、账号信息等证据。

第九条 被盗财物系下列特殊物品的，应当注意审查：

（一）盗窃字画、珠宝玉石等奢侈品的，是否进行真伪、质量检测报告，或由专营店、专卖店等相关机构出具能够反映被盗财物真伪情况、质量等级的说明材料，并由价格认定机构进行价格认定；

（二）盗窃烟草专卖品的，是否有省级以上产品质量监督管理部门指定的烟草质量检测机构进行真伪、质量检验，并由省级烟草专卖行政主管部门出具价格证明材料；

（三）盗窃文物的，是否有县级以上文物行政部门出具的文物等级证明。对案件涉及的有关文物鉴定、价格认定等专门性问题难以确定的，应当由司法鉴定机构出具鉴定意见，或者由国务院文物行政部门指定的机构出具报告，或者由有关价格认证机构进行价格认定；

（四）盗窃珍贵、濒危动物及其制品，珍稀植物及其制品的，是否有相应行政主管部门出具的珍贵、濒危动物，珍稀植物认定材料及价格认定；

（五）盗窃贵重宠物的，是否有相关部门、机构出具的品种证明及价格认定；

（六）盗窃邮票、纪念币等特殊用途物品的，是否有国家有关部门、相关机构或者行业协会出具的价格认定；

（七）盗窃毒品、淫秽物品等违禁品的，是否有毒品检验报告、淫秽物品认定书等。

对上述证据材料中的鉴定意见、认定意见、检验报告，参照第七条进行审查。

第二节　盗窃行为

第十条　证明盗窃的方法、手段，一般应当有以下证据：

（一）犯罪嫌疑人关于窃取财物经过的详细供述；

（二）被害人关于财物失窃情况的详细陈述；

（三）盗窃过程中有证人的，应当有证人关于盗窃过程的详细证言；

（四）具备勘验、检查条件的，应当有案发现场的勘验、检查笔录，现场有指纹、脚印等痕迹的，应当有提取笔录、相应的物证及鉴定意见等证据；

（五）使用工具作案的，应当有扣押的作案工具；因客观原因未能扣押的，应有相关证据予以证实；

（六）案发现场及周边有监控设施的，应当有依法调取的视听资料、电子数据等证据；

（七）必要时，应当有调取的基站信息、地理信息等反映犯罪嫌疑人在案发现场及周边的行动轨迹等证据；

（八）对于能够反映犯罪嫌疑人进入盗窃场所的方式以及藏匿、转移被盗财物的证据，一般也应当收集提供。

对于上述证据，应当重点审查：

（一）犯罪嫌疑人供述的盗窃方法、手段与勘验、检查笔录反映的现场状况及被害人、证人证明的相关情况是否一致；

（二）犯罪嫌疑人遗留的足迹、手印等痕迹，使用的作案工具与提取笔录、鉴定意见是否一致；

（三）犯罪嫌疑人供述的盗窃方法、手段是否具有实现的可能。

第十一条　盗窃电力、燃气、自来水等财物的，应当注意审查是否对盗窃点进行勘验、检查，对电信码号复制工具是否进行扣押、提取；具备条件的，是否进行鉴定或侦查实验。

第十二条　利用网络支付平台盗窃的，应当注意审查是否提取了犯罪嫌疑人获取的登录名、密码、验证码等身份验证信息；具备条件的，是否对犯罪嫌疑人使用的手机、电脑等电子设备进行检查并提取相关电子数据。

第十三条　盗窃案件存在盗骗交织情形的，应当重点审查被害人对财物有无处分意识和处分行为。

存在第三人因为受骗而转移财物的情形，还应当重点审查第三人对财物有无处分权限和处分地位。

第三节 主观故意

第十四条 证明犯罪嫌疑人具有非法占有目的，一般应当有犯罪嫌疑人的供述、被害人陈述、证人证言、勘验、检查笔录、视听资料等证据。

对于上述证据，应当重点审查：

（一）被盗财物是否位于明显为他人所实际控制的场所或位置；

（二）被盗财物是否已被他人采取上锁、封装等防护措施；

（三）犯罪嫌疑人窃取他人财物后是否已藏匿、使用或出售；

（四）是否具有其他可能证明犯罪嫌疑人具有非法占有目的的情形，如特殊的盗窃时间、地点或手段等。

第十五条 犯罪嫌疑人辩解与被害人存在经济纠纷的，证明犯罪嫌疑人的非法占有目的，一般应当有劳动合同、工资单、借条等书证，证人证言，被害人陈述以及犯罪嫌疑人供述、等证据。

对上述证据，应当重点审查：

（一）犯罪嫌疑人与被害人之间是否存在雇佣、债权债务等关系；

（二）经济纠纷与盗窃行为之间是否有因果联系；

（三）经济纠纷数额与被窃财物价值是否相差悬殊。

第十六条 犯罪嫌疑人辩解其行为系借用他人财物的，应当重点审查：

（一）犯罪嫌疑人与被害人的关系；

（二）财物是否具有特殊意义，是否具有外借可能；

（三）犯罪嫌疑人取财手段是否符合借用的正常形式、事后有无及时向被害人声明借用情况；

（四）犯罪嫌疑人有无归还表示、有无归还条件。

第十七条 犯罪嫌疑人辩解对被盗财物价值认识错误的，应重点审查：

（一）财物所处的地点、环境、保存状态等因素，是否足以使一般人对财物的价值产生错误认识；

（二）犯罪嫌疑人的文化程度、生活经历、社会阅历等因素，是否足以影响犯罪嫌疑人对财物价值的准确认识；

（三）犯罪嫌疑人的预谋、盗窃、处置方式等是否与犯罪嫌疑人关于对财产价值产生错误认识的辩解相符。

第四节 被害人、犯罪嫌疑人身份

第十八条 证明被害人的身份，一般应当有身份证或户籍证明、常住人口基本信息等证据。

对于下列情形，应当注意审查：

（一）被害人与犯罪嫌疑人存在（近）亲属关系的，是否收集户口登记簿、证人证言等证明亲属关系的证据；

（二）被害人系残疾人的，是否收集《残疾人证》、残疾人联合会评定材料等证据；

（三）被害人系孤寡老人的，是否收集证明被害人已年满六十周岁且系孤寡生活状态的相关证据；

（四）被害人系丧失劳动能力的，是否收集丧失劳动能力鉴定意见等证据；

（五）被害人系医院就诊病人或其亲友的，是否收集医院就诊证明、证人证言等相应的证据；

（六）被害人系未成年人的，是否收集户籍资料、出生证明、证人证言等证据；

（七）被害人系单位的，是否收集《营业执照》等工商登记资料、被害单位委托的代理人（报案人）的基本信息、被害单位授权文书等证据。

第十九条　证明犯罪嫌疑人的身份，一般应当有犯罪嫌疑人供述、证人证言、户籍证明、身份证、常住人口基本信息、照片等反映犯罪嫌疑人自然人情况的证据；犯罪嫌疑人可能系外国人、港澳台人员或无国籍人的，还应当有护照或者其他有效证件等证据；犯罪嫌疑人曾因盗窃受过刑事、行政处罚的，还应当有刑事判决书、释放证明、行政处罚决定书等证据。

第二十条　对犯罪嫌疑人身份有疑问的，应当重点审查：

（一）犯罪嫌疑人户籍信息与其供述的信息是否一致；

（二）户籍信息附照片与本人面貌是否存在不合理差异；

（三）犯罪嫌疑人口音与其生活地区、语言习惯是否一致；

（四）犯罪嫌疑人是否有同胞兄弟、姐妹，是否可能冒名顶替；

（五）犯罪嫌疑人是否曾使用多个近似姓名，户籍登记是否准确；

（六）案发现场遗留的物证、痕迹、生物样本与犯罪嫌疑人是否相符；

（七）犯罪嫌疑人供述的案件细节与查证的事实是否存在不合理差异。

第二十一条　犯罪嫌疑人年龄在刑法规定的应负刑事责任年龄上下的，应当注意审查：

（一）出生证明、户籍底册、入学证明、学籍档案、疫苗接种记录等证据证明的年龄是否一致；

（二）犯罪嫌疑人的生肖、公历及农历生日、兄弟姐妹的年龄、生日、生肖以及犯罪嫌疑人年龄是否存在虚报、更改等情形；

（三）有骨龄鉴定的，鉴定意见与其它证据之间是否一致。

第二十二条　犯罪嫌疑人有精神异常迹象的，应注意审查其是否具有刑事责任能力，重点审查供述是否前后一致，语言逻辑是否正常，思维是否清晰，家属、邻居等知情人的证言是否反映曾有精神病发作史，必要时应作精神病法医学鉴定。

第四章　量刑情节证据审查

第二十九条　证明盗窃行为发生在特定期间、盗窃行为针对特定对象的，一般应当有证明特定期间、特定对象的物证、书证、现场勘验检查笔录、证人证言、被害人陈述、犯罪嫌疑人供述等证据。

自然灾害、事故灾害、社会安全事件等突发事件期间盗窃的，应当重点审查是否有相关政府部门公告、新闻报道等证据证明犯罪嫌疑人盗窃的时间、地点在相应的期间和地域范围之内；

盗窃救灾、抢险、防汛、优抚、扶贫、移民、救济款物的，应当重点审查被盗财物是否属于上述特定款物及其具体类型。

在医院盗窃病人或者其亲友财物的，应当重点审查是否有病历材料、检查单据、出入院记录、缴费通知书等书证，病友及医护人员等证言，被害人陈述，现场勘查笔录、监控录像、等证据证明盗窃地点在医院且被盗财物为病人或其亲友所有。

第三十条　为吸毒、赌博等违法犯罪活动而盗窃的，或者将盗窃的财物用于违法犯罪的，一般应当有相关违法犯罪的前科证明材料、尿样检测记录表、证人证言等证据。

对于上述证据，应当重点审查是否为实施违法犯罪活动而盗窃以及盗窃财物是否被用于相关违法犯罪活动。

第三十一条　因生活、治病急需而盗窃的，一般应当有犯罪嫌疑人供述、家庭成员及邻居的证言、收入证明、病历材料、居委会（村委会）等出具的证明材料等。

对于上述证据，应当注意审查盗窃财物是否确实用于缓解生活艰难、治疗疾病。

第三十二条　采用破坏性手段盗窃，造成其他财物损毁的，一般应当有书证、证人证言、被害人陈述、价格认定意见、现场勘验检查笔录等证据。

对于上述证据，应当重点审查财物损毁原因、损毁程度、被损毁财物的价值等。

第三十三条　对于因盗窃而造成被害人自杀、自残、精神失常等严重后果的，一般应当有证人证言、鉴定意见等证明严重后果的证据。

对于上述证据，应当重点审查：

（一）财物被盗之前被害人的身体状况；

（二）财物被盗之后被害人是否出现严重后果；

（三）严重后果与盗窃行为之间是否存在因果关系。

第三十四条　对于犯罪嫌疑人积极赔偿被害人损失的，一般应当有谅解书、收条、转账单据、被害人陈述、犯罪嫌疑人供述等证据。

对于上述证据，应当重点审查被害人的谅解是否真实、自愿。

第三十五条　对于有能力赔偿而拒不赔偿的，一般应当有银行存款记录、财产权属证明、犯罪嫌疑人的供述、证人证言等证据。

对于上述证据，应当重点审查犯罪嫌疑人的赔偿能力、赔偿意愿以及拒不赔偿的原因等。

第五章　盗窃案件不起诉审查

第三十六条　盗窃案件拟作绝对不起诉的，应当重点审查：

（一）盗窃犯罪事实是否为犯罪嫌疑人实施；

（二）犯罪嫌疑人实施盗窃行为时是否达到刑事责任年龄并具有刑事责任能力；

（三）犯罪嫌疑人的盗窃行为是否超过追诉时效期限；

（四）盗窃犯罪数额是否达到法律、司法解释规定的追诉标准；

（五）盗窃未遂的，是否以数额巨大的财物、珍贵文物为目标，或者是否具有其他严重情节；

（六）犯罪嫌疑人盗窃家庭成员或者近亲属财物的，是否具有取得谅解等情节显著轻微、危害不大，不认为是犯罪的情形。

第三十七条　对盗窃数额较大的盗窃案件拟作相对不起诉的，应当重点审查：

（一）犯罪嫌疑人是否具有自首、立功、从犯、未成年、已满 75 周岁、又聋又哑、盲人等法定从宽处罚情节；

（二）犯罪嫌疑人是否未参与分赃或者获赃较少且不是主犯的；

（三）犯罪嫌疑人是否取得被害人谅解；

（四）犯罪嫌疑人是否因生活、治病急需而盗窃；

（五）犯罪嫌疑人是否在案发前自动将赃物放回原处或归还被害人；

（六）是否有其他可以从宽处罚的情形。

第三十八条　盗窃案件拟作存疑不起诉的，应当重点审查：

（一）盗窃行为、非法占有目的、刑事责任能力等犯罪构成要件事实是否缺乏确实、充分的证据予以证明的；

（二）据以定罪的证据合法性、关联性、真实性是否存在疑问，无法查证属实的；

（三）据以定罪的证据之间、证据与案件事实之间是否存在矛盾，且不能合理排除的，无法形成完整证据链的；

（四）根据证据得出的结论是否具有其他可能性，不能排除合理怀疑的；

（五）根据在案证据认定案件事实是否不符合逻辑和经验法则，得出的结论是否明显不符合常理的；

（六）是否存在其它事实不清、证据不足的情形。

三、追诉量刑

（一）盗窃罪的追诉量刑标准

《最高人民法院、最高人民检察院关于办理盗窃刑事案件适用法律若干问题的解释》（法释〔2013〕8号，2013年4月4日起施行）

第一条　盗窃公私财物价值一千元至三千元以上、三万元至十万元以上、三十万元至五十万元以上的，应当分别认定为刑法第二百六十四条规定的“数额较大”、“数额巨大”、“数额特别巨大”。

各省、自治区、直辖市高级人民法院、人民检察院可以根据本地区经济发展状况，并考虑社会治安状况，在前款规定的数额幅度内，确定本地区执行的具体数额标准，报最高人民法院、最高人民检察院批准。

在跨地区运行的公共交通工具上盗窃，盗窃地点无法查证的，盗窃数额是否达到“数额较大”、“数额巨大”、“数额特别巨大”，应当根据受理案件所在地省、自治区、直辖市高级人民法院、人民检察院确定的有关数额标准认定。

盗窃毒品等违禁品，应当按照盗窃罪处理的，根据情节轻重量刑。

第二条　盗窃公私财物，具有下列情形之一的，“数额较大”的标准可以按照前条规定标准的百分之五十确定：

（一）曾因盗窃受过刑事处罚的；

（二）一年内曾因盗窃受过行政处罚的；

（三）组织、控制未成年人盗窃的；

（四）自然灾害、事故灾害、社会安全事件等突发事件期间，在事件发生地盗窃的；

（五）盗窃残疾人、孤寡老人、丧失劳动能力人的财物的；

（六）在医院盗窃病人或者其亲友财物的；

（七）盗窃救灾、抢险、防汛、优抚、扶贫、移民、救济款物的；

（八）因盗窃造成严重后果的。

第六条　盗窃公私财物，具有本解释第二条第三项至第八项规定情形之一，或者入户盗窃、携带凶器盗窃，数额达到本解释第一条规定的“数额巨大”、“数额特别巨大”百分之五十的，可以分别认定为刑法第二百六十四条规定的“其他严重情节”或者“其他特别严重情节”。

（二）盗窃罪罚金刑标准

《最高人民法院、最高人民检察院关于办理盗窃刑事案件适用法律若干问题的解释》（法释〔2013〕8号，2013年4月4日起施行）

第十四条　因犯盗窃罪，依法判处罚金刑的，应当在一千元以上盗窃数额的二倍以下判处罚金；没有盗窃数额或者盗窃数额无法计算的，应当在一千元以上十万元以下判处罚金。

（三）盗窃罪的量刑标准

最高人民法院、最高人民检察院《关于常见犯罪的量刑指导意见（试行）》（法发〔2021〕21号，2021年7月1日起施行）

1. 构成盗窃罪的，根据下列情形在相应的幅度内确定量刑起点：

（1）达到数额较大起点的，二年内三次盗窃的，入户盗窃的，携带凶器盗窃的，或者扒窃的，在一年以下有期徒刑、拘役幅度内确定量刑起点。

（2）达到数额巨大起点或者有其他严重情节的，在三年至四年有期徒刑幅度内确定量刑起点。

（3）达到数额特别巨大起点或者有其他特别严重情节的，在十年至十二年有期徒刑幅度内确定量刑起点。依法应当判处无期徒刑的除外。

2. 在量刑起点的基础上，根据盗窃数额、次数、手段等其他影响犯罪构成的犯罪事实增加刑罚量，确定基准刑。

多次盗窃，数额达到较大以上的，以盗窃数额确定量刑起点，盗窃次数可以作为调节基准刑的量刑情节；数额未达到较大的，以盗窃次数确定量刑起点，超过三次的次数作为增加刑罚量的事实。

3. 构成盗窃罪的，根据盗窃的数额、次数、手段、危害后果等犯罪情节，综合考虑被告人缴纳罚金的能力，在一千元以上盗窃数额二倍以下决定罚金数额；没有盗窃数额或者盗窃数额无法计算的，在一千元以上十万元以下判处罚金。

4. 构成盗窃罪的，综合考虑盗窃的起因、数额、次数、手段、退赃退赔等犯罪事实、量刑情节，以及被告人的主观恶性、人身危险性、认罪悔罪表现等因素，决定缓刑的适用。

（四）定罪量刑对应表

表 3 – 3　盗窃罪定罪量刑对应表

<table>
<tr><th>盗窃罪</th><th>情节</th><th>刑期</th><th>备注</th></tr>
<tr><td>第一档</td><td>一千元至三千元以上</td><td>三年以下有期徒刑、拘役或者管制，并处或者单处罚金</td><td rowspan="3">具体数额视各省而定</td></tr>
<tr><td>第二档</td><td>三万元至十万元以上</td><td>三年以上十年以下有期徒刑，并处罚金</td></tr>
<tr><td>第三档</td><td>三十万元至五十万元以上</td><td>十年以上有期徒刑或者无期徒刑，并处罚金或者没收财产</td></tr>
</table>

第四章　网络诈骗类罪名释义及定罪量刑标准

第一节　诈骗罪

一、犯罪构成

（一）《刑法》（2020 年 12 月 26 日修正）

第二百六十六条　【诈骗罪】诈骗公私财物，数额较大的，处三年以下有期徒刑、拘役或者管制，并处或者单处罚金；数额巨大或者有其他严重情节的，处三年以上十年以下有期徒刑，并处罚金；数额特别巨大或者有其他特别严重情节的，处十年以上有期徒刑或者无期徒刑，并处罚金或者没收财产。本法另有规定的，依照规定。

第二百一十条第二款　【诈骗罪】使用欺骗手段骗取增值税专用发票或者可以用于骗取出口退税、抵扣税款的其他发票的，依照本法第二百六十六条的规定定罪处罚。

（二）学理解释

诈骗罪的犯罪主体系个人，一般主体；责任形式为故意，要求具有非法占有的目的，过失不构成本罪。

本罪规定在《刑法》第 5 章“侵犯财产罪”中，侵犯的客体是公私财物所有权。犯罪对象系“公私财物”，即国家、集体或个人所有的各种财物，既包括动产和不动产，也包括无形物和财产性利益。根据《刑法》第 210 条的有关规定，使用欺骗手段骗取增值税专用发票或者可以用于骗取出口退税、抵扣税款的其他发票的，成立诈骗罪。不过，诈骗罪中的财物不包括其他非法利益，如行为人采用欺骗方法让他人提供非法服务，不构成本罪。

《刑法》分则第3章破坏社会主义市场经济秩序罪中单独规定了集资诈骗罪、贷款诈骗罪、票据诈骗罪、金融凭证诈骗罪、信用证诈骗罪、信用卡诈骗罪、有价证券诈骗罪、保险诈骗罪等8种金融诈骗犯罪。诈骗罪与上述8种金融诈骗犯罪是一般与特殊的关系，故本罪的犯罪对象应排除集资款、贷款、票据、金融凭证、信用证、信用卡、有价证券和保险金。

本罪在客观方面表现为①：行为人用虚构事实或者隐瞒真相的欺骗方法，骗取公私财物且数额较大。根据逻辑结构，诈骗罪包含以下几个存在因果关系的行为阶段：行为人存在欺骗行为—他人认识错误—处分财产—财产利益受损。

（1）行为人存在欺骗行为。实践中，欺骗行为多种多样，既可以是语言欺诈也可以是动作欺诈，既可以表现为作为也可以是不作为，凡是能让对方陷入错误认识并作出行为人希望的财产处分行为的，均可认定为欺骗。至于一般性的夸张表述或夸大价值的言论，因不具有使他人处分财产的具体危险，故不是欺骗行为。总体而言，欺骗行为可以分为两大类：虚构事实和隐瞒真相。虚构事实，是指捏造不存在的情况，隐瞒真相是指向对方隐瞒全部或部分客观事实。无论是虚构事实还是隐瞒真相，目的都是导致对方认识错误。

（2）对方产生认识错误。对方必须因行为人的欺骗行为产生认识上的错误。如果对方不是因认识错误处分财产，即使行为人存在欺骗行为，也不成立诈骗罪。对方是否存在认识错误，是区分盗窃罪和诈骗罪的关键点。至于产生认识错误的人，只要求是具有财物处分权限或者地位的人，不要求必须是财物的所有人或占有人。

（3）行为人因认识错误而不当地处分财物。这里的处分财产，是指他人基于认识上的错觉而“自愿地”向行为人或第三人交付财物，或者处分财产上的利益。这里的“处分”，不要求他人具有转移财产所有权或处分权的意思表示。与他人处分财物相对应的，是行为人获得财物，包括以下两种情形：一是财产的增加；二是债务的减少，如使对方免除或者减少债务等。一般来说，他人处分财物与行为人获得财物的行为是同时发生的，但实践中也存在财物既不在行为人的掌控之下，也已脱离对方有效控制的情形，此时应根据具体情况判断行为人的诈骗行为是否既遂。

（4）财产利益受损。他人基于认识错误处分财物，因而其财产利益受到损

---

① 参见张明楷：《刑法学》（下），法律出版社2016年版，第1000－1006页。

害。根据法律的规定，诈骗公私财物数额较大的，才构成犯罪。

二、疑难问题

（一）电信网络诈骗的界定

1.《检察机关办理电信网络诈骗案件指引》（高检发侦监字〔2018〕12 号，2018 年 11 月 9 日印发）

电信网络诈骗犯罪，是指以非法占有为目的，利用电话、短信、互联网等电信网络技术手段，虚构事实，设置骗局，实施远程、非接触式诈骗，骗取公私财物的犯罪行为。根据《中华人民共和国刑法》第二百六十六条、《最高人民法院、最高人民检察院关于办理诈骗刑事案件具体应用法律若干问题的解释》（法释〔2011〕7 号）、《最高人民法院、最高人民检察院、公安部关于办理电信网络诈骗等刑事案件适用法律若干问题的意见》，办理电信网络诈骗案件除了要把握普通诈骗案件的基本要求外，还要特别注意以下问题：一是电信网络诈骗犯罪的界定；二是犯罪形态的审查；三是诈骗数额及发送信息、拨打电话次数的认定；四是共同犯罪及主从犯责任的认定；五是关联犯罪事前通谋的审查；六是电子数据的审查；七是境外证据的审查。

2.《浙江省高级人民法院、浙江省人民检察院、浙江省公安厅关于办理电信网络诈骗犯罪案件若干问题的解答》（浙高法〔2020〕44 号，2020 年 4 月 24 日发布）

一、关于电信网络诈骗犯罪的界定问题

1. 问：如何理解掌握电信网络诈骗犯罪的概念？

答：电信网络诈骗犯罪，是指以非法占有为目的，利用电信通讯、互联网等技术手段，向社会公众发布虚假信息或设置骗局，主要通过远程控制，非接触性地诱使被害人交付财物的犯罪行为。

2. 问：该类犯罪一般具有哪些特征？

答：除符合诈骗罪的特征以外，电信网络诈骗犯罪一般应同时具有技术性、非接触性、远程性的特征。其中，技术性是指该类犯罪主要利用电话、短信、互联网等信息交互工具的技术手段。利用广播电台、报刊杂志等方式实施诈骗，一般不认为具有技术性；非接触性是指该类犯罪中行为人与被害人无需面对面接触。实施“线上拉拢，线下骗取”行为的案件属于接触性犯罪，一般不认定为电信网络诈骗；远程性是指该类犯罪中行为人主要利用电信网络技术手段进行远程联系。

（二）电信网络诈骗的管辖

1.《最高人民法院、最高人民检察院、公安部关于办理电信网络诈骗等刑事案件适用法律若干问题的意见》（法发〔2016〕32号，2016年12月19日发布）

五、依法确定案件管辖

（一）电信网络诈骗犯罪案件一般由犯罪地公安机关立案侦查，如果由犯罪嫌疑人居住地公安机关立案侦查更为适宜的，可以由犯罪嫌疑人居住地公安机关立案侦查。犯罪地包括犯罪行为发生地和犯罪结果发生地。

“犯罪行为发生地”包括用于电信网络诈骗犯罪的网站服务器所在地，网站建立者、管理者所在地，被侵害的计算机信息系统或其管理者所在地，犯罪嫌疑人、被害人使用的计算机信息系统所在地，诈骗电话、短信息、电子邮件等的拨打地、发送地、到达地、接受地，以及诈骗行为持续发生的实施地、预备地、开始地、途经地、结束地。

“犯罪结果发生地”包括被害人被骗时所在地，以及诈骗所得财物的实际取得地、藏匿地、转移地、使用地、销售地等。

（二）电信网络诈骗最初发现地公安机关侦办的案件，诈骗数额当时未达到“数额较大”标准，但后续累计达到“数额较大”标准，可由最初发现地公安机关立案侦查。

（三）具有下列情形之一的，有关公安机关可以在其职责范围内并案侦查：

1. 一人犯数罪的；

2. 共同犯罪的；

3. 共同犯罪的犯罪嫌疑人还实施其他犯罪的；

4. 多个犯罪嫌疑人实施的犯罪存在直接关联，并案处理有利于查明案件事实的。

（四）对因网络交易、技术支持、资金支付结算等关系形成多层级链条、跨区域的电信网络诈骗等犯罪案件，可由共同上级公安机关按照有利于查清犯罪事实、有利于诉讼的原则，指定有关公安机关立案侦查。

（五）多个公安机关都有权立案侦查的电信网络诈骗等犯罪案件，由最初受理的公安机关或者主要犯罪地公安机关立案侦查。有争议的，按照有利于查清犯罪事实、有利于诉讼的原则，协商解决。经协商无法达成一致的，由共同上级公安机关指定有关公安机关立案侦查。

（六）在境外实施的电信网络诈骗等犯罪案件，可由公安部按照有利于查清犯罪事实、有利于诉讼的原则，指定有关公安机关立案侦查。

（七）公安机关立案、并案侦查，或因有争议，由共同上级公安机关指定立案侦查的案件，需要提请批准逮捕、移送审查起诉、提起公诉的，由该公安机关所在地的人民检察院、人民法院受理。

对重大疑难复杂案件和境外案件，公安机关应在指定立案侦查前，向同级人民检察院、人民法院通报。

（八）已确定管辖的电信诈骗共同犯罪案件，在逃的犯罪嫌疑人归案后，一般由原管辖的公安机关、人民检察院、人民法院管辖。

2.《关于办理电信网络诈骗等刑事案件适用法律若干问题的意见》解读①

六、构建适用于电信网络诈骗犯罪的刑事管辖规则体系

在传统刑事管辖原则中，属地管辖是最基础和优先适用的原则。风险社会中，同大多数网络犯罪一样，电信网络诈骗犯罪典型特点就是跨时空性，具有非接触性、跨地域性、分工合作、被害人众多且分散等特点，传统犯罪属地管辖原则已不可能完全适用于电信网络诈骗犯罪，侦查机关之间，侦查机关与检察机关、审判机关之间常常产生管辖争议，不利于犯罪打击，需要作出调整。对此，《最高人民法院、最高人民检察院、公安部关于办理电信网络诈骗等刑事案件适用法律若干问题的意见》沿用了最高人民法院、最高人民检察院、公安部于2014年联合发布的《关于办理网络犯罪案件适用刑事诉讼程序若干问题的意见》（以下简称《网络犯罪诉讼程序意见》）中关于网络犯罪案件管辖的规定，在犯罪行为发生地、犯罪结果发生地、并案侦查案件范围、指定管辖等方面都予以继承。《最高人民法院、最高人民检察院、公安部关于办理电信网络诈骗等刑事案件适用法律若干问题的意见》还结合电信网络诈骗犯罪特点有所创新发展，并从一般管辖、并案管辖、指定管辖3个层级完整规定了侦查管辖体系。

1. 关于一般管辖。电信网络诈骗犯罪是电信与网络技术相结合的犯罪，关于“犯罪行为发生地”，《最高人民法院、最高人民检察院、公安部关于办理电信网络诈骗等刑事案件适用法律若干问题的意见》第5条第1项以电信流和网络信息流为两条基本主线作了完整列举。针对犯罪分子通常通过分布于全国各地甚

① 黄河、张庆彬、刘涛：《破解打击电信网络诈骗犯罪的五大难题——〈关于办理电信网络诈骗等刑事案件适用法律若干问题的意见〉解读》，载《人民检察》2017年第11期。

至境外的职业“车手”转移赃款的现状，《最高人民法院、最高人民检察院、公安部关于办理电信网络诈骗等刑事案件适用法律若干问题的意见》规定，犯罪结果发生地包括被害人被骗时所在地，以及诈骗所得财物的实际取得地、藏匿地、转移地、使用地、销售地等。同时，《最高人民法院、最高人民检察院、公安部关于办理电信网络诈骗等刑事案件适用法律若干问题的意见》明确规定，“被害人被骗时所在地”为刑事案件管辖所在地，由该地公安机关立案侦查，主要是针对电信网络诈骗犯罪跨地域的特点，被害人报案时大部分案件还难以确定犯罪嫌疑人及其所在地，由被害人被骗时所在地管辖更为合理，对司法机关予以提示，不能拒绝被害人报案，应当予以受理，再根据案件侦查情况并案处理或者移送管辖。

2. 通过并案处理解决管辖争议。电信网络诈骗犯罪基本上是团伙作案，上下游、团伙之间分工明确，形成了错综复杂的关系。为了便于整体上侦查打击，《最高人民法院、最高人民检察院、公安部关于办理电信网络诈骗等刑事案件适用法律若干问题的意见》沿用了最高人民法院、最高人民检察院、公安部、国家安全部、全国人大常委会法制工作委员会于2012年联合发布的《关于实施刑事诉讼法若干问题的规定》和《网络犯罪诉讼程序意见》规定，明确对于一人犯数案的，共同犯罪的，共同犯罪的犯罪嫌疑人还实施其他犯罪的，以及多个犯罪嫌疑人实施的犯罪存在直接关联，并案处理有利于查明案件事实的，可以并案侦查。例如，犯罪嫌疑人A、B共同针对甲市被害人实施了一起电信诈骗犯罪，公安机关据此在乙市抓获了包括A、B在内的数十名电信诈骗犯罪嫌疑人，但其中部分犯罪嫌疑人实施诈骗行为时被害人在外地，与甲市没有任何关联，按照《最高人民法院、最高人民检察院、公安部关于办理电信网络诈骗等刑事案件适用法律若干问题的意见》第5条第3、7项之规定，可以并案侦查。

3. 用指定管辖解决管辖冲突。通过对“犯罪行为发生地”“犯罪结果发生地”的合理解释以及“并案处理”的运用，实践中，电信网络诈骗犯罪可能会因多个公安机关均有管辖权而产生管辖权冲突，有必要运用指定管辖予以解决。《最高人民法院、最高人民检察院、公安部关于办理电信网络诈骗等刑事案件适用法律若干问题的意见》对此明确了3种指定管辖的案件。一是对于因网络交易、技术支持、资金支付结算等关系形成多层级链条、跨区域的电信网络诈骗等犯罪案件；二是多个公安机关都有权立案侦查的电信网络诈骗犯罪案件，管辖有争议的案件；三是在境外实施的电信网络诈骗犯罪案件。其中，前两类由共同的上级公安机关、第三类由公安部按照有利于查清犯罪事实、有利于诉讼的原则，指定有关公安机关立案侦查。

4. 对公安机关本没有管辖权因指定获得管辖权的案件，检察机关、审判机关受理后仍需要指定管辖。《网络犯罪诉讼程序意见》第 8 条规定：“为保证及时结案，避免超期羁押，人民检察院对于公安机关提请批准逮捕、移送审查起诉的网络犯罪案件，第一审人民法院对于已经受理的网络犯罪案件，经审查发现没有管辖权的，可以依法报请共同上级人民检察院、人民法院指定管辖。”对此《最高人民法院、最高人民检察院、公安部关于办理电信网络诈骗等刑事案件适用法律若干问题的意见》第 5 条第 7 项的规定有所不同。可见，《最高人民法院、最高人民检察院、公安部关于办理电信网络诈骗等刑事案件适用法律若干问题的意见》对于经审查发现没有管辖权的，并没有规定是否还需要检察机关、法院报请指定管辖。我们认为，《最高人民法院、最高人民检察院、公安部关于办理电信网络诈骗等刑事案件适用法律若干问题的意见》第 5 条第 7 项仅针对公安机关本身具有管辖权的案件，对于公安机关本没有管辖权而通过指定管辖获得管辖权的，在提请审查起诉和审判时，仍然需要根据刑事诉讼法关于审判管辖的规定，由检察机关、法院报请指定管辖为宜。首先，《最高人民法院、最高人民检察院、公安部关于办理电信网络诈骗等刑事案件适用法律若干问题的意见》与《网络犯罪诉讼程序意见》并不矛盾。如果新法与旧法的规定有矛盾，按照新法优于旧法原则，应当适用新法，但如果新法没有规定，则仍然应当适用旧法。从《最高人民法院、最高人民检察院、公安部关于办理电信网络诈骗等刑事案件适用法律若干问题的意见》的条文看，对检察机关、法院是否还需要报请指定管辖没有予以明确，也无法得出无须报请指定管辖的结论，所以应当仍然适用《网络犯罪诉讼程序意见》第 8 条的规定。其次，适用管辖应当符合刑事诉讼法规定。我国对于犯罪管辖的基本原则是属地管辖和属人管辖。一般情况下，公安机关基于犯罪所在地或者被告人居住地而获得刑事案件管辖权；在特殊情况下，如果没有管辖权的则需要指定管辖，否则不能立案侦查更不能对其他案件并案侦查。

3.《最高人民法院、最高人民检察院、公安部关于办理电信网络诈骗等刑事案件适用法律若干问题的意见（二）》（法发〔2021〕22 号，2021 年 6 月 17 日发布）

一、电信网络诈骗犯罪地，除《最高人民法院、最高人民检察院、公安部关于办理电信网络诈骗等刑事案件适用法律若干问题的意见》规定的犯罪行为发生地和结果发生地外，还包括：

（一）用于犯罪活动的手机卡、流量卡、物联网卡的开立地、销售地、转移地、藏匿地；

（二）用于犯罪活动的信用卡的开立地、销售地、转移地、藏匿地、使用地以及资金交易对手资金交付和汇出地；

（三）用于犯罪活动的银行账户、非银行支付账户的开立地、销售地、使用地以及资金交易对手资金交付和汇出地；

（四）用于犯罪活动的即时通讯信息、广告推广信息的发送地、接受地、到达地；

（五）用于犯罪活动的“猫池”（Modem Pool）、GOIP设备、多卡宝等硬件设备的销售地、入网地、藏匿地；

（六）用于犯罪活动的互联网账号的销售地、登录地。

二、为电信网络诈骗犯罪提供作案工具、技术支持等帮助以及掩饰、隐瞒犯罪所得及其产生的收益，由此形成多层级犯罪链条的，或者利用同一网站、通讯群组、资金账户、作案窝点实施电信网络诈骗犯罪的，应当认定为多个犯罪嫌疑人、被告人实施的犯罪存在关联，人民法院、人民检察院、公安机关可以在其职责范围内并案处理。

4.《浙江省高级人民法院、浙江省人民检察院、浙江省公安厅关于办理电信网络诈骗犯罪案件若干问题的解答》（浙高法〔2020〕44号，2020年4月24日发布）

二、关于管辖权与分案处理

3. 问：如果多个公安机关对电信网络诈骗案件有管辖权，由何地公安机关管辖较为合适？

答：由最初受理案件的公安机关或者主要犯罪地公安机关立案侦查。有争议的，按照有利于查清犯罪事实、有利于诉讼的原则，由共同上级公安机关指定立案侦查。

4. 问：多个犯罪嫌疑人、被告人实施的犯罪存在关联，是否可并案处理？

答：多个犯罪嫌疑人、被告人实施的犯罪存在关联，并案处理有利于查明案件事实的，公安机关可在其职责范围内并案侦查，需要提请批准逮捕、移送审查起诉、提起公诉的，由该公安机关所在地的人民检察院、人民法院受理，不另行指定管辖。对并案侦查等可能存在管辖权争议的案件，按照指定管辖途径办理。

5. 问：对于人数众多的电信网络诈骗犯罪案件，如何提高办案质量、效率和效果，准确定罪量刑，保障当事人的合法权益？

答：为便于查清犯罪事实，准确定罪量刑，提高办案质效，公安机关和人民检察院在侦查或审查起诉阶段可以对人数众多的电信网络诈骗案件进行拆分。对于已经指定管辖，或者根据本解答管辖权规定不需另行指定管辖的，案件拆分后不再另行指定管辖。

案件拆分应根据案件的实际情况具体处理。可视情分成团伙首要分子、积极参加者以及其他参加者，也可按团队或者小组垂直关系等进行拆分。对可能判处无期徒刑的首要分子及同案审理有利于查明案件事实的积极参加者，需要移送地市级人民检察院审查起诉及中级人民法院审理的，一般应对主案人数有所限制。对涉嫌妨害信用卡管理罪、掩饰、隐瞒犯罪所得罪等轻罪名的其他犯罪嫌疑人、被告人，可不跟随主案移送。

（三）电信网络诈骗的关联犯罪

1.《最高人民法院、最高人民检察院、公安部关于办理电信网络诈骗等刑事案件适用法律若干问题的意见》（法发〔2016〕32号，2016年12月19日发布）

三、全面惩处关联犯罪

（一）在实施电信网络诈骗活动中，非法使用“伪基站”“黑广播”，干扰无线电通讯秩序，符合刑法第二百八十八条规定的，以扰乱无线电通讯管理秩序罪追究刑事责任。同时构成诈骗罪的，依照处罚较重的规定定罪处罚。

（二）违反国家有关规定，向他人出售或者提供公民个人信息，窃取或者以其他方法非法获取公民个人信息，符合刑法第二百五十三条之一规定的，以侵犯公民个人信息罪追究刑事责任。

使用非法获取的公民个人信息，实施电信网络诈骗犯罪行为，构成数罪的，应当依法予以并罚。

（三）冒充国家机关工作人员实施电信网络诈骗犯罪，同时构成诈骗罪和招摇撞骗罪的，依照处罚较重的规定定罪处罚。

（四）非法持有他人信用卡，没有证据证明从事电信网络诈骗犯罪活动，符合刑法第一百七十七条之一第一款第（二）项规定的，以妨害信用卡管理罪追究刑事责任。

（五）明知是电信网络诈骗犯罪所得及其产生的收益，以下列方式之一予以转账、套现、取现的，依照刑法第三百一十二条第一款的规定，以掩饰、隐瞒犯罪所得、犯罪所得收益罪追究刑事责任。但有证据证明确实不知道的除外：

1. 通过使用销售点终端机具（POS 机）刷卡套现等非法途径，协助转换或者转移财物的；

2. 帮助他人将巨额现金散存于多个银行账户，或在不同银行账户之间频繁划转的；

3. 多次使用或者使用多个非本人身份证明开设的信用卡、资金支付结算账户或者多次采用遮蔽摄像头、伪装等异常手段，帮助他人转账、套现、取现的；

4. 为他人提供非本人身份证明开设的信用卡、资金支付结算账户后，又帮助他人转账、套现、取现的；

5. 以明显异于市场的价格，通过手机充值、交易游戏点卡等方式套现的。

实施上述行为，事前通谋的，以共同犯罪论处。

实施上述行为，电信网络诈骗犯罪嫌疑人尚未到案或案件尚未依法裁判，但现有证据足以证明该犯罪行为确实存在的，不影响掩饰、隐瞒犯罪所得、犯罪所得收益罪的认定。

实施上述行为，同时构成其他犯罪的，依照处罚较重的规定定罪处罚。法律和司法解释另有规定的除外。

（六）网络服务提供者不履行法律、行政法规规定的信息网络安全管理义务，经监管部门责令采取改正措施而拒不改正，致使诈骗信息大量传播，或者用户信息泄露造成严重后果的，依照刑法第二百八十六条之一的规定，以拒不履行信息网络安全管理义务罪追究刑事责任。同时构成诈骗罪的，依照处罚较重的规定定罪处罚。

（七）实施刑法第二百八十七条之一、第二百八十七条之二规定之行为，构成非法利用信息网络罪、帮助信息网络犯罪活动罪，同时构成诈骗罪的，依照处罚较重的规定定罪处罚。

（八）金融机构、网络服务提供者、电信业务经营者等在经营活动中，违反国家有关规定，被电信网络诈骗犯罪分子利用，使他人遭受财产损失的，依法承担相应责任。构成犯罪的，依法追究刑事责任。

2.《关于办理电信网络诈骗等刑事案件适用法律若干问题的意见》解读①

1. 严厉打击上下游关联犯罪。《最高人民法院、最高人民检察院、公安部关于办理电信网络诈骗等刑事案件适用法律若干问题的意见》第3条第1、3项的规定属于注意规定，对司法人员办案起提示作用。另有一类情况有所不同，《最高人民法院、最高人民检察院、公安部关于办理电信网络诈骗等刑事案件适用法律若干问题的意见》第3条第2项中规定："使用非法获取的公民个人信息，实施电信网络诈骗犯罪行为，构成数罪的，应当依法予以并罚。"这主要是考虑非法获取公民个人信息后利用该信息进行电信网络诈骗，实际上实施了非法获取公民个人信息和电信网络诈骗两个犯罪行为，但并非类型化的手段行为与目的行为之间的牵连关系，不属于牵连犯，应当数罪并罚。

2. 准确认定帮助行为的性质。电信网络诈骗离不开资金流、信息流和其他帮助，不仅要依靠他人提供"木马"程序、"钓鱼软件"作为诈骗工具，也要获得"伪基站"设备和相关发送短信服务，离不开他人提供银行卡、支付宝账号转移诈骗资金，还要依赖金融机构、网络服务提供者、电信业务经营者提供的银行卡、第三方支付平台、电话短信、即时通讯等服务。缺少上述任何一个环节，电信网络诈骗犯罪都无法顺利完成，因此必须加大对电信网络诈骗帮助行为的打击。对此，司法实践中存在3种定罪思路，在《最高人民法院、最高人民检察院、公安部关于办理电信网络诈骗等刑事案件适用法律若干问题的意见》中均有体现。

一是以诈骗罪的帮助犯论处。以往司法解释对于帮助行为或者说资助行为主要采用以共犯（帮助犯）打击的方法。以共犯论处解决了大部分帮助行为的定罪问题，但也有其明显的局限性。按照传统刑法理论共犯从属性说，共犯的处断应当以正犯的成立和处罚为基础，如果正犯不构成犯罪或者正犯在逃导致无法认定刑事责任，将导致共犯追究的不可能。此外，有的帮助行为的危害性已经不亚于正犯，如果按照共犯处断可能需要适用从犯的规定予以从轻、减轻处罚，不利于对犯罪的严厉打击。因此，《最高人民法院、最高人民检察院、公安部关于办理电信网络诈骗等刑事案件适用法律若干问题的意见》也采取了其他的定罪思路，包括以正犯定罪处罚和认定其他罪名两种途径。

---

① 黄河、张庆彬、刘涛：《破解打击电信网络诈骗犯罪的五大难题——〈关于办理电信网络诈骗等刑事案件适用法律若干问题的意见〉解读》，载《人民检察》2017年第11期。

二是以诈骗罪正犯定罪处罚。《最高人民法院、最高人民检察院、公安部关于办理电信网络诈骗等刑事案件适用法律若干问题的意见》第3条第6项规定，网络服务提供者构成拒不履行信息网络安全管理义务罪，“同时构成诈骗罪的，依照处罚较重的规定定罪处罚”。也就是按照想象竞合的处断原则择一重罪处断，但此时应当认定的是诈骗罪不作为的实行犯，而并非诈骗罪不作为的帮助犯，因为：其一，诈骗罪不作为的帮助犯与诈骗罪不作为的正犯二者并不必然冲突，可以同时构成，并存在竞合关系；其二，认定诈骗罪帮助犯要依法适用从犯从轻、减轻处罚的规定，而按照不作为的正犯处罚更重，与其社会危害性相匹配。

三是以其他罪名定罪处罚。与普通的帮助行为相比，网络服务提供者基于其特殊的市场地位和技术能力，提供金融服务、网络支撑、通信支持，对电信网络诈骗犯罪具有不可或缺的作用。《最高人民法院、最高人民检察院、公安部关于办理电信网络诈骗等刑事案件适用法律若干问题的意见》在第3条第6项中规定：网络服务提供者不履行法律、行政法规规定的信息网络安全管理义务，经监管部门责令采取改正措施而拒不改正，致使诈骗信息大量传播，或者用户信息泄露造成严重后果的，依法以拒不履行信息网络安全管理义务罪追究刑事责任。由于该罪名是纯正不作为犯，能避免对于网络服务提供者行为是否属于中立的帮助行为的争论，也能化解作为共犯论处时正犯不到案共犯往往难以定罪处罚的难题，对于打击电信网络诈骗犯罪中的网络服务提供行为具有明显优势。

3.《最高人民法院、最高人民检察院、公安部关于办理电信网络诈骗等刑事案件适用法律若干问题的意见（二）》（法发〔2021〕22号，2021年6月17日发布）

四、无正当理由持有他人的单位结算卡的，属于刑法第一百七十七条之一第一款第（二）项规定的“非法持有他人信用卡”。

五、非法获取、出售、提供具有信息发布、即时通讯、支付结算等功能的互联网账号密码、个人生物识别信息，符合刑法第二百五十三条之一规定的，以侵犯公民个人信息罪追究刑事责任。

对批量前述互联网账号密码、个人生物识别信息的条数，根据查获的数量直接认定，但有证据证明信息不真实或者重复的除外。

六、在网上注册办理手机卡、信用卡、银行账户、非银行支付账户时，为通过网上认证，使用他人身份证件信息并替换他人身份证件相片，属于伪造身份证件行为，符合刑法第二百八十条第三款规定的，以伪造身份证件罪追究刑事责任。

使用伪造、变造的身份证件或者盗用他人身份证件办理手机卡、信用卡、银行账户、非银行支付账户，符合刑法第二百八十条之一第一款规定的，以使用虚假身份证件、盗用身份证件罪追究刑事责任。

实施上述两款行为，同时构成其他犯罪的，依照处罚较重的规定定罪处罚。法律和司法解释另有规定的除外。

4.《浙江省高级人民法院、浙江省人民检察院、浙江省公安厅关于办理电信网络诈骗犯罪案件若干问题的解答》（浙高法〔2020〕44号，2020年4月24日发布）

三、与关联犯罪的区分

6. 问：电信网络诈骗犯罪分子经常利用“伪基站”群发短信，该行为构成诈骗罪、破坏公用电信设施罪还是扰乱无线电通讯管理秩序罪?

答：如果行为人通过“伪基站”群发的短信内容不属于诱骗他人处分财产的，一般不以诈骗罪定性。如果该行为，按照相关司法解释，造成“二千以上不满一万用户通信中断一小时以上”，或者“一万以上用户通信中断不满一小时的”，属于通讯线路“截断”，应认定为破坏公用电信设施罪；如果仅造成短暂的手机通讯停滞中断，应认定为扰乱无线电通讯管理秩序罪。

如果行为人通过“伪基站”群发的短信内容虚假，属于诱骗他人处分财产的，构成诈骗罪。如果行为人的行为构成诈骗罪，同时符合破坏公用电信设施罪或扰乱无线电通讯管理秩序罪构成要件的，择一重罪定罪处罚。

7. 问：在电信网络诈骗犯罪中，犯罪分子窃取被害人财物的行为构成诈骗罪、信用卡诈骗罪还是盗窃罪?

答：行为人利用信息网络，诱骗他人点击虚假链接而实际通过预先植入的计算机程序窃取财物构成犯罪的，以盗窃罪定罪处罚。行为人虚构可供交易的商品或者服务，欺骗他人点击付款链接而骗取财物构成犯罪的，以诈骗罪定罪处罚。

行为人窃取或骗取他人信用卡资料后通过互联网、通讯终端等使用的，应按照前述电信网络诈骗的“特征”有关规定，严格认定是否属于电信网络诈骗犯罪。

信用卡诈骗的本质在于非持卡人以持卡人名义使用持卡人的信用卡实施诈骗财物的行为。如果行为人使用木马程序病毒等方式窃取他人信用卡密码并登陆信用卡获取他人卡内数额较大的资金，可认定其行为构成盗窃罪。如果行为人未使用木马程序病毒等方式窃取信用卡密码，而是通过其他途径获知信用卡密码①，冒用他人信用卡窃取数额较大的资金，可认定其行为构成信用卡诈骗罪。

8. 问：我国刑法修正案（九）增加了非法利用信息网络罪，如果犯罪分子在互联网上发布诈骗信息，应当认定为非法利用信息网络罪还是诈骗罪（未遂）？

答：行为人如果在信息网络上发布信息系为犯罪活动创造条件，情节严重的，应以非法利用信息网络罪认定。如果该行为同时符合破坏公用电信设施罪或扰乱无线电通讯管理秩序罪构成要件的，择一重罪定罪处罚。行为人如果在信息网络上发布诈骗信息，且达5000条以上，未骗取财物的，可认定为诈骗罪未遂；发布的信息在5000条以下，情节严重的，可认定为非法利用信息网络罪。

（四）电信诈骗共同犯罪的认定与处理

1.《最高人民法院、最高人民检察院关于办理诈骗刑事案件具体应用法律若干问题的解释》（法释〔2011〕7号，2011年4月8日起施行）

第七条 明知他人实施诈骗犯罪，为其提供信用卡、手机卡、通讯工具、通讯传输通道、网络技术支持、费用结算等帮助的，以共同犯罪论处。

2.《最高人民法院、最高人民检察院、公安部关于办理电信网络诈骗等刑事案件适用法律若干问题的意见》（法发〔2016〕32号，2016年12月19日发布）

四、准确认定共同犯罪与主观故意

（一）三人以上为实施电信网络诈骗犯罪而组成的较为固定的犯罪组织，应依法认定为诈骗犯罪集团。对组织、领导犯罪集团的首要分子，按照集团所犯的全部罪行处罚。对犯罪集团中组织、指挥、策划者和骨干分子依法从严惩处。

对犯罪集团中起次要、辅助作用的从犯，特别是在规定期限内投案自首、积极协助抓获主犯、积极协助追赃的，依法从轻或减轻处罚。

对犯罪集团首要分子以外的主犯，应当按照其所参与的或者组织、指挥的全部犯罪处罚。全部犯罪包括能够查明具体诈骗数额的事实和能够查明发送诈骗信息条数、拨打诈骗电话人次数、诈骗信息网页浏览次数的事实。

---

① 笔者认为，此处规定的是信用卡密码，对于非法获取第三方支付平台账号、密码，非法获取其中已经绑定的银行卡内资金的行为，因为后续的取财过程，并无银行等金融机构的介入，其行为手段、侵害行为与获取余额无异，不属于“冒用他人信用卡”行为，不符合信用卡诈骗罪的构成要件。

（二）多人共同实施电信网络诈骗，犯罪嫌疑人、被告人应对其参与期间该诈骗团伙实施的全部诈骗行为承担责任。在其所参与的犯罪环节中起主要作用的，可以认定为主犯；起次要作用的，可以认定为从犯。

上述规定的“参与期间”，从犯罪嫌疑人、被告人着手实施诈骗行为开始起算。

（三）明知他人实施电信网络诈骗犯罪，具有下列情形之一的，以共同犯罪论处，但法律和司法解释另有规定的除外：

1. 提供信用卡、资金支付结算账户、手机卡、通讯工具的；

2. 非法获取、出售、提供公民个人信息的；

3. 制作、销售、提供“木马”程序和“钓鱼软件”等恶意程序的；

4. 提供“伪基站”设备或相关服务的；

5. 提供互联网接入、服务器托管、网络存储、通讯传输等技术支持，或者提供支付结算等帮助的；

6. 在提供改号软件、通话线路等技术服务时，发现主叫号码被修改为国内党政机关、司法机关、公共服务部门号码，或者境外用户改为境内号码，仍提供服务的；

7. 提供资金、场所、交通、生活保障等帮助的；

8. 帮助转移诈骗犯罪所得及其产生的收益，套现、取现的。

上述规定的“明知他人实施电信网络诈骗犯罪”，应当结合被告人的认知能力，既往经历，行为次数和手段，与他人关系，获利情况，是否曾因电信网络诈骗受过处罚，是否故意规避调查等主客观因素进行综合分析认定。

（四）负责招募他人实施电信网络诈骗犯罪活动，或者制作、提供诈骗方案、术语清单、语音包、信息等的，以诈骗共同犯罪论处。

（五）部分犯罪嫌疑人在逃，但不影响对已到案共同犯罪嫌疑人、被告人的犯罪事实认定的，可以依法先行追究已到案共同犯罪嫌疑人、被告人的刑事责任。

3. 电信网络诈骗犯罪主从犯的认定[①]

电信网络诈骗犯罪大多属于团伙作案，甚至有些属于组织结构严密的犯罪集

---

① 参见薛美琴：《电信网络诈骗犯罪司法适用疑难问题研究》，载《人民司法》（案例）2017 年第 14 期。

团，因此认定主从犯时不能拘泥于从事实行行为的人就是主犯、从事帮助行为的人就是从犯的简单思维。要结合行为人在犯罪团伙或者犯罪集团中的地位、与组织者指挥者的关系、参与时间及程度、分赃情况等因素综合认定。

第一，关于接线员。接线员属于具体实施拨打电话、发送短信等行为，直接与被害人联系并诱导被害人受骗的人。因为接线员人数众多，在认定地位作用时，要区分各自不同的工作以及所从事的工作在整个诈骗行为中的深入程度、作用等情况，区别对待。此外，分赃情况也仅仅是一个参考，在很多诈骗团伙中，除组织、指挥者和关键的技术人员外，其他人员的分赃情况基本相同。

第二，负责招募或者培训的人员。《最高人民法院、最高人民检察院、公安部关于办理电信网络诈骗等刑事案件适用法律若干问题的意见》规定，负责招募他人实施电信网络诈骗犯罪活动的，以诈骗共同犯罪论处，且一般情况下应认定为主犯。

第三，提供诈骗方案等“剧本”的人。《最高人民法院、最高人民检察院、公安部关于办理电信网络诈骗等刑事案件适用法律若干问题的意见》明确规定：“制作、提供诈骗方案、术语清单、语音包、信息等的，以诈骗共同犯罪论处。”同样，通常情况下也应认定为主犯。

关于从犯的刑事责任范围。电信网络诈骗犯罪团伙成员间依据分工配合最终实现诈骗目的，各行为人对于诈骗结果的实现都产生实际影响，因此《最高人民法院、最高人民检察院、公安部关于办理电信网络诈骗等刑事案件适用法律若干问题的意见》规定，多人共同实施电信网络诈骗，犯罪嫌疑人、被告人应对其参与期间该诈骗团伙实施的全部诈骗行为承担责任。也就是说，无论主犯、从犯，均要对其参与期间该诈骗团伙的全部行为承担责任，不需要针对具体被告人计算各自拨打电话、发送短信数或者诈骗被害人人数及诈骗金额。这一规定既是电信诈骗犯罪特殊性的体现，也符合共同犯罪理论，同时在证据证明上具有可能性和现实性。

关于帮助取款人的罪名认定。区分诈骗罪的共犯和掩饰、隐瞒犯罪所得罪的关键在于认定帮助取款人与诈骗团伙之间是否事前有通谋。最高人民法院于2016年3月4日发布的9起电信诈骗典型案例中，有一起是福建省厦门市上官永贵等人帮助诈骗团伙转取赃款诈骗案，上官永贵经与诈骗团伙联系后，雇用上官福水等人为诈骗团伙提取、转账诈骗款项890余万元，即为打击诈骗团伙转取赃款人员的典型案件。厦门中院判决认定上官永贵等人构成诈骗罪的共犯。该案是在诈骗团伙成员均未到案的情况下，依照共犯理论先行追究已到案的帮助取款人刑事责任的典型案例。对于如何认定事前通谋，在实践中可以结合帮助取款人与诈骗团伙发生关联的时间点及持续时间、帮助取款人参与程度等综合考察。

4.《浙江省高级人民法院、浙江省人民检察院、浙江省公安厅关于办理电信网络诈骗犯罪案件若干问题的解答》（浙高法〔2020〕44 号，2020 年 4 月 24 日发布）

四、关于主观故意的认定

9. 问：司法实践中，如何判断和认定电信网络诈骗实行犯主观的“明知”？

答：应按照主客观相统一原则进行认定，根据犯罪嫌疑人、被告人实施犯罪事前、事中、事后的各种客观表现，结合犯罪嫌疑人和被告人的供述及辩解，证人证言，诈骗脚本、诈骗信息内容、账册、分赃记录及手机短信、微信、QQ、skype 等通讯工具聊天记录等，进行审查判断。

10. 问：对于提供帮助的犯罪分子，一般如何审查其主观是否具有“明知”？

答：应重点审查其与实施电信网络诈骗的犯罪嫌疑人之间是否存在共谋，或者虽无共谋但是否系明知他人实施犯罪等内容。对于帮助者明知的内容和程度，一般只要有证据能够印证其认识到对方可能实施诈骗犯罪行为即可，并不要求其认识到对方实施犯罪的具体情况。除前一款提到的证据外，还要综合考虑其认知能力、既往经历、行为次数和手段、与实行犯的关系、获利情况、是否曾因电信网络诈骗受过处罚以及是否故意规避调查等情况。

11. 问：《最高人民法院、最高人民检察院、公安部关于办理电信网络诈骗等刑事案件适用法律若干问题的意见》中规定，帮助电信网络诈骗犯罪分子转账、套现、取现的，如果事前通谋的，应以共同犯罪论处。司法实务中如何认定“事先通谋”？

答：取款人与电信网络诈骗犯罪团伙之间形成较长时间稳定的“销售”配合模式，可以认定为“事先通谋”。当取款行为与诈骗实行行为呈现交替重叠、循环往复的状态时，即应认定其具备了“对他人实施电信网络诈骗的明知”。

（五）诈骗犯罪中“非法占有目的”的认定

1.［刑事审判参考案例第 1065 号：王某某诈骗案］

“以非法占有为目的”不仅是诈骗罪的构成要素之一，更是区分诈骗罪与民事纠纷（欺诈）的根本界限。

区分诈骗罪与民事纠纷（欺诈），应当综合考量以下 3 个方面：（1）行为人事前有无归还能力，如行为人的资产负债情况等；（2）行为人事中有无积极归还或者消极不归还行为或者表现，如行为人编造事实或者隐瞒真相拖延归还被害人的财产等；（3）行为人事后处分财物及对他人财产损失的态度，如行为人是否通过实施诈骗行为排除被害人对其财产的控制并将其财产转归行为人或第三人名下，是否将被害人的财物用于双方约定的用途，抑或消费、还债等个人用途，是否具有转移财产、隐匿财产、拒不交代财物的真实去向等欲使被害人财物无法收回的行为等。司法实践中，非法占有目的的认定应在综合考量上述事实的基础上推定而得。需注意的是，行为人仅具有上述一种情形，如将被害人的财物用于个人还债等个人用途，并不意味着其一定具有非法占有目的，只有结合其他事实，如该还债行为导致其最终不能归还财物给被害人等，才可认定行为人具有非法占有的目的。

假借国家公权力类诈骗案件中"财产取得"的认定。被害人基于错误认识处分财产的行为与行为人或第三者取得财产的结果同时发生，两者之间不仅具有时间上的先后性，而且具有逻辑上的相斥性——处分意味着未取得，取得意味着已处分。一般认为，根据处分对象的不同，取得财产的判断标准亦有所区别：就财物而言，取得财产的最低限度是取得财物的占有，占有的取得当然不具有法律的效力，只是一种事实上的支配、控制；就财产性利益而言，取得财产意味着行为人或第三者获得（或享用）了财产性利益，存款债权便属于后者。

假借国家公权力强制执行类诈骗案件中"既遂"的认定。在有第三者介入的情况下，取得财产与财产损害便不具有同质性。换言之，此时被害人的财产损害并不必然意味着行为人或第三者取得财产，也不能简单地以行为人或第三者是否取得财产来判断被害人是否遭受财产损害。第三者根据角色的不同可以分为两类：一是与被害人或行为人具有利害关系的第三者，如受被害人或行为人支配的第三者；二是独立的第三者，如人民法院等。第一种情形中，涉案财产虽然受被害人和行为人之外的第三者掌控，但鉴于该第三者系受被害人或行为人所支配，故财产实际上仍处于被害人或行为人控制之下，被害人财产的损害与行为人财产的取得与传统诈骗并无实质差异。第二种情形中，因为独立的第三者介入，涉案财产可能脱离被害人和行为人的占有，处于暂时"悬空"的状态，如人民法院基于公权力将涉案财物予以扣押、冻结时，财产已经超出被害人和行为人的占有范畴，在名义上的占有人和私法上的实际占有人之间，又加入了公法上的占有人，且后者权力明显强于前两者权利。此时，作为实际占有人的被害人丧失了对财物的占有，但是失去占有并不意味着损害的发生，也不意味着犯罪的既遂。如果人民法院已将相应款项划拨，不论是发放给申请执行人，抑或做其他处理，被害人财产损害均已实际发生，行为人的行为即构成诈骗罪的既遂。

2. ［刑事审判参考案例第 169 号：俞某某合同诈骗案］

构成诈骗犯罪，要求行为人主观上必须具有非法占有的目的。最高人民法院 2001 年 1 月 21 日印发的《全国法院审理金融犯罪案件工作座谈会纪要》，明确了可以认定为具有非法占有目的的 7 种情形，即“（1）明知没有归还能力而大量骗取资金的；（2）非法获取资金后逃跑的；（3）肆意挥霍骗取的资金的；（4）使用骗取的资金进行违法犯罪活动的；（5）抽逃、转移资金、隐匿财产，以逃避返还资金的；（6）隐匿、销毁账目，或者搞假破产、假倒闭，以逃避返还资金的；（7）其他非法占有资金、拒不返还的行为”。司法实践中，如果行为人通过诈骗的方法非法获取资金，造成数额较大的资金不能归还，同时具有上述情形之一，应认定行为人主观上具有非法占有的目的，其行为属于诈骗性质。

3. ［刑事审判参考案例第 271 号：黄某某合同诈骗案］

诈骗罪中“非法占有目的”的具体认定，一般有直接主观认定和间接客观推定两种方式，而客观推定可参照《最高人民法院关于审理诈骗案件具体应用法律的若干问题的解释》（已废止）第 2 条规定的 6 种情形认定为具有非法占有目的：（1）明知没有履行合同的能力或者有效的担保，采取欺骗手段与他人签订合同；（2）合同签订后携带对方当事人交付的货物、货款、预付款或者定金、保证金等担保合同履行的财产逃跑的；（3）挥霍上述的财产，致使上述款物无法返还的；（4）使用上述财产进行违法犯罪活动，致使上述款物无法返还的；（5）隐匿上述财产，拒不返还的；（6）以部分履行合同为诱饵，骗取全部货物后，无正当理由拒不支付其余货款的。

（六）电信网络诈骗的证据收集与犯罪事实认定

1. 《最高人民法院、最高人民检察院、公安部关于办理电信网络诈骗等刑事案件适用法律若干问题的意见》（法发〔2016〕32 号，2016 年 12 月 19 日发布）

六、证据的收集和审查判断

（一）办理电信网络诈骗案件，确因被害人人数众多等客观条件的限制，无法逐一收集被害人陈述的，可以结合已收集的被害人陈述，以及经查证属实的银行账户交易记录、第三方支付结算账户交易记录、通话记录、电子数据等证据，综合认定被害人人数及诈骗资金数额等犯罪事实。

（二）公安机关采取技术侦查措施收集的案件证明材料，作为证据使用的，应当随案移送批准采取技术侦查措施的法律文书和所收集的证据材料，并对其来源等作出书面说明。

（三）依照国际条约、刑事司法协助、互助协议或平等互助原则，请求证据材料所在地司法机关收集，或通过国际警务合作机制、国际刑警组织启动合作取证程序收集的境外证据材料，经查证属实，可以作为定案的依据。公安机关应对其来源、提取人、提取时间或者提供人、提供时间以及保管移交的过程等作出说明。

对其他来自境外的证据材料，应当对其来源、提供人、提供时间以及提取人、提取时间进行审查。能够证明案件事实且符合刑事诉讼法规定的，可以作为证据使用。

2.《浙江省高级人民法院、浙江省人民检察院、浙江省公安厅关于办理电信网络诈骗犯罪案件若干问题的解答》（浙高法〔2020〕44号，2020年4月24日发布）

五、关于证据收集与犯罪事实认定

12. 问：电信网络诈骗犯罪往往涉案人数众多，涉及面广，证据收集难度大，司法实务中如何更好地固定和收集证据?

答：对于电信网络诈骗犯罪团伙使用的电脑、手机等工具，公安机关应及时扣押并进行数据分析，固定相关证据。对于被害人人数众多的电信网络诈骗案件，可采取远程取证等方式取证。确因客观条件的限制，无法逐一收集被害人陈述的，可以结合已收集的被害人陈述，银行账户交易记录，第三方支付结算账户交易记录等客观性证据，在审查犯罪嫌疑人、被告人及其辩护人所提的辩解辩护意见的基础上，综合认定被害人人数及诈骗数额等犯罪事实。确因客观原因无法联系上被害人，或被害人拒绝作证的，应当记录在案。

13. 问：对于被害人人数特别多的案件，如何有效地进行取证？是否可以采用抽样取证的方法?

答：如被害人人数在一百人以上，可对被害人陈述采取抽样取证的方法。公安机关应该重点选取被骗资金量大、空间距离相对较近、被害对象特殊、涉案方法有代表性的被害人作为证据样本，并对抽样情况进行详细论证和说明。人民检察院、人民法院审查认为抽样情况不具有科学性、代表性或全面性的，可以要求公安机关进行补充取证，涉及案件定罪量刑的，公安机关应当补充取证。取证的证据应符合“事实清楚，证据确实、充分，已排除合理怀疑”的证明标准。

（七）电信网络诈骗的犯罪数额认定

1.《最高人民法院、最高人民检察院、公安部关于办理电信网络诈骗等刑事案件适用法律若干问题的意见》（法发〔2016〕32号，2016年12月19日发布）

四、准确认定共同犯罪与主观故意

（一）三人以上为实施电信网络诈骗犯罪而组成的较为固定的犯罪组织，应依法认定为诈骗犯罪集团。对组织、领导犯罪集团的首要分子，按照集团所犯的全部罪行处罚。对犯罪集团中组织、指挥、策划者和骨干分子依法从严惩处。

对犯罪集团中起次要、辅助作用的从犯，特别是在规定期限内投案自首、积极协助抓获主犯、积极协助追赃的，依法从轻或减轻处罚。

对犯罪集团首要分子以外的主犯，应当按照其所参与的或者组织、指挥的全部犯罪处罚。全部犯罪包括能够查明具体诈骗数额的事实和能够查明发送诈骗信息条数、拨打诈骗电话人次数、诈骗信息网页浏览次数的事实。

（二）多人共同实施电信网络诈骗，犯罪嫌疑人、被告人应对其参与期间该诈骗团伙实施的全部诈骗行为承担责任。在其所参与的犯罪环节中起主要作用的，可以认定为主犯；起次要作用的，可以认定为从犯。

上述规定的“参与期间”，从犯罪嫌疑人、被告人着手实施诈骗行为开始起算。

六、证据的收集和审查判断

（一）办理电信网络诈骗案件，确因被害人人数众多等客观条件的限制，无法逐一收集被害人陈述的，可以结合已收集的被害人陈述，以及经查证属实的银行账户交易记录、第三方支付结算账户交易记录、通话记录、电子数据等证据，综合认定被害人人数及诈骗资金数额等犯罪事实。

（二）公安机关采取技术侦查措施收集的案件证明材料，作为证据使用的，应当随案移送批准采取技术侦查措施的法律文书和所收集的证据材料，并对其来源等作出书面说明。

（三）依照国际条约、刑事司法协助、互助协议或平等互助原则，请求证据材料所在地司法机关收集，或通过国际警务合作机制、国际刑警组织启动合作取证程序收集的境外证据材料，经查证属实，可以作为定案的依据。公安机关应对其来源、提取人、提取时间或者提供人、提供时间以及保管移交的过程等作出说明。

对其他来自境外的证据材料，应当对其来源、提供人、提供时间以及提取人、提取时间进行审查。能够证明案件事实且符合刑事诉讼法规定的，可以作为证据使用。

2. 关于办理电信网络诈骗等刑事案件适用法律若干问题的意见解读①

2. 对电信网络诈骗犯罪数额的认定。由于采取非接触式作案方式，有的被害人采用 ATM 机汇款，难以查证身份信息，或者被害人人数太多，遍布全国各地，要逐一取证存在困难，甚至有的被害人因害怕名誉受损不愿指证。总之，由于种种原因，电信网络诈骗犯罪区别于传统诈骗犯罪的一个重要特点，就是难以获得所有被害人的陈述。如果按照传统的办案标准，每一起诈骗事实都需要有被害人陈述、犯罪嫌疑人供述，以及其他主客观证据相印证才能定案，将导致电信网络诈骗犯罪办案成本过高，部分取证工作难以完成，最终放纵了犯罪分子。我们认为，这其中有两个要点：一是必须有一定数量的被害人对被害事实作出详细陈述，与犯罪嫌疑人供述的作案过程、银行转账记录、通话记录等相互印证，证实发生了电信网络诈骗犯罪的事实及被骗数额，这是推定的基础。二是必须高度重视客观证据来认定诈骗金额，包括银行账户交易记录、第三方支付结算账户交易记录、通话记录、电子数据、工资绩效支付记录等，而不能仅依靠犯罪嫌疑人供述等主观证据。

3. 关于电信网络诈骗犯罪数额的认定②

需要说明的是：第一，鉴于未对每笔诈骗金额做一一核实，故《最高人民法院、最高人民检察院、公安部关于办理电信网络诈骗等刑事案件适用法律若干问题的意见》该条款实质上采用了推定的方式来证明诈骗金额，在这种情况下应当允许被告人提供相应证据证明涉案账户内的钱款不属于诈骗所得。被告人说明相关款项合法来源的证明责任，不属于举证责任倒置。第二，《最高人民法院、最高人民检察院、公安部关于办理电信网络诈骗等刑事案件适用法律若干问题的意见》并非不要求收集被害人陈述，而是在被害人人数众多或者其他原因致使无法逐一收集并核实被害人陈述时，综合全案证据认定。也就是说，针对电信网络诈骗犯罪，仍要注意并注重收集被害人陈述，尤其要对典型诈骗事实进行

---

① 黄河、张庆彬、刘涛：《破解打击电信网络诈骗犯罪的五大难题——〈关于办理电信网络诈骗等刑事案件适用法律若干问题的意见〉解读》，载《人民检察》2017 年第 11 期。

② 参见薛美琴：《电信网络诈骗犯罪司法适用疑难问题研究》，载《人民司法》（案例）2017 年第 14 期。

核实、取证。第三，要防止仅仅依据被告人供述和实际查扣的账户金额来认定诈骗数额。这类案件中仍要结合犯罪嫌疑人、被告人参与诈骗的时间、银行交易记录、电子数据等证据，具体案件具体分析，以保证准确认定。第四，根据《最高人民法院、最高人民检察院、公安部关于办理电信网络诈骗等刑事案件适用法律若干问题的意见》第7条第2项，有证据证明该账户系用于电信网络诈骗犯罪，且被告人无法说明款项合法来源的，根据《刑法》第64条的规定，认定为违法所得，予以追缴。也就是说，认定涉案账户资金系违法所得时，只要求证明该账户是用于电信网络诈骗犯罪的，除非被告人有证据证明其中的部分款项合法。

4. 诈骗数额认定的特殊情形①

《最高人民法院、最高人民检察院、公安部关于办理电信网络诈骗等刑事案件适用法律若干问题的意见》进一步规定："二年内多次实施电信网络诈骗未经处理，诈骗数额累计计算构成犯罪的，应当依法定罪处罚。"需要注意的是，上述规定针对的是单次诈骗数额未达到入罪标准的情形；如果单次诈骗构成犯罪，对于数额累计应当适用刑法关于追诉期限的规定，而不受"二年内"的限制。

5.《浙江省高级人民法院、浙江省人民检察院、浙江省公安厅关于办理电信网络诈骗犯罪案件若干问题的解答》（浙高法〔2020〕44号，2020年4月24日发布）

六、犯罪数额的认定

14. 问：在电信网络诈骗集团或团伙中，不同层级的人员如何把握和认定犯罪数额？

答：（1）诈骗集团或团伙的首要分子，以诈骗集团或团伙所犯罪行的全部数额认定；诈骗集团或团伙其他主犯，以其参与、组织、指挥的全部犯罪数额认定。

（2）普通业务组长，以其参与期间主管的小组成员诈骗数额总额认定，量刑时参考具体犯罪时间和作用。

（3）普通业务员，原则上认定为从犯并以个人参与的诈骗数额作为量刑依据，同时参考其具体犯罪时间和收入。

（4）被认定为从犯的行政等人员，按照其参与犯罪期间的数额认定，量刑

① 参见喻海松：《网络犯罪二十讲》，法律出版社2018年版，第268－269页。

时还应考虑得赃情况。

（八）诈骗罪涉案财物的处理

1.《最高人民法院、最高人民检察院关于办理诈骗刑事案件具体应用法律若干问题的解释》（法释〔2011〕7号，2011年4月8日施行）

第九条　案发后查封、扣押、冻结在案的诈骗财物及其孳息，权属明确的，应当发还被害人；权属不明确的，可按被骗款物占查封、扣押、冻结在案的财物及其孳息总额的比例发还被害人，但已获退赔的应予扣除。

第十条　行为人已将诈骗财物用于清偿债务或者转让给他人，具有下列情形之一的，应当依法追缴：

（一）对方明知是诈骗财物而收取的；

（二）对方无偿取得诈骗财物的；

（三）对方以明显低于市场的价格取得诈骗财物的；

（四）对方取得诈骗财物系源于非法债务或者违法犯罪活动的。

他人善意取得诈骗财物的，不予追缴。

2.《最高人民法院、最高人民检察院、公安部关于办理电信网络诈骗等刑事案件适用法律若干问题的意见》（法发〔2016〕32号，2016年12月19日发布）

七、涉案财物的处理

（一）公安机关侦办电信网络诈骗案件，应当随案移送涉案赃款赃物，并附清单。人民检察院提起公诉时，应一并移交受理案件的人民法院，同时就涉案赃款赃物的处理提出意见。

（二）涉案银行账户或者涉案第三方支付账户内的款项，对权属明确的被害人的合法财产，应当及时返还。确因客观原因无法查实全部被害人，但有证据证明该账户系用于电信网络诈骗犯罪，且被告人无法说明款项合法来源的，根据刑法第六十四条的规定，应认定为违法所得，予以追缴。

（三）被告人已将诈骗财物用于清偿债务或者转让给他人，具有下列情形之一的，应当依法追缴：

1. 对方明知是诈骗财物而收取的；
2. 对方无偿取得诈骗财物的；
3. 对方以明显低于市场的价格取得诈骗财物的；
4. 对方取得诈骗财物系源于非法债务或者违法犯罪活动的。

他人善意取得诈骗财物的，不予追缴。

3. 关于办理电信网络诈骗等刑事案件适用法律若干问题的意见解读①

3. 对电信网络诈骗违法所得的认定。涉案银行账户或者涉案第三方支付账户内的款项，属于权属明确的被害人财产，应当及时返还被害人。

4. 对转移赃款赃物者主观明知的认定。对赃款赃物迅速转移是电信网络诈骗犯罪链条上的关键一环，不仅为案件侦查带来困难，而且往往导致被害人财物损失被“做实”，难以追回。《最高人民法院、最高人民检察院、公安部关于办理电信网络诈骗等刑事案件适用法律若干问题的意见》第3条第5项规定，以5种明显异常的行为方式转账、套现、取现的，一般可以认定具有主观明知，直接以掩饰、隐瞒犯罪所得、犯罪所得收益罪追究刑事责任。以“多次采用遮蔽摄像头、伪装等异常手段，帮助他人转账、套现、取现的”为例，司法实践中，这类取款人（车手）处于犯罪链条的最底层，要获取其他证据对其进行指证存在困难，但其多次采用遮蔽摄像头、伪装等异常方式，帮助他人转账等行为本身就足以说明对赃款性质有一定认知。

在适用刑事推定认定犯罪事实时，应当严格按照刑事推定的基本原理和要求，全面把握其内涵和适用条件，实现打击犯罪和保障人权的统一，即推定依赖于基础事实，推定的运用要符合经验法则和逻辑法则，且推定事实只有在缺乏有效反证时才成立。如，对于涉案账户款项是否属于电信网络诈骗犯罪所得的认定，需要有一定证据证实该账户被用于电信网络诈骗犯罪，如有一定被骗款项进出该账户的银行记录，以及被告人供述，等等，也应当允许被告人提出辩解，如果其能够说明合法来源并提供相应证据，应当及时返还被告人及其家属。

4.《最高人民法院、最高人民检察院、公安部关于办理电信网络诈骗等刑事案件适用法律若干问题的意见（二）》（法发〔2021〕22号，2021年6月17日发布）

十七、查扣的涉案账户内资金，应当优先返还被害人，如不足以全额返还的，应当按照比例返还。

① 黄河、张庆彬、刘涛：《破解打击电信网络诈骗犯罪的五大难题——〈关于办理电信网络诈骗等刑事案件适用法律若干问题的意见〉解读》，载《人民检察》2017年第11期。

5.《浙江省高级人民法院、浙江省人民检察院、浙江省公安厅关于办理电信网络诈骗犯罪案件若干问题的解答》（浙高法〔2020〕44号，2020年4月24日发布）

七、涉案财物的处置

15. 问：司法机关如何认定电信网络诈骗案件中的赃物赃款？赃物赃款应如何处置？处置时应注意哪些原则？

答：电信网络诈骗犯罪涉案财物包括犯罪分子的犯罪所得，犯罪分子用于犯罪的工具和其他具有经济价值的物品等。如果系赃物，以溯源返还为原则；如果系赃款，以统一分配为原则。涉案专门账户内无法说明合理来源的资金，应结合账户是否仅为被告人所控制和使用、涉案账户内资金流水是否发生于电信网络诈骗时间段、被告人是否有其他正当商业行为等综合认定。如确有证据证实涉案账户系被告人合法收入的，应予剔除。第三人善意取得诈骗财物的，不予追缴。

16. 问：侦查机关在查扣涉案资金时，应注意哪些事项？

答：异地进行资金冻结、划转的，公安机关、人民检察院、人民法院应积极协作配合。案件移送给有管辖权的公安机关时，应将相关款项随案移送。公安机关移交银行卡时，一般应同时说明账户信息、卡内余额等。

为查明案件事实、避免遗漏被害人、推进案款退赔，公安机关在侦查时应一并要求被害人提供返还资金申请表、本人身份证复印件、本人银行账号等必要资料信息，并结合电子数据等证据核对被害人的身份及损失金额，制作包括姓名、身份证号码、联系电话、住址、损失金额等信息的清单，附卷随案移送。对确实无法查明身份的人员，可予单列。被害人或资金来源明确的案件，人民法院以节约当事人领款成本为原则，在审查核实被害人身份后，可根据返还资金申请表、身份证复印件、银行账号等必要资料，依法予以发还。

17. 问：在电信网络诈骗共同犯罪中，主犯和从犯是否具有相同的退赔义务？一般应如何掌握？

答：主犯原则上具有共同的退赔义务。首要分子按照犯罪集团所犯罪行的全部数额进行退赃和退赔，其他主犯按其参与、组织、指挥的全部犯罪数额进行退赃和退赔。从犯一般按实际违法所得进行退赃和退赔。被告人主动退赔或其亲友代为退赔的数额超过实际违法所得的，可在量刑时予以酌情从宽处罚。

18. 问：司法机关办理电信网络诈骗案件，对未报案被害人的权益有无保护措施？

答：司法机关可根据被告人供述、银行交易明细以及相关人员电子数据等证据，认定未报案被害人的被骗事实、被骗金额和具体身份。未报案被害人可与其他已报案的被害人享有平等的返还资金的权利。

未报案或案件判决后报案，根据被告人供述、银行交易明细及相关电子数据等能够认定被害人被骗事实及被骗数额，可在案件判决后由被害人向人民法院申请分配查扣的赃款。人民法院依法审核，确认该被害人系交付被骗款项的当事人身份后，可参与分配。

人民法院判决未将未报案的被害人被骗的犯罪事实和被骗金额认定在内的，如案件尚在执行期间，报案数额不影响被告人定罪量刑的，由人民法院依法审核确认报案人是否可参与分配；如已执行终结，依法另行处理。

19. 问：如果被告人退赃数额或查扣钱款超过已查明的被害人被骗钱款总额的，如何处理？

答：该情形下，超过的数额不应冲抵被告人应缴的财产刑。人民法院可与财政等部门协调，设立单独账户接受此类资金留待本案其他被害人报案后，依据公安机关调查查明的事实向人民法院申请，参与专门账户内资金的发还。

（九）电信网络诈骗中宽严相济刑事司法政策的把握

1.《最高人民法院、最高人民检察院关于办理诈骗刑事案件具体应用法律若干问题的解释》（法释〔2011〕7号，2011年4月8日起施行）

第二条　诈骗公私财物达到本解释第一条规定的数额标准，具有下列情形之一的，可以依照刑法第二百六十六条的规定酌情从严惩处：

（一）通过发送短信、拨打电话或者利用互联网、广播电视、报刊杂志等发布虚假信息，对不特定多数人实施诈骗的；

（二）诈骗救灾、抢险、防汛、优抚、扶贫、移民、救济、医疗款物的；

（三）以赈灾募捐名义实施诈骗的；

（四）诈骗残疾人、老年人或者丧失劳动能力人的财物的；

（五）造成被害人自杀、精神失常或者其他严重后果的。

诈骗数额接近本解释第一条规定的“数额巨大”、“数额特别巨大”的标准，并具有前款规定的情形之一或者属于诈骗集团首要分子的，应当分别认定为刑法第二百六十六条规定的“其他严重情节”、“其他特别严重情节”。

第三条　诈骗公私财物虽已达到本解释第一条规定的“数额较大”的标准，但具有下列情形之一，且行为人认罪、悔罪的，可以根据刑法第三十七条、刑事诉讼法第一百四十二条的规定不起诉或者免予刑事处罚：

（一）具有法定从宽处罚情节的；

（二）一审宣判前全部退赃、退赔的；

（三）没有参与分赃或者获赃较少且不是主犯的；

（四）被害人谅解的；

（五）其他情节轻微、危害不大的。

第四条　诈骗近亲属的财物，近亲属谅解的，一般可不按犯罪处理。

诈骗近亲属的财物，确有追究刑事责任必要的，具体处理也应酌情从宽。

2.《最高人民法院、最高人民检察院、公安部关于办理电信网络诈骗等刑事案件适用法律若干问题的意见（二）》（法发〔2021〕22号，2021年6月17日发布）

十六、办理电信网络诈骗犯罪案件，应当充分贯彻宽严相济刑事政策。在侦查、审查起诉、审判过程中，应当全面收集证据、准确甄别犯罪嫌疑人、被告人在共同犯罪中的层级地位及作用大小，结合其认罪态度和悔罪表现，区别对待，宽严并用，科学量刑，确保罚当其罪。

对于电信网络诈骗犯罪集团、犯罪团伙的组织者、策划者、指挥者和骨干分子，以及利用未成年人、在校学生、老年人、残疾人实施电信网络诈骗的，依法从严惩处。

对于电信网络诈骗犯罪集团、犯罪团伙中的从犯，特别是其中参与时间相对较短、诈骗数额相对较低或者从事辅助性工作并领取少量报酬，以及初犯、偶犯、未成年人、在校学生等，应当综合考虑其在共同犯罪中的地位作用、社会危害程度、主观恶性、人身危险性、认罪悔罪表现等情节，可以依法从轻、减轻处罚。犯罪情节轻微的，可以依法不起诉或者免予刑事处罚；情节显著轻微危害不大的，不以犯罪论处。

3.《浙江省高级人民法院、浙江省人民检察院、浙江省公安厅关于办理电信网络诈骗犯罪案件若干问题的解答》（浙高法〔2020〕44号，2020年4月24日发布）

八、严格贯彻宽严相济刑事司法政策

20. 问：在我省司法实践中，如何体现对电信网络诈骗犯罪从严惩处？

答：在司法实践中，对电信网络诈骗集团或团伙中股东、团伙核心成员，以及整个团伙中起到组织、管理职责的主管人员等，应当认定为主犯，依法从严惩处，原则上不得减轻处罚，并加大财产刑的惩罚力度。对诈骗工具研发者、诈骗话术编写者、诈骗模式培训者、诈骗业务骨干应结合其在共同犯罪中的地位、作用进行认定，一般不宜认定为从犯。

21. 问：我省在依法打击电信网络诈骗犯罪中，对于一些参与时间短、参与程度不高的犯罪分子如何体现宽严相济的刑事政策中从宽的一面？

答：对于虽明知本人实施的行为是诈骗行为，但系在校学生，毕业后参加工作不久或入职时间不足两个月，没有犯罪前科的人员，应依法从宽处理。

具有上款规定的情形之一，且主动认罪悔罪，退清所得赃款或者协助公安机关抓获其他同案犯的，可由公安机关进行行政处罚，不移送人民检察院审查起诉；已经移送审查起诉的，人民检察院可作不起诉处理；已经移送审判的，人民法院可免予刑事处罚。

对于明知他人实施电信网络诈骗犯罪而提供帮助行为的人员，如领取未明显高于正常固定薪资，情节轻微的，可比照前一款规定依法从宽处理。

22. 问：对于电信网络诈骗案件中犯罪地位明显较低、作用明显较小，仅从事辅助性工作的一些人员是否可以不作犯罪论处？

答：从事辅助性工作的人员以及其他层级较低的人员，直接获利（包括工资、奖金、提成等）金额较小且能积极清退的，可不作犯罪论处；主观上不确切明知电信网络诈骗行为的从事辅助性工作的人员不作犯罪论处。

（十）诈骗罪未遂的认定

1.《最高人民法院、最高人民检察院关于办理诈骗刑事案件具体应用法律若干问题的解释》（法释〔2011〕7号，2011年4月8日起施行）

第五条　诈骗未遂，以数额巨大的财物为诈骗目标的，或者具有其他严重情节的，应当定罪处罚。

利用发送短信、拨打电话、互联网等电信技术手段对不特定多数人实施诈骗，诈骗数额难以查证，但具有下列情形之一的，应当认定为刑法第二百六十六条规定的“其他严重情节”，以诈骗罪（未遂）定罪处罚：

（一）发送诈骗信息五千条以上的；

（二）拨打诈骗电话五百人次以上的；

（三）诈骗手段恶劣、危害严重的。

实施前款规定行为，数量达到前款第（一）、（二）项规定标准十倍以上的，或者诈骗手段特别恶劣、危害特别严重的，应当认定为刑法第二百六十六条规定的“其他特别严重情节”，以诈骗罪（未遂）定罪处罚。

2.《最高人民法院、最高人民检察院关于办理诈骗刑事案件具体应用法律若干问题的解释》第5条适用的前提①

刑法关于诈骗罪的入罪标准为“数额较大”，即采取单纯的数额标准，而非数额与情形并列。申言之，诈骗罪的基本犯罪构成属于数额犯。以此为基础，对于诈骗罪加重处罚情节“其他严重情节”“其他特别严重情节”的认定（包括未遂情节的认定），也应当建立在数额犯罪的基础之上，即诈骗数额达到3000元以上，但具体数额难以查证，具有所列情节之一的，应当认定为“其他严重情节”“其他特别严重情节”，以诈骗罪（未遂）定罪处罚。相反，对于诈骗数额未达到3000元以上，甚至根本没有查实诈骗数额的，不宜直接根据发送诈骗信息的数量、拨打诈骗电话的人次等情节，直接适用诈骗罪（未遂）定罪处罚。

3.《最高人民法院、最高人民检察院、公安部关于办理电信网络诈骗等刑事案件适用法律若干问题的意见（二）》（法发〔2021〕22号，2021年6月17日发布）

三、有证据证实行为人参加境外诈骗犯罪集团或犯罪团伙，在境外针对境内居民实施电信网络诈骗犯罪行为，诈骗数额难以查证，但一年内出境赴境外诈骗犯罪窝点累计时间30日以上或多次出境赴境外诈骗犯罪窝点的，应当认定为刑法第二百六十六条规定的“其他严重情节”，以诈骗罪依法追究刑事责任。有证据证明其出境从事正当活动的除外。

4.［刑事审判参考案例第1065号：王某某诈骗案］

一般而言，诈骗案件只涉及行为人与被害人，涉案财产也只会在两者之间流转，被害人的损害意味着行为人的取得，反之亦然。但是，在有第三者介入的情况下，取得财产与财产损害便不具有同质性。第三者根据角色的不同可以分为两类：一是与被害人或行为人具有利害关系的第三者，如受被害人或行为人支配的第三者；二是独立的第三者，如人民法院等。第一种情形中，涉案财产虽然受被害人和行为人之外的第三者掌控，但鉴于该第三者系受被害人或行为人所支配，故财产实际上仍处于被害人或行为人控制之下，被害人财产的损害与行为人财产的取得与传统诈骗并无实质差异。第二种情形中，因为独立的第三者介入，涉案财产可能脱离被害人和行为人的占有，处于暂时“悬空”的状态，如人民法院

---

① 参见喻海松：《网络犯罪二十讲》，法律出版社2018年版，第268－269页。

基于公权力将涉案财物予以扣押、冻结，财产已经超出被害人和行为人的占有范畴，在名义上的占有人和私法上的实际占有人之间，又加入了公法上的占有人，且后者权力明显强于前两者权力。此时，作为实际占有人的被害人丧失了对财物的占有，但是失去占有并不意味着损害的发生，也不意味着犯罪的既遂。被害人得知款项被冻结后立即报案，相关法院并未将已冻结的款项发放给申请执行人，也未进行其他处理，因此，被告人的诈骗行为处于未完成状态，属于因案发等意志以外的因素未完成，系未遂。

5. 关于电信网络诈骗犯罪既未遂的认定标准①

电信网络诈骗本质上是财产犯罪。关于诈骗罪的既遂标准有失控说、控制说、失控＋控制说、控制＋犯罪数额较大说等，实践中通常采用控制说。

《最高人民法院、最高人民检察院、公安部关于办理电信网络诈骗等刑事案件适用法律若干问题的意见》第2条第4项规定，实施电信网络诈骗犯罪，犯罪嫌疑人、被告人实际骗得财物的，以诈骗罪（既遂）定罪处罚。实际骗得财物，是指被骗款项实际转入犯罪嫌疑人、被告人控制的账户内。因此当被害人转出后立即发现并通知银行冻结，银行基于报案或者其他指令立即止付，或者基于其他原因资金未实际转入诈骗账户时，应认定为诈骗罪未遂。

2016年9月23日发布的《最高人民法院、最高人民检察院、公安部、工业和信息化部、中国人民银行、中国银行业监督管理委员会关于防范和打击电信网络诈骗犯罪的通告》规定，自2016年12月1日起，个人通过银行自助柜员机向非同名账户转账的，资金24小时后到账。我们认为，犯罪嫌疑人被抓获时该款项尚未到账且之后资金也不会存入该诈骗账户的话，就可以认定该笔资金属于犯罪未遂。当然，如果犯罪嫌疑人被抓获时该款项尚未到账，由于该笔款项未及时止付而最终还是转入犯罪嫌疑人账户的，即使犯罪嫌疑人已无法实际控制该笔款项，也应认定为既遂。

《最高人民法院、最高人民检察院关于办理诈骗刑事案件具体应用法律若干问题的解释》第5条规定对诈骗数额难以查证的电信诈骗案件，可以根据发送短信、拨打电话的数量以及诈骗手段及危害等，以诈骗罪未遂论处。《最高人民法院、最高人民检察院、公安部关于办理电信网络诈骗等刑事案件适用法律若干问

---

① 参见薛美琴：《电信网络诈骗犯罪司法适用疑难问题研究》，载《人民司法》（案例）2017年第14期。

题的意见》重申了上述规定，并针对在互联网上发布诈骗信息的实际情况提出了相应的数额标准。上述规定实际上确立了数额+情节的入罪标准。

关于发送短信、拨打电话的计算。为了便于实践操作，《最高人民法院、最高人民检察院、公安部关于办理电信网络诈骗等刑事案件适用法律若干问题的意见》规定，反复拨打、接听同一电话号码，以及反复向同一被害人发送诈骗信息的，拨打、接听电话次数、发送信息条数累计计算。这样规定有其实质合理性。行为人通过对同一被害人多次反复行骗才最终导致被害人受骗，因此每一次通话或者短信对犯罪进程而言都是不可或缺的，且不具有可替代性或者重复性。同时，认定发送短信、拨打短话等的数量时，也要求证据确实、充分，一般情况下需要查明通话记录及相关电子数据等。当诈骗电话、短信数等都难以收集和统计时，《最高人民法院、最高人民检察院、公安部关于办理电信网络诈骗等刑事案件适用法律若干问题的意见》根据实践中的具体情况，规定了“可以根据经查证属实的日拨打人次数、日发送信息条数，结合犯罪嫌疑人、被告人实施犯罪的时间、犯罪嫌疑人、被告人的供述等相关证据，综合予以认定”。

如果上述事实仍无法查清，现有证据足以证明诈骗手段恶劣、危害严重或者诈骗手段特别恶劣、危害特别严重的，可以适用《最高人民法院、最高人民检察院关于办理诈骗刑事案件具体应用法律若干问题的解释》第5条规定，以诈骗罪未遂论处。“手段恶劣”“危害严重”，可以根据作案手段、诈骗对象、被害人身份、犯罪后果、诈骗团伙持续时间、是否境外等因素，结合具体案件情况，综合判断。

（十一）电信网络诈骗犯罪中拨打电话、发送信息次数的认定

1.《最高人民法院、最高人民检察院、公安部关于办理电信网络诈骗等刑事案件适用法律若干问题的意见》（法发〔2016〕32号，2016年12月19日发布）

二、依法严惩电信网络诈骗犯罪

（四）实施电信网络诈骗犯罪，犯罪嫌疑人、被告人实际骗得财物的，以诈骗罪（既遂）定罪处罚。诈骗数额难以查证，但具有下列情形之一的，应当认定为刑法第二百六十六条规定的“其他严重情节”，以诈骗罪（未遂）定罪处罚：

1. 发送诈骗信息五千条以上的，或者拨打诈骗电话五百人次以上的；

2. 在互联网上发布诈骗信息，页面浏览量累计五千次以上的。

具有上述情形，数量达到相应标准十倍以上的，应当认定为刑法第二百六十

六条规定的"其他特别严重情节"，以诈骗罪（未遂）定罪处罚。

上述"拨打诈骗电话"，包括拨出诈骗电话和接听被害人回拨电话。反复拨打、接听同一电话号码，以及反复向同一被害人发送诈骗信息的，拨打、接听电话次数、发送信息条数累计计算。

因犯罪嫌疑人、被告人故意隐匿、毁灭证据等原因，致拨打电话次数、发送信息条数的证据难以收集的，可以根据经查证属实的日拨打人次数、日发送信息条数，结合犯罪嫌疑人、被告人实施犯罪的时间、犯罪嫌疑人、被告人的供述等相关证据，综合予以认定。

2. 关于办理电信网络诈骗等刑事案件适用法律若干问题的意见解读①

1. 对拨打电话次数、发送短信条数的认定。在犯罪未遂的情况下，拨打电话次数和发送短信条数是认定犯罪嫌疑人是否构成犯罪、罪轻罪重的重要考量因素。实践中，因部分犯罪嫌疑人故意隐匿、毁灭拨打电话的手机、电脑等客观证据，致使拨打电话次数、发送短信条数难以查证。对此，《最高人民法院、最高人民检察院、公安部关于办理电信网络诈骗等刑事案件适用法律若干问题的意见》第2条第4项明确规定："可以根据经查证属实的日拨打人次数、日发送信息条数，结合犯罪嫌疑人、被告人实施犯罪的时间、犯罪嫌疑人、被告人的供述等相关证据，综合予以认定。"我们认为，在适用上述规定时应当注意以下3点：一是拨打电话次数、发送短信条数证据难以收集的原因是犯罪嫌疑人、被告人故意隐匿、毁灭证据等，而不能是侦查机关怠于侦查取证。有的犯罪嫌疑人采用先进犯罪技术，导致伪基站发送诈骗短信、拨打诈骗电话后数据即刻清零，也属于上述规定的适用推定的前提条件。二是推定的基础是已经查证属实的日拨打人次数、日发送信息数，不能凭主观臆断。三是必须结合犯罪嫌疑人、被告人实施犯罪的时间、供述等情况予以综合认定，确定合理的数值。

（十二）冒充国家机关工作人员进行诈骗行为的定性

1. 《最高人民法院、最高人民检察院关于办理诈骗刑事案件具体应用法律若干问题的解释》（法释〔2011〕7号，2011年4月8日起施行）

第八条　冒充国家机关工作人员进行诈骗，同时构成诈骗罪和招摇撞骗罪的，依照处罚较重的规定定罪处罚。

---

① 黄河、张庆彬、刘涛：《破解打击电信网络诈骗犯罪的五大难题——〈关于办理电信网络诈骗等刑事案件适用法律若干问题的意见〉解读》，载《人民检察》2017年第11期。

2.《最高人民法院关于审理抢劫、抢夺刑事案件适用法律若干问题的意见》(法发〔2005〕8号，2005年6月8日印发)

行为人冒充正在执行公务的人民警察“抓赌”、“抓嫖”，没收赌资或者罚款的行为，构成犯罪的，以招摇撞骗罪从重处罚；在实施上述行为中使用暴力或者暴力威胁的，以抢劫罪定罪处罚。行为人冒充治安联防队员“抓赌”、“抓嫖”、没收赌资或者罚款的行为，构成犯罪的，以敲诈勒索罪定罪处罚；在实施上述行为中使用暴力或者暴力威胁的，以抢劫罪定罪处罚。

3. [刑事审判参考案例第264号：梁某某招摇撞骗案]

行为人冒充国家工作人员进行招摇撞骗，同时符合招摇撞骗罪和诈骗罪的犯罪构成要件时，一般应以特别法优于普通法的原则，宜以招摇撞骗罪追究行为人刑事责任，只有在行为人冒充国家工作人员骗取数额巨大的财物的情况下，方宜以诈骗罪追究其刑事责任。

4. [刑事审判参考案例第162号：李某某招摇撞骗、诈骗案]

冒充国家机关工作人员以骗取他人信任，非法占有他人数额较大的财物的行为，既符合诈骗罪的犯罪构成，又符合招摇撞骗罪的犯罪构成，这种情况属于法条竞合，适用重法条优于轻法条的原则。总体来说，是只能适用其中一个法条定罪量刑，而排斥其他法条的重复适用，实行数罪并罚。比较《刑法》第266条和第279条所规定的两个罪的犯罪构成，不难看出：在犯罪手段上，诈骗罪可以采取任何一种虚构事实或者隐瞒真相的方法，当然可以涵盖招摇撞骗罪中“冒充国家机关工作人员”这一特殊手段。而在犯罪目的上，招摇撞骗罪的目的可以是骗取多种类型的非法利益，法条中对行为人所骗取的非法利益类型并无明确、特别的限制，因此，自然也可以包含诈骗罪中“骗取公私财物目的”在内。当行为人以冒充国家机关工作人员身份的手段，骗得他人信任，非法占有他人数额较大以上财物时，就会出现既符合诈骗罪的犯罪构成，又符合招摇撞骗罪的犯罪构成的情况，这就是刑法理论上所讲的法条竞合。

(十三) 利用异地刷卡消费反馈时差，要求银行工作人员将已消费款项存入另一借记卡再取出的行为认定

[刑事审判参考案例第650号：张某某等诈骗案]

理论上通常认为，诈骗罪的基本模式是行为人以非法占有为目的，采取虚构事实或者隐瞒真相的方法实施欺诈行为，使对方产生认识错误，对方基于该认识错误交付财物，进而造成损失。据此，判断一行为是否构成诈骗罪，客观上要看

行为人是否实施了欺诈行为给被害人造成经济损失，主观上要看行为人是否具有非法占有目的。利用异地POS机刷卡消费反馈到银行电脑有一至二分钟延迟这一漏洞，故意隐瞒存入贷记卡中的资金已被消费的真相，要求银行工作人员办理冲正业务，骗取资金的行为应认定为诈骗罪。

（十四）行为人诱使他人赌博并控制赌局输赢获利行为的定性

［公报案例：四川省泸县人民检察院诉黄某、袁某某等诈骗案］

行为人出于非法占有他人财产的目的，采取虚构事实、隐瞒真相、设置圈套的方法诱使他人参加赌博，并以欺诈手段控制赌局的输赢结果，从而骗取他人财物，数额较大的，构成诈骗罪，应当依照《刑法》第266条的规定定罪处罚。

（十五）利用手机群发诈骗短信，后因逃避侦查丢弃银行卡而未取出卡内他人所汇款项的行为定性

［刑事审判参考案例第649号：詹某某等诈骗案］

行为人为逃避侦查丢弃银行卡后，已无法通过银行卡来实现对被害人财物的控制，应认定犯罪未遂。

在短信类诈骗犯罪中的既遂，不仅要求被害人基于错误认识交付财物，而且该财物应为行为人所占有。短信诈骗犯罪有别于传统诈骗犯罪，被告人利用手机群发诈骗短信，通过银行卡实现对财物的占有，行为人与被害人之间存在银行这一媒介。其模式为行为人—银行—被害人，行为人对被害人财物的非法占有必须通过控制银行卡才能实现，即被害人对财物的失控不等同于行为人立即掌控、占有该财物，银行对财物的暂时保管为行为人实际占有财物设置了必要的障碍，行为人必须持合法、有效的凭证（银行卡、存折等）才能实现对财物的非法占有。《刑法》第23条第1款规定，已经着手实行犯罪，由于犯罪分子意志以外的原因而未得逞的，是犯罪未遂。犯罪未遂理论特别关注行为人的主观心态，即犯罪未得逞是否因“意志以外的原因”。短信类诈骗犯罪的一个特点是对财物控制工具的即用即弃。行为人通过控制银行卡达到非法占有财物的目的，但银行卡同时具有易查易控的风险，此类犯罪中行为人为逃避侦查一般在占有钱款后即将卡弃用，故形式上是自行丢弃，主观上是被动放弃。认定犯罪未遂在量刑评价时更符合罪刑相适应原则。

（十六）将他人手机号码非法过户后转让获取钱财的行为定性

［刑事审判参考案例第691号：王某某、方某某诈骗案］

将不属于自己所有的手机号码以自己的名义卖给他人获取钱财的行为构成诈

骗罪。

单纯的手机号码没有价值，因而没有财物属性，不能成为盗窃罪的对象。区分侵财犯罪的本质在于侵财的手段，以秘密窃取的手段实现侵财的是盗窃，以欺骗手段实现侵财的是诈骗。由于手机号码自身没有价值，因此一般非法过户的行为不构成盗窃罪；从被害人确定的角度看，原手机号码所有者没有因此受到财产损害，真正受到财产损害的是出钱购买这些手机号码的人，而其财产受到侵害的关键在于被告人隐瞒了这些手机号码属于非法过户的事实，非法过户手机号码并转让获利的行为符合诈骗罪行为人的欺诈行为—被害人产生错误认识—被害人基于错误认识而交付（或处分）财产—被害人遭受财产损害的犯罪构成。

（十七）虚构“医院、专家、神药”，假冒病患、导医、医生、药品发放员等身份，骗取被害人财物的行为定性

［公报案例：上海市虹口区人民检察院诉陈某某、余某某等诈骗案］

出于非法占有他人财物的目的，以虚构“医院、专家、神药”，假冒病患、导医、医生、收费员、药品发放员等身份，骗取被害人财物的行为构成诈骗罪，而非非法行医罪，生产、销售假药罪或生产、销售劣药罪等。根据《刑法》第366条、第141条、第142条的规定，非法行医罪是指未取得医生执业资格的人非法行医，情节严重的行为。生产、销售假药罪是指生产、销售假药，足以严重危害人体健康的行为。生产、销售劣药罪是指生产、销售劣药，对人体健康造成严重危害的行为。根据本案事实，被告人的行为本质上既非行医也非售药，其所实施的“看病、卖药”等行为，均为实施诈骗犯罪行为的欺骗手段。

（十八）捡拾存折并猜配密码非法提取他人存款的行为定性

［刑事审判参考案例第256号：程某某诈骗案］

猜中他人存折密码非法提取存款的行为属于冒用骗取，应以诈骗罪定罪处罚。

盗窃他人存折并支取存款的行为，应当以盗窃罪定罪处罚。行为人利用手中持有的他人存折，通过猜配取款密码非法支取他人存款，既有冒用他人名义骗取银行信任的因素，又有在他人不知情的情况下盗配取款密码进而提取存款的秘密因素。首先，在某种意义上，秘密窃取和虚构隐瞒骗取中均具有财物所有人、保管人“不知情”的特征，但两者含义并不相同。秘密窃取中的“不知情”，指的是财物所有人、保管人对于行为人的客观行为了无察觉（至少行为人主观上是这么认为的），在整个窃取行为过程中自然也就不存在财物所有人、保管人的参与、配合问题，与此不同，虚构隐瞒骗取中的“不知情”，指的是财物所有人、

保管人基于错误的认识而不知真情，属于对行为性质的不知情，财物所有人、保管人在诈骗行为过程中是直接参与的。其次，在财物的转移取得方面，窃取是在财物所有人、保管人无意识的情况下由行为人的单方行为完成的，而骗取则是财物所有人、保管人在错误认识的支配下，信假为真，有意识地处分（交付）的结果。再次，作为财产犯罪，对于财产所有权的侵害是其本质，财物的取得行为才是赖以定性的基本构成行为。猜配他人取款密码，将他人持有的不为他人所知的密码予以破解，可以视为一种无形偷盗行为，但猜中密码并不意味着取得了他人存款，只是进一步取得他人存款的手段行为，且密码本身并无价值，因而不具有独立的法律意义。在程某某取得他人的存款之前，存款完全置于银行的控制、支配之下，程某某支取他人存款，是凭借银行的信任通过银行的交付得以实现的，对于存款的交付银行是有明确认识的。由于银行的信任是基于一种错误的判断，而这正是程某某隐瞒真相冒用他人名义以致银行不明真相误认为其具有取款合法资格的结果，此类行为属于典型的冒用诈骗行为。

（十九）私自以委托人名义开立银行新账户，通过证券业务员卖出委托人账户股票后将所得款转到新账户并取走的行为定性

［刑事审判参考案例第952号：伍某某诈骗案］

受他人委托操作其股票账户进行股票买卖，却私自使用委托人证件以委托人名义开立银行新账户，通过证券业务员卖出委托人账户股票并将所得款转到新账户后取走的行为，属于实施了虚构事实、隐瞒真相的行为；作为受骗者的证券业务人员陷入了认识错误；作为受骗者的证券业务人员基于认识错误处分被害人的上述股票款项，使伍某某获取了该股票款项，使被害人遭受该股票款项损失的“三角诈骗”，构成诈骗罪。

（二十）以介绍婚姻为名进行诈骗的行为定性

《最高人民法院关于审理拐卖妇女儿童犯罪案件具体应用法律若干问题的解释》（法释〔2016〕28号，2017年1月1日起施行）

第三条第二款　以介绍婚姻为名，与被介绍妇女串通骗取他人钱财，数额较大的，应当以诈骗罪追究刑事责任。

（二十一）以虚假证件办理移动电话造成电信资费损失的行为定性

1.《最高人民法院关于审理扰乱电信市场管理秩序案件具体应用法律若干问题的解释》（法释〔2000〕12号，2000年5月24日起施行）

第九条　以虚假、冒用的身份证件办理入网手续并使用移动电话，造成电信

资费损失数额较大的，依照刑法第二百六十六条的规定，以诈骗罪定罪处罚。

2. [刑事审判参考案例第161号：王某某诈骗案]

骗购电信卡转卖他人使用造成电信资费巨大损失的行为，构成诈骗罪。

以逃缴电信资费为目的在移动电话办理、使用中的诈骗行为，与通常的诈骗行为在形式上是有区别的。主要表现在：后者，被骗人向诈骗人直接交付的就是“财物”本身，诈骗人骗得的就是现金或是其他实实在在的物，此时诈骗行为即告完成。而前者，被骗人所做的只是为诈骗人办妥入网手续或者表现为交付SIM卡。办妥入网手续或者交付SIM卡，不等于“财物”交付，因为诈骗人如不进而“使用”该移动电话，逃缴电信资费的目的尚无法实现。或者说，如果诈骗人未使用该移动电话，实际逃缴电信资费，其还不能构成诈骗罪的既遂，甚至可能尚无充分证据证明行为人是以逃缴电信资费为目的，实施了应予刑事处罚的诈骗行为。因此，“使用移动电话，造成电信资费损失数额较大”同样是行为人构成诈骗罪的不可或缺的要件。尽管如此，行为人在逃缴电信资费的目的支配下，当其以虚假、冒用的身份证件办理入网手续后，究竟以何种方式使用该移动电话或处置该SIM卡，并造成电信资费损失，并不影响该类型诈骗罪的成立。

3. [刑事审判参考案例第185号：刘某某等诈骗案]

为获取回扣费以虚假身份证件办理入网手续并使用移动电话拨打国际声讯台造成电信资费损失的行为，应以诈骗罪论处。

根据《刑法》以及最高人民法院2000年5月颁布实施的《关于扰乱电信市场管理秩序案件具体应用法律若干问题的解释》的规定，涉及电信业务的常见犯罪行为类型主要有：（1）盗窃，如以牟利为目的，盗接他人通信线路、复制他人电话号码或者明知是盗接、复制的电信设备、设施而使用的行为；将电信卡非法充值后使用，造成电信资费损失的行为；盗用他人上网账号、密码上网，造成他人电信资费损失的行为等。（2）非法经营，如擅自经营国际电信业务或者涉港澳台电信业务进行营利活动等。（3）扰乱无线电通讯管理，如擅自设置、使用无线电台（站）或者擅自占用频率等行为。（4）诈骗，如《关于扰乱电信市场管理秩序案件具体应用法律若干问题的解释》第9条明确规定的“以虚假、冒用的身份证件办理入网手续并使用移动电话，造成电信资费损失数额较大的”行为即是。

（二十二）通过控制虚拟交易平台，欺骗他人财物的行为定性

［公报案例：江苏省扬州市宝应县人民检察院诉刘某某等诈骗案］

行为人在明知自己控制的为虚拟现货交易平台，客户注入资金并未真正进入现货交易市场的情况下，通过虚构事实、隐瞒真相的方式骗取客户资金占为己有的，应认定为诈骗罪。

（二十三）以非法占有为目的，采用自我交易方式，虚构提供服务事实，骗取互联网公司垫付费用及订单补贴的行为定性

［检例第38号：董某等四人诈骗案］

以非法占有为目的，虚构提供服务事实，骗取互联网公司垫付费用及订单补贴，数额较大的行为，应认定为诈骗罪。

在网络约车中，行为人以非法占有为目的，采用自我交易方式，通过网约车平台与网约车公司进行交流，发出虚构的用车需求，使网约车公司误认为是符合公司补贴规则的订单，基于错误认识，给予行为人垫付车费及订单补贴的行为，符合诈骗罪的本质特征，是一种新型诈骗罪的表现形式。

（二十四）生产、销售假药与诈骗罪的牵连处理

［刑事审判参考案例第112号：熊某某等生产、销售假药案］

假药的生产者以诈骗的方式销售假药的，不构成诈骗罪，而构成生产、销售假药罪。

生产和销售行为只要具备其一就构成本罪；以一种药品冒充另一种药品的，应当认定为足以严重危害人体健康。根据《刑法》有关生产、销售假药罪的规定，只要实施了生产或者销售假药的一种行为，并且足以严重危害人体健康的，就可构成犯罪。“足以严重危害人体健康”，是指生产、销售的假药，具有严重危害人体健康的可能性，并不要求发生实际的严重危害后果，也不以实际上造成严重危害人体健康的结果为本罪既遂条件。

（二十五）诈骗与合同诈骗的区分

1. ［刑事审判参考案例第1048号：葛某某等诈骗案］

合同诈骗罪要求行为人必须充分利用合同的签订与履行来骗取财物，行为人系采用其他诈骗方法骗取对方财物，应当以诈骗罪论处。

诈骗罪与合同诈骗罪主要的区别在于所侵犯的客体不同，由此带来客观方面的行为方式也不同。其中，诈骗罪规定于侵犯财产罪这一类罪名之下，可见诈骗罪旨在保护的法益是财产所有权；而合同诈骗罪规定在破坏社会主义市场经济秩

序罪中的扰乱市场秩序罪之中，主要保护的法益是市场秩序。由于合同是市场经济活动的一项重要内容，是人们进行经济活动赖于信任的基础，利用合同进行诈骗，势必扰乱市场秩序，进而需要以合同诈骗论处。这就要求合同诈骗罪在客观行为上，必须是市场交易活动中利用合同的签订、履行来骗取他人财物。行为人正是利用合同这种对双方当事人具有约束力的形式，故意违背市场经济中的诚实信用原则，来达到非法占有他人财物的犯罪目的。也就是说，利用合同即是其诈骗行为。反之，尽管行为人与对方签订了合同，但如果其获得财物并没有利用合同，而是采用其他虚构事实、隐瞒真相的方式；同样，相对方陷入错误认识也并非基于合同，而是合同以外的其他欺骗因素，那么，该行为所侵害的法益仅仅是他人的财产所有权，直接以普通诈骗罪认定即可。

2. ［刑事审判参考案例第 1056 号：陈某某等合同诈骗案］

以适格农民名义低价购买农机出售而骗取国家农机购置补贴款的行为构成诈骗罪。

合同诈骗罪中的“合同”必须能够体现一定的市场秩序，与市场秩序无关以及主要不受市场调整的各种“合同”“协议”，通常情况下不应视为合同诈骗罪中的“合同”。我们认为，对合同诈骗中的“合同”，应当结合合同诈骗罪侵犯的客体和立法目的予以具体理解和把握。立法者将合同诈骗罪规定在《刑法》分则第 3 章“破坏社会主义市场经济秩序罪”的第 8 节“扰乱市场秩序罪”中，即合同诈骗罪侵犯的法益不仅是他人的财产所有权，而且侵犯了国家合同管理制度，破坏了社会主义市场经济秩序。因此，合同诈骗罪中的“合同”必须能够体现一定的市场秩序，与市场秩序无关以及主要不受市场调整的各种“合同”“协议”，通常情况下不应视为合同诈骗罪中的“合同”。

3. ［刑事审判参考案例第 1264 号：吴某某、张某某、刘某某诈骗案］

虽然被告人与被害人之间签订了收购合同，但该合同只是整个诈骗犯罪的一个环节，不能涵盖被告人的全部犯罪行为，因此不能认定为合同诈骗罪，而应以诈骗罪论处。

诈骗罪与合同诈骗罪是普通法与特别法的关系。不能简单以有无合同为标准来区分诈骗罪与合同诈骗罪。合同诈骗罪中的合同是指被行为人利用，以骗取他人财物、扰乱市场秩序的合同，是以财产为内容的合同、体现了合同当事人之间财产关系的财产合同。不能简单以“签订合同＋骗取财物”为标准来判断构成合同诈骗罪。合同诈骗罪的本质是被害人基于合同陷入错误认识而交付财物。被害人由于其他的欺骗性为而产生错误认识、交付财物，构成诈骗罪。

（二十六）网络诈骗犯罪案件的异地取证与警务合作

《最高人民法院、最高人民检察院、公安部关于办理电信网络诈骗等刑事案件适用法律若干问题的意见（二）》（法发〔2021〕22号，2021年6月17日发布）

十三、办案地公安机关可以通过公安机关信息化系统调取异地公安机关依法制作、收集的刑事案件受案登记表、立案决定书、被害人陈述等证据材料。调取时不得少于两名侦查人员，并应记载调取的时间、使用的信息化系统名称等相关信息，调取人签名并加盖办案地公安机关印章。经审核证明真实的，可以作为证据使用。

十四、通过国（区）际警务合作收集或者境外警方移交的境外证据材料，确因客观条件限制，境外警方未提供相关证据的发现、收集、保管、移交情况等材料的，公安机关应当对上述证据材料的来源、移交过程以及种类、数量、特征等作出书面说明，由两名以上侦查人员签名并加盖公安机关印章。经审核能够证明案件事实的，可以作为证据使用。

十五、对境外司法机关抓获并羁押的电信网络诈骗犯罪嫌疑人，在境内接受审判的，境外的羁押期限可以折抵刑期。

（二十七）检察机关办理电信网络诈骗案件需要注意的问题

《检察机关办理电信网络诈骗案件指引》（高检发侦监字〔2018〕12号，2018年11月9日印发）

电信网络诈骗犯罪，是指以非法占有为目的，利用电话、短信、互联网等电信网络技术手段，虚构事实，设置骗局，实施远程、非接触式诈骗，骗取公私财物的犯罪行为。根据《中华人民共和国刑法》第二百六十六条、《最高人民法院、最高人民检察院关于办理诈骗刑事案件具体应用法律若干问题的解释》（法释〔2011〕7号）、《最高人民法院、最高人民检察院、公安部关于办理电信网络诈骗等刑事案件适用法律若干问题的意见》，办理电信网络诈骗案件除了要把握普通诈骗案件的基本要求外，还要特别注意以下问题：一是电信网络诈骗犯罪的界定；二是犯罪形态的审查；三是诈骗数额及发送信息、拨打电话次数的认定；四是共同犯罪及主从犯责任的认定；五是关联犯罪事前通谋的审查；六是电子数据的审查；七是境外证据的审查。

一、审查证据的基本要求

（一）审查逮捕

1. 有证据证明发生了电信网络诈骗犯罪事实

（1）证明电信网络诈骗案件发生

证据主要包括：报案登记、受案登记、受案笔录、立案决定书、破案经过、证人证言、被害人陈述、犯罪嫌疑人供述和辩解、被害人银行开户申请、开户明细单、银行转账凭证、银行账户交易记录、银行汇款单、网银转账记录、第三方支付结算交易记录、手机转账信息等证据。跨国电信网络诈骗还可能需要有国外有关部门出具的与案件有关的书面材料。

（2）证明电信网络诈骗行为的危害结果

①证明诈骗数额达到追诉标准的证据：证人证言、被害人陈述、犯罪嫌疑人供述和辩解、银行转账凭证、汇款凭证、转账信息、银行卡、银行账户交易记录、第三方支付结算交易记录以及其他与电信网络诈骗关联的账户交易记录、犯罪嫌疑人提成记录、诈骗账目记录等证据以及其它有关证据。

②证明发送信息条数、拨打电话次数以及页面浏览量达到追诉标准的证据：QQ、微信、skype 等即时通讯工具聊天记录、CDR 电话清单、短信记录、电话录音、电子邮件、远程勘验笔录、电子数据鉴定意见、网页浏览次数统计、网页浏览次数鉴定意见、改号软件、语音软件的登录情况及数据、拨打电话记录内部资料以及其他有关证据。

2. 有证据证明诈骗行为是犯罪嫌疑人实施的

（1）言词证据：证人证言、被害人陈述、犯罪嫌疑人供述和辩解等，注意审查犯罪嫌疑人供述的行为方式与被害人陈述的被骗方式、交付财物过程或者其他证据是否一致。对于团伙作案的，要重视对同案犯罪嫌疑人供述和辩解的审查，梳理各个同案犯罪嫌疑人的指证是否相互印证。

（2）有关资金链条的证据：银行转账凭证、交易流水、第三方支付交易记录以及其他关联账户交易记录、现场查扣的书证、与犯罪关联的银行卡及申请资料等，从中审查相关银行卡信息与被害人存款、转移赃款等账号有无关联，资金交付支配占有过程；犯罪嫌疑人的短信以及 QQ、微信、skype 等即时通讯工具聊天记录，审查与犯罪有关的信息，是否出现过与本案资金流转有关的银行卡账号、资金流水等信息。要注意审查被害人转账、汇款账号、资金流向等是否有相应证据印证赃款由犯罪嫌疑人取得。对诈骗集团租用或交叉使用账户的，要结合相关言词证据及书证、物证、勘验笔录等分析认定。

（3）有关信息链条的证据：侦查机关远程勘验笔录，远程提取证据笔录，CDR 电话清单、查获的手机 IMEI 串号、语音网关设备、路由设备、交换设备、手持终端等。要注意审查诈骗窝点物理 IP 地址是否与所使用电话 CDR 数据清单中记录的主叫 IP 地址或 IP 地址所使用的线路（包括此线路的账号、用户名称、对接服务器、语音网关、手持终端等设备的 IP 配置）一致，电话 CDR 数据清单中是否存在被害人的相关信息资料，改号电话显示号码、呼叫时间、电话、IP 地址是否与被害人陈述及其它在案证据印证。在电信网络诈骗窝点查获的手机 IMEI 串号以及其他电子作案工具，是否与被害人所接到的诈骗电话显示的信息来源一致。

（4）其他证据：跨境电信网络诈骗犯罪案件犯罪嫌疑人出入境记录、户籍证明材料、在境外使用的网络设备及虚拟网络身份的网络信息，证明犯罪嫌疑人出入境情况及身份情况。诈骗窝点的纸质和电子账目报表，审查时间、金额等细节是否与被害人陈述相互印证。犯罪过程中记载被害人身份、诈骗数额、时间等信息的流转单，审查相关信息是否与被害人陈述、银行转账记录等相互印证。犯罪嫌疑人之间的聊天记录、诈骗脚本、内部分工、培训资料、监控视频等证据，审查犯罪的具体手法、过程。购买作案工具和资源（手机卡、银行卡、POS 机、服务器、木马病毒、改号软件、公民个人信息等）的资金流水、电子数据等证据。

3. 有证据证明犯罪嫌疑人具有诈骗的主观故意

（1）证明犯罪嫌疑人主观故意的证据：犯罪嫌疑人的供述和辩解、证人证言、同案犯指证；诈骗脚本、诈骗信息内容、工作日记、分工手册、犯罪嫌疑人的具体职责、地位、参与实施诈骗行为的时间等；赃款的账册、分赃的记录、诈骗账目记录、提成记录、工作环境、工作形式等；短信、QQ、微信、skype 等即时通讯工具聊天记录等，审查其中是否出现有关诈骗的内容以及诈骗专门用的黑话、暗语等。

（2）证明提供帮助者的主观故意的证据：提供帮助犯罪嫌疑人供述和辩解、电信网络诈骗犯罪嫌疑人的指证、证人证言；双方短信以及 QQ、微信、skype 等即时通讯工具聊天记录等信息材料；犯罪嫌疑人的履历、前科记录、行政处罚记录、双方资金往来的凭证、犯罪嫌疑人提供帮助、协助的收益数额、取款时的监控视频、收入记录、处罚判决情况等。

（二）审查起诉

除审查逮捕阶段证据审查基本要求之外，对电信网络诈骗案件的审查起诉工作还应坚持“犯罪事实清楚，证据确实、充分”的标准，保证定罪量刑的事实都有证据证明；据以定案的证据均经法定程序查证属实；综合全案证据，对所认定的事实均已排除合理怀疑。

1. 有确实充分的证据证明发生了电信网络诈骗犯罪事实

（1）证明电信网络诈骗事实发生。除审查逮捕要求的证据类型之外，跨国电信网络诈骗还需要有出入境记录、飞机铁路等交通工具出行记录，必要时需国外有关部门出具的与案件有关的书面证据材料，包括原件、翻译件、使领馆认证文件等。

（2）证明电信网络诈骗行为的危害结果

①证明诈骗数额达到追诉标准的证据：能查清诈骗事实的相关证人证言、被害人陈述、犯罪嫌疑人供述和辩解、银行账户交易明细、交易凭证、第三方支付结算交易记录以及其他与电信网络诈骗关联的账户交易记录、犯罪嫌疑人的诈骗账目记录以及其它有关证据。

需要特别注意“犯罪数额接近提档”的情形。当诈骗数额接近“数额巨大”“数额特别巨大”的标准（一般掌握在80%以上，即达到2.4万元、40万元），根据《解释》和《意见》的规定，具有《意见》第二条第二款“酌情从重处罚”十种情形之一的，应当分别认定为刑法第二百六十六条规定的“其他严重情节”“其他特别严重情节”，提高一档量刑。

②证明发送信息条数、拨打电话次数以及页面浏览量达到追诉标准的证据类型与审查逮捕的证据类型相同。

2. 有确实充分的证据证明诈骗行为是犯罪嫌疑人实施的

（1）有关资金链条的证据。重点审查被害人的银行交易记录和犯罪嫌疑人持有的银行卡及账号的交易记录，用于查明被害人遭受的财产损失及犯罪嫌疑人诈骗的犯罪数额；重点审查犯罪嫌疑人的短信，以及QQ、微信、skype等即时通讯工具聊天记录，用于查明是否出现涉案银行卡账号、资金流转等犯罪信息，赃款是否由犯罪嫌疑人取得。此外，对诈骗团伙或犯罪集团租用或交叉使用多层级账户洗钱的，要结合资金存取流转的书证、监控录像、辨认笔录、证人证言、被害人陈述、犯罪嫌疑人供述和辩解等证据分析认定。

（2）有关人员链条的证据。电信网络诈骗多为共同犯罪，在审查刑事责任年龄、刑事责任能力方面的证据基础上，应重点审查犯罪嫌疑人供述和辩解、手机通信记录等，通过自供和互证，以及与其他证据之间的相互印证，查明各自的分工和作用，以区分主、从犯。对于分工明确、有明显首要分子、较为固定的组织结构的三人以上固定的犯罪组织，应当认定为犯罪集团。

言词证据及有关信息链条的证据与审查逮捕的证据类型相同。

3. 有确实充分的证据证明犯罪嫌疑人具有诈骗的主观故意

证明犯罪嫌疑人及提供帮助者主观故意的证据类型同审查逮捕证据类型相同。需要注意的是，由于犯罪嫌疑人各自分工不同，其供述和辩解也呈现不同的证明力。一般而言，专门行骗人对于单起事实的细节记忆相对粗略，只能供述诈骗的手段和方式；专业取款人对于取款的具体细目记忆也粗略，只能供述大概经过和情况，重点审查犯罪手段的同类性、共同犯罪人之间的关系及各自分工和作用。

二、需要特别注意的问题

在电信网络诈骗案件审查逮捕、审查起诉中，要根据相关法律、司法解释等规定，结合在案证据，重点注意以下问题：

（一）电信网络诈骗犯罪的界定

1. 此罪彼罪

在一些案件中，尤其是利用网络钓鱼、木马链接实施犯罪的案件中，既存在虚构事实、隐瞒真相的诈骗行为，又可能存在秘密窃取的行为，关键要审查犯罪嫌疑人取得财物是否基于被害人对财物的主动处分意识。如果行为人通过秘密窃取的行为获取他人财物，则应认定构成盗窃罪；如果窃取或者骗取的是他人信用卡资料，并通过互联网、通讯终端等使用的，根据《最高人民法院、最高人民检察院关于办理妨害信用卡管理刑事案件具体应用法律若干问题的解释》（法释〔2009〕19 号），则可能构成信用卡诈骗罪；如果通过电信网络技术向不特定多数人发送诈骗信息后又转入接触式诈骗，或者为实现诈骗目的，线上线下并行同时进行接触式和非接触式诈骗，应当按照诈骗取财行为的本质定性，虽然使用电信网络技术但被害人基于接触被骗的，应当认定普通诈骗；如果出现电信网络诈骗和合同诈骗、保险诈骗等特殊诈骗罪名的竞合，应依据刑法有关规定定罪量刑。

2. 追诉标准低于普通诈骗犯罪且无地域差别

追诉标准直接决定了法律适用问题甚至罪与非罪的认定。《意见》规定，利用电信网络技术手段实施诈骗，诈骗公私财物价值三千元以上的，认定为刑法第二百六十六条规定的“数额较大”。而《解释》规定，诈骗公私财物价值三千元至一万元以上的，认定为刑法第二百六十六条规定的“数额较大”。因此，电信网络诈骗的追诉标准要低于普通诈骗的追诉标准，且全国统一无地域差别，即犯罪数额达到三千元以上、三万元以上、五十万元以上的，应当分别认定为刑法第二百六十六条规定的“数额较大”“数额巨大”“数额特别巨大”。

（二）犯罪形态的审查

1. 可以查证诈骗数额的未遂

电信网络诈骗应以被害人失去对被骗钱款的实际控制为既遂认定标准。一般情形下，诈骗款项转出后即时到账构成既遂。但随着银行自助设备、第三方支付平台陆续推出“延时到账”“撤销转账”等功能，被害人通过自助设备、第三方支付平台向犯罪嫌疑人指定账户转账，可在规定时间内撤销转账，资金并未实时转出。此种情形下被害人并未对被骗款项完全失去控制，而犯罪嫌疑人亦未取得实际控制，应当认定为未遂。

2. 无法查证诈骗数额的未遂

根据《意见》规定，对于诈骗数额难以查证的，犯罪嫌疑人发送诈骗信息五千条以上，或者拨打诈骗电话五百人次以上，或者在互联网上发布诈骗信息的页面浏览量累计五千次以上，可以认定为诈骗罪中“其他严重情节”，以诈骗罪（未遂）定罪处罚。具有上述情形，数量达到相应标准十倍以上的，应当认定为刑法第二百六十六条规定的“其他特别严重情节”，以诈骗罪（未遂）定罪处罚。

（三）诈骗数额及发送信息、拨打电话次数的认定

1. 诈骗数额的认定

（1）根据犯罪集团诈骗账目登记表、犯罪嫌疑人提成表等书证，结合证人证言、犯罪嫌疑人供述和辩解等言词证据，认定犯罪嫌疑人的诈骗数额。

（2）根据经查证属实的银行账户交易记录、第三方支付结算账户交易记录、通话记录、电子数据等证据，结合已收集的被害人陈述，认定被害人人数及诈骗资金数额。

（3）对于确因客观原因无法查实全部被害人，尽管有证据证明该账户系用于电信网络诈骗犯罪，且犯罪嫌疑人无法说明款项合法来源的，也不能简单将账户内的款项全部推定为“犯罪数额”。要根据在案其他证据，认定犯罪集团是否

有其他收入来源，“违法所得”有无其他可能性。如果证据足以证实“违法所得”的排他性，则可以将“违法所得”均认定为犯罪数额。

（4）犯罪嫌疑人为实施犯罪购买作案工具、伪装道具、租用场地、交通工具甚至雇佣他人等诈骗成本不能从诈骗数额中扣除。对通过向被害人交付一定货币，进而骗取其信任并实施诈骗的，由于货币具有流通性和经济价值，该部分货币可以从诈骗数额中扣除。

2. 发送信息、拨打电话次数的认定

（1）拨打电话包括拨出诈骗电话和接听被害人回拨电话。反复拨打、接听同一电话号码，以及反复向同一被害人发送诈骗信息的，拨打、接听电话次数、发送信息条数累计计算。

（2）被害人是否接听、接收到诈骗电话、信息不影响次数、条数计算。

（3）通过语音包发送的诈骗录音或通过网络等工具辅助拔出的电话，应当认定为拨打电话。

（4）发送信息条数、拨打电话次数的证据难以收集的，可以根据经查证属实的日发送信息条数、日拨打人次数，结合犯罪嫌疑人实施犯罪的时间、犯罪嫌疑人的供述等相关证据予以认定。

（5）发送信息条数和拨打电话次数在法律及司法解释未明确的情况下不宜换算累加。

（四）共同犯罪及主从犯责任的认定

1. 对于三人以上为实施电信网络诈骗而组成的较为固定的犯罪组织，应当依法认定为犯罪集团。对于犯罪集团的首要分子，按照集团所犯全部犯罪处罚，并且对犯罪集团中组织、指挥、策划者和骨干分子依法从严惩处。

2. 对于其余主犯，按照其所参与或者组织、指挥的全部犯罪处罚。多人共同实施电信网络诈骗，犯罪嫌疑人、被告人应对其参与期间该诈骗团伙实施的全部诈骗行为承担责任。

3. 对于部分被招募发送信息、拨打电话的犯罪嫌疑人，应当对其参与期间整个诈骗团伙的诈骗行为承担刑事责任，但可以考虑参与时间较短、诈骗数额较低、发送信息、拨打电话较少，认定为从犯，从宽处理。

4. 对于专门取款人，由于其可在短时间内将被骗款项异地转移，对诈骗既遂起到了至关重要的作用，也大大增加了侦查和追赃难度，因此应按其在共同犯罪中的具体作用进行认定，不宜一律认定为从犯。

（五）关联犯罪事前通谋的审查

根据《意见》规定，明知是电信网络诈骗犯罪所得及其产生的收益，通过使用销售点终端机具（POS 机）刷卡套现等非法途径，协助转换或者转移财物等五种方式转账、套现、取现的，需要与直接实施电信网络诈骗犯罪嫌疑人事前通谋的才以共同犯罪论处。因此，应当重点审查帮助转换或者转移财物行为人是否在诈骗犯罪既遂之前与实施诈骗犯罪嫌疑人共谋或者虽无共谋但明知他人实施犯罪而提供帮助。对于帮助者明知的内容和程度，并不要求其明知被帮助者实施诈骗行为的具体细节，其只要认识到对方实施诈骗犯罪行为即可。审查时，要根据犯罪嫌疑人的认知能力、既往经历、行为次数和手段、与他人关系、获利情况、是否曾因电信网络诈骗受过处罚以及是否故意规避调查等主客观因素分析认定。

（六）电子数据的审查

1. 电子数据真实性的审查

（1）是否移送原始存储介质；在原始存储介质无法封存、不便移动时，有无说明原因，并注明收集、提取过程及原始存储介质的存放地点或者电子数据的来源等情况。

（2）电子数据是否具有数字签名、数字证书等特殊标识。

（3）电子数据的收集、提取过程是否可以重现。

（4）电子数据如有增加、删除、修改等情形的，是否附有说明。

（5）电子数据的完整性是否可以保证。

2. 电子数据合法性的审查

（1）收集、提取电子数据是否由二名以上侦查人员进行，取证方法是否符合相关技术标准。

（2）收集、提取电子数据，是否附有笔录、清单，并经侦查人员、电子数据持有人（提供人）、见证人签名或者盖章；没有持有人（提供人）签名或者盖章的，是否注明原因；对电子数据的类别、文件格式等是否注明清楚。

（3）是否依照有关规定由符合条件的人员担任见证人，是否对相关活动进行录像。

（4）电子数据检查是否将电子数据存储介质通过写保护设备接入到检查设备；有条件的，是否制作电子数据备份，并对备份进行检查；无法制作备份且无法使用写保护设备的，是否附有录像。

（5）通过技术侦查措施，利用远程计算机信息系统进行网络远程勘验收集到电子数据，作为证据使用的，是否随案移送批准采取技术侦查措施的法律文书和所收集的证据材料，是否对其来源等作出书面说明。

（6）对电子数据作出鉴定意见的鉴定机构是否具有司法鉴定资质。

3. 电子数据的采信

（1）经过公安机关补正或者作出合理解释可以采信的电子数据：未以封存状态移送的；笔录或者清单上没有侦查人员、电子数据持有人（提供人）、见证人签名或者盖章的；对电子数据的名称、类别、格式等注明不清的；有其他瑕疵的。

（2）不能采信的电子数据：电子数据系篡改、伪造或者无法确定真伪的；电子数据有增加、删除、修改等情形，影响电子数据真实性的；其他无法保证电子数据真实性的情形。

（七）境外证据的审查

1. 证据来源合法性的审查

境外证据的来源包括：外交文件（国际条约、互助协议）；司法协助（刑事司法协助、平等互助原则）；警务合作（国际警务合作机制、国际刑警组织）。

由于上述来源方式均需要有法定的程序和条件，对境外证据的审查要注意：证据来源是否是通过上述途径收集，审查报批、审批手续是否完备，程序是否合法；证据材料移交过程是否合法，手续是否齐全，确保境外证据的来源合法性。

2. 证据转换的规范性审查

对于不符合我国证据种类和收集程序要求的境外证据，侦查机关要重新进行转换和固定，才能作为证据使用。注重审查：

（1）境外交接证据过程的连续性，是否有交接文书，交接文书是否包含接收证据。

（2）接收移交、开箱、登记时是否全程录像，确保交接过程的真实性，交接物品的完整性。

（3）境外证据按照我国证据收集程序重新进行固定的，依据相关规定进行，注意证据转换过程的连续性和真实性的审查。

（4）公安机关是否对境外证据来源、提取人、提取时间或者提供人、提供时间以及保管移交的过程等作出说明，有无对电子数据完整性等专门性问题的鉴定意见等。

（5）无法确认证据来源、证据真实性、收集程序违法无法补正等境外证据应予排除。

3. 其他来源的境外证据的审查通过其他渠道收集的境外证据材料，作为证据使用的，应注重对其来源、提供人、提供时间以及提取人、提取时间进行审查。能够证明案件事实且符合刑事诉讼法规定的，可以作为证据使用。

三、社会危险性及羁押必要性审查

（一）审查逮捕

符合下列情形之一的，可以结合案件具体情况考虑认定犯罪嫌疑人具有社会危险性，有羁押必要：

1.《最高人民检察院、公安部关于逮捕社会危险性条件若干问题的规定（试行）》（高检会〔2015〕9号）规定的具有社会危险性情节的。

2. 犯罪嫌疑人是诈骗团伙的首要分子或者主犯。对于首要分子，要重点审查其在电信网络诈骗集团中是否起到组织、策划、指挥作用。对于其他主犯，要重点审查其是否是犯意的发起者、犯罪的组织者、策划者、指挥者、主要责任者，是否参与了犯罪的全过程或关键环节以及在犯罪中所起的作用：诈骗团伙的具体管理者、组织者、招募者、电脑操盘人员、对诈骗成员进行培训的人员以及制作、提供诈骗方案、术语清单、语音包、信息的人员可以认定为主犯；取款组、供卡组、公民个人信息提供组等负责人，对维持诈骗团伙运转起着重要作用的，可以认定为主犯；对于其他实行犯是否属于主犯，主要通过其参加时段实施共同犯罪活动的程度、具体罪行的大小、对造成危害后果的作用等来认定。

3. 有证据证明犯罪嫌疑人实施诈骗行为，犯罪嫌疑人拒不供认或者作虚假供述的。

4. 有证据显示犯罪嫌疑人参与诈骗且既遂数额巨大、被害人众多，诈骗数额等需进一步核实的。

5. 有证据证明犯罪嫌疑人参与诈骗的时间长，应当明知诈骗团伙其他同案犯犯罪事实的，但犯罪嫌疑人拒绝指证或虚假指证的。

6. 其他具有社会危险性或羁押必要的情形。

在犯罪嫌疑人罪行较轻的前提下，根据犯罪嫌疑人在犯罪团伙中的地位、作用、参与时间、工作内容、认罪态度、悔罪表现等情节，结合案件整体情况，依据主客观相一致原则综合判断犯罪嫌疑人的社会危险性或者羁押必要性。在犯罪嫌疑人真诚认罪悔罪，如实供述且供述稳定的情况下，有下列情形的可以考虑社会危险性较小：

1. 预备犯、中止犯。

2. 直接参与诈骗的数额未达巨大，有自首、立功表现的。

3. 直接参与诈骗的数额未达巨大，参与时间短的发送信息、拨打电话人员。

4. 涉案数额未达巨大，受雇负责饮食、住宿等辅助工作人员。

5. 直接参与诈骗的数额未达巨大，积极退赃的从犯。

6. 被胁迫参加电信网络诈骗团伙，没有造成严重影响和后果的。

7. 其他社会危险性较小的情形。

需要注意的是，对犯罪嫌疑人社会危险性的把握，要根据案件社会影响、造成危害后果、打击力度的需要等多方面综合判断和考虑。

（二）审查起诉

在审查起诉阶段，要结合侦查阶段取得的事实证据，进一步引导侦查机关加大捕后侦查力度，及时审查新证据。在羁押期限届满前对全案进行综合审查，对于未达到逮捕证明标准的，撤销原逮捕决定。

经羁押必要性审查，发现犯罪嫌疑人具有下列情形之一的，应当向办案机关提出释放或者变更强制措施的建议：

1. 案件证据发生重大变化，没有证据证明有犯罪事实或者犯罪行为系犯罪嫌疑人、被告人所为的。

2. 案件事实或者情节发生变化，犯罪嫌疑人、被告人可能被判处拘役、管制、独立适用附加刑、免予刑事处罚或者判决无罪的。

3. 继续羁押犯罪嫌疑人、被告人，羁押期限将超过依法可能判处的刑期的。

4. 案件事实基本查清，证据已经收集固定，符合取保候审或者监视居住条件的。

经羁押必要性审查，发现犯罪嫌疑人、被告人具有下列情形之一，且具有悔罪表现，不予羁押不致发生社会危险性的，可以向办案机关提出释放或者变更强制措施的建议：

1. 预备犯或者中止犯；共同犯罪中的从犯或者胁从犯。

2. 主观恶性较小的初犯。

3. 系未成年人或者年满七十五周岁的人。

4. 与被害方依法自愿达成和解协议，且已经履行或者提供担保的。

5. 患有严重疾病、生活不能自理的。

6. 系怀孕或者正在哺乳自己婴儿的妇女。

7. 系生活不能自理的人的唯一扶养人。

8. 可能被判处一年以下有期徒刑或者宣告缓刑的。

9. 其他不需要继续羁押犯罪嫌疑人、被告人的情形。

（二十八）跨境电信网络诈骗犯罪电子数据的审查

［检例第67号：张某某等52人电信网络诈骗案］

跨境电信网络诈骗犯罪往往涉及大量的境外证据和庞杂的电子数据。对境外获取的证据应着重审查合法性，对电子数据应着重审查客观性。主要成员固定，其他人员有一定流动性的电信网络诈骗犯罪组织，可认定为犯罪集团。

（一）对境外实施犯罪的证据应着重审查合法性

对在境外获取的实施犯罪的证据，一是要审查是否符合我国刑事诉讼法的相关规定，对能够证明案件事实且符合刑事诉讼法规定的，可以作为证据使用。二是对基于有关条约、司法互助协定、两岸司法互助协议或通过国际组织委托调取的证据，应注意审查相关办理程序、手续是否完备，取证程序和条件是否符合有关法律文件的规定。对不具有规定规范的，一般应当要求提供所在国公证机关证明，由所在国中央外交主管机关或其授权机关认证，并经我国驻该国使、领馆认证。三是对委托取得的境外证据，移交过程中应注意审查过程是否连续、手续是否齐全、交接物品是否完整、双方的交接清单记载的物品信息是否一致、交接清单与交接物品是否一一对应。四是对当事人及其辩护人、诉讼代理人提供的来自境外的证据材料，要审查其是否按照条约等相关规定办理了公证和认证，并经我国驻该国使、领馆认证。

（二）对电子数据应重点审查客观性

一要审查电子数据存储介质的真实性。通过审查存储介质的扣押、移交等法律手续及清单，核实电子数据存储介质在收集、保管、鉴定、检查等环节中是否保持原始性和同一性。二要审查电子数据本身是否客观、真实、完整。通过审查电子数据的来源和收集过程，核实电子数据是否从原始存储介质中提取，收集的程序和方法是否符合法律和相关技术规范。对从境外起获的存储介质中提取、恢复的电子数据应当进行无污损鉴定，将起获设备的时间作为鉴定的起始基准时间，以保证电子数据的客观、真实、完整。三要审查电子数据内容的真实性。通过审查在案言词证据能否与电子数据相互印证，不同的电子数据间能否相互印证等，核实电子数据包含的案件信息能否与在案的其他证据相互印证。

（三）紧紧围绕电话卡和银行卡审查认定案件事实

办理电信网络诈骗犯罪案件，认定被害人数量及诈骗资金数额的相关证据，应当紧紧围绕电话卡和银行卡等证据的关联性来认定犯罪事实。一是通过电话卡建立被害人与诈骗犯罪组织间的关联。通过审查诈骗犯罪组织使用的网络电话拨打记录清单、被害人接到诈骗电话号码的陈述以及被害人提供的通话记录详单等通讯类证据，认定被害人与诈骗犯罪组织间的关联性。二是通过银行卡建立被害人与诈骗犯罪组织间的关联。通过审查被害人提供的银行账户交易明细、银行客户通知书、诈骗犯罪集团指定银行账户信息等书证以及诈骗犯罪组织使用的互联网软件聊天记录，核实聊天记录中是否出现被害人的转账账户，以确定被害人与诈骗犯罪组织间的关联性。三是将电话卡和银行卡结合起来认定被害人及诈骗数额。审查被害人接到诈骗电话的时间、向诈骗犯罪组织指定账户转款的时间，诈骗犯罪组织手机或电脑中储存的聊天记录中出现的被害人的账户信息和转账时间是否印证。相互关联印证的，可以认定为案件被害人，被害人实际转账的金额可以认定为诈骗数额。

（四）有明显首要分子，主要成员固定，其他人员有一定流动性的电信网络诈骗犯罪组织，可以认定为诈骗犯罪集团

实施电信网络诈骗犯罪，大都涉案人员众多、组织严密、层级分明、各环节分工明确。对符合刑法关于犯罪集团规定，有明确首要分子，主要成员固定，其他人员虽有一定流动性的电信网络诈骗犯罪组织，依法可以认定为诈骗犯罪集团。对出资筹建诈骗窝点、掌控诈骗所得资金、制定犯罪计划等起组织、指挥管理作用的，依法可以认定为诈骗犯罪集团首要分子，按照集团所犯的全部罪行处罚。对负责协助首要分子组建窝点、招募培训人员等起积极作用的，或加入时间较长，通过接听拨打电话对受害人进行诱骗，次数较多、诈骗金额较大的，依法可以认定为主犯，按照其参与或组织、指挥的全部犯罪处罚。对诈骗次数较少、诈骗金额较小，在共同犯罪中起次要或者辅助作用的，依法可以认定为从犯，依法从轻、减轻或免除处罚。

三、追诉量刑

（一）诈骗罪的量刑标准

1.《最高人民法院、最高人民检察院关于办理诈骗刑事案件具体应用法律若干问题的解释》（法释〔2011〕7号，2011年4月8日起施行）

第二条　诈骗公私财物达到本解释第一条规定的数额标准，具有下列情形之一的，可以依照刑法第二百六十六条的规定酌情从严惩处：

（一）通过发送短信、拨打电话或者利用互联网、广播电视、报刊杂志等发布虚假信息，对不特定多数人实施诈骗的；

（二）诈骗救灾、抢险、防汛、优抚、扶贫、移民、救济、医疗款物的；

（三）以赈灾募捐名义实施诈骗的；

（四）诈骗残疾人、老年人或者丧失劳动能力人的财物的；

（五）造成被害人自杀、精神失常或者其他严重后果的。

诈骗数额接近本解释第一条规定的“数额巨大”、“数额特别巨大”的标准，并具有前款规定的情形之一或者属于诈骗集团首要分子的，应当分别认定为刑法第二百六十六条规定的“其他严重情节”、“其他特别严重情节”。

第三条　诈骗公私财物虽已达到本解释第一条规定的“数额较大”的标准，但具有下列情形之一，且行为人认罪、悔罪的，可以根据刑法第三十七条、刑事诉讼法第一百四十二条的规定不起诉或者免予刑事处罚：

（一）具有法定从宽处罚情节的；

（二）一审宣判前全部退赃、退赔的；

（三）没有参与分赃或者获赃较少且不是主犯的；

（四）被害人谅解的；

（五）其他情节轻微、危害不大的。

2.《最高人民法院、最高人民检察院、公安部关于办理电信网络诈骗等刑事案件适用法律若干问题的意见》（法发〔2016〕32 号，2016 年 12 月 19 日发布）

二、依法严惩电信网络诈骗犯罪

（一）根据《最高人民法院、最高人民检察院关于办理诈骗刑事案件具体应用法律若干问题的解释》第一条的规定，利用电信网络技术手段实施诈骗，诈骗公私财物价值三千元以上、三万元以上、五十万元以上的，应当分别认定为刑法第二百六十六条规定的“数额较大”“数额巨大”“数额特别巨大”。

二年内多次实施电信网络诈骗未经处理，诈骗数额累计计算构成犯罪的，应当依法定罪处罚。

（二）实施电信网络诈骗犯罪，达到相应数额标准，具有下列情形之一的，酌情从重处罚：

1. 造成被害人或其近亲属自杀、死亡或者精神失常等严重后果的；

2. 冒充司法机关等国家机关工作人员实施诈骗的；

3. 组织、指挥电信网络诈骗犯罪团伙的；

4. 在境外实施电信网络诈骗的；

5. 曾因电信网络诈骗犯罪受过刑事处罚或者二年内曾因电信网络诈骗受过行政处罚的；

6. 诈骗残疾人、老年人、未成年人、在校学生、丧失劳动能力人的财物，或者诈骗重病患者及其亲属财物的；

7. 诈骗救灾、抢险、防汛、优抚、扶贫、移民、救济、医疗等款物的；

8. 以赈灾、募捐等社会公益、慈善名义实施诈骗的；

9. 利用电话追呼系统等技术手段严重干扰公安机关等部门工作的；

10. 利用“钓鱼网站”链接、“木马”程序链接、网络渗透等隐蔽技术手段实施诈骗的。

（三）实施电信网络诈骗犯罪，诈骗数额接近“数额巨大”“数额特别巨大”的标准，具有前述第（二）条规定的情形之一的，应当分别认定为刑法第二百六十六条规定的“其他严重情节”“其他特别严重情节”。

上述规定的“接近”，一般应掌握在相应数额标准的百分之八十以上。

（四）实施电信网络诈骗犯罪，犯罪嫌疑人、被告人实际骗得财物的，以诈骗罪（既遂）定罪处罚。诈骗数额难以查证，但具有下列情形之一的，应当认定为刑法第二百六十六条规定的“其他严重情节”，以诈骗罪（未遂）定罪处罚：

1. 发送诈骗信息五千条以上的，或者拨打诈骗电话五百人次以上的；

2. 在互联网上发布诈骗信息，页面浏览量累计五千次以上的。

具有上述情形，数量达到相应标准十倍以上的，应当认定为刑法第二百六十六条规定的“其他特别严重情节”，以诈骗罪（未遂）定罪处罚。

上述“拨打诈骗电话”，包括拨出诈骗电话和接听被害人回拨电话。反复拨打、接听同一电话号码，以及反复向同一被害人发送诈骗信息的，拨打、接听电话次数、发送信息条数累计计算。

因犯罪嫌疑人、被告人故意隐匿、毁灭证据等原因，致拨打电话次数、发送信息条数的证据难以收集的，可以根据经查证属实的日拨打人次数、日发送信息条数，结合犯罪嫌疑人、被告人实施犯罪的时间、犯罪嫌疑人、被告人的供述等相关证据，综合予以认定。

（五）电信网络诈骗既有既遂，又有未遂，分别达到不同量刑幅度的，依照处罚较重的规定处罚；达到同一量刑幅度的，以诈骗罪既遂处罚。

（六）对实施电信网络诈骗犯罪的被告人裁量刑罚，在确定量刑起点、基准刑时，一般应就高选择。确定宣告刑时，应当综合全案事实情节，准确把握从重、从轻量刑情节的调节幅度，保证罪责刑相适应。

（七）对实施电信网络诈骗犯罪的被告人，应当严格控制适用缓刑的范围，严格掌握适用缓刑的条件。

（八）对实施电信网络诈骗犯罪的被告人，应当更加注重依法适用财产刑，加大经济上的惩罚力度，最大限度剥夺被告人再犯的能力。

3. 关于办理电信网络诈骗等刑事案件适用法律若干问题的意见解读①

1. 采用全国统一的诈骗罪最低数额入罪标准。

2. 采用犯罪数额和行为次数相结合的入罪标准。《最高人民法院、最高人民检察院关于办理诈骗刑事案件具体应用法律若干问题的解释》第5条规定：利用发送短信、拨打电话、互联网等电信技术手段对不特定多数人实施诈骗，诈骗数额难以查证，但发送诈骗信息5000条以上的，拨打电话500人次以上的，或者诈骗手段恶劣、危害严重的，以诈骗罪（未遂）定罪处罚。《最高人民法院、最高人民检察院、公安部关于办理电信网络诈骗等刑事案件适用法律若干问题的意见》第2条第4项与之相比，沿用了关于发送诈骗短信5000条和拨打电话500人次以诈骗罪（未遂）定罪处罚的规定，但有三点不同：一是根据犯罪分子利用网络实施诈骗的特点，规定在互联网上发布诈骗信息，页面浏览量达到5000次以上的，也应当以诈骗罪（未遂）定罪处罚。《最高人民法院、最高人民检察院、公安部关于办理电信网络诈骗等刑事案件适用法律若干问题的意见》在此采用的是页面浏览量而非点击量，是对以往司法经验的总结，从最终用户端入手，减少由于服务器不正确处理请求、文件在用户机器上打开失败或用户终止服务而产生的夸大计数问题，更准确地评价犯罪行为的社会危害性。二是阐释了“拨打诈骗电话”的数量计算方式，不仅包括拨出诈骗电话次数，还包括接听被害人回拨电话次数，反复拨打、接听同一电话号码，以及反复向同一被害人发送诈骗信息的，拨打、接听电话的次数，发送信息条数累计计算。三是没有“诈骗手段恶劣、危害严重的”规定。《最高人民法院、最高人民检察院关于办理诈骗刑事案件具体应用法律若干问题的解释》将“诈骗手段恶劣、危害严重的”作为诈骗未遂的入罪标准，但由于《最高人民法院、最高人民检察院、公安部

---

① 黄河、张庆彬、刘涛：《破解打击电信网络诈骗犯罪的五大难题——〈关于办理电信网络诈骗等刑事案件适用法律若干问题的意见〉解读》，载《人民检察》2017年第11期。

关于办理电信网络诈骗等刑事案件适用法律若干问题的意见》在第2条第2项将诈骗手段、危害后果等作为从重处罚量刑情节，为了避免双重评价，在此没有再作为入罪标准予以规定。电信网络诈骗犯罪采用犯罪数额和行为相结合入罪标准，主要是基于风险社会中网络犯罪的特点和保护社会安全的目的。采用何种定罪量刑标准关键看是否能足以反映犯罪行为的法益侵害性和犯罪分子的主观恶性，并且在司法实践中根据现有的技术条件具有可操作性。

4. 最高人民法院、最高人民检察院《关于常见犯罪的量刑指导意见（试行）》（法发〔2021〕21号，2021年7月1日起施行）

1. 构成诈骗罪的，根据下列情形在相应的幅度内确定量刑起点：

（1）达到数额较大起点的，在一年以下有期徒刑、拘役幅度内确定量刑起点。

（2）达到数额巨大起点或者有其他严重情节的，在三年至四年有期徒刑幅度内确定量刑起点。

（3）达到数额特别巨大起点或者有其他特别严重情节的，在十年至十二年有期徒刑幅度内确定量刑起点。依法应当判处无期徒刑的除外。

2. 在量刑起点的基础上，根据诈骗数额等其他影响犯罪构成的犯罪事实增加刑罚量，确定基准刑。

3. 构成诈骗罪的，根据诈骗的数额、手段、危害后果等犯罪情节，综合考虑被告人缴纳罚金的能力，决定罚金数额。

4. 构成诈骗罪的，综合考虑诈骗的起因、手段、数额、危害后果、退赃退赔等犯罪事实、量刑情节，以及被告人的主观恶性、人身危险性、认罪悔罪表现等因素，决定缓刑的适用。对实施电信网络诈骗的，从严把握缓刑的适用。

（二）诈骗“数额较大”“数额巨大”“数额特别巨大”的认定

1.《最高人民法院、最高人民检察院关于办理诈骗刑事案件具体应用法律若干问题的解释》（法释〔2011〕7号，2011年4月8日起施行）

第一条　诈骗公私财物价值三千元至一万元以上、三万元至十万元以上、五十万元以上的，应当分别认定为刑法第二百六十六条规定的“数额较大”、“数额巨大”、“数额特别巨大”。

各省、自治区、直辖市高级人民法院、人民检察院可以结合本地区经济社会发展状况，在前款规定的数额幅度内，共同研究确定本地区执行的具体数额标准，报最高人民法院、最高人民检察院备案。

2.《最高人民法院、最高人民检察院、公安部关于办理电信网络诈骗等刑事案件适用法律若干问题的意见》（法发〔2016〕32号，2016年12月19日印发）

二、依法严惩电信网络诈骗犯罪

（一）根据《最高人民法院、最高人民检察院关于办理诈骗刑事案件具体应用法律若干问题的解释》第一条的规定，利用电信网络技术手段实施诈骗，诈骗公私财物价值三千元以上、三万元以上、五十万元以上的，应当分别认定为刑法第二百六十六条规定的“数额较大”“数额巨大”“数额特别巨大”。

二年内多次实施电信网络诈骗未经处理，诈骗数额累计计算构成犯罪的，应当依法定罪处罚。

3.《最高人民法院研究室关于申付强诈骗案如何认定诈骗数额问题的电话答复》（1991年4月23日发布）

在具体认定诈骗犯罪数额时，应把案发前已被追回的被骗款额扣除，按最后实际诈骗所得数额计算。但在处罚时，对于这种情况应当作为从重情节予以考虑。

（三）定罪量刑对应表

表4－1　诈骗罪定罪量刑对应表

<table>
<tr><th>诈骗罪</th><th>普通诈骗</th><th>网络诈骗</th><th>刑期</th><th>备注</th></tr>
<tr><td>第一档</td><td>三千元至一万元以上</td><td>三千元</td><td>三年以下有期徒刑、拘役或者管制，并处或者单处罚金</td><td></td></tr>
<tr><td>第二档</td><td>三万元至十万元以上</td><td>三万元</td><td>三年以上十年以下有期徒刑，并处罚金</td><td rowspan="2">电信网络诈骗数额八折情形：
1. 造成被害人或其近亲属自杀、死亡或者精神失常等严重后果的；
2. 冒充司法机关等国家机关工作人员实施诈骗的；
3. 组织、指挥电信网络诈骗犯罪团伙的；
4. 在境外实施电信网络诈骗的；
5. 曾因电信网络诈骗犯罪受过刑事处罚或者二年内曾因电信网络诈骗受过行政处罚的；
6. 诈骗残疾人、老年人、未成年人、在校学生、丧失劳动能力人的财物，或者诈骗重病患者及其亲属财物的；
7. 诈骗救灾、抢险、防汛、优抚、扶贫、移民、救济、医疗等款物的；
8. 以赈灾、募捐等社会公益、慈善名义实施诈骗的；
9. 利用电话追呼系统等技术手段严重干扰公安机关等部门工作的；
10. 利用“钓鱼网站”链接、“木马”程序链接、网络渗透等隐蔽技术手段实施诈骗的</td></tr>
<tr><td>第三档</td><td>五十万元</td><td>五十万元</td><td>十年以上有期徒刑或者无期徒刑，并处罚金或者没收财产</td></tr>
</table>

第二节 洗钱罪和掩饰、隐瞒犯罪所得、犯罪所得收益罪

一、犯罪构成

（一）《刑法》（2020 年 12 月 26 日修正）

第一百九十一条① 【洗钱罪】为掩饰、隐瞒毒品犯罪、黑社会性质的组织犯罪、恐怖活动犯罪、走私犯罪、贪污贿赂犯罪、破坏金融管理秩序犯罪、金融诈骗犯罪的所得及其产生的收益的来源和性质，有下列行为之一的，没收实施以上犯罪的所得及其产生的收益，处五年以下有期徒刑或者拘役，并处或者单处罚金；情节严重的，处五年以上十年以下有期徒刑，并处罚金：

（一）提供资金帐户的；

（二）将财产转换为现金、金融票据、有价证券的；

（三）通过转帐或者其他支付结算方式转移资金的；

（四）跨境转移资产的；

（五）以其他方法掩饰、隐瞒犯罪所得及其收益的来源和性质的。

单位犯前款罪的，对单位判处罚金，并对其直接负责的主管人员和其他直接责任人员，依照前款的规定处罚。

第三百一十二条 【掩饰、隐瞒犯罪所得、犯罪所得收益罪】明知是犯罪所得及其产生的收益而予以窝藏、转移、收购、代为销售或者以其他方法掩饰、隐瞒的，处三年以下有期徒刑、拘役或者管制，并处或者单处罚金；情节严重的，处三年以上七年以下有期徒刑，并处罚金。

单位犯前款罪的，对单位判处罚金，并对其直接负责的主管人员和其他直接责任人员，依照前款的规定处罚。

（二）学理解释

洗钱罪与掩饰、隐瞒犯罪所得、犯罪所得收益罪的犯罪主体均为一般主体，即年满 16 周岁、具有刑事责任能力的自然人，单位也可成为该罪的犯罪主体。

---

① 《刑法修正案（十一）》对该条进行了修改：第一，通过删除原第 191 条关于客观行为方式中三个“协助”和“明知”等的术语，改变了洗钱罪只能由他犯构成的限制性框架，将自洗钱纳入洗钱罪的打击范围。第二，删除了罚金的限额比例，扩大了根据个案情况，决定财产刑金额的自由裁量空间。第三，对单位犯罪的直接负责的主管人员和其他直接责任人员适用罚金刑。

《刑法修正案（十一）》删除了原第191条中的“明知”。明知是上游犯罪的犯罪所得、犯罪所得收益，作为主观构成要件仍必不可少。《刑法》第312条规定的明知，应当结合行为人的认知能力，接触他人犯罪所得及其收益的情况，犯罪所得及其收益的种类、数额，犯罪所得及其收益的转换、转移方式以及行为人的供述等主、客观因素进行认定。

二、疑难问题

（一）洗钱罪，掩饰、隐瞒犯罪所得、犯罪所得收益罪的主观明知

1.《最高人民法院关于审理洗钱等刑事案件具体应用法律若干问题的解释》（法释〔2009〕15号，2009年11月11日起施行）

第一条　刑法第一百九十一条、第三百一十二条规定的“明知”，应当结合被告人的认知能力，接触他人犯罪所得及其收益的情况，犯罪所得及其收益的种类、数额，犯罪所得及其收益的转换、转移方式以及被告人的供述等主、客观因素进行认定。

具有下列情形之一的，可以认定被告人明知系犯罪所得及其收益，但有证据证明确实不知道的除外：

（一）知道他人从事犯罪活动，协助转换或者转移财物的；

（二）没有正当理由，通过非法途径协助转换或者转移财物的；

（三）没有正当理由，以明显低于市场的价格收购财物的；

（四）没有正当理由，协助转换或者转移财物，收取明显高于市场的“手续费”的；

（五）没有正当理由，协助他人将巨额现金散存于多个银行账户或者在不同银行账户之间频繁划转的；

（六）协助近亲属或者其他关系密切的人转换或者转移与其职业或者财产状况明显不符的财物的；

（七）其他可以认定行为人明知的情形。

被告人将刑法第一百九十一条规定的某一上游犯罪的犯罪所得及其收益误认为刑法第一百九十一条规定的上游犯罪范围内的其他犯罪所得及其收益的，不影响刑法第一百九十一条规定的“明知”的认定。

2. 关于审理洗钱等刑事案件具体应用法律若干问题的解释的理解与适用[①]

《最高人民法院关于审理洗钱等刑事案件具体应用法律若干问题的解释》第1条主要解决了明知的客观推定和明知的对象内容两个问题。

第一，明知的客观推定。[②]《最高人民法院关于审理洗钱等刑事案件具体应用法律若干问题的解释》的基本意见是：明知不意味着确实知道，确定性认识和可能性认识均应纳入明知范畴。《最高人民法院关于审理洗钱等刑事案件具体应用法律若干问题的解释》对明知的具体认定采取了概括加列举的表述方式，除对认定原则作出一般性规定，还结合实践中的具体个案情况列举了6种推定明知的具体情形：

1. 本条第2款第1项在规定“协助转换或者转移财物”的同时，要求行为人知道他人从事犯罪活动，是因为这里同样存在一个推定的问题。刑法规定的是行为人明知所处理的财物系他人犯罪所得及其收益，从知道他人从事犯罪活动到知道财物来源于该犯罪活动，需要一个推定判断的过程，尽管这一推定结论明显符合常理和举证责任的一般要求。《最高人民法院关于审理洗钱等刑事案件具体应用法律若干问题的解释》在此予以明确，是为了消除实践中在该问题理解和认定上可能出现的种种疑虑。

2. 第2—5项规定的4种情形，即通过非法途径协助转换或者转移财物、以明显低于市场的价格收购财物、协助转换或者转移财物时收取明显高于市场的手续费、协助他人将巨额现金散存于多个银行账户或者在不同银行账户之间频繁划转等，均属于洗钱行为的典型表现形式。一般情况下，根据这些行为方式本身即

---

① 刘为波：《〈关于审理洗钱等刑事案件具体应用法律若干问题的解释〉的理解与适用》，载《人民司法·应用》2009年第23期。

② 主观上认识到是《刑法》第191条规定的上游犯罪的所得及其产生的收益，包括知道或者应当知道。其中：“知道”是指根据犯罪嫌疑人、被告人的供述、证人证言等证据，可以直接证明犯罪嫌疑人、被告人知悉、了解其所掩饰、隐瞒的是《刑法》第191条规定的上游犯罪的所得及其产生的收益；“应当知道”是指结合查证的主、客观证据，可以证明犯罪嫌疑人、被告人知悉、了解其所掩饰、隐瞒的是《刑法》第191条规定的上游犯罪的所得及其产生的收益。认定主观认知，应当结合犯罪嫌疑人、被告人的身份背景、职业经历、认知能力及其所接触、接收的信息，与上游犯罪嫌疑人、被告人的亲属关系、上下级关系、交往情况、了解程度、信任程度，接触、接收他人犯罪所得及其收益的情况，犯罪所得及其收益的种类、数额，犯罪所得及其收益的转换、转移方式，交易行为、资金账户的异常情况，以及犯罪嫌疑人、被告人的供述及证人证言等主、客观因素，进行综合分析判断。对于犯罪嫌疑人、被告人的供述和辩解，要结合全案证据进行审查判断。

可推定行为人的主观明知，这里作出“没有正当理由”的限定，主要是出于科学、严谨、审慎方面的考虑，以避免因绝对化表述而可能导致的冤及无辜以及客观归罪或者有罪推定的批评。一是现实中的情况较为复杂，不能完全排除例外情形。比如，出于逃避外汇监管、套取外商政策、快捷简便地获得国际汇款服务、逃税避税、为违法犯罪活动清算资金等合法或者非法原因，实践中存在大量通过地下钱庄等非法途径转移合法资金的情形。二是根据刑事诉讼法的规定，证明犯罪人有罪的责任应当由控方承担。主观明知属于控方的查证范畴，根据客观事实推定主观明知需在确保无例外的前提下方能成立，否则为举证责任的不当转移。

第3、4项没有给出一个具体的数额判断标准，而是代之以明显低于市场或者明显高于市场等相对原则的规定，主要是考虑到实践中的情况较为复杂，不宜一概而论，借此为司法实践结合个案情况进行具体裁量留下空间。实践中在理解和认定明显低于市场或者明显高于市场时，可以结合行为当时当地的市场行情、低于或者高于市场的绝对数、比例数以及转换或者转移犯罪所得及其收益的次数等综合认定。

第5项规定中的巨额现金的认定起点，根据《金融机构大额交易和可疑交易报告管理办法》的规定和我国人均国民收入水平，各地目前可考虑以20万元为参照标准，结合当地经济发展水平适当浮动。数额仅仅是判断的一个方面，这里更加侧重的是另外两个方面：一是现金，二是存在可疑因素（非正常的现金处理），本起点数额看似偏低，但综合看基本符合当前的实际情况。

3. 第6项未规定没有正当理由的限制条件，主要是考虑到：从行为人与上游犯罪人之间存在的近亲属或者其他密切关系，已经足以判断出行为人对上游犯罪人的经济状况以及所处理财物的性质存在主观明知。而且，该款还作了“但有证据证明确实不知道的除外”的总的规定，可以有效防止司法推定的绝对化。

第二，明知的对象内容。①《最高人民法院关于审理洗钱等刑事案件具体应用法律若干问题的解释》的基本意见是：行为人对7类上游犯罪的违法所得及其收益具有概括性认识即告充足，而不要求特定到某一具体的上游犯罪所得及其收益。理由是：将明知的对象内容严格限定为7类上游犯罪中的具体类别犯罪的违

---

① 主观上认识到是《刑法》第191条规定的上游犯罪的所得及其产生的收益，是指对上游犯罪客观事实的认识，而非对行为性质的认识。将某一上游犯罪的所得及其产生的收益认为是该条规定的其他上游犯罪的所得及其产生的收益的，不影响主观认知的认定。

法所得及其收益，与我国刑法关于认识错误的一般理论不符。行为人在7类上游犯罪的范围内将此类犯罪所得及其收益误认为彼类犯罪所得及其收益，因两者在法律性质上是一致的，不属于对犯罪构成要件对象的认识错误，故不应影响案件的定性。同时应当注意到，如行为人将7类上游犯罪所得及其收益误认为系其他犯罪所得及其收益，因存在法定构成要件的认识错误，则不应以《刑法》第191条规定的洗钱罪处理。

3.《最高人民法院、最高人民检察院关于办理与盗窃、抢劫、诈骗、抢夺机动车相关刑事案件具体应用法律若干问题的解释》（法释〔2007〕11号，2007年5月11日起施行）

第六条　行为人实施本解释第一条、第三条第三款规定的行为，涉及的机动车有下列情形之一的，应当认定行为人主观上属于上述条款所称“明知”：

（一）没有合法有效的来历凭证；

（二）发动机号、车辆识别代号有明显更改痕迹，没有合法证明的。

（二）洗钱的行为方式

1.《最高人民法院关于审理洗钱等刑事案件具体应用法律若干问题的解释》（法释〔2009〕15号，2009年11月11日起施行）

第二条　具有下列情形之一的，可以认定为刑法第一百九十一条第一款第（五）项规定的“以其他方法掩饰、隐瞒犯罪所得及其收益的来源和性质”：

（一）通过典当、租赁、买卖、投资等方式，协助转移、转换犯罪所得及其收益的；

（二）通过与商场、饭店、娱乐场所等现金密集型场所的经营收入相混合的方式，协助转移、转换犯罪所得及其收益的；

（三）通过虚构交易、虚设债权债务、虚假担保、虚报收入等方式，协助将犯罪所得及其收益转换为“合法”财物的；

（四）通过买卖彩票、奖券等方式，协助转换犯罪所得及其收益的；

（五）通过赌博方式，协助将犯罪所得及其收益转换为赌博收益的；

（六）协助将犯罪所得及其收益携带、运输或者邮寄出入境的；

（七）通过前述规定以外的方式协助转移、转换犯罪所得及其收益的。

2. 关于审理洗钱等刑事案件具体应用法律若干问题的解释的理解与适用①

洗钱行为表现为两类：一是基于掩饰、隐瞒财产的非法来源或者帮助上游犯罪人逃避刑事追究之目的而转换或者转移犯罪所得的行为；二是掩饰、隐瞒上游犯罪所得的真实性质、来源等的行为。对于这两类行为的惩罚，在我国刑法中主要通过《刑法》第191、312条规定来具体落实。我们认为，两个法条的区分界限应落脚在是否为特定上游犯罪上，而非具体的行为方式。实践中存在的所有洗钱行为，包括通过商业银行等银行类金融机构，证券公司、保险公司等非银行类金融机构，商品交易、企业收购、投资等非金融途径以及地下钱庄、赌博、购彩、走私等非法途径实施的洗钱犯罪。只要其对象属于《刑法》第191条规定的上游犯罪的犯罪所得及收益，即应以《刑法》第191条规定的洗钱罪定罪处罚。

为方便司法操作，经对实践中发生较多的一些洗钱方式甄别分类、概括提炼，形成了本条规定的6种情形。具体说明如下：

（1）通过典当、租赁、买卖、投资等方式，协助转移、转换犯罪所得及其收益。规定本情形主要解决两个问题：一是拾遗。即便从金融机构角度看，《刑法》第191条第1款第2项关于将财产转换为现金、金融票据、有价证券的规定也不全，比如期货、保险、黄金领域未作规定。二是补缺。第191条第1款第2项仅规定将财产转换为现金、金融票据、有价证券行为，未对反向行为作出规定。同时，鉴于典当、租赁、投资领域也经常为洗钱犯罪所利用，故在此一并规定。实践中通过商品买卖进行洗钱主要表现为以犯罪所得购买贵重金属、古玩字画、房产等大宗贵重物品以及利用进出口贸易进行跨境洗钱活动等；通过投资进行洗钱主要表现为收购企业、购买股票等有价证券以及保险等。

（2）通过与商场、饭店、娱乐场所等现金密集型场所的经营收入相混合的方式，协助转移、转换犯罪所得及其收益。现金密集型行业主要是指零售、服务等行业，这类行业现金流量大，难以监管，不时掺入犯罪财产，与合法收入一同申报纳税难以被发现，故易为洗钱犯罪所用。现代意义上的洗钱概念即渊源于此。

（3）通过虚构交易、虚设债权债务、虚假担保、虚报收入等方式，协助将犯罪所得及其收益转换为合法财物。虚构交易与前述真实交易有所不同，前者侧

---

① 刘为波：《〈关于审理洗钱等刑事案件具体应用法律若干问题的解释〉的理解与适用》，载《人民司法·应用》2009年第23期。

重掩饰、隐瞒；后者侧重转移、转换。虚构交易主要体现为：通过空壳公司等在无真实交易的情况下虚买虚卖、自买自卖或者以高价购买低价物品，将赃钱合法转移给同伙。虚设债权、虚假担保与虚构交易道理相通。虚假担保在实践中主要表现为：以犯罪所得作抵押、质押取得银行合法贷款，贷款到期不还贷，抵押物、质押物交由银行变卖受偿。

（4）通过买卖彩票、奖券等方式，协助转换犯罪所得及其收益。实践中通过购买彩票、奖券等方式的洗钱，主要有3种表现：一是协助购买他人已经中彩、中奖的票券；二是协助以犯罪所得去购买彩票、奖券，并事实上中奖、中彩；三是协助用犯罪所得去购买彩票、奖券，但未能中奖、中彩。该3种情形均属对犯罪所得及其收益的转移、转换行为，故均应以洗钱犯罪论处。

（5）通过赌博方式，协助将犯罪所得及其收益转换为赌博收益。征求意见和专家论证时，有意见提出，赌博也是违法犯罪行为，不存在把赃钱合法化的问题。《最高人民法院关于审理洗钱等刑事案件具体应用法律若干问题的解释》对此予以保留，主要有3个方面的考虑：一是赌场是一个较为典型的洗钱场所，性质上非法并不意味着实践中不存在；二是当前国内存在不少通过境外赌场、网上赌场洗钱的情形；三是洗钱并不意味着非得把黑钱洗白（合法化），公约文件强调对洗钱的3个不同阶段（放置、分层、混同）均需打击。

（6）协助将犯罪所得及其收益携带、运输或者邮寄出入境。为逃避金融监测、监管，通过人体、所携行李或者交通工具偷运犯罪所得出入境，或者利用国际邮件夹带现金将赃款邮寄出入境，正日益成为重要的洗钱手段。《刑法》第191条仅明确了协助将资金汇往境外的洗钱手段，存在明显不足。为满足实践中的打击需要，《最高人民法院关于审理洗钱等刑事案件具体应用法律若干问题的解释》对此予以明确。此外，对利用地下钱庄、哈瓦那等替代性兑换、汇款机制进行洗钱的行为，也应依法追究刑事责任。

3. 最高人民检察院、中国人民银行惩治洗钱犯罪典型案例

（1）曾某洗钱案——准确认定黑社会性质的组织犯罪所得及收益，严惩洗钱犯罪助力“打财断血”。

通过以下证据的收集，查证协助转移资金的主观心态：一是收集曾某、熊某二人关系的证据，结合曾某对二人交往情况的相关供述，证明曾某、熊某二人同是生米镇本地人，交往频繁，是好友关系，曾某知道熊某在当地称霸并实施多种违法犯罪活动。二是收集曾某身份及专业背景的证据，结合曾某对工程建设的相

关供述，证明曾某长期从事工程承揽、项目建设等业务，知道银某公司在工程未开工的情况下付给熊某3700万元工程款不符合工程建设常规，实际上是在拿地、拆迁等事项上有求于熊某。

①检察机关办理涉黑案件时，要对与黑社会性质组织及其违法犯罪活动有关的财产进行深入审查，深挖为黑社会性质组织转移、隐匿财产的洗钱犯罪线索，打财断血，摧毁其死灰复燃的经济基础。发现洗钱犯罪线索的，应当通知公安机关立案侦查；发现遗漏应当移送起诉的犯罪嫌疑人和犯罪事实的，应当要求公安机关补充移送起诉；犯罪事实清楚，证据确实、充分的，可以直接提起公诉。

②黑社会性质的组织犯罪所得及其产生的收益，包括在黑社会性质组织的形成、发展过程中，该组织及组织成员通过违法犯罪活动或其他不正当手段聚敛的全部财物、财产性权益及其孳息、收益。认定黑社会性质组织及其成员实施的各种犯罪所得及其产生的收益，可以从涉案财产是否为该组织及其成员通过违法犯罪行为获取、是否系利用黑社会性质组织影响力和控制力获取、是否用于黑社会性质组织的日常开支和发展壮大等方面综合判断。

③对上游犯罪所得及其产生的收益的认识，包括知道或者应当知道。检察机关办理涉黑洗钱案件，要注意审查洗钱犯罪嫌疑人与黑社会性质组织成员交往细节、密切程度、身份背景、从业经历等证据，补强其了解、知悉黑社会性质组织及具体犯罪行为的证据；对黑社会性质组织称霸一方实施违法犯罪的事实知情，辩称对相关行为的法律定性不知情的，不影响对主观故意的认定。

④发挥行政、司法职能作用，做好行刑衔接与配合。人民银行是反洗钱行政主管部门，要加强对大额交易和可疑交易信息的收集分析监测，发现重大嫌疑主动开展反洗钱调查，并向司法机关提供洗钱犯罪线索和侦查协助。人民检察院办案中发现洗钱犯罪线索，可以主动向人民银行调取所涉账户资金来源、去向的证据，对大额取现、频繁划转、使用关联人账户等异常资金流转情况可以联同公安机关、人民银行反洗钱部门等进行分析研判，及时固定洗钱犯罪主要证据。

（2）雷某、李某洗钱案——准确认定以隐匿资金流转痕迹为目的的多种洗钱手段，行刑双罚共促洗钱犯罪惩治和预防。

2016年年底，朱某出资成立瑞某公司，聘用雷某、李某为该公司员工，并让李某挂名担任法定代表人，为其他公司提供商业背景调查服务。2017年2月至2018年1月，雷某、李某除从事瑞某公司自身业务外，应朱某要求，明知腾某公司以外汇理财业务为名进行非法集资，仍向朱某提供多张本人银行卡，接收朱某实际控制的多个账户转入的非法集资款。之后，雷某、李某配合腾某公司财务人员罗某（另案处理）等人，通过银行大额取现、大额转账、同柜存取等方式将上述非法集资款转移给朱某。其中，大额取现2404万余元，交给朱某及其保镖；大额转账940万余元，转入朱某实际控制的多个账户及房地产公司账户用于买房；银行柜台先取后存6299万余元，存入朱某本人账户及其实际控制的多个账户。其中，雷某转移资金共计6362万余元，李某转移资金共计3281万余元。二人除工资收入外，自2017年6月起收取每月1万元的好处费。

①在非法集资等犯罪持续期间帮助转移犯罪所得及收益的行为，可以构成洗钱罪。非法集资等犯罪存在较长期的持续状态，在犯罪持续期间帮助犯罪分子转移犯罪所得及收益，符合《刑法》第191条规定的，应当认定为洗钱罪。上游犯罪是否结束，不影响洗钱罪的构成，洗钱行为在上游犯罪实施终了前着手实施的，可以认定洗钱罪。

②洗钱犯罪手段多样，变化频繁，本质都是通过隐匿资金流转关系，掩饰、隐瞒犯罪所得及收益的来源和性质。本案被告人为隐匿资金真实去向，大额取现或者将大额赃款在多个账户间进行频繁划转；为避免直接转账留下痕迹，将转账拆分为先取现后存款，人为割裂交易链条，利用银行支付结算业务采取了多种手段实施洗钱犯罪。实践中除上述方式外，还有利用汇兑、托收承付、委托收款或者开立票据、信用证以及利用第三方支付、第四方支付等互联网支付业务实施的洗钱犯罪，资金转移方式更专业，洗钱手段更隐蔽。检察机关在办案中要透过资金往来表象，认识行为本质，准确识别各类洗钱手段。

③充分发挥金融机构、行政监管和刑事司法反洗钱工作合力，共同落实反洗钱义务和责任。金融机构应当建立并严格执行反洗钱内部控制制度，履行客户尽职调查义务、大额交易和可疑交易报告义务，充分发挥反洗钱“第一防线”的作用。人民银行要加强监管，对涉嫌洗钱的可疑交易活动进行反洗钱调查，对金融机构反洗钱履职不力的违法行为作出行政处罚，涉嫌犯罪的，应当及时移送公安机关立案侦查。人民检察院要充分发挥法律监督职能作用和刑事诉讼中指控证明犯罪的主导责任，准确追诉犯罪，发现金融机构涉嫌行政违法的，及时移送人民银行调查处理，促进行业治理。

（3）陈某枝洗钱案——准确认定利用虚拟货币洗钱新手段，上游犯罪查证属实未判决的，不影响洗钱罪的认定。

2018年年中，陈某波将非法集资款中的300万元转账至陈某枝个人银行账户。2018年8月，为转移财产，掩饰、隐瞒犯罪所得，陈某枝、陈某波二人离婚。2018年10月底至11月底，陈某枝明知陈某波因涉嫌集资诈骗罪被公安机关调查、立案侦查并逃往境外，仍将上述300万元转至陈某波个人银行账户，供陈某波在境外使用。另外，陈某枝按照陈某波指示，将陈某波用非法集资款购买的车辆以90余万元的低价出售，随后在陈某波组建的微信群中联系比特币“矿工”，将卖车钱款全部转账给“矿工”换取比特币密钥，并将密钥发送给陈某波，供其在境外兑换使用。陈某波目前仍未到案。

①利用虚拟货币跨境兑换，将犯罪所得及收益转换成境外法定货币或者财产，是洗钱犯罪新手段，洗钱数额以兑换虚拟货币实际支付的资金数额计算。虽然我国监管机关明确禁止代币发行融资和兑换活动，但由于各个国家和地区对比特币等虚拟货币采取的监管政策存在差异，通过境外虚拟货币服务商、交易所，可实现虚拟货币与法定货币的自由兑换，虚拟货币被利用成为跨境清洗资金的新手段。

②根据利用虚拟货币洗钱犯罪的交易特点收集运用证据，查清法定货币与虚拟货币的转换过程。要按照虚拟货币交易流程，收集行为人将赃款转换为虚拟货币、将虚拟货币兑换成法定货币或者使用虚拟货币的交易记录等证据，包括比特币地址、密钥，行为人与比特币持有者的联络信息和资金流向数据等。

③上游犯罪查证属实，尚未依法裁判，或者依法不追究刑事责任的，不影响洗钱罪的认定和起诉。在追诉犯罪过程中，可能存在上游犯罪与洗钱犯罪的侦查、起诉以及审判活动不同步的情形，或者因上游犯罪嫌疑人潜逃、死亡、未达到刑事责任年龄等原因出现暂时无法追究刑事责任或者依法不追究刑事责任等情形。洗钱罪虽是下游犯罪，但是仍然是独立的犯罪，从惩治犯罪的必要性和及时性考虑，存在上述情形时，可以将上游犯罪作为洗钱犯罪的案内事实进行审查，根据相关证据能够认定上游犯罪的，上游犯罪未经刑事判决确认不影响对洗钱罪的认定。

④人民检察院对办案当中发现的洗钱犯罪新手段新类型新情况，要及时向人民银行通报反馈，提示犯罪风险、提出意见建议，帮助丰富反洗钱监测模型、完善监管措施。人民银行要充分发挥反洗钱国际合作职能，向国际反洗钱组织主动提供成功案例，通报新型洗钱手段和应对措施，深度参与反洗钱国际治理，向世界展示中国作为负责任的大国在反洗钱工作方面的决心和力度。

（4）张某洗钱案——开展“一案双查”，自行侦查深挖洗钱犯罪线索。

2007 年至 2012 年，被告人张某明知陈某从事非法集资活动，先后开立 6 个银行账户，提供给陈某使用，共接收陈某从其个人及其实际控制的亲友银行账户转入的非法集资款 6.6 亿余元。张某前往银行柜台将其中的 67 万余元转账至陈某控制的其他银行账户，1156 万元以开具本票的方式支取并汇入陈某控制的其他银行账户、取现给陈某或者用于购物付款；张某还将网银 U 盾提供给陈某，由陈某及其公司会计将其余 6.5 亿余元使用 U 盾陆续转出。另外，2009 年 3 月至 2011 年 8 月间，张某将工资卡账户提供给陈某，接受陈某转入的非法集资款共计 307 万元，张某将转入资金与工资混用，用于消费、信用卡还款、取现等。

①检察机关对需要补充侦查的案件，可以退回公安机关补充侦查，也可以自行侦查。特别是对经退回补充侦查，公安机关未按补充侦查要求补充收集证据，关键证据存在灭失风险，需要及时收集固定，侦查活动可能存在违法情形的，检察机关应当依法自行侦查，并将自行侦查的结果向公安机关通报，对侦查人员怠于侦查的情况提出纠正意见。

②检察机关对洗钱罪上游犯罪开展自行侦查的，应当同步审查是否涉嫌洗钱犯罪。在自行侦查、同步审查时，应当注意全面收集、审查上游犯罪所得及收益的去向相关证据，如资金转账、交易记录等。发现洗钱犯罪线索的，应当将犯罪线索和收集的证据及时移送公安机关立案侦查，并做好跟踪监督工作，依法惩治洗钱犯罪。

③有效运用自行侦查追缴违法所得，切实维护人民群众合法权益。非法集资案件中，犯罪分子往往通过各种违法手段转移非法集资款，集资参与人损失惨重。以追踪资金为导向，严惩转移非法集资款的洗钱犯罪，有利于及时查清资金去向，有效截断资金转移链条，提高追缴犯罪所得的效率效果。在依法查办陈某集资诈骗案过程中，检察机关主动作为，依法自行侦查、立案监督、追诉张某洗钱罪，会同公安机关及时查清、查封涉案资产，追缴犯罪所得，返还集资参与人，有力维护了人民群众合法权益。

（5）林某娜、林某吟等人洗钱案——严厉惩治家族化洗钱犯罪，斩断毒品犯罪资金链条。

2010 年至 2014 年，林某娜明知是毒品犯罪所得及收益，仍帮助哥哥林某永将上述资金用于购房、投资，并提供账户帮助转移资金，共计 1743 万余元。其中，2010 年至 2011 年，林某娜多次接收林某永交予的现金共 165 万元，用于购买广东省陆丰市房产一套；2011 年，林某娜购买深圳市瑞某花园房产一套，实际由林某永一次性现金支付 239 万余元购房款。以上房产均为林某娜为林某永代持。2011 年至 2013 年，林某娜提供本人及丈夫的银行账户多次接收林某永转入资金共 289 万余元，之后以提现、转账等方式交给林某永、黄某平。2011 年至 2014 年，林某娜使用林某永提供的 1050 万元，注册成立菲某公司和永某公司，并担任法定代表人，将上述注册资金用于公司经营。另外，2011 年至 2014 年，林某娜三次为林某永窝藏毒赃，其中两次在其住处为林某永保管现金，一次从林某永的住处将现金转移至其住处并保管，保管、转移毒赃共约 2460 万元。

2011 年至 2014 年，林某吟明知是毒品犯罪所得及收益，仍帮助哥哥林某永将上述资金用于投资，并提供账户帮助转移资金，共计 1150 万元。其中，2013 年至 2014 年，林某吟使用林某永提供的 350 万元，注册成立雅某公司，并担任法定代表人，将上述注册资金用于公司经营。2011 年至 2014 年，林某吟提供本人银行账户多次接收林某永转入资金共 800 万元，之后按林某永指示转账给他人 700 万元，购买理财产品、发放雅某公司员工工资共计 100 万元。

2011 年至 2013 年，黄某平明知是毒品犯罪所得及收益，仍帮助男友林某永将上述资金用于购房、投资，并提供账户帮助转移资金，共计 1719 万余元。其中，2011 年至 2012 年，黄某平使用林某永提供的 200 万元，注册成立通某公司，并担任法定代表人，将上述注册资金用于公司经营。2011 年至 2013 年，黄某平提供本人及通某公司银行账户接收林某永转账或将林某永交予的现金存入上述账户，共计 1519 万余元，之后转账至双方亲友账户、用于消费支出、购买理财产品，以及支付以黄某平名义购买的深圳市荔某花园一套房产的首付款。

2010 年至 2011 年，陈某真明知是毒品犯罪所得及收益，仍帮助丈夫蔡某璇用于购买房地产，共计 730 余万元。其中，2010 年 9 月，陈某真使用蔡某璇交予的现金 60 余万元，以其子蔡某胜的名义购买陆丰市房产一套；2011 年 5 月，陈某真使用蔡某璇交予的现金 670 万元，与林某永合伙，以蔡某璇弟弟蔡某墙的名义，购买陆丰市某建材经营部名下 4680 平方米土地使用权。

①检察机关办理毒品案件时，应当深挖毒资毒赃，同步审查是否涉嫌洗钱犯罪。针对毒资毒赃清洗家族化、团伙化的特点，要重点审查家族成员、团伙成员之间资金来往情况，斩断毒品犯罪恶性循环的资金链条。对涉毒品洗钱犯罪提起公诉的，应当提出涉毒资产处理意见和财产刑量刑建议，并加强对适用财产刑的审判监督。

②广义的洗钱犯罪包括掩饰、隐瞒犯罪所得、犯罪所得收益罪，洗钱罪，窝藏、转移、隐瞒毒赃罪，应当准确区分适用。第一，洗钱犯罪是故意犯罪，三罪都要求对上游犯罪有认识、知悉。第二，掩饰、隐瞒犯罪所得、犯罪所得收益罪是一般规定，洗钱罪和窝藏、转移、隐瞒毒赃罪是特别规定，一般规定和特别规定的主要区别在于犯罪所得及其收益是否来自特定的上游犯罪，两个特别规定的主要区别在于是否改变资金、财物的性质。第三，适用具体罪名时要能够全面准确地概括评价洗钱行为，一个行为同时构成数罪的，依照处罚较重的规定定罪处罚；数个行为分别构成数罪的，数罪并罚。

③穿透隐匿表象，准确识别利用现金和“投资”清洗毒品犯罪所得及收益的行为本质。毒品犯罪现金交易频繁，下游洗钱犯罪也大量使用现金，留痕少、隐匿性强。将毒品犯罪所得及收益用于公司注册、公司运营、投资房地产等使资金直接“合法化”，是上游毒品犯罪分子试图漂白资金的惯用手法。办案当中要通过审查与涉案现金持有、转移、使用过程相关的证据，查清毒资毒赃的来源和去向，同步惩治上下游犯罪。

（6）赵某洗钱案——退回补充侦查追加认定遗漏犯罪事实，综合其他证据“零口供”定罪。

2012 年开始，赵某长期与武某保持情人关系。2013 年至 2018 年 6 月，赵某向武某提供个人银行账户，多次接收从武某本人银行账户或者武某贪污罪共犯王某实际控制的银行账户转入的武某贪污、受贿款项，共计 1200 余万元。其中，2013 年至 2014 年，赵某提供银行账户接收从武某银行账户转入的 16 笔汇款 270 余万元，后赵某将上述款项转入天津中某地产有限公司（以下简称中某公司）账户，以本人名义购买天津市河西区君某小区一处房产及车位。2015 年 7 月至 11 月，赵某提供银行账户接收从武某银行账户转入的 1 笔汇款 60 万元，接收王某通过其母亲李某的银行账户转入的 1 笔汇款 100 万元，并从武某处得知该 100 万元系王某所给。后赵某将其中 20 万元转入天津市多家家具公司账户，为此前购买的君某小区房产购置家具，其余 140 万元以本人名义购买银行理财产品。2016 年 8 月，赵某提供银行账户接收从武某银行账户转入的 1 笔汇款 170 万元，后赵某全部转入中某公司账户，以本人名义购买君某小区的另一处房产。2017 年 1 月，赵某提供银行账户接收从武某银行账户转入的 1 笔汇款 100 万元，并从武某处得知系王某所给，后以本人名义购买银行理财产品。2018 年 6 月，赵某提供银行账户接收从武某银行账户转入的 1 笔汇款 500 万元，后将其中 300 万元转入本人其他银行账户，其余200万元仍存于原银行账户。

①检察机关办理贪污贿赂犯罪案件，应当同步审查贪污贿赂款物的去向及转移过程，发现洗钱犯罪线索，及时移交公安机关立案侦查。贪污贿赂犯罪人员的近亲属、密切关系人等是洗钱犯罪的高发人群，虽然没有参与实施贪污贿赂犯罪，但是提供资金账户接收、转移犯罪所得，以投资、理财、购买贵重物品等方式掩饰、隐瞒赃款来源和性质，符合《刑法》第191条规定的，应当以洗钱罪追究刑事责任。

②重证据，不依赖口供。犯罪嫌疑人不供认犯罪的，可以通过审查犯罪嫌疑人对贪污贿赂犯罪分子的职业、合法收入了解情况，双方交往、共同工作、生活情况，双方资金、财产往来情况，接收资金、财产后转移、投资情况，以及接受、转移的资产与其职业、收入是否相符等情况，综合认定犯罪嫌疑人对上游犯罪的了解、知悉状态。

③检察机关审查洗钱犯罪案件，要对上游犯罪中相关的涉案财物全面审查，不能局限于移送的犯罪事实。发现遗漏犯罪事实、遗漏其他犯罪嫌疑人的，应当及时通知公安机关补充侦查或者补充移送起诉。要加强与监察机关、公安机关的沟通配合、工作引导，在严厉查办上游犯罪的同时，重视转移、掩饰、隐瞒犯罪所得及收益等洗钱犯罪的查办，并通过查办洗钱犯罪，追缴犯罪所得，有效遏制上游犯罪。

（三）掩饰、隐瞒犯罪所得、犯罪所得收益的行为方式

1.《最高人民法院关于审理掩饰、隐瞒犯罪所得、犯罪所得收益刑事案件适用法律若干问题的解释》（2021年4月13日法释〔2021〕8号修正）

第十条　通过犯罪直接得到的赃款、赃物，应当认定为刑法三百一十二条规定的“犯罪所得”。上游犯罪的行为人对犯罪所得进行处理后得到的孳息、租金等，应当认定为刑法三百一十二条规定的“犯罪所得产生的收益”。

明知是犯罪所得及其产生的收益而采取窝藏、转移、收购、代为销售以外的方法，如居间介绍买卖，收受，持有，使用，加工，提供资金账户，协助将财物转换为现金、金融票据、有价证券，协助将资金转移、汇往境外等，应当认定为刑法三百一十二条规定的“其他方法”。

2.《最高人民法院、最高人民检察院关于办理危害计算机信息系统安全刑事案件应用法律若干问题的解释》（法释〔2011〕19号，2011年9月1日起施行）

第七条　明知是非法获取计算机信息系统数据犯罪所获取的数据、非法控制

计算机信息系统犯罪所获取的计算机信息系统控制权，而予以转移、收购、代为销售或者以其他方法掩饰、隐瞒，违法所得五千元以上的，应当依照刑法第三百一十二条第一款的规定，以掩饰、隐瞒犯罪所得罪定罪处罚。

实施前款规定行为，违法所得五万元以上的，应当认定为刑法第三百一十二条第一款规定的“情节严重”。

单位实施第一款规定行为的，定罪量刑标准依照第一款、第二款的规定执行。

3.《最高人民法院、最高人民检察院、公安部关于办理电信网络诈骗等刑事案件适用法律若干问题的意见（二）》（法发〔2021〕22号，2021年6月17日发布）

十一、明知是电信网络诈骗犯罪所得及其产生的收益，以下列方式之一予以转账、套现、取现，符合刑法第三百一十二条第一款规定的，以掩饰、隐瞒犯罪所得、犯罪所得收益罪追究刑事责任。但有证据证明确实不知道的除外。

（一）多次使用或者使用多个非本人身份证明开设的收款码、网络支付接口等，帮助他人转账、套现、取现的；

（二）以明显异于市场的价格，通过电商平台预付卡、虚拟货币、手机充值卡、游戏点卡、游戏装备等转换财物、套现的；

（三）协助转换或者转移财物，收取明显高于市场的“手续费”的。

实施上述行为，事前通谋的，以共同犯罪论处；同时构成其他犯罪的，依照处罚较重的规定定罪处罚。法律和司法解释另有规定的除外。

（四）洗钱的上游犯罪未经刑事判决确认的案件处理

1.《最高人民法院关于审理洗钱等刑事案件具体应用法律若干问题的解释》（法释〔2009〕15号，2009年11月11日起施行）

第四条　刑法第一百九十一条、第三百一十二条、第三百四十九条规定的犯罪，应当以上游犯罪事实成立为认定前提。上游犯罪尚未依法裁判，但查证属实的，不影响刑法第一百九十一条、第三百一十二条、第三百四十九条规定的犯罪的审判。

上游犯罪事实可以确认，因行为人死亡等原因依法不予追究刑事责任的，不影响刑法第一百九十一条、第三百一十二条、第三百四十九条规定的犯罪的认定。

上游犯罪事实可以确认，依法以其他罪名定罪处罚的，不影响刑法第一百九十一条、第三百一十二条、第三百四十九条规定的犯罪的认定。

本条所称“上游犯罪”，是指产生刑法第一百九十一条、第三百一十二条、第三百四十九条规定的犯罪所得及其收益的各种犯罪行为。

2. 关于审理洗钱等刑事案件具体应用法律若干问题的解释的理解与适用①

《最高人民法院关于审理洗钱等刑事案件具体应用法律若干问题的解释》第4条主要解决洗钱犯罪案件的审判和认定程序问题。洗钱罪与上游犯罪密不可分，没有上游犯罪，就没有洗钱这一下游犯罪。那么，在程序上是否要求上游犯罪经人民法院先行判决确认，才能认定洗钱罪成立？《最高人民法院关于审理洗钱等刑事案件具体应用法律若干问题的解释》对此持否定意见。主要考虑是：（1）上游犯罪与洗钱犯罪的侦查、审查起诉以及审判活动很难做到同步进行，此外，实践中还存在一些因上游犯罪人在境外、死亡等客观原因而难以对上游犯罪人诉诸刑事程序的情形，一律要求上游犯罪经定罪判刑后才能审判洗钱犯罪，既不符合立法精神，也不利于打击。（2）是否存在上游犯罪，完全可以作为洗钱犯罪的案内事实来审查，这已经成为司法实践中的一般处理原则。（3）金融行动特别工作组“反洗钱40条建议”明确要求将洗钱犯罪在程序上作为一个独立自足的犯罪来处理。适用本款规定时应当注意到，在上游犯罪未经审判确认甚至是上游犯罪人尚未归案的情况下，上游犯罪存在与否具有诸多不确定性，审理此类洗钱案件的法院应当慎重行事，严格把握。只有根据案件事实足以认定上游犯罪事实成立的，才能认定洗钱犯罪成立。《最高人民法院关于审理洗钱等刑事案件具体应用法律若干问题的解释》在赋予洗钱案件审理程序的相对独立性的同时，并无降低此类洗钱案件的证明标准，恰恰相反，《最高人民法院关于审理洗钱等刑事案件具体应用法律若干问题的解释》增加了司法机关对于此类洗钱案件的查证要求。

《最高人民法院关于审理洗钱等刑事案件具体应用法律若干问题的解释》第4条第2款是针对依照《刑事诉讼法》第15条规定不予追究刑事责任的情形作出的规定。根据《刑法》第64条以及《最高人民法院、最高人民检察院、公安部、国家安全部、司法部、全国人大常委会法制工作委员会关于刑事诉讼法实施中若干问题的规定》（已废止）第19条关于“对于在侦查、审查起诉中犯罪嫌

---

① 刘为波：《〈关于审理洗钱等刑事案件具体应用法律若干问题的解释〉的理解与适用》，载《人民司法·应用》2009年第23期。

疑人死亡，对犯罪嫌疑人的存款、汇款应当依法予以没收或者返还被害人的，可以申请人民法院裁定通知冻结犯罪嫌疑人存款、汇款的金融机构上缴国库或者返还被害人”的规定，此情形下犯罪所得及其收益的性质不变，故针对此类犯罪所得及其收益实施的洗钱行为，同样构成犯罪并应依法追究刑事责任。

《最高人民法院关于审理洗钱等刑事案件具体应用法律若干问题的解释》第4条第3款关于“上游犯罪事实可以确认，依法以其他罪名定罪处罚的，不影响刑法第一百九十一条、第三百一十二条、第三百四十九条规定的犯罪的认定”的规定，主要是考虑到实践中存在一些吸收犯、牵连犯，法院虽然认可了某一上游犯罪，但因被其他更重的犯罪所吸收，在处理上未再按数罪并罚的原则处理的情形。经研究，此种情形虽然在最后的量刑上未将上游犯罪作为一个单独的犯罪来评价，但不影响上游犯罪的性质认定以及相关洗钱犯罪的处理。

（五）掩饰、隐瞒犯罪所得、犯罪所得收益的上游犯罪

1.《最高人民法院关于审理掩饰、隐瞒犯罪所得、犯罪所得收益刑事案件适用法律若干问题的解释》（2021年4月13日法释〔2021〕8号修正）

第八条　认定掩饰、隐瞒犯罪所得、犯罪所得收益罪，以上游犯罪事实成立为前提。上游犯罪尚未依法裁判，但查证属实的，不影响掩饰、隐瞒犯罪所得、犯罪所得收益罪的认定。

上游犯罪事实经查证属实，但因行为人未达到刑事责任年龄等原因依法不予追究刑事责任的，不影响掩饰、隐瞒犯罪所得、犯罪所得收益罪的认定。

2. 关于审理掩饰、隐瞒犯罪所得、犯罪所得收益刑事案件适用法律若干问题的解释的理解与适用①

掩饰、隐瞒犯罪所得、犯罪所得收益罪，应当以上游犯罪事实成立为前提。第一层是，上游犯罪事实必须成立，既指上游犯罪事实有充分证据证明，也指上游犯罪事实达到了犯罪的程度。如果上游行为虽然存在，但依法不构成犯罪，则掩饰、隐瞒行为也不构成犯罪。第二层是，对掩饰、隐瞒犯罪所得、犯罪所得收益罪事实的认定，原则上应当在对上游犯罪依法裁判确定后进行。作为一种例外，也即只有极少数情况下，由于上游犯罪人还有其他犯罪事实一时难以查清或者因为其他原因尚未依法裁判，为依法及时审判掩饰、隐瞒犯罪所得及其收益案

---

① 陆建红、杨华、曹东方：《〈关于审理掩饰、隐瞒犯罪所得、犯罪所得收益刑事案件适用法律若干问题的解释〉的理解与适用》，载《人民司法·应用》2015年第17期。

件，才在上游犯罪查证属实的情况下先行认定本罪。上游犯罪事实经查证属实，但因行为人未达到刑事责任年龄等原因依法不予追究刑事责任的，不影响掩饰、隐瞒犯罪所得、犯罪所得收益罪的认定。

3. ［刑事审判参考案例第471号：潘某某、祝某某等洗钱案］

上游犯罪行为人虽未被定罪判刑，洗钱行为的证据确实、充分的，可以认定为洗钱罪。是否通谋是区分上游犯罪共犯与洗钱罪的关键。区分洗钱罪与掩饰、隐瞒犯罪所得、犯罪所得收益罪应当注意，成立洗钱罪要求其行为必须造成对国家金融管理秩序的侵害。

上游犯罪行为人虽未被定罪判刑，洗钱行为的证据确实、充分的，可以认定为洗钱罪。只要有证据证明确实发生了《刑法》第191条明文规定的上游犯罪，行为人明知系上游犯罪的所得及其产生的收益，仍然实施为上游犯罪行为人提供资金账户、协助将财产转换为现金等掩饰、隐瞒其来源和性质的帮助行为的，就可以认定洗钱罪成立。

是否通谋，是区分上游犯罪共犯与洗钱罪的关键。能够认定事先确有共谋的，则认定为上游犯罪的共犯，并根据行为人在共同犯罪中的地位、作用作出判决；如果根据现有的证据难以判定其与上游行为人存在共谋，但其实施洗钱行为的证据确实、充分的，应当就轻认定为洗钱罪。

洗钱罪与掩饰、隐瞒犯罪所得、犯罪所得收益罪的区别主要在于：犯罪客体不完全相同；上游犯罪的范围不同，洗钱罪的上游犯罪只限于《刑法》第191条规定的犯罪，而掩饰、隐瞒犯罪所得、犯罪所得收益罪的上游犯罪为第191条规定的犯罪以外有犯罪所得的所有犯罪；洗钱罪的犯罪主体既可以是个人也可以是单位，而掩饰、隐瞒犯罪所得、犯罪所得收益罪的犯罪主体只能是个人。同时，成立洗钱罪要求其行为必须造成对国家金融管理秩序的侵害。

（六）存在关联犯罪时的处罚

1.《最高人民法院关于审理掩饰、隐瞒犯罪所得、犯罪所得收益刑事案件适用法律若干问题的解释》（2021年4月13日法释〔2021〕8号修正）

第五条　事前与盗窃、抢劫、诈骗、抢夺等犯罪分子通谋，掩饰、隐瞒犯罪所得及其产生的收益的，以盗窃、抢劫、诈骗、抢夺等犯罪的共犯论处。

第六条　对犯罪所得及其产生的收益实施盗窃、抢劫、诈骗、抢夺等行为，构成犯罪的，分别以盗窃罪、抢劫罪、诈骗罪、抢夺罪等定罪处罚。

第七条　明知是犯罪所得及其产生的收益而予以掩饰、隐瞒，构成刑法三百一十二条规定的犯罪，同时构成其他犯罪的，依照处罚较重的规定定罪处罚。

第九条　盗用单位名义实施掩饰、隐瞒犯罪所得及其产生的收益行为，违法所得由行为人私分的，依照刑法和司法解释有关自然人犯罪的规定定罪处罚。

第十一条　掩饰、隐瞒犯罪所得、犯罪所得收益罪是选择性罪名，审理此类案件，应当根据具体犯罪行为及其指向的对象，确定适用的罪名。

2. 关于审理掩饰、隐瞒犯罪所得、犯罪所得收益刑事案件适用法律若干问题的解释的理解与适用①

1. 关于以上游犯罪的共犯论处问题。《最高人民法院关于审理掩饰、隐瞒犯罪所得、犯罪所得收益刑事案件适用法律若干问题的解释》第5条规定，事前与盗窃、抢劫、诈骗、抢夺等犯罪分子通谋，掩饰、隐瞒犯罪所得及其产生的收益的，以盗窃、抢劫、诈骗、抢夺等犯罪的共犯论处。掩饰、隐瞒犯罪所得、犯罪所得收益的行为是事后的帮助行为，“犯罪所得及其产生的收益”中的“犯罪”应当是指既遂犯罪。对于事前与盗窃、抢劫、抢夺等犯罪分子通谋，实施掩饰、隐瞒犯罪所得、犯罪所得收益的，主观上明知盗窃、抢劫、抢夺行为人的犯罪内容、危害后果而与其通谋，形成共同的犯罪故意，客观上对盗窃、抢劫、抢夺的犯罪分子实施犯罪予以配合，应当以共同犯罪论处。此时，其掩饰、隐瞒行为就成了盗窃、抢劫、抢夺等犯罪的组成内容。当然，在共同犯罪中的地位、作用，应根据其实际地位、作用认定。实践中需要注意的是，行为人实施盗窃、抢劫、抢夺等犯罪行为，由于系未成年人等原因而依法不追究刑事责任的，盗窃、抢劫、抢夺等行为本身仍然具有违法性，只是缺乏有责性而不可罚。掩饰、隐瞒行为人事先通谋、事中介入的，掩饰、隐瞒行为也具有违法性，与盗窃、抢劫、抢夺等犯罪行为人在违法层面仍然成立共同犯罪，掩饰、隐瞒行为人如果具有责任，则依照盗窃、抢劫、抢夺的共犯处理。

2. 关于以盗窃罪、抢劫罪、诈骗罪、抢夺罪等定罪处罚。经研究认为，诈骗、盗窃或抢劫、抢夺他人犯罪所得，客观上起到了转移他人犯罪所得的效果，但是，从罪质上说，应属于诈骗、盗窃或者抢劫、抢夺犯罪。理由：（1）主观上，行为人只具有侵犯他人财产的故意，不具有掩饰、隐瞒犯罪所得的故意。（2）客观上，行为人实施诈骗、盗窃或抢劫、抢夺的行为，未经上游犯罪人许

---

① 陆建红、杨华、曹东方：《〈关于审理掩饰、隐瞒犯罪所得、犯罪所得收益刑事案件适用法律若干问题的解释〉的理解与适用》，载《人民司法·应用》2015年第17期。

可或者默认，侵犯了上游犯罪人的“利益”。而掩饰、隐瞒犯罪行为人的掩饰、隐瞒行为，对上游犯罪的犯罪人是一种事后帮助，其行为应当是基于上游犯罪行为人的意思，即行为人与上游犯罪行为人形成合意。（3）两者侵犯的法益不同。诈骗、盗窃或抢劫、抢夺行为侵犯的是公私财产权，其中抢劫、抢夺犯罪还侵犯公民人身权利，而掩饰、隐瞒犯罪所得、犯罪所得收益罪侵犯的主要是司法秩序。（4）犯罪所得可以成为诈骗、盗窃或抢劫、抢夺的对象。诈骗、盗窃或抢劫、抢夺虽然侵犯的是公私财产权利，但这些犯罪的客体不要求被害人对财物具有合法的占有或所有权，而只要求占有关系。

3. 关于竞合关系的问题。[①]（1）法规竞合关系。涉及《刑法》第191条洗钱罪，第312条掩饰、隐瞒犯罪所得、犯罪所得收益罪，第349条窝藏、转移、隐瞒毒品、毒赃罪。根据《最高人民法院关于审理洗钱等刑事案件具体应用法律若干问题的解释》第3条规定，这三个条文属于法规竞合关系，按照一般法与特别法的适用原则从一重罪处断。（2）想象竞合关系。例如，行为人明知是他人犯罪所得的枪支而予以窝藏，同时构成掩饰、隐瞒犯罪所得罪和私藏枪支罪。按照想象竞合犯从一重罪处罚的原则定罪处罚。（3）牵连关系。掩饰、隐瞒犯罪所得、犯罪所得收益的手段行为或目的行为可能构成其他犯罪如滥用职权罪、故意毁坏文物罪等，依照从一重罪处罚的原则定罪处罚。

3.《最高人民法院、最高人民检察院、公安部关于办理电信网络诈骗等刑事案件适用法律若干问题的意见》（法发〔2016〕32号，2016年12月19日发布）

三、全面惩处关联犯罪

（五）明知是电信网络诈骗犯罪所得及其产生的收益，以下列方式之一予以转账、套现、取现的，依照刑法第三百一十二条第一款的规定，以掩饰、隐瞒犯罪所得、犯罪所得收益罪追究刑事责任。但有证据证明确实不知道的除外：

1. 通过使用销售点终端机具（POS机）刷卡套现等非法途径，协助转换或者转移财物的；

2. 帮助他人将巨额现金散存于多个银行账户，或在不同银行账户之间频繁划转的；

3. 多次使用或者使用多个非本人身份证明开设的信用卡、资金支付结算账

---

① 具有《刑法》第191条规定的上游犯罪的犯罪事实，又具有为其他不是同一事实的上游犯罪洗钱的犯罪事实的，分别以上游犯罪、洗钱罪定罪处罚，依法实行数罪并罚。

户或者多次采用遮蔽摄像头、伪装等异常手段，帮助他人转账、套现、取现的；

4. 为他人提供非本人身份证明开设的信用卡、资金支付结算账户后，又帮助他人转账、套现、取现的；

5. 以明显异于市场的价格，通过手机充值、交易游戏点卡等方式套现的。

实施上述行为，事前通谋的，以共同犯罪论处。

实施上述行为，电信网络诈骗犯罪嫌疑人尚未到案或案件尚未依法裁判，但现有证据足以证明该犯罪行为确实存在的，不影响掩饰、隐瞒犯罪所得、犯罪所得收益罪的认定。

实施上述行为，同时构成其他犯罪的，依照处罚较重的规定定罪处罚。法律和司法解释另有规定的除外。

4.《最高人民法院、最高人民检察院关于办理非法从事资金支付结算业务、非法买卖外汇刑事案件适用法律若干问题的解释》（法释〔2019〕1号，2019年2月1日起施行）

第五条　非法从事资金支付结算业务或者非法买卖外汇，构成非法经营罪，同时又构成刑法第一百二十条之一规定的帮助恐怖活动罪或者第一百九十一条规定的洗钱罪的，依照处罚较重的规定定罪处罚。

（七）掩饰、隐瞒犯罪所得、犯罪所得收益罪与洗钱罪的区分

1.《最高人民法院关于审理洗钱等刑事案件具体应用法律若干问题的解释》（法释〔2009〕15号，2009年11月11日起施行）

第三条　明知是犯罪所得及其产生的收益而予以掩饰、隐瞒，构成刑法第三百一十二条规定的犯罪，同时又构成刑法第一百九十一条或者第三百四十九条规定的犯罪的，依照处罚较重的规定定罪处罚。

2. 关于审理洗钱等刑事案件具体应用法律若干问题的解释的理解与适用[①]

《刑法》第312条是洗钱犯罪的一般条款，《刑法》第191、312、349条的主要区分在于犯罪对象，以此淡化三者在行为方式和行为性质上的差异。区分《刑法》第191条和第312条规定犯罪的关键在于上游犯罪，而非具体的行为方式。起草过程中另有意见提出，既然明确了第312条规定和第191条、第349条规定属于特别法与一般法的关系，则宜写明依照第191条、第349条规定定罪处

---

① 刘为波：《〈关于审理洗钱等刑事案件具体应用法律若干问题的解释〉的理解与适用》，载《人民司法·应用》2009年第23期。

罚，而非现在所表述的“依照处罚较重的规定定罪处罚”。《最高人民法院关于审理洗钱等刑事案件具体应用法律若干问题的解释》未采纳此意见，主要有两点考虑：一是两种不同表述在实践处理结果上基本一致；二是以往司法解释的表述习惯。①

3. ［刑事审判参考案例第1103号：姜某掩饰、隐瞒犯罪所得案］

只是对受贿所得的现金、银行卡等实施了物理意义上的窝藏、转移行为，行为的实质在于掩饰、隐瞒犯罪所得的实物本身，而非掩饰、隐瞒犯罪所得的性质和来源，不涉及资金形式的转换或转移，如将现金转换为他人名下的银行卡等，仍应限定在掩饰、隐瞒犯罪所得罪的范畴。

洗钱罪与掩饰、隐瞒犯罪所得、犯罪所得收益罪的差异性表现在：

第一，两罪的主要区分点是犯罪对象，也即上游犯罪的性质不同。洗钱罪的上游犯罪只限于《刑法》第191条规定的毒品犯罪、黑社会性质的组织犯罪、恐怖活动犯罪、走私犯罪、贪污贿赂犯罪、破坏金融管理秩序犯罪、金融诈骗犯罪这7类犯罪，掩饰、隐瞒犯罪所得、犯罪所得收益罪的上游犯罪则是除此之外的有“犯罪所得”及其收益的所有犯罪。

第二，两罪的犯罪客体有所不同。洗钱罪位列《刑法》分则第3章第4节破坏金融管理秩序罪中，该罪侵犯的客体是国家的金融管理秩序，同时也侵害了司法机关的职能活动，兼具妨害司法的性质。掩饰、隐瞒犯罪所得、犯罪所得收益罪位列《刑法》分则第6章第2节妨害司法罪中，该罪侵犯的客体主要是司法机关追诉犯罪的职能活动，也包含上游犯罪中的被害人对财物的合法权益。从立法旨趣来看，之所以把洗钱罪独立出来单列在破坏金融管理秩序罪中，设置了相较于掩饰、隐瞒犯罪所得、犯罪所得收益罪更高的法定刑，是从保障金融安全

---

① 掩饰、隐瞒犯罪所得、犯罪所得收益罪包含传统的窝藏犯罪和普通的洗钱犯罪，洗钱罪是针对毒品犯罪、黑社会性质的组织犯罪、恐怖活动犯罪、走私犯罪、贪污贿赂犯罪、破坏金融管理秩序犯罪、金融诈骗犯罪等严重犯罪而为其洗钱的行为所作的特别规定。同时符合《刑法》第191条和第312条规定的，优先适用第191条特别规定。《刑法》第191条规定的洗钱犯罪与第312条规定的普通洗钱犯罪的区分关键在于上游犯罪的不同。明知是犯罪所得及其产生的收益而予以窝藏、转移、收购、代为销售或者以其他方法掩饰、隐瞒的，应当依法认定为掩饰、隐瞒犯罪所得、犯罪所得收益罪。其中：明知是毒品犯罪、黑社会性质的组织犯罪、恐怖活动犯罪、走私犯罪、贪污贿赂犯罪、破坏金融管理秩序犯罪、金融诈骗犯罪的所得及其产生的收益，并实施第191条第1款规定的洗钱行为，从而掩饰、隐瞒犯罪所得及其收益的来源和性质的，应当依法认定为洗钱罪。

的实际需要出发，对某些特定的通常可能有巨大犯罪所得的严重犯罪而为其洗钱的行为，作出的特别规定，而在诸如恐怖活动犯罪、毒品犯罪、走私犯罪中，洗钱行为对于上游犯罪规模的扩大和犯罪的持续发生有着比普通犯罪更大的促进作用，社会危害性更大。

第三，两罪的行为方式有所差异。洗钱罪和掩饰、隐瞒犯罪所得罪的行为方式均是“掩饰、隐瞒”，但洗钱罪的表述是“掩饰、隐瞒犯罪所得及其收益的来源和性质的”，掩饰、隐瞒犯罪所得、犯罪所得收益罪的表述是“掩饰、隐瞒的”。从字面意义上看，两者有所区别。洗钱罪由于其涉及妨害金融管理秩序和破坏国家经济安全的性质，所以侧重点在于掩饰、隐瞒犯罪所得及其收益的来源和性质，也就是俗话说的把“赃钱洗白”，披上合法的外衣；而掩饰、隐瞒犯罪所得、犯罪所得收益罪的行为方式包括掩饰、隐瞒犯罪所得及其收益的来源和性质，但又不局限于此，还包括掩饰、隐瞒犯罪所得及其收益的处所等其他情况。因此，两罪之间就发生了交叉，即使上游犯罪属于洗钱罪规定的七类上游犯罪之一，但是不涉及掩饰、隐瞒犯罪所得及其收益的来源和性质的，按照罪刑法定的要求和立法本意，仍应该定掩饰、隐瞒犯罪所得、犯罪所得收益罪而非洗钱罪。“掩饰、隐瞒来源及性质”不需要局限在金融领域或通过金融机构来实现，应当将其落脚点放在资金形式的“转换”上而非“金融机构”上。洗钱罪要求行为人借助一定的金融手段或非金融手段来实现对犯罪所得及其收益的转换，它一定有一个类似交易、兑换等的转换过程。

（八）掩饰、隐瞒犯罪所得、犯罪所得收益罪的数额认定

1.《最高人民法院关于审理掩饰、隐瞒犯罪所得、犯罪所得收益刑事案件适用法律若干问题的解释》（法释〔2015〕11 号，2015 年 6 月 1 日起施行）

第四条　掩饰、隐瞒犯罪所得及其产生的收益的数额，应当以实施掩饰、隐瞒行为时为准。收购或者代为销售财物的价格高于其实际价值的，以收购或者代为销售的价格计算。

多次实施掩饰、隐瞒犯罪所得及其产生的收益行为，未经行政处罚，依法应当追诉的，犯罪所得、犯罪所得收益的数额应当累计计算。

2. 关于审理掩饰、隐瞒犯罪所得、犯罪所得收益刑事案件适用法律若干问题的解释的理解与适用①

1. 关于赃物的计价方法。本罪采取以行为时的市场价为基准，以收购或者销赃价格为补充的计价方法。基准计价方法：以掩饰、隐瞒犯罪所得、犯罪所得收益行为时的市场价为基准。市场价的确定应当以价格鉴定机构作出的鉴定意见为准。在特殊情况下，行为人从上游犯罪人处收购赃物时或向他人销售赃物时的价格高于赃物的实际价值的情况。这种情况下，就高认定，以收购或代为销售价格计。

2. 关于多次掩饰、隐瞒犯罪所得、犯罪所得收益的数额累计问题。适用累计的前提，是存在数个掩饰、隐瞒犯罪所得、犯罪所得收益的行为。数个掩饰、隐瞒行为既可能每次都构成犯罪，也可能每次都不构成犯罪，还可能有些单次构成犯罪，有些单次不构成犯罪。对于未经公安机关行政处罚，并且未超过治安管理处罚法规定的追诉期限的掩饰、隐瞒行为，数额就应当累计计算；对于已经过行政处罚或者已经超过治安管理处罚法规定的追诉期限的，那么该次掩饰、隐瞒数额就不能累计计算。对于单次掩饰、隐瞒行为，如果构成犯罪，是否累计计算，应当依照刑法关于追诉期限的规定处理。另外，掩饰、隐瞒犯罪所得及其产生的收益的行为实施后产生的孳息不计入犯罪数额。

（九）掩饰、隐瞒犯罪所得、犯罪所得收益罪宽严相济刑事政策的把握

1.《最高人民法院关于审理掩饰、隐瞒犯罪所得、犯罪所得收益刑事案件适用法律若干问题的解释》(2021 年 4 月 13 日法释〔2021〕8 号修正)

第二条　掩饰、隐瞒犯罪所得及其产生的收益行为符合本解释第一条的规定，认罪、悔罪并退赃、退赔，且具有下列情形之一的，可以认定为犯罪情节轻微，免予刑事处罚：

（一）具有法定从宽处罚情节的；

（二）为近亲属掩饰、隐瞒犯罪所得及其产生的收益，且系初犯、偶犯的；

（三）有其他情节轻微情形的。

---

① 陆建红、杨华、曹东方：《〈关于审理掩饰、隐瞒犯罪所得、犯罪所得收益刑事案件适用法律若干问题的解释〉的理解与适用》，载《人民司法·应用》2015 年第 17 期。

2.《最高人民法院、最高人民检察院关于办理妨害文物管理等刑事案件适用法律若干问题的解释》（法释〔2015〕23 号，2016 年 1 月 1 日起施行）

第十六条　实施本解释第一条、第二条、第六条至第九条规定的行为，虽已达到应当追究刑事责任的标准，但行为人系初犯，积极退回或者协助追回文物，未造成文物损毁，并确有悔罪表现的，可以认定为犯罪情节轻微，不起诉或者免予刑事处罚。

实施本解释第三条至第五条规定的行为，虽已达到应当追究刑事责任的标准，但行为人系初犯，积极赔偿损失，并确有悔罪表现的，可以认定为犯罪情节轻微，不起诉或者免予刑事处罚。

（十）依法从严惩治洗钱违法犯罪，维护金融安全和司法秩序；各部门的职责及职能作用的发挥

最高人民检察院第四检察厅、中国人民银行反洗钱局负责人就联合发布惩治洗钱犯罪典型案例答记者问（2021 年 3 月 19 日）

问：在惩治洗钱犯罪方面，金融系统的反洗钱职责如何发挥作用？

答：金融系统的反洗钱职责体现在预防和协助打击两个方面。金融机构、支付机构等依法履行反洗钱义务，包括建立反洗钱内控制度，开展洗钱风险管理，履行客户身份识别、大额和可疑交易报告、客户身份资料和交易记录保存义务，依法协助行政、执法和司法机关查询、冻结、扣划有关资金交易等。人民银行依法履行反洗钱监督管理、大额和可疑交易报告收集、反洗钱监测分析、反洗钱调查等职责，并配合侦查、监察机关针对相关案件开展反洗钱协查。金融系统可为侦破洗钱和相关犯罪案件提供精准的金融情报和资金流转证据。

2020 年，人民银行下设的中国反洗钱监测分析中心共接收金融机构、支付机构等报送可疑交易报告 258 万份。各级人民银行发现并接收的重点可疑交易线索 16926 份，开展反洗钱调查 7804 次，向侦查、监察机关移送线索 5987 次；配合侦查、监察机关对 3321 起案件开展反洗钱协查，协助破获涉嫌洗钱等案件 710 起；推动以《刑法》第 191 条洗钱罪宣判案件数量是去年的 3 倍多，配合严惩洗钱犯罪成效显著。本次公布的 6 个案例，就是这些案件中的典型。

问：《刑法修正案（十一）》对洗钱罪作了修改，明确将“自洗钱”入罪，请问检察机关将如何贯彻落实好法律新规，继续推动反洗钱工作？

答：《刑法修正案（十一）》新增“自洗钱”行为构成洗钱罪的规定，上游犯罪分子实施犯罪后，掩饰、隐瞒犯罪所得来源和性质的，不再作为后续处理赃

款的行为被上游犯罪吸收，而是单独构成洗钱罪，加大了对从洗钱犯罪中获益最大的上游犯罪本犯的处罚力度。为贯彻《刑法修正案（十一）》对《刑法》第191条洗钱罪的修订要求，最高人民检察院正在会同最高人民法院研究修改洗钱罪，掩饰、隐瞒犯罪所得、犯罪所得收益罪司法解释，对长期存在的法律适用难点和争议点予以明确，对不适应执法司法实际情况的部分规定进行调整。

"自洗钱"入罪是刑法对洗钱犯罪作出的重大调整，检察机关将遵循加大对洗钱犯罪惩治力度的立法原意，理解好、执行好刑法新规定。各级检察机关在办理各类洗钱案件，以及办理上游犯罪案件同步审查是否涉嫌洗钱犯罪的工作程序中，要强化打击"自洗钱"犯罪意识，认真审查上游犯罪分子是否有"自洗钱"行为，发现遗漏认定洗钱罪的，应当要求相关部门移送起诉或者自行侦查；对于证据确实、充分的，可直接以洗钱罪起诉。

问：人民银行如何发挥反洗钱监管职能，促进行政执法和刑事司法紧密衔接？

答：近年来，人民银行不断强化风险为本的监管理念，持续加大执法检查力度，建立了风险评估和执法检查"双支柱"反洗钱监管体制，2020年对614家金融机构、支付机构等反洗钱义务机构开展了专项和综合执法检查，依法完成对537家义务机构的行政处罚，处罚金额5.26亿元，处罚违规个人1000人，处罚金额2468万元。在促进行政执法和刑事司法衔接方面主要着重加强了以下几方面的工作：

一是引导义务机构加强反洗钱履职能力，配合好侦查、司法机关查询、冻结、扣划有关资金交易工作。人民银行持续贯彻"强监管"理念，督促义务机构履行好客户身份资料和交易记录保存等反洗钱职责，采取必要的管理和技术措施，以便及时、准确地协助侦查、司法机关完成资金交易查询、冻结、扣划等工作。

二是在反洗钱执法检查中发现并移送洗钱和相关犯罪线索。近年来，人民银行先后通过编制执法检查手册、应用数据技术分析工具等方式，提升反洗钱监管队伍的执法检查能力，在对义务机构开展执法检查时，除了对合规性义务查深查透，还结合相关交易特征，深入挖掘涉及洗钱犯罪的相关线索，并及时向公安机关移送。

三是指导金融机构根据侦查、司法机关信息开展风险自评估，完善洗钱风险管理。2021年初，人民银行反洗钱局发布了《法人金融机构洗钱和恐怖融资风险自评估指引》，专门强调金融机构在开展风险自评估工作时，可将“接受司法机关刑事查询、冻结、扣划和监察机关、公安机关查询、冻结、扣划”作为风险自评估因素，并针对发现的高风险领域合理配置反洗钱资源，提升“风险为本”工作能力。

四是根据已有的案件信息开展倒查。人民银行积极运用司法机关已经宣判的洗钱案件信息，以案件为导向回溯查看义务机构反洗钱履职是否到位，针对性发现义务机构存在的风险隐患，并对相关机构和人员进行追责处罚。以这次发布的雷某、李某洗钱案为例，侦查、司法机关准确认定了犯罪分子掩饰隐瞒非法资金的多种手段并将其绳之于法，人民银行据此对涉事金融机构反洗钱履职不当的情形依法给予了行政处罚。

问：下一步检察机关将在哪些方面重点加大反洗钱工作力度？

答：反洗钱是一项系统性工作，需要金融立法、金融基础设施建设、行业自律、行政监管、司法保障等多方面的努力与配合，下一步，检察机关将以办案为中心，依法履行法律监督职责，从以下几个方面加大反洗钱工作力度。

一是持续加大追诉洗钱犯罪力度。强化一案双查，办理上游犯罪，必须同步审查洗钱犯罪线索。在引导侦查取证时，注重引导公安机关及时追查涉案财物实际去向和洗钱线索。在审查逮捕、审查起诉等办案过程中，综合运用立案监督、追加补充起诉等职能，持续加大追诉洗钱犯罪的力度。

二是加强各部门的协调配合。要加强与人民银行及其分支机构在信息共享、线索移送、会商研讨、辅助办案、预防宣传等方面开展常态化协作。同时，也要加强与监委、法院、公安、海关缉私、海警等执法司法部门的协作配合，发挥惩治洗钱违法犯罪的合力。

三是强化检察履职。检察机关在强化惩治洗钱犯罪履职的同时，还要注重发挥法律监督职责，根据办理洗钱案件发现的问题向有关金融机构、特定非金融机构、监管部门提出检察建议，推动完善反洗钱监管措施，加强侦查和审判监督力度，并积极探索开展公益诉讼检察工作，努力从全方位多层次发挥检察机关反洗钱工作职能。

问：人民银行作为反洗钱工作部际联席会议机制的牵头单位，如何充分发挥协调机制作用，共同有效打击洗钱犯罪？

答：2003 年，人民银行开始承担组织协调国家反洗钱工作职能，牵头负责反洗钱联席会议机制，建立并不断完善了“人民银行牵头、各单位分工负责”

的工作框架。反洗钱工作部际联席会议机制现有21个成员单位，包括金融监管部门、行业主管部门、纪检监察部门、执法部门、司法部门等，在打击洗钱犯罪方面发挥着重要的作用。

2021年3月1日，《刑法修正案（十一）》生效实施，"自洗钱"行为将单独构成洗钱罪，对于遏制洗钱及上游犯罪具有极其重要的意义。下一步，人民银行将以本次典型案例发布为契机，积极会同联席会议各成员单位，加强宣传学习，深入理解立法意义，压实各部门主体责任，充分发挥行政、执法和司法合力，通过研究出台司法解释和指导意见，开展打击洗钱罪专项行动或比武竞赛，加强部门间交流座谈等多种形式，在司法实践中尽快落实刑法新规定，严厉打击治理各类洗钱犯罪活动，有效防范化解重大风险。

三、追诉量刑

（一）洗钱罪的追诉立案标准

《最高人民检察院、公安部关于公安机关管辖的刑事案件立案追诉标准的规定（二）》（公通字〔2010〕23号，2010年5月7日印发）

第四十八条　［洗钱案（刑法第一百九十一条）］明知是毒品犯罪、黑社会性质的组织犯罪、恐怖活动犯罪、走私犯罪、贪污贿赂犯罪、破坏金融管理秩序犯罪、金融诈骗犯罪的所得及其产生的收益，为掩饰、隐瞒其来源和性质，涉嫌下列情形之一的，应予立案追诉：

（一）提供资金账户的；

（二）协助将财产转换为现金、金融票据、有价证券的；

（三）通过转账或者其他结算方式协助资金转移的；

（四）协助将资金汇往境外的；

（五）以其他方法掩饰、隐瞒犯罪所得及其收益的来源和性质的。

（二）掩饰、隐瞒犯罪所得、犯罪所得收益罪的追诉立案标准

1.《最高人民法院关于审理掩饰、隐瞒犯罪所得、犯罪所得收益刑事案件适用法律若干问题的解释》（2021年4月13日法释〔2021〕8号修正）

第一条　明知是犯罪所得及其产生的收益而予以窝藏、转移、收购、代为销售或者以其他方法掩饰、隐瞒，具有下列情形之一的，应当依照刑法三百一十二条第一款的规定，以掩饰、隐瞒犯罪所得、犯罪所得收益罪定罪处罚：

（一）一年内曾因掩饰、隐瞒犯罪所得及其产生的收益行为受过行政处罚，

又实施掩饰、隐瞒犯罪所得及其产生的收益行为的；

（二）掩饰、隐瞒的犯罪所得系电力设备、交通设施、广播电视设施、公用电信设施、军事设施或者救灾、抢险、防汛、优抚、扶贫、移民、救济款物的；

（三）掩饰、隐瞒行为致使上游犯罪无法及时查处，并造成公私财物损失无法挽回的；

（四）实施其他掩饰、隐瞒犯罪所得及其产生的收益行为，妨害司法机关对上游犯罪进行追究的。

人民法院审理掩饰、隐瞒犯罪所得、犯罪所得收益刑事案件，应综合考虑上游犯罪的性质、掩饰、隐瞒犯罪所得及其收益的情节、后果及社会危害程度等，依法定罪处罚。

司法解释对掩饰、隐瞒涉及计算机信息系统数据、计算机信息系统控制权的犯罪所得及其产生的收益行为构成犯罪已有规定的，审理此类案件依照该规定。

依照全国人民代表大会常务委员会《关于〈中华人民共和国刑法〉第三百四十一条、第三百一十二条的解释》，明知是非法狩猎的野生动物而收购，数量达到五十只以上的，以掩饰、隐瞒犯罪所得罪定罪处罚。

2. 关于审理掩饰、隐瞒犯罪所得、犯罪所得收益刑事案件适用法律若干问题的解释的理解与适用①

《最高人民法院关于审理掩饰、隐瞒犯罪所得、犯罪所得收益刑事案件适用法律若干问题的解释》根据行为具体的社会危害性大小，对虽没有达到一定数额，甚至掩饰、隐瞒的犯罪所得、犯罪所得收益没有财产价值，但妨害司法秩序，应当作为犯罪处理的几种特殊情形作了入罪规定。该司法解释规定，一年内曾因掩饰、隐瞒犯罪所得、犯罪所得收益行为受过行政处罚，又再次实施上述行为的，应当以掩饰、隐瞒犯罪所得、犯罪所得收益罪定罪处罚。此类行为的社会危害性大，行为人的主观恶性深，不以数额论。当然，地方法院可根据案件的具体情况把握，如果数额确实非常小，情节显著轻微，不以犯罪论。如第一次掩饰、隐瞒的数额为1000元，被行政处罚，第二次掩饰、隐瞒的数额为100元。这种情况下，我们认为还是不以犯罪论处为宜。该司法解释规定“掩饰、隐瞒的犯罪所得系电力设备、交通设施、广播电视设施、公用电信设施、军事设施或

① 陆建红、杨华、曹东方：《〈关于审理掩饰、隐瞒犯罪所得、犯罪所得收益刑事案件适用法律若干问题的解释〉的理解与适用》，载《人民司法·应用》2015年第17期。

者救灾、抢险、防汛、优抚、扶贫、移民、救济款物的”，应当以掩饰、隐瞒犯罪所得、犯罪所得收益罪定罪处罚。根据该规定，掩饰、隐瞒的对象为上述特殊财物的犯罪，没有数额要求，主要考虑这部分行为的社会危害性极大，且上游犯罪和掩饰、隐瞒行为的关联性非常紧密，破坏的是公共利益、国防利益、公共安全利益等受法律特殊保护的利益。基于立法总是落后于司法实践的法理以及司法实践中确实存在少数难以适用前述基本标准和特殊标准的情形，该司法解释遵循了一般的立法例，设置了兜底条款。

（三）掩饰、隐瞒犯罪所得、犯罪所得收益罪情节严重的认定

1.《最高人民法院关于审理掩饰、隐瞒犯罪所得、犯罪所得收益刑事案件适用法律若干问题的解释》（2021 年 4 月 13 日法释〔2021〕8 号修正）

第三条　掩饰、隐瞒犯罪所得及其产生的收益，具有下列情形之一的，应当认定为刑法三百一十二条第一款规定的“情节严重”：

（一）掩饰、隐瞒犯罪所得及其产生的收益价值总额达到十万元以上的；

（二）掩饰、隐瞒犯罪所得及其产生的收益十次以上，或者三次以上且价值总额达到五万元以上的；

（三）掩饰、隐瞒的犯罪所得系电力设备、交通设施、广播电视设施、公用电信设施、军事设施或者救灾、抢险、防汛、优抚、扶贫、移民、救济款物，价值总额达到五万元以上的；

（四）掩饰、隐瞒行为致使上游犯罪无法及时查处，并造成公私财物重大损失无法挽回或其他严重后果的；

（五）实施其他掩饰、隐瞒犯罪所得及其产生的收益行为，严重妨害司法机关对上游犯罪予以追究的。

司法解释对掩饰、隐瞒涉及机动车、计算机信息系统数据、计算机信息系统控制权的犯罪所得及其产生的收益行为认定“情节严重”已有规定的，审理此类案件依照该规定。

2. 关于审理掩饰、隐瞒犯罪所得、犯罪所得收益刑事案件适用法律若干问题的解释的理解与适用①

认定情节严重需要综合考虑犯罪所得、犯罪所得收益的价值总额、种类、犯

---

① 陆建红、杨华、曹东方：《〈关于审理掩饰、隐瞒犯罪所得、犯罪所得收益刑事案件适用法律若干问题的解释〉的理解与适用》，载《人民司法·应用》2015 年第 17 期。

罪的次数、上游犯罪的性质及对司法机关追查上游犯罪的妨害程度等因素。《最高人民法院关于审理掩饰、隐瞒犯罪所得、犯罪所得收益刑事案件适用法律若干问题的解释》对情节严重的一般标准，从犯罪数额上予以确定，设定为掩饰、隐瞒犯罪所得及其产生的收益价值总额达到10万元以上。

符合一定情形的，掩饰、隐瞒的数额减半，达到5万元以上或者虽然未达到5万元以上，但掩饰、隐瞒犯罪所得及其产生的收益10次以上的，即可认定为本罪的情节严重。(1) 次数情形。两种情况：一种是掩饰、隐瞒犯罪所得10次以上的，行为次数多，社会危害性大，行为人属于“职业收赃人”，应严厉打击；另一种是实施掩饰、隐瞒犯罪所得行为3次以上，价值总额达到前项10万元标准的50%（5万元）的。适用该条款时，特别要注意次数的认定。要把握好以下三点：一是每一次掩饰、隐瞒的行为，必须是一个独立的行为，即独立的主观意图，独立的掩饰、隐瞒行为，独立的行为结果，但如果基于同一个故意，在同一时间、同一地点，同时或者连续对多起上游犯罪实施掩饰、隐瞒行为，一般应认定为一次掩饰、隐瞒犯罪所得及其收益的行为。为同一个上游犯罪人同一起犯罪事实的犯罪所得及其收益而分多次予以窝藏、转移、收购、代为销售或者以其他方法掩饰、隐瞒的，由于其犯罪对象的同一性，也应认定为一次掩饰、隐瞒犯罪所得及其收益的行为。二是每一次掩饰、隐瞒的行为，不以每次都构成犯罪为前提。三是即使认定为一次掩饰、隐瞒犯罪所得及其收益的行为，仍然必须注意同时适用《最高人民法院关于审理掩饰、隐瞒犯罪所得、犯罪所得收益刑事案件适用法律若干问题的解释》第3条第2款的规定，并注意有关治安处罚时效和刑事追诉时效的规定。单次掩饰、隐瞒行为不构成犯罪，且超过治安处罚时效的，不再累计次数；单次掩饰、隐瞒行为构成犯罪，但超过刑事追究时效的，也不再累计次数。(2) 特殊财物。《最高人民法院关于审理掩饰、隐瞒犯罪所得、犯罪所得收益刑事案件适用法律若干问题的解释》针对公用设备、设施及其他特殊财物，对情节严重的标准有所降低，不要求次数的限制，只要数额达到一般标准10万元的一半即5万元以上，就可认定为情节严重。司法实践中大量存在对光缆铜线、电力设施变压器等的收赃行为，助长了破坏公用设施类的犯罪，社会危害性也较其他收赃行为更大，应当是打击的重点，也是《刑法修正案（六）》对本罪加重法定刑幅度的一个重要出发点。

《最高人民法院关于审理掩饰、隐瞒犯罪所得、犯罪所得收益刑事案件适用法律若干问题的解释》第3条第1款第4、5项对其他情节严重的情形予以规定。

主要考虑如下，有的掩饰、隐瞒犯罪所得、犯罪所得收益的行为，虽然所涉及的犯罪数额不大，但上游犯罪的危害特别大，社会影响特别恶劣，甚至给国家和社会带来巨大的损失，由于掩饰、隐瞒行为，致使上游犯罪无法及时得到查处。在这种情况下，即使其犯罪数额不到10万元甚至不到5万元，但确属情节严重的，就应当依法认定为情节严重。

（四）掩饰、隐瞒犯罪所得、犯罪所得收益罪的量刑

最高人民法院、最高人民检察院《关于常见犯罪的量刑指导意见（试行）》（法发〔2021〕21号，2021年7月1日起施行）

1. 构成掩饰、隐瞒犯罪所得、犯罪所得收益罪的，根据下列情形在相应的幅度内确定量刑起点：

（1）犯罪情节一般的，在一年以下有期徒刑、拘役幅度内确定量刑起点。

（2）情节严重的，在三年至四年有期徒刑幅度内确定量刑起点。

2. 在量刑起点的基础上，根据犯罪数额等其他影响犯罪构成的犯罪事实增加刑罚量，确定基准刑。

3. 构成掩饰、隐瞒犯罪所得、犯罪所得收益罪的，根据掩饰、隐瞒犯罪所得及其收益的数额、犯罪对象、危害后果等犯罪情节，综合考虑被告人缴纳罚金的能力，决定罚金数额。

4. 构成掩饰、隐瞒犯罪所得、犯罪所得收益罪的，综合考虑掩饰、隐瞒犯罪所得及其收益的数额、危害后果、上游犯罪的危害程度等犯罪事实、量刑情节，以及被告人的主观恶性、人身危险性、认罪悔罪表现等因素，决定缓刑的适用。

（五）定罪量刑对应表

表4－2　洗钱罪定罪量刑对应表

洗钱罪	情形	刑期	备注
第一档	无具体数额标准	五年以下有期徒刑或者拘役，并处或者单处洗钱数额百分之五以上百分之二十以下罚金	单位犯前款罪的，对单位判处罚金，并对其直接负责的主管人员和其他直接责任人员，依照前款的规定处罚
第二档	洗钱数额在十万元以上的，或者洗钱数额在五万元以上，且具有下列情形之一的，可以认定为“情节严重”： （1）多次实施洗钱行为的；	五年以上十年以下有期徒刑，并处洗钱数额百分之五以上百分之二十以下罚金	

续表

洗钱罪	情形	刑期	备注
	(2) 曾因洗钱行为受过刑事追究的； (3) 拒不交代涉案资金去向或者拒不配合追缴工作，致使赃款无法追缴的； (4) 造成重大损失或者其他严重后果的。 二次以上实施洗钱犯罪行为，依法应予刑事处理而未经处理的，洗钱数额累计计算		

表4-3 掩饰、隐瞒犯罪所得、犯罪所得收益罪定罪量刑对应表

掩饰、隐瞒犯罪所得、犯罪所得收益罪	情形	刑期	备注
第一档	(一) 一年内曾因掩饰、隐瞒犯罪所得及其产生的收益行为受过行政处罚，又实施掩饰、隐瞒犯罪所得及其产生的收益行为的； (二) 掩饰、隐瞒的犯罪所得系电力设备、交通设施、广播电视设施、公用电信设施、军事设施或者救灾、抢险、防汛、优抚、扶贫、移民、救济款物的； (三) 掩饰、隐瞒行为致使上游犯罪无法及时查处，并造成公私财物损失无法挽回的； (四) 实施其他掩饰、隐瞒犯罪所得及其产生的收益行为，妨害司法机关对上游犯罪进行追究的	三年以下有期徒刑、拘役或者管制，并处或者单处罚金	单位犯罪的，对单位判处罚金，并对其直接负责的主管人员和其他直接责任人员，依照前款的规定处罚
第二档	(一) 十万元以上； (二) 十次以上，或者三次以上且价值总额达到五万元以上； (三) 救灾、抢险、防汛、优抚等特定款物价值总额达到五万元以上的； (四) 掩饰、隐瞒行为致使上游犯罪无法及时查处，并造成公私财物重大损失无法挽回或其他严重后果的； (五) 实施其他掩饰、隐瞒犯罪所得及其产生的收益行为，严重妨害司法机关对上游犯罪予以追究的	三年以上七年以下有期徒刑，并处罚金	

第五章 窃听窃照、伪基站类罪名释义及定罪量刑标准

一、犯罪构成

（一）《刑法》（2020年12月26日修正）

第二百八十二条第一款 【非法获取国家秘密罪】以窃取、刺探、收买方法，非法获取国家秘密的，处三年以下有期徒刑、拘役、管制或者剥夺政治权利；情节严重的，处三年以上七年以下有期徒刑。

第二百八十三条 【非法生产、销售专用间谍器材、窃听、窃照专用器材罪】非法生产、销售专用间谍器材或者窃听、窃照专用器材的，处三年以下有期徒刑、拘役或者管制，并处或者单处罚金；情节严重的，处三年以上七年以下有期徒刑，并处罚金。

单位犯前款罪的，对单位判处罚金，并对其直接负责的主管人员和其他直接责任人员，依照前款的规定处罚。

第二百八十四条 【非法使用窃听、窃照专用器材罪】非法使用窃听、窃照专用器材，造成严重后果的，处二年以下有期徒刑、拘役或者管制。

第二百八十四条之一 【组织考试作弊罪】在法律规定的国家考试中，组织作弊的，处三年以下有期徒刑或者拘役，并处或者单处罚金；情节严重的，处三年以上七年以下有期徒刑，并处罚金。

为他人实施前款犯罪提供作弊器材或者其他帮助的，依照前款的规定处罚。

【非法出售、提供试题、答案罪】为实施考试作弊行为，向他人非法出售或者提供第一款规定的考试的试题、答案的，依照第一款的规定处罚。

【代替考试罪】代替他人或者让他人代替自己参加第一款规定的考试的，处拘役或者管制，并处或者单处罚金。

第二百八十八条 【扰乱无线电通讯管理秩序罪】违反国家规定，擅自设

置、使用无线电台（站），或者擅自使用无线电频率，干扰无线电通讯秩序，情节严重的，处三年以下有期徒刑、拘役或者管制，并处或者单处罚金；情节特别严重的，处三年以上七年以下有期徒刑，并处罚金。

单位犯前款罪的，对单位判处罚金，并对其直接负责的主管人员和其他直接责任人员，依照前款的规定处罚。

（二）学理解释

本章各罪的犯罪主体均为一般主体。非法获取国家秘密罪中涉及的国家秘密包括国家绝密、国家机密与国家秘密，国家秘密的保密期已满、自行解密后，不再成为非法获取国家秘密罪的对象；组织考试作弊罪需在法律规定的国家考试中组织作弊，以及为组织作弊提供作弊器材或者其他帮助的行为。

二、疑难问题

（一）窃听专用器材、窃照专用器材、“伪基站”设备、作弊器材的认定

1.《国家工商行政管理总局、公安部、国家质量监督检验检疫总局禁止非法生产销售使用窃听窃照专用器材和“伪基站”设备的规定》（2015 年 1 月 22 日起施行）

第二条　禁止自然人、法人及其他组织非法生产、销售、使用窃听窃照专用器材和“伪基站”设备。

第三条　本规定所称窃听专用器材，是指以伪装或者隐蔽方式使用，经公安机关依法进行技术检测后作出认定性结论，有以下情形之一的：

（一）具有无线发射、接收语音信号功能的发射、接收器材；

（二）微型语音信号拾取或者录制设备；

（三）能够获取无线通信信息的电子接收器材；

（四）利用搭接、感应等方式获取通讯线路信息的器材；

（五）利用固体传声、光纤、微波、激光、红外线等技术获取语音信息的器材；

（六）可遥控语音接收器件或者电子设备中的语音接收功能，获取相关语音信息，且无明显提示的器材（含软件）；

（七）其他具有窃听功能的器材。

第四条　本规定所称窃照专用器材，是指以伪装或者隐蔽方式使用，经公安

机关依法进行技术检测后作出认定性结论，有以下情形之一的：

（一）具有无线发射功能的照相、摄像器材；

（二）微型针孔式摄像装置以及使用微型针孔式摄像装置的照相、摄像器材；

（三）取消正常取景器和回放显示器的微小相机和摄像机；

（四）利用搭接、感应等方式获取图像信息的器材；

（五）可遥控照相、摄像器件或者电子设备中的照相、摄像功能，获取相关图像信息，且无明显提示的器材（含软件）；

（六）其他具有窃照功能的器材。

第五条　本规定所称“伪基站”设备，是指未取得电信设备进网许可和无线电发射设备型号核准，具有搜取手机用户信息，强行向不特定用户手机发送短信息等功能，使用过程中会非法占用公众移动通信频率，局部阻断公众移动通信网络信号，经公安机关依法认定的非法无线电通信设备。

2.《最高人民法院、最高人民检察院关于办理组织考试作弊等刑事案件适用法律若干问题的解释》（法释〔2019〕13 号，2019 年 9 月 4 日起施行）

第三条　具有避开或者突破考场防范作弊的安全管理措施，获取、记录、传递、接收、存储考试试题、答案等功能的程序、工具，以及专门设计用于作弊的程序、工具，应当认定为刑法第二百八十四条之一第二款规定的“作弊器材”。

对于是否属于刑法第二百八十四条之一第二款规定的“作弊器材”难以确定的，依据省级以上公安机关或者考试主管部门出具的报告，结合其他证据作出认定；涉及专用间谍器材、窃听、窃照专用器材、“伪基站”等器材的，依照相关规定作出认定。

3.《最高人民法院、最高人民检察院关于办理组织考试作弊等刑事案件适用法律若干问题的解释》新闻发布会（2019 年 9 月 3 日）

（三）明确了作弊器材的认定标准。根据刑法第二百八十四条之一第二款的规定，组织考试作弊罪涉及为他人实施组织考试作弊犯罪提供作弊器材的情形。通过伪装以规避考场检查并可以发送、接收考试试题、答案的纽扣式数码相机、眼镜式密拍设备等，均可以认定为“作弊器材”。

4. 关于办理组织考试作弊等刑事案件适用法律若干问题的解释的理解与适用①

（三）作弊器材的认定标准与程序

《最高人民法院、最高人民检察院关于办理组织考试作弊等刑事案件适用法律若干问题的解释》第3条第1款对作弊器材的认定标准作了明确。具体而言，从功能上将作弊器材限定为具有避开或者突破考场防范作弊的安全管理措施（如纽扣式数码相机、眼镜式密拍设备通过伪装，以规避考场检查），并具有获取、记录、传递、接收、存储试题、答案等功能（如密拍设备、数据接收设备可以发送、接收相关信息）。据此，对于普通的手机、相机，不宜认定为作弊器材。此外，随着技术发展，未来有可能出现新型作弊器材。例如，在机动车驾驶员考试中，目前实行电子路考，即摒弃原先的考试员监考评分，取而代之的是电脑监控评判、进行扣分等工作。如果研制相关作弊程序，从而控制电子路考设备，使其失去相应功能，无法进行扣分，也应当认定为作弊器材。基于此，从主观动机角度，将“专门设计用于作弊的程序、工具”也规定为作弊器材。

《最高人民法院、最高人民检察院关于办理组织考试作弊等刑事案件适用法律若干问题的解释》第3条第2款明确了作弊器材的认定程序。需要注意的是，有些考试作弊器材可能属于专用间谍器材、窃听、窃照专用器材、“伪基站”等器材，应当根据相关规定作出认定，如《反间谍法实施细则》第18条第2款规定“专用间谍器材的确认，由国务院国家安全主管部门负责”；《禁止非法生产销售使用窃听窃照专用器材和“伪基站”设备的规定》规定“公安机关负责对窃听窃照专用器材……的认定工作”；《最高人民法院、最高人民检察院关于办理扰乱无线电通讯管理秩序等刑事案件适用法律若干问题的解释》第9条第1款规定“对案件所涉的有关专门性问题难以确定的，依据司法鉴定机构出具的鉴定意见，或者下列机构出具的报告，结合其他证据作出认定：（一）省级以上无线电管理机构、省级无线电管理机构依法设立的派出机构、地市级以上广播电视主管部门就是否系‘伪基站’‘黑广播’出具的报告……”。需要注意的是，对于《刑法》第284条之一第2款规定的为他人实施组织作弊犯罪提供的“其他帮助”，应当根据案件的具体情况加以把握。从实践来看，为他人组织作弊犯罪

---

① 周加海、王庆刚、喻海松：《〈关于办理组织考试作弊等刑事案件适用法律若干问题的解释〉的理解与适用》，载《人民司法》2019年第28期。

实施的下列帮助行为可以认定为“其他帮助”：(1) 帮助安排作弊考点、考场或者考位的；(2) 帮助控制考场视频监控系统和无线通讯信号屏蔽系统的；(3) 帮助传递考试试题、答案、作弊器材或者通讯设备的；(4) 帮助违规招录监考人员的；(5) 帮助更换答题卡的；(6) 其他为实施组织考试作弊犯罪提供帮助的行为。

(二)《刑法》第284条之一规定的“法律规定的国家考试”的范畴

1.《最高人民法院、最高人民检察院关于办理组织考试作弊等刑事案件适用法律若干问题的解释》(法释〔2019〕13号，2019年9月4日起施行)

第一条　刑法第二百八十四条之一规定的“法律规定的国家考试”，仅限于全国人民代表大会及其常务委员会制定的法律所规定的考试。

根据有关法律规定，下列考试属于“法律规定的国家考试”：

(一) 普通高等学校招生考试、研究生招生考试、高等教育自学考试、成人高等学校招生考试等国家教育考试；

(二) 中央和地方公务员录用考试；

(三) 国家统一法律职业资格考试、国家教师资格考试、注册会计师全国统一考试、会计专业技术资格考试、资产评估师资格考试、医师资格考试、执业药师职业资格考试、注册建筑师考试、建造师执业资格考试等专业技术资格考试；

(四) 其他依照法律由中央或者地方主管部门以及行业组织的国家考试。

前款规定的考试涉及的特殊类型招生、特殊技能测试、面试等考试，属于“法律规定的国家考试”。

2. 关于办理组织考试作弊等刑事案件适用法律若干问题的解释的理解与适用①

1. “法律规定的国家考试”的范围

《刑法》第284条之一只适用于在法律规定的国家考试中发生的考试作弊犯罪，对于在其他考试中作弊的行为，不以组织考试作弊罪，非法出售、提供试题、答案罪论处。需要注意以下几点：一是“法律规定的国家考试”限于法律有规定的考试。经梳理，目前20余部法律对“法律规定的国家考试”作了规定，包括教育法、高等教育法、公务员法、法官法、检察官法、警察法、教师

① 周加海、王庆刚、喻海松：《〈关于办理组织考试作弊等刑事案件适用法律若干问题的解释〉的理解与适用》，载《人民司法》2019年第28期。

法、执业医师法、注册会计师法、道路交通安全法、海关法、动物防疫法、旅游法、证券投资基金法、统计法、公证法等。其他考试，如护士执业资格考试，只有《护士条例》对此有规定，缺乏法律规定，不属于“法律规定的国家考试”。二是“法律规定的国家考试”不限于由中央有关主管部门依照法律统一组织的全国性考试，也包括地方主管部门依照法律规定组织的考试。普通高等学校招生考试中的自主选拔录取、艺术类专业、体育类专业、保送生等类型的高校招生考试，以及相关招生、公务员录用、专业技术资格等考试涉及的特殊技能测试、面试等考试，均属于“法律规定的国家考试”。

2. “法律规定的国家考试”范围涉及的实务争议

经研究认为，不宜依据《教育法》第 21 条的笼统规定认定只要是教育部组织的考试均属于“法律规定的国家考试”，而应限于法律有相对明确具体规定的考试，否则恐会导致“法律规定的国家考试”范围过于宽泛。目前看来，属于“法律规定的国家考试”的国家教育考试主要是指普通高等学校招生考试、研究生招生考试、高等教育自学考试、成人高等学校招生考试这 4 种考试。

其二，《建筑法》第 14 条规定：“从事建筑活动的专业技术人员，应当依法取得相应的执业资格证书，并在执业资格证书许可的范围内从事建筑活动。”经研究认为，上述规定虽未出现“考试”表述，但执业资格证书主要通过考试取得，且《注册建筑师条例》第 7 条进一步规定：“国家实行注册建筑师全国统一考试制度。注册建筑师全国统一考试办法，由国务院建设行政主管部门会同国务院人事行政主管部门商国务院其他有关行政主管部门共同制定，由全国注册建筑师管理委员会组织实施。”《注册建造师管理规定》第 3 条第 1 款规定：“本规定所称注册建造师，是指通过考核认定或考试合格取得中华人民共和国建造师资格证书（以下简称资格证书），并按照本规定注册，取得中华人民共和国建造师注册证书（以下简称注册证书）和执业印章，担任施工单位项目负责人及从事相关活动的专业技术人员。”因此，注册建筑师考试、建造师执业资格考试均属于“法律规定的国家考试”。又如，2015 年《药品管理法》第 22 条规定：“医疗机构必须配备依法经过资格认定的药学技术人员。非药学技术人员不得直接从事药剂技术工作。”《执业药师资格制度暂行规定》（已废止）第 2 条规定：“国家实行执业药师资格制度，纳入全国专业技术人员执业资格制度统一规划的范围。”第 6 条规定：“执业药师资格实行全国统一大纲、统一命题、统一组织的考试制度。一般每年举行一次。”同理，执业药师执业资格考试也属于“法律规定的国家考试”。

其三，《职业教育法》第 8 条第 1 款规定：“实施职业教育应当根据实际需要，同国家制定的职业分类和职业等级标准相适应，实行学历证书、培训证书和职业资格证书制度。”《劳动法》第 69 条规定：“国家确定职业分类，对规定的职业制定职业技能标准，实行职业资格证书制度，由经备案的考核鉴定机构负责对劳动者实施职业技能考核鉴定。”经研究认为，上述规定过于原则，且相关考核不能等同于考试，故不宜成为认定资格类考试属于“法律规定的国家考试”的依据，而应看各类资格类考试有无法律的具体规定。又如，《行政许可法》第 54 条第 1 款规定：“实施本法第十二条第三项所列事项的行政许可，赋予公民特定资格，依法应当举行国家考试的，行政机关根据考试成绩和其他法定条件作出行政许可决定……”该条也不能直接成为“法律规定的国家考试”的认定依据。

（三）考试作弊、替考的法律适用

1.《最高人民法院、最高人民检察院关于办理组织考试作弊等刑事案件适用法律若干问题的解释》（法释〔2019〕13 号，2019 年 9 月 4 日起施行）

第四条　组织考试作弊，在考试开始之前被查获，但已经非法获取考试试题、答案或者具有其他严重扰乱考试秩序情形的，应当认定为组织考试作弊罪既遂。

第七条　代替他人或者让他人代替自己参加法律规定的国家考试的，应当依照刑法第二百八十四条之一第四款的规定，以代替考试罪定罪处罚。

对于行为人犯罪情节较轻，确有悔罪表现，综合考虑行为人替考情况以及考试类型等因素，认为符合缓刑适用条件的，可以宣告缓刑；犯罪情节轻微的，可以不起诉或者免予刑事处罚；情节显著轻微危害不大的，不以犯罪论处。

第八条　单位实施组织考试作弊、非法出售、提供试题、答案等行为的，依照本解释规定的相应定罪量刑标准，追究组织者、策划者、实施者的刑事责任。

第九条　以窃取、刺探、收买方法非法获取法律规定的国家考试的试题、答案，又组织考试作弊或者非法出售、提供试题、答案，分别符合刑法第二百八十二条和刑法第二百八十四条之一规定的，以非法获取国家秘密罪和组织考试作弊罪或者非法出售、提供试题、答案罪数罪并罚。

第十条　在法律规定的国家考试以外的其他考试中，组织作弊，为他人组织作弊提供作弊器材或者其他帮助，或者非法出售、提供试题、答案，符合非法获取国家秘密罪、非法生产、销售窃听、窃照专用器材罪、非法使用窃听、窃照专用器材罪、非法利用信息网络罪、扰乱无线电通讯管理秩序罪等犯罪构成要件的，依法追究刑事责任。

第十一条　设立用于实施考试作弊的网站、通讯群组或者发布有关考试作弊的信息，情节严重的，应当依照刑法第二百八十七条之一的规定，以非法利用信息网络罪定罪处罚；同时构成组织考试作弊罪、非法出售、提供试题、答案罪、非法获取国家秘密罪等其他犯罪的，依照处罚较重的规定定罪处罚。

第十二条　对于实施本解释规定的犯罪被判处刑罚的，可以根据犯罪情况和预防再犯罪的需要，依法宣告职业禁止；被判处管制、宣告缓刑的，可以根据犯罪情况，依法宣告禁止令。

第十三条　对于实施本解释规定的行为构成犯罪的，应当综合考虑犯罪的危害程度、违法所得数额以及被告人的前科情况、认罪悔罪态度等，依法判处罚金。

2.《最高人民法院、最高人民检察院关于办理组织考试作弊等刑事案件适用法律若干问题的解释》新闻发布会（2019 年 9 月 3 日）

（四）明确了组织考试作弊罪既遂的认定标准。经研究认为，组织考试作弊罪的构成要件行为是组织作弊以及为他人实施组织考试作弊犯罪提供作弊器材或者其他帮助，只要组织考试作弊的行为已经实际严重危害到考试秩序，即应当认定为犯罪既遂，作弊目的是否实现不应当影响犯罪既遂的成立。

（八）明确了考试作弊犯罪的罪数处断规则。经研究认为，此种情形实际上是数个行为触犯数个罪名，应当予以数罪并罚，以体现对此类行为的严惩立场。此外，根据《刑法》第 287 条之一第 1 款的规定，设立用于实施违法犯罪活动的网站、通讯群组或者发布有关违法犯罪信息，情节严重的，构成非法利用信息网络罪。

（十）明确了考试作弊犯罪的职业禁止、禁止令和罚金刑适用规则。从实践来看，考试作弊犯罪相当程度存在再犯现象，故该司法解释第 12 条专门规定可以依法宣告职业禁止和禁止令。此外，考试作弊犯罪具有明显的牟利性，行为人实施该类犯罪主要是为了牟取非法利益。因此，有必要加大财产刑的适用力度，让行为人在经济上得不偿失，进而剥夺其再次实施此类犯罪的经济能力。

3. 关于办理组织考试作弊等刑事案件适用法律若干问题的解释的理解与适用①

在法律规定的国家考试以外的其他考试中组织作弊，为他人组织作弊提供作弊器材或者其他帮助，或者出售、提供试题、答案，不构成组织考试作弊罪，非法提供试题、答案罪，也可能不构成非法获取国家秘密罪等其他犯罪。此种情形下，如果设立用于实施考试作弊的网站、通讯群组或者发布有关考试作弊的信息，可以视情形适用非法利用信息网络罪。

司法适用中，对于法律规定的国家考试以外的考试而言，相关试题依照有关规定被认定为国家秘密的，考前作弊（即行为人在考前通过盗窃试卷、贿买特定知悉人员等方式非法获取考试试题、参考答案、评分标准等，而后实施组织考试作弊行为）可以适用侵犯国家秘密类犯罪。具体而言，考前作弊行为可能同时构成非法获取国家秘密罪、故意泄露国家秘密罪等罪名，应当根据牵连犯的处断原则，择一重罪处断。但是，考试开始后结束前，即考中作弊（即行为人通过雇用“枪手”进入考场，将试题非法发送给场外人员，进而作弊的行为）能否认定为侵犯国家秘密类犯罪，则取决于依照相关规定能否将开考后、结束前的试题认定为国家秘密。对此，有些考试主管部门明确规定相关试题在开考后、结束前仍然属于国家秘密。稳妥起见，司法机关在办案过程中宜仔细查阅相关规定，商请有关考试主管部门对相关考试试题在开考后、结束前是否属于国家秘密出具认定意见。

4.《最高人民法院关于审理走私、非法经营、非法使用兴奋剂刑事案件适用法律若干问题的解释》（法释〔2019〕16号，2020年1月1日起施行）

第四条　在普通高等学校招生、公务员录用等法律规定的国家考试涉及的体育、体能测试等体育运动中，组织考生非法使用兴奋剂的，应当依照刑法第二百八十四条之一的规定，以组织考试作弊罪定罪处罚。

明知他人实施前款犯罪而为其提供兴奋剂的，依照前款的规定定罪处罚。

第八条　对于是否属于本解释规定的“兴奋剂”“兴奋剂目录所列物质”“体育运动”“国内、国际重大体育竞赛”等专门性问题，应当依据《中华人民共和国体育法》《反兴奋剂条例》等法律法规，结合国务院体育主管部门出具的

---

① 周加海、王庆刚、喻海松：《〈关于办理组织考试作弊等刑事案件适用法律若干问题的解释〉的理解与适用》，载《人民司法》2019年第28期。

认定意见等证据材料作出认定。

5. 最高人民法院发布考试作弊犯罪典型案例（2019 年 9 月 3 日发布）

［章无涯、吕世龙、张夏阳等组织考试作弊案］在研究生招生考试中组织作弊，构成组织考试作弊罪“情节严重”。

［杜金波、马维圆组织考试作弊案］在公务员录用考试中组织作弊，构成组织考试作弊罪“情节严重”。

［段超、李忠诚等组织考试作弊案］在法律规定的国家考试中组织三十人次以上作弊或者违法所得三十万元以上，构成组织考试作弊罪“情节严重”。

［李志刚非法出售答案案］非法出售法律规定的国家考试的答案，构成非法出售答案罪。

［侯庆亮、虎凯代替考试案］代替他人和让他人代替自己参加研究生招生考试，均构成代替考试罪。

［王学军、翁其能等非法获取国家秘密，非法出售、提供试题、答案案］非法获取属于国家秘密的试题、答案，而后向他人非法出售、提供试题、答案，应当数罪并罚。

（四）组织考试作弊条款的时间效力

1.《最高人民法院关于〈中华人民共和国刑法修正案（九）〉时间效力问题的解释》（法释〔2015〕19 号，2015 年 11 月 1 日起施行）

第六条　对于 2015 年 10 月 31 日以前组织考试作弊，为他人组织考试作弊提供作弊器材或者其他帮助，以及非法向他人出售或者提供考试试题、答案，根据修正前刑法应当以非法获取国家秘密罪、非法生产、销售间谍专用器材罪或者故意泄露国家秘密罪等追究刑事责任的，适用修正前刑法的有关规定。但是，根据修正后刑法第二百八十四条之一的规定处刑较轻的，适用修正后刑法的有关规定。

2. 关于《中华人民共和国刑法修正案（九）》时间效力问题的解释的理解与适用①

修正后《刑法》第 284 条之一增设了组织考试作弊罪，非法出售、提供试

① 黄应生：《〈关于《中华人民共和国刑法修正案（九）》时间效力问题的解释〉的理解与适用》，载最高人民法院刑事审判第一、二、三、四、五庭主办：《中国刑事审判指导案例》（第 1 卷），法律出版社 2017 年版，第 646－650 页。

题、答案罪和代替考试罪，这些新增罪名，原则上没有溯及力。但是，组织考试作弊行为确有社会危害性，仍然可以根据修正前刑法的相关规定定罪处罚。根据从旧兼从轻原则，如果根据修正后《刑法》第284条之一的规定处刑较轻的（如情节严重的非法获取国家秘密罪的处刑比情节严重的组织考试作弊罪重），可以组织考试作弊罪和非法出售、提供试题、答案罪定罪处罚，《最高人民法院、最高人民检察院关于办理组织考试作弊等刑事案件适用法律若干问题的解释》对此也作了明确规定。

（五）非法生产、销售、使用“伪基站”设备行为的定性

1.《最高人民法院、最高人民检察院关于办理扰乱无线电通讯管理秩序等刑事案件适用法律若干问题的解释》（法释〔2017〕11号，2017年7月1日起施行）

第一条 具有下列情形之一的，应当认定为刑法第二百八十八条第一款规定的“擅自设置、使用无线电台（站），或者擅自使用无线电频率，干扰无线电通讯秩序”：

（一）未经批准设置无线电广播电台（以下简称“黑广播”），非法使用广播电视专用频段的频率的；

（二）未经批准设置通信基站（以下简称“伪基站”），强行向不特定用户发送信息，非法使用公众移动通信频率的；

（三）未经批准使用卫星无线电频率的；

（四）非法设置、使用无线电干扰器的；

（五）其他擅自设置、使用无线电台（站），或者擅自使用无线电频率，干扰无线电通讯秩序的情形。

2.《最高人民法院、最高人民检察院、公安部、国家安全部关于依法办理非法生产销售使用“伪基站”设备案件的意见》（公通字〔2014〕13号，2014年3月14日发布）

“伪基站”设备是未取得电信设备进网许可和无线电发射设备型号核准的非法无线电通信设备，具有搜取手机用户信息，强行向不特定用户手机发送短信息等功能，使用过程中会非法占用公众移动通信频率，局部阻断公众移动通信网络信号。

一、准确认定行为性质

（一）非法生产、销售“伪基站”设备，具有以下情形之一的，依照《刑

法》第二百二十五条的规定，以非法经营罪追究刑事责任：

1. 个人非法生产、销售“伪基站”设备三套以上，或者非法经营数额五万元以上，或者违法所得数额二万元以上的；

2. 单位非法生产、销售“伪基站”设备十套以上，或者非法经营数额十五万元以上，或者违法所得数额五万元以上的；

3. 虽未达到上述数额标准，但两年内曾因非法生产、销售“伪基站”设备受过两次以上行政处罚，又非法生产、销售“伪基站”设备的。

实施前款规定的行为，数量、数额达到前款规定的数量、数额五倍以上的，应当认定为《刑法》第二百二十五条规定的“情节特别严重”。

非法生产、销售“伪基站”设备，经鉴定为专用间谍器材的，依照《刑法》第二百八十三条的规定，以非法生产、销售间谍专用器材罪追究刑事责任；同时构成非法经营罪的，以非法经营罪追究刑事责任。

（二）非法使用“伪基站”设备干扰公用电信网络信号，危害公共安全的，依照《刑法》第一百二十四条第一款的规定，以破坏公用电信设施罪追究刑事责任；同时构成虚假广告罪、非法获取公民个人信息罪、破坏计算机信息系统罪、扰乱无线电通讯管理秩序罪的，依照处罚较重的规定追究刑事责任。①

除法律、司法解释另有规定外，利用“伪基站”设备实施诈骗等其他犯罪行为，同时构成破坏公用电信设施罪的，依照处罚较重的规定追究刑事责任。

（三）明知他人实施非法生产、销售“伪基站”设备，或者非法使用“伪基站”设备干扰公用电信网络信号等犯罪，为其提供资金、场所、技术、设备等帮助的，以共同犯罪论处。

（四）对于非法使用“伪基站”设备扰乱公共秩序，侵犯他人人身权利、财产权利，情节较轻，尚不构成犯罪，但构成违反治安管理行为的，依法予以治安管理处罚。

---

① 根据《最高人民法院、最高人民检察院关于办理扰乱无线电通讯管理秩序等刑事案件适用法律若干问题的解释》第 1 条的规定，未经批准设置通信基站，强行向不特定用户发送信息，非法使用公众移动通信频率的，应当认定为《刑法》第 288 条第 1 款规定的“擅自设置、使用无线电台（站），或者擅自使用无线电频率，干扰无线电通讯秩序”的行为，故利用伪基站群发短信的行为构成扰乱无线电通讯管理秩序罪。

3.《最高人民法院研究室关于非法生产、销售、使用“伪基站”行为定性的研究意见》①

一、关于生产、销售“伪基站”设备行为的定性。如果“伪基站”设备经有关部门依法认定为“窃听、窃照等专用间谍器材”，对于未经许可生产、销售“伪基站”设备行为，可以认定为《刑法》第283条规定的“非法生产、销售窃听、窃照等专用间谍器材”。

二、关于使用“伪基站”设备群发短信行为的定性。根据《刑法》第253条之一的规定，非法获取公民个人信息罪的行为对象为“国家机关或者金融、电信、交通、教育、医疗等单位在履行职责或者提供服务过程中获得的公民个人信息”。行为人利用“伪基站”设备，非法获取公民手机卡中的用户身份识别信息（IMSI）、手机号码等信息，不属于《刑法》第253条之一规定的“公民个人信息”，不宜以非法获取公民个人信息罪定罪处罚。行为人利用“伪基站”设备，以非法占用电信频率的方式，破坏正在使用中的公用无线通信网络，在较大范围内较长时间造成用户通信中断，严重危害公共安全的，可以以破坏公用电信设施罪定罪处罚。

三、关于利用“伪基站”设备经营广告短信群发业务的定性。利用“伪基站”设备经营广告短信群发业务的行为，属于未经许可从事电信业务经营活动的行为，但根据《电信条例》第67、68条的规定，只有利用电信网络制作、复制、发布、传播第57条所列含有法律、行政法规禁止的内容的信息，实施第58条所列危害电信网络安全和信息安全的行为，以及实施第59条第2、3、4项所列扰乱电信市场秩序的行为，构成犯罪的，才能追究刑事责任。利用“伪基站”经营广告短信群发业务，不在上述范围内，故依法不能以非法经营罪论处。

4.［刑事审判参考案例第957号：郝某某、黄某某破坏公用电信设施案］

非法使用“伪基站”设备干扰公用电信网络信号，危害公共安全的，构成破坏公用电信设施罪。

所谓“伪基站”，是指由发射器、电脑、天线、测频手机等组成的、未取得电信进网许可和无线电发射设备型号核准的非法无线电通信设备。它能够搜取以其为中心、一定半径范围内的手机卡信息，并任意冒用他人手机号码甚至是冒用

---

① 载沈德咏主编、最高人民法院研究室编著：《司法研究与指导》2013年第1辑（总第5辑），人民法院出版社2014年版，第175－176页。

银行、通信运营商等官方号码强行向手机用户发送短信，使用过程中会非法占用公众移动通信频率，局部阻断公众移动通信网络信号，同时窃取公众手机号码及IMSI号码。非法使用“伪基站”设备干扰公用电信网络信号，危害公共安全的，构成破坏公用电信设施罪。破坏公用电信设施罪作为危害公共安全的犯罪，对危害结果有量的要求，如果受垃圾短信影响的人数、通话中断时间达不到司法解释规定的数量标准，则不构成破坏公用电信设施罪，符合扰乱无线电通讯管理秩序罪构成要件的，可以以扰乱无线电通讯管理秩序罪追究刑事责任。对使用“伪基站”设备构成犯罪的，量刑时要综合考虑犯罪动机、作案手段、危害结果等各方面情节。

（六）非法生产、销售、使用“伪基站”设备行为的罪数

《最高人民法院、最高人民检察院关于办理扰乱无线电通讯管理秩序等刑事案件适用法律若干问题的解释》（法释〔2017〕11号，2017年7月1日起施行）

第六条　擅自设置、使用无线电台（站），或者擅自使用无线电频率，同时构成其他犯罪的，按照处罚较重的规定定罪处罚。

明知他人实施诈骗等犯罪，使用“黑广播”“伪基站”等无线电设备为其发送信息或者提供其他帮助，同时构成其他犯罪的，按照处罚较重的规定定罪处罚。

第七条　负有无线电监督管理职责的国家机关工作人员滥用职权或者玩忽职守，致使公共财产、国家和人民利益遭受重大损失的，应当依照刑法第三百九十七条的规定，以滥用职权罪或者玩忽职守罪追究刑事责任。

有查禁扰乱无线电管理秩序犯罪活动职责的国家机关工作人员，向犯罪分子通风报信、提供便利，帮助犯罪分子逃避处罚的，应当依照刑法第四百一十七条的规定，以帮助犯罪分子逃避处罚罪追究刑事责任；事先通谋的，以共同犯罪论处。

（七）非法生产、销售、使用“伪基站”设备行为的宽严相济刑事政策

1.《最高人民法院、最高人民检察院关于办理扰乱无线电通讯管理秩序等刑事案件适用法律若干问题的解释》（法释〔2017〕11号，2017年7月1日起施行）

第八条　为合法经营活动，使用“黑广播”“伪基站”或者实施其他扰乱无线电通讯管理秩序的行为，构成扰乱无线电通讯管理秩序罪，但不属于“情节

特别严重"，行为人系初犯，并确有悔罪表现的，可以认定为情节轻微，不起诉或者免予刑事处罚；确有必要判处刑罚的，应当从宽处罚。

2. 关于办理扰乱无线电通讯管理秩序等刑事案件适用法律若干问题的解释理解与适用①

实践中，存在利用"黑广播""伪基站"发送合法经营业务等无害信息的情形，如发送服饰经营、商场促销等信息。该条规定避免了实践中可能出现打击面过大的情况，同时也为行政执法活动预留了合理的空间。

3.《最高人民法院、最高人民检察院、公安部、国家安全部关于依法办理非法生产销售使用"伪基站"设备案件的意见》（公通字〔2014〕13 号，2014 年 3 月 14 日发布）

对犯罪嫌疑人、被告人的处理，应当结合其主观恶性大小、行为危害程度以及在案件中所起的作用等因素，切实做到区别对待。对组织指挥、实施非法生产、销售、使用"伪基站"设备的首要分子、积极参加的犯罪分子，以及曾因非法生产、销售、使用"伪基站"设备受到行政处罚或者刑事处罚，又实施非法生产、销售、使用"伪基站"设备的犯罪分子，应当作为打击重点依法予以严惩；对具有自首、立功、从犯等法定情节的犯罪分子，可以依法从宽处理。对情节显著轻微、危害不大的，依法不作为犯罪处理。

（八）非法生产、销售、使用"伪基站"设备行为的专业性问题鉴定

《最高人民法院、最高人民检察院关于办理扰乱无线电通讯管理秩序等刑事案件适用法律若干问题的解释》（法释〔2017〕11 号，2017 年 7 月 1 日起施行）

第九条　对案件所涉的有关专门性问题难以确定的，依据司法鉴定机构出具的鉴定意见，或者下列机构出具的报告，结合其他证据作出认定：

（一）省级以上无线电管理机构、省级无线电管理机构依法设立的派出机构、地市级以上广播电视主管部门就是否系"伪基站""黑广播"出具的报告；

（二）省级以上广播电视主管部门及其指定的检测机构就"黑广播"功率、覆盖范围出具的报告；

（三）省级以上航空、铁路、船舶等主管部门就是否干扰导航、通信等出具的报告。

---

①　缐杰、卢宇蓉、杨建军：《〈关于办理扰乱无线电通讯管理秩序等刑事案件适用法律若干问题的解释〉理解与适用》，载《人民检察》2017 年第 18 期。

对移动终端用户受影响的情况，可以依据相关通信运营商出具的证明，结合被告人供述、终端用户证言等证据作出认定。

（九）非法生产、销售、使用“伪基站”设备行为的管辖

《最高人民法院、最高人民检察院、公安部、国家安全部关于依法办理非法生产销售使用“伪基站”设备案件的意见》（公通字〔2014〕13号，2014年3月14日发布）

三、合理确定管辖

（一）案件一般由犯罪地公安机关管辖，犯罪嫌疑人居住地公安机关管辖更为适宜的，也可以由犯罪嫌疑人居住地公安机关管辖。对案件管辖有争议的，可以由共同的上级公安机关指定管辖；情况特殊的，上级公安机关可以指定其他公安机关管辖。

（二）上级公安机关指定下级公安机关立案侦查的案件，需要逮捕犯罪嫌疑人的，由侦查该案件的公安机关提请同级人民检察院审查批准，人民检察院应当依法作出批准逮捕或者不批准逮捕的决定；需要移送审查起诉的，由侦查该案件的公安机关移送同级人民检察院审查起诉。

（三）人民检察院对于审查起诉的案件，按照《刑事诉讼法》的管辖规定，认为应当由上级人民检察院或者同级其他人民检察院起诉的，将案件移送有管辖权的人民检察院，或者报上级检察机关指定管辖。

（四）符合最高人民法院、最高人民检察院、公安部、国家安全部、司法部、全国人大法工委《关于实施刑事诉讼法若干问题的规定》有关并案处理规定的，人民法院、人民检察院、公安机关可以在职责范围内并案处理。

（十）非法生产销售使用窃听窃照专用器材和“伪基站”设备的行刑衔接

《禁止非法生产销售使用窃听窃照专用器材和“伪基站”设备的规定》（国家工商行政管理总局、公安部、国家质量监督检验检疫总局令第72号，2015年1月22日起施行）

第六条　公安机关、工商行政管理部门和质量技术监督部门按照职责分工，依法查处非法生产、销售、使用窃听窃照专用器材和“伪基站”设备行为。其他有关部门依法查处与非法生产、销售、使用窃听窃照专用器材和“伪基站”设备有关的行为。

法律、法规对查处非法生产、销售、使用窃听窃照专用器材和“伪基站”

设备另有规定的，依照其规定。

第七条　公安机关负责对窃听窃照专用器材、“伪基站”设备的认定工作。

质量技术监督部门、工商行政管理部门在执法检查中，发现涉嫌非法生产、销售窃听窃照专用器材、“伪基站”设备的，应当及时将有关器材、设备送当地公安机关认定，公安机关应当在7日内出具认定结论。工商行政管理部门、质量技术监督部门应当依据公安机关出具的认定结论，对不构成犯罪的非法生产、销售窃听窃照专用器材和“伪基站”设备行为以及为非法销售窃听窃照专用器材和“伪基站”设备提供广告设计制作、代理、发布的行为依法予以处理。

第八条　非法生产窃听窃照专用器材、“伪基站”设备，不构成犯罪的，由质量技术监督部门责令停止生产，处以3万元以下罚款。

第九条　非法销售窃听窃照专用器材、“伪基站”设备，不构成犯罪的，由工商行政管理部门责令停止销售，处以3万元以下罚款。

第十条　为非法销售窃听窃照专用器材、“伪基站”设备提供广告设计、制作、代理、发布，不构成犯罪的，由工商行政管理部门对广告经营者、广告发布者处以3万元以下罚款。

第十一条　对非法使用窃听窃照专用器材、“伪基站”设备行为，不构成犯罪的，由公安机关责令停止使用。对从事非经营活动的，处1000元以下罚款。对从事经营活动，有违法所得的，处违法所得3倍以下罚款，最高不得超过3万元；没有违法所得的，处1万元以下罚款。

第十二条　有关部门对非法销售窃听窃照专用器材、“伪基站”设备和发布相关违法广告作出行政处罚或者追究刑事责任后，可以提请通信监管部门对相关网站及时依法查处。

第十三条　质量技术监督部门、工商行政管理部门对两年内因非法生产、销售窃听窃照专用器材、“伪基站”设备受过两次以上行政处罚，又涉嫌非法生产、销售的，直接移送公安机关。

第十四条　公安机关、工商行政管理部门和质量技术监督部门查处案件过程中，需要征求有关部门意见的，应当征求有关部门意见；对发现不属于本部门职能的案件线索，应当及时向有关部门通报。

第十五条　在查处涉嫌非法生产、销售、使用窃听窃照专用器材和“伪基站”设备的违法犯罪行为时，对以暴力、威胁等方法阻碍国家机关工作人员执行公务的，由公安机关依法予以查处；构成犯罪的，依法追究刑事责任。

第十六条　公安机关、工商行政管理和质量技术监督等部门的工作人员，在查处案件过程中滥用职权、玩忽职守、徇私舞弊的，依法依纪追究责任；构成犯罪的，依法追究刑事责任。

三、追诉量刑

（一）组织作弊案件的定罪量刑

1.《最高人民法院、最高人民检察院关于办理组织考试作弊等刑事案件适用法律若干问题的解释》（法释〔2019〕13号，2019年9月4日起施行）

第二条　在法律规定的国家考试中，组织作弊，具有下列情形之一的，应当认定为刑法第二百八十四条之一第一款规定的“情节严重”：

（一）在普通高等学校招生考试、研究生招生考试、公务员录用考试中组织考试作弊的；

（二）导致考试推迟、取消或者启用备用试题的；

（三）考试工作人员组织考试作弊的；

（四）组织考生跨省、自治区、直辖市作弊的；

（五）多次组织考试作弊的；

（六）组织三十人次以上作弊的；

（七）提供作弊器材五十件以上的；

（八）违法所得三十万元以上的；

（九）其他情节严重的情形。

第五条　为实施考试作弊行为，非法出售或者提供法律规定的国家考试的试题、答案，具有下列情形之一的，应当认定为刑法第二百八十四条之一第三款规定的“情节严重”：

（一）非法出售或者提供普通高等学校招生考试、研究生招生考试、公务员录用考试的试题、答案的；

（二）导致考试推迟、取消或者启用备用试题的；

（三）考试工作人员非法出售或者提供试题、答案的；

（四）多次非法出售或者提供试题、答案的；

（五）向三十人次以上非法出售或者提供试题、答案的；

（六）违法所得三十万元以上的；

（七）其他情节严重的情形。

第六条　为实施考试作弊行为，向他人非法出售或者提供法律规定的国家考试的试题、答案，试题不完整或者答案与标准答案不完全一致的，不影响非法出售、提供试题、答案罪的认定。

2. 关于办理组织考试作弊等刑事案件适用法律若干问题的解释的理解与适用①

《最高人民法院、最高人民检察院关于办理组织考试作弊等刑事案件适用法律若干问题的解释》第 2 条从 6 个方面规定了情节严重的认定标准：一是考试类型。普通高等学校招生考试、研究生招生考试、公务员录用考试社会关注度高、影响大、涉及面广。基于此，该司法解释将在此类考试中组织作弊的直接规定为情节严重。二是行为后果。该司法解释将导致考试推迟、取消或者启用备用试题的明确规定为情节严重。三是行为主体。考试工作人员违背所承担的职责组织考试作弊，主观恶性更大，故该司法解释将其规定为情节严重。关于“考试工作人员”的范围，具体适用中可以理解为参与考试管理和服务工作的人员，包括命（审）题（卷）、监考、主考、巡考、考试系统操作、评卷等人员。四是地域范围。组织考生跨省、自治区、直辖市作弊的，危害十分严重，故该司法解释将其规定为情节严重。五是数量标准。该司法解释将多次组织考试作弊，组织 30 人次以上作弊，以及提供作弊器材 50 件以上的规定为情节严重。六是违法所得。从司法实践来看，根据所涉考试的不同，组织考试作弊或者提供作弊器材等帮助的违法所得数额相差较大。基于严厉惩治组织考试作弊犯罪的考虑，该司法解释将违法所得 30 万元以上的规定为情节严重。

需要注意的是，对于组织作弊的认定，应当根据案件具体情况加以把握。一般而言，领导、策划、指挥他人在法律规定的国家考试中实施下列行为之一的，可以认定为《刑法》第 284 条之一规定的组织作弊：（1）向他人提供试题、答案的；（2）代替他人参加考试的；（3）携带与考试内容相关的资料、作弊器材的；（4）篡改考试成绩的；（5）其他组织作弊的情形。需要注意的是，《刑法》第 284 条之一第 3 款规定了非法出售、提供试题、答案罪，第 4 款规定了代替考试罪，但是在组织考试作弊中提供试题、答案或者代替他人参加考试的，该行为应当视为组织考试作弊的有机组成部分，不应再单独评价。

---

① 周加海、王庆刚、喻海松：《〈关于办理组织考试作弊等刑事案件适用法律若干问题的解释〉的理解与适用》，载《人民司法》2019 年第 28 期。

（五）非法出售、提供试题、答案罪情节严重的认定标准

该司法解释第5条对非法出售、提供试题、答案罪情节严重的认定标准作了明确规定，大致涉及如下5个方面：一是考试类型。该司法解释将非法出售或者提供普通高等学校招生考试、研究生招生考试、公务员录用考试的试题、答案的行为直接规定为情节严重。二是行为后果。该司法解释将导致考试推迟、取消或者启用备用试题的明确规定为情节严重。三是行为主体。该司法解释将考试工作人员非法出售或者提供试题、答案的行为规定为情节严重。四是数量标准。该司法解释将多次非法出售或者提供试题、答案，向30人次以上非法出售或者提供试题、答案的规定为情节严重。五是违法所得。该司法解释将违法所得30万元以上的规定为情节严重。

（二）非法生产、销售、使用“伪基站”设备案件的定罪量刑

《最高人民法院、最高人民检察院关于办理扰乱无线电通讯管理秩序等刑事案件适用法律若干问题的解释》（法释〔2017〕11号，2017年7月1日起施行）

第二条　违反国家规定，擅自设置、使用无线电台（站），或者擅自使用无线电频率，干扰无线电通讯秩序，具有下列情形之一的，应当认定为刑法第二百八十八条第一款规定的“情节严重”：

（一）影响航天器、航空器、铁路机车、船舶专用无线电导航、遇险救助和安全通信等涉及公共安全的无线电频率正常使用的；

（二）自然灾害、事故灾难、公共卫生事件、社会安全事件等突发事件期间，在事件发生地使用“黑广播”“伪基站”的；

（三）举办国家或者省级重大活动期间，在活动场所及周边使用“黑广播”“伪基站”的；

（四）同时使用三个以上“黑广播”“伪基站”的；

（五）“黑广播”的实测发射功率五百瓦以上，或者覆盖范围十公里以上的；

（六）使用“伪基站”发送诈骗、赌博、招嫖、木马病毒、钓鱼网站链接等违法犯罪信息，数量在五千条以上，或者销毁发送数量等记录的；

（七）雇佣、指使未成年人、残疾人等特定人员使用“伪基站”的；

（八）违法所得三万元以上的；

（九）曾因扰乱无线电通讯管理秩序受过刑事处罚，或者二年内曾因扰乱无线电通讯管理秩序受过行政处罚，又实施刑法第二百八十八条规定的行为的；

（十）其他情节严重的情形。

第三条 违反国家规定，擅自设置、使用无线电台（站），或者擅自使用无线电频率，干扰无线电通讯秩序，具有下列情形之一的，应当认定为刑法第二百八十八条第一款规定的“情节特别严重”：

（一）影响航天器、航空器、铁路机车、船舶专用无线电导航、遇险救助和安全通信等涉及公共安全的无线电频率正常使用，危及公共安全的；

（二）造成公共秩序混乱等严重后果的；

（三）自然灾害、事故灾难、公共卫生事件和社会安全事件等突发事件期间，在事件发生地使用“黑广播”“伪基站”，造成严重影响的；

（四）对国家或者省级重大活动造成严重影响的；

（五）同时使用十个以上“黑广播”“伪基站”的；

（六）“黑广播”的实测发射功率三千瓦以上，或者覆盖范围二十公里以上的；

（七）违法所得十五万元以上的；

（八）其他情节特别严重的情形。

第四条 非法生产、销售“黑广播”“伪基站”、无线电干扰器等无线电设备，具有下列情形之一的，应当认定为刑法第二百二十五条规定的“情节严重”：

（一）非法生产、销售无线电设备三套以上的；

（二）非法经营数额五万元以上的；

（三）其他情节严重的情形。

实施前款规定的行为，数量或者数额达到前款第一项、第二项规定标准五倍以上，或者具有其他情节特别严重的情形的，应当认定为刑法第二百二十五条规定的“情节特别严重”。

在非法生产、销售无线电设备窝点查扣的零件，以组装完成的套数以及能够组装的套数认定；无法组装为成套设备的，每三套广播信号调制器（激励器）认定为一套“黑广播”设备，每三块主板认定为一套“伪基站”设备。

第五条 单位犯本解释规定之罪的，对单位判处罚金，并对直接负责的主管人员和其他直接责任人员，依照本解释规定的自然人犯罪的定罪量刑标准定罪处罚。

（三）定罪量刑对应表

表5-1 组织考试作弊罪定罪量刑对应表

组织考试作弊罪	情节	刑期
第一档	（一）向他人提供试题、答案的； （二）代替他人参加考试的； （三）携带与考试内容相关的资料、作弊器材的； （四）篡改考试成绩的； （五）其他组织作弊的情形	三年以下有期徒刑或者拘役，并处或者单处罚金
第二档	（一）在普通高等学校招生考试、研究生招生考试、公务员录用考试中组织考试作弊的； （二）导致考试推迟、取消或者启用备用试题的； （三）考试工作人员组织考试作弊的； （四）组织考生跨省、自治区、直辖市作弊的； （五）多次组织考试作弊的； （六）组织三十人次以上作弊的； （七）提供作弊器材五十件以上的； （八）违法所得三十万元以上的； （九）其他情节严重的情形	三年以上七年以下有期徒刑，并处罚金

表5-2 扰乱无线电通讯管理秩序罪定罪量刑对应表

扰乱无线电通讯管理秩序罪	情节	刑期
第一档	（一）影响航天器、航空器、铁路机车、船舶专用无线电导航、遇险救助和安全通信等涉及公共安全的无线电频率正常使用的； （二）自然灾害、事故灾难、公共卫生事件、社会安全事件等突发事件期间，在事件发生地使用“黑广播”“伪基站”的； （三）举办国家或者省级重大活动期间，在活动场所及周边使用“黑广播”“伪基站”的； （四）同时使用三个以上“黑广播”“伪基站”的； （五）“黑广播”的实测发射功率五百瓦以上，或者覆盖范围十公里以上的； （六）使用“伪基站”发送诈骗、赌博、招嫖、木马病毒、钓鱼网站链接等违法犯罪信息，数量在五千条以上，或者销毁发送数量等记录的； （七）雇佣、指使未成年人、残疾人等特定人员使用“伪基站”的；	三年以下有期徒刑，拘役或者管制，并处或者单处罚金

续表

扰乱无线电通讯管理秩序罪	情节	刑期
	（八）违法所得三万元以上的； （九）曾因扰乱无线电通讯管理秩序受过刑事处罚，或者二年内曾因扰乱无线电通讯管理秩序受过行政处罚，又实施刑法第二百八十八条规定的行为的； （十）其他情节严重的情形	
第二档	（一）影响航天器、航空器、铁路机车、船舶专用无线电导航、遇险救助和安全通信等涉及公共安全的无线电频率正常使用，危及公共安全的； （二）造成公共秩序混乱等严重后果的； （三）自然灾害、事故灾难、公共卫生事件和社会安全事件等突发事件期间，在事件发生地使用“黑广播”“伪基站”，造成严重影响的； （四）对国家或者省级重大活动造成严重影响的； （五）同时使用十个以上“黑广播”“伪基站”的； （六）“黑广播”的实测发射功率三千瓦以上，或者覆盖范围二十公里以上的； （七）违法所得十五万元以上的； （八）其他情节特别严重的情形	三年以上七年以下有期徒刑，并处罚金

第六章　危害计算机信息系统安全类罪名释义及定罪量刑标准

第一节　敲诈勒索罪

一、犯罪构成

（一）《刑法》（2020 年 12 月 26 日修正）

第二百七十四条　【敲诈勒索罪】敲诈勒索公私财物，数额较大或者多次敲诈勒索的，处三年以下有期徒刑、拘役或者管制，并处或者单处罚金；数额巨大或者有其他严重情节的，处三年以上十年以下有期徒刑，并处罚金；数额特别巨大或者有其他特别严重情节的，处十年以上有期徒刑，并处罚金。

（二）学理解释

一般认为敲诈勒索罪是指：以非法占有为目的，对被害人使用威胁或者要挟的方法，强行索要数额较大的公私财物或者多次敲诈勒索的行为。本罪的犯罪主体系一般主体，责任形式为直接故意，且行为人必须具有非法占有他人财物的主观目的。如果行为人是为了其他合法目的而采取一定威胁或恐吓手段，不构成敲诈勒索罪。

本罪侵犯的客体是复杂客体，主要客体是公私财产所有权，次要客体是他人的人身权利或者其他权益。从行为人的犯罪目的和动机来说，其主要侵犯的是公私财产所有权；而从行为人的犯罪手段和方法来说，又必然会侵害他人的人身权利或其他权益。

本罪的犯罪对象是公私财物，既包括动产、不动产、知识产权等财产，也包括能以金钱衡量的财产性利益，如可以折算为钱财的服务。

本罪在客观方面表现为：行为人使用威胁或者要挟的方法，而向公私财物的所有人或持有人强索财物的行为。所谓威胁和要挟，是指能够引起他人心理恐惧的精神强制方法，二者没有本质区别。略有不同的是，威胁可以用任何侵害他人的方法相恐吓，而要挟通常是指抓住他人的把柄，以揭露其隐私相恐吓，例如：尚未暴露的贪污、盗窃等违法犯罪事实或生活腐败等。威胁或要挟的方式可以多种多样。例如，可以当着被害人的面用口头、书面或其他方式表示，也可以通过电话、书信方式表示；可以是行为人亲自发出，也可以是委托第三者转达；可以明示，也可以暗示。值得注意的是，行为人威胁、要挟既可以采用非法的手段，如宣扬隐私、报复家人等；也可以通过合法的途径进行，如威胁要报警、举报等。

二、疑难问题

（一）“多次敲诈勒索”的认定

1.《最高人民法院、最高人民检察院关于办理敲诈勒索刑事案件适用法律若干问题的解释》（法释〔2013〕10 号，2013 年 4 月 27 日起施行）

第三条　二年内敲诈勒索三次以上的，应当认定为刑法第二百七十四条规定的“多次敲诈勒索”。

2. 关于办理敲诈勒索刑事案件适用法律若干问题的解释的理解与适用①

“多次敲诈勒索”，没有数额限制。只要实施了 3 次以上的敲诈勒索行为，不管敲诈勒索数额多少，依法都可以定罪处罚。但是，对于情节显著轻微、危害不大的，可以依照《刑法》第 13 条的规定，不作为犯罪处理。“多次敲诈勒索”是否要求每次敲诈勒索行为都是“未经处理”呢？经研究，我们倾向于 3 次敲诈勒索行为都应当是未经刑事处罚的行为，如只是受到行政处罚，则仍然可以成立“多次敲诈勒索”。如敲诈勒索行为已经刑事处罚，显然不能再将其作为犯罪处理，否则有违一事不二罚原则；但如之前的行为已经行政处罚，则可计入“多次敲诈勒索”，主要考虑：如已受行政处罚的也不能计入，则从实践看，“多次敲诈勒索”将基本没有适用的可能；行政处罚与刑事处罚性质不同，对已受行政处罚的行为追究刑事责任的，行为人先前所受的行政处罚可在刑期、罚金中作相应抵扣，并不违反禁止重复评价原则。

---

① 黄应生：《〈关于办理敲诈勒索刑事案件适用法律若干问题的解释〉的理解与适用》，载《人民司法》2013 年第 19 期。

3.《最高人民法院、最高人民检察院、公安部、司法部关于办理实施“软暴力”的刑事案件若干问题的意见》(2019年4月9日起施行)

八、以非法占有为目的，采用“软暴力”手段强行索取公私财物，同时符合《刑法》第二百七十四条规定的其他犯罪构成要件的，应当以敲诈勒索罪定罪处罚。

《关于办理敲诈勒索刑事案件适用法律若干问题的解释》第三条中“二年内敲诈勒索三次以上”，包括已受行政处罚的行为。

(二) 敲诈勒索罪共犯的认定

1.《最高人民法院、最高人民检察院关于办理敲诈勒索刑事案件适用法律若干问题的解释》(法释〔2013〕10号，2013年4月27日起施行)

第七条 明知他人实施敲诈勒索犯罪，为其提供信用卡、手机卡、通讯工具、通讯传输通道、网络技术支持等帮助的，以共同犯罪论处。

2. 关于办理敲诈勒索刑事案件适用法律若干问题的解释理解和适用①

《最高人民法院、最高人民检察院关于办理敲诈勒索刑事案件适用法律若干问题的解释》第7条明确了敲诈勒索共同犯罪的认定，规定明知他人实施敲诈勒索犯罪，为其提供信用卡、手机卡、通讯工具、通讯传输通道、网络技术支持等帮助的，以共同犯罪论处。近年来，敲诈勒索团伙犯罪情况较突出，多是以亲戚、朋友、老乡关系等为纽带，纠集组成相对固定的团伙，收集信息、制作信件、拨打电话、开设账户、取款转款等环节分工明确。为有效打击敲诈勒索共同犯罪，该司法解释第7条借鉴《最高人民法院、最高人民检察院关于办理敲诈勒索刑事案件适用法律若干问题的解释》第7条的内容作出了规定。

(三) 敲诈勒索罪既遂与未遂的认定

[刑事审判参考案例第259号：陈某某故意杀人、敲诈勒索案]

判断敲诈勒索罪既遂还是未遂，应以犯罪人是否实际取得他人财物为标准。因敲诈勒索罪是主要侵犯财产的犯罪，应当以财物的交付或取得作为认定敲诈勒索罪的既遂与未遂的标准。

通常而言，被害人交付财物和犯罪人取得财物往往是一致的，但也存在不一致的情形。如被害人已按犯罪人的要求将财物交付于特定的地点或交付于犯罪人

---

① 陈国庆、韩耀元、卢宇蓉、宋丹：《〈关于办理敲诈勒索刑事案件适用法律若干问题的解释〉理解和适用》，载《人民检察》2013年第14期。

所指定的特定的人，但犯罪人尚未前往取得就被抓获的情况，由于被害人是按犯罪人指定的地点或人进行交付，故仍应视为犯罪人可以实际取得该财物，宜认定为既遂。但对于被害人事先报警，公安机关已然布控，只待犯罪人前往指定地点取钱即将其抓获的，应认定为未遂。因为，就被害人而言，其并未真正交付财物或者说并未真正失去对财物的控制，就犯罪人而言，其也不可能实际取得财物或形成对财物的控制。

（四）利用“软暴力”实施敲诈勒索行为的定性

1.《最高人民法院、最高人民检察院、公安部、司法部关于办理黑恶势力犯罪案件若干问题的指导意见》（法发〔2018〕1号，2018年1月16日印发）

17. 黑恶势力为谋取不法利益或形成非法影响，有组织地采用滋扰、纠缠、哄闹、聚众造势等手段侵犯人身权利、财产权利，破坏经济秩序、社会秩序，构成犯罪的，应当分别依照《刑法》相关规定处理：

（2）以非法占有为目的强行索取公私财物，有组织地采用滋扰、纠缠、哄闹、聚众造势等手段扰乱正常的工作、生活秩序，同时符合《刑法》第二百七十四条规定的其他犯罪构成条件的，应当以敲诈勒索罪定罪处罚。同时由多人实施或者以统一着装、显露纹身、特殊标识以及其他明示或者暗示方式，足以使对方感知相关行为的有组织性的，应当认定为《关于办理敲诈勒索刑事案件适用法律若干问题的解释》第二条第（五）项规定的“以黑恶势力名义敲诈勒索”。

采用上述手段，同时又构成其他犯罪的，应当依法按照处罚较重的规定定罪处罚。

雇佣、指使他人有组织地采用上述手段强迫交易、敲诈勒索，构成强迫交易罪、敲诈勒索罪的，对雇佣者、指使者，一般应当以共同犯罪中的主犯论处。为强索不受法律保护的债务或者因其他非法目的，雇佣、指使他人有组织地采用上述手段寻衅滋事，构成寻衅滋事罪的，对雇佣者、指使者，一般应当以共同犯罪中的主犯论处；为追讨合法债务或者因婚恋、家庭、邻里纠纷等民间矛盾而雇佣、指使，没有造成严重后果的，一般不作为犯罪处理，但经有关部门批评制止或者处理处罚后仍继续实施的除外。

2.《最高人民法院、最高人民检察院、公安部、司法部关于办理实施“软暴力”的刑事案件若干问题的意见》（2019年4月9日起施行）

一、“软暴力”是指行为人为谋取不法利益或形成非法影响，对他人或者在有关场所进行滋扰、纠缠、哄闹、聚众造势等，足以使他人产生恐惧、恐慌进而形成心理强制，或者足以影响、限制人身自由、危及人身财产安全，影响正常生活、工作、生产、经营的违法犯罪手段。

（五）以在信息网络上“发帖”“删帖”为由索取财物行为的定性

1.《最高人民法院、最高人民检察院关于办理利用信息网络实施诽谤等刑事案件适用法律若干问题的解释》（法释〔2013〕21号，2013年9月10日起施行）

第六条　以在信息网络上发布、删除等方式处理网络信息为由，威胁、要挟他人，索取公私财物，数额较大，或者多次实施上述行为的，依照刑法第二百七十四条的规定，以敲诈勒索罪定罪处罚。

第八条　明知他人利用信息网络实施诽谤、寻衅滋事、敲诈勒索、非法经营等犯罪，为其提供资金、场所、技术支持等帮助的，以共同犯罪论处。

第九条　利用信息网络实施诽谤、寻衅滋事、敲诈勒索、非法经营犯罪，同时又构成刑法第二百二十一条规定的损害商业信誉、商品声誉罪，第二百七十八条规定的煽动暴力抗拒法律实施罪，第二百九十一条之一规定的编造、故意传播虚假恐怖信息罪等犯罪的，依照处罚较重的规定定罪处罚。

第十条　本解释所称信息网络，包括以计算机、电视机、固定电话机、移动电话机等电子设备为终端的计算机互联网、广播电视网、固定通信网、移动通信网等信息网络，以及向公众开放的局域网络。

2. 国家网信办公布“网络敲诈和有偿删帖”十大典型案例（2015年1月26日发布）

（1）上海21世纪网涉敲诈勒索案。

2014年9月，财经媒体21世纪网包括主编、副主编在内的相关人员，因涉嫌特大新闻敲诈案被上海公安机关依法采取强制措施。涉案人员以21世纪网为主要平台，采取公关公司招揽介绍、业内人员物色筛选等方式，寻找具有“上市”“拟上市”“重组”“转型”等题材的上市公司或知名企业作为“目标”对象进行非法活动。对于愿意“合作”的企业，在收取高额费用后，通过夸大正面事实或掩盖负面问题进行“正面报道”；对不与之合作的企业，在21世纪网等平台发布负面报道，以此要挟企业投放广告或签订合作协议，单位和个人从中获取高额广告费或好处费。警方初步查证，21世纪网先后迫使100多家IPO企业、上市公司建立了合作关系，收取每家企业20万元至30万元费用，累计数亿元。伙同21世纪网实施敲诈勒索的上海润言公关公司，2009年以来的营业额超过 12 亿元。

（2）江苏昆山周禄宝网络敲诈勒索案。

2015 年 1 月 22 日至 23 日，被告人周禄宝（男，29 岁，甘肃省陇西县人）涉嫌敲诈勒索犯罪案在江苏省昆山市人民法院第五法庭公开开庭审理。检察机关指控：2011 年 6 月至 2012 年 8 月，周禄宝以网上“曝光”负面消息为要挟，先后向广西鉴山寺索得 4 万元，向浙江乌镇修真观索得 6.8 万元，向江苏昆山全福寺索要 8 万元未遂；2012 年 9 月至 2013 年 1 月，周禄宝以为河北唐山一小区 216 户业主维权为由，在网上发布大量关于房地产开发公司的负面帖文，并假借维权之名，通过中间人成功索要 80 万元。2013 年 8 月，周禄宝被江苏省昆山市检察院依法批捕。

（3）江苏徐州社会焦点网、今日焦点网等网站系列敲诈勒索案。

2014 年 10 月，社会焦点网、今日焦点网等 6 家网站负责人仲伟与窦某、姚某、阮某等 4 人，分别以敲诈勒索罪、贪污罪、受贿罪被法院判处有期徒刑 2 年 6 个月至 14 年不等，并处罚金 3 万元至 50 万元不等。该犯罪团伙自 2008 年起，假冒记者身份，实施敲诈勒索 120 次，涉及 7 个省 27 个市县，涉案金额 300 余万元。

（4）湖南衡阳格祺伟网络敲诈勒索案。

2014 年 4 月，“网络大 V”格祺伟被正式移送起诉。经查，微博“意见领袖”格祺伟多次通过虚构、编造、夸大相关事实的手段，在互联网上不断发布涉及全国各地党政机关、企事业单位及社会名人的大量信息，并以曝光负面信息、发帖为要挟，或以删帖为名向当事人敲诈勒索钱财。2013 年 8 月，湖南省衡阳市公安机关成功摧毁了格祺伟犯罪团伙，逮捕犯罪嫌疑人 6 名，破获格祺伟等人涉嫌敲诈勒索案件 31 起，寻衅滋事案件 5 起，涉案金额累计达 330 余万元。

（六）以不雅视频相要挟，向他人提出借款要求且还款期满后有能力归还而不归还行为的定性

[刑事审判参考案例第 885 号：雷某某受贿案]

以不雅视频相要挟，使他人陷入心理恐惧，向他人提出借款要求且还款期满后有能力归还而不归还的，属于敲诈勒索。

所谓的“借款”均系在肖某的直接安排下进行，并非单位经营所需及其意志的体现，资金进入华伦达公司后，即转入了肖某个人账户，由肖某直接支配使用；肖某为取得财物，在赵某拍摄雷某某的不雅视频后，通过设局“捉奸”，让

雷某某意识到被人抓住了把柄，使雷某某陷入担心不雅视频曝光、张某闹事的恐惧心理，在“捉奸”后第三天，肖某就以害怕张某闹事为由，假借张某启动工程需要资金向雷某某提出“借款”要求；肖某表面上采用“借款”形式，实质上是掩盖敲诈本质。肖某、赵某等人色诱领导干部，拍摄不雅视频，目的就是对有关人员进行威胁，获取非法利益。在通过胁迫方式获得巨额资金后，肖某既未按照事前的说法交给张某，亦未投入所谓的工程，而是很快转入私人账户。在“借款”到期后，其将巨额资金借给他人获取高息、进行高档消费，拒不归还涉案款项，肖某的行为构成敲诈勒索罪。

（七）以编造虚假恐怖信息的方式实施敲诈勒索行为的定性

［刑事审判参考案例第 372 号：袁某某编造虚假恐怖信息案］

以编造虚假恐怖信息的方式实施敲诈勒索的，行为人只实施了一个行为，该行为具有多重属性，触犯了两个罪名，符合想象竞合犯的特征，应按该行为所触犯的罪名中的一个重罪论处。

以编造虚假恐怖信息的方式实施敲诈勒索的，行为人只实施了一个行为，该行为具有多重属性，触犯了两个罪名，符合想象竞合犯的特征，应按该行为所触犯的罪名中的一个重罪论处。从编造虚假恐怖信息罪的犯罪构成上看，此罪是结果犯，行为人是否“严重扰乱社会秩序”是区分罪与非罪的重要界限，对于尚未达到严重扰乱社会秩序的编造虚假恐怖信息的行为，不应认定为犯罪，可依照其他法律法规的相关规定予以行政拘留或罚款。因此我们认为，编造虚假恐怖信息，造成有关部门实施人员疏散行动的，属于《刑法修正案（三）》第 8 条中规定的“造成严重后果”，应处 5 年以上有期徒刑。需要特别指出的是，编造虚假恐怖信息罪侵犯的客体是社会管理秩序，从犯罪手段上讲一般不足以对公共安全，即不特定人的生命、身体、健康或重大公私财产造成实际的危害。对于行为人编造虚假恐怖信息在公众场合传播，如在公众集会、节日游园等人群密集场所，编造虚假恐怖信息，引起秩序大乱，造成人员践踏死伤的，属于严重危害公共安全的行为，如果行为人明知或足以认识到自己的行为会造成人员践踏死伤的后果，仍然希望或放任该危害结果发生，应定性为以危险方法危害公共安全罪。

（八）“吊模宰客”行为的定性

［刑事审判参考案例第 730 号：陈某某等抢劫案］

“吊模宰客”的行为要严格根据查明的事实来分析行为特征以及与相关犯罪构成要件的契合度从而确定具体罪名。

“吊模宰客”，是指一些地方形容不法分子以各种名目诱骗游客到酒吧、咖啡厅、KTV、美容院等场所消费、购物，通过抬高消费金额等手段谋取高额利润，“吊模”则从消费金额中抽取一定比例的消费金的违法犯罪活动。“吊模宰客”行为一般涉及下列犯罪：1. 诈骗罪。非暴力的“吊模宰客”行为对应的往往是诈骗罪。在此阶段，行为人采用各种欺骗手段，不具有暴力或威胁。2. 强迫交易罪。如果行为人的经营行为是基本正常的、稳定的，为增加盈利，采用“吊模宰客”的手段拉生意，为促成交易使用较轻暴力、胁迫手段，强买强卖，情节严重的可以认定构成强迫交易罪。3. 敲诈勒索罪、抢劫罪。行为人并非从事正常经营，而是以经营活动为幌子或诱饵，追求的主要不是商业利润，而是商业利润环节之外的他人财产，并且是通过暴力或威胁取得。如果行为人使用的是非暴力的胁迫，或者是非当场兑现的暴力胁迫，则构成敲诈勒索罪。如果行为人以当场实施暴力相威胁或者直接实施暴力而劫取财物，则构成抢劫罪。

（九）敲诈勒索罪中宽严相济刑事政策的把握

1.《最高人民法院、最高人民检察院关于办理敲诈勒索刑事案件适用法律若干问题的解释》（法释〔2013〕10号，2013年4月27日起施行）

第五条　敲诈勒索数额较大，行为人认罪、悔罪，退赃、退赔，并具有下列情形之一的，可以认定为犯罪情节轻微，不起诉或者免予刑事处罚，由有关部门依法予以行政处罚：

（一）具有法定从宽处罚情节的；

（二）没有参与分赃或者获赃较少且不是主犯的；

（三）被害人谅解的；

（四）其他情节轻微、危害不大的。

第六条　敲诈勒索近亲属的财物，获得谅解的，一般不认为是犯罪；认定为犯罪的，应当酌情从宽处理。

被害人对敲诈勒索的发生存在过错的，根据被害人过错程度和案件其他情况，可以对行为人酌情从宽处理；情节显著轻微危害不大的，不认为是犯罪。

2. 关于办理敲诈勒索刑事案件适用法律若干问题的解释理解和适用①

《最高人民法院、最高人民检察院关于办理敲诈勒索刑事案件适用法律若干

① 陈国庆、韩耀元、卢宇蓉、宋丹：《〈关于办理敲诈勒索刑事案件适用法律若干问题的解释〉理解和适用》，载《人民检察》2013年第14期。

问题的解释》第5条在法律规定的框架内规定，案件办理过程中可以根据犯罪情节的具体情况作出区别对待，有利于指导、规范办案，贯彻宽严相济刑事政策。需要说明的是：一是本条针对的是敲诈勒索公私财物数额达到较大标准的行为，即已经构成敲诈勒索犯罪的行为；二是本条列举的4种情况即“具有法定从宽处罚情节的，没有参与分赃或者获赃较少且不是主犯的，被害人谅解的，其他情节轻微、危害不大的”，行为人必须同时认罪、悔罪，退赃、退赔，才可认为犯罪情节轻微，作出不起诉决定或者免予刑事处罚；三是对于不起诉或者免予刑事处罚的，由有关部门予以行政处罚。对于不作为犯罪处理的违法行为，应当根据治安管理处罚法，由公安机关对其作出相应的治安处罚。

司法实践中，对于敲诈勒索近亲属的财物，近亲属予以谅解的，根据个案情况，符合《刑法》第13条规定的“情节显著轻微危害不大”条件的，可以“不认为是犯罪”；不符合《刑法》第13条规定的“情节显著轻微危害不大”条件的，认定为犯罪，应当酌情从宽处理。实践中有些敲诈勒索案件确因被害人过错引起，行为人以被害人有过错相威胁或要挟实施敲诈勒索的，与直接威胁、要挟被害人敲诈勒索的主观恶性和客观危害程度有所区别，不宜单纯根据数额、情节定罪处罚。具体案件的处理，应当根据过错责任的性质、过错与犯罪之间的关联度大小等因素，综合考虑定罪量刑幅度。实践中应注意“从宽处理”的把握，不宜一律降格处理，更不宜将达到“数额较大”标准的，一律降格不作为犯罪处理。只有“情节显著轻微危害不大”的，才能不认为是犯罪。至于何为“情节显著轻微危害不大”，需要根据犯罪数额、被害人过错性质、程度，以及行为人敲诈勒索行为手段等因素进行综合分析判断。

（十）敲诈勒索罪与过度维权行为的界分

[公报案例：海南省临高县人民检察院诉谢某某等敲诈勒索案]

行为人发现被害人预谋犯罪，使用轻微暴力控制被害人并索要财物的构成敲诈勒索罪。

行为人以被害人预谋犯罪为由，对被害人加以控制，并以报警将被害人送交公安机关处理为要挟，向被害人及其亲属强索财物。在实施上述犯罪过程中，行为人虽然在一定程度上限制了被害人的人身自由，并且为控制被害人而采取了轻微暴力，但并未使用暴力、胁迫、麻醉或者其他方法劫持被害人，亦未将被害人藏匿，其行为不构成绑架罪，应当以敲诈勒索罪定罪处罚。

（十一）敲诈勒索罪与盗窃罪牵连时的处断原则

［刑事审判参考案例第443号：张某某等盗窃案］

窃取挖掘机电脑主板后向被害人索取钱财的行为，其手段行为构成盗窃罪，目的行为构成敲诈勒索罪，分别触犯了不同的罪名，构成牵连犯，在处罚上应择一重罪处罚。

一般情况下可以从法定刑的轻重来区分此罪与彼罪的轻重，主要的依据是比较法定的最高刑和法定的最低刑，以及法律规定的附加刑；在法定刑幅度相同的情况下，则应根据各罪实际应判处的刑罚来确定此罪与彼罪的轻重。根据本案的具体情节，如果认定被告人犯敲诈勒索罪，其犯罪情节没有达到特别严重程度，敲诈勒索的数额也没有达到应当判处接近十年有期徒刑的数额要求。所以，适用盗窃罪处罚比适用敲诈勒索罪处罚重。

（十二）敲诈勒索罪的取证指引

近年来，新型犯罪手段和模式层出不穷，呈现出复杂性、多样性和非典型性。如职业差评师、恶意讨薪者、职业打假人、比特币敲诈勒索、过度维权、闹访、微信自媒体敲诈勒索、新闻敲诈勒索、专门敲诈勒索官员等，同时犯罪嫌疑人常采取电脑合成、语言伪装、笔迹变化、异地邮寄等方式逃避侦查，给侦查和司法认定带来了难度和挑战。

在侦查过程中，应注意收集反映犯罪嫌疑人“以非法占有为目的”而实施威胁、要挟行为的主观心态的犯罪嫌疑人的供述和辩解、被害人陈述、证人证言等，以明确以下事项：

（1）作案的动机、目的和起因，如资金困难、好逸恶劳、存在纠纷、泄愤等；

（2）犯罪的预备，包括：犯罪起意的过程，有无同案人员及与同案人员之间的策划、讨论及分工的内容，为敲诈勒索所做的准备，拟用的敲诈勒索方式；预备敲诈勒索的时间、地点，作案后逃跑、毁灭罪证的方式等；

（3）威胁、要挟的内容；

（4）犯罪嫌疑人在实施威胁、要挟行为前后和过程中的言行及其后果；

（5）犯罪嫌疑人与被害人的关系，包括双方是否认识，平时关系，有无过节、纠纷，犯罪嫌疑人对被害人是否存在合法或待处理的债权等。

1. 证明犯罪嫌疑人实施了敲诈勒索行为且达到入罪标准的证据

一是，证明犯罪嫌疑人实施了威胁、要挟行为的证据，包括：

（1）敲诈勒索的纸条、短信、邮件、微信/QQ 聊天记录、电话通话记录及通话录音，民事纠纷善后处置协议书，指纹鉴定、声纹鉴定、笔迹鉴定意见等；

（2）作案工具、通讯设备，如实施敲诈勒索的手机、电脑、车辆等；

（3）犯罪嫌疑人的供述和被害人的陈述，办案人员应讯问/询问清楚实施敲诈勒索行为的时间、地点、参与人、手段（威胁还是要挟，有无使用暴力）、经过、作案工具、被害人的言行（判断有无反抗、能否反抗）；敲诈勒索人的口音、体貌特征等情况；

（4）其他证据，如辨认笔录、照片、抓获证明、报案登记表、接警出警材料、搜查笔录、扣押决定书、扣押发还清单等。

二是，被害人因心理恐惧而交付财物的证据，包括①：

（1）银行转账记录、支付宝、微信等第三方支付交易记录、现金交付的包装袋、取款凭证、银行卡消费记录、收费收据、费用明细单、谅解书等；

（2）赃物及其价格鉴定意见；

（3）购物发票、字条、合同等；

（4）监控视频，证实犯罪嫌疑人取走财物或款项；

（5）被害人等有关人员秘密制作记录交付财物过程的录音、录像资料；

（6）犯罪嫌疑人的供述和被害人的陈述，办案人员应讯问/询问清楚犯罪嫌疑人索要财物的种类、数额、特征、交付的数额和赃款赃物的去向等情况。

三是，对利用或者冒充国家机关工作人员、军人、新闻工作者实施敲诈勒索的认定。

①犯罪嫌疑人供述、被害人陈述、证人证言。证实犯罪嫌疑人敲诈勒索中有无穿着军警制服、有无出示国家机关工作人员、军人、新闻工作者证件，有无使用军警车辆等其他器材，敲诈勒索中有无表明自己的身份。

②查获的假证件、制服、车辆及其牌照、武器、警械。

③军队、公安机关以及其他单位等出具的证明犯罪嫌疑人身份真伪的证明材料等。

④其他证据。

---

① 吴照美：《常见刑事案件取证指引》，中国人民公安大学出版社、群众出版社 2018 年版，第 149 页。

2. 相关的证据种类

（1）犯罪嫌疑人的供述与辩解，以证实：

①犯罪嫌疑人是否有正常工作及稳定的经济来源，是否以敲诈勒索为主要收入来源。

②作案的原因、动机、目的以及与被害人的关系。

③实施敲诈勒索的时间、地点、参与人员。

④犯罪起意的过程以及策划、策划的具体内容。共同犯罪的策划、分工的时间、地点、内容；事先有无预谋策划，有无事先或者事中达成默契，或者曾多次结伙作案的犯罪集团、犯罪团伙成员之间，每次作案前都通过他们之间特定语言、表情、手势等达成默契，形成内容明确的共同敲诈故意；有无持不同意见或反对意见者，以及对未表示反对或同意意见者，要重点讯问其在案发前、案发时、案发后的语言、行为，以此考察其主观态度；分赃情况和赃物去向，以此判明各犯罪嫌疑人的主观目的。

⑤实施犯罪采用的手段，是威胁还是要挟，以及威胁、要挟的具体内容。

⑥同案犯罪嫌疑人各自使用的作案工具，以及来源、数量、特征、下落。

⑦具体、详细的犯罪经过，被害人是否反抗、能否反抗，如何排除被害人反抗。

⑧犯罪嫌疑人、被害人的身体特征，包括面部特征、身高、口音、体态以及当时的衣着特征。

⑨被敲诈勒索财物的特征，包括外部形态、种类（品种）、颜色、数量等。

⑩犯罪现场是否有围观群众或者其他见证人。

⑪是否获得财物及赃款赃物的处理情况，是自用、出借，还是出售、典当等。

⑫二年内实施敲诈勒索行为的次数、取得财物种类（现金、支票、有价证券、金银首饰、车辆、实物等）、数量、特征，取得财物的方式（直接取得现金、银行转账、支付宝转账、微信转账等）。

⑬犯罪后的表现情况，如是否积极返赃、退赃。

⑭是否因敲诈勒索受过刑事处罚、一年内是否因敲诈勒索受过行政处罚。

（2）被害人陈述，以证实：

①被害人与犯罪嫌疑人的关系，是否为近亲属。

②被敲诈勒索的详细过程，包括时间、地点、作案人员、手段、勒索财物的

数量、特征、财物给付情况等。

③威胁、要挟的方式，包括电话、书信、短信、微信的具体内容。

④犯罪嫌疑人的身体特征，包括面部特征、身高、年龄、体态、口音，以及衣着情况等详细特征。

⑤案发后嫌疑人的表现情况，是否返赃、退赃，是否赔偿经济损失等。

（3）证人证言，以证实：

①与犯罪嫌疑人、被害人的关系；

②案发时间、地点；

③敲诈勒索的经过、被敲诈财物的种类及数量等情况；

④在案发现场所看见、听到的一切与案件事实相关的情况。

（4）物证、书证包括：

①调取犯罪嫌疑人实施敲诈勒索时，与被害人来往的书信、通话记录、短信、微信等通讯工具的聊天记录。

②扣押赃款赃物。

③调取被敲诈勒索物品的银行交易凭证，支付宝、微信等转账记录。

④调取犯罪嫌疑人往来案发地的住宿费、过路费等发票。

⑤扣押犯罪嫌疑人作案时使用的工具。

⑥调取被害人受伤后的就诊病历及伤情照片。

⑦调取犯罪现场、周围及相关场所的视频监控资料。

⑧调取犯罪嫌疑人以自己的名义将赃物出让、出借、出卖、典当的书证，如借据、当票等。

⑨其他证据。

（5）勘验、检查笔录、鉴定意见、视听资料及其他证据包括：

①对有关场所、人身、物品等进行勘验、检查，提取与案件有关的痕迹、物证，制作《现场勘验检查笔录》。

②对涉案物品进行价格鉴定。

③犯罪嫌疑人和被害人、证人指认犯罪现场笔录、照片。

④被害人人身伤害鉴定。

⑤被害人、目击证人辨认犯罪嫌疑人或物证的笔录。

⑥扬言实施放火、爆炸等其他犯罪，敲诈勒索财物以及实施敲诈勒索，造成其他严重后果的证据。

⑦其他证据。

3. 证明犯罪主观方面的证据

一是，犯罪嫌疑人的供述和辩解。二是，被害人陈述。①其与嫌疑人是否认识、平时关系，是否有矛盾纠纷等。②犯罪嫌疑人在实施敲诈行为前后、过程中的言行及被害人自身所产生的心理状态，是否反抗，如何反抗，是否被伤害，被伤害的身体部位、打击次数及伤情。若被害人没有反抗，应当问明未反抗、不敢反抗、放弃反抗的原因。三是，能够证明犯罪嫌疑人主观故意的其他证据。

三、追诉量刑

（一）敲诈勒索罪的追诉立案标准

1.《最高人民法院、最高人民检察院关于办理敲诈勒索刑事案件适用法律若干问题的解释》（法释〔2013〕10号，2013年4月27日起施行）

第一条　敲诈勒索公私财物价值二千元至五千元以上、三万元至十万元以上、三十万元至五十万元以上的，应当分别认定为刑法第二百七十四条规定的“数额较大”、“数额巨大”、“数额特别巨大”。

各省、自治区、直辖市高级人民法院、人民检察院可以根据本地区经济发展状况和社会治安状况，在前款规定的数额幅度内，共同研究确定本地区执行的具体数额标准，报最高人民法院、最高人民检察院批准。

第二条　敲诈勒索公私财物，具有下列情形之一的，“数额较大”的标准可以按照本解释第一条规定标准的百分之五十确定：

（一）曾因敲诈勒索受过刑事处罚的；

（二）一年内曾因敲诈勒索受过行政处罚的；

（三）对未成年人、残疾人、老年人或者丧失劳动能力人敲诈勒索的；

（四）以将要实施放火、爆炸等危害公共安全犯罪或者故意杀人、绑架等严重侵犯公民人身权利犯罪相威胁敲诈勒索的；

（五）以黑恶势力名义敲诈勒索的；

（六）利用或者冒充国家机关工作人员、军人、新闻工作者等特殊身份敲诈勒索的；

（七）造成其他严重后果的。

第四条　敲诈勒索公私财物，具有本解释第二条第三项至第七项规定的情形之一，数额达到本解释第一条规定的“数额巨大”、“数额特别巨大”百分之八十的，可以分别认定为刑法第二百七十四条规定的“其他严重情节”、“其他特别严重情节”。

2. 关于办理敲诈勒索刑事案件适用法律若干问题的解释的理解与适用①

（二）敲诈勒索“数额较大”的特别认定标准

《最高人民法院、最高人民检察院关于办理敲诈勒索刑事案件适用法律若干问题的解释》第2条规定，对于具有“曾因敲诈勒索受过刑事处罚”，“以黑恶势力名义敲诈勒索”等7种情形之一的，“数额较大”的标准可以按照第1条规定标准的50%确定。本条是敲诈勒索“数额较大”标准的特别规定，旨在避免“唯数额论”的不足，对社会危害性严重的敲诈勒索行为降低入罪门槛，有利于更好贯彻宽严相济刑事政策和罪责刑相适应原则。

（1）因敲诈勒索受过刑事处罚的。此类屡教不改者，人身危险性较大，有必要适当降低入罪数额标准，将其纳入刑事处罚范围。

（2）一年内曾因敲诈勒索受过行政处罚的。本项规定的“一年内”，应当从行政处罚执行完毕之日，而不是从行政处罚决定之日起计算。

（3）对未成年人、残疾人、老年人或者丧失劳动能力人敲诈勒索的。适用本项规定，应坚持主客观相统一原则，以行为人明知盗窃对象是未成年人、残疾人、老年人或者丧失劳动能力人为条件。如以正常人的认知能力，无从知晓对方是上述特定人员，不能适用本项规定。

（4）以将要实施放火、爆炸等危害公共安全犯罪或者故意杀人、绑架等严重侵犯公民人身权利犯罪相威胁敲诈勒索的。敲诈勒索犯罪，行为人常常以实施放火、爆炸、投放危险物质等相威胁，或者故意编造虚假恐怖信息，造成社会恐慌，危及公共安全；还有的犯罪分子给被害人投寄子弹、匕首等以杀害被害人相威胁，扬言要采取暴力、胁迫等方式掳走被害人以索取钱财，考虑到放火、爆炸、投放危险物质等与故意杀人、绑架均属于社会危害性严重的暴力犯罪，以实施以上严重暴力犯罪相威胁，易让被害人产生恐惧、畏惧心理，具有更为严重的社会危害性，应加大对此类行为的打击力度。

（5）以黑恶势力名义敲诈勒索的。依靠、凭借或者利用黑恶势力的非法控制力或者影响力，实施敲诈勒索行为，应当从严惩处。“以黑恶势力名义”，包

---

① 黄应生：《〈关于办理敲诈勒索刑事案件适用法律若干问题的解释〉的理解与适用》，载《人民司法》2013年第19期。

括确实是黑恶势力和冒充黑恶势力两种情况。

（6）利用或者冒充国家机关工作人员、军人、新闻工作者等特殊身份敲诈勒索的。此类敲诈勒索行为，更容易对被害人产生心理威慑，严重败坏党和政府等的形象和声誉。对本项规定中的“等”，宜从严掌握，不能随意扩大解释。

（7）造成其他严重后果的。该项为兜底项，主要是指因敲诈勒索引起被害人自杀、伤残、精神失常等严重后果的情形。需要特别指出的是，根据《最高人民法院、最高人民检察院关于办理敲诈勒索刑事案件适用法律若干问题的解释》第二条的规定，具有“曾因敲诈勒索受过刑事处罚”等七种情形之一的，只是“可以”而非“应当”降低入罪数额门槛。因此，如综合考虑全案情节，降低入罪数额门槛明显有失妥当的，也可例外地不适用本条规定。如冒充黑恶势力敲诈勒索，行为人只是随口一说，甚至带有玩笑色彩，明显不足信，对方也根本没有因此感到恐惧的，则不宜适用本条规定。

（四）敲诈勒索“其他严重情节”“其他特别严重情节”的认定

该司法解释第4条规定，敲诈勒索公私财物，具有该司法解释第2条第3—7项规定的情形之一，数额达到第1条规定的“数额巨大”“数额特别巨大”80%的，可以分别认定为敲诈勒索罪的“其他严重情节”“其他特别严重情节”。敲诈勒索罪属于侵财犯罪，敲诈勒索公私财物的价值多少是其社会危害性程度的主要体现，故参照该司法解释和《最高人民法院、最高人民检察院关于办理盗窃刑事案件适用法律若干问题的解释》、《最高人民法院、最高人民检察院关于办理诈骗刑事案件具体应用法律若干问题的解释》的相关规定，以数额加情节的方式规定了“其他严重情节”“其他特别严重情节”的具体情形。需要重点说明的是：敲诈勒索罪上档处罚的数额比例较高。盗窃罪和诈骗罪都是具备相应情形后，只要达到“数额巨大”“数额特别巨大”50%的，就可以分别认定为“其他严重情节”“其他特别严重情节”，而敲诈勒索罪的标准是“百分之八十”。

（九）其他问题

关于敲诈勒索犯罪数额的认定问题。在敲诈勒索案件中，被告人与被害人之间往往有一个讨价还价的过程。行为人的开价数额往往很高，但真正最后到手的通常要打折扣。是应以开价数额，还是以到手数额作为犯罪数额？我们认为，应以行为人实际敲诈到的数额作为其犯罪数额，同时将开价数额作为量刑情节考虑。这样处理，更符合此类犯罪的自身特点——开价数额往往具有随意性，具有概括故意的性质；也更能体现罪责刑相适应原则——敲诈勒索是财产犯罪，其危害程度主要取决于实际给被害人造成了多大的财产损失，被告人的开价数额并非决定行为社会危害性的主要方面。如果经过讨价还价，行为人最后仍未实际敲诈到钱财的，宜以其最低的要价认定敲诈勒索未遂的数额。

（二）敲诈勒索罪的量刑

最高人民法院、最高人民检察院《关于常见犯罪的量刑指导意见（试行）》（法发〔2021〕21号，2021年7月1日起施行）

1. 构成敲诈勒索罪的，根据下列情形在相应的幅度内确定量刑起点：

（1）达到数额较大起点的，或者二年内三次敲诈勒索的，在一年以下有期徒刑、拘役幅度内确定量刑起点。

（2）达到数额巨大起点或者有其他严重情节的，在三年至五年有期徒刑幅度内确定量刑起点。

（3）达到数额特别巨大起点或者有其他特别严重情节的，在十年至十二年有期徒刑幅度内确定量刑起点。

2. 在量刑起点的基础上，根据敲诈勒索数额、次数、犯罪情节严重程度等其他影响犯罪构成的犯罪事实增加刑罚量，确定基准刑。

多次敲诈勒索，数额达到较大以上的，以敲诈勒索数额确定量刑起点，敲诈勒索次数可以作为调节基准刑的量刑情节；数额未达到较大的，以敲诈勒索次数确定量刑起点，超过三次的次数作为增加刑罚量的事实。

3. 构成敲诈勒索罪的，根据敲诈勒索的数额、手段、次数、危害后果等犯罪情节，综合考虑被告人缴纳罚金的能力，在二千元以上敲诈勒索数额的二倍以下决定罚金数额；被告人没有获得财物的，在二千元以上十万元以下判处罚金。

4. 构成敲诈勒索罪的，综合考虑敲诈勒索的手段、数额、次数、危害后果、退赃退赔等犯罪事实、量刑情节，以及被告人的主观恶性、人身危险性、认罪悔罪表现等因素，决定缓刑的适用。

（三）敲诈勒索罪的罚金适用

《最高人民法院、最高人民检察院关于办理敲诈勒索刑事案件适用法律若干问题的解释》（法释〔2013〕10号，2013年4月27日起施行）

第八条　对犯敲诈勒索罪的被告人，应当在二千元以上、敲诈勒索数额的二倍以下判处罚金；被告人没有获得财物的，应当在二千元以上十万元以下判处罚金。

（四）定罪量刑对应表

表 6－1　敲诈勒索罪定罪量刑对应表

<table>
<tr><th>敲诈勒索罪</th><th>一般情形</th><th>特殊情形</th><th>刑期</th></tr>
<tr><td>第一档</td><td>二千元至五千元以上</td><td>五折情形：
（一）曾因敲诈勒索受过刑事处罚的；
（二）一年内曾因敲诈勒索受过行政处罚的；
（三）对未成年人、残疾人、老年人或者丧失劳动能力人敲诈勒索的；
（四）以将要实施放火、爆炸等危害公共安全犯罪或者故意杀人、绑架等严重侵犯公民人身权利犯罪相威胁敲诈勒索的；
（五）以黑恶势力名义敲诈勒索的；
（六）利用或者冒充国家机关工作人员、军人、新闻工作者等特殊身份敲诈勒索的；
（七）造成其他严重后果的</td><td>三年以下有期徒刑、拘役或者管制，并处或者单处罚金</td></tr>
<tr><td>第二档</td><td>三万元至十万元以上</td><td rowspan="2">八折情形：
上述第三项至第七项规定</td><td>三年以上十年以下有期徒刑，并处罚金</td></tr>
<tr><td>第三档</td><td>三十万元至五十万元</td><td>十年以上有期徒刑，并处罚金</td></tr>
</table>

第二节　非法侵入计算机信息系统罪，非法获取计算机信息系统数据、非法控制计算机信息系统罪，提供侵入、非法控制计算机信息系统程序、工具罪

一、犯罪构成

（一）《刑法》（2020 年 12 月 26 日修正）

第二百八十五条

【非法侵入计算机信息系统罪】违反国家规定，侵入国家事务、国防建设、尖端科学技术领域的计算机信息系统的，处三年以下有期徒刑或者拘役。

【非法获取计算机信息系统数据、非法控制计算机信息系统罪】违反国家规定，侵入前款规定以外的计算机信息系统或者采用其他技术手段，获取该计算机信息系统中存储、处理或者传输的数据，或者对该计算机信息系统实施非法控

制，情节严重的，处三年以下有期徒刑或者拘役，并处或者单处罚金；情节特别严重的，处三年以上七年以下有期徒刑，并处罚金。

【提供侵入、非法控制计算机信息系统程序、工具罪】提供专门用于侵入、非法控制计算机信息系统的程序、工具，或者明知他人实施侵入、非法控制计算机信息系统的违法犯罪行为而为其提供程序、工具，情节严重的，依照前款的规定处罚。

单位犯前三款罪的，对单位判处罚金，并对其直接负责的主管人员和其他直接责任人员，依照各该款的规定处罚。

（二）学理解释

本节各罪的犯罪主体均为一般主体，即年满16周岁、具有刑事责任能力的自然人、单位。

二、疑难问题

（一）“身份认证信息”的范围界定

1.《最高人民法院、最高人民检察院关于办理危害计算机信息系统安全刑事案件应用法律若干问题的解释》（法释〔2011〕19号，2011年9月1日起施行）

第十一条第二款　本解释所称“身份认证信息”，是指用于确认用户在计算机信息系统上操作权限的数据，包括账号、口令、密码、数字证书等。

2. 关于办理危害计算机信息系统安全刑事案件应用法律若干问题的解释的理解与适用①

由于《最高人民法院、最高人民检察院关于办理危害计算机信息系统安全刑事案件应用法律若干问题的解释》多处涉及“身份认证信息”这一术语，第11条第2款明确了“身份认证信息”的内涵和外延。考虑到司法实践的具体情形，采用了概括加例举的方法，将“身份认证信息”界定为用于确认用户在计算机信息系统上操作权限的数据，包括账号、口令、密码、数字证书等。从实践来看，数字签名、生物特征等都属于身份认证信息。

---

① 喻海松：《〈关于办理危害计算机信息系统安全刑事案件应用法律若干问题的解释〉的理解与适用》，载《人民司法·应用》2011年第19期。

（二）超出授权范围使用账号、密码登录计算机信息系统后，下载其储存的数据行为的定性

［检例第 36 号：卫某某、龚某、薛某某非法获取计算机信息系统数据案］

超出授权范围使用账号、密码登录计算机信息系统，属于侵入计算机信息系统的行为；侵入计算机信息系统后下载其储存的数据，可以认定为非法获取计算机信息系统数据。

非法获取计算机信息系统数据罪中的"侵入"，是指违背被害人意愿、非法进入计算机信息系统的行为。其表现形式既包括采用技术手段破坏系统防护进入计算机信息系统，也包括未取得被害人授权擅自进入计算机信息系统，还包括超出被害人授权范围进入计算机信息系统。本案中，被告人龚某将自己因工作需要掌握的本公司账号、密码、Token 令牌等交由卫某某登录该公司管理开发系统获取数据，虽不属于通过技术手段侵入计算机信息系统，但内外勾结擅自登录公司内部管理开发系统下载数据，明显超出正常授权范围。超出授权范围使用账号、密码、Token 令牌登录系统，也属于侵入计算机信息系统的行为。行为人违反《计算机信息系统安全保护条例》第 7 条、《计算机信息网络国际联网安全保护管理办法》第 6 条第 1 项等国家规定，实施了非法侵入并下载获取计算机信息系统中存储的数据的行为，构成非法获取计算机信息系统数据罪。按照《最高人民法院、最高人民检察院关于办理危害计算机信息系统安全刑事案件应用法律若干问题的解释》规定，构成犯罪，违法所得 25000 元以上，应当认定为"情节特别严重"，处 3 年以上 7 年以下有期徒刑，并处罚金。

（三）通过修改、增加计算机信息系统数据，对该计算机信息系统实施非法控制，但未造成系统功能实质性破坏或者不能正常运行的行为定性

［最高法指导案例 145 号：张某某等非法控制计算机信息系统案］

通过修改、增加计算机信息系统数据，对该计算机信息系统实施非法控制，但未造成系统功能实质性破坏或者不能正常运行的，不应当认定为破坏计算机信息系统罪，符合《刑法》第 285 条第 2 款规定的，应当认定为非法控制计算机信息系统罪。

被告人张某某等虽对目标服务器的数据实施了修改、增加的侵犯行为，但未造成该信息系统功能实质性的破坏，或不能正常运行，也未对该信息系统内有价值的数据进行增加、删改，其行为不属于破坏计算机信息系统犯罪中的对计算机信息系统中存储、处理或者传输的数据进行删除、修改、增加的行为，应认定为

非法控制计算机信息系统罪。

（四）专门用于侵入、非法控制计算机信息系统的程序、工具的认定

1.《最高人民法院、最高人民检察院关于办理危害计算机信息系统安全刑事案件应用法律若干问题的解释》（法释〔2011〕19号，2011年9月1日起施行）

第二条　具有下列情形之一的程序、工具，应当认定为刑法第二百八十五条第三款规定的“专门用于侵入、非法控制计算机信息系统的程序、工具”：

（一）具有避开或者突破计算机信息系统安全保护措施，未经授权或者超越授权获取计算机信息系统数据的功能的；

（二）具有避开或者突破计算机信息系统安全保护措施，未经授权或者超越授权对计算机信息系统实施控制的功能的；

（三）其他专门设计用于侵入、非法控制计算机信息系统、非法获取计算机信息系统数据的程序、工具。

2. 关于办理危害计算机信息系统安全刑事案件应用法律若干问题的解释的理解与适用①

《刑法》第285条第3款的“专门用于侵入、非法控制计算机信息系统的程序、工具”，是指行为人所提供的程序、工具只能用于实施非法侵入、非法控制计算机信息系统的用途。可见，其区别于一般的程序、工具之处在于此类程序、工具专门用于违法犯罪目的，而不包括那些既可以用于违法犯罪目的又可以用于合法目的的“中性程序”。因此。“专门”是对程序、工具本身的用途非法性的限定，是通过程序、工具本身的用途予以体现的。而程序、工具本身的用途又是由其功能所决定的，如果某款程序、工具在功能设计上就只能用来违法地实施控制、获取数据的行为，则可以称为“专门工具、程序”。我们认为，从功能设计上可以对“专门用于侵入、非法控制计算机信息系统的程序、工具”作如下限定：

首先，程序、工具本身具有获取计算机信息系统数据，控制计算机信息系统的功能。《刑法》第285条第3款的用语是“专门用于侵入、非法控制计算机信息系统的程序、工具”，从字面上看，没有涉及“专门用于非法获取数据的工具”。但是，从刑法规范的逻辑角度而言，《刑法》第285条第3款应当是前两

① 喻海松：《〈关于办理危害计算机信息系统安全刑事案件应用法律若干问题的解释〉的理解与适用》，载《人民司法·应用》2011年第19期。

款的工具犯。“专门用于侵入、非法控制计算机信息系统的程序、工具”，既包括专门用于侵入、非法控制计算机信息系统的程序、工具，也包括通过侵入计算机信息系统而非法获取数据的专门性程序、工具。顺带需要提及的是，基于同样的理由，《刑法》第285条第3款后半句规定的“明知他人实施侵入、非法控制计算机信息系统的违法犯罪行为而为其提供程序、工具”，这里的“侵入”既包括非法侵入计算机信息系统行为，也包括通过侵入计算机信息系统而非法获取数据的行为。由于专门用于实施非法侵入计算机信息系统的程序、工具较为少见，而且难以从功能上对其作出界定，对其主要应通过主观设计目的予以判断（即《最高人民法院、最高人民检察院关于办理危害计算机信息系统安全刑事案件应用法律若干问题的解释》第2条第3项的规定）。基于上述考虑，这里主要强调了程序、工具本身的获取数据和控制功能。

其次，程序、工具本身具有避开或者突破计算机信息系统安全保护措施的功能。有不少木马程序既可用于合法目的也可用于非法目的，属于“中性程序”，比如Windows系统自带的Terminal Services（终端服务）也可以用于远程控制计算机信息系统，很多商用用户运用这种远程控制程序以远程维护计算机信息系统。通常情况下，攻击者使用的木马程序必须故意逃避杀毒程序的查杀、防火墙的控制，故此类木马程序区别于“中性的”商用远程控制程序的主要特征是其具有“避开或者突破计算机信息系统安全保护措施”的特征，如自动停止杀毒软件的功能、自动卸载杀毒软件功能等，在互联网上广泛销售的所谓“免杀”木马程序即属于此种类型的木马程序。因此，本条将“专门用于避开或者突破计算机信息系统安全保护措施”作为界定标准之一。

最后，程序、工具获取数据和控制功能，在设计上即能在未经授权或者超越授权的状态下得以实现。这是专门程序、工具区别于“中性程序、工具”的典型特征，是该类程序违法性的集中体现。例如“网银大盗”程序，其通过键盘记录的方式，监视用户操作，当用户使用个人网上银行进行交易时，该程序会恶意记录用户所使用的账号和密码，记录成功后，程序会将盗取的账号和密码发送给行为人。该程序在功能设计上即可在无须权利人授权的情况下获取其网上银行账号、密码等数据。“中性”程序、工具不具备在未经授权或超越授权的情况下自动获取数据或者控制他人计算机信息系统的功能。

基于上述考虑，《最高人民法院、最高人民检察院关于办理危害计算机信息系统安全刑事案件应用法律若干问题的解释》第2条第1、2项将具有避开或者突破计算机信息系统安全保护措施，未经授权或者超越授权获取计算机信息系统数据的功能或者对计算机信息系统实施控制的功能的程序、工具列为“专门用于侵入、非法控制计算机信息系统的程序、工具”。这两类程序都符合了上述3个要件，明显有别于“中性程序”，能够被认定为“专门性程序、工具”。此外，第3项还列出了其他专门设计用于侵入、非法控制计算机信息系统、非法获取计算机信息系统数据的程序、工具。在黑客攻击破坏活动中还存在很多专门为实施违法犯罪活动而设计的程序、工具，比如攻击者针对某类网吧管理系统的漏洞专门设计的侵入程序，针对某个网络银行系统设计专用的侵入程序，此类程序难以进行详细分类并一一列举，也难以准确地概括其违法性的客观特征。因此，此处规定并不是通过程序的客观特性界定其范围，而是通过设计者的主观动机予以界定，具体哪些程序属于这一范畴应当具体情形具体分析。

（五）盗号类软件开发者、提供者的行为定性

撞库类软件、手机验证码软件、批量密码找回软件、洗号软件、扫号软件、账号解除异常、钓鱼链接、钓鱼木马程序等具有突破或避开计算机信息系统安全保护措施，未经授权或超越授权获取计算机信息系统数据的功能，属于专门用于侵入、非法控制计算机信息系统的程序、工具，如开发者、提供者与使用者存在事先通谋，或者按照使用者的特定犯罪需要、犯罪方式定制程序，开发者、提供者对使用者的犯罪行为有明确的认知，且仍积极追求、放任该犯罪结果发生，符合共同犯罪的，按照共同犯罪处罚；如果开发者、提供者只对使用者实施的违法犯罪行为存在概括认知，但缺乏共同犯罪故意，可根据《刑法》第285条第3款的规定，按照提供侵入、非法控制计算机信息系统的程序、工具罪处罚。

（六）危害计算机信息系统安全犯罪案件的检验问题

1.《最高人民法院、最高人民检察院关于办理危害计算机信息系统安全刑事案件应用法律若干问题的解释》（法释〔2011〕19号，2011年8月1日施行）

第十条　对于是否属于刑法第二百八十五条、第二百八十六条规定的“国家事务、国防建设、尖端科学技术领域的计算机信息系统”、“专门用于侵入、非法控制计算机信息系统的程序、工具”、“计算机病毒等破坏性程序”难以确定的，应当委托省级以上负责计算机信息系统安全保护管理工作的部门检验。司法机关根据检验结论，并结合案件具体情况认定。

2. 关于办理危害计算机信息系统安全刑事案件应用法律若干问题的解释的理解与适用①

《计算机信息系统安全保护条例》第6条规定："公安部主管全国计算机信息系统安全保护工作。国家安全部、国家保密局和国务院其他有关部门，在国务院规定的职责范围内做好计算机信息系统安全保护的有关工作。"因此，对于相关情形难以确定的，应当根据案件具体涉及的领域，从省级以上的公安部门、国家安全部门、保密部门或者其他有关部门中选取确定检验部门。从实践来看，进行检验的部门主要应当是省级以上公安机关。

（七）非法侵入计算机系统罪的审查要点

（1）非法侵入手段的审查。应当注重审查是否采用技术破解、通过黑客软件侵入网站、非法获得账户密码进行登录、未经授权使用事先知道的他人账号、密码、猜测他人账号、密码非法登录或超出授权范围使用账号、密码等方式，以证实是否存在违背权利主体意愿，未经授权或超越授权进入计算机信息系统的行为，包括利用技术手段突破系统防护、未经权利主体授权擅自进入他人的计算机信息系统。

（2）非法侵入对象的审查。本罪要求侵入对象为国家事务、国防建设、尖端科学技术领域的计算机信息系统，应当结合计算机信息系统的管理者及用途进行审查认定。对于国家事务、国防建设、尖端科学技术领域的计算机信息系统难以确定的，应当委托省级以上负责计算机信息系统安全保护管理工作的部门检验。

（八）非法获取计算机信息系统数据、非法控制计算机信息系统罪的审查要点

非法获取计算机信息系统罪，可以通过调取被侵入的计算机信息系统的控制端程序、相关数据，审查犯罪嫌疑人实施侵入行为时设备、程序、工具的使用情况、非法获取的计算机信息系统数据情况，结合在案其他证据综合认定非法获取数据行为；可以根据从犯罪嫌疑人作案设备中提取的涉案数据特征、数量、种类，结合用于非法侵入并获取计算机信息系统数据的程序、工具使用情况，以及相关言词证据等确定犯罪嫌疑人非法获取的计算机信息系统数据情况；也可以通

---

① 喻海松：《〈关于办理危害计算机信息系统安全刑事案件应用法律若干问题的解释〉的理解与适用》，载《人民司法·应用》2011年第19期。

过审查被侵入计算机信息系统被侵入期间的访问、数据读取等记录，结合上述记录的生成机制以及生成过程认定犯罪嫌疑人非法获取的计算机信息系统数据情况。

非法控制计算机信息系统罪，可以根据从犯罪嫌疑人作案设备以及被非法控制的计算机信息系统内提取的程序、通讯日志等电子数据，结合言词证据等综合确定上述设备的控制与被控制关系。注重对计算机信息系统、涉案程序、工具、网站运行机制的全面审查，注重利用电子数据、检查笔录等客观性证据，并根据侵入、控制手段或其他技术手段的具体特征确定犯罪后果以及因果关系。

（九）提供侵入、非法控制计算机信息系统程序、工具罪的审查

第一，提供程序、工具行为的审查。注重对涉案程序、工具的来源审查，可以通过犯罪嫌疑人的通信传送记录、互联网公开发布记录、交易记录等，结合犯罪嫌疑人供述、被提供人关于涉案程序、工具来源的说明等证据审查认定犯罪嫌疑人的提供行为。

第二，专门用于侵入、非法控制计算机信息系统的程序、工具的审查。

（1）通过审查被侵入、被非法控制计算机信息系统的安全保护措施认定涉案程序是否具有侵入、非法控制的目的，以及是否具有避开或者突破计算机信息系统安全保护措施的功能。

（2）通过审查计算机信息系统被侵入、非法控制的具体情形，认定涉案程序、工具是否在未经授权或者超越授权的情况下，获取计算机信息系统数据、非法控制计算机信息系统。

（3）其他专门用于侵入计算机信息系统、非法控制计算机信息系统的程序、工具的审查。可以通过审查涉案程序、工具的设计目的、功能用途等进行认定，对于“钓鱼软件”“DDoS”软件等明显不具有正常业务用途的程序、工具，认定为专门用于侵入计算机信息系统、非法控制计算机信息系统的程序、工具。

第三，鉴定意见、检验意见的审查。对于涉案程序、工具是否属于专门用于侵入、非法控制计算机信息系统的程序、工具难以确定的，一般应当委托省级以上负责计算机信息系统安全保护管理工作的部门检验确定，也可以委托司法鉴定机构或者有专门知识的人等对涉案程序、工具的功能、运行原理等开展鉴定、检验，审查时可以根据鉴定意见、检验意见，结合法律、司法解释的有关规定，认定是否属于专门用于侵入、非法控制计算机信息系统的程序、工具。

［检例第68号：叶某某、张某某提供侵入计算机信息系统程序、谭某某非法获取计算机信息系统数据案］

对有证据证明用途单一，只能用于侵入计算机信息系统的程序，司法机关可依法认定为“专门用于侵入计算机信息系统的程序”；难以确定的，应当委托专门部门或司法鉴定机构作出检验或鉴定。

审查认定“专门用于侵入计算机信息系统的程序”，一般应要求公安机关提供以下证据：一是从被扣押、封存的涉案电脑、U盘等原始存储介质中收集、提取相关的电子数据。二是对涉案程序、被侵入的计算机信息系统及电子数据进行勘验、检查后制作的笔录。三是能够证实涉案程序的技术原理、制作目的、功能用途和运行效果的书证材料。四是涉案程序的制作人、提供人、使用人对该程序的技术原理、制作目的、功能用途和运行效果进行阐述的言词证据，或能够展示涉案程序功能的视听资料。五是能够证实被侵入计算机信息系统安全保护措施的技术原理、功能以及被侵入后果的专业人员的证言等证据。六是对有运行条件的，应要求公安机关进行侦查实验。对有充分证据证明涉案程序是专门设计用于侵入计算机信息系统、非法获取计算机信息系统数据的，可直接认定为“专门用于侵入计算机信息系统的程序”。

证据审查中，可从以下方面对涉案程序是否属于“专门用于侵入计算机信息系统的程序”进行判断：一是结合被侵入的计算机信息系统的安全保护措施，分析涉案程序是否具有侵入的目的，是否具有避开或者突破计算机信息系统安全保护措施的功能。二是结合计算机信息系统被侵入的具体情形，查明涉案程序是否在未经授权或超越授权的情况下，获取计算机信息系统数据。三是分析涉案程序是否属于“专门”用于侵入计算机信息系统的程序。

根据《最高人民法院、最高人民检察院关于办理危害计算机信息系统安全刑事案件应用法律若干问题的解释》第10条和《最高人民法院、最高人民检察院、公安部关于办理刑事案件收集提取和审查判断电子数据若干问题的规定》第17条的规定，对是否属于“专门用于侵入计算机信息系统的程序”难以确定的，一般应当委托省级以上负责计算机信息系统安全保护管理工作的部门检验，也可由司法鉴定机构出具鉴定意见，或者由公安部指定的机构出具报告。实践中，应重点审查检验报告、鉴定意见对程序运行过程和运行结果的判断，结合案件具体情况，认定涉案程序是否具有突破或避开计算机信息系统安全保护措施，未经授权或超越授权获取计算机信息系统数据的功能。

三、追诉量刑

（一）非法获取计算机信息系统数据、非法控制计算机信息系统行为的定罪量刑标准

1.《最高人民法院、最高人民检察院关于办理危害计算机信息系统安全刑事案件应用法律若干问题的解释》（法释〔2011〕19号，2011年9月1日起施行）

第一条 非法获取计算机信息系统数据或者非法控制计算机信息系统，具有下列情形之一的，应当认定为刑法第二百八十五条第二款规定的“情节严重”：

（一）获取支付结算、证券交易、期货交易等网络金融服务的身份认证信息十组以上的；

（二）获取第（一）项以外的身份认证信息五百组以上的；

（三）非法控制计算机信息系统二十台以上的；

（四）违法所得五千元以上或者造成经济损失一万元以上的；

（五）其他情节严重的情形。

实施前款规定行为，具有下列情形之一的，应当认定为刑法第二百八十五条第二款规定的“情节特别严重”：

（一）数量或者数额达到前款第（一）项至第（四）项规定标准五倍以上的；

（二）其他情节特别严重的情形。

明知是他人非法控制的计算机信息系统，而对该计算机信息系统的控制权加以利用的，依照前两款的规定定罪处罚。

2. 关于办理危害计算机信息系统安全刑事案件应用法律若干问题的解释的理解与适用①

《最高人民法院、最高人民检察院关于办理危害计算机信息系统安全刑事案件应用法律若干问题的解释》第1条共分为3款，第1款规定了“情节严重”的具体认定标准。主要包括下列情形：第1项以获取网络金融服务的身份认证信息的数量为标准。与计算机信息系统安全相关的数据中最为重要的是用于认证用户身份的身份认证信息（如口令、证书等），此类数据通常是网络安全的第一道防线，也是网络盗窃的最主要对象，特别是非法获取电子银行、证券交易、期货

---

① 喻海松：《〈关于办理危害计算机信息系统安全刑事案件应用法律若干问题的解释〉的理解与适用》，载《人民司法·应用》2011年第19期。

交易等网络金融服务的账号、口令等身份认证信息的活动非常猖獗，故应对身份认证信息予以重点保护。根据司法实践的情况，综合考虑行为的社会危害性，获取支付结算、证券交易、期货交易等网络金融服务的身份认证信息 10 组以上即属“情节严重”。第 2 项以获取网络金融服务以外的身份认证信息的数量为标准。对于网络金融服务以外的其他网络服务，如网络即时通讯、网络邮箱等，网络盗窃者非法获取这些身份认证信息的案件也较为多发。获取其他网络服务的身份认证信息 500 组以上的，应当认定为“情节严重”。需要注意的是，对于实践中发生的出于好奇、显示网络技术等目的而实施的打包盗窃论坛身份认证信息等行为，即使获取身份认证信息略微超过 500 组的，由于社会危害性也不大，应当适用《刑法》第 13 条但书的规定，不宜纳入刑事打击的范围。在司法实践中，要准确把握第 1 项和第 2 项规定的“一组”身份认证信息的概念。所谓一组身份认证信息，是指可以确认用户在计算机信息系统上操作权限的认证信息的一个组合，比如某些网上银行需要用户名、密码和动态口令就可以转账，那么用户名、密码和动态口令就是一组身份认证信息；有的网上银行除上述 3 项信息外还需要手机认证码才可以转账，缺一不可，那么这 4 项信息才能构成一组身份认证信息。但是，对于身份认证信息，特别是密码信息，很多用户有经常更改密码的习惯，故认定一组身份认证信息不应以在办案过程中是否可以实际登录使用为判断标准，而应结合其非法获取身份认证信息的方法判断该身份认证信息在被非法获取时是否可用为依据，如使用的木马程序能有效截获用户输入的账号密码，则不管该密码当前是否可用，只要是使用该木马程序截获的账号、密码，则应认定为一组有效身份认证信息。第 3 项以非法控制计算机信息系统的数量为标准。在非法侵入计算机信息系统后，并未破坏计算机信息系统的功能或者数据，而是通过控制计算机信息系统实施特定操作的行为被称为“非法控制计算机信息系统”。很多攻击者通过控制大量计算机信息系统形成僵尸网络（Botnet）。为了解决上述问题，将非法控制计算机信息系统台数作为衡量情节严重的标准之一，即非法控制计算机信息系统 20 台以上的，应当认定为“情节严重”。第 4 项以违法所得或者经济损失的数额为标准。非法获取计算机信息系统数据、非法控制计算机信息系统行为的主要目的是牟利，且易给权利人造成经济损失，故将违法所得数额和财产损失数额作为衡量情节严重的标准之一，即违法所得 5000 元以上或者造成经济损失 1 万元以上的，应当认定为“情节严重”。第 5 项是关于兜底条款的规定。此外，第 2 款根据计算机网络犯罪的性质和危害程度，并参照以往有关司法解释，以“情节严重”的5倍为标准，对“情节特别严重”作了规定。

明知是他人非法控制的计算机信息系统，而对该计算机信息系统的控制权加以利用，使该计算机信息系统继续处于被控制状态，实际上是对该计算机信息系统实施控制，应当认定为非法控制计算机信息系统，故第3款明确规定对此种行为适用前两款关于非法控制计算机信息系统行为的定罪量刑标准。

（二）提供侵入、非法控制计算机信息系统程序、工具行为的定罪量刑标准

1.《最高人民法院、最高人民检察院关于办理危害计算机信息系统安全刑事案件应用法律若干问题的解释》（法释〔2011〕19号，2011年9月1日起施行）

第三条　提供侵入、非法控制计算机信息系统的程序、工具，具有下列情形之一的，应当认定为刑法第二百八十五条第三款规定的“情节严重”：

（一）提供能够用于非法获取支付结算、证券交易、期货交易等网络金融服务身份认证信息的专门性程序、工具五人次以上的；

（二）提供第（一）项以外的专门用于侵入、非法控制计算机信息系统的程序、工具二十人次以上的；

（三）明知他人实施非法获取支付结算、证券交易、期货交易等网络金融服务身份认证信息的违法犯罪行为而为其提供程序、工具五人次以上的；

（四）明知他人实施第（三）项以外的侵入、非法控制计算机信息系统的违法犯罪行为而为其提供程序、工具二十人次以上的；

（五）违法所得五千元以上或者造成经济损失一万元以上的；

（六）其他情节严重的情形。

实施前款规定行为，具有下列情形之一的，应当认定为提供侵入、非法控制计算机信息系统的程序、工具“情节特别严重”：

（一）数量或者数额达到前款第（一）项至第（五）项规定标准五倍以上的；

（二）其他情节特别严重的情形。

2. 关于办理危害计算机信息系统安全刑事案件应用法律若干问题的解释的理解与适用①

对于提供专门用于侵入、非法控制计算机信息系统的程序、工具，或者明知

---

① 喻海松：《〈关于办理危害计算机信息系统安全刑事案件应用法律若干问题的解释〉的理解与适用》，载《人民司法·应用》2011年第19期。

他人实施侵入、非法控制计算机信息系统的违法犯罪行为而为其提供程序、工具的行为，主要从以下几个方面认定“情节严重”：一是提供的程序、工具的人次。其中，对于提供网银木马等“能够用于非法获取支付结算、证券交易、期货交易等网络金融服务的身份认证信息的专门性程序、工具”的行为，第1项规定提供5人次以上的即属“情节严重”；对于提供盗号程序、远程控制木马程序等其他专门用于侵入、非法控制计算机信息系统的程序、工具的，第2项规定提供的人次达到20人以上的属于“情节严重”；对于明知他人实施非法获取支付结算、证券交易、期货交易等网络金融服务的身份认证信息的违法犯罪行为而为其提供程序、工具的，第3项规定提供五人次以上的即属“情节严重”；对于明知他人实施其他侵入、非法控制计算机信息系统的违法犯罪行为而为其提供程序、工具的，第4项规定提供20人次以上的属于“情节严重”。二是违法所得和经济损失数额。由于提供此类工具的行为主要以获利为目的，正是在非法获利的驱动下，互联网上销售各类黑客工具的行为才会泛滥，且往往会给权利人造成经济损失，故第5项将违法所得5000元以上或者造成经济损失1万元以上作为认定“情节严重”的标准之一。三是对于其他无法按照提供的人次、违法所得数额、经济损失数额定罪的，第6项设置了兜底条款。此外，第2款规定“情节严重”和“情节特别严重”之间为5倍的倍数关系。

（三）定罪量刑对应表

表6-2 非法获取计算机信息系统数据、非法控制计算机信息系统罪定罪量刑对应表

非法获取计算机信息系统数据、非法控制计算机信息系统罪	量刑情形	刑期
第一档	（一）获取支付结算、证券交易、期货交易等网络金融服务的身份认证信息十组以上的； （二）获取第（一）项以外的身份认证信息五百组以上的； （三）非法控制计算机信息系统二十台以上的； （四）违法所得五千元以上或者造成经济损失一万元以上的； （五）其他情节严重的情形	三年以下有期徒刑或者拘役，并处或者单处罚金
第二档	（一）数量或者数额达到前款第（一）项至第（四）项规定标准五倍以上的； （二）其他情节特别严重的情形	三年以上七年以下有期徒刑，并处罚金

表 6-3　提供侵入、非法控制计算机信息系统程序、工具罪定罪量刑对应表

提供侵入、非法控制计算机信息系统程序、工具罪	量刑情形	刑期
第一档	（一）提供能够用于非法获取支付结算、证券交易、期货交易等网络金融服务身份认证信息的专门性程序、工具五人次以上的； （二）提供第（一）项以外的专门用于侵入、非法控制计算机信息系统的程序、工具二十人次以上的； （三）明知他人实施非法获取支付结算、证券交易、期货交易等网络金融服务身份认证信息的违法犯罪行为而为其提供程序、工具五人次以上的； （四）明知他人实施第（三）项以外的侵入、非法控制计算机信息系统的违法犯罪行为而为其提供程序、工具二十人次以上的； （五）违法所得五千元以上或者造成经济损失一万元以上的； （六）其他情节严重的情形	三年以下有期徒刑或者拘役，并处或者单处罚金
第二档	（一）数量或者数额达到前款第（一）项至第（五）项规定标准五倍以上的； （二）其他情节特别严重的情形	三年以上七年以下有期徒刑，并处罚金

第三节　破坏计算机信息系统罪

一、犯罪构成

（一）《刑法》（2020 年 12 月 26 日修正）

第二百八十六条　【破坏计算机信息系统罪】违反国家规定，对计算机信息系统功能进行删除、修改、增加、干扰，造成计算机信息系统不能正常运行，后果严重的，处五年以下有期徒刑或者拘役；后果特别严重的，处五年以上有期徒刑。

违反国家规定，对计算机信息系统中存储、处理或者传输的数据和应用程序进行删除、修改、增加的操作，后果严重的，依照前款的规定处罚。

故意制作、传播计算机病毒等破坏性程序，影响计算机系统正常运行，后果严重的，依照第一款的规定处罚。

单位犯前三款罪的，对单位判处罚金，并对其直接负责的主管人员和其他直接责任人员，依照第一款的规定处罚。

第二百八十七条　【利用计算机实施犯罪的提示性规定】利用计算机实施金融诈骗、盗窃、贪污、挪用公款、窃取国家秘密或者其他犯罪的，依照本法有关规定定罪处罚。

（二）学理解释

破坏计算机信息系统罪的主体为一般主体，主观方面要求故意，行为人的动机和目的可多种多样。一般而言，破坏计算机信息系统的行为往往是手段行为，行为人主观上常具有盗窃、诈骗等目的，当然也有为破坏而破坏的单纯破坏计算机信息系统的情形，但无论何种情况，行为人对于破坏计算机信息系统这一结果都是明知的，即行为人都具有希望或放任破坏计算机信息系统的结果发生这一共性。

《刑法》第287条属于注意性规定而非法律拟制，不能据此直接排除计算机相关罪名的适用。对于注意性规定的适用，应当按照竞合时的基本处断原则，除《刑法》另有规定的外，从一重罪处罚。

二、疑难问题

（一）计算机病毒等破坏性程序的认定

1.《最高人民法院、最高人民检察院关于办理危害计算机信息系统安全刑事案件应用法律若干问题的解释》（法释〔2011〕19号，2011年9月1日起施行）

第五条　具有下列情形之一的程序，应当认定为刑法第二百八十六条第三款规定的“计算机病毒等破坏性程序”：

（一）能够通过网络、存储介质、文件等媒介，将自身的部分、全部或者变种进行复制、传播，并破坏计算机系统功能、数据或者应用程序的；

（二）能够在预先设定条件下自动触发，并破坏计算机系统功能、数据或者应用程序的；

（三）其他专门设计用于破坏计算机系统功能、数据或者应用程序的程序。

2. 关于办理危害计算机信息系统安全刑事案件应用法律若干问题的解释的理解与适用①

“计算机病毒等破坏性程序”主要涵括以下3类程序：第1项将能够通过网络、存储介质、文件等媒介，将自身的部分、全部或者变种进行自我复制、传播，并破坏计算机系统功能、数据或者应用程序的程序（计算机病毒）纳入计算机病毒等破坏性程序范围。此类程序的危害性主要是其传播方式容易引起大规模传播，而且一经传播即无法控制其传播面，也无法对被侵害的计算机逐一取证确认其危害后果。第2项将能够在预先设定条件下自动触发，并破坏计算机系统数据、功能或者应用程序的程序（逻辑炸弹）纳入计算机病毒等破坏性程序的范围。此类程序一旦被触发即可破坏计算机信息系统数据、功能或者应用程序，但在未触发之前仍存在潜在的破坏性。第3项将其他专门设计用于破坏计算机系统数据、功能或者应用程序的程序纳入计算机病毒等破坏性程序的范围。

（二）“计算机信息系统”和“计算机系统”的范围界定

1.《最高人民法院、最高人民检察院关于办理危害计算机信息系统安全刑事案件应用法律若干问题的解释》（法释〔2011〕19号，2011年9月1日起施行）

第十一条第一款　本解释所称“计算机信息系统”和“计算机系统”，是指具备自动处理数据功能的系统，包括计算机、网络设备、通信设备、自动化控制设备等。

2. 关于办理危害计算机信息系统安全刑事案件应用法律若干问题的解释的理解与适用②

《最高人民法院、最高人民检察院关于办理危害计算机信息系统安全刑事案件应用法律若干问题的解释》第11条对“计算机信息系统”和“计算机系统”作了统一界定，原因如下：一是从技术角度看，这两种表述已无法区分。《刑法》第285条、第286条立法区分这两者的原意是考虑侵入计算机信息系统、破坏计算机信息系统功能、数据或者应用程序的对象应当是数据库、网站等提供信息服务的系统，而传播计算机病毒如果只影响计算机操作系统（计算机系统）本身，即使不对系统上的信息服务造成影响也应当受到处罚。但随着计算机技术

---

① 喻海松：《〈关于办理危害计算机信息系统安全刑事案件应用法律若干问题的解释〉的理解与适用》，载《人民司法·应用》2011年第19期。

② 喻海松：《〈关于办理危害计算机信息系统安全刑事案件应用法律若干问题的解释〉的理解与适用》，载《人民司法·应用》2011年第19期。

的发展，计算机操作系统与提供信息服务的系统已密不可分。如很多操作系统自身也提供WEB（互联网）服务、FTP（文件传输协议）服务，而侵入操作系统也就能够实现对操作系统上提供信息服务的系统实施控制，破坏操作系统的数据或者功能也就能够破坏操作系统上提供信息服务的系统的数据或者功能，从技术角度无法准确划分出提供信息服务的系统和操作系统。二是从保护计算机信息系统安全这一立法目的出发，对这两种表述进行区分没有必要。不论危害的是计算机操作系统还是提供信息服务的系统，只要情节严重或者造成严重后果，都应当追究刑事责任。三是经对美、德等国的网络犯罪立法进行研究，这些国家均在立法中使用单一的计算机系统、计算机等术语，而未对计算机信息系统和计算机系统做出区分。

该司法解释第11条将“计算机信息系统”和“计算机系统”统一界定为“具备自动处理数据功能的系统”，原因如下：

一是具备自动处理数据功能的系统都可能成为被攻击的对象，有必要将其纳入刑法保护范畴。随着信息技术的发展，各类内置有可以编程、安装程序的操作系统的数字化设备广泛应用于各个领域，其本质与传统的计算机系统已没有任何差别。这些设备都可能受到攻击破坏：互联网上销售的专门用于控制手机的木马程序，可以通过无线网络获取手机中的信息；通过蓝牙、WIFI（将电脑、手持设备等终端以无线方式互相连接的技术）等无线网络传播病毒的案件也呈现快速增长态势；在工业控制设备中可能植入破坏性程序，使得工业控制设备在特定条件下运行不正常；在打印机、传真机等设备中可以内置程序非法获取相关数据。总之，任何内置有操作系统的智能化设备都可能成为入侵、破坏和传播计算机病毒的对象，因此应当将这些设备的安全纳入刑法保护范畴。二是本定义借鉴了多个国家有关法律的相关定义。如美国将计算机定义为“具备自动处理数据的功能的一个或者一组设备”，欧盟网络犯罪公约将计算机定义为“由软件和硬件构成的用于自动处理数据的设备”，其出发点都是将保护计算机信息系统安全的法律适用于所有具有自动处理数据功能的设备。为使相关界定更加明确，方便司法实践适用，本款采用了概括加例举的解释方法，即在对“计算机信息系统”“计算机系统”作归纳定义的同时，还例举“计算机”“网络设备”“通信设备”“自动化控制设备”等具体情形。其中，网络设备是指路由器、交换机等组成的用于连接网络的设备；通信设备包括手机、通信基站等用于提供通信服务的设备；自动化控制设备是指在工业中用于实施自动化控制的设备，如电力系统中的监测设备、制造业中的流水线控制设备等。

（三）“经济损失”的范围界定

1.《最高人民法院、最高人民检察院关于办理危害计算机信息系统安全刑事案件应用法律若干问题的解释》（法释〔2011〕19号，2011年9月1日起施行）

第十一条第三款　本解释所称“经济损失”，包括危害计算机信息系统犯罪行为给用户直接造成的经济损失，以及用户为恢复数据、功能而支出的必要费用。

2. 关于办理危害计算机信息系统安全刑事案件应用法律若干问题的解释的理解与适用①

“经济损失”的计算范围，具体包括危害计算机信息系统犯罪行为给用户造成的直接经济损失，以及用户为恢复数据、功能而支出的必要费用。需要注意的是，破坏计算机信息系统功能、数据给用户带来的预期利益的损失不能纳入“经济损失”的计算范围。

（四）以修改域名解析服务器指向的方式劫持域名，造成计算机信息系统不能正常运行行为的定性

1.［检例第33号：李某某破坏计算机信息系统案］

以修改域名解析服务器指向的方式劫持域名，造成计算机信息系统不能正常运行，是破坏计算机信息系统的行为。

修改域名解析服务器指向，强制用户偏离目标网站或网页进入指定网站或网页，是典型的域名劫持行为。行为人使用恶意代码修改目标网站域名解析服务器，目标网站域名被恶意解析到其他IP地址，无法正常发挥网站服务功能，这种行为实质是对计算机信息系统功能的修改、干扰，符合《刑法》第286条第1款“对计算机信息系统功能进行删除、修改、增加、干扰”的规定。根据《最高人民法院、最高人民检察院关于办理危害计算机信息系统安全刑事案件应用法律若干问题的解释》第4条的规定，造成为1万以上用户提供服务的计算机信息系统不能正常运行累计1小时以上的，属于“后果严重”，应以破坏计算机信息系统罪论处；造成为5万以上用户提供服务的计算机信息系统不能正常运行累计1小时以上的，属于“后果特别严重”。认定遭受破坏的计算机信息系统服务用

---

① 喻海松：《〈关于办理危害计算机信息系统安全刑事案件应用法律若干问题的解释〉的理解与适用》，载《人民司法·应用》2011年第19期。

户数，可以根据计算机信息系统的功能和使用特点，结合网站注册用户、浏览用户等具体情况，作出客观判断。

2. ［最高法指导案例第102号：付某某、黄某某破坏计算机信息系统案］

根据《刑法》第286条的规定，对计算机信息系统功能进行破坏，造成计算机信息系统不能正常运行，后果严重的，构成破坏计算机信息系统罪。

DNS是域名系统的英文首字母缩写，作用是提供域名解析服务。“DNS劫持”通过修改域名解析，使对特定域名的访问由原IP地址转入到篡改后的指定IP地址，导致用户无法访问原IP地址对应的网站或者访问虚假网站，从而实现窃取资料或者破坏网站原有正常服务的目的。通过修改路由器、浏览器设置、锁定主页或者弹出新窗口等技术手段，强制网络用户访问指定网站的“DNS劫持”行为，属于破坏计算机信息系统，后果严重的，构成破坏计算机信息系统罪。对于“DNS劫持”，应当根据造成不能正常运行的计算机信息系统数量、相关计算机信息系统不能正常运行的时间，以及所造成的损失或者影响等，认定其是“后果严重”还是“后果特别严重”。根据《最高人民法院、最高人民检察院关于办理危害计算机信息系统安全刑事案件应用法律若干问题的解释》，破坏计算机信息系统，违法所得25000元以上或者造成经济损失5万元以上的，应当认定为“后果特别严重”。

（五）冒用购物网站买家身份进入网站内部评价系统删改购物评价行为的定性

1. ［检例第34号：李某某等破坏计算机信息系统案］

冒用购物网站买家身份进入网站内部评价系统删改购物评价，属于对计算机信息系统内存储数据进行修改操作，应当认定为破坏计算机信息系统的行为。

购物网站评价系统是对店铺销量、买家评价等多方面因素进行综合计算分值的系统，其内部储存的数据直接影响到搜索流量分配、推荐排名、营销活动报名资格、同类商品在消费者购买比较时的公平性等。买家在购买商品后，根据用户体验对所购商品分别给出好评、中评、差评三种不同评价。所有的评价都是以数据形式存储于买家评价系统之中，成为整个购物网站计算机信息系统整体数据的重要组成部分。侵入评价系统删改购物评价，其实质是对计算机信息系统内存储的数据进行删除、修改操作的行为。这种行为危害到计算机信息系统数据采集和流量分配体系运行，使网站注册商户及其商品、服务的搜索受到影响，导致网站商品、服务评价功能无法正常运作，侵害了购物网站所属公司的信息系统安全和消费者的知情权。行为人因删除、修改某购物网站中差评数据违法所得25000元以上，构成破坏计算机信息系统罪，属于“后果特别严重”的情形，应当依法判处5年以上有期徒刑。

2.《计算机信息网络国际联网安全保护管理办法》（2011年1月8日修订）

第六条　任何单位和个人不得从事下列危害计算机信息网络安全的活动：

（一）未经允许，进入计算机信息网络或者使用计算机信息网络资源的；

（二）未经允许，对计算机信息网络功能进行删除、修改或者增加的；

（三）未经允许，对计算机信息网络中存储、处理或者传输的数据和应用程序进行删除、修改或者增加的；

（四）故意制作、传播计算机病毒等破坏性程序的；

（五）其他危害计算机信息网络安全的。

（六）锁定智能手机导致不能使用的行为认定

1.［检例第35号：曾某某、王某某破坏计算机信息系统案］

智能手机终端，应当认定为刑法保护的计算机信息系统。锁定智能手机导致不能使用的行为，可认定为破坏计算机信息系统。

计算机信息系统包括计算机、网络设备、通信设备、自动化控制设备等。智能手机和计算机一样，使用独立的操作系统、独立的运行空间，可以由用户自行安装软件等程序，并可以通过移动通讯网络实现无线网络接入，应当认定为刑法上的“计算机信息系统”。

行为人通过修改被害人手机的登录密码，远程锁定被害人的智能手机设备，使之成为无法开机的“僵尸机”，属于对计算机信息系统功能进行修改、干扰的行为。造成10台以上智能手机系统不能正常运行，符合《刑法》第286条破坏计算机信息系统罪构成要件中“对计算机信息系统功能进行修改、干扰”“后果严重”的情形，构成破坏计算机信息系统罪。

行为人采用非法手段锁定手机后以解锁为条件，索要钱财，在数额较大或多次敲诈的情况下，其目的行为又构成敲诈勒索罪。在这类犯罪案件中，手段行为构成的破坏计算机信息系统罪与目的行为构成的敲诈勒索罪之间成立牵连犯。牵连犯应当从一重罪处断。破坏计算机信息系统罪后果严重的情况下，法定刑为五年以下有期徒刑或者拘役；敲诈勒索罪在数额较大的情况下，法定刑为3年以下有期徒刑、拘役或管制，并处或者单处罚金。本案应以重罪即破坏计算机信息系统罪论处。

2. 智能手机系统能否认定为"计算机信息系统"?①

智能手机的通讯系统，属于"计算机信息系统"。《最高人民法院、最高人民检察院关于办理危害计算机信息系统安全刑事案件应用法律若干问题的解释》第11条规定，"计算机信息系统"和"计算机系统"是指具备自动处理数据功能的系统，包括计算机、网络设备、通信设备、自动化控制设备等。根据该解释，具有"自动处理数据功能"的通信设备，也属于"计算机信息系统"。智能手机的核心是数据处理，显然都是具有"自动处理数据功能"的通信设备。因而，可以把手机系统界定为"计算机信息系统"。

（七）违反国家规定，对企业的机械远程监控系统功能进行破坏，造成计算机信息系统不能正常运行的行为认定

1.《最高人民法院、最高人民检察院关于办理环境污染刑事案件适用法律若干问题的解释》（法释〔2016〕29号，2017年1月1日起施行）

第十条 违反国家规定，针对环境质量监测系统实施下列行为，或者强令、指使、授意他人实施下列行为的，应当依照刑法第二百八十六条的规定，以破坏计算机信息系统罪论处：

（一）修改参数或者监测数据的；

（二）干扰采样，致使监测数据严重失真的；

（三）其他破坏环境质量监测系统的行为。

重点排污单位篡改、伪造自动监测数据或者干扰自动监测设施，排放化学需氧量、氨氮、二氧化硫、氮氧化物等污染物，同时构成污染环境罪和破坏计算机信息系统罪的，依照处罚较重的规定定罪处罚。

从事环境监测设施维护、运营的人员实施或者参与实施篡改、伪造自动监测数据、干扰自动监测设施、破坏环境质量监测系统等行为的，应当从重处罚。

2. ［最高法指导案例第103号：徐某破坏计算机信息系统案］

企业的机械远程监控系统属于计算机信息系统。违反国家规定，对企业的机械远程监控系统功能进行破坏，造成计算机信息系统不能正常运行，后果严重的，构成破坏计算机信息系统罪。

《最高人民法院、最高人民检察院关于办理危害计算机信息系统安全刑事案

---

① 高艳东：《刑法应锁住技术之恶的潘多拉魔盒——"呼死你"软件案评析》，载微信公众号"数字法学"2020年7月7日，https：//mp. weixin. qq. com/s/OrGgdmEUEFsmLlfFO6Y3aQ。

件应用法律若干问题的解释》第11条规定，“计算机信息系统”和“计算机系统”，是指具备自动处理数据功能的系统，包括计算机、网络设备、通信设备、自动化控制设备等。本案中，中联重科物联网GPS信息服务系统由中联重科物联网远程监控平台、GPS终端、控制器和显示器等构成，具备自动采集、处理、存储、回传、显示数据和自动控制设备的功能。该系统属于具备自动处理数据功能的通信设备与自动化控制设备，属于刑法意义上的计算机信息系统。被告人徐某利用“GPS干扰器”对中联重科物联网GPS信息服务系统进行修改、干扰，造成该系统无法对案涉泵车进行实时监控和远程锁车，是对计算机信息系统功能进行破坏，造成计算机信息系统不能正常运行的行为，且后果特别严重。根据《刑法》第286条的规定，被告人徐某构成破坏计算机信息系统罪。

3. [最高法指导案例第104号：李某等人破坏计算机信息系统案]

环境质量监测系统属于计算机信息系统。用棉纱等物品堵塞环境质量监测采样设备，干扰采样，致使监测数据严重失真的，构成破坏计算机信息系统罪。

《环境保护法》第68条规定禁止篡改、伪造或者指使篡改、伪造监测数据，《环境大气污染防治法》第126条规定禁止对大气环境保护监督管理工作弄虚作假，《环境计算机信息系统安全保护条例》第7条规定不得危害计算机信息系统的安全。被告人采取堵塞采样器的方法伪造或者指使伪造监测数据，弄虚作假，违反了上述国家规定，破坏了计算机信息系统。《最高人民法院、最高人民检察院关于办理危害计算机信息系统安全刑事案件应用法律若干问题的解释》第11条规定，计算机信息系统和计算机系统，是指具备自动处理数据功能的系统，包括计算机、网络设备、通信设备、自动化控制设备等。根据《最高人民法院、最高人民检察院关于办理环境污染刑事案件适用法律若干问题的解释》第10条第1款的规定，干扰环境质量监测系统的采样，致使监测数据严重失真的行为，属于破坏计算机信息系统。长安子站系国控环境空气质量自动监测站点，产生的监测数据经过系统软件直接传输至监测总站，通过环保部和监测总站的政府网站实时向社会公布，参与计算环境空气质量指数并实时发布。空气采样器是环境空气质量监测系统的重要组成部分。PM10、PM2.5监测数据作为环境空气综合污染指数评估中的最重要两项指标，被告人用棉纱堵塞采样器的采样孔或拆卸采样器的行为，必然造成采样器内部气流场的改变，造成监测数据失真，影响对环境空气质量的正确评估，属于对计算机信息系统功能进行干扰，造成计算机信息系统不能正常运行的行为。

（八）非法侵入计算机信息系统抬高股票价格获利行为的定性

［公报案例：赵某操纵证券交易价格案］①

为了获取非法利益，利用修改计算机信息系统存储数据的方法，人为地操纵股票价格，扰乱股市交易秩序，侵犯了国家对证券的管理制度和投资者的合法权益，其行为构成操纵证券交易价格罪，而非破坏计算机信息系统罪。

1997 年《刑法》第 286 条第 2 款规定，“违反国家规定，对计算机信息系统中存储、处理或者传输的数据和应用程序进行删除、修改、增加的操作，后果严重的”，是破坏计算机信息系统罪。此罪侵犯的客体，是国家对计算机信息系统设立的安全保护制度。1997 年《刑法》第 182 条规定：“有下列情形之一，操纵证券交易价格，获取不正当利益或者转嫁风险，情节严重的”，构成操纵证券交易价格罪，其中第 4 项将“以其他方法操纵证券交易价格”规定为犯罪情形之一。此罪侵犯的客体，是国家对证券的管理制度和投资者的合法权益。被告人赵某的整个行为，从现象上看是非法侵入了他人的计算机信息系统，修改了他人计算机信息系统中存储的数据，致使他人计算机信息系统的部分信息遭到破坏。这些表象，与 1997 年《刑法》第 286 条第 2 款规定的犯罪行为相似。但是赵某并非以破坏国家对计算机信息系统设立的安全保护制度为目的的实施犯罪行为，其行为主观上是想在引起股票价格异常上涨时抛售股票获利，客观上引起了股市价格的异常波动，结果也确实使自己及朋友获得了利益，而给三亚营业部造成 295 万余元的损失。赵某的犯罪，虽然使用的手段牵连触犯了 1997 年《刑法》第 286 条第 2 款的规定，但是侵犯的客体是 1997 年《刑法》第 182 条所保护的国家对证券的管理制度和投资者的合法权益，因此构成的是操纵证券交易价格罪，不是破坏计算机信息系统罪。

（九）侵入红十字会计算机信息系统篡改网页内容发布虚假募捐消息骗取财物行为的定性

［刑事审判参考案例第 1049 号：杨某某诈骗案］

行为人为骗取社会提供的救灾捐款，利用计算机非法入侵红十字会网站，发布虚假募捐消息，并将其本人控制的银行账户设定为虚假募捐账户的行为构成诈骗罪。同时，其行为致使红十字会网站被迫关闭 24 小时以上，影响了该网站的正常运行，也影响了红十字会正常的募捐行为，构成破坏计算机信息系统罪，应

---

① 《最高人民法院公报》2000 年第 2 期（总第 64 期）。

当从一重罪处罚。

（一）侵入红十字会网站，篡改网页内容发布虚假募捐消息的行为构成破坏计算机信息系统罪。根据《刑法》第 286 条的规定，破坏计算机信息系统罪侵犯的客体是计算机信息系统安全。《计算机信息系统安全保护条例》第 3 条规定："计算机信息系统的安全保护，应当保障计算机及其相关的和配套的设备、设施（含网络）的安全，运行环境的安全，保障信息的安全，保障计算机功能的正常发挥，以维护计算机信息系统的安全运行。"对行为人违反国家规定，破坏计算机信息系统功能后果严重构成犯罪的，应当依法惩处。本罪的犯罪对象为计算机信息系统功能和计算机信息系统中存储、处理、传输的数据和应用程序。计算机信息系统功能，是指按照一定的应用目标和规则对信息进行采集、加工、存储、传输、检索的功用和能力。计算机信息系统中存储、处理或者传输的数据，是指在计算机信息系统中实际处理的一切文字、符号、声音、图像等内容有异议的组合。应用程序，是指用户使用数据库的一种方式，是用户按数据库授予的子模式的逻辑结构，书写对数据库操作和运算的程序。本罪的客观方面表现为破坏计算机信息系统功能后果严重的行为，即违反国家规定，对计算机信息系统功能进行删除、修改、增加、干扰，或者对计算机信息系统中存储、处理或者传输的数据和应用程序进行删除、修改、增加的操作或者故意制作、传播计算机病毒等破坏性程序，造成计算机信息系统不能正常运行。上述行为必须达到"后果严重"的程序才构成犯罪。所谓后果严重，一般是指破坏国家重要计算机信息系统功能，造成较大经济损失，违法所得较大或者造成恶劣社会影响等情形。本罪的主观方面是故意，即行为人明知非法侵入特定的计算机信息系统的行为，会破坏该信息系统功能和信息系统中存储、处理、传输的数据和应用程序，造成计算机信息系统不能正常运行的后果，仍然实施破坏计算机信息系统的行为。

（二）以非法占有为目的，诈骗未遂，情节严重的，构成诈骗罪。诈骗罪，是指以非法占有为目的，使用欺骗方法，骗取数额较大的公私财物的行为。已经着手实行诈骗行为，由于意志以外的原因而未获取财物，虽系诈骗未遂，但属"情节严重"。《最高人民法院、最高人民检察院关于办理诈骗刑事案件具体应用法律若干问题的解释》第 5 条规定，"诈骗未遂，以数额巨大的财物为诈骗目标的，或者具有其他严重情节的，应当定罪处罚"。

（三）侵入红十字会计算机信息系统，篡改网页内容发布虚假募捐消息骗取他人财物行为应当按照"从一重处"原则处断。根据刑法理论，牵连犯，是指犯罪的手段行为或者结果行为，与目的行为或原因行为分别触犯不同罪名的情况。牵连犯有两个特征：（1）必须是其手段行为或结果行为又触犯了其他罪名；（2）数行为之间存在手段行为与目的行为、原因行为与结果行为的牵连关系。理论通说认为，对牵连犯应当从一重处罚。

综上，根据《刑法》第 287 条的规定，行为人利用计算机实施金融诈骗、盗窃、贪污、挪用公款、窃取国家秘密或者其他犯罪的，如果其手段行为没有触犯计算机信息系统安全犯罪，应当依照刑法有关规定定罪处罚。否则，按照牵连犯的处罚原则，从一重处断。

（十）对交警部门计算机信息系统中存储的交通违章信息进行删除行为的定性

1.《最高人民法院研究室关于对交警部门计算机信息系统中存储的交通违章信息进行删除行为如何定性的研究意见》①

违反国家规定，对交警部门计算机信息系统中存储的交通违章信息进行删除，收取违章人员的好处，应当认定为《刑法》第286 条第2 款规定的对计算机信息系统中存储、处理、传输的数据进行删除的操作，以破坏计算机信息系统罪定罪处罚。

2.［刑事审判参考案例第 783 号：童某某、蔡某某破坏计算机信息系统案］

公安交通管理部门协管员非法侵入道路交通违法信息管理系统，清除车辆违章信息，收取违章人员钱财的行为构成破坏计算机信息系统罪。

犯罪行为所侵犯的客体是确定犯罪行为性质及区分此罪和彼罪的最基本的要件之一。破坏计算机信息系统罪侵犯的同类客体是正常的社会管理秩序，侵犯的具体客体是国家关于计算机信息系统的管理秩序以及计算机信息系统所涉及的某一领域的社会管理秩序。本案中，二被告人违反国家规定，通过删除交通管理部门计算机信息系统中存储的违章记录，造成罚款已缴纳的假象，且利用邹某某等人公开向社会宣称收取好处费后其可将违章记录作内部处理，造成了恶劣的社会影响，严重扰乱了交管部门对违章车辆的正常管理秩序。因此，本案侵害的客体主要是国家正常的社会管理秩序，应属于妨害社会管理秩序类犯罪。根据《刑法》第 286 条的规定，破坏计算机信息系统罪的行为方式有 3 种：一是违反国家

① 载张军主编，最高人民法院研究室编著：《司法研究与指导》2012 年第 2 辑（总第 2 辑），人民法院出版社 2012 年版，第 137 – 147 页。

规定，对计算机信息系统功能进行删除、修改、增加、干扰，造成计算机信息系统不能正常运行，其特征是进行“删除、修改、增加、干扰”的非法操作，针对的对象是“计算机信息系统功能”。具体而言，主要是对计算机的系统文件进行上述非法操作，使系统紊乱、丧失部分或全部运行功能，甚至崩溃。二是违反国家规定，对计算机信息系统中存储、处理或者传输的数据和应用程序进行删除、修改、增加的操作，其特征是进行“删除、修改、增加”的非法操作，操作的对象是“计算机信息系统中存储、处理或者传输的数据和应用程序”。具体而言，主要是对数据和应用程序（不包括系统文件和系统程序）进行上述非法操作，使相应的数据或程序丢失、更改、损坏。三是故意制作、传播计算机病毒等破坏性程序，影响计算机系统正常运行，此种行为既可能破坏系统功能，又可能破坏数据和应用程序。根据《最高人民法院、最高人民检察院关于办理危害计算机信息系统安全刑事案件应用法律若干问题的解释》第4条的规定，破坏计算机信息系统功能、数据或者应用程序，具有下列情形之一的，应当认定为《刑法》第286条第1款和第2款规定的“后果严重”：“……（三）违法所得五千元以上或者造成经济损失一万元以上的……”该司法解释第11条对“经济损失”的范围进行了明确。根据该司法解释的规定，破坏计算机信息系统犯罪案件中，经济损失包括危害计算机信息系统犯罪行为给用户直接造成的经济损失，以及用户为恢复数据、功能而支出的必要费用。本案中，撇开二被告人的行为给国家造成的经济损失以及恢复计算机系统的费用不说，仅二被告人非法获利就有25000余元。该数额已达到该司法解释确定的“后果特别严重”数额标准，应当按“后果特别严重”情形进行处罚。

3. ［刑事审判参考案例第784号：孙某某破坏计算机信息系统案］

经济损失数额和违法所得数额都是破坏计算机信息系统犯罪中定罪量刑的标准，应当按照处罚较重的数额对被告人进行量刑，另一数额可作为量刑的酌定情节予以考虑。

《最高人民法院、最高人民检察院关于办理危害计算机信息系统安全刑事案件应用法律若干问题的解释》第11条第3款规定：“本解释所称‘经济损失’，包括危害计算机信息系统犯罪行为给用户直接造成的经济损失，以及用户为恢复数据、功能而支出的必要费用。”该条明确规定了危害计算机信息系统安全犯罪中的经济损失是指犯罪行为所造成的直接经济损失。间接经济损失或者实施犯罪行为时尚未实际发生的可能经济损失，不能认定为直接经济损失，从而不能计入犯罪行为所造成的经济损失。

根据该司法解释的规定，违法所得和经济损失都是破坏计算机信息系统犯罪定罪量刑的标准，二者只要符合其一即可。在刑事司法实践中，对于相关证据之间存在一定矛盾的案件，即在部分证据对被告人有利，有部分证据对被告人不利的情况下，一般采用对被告人有利的证据，这就是司法实践中普遍遵循的有利于被告人的原则。该司法解释对后果严重、后果特别严重的数额标准作出明确规定：违法所得5000元以上或者造成经济损失10000元以上的，属于后果严重；数额达到上述标准5倍以上的，属于后果特别严重。需要说明的是，经济损失数额和违法所得数额都是破坏计算机信息系统犯罪中定罪量刑的标准，公安机关和检察机关对上述两个数额都应当进行侦查。如果这两个数额分别属于后果严重、后果特别严重的情节，导致量刑上的冲突，应当按照处罚较重的数额对被告人进行量刑，另一数额可作为量刑的酌定情节予以考虑，如此才能真正在具体案件中实现罪刑相适应。

（十一）在无法准确认定经济损失、用户数量的情况下，破坏计算机信息系统的“后果严重”的认定

［刑事审判参考案例第1029号：乐某某等破坏计算机信息系统案］

在案证据无法证明受害公司遭受的经济损失达到入罪标准，也无法根据受侵害的用户数量认定构成犯罪的，应当结合技术和法律两个层面综合进行审查。

退费数额不等同于损失数额。因为公司退费后，不再为客户提供服务，也就没有了成本支出，其真正损失应当为前期服务成本和预期利润，而不是全部退费金额。用户数据是真情在线公司通过SecureCRT软件进行统计后得出的，该软件的可靠性如何，在案并没有相应的证据予以佐证。虽然真情在线公司对自行统计的过程进行了公证，但公证书并不涉及对统计方法和统计内容科学性、有效性、客观性的评价，仅是对统计过程的一种“见证”。即便通过可靠的软件统计出注册用户数，但所统计的注册用户是否真实存在，是否存在重复注册的用户、“僵尸用户”或者其他“虚拟用户”，亦不得而知。因此，在真情在线公司以涉及商业机密和会员隐私为由，拒不提供实体会员数据的情况下，仅仅通过统计软件尚无法确定该公司计算机信息系统提供服务的实际用户数量。

《最高人民法院、最高人民检察院关于办理危害计算机信息系统安全刑事案件应用法律若干问题的解释》第4条明确列举了破坏计算机信息系统“后果严重”的4种情形，同时将“造成其他严重后果的”情形规定为兜底条款。实践

中，为了防止扩大解释，一般要求兜底条款的适用对象在行为性质、情节、社会危害程度等方面，与刑法及相关司法解释规定的定罪量刑条件具有同质性或者相当性。本案中，基于对刑事证据的严格把握，虽然不能准确认定所造成的经济损失或者受影响的计算机用户数量，但四被告人恶意攻击计算机信息系统达 10 次以上，总计时间约 40 小时，造成为全国知名婚恋交友网站提供服务的计算机信息系统长时间内无法正常运行，必然会影响真情在线公司众多的服务用户，并造成一定的经济损失。真情在线公司向法庭提交的因网站受攻击导致客户退费 112 万元及该公司有 16 万余名注册用户的证据材料虽不能作为定案根据，但却可以作为评价其公司经营规模与实际注册用户数量的重要参考。因此，四被告人所实施的具体行为，既必然造成经济损失，又导致众多计算用户受影响，且影响时间较长，这些情节较《最高人民法院、最高人民检察院关于办理危害计算机信息系统安全刑事案件应用法律若干问题的解释》所规定的“造成经济损失一万元以上”或者“造成为一万以上用户提供服务的计算机信息系统不能正常运行累计一小时以上”的入罪条件，在性质、情节、社会危害程度等方面均有过之而无不及。因此，认定四被告人的行为符合破坏计算信息系统“造成其他严重后果”的情形是正确的。

（十二）掩饰、隐瞒计算机信息系统数据、控制权行为的定性

1.《最高人民法院、最高人民检察院关于办理危害计算机信息系统安全刑事案件应用法律若干问题的解释》（法释〔2011〕19 号，2011 年 9 月 1 日起施行）

第七条　明知是非法获取计算机信息系统数据犯罪所获取的数据、非法控制计算机信息系统犯罪所获取的计算机信息系统控制权，而予以转移、收购、代为销售或者以其他方法掩饰、隐瞒，违法所得五千元以上的，应当依照刑法第三百一十二条第一款的规定，以掩饰、隐瞒犯罪所得罪定罪处罚。

实施前款规定行为，违法所得五万元以上的，应当认定为刑法第三百一十二条第一款规定的“情节严重”。

单位实施第一款规定行为的，定罪量刑标准依照第一款、第二款的规定执行。

2. 关于办理危害计算机信息系统安全刑事案件应用法律若干问题的解释的理解与适用①

明知是非法获取计算机信息系统数据犯罪所获取的数据、非法控制计算机信息系统犯罪所获取的计算机信息系统控制权，而予以转移、收购、代为销售或者以其他方法掩饰、隐瞒的，应当构成掩饰、隐瞒犯罪所得罪。我们认为，计算机信息系统数据、控制权可以成为掩饰、隐瞒犯罪所得罪的犯罪对象。主要有如下考虑：一是计算机信息系统数据、控制权是一种无形物，属于“犯罪所得”的范畴，理应成为掩饰、隐瞒犯罪所得罪的对象。将计算机信息系统数据、控制权解释为犯罪所得，符合罪刑法定原则。二是从刑法体系看，《刑法》第312条掩饰、隐瞒犯罪所得罪的上游犯罪应该涵盖第191条洗钱罪规定的上游犯罪以外的所有犯罪，理应适用于危害计算机信息系统安全犯罪。不宜对倒卖计算机信息系统控制权的行为直接按非法控制计算机信息系统罪，因为在倒卖控制权的过程中，行为人可能事实上未控制他人计算机信息系统，故不宜按照非法控制计算机信息系统罪定罪处罚，而只能适用掩饰、隐瞒犯罪所得罪。

（十三）危害计算机信息系统安全单位犯罪、共同犯罪处理规则

1.《最高人民法院、最高人民检察院关于办理危害计算机信息系统安全刑事案件应用法律若干问题的解释》（法释〔2011〕19号，2011年9月1日起施行）

第八条　以单位名义或者单位形式实施危害计算机信息系统安全犯罪，达到本解释规定的定罪量刑标准的，应当依照刑法第二百八十五条、第二百八十六条的规定追究直接负责的主管人员和其他直接责任人员的刑事责任。

第九条　明知他人实施刑法第二百八十五条、第二百八十六条规定的行为，具有下列情形之一的，应当认定为共同犯罪，依照刑法第二百八十五条、第二百八十六条的规定处罚：

（一）为其提供用于破坏计算机信息系统功能、数据或者应用程序的程序、工具，违法所得五千元以上或者提供十人次以上的；

（二）为其提供互联网接入、服务器托管、网络存储空间、通讯传输通道、费用结算、交易服务、广告服务、技术培训、技术支持等帮助，违法所得五千元以上的；

---

① 喻海松：《〈关于办理危害计算机信息系统安全刑事案件应用法律若干问题的解释〉的理解与适用》，载《人民司法·应用》2011年第19期。

（三）通过委托推广软件、投放广告等方式向其提供资金五千元以上的。

实施前款规定行为，数量或者数额达到前款规定标准五倍以上的，应当认定为刑法第二百八十五条、第二百八十六条规定的“情节特别严重”或者“后果特别严重”。

2. 关于办理危害计算机信息系统安全刑事案件应用法律若干问题的解释的理解与适用①

《最高人民法院、最高人民检察院关于办理危害计算机信息系统安全刑事案件应用法律若干问题的解释》第9条明确了危害计算机信息系统安全共同犯罪的认定标准和处理原则。本条规定的目的就是打击黑客攻击破坏活动相关利益链条：由于《刑法》第285条第3款将明知他人实施侵入、非法控制计算机信息系统而向其提供程序、工具的行为入罪，而对于“明知他人实施破坏计算机信息系统功能或者数据的犯罪行为，而为其提供用于破坏计算机信息系统功能、数据或者应用程序的程序或者工具”的行为并未单独入罪处罚，第1项将其作为共犯处理；第2项将向危害计算机系统安全行为提供帮助获利的行为作为共犯处理；第3项将从危害计算机信息系统安全行为获得帮助并向其提供资金的行为作为共犯处理。

在司法适用过程中，需要注意如下两个问题：（1）跨国共同犯罪的处理问题。由于网络的无国界，危害计算机信息系统安全犯罪行为和犯罪结果可能分别发生在中华人民共和国领域内外。根据《刑法》第6条的规定，犯罪的行为或者结果有一项发生在中华人民共和国领域内的，就认为是在中华人民共和国领域内犯罪。因此，对于这类危害计算机信息系统安全犯罪案件，只要其危害后果最终发生在中华人民共和国领域内，应当认为是在中华人民共和国领域内犯罪，应当适用我国刑法的相关规定。在此前提下，可能对境外实行犯无法实际行使刑事管辖权，在境外实行犯未归案的情况下，对于境内为境外实行犯提供帮助的行为人，应当依照本条确定的规则处理。（2）帮助犯在共同犯罪中的类型认定问题。与传统犯罪不同，网络环境中的帮助犯在共同犯罪中所起的作用具有一定的特殊性和复杂性，并非只起次要和辅助作用，也可能起主要作用。因此，对于行为人帮助他人实施《刑法》第285条、第286条规定的行为的，应当根据其在共同犯

---

① 喻海松：《〈关于办理危害计算机信息系统安全刑事案件应用法律若干问题的解释〉的理解与适用》，载《人民司法·应用》2011年第19期。

罪中的作用予以认定，既可以认定为主犯，也可以认定为从犯。

（十四）网络攻击类破坏计算机信息系统案件的引导取证与损失认定

［检例第69号：姚某某等11人破坏计算机信息系统案］

为有效打击网络攻击犯罪，检察机关应加强与公安机关的配合，及时介入侦查引导取证，结合案件特点提出明确具体的补充侦查意见。对被害互联网企业提供的证据和技术支持意见，应当结合其他证据进行审查认定，客观全面准确认定破坏计算机信息系统罪的危害后果。

（一）立足网络攻击犯罪案件特点引导公安机关收集调取证据。对重大、疑难、复杂的网络攻击类犯罪案件，检察机关可以适时介入侦查引导取证，会同公安机关研究侦查方向，在收集、固定证据等方面提出法律意见。一是引导公安机关及时调取证明网络攻击犯罪发生、证明危害后果达到追诉标准的证据。委托专业技术人员对收集提取到的电子数据等进行检验、鉴定，结合在案其他证据，明确网络攻击类型、攻击特点和攻击后果。二是引导公安机关调取证明网络攻击是犯罪嫌疑人实施的证据。借助专门技术对攻击源进行分析，溯源网络犯罪路径。审查认定犯罪嫌疑人网络身份与现实身份的同一性时，可通过核查IP地址、网络活动记录、上网终端归属，以及证实犯罪嫌疑人与网络终端、存储介质间的关联性综合判断。犯罪嫌疑人在实施网络攻击后，威胁被害人的证据可作为认定攻击事实和因果关系的证据。有证据证明犯罪嫌疑人实施了攻击行为，网络攻击类型和特点与犯罪嫌疑人实施的攻击一致，攻击时间和被攻击时间吻合的，可以认定网络攻击系犯罪嫌疑人实施。三是网络攻击类犯罪多为共同犯罪，应重点审查各犯罪嫌疑人的供述和辩解、手机通信记录等，通过审查自供和互证的情况以及与其他证据间的印证情况，查明各犯罪嫌疑人间的犯意联络、分工和作用，准确认定主、从犯。四是对需要通过退回补充侦查进一步完善上述证据的，在提出补充侦查意见时，应明确列出每一项证据的补侦目的，以及为了达到目的需要开展的工作。在补充侦查过程中，要适时与公安机关面对面会商，了解和掌握补充侦查工作的进展，共同研究分析补充到的证据是否符合起诉和审判的标准和要求，为补充侦查工作提供必要的引导和指导。

（二）对被害单位提供的证据和技术支持意见需结合其他在案证据作出准确认定。网络攻击类犯罪案件的被害人多为大型互联网企业。在打击该类犯罪的过程中，司法机关往往会借助被攻击的互联网企业在网络技术、网络资源和大数据等方面的优势，进行溯源分析或对攻击造成的危害进行评估。由于互联网企业既是受害方，有时也是技术支持协助方，为确保被害单位提供的证据客观真实，必须特别注意审查取证过程的规范性；有条件的，应当聘请专门机构对证据的完整性进行鉴定。如条件不具备，应当要求提供证据的被害单位对证据作出说明。同时要充分运用印证分析审查思路，将被害单位提供的证据与在案其他证据，如从犯罪嫌疑人处提取的电子数据、社交软件聊天记录、银行流水、第三方机构出具的鉴定意见、证人证言、犯罪嫌疑人供述等证据作对照分析，确保不存在人为改变案件事实或改变案件危害后果的情形。

（三）对破坏计算机信息系统的危害后果应作客观全面准确认定。实践中，往往倾向于依据犯罪违法所得数额或造成的经济损失认定破坏计算机信息系统罪的危害后果。但是在一些案件中，违法所得或经济损失并不能全面、准确反映出犯罪行为所造成的危害。有的案件违法所得或者经济损失的数额并不大，但网络攻击行为导致受影响的用户数量特别大，有的导致用户满意度降低或用户流失，有的造成了恶劣社会影响。对这类案件，如果仅根据违法所得或经济损失数额来评估危害后果，可能会导致罪刑不相适应。因此，在办理破坏计算机信息系统犯罪案件时，检察机关应发挥好介入侦查引导取证的作用，及时引导公安机关按照法律规定，从扰乱公共秩序的角度，收集、固定能够证实受影响的计算机信息系统数量或用户数量、受影响或被攻击的计算机信息系统不能正常运行的累计时间、对被害企业造成的影响等证据，对危害后果作出客观、全面、准确认定，做到罪责相当、罚当其罪，使被告人受到应有惩处。

（十五）破坏计算机信息系统罪的审查要点

破坏计算机信息系统罪规定了 3 种行为方式，分别是对计算机信息系统功能进行删除、修改、增加、干扰，造成计算机信息系统不能正常运行，后果严重；对计算机信息系统中存储、处理或者传输的数据和应用程序进行删除、修改、增加的操作，后果严重；故意制作、传播计算机病毒等破坏性程序，影响计算机系统正常运行，后果严重。结合该罪保护的法益是计算机信息系统的程序安全和数据安全，因此对一个行为是否构成破坏计算机信息系统罪需要结合该罪所保护的法益进行综合认定。在适用第 1 款时应当重点审查行为是否对计算机信息系统的正常运行造成影响，考虑到几乎所有通过计算机技术手段实施的危害计算机安全犯罪行为，主要通过删除、修改、增加程序性数据的方式实现，因此对于通过删除、修改、增加数据对计算机信息系统的功能进行删除、修改、增加、干扰时应当优先考虑适用第一款的规定。在适用第二款时应当重点审查行为是否妨害计算机信息系统的数据安全。

经济损失的审查，应重视包括危害计算机信息系统的犯罪行为给用户直接造成的经济损失以及用户为恢复必要的数据、功能而支出费用的相关证据。对于间接经济损失或者实施犯罪行为时尚未实际发生的损失，不计入经济损失。

违法所得的审查，应注重审查银行交易明细、第三方支付结算机构交易明细等，违法所得系通过实施犯罪直接、间接产生或者获得的财产，不应扣除为实施犯罪支出的成本。

计算机系统运行状态的审查，应注重对服务器系统日志、防火墙日志、攻击日志、抓包文件、流量图等的审查，以及计算机系统功能受到破坏的原因、攻击来源等综合认定。

三、追诉量刑

（一）破坏计算机信息系统功能、数据或者应用程序行为的定罪量刑标准

1.《最高人民法院、最高人民检察院关于办理危害计算机信息系统安全刑事案件应用法律若干问题的解释》（法释〔2011〕19号，2011年9月1日起施行）

第四条　破坏计算机信息系统功能、数据或者应用程序，具有下列情形之一的，应当认定为刑法第二百八十六条第一款和第二款规定的“后果严重”：

（一）造成十台以上计算机信息系统的主要软件或者硬件不能正常运行的；

（二）对二十台以上计算机信息系统中存储、处理或者传输的数据进行删除、修改、增加操作的；

（三）违法所得五千元以上或者造成经济损失一万元以上的；

（四）造成为一百台以上计算机信息系统提供域名解析、身份认证、计费等基础服务或者为一万以上用户提供服务的计算机信息系统不能正常运行累计一小时以上的；

（五）造成其他严重后果的。

实施前款规定行为，具有下列情形之一的，应当认定为破坏计算机信息系统“后果特别严重”：

（一）数量或者数额达到前款第（一）项至第（三）项规定标准五倍以上的；

（二）造成为五百台以上计算机信息系统提供域名解析、身份认证、计费等

基础服务或者为五万以上用户提供服务的计算机信息系统不能正常运行累计一小时以上的；

（三）破坏国家机关或者金融、电信、交通、教育、医疗、能源等领域提供公共服务的计算机信息系统的功能、数据或者应用程序，致使生产、生活受到严重影响或者造成恶劣社会影响的；

（四）造成其他特别严重后果的。

2. 关于办理危害计算机信息系统安全刑事案件应用法律若干问题的解释的理解与适用①

对于破坏计算机信息系统功能、数据或者应用程序行为，主要从以下几个方面认定“后果严重”：一是破坏计算机信息系统的数量。《最高人民法院、最高人民检察院关于办理危害计算机信息系统安全刑事案件应用法律若干问题的解释》第 4 条第 1 款第 1 项规定造成 10 台以上计算机信息系统的主要软件或者硬件不能正常运行的，属于“后果严重”。需要注意的是，“计算机信息系统的主要软件或者硬件不能正常运行”，不能仅仅理解为计算机信息系统不能启动或者不能进入操作系统等极端情况，而是既包括计算机信息系统主要软件或者硬件的全部功能不能正常运行，也包括计算机信息系统主要软件或者硬件的部分功能不能正常运行。根据《刑法》第 286 条第 2 款的规定，“对计算机信息系统中存储、处理或者传输的数据和应用程序进行删除、修改、增加的操作”，也是破坏计算机信息系统的方式之一。需要强调的是，从司法实践来看，破坏数据、应用程序的案件，主要表现为对数据进行删除、修改、增加的操作，鲜有破坏应用程序的案件。因此，对于《刑法》第 286 条“对计算机信息系统中存储、处理或者传输的数据和应用程序进行删除、修改、增加的操作”的规定，应当理解为“数据”“应用程序”均可以成为犯罪对象，而并不要求一次破坏行为必须同时破坏数据和应用程序，这样才能实现对计算机信息系统中存储、处理或者传输的数据、应用程序的有效保护，有效维护计算机信息系统安全。基于上述考虑，第 2 项规定对 20 台以上计算机信息系统中存储、处理或者传输的数据进行删除、修改、增加的操作的，应当认定为“情节严重”。二是违法所得、经济损失的数额，第 3 项规定违法所得 5000 元以上或者造成经济损失 1 万元以上的属于“后

---

① 喻海松：《〈关于办理危害计算机信息系统安全刑事案件应用法律若干问题的解释〉的理解与适用》，载《人民司法·应用》2011 年第 19 期。

果严重”。三是针对特定类型的计算机信息系统作出特殊规定。在网络上存在很多为其他计算机信息系统提供基础服务的系统，如域名解析服务器、路由器、身份认证服务器、计费服务器等，对这些服务器实施攻击可能导致大量的计算机信息系统瘫痪，比如一个域名解析服务器可能为数万个网站提供域名解析服务，对其实施拒绝服务攻击将可能导致数万个网站无法访问，表面上其攻击行为仅破坏了一台服务器的功能，但由此引发的后果却远大于此。因此，针对特定类型或者特定领域计算机信息系统的攻击是互联网上危害最为严重的攻击行为，应当对此作出专门规定。第4项规定造成为100台以上计算机信息系统提供域名解析、身份认证、计费等基础服务或者为1万以上用户提供服务的计算机信息系统不能正常运行累计1小时以上的，属于“后果严重”。司法实务中应当注意的是，认定被破坏的计算机信息系统是否属于本款第4项中的“为一万以上用户提供服务的计算机信息系统”和第2款第2项中“为五万以上用户提供服务的计算机信息系统”可按如下方法：有注册用户的按照其注册用户数量统计，没有注册用户的按照其服务对象的数量统计。此外，第5项为兜底条款。

该司法解释第4条第2款规定了“后果特别严重”的具体情形。第1项规定，通常情况下，“后果严重”和“后果特别严重”之间为5倍的倍数关系。第2项针对为其他计算机信息系统提供基础服务或者其他服务的特定类型计算机信息系统作出特殊规定。此外，国家机关或者金融、电信、交通、教育、医疗、能源领域的计算机信息系统主要用于提供公共服务。考虑到此类计算机信息系统的特殊性，第3项将破坏该类计算机信息系统的功能或者数据，致使生产、生活受到严重影响或者造成恶劣社会影响的情形规定为“情节特别严重”。

需要注意的是，该司法解释第4条只是明确了破坏计算机信息系统功能、数据或者应用程序行为的“后果严重”“后果特别严重”的具体情形，是否构成犯罪，还需要结合刑法规定的其他要件判断。根据《刑法》第286条第1、2款的规定，破坏计算机信息系统功能和破坏计算机信息系统数据、应用程序行为的入罪要件并不相同，前者要求“造成计算机信息系统不能正常运行”，而后者不需要这一要件。因此，在司法实践中，需要依据该司法解释和刑法的规定，根据具体案件情况进行分析判断，确保定罪量刑的准确。

（二）故意制作、传播计算机病毒等破坏性程序，影响计算机系统正常运行的定罪量刑标准

1.《最高人民法院、最高人民检察院关于办理危害计算机信息系统安全刑事案件应用法律若干问题的解释》（法释〔2011〕19号，2011年9月1日起施行）

第五条　具有下列情形之一的程序，应当认定为刑法第二百八十六条第三款规定的“计算机病毒等破坏性程序”：

（一）能够通过网络、存储介质、文件等媒介，将自身的部分、全部或者变种进行复制、传播，并破坏计算机系统功能、数据或者应用程序的；

（二）能够在预先设定条件下自动触发，并破坏计算机系统功能、数据或者应用程序的；

（三）其他专门设计用于破坏计算机系统功能、数据或者应用程序的程序。

第六条　故意制作、传播计算机病毒等破坏性程序，影响计算机系统正常运行，具有下列情形之一的，应当认定为刑法第二百八十六条第三款规定的“后果严重”：

（一）制作、提供、传输第五条第（一）项规定的程序，导致该程序通过网络、存储介质、文件等媒介传播的；

（二）造成二十台以上计算机系统被植入第五条第（二）、（三）项规定的程序的；

（三）提供计算机病毒等破坏性程序十人次以上的；

（四）违法所得五千元以上或者造成经济损失一万元以上的；

（五）造成其他严重后果的。

实施前款规定行为，具有下列情形之一的，应当认定为破坏计算机信息系统“后果特别严重”：

（一）制作、提供、传输第五条第（一）项规定的程序，导致该程序通过网络、存储介质、文件等媒介传播，致使生产、生活受到严重影响或者造成恶劣社会影响的；

（二）数量或者数额达到前款第（二）项至第（四）项规定标准五倍以上的；

（三）造成其他特别严重后果的。

2. 关于办理危害计算机信息系统安全刑事案件应用法律若干问题的解释的理解与适用①

根据《刑法》第286条第3款的规定，故意制作、传播计算机病毒等破坏性程序，影响计算机系统正常运行，是破坏计算机信息系统的一种情形。在起草过程中，着重考虑了如下两个问题：一是如果仅制作计算机病毒等破坏性程序而不传播，就不可能“影响计算机系统正常运行”，故制作计算机病毒等破坏性程序的行为不可能独立构成犯罪。换言之，《刑法》第286条第3款本身并不属于“制作、提供工具罪”，故对于互联网上制作、销售计算机病毒等破坏性程序的行为无法独立打击。二是将向他人提供（也即人到人的“传播”）计算机病毒等破坏性程序的行为都纳入“传播”的范畴，但同时也要求其行为必须最终导致“影响计算机系统正常运行”的后果，即其制作、提供的计算机病毒等破坏性程序最终被使用并产生后果，避免突破《刑法》条文的规定。

在此基础上，第1款明确了“情节严重”的具体认定标准。《最高人民法院、最高人民检察院关于办理危害计算机信息系统安全刑事案件应用法律若干问题的解释》第5条第1项规定的计算机病毒等破坏性程序具有自我复制传播特性，传播方式容易引起大规模传播。由于此类程序一经传播即无法控制传播面，无法对被侵害的计算机逐一取证确认其危害后果，因此，本款第1项规定制作、提供、传输该类程序，只要导致该程序通过网络、存储介质、文件等媒介传播的，即应当认定为“后果严重”。而“逻辑炸弹”等其他破坏性程序在未触发之前，并不破坏计算机系统，只存在潜在的破坏性，只有向被侵害计算机系统植入该程序，才满足“影响计算机系统正常运行”的要件。因此，第2项规定向20台以上计算机系统植入其他破坏性程序的，应当认定为“后果严重”。以提供计算机病毒等破坏性程序的人次、违法所得数额、经济损失数额作为衡量“后果严重”的标准，第3、4项规定提供计算机病毒等破坏性程序10人次以上、违法所得5000元以上或者造成经济损失1万元以上的，属于“后果严重”。此外，第5项为兜底条款。

第2款规定“后果特别严重”的认定标准。计算机病毒容易引起大规模传播，且一经传播即无法控制传播面，故第1项特别规定制作、提供、传输计算机

---

① 喻海松：《〈关于办理危害计算机信息系统安全刑事案件应用法律若干问题的解释〉的理解与适用》，载《人民司法·应用》2011年第19期。

病毒等破坏性程序，导致该程序通过网络、存储介质、文件等媒介传播，致使生产、生活受到严重影响或者造成恶劣社会影响的，应属“后果特别严重”。在其他情况下，“后果严重”和“后果特别严重”之间为5倍的倍数关系。

（三）定罪量刑对应表

表6－4　破坏计算机信息系统罪定罪量刑对应表

破坏计算机信息系统罪	破坏计算机信息系统功能、数据或者应用程序	故意制作、传播计算机病毒等破坏性程序	刑期	备注
第一档	（一）造成十台以上计算机信息系统的主要软件或者硬件不能正常运行的； （二）对二十台以上计算机信息系统中存储、处理或者传输的数据进行删除、修改、增加操作的； （三）违法所得五千元以上或者造成经济损失一万元以上的； （四）造成为一百台以上计算机信息系统提供域名解析、身份认证、计费等基础服务或者为一万以上用户提供服务的计算机信息系统不能正常运行累计一小时以上的； （五）造成其他严重后果的	（一）制作、提供、传输能够通过网络、存储介质、文件等媒介，将自身的部分、全部或者变种进行复制、传播，并破坏计算机系统功能、数据或者应用程序，导致该程序通过网络、存储介质、文件等媒介传播的； （二）造成二十台以上计算机系统被植入能够在预先设定条件下自动触发或其他专门设计用于破坏计算机系统功能、数据或者应用程序的程序的； （三）提供计算机病毒等破坏性程序十人次以上的； （四）违法所得五千元以上或者造成经济损失一万元以上的； （五）造成其他严重后果的	五年以下有期徒刑或者拘役	单位犯罪的，对单位判处罚金
第二档	（一）数量或者数额达到前款第（一）项至第（三）项规定标准五倍以上的； （二）造成为五百台以上计算机信息系统提供域名解析、身份认证、计费等基础服务或者为五万以上用户提供服务的计算机信息系统不能正常运行累计一小时以上的； （三）破坏国家机关或者金融、电信、交通、教育、医疗、能源等领域提供公共服务的计算机信息系统的功能、数据或者应用程序，致使生产、生活受到严重影响或者造成恶劣社会影响的； （四）造成其他特别严重后果的	（一）因第一档第（一）项，致使生产、生活受到严重影响或者造成恶劣社会影响的； （二）数量或者数额达到第一档第（二）项至第（四）项规定标准五倍以上的； （三）造成其他特别严重后果的	五年以上有期徒刑	

第四节　拒不履行信息网络安全管理义务罪、非法利用信息网络罪、帮助信息网络犯罪活动罪

一、犯罪构成

（一）《刑法》（2020 年 12 月 26 日修正）

第二百八十六条之一　【拒不履行信息网络安全管理义务罪】网络服务提供者不履行法律、行政法规规定的信息网络安全管理义务，经监管部门责令采取改正措施而拒不改正，有下列情形之一的，处三年以下有期徒刑、拘役或者管制，并处或者单处罚金：

（一）致使违法信息大量传播的；

（二）致使用户信息泄露，造成严重后果的；

（三）致使刑事案件证据灭失，情节严重的；

（四）有其他严重情节的。

单位犯前款罪的，对单位判处罚金，并对其直接负责的主管人员和其他直接责任人员，依照前款的规定处罚。

有前两款行为，同时构成其他犯罪的，依照处罚较重的规定定罪处罚。

第二百八十七条之一　【非法利用信息网络罪】利用信息网络实施下列行为之一，情节严重的，处三年以下有期徒刑或者拘役，并处或者单处罚金：

（一）设立用于实施诈骗、传授犯罪方法、制作或者销售违禁物品、管制物品等违法犯罪活动的网站、通讯群组的；

（二）发布有关制作或者销售毒品、枪支、淫秽物品等违禁物品、管制物品或者其他违法犯罪信息的；

（三）为实施诈骗等违法犯罪活动发布信息的。

单位犯前款罪的，对单位判处罚金，并对其直接负责的主管人员和其他直接责任人员，依照第一款的规定处罚。

有前两款行为，同时构成其他犯罪的，依照处罚较重的规定定罪处罚。

第二百八十七条之二　【帮助信息网络犯罪活动罪】明知他人利用信息网络实施犯罪，为其犯罪提供互联网接入、服务器托管、网络存储、通讯传输等技术支持，或者提供广告推广、支付结算等帮助，情节严重的，处三年以下有期徒

刑或者拘役，并处或者单处罚金。

单位犯前款罪的，对单位判处罚金，并对其直接负责的主管人员和其他直接责任人员，依照第一款的规定处罚。

有前两款行为，同时构成其他犯罪的，依照处罚较重的规定定罪处罚。

（二）学理解释

本节涉及的拒不履行信息网络安全管理义务罪、非法利用信息网络罪、帮助信息网络犯罪活动罪的犯罪主体均为一般主体，单位亦可构成。根据《刑法》第287条之一第1款、第287条之二的规定，非法利用信息网络和帮助信息网络犯罪活动以“情节严重”为入罪门槛；根据《刑法》第286条之一的规定，拒不履行信息网络安全管理义务罪以经监管部门责令采取改正措施而拒不改正为入罪要件。

二、疑难问题

（一）拒不履行信息网络安全管理义务罪的主体范围

1.《最高人民法院、最高人民检察院关于办理非法利用信息网络、帮助信息网络犯罪活动等刑事案件适用法律若干问题的解释》（法释〔2019〕15号，2019年11月1日起施行）

第一条　提供下列服务的单位和个人，应当认定为刑法第二百八十六条之一第一款规定的“网络服务提供者”：

（一）网络接入、域名注册解析等信息网络接入、计算、存储、传输服务；

（二）信息发布、搜索引擎、即时通讯、网络支付、网络预约、网络购物、网络游戏、网络直播、网站建设、安全防护、广告推广、应用商店等信息网络应用服务；

（三）利用信息网络提供的电子政务、通信、能源、交通、水利、金融、教育、医疗等公共服务。

2. 关于办理非法利用信息网络、帮助信息网络犯罪活动等刑事案件适用法律若干问题的解释的理解与适用①

根据《刑法》第286条之一的规定，拒不履行信息网络安全管理义务罪的

① 周加海、喻海松：《〈关于办理非法利用信息网络、帮助信息网络犯罪活动等刑事案件适用法律若干问题的解释〉的理解与适用》，载《人民司法》2019年第31期。

主体是“网络服务提供者”。《网络安全法》第 76 条第 1 项规定：“网络，是指由计算机或者其他信息终端及相关设备组成的按照一定的规则和程序对信息进行收集、存储、传输、交换、处理的系统。”第 3 项规定：“网络运营者，是指网络的所有者、管理者和网络服务提供者。”可见，“网络”与“信息系统”含义相同，包括联入公共通信网的系统和未联入公共通信网的系统，涵括对外提供服务的系统和不对外提供服务而自用的系统。而《刑法》第 286 条之一使用了“网络服务提供者”，自然不能包括《网络安全法》规定的“网络运营者”的所有情形。经研究认为，“网络服务提供者”包括提供互联网服务的“网络运营者”，也包括虽然提供内部网络服务但涉及公共服务的“网络运营者”。

3. 关于办理非法利用信息网络、帮助信息网络犯罪活动等刑事案件适用法律若干问题的解释重点难点问题解读①

网络服务提供者，一般包括通过计算机互联网、广播电视网、固定通信网、移动通信网等信息网络，向公众提供网络服务的机构和个人。本条根据其提供的服务内容不同，将其分为 3 类：一是网络技术服务提供者，即信息网络接入、计算、存储、传输服务提供者；二是网络内容服务提供者，即信息发布、搜索引擎、即时通讯、网络支付、网络购物、网络游戏、广告推广、应用商店等信息网络应用服务提供者；三是网络公共服务提供者，即电子政务、通信、能源、交通、水利、金融、教育、医疗等公共服务提供者。

（二）拒不履行信息网络安全管理义务罪的前提要件

1.《最高人民法院、最高人民检察院关于办理非法利用信息网络、帮助信息网络犯罪活动等刑事案件适用法律若干问题的解释》（法释〔2019〕15 号，2019 年 11 月 1 日起施行）

第二条　刑法第二百八十六条之一第一款规定的“监管部门责令采取改正措施”，是指网信、电信、公安等依照法律、行政法规的规定承担信息网络安全监管职责的部门，以责令整改通知书或者其他文书形式，责令网络服务提供者采取改正措施。

认定“经监管部门责令采取改正措施而拒不改正”，应当综合考虑监管部门责令改正是否具有法律、行政法规依据，改正措施及期限要求是否明确、合理，

---

① 缐杰、吴峤滨：《〈关于办理非法利用信息网络、帮助信息网络犯罪活动等刑事案件适用法律若干问题的解释〉重点难点问题解读》，载《检察日报》2019 年 10 月 27 日，第 3 版。

网络服务提供者是否具有按照要求采取改正措施的能力等因素进行判断。

2. 关于办理非法利用信息网络、帮助信息网络犯罪活动等刑事案件适用法律若干问题的解释重点难点问题解读①

《网络安全法》第8条第1款规定："国家网信部门负责统筹协调网络安全工作和相关监督管理工作。国务院电信主管部门、公安部门和其他有关机关依照本法和有关法律、行政法规的规定，在各自职责范围内负责网络安全保护和监督管理工作。"结合执法司法实践情况，本条明确了三方面问题：一是监管部门的范围，包括网信、电信、公安等依法承担信息网络安全监管职责的部门。二是责令整改的形式，必须以责令整改通知书或者其他文书形式作出。三是对是否"拒不改正"应作综合判断，综合考虑监管部门责令改正是否具有法律、行政法规依据，改正措施及期限要求是否明确、合理，网络服务提供者是否具有按照要求采取改正措施的能力等因素。对于确实因为资金、技术等条件限制，没有或者一时难以达到监管部门要求，不能认定为"拒不改正"。

（三）拒不履行信息网络安全管理义务罪的行为表现形式

1.《最高人民法院、最高人民检察院、公安部、司法部关于依法惩治妨害新型冠状病毒感染肺炎疫情防控违法犯罪的意见》（法发〔2020〕7号，2020年2月6日印发）

二、准确适用法律，依法严惩妨害疫情防控的各类违法犯罪

（六）依法严惩造谣传谣犯罪。编造虚假的疫情信息，在信息网络或者其他媒体上传播，或者明知是虚假疫情信息，故意在信息网络或者其他媒体上传播，严重扰乱社会秩序的，依照刑法第二百九十一条之一第二款的规定，以编造、故意传播虚假信息罪定罪处罚。

编造虚假信息，或者明知是编造的虚假信息，在信息网络上散布，或者组织、指使人员在信息网络上散布，起哄闹事，造成公共秩序严重混乱的，依照刑法第二百九十三条第一款第四项的规定，以寻衅滋事罪定罪处罚。

利用新型冠状病毒感染肺炎疫情，制造、传播谣言，煽动分裂国家、破坏国家统一，或者煽动颠覆国家政权、推翻社会主义制度的，依照刑法第一百零三条第二款、第一百零五条第二款的规定，以煽动分裂国家罪或者煽动颠覆国家政权

---

① 缐杰、吴峤滨：《〈关于办理非法利用信息网络、帮助信息网络犯罪活动等刑事案件适用法律若干问题的解释〉重点难点问题解读》，载《检察日报》2019年10月27日，第3版。

罪定罪处罚。

网络服务提供者不履行法律、行政法规规定的信息网络安全管理义务，经监管部门责令采取改正措施而拒不改正，致使虚假疫情信息或者其他违法信息大量传播的，依照刑法第二百八十六条之一的规定，以拒不履行信息网络安全管理义务罪定罪处罚。

对虚假疫情信息案件，要依法、精准、恰当处置。对恶意编造虚假疫情信息，制造社会恐慌，挑动社会情绪，扰乱公共秩序，特别是恶意攻击党和政府，借机煽动颠覆国家政权、推翻社会主义制度的，要依法严惩。对于因轻信而传播虚假信息，危害不大的，不以犯罪论处。

2.《最高人民法院、最高人民检察院关于办理侵犯公民个人信息刑事案件适用法律若干问题的解释》(法释〔2017〕10号，2017年6月1日起施行)

第九条　网络服务提供者拒不履行法律、行政法规规定的信息网络安全管理义务，经监管部门责令采取改正措施而拒不改正，致使用户的公民个人信息泄露，造成严重后果的，应当依照刑法第二百八十六条之一的规定，以拒不履行信息网络安全管理义务罪定罪处罚。

(四) 非法利用信息网络罪的认定

1.《最高人民法院、最高人民检察院关于办理非法利用信息网络、帮助信息网络犯罪活动等刑事案件适用法律若干问题的解释》(法释〔2019〕15号，2019年11月1日起施行)

第七条　刑法第二百八十七条之一规定的“违法犯罪”，包括犯罪行为和属于刑法分则规定的行为类型但尚未构成犯罪的违法行为。

第八条　以实施违法犯罪活动为目的而设立或者设立后主要用于实施违法犯罪活动的网站、通讯群组，应当认定为刑法第二百八十七条之一第一款第一项规定的“用于实施诈骗、传授犯罪方法、制作或者销售违禁物品、管制物品等违法犯罪活动的网站、通讯群组”。

第九条　利用信息网络提供信息的链接、截屏、二维码、访问账号密码及其他指引访问服务的，应当认定为刑法第二百八十七条之一第一款第二项、第三项规定的“发布信息”。

2. 关于办理非法利用信息网络、帮助信息网络犯罪活动等刑事案件适用法律若干问题的解释的理解与适用①

《刑法》第287条之一多处涉及“违法犯罪”的表述，包括“用于实施诈骗、传授犯罪方法、制作或者销售违禁物品、管制物品等违法犯罪活动的网站、通讯群组”“有关制作或者销售毒品、枪支、淫秽物品等违禁物品、管制物品或者其他违法犯罪信息”“为实施诈骗等违法犯罪活动”等。经研究，《最高人民法院、最高人民检察院关于办理非法利用信息网络、帮助信息网络犯罪活动等刑事案件适用法律若干问题的解释》第7条规定：“刑法第二百八十七条之一规定的‘违法犯罪’，包括犯罪行为和属于刑法分则规定的行为类型但尚未构成犯罪的违法行为。”据此，一方面，对《刑法》第287条之一规定中的“等”，应当做等外的理解，即不只限于该条所明确列举的类型，也包括其他违法犯罪。另一方面，对于刑法未规定、仅在治安管理处罚法或者其他法律法规规定的行政违法行为，即使利用信息网络实施，也不应当构成非法利用信息网络罪。例如，对于买卖驾照计分的行为，目前无法直接追究刑事责任；对于此类行为，即使通过互联网、通信群组发布相关信息的，也不构成非法利用信息网络罪。

该司法解释明确了《刑法》第287条之一第1款第2、3项规定的“发布信息”的含义。实践中，有些行为人为逃避打击，不直接发布信息，而是发布信息的链接地址、截屏，或者将包含信息的文件放到网盘等存储空间后发布访问账号、密码。如某起案件，行为人将大量淫秽视频存入网盘后，在网上发布网盘账号、密码。经研究认为，此种情形与直接发布信息并无差异，应当认定为“发布信息”。

3. 关于办理非法利用信息网络、帮助信息网络犯罪活动等刑事案件适用法律若干问题的解释重点难点问题解读②

《最高人民法院、最高人民检察院关于办理非法利用信息网络、帮助信息网络犯罪活动等刑事案件适用法律若干问题的解释》第9条明确了本罪中“发布信息”的认定问题，即包括利用信息网络提供信息的链接、截屏、二维码、访问账号密码及其他指引访问服务的行为，解决实践中有的行为人规避法律、逃避

---

① 周加海、喻海松：《〈关于办理非法利用信息网络、帮助信息网络犯罪活动等刑事案件适用法律若干问题的解释〉的理解与适用》，载《人民司法》2019年第31期。

② 缐杰、吴峤滨：《〈关于办理非法利用信息网络、帮助信息网络犯罪活动等刑事案件适用法律若干问题的解释〉重点难点问题解读》，载《检察日报》2019年10月27日，第3版。

打击的问题。

（五）帮助信息网络犯罪活动罪的主观明知推定规则

1.《最高人民法院、最高人民检察院关于办理非法利用信息网络、帮助信息网络犯罪活动等刑事案件适用法律若干问题的解释》（法释〔2019〕15号，2019年11月1日起施行）

第十一条　为他人实施犯罪提供技术支持或者帮助，具有下列情形之一的，可以认定行为人明知他人利用信息网络实施犯罪，但是有相反证据的除外：

（一）经监管部门告知后仍然实施有关行为的；

（二）接到举报后不履行法定管理职责的；

（三）交易价格或者方式明显异常的；

（四）提供专门用于违法犯罪的程序、工具或者其他技术支持、帮助的；

（五）频繁采用隐蔽上网、加密通信、销毁数据等措施或者使用虚假身份，逃避监管或者规避调查的；

（六）为他人逃避监管或者规避调查提供技术支持、帮助的；

（七）其他足以认定行为人明知的情形。

2. 关于办理非法利用信息网络、帮助信息网络犯罪活动等刑事案件适用法律若干问题的解释的理解与适用①

根据《刑法》第287条之二的规定，帮助信息网络犯罪活动罪以行为人“明知他人利用信息网络实施犯罪”为前提。经研究认为，对帮助信息网络犯罪活动罪主观明知的认定，应当结合一般人的认知水平和行为人的认知能力，相关行为是否违反法律的禁止性规定，行为人是否履行管理职责，是否逃避监管或者规避调查，是否因同类行为受过处罚，以及行为人的供述和辩解等情况进行综合判断。根据司法实践的情况，《最高人民法院、最高人民检察院关于办理非法利用信息网络、帮助信息网络犯罪活动等刑事案件适用法律若干问题的解释》第11条总结了主观明知的推定情形。具体而言，为他人实施犯罪提供技术支持或者帮助，具有下列情形之一的，可以认定行为人明知他人利用信息网络实施犯罪，但是有相反证据的除外：（1）经监管部门告知后仍然实施有关行为的。随着信息技术的发展，监管部门不一定通过专门文书进行告知，甚至未必采用书面

① 周加海、喻海松：《〈关于办理非法利用信息网络、帮助信息网络犯罪活动等刑事案件适用法律若干问题的解释〉的理解与适用》，载《人民司法》2019年第31期。

告知方式，特别是遇到紧急事件时，监管部门往往通过即时通讯群组、电话、短信、电子邮件等多种方式告知，只要有相关证据可以证明已经告知即可，故未限定告知方式。（2）接到举报后不履行法定管理职责的。网络服务提供者在为网络应用提供服务的同时也担负相关的管理职责，但现实中服务商不可能对所有服务对象进行相关管理。如网站托管服务商一般只负责网站软硬件环境的建设和维护，对网站内容不予管理，故不能要求服务商主动发现全部违法犯罪行为，但在接到举报后应当履行法定管理职责。例如，网站托管服务商在接到举报某服务对象托管的网站为淫秽色情网站后，仍不依法采取关停、删除、报案等措施，继续为该网站提供服务的，可以认定其主观明知。（3）交易价格或者方式明显异常的。例如，第三方支付平台从一般的支付活动中收取1.5%的费用，而在有的赌博案件中第三方支付平台收取超过10%的费用。从这一收费明显异常情况，可以看出该第三方支付平台对服务对象从事犯罪活动实际上是“心知肚明”的，故推定其具有主观明知。（4）提供专门用于违法犯罪的程序、工具或者其他技术支持、帮助的。实践中，随着网络犯罪案件的分工日益细化，滋生出专门用于违法犯罪的活动，如替人开卡，取钱车手，贩卖“多卡合一”（银行卡、电话卡、支付宝账号、微信账号、身份证），解冻被支付宝、微信等支付工具安全策略冻结的未实名账户等服务；此外，还有专门用于违法犯罪活动的程序、工具，如仿冒银行、执法部门网站制作钓鱼网站。可以说，这些活动或者程序、工具并非社会正常活动所需，而系为违法犯罪活动提供帮助的专门服务，故相关从业人员对其服务对象系可能涉嫌犯罪主观上实际是明知的，故将此种情形推定为主观明知。（5）频繁采用隐蔽上网、加密通信、销毁数据等措施或者使用虚假身份，逃避监管或者规避调查的。实践中，一些行为人在帮助信息网络犯罪活动中长期使用加密措施或者虚假身份，对于此类逃避监管或者规避调查的行为，可以推定行为人主观明知。（6）为他人逃避监管或者规避调查提供技术支持、帮助的。（7）其他足以认定行为人明知的情形。实践中还有一些情形可以推断行为人主观明知，如取钱人持有多张户主不同的银行卡或者多张假身份证，无法说明缘由的，亦可以推定其主观明知。

3.《最高人民法院、最高人民检察院、公安部关于办理电信网络诈骗等刑事案件适用法律若干问题的意见（二）》（法发〔2021〕22号，2021年6月17日发布）

八、认定刑法第二百八十七条之二规定的行为人明知他人利用信息网络实施犯罪，应当根据行为人收购、出售、出租前述第七条规定的信用卡、银行账户、非银行支付账户、具有支付结算功能的互联网账号密码、网络支付接口、网上银行数字证书，或者他人手机卡、流量卡、物联网卡等的次数、张数、个数，并结合行为人的认知能力、既往经历、交易对象、与实施信息网络犯罪的行为人的关系、提供技术支持或者帮助的时间和方式、获利情况以及行为人的供述等主客观因素，予以综合认定。

收购、出售、出租单位银行结算账户、非银行支付机构单位支付账户，或者电信、银行、网络支付等行业从业人员利用履行职责或提供服务便利，非法开办并出售、出租他人手机卡、信用卡、银行账户、非银行支付账户等的，可以认定为《最高人民法院、最高人民检察院关于办理非法利用信息网络、帮助信息网络犯罪活动等刑事案件适用法律若干问题的解释》第十一条第（七）项规定的“其他足以认定行为人明知的情形”。但有相反证据的除外。

十、电商平台预付卡、虚拟货币、手机充值卡、游戏点卡、游戏装备等经销商，在公安机关调查案件过程中，被明确告知其交易对象涉嫌电信网络诈骗犯罪，仍与其继续交易，符合刑法第二百八十七条之二规定的，以帮助信息网络犯罪活动罪追究刑事责任。同时构成其他犯罪的，依照处罚较重的规定定罪处罚。

4.《重庆市高级人民法院、重庆市人民检察院、重庆市公安局关于办理电信网络诈骗及其关联犯罪案件法律适用问题的会议纪要》（渝检会〔2021〕7号，2021年4月25日印发）

11. 帮助信息网络犯罪活动罪的主观明知

“明知他人利用信息网络实施犯罪”，一般要求证据能够证实行为人认识到他人可能实施犯罪即可，并不要求行为人认识到他人实施犯罪的具体情况。关于“明知他人利用信息网络实施犯罪”的认定，不能仅凭行为人的供述认定，应当结合其认知能力、既往经历、生活环境、交易对象、交易方式等证据情况进行综合认定。

（六）帮助行为的认定和被帮助对象实施的犯罪行为的查处要求

1.《最高人民法院、最高人民检察院、公安部关于办理电信网络诈骗等刑事案件适用法律若干问题的意见（二）》（法发〔2021〕22号，2021年6月17日发布）

七、为他人利用信息网络实施犯罪而实施下列行为，可以认定为刑法第二百八十七条之二规定的“帮助”行为：

（一）收购、出售、出租信用卡、银行账户、非银行支付账户、具有支付结算功能的互联网账号密码、网络支付接口、网上银行数字证书的；

（二）收购、出售、出租他人手机卡、流量卡、物联网卡的。

十二、为他人实施电信网络诈骗犯罪提供技术支持、广告推广、支付结算等帮助，或者窝藏、转移、收购、代为销售及以其他方法掩饰、隐瞒电信网络诈骗犯罪所得及其产生的收益，诈骗犯罪行为可以确认，但实施诈骗的行为人尚未到案，可以依法先行追究已到案的上述犯罪嫌疑人、被告人的刑事责任。

2.《最高人民法院、最高人民检察院关于办理非法利用信息网络、帮助信息网络犯罪活动等刑事案件适用法律若干问题的解释》（法释〔2019〕15号，2019年11月1日起施行）

第十三条　被帮助对象实施的犯罪行为可以确认，但尚未到案、尚未依法裁判或者因未达到刑事责任年龄等原因依法未予追究刑事责任的，不影响帮助信息网络犯罪活动罪的认定。

3. 关于办理非法利用信息网络、帮助信息网络犯罪活动等刑事案件适用法律若干问题的解释重点难点问题解读①

根据刑法规定，构成本罪以被帮助对象构成犯罪为前提。本条参照《最高人民法院关于审理洗钱等刑事案件具体应用法律若干问题的解释》《最高人民法院关于审理掩饰、隐瞒犯罪所得、犯罪所得收益刑事案件适用法律若干问题的解释》的有关规定，明确被帮助对象实施的犯罪行为以可以确认为标准，对于尚未到案、尚未依法裁判或者因未达到刑事责任年龄等原因依法未予追究刑事责任的，不影响本罪的认定，以避免放纵对本罪的追究或者影响诉讼效率。

（七）相关网络犯罪的认罪认罚从宽规则

《最高人民法院、最高人民检察院关于办理非法利用信息网络、帮助信息网络犯罪活动等刑事案件适用法律若干问题的解释》（法释〔2019〕15号，2019年11月1日起施行）

第十五条　综合考虑社会危害程度、认罪悔罪态度等情节，认为犯罪情节轻微的，可以不起诉或者免予刑事处罚；情节显著轻微危害不大的，不以犯罪论处。

---

① 缐杰、吴峤滨：《〈关于办理非法利用信息网络、帮助信息网络犯罪活动等刑事案件适用法律若干问题的解释〉重点难点问题解读》，载《检察日报》2019年10月27日，第3版。

（八）相关网络犯罪的数量数额累计规则

《最高人民法院、最高人民检察院关于办理非法利用信息网络、帮助信息网络犯罪活动等刑事案件适用法律若干问题的解释》（法释〔2019〕15号，2019年11月1日起施行）

第十六条　多次拒不履行信息网络安全管理义务、非法利用信息网络、帮助信息网络犯罪活动构成犯罪，依法应当追诉的，或者二年内多次实施前述行为未经处理的，数量或者数额累计计算。

（九）相关网络犯罪的职业禁止和禁止令适用规则

1.《最高人民法院、最高人民检察院关于办理非法利用信息网络、帮助信息网络犯罪活动等刑事案件适用法律若干问题的解释》（法释〔2019〕15号，2019年11月1日起施行）

第十七条　对于实施本解释规定的犯罪被判处刑罚的，可以根据犯罪情况和预防再犯罪的需要，依法宣告职业禁止；被判处管制、宣告缓刑的，可以根据犯罪情况，依法宣告禁止令。

2.《刑法》（2020年12月26日修正）

第三十七条之一　【禁业规定】因利用职业便利实施犯罪，或者实施违背职业要求的特定义务的犯罪被判处刑罚的，人民法院可以根据犯罪情况和预防再犯罪的需要，禁止其自刑罚执行完毕之日或者假释之日起从事相关职业，期限为三年至五年。

被禁止从事相关职业的人违反人民法院依照前款规定作出的决定的，由公安机关依法给予处罚；情节严重的，依照本法第三百一十三条的规定定罪处罚。

其他法律、行政法规对其从事相关职业另有禁止或者限制性规定的，从其规定。

（十）设立用于实施考试作弊的网站、通讯群组或者发布有关考试作弊信息的认定

《最高人民法院、最高人民检察院关于办理组织考试作弊等刑事案件适用法律若干问题的解释》（法释〔2019〕13号，2019年9月4日起施行）

第十一条　设立用于实施考试作弊的网站、通讯群组或者发布有关考试作弊的信息，情节严重的，应当依照刑法第二百八十七条之一的规定，以非法利用信息网络罪定罪处罚；同时构成组织考试作弊罪、非法出售、提供试题、答案罪、非法获取国家秘密罪等其他犯罪的，依照处罚较重的规定定罪处罚。

（十一）利用信息网络发布招嫖违法信息的认定

《最高人民法院、最高人民检察院关于办理组织、强迫、引诱、容留、介绍卖淫刑事案件适用法律若干问题的解释》（法释〔2017〕13 号，2017 年 7 月 25 日起施行）

第八条　引诱、容留、介绍他人卖淫，具有下列情形之一的，应当依照刑法第三百五十九条第一款的规定定罪处罚：

（一）引诱他人卖淫的；

（二）容留、介绍二人以上卖淫的；

（三）容留、介绍未成年人、孕妇、智障人员、患有严重性病的人卖淫的；

（四）一年内曾因引诱、容留、介绍卖淫行为被行政处罚，又实施容留、介绍卖淫行为的；

（五）非法获利人民币一万元以上的。

利用信息网络发布招嫖违法信息，情节严重的，依照刑法第二百八十七条之一的规定，以非法利用信息网络罪定罪处罚。同时构成介绍卖淫罪的，依照处罚较重的规定定罪处罚。

引诱、容留、介绍他人卖淫是否以营利为目的，不影响犯罪的成立。

引诱不满十四周岁的幼女卖淫的，依照刑法第三百五十九条第二款的规定，以引诱幼女卖淫罪定罪处罚。

被引诱卖淫的人员中既有不满十四周岁的幼女，又有其他人员的，分别以引诱幼女卖淫罪和引诱卖淫罪定罪，实行并罚。

（十二）利用信息网络发布涉毒违法信息的认定

《最高人民法院关于审理毒品犯罪案件适用法律若干问题的解释》（法释〔2016〕8 号，2016 年 4 月 11 日起施行）

第十四条　利用信息网络，设立用于实施传授制造毒品、非法生产制毒物品的方法，贩卖毒品，非法买卖制毒物品或者组织他人吸食、注射毒品等违法犯罪活动的网站、通讯群组，或者发布实施前述违法犯罪活动的信息，情节严重的，应当依照刑法第二百八十七条之一的规定，以非法利用信息网络罪定罪处罚。

实施刑法第二百八十七条之一、第二百八十七条之二规定的行为，同时构成贩卖毒品罪、非法买卖制毒物品罪、传授犯罪方法罪等犯罪的，依照处罚较重的规定定罪处罚。

（十三）设立猫池、扫码平台、恶意群组，为他人犯罪提供技术支持、两卡的行为认定

1.《最高人民法院、最高人民检察院关于办理诈骗刑事案件具体应用法律若干问题的解释》（法释〔2011〕7号，2011年4月8日起施行）

第七条 明知他人实施诈骗犯罪，为其提供信用卡、手机卡、通讯工具、通讯传输通道、网络技术支持、费用结算等帮助的，以共同犯罪论处。

2.《最高人民法院、最高人民检察院、公安部关于办理电信网络诈骗等刑事案件适用法律若干问题的意见》（法发〔2016〕32号，2016年12月19日发布）

四、准确认定共同犯罪与主观故意

（三）明知他人实施电信网络诈骗犯罪，具有下列情形之一的，以共同犯罪论处，但法律和司法解释另有规定的除外：

1. 提供信用卡、资金支付结算账户、手机卡、通讯工具的；

2. 非法获取、出售、提供公民个人信息的；

3. 制作、销售、提供“木马”程序和“钓鱼软件”等恶意程序的；

4. 提供“伪基站”设备或相关服务的；

5. 提供互联网接入、服务器托管、网络存储、通讯传输等技术支持，或者提供支付结算等帮助的；

6. 在提供改号软件、通话线路等技术服务时，发现主叫号码被修改为国内党政机关、司法机关、公共服务部门号码，或者境外用户改为境内号码，仍提供服务的；

7. 提供资金、场所、交通、生活保障等帮助的；

8. 帮助转移诈骗犯罪所得及其产生的收益，套现、取现的。

上述规定的“明知他人实施电信网络诈骗犯罪”，应当结合被告人的认知能力，既往经历，行为次数和手段，与他人关系，获利情况，是否曾因电信网络诈骗受过处罚，是否故意规避调查等主客观因素进行综合分析认定。

（四）负责招募他人实施电信网络诈骗犯罪活动，或者制作、提供诈骗方案、术语清单、语音包、信息等的，以诈骗共同犯罪论处。

3.《重庆市高级人民法院、重庆市人民检察院、重庆市公安局关于办理电信网络诈骗及其关联犯罪案件法律适用问题的会议纪要》（渝检会〔2021〕7号，2021年4月25日印发）

三、关于涉“两卡”犯罪行为的法律适用

7. 出租、出借、贩卖信用卡、对公账户的行为

行为人明知他人利用信息网络实施犯罪，向他人出租、出借、贩卖信用卡、对公账户，符合《关于办理非法利用信息网络、帮助信息网络犯罪活动等刑事案件适用法律若干问题的解释》（以下简称《解释》）第十二条规定情形的，以帮助信息网络犯罪活动罪追究刑事责任。行为人明知他人利用信息网络实施犯罪，向他人贩卖非本人信用卡、对公账户，同时符合刑法第一百七十七条、第二百八十条规定的，构成妨害信用卡管理罪，窃取、收买、非法提供信用卡信息罪，伪造、变造、买卖国家机关公文、证件、印章罪的，从一重罪处罚。行为人明知他人利用信息网络实施犯罪，向他人出租、出借、贩卖信用卡、对公账户，且帮助转账、套现、取现，符合刑法第三百一十二条第一款规定的，以掩饰、隐瞒犯罪所得、犯罪所得收益罪追究刑事责任。

8. 贩卖手机卡的行为

行为人明知他人利用信息网络实施犯罪，向他人贩卖非本人手机卡，符合《解释》第十二条规定情形的，以帮助信息网络犯罪活动罪追究刑事责任。

9. 出租、出借、贩卖支付宝、微信、QQ、钉钉等的行为

出租、出借、贩卖支付宝、微信、QQ、钉钉以及其他网络平台账号等具有资金支付结算和即时通讯功能软件账号的，参照7、8条规定处理。

（十四）本节犯罪与诈骗犯罪共犯的认定及处断原则

《最高人民法院、最高人民检察院、公安部关于办理电信网络诈骗等刑事案件适用法律若干问题的意见》（法发〔2016〕32号，2016年12月19日发布）

三、全面惩处关联犯罪

（六）网络服务提供者不履行法律、行政法规规定的信息网络安全管理义务，经监管部门责令采取改正措施而拒不改正，致使诈骗信息大量传播，或者用户信息泄露造成严重后果的，依照刑法第二百八十六条之一的规定，以拒不履行信息网络安全管理义务罪追究刑事责任。同时构成诈骗罪的，依照处罚较重的规定定罪处罚。

（七）实施刑法第二百八十七条之一、第二百八十七条之二规定之行为，构

成非法利用信息网络罪、帮助信息网络犯罪活动罪，同时构成诈骗罪的，依照处罚较重的规定定罪处罚。

（八）金融机构、网络服务提供者、电信业务经营者等在经营活动中，违反国家有关规定，被电信网络诈骗犯罪分子利用，使他人遭受财产损失的，依法承担相应责任。构成犯罪的，依法追究刑事责任。

（十五）单位实施相关网络犯罪的定罪量刑标准和处罚

1.《最高人民法院、最高人民检察院关于办理非法利用信息网络、帮助信息网络犯罪活动等刑事案件适用法律若干问题的解释》（法释〔2019〕15号，2019年11月1日起施行）

第十四条 单位实施本解释规定的犯罪的，依照本解释规定的相应自然人犯罪的定罪量刑标准，对直接负责的主管人员和其他直接责任人员定罪处罚，并对单位判处罚金。

2. 关于办理非法利用信息网络、帮助信息网络犯罪活动等刑事案件适用法律若干问题的解释的理解与适用①

拒不履行信息网络安全管理义务罪、非法利用信息网络罪、帮助信息网络犯罪活动罪的主体均可以是单位。

（十六）相关网络犯罪的罚金刑适用规则

1.《最高人民法院、最高人民检察院关于办理非法利用信息网络、帮助信息网络犯罪活动等刑事案件适用法律若干问题的解释》（法释〔2019〕15号，2019年11月1日起施行）

第十八条 对于实施本解释规定的犯罪的，应当综合考虑犯罪的危害程度、违法所得数额以及被告人的前科情况、认罪悔罪态度等，依法判处罚金。

2. 关于办理非法利用信息网络、帮助信息网络犯罪活动等刑事案件适用法律若干问题的解释的理解与适用②

网络犯罪具有明显的牟利性，行为人实施该类犯罪主要是为了牟取非法利益。因此，有必要加大财产刑的适用力度，让行为人在经济上得不偿失，进而剥夺其再次实施犯罪的经济能力。

---

① 周加海、喻海松：《〈关于办理非法利用信息网络、帮助信息网络犯罪活动等刑事案件适用法律若干问题的解释〉的理解与适用》，载《人民司法》2019年第31期。

② 周加海、喻海松：《〈关于办理非法利用信息网络、帮助信息网络犯罪活动等刑事案件适用法律若干问题的解释〉的理解与适用》，载《人民司法》2019年第31期。

3.《重庆市高级人民法院、重庆市人民检察院、重庆市公安局关于办理电信网络诈骗及其关联犯罪案件法律适用问题的会议纪要》（渝检会〔2021〕7号，2021年4月25日印发）

二、关于电信网络诈骗共同犯罪认定

5. 行为人明知他人实施电信网络诈骗的具体犯罪行为，为其提供信用卡、手机卡、通讯工具，提供互联网接入、服务器托管、网络存储、通讯传输等技术支持，或者提供广告推广、支付结算，提取、转移赃款等行为的，以诈骗罪共同犯罪论处。

6. 行为人不明知他人实施网络电信诈骗的具体犯罪行为，为其提供技术支持或者帮助的，不以诈骗罪的共同犯罪论处，符合刑法第二百八十七条之二规定的，以帮助信息网络犯罪活动罪追究刑事责任。

（十七）拒不履行信息网络安全管理义务罪的证据审查重点

《江苏省高级人民法院关于妨害新型冠状病毒肺炎疫情防控相关刑事案件的审理指南》（2020年2月11日发布）

24.【拒不履行信息网络安全管理义务罪】网络服务者未履行法律、行政法规规定的信息网络安全管理义务，经监管部门责令采取改正措施而拒不改正，致使有关疫情的虚假、违法信息大量传播的，依照刑法第二百八十六条之一的规定，以拒不履行信息网络安全管理义务罪定罪处罚。

审理该类案件，应当重点审查以下事实证据：（1）行为人是否负有法律、行政法规规定的信息网络安全管理义务而未履行；（2）行为人是否经监管部门责令采取改正措施而拒不改正；（3）行为人的行为是否致使有关疫情的虚假、违法信息大量传播。

（十八）帮助信息网络犯罪活动罪的证据标准

《重庆市高级人民法院、重庆市人民检察院、重庆市公安局关于办理电信网络诈骗及其关联犯罪案件法律适用问题的会议纪要》（渝检会〔2021〕7号，2021年4月25日印发）

15. 对上游犯罪为电信网络诈骗罪的证据把握

上游电信网络诈骗犯罪嫌疑人尚未到案、尚未依法判决或者因未达到刑事责任年龄等原因依法未予追究刑事责任的，不影响帮助信息网络犯罪活动罪的认定。但是应当注意查证以下事实：

（1）有证据证明发生了电信网络诈骗，如被害人报案记录、被害人与嫌疑人的通讯记录、被害人登录网页记录等；

（2）有证据证明电信网络诈骗的危害结果达到追诉标准三千元，如被害人的银行转账记录、第三方支付结算记录、转账信息等。

16. 对资金与犯罪关联性的证据把握

（1）被害人资金直接流入信用卡的情形。流入信用卡的资金性质，可以结合已查证的被害人的资金流转情况，以及信用卡账户交易记录、行为人与资金来源方的交往关系、资金往来情况、行为人对资金性质的供述等综合认定。有证据证明该信用卡系用于电信网络诈骗犯罪，卡内资金流动频繁，行为人无法说明款项合法来源，原则上，卡内流入资金均推定为犯罪金额，不需要逐笔核实。但对于有明显相反证据证实相关资金不是来源于犯罪的，对于该部分资金不应计算在内。

（2）其他情形。涉案信用卡并非直接接收被害人资金的信用卡，而是资金流转过程中的后续多层级的信用卡，资金可能出现混同，无法识别被骗资金与后续信用卡的对应关系的，可以认定为“确因客观条件限制无法查证被帮助对象是否达到犯罪程度”，对于符合《解释》第十二条第二款规定情形的，可以以帮助信息网络犯罪活动罪追究刑事责任。对于有明显相反证据证实相关资金不是来源于信息网络犯罪活动的，对于该部分资金不应计算在内。

三、追诉量刑

（一）拒不履行信息网络安全管理义务罪的追诉量刑标准

1.《最高人民法院、最高人民检察院关于办理非法利用信息网络、帮助信息网络犯罪活动等刑事案件适用法律若干问题的解释》（法释〔2019〕15号，2019年11月1日起施行）

第三条　拒不履行信息网络安全管理义务，具有下列情形之一的，应当认定为刑法第二百八十六条之一第一款第一项规定的“致使违法信息大量传播”：

（一）致使传播违法视频文件二百个以上的；

（二）致使传播违法视频文件以外的其他违法信息二千个以上的；

（三）致使传播违法信息，数量虽未达到第一项、第二项规定标准，但是按相应比例折算合计达到有关数量标准的；

（四）致使向二千个以上用户账号传播违法信息的；

（五）致使利用群组成员账号数累计三千以上的通讯群组或者关注人员账号

数累计三万以上的社交网络传播违法信息的；

（六）致使违法信息实际被点击数达到五万以上的；

（七）其他致使违法信息大量传播的情形。

第四条　拒不履行信息网络安全管理义务，致使用户信息泄露，具有下列情形之一的，应当认定为刑法第二百八十六条之一第一款第二项规定的“造成严重后果”：

（一）致使泄露行踪轨迹信息、通信内容、征信信息、财产信息五百条以上的；

（二）致使泄露住宿信息、通信记录、健康生理信息、交易信息等其他可能影响人身、财产安全的用户信息五千条以上的；

（三）致使泄露第一项、第二项规定以外的用户信息五万条以上的；

（四）数量虽未达到第一项至第三项规定标准，但是按相应比例折算合计达到有关数量标准的；

（五）造成他人死亡、重伤、精神失常或者被绑架等严重后果的；

（六）造成重大经济损失的；

（七）严重扰乱社会秩序的；

（八）造成其他严重后果的。

第五条　拒不履行信息网络安全管理义务，致使影响定罪量刑的刑事案件证据灭失，具有下列情形之一的，应当认定为刑法第二百八十六条之一第一款第三项规定的“情节严重”：

（一）造成危害国家安全犯罪、恐怖活动犯罪、黑社会性质组织犯罪、贪污贿赂犯罪案件的证据灭失的；

（二）造成可能判处五年有期徒刑以上刑罚犯罪案件的证据灭失的；

（三）多次造成刑事案件证据灭失的；

（四）致使刑事诉讼程序受到严重影响的；

（五）其他情节严重的情形。

第六条　拒不履行信息网络安全管理义务，具有下列情形之一的，应当认定为刑法第二百八十六条之一第一款第四项规定的“有其他严重情节”：

（一）对绝大多数用户日志未留存或者未落实真实身份信息认证义务的；

（二）二年内经多次责令改正拒不改正的；

（三）致使信息网络服务被主要用于违法犯罪的；

（四）致使信息网络服务、网络设施被用于实施网络攻击，严重影响生产、生活的；

（五）致使信息网络服务被用于实施危害国家安全犯罪、恐怖活动犯罪、黑社会性质组织犯罪、贪污贿赂犯罪或者其他重大犯罪的；

（六）致使国家机关或者通信、能源、交通、水利、金融、教育、医疗等领域提供公共服务的信息网络受到破坏，严重影响生产、生活的；

（七）其他严重违反信息网络安全管理义务的情形。

2. 关于办理非法利用信息网络、帮助信息网络犯罪活动等刑事案件适用法律若干问题的解释重点难点问题解读①

《最高人民法院、最高人民检察院关于办理非法利用信息网络、帮助信息网络犯罪活动等刑事案件适用法律若干问题的解释》第 3 条明确了“致使违法信息大量传播的”入罪标准，主要从违法信息传播数量和传播范围两个角度规定了数量标准。第 4 条明确了“致使用户信息泄露，造成严重后果的”入罪标准，主要从用户信息数量和造成后果两个角度作了规定，特别注意与“两高”《关于办理侵犯公民个人信息刑事案件适用法律若干问题的解释》保持衔接和协调，将用户信息区分为高度敏感信息、敏感信息、一般信息，数量标准按照侵犯公民个人信息罪入罪标准的 10 倍掌握。第 5 条明确了“致使刑事案件证据灭失，情节严重的”入罪标准，主要考虑涉及刑事案件的重大程度、证据灭失次数、对刑事诉讼程序的影响等因素作了规定。第 6 条明确了“有其他严重情节的”入罪标准，主要考虑安全管理义务的重要程度、行为人的主观恶性、打击网络黑灰产业链条的需要以及可能造成的严重后果等因素作了规定。特别是为了落实《网络安全法》第 21、24 条规定的网络服务提供者按照规定留存相关网络日志和要求用户提供真实身份信息的义务，将“对绝大多数用户日志未留存或者未落实真实身份信息认证义务的”情形规定为入罪标准之一。

---

① 缐杰、吴峤滨：《〈关于办理非法利用信息网络、帮助信息网络犯罪活动等刑事案件适用法律若干问题的解释〉重点难点问题解读》，载《检察日报》2019 年 10 月 27 日，第 3 版。

（二）非法利用信息网络罪的入罪标准

1.《最高人民法院、最高人民检察院关于办理非法利用信息网络、帮助信息网络犯罪活动等刑事案件适用法律若干问题的解释》（法释〔2019〕15号，2019年11月1日起施行）

第十条　非法利用信息网络，具有下列情形之一的，应当认定为刑法第二百八十七条之一第一款规定的“情节严重”：

（一）假冒国家机关、金融机构名义，设立用于实施违法犯罪活动的网站的；

（二）设立用于实施违法犯罪活动的网站，数量达到三个以上或者注册账号数累计达到二千以上的；

（三）设立用于实施违法犯罪活动的通讯群组，数量达到五个以上或者群组成员账号数累计达到一千以上的；

（四）发布有关违法犯罪的信息或者为实施违法犯罪活动发布信息，具有下列情形之一的：

1. 在网站上发布有关信息一百条以上的；

2. 向二千个以上用户账号发送有关信息的；

3. 向群组成员数累计达到三千以上的通讯群组发送有关信息的；

4. 利用关注人员账号数累计达到三万以上的社交网络传播有关信息的；

（五）违法所得一万元以上的；

（六）二年内曾因非法利用信息网络、帮助信息网络犯罪活动、危害计算机信息系统安全受过行政处罚，又非法利用信息网络的；

（七）其他情节严重的情形。

2. 关于办理非法利用信息网络、帮助信息网络犯罪活动等刑事案件适用法律若干问题的解释的理解与适用[①]

根据《刑法》第287条之一第1款的规定，非法利用信息网络以“情节严重”作为入罪要件。根据司法实践的具体情况，《最高人民法院、最高人民检察院关于办理非法利用信息网络、帮助信息网络犯罪活动等刑事案件适用法律若干问题的解释》第10条主要从设立网站、通讯群组、发布信息的数量，违法所得数额，前科情况等方面明确了“情节严重”的认定标准。如：（1）假冒国家机

---

① 周加海、喻海松：《〈关于办理非法利用信息网络、帮助信息网络犯罪活动等刑事案件适用法律若干问题的解释〉的理解与适用》，载《人民司法》2019年第31期。

关、金融机构名义，设立用于实施违法犯罪活动的网站的。实践中，不少从事诈骗活动的犯罪分子会假冒国家机关或者金融机构名义设立用于实施违法犯罪活动的网站，如针对工商银行（icbc. com. cn）制作钓鱼网站，犯罪分子将网站内容托管到服务器后申请诸如 lcbc. com、1cbc. cn、icdc. cn 等近似于工商银行域名的虚假域名指向网站后台。基于此，该司法解释将此种情形规定为“情节严重”。（2）违法所得 1 万元以上的。从实践来看，非法利用信息网络设立网站、通讯群组或者发布信息，可能获取广告费、会员注册费或者其他违法所得。基于此，该司法解释将违法所得数额确定为“情节严重”的认定标准之一。

（三）帮助信息网络犯罪活动罪的入罪标准

1.《最高人民法院、最高人民检察院关于办理非法利用信息网络、帮助信息网络犯罪活动等刑事案件适用法律若干问题的解释》（法释〔2019〕15 号，2019 年 11 月 1 日起施行）

第十二条 明知他人利用信息网络实施犯罪，为其犯罪提供帮助，具有下列情形之一的，应当认定为刑法第二百八十七条之二第一款规定的“情节严重”：

（一）为三个以上对象提供帮助的；

（二）支付结算金额二十万元以上的；

（三）以投放广告等方式提供资金五万元以上的；

（四）违法所得一万元以上的；

（五）二年内曾因非法利用信息网络、帮助信息网络犯罪活动、危害计算机信息系统安全受过行政处罚，又帮助信息网络犯罪活动的；

（六）被帮助对象实施的犯罪造成严重后果的；

（七）其他情节严重的情形。

实施前款规定的行为，确因客观条件限制无法查证被帮助对象是否达到犯罪的程度，但相关数额总计达到前款第二项至第四项规定标准五倍以上，或者造成特别严重后果的，应当以帮助信息网络犯罪活动罪追究行为人的刑事责任。

2. 关于办理非法利用信息网络、帮助信息网络犯罪活动等刑事案件适用法律若干问题的解释重点难点问题解读①

《最高人民法院、最高人民检察院关于办理非法利用信息网络、帮助信息网

---

① 缐杰、吴峤滨：《〈关于办理非法利用信息网络、帮助信息网络犯罪活动等刑事案件适用法律若干问题的解释〉重点难点问题解读》，载《检察日报》2019 年 10 月 27 日，第 3 版。

络犯罪活动等刑事案件适用法律若干问题的解释》第12条第1款规定的一般入罪标准，主要包括6个方面：一是从提供帮助的范围考虑，对被帮助对象的数量规定了标准。二是考虑提供支付结算帮助的行为，对支付结算金额规定了标准。三是考虑提供投放广告等帮助的行为，对以投放广告等方式提供资金数额规定了标准。四是从行为人违法所得考虑，规定了违法所得数额标准。五是从行为人主观恶性考虑，规定了二年内曾因非法利用信息网络、帮助信息网络犯罪活动、危害计算机信息系统安全受过行政处罚，又帮助信息网络犯罪活动的情形。六是考虑被帮助对象实施犯罪活动的情况，规定了被帮助对象实施的犯罪造成严重后果的情形。该条第2款明确规定了特殊入罪标准。按照传统的共犯理论，帮助行为构成犯罪以实行行为构成犯罪为前提，需要有共同的犯罪故意和犯罪行为。但在网络犯罪中，一方面，网络犯罪形成比较完整的产业链，实行行为和帮助行为被分为若干个环节，相互紧密联系，又带有相对独立性，一定意义上不同于传统共犯的特点，通常不是“一对一”，而是“一对多”“多对多”，犯罪链条比较复杂，被害人也具有不特定性，有时很难完全查清全案各个环节；另一方面，网络犯罪的帮助行为相较于传统的帮助行为，其对于完成犯罪起着越来越大的决定性作用，社会危害性凸显，有的如果全案衡量，甚至超过实行行为。因此，为体现立法本意，本款明确在特殊情况下本罪可以不要求被帮助对象构成犯罪，同时作了适当限制：一是确因客观条件限制无法查证被帮助对象是否达到犯罪的程度。主要是为了避免侦查机关避重就轻、“点到为止”，在不深挖犯罪链条、查证共同犯罪的情况下即简单适用本罪追究刑事责任。二是入罪标准高于一般入罪标准，即数额标准达到五倍或者造成特别严重后果的，此时帮助行为本身就具有十分严重的社会危害性，达到单独刑事追究的程度。

3.《最高人民法院、最高人民检察院、公安部关于办理电信网络诈骗等刑事案件适用法律若干问题的意见（二）》（法发〔2021〕22号，2021年6月17日发布）

九、明知他人利用信息网络实施犯罪，为其犯罪提供下列帮助之一的，可以认定为《最高人民法院、最高人民检察院关于办理非法利用信息网络、帮助信息网络犯罪活动等刑事案件适用法律若干问题的解释》第十二条第一款第（七）项规定的“其他情节严重的情形”：

（一）收购、出售、出租信用卡、银行账户、非银行支付账户、具有支付结算功能的互联网账号密码、网络支付接口、网上银行数字证书5张（个）以上的；

（二）收购、出售、出租他人手机卡、流量卡、物联网卡20张以上的。

4.《重庆市高级人民法院、重庆市人民检察院、重庆市公安局关于办理电信网络诈骗及其关联犯罪案件法律适用问题的会议纪要》（渝检会〔2021〕7号，2021年4月25日印发）

13. 帮助信息网络犯罪活动罪的追诉标准

（1）《解释》第十二条第一款中“为其犯罪提供帮助”，指上游犯罪达到刑法追诉标准，能够认定为犯罪。如上游犯罪为电信网络诈骗犯罪，则指利用电信网络技术手段实施诈骗，诈骗公私财物价值三千元以上。如果二年内多次实施未经处理的，诈骗数额累计计算。

（2）《解释》第十二条第一款第（一）项“三个以上对象”指三个以上没有明显关联的个人或者团伙。

（3）《解释》第十二条第一款第（二）项“支付结算金额二十万元以上”指通过实施信息网络犯罪所获取的资金转入信用卡的金额在二十万元以上。行为人利用两张以上信用卡为电信网络诈骗进行支付结算的，支付结算金额应当累计计算。

（4）《解释》第十二条第一款第（四）项“违法所得一万元以上”指从违法犯罪活动中获取的物质利益，物质利益用于支付犯罪成本的，如购买作案工具、租用场地、交通工具等，计算违法所得时不应扣除该成本。多个犯罪嫌疑人、被告人共同实施帮助信息网络犯罪活动行为，分别获取物质利益的，认定违法所得时应当累计计算。

（5）《解释》第十二条第一款第（七）项“其他情节严重的”包括：当被帮助对象实施的信息网络犯罪属于电信网络诈骗犯罪，且帮助行为是出租、出售信用卡用于支付结算服务时，信用卡内流水金额，即转入金额和转出金额合计超过三十万元；当被帮助对象实施的信息网络犯罪属于电信网络诈骗犯罪，且利用被出租、出售的电话卡、信用卡实施的电信网络诈骗造成被害人及其近亲属死亡、重伤、精神失常的。

（四）定罪量刑对应表

表6－5 拒不履行信息网络安全管理义务罪定罪量刑对应表

	量刑情节	刑期
拒不履行信息网络安全管理义务罪	一、致使违法信息大量传播： （一）致使传播违法视频文件二百个以上的； （二）致使传播违法视频文件以外的其他违法信息二千个以上的； （三）致使传播违法信息，数量虽未达到第一项、第二项规定标准，但是按相应比例折算合计达到有关数量标准的； （四）致使向二千个以上用户账号传播违法信息的； （五）致使利用群组成员账号数累计三千以上的通讯群组或者关注人员账号数累计三万以上的社交网络传播违法信息的； （六）致使违法信息实际被点击数达到五万以上的； （七）其他致使违法信息大量传播的情形。 二、致使用户信息泄露造成严重后果： （一）致使泄露行踪轨迹信息、通信内容、征信信息、财产信息五百条以上的； （二）致使泄露住宿信息、通信记录、健康生理信息、交易信息等其他可能影响人身、财产安全的用户信息五千条以上的； （三）致使泄露第一项、第二项规定以外的用户信息五万条以上的； （四）数量虽未达到第一项至第三项规定标准，但是按相应比例折算合计达到有关数量标准的； （五）造成他人死亡、重伤、精神失常或者被绑架等严重后果的； （六）造成重大经济损失的； （七）严重扰乱社会秩序的； （八）造成其他严重后果的。 三、致使影响定罪量刑的刑事案件证据灭失，情节严重： （一）造成危害国家安全犯罪、恐怖活动犯罪、黑社会性质组织犯罪、贪污贿赂犯罪案件的证据灭失的； （二）造成可能判处五年有期徒刑以上刑罚犯罪案件的证据灭失的； （三）多次造成刑事案件证据灭失的； （四）致使刑事诉讼程序受到严重影响的； （五）其他情节严重的情形。 四、其他严重情节： （一）对绝大多数用户日志未留存或者未落实真实身份信息认证义务的； （二）二年内经多次责令改正拒不改正； （三）致使信息网络服务被主要用于违法犯罪的； （四）致使信息网络服务、网络设施被用于实施网络攻击，严重影响生产、生活的； （五）致使信息网络服务被用于实施危害国家安全犯罪、恐怖活动犯	三年以下有期徒刑、拘役或者管制，并处或者单处罚金

续表

拒不履行信息网络安全管理义务罪	量刑情节	刑期
	罪、黑社会性质组织犯罪、贪污贿赂犯罪或者其他重大犯罪的； （六）致使国家机关或者通信、能源、交通、水利、金融、教育、医疗等领域提供公共服务的信息网络受到破坏，严重影响生产、生活的； （七）其他严重违反信息网络安全管理义务的情形	

表6－6 非法利用信息网络罪定罪量刑对应表

非法利用信息网络罪	量刑情节	刑期
	（一）假冒国家机关、金融机构名义，设立用于实施违法犯罪活动的网站的； （二）设立用于实施违法犯罪活动的网站，数量达到三个以上或者注册账号数累计达到二千以上的； （三）设立用于实施违法犯罪活动的通讯群组，数量达到五个以上或者群组成员账号数累计达到一千以上的； （四）发布有关违法犯罪的信息或者为实施违法犯罪活动发布信息，具有下列情形之一的： 1. 在网站上发布有关信息一百条以上的； 2. 向二千个以上用户账号发送有关信息的； 3. 向群组成员数累计达到三千以上的通讯群组发送有关信息的； 4. 利用关注人员账号数累计达到三万以上的社交网络传播有关信息的； （五）违法所得一万元以上的； （六）二年内曾因非法利用信息网络、帮助信息网络犯罪活动、危害计算机信息系统安全受过行政处罚，又非法利用信息网络的； （七）其他情节严重的情形	三年以下有期徒刑或者拘役，并处或者单处罚金

表6－7　帮助信息网络犯罪活动罪定罪量刑对应表

	量刑情节	刑期
帮助信息网络犯罪活动罪	（一）为三个以上对象提供帮助的； （二）支付结算金额二十万元以上的； （三）以投放广告等方式提供资金五万元以上的； （四）违法所得一万元以上的； （五）二年内曾因非法利用信息网络、帮助信息网络犯罪活动、危害计算机信息系统安全受过行政处罚，又帮助信息网络犯罪活动的； （六）被帮助对象实施的犯罪造成严重后果的； （七）其他情节严重的情形； （八）收购、出售、出租信用卡、银行账户、非银行支付账户、具有支付结算功能的互联网账号密码、网络支付接口、网上银行数字证书5张（个）以上的； （九）收购、出售、出租他人手机卡、流量卡、物联网卡20张以上的	三年以下有期徒刑或者拘役，并处或者单处罚金

第七章 网络谣言类罪名释义及定罪量刑标准

第一节 非法经营罪

一、犯罪构成

（一）《刑法》（2020 年 12 月 26 日修正）

第二百二十五条 【非法经营罪】违反国家规定，有下列非法经营行为之一，扰乱市场秩序，情节严重的，处五年以下有期徒刑或者拘役，并处或者单处违法所得一倍以上五倍以下罚金；情节特别严重的，处五年以上有期徒刑，并处违法所得一倍以上五倍以下罚金或者没收财产：

（一）未经许可经营法律、行政法规规定的专营、专卖物品或者其他限制买卖的物品的；

（二）买卖进出口许可证、进出口原产地证明以及其他法律、行政法规规定的经营许可证或者批准文件的；

（三）未经国家有关主管部门批准非法经营证券、期货、保险业务的，或者非法从事资金支付结算业务的；

（四）其他严重扰乱市场秩序的非法经营行为。

（二）学理解释

非法经营罪作为一种行政犯，根据《刑法》第 225 条之规定，是指违反国家规定，从事非法经营活动，扰乱市场秩序情节严重的行为。

二、疑难问题

（一）刑法中“国家规定”的认定

1.《最高人民法院关于准确理解和适用刑法中“国家规定”的有关问题的通知》（法发〔2011〕155号，2011年4月8日发布）

一、根据刑法第九十六的规定，刑法中的“国家规定”是指，全国人民代表大会及其常务委员会制定的法律和决定，国务院制定的行政法规、规定的行政措施、发布的决定和命令。其中，“国务院规定的行政措施”应当由国务院决定，通常以行政法规或者国务院制发文件的形式加以规定。以国务院办公厅名义制发的文件，符合以下条件的，亦应视为刑法中的“国家规定”：（1）有明确的法律依据或者同相关行政法规不相抵触；（2）经国务院常务会议讨论通过或者经国务院批准；（3）在国务院公报上公开发布。

二、各级人民法院在刑事审判工作中，对有关案件所涉及的“违反国家规定”的认定，要依照相关法律、行政法规及司法解释的规定准确把握。对于规定不明确的，要按照本通知的要求审慎认定。对于违反地方性法规、部门规章的行为，不得认定为“违反国家规定”。对被告人的行为是否“违反国家规定”存在争议的，应当作为法律适用问题，逐级向最高人民法院请示。

三、各级人民法院审理非法经营犯罪案件，要依法严格把握刑法第二百二十五条第（四）的适用范围。对被告人的行为是否属于刑法第二百二十五条第（四）规定的“其他严重扰乱市场秩序的非法经营行为”，有关司法解释未作明确规定的，应当作为法律适用问题，逐级向最高人民法院请示。

2. ［刑事审判参考案例第1077号：李某某、胡某某非法经营案］

以国务院办公厅名义制发的文件，符合以下条件的，亦应视为刑法中的“国家规定”：（1）有明确的法律依据或者同相关行政法规不相抵触。（2）经国务院常务会议讨论通过或者经国务院批准。（3）在国务院公报上公开发布。

刑法中的“国家规定”主要包括以下3个方面：（1）全国人民代表大会及其常务委员会通过的法律、带有单行法性质的决定，以及以修正案、立法解释等形式对现行法律作出的修改、补充的规定。全国人大常委会的内设机构如法制工作委员会等发布的文件不属于“国家规定”。（2）国务院制定的行政法规、规定的行政措施、发布的决定和命令。所谓“行政法规”，根据《立法法》第56、61条以及《行政法规制定程序条例》第4条的规定，是指由国务院总理签署并以国务院令的形式公布的规范性文件，具体名称有“条例”“规定”“办法”等，行政法规的发文主体只能是国务院。所谓“行政措施”“决定”“命令”，目前并没有统一的法定解释，根据一般理解，应将其限定为除行政法规以外的由国务院制定、规定和发布的规范性文件，既包括以国务院名义制定或者发布的有关法规性质的文件，也包括由国务院有关部委制定，经国务院批准并以国务院名义发布的文件，如果是国务院有关部委制定并以该部委的名义发布，没有经过国务院批准并以国务院名义发布，则不属于“国家规定”。(3) 国务院办公厅制发（即“国办发”）的部分文件。国务院办公厅作为协助国务院领导同志处理国务院日常工作的机构，有权以“国办发”的名义制发文件，部分“国办发”文件会就行政措施作出规定，这部分文件虽然法律位阶低于以国务院的名义发布的规范性文件，但只要有明确的法律依据或者不与行政法规的规定相抵触，经国务院同意并公开向社会发布，其效力和适用范围通常情况下应当高于地方性法规和部门规章，可视为国务院“规定的行政措施、发布的决定和命令”。

（二）非法放贷行为的认定

1.《最高人民法院、最高人民检察院、公安部、司法部关于办理非法放贷刑事案件若干问题的意见》（法发〔2019〕24号，2019年10月21日起施行）

一、违反国家规定，未经监管部门批准，或者超越经营范围，以营利为目的，经常性地向社会不特定对象发放贷款，扰乱金融市场秩序，情节严重的，依照刑法第二百二十五条第（四）项的规定，以非法经营罪定罪处罚。

前款规定中的“经常性地向社会不特定对象发放贷款”，是指2年内向不特定多人（包括单位和个人）以借款或其他名义出借资金10次以上。

贷款到期后延长还款期限的，发放贷款次数按照1次计算。

五、非法放贷数额应当以实际出借给借款人的本金金额认定。非法放贷行为人以介绍费、咨询费、管理费、逾期利息、违约金等名义和以从本金中预先扣除等方式收取利息的，相关数额在计算实际年利率时均应计入。

非法放贷行为人实际收取的除本金之外的全部财物，均应计入违法所得。

非法放贷行为未经处理的，非法放贷次数和数额、违法所得数额、非法放贷对象数量等应当累计计算。

六、为从事非法放贷活动，实施擅自设立金融机构、套取金融机构资金高利转贷、骗取贷款、非法吸收公众存款等行为，构成犯罪的，应当择一重罪处罚。

为强行索要因非法放贷而产生的债务，实施故意杀人、故意伤害、非法拘禁、故意毁坏财物、寻衅滋事等行为，构成犯罪的，应当数罪并罚。

纠集、指使、雇佣他人采用滋扰、纠缠、哄闹、聚众造势等手段强行索要债务，尚不单独构成犯罪，但实施非法放贷行为已构成非法经营罪的，应当按照非法经营罪的规定酌情从重处罚。

以上规定的情形，刑法、司法解释另有规定的除外。

七、有组织地非法放贷，同时又有其他违法犯罪活动，符合黑社会性质组织或者恶势力、恶势力犯罪集团认定标准的，应当分别按照黑社会性质组织或者恶势力、恶势力犯罪集团侦查、起诉、审判。

黑恶势力非法放贷的，据以认定“情节严重”“情节特别严重”的非法放贷数额、违法所得数额、非法放贷对象数量起点标准，可以分别按照本意见第二条规定中相应数额、数量标准的50%确定；同时具有本意见第三条第一款规定情形的，可以分别按照相应数额、数量标准的40%确定。

八、本意见自2019年10月21日起施行。对于本意见施行前发生的非法放贷行为，依照最高人民法院《关于准确理解和适用刑法中“国家规定”的有关问题的通知》（法发〔2011〕155号）的规定办理。

2. 关于办理非法放贷刑事案件若干问题的意见的理解与适用①

一、关于非法放贷行为的定性及定罪处罚依据

根据《最高人民法院、最高人民检察院、公安部、司法部关于办理非法放贷刑事案件若干问题的意见》规定，在认定非法放贷行为时应着重把握以下方面：

一是放贷行为的违法性。非法经营罪属于行政犯，需要“违反国家规定”才能入罪。《银行业监督管理法》第19条规定：“未经国务院银行业监督管理机构批准，任何单位或者个人不得设立银行业金融机构或者从事银行业金融机构的业务活动。”第44条规定，“擅自设立银行业金融机构或者非法从事银行业金融机构的业务活动的，由国务院银行业监督管理机构予以取缔；构成犯罪的，依法追究刑事责任”。因此，从事发放贷款业务需要经过有关金融监管部门批准。“未经监管部门批准，或者超越经营范围”，是认定非法放贷行为并进而视情节对其以非法经营罪论处的必要条件。

---

① 朱和庆、周川、李梦龙：《〈关于办理非法放贷刑事案件若干问题的意见〉的理解与适用》，载《人民司法》2019年第34期。

二是放贷活动的职业性。有别于互助式的、偶然的民间资金融通行为，非法放贷作为一种经营行为，必然包含着出借目的营利性和出借行为反复性。为了准确区分非法放贷行为和正常的民间借贷，揭示非法放贷行为人以放贷为业的行为实质，《最高人民法院、最高人民检察院、公安部、司法部关于办理非法放贷刑事案件若干问题的意见》第 1 条第 1 款规定非法放贷行为人需“以营利为目的，经常性地向社会不特定对象发放贷款”，并且在第 1 条第 2 款明确“前款规定中的‘经常性地向社会不特定对象发放贷款’，是指 2 年内向不特定多人（包括单位和个人）以借款或其他名义出借资金 10 次以上”。此外，该司法解释第 1 条第 3 款还进一步明确了贷款到期后延长还款期限这一情况下，发放贷款次数的计算问题。应当注意的是，在延长还款期限后仅改变约定利率或者利息计算方式，但出借的本金金额未实际增加的，发放贷款次数仍按照 1 次计算；如果在延长还款期限后追加出借资金，或者将借款人已偿还贷款重新借出，放贷次数另行计算。

三是放贷对象的不特定性。发放贷款行为的开放性，是非法放贷这一非法金融业务活动与民间借贷的又一重要区别。为此，《最高人民法院、最高人民检察院、公安部、司法部关于办理非法放贷刑事案件若干问题的意见》第 1 条第 1 款强调非法放贷行为人发放贷款的对象是“社会不特定对象”，并且在该司法解释第 1 条第 2 款将“社会不特定对象”解读为“不特定多人（包括单位和个人）”，即非法放贷行为人需要 2 年内累计向多个不特定的单位或者个人，以借款或其他名义出借资金 10 次以上。

五、关于非法放贷数额、实际年利率等的认定和计算标准

根据《最高人民法院、最高人民检察院、公安部、司法部关于办理非法放贷刑事案件若干问题的意见》有关规定，实际年利率、非法放贷数额、违法所得数额、非法放贷对象数量等均是影响定罪量刑的重要因素。该司法解释第 5 条分别规定了实际年利率、非法放贷数额、违法所得数额等的计算方法。

首先，在非法放贷数额认定方面，明确非法放贷数额应当以实际出借给借款人的本金金额，即按照借款人实际能够完全支配和使用的借款金额作出认定。其次，在实际年利率计算方面，结合民事法律和司法解释中对逾期利息、违约金、其他费用并存时，总计超过利率上限部分不予保护的规定精神，以从严管理角度出发，明确非法放贷行为人以介绍费、咨询费、管理费、逾期利息、违约金等名义和以从本金中预先扣除等方式收取利息的，相关数额在计算实际年利率时均应计入。再次，在违法所得数额认定方面，规定“非法放贷行为人实际收取的除

本金之外的全部财物，均应计入违法所得”。最后，针对未经处理的非法放贷行为，明确“非法放贷行为未经处理的，非法放贷次数和数额、违法所得数额、非法放贷对象数量等应当累计计算”。

六、关于非法放贷与伴生、次生犯罪的罪数处断问题

为从事非法放贷活动，实施擅自设立金融机构、套取金融机构资金高利转贷、骗取贷款、非法吸收公众存款等行为，非法放贷行为和前述行为同时构成犯罪的，由于存在牵连或者竞合关系，所侵犯的客体具有类似性，该司法解释明确除刑法、司法解释另有规定外，应当择一重罪处罚。对于非法放贷的次生犯罪，即非法放贷行为本身已构成犯罪，为强行索要因非法放贷而产生的债务，又实施故意杀人、故意伤害、非法拘禁、故意毁坏财物、寻衅滋事等行为，构成犯罪的，由于所侵犯的客体存在明显差异，该司法解释明确除刑法、司法解释另有规定外，依法应当数罪并罚。

七、关于对黑恶势力非法放贷的从严惩处

为准确认定、惩处涉及非法放贷活动的黑恶势力违法犯罪组织，该司法解释第 7 条第 1 款要求，有组织地非法放贷，同时又有其他违法犯罪活动，符合黑恶势力认定标准的，应当分别按照黑社会性质组织或者恶势力、恶势力犯罪集团侦查、起诉、审判。此外，为了对黑恶势力非法放贷充分体现区别对待、依法严惩的政策精神，该司法解释第 7 条第 2 款对黑恶势力非法放贷的入罪标准和加重处罚标准均大幅降低，可以分别按照一般情况下相应数额、数量标准的 50% 确定；同时具有该司法解释第 3 条第 1 款规定情形的，可以分别按照一般情况下相应数额、数量标准的 40% 确定。

八、关于该司法解释的时间效力问题

在司法实践中需着重把握以下方面：一是为贯彻罪刑法定原则，办案机关应当准确理解和把握该司法解释的时间效力问题，对于该司法解释施行前发生的非法放贷行为，在实体处理上要注意与《最高人民法院关于被告人何伟光、张勇泉等非法经营案的批复》精神保持一致。二是行为人非法发放贷款在该司法解释施行前，收回本息在该司法解释施行后的，应当认定为“本意见施行前发生的非法放贷行为”。三是行为人在该司法解释施行之前、之后均有非法放贷行为的，只能对施行后的行为适用该司法解释相关规定定罪处罚。

（三）非法从事资金支付结算业务行为的定性

1.《最高人民法院、最高人民检察院关于办理非法从事资金支付结算业务、非法买卖外汇刑事案件适用法律若干问题的解释》（法释〔2019〕1号，2019年2月1日起施行）

第一条　违反国家规定，具有下列情形之一的，属于刑法第二百二十五条第三项规定的“非法从事资金支付结算业务”：

（一）使用受理终端或者网络支付接口等方法，以虚构交易、虚开价格、交易退款等非法方式向指定付款方支付货币资金的；

（二）非法为他人提供单位银行结算账户套现或者单位银行结算账户转个人账户服务的；

（三）非法为他人提供支票套现服务的；

（四）其他非法从事资金支付结算业务的情形。

2. 关于办理非法从事资金支付结算业务、非法买卖外汇刑事案件适用法律若干问题的解释的理解与适用①

（一）关于“非法从事资金支付结算业务”的认定问题

根据中国人民银行《支付结算办法》的规定，支付结算是指单位、个人在社会经济活动中使用票据、信用卡和汇兑、托收承付、委托收款等结算方式进行货币给付及其资金清算的行为。银行是支付结算和资金清算的中介机构。未经中国人民银行批准的非银行金融机构和其他单位不得作为中介机构经营支付结算业务，但法律、行政法规另有规定的除外。《刑法修正案（七）》对《刑法》第225条规定的非法经营罪作了进一步修改完善，规定非法从事资金支付结算业务，扰乱市场秩序，情节严重的，应认定为非法经营罪。

非法从事资金支付结算业务，主要是不法分子通过设立空壳公司，采取网银转账等方式协助他人将对公账户非法转移到对私账户、套取现金等进行非法支付结算。

1. 关于虚构支付结算情形，即使用受理终端或者网络支付接口等方法，以虚构交易、虚开价格、交易退款等非法方式向指定付款方支付货币资金的。传统的信用卡套现行为，一般是指使用销售点终端机具（POS机）等方法，以虚构

---

① 姜永义、陈学勇、陈新旺：《〈关于办理非法从事资金支付结算业务、非法买卖外汇刑事案件适用法律若干问题的解释〉的理解与适用》，载《人民法院报》2020年2月27日，第6版。

交易、虚开价格、现金退货等方式向信用卡持卡人直接支付现金的行为。为打击频繁出现的信用卡套现行为，《最高人民法院、最高人民检察院关于办理妨害信用卡管理刑事案件具体应用法律若干问题的解释》第 12 条规定：违反国家规定，使用销售点终端机具（POS 机）等方法，以虚构交易、虚开价格、现金退货等方式向信用卡持卡人直接支付现金，情节严重的，应当依据《刑法》第 225 条的规定，以非法经营罪定罪处罚。但随着互联网支付的兴起，支付方法包括但不限于 POS 机等终端机具，还包括其他各种受理终端和网络支付接口；套现的行为、方式包括但不限于信用卡套现行为，还包括以各种非法方式向指定付款方支付货币资金的行为。据此，《最高人民法院、最高人民检察院关于办理非法从事资金支付结算业务、非法买卖外汇刑事案件适用法律若干问题的解释》第 1 条第 1 项规定，使用受理终端或者网络支付接口等方法，以虚构交易、虚开价格、交易退款等非法方式向指定付款方支付货币资金的，属于“非法从事资金支付结算业务”情形。例如，有的不法分子购得多家可使用“蚂蚁花呗”支付的淘宝店铺，意图套现用户点击相应链接购买商品，并申请由“蚂蚁花呗”代为支付，用户在无真实商品交易的情况下点击确认收货并随即申请退货，行为人扣除手续费后将剩余款项转入套现用户的支付宝账户，从而完成套现。行为人通过网购平台套取贷记卡资金的行为就属于“非法从事资金支付结算业务”。需要注意的是，信用卡套现行为属于虚构支付结算行为的一种形式，《最高人民法院、最高人民检察院关于办理非法从事资金支付结算业务、非法买卖外汇刑事案件适用法律若干问题的解释》的规定属于一般规定，《最高人民法院、最高人民检察院关于办理妨害信用卡管理刑事案件具体应用法律若干问题的解释》关于信用卡套现行为的规定属于特别规定，按照特别规定优于一般规定的原则，对于信用卡套现行为的定性适用《最高人民法院、最高人民检察院关于办理妨害信用卡管理刑事案件具体应用法律若干问题的解释》，对于其他虚构支付结算行为的定性适用《最高人民法院、最高人民检察院关于办理非法从事资金支付结算业务刑事案件具体应用法律若干问题的解释》。

2. 关于“公转私”、套取现金情形，即非法为他人提供单位银行结算账户套现或者单位银行结算账户转个人账户服务的。实践中，不法分子通过设立空壳公司，开设大量对公账户和个人账户，假造业务往来，再通过“公转私”业务，采取网银转账等方式协助他人将对公账户非法转到对私账户、套取现金等进行非法支付结算。支付结算型地下钱庄主要就是这种情形，一方面非法为他人提供单位银行结算账户进行套现，另一方面非法为他人提供单位银行结算账户转个人账户服务，从中收取服务费。

3. 关于支票套现情形，即非法为他人提供支票套现服务。该种情形是在没有实际交易的情况下，不法分子将他人开具的支票转到自己控制的账户，从而为他人提供现金，俗称“串票”或“支票串现金”。

3. 中国人民银行《支付结算办法》（1997 年 12 月 1 日起施行）

第三条　本办法所称支付结算是指单位、个人在社会经济活动中使用票据、信用卡和汇兑、托收承付、委托收款等结算方式进行货币给付及其资金清算的行为。

第六条　银行是支付结算和资金清算的中介机构。未经中国人民银行批准的非银行金融机构和其他单位不得作为中介机构经营支付结算业务。但法律、行政法规另有规定的除外。

4.《非金融机构支付服务管理办法》（中国人民银行令〔2010〕第 2 号，2010 年 9 月 1 日起施行）

第二条　本办法所称非金融机构支付服务，是指非金融机构在收付款人之间作为中介机构提供下列部分或全部货币资金转移服务：

（一）网络支付；

（二）预付卡的发行与受理；

（三）银行卡收单；

（四）中国人民银行确定的其他支付服务。

本办法所称网络支付，是指依托公共网络或专用网络在收付款人之间转移货币资金的行为，包括货币汇兑、互联网支付、移动电话支付、固定电话支付、数字电视支付等。

本办法所称预付卡，是指以营利为目的发行的、在发行机构之外购买商品或服务的预付价值，包括采取磁条、芯片等技术以卡片、密码等形式发行的预付卡。

本办法所称银行卡收单，是指通过销售点（POS）终端等为银行卡特约商户代收货币资金的行为。

第三条　非金融机构提供支付服务，应当依据本办法规定取得《支付业务许可证》，成为支付机构。

支付机构依法接受中国人民银行的监督管理。

未经中国人民银行批准，任何非金融机构和个人不得从事或变相从事支付业务。

第四条　支付机构之间的货币资金转移应当委托银行业金融机构办理，不得通过支付机构相互存放货币资金或委托其他支付机构等形式办理。

支付机构不得办理银行业金融机构之间的货币资金转移，经特别许可的除外。

第五条　支付机构应当遵循安全、效率、诚信和公平竞争的原则，不得损害国家利益、社会公共利益和客户合法权益。

第六条　支付机构应当遵守反洗钱的有关规定，履行反洗钱义务。

第二章　申请与许可

第七条　中国人民银行负责《支付业务许可证》的颁发和管理。

申请《支付业务许可证》的，需经所在地中国人民银行分支机构审查后，报中国人民银行批准。

本办法所称中国人民银行分支机构，是指中国人民银行副省级城市中心支行以上的分支机构。

第八条　《支付业务许可证》的申请人应当具备下列条件：

（一）在中华人民共和国境内依法设立的有限责任公司或股份有限公司，且为非金融机构法人；

（二）有符合本办法规定的注册资本最低限额；

（三）有符合本办法规定的出资人；

（四）有 5 名以上熟悉支付业务的高级管理人员；

（五）有符合要求的反洗钱措施；

（六）有符合要求的支付业务设施；

（七）有健全的组织机构、内部控制制度和风险管理措施；

（八）有符合要求的营业场所和安全保障措施；

（九）申请人及其高级管理人员最近 3 年内未因利用支付业务实施违法犯罪活动或为违法犯罪活动办理支付业务等受过处罚。

第九条　申请人拟在全国范围内从事支付业务的，其注册资本最低限额为 1 亿元人民币；拟在省（自治区、直辖市）范围内从事支付业务的，其注册资本最低限额为 3 千万元人民币。注册资本最低限额为实缴货币资本。

本办法所称在全国范围内从事支付业务，包括申请人跨省（自治区、直辖市）设立分支机构从事支付业务，或客户可跨省（自治区、直辖市）办理支付业务的情形。

中国人民银行根据国家有关法律法规和政策规定，调整申请人的注册资本最低限额。

外商投资支付机构的业务范围、境外出资人的资格条件和出资比例等，由中国人民银行另行规定，报国务院批准。

第十条 申请人的主要出资人应当符合以下条件：

（一）为依法设立的有限责任公司或股份有限公司；

（二）截至申请日，连续为金融机构提供信息处理支持服务2年以上，或连续为电子商务活动提供信息处理支持服务2年以上；

（三）截至申请日，连续盈利2年以上；

（四）最近3年内未因利用支付业务实施违法犯罪活动或为违法犯罪活动办理支付业务等受过处罚。

本办法所称主要出资人，包括拥有申请人实际控制权的出资人和持有申请人10%以上股权的出资人。

第十一条 申请人应当向所在地中国人民银行分支机构提交下列文件、资料：

（一）书面申请，载明申请人的名称、住所、注册资本、组织机构设置、拟申请支付业务等；

（二）公司营业执照（副本）复印件；

（三）公司章程；

（四）验资证明；

（五）经会计师事务所审计的财务会计报告；

（六）支付业务可行性研究报告；

（七）反洗钱措施验收材料；

（八）技术安全检测认证证明；

（九）高级管理人员的履历材料；

（十）申请人及其高级管理人员的无犯罪记录证明材料；

（十一）主要出资人的相关材料；

（十二）申请资料真实性声明。

第十二条 申请人应当在收到受理通知后按规定公告下列事项：

（一）申请人的注册资本及股权结构；

（二）主要出资人的名单、持股比例及其财务状况；

（三）拟申请的支付业务；

（四）申请人的营业场所；

（五）支付业务设施的技术安全检测认证证明。

第十三条　中国人民银行分支机构依法受理符合要求的各项申请，并将初审意见和申请资料报送中国人民银行。中国人民银行审查批准的，依法颁发《支付业务许可证》，并予以公告。

《支付业务许可证》自颁发之日起，有效期5年。支付机构拟于《支付业务许可证》期满后继续从事支付业务的，应当在期满前6个月内向所在地中国人民银行分支机构提出续展申请。中国人民银行准予续展的，每次续展的有效期为5年。

第四十七条　任何非金融机构和个人未经中国人民银行批准擅自从事或变相从事支付业务的，中国人民银行及其分支机构责令其终止支付业务；涉嫌犯罪的，依法移送公安机关立案侦查；构成犯罪的，依法追究刑事责任。

第四十八条　本办法实施前已经从事支付业务的非金融机构，应当在本办法实施之日起1年内申请取得《支付业务许可证》。逾期未取得的，不得继续从事支付业务。

（四）倒买倒卖外汇或者变相买卖外汇等非法买卖外汇的行为认定

1.《最高人民法院、最高人民检察院关于办理非法从事资金支付结算业务、非法买卖外汇刑事案件适用法律若干问题的解释》（法释〔2019〕1号，2019年2月1日起施行）

第二条　违反国家规定，实施倒买倒卖外汇或者变相买卖外汇等非法买卖外汇行为，扰乱金融市场秩序，情节严重的，依照刑法第二百二十五条第四项的规定，以非法经营罪定罪处罚。

第五条　非法从事资金支付结算业务或者非法买卖外汇，构成非法经营罪，同时又构成刑法第一百二十条之一规定的帮助恐怖活动罪或者第一百九十一条规定的洗钱罪的，依照处罚较重的规定定罪处罚。

2. 关于办理非法从事资金支付结算业务、非法买卖外汇刑事案件适用法律若干问题的解释的理解与适用①

外汇是国家重要的经济资源，也是国家经济实力的体现。我国对外汇实行强制管理制度，严禁任何个人和单位实施有损外汇管理制度的违法犯罪活动，任何组织、个人在我国境内从事外汇买卖、结汇业务，必须获得国家外汇管理部门的许可并在指定场所进行。根据《全国人大常委会关于惩治骗购外汇、逃汇和非法买卖外汇犯罪的决定》第 4 条第 1 款的规定，在国家规定的交易场所以外非法买卖外汇，扰乱市场秩序，情节严重的，依照《刑法》第 225 条的规定定罪处罚。

根据《外汇管理条例》第 45 条的规定，非法买卖外汇主要包括倒买倒卖外汇、变相买卖外汇等情形。实践中，地下钱庄非法买卖外汇主要有较为传统的以境内直接交易形式实施的倒买倒卖外汇行为和当前常见的以境内外“对敲”方式进行资金跨国（境）兑付的变相买卖外汇行为。倒买倒卖外汇，是指不法分子在国内外汇黑市进行低买高卖，从中赚取汇率差价。此类钱庄俗称为“换汇黄牛”。变相买卖外汇，是指在形式上进行的不是人民币和外汇之间的直接买卖，而采取以外汇偿还人民币或以人民币偿还外汇、以外汇和人民币互换实现货币价值转换的行为。资金跨国（境）兑付是一种典型的变相买卖外汇行为。跨国（境）兑付型地下钱庄，不法分子与境外人员、企业、机构相勾结，或利用开立在境外的银行账户，协助他人进行跨境汇款、转移资金活动。这类地下钱庄又被称为“对敲型”地下钱庄，即资金在境内外实行单向循环，没有发生物理流动，通常以对账的形式来实现“两地平衡”。现在多数地下钱庄的主要业务是资金跨国（境）兑付，导致巨额资本外流，社会危害性巨大，属重点打击对象。

3. [刑事审判参考案例第 330 号：高某某非法经营案]

对于非法从事外汇按金交易，扰乱市场秩序，情节严重的，应当以非法经营罪定罪处罚。

外汇按金交易是我国法律禁止的一种“在国家规定的交易场所以外非法买卖外汇”行为。外汇按金交易既属于 1997 年《外汇管理条例》第 41 条规定的“未经外汇管理机关批准，擅自经营外汇业务”，以及第 46 条规定的“私自买卖

---

① 姜永义、陈学勇、陈新旺：《〈关于办理非法从事资金支付结算业务、非法买卖外汇刑事案件适用法律若干问题的解释〉的理解与适用》，载《人民法院报》2020 年 2 月 27 日，第 6 版。

外汇、变相买卖外汇或者倒买倒卖外汇”行为，也属于《全国人大常委会关于惩治骗购外汇、逃汇和非法买卖外汇犯罪的决定》第4条第1款规定的“在国家规定的交易场所以外非法买卖外汇”行为。非法从事外汇按金交易，扰乱市场秩序，情节严重的，应当以非法经营罪定罪处罚。没有交付交易现金，亦没有实际占有非法获利款，均不影响非法经营罪的成立。

（五）利用POS终端机非法套现行为的定性及非法经营数额的认定

1.《最高人民法院、最高人民检察院关于办理妨害信用卡管理刑事案件具体应用法律若干问题的解释》（2018年11月28日法释〔2018〕19号修正）

第十二条　违反国家规定，使用销售点终端机具（POS机）等方法，以虚构交易、虚开价格、现金退货等方式向信用卡持卡人直接支付现金，情节严重的，应当依据刑法第二百二十五条的规定，以非法经营罪定罪处罚。

实施前款行为，数额在一百万元以上的，或者造成金融机构资金二十万元以上逾期未还的，或者造成金融机构经济损失十万元以上的，应当认定为刑法第二百二十五条规定的“情节严重”；数额在五百万元以上的，或者造成金融机构资金一百万元以上逾期未还的，或者造成金融机构经济损失五十万元以上的，应当认定为刑法第二百二十五条规定的“情节特别严重”。

持卡人以非法占有为目的，采用上述方式恶意透支，应当追究刑事责任的，依照刑法第一百九十六条的规定，以信用卡诈骗罪定罪处罚。

第十三条　单位实施本解释规定的行为，适用本解释规定的相应自然人犯罪的定罪量刑标准。

2. 关于办理妨害信用卡管理刑事案件具体应用法律若干问题的解释的理解与适用[①]

《最高人民法院、最高人民检察院关于办理妨害信用卡管理刑事案件具体应用法律若干问题的解释》第7条共分3款[②]，解释了使用POS机等进行信用卡套现行为的定性、处罚以及持卡人构成信用卡诈骗罪的情形。我们认为，《刑法修正案（七）》已将非法从事资金结算业务规定为非法经营罪的行为方式之一，因此对于实践中利用POS机、网上支付、电话支付等方法从事套现活动，情节严

---

① 刘涛：《〈关于办理妨害信用卡管理刑事案件具体应用法律若干问题的解释〉的理解与适用》，载《人民司法·应用》2010年第1期。

② 编者注：该司法解释于2018年修正后，原解释的第7条调整为现解释的第12条，具体内容相同。

重，需要追究刑事责任的，可以适用《刑法》第225条规定处理。故该司法解释第7条第1款规定，信用卡套现以非法经营罪认定，并把打击重点定为使用POS机等方法实施信用卡套现的不法商户。由于信用卡套现行为的危害主要在于将金融机构资金置于高度风险之中，因此该司法解释第7条第2款把套现金额、逾期未还金额、金融机构经济损失作为定罪量刑的标准，规定数额在100万元以上的，或者造成金融机构资金20万元以上逾期未还的，或者造成金融机构经济损失10万元以上的，应当认定为《刑法》第225条规定的情节严重；同时将情节特别严重的标准掌握在情节严重的5倍。该司法解释第7条第3款对持卡人构成信用卡诈骗罪的情形作了规定。持卡人以套取现金为目的，通过POS机商户实施套现行为的，一般不按犯罪处理；但如果其以非法占有为目的，通过POS机商户实施套现行为的，则应当以信用卡诈骗罪定罪处罚。

3.［刑事审判参考案例第863号：张某某等非法经营案］

行为人为自己或者实际控制的信用卡套取现金，情节严重的，构成非法经营罪，且套现数额均应计入非法经营犯罪数额。

信用卡套现类非法经营罪的本质特征可以从以下几个方面进行分析。首先，从客观方面分析，信用卡套现类非法经营罪规制的是行为人在无真实交易背景下向“信用卡持卡人”直接支付现金的行为，对象是信用卡持卡人，并不禁止行为人与持卡人主体重合。特约商户持自己或者实际控制的信用卡刷卡时，行为人具有两种重合的主体身份，一是特约商户，二是代表持卡人。在其虚构的交易行为中，行为人一人担当交易双方的角色。其次，从侵犯的法益分析，信用卡套现行为之所以构成非法经营罪，是因为行为人在未发生真实商品交易情况下，变相将信用卡的授信额度转化为现金，从而使金融机构资金置于高度风险之中，严重扰乱国家金融管理秩序。最后，非法经营罪所体现的规范、指引、教育功能在于从事某种经营应当按照国家规定事先获取经营许可资格，或者遵守特定行业的特定规则。如果行为人未获取相关许可或者违反特定行业的特定规则，就应当认定为非法经营行为，情节严重的即可构成《刑法》第225条规定的非法经营罪。行为人申领POS机目的在于实施信用卡套现行为，不论是为他人还是为自己刷卡，均违反了不得虚构交易的特定行业规则，严重扰乱金融管理秩序，故特约商户不论是为他人套现，还是为自己套现，均属于《刑法》第225条规定的非法经营行为，不能因为特约商户与持卡人身份重合而将此类非法套现行为排除在刑法调整之外。两种情形的套现数额均应计入非法经营犯罪数额，故采取拆东墙补西墙的手法，从其他信用卡套取现金归还欠款，用后次所套取现金归还前次套取现金的，应当累计为非法经营数额。明知他人为非法套现借用 POS 机，属于共同犯罪中的帮助犯，无偿出借期间套现数额应当计入非法经营犯罪数额。

（六）擅自经营国际电信来话业务行为的查处和协作机制

1.《最高人民法院、最高人民检察院、公安部关于办理非法经营国际电信业务犯罪案件联席会议纪要》（公通字〔2002〕29 号，2003 年 4 月 22 日印发）

一、各级公安机关、人民检察院、人民法院在办理非法经营国际电信业务犯罪案件中，要从维护国家信息安全、维护电信市场管理秩序和保障国家电信收入的高度认识打击非法经营国际电信业务犯罪活动的重要意义，积极参加专项行动，各司其职，相互配合，加强协调，加快办案进度。

二、《解释》[①] 第一条规定："违反国家规定，采取租用国际专线、私设转接设备或者其他方法，擅自经营国际电信业务或者涉港澳台电信业务进行营利活动，扰乱电信市场管理秩序，情节严重的，依照刑法第二百二十五条第（四）项的规定，以非法经营罪定罪处罚。"对于未取得国际电信业务（含涉港澳台电信业务，下同）经营许可证而经营，或被终止国际电信业务经营资格后继续经营，应认定为"擅自经营国际电信业务或者涉港澳台电信业务"；情节严重的，应按上述规定以非法经营罪追究刑事责任。

《解释》第一条所称"其他方法"，是指在边境地区私自架设跨境通信线路；利用互联网跨境传送 IP 话音并设立转接设备，将国际话务转接至我境内公用电话网或转接至其他国家或地区；在境内以租用、托管、代维等方式设立转接平台；私自设置国际通信出入口等方法。

三、获得国际电信业务经营许可的经营者（含涉港澳台电信业务经营者）明知他人非法从事国际电信业务，仍违反国家规定，采取出租、合作、授权等手段，为他人提供经营和技术条件，利用现有设备或另设国际话务转接设备并从中营利，情节严重的，应以非法经营罪的共犯追究刑事责任。

四、公安机关侦查非法经营国际电信业务犯罪案件，要及时全面收集和固定犯罪证据，抓紧缉捕犯罪嫌疑人。人民检察院、人民法院对正在办理的非法经营国际电信业务犯罪案件，只要基本犯罪事实清楚，基本证据确实、充分，应当依

---

① 指 2000 年 5 月 12 日公布的《最高人民法院关于审理扰乱电信市场管理秩序案件具体应用法律若干问题的解释》。

法及时起诉、审判。主犯在逃，但在案的其他犯罪嫌疑人、被告人实施犯罪的基本证据确实充分的，可以依法先行处理。

五、坚持“惩办与宽大相结合”的刑事政策。对非法经营国际电信业务共同犯罪的主犯，以及与犯罪分子相勾结的国家工作人员，应依法从严惩处。对具有自首、立功或者其他法定从轻、减轻情节的，应依法从轻、减轻处理。

六、各地在办理非法经营国际电信业务犯罪案件中遇到的有关问题，以及侦查、起诉、审判的信息要及时向各自上级主管机关报告。上级机关要加强对案件的督办、检查、指导和协调工作。

2.《信息产业部、公安部、国家工商行政管理总局关于严厉打击非法经营国际电信业务违法犯罪活动的通告》（2002 年 11 月 6 日发布）

非法经营国际电信业务违法犯罪活动，严重扰乱我国国际电信业务市场的正常秩序，给国家通信安全和社会安定造成极大危害，使国家及合法经营的电信企业蒙受巨大经济损失。为了清理整顿国际电信业务市场，保证国家通信安全和社会安定，保障国家和合法经营电信企业利益，维护国际电信业务市场的正常秩序，刑事执法和行政执法部门对非法经营国际电信业务的违法犯罪活动实施了集中打击，极大地震慑了犯罪分子。为了加大打击非法经营国际电信业务违法犯罪活动力度，现通告如下：

一、信息产业部、公安部、国家工商行政管理总局依据《中华人民共和国刑法》、《中华人民共和国电信条例》、《最高人民法院关于审理扰乱电信业务市场管理秩序案件具体应用法律若干问题的解释》、《最高人民检察院、公安部关于经济犯罪案件追诉标准的规定》以及其他有关法律法规，依法对非法经营国际电信业务的违法犯罪活动实施查处。对情节严重构成犯罪的，将移送司法机关依法追究刑事责任。

二、在中华人民共和国境内，未经国家行政主管部门批准，未取得国际电信业务经营资格的任何组织或者个人不得以任何方式从事国际电信业务经营活动。否则，一律视为非法经营国际电信业务。

三、合法电信业务经营者不得为非法国际电信业务经营者提供接入服务。在查处打击非法经营国际电信业务工作中，各地基础电信运营企业有责任和义务通过管理制度、技术措施积极开展工作，主动调查线索，发现非法经营国际电信业务情况的，应立即报告当地通信管理局，并应积极配合有关部门开展查处工作，如实提供相关的证据材料。

（七）不具备证券从业资格的公司与具备资格的公司合作开展证券咨询业务的行为认定

［刑事审判参考案例第1043号：王某某、沈某某非法经营、虚报注册资本案］

未经批准开展证券咨询业务情节严重程度的，构成非法经营罪。

《刑法》第225条第3款规定的证券业务的具体内容包括证券咨询业务。根据2005年《证券法》第122条的规定，设立证券公司，必须经国务院证券监督管理机构审查批准。2005年《证券法》第125条另规定，经国务院证券监督管理机构批准，证券公司可以经营证券投资咨询业务。换言之，设立证券公司和开展证券投资咨询业务，都需要经国务院证券监督管理机构批准。采取与有资格经营证券咨询业务的公司合作的方式不能规避应当接受证券业主管机构批准和监管的义务。根据2005年《证券法》第125条的规定，只有经国务院证券监督管理机构批准，证券公司才能经营证券投资咨询业务：无证券咨询资格的公司与具有证券咨询资格的公司之间的合作协议不能规避其应当接受审批和监管的义务。

未经批准开展证券咨询业务达到情节严重程度的才构成非法经营罪。《刑法》第225条规定，只有情节严重的扰乱市场秩序的行为才构成非法经营罪。这就是说，未经国家有关主管部门批准非法经营证券咨询业务的行为，并非一律认定为非法经营罪。我国刑法理论认为，刑法具有补充性。补充性的基本含义是，只有当一般部门法不足以抑制某种法益侵害行为时，才由刑法禁止。2005年《证券法》第231条规定，对违反证券法构成犯罪的，依法追究刑事责任。根据《最高人民检察院、公安部关于公安机关管辖的刑事案件立案追诉标准的规定（二）》的规定，未经国家有关主管部门批准，非法经营证券、期货、保险业务，数额在30万元以上的，或者违法所得数额在5万元以上的，应予追诉。

（八）以现货投资名义非法代理境外黄金、期货合约买卖行为的定性

［刑事审判参考案例第1238号：徐某等人非法经营案］

未经许可经营原油期货业务，并向客户提供反向提示操作，致使客户在交易过程中遭受重大损失的，构成非法经营罪。

基于平台的正规性和资金未被行为人实际控制，客户进入平台进行交易投资并不意味着客户就丧失财产，因此诱导客户进入交易平台操作以及鼓励客户加金，频繁操作不能认为系诈骗罪中致被害人处分财产造成损失的行为不属于诈骗罪中的欺诈。诈骗罪中的虚构事实是虚构与客观事实相反的事实，并不包括行为

人不能控制、存在或然性、对将来事实的预测。期货交易是高风险交易，基于客户亏损与被告人反向提示建议之间的因果关系无法查清，且本案符合交易对象为标准化合约、交易方式为集中交易等期货交易的形式要件，属于变相从事期货交易。被告人徐某等人未经批准从事期货业务，违法所得约400万元，构成非法经营罪。

（九）未经许可经营现货黄金延期交收或代理境外黄金合约买卖业务的行为定性

1. ［刑事审判参考案例第727号：刘某某、聂某某、原某某非法经营案］

以介绍现货黄金投资为名义，未经批准招揽国内客户参与境外市场的黄金合约买卖，属于组织变相期货交易活动，其行为构成非法经营罪。

根据国务院2007年《期货交易管理条例》第89条的规定，变相期货交易的特征可以归纳如下：（1）交易集中进行，而非个别、分散协商。1999年《期货交易管理暂行条例》曾规定，期货交易实行集中竞价，按照价格优先、时间优先的撮合成交原则进行。而2007年《期货交易管理条例》则将交易方式修改为公开的集中交易方式或者国务院期货监督管理机构批准的其他方式。从《期货交易管理条例》对交易方式的修改可知，集中竞价不再是交易方式的要件。因此，按照新规定，涉案交易即便采用报价等非竞价方式，也不影响变相期货交易的认定。（2）交易对象为标准化合约，即合约由交易一方为了通常和重复使用而预先拟定，并在实际使用时未与对方协商。（3）交易实行保证金制度，交易者应当按照规定标准交纳资金，用于结算和保证履约。（4）交易实行当日无负债结算制度，或称“逐日盯市”。有关机构或者市场在每日交易结束后，根据当日结算价计算客户当日的持仓盈亏。如有持仓亏损必须于下一交易日前补足，否则客户在手合约会被强制平仓。（5）保证金收取比例低于合约（或者合同）标的额的20%。总之，从本质层面解析，变相期货交易与现货买卖的本质区别在于，变相期货交易中参与者的主要目的不是转移商品所有权，而是套期保值或者从期货价格变动中获取投机利益。我们认为，人民法院在办理变相期货交易案件时，应当重点关注以下几个方面：（1）审慎认定交易手法是否符合《期货交易管理条例》中变相期货交易的行为特征。（2）综合全案证据及事实，判断交易目的是否是对冲合约获取风险利润。（3）如果所交易的合约到期应当被依法、全面、适当履行，当事人既不能擅自变更或者解除，也不能通过对冲替代履行，并且交易不具备变相期货交易的特征或者特征不明显的，则是现货交易。（4）在必要时征询、参考行政主管部门的意见。（5）留意我国特定时期的黄金市场监管政策。总之，应当综合平衡司法介入经济活动与打击经济犯罪之间的关系，既要保护灵活、新型、合法的投资手段，又要维护正常的黄金、期货市场秩序，注重保护投资者的合法利益。

2. ［刑事审判参考案例第1021号：钟某某非法经营案］

未经有关国家主管部门审批，经营黄金期货业务、现货黄金延期交收业务，属于擅自从事相关业务，违反了国家规定；该经营行为不受监管机构监管，也未与真正的国际伦敦金市场联通，具有较强的欺骗性，投资者的投资风险极大，属于严重扰乱市场秩序的情形，应当以非法经营罪定罪处罚。

（一）未经许可经营现货黄金延期交收业务的行为不构成诈骗罪或者合同诈骗罪。虽然客户认为其是投资伦敦金业务，但实际其投资款通过各种途径交到华泰金恒公司后，并未被实际兑换为美元并用于投资伦敦金，因为客户通过沣琳顿公司及钟某某等人转入华泰金恒公司的人民币投资款，往往只需不到一天的时间就可以美元形式反映在其投资账户内，而这在我国现行的外汇管理制度下是不可能的。因此，沣琳顿公司的投资伦敦金业务，具有欺骗性。然而，现有证据不足以证明被告人钟某某具有非法占有的目的。客户根据国际实时黄金价格走势进行"买涨""买跌"操作，可以自己操盘或者聘请沣琳顿公司员工操盘，投资期间有赚有赔，可以自由选择继续投资还是退出投资。如果客户要求退出投资，公司会将客户账户内剩余的金额全部返还给客户。且钟某某是通过收取交易手续费、过夜费及获得华泰金恒公司返还佣金等方式谋利，并未直接非法占有客户的投资款。因此，钟某某的行为不构成诈骗罪或者合同诈骗罪。

（二）未经许可经营现货黄金延期交收业务的行为属于刑法规制的非法经营行为。1. 被告人钟某某从事的是现货黄金延期交收业务。现货黄金延期交收业务在我国尚属新生事物，国家主管部门对其交易制度及特点尚无明确规定。从国外有关现货黄金延期交收业务的实践情况看，现货黄金延期交收业务与黄金期货交易具有若干相同的特征，如交纳保证金、当日无负债结算等。但两者也有交割时间不同、交易时间不同、杠杆比率不同等区别。从形式上看，钟某某从事的是现货黄金延期交收业务。2. 被告人钟某某从事的现货黄金延期交收业务属于实质上的变相黄金期货交易，应当认定为刑法规制的非法经营行为。2012年修改前的《期货交易管理条例》第89条中规定："任何机构或者市场，未经国务院期货监督管理机构批准，采用集中交易方式进行标准化合约交易，同时采用以下交易机制或者具备以下交易机制特征之一的，为变相期货交易：（一）为参与集中交易的所有买方和卖方提供履约担保的；（二）实行当日无负债结算制度和保证金制度，同时保证金收取比例低于合约（或者合同）标的额20%的。”2012年修改后的《期货交易管理条例》删去了修改前《期货交易管理条例》第89条关于变相期货交易的规定。然而，这一修改并不意味着对变相期货交易不再监管和规制。相反，任何违反国家规定进行的非法经营变相黄金期货交易，应当受到刑法规制。除了修改前的《期货交易管理条例》第89条，中国人民银行、公安部、国家工商总局、银监会、证监会2011年12月20日联合下发的《关于加强黄金交易所或从事黄金交易平台管理的通知》第1条明确规定：“上海黄金交易所和上海期货交易所是经国务院批准或同意的开展黄金交易的交易所，两家交易所已能满足国内投资者的黄金现货或期货投资需求。任何地方、机构或个人均不得设立黄金交易所（交易中心），也不得在其他交易场所（交易中心）内设立黄金交易平台。”可见，我国对于机构或个人在2011年12月20日前后，在合法交易场所外设立黄金交易平台从事黄金及其衍生品交易已有明确限制。现货黄金延期交收业务除具有一般的实物黄金交易属性外，还具有资本投资的属性，必须经过主管部门审批才可从事经营。1999年刑法修正案在《刑法》第225条第2项之后增加一项，将未经国家主管部门批准非法经营证券、期货、保险业务的行为，纳入非法经营罪的调整范围，属于非法经营行为。钟某某经营变相黄金期货交易，未经主管部门审批许可，违反了国家规定，属于刑法规制的非法经营行为。

（十）非法擅自募集基金行为的定性

1.《最高人民法院关于审理非法集资刑事案件具体应用法律若干问题的解释》（法释〔2010〕18号，2011年1月4日起施行）

第七条 违反国家规定，未经依法核准擅自发行基金份额募集基金，情节严重的，依照刑法第二百二十五条的规定，以非法经营罪定罪处罚。

2. 关于审理非法集资刑事案件具体应用法律若干问题的解释的理解与适用①

2003年《证券投资基金法》第36、85条规定，基金管理人依照该法发售基金份额，募集基金，应当向国务院证券监督管理机构提交相关文件，并经国务院

① 刘为波：《〈关于审理非法集资刑事案件具体应用法律若干问题的解释〉的理解与适用》，载《刑事审判参考》2011年第2集（总第79集），法律出版社2011年版，第67页。

证券监督管理机构核准；未经国务院证券监督管理机构核准，擅自募集基金，构成犯罪的，依法追究刑事责任。需要注意的是，根据相关法律规定，《最高人民法院关于审理非法集资刑事案件具体应用法律若干问题的解释》第7条规定所称“基金”目前仅指证券投资基金（公募基金）。该司法解释未直接写明“证券投资基金”，主要是出于两方面考虑：一是该条规定明确了“违反国家规定”这一非法性要件，不会出现不当扩大打击面的问题；二是其他类别的基金目前没有法律规制，不意味着将来不会立法规制，使用“基金”一词更具开放性和前瞻性。此外，适用该条规定时需注意与该司法解释第2条第6项规定的区分。对于不具有募集基金的真实内容，以假借境外基金、发售虚构基金等方式非法向社会公众吸收资金，构成犯罪的，应以非法吸收公众存款罪定罪处罚。

（十一）擅自制作网络游戏外挂出售牟利行为的定性

1. 最高人民法院研究室关于制作、销售网络游戏外挂程序如何处理问题的研究意见①

对于制作、销售网络游戏外挂程序的行为，要全面综合判断行为的社会危害性，秉持刑法的谦抑性，慎用刑事制裁手段。对于社会危险性严重、确需追究刑事责任的制作、销售互联网游戏外挂程序行为，也应妥善选择适用罪名。对制作、销售网络游戏外挂程序的行为应以侵犯著作权罪定罪处罚，不宜适用非法经营罪、破坏计算机信息系统罪等其他罪名。

2. ［刑事审判参考案例第473号：谈某某等非法经营案］

擅自制作网游外挂出售牟利，侵犯的是网络游戏权利人著作修改权而不是复制发行权，不构成侵犯著作权罪。擅自制作网游外挂出售牟利，既属于没有相应资质而从事出版活动的非法经营行为，也属于违反规定出版非法互联网出版物的非法经营行为。

根据《刑法》第217条之规定，以营利为目的，未经著作权人许可，复制发行其文字作品、音乐、电影、电视、录像作品、计算机软件及其他作品，违法所得数额较大或者有其他严重情节的，以侵犯著作权罪定罪处罚，也就是说，对于计算机软件的著作权，刑法只保护其中的复制发行权。因此，擅自制作网游外挂出售牟利的行为如果侵犯了复制发行权则可能构成侵犯著作权罪，如果仅仅侵

---

① 张军主编，最高人民法院研究室编：《司法研究与指导》2012年第2辑，人民法院出版社2012年版，第110-115页。

犯著作权中的修改权，则不能以侵犯著作权罪论处。行为人在制作外挂程序过程中，突破了游戏软件的技术措施，调用了部分数据及图像，在运营外挂程序时挂接在游戏上运营。但这些行为都是为了实现对游戏软件的原有功能的增加，不是将所调用的数据或图像进行简单的复制。因此，擅自制作外挂出售牟利侵犯的是游戏软件的修改权而不是复制发行权，而刑法对于计算机软件著作权的保护仅限于软件的复制发行权，故行为人的行为不构成侵犯著作权罪。擅自制作网游外挂出售牟利，既属于没有相应资质而从事出版活动的非法经营行为，也属于违反规定出版非法互联网出版物的非法经营行为。

3.《律师办理常见网络犯罪案件业务操作指引》（上海市律师协会，2011 年 5 月 18 日起施行）

开发、传播网络游戏“外挂”行为在我国司法实践可能的认定有：破坏计算机信息系统罪、非法经营罪和侵犯著作权罪。

（1）非法获取计算机信息系统数据罪。

第一，外挂的运行需要突破网游规则，例如，作弊型外挂消除人物所处的诅咒状态、修改网游人物的属性、复制宝物就分别是对存储、处理或者传输的数据进行删除、修改、增加的操作。因此，外挂对网络游戏服务器端程序及其运行均有一定的影响，如果将网络游戏服务器端认定为一个计算信息系统，那么，此时“外挂”行为就符合《刑法修正案（七）》第 285 条第 2 款规定的“违反国家规定，侵入国家事务、国防建设、尖端科学技术领域以外的计算机信息系统，获取该计算机信息系统中存储、处理或者传输的数据，或者对该计算机信息系统实施非法控制，情节严重的，处 3 年以下有期徒刑或者拘役，并处或者单处罚金；情节特别严重的，处 3 年以上 7 年以下有期徒刑，并处罚金”，故，制作“外挂”的行为可能构成非法获取计算机信息系统数据罪。

第二，如何认定外挂行为的“严重后果”。根据《刑法修正案（七）》第 285 条第 2 款的规定，实施了非法获取计算机信息系统数据的行为情节严重的，处 3 年以下有期徒刑或者拘役，并处或者单处罚金；情节特别严重的，处 3 年以上 7 年以下有期徒刑，并处罚金。由于“外挂”实际上是破坏了网络游戏系统的运营或者网络游戏的公平性。因此，法律应当如何认定该等后果的严重性目前尚存一定的争议，并有待于相关司法解释的出台。

（2）非法经营罪。

非法经营罪实际上是针对“出版”网络游戏“外挂”，也就是以营利为目的传播网络游戏“外挂”软件的行为。根据《通知》的规定：传播外挂“属于非法互联网出版活动，应依法予以严厉打击”。

而根据《最高人民法院关于审理非法出版物刑事案件具体应用法律若干问题的解释》第11条规定：违反国家规定，出版、印刷、复制、发行严重危害社会秩序和扰乱市场秩序的非法出版物，情节严重的，依照刑法第225条认定为非法经营罪。

综上，传播“外挂”的行为，如果达到“情节严重”的标准，即个人经营数额在5万元至10万元以上的，或者违法所得数额在2万元至3万元以上的；单位经营数额在15万元至30万元以上的，或者违法所得数额在5万元至10万元以上的就可以适用非法经营罪定罪处罚。

（3）侵犯著作权罪。

“外挂”软件的制作在一定程度上可能需要复制他人享有著作权的计算机软件代码，且一些外挂软件在运行过程中破坏他人软件的客户端程序技术保护措施，对其程序进行非法嵌入、挂机，破坏原程序的作品完整性和涉嫌侵犯软件著作权人的作品修改权。

因此，开发、销售、传播网络游戏“外挂”的行为也可能被认定为侵犯著作权罪。

（十二）销售侵权复制品罪与非法经营罪的区分

［公报案例：上海市人民检察院第二分院诉顾某某等人非法经营案］①

行为人以营利为目的，在未取得音像制品经营许可证的情况下，低价购进明知是侵权的音像复制品后高价向境外售出，违法所得数额巨大，构成了销售侵权复制品罪。

《刑法》第225条规定，违反国家规定，有下列非法经营行为之一，扰乱市场秩序，情节严重的，处5年以下有期徒刑或者拘役，并处或者单处违法所得1倍以上5倍以下罚金；情节特别严重的，处5年以上有期徒刑，并处违法所得1倍以上5倍以下罚金或者没收财产：（1）未经许可经营法律、行政法规规定的专营、专卖物品或者其他限制买卖的物品的；（2）买卖进出口许可证、进出口原产地证明以及其他法律、行政法规规定的经营许可证或者批准文件的；（3）未经国家有关主管部门批准，非法经营证券、期货或者保险业务的；（4）其他严

① 《最高人民法院公报》2005年第9期（总第107期）。

重扰乱市场秩序的非法经营行为。没有音像制品经营许可证而销售侵权音像复制品，当然扰乱市场秩序，属于该条规定的非法经营犯罪行为中的一种行为。但音像制品涉及著作权，《刑法》第3章第7节“侵犯知识产权罪”对侵犯著作权行为有专门规定。当非法经营的犯罪行为涉及侵犯著作权时，构成普通法与特别法的关系。此种情况下，特别法应当优先适用。

（十三）在信息网络上有偿“发帖”“删帖”行为的定性

1.《最高人民法院、最高人民检察院关于办理利用信息网络实施诽谤等刑事案件适用法律若干问题的解释》（法释〔2013〕21号，2013年9月10日起施行）

第七条　违反国家规定，以营利为目的，通过信息网络有偿提供删除信息服务，或者明知是虚假信息，通过信息网络有偿提供发布信息等服务，扰乱市场秩序，具有下列情形之一的，属于非法经营行为“情节严重”，依照刑法第二百二十五条第（四）项的规定，以非法经营罪定罪处罚：

（一）个人非法经营数额在五万元以上，或者违法所得数额在二万元以上的；

（二）单位非法经营数额在十五万元以上，或者违法所得数额在五万元以上的。

实施前款规定的行为，数额达到前款规定的数额五倍以上的，应当认定为刑法第二百二十五条规定的“情节特别严重”。

第八条　明知他人利用信息网络实施诽谤、寻衅滋事、敲诈勒索、非法经营等犯罪，为其提供资金、场所、技术支持等帮助的，以共同犯罪论处。

第九条　利用信息网络实施诽谤、寻衅滋事、敲诈勒索、非法经营犯罪，同时又构成刑法第二百二十一条规定的损害商业信誉、商品声誉罪，第二百七十八条规定的煽动暴力抗拒法律实施罪，第二百九十一条之一规定的编造、故意传播虚假恐怖信息罪等犯罪的，依照处罚较重的规定定罪处罚。

2. 国家网信办“网络敲诈和有偿删帖”典型案例（2015年1月26日公布）

5. 江苏南京“黑客”有偿删帖案。

2014年10月，江苏省南京市玄武区人民法院以非法经营罪判处周某有期徒刑5年3个月，谭某有期徒刑5年，王某有期徒刑4年6个月。经查，2013年年底，杭州某网络公司技术总监周某伙同谭某、王某，利用谭某通过“黑”进网站非法获得的西祠胡同网站多个版主账号及密码，提供有偿信息删除服务。法院审理认为，互联网是公共论坛，需要保护网民合法的舆论自由，周某、谭某、王某有偿删帖行为不仅侵犯了公民的言论自由，也扰乱了市场秩序，非法经营数额超过 25 万，构成非法经营罪。

6. 广东深圳腾讯网编辑有偿删帖案。

2014 年 9 月，北京市第二中级人民法院作出终审裁定，维持一审判决，以非国家工作人员受贿罪和对非国家工作人员行贿罪，判处原腾讯网新闻中心健康频道编辑王某有期徒刑 6 年。经查，2009 年 11 月至 2012 年 8 月间，王某利用职务便利，违规帮助李某及北京雅歌时代广告传媒有限公司、新讯天下（北京）广告传媒有限公司等公司删除腾讯网网络信息，非法收受对方给予的钱款 19.4 万余元。此外，王某还向搜狐公司网安中心高级经理何某行贿 49.95 万元，请其协助删除其他网站负面信息。

7. 北京杨秀宇有偿删帖案。

2014 年 11 月，北京市朝阳区人民法院以非法经营罪判处杨秀宇（网名“立二拆四”）有期徒刑 4 年，罚金 15 万元，杨秀宇负责的两家尔玛公司分别被判处罚金 50 万元和 20 万元。经查，2008 年至 2013 年，杨秀宇任法人代表的“尔玛天仙公司”及实际控制的“尔码互动公司”，多次以有偿提供删帖和发布虚假信息等方式，获取了非法经营收入总计达 75 万元，数额巨大，社会影响恶劣。

8. 北京口碑互动营销策划有限公司有偿删帖案。

2015 年 1 月 16 日，北京口碑互动营销策划有限公司及该公司 3 名高管杨飞、李金福、杨雪萍，因向客户提供有偿删帖服务、涉嫌非法经营，在北京市朝阳区人民法院受审。检察机关指控：该公司自 2012 年至 2013 年间，多次通过信息网络提供有偿删帖信息服务，经营额达 218200 元。在此过程中，杨飞、李金福负责公司的经营，二人共同商议、决策后指派公司员工从事上述活动；杨雪萍及其主管的公关部员工具体实施有偿删除信息活动。

9. 原中央外宣办副局长高剑云案。

2014 年 4 月，中央纪委监察部宣布，原中央对外宣传办公室五局副局长高剑云涉嫌严重违纪违法问题被立案调查。经查，高剑云在 2008 年至 2010 年间，利用职务之便，为某公司删除网上负面报道等提供帮助，索要、收受贿赂数额较大。

10. 海南海口魏壹宁有偿删帖案。

2014 年 11 月，海南省海口市中级人民法院作出终审判决，以受贿罪判处海南省海口市公安局网警支队一大队原副队长魏壹宁有期徒刑10年。经查，2009年8月到2012年8月间，魏壹宁利用职务便利，通过帮助他人删帖收受“好处费”70余万元。作为互联网管理部门公职人员，魏壹宁利用职务之便删帖牟利，已经构成受贿罪，情节严重，社会影响恶劣。

（十四）非法经营罪中“违法所得”的认定

最高人民法院研究室关于非法经营罪中“违法所得”认定问题的研究意见①

非法经营罪中的“违法所得”，应是指获利数额，即以行为人违法生产、销售商品或者提供服务所获得的全部收入（即非法经营数额），扣除其直接用于经营活动的合理支出部分后剩余的数额。

（十五）行政机关超越职权范围“以罚代刑”处置的非法经营数额，应作为未经处理的犯罪数额予以累计计算

［刑事审判参考案例第378号：郭某某、肖某某非法经营案］

对于行政机关超越职权范围“以罚代刑”处置的非法经营数额，应作为未经处理的犯罪数额予以累计计算。

非法经营数额是判断行为人非法经营情节是否严重、行为是否构成非法经营罪的重要依据。非法经营罪作为一种行政犯，非法经营数额是判断非法经营情节是否严重的重要依据。对于多次未经处理的非法经营行为，犯罪数额应否累计计算，《刑法》第225条未作明确规定。但《刑法》对于以犯罪数额作为定罪量刑依据的其他犯罪，大都规定了累计计算的原则。参照《刑法》的立法精神和司法解释的有关规定，多次非法经营烟草未经处理的，犯罪数额也应当累计计算，但是累计计算的前提条件是“未经处理”。未经处理，是指未经刑事处罚，也未经行政处理过。《关于办理假冒伪劣烟草制品等刑事案件适用法律问题座谈会纪要》第3条第3项明确规定：“曾因非法经营烟草制品行为受过二次以上行政处罚又非法经营的，非法经营数额在二万元以上的”，构成犯罪。这其中暗含了业已经过行政处罚的数额不计入犯罪数额的精神。

行政机关超越职权范围以罚代刑的非法经营数额应计入犯罪数额。我们认为，依照《刑法》和《行政处罚法》的相关规定，业经行政处罚过的非法经营数额应否计入犯罪数额，再予追究刑事责任，不能一概而论。对于行政机关未超

① 江必新主编，最高人民法院研究室编著：《司法研究与指导》2013年第1辑（总第3辑），人民法院出版社2013年版，第155页。

越职权范围予以行政处罚的非法经营数额，不得累计计算作犯罪数额。对于行政机关超越职权范围"以罚代刑"处置的非法经营数额，应当作为未经处理的犯罪数额予以重新计算。构成犯罪的，追究刑事责任；多次非法经营的，犯罪数额累计计算。

（十六）既涉嫌非法经营又涉嫌偷税的经济犯罪案件的法律适用

《公安部经济犯罪侦查局关于对既涉嫌非法经营又涉嫌偷税的经济犯罪案件如何适用法律的请示的批复》（公经〔2001〕253号，2001年3月20日发布）

行为人在实施非法经营犯罪过程中，又涉嫌偷税构成犯罪的，应以处罚较重的犯罪依法追究刑事责任，不实行数罪。

三、追诉量刑

（一）非法经营罪的定罪量刑标准

《最高人民检察院、公安部关于公安机关管辖的刑事案件立案追诉标准的规定（二）》（公通字〔2010〕23号，2010年5月7日印发）

第七十九条 ［非法经营案（刑法第二百二十五条）］违反国家规定，进行非法经营活动，扰乱市场秩序，涉嫌下列情形之一的，应予立案追诉：

（二）违反国家烟草专卖管理法律法规，未经烟草专卖行政主管部门许可，无烟草专卖生产企业许可证、烟草专卖批发企业许可证、特种烟草专卖经营企业许可证、烟草专卖零售许可证等许可证明，非法经营烟草专卖品，具有下列情形之一的：

1. 非法经营数额在五万元以上，或者违法所得数额在二万元以上的；

2. 非法经营卷烟二十万支以上的；

3. 曾因非法经营烟草专卖品三年内受过二次以上行政处罚，又非法经营烟草专卖品且数额在三万元以上的。

（五）出版、印刷、复制、发行严重危害社会秩序和扰乱市场秩序的非法出版物，具有下列情形之一的：

1. 个人非法经营数额在五万元以上的，单位非法经营数额在十五万元以上的；

2. 个人违法所得数额在二万元以上的，单位违法所得数额在五万元以上的；

3. 个人非法经营报纸五千份或者期刊五千本或者图书二千册或者音像制品、电子出版物五百张（盒）以上的，单位非法经营报纸一万五千份或者期刊一万五千本或者图书五千册或者音像制品、电子出版物一千五百张（盒）以上的；

4. 虽未达到上述数额标准，但具有下列情形之一的：

（1）两年内因出版、印刷、复制、发行非法出版物受过行政处罚二次以上的，又出版、印刷、复制、发行非法出版物的；

（2）因出版、印刷、复制、发行非法出版物造成恶劣社会影响或者其他严重后果的。

（六）非法从事出版物的出版、印刷、复制、发行业务，严重扰乱市场秩序，具有下列情形之一的：

1. 个人非法经营数额在十五万元以上的，单位非法经营数额在五十万元以上的；

2. 个人违法所得数额在五万元以上的，单位违法所得数额在十五万元以上的；

3. 个人非法经营报纸一万五千份或者期刊一万五千本或者图书五千册或者音像制品、电子出版物一千五百张（盒）以上的，单位非法经营报纸五万份或者期刊五万本或者图书一万五千册或者音像制品、电子出版物五千张（盒）以上的；

4. 虽未达到上述数额标准，两年内因非法从事出版物的出版、印刷、复制、发行业务受过行政处罚二次以上的，又非法从事出版物的出版、印刷、复制、发行业务的。

（七）采取租用国际专线、私设转接设备或者其他方法，擅自经营国际电信业务或者涉港澳台电信业务进行营利活动，扰乱电信市场管理秩序，具有下列情形之一的：

1. 经营去话业务数额在一百万元以上的；

2. 经营来话业务造成电信资费损失数额在一百万元以上的；

3. 虽未达到上述数额标准，但具有下列情形之一的：

（1）两年内因非法经营国际电信业务或者涉港澳台电信业务行为受过行政处罚二次以上，又非法经营国际电信业务或者涉港澳台电信业务的；

（2）因非法经营国际电信业务或者涉港澳台电信业务行为造成其他严重后果的。

（八）从事其他非法经营活动，具有下列情形之一的：

1. 个人非法经营数额在五万元以上，或者违法所得数额在一万元以上的；

2. 单位非法经营数额在五十万元以上，或者违法所得数额在十万元以上的；

3. 虽未达到上述数额标准，但两年内因同种非法经营行为受过二次以上行政处罚，又进行同种非法经营行为的；

4. 其他情节严重的情形。

（二）非法放贷行为的追诉立案标准

1.《最高人民法院、最高人民检察院、公安部、司法部关于办理非法放贷刑事案件若干问题的意见》（法发〔2019〕24号，2019年7月23日印发）

二、以超过36%的实际年利率实施符合本意见第一条规定的非法放贷行为，具有下列情形之一的，属于刑法第二百二十五条规定的“情节严重”，但单次非法放贷行为实际年利率未超过36%的，定罪量刑时不得计入：

（一）个人非法放贷数额累计在200万元以上的，单位非法放贷数额累计在1000万元以上的；

（二）个人违法所得数额累计在80万元以上的，单位违法所得数额累计在400万元以上的；

（三）个人非法放贷对象累计在50人以上的，单位非法放贷对象累计在150人以上的；

（四）造成借款人或者其近亲属自杀、死亡或者精神失常等严重后果的。

具有下列情形之一的，属于刑法第二百二十五条规定的“情节特别严重”：

（一）个人非法放贷数额累计在1000万元以上的，单位非法放贷数额累计在5000万元以上的；

（二）个人违法所得数额累计在400万元以上的，单位违法所得数额累计在2000万元以上的；

（三）个人非法放贷对象累计在250人以上的，单位非法放贷对象累计在750人以上的；

（四）造成多名借款人或者其近亲属自杀、死亡或者精神失常等特别严重后果的。

三、非法放贷数额、违法所得数额、非法放贷对象数量接近本意见第二条规定的“情节严重”“情节特别严重”的数额、数量起点标准，并具有下列情形之一的，可以分别认定为“情节严重”“情节特别严重”：

（一）2年内因实施非法放贷行为受过行政处罚2次以上的；

（二）以超过72%的实际年利率实施非法放贷行为10次以上的。

前款规定中的“接近”，一般应当掌握在相应数额、数量标准的80%以上。

四、仅向亲友、单位内部人员等特定对象出借资金，不得适用本意见第一条的规定定罪处罚。但具有下列情形之一的，定罪量刑时应当与向不特定对象非法放贷的行为一并处理：

（一）通过亲友、单位内部人员等特定对象向不特定对象发放贷款的；

（二）以发放贷款为目的，将社会人员吸收为单位内部人员，并向其发放贷款的；

（三）向社会公开宣传，同时向不特定多人和亲友、单位内部人员等特定对象发放贷款的。

2. 关于办理非法放贷刑事案件若干问题的意见的理解与适用①

二、关于“情节严重”“情节特别严重”的一般认定标准

《最高人民法院、最高人民检察院、公安部、司法部关于办理非法放贷刑事案件若干问题的意见》将运用刑法手段打击的目标锁定为非法高利放贷，结合民事司法解释关于民间借贷利率的规定，明确“以超过36%的实际年利率实施符合本意见第一条规定的非法放贷行为”是认定非法放贷“情节严重”和“情节特别严重”的前提条件，从而有效防止扩大打击面，并为民事司法和行政执法留出必要空间。此外，根据司法统计和调研所掌握的情况，该意见还从非法放贷数额、违法所得数额、非法放贷对象数量以及所造成的危害后果等方面，规定了非法放贷“情节严重”和“情节特别严重”的具体认定标准。

对于该意见第2条第1款中的“以超过36%的实际年利率实施符合本意见第一条规定的非法放贷行为，具有下列情形之一的，属于刑法第二百二十五条规定的‘情节严重’，但单次非法放贷行为实际年利率未超过36%的，定罪量刑时不得计入”，执法办案时需要重点把握。例如，行为人2年内共向不特定多人以借款名义出借资金10次，但其中只有9次实际年利率超过36%，还有1次未超过，则其行为不符合“以超过36%的实际年利率实施符合本意见第一条规定的非法放贷行为”的标准，不能以非法经营罪定罪处罚。又如，行为人（个人）2年内共向不特定多人以借款名义出借资金15次，其中单次放贷行为实际年利率超过36%的有11次，非法放贷数额共计210万元；未超过36%的有4次，非法

① 朱和庆、周川、李梦龙：《〈关于办理非法放贷刑事案件若干问题的意见〉的理解与适用》，载《人民司法》2019年第34期。

放贷数额共计900万元。按照该意见的规定，只能根据其中11次高利放贷行为及其相应的非法放贷数额210万元定罪量刑，该行为人非法放贷构成非法经营罪，但属于“情节严重”，而非“情节特别严重”，应在5年以下有期徒刑或者拘役，并处或者单处违法所得1倍以上5倍以下罚金的法定刑幅度内量刑。

三、关于“情节严重”“情节特别严重”的特别认定标准

实践中，一些犯罪嫌疑人、被告人曾因非法放贷行为受过行政处罚，但拒不悔改并再次实施。还有一些案件，犯罪嫌疑人、被告人以超高利率大量放贷，社会危害极为严重。针对这两种恶劣情形，该意见第3条规定了“情节严重”“情节特别严重”的特别认定标准，相应降低入罪门槛，体现依法从严惩处精神。

四、关于“向社会不特定对象发放贷款”的把握

该意见第4条区分不同情况，对“向社会不特定对象发放贷款”的把握问题作出明确。如果行为人出借资金仅限定于亲友、单位内部人员等特定对象，其行为就不符合非法放贷这一非法金融业务活动的对象不特定性特征，不宜认定为非法放贷，更不能以非法经营罪论处。为避免行为人假借向亲友、单位内部人员等特定对象出借资金之名非法放贷，该意见第4条明确，具有三种情形之一的，定罪量刑时应当与向不特定对象非法放贷的行为一并处理。

（三）非法从事资金支付结算业务或者非法买卖外汇“情节严重”“情节特别严重”的认定标准

1.《最高人民法院、最高人民检察院关于办理非法从事资金支付结算业务、非法买卖外汇刑事案件适用法律若干问题的解释》（法释〔2019〕1号，2019年2月1日起施行）

第三条　非法从事资金支付结算业务或者非法买卖外汇，具有下列情形之一的，应当认定为非法经营行为“情节严重”：

（一）非法经营数额在五百万元以上的；

（二）违法所得数额在十万元以上的。

非法经营数额在二百五十万元以上，或者违法所得数额在五万元以上，且具有下列情形之一的，可以认定为非法经营行为“情节严重”：

（一）曾因非法从事资金支付结算业务或者非法买卖外汇犯罪行为受过刑事追究的；

（二）二年内因非法从事资金支付结算业务或者非法买卖外汇违法行为受过行政处罚的；

（三）拒不交代涉案资金去向或者拒不配合追缴工作，致使赃款无法追缴的；

（四）造成其他严重后果的。

第四条　非法从事资金支付结算业务或者非法买卖外汇，具有下列情形之一的，应当认定为非法经营行为“情节特别严重”：

（一）非法经营数额在二千五百万元以上的；

（二）违法所得数额在五十万元以上的。

非法经营数额在一千二百五十万元以上，或者违法所得数额在二十五万元以上，且具有本解释第三条第二款规定的四种情形之一的，可以认定为非法经营行为“情节特别严重”。

第六条　二次以上非法从事资金支付结算业务或者非法买卖外汇，依法应予行政处理或者刑事处理而未经处理的，非法经营数额或者违法所得数额累计计算。

同一案件中，非法经营数额、违法所得数额分别构成情节严重、情节特别严重的，按照处罚较重的数额定罪处罚。

第七条　非法从事资金支付结算业务或者非法买卖外汇违法所得数额难以确定的，按非法经营数额的千分之一认定违法所得数额，依法并处或者单处违法所得一倍以上五倍以下罚金。

第八条　符合本解释第三条规定的标准，行为人如实供述犯罪事实，认罪悔罪，并积极配合调查，退缴违法所得的，可以从轻处罚；其中犯罪情节轻微的，可以依法不起诉或者免予刑事处罚。

符合刑事诉讼法规定的认罪认罚从宽适用范围和条件的，依照刑事诉讼法的规定处理。

第九条　单位实施本解释第一条、第二条规定的非法从事资金支付结算业务、非法买卖外汇行为，依照本解释规定的定罪量刑标准，对单位判处罚金，并对其直接负责的主管人员和其他直接责任人员定罪处罚。

第十条　非法从事资金支付结算业务、非法买卖外汇刑事案件中的犯罪地，包括犯罪嫌疑人、被告人用于犯罪活动的账户开立地、资金接收地、资金过渡账户开立地、资金账户操作地，以及资金交易对手资金交付和汇出地等。

第十一条　涉及外汇的犯罪数额，按照案发当日中国外汇交易中心或者中国人民银行授权机构公布的人民币对该货币的中间价折合成人民币计算。中国外汇交易中心或者中国人民银行授权机构未公布汇率中间价的境外货币，按照案发当日境内银行人民币对该货币的中间价折算成人民币，或者该货币在境内银行、国际外汇市场对美元汇率，与人民币对美元汇率中间价进行套算。

2. 关于办理非法从事资金支付结算业务、非法买卖外汇刑事案件适用法律若干问题的解释的理解与适用①

（三）关于“情节严重”“情节特别严重”的认定标准

1. “情节严重”的认定标准。主要基于经济社会发展状况和司法实践和案例数据两方面考虑。同时考虑从严打击涉地下钱庄犯罪的需要，《最高人民法院、最高人民检察院关于办理非法从事资金支付结算业务、非法买卖外汇刑事案件适用法律若干问题的解释》在规定数额标准的基础上，又规定了可以认定为“情节严重”的“数额+情节”的情形。改变过去单纯“计赃论罚”“唯数额论”的做法，注重数额之外其他情节在定罪量刑中的作用。参照有关司法解释的规定，数额按照纯数额标准的50%折算，结合地下钱庄犯罪的实际，该司法解释第3条第2款规定了4种可以认定为“情节严重”的“数额+情节”的标准。“情节严重”的认定标准，符合我国经济社会发展状况和司法实践，充分体现了宽严相济刑事政策的精神，有利于突出打击重点，有效惩罚和预防涉地下钱庄刑事犯罪。

2. “情节特别严重”的认定标准。为从严惩处涉地下钱庄犯罪，参照有关司法解释的规定，该司法解释按照“情节严重”数额标准的5倍确定“情节特别严重”的认定标准，并规定可以认定为“情节特别严重”的“数额+情节”的情形，即非法经营数额在二千五百万元以上或者违法所得数额在五十万元以上的，应当认定为非法经营行为“情节特别严重”；非法经营数额在一千二百五十万元以上或者违法所得数额在二十五万元以上，且具有该司法解释第3条第2款规定的4种情形之一的，可以认定为非法经营行为“情节特别严重”。

（四）关于犯罪数额认定和刑事处罚问题

1. 关于犯罪数额的认定和处罚原则。非法从事资金支付结算业务、非法买卖外汇的非法经营数额或者违法所得数额是定罪量刑的依据，依法应当累计计算，但犯罪数额累计计算的前提条件是，单次非法从事资金支付结算业务或者非

---

① 姜永义、陈学勇、陈新旺：《〈关于办理非法从事资金支付结算业务、非法买卖外汇刑事案件适用法律若干问题的解释〉的理解与适用》，载《人民法院报》2020年2月27日，第6版。

法买卖外汇行为必须是依法应予行政处理或者刑事处理而未经处理的。对于不构成犯罪但超过行政处罚时效期限，或者构成犯罪但超过追诉期限的，相关数额不应累计计算。据此，该司法解释第 6 条第 1 款规定，对于二次以上非法从事资金支付结算业务或者非法买卖外汇，依法应予行政处理或者刑事处理而未经处理的，非法经营数额或者违法所得数额累计计算。在非法从事资金支付结算业务或者非法买卖外汇刑事案件中，只要非法经营数额或者违法所得数额达到入罪标准，就构成犯罪。同一行为的非法经营数额、违法所得数额构成不同情节的，一般应按“从一重处断”原则进行定罪处罚。据此，该司法解释第 6 条第 2 款规定，对于同一案件中，非法经营数额、违法所得数额分别构成情节严重、情节特别严重的，按照处罚较重的数额定罪处罚。

3.《最高人民法院、最高人民检察院关于办理妨害信用卡管理刑事案件具体应用法律若干问题的解释》(2018 年 11 月 28 日法释〔2018〕19 号修正)

第十二条　违反国家规定，使用销售点终端机具（POS 机）等方法，以虚构交易、虚开价格、现金退货等方式向信用卡持卡人直接支付现金，情节严重的，应当依据刑法第二百二十五条的规定，以非法经营罪定罪处罚。

实施前款行为，数额在一百万元以上的，或者造成金融机构资金二十万元以上逾期未还的，或者造成金融机构经济损失十万元以上的，应当认定为刑法第二百二十五条规定的“情节严重”；数额在五百万元以上的，或者造成金融机构资金一百万元以上逾期未还的，或者造成金融机构经济损失五十万元以上的，应当认定为刑法第二百二十五条规定的“情节特别严重”。

持卡人以非法占有为目的，采用上述方式恶意透支，应当追究刑事责任的，依照刑法第一百九十六条的规定，以信用卡诈骗罪定罪处罚。

（四）非法生产、销售、使用“伪基站”设备案件的定罪量刑

《最高人民法院、最高人民检察院、公安部、国家安全部关于依法办理非法生产销售使用“伪基站”设备案件的意见》（公通字〔2014〕13 号，2014 年 3 月 14 日发布）

一、准确认定行为性质

（一）非法生产、销售“伪基站”设备，具有以下情形之一的，依照《刑法》第二百二十五条的规定，以非法经营罪追究刑事责任：

1. 个人非法生产、销售“伪基站”设备三套以上，或者非法经营数额五万元以上，或者违法所得数额二万元以上的；

2. 单位非法生产、销售“伪基站”设备十套以上，或者非法经营数额十五万元以上，或者违法所得数额五万元以上的；

3. 虽未达到上述数额标准，但两年内曾因非法生产、销售“伪基站”设备受过两次以上行政处罚，又非法生产、销售“伪基站”设备的。

实施前款规定的行为，数量、数额达到前款规定的数量、数额五倍以上的，应当认定为《刑法》第二百二十五条规定的“情节特别严重”。

非法生产、销售“伪基站”设备，经鉴定为专用间谍器材的，依照《刑法》第二百八十三条的规定，以非法生产、销售间谍专用器材罪追究刑事责任；同时构成非法经营罪的，以非法经营罪追究刑事责任。

（二）非法使用“伪基站”设备干扰公用电信网络信号，危害公共安全的，依照《刑法》第一百二十四条第一款的规定，以破坏公用电信设施罪追究刑事责任；同时构成虚假广告罪、非法获取公民个人信息罪、破坏计算机信息系统罪、扰乱无线电通讯管理秩序罪的，依照处罚较重的规定追究刑事责任。

除法律、司法解释另有规定外，利用“伪基站”设备实施诈骗等其他犯罪行为，同时构成破坏公用电信设施罪的，依照处罚较重的规定追究刑事责任。

（三）明知他人实施非法生产、销售“伪基站”设备，或者非法使用“伪基站”设备干扰公用电信网络信号等犯罪，为其提供资金、场所、技术、设备等帮助的，以共同犯罪论处。

（四）对于非法使用“伪基站”设备扰乱公共秩序，侵犯他人人身权利、财产权利，情节较轻，尚不构成犯罪，但构成违反治安管理行为的，依法予以治安管理处罚。

（五）利用信息网络实施非法经营行为的定罪量刑

1.《最高人民法院、最高人民检察院关于办理利用信息网络实施诽谤等刑事案件适用法律若干问题的解释》（法释〔2013〕21号，2013年9月10日起施行）

第七条　违反国家规定，以营利为目的，通过信息网络有偿提供删除信息服务，或者明知是虚假信息，通过信息网络有偿提供发布信息等服务，扰乱市场秩序，具有下列情形之一的，属于非法经营行为“情节严重”，依照刑法第二百二十五条第（四）项的规定，以非法经营罪定罪处罚：

（一）个人非法经营数额在五万元以上，或者违法所得数额在二万元以上的；

（二）单位非法经营数额在十五万元以上，或者违法所得数额在五万元以上的。

实施前款规定的行为，数额达到前款规定的数额五倍以上的，应当认定为刑法第二百二十五条规定的“情节特别严重”。

2. 最高人民法院、最高人民检察院关于办理利用信息网络实施诽谤等刑事案件适用法律若干问题的解释的新闻发布稿

（六）明确了利用信息网络实施非法经营犯罪的认定及处罚问题。《全国人民代表大会常务委员会关于维护互联网安全的决定》、国务院《互联网信息服务管理办法》对通过互联网向上网用户提供信息服务活动作出了明确规定。行为人违反国家有关规定，实施上述行为，情节严重的，应以非法经营罪定罪处罚。《最高人民法院、最高人民检察院关于办理利用信息网络实施诽谤等刑事案件适用法律若干问题的解释》第7条明确规定，通过信息网络向他人有偿提供发布信息等服务，构成非法经营罪的，必须以行为人明知所发布的信息是虚假信息为前提。如果行为人不明知所发布的信息为虚假信息，即使收取了一定的费用，也不应认定为非法经营罪。但对于通过信息网络向他人有偿提供删除信息服务的，该司法解释不要求行为人明知所删除的信息为虚假信息。当前，一些“网络公关公司”的业务主要是“删帖”业务，但删除的信息中有相当一部分是广大网民发布的真实信息。国家依法保护信息网络用户正常的、合法的言论和信息交流活动，这属于信息网络服务基本市场管理秩序的重要组成部分。行为人以营利为目的有偿删除信息网络用户发布的真实信息的行为，既侵犯了广大网民的合法权益，也破坏了信息网络服务市场秩序，以非法经营罪定罪处罚，于法有据。

（六）定罪量刑对应表

表7－1　非法经营罪定罪量刑对应表

非法经营罪	类型	量刑情形	刑期
第一档	支付结算、外汇	（一）非法经营数额在五百万元以上的； （二）违法所得数额在十万元以上的。 非法经营数额在二百五十万元以上，或者违法所得数额在五万元以上，且具有下列情形之一的，可以认定为非法经营行为“情节严重”： （一）曾因非法从事资金支付结算业务或者非法买卖外汇犯罪行为受过刑事追究的； （二）二年内因非法从事资金支付结算业务或者非法买卖	五年以下有期徒刑或者拘役，并处或者单处违法所得一倍以上五倍以下罚金

续表

非法经营罪	类型	量刑情形	刑期
		外汇违法行为受过行政处罚的； （三）拒不交代涉案资金去向或者拒不配合追缴工作，致使赃款无法追缴的； （四）造成其他严重后果的	
	POS 机	数额在一百万元以上的，或者造成金融机构资金二十万元以上逾期未还的，或者造成金融机构经济损失十万元以上的	
	伪基站	1. 个人非法生产、销售“伪基站”设备三套以上，或者非法经营数额五万元以上，或者违法所得数额二万元以上的； 2. 单位非法生产、销售“伪基站”设备十套以上，或者非法经营数额十五万元以上，或者违法所得数额五万元以上的； 3. 虽未达到上述数额标准，但两年内曾因非法生产、销售“伪基站”设备受过两次以上行政处罚，又非法生产、销售“伪基站”设备的	
	删（发）帖	（一）个人非法经营数额在五万元以上，或者违法所得数额在二万元以上的； （二）单位非法经营数额在十五万元以上，或者违法所得数额在五万元以上的	
	无专门规定的其他情形	1. 个人非法经营数额在五万元以上，或者违法所得数额在一万元以上的； 2. 单位非法经营数额在五十万元以上，或者违法所得数额在十万元以上的； 3. 虽未达到上述数额标准，但两年内因同种非法经营行为受过二次以上行政处罚，又进行同种非法经营行为的； 4. 其他情节严重的情形	
第二档		数量、数额达到第一档规定的数量、数额五倍以上的	五年以上有期徒刑，并处违法所得一倍以上五倍以下罚金或者没收财产

第二节　诽谤罪

一、犯罪构成

（一）《刑法》（2020 年 12 月 26 日修正）

第二百四十六条　【侮辱罪】【诽谤罪】以暴力或者其他方法公然侮辱他人或者捏造事实诽谤他人，情节严重的，处三年以下有期徒刑、拘役、管制或者剥夺政治权利。

前款罪，告诉的才处理，但是严重危害社会秩序和国家利益的除外。

通过信息网络实施第一款规定的行为，被害人向人民法院告诉，但提供证据确有困难的，人民法院可以要求公安机关提供协助。

第二百九十九条之一　【侵害英雄烈士名誉、荣誉罪】侮辱、诽谤或者以其他方式侵害英雄烈士的名誉、荣誉，损害社会公共利益，情节严重的，处三年以下有期徒刑、拘役、管制或者剥夺政治权利。

（二）学理解释

诽谤罪的犯罪主体为一般主体，即年满 16 周岁、具有刑事责任能力的自然人。诽谤罪的主观方面为故意，包括间接故意。诽谤罪的客体是公民的名誉权而非社会秩序和国家利益，“严重危害社会秩序和国家利益”是对诽谤罪提起公诉的标准。网络诽谤只是传播工具不同于传统诽谤，网络诽谤构成诽谤罪应坚守诽谤罪的构成要件标准。①

二、疑难问题

（一）利用信息网络实施诽谤行为的定性

1.《最高人民法院、最高人民检察院关于办理利用信息网络实施诽谤等刑事案件适用法律若干问题的解释》（法释〔2013〕21 号，2013 年 9 月 10 日起施行）

第一条　具有下列情形之一的，应当认定为刑法第二百四十六条第一款规定

① 高铭暄、张海梅：《网络诽谤构成诽谤罪之要件——兼评“两高”关于利用信息网络诽谤的解释》，载《国家检察官学院学报》2015 年第 4 期。

的“捏造事实诽谤他人”：

（一）捏造损害他人名誉的事实，在信息网络上散布，或者组织、指使人员在信息网络上散布的；

（二）将信息网络上涉及他人的原始信息内容篡改为损害他人名誉的事实，在信息网络上散布，或者组织、指使人员在信息网络上散布的；

明知是捏造的损害他人名誉的事实，在信息网络上散布，情节恶劣的，以“捏造事实诽谤他人”论。

2. 关于办理利用信息网络实施诽谤等刑事案件适用法律若干问题的解释的理解与适用①

1. “捏造事实诽谤他人”的认定。《最高人民法院、最高人民检察院关于办理利用信息网络实施诽谤等刑事案件适用法律若干问题的解释》第 1 条对《刑法》第 246 条中的“捏造事实诽谤他人”作出了具体规定，主要包括 3 种行为方式：

一是“捏造并散布”。具体是指行为人捏造损害他人名誉的事实后，由本人在信息网络上散布，或者行为人捏造损害他人名誉的事实后，组织、指使人员在信息网络上散布。后者也包括行为人捏造损害他人名誉的事实后，支付报酬雇用人员在信息网络上散布。

二是“篡改并散布”。该项规定主要针对“歪曲捏造”的情形。“篡改”是指用作伪的手段改动或曲解，也就是实质性修改，即故意改变事实。如网络上出现一个原始帖子，称某被害人在某酒店与异性友人共进晚餐。原帖内容可能是真实的，或者即使失真，也达不到损害名誉的程度。行为人为达到诽谤他人的目的，借题发挥，恶意地将原帖内容歪曲修改为某被害人与其情妇在某酒店开房过夜。这就是典型的篡改，且篡改后的内容已经损害了他人的名誉。实践中除歪曲捏造外，还存在故意放大、渲染等情形。对此除非达到实质性修改的程度，否则一般不能认定为篡改。

三是“明知是捏造而散布”。本条前款两项规定是针对造谣者，本款规定针对恶意传谣者。需要强调的是，如果行为人不明知是他人捏造的虚假事实而在信息网络上发布、转发的，即使对被害人的名誉造成了一定的损害，按照主客观相

---

① 最高人民法院刑事审判第三庭：《〈关于办理利用信息网络实施诽谤等刑事案件适用法律若干问题的解释〉的理解与适用》，载《人民司法》2013 年第 21 期。

一致的原则，也不构成诽谤罪。实践中要严格区分构成犯罪的恶意诽谤行为和普通网民在不明真相情况下进行的发帖、转帖行为。适用本款规定应注意把握以下问题：关于“明知”的认定。“明知”在刑法上包括两种情形：一是“知道”，即有证据证明行为人知道特定的事实。二是“应当知道”，即行为人虽否认自己知道在信息网络上散布的信息系捏造的损害他人名誉的事实，但基于相关证据，能够推定行为人知道该情况，且行为人对此不能作出合理解释。实践中，认定行为人“应当知道”要依法有据，不能主观指证，必须依据相关证据材料综合判断。在认定“应当知道”时应当特别慎重，要将恶意传谣者与不明真相的无恶意传谣者区别开来。实践中如果把握不准或有争议的，应当本着“就低不就高”“有利行为人”的原则，不认定为“应当知道”。关于“情节恶劣”的认定。本款不仅要求行为人明知是捏造的损害他人名誉的事实，而且要求达到情节恶劣的程度，才能以捏造事实诽谤他人论。主要考虑是，对于恶意传谣者与造谣者也要区别对待。恶意传谣者不是捏造事实诽谤他人的源头，判定其行为性质，也应当注意考察具体情节的恶劣程度。需要说明的是，“情节恶劣”不同于诽谤罪入罪标准的“情节严重”，它指的是恶意传谣者明知是捏造的事实而在信息网络上传播行为的恶劣程度，如行为人的动机卑劣、散布的诽谤信息内容恶毒，或者行为人长期诽谤他人等。

3. ［刑事审判参考案例第966号：秦某某诽谤、寻衅滋事案］

利用信息网络捏造事实诽谤他人，包括“捏造并散布”“篡改并散布”“明知虚假事实而散布”3种行为方式，同一诽谤信息被转发次数达到500次以上的，系情节严重，构成诽谤罪。诽谤多人，造成恶劣社会影响的，应适用公诉程序追究被告人的刑事责任。诽谤多人，并不要求诽谤其中每一人的行为均单独构成诽谤罪。

《最高人民法院、最高人民检察院关于办理利用信息网络实施诽谤等刑事案件适用法律若干问题的解释》对“捏造事实诽谤他人”作了明确界定，具体包括“捏造并散布”“篡改并散布”“明知虚假事实而散布”3种行为方式。“捏造并散布”是指行为人本人捏造损害他人名誉的事实，并亲自在信息网络上散布，或者本人捏造事实后，雇用他人在信息网络上散布。“篡改并散布”是指用作伪的手段改动或曲解，将原始信息修改为损害他人名誉的事实，并亲自或雇用他人在信息网络上散布。所谓“篡改”是指“实质性的修改”，一般包括歪曲、放大、渲染等情形。“明知虚假事实而散布”是指明知是捏造的损害他人名誉的事实，在信息网络上散布，情节恶劣的行为。明知作为行为人的主观心态，包括“知道”和“应当知道”两种情形。“知道”意味着诽谤信息的散布者对于其他人捏造的诽谤被害人名誉的事实是确切知道的，双方甚至可能存在事先或者事中通谋的情况。“应当知道”即根据证据推定行为人知道。推定“应当知道”不能主观指证，必须依据各方面的证据材料，综合行为人的身份、职业、生活经历、一贯表现等多方面的因素，全面分析，综合评判。

捏造事实诽谤他人，情节严重的，构成诽谤罪。该司法解释第2条采用列举的方式，从“诽谤信息数量”“危害后果”“主观恶性”3方面对“情节严重”的标准加以具体化。诽谤罪除“严重危害社会秩序和国家利益的”情形外，属于“告诉才处理”的案件。该司法解释列举了7种“严重危害社会秩序和国家利益”的情形。本案适用公诉程序，援引的是该司法解释中“诽谤多人，造成恶劣社会影响”的条款。我们认为，公诉标准与定罪标准是两个不同的概念，诽谤多人作为公诉案件的适用标准，应整体考量，即诽谤多人的行为在整体上达到定罪标准即可，并不要求诽谤每一人的行为均单独构成诽谤罪。

该司法解释最初起草时是为了规范适用利用信息网络实施的诽谤罪的认定问题，后来增加了利用信息网络实施的寻衅滋事、敲诈勒索、非法经营犯罪的相关条款。根据制定时的原意，利用信息网络实施的诽谤罪的对象是特定的自然人，而寻衅滋事罪一般针对的是单位、不特定的多人或者公共事件。如果将利用信息网络诽谤特定自然人的事实，也以破坏网络秩序等为由纳入寻衅滋事罪，则易使寻衅滋事罪演变为“口袋罪”，与罪刑法定基本原则相悖。对诽谤公民的事实以诽谤罪起诉、审理，可以依法保障被害人的附带民事诉讼权利。同时，通过审判，也可以有效恢复被害人的人格、名誉。

（二）侮辱、诽谤犯罪中“严重危害社会秩序和国家利益”的认定

1.《最高人民法院、最高人民检察院关于办理利用信息网络实施诽谤等刑事案件适用法律若干问题的解释》（法释〔2013〕21号，2013年9月10日起施行）

第三条　利用信息网络诽谤他人，具有下列情形之一的，应当认定为刑法第二百四十六条第二款规定的“严重危害社会秩序和国家利益”：

（一）引发群体性事件的；

（二）引发公共秩序混乱的；

（三）引发民族、宗教冲突的；

（四）诽谤多人，造成恶劣社会影响的；

（五）损害国家形象，严重危害国家利益的；

（六）造成恶劣国际影响的；

（七）其他严重危害社会秩序和国家利益的情形。

2. 关于办理利用信息网络实施诽谤等刑事案件适用法律若干问题的解释的理解与适用①

根据《刑法》第246条第2款的规定，诽谤罪除“严重危害社会秩序和国家利益”的情形外，属于告诉才处理的案件。对于严重危害社会秩序和国家利益的诽谤案件，应由公安机关立案侦查，人民检察院提起公诉。为了明确网络诽谤刑事案件适用公诉程序的条件，《最高人民法院、最高人民检察院关于办理利用信息网络实施诽谤等刑事案件适用法律若干问题的解释》第3条列举了严重危害社会秩序和国家利益的7种情形，既充分尊重当事人的处分权，依法保护被害人的合法权益，也有助于惩治严重危害社会秩序和国家利益的诽谤犯罪。

关于“引发群体性事件”的情形：行为人捏造事实诽谤他人，进而引发了群体性事件，显然属于已经对社会秩序造成了实际的危害。关于“引发公共秩序混乱”的情形：主要是指妨害国家的公共管理活动，引发生产秩序、生活秩序、学习秩序、工作秩序等公共秩序的混乱。关于“引发民族、宗教冲突”的情形：民族、宗教问题关系到国家统一、社会稳定、经济社会发展，属于非常重要的国家利益。如果行为人实施诽谤犯罪涉及民族、宗教问题，进而引发民族、宗教冲突，破坏民族团结、宗教政策的，属于对国家利益造成了严重危害。关于“诽谤多人，造成恶劣社会影响”的情形：主要是考虑到行为人不间断地恶意诽谤多人，不仅侵犯了各个被害人的名誉权，实际上也已经严重危害了社会秩序。如果对此也适用自诉程序，需要多个被害人分别提起自诉且需要并案处理，不利于切实保护被害人的合法权益。关于“损害国家形象，严重危害国家利益”的情形：行为人通过诽谤特定的对象，抹黑我国的政治制度，损害我国的国家形象，涉及国家利益，社会危害性大。关于“造成恶劣国际影响”的情形：主要是指诽谤外国元首和政府首脑等，引发外事交涉、外交抗议等情形。

对于广大网民通过信息网络检举、揭发他人违法违纪行为的，有关部门应当

---

① 最高人民法院刑事审判第三庭：《〈关于办理利用信息网络实施诽谤等刑事案件适用法律若干问题的解释〉的理解与适用》，载《人民司法》2013年第21期。

认真对待，负责任地核实，及时公布调查结果。即使检举、揭发的部分内容失实，只要不是故意捏造事实诽谤他人的，或者不属明知是捏造的损害他人名誉的事实而在信息网络上散布的，就不应以诽谤罪追究刑事责任。但是，对于那些打着“网络反腐”的幌子，恶意捏造事实诽谤他人的行为，尤其是有组织地大肆诽谤他人的行为，事实清楚，证据确实充分，构成犯罪的，就应依法追究刑事责任。

3. ［刑事审判参考案例第1046号：蔡某某侮辱案］

侮辱罪中“严重危害社会秩序和国家利益”可以提起公诉的情形的认定。

依照《刑法》第246条的规定，犯侮辱罪“告诉的才处理，但是严重危害社会秩序和国家利益的除外”。之所以规定侮辱罪要告诉才处理，主要是考虑到侮辱行为大都发生在家庭成员、邻居、同事之间或者日常生活之中，属于人民内部矛盾，且社会危害性不是很大，多数场合下可以通过调解等缓和方式来解决。此外，被害人可能不愿意让更多的人知道自己受到侮辱的事实，如果采用刑事制裁的方法解决反而会产生不好的效果。但如果属于严重危害社会秩序和国家利益的情形，则应当由检察机关提起公诉。刑法所规定的“严重危害社会秩序和国家利益”主要是指侮辱、诽谤行为造成被害人精神失常或者自杀的；侮辱、诽谤党和国家领导人、外国元首、外交代表，严重损害国家形象或者造成恶劣国际影响的等。“严重危害社会秩序和国家利益”中的社会秩序和国家利益，不是特指危害结果或者特定对象，而应当将其视为一个综合性的标准，应当扩展到从侮辱的手段、方法、内容和主观目的等角度来进行全面考量。结合全案的案情、危害后果和情节等，进行整体分析，综合判断是否达到了“严重危害社会秩序和国家利益”的程度。

一般来说，《刑法》分则条文在两个要素之间使用“和”字时，并不一定表明同时具备的关系，而是需要从实质上进行考察，综合作出判断。《刑法》第246条第2款中的“严重危害社会秩序和国家利益”，两者不必要同时具备，只要具备其一即可。

（三）在宣传品、出版物中侮辱、诽谤他人行为的定性

《最高人民法院关于审理非法出版物刑事案件具体应用法律若干问题的解释》（法释〔1998〕30号，1998年12月23日起施行）

第六条　在出版物中公然侮辱他人或者捏造事实诽谤他人，情节严重的，依照刑法第二百四十六条的规定，分别以侮辱罪或者诽谤罪定罪处罚。

三、追诉量刑

（一）利用信息网络实施诽谤行为的定罪量刑标准

1.《最高人民法院、最高人民检察院关于办理利用信息网络实施诽谤等刑事案件适用法律若干问题的解释》（法释〔2013〕21号，2013年9月10日起施行）

第二条 利用信息网络诽谤他人，具有下列情形之一的，应当认定为刑法第二百四十六条第一款规定的“情节严重”：

（一）同一诽谤信息实际被点击、浏览次数达到五千次以上，或者被转发次数达到五百次以上的；

（二）造成被害人或者其近亲属精神失常、自残、自杀等严重后果的；

（三）二年内曾因诽谤受过行政处罚，又诽谤他人的；

（四）其他情节严重的情形。

2. 关于办理利用信息网络实施诽谤等刑事案件适用法律若干问题的解释的理解与适用①

根据《刑法》第246条第1款的规定，行为人捏造事实诽谤他人，必须达到情节严重的程度，依法才构成诽谤罪。《最高人民法院、最高人民检察院关于办理利用信息网络实施诽谤等刑事案件适用法律若干问题的解释》第2条采取列举的方式，明确了认定网络诽谤犯罪情节严重的具体标准，规定了较为严格的入罪门槛。

一是数量标准。如果一个捏造的损害他人名誉的信息被众多人所点击、浏览而知晓，足以说明被害人的名誉已经受到损害，具有现实的社会危害性。该司法解释将被点击、浏览次数确定为5000次，是依据实证调研的结果，也参考了有关司法解释的先例。将被转发次数确定为500次，与被点击、浏览次数保持一比十的关系，是根据网络传播规律，听取了专业部门意见，进行了技术论证，严格审慎确定的。需要注意的是，该司法解释规定的上述数量标准，是指同一诽谤信息实际被点击、浏览或者被转发次数。这就意味着，在计算具体数量时，应当扣除被害人自己点击、浏览或者转发的次数，也应当扣除网站管理人员为维护网站

---

① 最高人民法院刑事审判第三庭：《〈关于办理利用信息网络实施诽谤等刑事案件适用法律若干问题的解释〉的理解与适用》，载《人民司法》2013年第21期。

而点击等的次数。此外，还应扣除其他故意虚增而点击等，导致统计失真的次数。

二是危害后果标准。如果网络诽谤行为在现实生活中已经造成上述后果，显然具有现实的社会危害性，构成了犯罪。此种情形就不问诽谤信息实际被点击、浏览或者被转发次数，应当认定为情节严重。

三是主观恶性标准。该司法解释第2条第3项规定体现了刑法对行为人主观恶性、人身危险性的重视和评价。对于这种屡教不改，反复恶意诽谤他人的行为人，不论诽谤信息被点击、浏览、转发的次数，也不论是否造成被害人或者近亲属精神失常、自残、自杀等后果，都应当认定为“情节严重”。

（二）定罪量刑对应表

表7－2 诽谤罪定罪量刑对应表

	量刑情形	刑期
诽谤罪	（一）同一诽谤信息实际被点击、浏览次数达到五千次以上，或者被转发次数达到五百次以上的； （二）造成被害人或者其近亲属精神失常、自残、自杀等严重后果的； （三）二年内曾因诽谤受过行政处罚，又诽谤他人的； （四）其他情节严重的情形	三年以下有期徒刑、拘役、管制或者剥夺政治权利

第三节 寻衅滋事罪

一、犯罪构成

（一）《刑法》（2020年12月26日修正）

第二百九十三条 【寻衅滋事罪】有下列寻衅滋事行为之一，破坏社会秩序的，处五年以下有期徒刑、拘役或者管制：

（一）随意殴打他人，情节恶劣的；

（二）追逐、拦截、辱骂、恐吓他人，情节恶劣的；

（三）强拿硬要或者任意损毁、占用公私财物，情节严重的；

（四）在公共场所起哄闹事，造成公共场所秩序严重混乱的。

纠集他人多次实施前款行为，严重破坏社会秩序的，处五年以上十年以下有期徒刑，可以并处罚金。

第二百九十三条之一　【催收非法债务罪】有下列情形之一，催收高利放贷等产生的非法债务，情节严重的，处三年以下有期徒刑、拘役或者管制，并处或者单处罚金：

（一）使用暴力、胁迫方法的；

（二）限制他人人身自由或者侵入他人住宅的；

（三）恐吓、跟踪、骚扰他人的。

（二）学理解释

寻衅滋事罪的主体为一般主体，即年满16周岁、具有刑事责任能力的自然人。寻衅滋事罪的认定，应当坚持主客观相统一的原则。寻衅滋事罪规定在《刑法》分则第6章妨害社会管理秩序罪的第1节扰乱公共秩序罪中，行为人主观上是否有寻衅动机，行为客观上是否破坏社会秩序，是认定有关行为是否属于寻衅滋事、是构成寻衅滋事罪还是其他犯罪的关键。需要注意的是，虽然构成寻衅滋事罪要求行为人主观上必须具有寻衅动机，但寻衅动机的认定关键不是事出有因或者无因的问题，无论是有因还是无因，均可认定为具有寻衅动机，关键在于其所谓的原因是否能为一般社会大众所接受。

二、疑难问题

（一）寻衅滋事罪的认定

1.《最高人民法院、最高人民检察院关于办理寻衅滋事刑事案件适用法律若干问题的解释》（法释〔2013〕18号，2013年7月22日起施行）

第一条　行为人为寻求刺激、发泄情绪、逞强耍横等，无事生非，实施刑法第二百九十三条规定的行为的，应当认定为“寻衅滋事”。

行为人因日常生活中的偶发矛盾纠纷，借故生非，实施刑法第二百九十三条规定的行为的，应当认定为“寻衅滋事”，但矛盾系由被害人故意引发或者被害人对矛盾激化负有主要责任的除外。

行为人因婚恋、家庭、邻里、债务等纠纷，实施殴打、辱骂、恐吓他人或者损毁、占用他人财物等行为的，一般不认定为“寻衅滋事”，但经有关部门批评制止或者处理处罚后，继续实施前列行为，破坏社会秩序的除外。

第二条　随意殴打他人，破坏社会秩序，具有下列情形之一的，应当认定为刑法第二百九十三条第一款第一项规定的“情节恶劣”：

（一）致一人以上轻伤或者二人以上轻微伤的；

（二）引起他人精神失常、自杀等严重后果的；

（三）多次随意殴打他人的；

（四）持凶器随意殴打他人的；

（五）随意殴打精神病人、残疾人、流浪乞讨人员、老年人、孕妇、未成年人，造成恶劣社会影响的；

（六）在公共场所随意殴打他人，造成公共场所秩序严重混乱的；

（七）其他情节恶劣的情形。

第三条　追逐、拦截、辱骂、恐吓他人，破坏社会秩序，具有下列情形之一的，应当认定为刑法第二百九十三条第一款第二项规定的“情节恶劣”：

（一）多次追逐、拦截、辱骂、恐吓他人，造成恶劣社会影响的；

（二）持凶器追逐、拦截、辱骂、恐吓他人的；

（三）追逐、拦截、辱骂、恐吓精神病人、残疾人、流浪乞讨人员、老年人、孕妇、未成年人，造成恶劣社会影响的；

（四）引起他人精神失常、自杀等严重后果的；

（五）严重影响他人的工作、生活、生产、经营的；

（六）其他情节恶劣的情形。

第四条　强拿硬要或者任意损毁、占用公私财物，破坏社会秩序，具有下列情形之一的，应当认定为刑法第二百九十三条第一款第三项规定的“情节严重”：

（一）强拿硬要公私财物价值一千元以上，或者任意损毁、占用公私财物价值二千元以上的；

（二）多次强拿硬要或者任意损毁、占用公私财物，造成恶劣社会影响的；

（三）强拿硬要或者任意损毁、占用精神病人、残疾人、流浪乞讨人员、老年人、孕妇、未成年人的财物，造成恶劣社会影响的；

（四）引起他人精神失常、自杀等严重后果的；

（五）严重影响他人的工作、生活、生产、经营的；

（六）其他情节严重的情形。

第五条　在车站、码头、机场、医院、商场、公园、影剧院、展览会、运动场或者其他公共场所起哄闹事，应当根据公共场所的性质、公共活动的重要程度、公共场所的人数、起哄闹事的时间、公共场所受影响的范围与程度等因素，综合判断是否“造成公共场所秩序严重混乱”。

第六条　纠集他人三次以上实施寻衅滋事犯罪，未经处理的，应当依照刑法第二百九十三条第二款的规定处罚。

2. 关于办理寻衅滋事刑事案件适用法律若干问题的解释理解与适用[①]

（一）认定寻衅滋事罪的一般原则

《最高人民法院、最高人民检察院关于办理寻衅滋事刑事案件适用法律若干问题的解释》第1条根据实践中寻衅滋事犯罪的不同情况，将寻衅动机分为无事生非和借故生非两种类型。

第1款规定的是无事生非类型的寻衅滋事。寻衅滋事罪规定的行为方式与《刑法》分则规定的其他犯罪的行为方式存在一定的重合和交叉，而社会秩序是十分抽象的概念，外延非常广泛，仅从客观行为方式上难以区分寻衅滋事罪与其他犯罪，寻衅动机作为寻衅滋事罪的责任要素，具有限定寻衅滋事罪的成立范围和区分寻衅滋事罪与其他犯罪界限的意义。行为人为寻求刺激、发泄情绪、逞强耍横等，无事生非，实施《刑法》第293条规定的行为的，应当认定为寻衅滋事。

第2款规定的是借故生非类型的寻衅滋事。行为人在实施寻衅滋事行为前，通常会为自己寻找理由或者原因，作为其实施犯罪行为的借口。因此，不能仅根据是否事出有因来判断行为人是否具有寻衅动机。行为人因日常生活中的偶发矛盾纠纷，如与他人发生口角等，借故生非，实施《刑法》第293条规定的行为，虽然事出有因，但小题大做，借题发挥，行为明显超出了合理的纠纷解决方式，应当认定其具有寻衅动机。同时，对事出有因也应区别对待，如果矛盾系由被害人故意引发，或者被害人对矛盾激化负有主要责任的，不应认定行为人具有寻衅动机，不以寻衅滋事罪论处，符合其他犯罪构成条件的，依照其他犯罪处理。

第3款规定了寻衅动机的一般阻却事由，进一步明确了寻衅滋事的认定。实践中，对于行为人因婚恋、家庭、邻里、债务等纠纷，特别是基于积怨，进而实施殴打、追逐、拦截、辱骂、恐吓他人，或者损毁、占用他人财物的行为的，原因与结果之间具有明确的因果关系，不宜认定为寻衅滋事。但是，不能将婚恋、家庭、邻里、债务纠纷作为寻衅滋事罪的绝对阻却事由。基于婚恋、家庭、邻里、债务纠纷实施殴打、追逐、拦截、辱骂、恐吓他人，或者损毁、占用他人财

---

① 陈国庆、韩耀元、侯庆奇：《〈关于办理寻衅滋事刑事案件适用法律若干问题的解释〉理解与适用》，载《人民检察》2013年第20期。

物的行为，经有关部门批评制止或者处理处罚后，行为人仍继续实施前列行为的，已经充分表明行为人轻率实施不法行为、借故滋事的寻衅动机，客观上的不法行为不仅侵害了他人的人身安全、自由、财产等权益，也侵害了社会秩序，可以认定为寻衅滋事。

（二）随意殴打他人“情节恶劣”的认定标准

随意殴打他人，表明行为人是基于要威风、逞强斗狠、发泄情绪、寻求精神刺激等不良动机实施殴打行为，殴打的理由、对象或者场所一般明显违背社会公序良俗，不能为社会大众理解或者接受，侵害了与公民个人安全相关的社会秩序或者公共秩序。随意殴打他人“情节恶劣”的认定应当根据行为人实施殴打的手段、对象、次数、造成的危害后果以及发生场所等进行判断。实践中，随意殴打他人致人轻伤、轻微伤的比重相对较大，成为寻衅滋事罪与非罪认定的交汇地带，经综合考虑，将“致一人以上轻伤或者二人以上轻微伤”作为随意殴打类型寻衅滋事行为入罪的标准。

此外，寻衅滋事罪作为妨害社会管理秩序和侵犯公民人身财产安全的犯罪，随意殴打他人“情节恶劣”不以造成他人伤害为限。引起他人精神失常、自杀等严重后果；多次随意殴打他人；持凶器随意殴打他人；随意殴打精神病人、残疾人、流浪乞讨人员、老年人、孕妇、未成年人，造成恶劣社会影响；在公共场所随意殴打他人，造成公共秩序严重混乱等几种情形都可以反映出行为人的主观恶性和行为的社会危害性程度，也应当认定为“情节恶劣”。

（三）追逐、拦截、辱骂、恐吓他人“情节恶劣”的认定标准

该司法解释未将“追逐、拦截、辱骂、恐吓多人”的情形规定为“情节恶劣”，主要考虑：一是实践中，仅仅是一个人单次追逐、拦截、辱骂、恐吓多人，不足以对被害人形成足够的危险，精神正常的人也很少有人实施此种行为，可以不作为犯罪考虑；二是伙同他人追逐、拦截、辱骂、恐吓多人，未造成严重后果或者不具备其他严重情节的，也不宜作为犯罪考虑。

（四）强拿硬要或者任意损毁、占用公私财物“情节严重”的认定标准

强拿硬要或者任意损毁、占用公私财物是否达到“情节严重”的程度，应当根据行为人取得、毁损或者占用财物的数额、行为的次数、针对的对象、造成的危害后果等作出判断。需要说明的是，该司法解释第1条第1项关于强拿硬要或者任意损毁、占用公私财物数额标准的规定，2008年《最高人民检察院、公安部关于公安机关管辖的刑事案件立案追诉标准的规定（一）》第37条将“强

拿硬要或者任意损毁、占用公私财物价值二千元以上”作为寻衅滋事罪的立案追诉标准。《最高人民法院、最高人民检察院关于办理寻衅滋事刑事案件适用法律若干问题的解释》规定“强拿硬要公私财物价值一千元以上”的应当认定为“情节严重”，降低了入罪标准，有利于进一步加大对此类寻衅滋事行为的打击力度。此外，考虑到强拿硬要与任意损毁、占用行为在主观恶性和社会危害性方面存在一定差异，对公共秩序的侵害程度也有所区别，该司法解释第 4 条在认定“情节严重”的数额标准上采取了不同标准，强拿硬要的数额标准是 1000 元以上，任意损毁、占用公私财物的数额标准是 2000 元以上，二者之间为 2 倍的倍数关系。

（五）在公共场所起哄闹事“造成公共场所秩序严重混乱”的认定标准

一是以列举的方式，将“公共场所”界定为“车站、码头、机场、医院、商场、公园、影剧院、展览会、运动场或者其他公共场所”。二是对“造成公共场所秩序严重混乱”的认定，强调应当综合考虑公共场所的性质、公共活动的重要程度、公共场所的人数、起哄闹事的时间、公共场所受影响的范围与程度等因素进行综合分析判断。例如，在预防、控制突发传染病疫情等灾害期间在公共场所起哄闹事，妨害预防、控制突发传染病疫情等灾害的；聚集多人在学校、医院等公共场所起哄闹事，严重影响正常的教学、医疗秩序的；在影剧院、公园、车站等人员密集的公共场所起哄闹事，引起群众恐慌、逃离等混乱局面的情形都应当认定为“造成公共场所秩序严重混乱”。

（六）纠集他人多次寻衅滋事的认定处理问题

“纠集”，一般是指共同犯罪中的首要分子或主犯，有目的地将其他人联合、召集在一起。根据该司法解释第 6 条规定，适用《刑法》第 293 条第 2 款的规定应当满足以下三个条件：一是实施的寻衅滋事行为次数必须为 3 次以上；二是每次寻衅滋事行为都未经处理，包括行政处理和刑事处理；三是每次实施的寻衅滋事行为均构成犯罪。主要考虑是：符合《刑法》第 293 条第 2 款规定的行为“处五年以上十年以下有期徒刑，可以并处罚金”，从法定刑配置来看属于社会危害性相当大的行为，应当严格掌握，在司法实践中慎重适用。如果纠集他人实施 3 次以上的寻衅滋事行为，每次行为的社会危害性都不大，未达到犯罪程度，虽然行为具有密集性，但危害性量变到质变的体现不明显，不具有严重的社会危害性，不应认定为《刑法》第 293 条第 2 款规定的情节加重犯。对于此种多次实施寻衅滋事行为的，可以认定为符合寻衅滋事罪的基本犯罪构成，在 5 年有期徒刑以下处刑。

（二）利用信息网络寻衅滋事行为的认定

1.《最高人民法院、最高人民检察院关于办理利用信息网络实施诽谤等刑事案件适用法律若干问题的解释》（法释〔2013〕21号，2013年9月10日起施行）

第五条　利用信息网络辱骂、恐吓他人，情节恶劣，破坏社会秩序的，依照刑法第二百九十三条第一款第（二）项的规定，以寻衅滋事罪定罪处罚。

编造虚假信息，或者明知是编造的虚假信息，在信息网络上散布，或者组织、指使人员在信息网络上散布，起哄闹事，造成公共秩序严重混乱的，依照刑法第二百九十三条第一款第（四）项的规定，以寻衅滋事罪定罪处罚。

第八条　明知他人利用信息网络实施诽谤、寻衅滋事、敲诈勒索、非法经营等犯罪，为其提供资金、场所、技术支持等帮助的，以共同犯罪论处。

第九条　利用信息网络实施诽谤、寻衅滋事、敲诈勒索、非法经营犯罪，同时又构成刑法第二百二十一条规定的损害商业信誉、商品声誉罪，第二百七十八条规定的煽动暴力抗拒法律实施罪，第二百九十一条之一规定的编造、故意传播虚假恐怖信息罪等犯罪的，依照处罚较重的规定定罪处罚。

第十条　本解释所称信息网络，包括以计算机、电视机、固定电话机、移动电话机等电子设备为终端的计算机互联网、广播电视网、固定通信网、移动通信网等信息网络，以及向公众开放的局域网络。

2. 关于办理利用信息网络实施诽谤等刑事案件适用法律若干问题的解释的理解与适用①

《最高人民法院、最高人民检察院关于办理利用信息网络实施诽谤等刑事案件适用法律若干问题的解释》第5条结合信息网络的“工具性”和“公共性”属性，明确了利用信息网络实施寻衅滋事犯罪的两种行为方式。

（1）利用信息网络辱骂、恐吓他人的认定及处理。实践中需要把握以下两点：一是如果利用信息网络辱骂特定的个人，则可能存在寻衅滋事罪与侮辱罪的竞合。如果辱骂他人情节恶劣，破坏社会秩序，应按照该司法解释第9条的规定，依照处罚较重的罪即寻衅滋事罪定罪处罚。二是要严格入罪标准。辱骂、恐

---

① 最高人民法院刑事审判第三庭：《〈关于办理利用信息网络实施诽谤等刑事案件适用法律若干问题的解释〉的理解与适用》，载《人民司法》2013年第21期。

吓行为必须达到“情节恶劣”的程度，同时对社会秩序造成了现实的破坏。对于一些网民在网络上发泄不满，辱骂他人的，要重在教育，强化管理，一般不要轻易适用本款规定按犯罪处理。

（2）在信息网络上编造、散布虚假信息，起哄闹事的认定。实践中需要把握以下两点：一是该款规定的“虚假信息”，不是针对特定的自然人而捏造的虚假事实，而是针对不特定的自然人或者单位、公共事件而编造的虚假信息。如果针对特定的自然人，捏造损害其名誉的虚假事实，并在网络上散布的，应当适用该司法解释第1条的规定处理。二是“造成公共秩序严重混乱”，主要是指导致现实社会公共秩序严重混乱。网络空间是现实社会的组成部分，行为人在信息网络上散布虚假信息，起哄闹事，在导致网络秩序混乱的同时，往往会导致现实社会公共秩序的混乱，甚至引发群体性事件等。对此以寻衅滋事罪定罪处罚，于法有据。

3. ［刑事审判参考案例第966号：秦某某诽谤、寻衅滋事案］

编造虚假信息，在信息网络上散布，起哄闹事，造成公共秩序严重混乱的，构成寻衅滋事罪。

准确把握刑法规定的诽谤罪、寻衅滋事罪的犯罪构成，是正确理解利用信息网络实施的诽谤罪、寻衅滋事罪的前提条件。根据《刑法》第246条和第293条的规定，捏造事实诽谤他人，情节严重的，构成诽谤罪；实施在公共场所起哄闹事，造成公共场所秩序严重混乱等寻衅滋事行为，破坏社会秩序的，构成寻衅滋事罪。从犯罪客体看，诽谤罪侵犯的客体是公民的人格和名誉，寻衅滋事罪侵犯的客体是社会秩序。从罪状及行为特征看，寻衅滋事罪规定的“在公共场所起哄闹事，造成公共场所秩序严重混乱”，通常是指行为人的起哄闹事行为扰乱了某一具体公共场所秩序，或者使该公共场所的相关活动不能顺利进行。在信息网络普及之前，“在公共场所起哄闹事”行为的实施地与危害后果发生地一般都在该公共场所。但随着信息网络的迅速发展，互联网、通信网、广播电视传输覆盖网呈现出“三网合一”的趋势，信息网络与人们的现实生活融为一体，其“工具属性”“公共属性”凸显，利用信息网络实施寻衅滋事的行为方式及危害后果与传统的寻衅滋事呈现出不同特征。基于现实情况，该司法解释第5条第2款将刑法条文中“在公共场所起哄闹事”解释为“编造虚假信息，或者明知是编造的虚假信息，在信息网络上散布，或者组织、指使人员在信息网络上散布，起哄闹事”，将“造成公共场所秩序严重混乱”解释为“造成公共秩序严重混乱”例如，行为人虽然不在公共场所，但其利用信息网络散布虚假信息，造成了公共场所秩序严重混乱，当然可以解释为“在公共场所起哄闹事”。对于第二处解释，根据信息网络社会的发展程度，该司法解释具有现实必要性。例如，行为人利用信息网络散布地震谣言，导致多地大量群众外出“避难”；散布核泄漏谣言，导致大范围的“抢盐”。上述危害后果明显严重扰乱了生产、生活、工作、营业等社会公共秩序，与寻衅滋事罪有关危害后果的立法本意相符，但又不宜概括为造成某一具体公共场所秩序混乱，而用公共秩序混乱则能较好解释该问题。但是，对于上述解释，一定要注意保持该司法解释与《刑法》条文规定内涵的一致性，要根据《刑法》立法本意对该司法解释的规定做限制性理解。该司法解释第5条第2款规定的利用信息网络实施的寻衅滋事罪要求造成“公共秩序严重混乱”是一个较为抽象的概念，在具体适用时应加以具体化，不仅指虚假信息被大量转发、评论等造成的网络秩序混乱，同时也要求造成生产、生活、工作、营业、教学等现实社会公共秩序的严重混乱。对于虚假信息被及时、有效删除，未被大量转发、评论等，尚未造成现实社会生活秩序严重混乱的情况，不能仅以造成网络秩序严重混乱为由，或者仅仅依据虚假信息被转发次数、被浏览次数就认定为造成了公共秩序严重混乱，从而以寻衅滋事罪定罪处罚。

（三）实施寻衅滋事犯罪同时构成其他犯罪的处理原则

1.《最高人民法院、最高人民检察院关于办理寻衅滋事刑事案件适用法律若干问题的解释》（法释〔2013〕18号，2013年7月22日起施行）

第七条　实施寻衅滋事行为，同时符合寻衅滋事罪和故意杀人罪、故意伤害罪、故意毁坏财物罪、敲诈勒索罪、抢夺罪、抢劫罪等罪的构成要件的，依照处罚较重的犯罪定罪处罚。

2. 关于办理寻衅滋事刑事案件适用法律若干问题的解释理解与适用[①]

（七）实施寻衅滋事犯罪同时构成其他犯罪的处理原则

《最高人民法院、最高人民检察院关于办理利用信息网络实施诽谤等刑事案件适用法律若干问题的解释》第7条规定了寻衅滋事罪和其他犯罪竞合的处理原则，即“从一重罪处断”。寻衅滋事罪客观方面规定的4种行为方式，与其他犯罪的客观方面存在重合或者交叉，如寻衅滋事罪中的殴打行为与故意伤害罪中的

---

① 陈国庆、韩耀元、侯庆奇：《〈关于办理寻衅滋事刑事案件适用法律若干问题的解释〉理解与适用》，载《人民检察》2013年第20期。

伤害行为，辱骂行为与侮辱罪中的侮辱行为，恐吓行为与敲诈勒索罪中的威胁行为，强拿硬要行为与抢劫罪中以暴力、胁迫为手段实施的抢劫行为，任意毁损行为与故意毁坏财物罪中的毁坏行为，在公共场所起哄闹事行为与聚众扰乱公共场所秩序、交通秩序罪中的扰乱行为等。行为人实施的寻衅滋事行为，同时符合寻衅滋事罪和故意杀人罪、故意伤害罪、故意毁坏财物罪、敲诈勒索罪、抢夺罪、抢劫罪等罪的构成要件的，实质属于竞合犯，应当根据竞合犯的处罚原则，依照处罚较重的犯罪定罪处罚。

三、追诉量刑

（一）寻衅滋事罪的量刑

1. 最高人民法院、最高人民检察院《关于常见犯罪的量刑指导意见（试行）》（法发〔2021〕21号，2021年7月1日起施行）

1. 构成寻衅滋事罪的，根据下列情形在相应的幅度内确定量刑起点：

（1）寻衅滋事一次的，在三年以下有期徒刑、拘役幅度内确定量刑起点。

（2）纠集他人三次寻衅滋事（每次都构成犯罪），严重破坏社会秩序的，在五年至七年有期徒刑幅度内确定量刑起点。

2. 在量刑起点的基础上，根据寻衅滋事次数、伤害后果、强拿硬要他人财物或任意损毁、占用公私财物数额等其他影响犯罪构成的犯罪事实增加刑罚量，确定基准刑。

3. 构成寻衅滋事罪，判处五年以上十年以下有期徒刑，并处罚金的，根据寻衅滋事的次数、危害后果、对社会秩序的破坏程度等犯罪情节，综合考虑被告人缴纳罚金的能力，决定罚金数额。

4. 构成寻衅滋事罪的，综合考虑寻衅滋事的具体行为、危害后果、对社会秩序的破坏程度等犯罪事实、量刑情节，以及被告人的主观恶性、人身危险性、认罪悔罪表现等因素，决定缓刑的适用。

2.《最高人民法院、最高人民检察院关于办理寻衅滋事刑事案件适用法律若干问题的解释》（法释〔2013〕18号，2013年7月22日起施行）

第二条　随意殴打他人，破坏社会秩序，具有下列情形之一的，应当认定为刑法第二百九十三条第一款第一项规定的“情节恶劣”：

（一）致一人以上轻伤或者二人以上轻微伤的；

（二）引起他人精神失常、自杀等严重后果的；

（三）多次随意殴打他人的；

（四）持凶器随意殴打他人的；

（五）随意殴打精神病人、残疾人、流浪乞讨人员、老年人、孕妇、未成年人，造成恶劣社会影响的；

（六）在公共场所随意殴打他人，造成公共场所秩序严重混乱的；

（七）其他情节恶劣的情形。

第三条　追逐、拦截、辱骂、恐吓他人，破坏社会秩序，具有下列情形之一的，应当认定为刑法第二百九十三条第一款第二项规定的“情节恶劣”：

（一）多次追逐、拦截、辱骂、恐吓他人，造成恶劣社会影响的；

（二）持凶器追逐、拦截、辱骂、恐吓他人的；

（三）追逐、拦截、辱骂、恐吓精神病人、残疾人、流浪乞讨人员、老年人、孕妇、未成年人，造成恶劣社会影响的；

（四）引起他人精神失常、自杀等严重后果的；

（五）严重影响他人的工作、生活、生产、经营的；

（六）其他情节恶劣的情形。

第四条　强拿硬要或者任意损毁、占用公私财物，破坏社会秩序，具有下列情形之一的，应当认定为刑法第二百九十三条第一款第三项规定的“情节严重”：

（一）强拿硬要公私财物价值一千元以上，或者任意损毁、占用公私财物价值二千元以上的；

（二）多次强拿硬要或者任意损毁、占用公私财物，造成恶劣社会影响的；

（三）强拿硬要或者任意损毁、占用精神病人、残疾人、流浪乞讨人员、老年人、孕妇、未成年人的财物，造成恶劣社会影响的；

（四）引起他人精神失常、自杀等严重后果的；

（五）严重影响他人的工作、生活、生产、经营的；

（六）其他情节严重的情形。

3.《最高人民检察院、公安部关于公安机关管辖的刑事案件立案追诉标准的规定（一）》（公通字〔2008〕36号，2008年6月25日印发）

第三十七条　［寻衅滋事案（刑法第二百九十三条）］寻衅滋事，破坏社会秩序，涉嫌下列情形之一的，应予立案追诉：

（一）随意殴打他人造成他人身体伤害、持械随意殴打他人或者具有其他恶劣情节的；

（二）追逐、拦截、辱骂他人，严重影响他人正常工作、生产、生活，或者造成他人精神失常、自杀或者具有其他恶劣情节的；

（三）强拿硬要或者任意损毁、占用公私财物价值二千元以上，强拿硬要或者任意损毁、占用公私财物三次以上或者具有其他严重情节的；

（四）在公共场所起哄闹事，造成公共场所秩序严重混乱的。

（二）定罪量刑对应表

表 7－3　寻衅滋事罪定罪量刑对应表

寻衅滋事罪	量刑情形	刑期
第一档	（一）随意殴打他人，情节恶劣的； （二）追逐、拦截、辱骂、恐吓他人，情节恶劣的； （三）强拿硬要或者任意损毁、占用公私财物，情节严重的； （四）在公共场所起哄闹事，造成公共场所秩序严重混乱的	五年以下有期徒刑、拘役或者管制
第二档	纠集他人多次实施前款行为，严重破坏社会秩序的	五年以上十年以下有期徒刑，可以并处罚金

第八章　网络赌博类罪名释义及定罪量刑标准

第一节　赌博罪

一、犯罪构成

（一）《刑法》（2020年12月26日修正）

第三百零三条第一款　【赌博罪】以营利为目的，聚众赌博或者以赌博为业的，处三年以下有期徒刑、拘役或者管制，并处罚金。

（二）学理解释

赌博罪是指触犯《刑法》第303条第1款的规定，以营利为目的，聚众赌博或者以赌博为业的行为。根据司法解释及相关规定，中华人民共和国公民在我国领域外周边地区聚众赌博，以吸引中华人民共和国公民为主要客源，构成赌博罪的，可以依照刑法规定追究刑事责任；明知他人实施赌博犯罪活动，而为其提供资金、计算机网络、通讯、费用结算等直接帮助的，以赌博罪的共犯论处。

二、疑难问题

（一）赌资的认定

1.《最高人民法院、最高人民检察院关于办理赌博刑事案件具体应用法律若干问题的解释》（法释〔2005〕3号，2005年5月13日起施行）

第八条　赌博犯罪中用作赌注的款物、换取筹码的款物和通过赌博赢取的款物属于赌资。通过计算机网络实施赌博犯罪的，赌资数额可以按照在计算机网络上投注或者赢取的点数乘以每一点实际代表的金额认定。

赌资应当依法予以追缴；赌博用具、赌博违法所得以及赌博犯罪分子所有的专门用于赌博的资金、交通工具、通讯工具等，应当依法予以没收。

2.《最高人民法院、最高人民检察院、公安部关于办理利用赌博机开设赌场案件适用法律若干问题的意见》（公通字〔2014〕17号，2014年3月26日发布）

五、关于赌资的认定

本意见所称赌资包括：

（一）当场查获的用于赌博的款物；

（二）代币、有价证券、赌博积分等实际代表的金额；

（三）在赌博机上投注或赢取的点数实际代表的金额。

3.《公安部关于办理赌博违法案件适用法律若干问题的通知》（公通字〔2005〕30号，2005年5月25日发布）

六、赌博现场没有赌资，而是以筹码或者事先约定事后交割等方式代替的，赌资数额经调查属实后予以认定。个人投注的财物数额无法确定时，按照参赌财物的价值总额除以参赌人数的平均值计算。

通过计算机网络实施赌博活动的赌资数额，可以按照在计算机网络上投注或者赢取的总点数乘以每个点数实际代表的金额认定。赌博的次数，可以按照在计算机网络上投注的总次数认定。

4.《公安部法制局就〈关于办理赌博违法案件有关法律适用问题的通知〉的电话答复》（2005年9月5日）

二、赌博违法活动中既有赌资又有欠条的，“打欠条”属于《通知》第六条规定的“事先约定事后交割”方式，欠条所载金额经调查属实后可以认定为赌资。

（二）未经批准擅自发行彩票的行为定性

《最高人民法院、最高人民检察院关于办理赌博刑事案件具体应用法律若干问题的解释》（法释〔2005〕3号，2005年5月13日起施行）

第六条　未经国家批准擅自发行、销售彩票，构成犯罪的，依照刑法第二百二十五条第（四）项的规定，以非法经营罪定罪处罚。

（三）在内地利用香港“六合彩”开奖信息进行竞猜赌博的行为定性

［刑事审判参考案例第752号：周某某等赌博案］

在内地利用香港“六合彩”开奖信息进行竞猜赌博的行为构成赌博罪。

仅利用“六合彩”信息在庄家与参赌者之间进行竞猜对赌，庄家与香港赛马会之间无关联的行为，不属于非法发行、销售彩票的非法经营行为，而是一种赌博行为。发行、销售彩票与传统的赌博行为有一定的区别，最本质的一个区别在于资金所有权转换的方向不同。正规渠道发行彩票筹集的资金使用是一次有利于社会的再分配；而赌博的赌资则全部为庄家或其他参赌人员所瓜分。非法发行、销售彩票的行为人与赌博行为人所获取的利益来源不同：前者是通过发行、销售彩票，取得除返奖、发行费用后的余额；赌博者的非法获利则是其借助运气、技巧等因素获取对方的钱财，不存在返奖、发行销售费用等开支，这是赌博者非法营利的来源。本质上只是利用了“六合彩”信息的这一形式，为庄家与参赌者之间的赌博提供一个判断输赢的衡量标准，与通过竞猜某场球赛最终的比分确定输赢的赌球行为，在本质上没有什么差别。将利用“六合彩”信息竞猜对赌的行为以赌博定性，符合民众对赌博的一般理解，更有利于体现罪刑相适应。根据《现代汉语词典》对“赌博”的解释，所谓赌博，就是用斗牌、掷色子等形式，拿财物做注比输赢。只要利用一定形式为载体，以财物做注比输赢的，都属于赌博。

将利用“六合彩”信息竞猜对赌的行为以赌博定性，符合刑法的相关规定。赌博罪，是指以营利为目的，聚众赌博或者以赌博为业的行为。非法经营罪，是指违反国家规定从事经营活动，扰乱市场秩序，情节严重的行为。就犯罪构成上的区分来说，首先，二者侵犯的客体不同。赌博罪侵犯的是社会管理秩序，而非法经营罪侵犯的客体是国家的市场交易管理秩序。其次，二者在客观方面的表现不同。赌博罪表现为行为人以营利为目的，聚众赌博或以赌博为业的行为。所谓以赌博为业，是指以赌博为常业，即嗜赌成性，以赌博所得为主要生活来源或挥霍来源。对于那些虽有正当职业，却不务正业，把主要精力放在赌博上，长期在工作之余从事赌博活动，输赢数额巨大的，也视为以赌博为业。非法经营罪则表现为行为人违反国家规定，非法从事经营活动，扰乱市场交易管理秩序的行为。我国内地法律严禁赌博，不存在合法的赌博经营服务，也不存在合法的赌博交易市场秩序。

（四）赌博犯罪的从重处罚情形

《最高人民法院、最高人民检察院关于办理赌博刑事案件具体应用法律若干问题的解释》（法释〔2005〕3 号，2005 年 5 月 13 日起施行）

第五条　实施赌博犯罪，有下列情形之一的，依照刑法第三百零三条的规定从重处罚：

（一）具有国家工作人员身份的；

（二）组织国家工作人员赴境外赌博的；

（三）组织未成年人参与赌博，或者开设赌场吸引未成年人参与赌博的。

（五）赌博罪共犯的认定

《最高人民法院、最高人民检察院关于办理赌博刑事案件具体应用法律若干问题的解释》（法释〔2005〕3号，2005年5月13日起施行）

第四条　明知他人实施赌博犯罪活动，而为其提供资金、计算机网络、通讯、费用结算等直接帮助的，以赌博罪的共犯论处。

（六）赌博犯罪和正常棋牌娱乐活动的区分

1.《最高人民法院、最高人民检察院关于办理赌博刑事案件具体应用法律若干问题的解释》（法释〔2005〕3号，2005年5月13日起施行）

第九条　不以营利为目的，进行带有少量财物输赢的娱乐活动，以及提供棋牌室等娱乐场所只收取正常的场所和服务费用的经营行为等，不以赌博论处。

2.《公安部关于办理赌博违法案件适用法律若干问题的通知》（公通字〔2005〕30号，2005年5月25日发布）

九、不以营利为目的，亲属之间进行带有财物输赢的打麻将、玩扑克等娱乐活动，不予处罚；亲属之外的其他人之间进行带有少量财物输赢的打麻将、玩扑克等娱乐活动，不予处罚。

（七）赌博罪的取证指引

1. 证明犯罪客观方面的证据

（1）犯罪嫌疑人的供述与辩解。

①犯罪嫌疑人的身份情况，是否具有国家工作人员身份。

②实施聚众赌博行为中共同犯罪的起意、谋划、分工、实施等情况，每一个犯罪嫌疑人在共同犯罪中的地位和作用如何。

③赌博场所、赌具由谁提供或者选定，提供者是否知情。

④实施赌博行为的时间、地点，赌博的具体形式，参与赌博人员的具体人数、情况，每把赌资的大小，整场赌资的多少。

⑤组织他人参加赌博的具体人数，其组织的人员是否参与赌博，如何参与赌博，具体的赌资、输赢等情况，有无未成年人，被组织出境赌博人员中有无国家工作人员。

⑥赌博场所、赌博活动持续的时间。

⑦赌博场所是否有人向参赌人员发放高利贷（放水）情况，如有，具体何人借贷及数额、次数、具体利息等相关情况。

⑧赌场中是否雇用人员为赌场从事接送参赌人员、望风看场、发牌坐庄、兑换筹码。

⑨为赌博活动提供资金、计算机网络、通讯、费用结算等直接帮助的相关情况。

⑩赌博同案犯使用或提供何种作案工具，作案工具的来源、数量、特征、下落。

⑪被组织的参赌人员具体参与赌博的具体方式、内容，被组织者的反应。

⑫组织者在聚众赌博活动中如何获利，获利后如何分配。

⑬参与犯罪的行为人的身体特征。

⑭赌资及赃物的情况。

⑮犯罪现场参赌人员及围观群众情况。

⑯赃款赃物的处理情况。

⑰是否存在暴力讨要赌债、高利贷的情况。

⑱赌博场所的相关情况，是否赴境外赌博。

⑲犯罪嫌疑人有无其他职业，是否依靠赌博为生，赌博是否为其主要生活方式，赌博资金是否系其唯一生活来源。

（2）证人证言。

①一般参赌人员的证人证言。

1）是何人组织赌博，自己是如何获悉赌博地点、场所等相关信息；

2）何人召集、邀约自己参与赌博活动，具体召集、邀约的方式、内容；

3）赌博场所的地点等相关情况，自己如何前往，赌博活动组织者或者赌博场所提供哪些服务内容；是否有车辆接送进出赌博场所，何人安排；

4）赌博场所系何人组织，哪人参与赌场的管理和维护，具体的分工情况是否知情；

5）赌场中是否雇用人员为赌场从事望风看场、发牌坐庄、兑换筹码等；

6）组织者、召集人、邀约人如何获利？赌博场所是否有人从事看护？是否有人为赌博活动提供资金、计算机网络、通讯、费用结算等直接帮助；

7）赌博场所是否有人向参与赌博人员发放高利贷（放水），具体利息等相关情况；

8）赌博场所、赌博活动持续的时间；

9）自己参与赌博的相关情况。何时参与赌博，参赌几次，赌博的具体形式，是否有人坐庄，如何营利，自己参与赌博的赌资以及输赢情况；

10）赌博场所参与赌博的具体人员、人数，每把赌资的大小，整场赌资的多少；

11）在赌博现场所看见、听到的一切与案件事实相关的情况；

12）参赌人员的身份情况，是否具有国家工作人员身份或者未成年人。

②现场证人证言。

1）与犯罪嫌疑人的关系；

2）案发时间、地点；

3）赌博的方式以及犯罪嫌疑人获利的情况；

4）赌博场所的来源、使用情况；

5）参赌人数及赌资情况；

6）在案发现场所看见、听到的一切与案件事实相关的情况。

③赌博地点所有方、赌具来源方等证人证言

1）出租、出售赌博地点、赌具的时间、地点；

2）承租、购买赌博地点、赌具的人的详细特征。

④举报人证言。

1）如何获知犯罪和犯罪嫌疑人情况；

2）赌博场所及赌博组织者、召集者、邀约者的相关情况；

3）知悉的其他有关案件事实的情况；

4）如为保密需要，举报人不便提供证人证言的，可由办案单位以查获经过的方式说明与案件有关的情况。

⑤其他知情人的证言，如犯罪嫌疑人亲属、邻居等人证言，证实犯罪嫌疑人生活来源情况。

（3）物证、书证。

①作案工具，如赌博用具、专门用于赌博的交通工具、通讯工具等。

②赃款赃物，包括赌博犯罪所得的金钱、财物。

③账本等，证实赌博活动持续时间、获利情况及获利后的分配情况。

④通讯部门提供的（固定、移动）电话通话记录、短信息记录。

（4）勘验、检查笔录、鉴定意见、视听资料及其他证据。

①对有关场所、人身、物品等进行勘验、检查，提取与案件有关的痕迹、物证，制作《现场勘验检查笔录》。

②辨认笔录，包括犯罪嫌疑人、被告人、证人等对现场照片、涉案人员的辨认指认等。

③犯罪现场、周围及相关场所的视频监控资料。

④其他证据。

2. 证明犯罪主观方面的证据

（1）犯罪嫌疑人的供述和辩解。

①实施赌博犯罪的动机、目的。

②有无直接参赌获利、抽头渔利或者组织人员赌博获取回扣、介绍费等费用的行为。

③赌博犯罪起意的过程，有无谋划、谋划的具体内容。

④共同犯罪的谋划、分工的时间、地点、内容以及在谋划下各个人相对应的犯罪行为，并应查明：

1）事先有无预谋，有无作具体分工；

2）未表示反对或同意意见者，有无以实际行动参与赌博或在赌博中获利；

3）分赃情况和赃款用途，以此判明各犯罪嫌疑人、被告人的主观目的。

⑤自己的职业情况，是否依靠赌博为生，赌博是否为其主要生活方式，赌博资金是否系其主要生活来源。

（2）能够证明犯罪嫌疑人主观故意的其他证据。

三、追诉量刑

（一）赌博罪的定罪量刑标准

《最高人民法院、最高人民检察院关于办理赌博刑事案件具体应用法律若干问题的解释》（法释〔2005〕3号，2005年5月13日起施行）

第一条　以营利为目的，有下列情形之一的，属于刑法第三百零三条规定的“聚众赌博”：

（一）组织3人以上赌博，抽头渔利数额累计达到5000元以上的；

（二）组织3人以上赌博，赌资数额累计达到5万元以上的；

（三）组织3人以上赌博，参赌人数累计达到20人以上的；

（四）组织中华人民共和国公民10人以上赴境外赌博，从中收取回扣、介绍费的。

第九条 不以营利为目的，进行带有少量财物输赢的娱乐活动，以及提供棋牌室等娱乐场所只收取正常的场所和服务费用的经营行为等，不以赌博论处。

（二）定罪量刑对应表

表8－1 赌博罪定罪量刑对应表

<table>
<tr><td rowspan="5">赌博罪</td><td colspan="2">情节</td><td>刑期</td></tr>
<tr><td rowspan="3">组织3人以上</td><td>抽头渔利数额累计达5000元以上</td><td rowspan="4">三年以下有期徒刑、拘役或者管制，并处罚金</td></tr>
<tr><td>赌资数额累计达5万元以上</td></tr>
<tr><td>参赌人数累计达20人以上</td></tr>
<tr><td colspan="2">组织中华人民共和国公民10人以上赴境外赌博</td></tr>
</table>

第二节 开设赌场罪

一、犯罪构成

（一）《刑法》（2020年12月26日修正）

第三百零三条第二款 【开设赌场罪】开设赌场的，处五年以下有期徒刑、拘役或者管制，并处罚金；情节严重的，处五年以上十年以下有期徒刑，并处罚金。

第三百零三条第三款 【组织参与国（境）外赌博罪】组织中华人民共和国公民参与国（境）外赌博，数额巨大或者有其他严重情节的，依照前款的规定处罚。

（二）学理解释

开设赌场罪是《刑法修正案（六）》从《刑法》原第303条赌博罪中分立出来的新罪名。开设赌场罪的犯罪主体为一般主体，即年满16周岁、有刑事责任能力的自然人；侵犯的客体系社会公共秩序，具体而言，侵犯的是以劳动或其他合法行为取得财产这一国民健全的经济生活方式与秩序；主观上只能由故意构成，且行为人应以营利为目的。“营利”不同于“盈利”，行为人是否实际盈利并不影响其“以营利为目的”主观心态的认定。实践中，对于不以营利为目的，亲属家人之间进行有输赢性质的麻将、扑克等娱乐活动，或者行为人与他人之间进行带有少量财物输赢娱乐活动，虽然主观上也有为了赢取少量财物的获利成分，但输赢对其无所谓，或者意义不大，其主要目的是消遣、娱乐，因此，这样的行为不属于“以营利为目的”，一般不宜纳入赌博罪或开设赌场罪的刑法考量。根据学术界和实务界的一般观点，“开设赌场”即为赌博提供场所、赌具、筹码、设定赌博方式的行为，单纯提供棋牌室等娱乐场所并收取一定的场所和服务费的行为不构成本罪。

根据赌场形态的不同，开设赌场案件可粗略分为场地型开设赌场、利用赌博机开设赌场和网上开设赌场3种形态。近年来，随着通讯技术和互联网技术的发展，在网上开设赌场的犯罪行为日益猖獗，利用互联网、微信、QQ、支付宝等通信支付工具进行赌博的行为愈演愈烈，涉案金额和涉案人数都屡创新高，成为打击犯罪的一个重点。关于赌博网站的认定有两点值得注意：一是纯粹为了从事赌博违法犯罪活动而建立的网站当然属于赌博网站，只有部分网页从事赌博违法犯罪活动的网站属于赌博网站。二是赌博网站不仅可以利用计算机网络，也可以利用有线或无线互联网、移动通讯终端等传输赌博数额、数据。建立赌博网站或者为赌博网站担任代理并且接受投注的，即属于刑法规定的“开设赌场”的行为，不要求其再发展下级代理。如果仅建立赌博网站或者仅为赌博网站担任代理，但不接受投注，不属于刑法规定的“开设赌场”行为。

二、疑难问题

（一）利用赌博机组织赌博的性质认定

1.《最高人民法院、最高人民检察院、公安部关于办理利用赌博机开设赌场案件适用法律若干问题的意见》（公通字〔2014〕17号，2014年3月26日起施行）

一、关于利用赌博机组织赌博的性质认定

设置具有退币、退分、退钢珠等赌博功能的电子游戏设施设备，并以现金、有价证券等贵重款物作为奖品，或者以回购奖品方式给予他人现金、有价证券等贵重款物（以下简称设置赌博机）组织赌博活动的，应当认定为刑法第三百零三条第二款规定的“开设赌场”行为。

六、关于赌博机的认定

对于涉案的赌博机，公安机关应当采取拍照、摄像等方式及时固定证据，并予以认定。对于是否属于赌博机难以确定的，司法机关可以委托地市级以上公安机关出具检验报告。司法机关根据检验报告，并结合案件具体情况作出认定。必要时，人民法院可以依法通知检验人员出庭作出说明。

2. 关于办理利用赌博机开设赌场案件适用法律若干问题的意见的理解与适用①

（一）关于利用赌博机组织赌博的性质认定问题

主要考虑：一是2000年国务院办公厅转发的文化部等部门的《关于开展电子游戏经营场所专项治理的意见》第3条第7项曾规定，对设置具有退币、退钢珠、退奖券、荧屏记分和其他中奖方式等赌博功能的电子游戏机机型、机种、电路板的电子游戏经营场所，除由文化部门会同公安、信息产业、工商行政管理等部门依照有关规定分别处罚外，工商行政管理部门要吊销其营业执照或予以取缔，构成犯罪的，依法追究刑事责任。2006年《娱乐场所管理条例》第19条规定，游艺娱乐场所不得设置具有赌博功能的电子游戏机机型、机种、电路板等游戏设施设备，不得以现金或者有价证券作为奖品，不得回购奖品。因此，《最高人民法院、最高人民检察院、公安部关于办理利用赌博机开设赌场案件适用法律若干问题的意见》第1条根据执法办案的实际情况，明确设置具有退币、退分、退钢珠等赌博功能的电子游戏设施设备，并以贵重款物作为奖品，或者以回购奖品方式给予他人贵重款物的，属于“设置赌博机”的行为。二是《刑法》第303条第2款规定的“开设赌场”，一般是指开设专门用于进行赌博的场所，设定赌博方式，提供赌具、筹码，接受赌客投注的行为。而设置赌博机组织赌博活动的行为，与传统开设赌场的行为性质相同，因此应当将其认定为《刑法》第303条第2款规定的“开设赌场”，以开设赌场罪定性处理。

（六）关于赌博机的认定问题

《最高人民法院、最高人民检察院、公安部关于办理利用赌博机开设赌场案件适用法律若干问题的意见》第6条明确了赌博机的认定问题，要求公安机关应当采取拍照、摄像等方式及时固定证据，并予以认定。同时，考虑到实践中可能出现对于是否属于赌博机难以确定的情况，该条还明确在这种情况下，司法机关可以委托地市级以上公安机关出具检验报告。司法机关根据检验报告，并结合案件具体情况作出认定。必要时，人民法院可以依法通知检验人员出庭作出说明。

---

① 韩耀元、吴峤滨：《〈关于办理利用赌博机开设赌场案件适用法律若干问题的意见〉的理解与适用》，载《人民检察》2014年第12期。

（二）在网上开设赌场犯罪的认定

1.《最高人民法院、最高人民检察院关于办理赌博刑事案件具体应用法律若干问题的解释》（法释〔2005〕3号，2005年5月13日起施行）

第二条 以营利为目的，在计算机网络上建立赌博网站，或者为赌博网站担任代理，接受投注的，属于刑法第三百零三条规定的“开设赌场”。

第四条 明知他人实施赌博犯罪活动，而为其提供资金、计算机网络、通讯、费用结算等直接帮助的，以赌博罪的共犯论处。

2.《最高人民法院、最高人民检察院、公安部关于办理利用赌博机开设赌场案件适用法律若干问题的意见》（公通字〔2014〕17号，2014年3月26日发布）

三、关于共犯的认定

明知他人利用赌博机开设赌场，具有下列情形之一的，以开设赌场罪的共犯论处：

（一）提供赌博机、资金、场地、技术支持、资金结算服务的；

（二）受雇参与赌场经营管理并分成的；

（三）为开设赌场者组织客源，收取回扣、手续费的；

（四）参与赌场管理并领取高额固定工资的；

（五）提供其他直接帮助的。

3.《最高人民法院、最高人民检察院、公安部关于办理网络赌博犯罪案件适用法律若干问题的意见》（公通字〔2010〕40号，2010年8月31日起施行）

二、关于网上开设赌场共同犯罪的认定和处罚

明知是赌博网站，而为其提供下列服务或者帮助的，属于开设赌场罪的共同犯罪，依照刑法第三百零三条第二款的规定处罚：

（一）为赌博网站提供互联网接入、服务器托管、网络存储空间、通讯传输通道、投放广告、发展会员、软件开发、技术支持等服务，收取服务费数额在2万元以上的；

（二）为赌博网站提供资金支付结算服务，收取服务费数额在1万元以上或者帮助收取赌资20万元以上的；

（三）为10个以上赌博网站投放与网址、赔率等信息有关的广告或者为赌博网站投放广告累计100条以上的。

实施前款规定的行为，数量或者数额达到前款规定标准5倍以上的，应当认

定为刑法第三百零三条第二款规定的“情节严重”。

实施本条第一款规定的行为，具有下列情形之一的，应当认定行为人“明知”，但是有证据证明确实不知道的除外：

（一）收到行政主管机关书面等方式的告知后，仍然实施上述行为的；

（二）为赌博网站提供互联网接入、服务器托管、网络存储空间、通讯传输通道、投放广告、软件开发、技术支持、资金支付结算等服务，收取服务费明显异常的；

（三）在执法人员调查时，通过销毁、修改数据、账本等方式故意规避调查或者向犯罪嫌疑人通风报信的；

（四）其他有证据证明行为人明知的。

4. 关于办理网络赌博犯罪案件适用法律若干问题的意见的理解与适用①

三、关于网上开设赌场共犯的认定和处罚问题

（一）网上开设赌场共犯的行为方式

通常开设赌场的共同犯罪，是指二人以上共同策划或进行分工，故意实施开设赌场犯罪活动。这种共犯有共同的犯意和共同的实行行为，在司法实践中比较容易认定。在信息网络和电子商务越来越发达的情况下，较难认定的是，如何认定网络、通讯或资金支付、结算服务的提供者的共同犯罪行为并确定相关人员的刑事责任问题。鉴于这种行为对网络赌博帮助很大，是形成网络赌博人员流、信息流、资金流的重要因素，《最高人民法院、最高人民检察院、公安部关于办理网络赌博犯罪案件适用法律若干问题的意见》结合司法实践，在《最高人民法院、最高人民检察院关于办理赌博刑事案件具体应用法律若干问题的解释》第4条相关规定的基础上进一步明确了网上开设赌场共犯的行为方式。

实践中，赌博网站的运营通常包括以下四个环节：一是赌博网站的程序开发和技术维护环节。赌博网站的经营者往往不自行开发赌博网站的程序，而是雇他人为其开发程序并提供相关技术维护或向他人购买程序并由对方提供相关技术维护。二是将赌博网站的服务器接入网络环节。为了将赌博网站的服务器接入网络中，赌博网站的经营者往往雇他人为其提供互联网接入、服务器托管、网络存储空间、通讯运输通道等服务。三是赌博网站的推广环节。赌博网站常通过雇用他

① 高贵君、张明、吴光侠、邓克珠：《〈关于办理网络赌博犯罪案件适用法律若干问题的意见〉的理解与适用》，载《人民司法》2010年第21期。

人在其他网站上刊登宣传赌博网站的广告，提供赌博网站的链接或者雇用他人发展会员。不同于赌博网站的代理，受雇为赌博网站发展会员者本人并不组织或参与赌博，仅通过为赌博网站发展会员的方式获取非法利益。赌博网站一般根据受雇者帮助其发展会员的人数向其支付费用。四是赌资支付结算环节。赌博活动最终都需要通过各种资金流转渠道，实现赌资的支付结算流转。这4个环节的犯罪活动往往由不同的人员负责，形成分工合作的利益链条，对开设赌场犯罪的发生和进行有直接促进作用，是网络赌博犯罪活动泛滥的原因之一。只有对上述4个环节的犯罪活动予以惩治，才能切断网上开设赌场的利益链条，遏制网络赌博犯罪活动的泛滥。因此，《最高人民法院、最高人民检察院、公安部关于办理网络赌博犯罪案件适用法律若干问题的意见》第2条规定，明知是赌博网站，而为其提供下列服务或者帮助的，属于开设赌场罪的共同犯罪，依照《刑法》第303条第2款的规定处罚：

第1款第1项规定主要是考虑到开设赌场罪主犯“抽头渔利3万元以上的”即属于“情节严重”，而为赌博网站提供帮助的共犯通常不直接抽头渔利，仅收取服务费用，社会危害性小于其主犯。因此该意见规定，为赌博网站提供互联网接入、服务器托管、网络存储空间、通讯传输通道、投放广告、发展会员、软件开发、技术支持等服务，收取服务费数额2万元以上的，依照《刑法》第303条第2款的规定处罚。

第1款第2项“为赌博网站提供资金支付结算服务，收取服务费数额在1万元以上或者帮助收取赌资20万元以上的”的规定表明，对于为赌博网站提供资金支付结算服务的帮助行为，可以“收取服务费数额”或“帮助收取赌资数额”为标准来确定其起刑点。在同样以收取服务费数额为标准的情况下，该意见之所以规定提供资金支付结算服务的起刑点比前项规定的提供互联网接入、服务器托管等服务的起刑点低，主要是考虑到在实践中，第三方支付平台通常收取赌资数额的1%至7%作为服务费，若支付平台收取了1万元的服务费，则其帮助赌博网站支付或结算了约100万元至700万元的赌资。若对为赌博网站提供资金支付结算服务的行为规定过高的起刑点，则难以有效惩治该类犯罪活动。

第1款第3项“为10个以上赌博网站投放与网址、赔率等信息有关的广告或者为赌博网站投放广告累计100条以上的”的规定表明，对于为赌博网站投放广告的行为，除了以收取服务费数额为标准确定起刑点外，还以赌博网站数量或广告数量为标准确定其起刑点。为赌博网站投放广告，只要符合前述条件之一，即可构成开设赌场罪。

同时该意见参照以往司法解释和相关规定指出，网上开设赌场共犯的起刑点与“情节严重”的标准之间为1∶5的比例关系，即达到前述规定标准5倍以上的，属于《刑法》第303条第2款规定的“情节严重”。

（二）其他需要说明的相关问题

需要指出的是，开设赌场犯罪的共犯之间并非必须事前有通谋，在实行赌博犯罪的过程中形成共同犯罪故意的，同样构成共犯。只是认定这种共犯时，需要注意两点：一是必须有证据证明行为人明知他人在实施开设赌场犯罪，这是行为人主观上存在沟通故意的前提。行为人的认知状态是明知，认知内容是他人在实施开设赌场犯罪。二是行为人的上述帮助行为对于开设赌场犯罪的发生和进行来说，有直接的促进作用，成为开设赌场顺利进行或赌博得逞的环节。

由于“明知他人开设赌场而为其提供费用结算服务的”还包括经行政许可、有资质从事网络支付业务的金融机构人员实施该行为的情形，非法经营罪并不能包括这一情形。故该意见规定，为赌博网站提供资金支付结算服务，收取服务费数额1万元以上或者帮助收取赌资20万元以上的，可以开设赌场罪的共犯处罚。同时，考虑到中国人民银行发布的《非金融机构支付服务管理办法》规定，从事网络支付业务的金融机构必须通过严格的资质条件考核，任何非金融机构不得擅自从事网络支付业务。因此，未经国家行政审批部门许可而从事网络支付业务，为赌博犯罪活动提供网络支付服务的，既符合《刑法修正案（七）》规定的非法从事资金支付结算条件而构成非法经营罪，又可以开设赌场罪的共犯处罚。对此种一行为触犯数罪名的竞合犯，应择一重罪处断，即以其行为所对应的法定刑较重的重罪处罚。

有人提出，应将在赌博网站发布与赌博无关的广告并向该赌博网站支付一定广告报酬的行为规定为开设赌场罪的共犯。我们认为，该行为虽然在客观上给开设赌场者带来一定经济利益，但毕竟不是直接资助网站赌博或开设赌场的行为。况且，实践中大部分赌博网站的巨额利润主要来源于抽头渔利和直接参赌赢取钱财等，并非赌博网站上的广告收入。故未采纳该意见。

（三）网上开设赌场共犯明知的认定

从犯罪的主观方面看，开设赌场罪是故意犯罪，要求行为人对自己实施开设赌场的行为在主观上是明知的。《最高人民法院、最高人民检察院、公安部关于办理网络赌博犯罪案件适用法律若干问题的意见》在总结网上开设赌场共同犯罪案件侦查、起诉和审判实践经验的基础上，提出对帮助他人开设赌场行为，有4种情形之一，结合犯罪嫌疑人、被告人的供述和其他证据，经综合审查判断，可以认定其“明知”他人开设赌场而为其提供帮助，但有证据证明确实不知道的除外：

第1项“收到行政主管机关书面等方式的告知后，仍然实施上述行为的”，是指行为人收到行政主管机关书面等方式告知，其在为开设赌场的行为提供服务，而后仍继续提供该服务。一般情况下，行政主管机关应以书面方式告知行为人，但告知的方式并不限于书面方式。只要有证据证明该告知内容能够为行为人所知晓即可。

第2项“为赌博网站提供互联网接入、服务器托管、网络存储空间、通讯传输通道、投放广告、软件开发、技术支持、资金支付结算等服务，收取服务费明显异常的”，是通过服务费用的明显超常来认定主观上的“明知”。实践中，为赌博网站提供服务所收取的服务费一般高于提供同类服务的正常费用，但也有的犯罪分子为吸引赌博网站雇用其提供服务，主动降低服务费数额。故收取服务费的明显异常包括高于正常数额和低于正常数额两种情形。

第3项“在执法人员调查时，通过销毁、修改数据、账本等方式故意规避调查或者向犯罪嫌疑人通风报信的”，参考了《最高人民法院、最高人民检察院、公安部关于办理制毒物品犯罪案件适用法律若干问题的意见》的有关规定，将具有故意逃避调查、故意销毁数据等异常情况的认定为明知。值得注意的是，开设赌场的帮助犯规避调查的方式通常是销毁、修改数据、账本，但不限于上述列出的方式。

第4项则是为了应对实践中复杂多变的案件情况而规定的兜底条款，以防止因列举不全而使行为人逃避惩治。

（四）在实行犯未到案情形下对赌博共犯的处理

在隔地共同犯罪的情况下，可能存在对网上开设赌场犯罪的共犯无法实际行使刑事管辖权的情况，如赌博网站的上层人员在境外，难以抓获归案；为境外数十家赌博网站开发赌博网络平台，难以认定是哪个赌博网站的共犯或者存在主犯不明确的情形。为解决这一难题，《最高人民法院、最高人民检察院、公安部关于办理网络赌博犯罪案件适用法律若干问题的意见》规定，在实行犯未归案的情况下，如果不影响对已到案共同犯罪嫌疑人、被告人的犯罪事实认定，可以依法对已到案者先行独立起诉并予以定罪处罚。

（三）网络赌博中参赌人数、赌资和代理网站的认定

1.《最高人民法院、最高人民检察院、公安部关于办理网络赌博犯罪案件适用法律若干问题的意见》（公通字〔2010〕40号，2010年8月31日发布）

三、关于网络赌博犯罪的参赌人数、赌资数额和网站代理的认定

赌博网站的会员账号数可以认定为参赌人数，如果查实一个账号多人使用或者多个账号一人使用的，应当按照实际使用的人数计算参赌人数。

赌资数额可以按照在网络上投注或者赢取的点数乘以每一点实际代表的金额认定。

对于将资金直接或间接兑换为虚拟货币、游戏道具等虚拟物品，并用其作为筹码投注的，赌资数额按照购买该虚拟物品所需资金数额或者实际支付资金数额认定。

对于开设赌场犯罪中用于接收、流转赌资的银行账户内的资金，犯罪嫌疑人、被告人不能说明合法来源的，可以认定为赌资。向该银行账户转入、转出资金的银行账户数量可以认定为参赌人数。如果查实一个账户多人使用或多个账户一人使用的，应当按照实际使用的人数计算参赌人数。

有证据证明犯罪嫌疑人在赌博网站上的账号设置有下级账号的，应当认定其为赌博网站的代理。

2. 关于办理网络赌博犯罪案件适用法律若干问题的意见的理解与适用①

（一）参赌人数和网站代理的认定

网络赌博中参赌人数、网站代理的认定方式，是由网络赌博行为的特殊性决定的。与开设赌场的普通方式不同，网上开设赌场的犯罪分子给参赌人、下级代理提供的是赌博网站的账户和密码，而非物理场所和有形的赌具，因而网络赌博参赌人数通常与赌博网站上的会员账号数相同。因此，《最高人民法院、最高人民检察院、公安部关于办理网络赌博犯罪案件适用法律若干问题的意见》规定，赌博网站的会员账号数可以认定为参赌人数，但如果查明一个账号多人使用或者多个账号一人使用，则应当按照实际使用的人数计算参赌人数。有证据证明犯罪嫌疑人在赌博网站上的账号设置有下级账号的，应当认定其为赌博网站的代理。

有些赌博网站并不留存投注记录，每一场赌博结束后所有数据立即消除，认

---

① 高贵君、张明、吴光侠、邓克珠：《〈关于办理网络赌博犯罪案件适用法律若干问题的意见〉的理解与适用》，载《人民司法》2010年第21期。

定赌博的证据是银行的相关记录。因此该意见又规定，可将向开设赌场犯罪中用于转入、转出赌资的银行账户数量认定为参赌人数。

（二）赌资数额的认定

赌资包括3种形式的款物，即赌博犯罪中用作赌注的款物、换取筹码的款物和通过赌博赢取的款物。网络赌博中赌资的计算方式，也是由网络赌博行为的特殊性决定的。在网络赌博中，为了方便参赌人投注，用作投注的对象往往只是“点数”，而不是实际的资金。只有在结算时才按照每一点数实际代表的金额来计算输赢数额，然后再发生真实的资金转移关系。网络赌博中，“点数”相当于现场赌博中的筹码。因此，《最高人民法院、最高人民检察院、公安部关于办理网络赌博犯罪案件适用法律若干问题的意见》重申《最高人民法院、最高人民检察院关于办理赌博刑事案件具体应用法律若干问题的解释》的有关规定，赌资数额可以按照在网络上投注或者赢取的点数乘以每一点实际代表的金额认定。用这种计算方法计算网络赌博的赌资数额，能够客观反映并准确计算网络赌博中真实的投注或者赢取款物数额。

实践中，开设赌场的行为人通常使用专门银行账户流转赌资，故《最高人民法院、最高人民检察院、公安部关于办理网络赌博犯罪案件适用法律若干问题的意见》又规定，对于开设赌场犯罪中用于接收、流转赌资的银行账户内的资金，犯罪嫌疑人、被告人不能说明合法来源的，可以认定为赌资。需要注意的是，鉴于实践中很多参赌人员使用自己日常生活使用的资金账户进行投注，上述规定仅适用于开设赌场者的资金账户，并不适用于参赌者的资金账户。

在网络游戏中，游戏参与者和游戏中的虚拟人物对赌，或者基于游戏规则而进行的虚拟赌博，均与网络赌博不同。但是，也存在一些以网络游戏为幌子的网络赌博活动。在此类活动中，参赌人通常将资金兑换成“虚拟物品”并用其作为筹码投注，这和将赌资兑换成“点数”进行投注并没有本质区别。在行为人将金钱直接或间接兑换为虚拟货币、游戏道具等虚拟物品，并用其作为筹码投注，虚拟物品可以再次兑换成现实生活中的货币的情况下，虚拟财产已与现实财产发生了真实联系，应当属于法律调整的范畴。因此，该意见规定，对于将资金直接或间接兑换为虚拟货币、游戏道具等虚拟物品，并用其作为筹码投注的，赌资数额按照购买该虚拟物品所需资金数额或者实际支付资金数额认定。

（四）在我国领域外开设赌场的行为定性

《最高人民法院、最高人民检察院关于办理赌博刑事案件具体应用法律若干问题的解释》（法释〔2005〕3号，2005年5月13日起施行）

第三条　中华人民共和国公民在我国领域外周边地区聚众赌博、开设赌场，以吸引中华人民共和国公民为主要客源，构成赌博罪的，可以依照刑法规定追究刑事责任。①

（五）明知是赌博网站仍为其提供资金结算便利的行为认定

［刑事审判参考案例第804号：萧某某开设赌场案］

明知是赌博网站，仍为其提供资金结算便利的行为构成开设赌场罪。

明知是赌博网站而提供资金支付结算便利的行为构成开设赌场罪。2006年6月29日以后，利用计算机网络技术建立赌博网站并接受投注的行为，应当依照修订后的刑法规定认定为开设赌场罪。与传统的实体赌场不同，网上开设赌场是利用互联网、移动通讯终端等传输赌博视频、数据，以现代科技为依托建立虚拟场所，通过数字信息交流，组织赌博活动。在网络上开设赌场的整个流程分为两个环节：一是信息流环节，即赌博网站网址、赔率等招赌信息的发布、参赌人员的身份信息注册、银行账户等支付手段信息的确认、投注信息的上传与接收、赌博输赢结果的公布等；二是资金流环节，即利用银行、第三方支付平台等金融机构或者准金融机构，进行赌资的收支结算活动。萧某某明知“乐天堂”网站是赌博网站而在资金流环节提供服务，在开设赌场犯罪中承担了一定的分工，符合《刑法》总则关于共同犯罪的规定，应当以开设赌场罪定罪处罚。《最高人民法院、最高人民检察院、公安部关于办理网络赌博犯罪案件适用法律若干问题的意见》第2条第1款第2项将明知是赌博网站，为赌博网站提供资金支付结算服务的行为明确为开设赌场罪的共同犯罪，但不是单独的开设赌场犯罪行为，作为在互联网上开设赌场的一个中间环节（资金流环节）行为，根据其在共同犯罪中所体现的作用，应当认定其为从犯。

（六）利用微信群进行控制管理，以抢红包方式赌博的行为定性

1.［最高法指导案例105号：洪某某等开设赌场案］

以营利为目的，通过邀请人员加入微信群的方式招揽赌客，根据竞猜游戏网

---

① 该解释系2005年颁布，如在《刑法修正案（六）》施行后实施本项行为，符合开设赌场罪的，应以开设赌场罪追究刑事责任。

站的开奖结果等方式进行赌博，设定赌博规则，利用微信群进行控制管理，在一段时间内持续组织网络赌博活动的，属于《刑法》第 303 条第 2 款规定的“开设赌场”。

2. [最高法指导案例 106 号：谢某某等开设赌场案]

以营利为目的，通过邀请人员加入微信群，利用微信群进行控制管理，以抢红包方式进行赌博，在一段时间内持续组织赌博活动的行为，属于《刑法》第303 条第 2 款规定的“开设赌场”。

（七）在法定期货交易场所之外利用互联网招揽“投资者”，以未来某段时间某产品的价格走势为交易对象，按照“买涨”“买跌”确定盈亏的行为定性

[最高法指导案例 146 号：陈某某等开设赌场案]

根据国务院 2017 年修订的《期货交易管理条例》第 1、4、6 条规定，期权合约是指期货交易场所统一制定的、规定买方有权在将来某一时间以特定价格买入或者卖出约定标的物的标准化合约。期货交易应当在期货交易所等法定期货交易场所进行，禁止期货交易场所之外进行期货交易。未经国务院或者国务院期货监督管理机构批准，任何单位或者个人不得以任何形式组织期货交易。简言之，期权是一种以股票、期货等品种的价格为标的，在法定期货交易场所进行交易的金融产品，在交易过程中需完成买卖双方权利的转移，具有规避价格风险、服务实体经济的功能。以“二元期权”交易的名义，在法定期货交易场所之外利用互联网招揽“投资者”，以未来某段时间外汇品种的价格走势为交易对象，按照“买涨”“买跌”确定盈亏，买对涨跌方向的“投资者”得利，买错的本金归网站（庄家）所有，盈亏结果不与价格实际涨跌幅度挂钩的，实则是以未来某段时间外汇、股票等品种的价格走势为交易对象，以标的价格走势的涨跌决定交易者的财产损益，交易价格与盈亏幅度事前确定，盈亏结果与价格实际涨跌幅度不挂钩，交易者没有权利行使和转移环节，交易结果具有偶然性、投机性和射幸性，本质是“押大小、赌输赢”，实为网络平台与投资者之间的对赌，是披着期权外衣的赌博行为。对相关网站应当认定为赌博网站。

（八）“聚众赌博”型的赌博罪和开设赌场罪的区分

开设赌场罪的设置主要是为了打击有长期经营计划、有规模、赌场轮廓清晰的开设赌场行为，开放性和参赌人员的不特定性是开设赌场罪的最显著特点。两罪常见的特点：

（1）赌客的来源。赌博罪中聚众赌博的赌客往往是组织者利用其人际关系资源召集起来的，人员相对固定化，私密性较好，每聚赌一次一般都要重新召集。而开设赌场罪中的赌客来源，除开设初期也是通过组织者召集，发展到后来基本上口口相传，有一定的知名度，在圈内处于半公开开放状态，很多赌客会自动上门参赌，因此人员相对不特定。

（2）聚赌地点和时间。赌博罪的聚众赌博中，聚赌的地点基本上不固定，时间方面也不连续不规律化，基本上是赌一次算一次，有这场可能没下场，下场什么时候开始要等通知。而开设赌场罪的开设地点有固定的也有不固定的，开设的时间基本上往往是连续一段时间，只要没有警察找上门基本上每天固定场次。

（3）规模化程度。赌博罪中聚众赌博规模化一般不大，每次参赌人数不多，多次聚赌中参赌人员重复率高，组织结构简单，工作人员少等。而开设赌场罪中，组织结构相对完整，有赌场内管理人员、抽头人员、护场人员、望风人员等，赌场的轮廓比较清晰。

（4）经营化理念。赌博罪中聚众赌博组织者经营性的理念基本没有，基本上是这次组织到多少人聚赌一次就赚点钱。而开设赌场罪中，开设者有一些经营思路，比如如何将赌场开大，如何让更多的安全系数较大的人来参加赌博，如何将附近的其他赌场冲掉打垮等。①

（九）赌博类犯罪宽严相济刑事政策的把握

1.《最高人民法院、最高人民检察院、公安部关于办理利用赌博机开设赌场案件适用法律若干问题的意见》（公通字〔2014〕17号，2014年3月26日发布）

七、关于宽严相济刑事政策的把握

办理利用赌博机开设赌场的案件，应当贯彻宽严相济刑事政策，重点打击赌场的出资者、经营者。对受雇用为赌场从事接送参赌人员、望风看场、发牌坐庄、兑换筹码等活动的人员，除参与赌场利润分成或者领取高额固定工资的以外，一般不追究刑事责任，可由公安机关依法给予治安管理处罚。对设置游戏机，单次换取少量奖品的娱乐活动，不以违法犯罪论处。

---

① 姚海华主编：《刑事实务》，中国法制出版社2017年版，第540页。

2. 关于办理利用赌博机开设赌场案件适用法律若干问题的意见的理解与适用①

《最高人民法院、最高人民检察院、公安部关于办理利用赌博机开设赌场案件适用法律若干问题的意见》第7条明确了宽严相济刑事政策的把握问题，包括3个层次：一是明确了打击重点，对于办理利用赌博机开设赌场的案件，应当重点打击赌场的出资者、经营者；二是要求对受雇用为赌场从事接送参赌人员、望风看场、发牌坐庄、兑换筹码等活动的人员，除参与赌场利润分成或者领取高额固定工资的以外，一般不追究刑事责任，可由公安机关依法给予治安管理处罚；三是要求对设置游戏机，单次换取少量奖品的娱乐活动，不以违法犯罪论处。主要考虑：一是为贯彻宽严相济刑事政策，应当将赌场的出资者、经营者作为打击重点，而对受雇用单纯从事劳务工作的一般参与者，应当区别于《最高人民法院、最高人民检察院、公安部关于办理利用赌博机开设赌场案件适用法律若干问题的意见》第3条规定的受雇参与赌场经营管理并分成或者参与赌场管理并领取高额固定工资构成共犯的人员，一般不追究刑事责任，防止不当扩大刑事打击面；二是正确区分罪与非罪界限，明确对设置游戏机，单次换取少量奖品的娱乐活动，不以违法犯罪论处。

（十）网络赌博案件的管辖

1.《最高人民法院、最高人民检察院、公安部关于办理网络赌博犯罪案件适用法律若干问题的意见》（公通字〔2010〕40号，2010年8月31日发布）

网络赌博犯罪案件的地域管辖，应当坚持以犯罪地管辖为主、被告人居住地管辖为辅的原则。

“犯罪地”包括赌博网站服务器所在地、网络接入地，赌博网站建立者、管理者所在地，以及赌博网站代理人、参赌人实施网络赌博行为地等。

公安机关对侦办跨区域网络赌博犯罪案件的管辖权有争议的，应本着有利于查清犯罪事实、有利于诉讼的原则，认真协商解决。经协商无法达成一致的，报共同的上级公安机关指定管辖。对即将侦查终结的跨省（自治区、直辖市）重大网络赌博案件，必要时可由公安部商最高人民法院和最高人民检察院指定管辖。

---

① 韩耀元、吴峤滨：《〈关于办理利用赌博机开设赌场案件适用法律若干问题的意见〉的理解与适用》，载《人民检察》2014年第12期。

为保证及时结案，避免超期羁押，人民检察院对于公安机关提请审查逮捕、移送审查起诉的案件，人民法院对于已进入审判程序的案件，犯罪嫌疑人、被告人及其辩护人提出管辖异议或者办案单位发现没有管辖权的，受案人民检察院、人民法院经审查可以依法报请上级人民检察院、人民法院指定管辖，不再自行移送有管辖权的人民检察院、人民法院。

2. 关于办理网络赌博犯罪案件适用法律若干问题的意见的理解与适用①

"赌博网站建立者、管理者所在地"是指赌博网站建立者、管理者实施网络赌博行为地，而非行为人实施网络赌博行为后的实际所在地。此外，网络赌博活动中，参赌人必然会利用赌博网站上传、下载或传输信息。仅静态浏览赌博网站的网页，不属于实施网络赌博的行为。因此，仅仅被动接受信息的网络用户所在地不是《最高人民法院、最高人民检察院、公安部关于办理利用赌博机开设赌场案件适用法律若干问题的意见》规定的"参赌人实施网络赌博行为地"。

（十一）网络赌博案件中电子证据的收集与保全问题

《最高人民法院、最高人民检察院、公安部关于办理网络赌博犯罪案件适用法律若干问题的意见》（公通字〔2010〕40号，2010年8月31日发布）

五、关于电子证据的收集与保全

侦查机关对于能够证明赌博犯罪案件真实情况的网站页面、上网记录、电子邮件、电子合同、电子交易记录、电子账册等电子数据，应当作为刑事证据予以提取、复制、固定。

侦查人员应当对提取、复制、固定电子数据的过程制作相关文字说明，记录案由、对象、内容以及提取、复制、固定的时间、地点、方法，电子数据的规格、类别、文件格式等，并由提取、复制、固定电子数据的制作人、电子数据的持有人签名或者盖章，附所提取、复制、固定的电子数据一并随案移送。

对于电子数据存储在境外的计算机上的，或者侦查机关从赌博网站提取电子数据时犯罪嫌疑人未到案的，或者电子数据的持有人无法签字或者拒绝签字的，应当由能够证明提取、复制、固定过程的见证人签名或者盖章，记明有关情况。必要时，可对提取、复制、固定有关电子数据的过程拍照或者录像。

---

① 高贵君、张明、吴光侠、邓克珠：《〈关于办理网络赌博犯罪案件适用法律若干问题的意见〉的理解与适用》，载《人民司法》2010年第21期。

（十二）开设赌场案件的取证指引

一、证明犯罪客观方面的证据

（一）客观方面证据的种类

即能证明犯罪嫌疑人在现实生活中或网络上开设赌场的证据。从证明内容来看，可分为以下几类：

1. 存在开设赌场行为的证据。通过搜查清单、现场执法记录仪拍摄的内容、现场勘验笔录和照片、赌具赌资等物证书证、证人证言等言词证据，证实犯罪嫌疑人存在为赌博活动提供场所、设定赌博方式，提供赌具、筹码，接受投注，或在计算机网络上建立赌博网站、为赌博网站担任代理接受投注，并“抽水”渔利从事营利性活动的行为。

2. 认定赌场所有者、经营者、投资者、管理者和共犯的证据。赌场的出资者、经营者即赌场“老板”，是指提供资金、租赁买入场地设备、雇用人员、组织赌博或者负责经营管理的人员。实践中通常难以取得能证实赌场老板身份的直接客观证据，需通过赌客或赌场工作人员的证人证言来综合认定。办案人员询问时应围绕犯罪嫌疑人是否存在招揽工人、分配工作、发放工资、提供赌具、抽头结账等行为予以展开，从而形成有效的证据链。

同时，开设赌场犯罪通常是分工明确的共同犯罪，办案人员还应对是否存在共同犯罪、共犯的身份和实施的犯罪行为进行调查取证。组织形式完备的赌场通常有以下几类人员：负责发牌坐庄的人员，俗称“皇帝”“荷官”；负责为赌场抽头的人员，俗称“水手”；负责望风看场的人员，俗称“钉子”；其他联系提供赌博场所工具、兑换筹码、接送赌客的人员；端茶送水做后勤服务工作的人员①。上述几类人员是否构成共犯，应根据开设赌场的具体方式、其在开设赌场中所起的作用及领取的薪酬水平、对赌博行为的控制力等因素，予以区分认定。根据相关司法解释，因利用赌博机开设赌场的犯罪危害性较小，对于在赌博机赌场从事接送参赌人员、望风看场、发牌坐庄、兑换筹码等活动的人员，除参与赌场利润分成或者领取高额固定工资的以外，一般不追究刑事责任。

3. 认定赌具、赌资、赌博方式和参赌人员的证据。如现场缴获的捕鱼机、老虎机、扑克牌、麻将机等均为赌具。赌资的认定则较为复杂，既可以表现为现金、筹码，也可以体现为银行转账、微信转账等多种形式。实践中一般将赌博台

---

① 闫君剑：《实体型开设赌场罪的司法认定》，载《中国检察官》2017 年第 6 期。

上、收银台中的以及现场参赌工作人员随身携带的现金，放在赌桌台上、赌客或工作人员持有的筹码（换算成金钱）认定为赌资。

（二）客观方面证据的取证

1. 犯罪嫌疑人的供述与辩解

（1）参与赌博的人员及其基本情况，各参赌人员之间的关系、组织者、发起人及其基本情况。组织、召集、联系他人参与赌博的情况。参与赌博的时间（开始、结束或者被查获的时间）、地点、犯罪嫌疑人的身份情况，是否具有国家工作人员身份等。

（2）在具体实施犯罪过程中实施开设赌场行为的方式。

（3）参赌的形式，博取输赢的规则，下赌注的大小范围，每轮赌博赌注计算方式、赌资的交割方式（筹码、现金、实物、点数、实时交割、转账、兑换等）。

（4）共同犯罪的起意、谋划、分工、实施等情况，查明每一个犯罪嫌疑人、被告人在共同犯罪中的地位和作用。

（5）参与犯罪的行为人的身体特征。

（6）赌资及赃物的情况。

（7）犯罪现场参赌人员及围观群众情况。

（8）赃款赃物的处理情况。

（9）获利及利润分成情况，获利后共犯人如何分配，自己的获利情况。

（10）利用互联网、移动通讯终端等传输赌博视频、数据，组织赌博活动，应当查清：

①赌博网站的相关情况，存续时间，网站名、网站地址、网站服务器所在地，上下级庄家相关情况，表面上是合法网站但实质是赌博网站，或利用合法网站作为赌博平台，其运行机制情况；

②赌博网站由谁建立，由谁（或者公司）负责软件开发，由谁（或者公司）提供赌博网站的技术支持，是否人为控制赌博赔率、输赢；

③赌博网站平常如何运营，由谁负责网站的维护、管理，如何吸引参赌人员进行下注参赌，是否投放广告，如何投放；

④在赌博网站的参赌人员如何下注，赌资如何结算、支付，筹码、赔率等如何设定；是否有第三方提供资金结算业务；

⑤赌博网站是否将资金直接或间接兑换为虚拟货币、游戏道具等虚拟物品，

并用其作为筹码投注，赌资数额对应的实际支付资金情况；

⑥赌博网站是否通过发展会员方式运营，是否收取相应的服务费、会员费，具体费用数额，是否抽头渔利，具体获利情况；

⑦赌博网站用于收取赌资、下注钱款的银行卡、账户等相关情况；

⑧赌博网站的获利及利润分成情况，获利后共犯人如何分配，自己的获利情况；

⑨赌博网站运营期间，累计的赌资数额情况，具体的参赌人员和人数，是否有招揽未成年人参与赌博情况；

⑩赌博网站是否招募下级代理，如何招募，利润如何分成；

⑪在赌博网站运营过程中，涉案人充当什么角色，是否为赌博网站提供互联网接入、服务器托管、网络存储空间、通讯传输通道、投放广告、发展会员、软件开发、技术支持、资金结算等服务，收取的服务费的具体数额；

⑫赌博网站用于接收、流转赌资的银行账户内的资金进出情况，是否能够说明具体资金的合法来源；

⑬赌博账号的来源、是否有管理账号、账号的权限等。

（11）设置赌博机开设赌场的，应查清：

①设置的赌博机的名称、种类，台数，可供多人使用的赌博机能够独立供一人进行赌博活动的操作基本单元的多少，每个操作单元是否能正常工作；

②赌博机的相关情况，是否具有退币、退分、退钢珠等赌博功能，并以现金、有价证券等贵重款物作为奖品，或者以回购奖品方式给予他人现金、有价证券等贵重款物；

③设置赌博机过程中用于赌博的款物，代币、有价证券、赌博积分等实际代表的金额，在赌博机上投注或赢取的点数实际代表的金额等相关情况；

④设置赌博机的起止时间，具体地点，附近是否有中小学校和中小学距离，是否容留未成年人赌博；

⑤犯罪嫌疑人的身份情况，是否因设置赌博机被行政处罚，是否因赌博、开设赌场犯罪被刑事处罚，何时收到行政、刑事处罚；

⑥设置赌博机的违法所得、赌资及累计参赌人数相关情况；

⑦犯罪嫌疑人构成共犯的，犯罪嫌疑人在涉嫌犯罪的具体活动中的身份及作用，是否提供赌博机、资金、场地、技术支持、资金结算服务，是否受雇参与赌场经营管理并分成，是否为开设赌场者组织客源，收取回扣、手续费，是否参与

赌场管理并领取高额固定工资，是否提供其他直接帮助；

⑧赌场中是否雇用人员为赌场从事接送参赌人员、望风看场、发牌坐庄、兑换筹码；

⑨赌博机设置场所是否具有隐蔽性，是否刻意规避、逃避公安等机关等的查处；

⑩获利及利润分成情况，获利后共犯人如何分配，自己的获利情况；

⑪赌博机的来源、新旧程度和功能完好程度。

（12）利用微信群、QQ 群进行开设赌场，应查清：

①利用微信群、QQ 群开设赌场的动机、目的；

②用于开设赌场的微信群是如何创建的，创建人及创建微信群的微信号；

③工作人员及分工（群主、管理、财务、发包手等），组织微信群内成员赌博的流程（例如：由群主、管理喊标庄，参赌人员开始标庄以数额最高者坐庄，庄家将庄钱支付给财务，财务从中抽头给群主，管理喊投注，参赌人员开始投注，庄家喊停后停止投注，管理和庄家核对投注人数，发包手按规定发包，由财务进行结算输赢），如何进行利润分成、工资发放；

④作案工具（手机、电脑等）的来源、数量、特征、下落；

⑤固定涉案手机、电脑等电子产品和涉案微信号、支付宝账号作案时的使用人与使用方式；

⑥如何宣传、吸引、招揽他人进微信群内参与赌博的，拉人进群参与赌博有无奖励；

⑦该微信群内的赌博方式、规则（“斗牛”“踩雷”等），如何标庄、抽头、投注、结算等；

⑧投注、结算方式（微信、支付宝等直接转账或者将资金转换成虚拟货币）；

⑨开设赌场的起止时间，组织赌博的次数，抽头渔利的累计数额，赌资的累计数额，参赌累计人数，参与利润分成累计数额及非法所得累计数额；

⑩对通过电子数据计算、统计出的赌博次数、抽头渔利数额、赌资数额、参赌人数、利润分成、非法所得等进行核对。

2. 证人证言

（1）在赌博网站参赌人员的证人证言，证实：

①赌博网站的相关情况，网站名、网站地址，如何获悉赌博网站的相关信

息，何人介绍或者通过何种渠道参与赌博网站赌博；

②自己在赌博网站的注册名、密码，自己的赌资、下注额等，参与赌博次数，是否营利；

③在赌博网站具体如何下注，赌资如何结算、支付，筹码、赔率等如何设定，是否有第三方提供资金结算业务；

④赌博网站是否将资金直接或间接兑换为虚拟货币、游戏道具等虚拟物品，并用其作为筹码投注，赌资数额对应的实际支付资金情况；

⑤赌博网站是否通过发展会员方式运营，是否收取相应的服务费、会员费，具体费用数额；

⑥赌博网站用于收取赌资、下注钱款的银行卡、账户等相关情况；

⑦其他与案件事实相关的情况。

（2）在赌博机设置场所参与赌博人员的证人证言，证实：

①赌博机设置的具体地点，是否具有隐蔽性，如何获悉赌博机设置场所的相关信息，何人介绍或者通过何种渠道参与赌博；

②设置的赌博机的名称、种类，台数，可供多人使用的赌博机能够独立供一人进行赌博活动的操作基本单元的多少；

③赌博机的相关情况，是否具有退币、退分、退钢珠等赌博功能，并以现金、有价证券等贵重款物作为奖品，或者以回购奖品方式给予他人现金、有价证券等贵重款物；

④设置赌博机过程中用于赌博的款物，代币、有价证券、赌博积分等实际代表的金额，在赌博机上投注或赢取的点数实际代表的金额等相关情况；

⑤自己如何前往，设置赌博机者或者赌博场所提供哪些服务内容；是否有车辆接送进出赌博场所，何人安排；

⑥赌场中是否雇用人员望风看场、兑换筹码，是否有人为赌博活动提供资金、费用结算等直接帮助；

⑦赌博场所是否有人向参与赌博人员发放高利贷（放水），具体利息等相关情况；

⑧自己参与赌博的相关情况，包括何时参与赌博，参与几次，赌博的具体形式，自己参与赌博的赌资以及输赢情况；

⑨在赌博现场所看见、听到的一切与案件事实相关的情况。

（3）微信群、QQ 群开设赌场证人证言，证实：

①证人证言，证实何时、何地、何人、如何开设赌场，组织赌博详细经过；

②参赌人员参赌的详细情况，该微信群内群主、工作人员情况以及其他参赌人员及参赌情况证言。

（4）现场证人证言，证实：

①与犯罪嫌疑人、被告人的关系；

②案发时间、地点；

③开设赌场的方式；

④赌场的来源、使用情况；

⑤参赌人数；

⑥在案发现场所看见、听到的一切与案件事实相关的情况。

（5）赌博地点所有方、赌具来源方等证人证言，证实：

①出租、出售赌博地点、赌具的时间、地点；

②承租、购买赌博地点、赌具的人的详细特征。

（6）举报人证言，证实：

①如何获知犯罪和犯罪嫌疑人情况；

②赌博场所及组织者的相关情况；

③知悉的其他有关案件事实的情况。

（7）参赌人员的身份情况，是否具有国家工作人员身份或者系未成年人。

（8）其他知情人的证言。

3. 物证、书证

（1）涉案的赌具、赌资、交通工具、通讯等。

（2）赌博过程中的记账凭证、收条、账单票据、银行交易清单、电传、微信、QQ、支付宝转账记录等。

（3）通话清单。

（4）开设赌场地点的租赁协议等。

（5）其他物证、书证。

4. 勘验、检查笔录、鉴定意见、视听资料及其他证据

（1）对有关场所、人身、物品等进行勘验、检查，提取与案件有关的痕迹、物证，制作《现场勘验检查笔录》，必要时，进行录音录像。

（2）对具有退币、退分、退钢珠等赌博功能的电子游戏设施设备，是否属于赌博机应当进行认定、鉴定。

（3）依据《最高人民法院、最高人民检察院、公安部关于办理刑事案件收集提取和审查判断电子数据若干问题的规定》，对从赌博地点上网计算机、维护赌博网站的主机上提取获得的电子数据实施鉴定，并就电子数据的证据能力和证明力出具《电子数据鉴定书》。

（4）依据《最高人民法院、最高人民检察院、公安部关于办理刑事案件收集提取和审查判断电子数据若干问题的规定》对维护者使用的计算机实施鉴定，证明有人使用该计算机维护该赌博网站，并就维护时间、维护方法出具鉴定结论。这一鉴定意见应能够与对网站实施勘验提取的维护日志等证据互相印证。

（5）犯罪嫌疑人作案使用的手机、电脑等电子产品中能够证明赌博犯罪案件真实情况的网站页面、上网记录、电子交易记录、聊天记录、赌博过程、图片、视频等电子数据进行提取、复制、固定。

（6）筛选提取能反映赌博犯罪真实情况的电子数据，根据案情制作相应的文字说明。

（7）根据提取的电子数据中涉及开设赌场的数据，调取的银行交易记录、微信财付通记录、支付宝交易记录等数据比对印证，计算、统计组织赌博的次数、抽头渔利数额、赌资数额、参赌人数及利润分成数额等数据。

（8）犯罪现场、周围及相关场所的视频监控资料。

（9）其他证据。

二、证明犯罪主观方面的证据

开设赌场罪系故意犯罪，主观方面证据即指能反映犯罪嫌疑人主观故意且以营利为目的的证据。主观故意的证据，对于主犯，需证明其有积极联系场地供他人赌博，而对于从犯，则需证明其明知他人从事赌博类犯罪活动，仍积极追求或者放任该行为的发生，如明知他人系开设赌场，还为其提供资金结算、网络接入等服务。在网络赌博案件中，对于为赌博网站担任代理并接受投注的行为，需要证明犯罪嫌疑人对赌博网站账号的性质和用途是明知的，在这种情形下还积极获取网站账号并提供给他人赌博，可以推定其主观上明知故意。

主观方面证据主要通过犯罪嫌疑人的供述和辩解、被害人陈述、证人证言等言词证据来确定以下事项：

（一）犯罪嫌疑人的供述和辩解

1. 作案的动机、目的。

2. 有无控制赌博活动，在计算机网络上建立赌博网站或者为赌博网站担任代理，接受投注的行为；在设置赌博机过程中有无对赔率等进行人为操控。

3. 对赌博机、赌博网站是否有认知，是否采取了相关规避、逃避行政机关、公安机关打击的相关措施和手段。

4. 犯罪起意的过程，有无谋划、谋划的具体内容。

5. 共同犯罪的谋划、分工的时间、地点、内容以及在谋划下各个人相对应的犯罪行为，并应查明：

（1）事先有无预谋，有无作具体分工；

（2）未表示反对或同意意见者，有无以实际行动参与开设赌场（参与分红或领取高额固定工资）；

（3）分赃情况和赃物用途，以此判明各犯罪嫌疑人、被告人的主观目的。

6. 犯罪嫌疑人对赌博网站、微信群、QQ 群的宣传记录，以及与其他分工人员之间的聊天记录、转账记录等。

（二）能够证明犯罪嫌疑人主观故意的其他证据。

三、追诉量刑

（一）利用赌博机开设赌场的定罪量刑标准

《最高人民法院、最高人民检察院、公安部关于办理利用赌博机开设赌场案件适用法律若干问题的意见》（公通字〔2014〕17 号，2014 年 3 月 26 日发布）

设置赌博机组织赌博活动，具有下列情形之一的，应当按照刑法第三百零三条第二款规定的开设赌场罪定罪处罚：

（一）设置赌博机 10 台以上的；

（二）设置赌博机 2 台以上，容留未成年人赌博的；

（三）在中小学校附近设置赌博机 2 台以上的；

（四）违法所得累计达到 5000 元以上的；

（五）赌资数额累计达到 5 万元以上的；

（六）参赌人数累计达到 20 人以上的；

（七）因设置赌博机被行政处罚后，两年内再设置赌博机 5 台以上的；

（八）因赌博、开设赌场犯罪被刑事处罚后，五年内再设置赌博机 5 台以上的；

（九）其他应当追究刑事责任的情形。

设置赌博机组织赌博活动，具有下列情形之一的，应当认定为刑法第三百零三条第二款规定的“情节严重”：

（一）数量或者数额达到第二条第一款第一项至第六项规定标准六倍以上的；

（二）因设置赌博机被行政处罚后，两年内再设置赌博机30台以上的；

（三）因赌博、开设赌场犯罪被刑事处罚后，五年内再设置赌博机30台以上的；

（四）其他情节严重的情形。

可同时供多人使用的赌博机，台数按照能够独立供一人进行赌博活动的操作基本单元的数量认定。

在两个以上地点设置赌博机，赌博机的数量、违法所得、赌资数额、参赌人数等均合并计算。

（二）网上开设赌场犯罪的定罪量刑标准

《最高人民法院、最高人民检察院、公安部关于办理网络赌博犯罪案件适用法律若干问题的意见》（公通字〔2010〕40号，2010年8月31日发布）

利用互联网、移动通讯终端等传输赌博视频、数据，组织赌博活动，具有下列情形之一的，属于刑法第三百零三条第二款规定的“开设赌场”行为：

（一）建立赌博网站并接受投注的；

（二）建立赌博网站并提供给他人组织赌博的；

（三）为赌博网站担任代理并接受投注的；

（四）参与赌博网站利润分成的。

实施前款规定的行为，具有下列情形之一的，应当认定为刑法第三百零三条第二款规定的“情节严重”：

（一）抽头渔利数额累计达到3万元以上的；

（二）赌资数额累计达到30万元以上的；

（三）参赌人数累计达到120人以上的；

（四）建立赌博网站后通过提供给他人组织赌博，违法所得数额在3万元以上的；

（五）参与赌博网站利润分成，违法所得数额在3万元以上的；

（六）为赌博网站招募下级代理，由下级代理接受投注的；

（七）招揽未成年人参与网络赌博的；

（八）其他情节严重的情形。

（三）定罪量刑对应表

表8－2　开设赌场罪定罪量刑对应表

开设赌场罪	情节	《刑法修正案（十一）》颁布前的刑期	《刑法修正案（十一）》颁布后的刑期
第一档	（一）建立赌博网站并接受投注的； （二）建立赌博网站并提供给他人组织赌博的； （三）为赌博网站担任代理并接受投注的； （四）参与赌博网站利润分成的	三年以下有期徒刑、拘役或者管制，并处罚金	五年以下有期徒刑、拘役或者管制，并处罚金
第二档	（一）抽头渔利数额累计达到3万元以上的； （二）赌资数额累计达到30万元以上的； （三）参赌人数累计达到120人以上的； （四）建立赌博网站后通过提供给他人组织赌博，违法所得数额在3万元以上的； （五）参与赌博网站利润分成，违法所得数额在3万元以上的； （六）为赌博网站招募下级代理，由下级代理接受投注的； （七）招揽未成年人参与网络赌博的； （八）其他情节严重的情形	三年以上十年以下有期徒刑，并处罚金	五年以上十年以下有期徒刑，并处罚金

第九章　网络涉毒类罪名释义及定罪量刑标准

第一节　走私、贩卖、运输、制造毒品罪

一、犯罪构成

（一）《刑法》（2020 年 12 月 26 日修正）

第三百四十七条　【走私、贩卖、运输、制造毒品罪】走私、贩卖、运输、制造毒品，无论数量多少，都应当追究刑事责任，予以刑事处罚。

走私、贩卖、运输、制造毒品，有下列情形之一的，处十五年有期徒刑、无期徒刑或者死刑，并处没收财产：

（一）走私、贩卖、运输、制造鸦片一千克以上、海洛因或者甲基苯丙胺五十克以上或者其他毒品数量大的；

（二）走私、贩卖、运输、制造毒品集团的首要分子；

（三）武装掩护走私、贩卖、运输、制造毒品的；

（四）以暴力抗拒检查、拘留、逮捕，情节严重的；

（五）参与有组织的国际贩毒活动的。

走私、贩卖、运输、制造鸦片二百克以上不满一千克、海洛因或者甲基苯丙胺十克以上不满五十克或者其他毒品数量较大的，处七年以上有期徒刑，并处罚金。

走私、贩卖、运输、制造鸦片不满二百克、海洛因或者甲基苯丙胺不满十克或者其他少量毒品的，处三年以下有期徒刑、拘役或者管制，并处罚金；情节严重的，处三年以上七年以下有期徒刑，并处罚金。

单位犯第二款、第三款、第四款罪的，对单位判处罚金，并对其直接负责的

主管人员和其他直接责任人员，依照各该款的规定处罚。

利用、教唆未成年人走私、贩卖、运输、制造毒品，或者向未成年人出售毒品的，从重处罚。

对多次走私、贩卖、运输、制造毒品，未经处理的，毒品数量累计计算。

第三百五十六条　【毒品犯罪的再犯】因走私、贩卖、运输、制造、非法持有毒品罪被判过刑，又犯本节规定之罪的，从重处罚。

第三百五十七条　【毒品的范围及毒品数量的计算】本法所称的毒品，是指鸦片、海洛因、甲基苯丙胺（冰毒）、吗啡、大麻、可卡因以及国家规定管制的其他能够使人形成瘾癖的麻醉药品和精神药品。

毒品的数量以查证属实的走私、贩卖、运输、制造、非法持有毒品的数量计算，不以纯度折算。

（二）学理解释

走私、贩卖、运输、制造毒品罪的主体是一般主体，即达到刑事责任年龄且具有刑事责任能力的自然人均可成为本罪主体。根据《刑法》第 17 条的规定，已满十四周岁未满十六周岁的人，犯贩卖毒品罪的，应当负刑事责任，但应当从轻或者减轻处罚。

本罪侵犯的客体是国家对毒品的管理制度；主观方面表现为故意，即行为人明知走私、贩卖、运输、制造毒品的行为会发生危害公众健康的结果，并且希望或者放任这种结果的发生。因此，行为人必须认识到其走私、贩卖、运输、制造的是毒品，如果其客观上虽然实施了走私、贩卖、运输、制造毒品的行为，但主观上不知其为毒品，便不构成本罪。但是，并不要求其认识到毒品的名称、化学成分、效用等具体性质，只要认识到是毒品即可。对于主观故意的判断，不能仅凭被告人的供述，而应当根据被告人实施毒品犯罪行为的过程、方式，毒品被查获时的情形等证据，结合被告人的年龄、阅历、智力等情况，进行综合分析判断。刑法没有要求本罪以营利为目的，故不以营利为目的实施本罪的，不影响本罪的成立。

本罪的客观方面表现为违反国家毒品管理法规，实施走私、贩卖、运输、制造毒品的行为。走私毒品，是指违反海关法规，逃避海关监管，非法运输、携带、邮寄毒品进出国（边）境或者在领海、内海运输、收购、贩卖毒品以及直接向走私毒品的犯罪分子购买毒品等行为。贩卖毒品，是指有偿转让毒品或者以出卖为目的而非法收购毒品的行为。运输毒品，是指以携带、邮寄、利用他人或者使用交通工具等方法在我国领域内运送毒品的行为。制造毒品，是指对毒品的原材料进行配制、提炼、加工而制作成毒品的行为。制造毒品主要表现为以下几种情形：（1）将毒品以外的物质作为原料，提取或制作成毒品；（2）去掉毒品中的不纯物，使之成为纯毒品或纯度更高的毒品；（3）使用化学方法或者化学以外的方法使一种毒品变成另一种毒品；（4）用混合等物理方法加工、配制毒品；（5）非法按照一定的处方针对特定人的特定情况调制毒品。

实施走私、贩卖、运输、制造毒品行为的，无论数量多少，均构成犯罪。毒品的数量以查证属实的数量计算，而不以纯度折算。

二、疑难问题

（一）从贩毒人员住所等处查获毒品的性质认定

1.《全国法院毒品犯罪审判工作座谈会纪要》（以下简称《武汉会议纪要》，法〔2015〕129号，2015年5月18日印发）

（一）罪名认定问题

贩毒人员被抓获后，对于从其住所、车辆等处查获的毒品，一般均应认定为其贩卖的毒品。确有证据证明查获的毒品并非贩毒人员用于贩卖，其行为另构成非法持有毒品罪、窝藏毒品罪等其他犯罪的，依法定罪处罚。

2. 武汉会议纪要的理解与适用①

经研究，毒品犯罪隐蔽性强、取证难度大，而且实践中从贩毒人员住所等处查获的毒品多系用于贩卖。为严厉打击毒品犯罪、降低证明难度，《武汉会议纪要》采用了事实推定的证明方法。即根据行为人贩卖毒品及从其住所等处查获毒品的事实，推定查获的毒品是用于贩卖。但根据推定原则，应当允许当事人提出反证。反证是指确有证据证明查获的毒品并非贩毒人员用于贩卖，包括其为他人保管用于吸食的毒品，为犯罪分子窝藏毒品，持有祖传、捡拾、用于治病的毒品等。贩毒人员对查获的毒品实施的行为另构成非法持有毒品罪、窝藏毒品罪等其他犯罪的，应依法予以认定；贩毒人员的行为构成数罪的，应依法数罪并罚。具体而言，《武汉会议纪要》的规定主要包含三种情形：一是行为人因贩卖毒品被人赃俱获，随后又从其住所等处查获毒品的；二是有其他证据证明行为人实施

① 高贵君、马岩、方文军、李静然：《〈全国法院毒品犯罪审判工作座谈会纪要〉的理解与适用》，载《人民司法·应用》2016年第13期。

了贩卖毒品犯罪，但没有查获毒品实物，后从其住所等处查获毒品的；三是行为人因吸毒或其他违法犯罪行为被抓获后，查明其有贩毒行为，并从其住所等处查获毒品的。

（二）吸毒者购买、运输、存储毒品行为的定性

1.《武汉会议纪要》（法〔2015〕129号，2015年5月18日印发）

吸毒者在购买、存储毒品过程中被查获，没有证据证明其是为了实施贩卖毒品等其他犯罪，毒品数量达到刑法第三百四十八条规定的最低数量标准的，以非法持有毒品罪定罪处罚。吸毒者在运输毒品过程中被查获，没有证据证明其是为了实施贩卖毒品等其他犯罪，毒品数量达到较大以上的，以运输毒品罪定罪处罚。

2. 武汉会议纪要的理解与适用①

该问题近年来在司法定性上的变化较大。《全国法院审理毒品犯罪案件工作座谈会纪要》（以下简称《南宁会议纪要》，已废止）规定，吸毒者在购买、运输、存储毒品过程中被抓获，如没有证据证明其实施了其他毒品犯罪行为，查获的毒品数量大的，应当以非法持有毒品罪定罪。《全国部分法院审理毒品犯罪案件工作座谈会纪要》（以下简称《大连会议纪要》）对此作了不同规定，吸毒者在购买、运输、存储毒品过程中被查获，如没有证据证明其是为了实施贩卖等其他毒品犯罪行为，查获的毒品数量达到较大以上的，应以其实际实施的毒品犯罪行为定罪处罚。但实践中对如何理解“实际实施的毒品犯罪行为”存在争议，尤其是吸毒者运输毒品行为的定性问题。从《大连会议纪要》的起草过程看，该规定的本意是，当吸毒者运输毒品数量大，明显超出其合理吸食量时，以运输毒品罪定罪处罚，而不再像《南宁会议纪要》规定的那样一律认定为非法持有毒品罪。

为减少分歧，《武汉会议纪要》对《大连会议纪要》的上述规定作出了修改和完善：一是明确规定了吸毒者运输毒品行为的定性；二是降低了将吸毒者运输毒品的行为认定为运输毒品罪的门槛。根据《武汉会议纪要》的规定，在没有证据证明吸毒者是为了实施贩卖毒品等其他犯罪的情况下，对其购买、运输、存储毒品的行为，直接以数量较大作为区分罪与非罪的标准；同时，对吸毒者运输

---

① 高贵君、马岩、方文军、李静然：《〈全国法院毒品犯罪审判工作座谈会纪要〉的理解与适用》，载《人民司法·应用》2016年第13期。

毒品的行为，直接以数量较大标准作为区分非法持有毒品罪与运输毒品罪的界限，而不再另行设置更高的合理吸食量标准。据此，吸毒者在购买、运输、存储毒品过程中被查获，没有证据证明其是为了实施贩卖毒品等其他犯罪，毒品数量未达到较大标准的，不作为犯罪处理；毒品数量达到较大以上的，根据其具体的行为状态定罪，处于购买、存储状态的认定为非法持有毒品罪，处于运输状态的认定为运输毒品罪。

（三）运输代购毒品和变相加价贩卖毒品行为的定性

1.《武汉会议纪要》（法〔2015〕129号，2015年5月18日印发）

行为人为吸毒者代购毒品，在运输过程中被查获，没有证据证明托购者、代购者是为了实施贩卖毒品等其他犯罪，毒品数量达到较大以上的，对托购者、代购者以运输毒品罪的共犯论处。行为人为他人代购仅用于吸食的毒品，在交通、食宿等必要开销之外收取“介绍费”、“劳务费”，或者以贩卖为目的收取部分毒品作为酬劳的，应视为从中牟利，属于变相加价贩卖毒品，以贩卖毒品罪定罪处罚。

2. 武汉会议纪要的理解与适用①

（1）关于运输代购毒品行为的定性。《大连会议纪要》规定：“有证据证明行为人不以牟利为目的，为他人代购仅用于吸食的毒品，毒品数量超过刑法第三百四十八条规定的最低数量标准的，对托购者、代购者应以非法持有毒品罪定罪。”实践中，部分代购者需要通过运输方式将代购的毒品交给托购者，但对于为吸毒者运输代购毒品行为的定性，《大连会议纪要》并没有作出规定。《武汉会议纪要》明确：在没有证据证明托购者、代购者是为了实施贩卖毒品等其他犯罪的情况下，代购者为吸毒者运输代购毒品行为的性质从属于吸毒者，应当与上述吸毒者自行运输毒品行为的定性思路一致。据此，行为人为吸毒者代购并运输毒品，没有证据证明托购者、代购者是为了实施贩卖毒品等其他犯罪，毒品数量未达到较大以上的，对托购者、代购者不定罪处罚；毒品数量达到较大以上，在代购过程中被查获的，对托购者、代购者以非法持有毒品罪的共犯论处，在运输过程中被查获的，对托购者、代购者以运输毒品罪的共犯论处。

（2）关于变相加价贩卖毒品的认定。《大连会议纪要》规定，代购者从中牟

---

① 高贵君、马岩、方文军、李静然：《〈全国法院毒品犯罪审判工作座谈会纪要〉的理解与适用》，载《人民司法·应用》2016年第13期。

利，变相加价贩卖毒品的，对代购者应以贩卖毒品罪定罪。《武汉会议纪要》进一步明确了何谓“从中牟利”，即，行为人为他人代购仅用于吸食的毒品，在交通、食宿等必要开销之外收取“介绍费”“劳务费”，或者以贩卖为目的收取部分毒品作为酬劳的，应视为从中牟利，属于变相加价贩卖毒品，以贩卖毒品罪定罪处罚。其中，“介绍费”“劳务费”是实践中代购者变相牟利的不同表现形式；“以贩卖为目的收取部分毒品作为酬劳的”既存在变相加价贩卖毒品的行为，又具有贩卖毒品的故意，应当认定为贩卖毒品罪。需要注意的是，只有为他人代购仅用于吸食的毒品的，才需要根据是否从中牟利判断能否认定为贩卖毒品罪。如果明知托购者实施贩卖毒品犯罪而为其代购毒品，无论是否牟利，均应以贩卖毒品罪的共犯论处。从另一个角度看，如果代购者从代购行为中牟利、加价或者变相加价贩卖毒品，无论其为他人代购的毒品是否仅用于吸食，均构成贩卖毒品罪。

对于“代购蹭吸”行为是否属于“从中牟利”，实践中存在较大争议。多数意见认为，为他人代购仅用于吸食的毒品并“蹭吸”的行为，根本上是为了满足托购者及代购者自身吸食毒品的需求，故不宜认定为牟利行为；而且，如果对以吸食为目的的托购者认定非法持有毒品罪，对“蹭吸”的代购者认定贩卖毒品罪，也会导致处罚失衡。少数意见认为，“蹭吸”也是非法获利的一种表现形式，尤其对于多次“蹭吸”甚至以“蹭吸”作为代购毒品的主要目的的，应当认定为从中牟利。鉴于对该问题存在较大分歧意见，还需进一步研究论证，故《武汉会议纪要》没有作出明确规定，实践中应当结合具体案情慎重把握。

3.［刑事审判参考案例第 1014 号：刘某某贩卖毒品案］

不以牟利为目的，为他人代购用于吸食的毒品，毒品数量未达到非法持有毒品罪的定罪标准的，不应认定为犯罪。

（1）为他人代购用于吸食的毒品，且没有从中牟利的，不能认定为贩卖毒品罪。关于为吸毒者代购毒品行为的定性，2000 年 4 月印发的《南宁会议纪要》曾指出：“有证据证明行为人不是以营利为目的，为他人代买仅用于吸食的毒品，毒品数量超过刑法第三百四十八条规定数量最低标准，构成犯罪的，托购者、代购者均构成非法持有毒品罪。”2008 年印发的《大连会议纪要》在《南宁会议纪要》的基础上，对为吸毒人员代购毒品行为的定性等问题作出了更为详细、完善的规定。《大连会议纪要》指出：“有证据证明行为人不以牟利为目的，为他人代购仅用于吸食的毒品，毒品数量超过刑法第三百四十八条规定的最低数量标准的，对托购者、代购者应以非法持有毒品罪定罪。代购者从中牟利，变相加价贩卖毒品的，对代购者应以贩卖毒品罪定罪。明知他人实施毒品犯罪而为其居间介绍、代购代卖的，无论是否牟利，都应以相关毒品犯罪的共犯论处。”根据《大连会议纪要》的规定，对于为他人代购毒品的行为，不能一律认定为犯罪，构成犯罪的也不是都要按照贩卖毒品罪处理，而应当具体分析、区别对待。首先，明知他人实施毒品犯罪而为其代购毒品的，如明知他人购买毒品的目的是贩卖而帮助其联系购买毒品的，行为人主观上有为他人贩卖毒品提供帮助的共同犯罪故意，客观上有非法买卖毒品的行为，因此无论其是否从中获利，都应当按照贩卖毒品罪的共犯处理。其次，为他人代购仅用于吸食的毒品，代购者从中牟利的，实际上相当于变相加价销售毒品，且该行为与《刑法》第 355 条第 2 款规定的以牟利为目的向吸食、注射毒品人员提供国家规定管制的能够使人形成瘾癖的麻醉药品、精神药品的行为性质类似，对代购者应以贩卖毒品罪论处。最后，为吸毒者代购用于吸食的毒品，代购者没有从中加价牟利的，代购者购买毒品的根本目的在于满足托购者的吸食需要，代购者购买毒品的行为虽然在客观上促成了毒品交易，但其在主观上没有贩卖毒品的共同犯罪故意，故对其不能以贩卖毒品罪的共犯论处。在这种情况下，代购者代购的毒品数量未达到非法持有毒品罪的定罪标准的，不以犯罪论处；数量达到定罪标准的，对托购者、代购者均应认定构成非法持有毒品罪。

（2）证明行为人是否具有牟利目的的举证责任应当由公诉机关承担，举证不能的，应当依法认定行为人不具有牟利目的。

（3）应当坚持主客观相统一原则，不能因为代购者的行为客观上起到帮助上线贩卖毒品的作用，就认定其构成贩卖毒品罪。为购毒者寻找卖毒者的居间行为与代购行为在形式上虽有相似之处，但区分两者的关键在于，居间介绍贩卖毒品的，居间介绍者在毒品交易中起到中间人的作用，不是一方交易主体，真正的交易主体是卖毒者与购毒者；代购毒品的，代购者起到的是一方代理人的作用，是实际参与毒品交易的一方主体，托购者并不参与具体的交易环节。

（四）接收物流寄递毒品行为的定性

1.《武汉会议纪要》（法〔2015〕129 号，2015 年 5 月 18 日印发）

购毒者接收贩毒者通过物流寄递方式交付的毒品，没有证据证明其是为了实施贩卖毒品等其他犯罪，毒品数量达到刑法第三百四十八条规定的最低数量标准的，一般以非法持有毒品罪定罪处罚。代收者明知是物流寄递的毒品而代购毒者接收，没有证据证明其与购毒者有实施贩卖、运输毒品等犯罪的共同故意，毒品数量达到刑法第三百四十八条规定的最低数量标准的，对代收者以非法持有毒品罪定罪处罚。

2. 武汉会议纪要的理解与适用①

《武汉会议纪要》对购毒者和代收者接收物流寄递毒品行为的定性作出了新规定。

（1）关于购毒者接收物流寄递毒品行为的定性。如果没有证据证明购毒者是为了实施贩卖毒品等犯罪，对于其单纯接收物流寄递毒品的行为，应当认定为运输毒品罪还是非法持有毒品罪，《武汉会议纪要》认为，贩毒者通过物流寄递方式运输毒品的行为应视为其毒品交付行为的组成部分，对购毒者不应再认定为运输毒品罪，购毒者接收毒品数量达到较大以上的，应认定为非法持有毒品罪。具体理由为：第一，贩毒者通过物流寄递方式向购毒者交付毒品的行为属于其贩卖毒品行为的组成部分，该运输毒品行为通常由贩毒者主导实施，购毒者原则上不应对毒品交付前由贩毒者实施的运输毒品行为承担刑事责任。第二，在当面交付的贩卖毒品犯罪中，购毒者通常不对贩毒者为送货而实施的运输毒品行为承担刑事责任，不将购毒者、贩毒者认定为运输毒品罪的共犯；同理，在贩毒者通过物流寄递方式交付毒品的情况下，一般也不应将购毒者、贩毒者认定为运输毒品罪的共犯，否则所有接收毒品的购毒者（包括因吸食而少量购买毒品者）都将构成运输毒品罪，会造成打击面过大。因此，《武汉会议纪要》规定，购毒者接收贩毒者通过物流寄递方式交付的毒品，没有证据证明其是为了实施贩卖毒品等其他犯罪，毒品数量达到较大以上的，一般应当以非法持有毒品罪定罪处罚。但在个别情况下，购毒者对贩毒者交付运输毒品的行为起支配作用或者与贩毒者共同交付运输毒品，购毒者、贩毒者符合以运输毒品罪共犯论处的条件的，可以依法认定。

（2）关于代收者接收物流寄递毒品行为的定性。实践中，部分购毒者会委托、雇用他人代为接收毒品。在代收者没有实施其他毒品犯罪故意的情况下，其只是代替购毒者实际持有接收的毒品，毒品数量达到较大以上的，应当认定为非法持有毒品罪。需要说明的是，没有证据证明购毒者是为了实施贩卖、运输毒品

① 高贵君、马岩、方文军、李静然：《〈全国法院毒品犯罪审判工作座谈会纪要〉的理解与适用》，载《人民司法·应用》2016 年第 13 期。

等其他犯罪的，因购毒者通过代收者的代收行为实现了对毒品的间接持有，故购毒者与代收者构成非法持有毒品罪的共同犯罪；如果购毒者有贩卖毒品等其他犯罪行为，则应依法定罪处罚，不再对其认定为非法持有毒品罪。

（五）网络涉毒犯罪的法律适用

1.《最高人民法院关于审理毒品犯罪案件适用法律若干问题的解释》（法释〔2016〕8 号，2016 年 4 月 11 日起施行）

第十四条　利用信息网络，设立用于实施传授制造毒品、非法生产制毒物品的方法，贩卖毒品，非法买卖制毒物品或者组织他人吸食、注射毒品等违法犯罪活动的网站、通讯群组，或者发布实施前述违法犯罪活动的信息，情节严重的，应当依照刑法第二百八十七条之一的规定，以非法利用信息网络罪定罪处罚。

实施刑法第二百八十七条之一、第二百八十七条之二规定的行为，同时构成贩卖毒品罪、非法买卖制毒物品罪、传授犯罪方法罪等犯罪的，依照处罚较重的规定定罪处罚。

2. 关于审理毒品犯罪案件适用法律若干问题的解释的理解与适用①

《最高人民法院关于审理毒品犯罪案件适用法律若干问题的解释》第 14 条第 1 款明确了部分网络涉毒犯罪的定性问题。具体包括两类行为：一是利用信息网络设立用于实施涉毒违法犯罪活动的网站、通讯群组的行为。具体包括设立用于传授制造毒品、非法生产制毒物品等犯罪的方法的网站、通讯群组；设立用于贩卖毒品、非法买卖制毒物品的网站、通讯群组；以及设立用于实施组织他人吸食、注射毒品等违法犯罪活动的网站、通讯群组。二是利用信息网络发布实施前述涉毒违法犯罪活动信息的行为。其中，对于利用信息网络组织他人吸食、注射毒品行为的定性，该司法解释根据《刑法修正案（九）》第 287 条之一的规定，对此类行为的定性予以明确，即利用信息网络，设立用于组织他人吸食、注射毒品的网站、通讯群组，发布组织他人吸食、注射毒品的违法活动信息，情节严重的，应当以非法利用信息网络罪定罪处罚。

该司法解释第 14 条第 2 款明确了罪名竞合情况下的处理原则。就利用信息网络实施毒品犯罪而言，《刑法》第 287 条之一、之二规定的实际上是传授犯罪方法、贩卖毒品、非法买卖制毒物品等犯罪的预备行为或者帮助行为。因此，当

---

① 叶晓颖、马岩、方文军、李静然：《〈关于审理毒品犯罪案件适用法律若干问题的解释〉的理解与适用》，载《人民司法》2016 年第 13 期。

《刑法》第 287 条之一规定的非法利用信息网络罪和第 287 条之二规定的帮助信息网络犯罪活动罪，与传授犯罪方法罪、贩卖毒品罪、非法买卖制毒物品罪等发生竞合时，应当依照处罚较重的规定定罪处罚。

3. 《武汉会议纪要》（法〔2015〕129 号，2015 年 5 月 18 日印发）

行为人利用信息网络贩卖毒品、在境内非法买卖用于制造毒品的原料或者配剂、传授制造毒品等犯罪的方法，构成贩卖毒品罪、非法买卖制毒物品罪、传授犯罪方法罪等犯罪的，依法定罪处罚。行为人开设网站、利用网络聊天室等组织他人共同吸毒，构成引诱、教唆、欺骗他人吸毒罪等犯罪的，依法定罪处罚。

（六）毒品案件的罪名确定[①]

《大连会议纪要》（法〔2008〕324 号，2008 年 12 月 1 日发布）

刑法第三百四十七条规定的走私、贩卖、运输、制造毒品罪是选择性罪名，对同一宗毒品实施了两种以上犯罪行为并有相应确凿证据的，应当按照所实施的犯罪行为的性质并列确定罪名，毒品数量不重复计算，不实行数罪并罚。对同一宗毒品可能实施了两种以上犯罪行为，但相应证据只能认定其中一种或者几种行为，认定其他行为的证据不够确实充分的，则只按照依法能够认定的行为的性质定罪。如涉嫌为贩卖而运输毒品，认定贩卖的证据不够确实充分的，则只定运输毒品罪。对不同宗毒品分别实施了不同种犯罪行为的，应对不同行为并列确定罪名，累计毒品数量，不实行数罪并罚。对被告人一人走私、贩卖、运输、制造两种以上毒品的，不实行数罪并罚，量刑时可综合考虑毒品的种类、数量及危害，依法处理。

罪名不以行为实施的先后、毒品数量或者危害大小排列，一律以刑法条文规定的顺序表述。如对同一宗毒品制造后又走私的，以走私、制造毒品罪定罪。下级法院在判决中确定罪名不准确的，上级法院可以减少选择性罪名中的部分罪名或者改动罪名顺序，在不加重原判刑罚的情况下，也可以改变罪名，但不得增加罪名。

对于吸毒者实施的毒品犯罪，在认定犯罪事实和确定罪名时要慎重。吸毒者在购买、运输、存储毒品过程中被查获的，如没有证据证明其是为了实施贩卖等其他毒品犯罪行为，毒品数量未超过刑法第三百四十八条规定的最低数量标准

---

① 数量认定应适用《武汉会议纪要》，参照本节“（一）从贩毒人员住所等处查获毒品的性质认定”。

的，一般不定罪处罚；查获毒品数量达到较大以上的，应以其实际实施的毒品犯罪行为定罪处罚。

有证据证明行为人不以牟利为目的，为他人代购仅用于吸食的毒品，毒品数量超过刑法第三百四十八条规定的最低数量标准的，对托购者、代购者应以非法持有毒品罪定罪。代购者从中牟利，变相加价贩卖毒品的，对代购者应以贩卖毒品罪定罪。明知他人实施毒品犯罪而为其居间介绍、代购代卖的，无论是否牟利，都应以相关毒品犯罪的共犯论处。

盗窃、抢夺、抢劫毒品的，应当分别以盗窃罪、抢夺罪或者抢劫罪定罪，但不计犯罪数额，根据情节轻重予以定罪量刑。盗窃、抢夺、抢劫毒品后又实施其他毒品犯罪的，对盗窃罪、抢夺罪、抢劫罪和所犯的具体毒品犯罪分别定罪，依法数罪并罚。走私毒品，又走私其他物品构成犯罪的，以走私毒品罪和其所犯的其他走私罪分别定罪，依法数罪并罚。

（七）制造毒品的认定与处罚问题

1.《武汉会议纪要》（法〔2015〕129号，2015年5月18日印发）

制造毒品案件中，毒品成品、半成品的数量应当全部认定为制造毒品的数量，对于无法再加工出成品、半成品的废液、废料则不应计入制造毒品的数量。对于废液、废料的认定，可以根据其毒品成分的含量、外观形态，结合被告人对制毒过程的供述等证据进行分析判断，必要时可以听取鉴定机构的意见。

2. 武汉会议纪要的理解与适用①

5. 制造毒品的数量认定。《大连会议纪要》对制造毒品罪的认定与处罚作了一些规定，但没有涉及制造毒品的数量认定问题。制造毒品案件中，现场遗留物的情况比较复杂，可能包括毒品成品、半成品、废液废料等，其中通常都能够检出毒品成分。如何认定制造毒品的数量，一直是困扰审判实践的难题。废液废料是指不具备进一步提取（提纯）毒品条件的固体或者液体废弃物，能够检出毒品成分但含量极低。故《武汉会议纪要》明确提出，废液废料不应计入制造毒品的数量，并原则性规定了有关废液废料的判断方法和依据。

3.《大连会议纪要》（法〔2008〕324号，2008年12月1日发布）

鉴于毒品犯罪分子制造毒品的手段复杂多样、不断翻新，采用物理方法加

---

① 高贵君、马岩、方文军、李静然：《〈全国法院毒品犯罪审判工作座谈会纪要〉的理解与适用》，载《人民司法·应用》2015年第13期。

工、配制毒品的情况大量出现，有必要进一步准确界定制造毒品的行为、方法。制造毒品不仅包括非法用毒品原植物直接提炼和用化学方法加工、配制毒品的行为，也包括以改变毒品成分和效用为目的，用混合等物理方法加工、配制毒品的行为，如将甲基苯丙胺或者其他苯丙胺类毒品与其他毒品混合成麻古或者摇头丸。为便于隐蔽运输、销售、使用、欺骗购买者，或者为了增重，对毒品掺杂使假，添加或者去除其他非毒品物质，不属于制造毒品的行为。

已经制成毒品，达到实际掌握的死刑数量标准的，可以判处死刑；数量特别巨大的，应当判处死刑。已经制造出粗制毒品或者半成品的，以制造毒品罪的既遂论处。购进制造毒品的设备和原材料，开始着手制造毒品，但尚未制造出粗制毒品或者半成品的，以制造毒品罪的未遂论处。

4. 大连会议纪要的理解与适用①

《关于执行〈全国人民代表大会常务委员会关于禁毒的决定〉的若干问题的解释》（已废止）第 2 条规定："制造毒品，是指非法用毒品原植物直接提炼或者用化学方法加工、配制毒品的行为。"但是，对于用物理方法加工、配制毒品的，是否认定为制造毒品罪，该解释没有规定，致使司法实践中存在不同认识。《大连会议纪要》规定制造毒品还可以包括以改变毒品成分和效用为目的，用混合等物理方法加工、配制毒品的行为，但不包括为便于隐蔽运输、销售、使用、欺骗购买者，或者为增加重量而掺杂使假，添加或去除其他非毒品物质的行为。

《大连会议纪要》这样规定，一是符合司法实践中打击制造毒品犯罪的需要。如制造毒品麻古的过程就是以甲基苯丙胺和咖啡因为主要原料的物理混合加工过程，司法实践中一般将制造麻古、摇头丸等新的混合型毒品的行为定性为制造毒品罪。二是符合制造毒品的立法原意。制造的字面含义是用人工使原材料成为可供使用的物品、将原材料加工成器物，自然包括物理方法的制造。三是目前理论界普遍认为制造毒品包括使用化学方法以外的方法使一种毒品变为另一种毒品等一些比较特殊的物理方法加工配制毒品，如在某种毒品中混合其他毒品等。四是我国加入并已生效的《1971 年精神药物公约》第 1 条对"制造"用语的解释有类似规定。该条第 9 项规定：制造是指所有可能籍以取得精神药物之过程，包括精炼以及将精神药物转变为他种精神药物之过程，亦包括精神药物制剂之配

---

① 高贵君、王勇、吴光侠：《〈全国部分法院审理毒品犯罪案件工作座谈会纪要〉的理解与适用》，载《人民司法·应用》2009 年第 3 期。

制。第 6 项规定：制剂是指任何不论其物理状态为何，而含有一种或多种精神药物之混合物或溶剂。

5. [刑事审判参考案例第 486 号：朱某某等制造、贩卖毒品案]

行为人基于制造毒品的故意制造毒品，因意志以外的原因未能制造出毒品的行为，构成制造毒品罪（未遂）。

制造毒品罪是结果犯，行为人制造出《刑法》规定的毒品才能构成犯罪既遂，因行为人意志以外的原因未能制造出毒品的，构成犯罪未遂。根据《刑法》第 347 条第 1 款的规定，制造毒品，无论数量多少，都应当追究刑事责任。该条第 2、3、4 款根据毒品数量的多少，配置了相应的法定刑。根据《刑法》该条规定，我们认为，对“无论数量多少”，应理解为首先是有“数量”，因为没有“数量”，就不存在“多”与“少”的问题。因此，只有制造出具有一定“数量”的毒品，才构成制造毒品罪的既遂。如果制造毒品失败，即行为人已购入制毒原材料并已开始制造但没有制造出成品的，因缺乏毒品数量要素，制毒行为没有产生法定的犯罪结果，根据《刑法》总则的相关规定，该行为应认定为制造毒品罪的未遂。对于此种行为应如何量刑，应结合客观情况进行分析：（1）制造毒品失败的行为系由于制毒原材料大量掺假或制毒工艺存在无法弥补的缺陷等原因，客观上制毒不能成功的情况下，属于不能犯的未遂，因缺乏数量量刑依据，故可结合具体的犯罪情节比照既遂犯从轻或减轻处罚；（2）制造毒品失败的行为系由于制毒手法不熟练等原因，而客观上能够制毒成功的情况下，属于能犯的未遂，该行为的毒品数量能够推算出来，故可结合犯罪数量比照既遂从轻或减轻处罚。具体的毒品数量应根据行为人使用的制毒方法，按照“就低不就高”的原则来推算。

司法实践中，确定制造出的物品是否为《刑法》规定的毒品，通常需要进行毒品鉴定，这是认定毒品犯罪的依据，也是追究刑事责任的前提。但是对于制毒行为已经完成，成品却已灭失，如被丢弃或吸食，制毒原材料也无法提取的情形，因缺乏必要的毒品鉴定结论，亦没有充分的证据证实所制造出的物品即为刑法规定的毒品的，可分为以下几种情况处理：（1）在毒品灭失的情况下，仅有被告人供述的，亦缺乏其他相关证据证实被告人实施制毒犯罪的，如没有提取到制毒工具，亦没有证人证实购买制毒原材料的，不能仅依靠被告人的供述确定毒品数量并予以定案。根据《刑事诉讼法》的规定，只有被告人供述，没有其他证据的，不能认定被告人有罪和处以刑罚。（2）在毒品灭失的情况下，毒品交易双方或者毒品共犯的被告人均供认已经制造出“毒品”，且根据其他证据能够逻辑地推定制造出毒品的，应当认定犯罪既遂。毒品的数量可以根据双方一致的供认予以认定，若双方的供述不一致，则采取“就低不就高”有利被告的原则进行认定。(3) 在毒品灭失的情况下，毒品交易双方或者毒品共犯的被告人均供认制造毒品，但对毒品的品质有疑义，因成品灭失致使无法鉴定，也缺乏证据证明制毒原材料为何物的，按照排除合理怀疑的证明标准，可以认定为犯罪未遂。具体的毒品数量应当根据被告人的供述，结合“就低不就高”原则来确定。

6. [刑事审判参考案例第800号：凌某某、刘某某贩卖、制造毒品案]

在毒品中添加非毒品物质的行为不能认定为制造毒品罪。

《大连会议纪要》第4条规定，“制造毒品不仅包括非法用毒品原植物直接提炼和用化学方法加工、配制毒品的行为，也包括以改变毒品成分和效用为目的，用混合等物理方法加工、配制毒品的行为，如将甲基苯丙胺或者其他苯丙胺类毒品与其他毒品混合成麻古或者摇头丸。”我们认为，《大连会议纪要》提到的物理方法制造毒品有明确的指向，即制造“麻古”“摇头丸”等成分相对固定、毒品性能有所变化的新型毒品。对通过混合的形式达到表面上似乎是贩卖咖啡以掩人耳目的目的，其主观目的是贩卖毒品。在客观行为上，这种物理混合的方式只是简单地把一些毒品和咖啡掺杂起来，既没有严格的比例配置规范要求，也没有专业化的配比工艺程序，还不足以达到改变毒品成分和效用的程度，没有形成新的混合型毒品，不属于制造毒品的行为。

(八) 毒品案件共同犯罪的认定

1. 《武汉会议纪要》(法〔2015〕129号，2015年5月18日印发)

办理贩卖毒品案件，应当准确认定居间介绍买卖毒品行为，并与居中倒卖毒品行为相区别。居间介绍者在毒品交易中处于中间人地位，发挥介绍联络作用，通常与交易一方构成共同犯罪，但不以牟利为要件；居中倒卖者属于毒品交易主体，与前后环节的交易对象是上下家关系，直接参与毒品交易并从中获利。居间介绍者受贩毒者委托，为其介绍联络购毒者的，与贩毒者构成贩卖毒品罪的共同犯罪；明知购毒者以贩卖为目的购买毒品，受委托为其介绍联络贩毒者的，与购毒者构成贩卖毒品罪的共同犯罪；受以吸食为目的的购毒者委托，为其介绍联络贩毒者，毒品数量达到刑法第三百四十八条规定的最低数量标准的，一般与购毒者构成非法持有毒品罪的共同犯罪；同时与贩毒者、购毒者共谋，联络促成双方交易的，通常认定与贩毒者构成贩卖毒品罪的共同犯罪。居间介绍者实施为毒品交易主体提供交易信息、介绍交易对象等帮助行为，对促成交易起次要、辅助作用的，应当认定为从犯；对于以居间介绍者的身份介入毒品交易，但在交易中超出居间介绍者的地位，对交易的发起和达成起重要作用的被告人，可以认定为主犯。

两人以上同行运输毒品的，应当从是否明知他人带有毒品，有无共同运输毒品的意思联络，有无实施配合、掩护他人运输毒品的行为等方面综合审查认定是否构成共同犯罪。受雇于同一雇主同行运输毒品，但受雇者之间没有共同犯罪故意，或者虽然明知他人受雇运输毒品，但各自的运输行为相对独立，既没有实施配合、掩护他人运输毒品的行为，又分别按照各自运输的毒品数量领取报酬的，不应认定为共同犯罪。受雇于同一雇主分段运输同一宗毒品，但受雇者之间没有犯罪共谋的，也不应认定为共同犯罪。雇用他人运输毒品的雇主，及其他对受雇者起到一定组织、指挥作用的人员，与各受雇者分别构成运输毒品罪的共同犯罪，对运输的全部毒品数量承担刑事责任。

2. 武汉会议纪要的理解与适用①

对于毒品案件的共同犯罪问题，《大连会议纪要》已经作了一些规定，应当继续参照执行。《武汉会议纪要》结合近年来的司法实践，又对两方面的问题作了具体规定。

（1）关于居间介绍买卖毒品的认定与处理。《武汉会议纪要》从二者在毒品交易中所处的地位及发挥的作用、是否成立共同犯罪、有无获利及获利方式等方面对其作了区分。具体来看，两者的区别有以下几点：第一，在毒品交易中的地位作用不同。居间介绍者不是毒品交易的一方主体，在交易中处于中间人地位，对促成毒品交易起帮助作用；居中倒卖者虽然处于毒品交易链条的中间环节，但在每一个具体的交易环节中都是一方交易主体，对交易的发起和达成起决定性作用。第二，是否成立共同犯罪不同。居间介绍者对毒品交易行为起帮助作用，在处理上往往认定为交易一方的共犯；居中倒卖者与前后环节的交易主体不是共犯关系，而是上下家关系。第三，有无获利及获利方式不同。居间介绍者不以牟利为要件，获得的报酬来自交易一方或者双方支付的酬劳；居中倒卖者必然从毒品交易中获利，是通过“吃差价”方式来牟利。

---

① 高贵君、马岩、方文军、李静然：《〈全国法院毒品犯罪审判工作座谈会纪要〉的理解与适用》，载《人民司法·应用》2016年第13期。

（2）关于居间介绍买卖毒品的共同犯罪认定。对此，《武汉会议纪要》区分情形作出具体规定，适用时应注意把握以下几点：第一，原则上，居间介绍者受哪一方交易主体委托，与哪一方交易主体存在犯罪共谋，就认定其与哪一方构成共同犯罪。第二，居间介绍者受以吸食毒品为目的的购毒者委托，为其介绍贩毒者的，不能因为其行为客观上促进了贩卖行为而简单认定为贩毒者的共犯，一般仍要按照购毒者的行为性质认定为非法持有毒品罪。第三，居间介绍者同时受贩毒者、购毒者双方委托，为其联络、促成交易的，为便于司法认定和处理，一般认定其与贩毒者构成共同犯罪；但作为例外，如果居间介绍者与以贩卖为目的的购毒者关系更为紧密，且购毒者对促成毒品交易起更大作用的，可以认定其与该购毒者构成共同犯罪。

（3）关于居间介绍买卖毒品者的地位作用认定。居间介绍者不是毒品交易的一方主体，对促成交易起帮助作用，故一般应当认定为从犯。但对个别以居间介绍者的身份介入毒品交易，在交易中超出居间介绍者的地位，对促成交易起重要、直接作用的被告人，可以认定为主犯。

2. 关于运输毒品共同犯罪的认定。

（1）判断同行运输毒品者是否构成共同犯罪的总体原则。《武汉会议纪要》规定，对于两人以上同行运输毒品的，应当主要从以下三方面判断其是否构成共同犯罪：一是是否明知他人带有毒品；二是有无共同运输毒品的意思联络；三是有无实施配合、掩护他人运输毒品的行为。其中，第一项、第二项属于主观要素，第三项是客观要素。对于同行运输毒品，但不知道他人带有毒品的；或者虽然知道同行者带有毒品，但就共同运输毒品既没有事先通谋，在运输过程中也没有形成意思联络的，不能成立共同犯罪。对于有无实施配合、掩护他人运输毒品的行为，可以结合下列因素进行综合判断：一是运输毒品的起运地、目的地、路线是否相同；二是交通、生活费用是否共同使用；三是在途中有无配合、掩护他人运输毒品的具体行为；四是是否由其中部分人员统一与交货人或者接货人进行交接；五是是否共同获取、统一分配报酬。

（2）受雇于同一雇主运输毒品但不认定为共同犯罪的情形。《武汉会议纪要》之所以对此作出专门规定，是因为实践中对受雇于同一雇主运输毒品的，容易不严格区分主客观要件就认定为共同犯罪。《武汉会议纪要》具体规定了两种情形：一是受雇于同一雇主同行运输毒品，但受雇者之间没有共同犯罪故意，或者虽然明知他人受雇运输毒品，但各自的运输行为相对独立，既没有实施配合、掩护他人运输毒品的行为，又分别按照各自运输的毒品数量领取报酬的，不应认定为共同犯罪。二是受雇于同一雇主分段运输同一宗毒品，但受雇者之间没有犯罪共谋的，也不应认定为共同犯罪。需要说明的是，《武汉会议纪要》规定不构成共同犯罪的仅限于受雇者之间，雇主以及其他对全体受雇者起到一定组织、指挥作用的人员则与受雇者分别构成共同犯罪，对运输的全部毒品数量承担刑事责任。

3. ［刑事审判参考案例第955号：阿某某等贩卖、运输毒品案］

虽然涉案毒品数量是影响量刑的主要因素，但不能唯涉案毒品数量量刑。在对主犯量刑时，既要考虑涉案毒品数量，又要考虑各被告人在共同犯罪中的地位、作用，如犯意提起、具体分工、毒资筹集、毒品实际控制等。此外，毒品是否流入社会造成实际危害等也应作为考虑情节。

根据《大连会议纪要》的规定，对于“共同犯罪毒品数量刚达到实际掌握的死刑数量标准，但各共同犯罪人作用相当，或者责任大小难以区分的”，可不判处被告人死刑立即执行。

4. ［刑事审判参考案例第530号：侯某某等人走私、贩卖毒品案］

在家族式毒品共同犯罪中，被告人论罪当判死刑，但在共同犯罪中所起作用相对较小、所居地位相对较低，可酌情从轻判处刑罚。

根据《刑法》第61条，对于犯罪分子决定刑罚的时候，应当综合考虑犯罪的事实、犯罪的性质、情节和对于社会的危害程度。在毒品犯罪案件中，毒品数量是决定行为社会危害性大小的重要标准，但不是唯一标准。在司法实践中，量刑时不仅要按照被告人参与的犯罪所涉毒品数量，还要综合考量被告人在共同犯罪中的地位、作用，犯意的提出、毒资的筹集、毒源的寻找、毒品的出售、毒品是否流入社会造成实际危害等情节；同时，也要审查被告人是否具备法定的或其他酌定的从重、从轻、减轻处罚的情节。对于同属毒品共同犯罪的主犯，论罪当判死刑，但在对地位更高、作用更大的主犯判处死刑立即执行的情况下，对在共同犯罪中所起作用较小、所居地位较低的，尤其是本案这种家族式毒品共同犯罪中，从人道的角度出发，可以酌情从轻判处刑罚。

5. ［刑事审判参考案例第529号：吴某某等贩卖毒品案］

在贩卖毒品网络中，应区分各名被告人的罪责，考察各自在贩卖毒品网络中的实际作用大小、主观恶性和人身危险性的差异，并结合各被告人的具体情节，区别量刑，做到罪责刑相适应。

6. [刑事审判参考案例第367号：张某某贩卖毒品案]

对于毒品共同犯罪应当区分主犯和从犯。无法区分的，要根据行为人在共同犯罪中的作用和罪责大小确定刑罚。

对于犯罪集团的首要分子，应按集团毒品犯罪的总数量处罚；对一般共同犯罪的主犯，应当按其组织、指挥的毒品犯罪数量处罚；对于从犯，应当按照其个人直接参与实施的毒品犯罪数量处罚。共同犯罪中能分清主、从犯的，不能因为涉案的毒品数量特别巨大，就一律将被告人认定为主犯并判处重刑甚至死刑。受雇于他人实施毒品犯罪的，应根据其在犯罪中的作用具体认定为主犯或者从犯。受他人指使实施毒品犯罪并在犯罪中起次要作用的，一般应认定为从犯。

7. [刑事审判参考案例第366号：黄某某等贩卖毒品案]

既不是贩毒犯意的提起者，也不是出资者和毒品的所有者，在购买毒品的犯罪过程中起的是次要和辅助作用，应认定为从犯。

毒品共同犯罪，是指二人以上共同故意实施走私、贩卖、运输、制造毒品等的犯罪行为。在司法实践中，一般将在共同犯罪中起意贩毒、为主出资、毒品所有者以及其他起主要作用的认定为主犯；在共同犯罪中起次要或者辅助作用的认定为从犯。对既不是贩毒犯意的提起者，也不是出资者和毒品的所有者，在共同犯罪中不是处于主犯的地位，在购买毒品的犯罪过程中起的是次要和辅助作用，应认定为从犯。

（九）同时为自己和他人运输毒品的认定

[刑事审判参考案例第547号：冯某某、艾某某贩卖、运输毒品案]

同时为自己和他人运输毒品，受雇替他人运输毒品的行为系共同犯罪。

毒品共同犯罪是指二人以上共同故意实施走私、贩卖、运输、制造毒品等犯罪行为。仅在客观上相互关联而缺少共同故意的毒品犯罪行为，如买卖毒品的双方，不构成共犯。

（十）毒品数量的认定

1.《武汉会议纪要》（法〔2015〕129号，2015年5月18日印发）

走私、贩卖、运输、制造、非法持有两种以上毒品的，可以将不同种类的毒品分别折算为海洛因的数量，以折算后累加的毒品总量作为量刑的根据。对于刑法、司法解释或者其他规范性文件明确规定了定罪量刑数量标准的毒品，应当按照该毒品与海洛因定罪量刑数量标准的比例进行折算后累加。对于刑法、司法解释及其他规范性文件没有规定定罪量刑数量标准，但《非法药物折算表》规定了与海洛因的折算比例的毒品，可以按照《非法药物折算表》折算为海洛因后进行累加。对于既未规定定罪量刑数量标准，又不具备折算条件的毒品，综合考虑其致瘾癖性、社会危害性、数量、纯度等因素依法量刑。在裁判文书中，应当客观表述涉案毒品的种类和数量，并综合认定为数量大、数量较大或者少量毒品等，不明确表述将不同种类毒品进行折算后累加的毒品总量。

对于未查获实物的甲基苯丙胺片剂（俗称“麻古”等）、MDMA 片剂（俗称“摇头丸”）等混合型毒品，可以根据在案证据证明的毒品粒数，参考本案或者本地区查获的同类毒品的平均重量计算出毒品数量。在裁判文书中，应当客观表述根据在案证据认定的毒品粒数。

对于有吸毒情节的贩毒人员，一般应当按照其购买的毒品数量认定其贩卖毒品的数量，量刑时酌情考虑其吸食毒品的情节；购买的毒品数量无法查明的，按照能够证明的贩卖数量及查获的毒品数量认定其贩毒数量；确有证据证明其购买的部分毒品并非用于贩卖的，不应计入其贩毒数量。

办理毒品犯罪案件，无论毒品纯度高低，一般均应将查证属实的毒品数量认定为毒品犯罪的数量，并据此确定适用的法定刑幅度，但司法解释另有规定或者为了隐蔽运输而临时改变毒品常规形态的除外。涉案毒品纯度明显低于同类毒品的正常纯度的，量刑时可以酌情考虑。

制造毒品案件中，毒品成品、半成品的数量应当全部认定为制造毒品的数量，对于无法再加工出成品、半成品的废液、废料则不应计入制造毒品的数量。对于废液、废料的认定，可以根据其毒品成分的含量、外观形态，结合被告人对制毒过程的供述等证据进行分析判断，必要时可以听取鉴定机构的意见。

2. 武汉会议纪要的理解与适用①

（1）关于一案涉及两种以上毒品的数量认定。《武汉会议纪要》明确了应当对不同种类毒品进行数量折算并累加数量的基本原则。这样规定的理由主要有：一是对不同种类毒品进行数量折算，有利于准确认定涉案毒品数量，科学量刑。二是在关系到能否根据折算后累加的毒品数量对被告人适用更高幅度法定刑，或者能否达到非法持有毒品罪的定罪标准的情况下，进行数量折算更有利于依法从严惩处毒品犯罪。关于折算对象，海洛因是刑法明确规定了定罪量刑数量标准的

---

① 高贵君、马岩、方文军、李静然：《〈全国法院毒品犯罪审判工作座谈会纪要〉的理解与适用》，载《人民司法·应用》2016 年第 13 期。

常见毒品，《非法药物折算表》也以海洛因为折算参照物，对海洛因的毒性研究相对成熟，故《武汉会议纪要》规定将其作为折算对象。关于裁判文书表述，由于刑法对不同种类毒品的数量折算没有明确规定，故在裁判文书中应当客观表述涉案毒品的种类和数量，并综合认定为数量大、数量较大或者少量毒品等，不明确表述将不同种类毒品进行折算后累加的毒品总量。

（2）关于未查获实物的混合型毒品的数量认定。实践中，被告人对于未查获实物的混合型毒品，通常按照粒数供述，但量刑时考虑的是涉案毒品的实际重量。根据《武汉会议纪要》的规定，在未查获实物的情况下，根据在案证据证明的混合型毒品的粒数，参考该案或者该地区查获的同类毒品的平均重量计算出毒品数量，是一个便于司法操作的办法。但是，由于这种计算方法是为了方便量刑而采用的一种特殊认定方法，所以裁判文书中原则上只表述根据在案证据认定的毒品粒数。确有必要时，可以考虑用括号注明据此计算出的毒品约重。需要注意的是，在大部分涉案混合型毒品未被查获，主要根据上述方法计算出毒品数量的情况下，决定适用死刑应当格外慎重。

（3）关于有吸毒情节的贩毒人员的贩毒数量认定。针对该问题，《武汉会议纪要》对《大连会议纪要》的相关规定作了修改，加大了对吸毒者实施的贩卖毒品犯罪的处罚力度。经研究，《武汉会议纪要》调整了认定思路：一是改变了适用主体，将《大连会议纪要》规定的“以贩养吸的被告人”修改为“有吸毒情节的贩毒人员”，以便于认定。二是改变了认定原则，将认定重心放在“进口”而非“出口”，即，对于有吸毒情节的贩毒人员，一般应当将其购买的毒品数量全部认定为其贩卖的毒品数量，并据此确定适用的法定刑幅度，只在量刑时酌情考虑其吸食毒品的情节。三是提高了证明标准，对于不计入贩毒数量的例外情形，要求必须是“确有证据证明”，高于执行《大连会议纪要》过程中实际掌握的证明标准。《武汉会议纪要》规定的两种例外情形：一是被告人购买的毒品数量缺乏足够证据证明的，还是要按照能够证明的贩卖数量及查获的毒品数量认定其贩卖毒品的数量。二是确有证据证明被告人购买的部分毒品并非用于贩卖的，包括已被其本人吸食、不以牟利为目的为吸食者代购或者被其赠予他人等情形，不应计入其贩卖毒品的数量。需要注意的是，不计入贩毒数量的不应包括丢失、销毁等情形，因为被告人如系以贩卖为目的购买这部分毒品，无论是否卖出，均应计入其贩卖毒品的数量。

对于有吸毒情节的贩毒人员恰好购买了 50 克甲基苯丙胺的，根据《武汉会议纪要》的规定，一般还是应当按照其购买的毒品数量（即 50 克甲基苯丙胺）认定其贩卖毒品的数量，并据此确定适用的法定刑幅度，量刑时只能在相应的法定刑幅度内酌情从轻处罚，而不能在法定刑以下适用刑罚。但是，对于确有证据证明被告人购买的部分毒品已经被其吸食，而非用于贩卖的，可以从其贩卖的毒品数量中扣除，并在相应的法定刑幅度内量刑，这实际属于《武汉会议纪要》规定的第二种例外情形。

（4）关于低纯度毒品的数量认定及对量刑的影响。

《武汉会议纪要》强调，应当严格执行刑法有关毒品数量不以纯度折算的规定，一般均应将查证属实的毒品数量认定为毒品犯罪的数量，并据此确定适用的法定刑幅度。但《武汉会议纪要》也规定了两个例外情形：一是 2000 年《最高人民法院关于审理毒品案件定罪量刑标准有关问题的解释》（已废止）规定，对度冷丁（杜冷丁）和盐酸二氢埃托啡针剂及片剂要按照有效药物成分的含量计算毒品数量，这属于司法解释的特殊规定。二是为了掩护运输而将毒品临时溶于液体的，可以将溶液蒸馏后得到的纯度较高的毒品数量作为量刑的依据，这也是司法实践中普遍接受的做法。

同时，考虑到不同纯度毒品的毒性和社会危害的客观差异，《武汉会议纪要》规定，涉案毒品纯度明显低于同类毒品的正常纯度的，量刑时可以酌情考虑。关于各类毒品的正常纯度，根据相关部门提供的数据，在终端消费市场，海洛因的正常纯度为 5%—60% 左右，甲基苯丙胺（冰毒）的正常纯度为 50%—99% 左右，甲基苯丙胺片剂的正常纯度为 5%—30% 左右，氯胺酮的正常纯度为 60%—99% 左右。明显低于上述纯度范围最低值的，量刑时可以酌情考虑。是否“明显低于”正常纯度，则要结合案件具体情况进行判断。此外，鉴于当前毒品犯罪的严峻形势和社会危害，对毒品含量极低的案件，尚不宜报送最高人民法院核准在法定刑以下判处刑罚。

（5）关于制造毒品的数量认定。

制造毒品案件中，现场遗留物的情况比较复杂，可能包括毒品成品、半成品、废液废料等，其中通常都能够检出毒品成分。废液废料是指不具备进一步提取（提纯）毒品条件的固体或者液体废弃物，能够检出毒品成分但含量极低。故《武汉会议纪要》明确提出，废液废料不应计入制造毒品的数量，并原则性规定了有关废液废料的判断方法和依据。

3.《最高人民法院研究室关于被告人对不同种毒品实施同一犯罪行为是否按比例折算成一种毒品予以累加后量刑的答复》（法研〔2009〕146号，2009年8月17日发布）

根据《全国部分法院审理毒品犯罪案件工作座谈会纪要》的规定，对被告人一人走私、贩卖、运输、制造两种以上毒品的，不实行数罪并罚，量刑时可综合考虑毒品的种类、数量及危害，依法处理。

（十一）毒品含量鉴定和混合型、新类型毒品案件处理问题

1.《最高人民法院、最高人民检察院、公安部办理毒品犯罪案件毒品提取、扣押、称量、取样和送检程序若干问题的规定》（公禁毒〔2016〕511号，2016年5月24日印发）

第三十三条 具有下列情形之一的，公安机关应当委托鉴定机构对查获的毒品进行含量鉴定：

（一）犯罪嫌疑人、被告人可能被判处死刑的；

（二）查获的毒品系液态、固液混合物或者系毒品半成品的；

（三）查获的毒品可能大量掺假的；

（四）查获的毒品系成分复杂的新类型毒品，且犯罪嫌疑人、被告人可能被判处七年以上有期徒刑的；

（五）人民检察院、人民法院认为含量鉴定对定罪量刑有重大影响而书面要求进行含量鉴定的。

进行含量鉴定的检材应当与进行成分鉴定的检材来源一致，且一一对应。

2.《大连会议纪要》（法〔2008〕324号，2008年12月1日发布）

鉴于大量掺假毒品和成分复杂的新类型毒品不断出现，为做到罪刑相当、罚当其罪，保证毒品案件的审判质量，并考虑目前毒品鉴定的条件和现状，对可能判处被告人死刑的毒品犯罪案件，应当根据最高人民法院、最高人民检察院、公安部2007年12月颁布的《办理毒品犯罪案件适用法律若干问题的意见》，作出毒品含量鉴定；对涉案毒品可能大量掺假或者系成分复杂的新类型毒品的，亦应当作出毒品含量鉴定。

对于含有二种以上毒品成分的毒品混合物，应进一步作成分鉴定，确定所含的不同毒品成分及比例。对于毒品中含有海洛因、甲基苯丙胺的，应以海洛因、甲基苯丙胺分别确定其毒品种类；不含海洛因、甲基苯丙胺的，应以其中毒性较大的毒品成分确定其毒品种类；如果毒性相当或者难以确定毒性大小的，以其中

比例较大的毒品成分确定其毒品种类，并在量刑时综合考虑其他毒品成分、含量和全案所涉毒品数量。对于刑法、司法解释等已规定了量刑数量标准的毒品，按照刑法、司法解释等规定适用刑罚；对于刑法、司法解释等没有规定量刑数量标准的毒品，有条件折算为海洛因的，参照国家食品药品监督管理局制定的《非法药物折算表》，折算成海洛因的数量后适用刑罚。

对于国家管制的精神药品和麻醉药品，刑法、司法解释等尚未明确规定量刑数量标准，也不具备折算条件的，应由有关专业部门确定涉案毒品毒效的大小、有毒成分的多少、吸毒者对该毒品的依赖程度，综合考虑其致瘾癖性、戒断性、社会危害性等依法量刑。因条件限制不能确定的，可以参考涉案毒品非法交易的价格因素等，决定对被告人适用的刑罚，但一般不宜判处死刑立即执行。

3. ［刑事审判参考案例第430号：王某贩卖毒品案］

司法实践中，新型毒品不断出现，有些毒品的种类、成分、形式非常复杂，如果不作含量鉴定，很难确定其危害社会的程度。尤其是对于可能判处死刑的案件，有证据表明毒品可能大量掺假，或者是多种成分的混合型毒品的案件，应该作毒品的成分和含量鉴定，以确保定案证据的确实充分和死刑适用的准确。

（十二）毒品案件死刑适用问题

1. 《武汉会议纪要》（法〔2015〕129号，2015年5月18日印发）

当前，我国毒品犯罪形势严峻，审判工作中应当继续坚持依法从严惩处毒品犯罪的指导思想，充分发挥死刑对于预防和惩治毒品犯罪的重要作用。要继续按照《大连会议纪要》的要求，突出打击重点，对罪行极其严重、依法应当判处死刑的被告人，坚决依法判处。同时，应当全面、准确贯彻宽严相济刑事政策，体现区别对待，做到罚当其罪，量刑时综合考虑毒品数量、犯罪性质、情节、危害后果、被告人的主观恶性、人身危险性及当地的禁毒形势等因素，严格审慎地决定死刑适用，确保死刑只适用于极少数罪行极其严重的犯罪分子。

1. 运输毒品犯罪的死刑适用

对于运输毒品犯罪，应当继续按照《大连会议纪要》的有关精神，重点打击运输毒品犯罪集团首要分子，组织、指使、雇用他人运输毒品的主犯或者毒枭、职业毒犯、毒品再犯，以及具有武装掩护运输毒品、以运输毒品为业、多次运输毒品等严重情节的被告人，对其中依法应当判处死刑的，坚决依法判处。

对于受人指使、雇用参与运输毒品的被告人，应当综合考虑毒品数量、犯罪次数、犯罪的主动性和独立性、在共同犯罪中的地位作用、获利程度和方式及其主观恶性、人身危险性等因素，予以区别对待，慎重适用死刑。对于有证据证明确属受人指使、雇用运输毒品，又系初犯、偶犯的被告人，即使毒品数量超过实际掌握的死刑数量标准，也可以不判处死刑；尤其对于其中被动参与犯罪，从属性、辅助性较强，获利程度较低的被告人，一般不应当判处死刑。对于不能排除受人指使、雇用初次运输毒品的被告人，毒品数量超过实际掌握的死刑数量标准，但尚不属数量巨大的，一般也可以不判处死刑。

一案中有多人受雇运输毒品的，在决定死刑适用时，除各被告人运输毒品的数量外，还应结合其具体犯罪情节、参与犯罪程度、与雇用者关系的紧密性及其主观恶性、人身危险性等因素综合考虑，同时判处二人以上死刑要特别慎重。

2. 毒品共同犯罪、上下家犯罪的死刑适用

毒品共同犯罪案件的死刑适用应当与该案的毒品数量、社会危害及被告人的犯罪情节、主观恶性、人身危险性相适应。涉案毒品数量刚超过实际掌握的死刑数量标准，依法应当适用死刑的，要尽量区分主犯间的罪责大小，一般只对其中罪责最大的一名主犯判处死刑；各共同犯罪人地位作用相当，或者罪责大小难以区分的，可以不判处被告人死刑；二名主犯的罪责均很突出，且均具有法定从重处罚情节的，也要尽可能比较其主观恶性、人身危险性方面的差异，判处二人死刑要特别慎重。涉案毒品数量达到巨大以上，二名以上主犯的罪责均很突出，或者罪责稍次的主犯具有法定、重大酌定从重处罚情节，判处二人以上死刑符合罪刑相适应原则，并有利于全案量刑平衡的，可以依法判处。

对于部分共同犯罪人未到案的案件，在案被告人与未到案共同犯罪人均属罪行极其严重，即使共同犯罪人到案也不影响对在案被告人适用死刑的，可以依法判处在案被告人死刑；在案被告人的罪行不足以判处死刑，或者共同犯罪人归案后全案只宜判处其一人死刑的，不能因为共同犯罪人未到案而对在案被告人适用死刑；在案被告人与未到案共同犯罪人的罪责大小难以准确认定，进而影响准确适用死刑的，不应对在案被告人判处死刑。

对于贩卖毒品案件中的上下家，要结合其贩毒数量、次数及对象范围，犯罪的主动性，对促成交易所发挥的作用，犯罪行为的危害后果等因素，综合考虑其主观恶性和人身危险性，慎重、稳妥地决定死刑适用。对于买卖同宗毒品的上下家，涉案毒品数量刚超过实际掌握的死刑数量标准的，一般不能同时判处死刑；上家主动联络销售毒品，积极促成毒品交易的，通常可以判处上家死刑；下家积极筹资，主动向上家约购毒品，对促成毒品交易起更大作用的，可以考虑判处下

家死刑。涉案毒品数量达到巨大以上的，也要综合上述因素决定死刑适用，同时判处上下家死刑符合罪刑相适应原则，并有利于全案量刑平衡的，可以依法判处。

一案中有多名共同犯罪人、上下家针对同宗毒品实施犯罪的，可以综合运用上述毒品共同犯罪、上下家犯罪的死刑适用原则予以处理。

办理毒品犯罪案件，应当尽量将共同犯罪案件或者密切关联的上下游案件进行并案审理；因客观原因造成分案处理的，办案时应当及时了解关联案件的审理进展和处理结果，注重量刑平衡。

3. 新类型、混合型毒品犯罪的死刑适用

甲基苯丙胺片剂（俗称“麻古”等）是以甲基苯丙胺为主要毒品成分的混合型毒品，其甲基苯丙胺含量相对较低，危害性亦有所不同。为体现罚当其罪，甲基苯丙胺片剂的死刑数量标准一般可以按照甲基苯丙胺（冰毒）的2倍左右掌握，具体可以根据当地的毒品犯罪形势和涉案毒品含量等因素确定。

涉案毒品为氯胺酮（俗称“K粉”）的，结合毒品数量、犯罪性质、情节及危害后果等因素，对符合死刑适用条件的被告人可以依法判处死刑。综合考虑氯胺酮的致瘾癖性、滥用范围和危害性等因素，其死刑数量标准一般可以按照海洛因的10倍掌握。

涉案毒品为其他滥用范围和危害性相对较小的新类型、混合型毒品的，一般不宜判处被告人死刑。但对于司法解释、规范性文件明确规定了定罪量刑数量标准，且涉案毒品数量特别巨大，社会危害大，不判处死刑难以体现罚当其罪的，必要时可以判处被告人死刑。

2. ［刑事审判参考案例第542号：龙某某贩卖毒品案］

对于毒品数量已经达到实际掌握的判处死刑的数量标准，但具有法定、酌定从宽处罚情节的被告人，可不判处死刑；反之，对于毒品数量接近实际掌握的判处死刑的数量标准，又具有法定或酌定从重处罚情节的被告人，如再犯、累犯、惯犯等，也可以判处死刑立即执行。

3. ［刑事审判参考案例532号：吉某某运输毒品案］

对毒品案件尤其是运输毒品案件量刑时，不能仅以数量标准为依据，要强调“数量加情节”的量刑原则。确定刑罚必须综合考虑被告人的犯罪情节、危害后果、主观恶性等多种因素全面考虑，慎重决定是否适用死刑。

（十三）非法贩卖麻醉药品、精神药品行为的定性

1.《武汉会议纪要》（法〔2015〕129号，2015年5月18日印发）

行为人向走私、贩卖毒品的犯罪分子或者吸食、注射毒品的人员贩卖国家规定管制的能够使人形成瘾癖的麻醉药品或者精神药品的，以贩卖毒品罪定罪处罚。

行为人出于医疗目的，违反有关药品管理的国家规定，非法贩卖上述麻醉药品或者精神药品，扰乱市场秩序，情节严重的，以非法经营罪定罪处罚。

2. 武汉会议纪要的理解与适用①

麻精药品通常具有双重属性，无论通过合法渠道销售还是非法渠道流通，只要被患者正常使用发挥疗效作用的，就属于药品；只有脱离管制被吸毒人员滥用的，才属于毒品。因此，列入《麻醉药品品种目录》和《精神药品品种目录》的麻精药品并不等同于毒品，也并非所有非法贩卖麻精药品的行为都应当被认定为贩卖毒品罪，而应具体情况具体分析。

《武汉会议纪要》根据贩卖对象作出区别规定：第一，对于向走私、贩卖毒品的犯罪分子或者吸食、注射毒品的人员进行贩卖的，应当以贩卖毒品罪定罪处罚。第二，对于出于医疗目的，违反药品管理法的相关规定，向无资质的药品经营人员、私立医院、诊所、药店或者病人非法贩卖的，侵犯的是国家对药品的正常经营管理秩序，故不应认定为贩卖毒品罪，符合非法经营罪的定罪标准的，依法定罪处罚。需要说明的是，实践中有的被告人向不特定对象贩卖麻精药品，如果没有证据证明其是向走私、贩卖毒品的犯罪分子或者吸食、注射毒品的人员进行贩卖的，根据有利于被告人的原则，一般不宜认定为贩卖毒品罪。

（十四）毒品案件行为人主观明知的判断标准

1.《大连会议纪要》（法〔2008〕324号，2008年12月1日发布）

十、主观明知的认定问题

毒品犯罪中，判断被告人对涉案毒品是否明知，不能仅凭被告人供述，而应当依据被告人实施毒品犯罪行为的过程、方式、毒品被查获时的情形等证据，结合被告人的年龄、阅历、智力等情况，进行综合分析判断。

具有下列情形之一，被告人不能做出合理解释的，可以认定其“明知”是

---

① 高贵君、马岩、方文军、李静然：《〈全国法院毒品犯罪审判工作座谈会纪要〉的理解与适用》，载《人民司法·应用》2016年第13期。

毒品，但有证据证明确属被蒙骗的除外：（1）执法人员在口岸、机场、车站、港口和其他检查站点检查时，要求行为人申报为他人携带的物品和其他疑似毒品物，并告知其法律责任，而行为人未如实申报，在其携带的物品中查获毒品的；（2）以伪报、藏匿、伪装等蒙蔽手段，逃避海关、边防等检查，在其携带、运输、邮寄的物品中查获毒品的；（3）执法人员检查时，有逃跑、丢弃携带物品或者逃避、抗拒检查等行为，在其携带或者丢弃的物品中查获毒品的；（4）体内或者贴身隐秘处藏匿毒品的；（5）为获取不同寻常的高额、不等值报酬为他人携带、运输物品，从中查获毒品的；（6）采用高度隐蔽的方式携带、运输物品，从中查获毒品的；（7）采用高度隐蔽的方式交接物品，明显违背合法物品惯常交接方式，从中查获毒品的；（8）行程路线故意绕开检查站点，在其携带、运输的物品中查获毒品的；（9）以虚假身份或者地址办理托运手续，在其托运的物品中查获毒品的；（10）有其他证据足以认定行为人应当知道的。

2. 大连会议纪要的理解与适用①

十一、关于主观明知的认定问题

《大连会议纪要》在“两高一部”《办理毒品犯罪案件适用法律若干问题的意见》的基础上，参考最高人民法院、最高人民检察院、海关总署2002年7月《关于办理走私刑事案件适用法律若干问题的意见》第5条“关于走私犯罪嫌疑人、被告人主观故意的认定问题”的规定，结合司法实践经验，列举了可以认定被告人主观明知的具体情形。至于判断是否明知，应当注意以下问题：一是判断是否明知应当以客观实际情况为依据。尽管明知是行为人知道或者应当知道行为对象是毒品的心理状态，但是判断被告人主观是否明知，不能仅凭被告人是否承认，而应当综合考虑案件中的各种客观实际情况，依据实施毒品犯罪行为的过程、行为方式、毒品被查获时的情形和环境等证据，结合被告人的年龄、阅历、智力及掌握相关知识情况，进行综合分析判断。二是用作推定前提的基础事实必须有确凿的证据证明。首先要查明行为人携带、运输的东西确实是毒品，同时行为人有反常行为表现。三是依照上述规定认定的明知，允许行为人提出反证加以推翻。由于推定明知不是以确凿证据证明的，而是根据基础事实与待证事实的常态联系，运用情理判断和逻辑推理得出的，有可能出现例外情况。如果行为人能

① 高贵君、王勇、吴光侠：《〈全国部分法院审理毒品犯罪案件工作座谈会纪要〉的理解与适用》，载《人民司法·应用》2009年第3期。

作出合理解释，有证据证明确实受蒙骗，其辩解有事实依据或者合乎情理，就不能认定其明知是毒品。

3.《最高人民法院、最高人民检察院、公安部办理毒品犯罪案件适用法律若干问题的意见》（公通字〔2007〕84号，2007年12月18日印发）

二、关于毒品犯罪嫌疑人、被告人主观明知的认定问题

走私、贩卖、运输、非法持有毒品主观故意中的“明知”，是指行为人知道或者应当知道所实施的行为是走私、贩卖、运输、非法持有毒品行为。具有下列情形之一，并且犯罪嫌疑人、被告人不能做出合理解释的，可以认定其“应当知道”，但有证据证明确属被蒙骗的除外：

（一）执法人员在口岸、机场、车站、港口和其他检查站检查时，要求行为人申报为他人携带的物品和其他疑似毒品物，并告知其法律责任，而行为人未如实申报，在其所携带的物品内查获毒品的；

（二）以伪报、藏匿、伪装等蒙蔽手段逃避海关、边防等检查，在其携带、运输、邮寄的物品中查获毒品的；

（三）执法人员检查时，有逃跑、丢弃携带物品或逃避、抗拒检查等行为，在其携带或丢弃的物品中查获毒品的；

（四）体内藏匿毒品的；

（五）为获取不同寻常的高额或不等值的报酬而携带、运输毒品的；

（六）采用高度隐蔽的方式携带、运输毒品的；

（七）采用高度隐蔽的方式交接毒品，明显违背合法物品惯常交接方式的；

（八）其他有证据足以证明行为人应当知道的。

4. 办理毒品犯罪案件适用法律若干问题的意见的理解与适用①

（一）规定毒品犯罪主观明知的依据

规定毒品犯罪的主观明知问题，主要是基于以下几点考虑：一是行为人在进行与自身相关的行为时，有责任审查委托、雇用其携带、运输或者交接的物品是否属违禁品，其实施行为是否合法，这是行为人实施与自身相关行为的基本法律义务。行为人如果具有上述情形，而辩称没有审查，就应当认定行为人对其行为对象主观上是明知的。二是出于严惩毒品犯罪的迫切需要。在司法实践中，毒品

---

① 高贵君、王勇、吴光侠：《〈办理毒品犯罪案件适用法律若干问题的意见〉的理解与适用》，载《人民司法·应用》2008年第5期。

犯罪集团化、职业化趋向越来越突出，行为人具有逃避制裁的充分准备，特别是用箱包运输毒品的被告人，即使当场在其身边查获毒品，往往以“为他人携带和运输，并不知道有毒品”进行辩解。有的在被查获时承认明知是毒品，但到了起诉、审判阶段就翻供。如果仅以其本人是否承认明知为标准，就会造成“唯口供论”，难以认定毒品犯罪人的主观故意，导致判决结果显失公正，严重影响惩治毒品犯罪的效果。

（二）毒品犯罪中明知的含义及其判断标准

明知是指行为人知道或者应当知道所实施的行为是走私、贩卖、运输、非法持有毒品的行为。具有下列8种情形之一，并且犯罪嫌疑人、被告人不能作出合理解释的，可以认定其应当知道，但有证据证明确属被蒙骗的除外。前3种情形表现为执法人员检查时，从其所携带的物品内查获毒品，并且行为人有蒙蔽、逃避或者抗拒检查或者未如实申报的行为，也不能对委托其携带物品人的姓名、住址等情况交待清楚。第4、6、7种情形表现为采取高度隐蔽的方式携带、交接毒品，明显违背合法物品惯常携带和交接的方式。第5种情形表现为为他人携带、运输物品的报酬明显不合市场交易常规，违背常理。第8种情形是兜底性规定，可以包括其他有证据足以证明应当知道的情形，如用特制设备运输毒品或者在运输工具的隐蔽部位藏匿毒品的；行程路线故意绕开检查站点的；以虚假地址和身份办理托运手续的；多次为同一毒品犯罪分子运输毒品的；曾因同一种毒品违法犯罪行为受过刑事处罚或者行政处罚的，等等。至于明知的程度，只需行为人明知犯罪对象是毒品，而无须完全清楚毒品的数量、质量、品种、含量、成分等物理、化学特征。

（三）判断明知时应注意的问题

在具体判断是否明知时，应当注意以下问题：一是判断是否明知应当以客观实际情况为依据。尽管明知是行为人知道或者应当知道行为对象是毒品的心理状态，但是判断被告人主观上是否明知，不能仅凭被告人是否承认，而应当综合考虑案件中的各种客观实际情况，依据实施毒品犯罪行为的过程、行为方式、毒品被查获时的情形和环境等证据，结合被告人的年龄、阅历、智力及掌握相关知识的情况，进行综合分析判断。二是用作推定前提的基础事实必须有已经确凿的证据证明。首先要查明行为人携带的东西确实是毒品，其次行为人要有上述列举的反常表现行为。三是依照上述规定认定的明知，允许行为人提出反证加以推翻。由于推定的明知不是以确凿证据证明的，而是根据基础事实与待证事实的常态联系，运用情理判断和逻辑推理得出的，有可能出现例外情况。如果行为人能作出合理解释，有证据证明确实受蒙骗，其辩解有事实依据或者合乎情理，就不能认定其明知。

5. ［刑事审判参考案例第 1015 号：骆某某运输毒品案］

对当场查获毒品的案件，要重点审查被告人的主观明知，包括对是否是毒品的明知和运输对象的明知两个方面，不能仅凭现场查获毒品就客观归罪，当然地认定被告人具有运输毒品的故意。

运输毒品罪要求被告人客观上有运输毒品的行为，主观上有明知是毒品并运输的故意。对当场查获毒品的案件，要重点审查被告人的主观明知，包括对是否是毒品的明知和运输对象的明知两个方面，不能仅凭现场查获毒品就客观归罪，当然地认定被告人具有运输毒品的故意。对此，《大连会议纪要》规定："不能仅凭被告人供述，而应当依据被告人实施毒品犯罪行为的过程、方式、毒品被查获时的情形等证据，结合被告人的年龄、阅历、智力等情况，进行综合分析判断。"对于运输毒品罪而言，即使被告人否认自己对毒品的明知，但如果根据其行为的过程、方式、毒品被查获时的情形能够推定其主观上是明知的，也不影响定罪。其实质就是要确定犯罪人与毒品之间的一种主客观统一的对应关系，也就是人与毒的对应关系，达到真正的"人毒俱获"。对于可能判处死刑的运输毒品犯罪而言，自然也要遵循一般的死刑案件证据标准，主要体现在所有的犯罪事实必须均有证据证实，证据之间不能出现无法排除的矛盾，最终得出唯一确定的结论。

6. ［刑事审判参考案例第 954 号：巴某某、木某某走私毒品案］

采用高度隐蔽的方式携带、运输毒品，且未能作出合理解释，可以认定明知所携带的手提公文箱中藏有毒品，依法构成走私毒品罪。

首先，在手提公文箱的夹层中藏匿毒品属于高度隐蔽的方式。其次，二被告人虽然否认明知手提箱中藏有毒品，但均未对其行为作出"合理解释"，且存在多处矛盾。值得注意的是，刑事推定是一种不得已的证明方法，有"末位的证明方式"之称。只有在相关事实确实难以用直接证据来证明时才允许采取这种方式进行认定。由于推定被告人明知不是以确凿证据来证明，而是根据基础事实与待证事实的常态联系，运用情理判断和逻辑推理得出的，不排除有例外情况，所以推定若运用不当，则很有可能导致错误定罪。依据《办理毒品犯罪案件适用法律若干问题的意见》的有关规定来认定毒品犯罪被告人的主观明知时，特别要注意两点：（1）判断是否明知应当以客观真实的在案证据为基础。尽管“明知”是被告人知道或者应当知道行为对象是毒品的心理状态，但判断被告人主观是否明知，不能仅凭被告人的供述，而应当综合案件中的其他证据，依据实施毒品犯罪行为的过程、行为方式、毒品被查获时的环境等证据，结合被告人的年龄、阅历、智力及掌握相关知识情况，进行综合分析判断。（2）应当准许被告人提出反证，以对其行为作出合理解释或者证实其确系被蒙骗。并且，如果被告人在审判阶段只能提出相关的证据线索，无法提出具体证据，法院可以进行调查取证。如经调查核实，发现被告人提出的证据线索确实存在，被告人的辩解有事实根据或者合乎情理，足以推翻推定事实的，则不能认定其明知。

7. ［刑事审判参考案例第550号：周某某运输毒品案］

以虚假身份办理托运手续，在托运的物品中查获毒品，结合运输的方式、过程、托运人的年龄、阅历、智力等情况，可以推定托运人对毒品有明知。

（十五）对“特情介入”案件的处理

1. 《大连会议纪要》（法〔2008〕324号，2008年12月1日发布）

六、特情介入案件的处理问题

运用特情侦破毒品案件，是依法打击毒品犯罪的有效手段。对特情介入侦破的毒品案件，要区别不同情形予以分别处理。

对已持有毒品待售或者有证据证明已准备实施大宗毒品犯罪者，采取特情贴靠、接洽而破获的案件，不存在犯罪引诱，应当依法处理。

行为人本没有实施毒品犯罪的主观意图，而是在特情诱惑和促成下形成犯意，进而实施毒品犯罪的，属于“犯意引诱”。对因“犯意引诱”实施毒品犯罪的被告人，根据罪刑相适应原则，应当依法从轻处罚，无论涉案毒品数量多大，都不应判处死刑立即执行。行为人在特情既为其安排上线，又提供下线的双重引诱，即“双套引诱”下实施毒品犯罪的，处刑时可予以更大幅度的从宽处罚或者依法免予刑事处罚。

行为人本来只有实施数量较小的毒品犯罪的故意，在特情引诱下实施了数量较大甚至达到实际掌握的死刑数量标准的毒品犯罪的，属于“数量引诱”。对因“数量引诱”实施毒品犯罪的被告人，应当依法从轻处罚，即使毒品数量超过实际掌握的死刑数量标准，一般也不判处死刑立即执行。

对不能排除“犯意引诱”和“数量引诱”的案件，在考虑是否对被告人判处死刑立即执行时，要留有余地。

对被告人受特情间接引诱实施毒品犯罪的，参照上述原则依法处理。

2. ［刑事审判参考第639号案例：包某贩卖毒品案］

“数量引诱”系行为人在特情引诱之前就已经具有实施毒品犯罪的主观故意，这种故意是一种概括性的故意，无论最终交易的毒品数量是多少，都没有超出行为人的故意范畴。在该情形下，“特情引诱”不是使行为人产生新的犯意，只是使其犯意暴露出来。“数量引诱”与“犯意引诱”的根本区别在于：“数量引诱”系行为人在特情介入之前就已经具有毒品犯罪的主观故意，而“犯意引诱”系行为人在特情介入之前没有实施毒品犯罪的主观意图。“数量引诱”与“机会引诱”的相同点是在特情介入之前行为人已经具有实施毒品犯罪的主观故意；区别在于，“机会引诱”只是提供机会，不存在实质性引诱，而“数量引诱”不仅提供机会，而且毒品数量上还存在从小到大的实质性引诱。

3. ［刑事审判参考第208号案例：苏某贩卖毒品案］

为贩卖毒品向公安特情人员购买毒品的，应以贩卖毒品罪处罚。根据最高人民法院对“贩卖毒品”所作的解释以及司法实践，如果毒品交易的卖方不是公安特情和公安机关，而是其他真正的毒贩，由于交易双方已就毒品交易种类、数量、价格、时间、地点等基本交易事项达成一致，那么，即使交易双方未能实际完成毒品交易而被公安机关当场抓获，对毒品交易的双方都应以“能犯的”既遂处理。这一点是认定贩卖毒品罪与其他刑事犯罪既未遂问题的一项重要区别。对于出面与行为人进行所谓“毒品交易”，充当毒品“卖方”的实际上是公安特情和公安机关，公安特情和公安机关没有也不可能真正将毒品卖给被告人。换言之，从一开始就不可能实现行为人为贩毒而购毒的犯罪目的。我们认为，对这种因犯罪分子意志以外的因素而不可能实现其贩毒目的的情形，应当根据《刑法》第23条第2款的规定，对其比照既遂犯予以从轻或减轻处罚，以真正贯彻、落实罪责刑相适应原则。

（十六）以毒品冲抵其他交易价款的行为定性

［刑事审判参考第463号案例：庄某某、刘某、郑某非法买卖枪支、贩卖毒品案］

以毒品冲抵部分买卖枪支价款的行为构成贩卖毒品罪，该贩卖毒品行为与非法买卖枪支行为之间不存在牵连关系，应予数罪并罚。

被告人以毒品冲抵部分买卖枪支价款作为其实施非法买卖枪支犯罪的方法行为，与非法买卖枪支的目的行为侵犯的法益并不属于同一法益，这两个犯罪行为不能够充足一个犯罪构成，而分别符合不同的犯罪构成，依照上述牵连关系的认定原则，显然被告人贩卖毒品的行为与非法买卖枪支的行为不能成立牵连犯所要求的牵连关系，因而不能构成牵连犯，而应以贩卖毒品罪与非法买卖枪支罪实行数罪并罚。

（十七）为贩卖毒品者交接及转移毒品行为的定性

［刑事审判参考第373号案例：梁某、周某等贩卖毒品案］

对于受雇运输，且没有在犯罪过程中实行过限，宜以运输毒品罪定性；对于受雇为毒品买主或者卖主交换毒品或者毒资，即使未参与商定毒品价格，也宜以贩卖毒品罪定性；对于无法认定其是运输还是贩卖的，则宜就低认定为非法持有毒品罪。对受雇从事毒品犯罪活动的人员，不能一概认定为从犯，应根据案件情况具体分析。受雇帮助他人转移毒品的行为，在无证据证实被告人知道雇佣者有交易毒品的情况，也无法证实或推断出被告人明知雇佣者取得毒品后的目的是走私、贩卖还是运输，应定转移毒品罪。

（十八）贩卖毒品罪与非法持有毒品罪的界限

［刑事审判参考第108号案例：张某贩卖毒品案］

被告人贩卖毒品的事实清楚、证据充分，而被查获的部分毒品处于尚未交易状态的，应把被告人的犯罪事实作为一个整体看待。如果行为人主观上有贩卖毒品的故意，客观上有贩卖毒品的经历，并且，行为人本人不吸毒或者行为人虽然吸毒，但藏匿或储存的毒品数量明显超过个人吸食所需数量，行为人非法持有毒品的行为应视为是为贩卖毒品做准备，是贩卖毒品行为的组成部分，应以贩卖毒品罪定罪。

（十九）毒品犯罪案件中缓刑、财产刑适用及减刑、假释

《武汉会议纪要》（法〔2015〕129号，2015年5月18日印发）

对于毒品犯罪应当从严掌握缓刑适用条件。对于毒品再犯，一般不得适用缓刑。对于不能排除多次贩毒嫌疑的零包贩毒被告人，因认定构成贩卖毒品等犯罪的证据不足而认定为非法持有毒品罪的被告人，实施引诱、教唆、欺骗、强迫他人吸毒犯罪及制毒物品犯罪的被告人，应当严格限制缓刑适用。

办理毒品犯罪案件，应当依法追缴犯罪分子的违法所得，充分发挥财产刑的作用，切实加大对犯罪分子的经济制裁力度。对查封、扣押、冻结的涉案财物及其孳息，经查确属违法所得或者依法应当追缴的其他涉案财物的，如购毒款、供犯罪所用的本人财物、毒品犯罪所得的财物及其收益等，应当判决没收，但法律

另有规定的除外。判处罚金刑时，应当结合毒品犯罪的性质、情节、危害后果及被告人的获利情况、经济状况等因素合理确定罚金数额。对于决定并处没收财产的毒品犯罪，判处被告人有期徒刑的，应当按照上述确定罚金数额的原则确定没收个人部分财产的数额；判处无期徒刑的，可以并处没收个人全部财产；判处死缓或者死刑的，应当并处没收个人全部财产。

对于具有毒枭、职业毒犯、累犯、毒品再犯等情节的毒品罪犯，应当从严掌握减刑条件，适当延长减刑起始时间、间隔时间，严格控制减刑幅度，延长实际执行刑期。对于刑法未禁止假释的前述毒品罪犯，应当严格掌握假释条件。

（二十）毒品犯罪累犯、毒品再犯的认定与处罚

1.《武汉会议纪要》（法〔2015〕129号，2015年5月18日印发）

累犯、毒品再犯是法定从重处罚情节，即使本次毒品犯罪情节较轻，也要体现从严惩处的精神。尤其对于曾因实施严重暴力犯罪被判刑的累犯、刑满释放后短期内又实施毒品犯罪的再犯，以及在缓刑、假释、暂予监外执行期间又实施毒品犯罪的再犯，应当严格体现从重处罚。

对于因同一毒品犯罪前科同时构成累犯和毒品再犯的被告人，在裁判文书中应当同时引用刑法关于累犯和毒品再犯的条款，但在量刑时不得重复予以从重处罚。对于因不同犯罪前科同时构成累犯和毒品再犯的被告人，量刑时的从重处罚幅度一般应大于前述情形。

2. 武汉会议纪要的理解与适用①

《武汉会议纪要》规定了同时具有累犯、毒品再犯情节的刑罚适用及法条引用问题。区分两种情形作出规定：一是对于因同一毒品犯罪前科同时构成累犯和毒品再犯的被告人，在裁判文书中应当同时引用刑法关于累犯和毒品再犯的条款，但在量刑时不得重复予以从重处罚；二是对于因不同犯罪前科同时构成累犯和毒品再犯的被告人，量刑时的从重处罚幅度一般应大于前述情形，以体现区别。之所以规定为“一般”，是考虑到实践中存在一些例外情况。例如，对于分别因罪行较轻的盗窃罪和非法持有毒品罪而同时构成累犯和毒品再犯的被告人，对其从重处罚幅度未必大于因单一的严重贩卖毒品罪而同时构成累犯和毒品再犯的被告人。

---

① 高贵君、马岩、方文军、李静然：《〈全国法院毒品犯罪审判工作座谈会纪要〉的理解与适用》，载《人民司法·应用》2016年第13期。

（二十一）毒品犯罪案件的管辖

1.《大连会议纪要》（法〔2008〕324号，2008年12月1日发布）

毒品犯罪的地域管辖，应当依照刑事诉讼法的有关规定，实行以犯罪地管辖为主、被告人居住地管辖为辅的原则。考虑到毒品犯罪的特殊性和毒品犯罪侦查体制，“犯罪地”不仅可以包括犯罪预谋地、毒资筹集地、交易进行地、运输途经地以及毒品生产地，也包括毒资、毒赃和毒品藏匿地、转移地、走私或者贩运毒品目的地等。“被告人居住地”，不仅包括被告人常住地和户籍所在地，也包括其临时居住地。

对于已进入审判程序的案件，被告人及其辩护人提出管辖异议，经审查异议成立的，或者受案法院发现没有管辖权，而案件由本院管辖更适宜的，受案法院应当报请与有管辖权的法院共同的上级法院依法指定本院管辖。

2.《最高人民法院、最高人民检察院、公安部办理毒品犯罪案件适用法律若干问题的意见》（公通字〔2007〕84号，2007年12月18日印发）

根据刑事诉讼法的规定，毒品犯罪案件的地域管辖，应当坚持以犯罪地管辖为主、被告人居住地管辖为辅的原则。

“犯罪地”包括犯罪预谋地，毒资筹集地，交易进行地，毒品生产地，毒资、毒赃和毒品的藏匿地、转移地，走私或者贩运毒品的目的地以及犯罪嫌疑人被抓获地等。

“被告人居住地”包括被告人常住地、户籍地及其临时居住地。

对怀孕、哺乳期妇女走私、贩卖、运输毒品案件，查获地公安机关认为移交其居住地管辖更有利于采取强制措施和查清犯罪事实的，可以报请共同的上级公安机关批准，移送犯罪嫌疑人居住地公安机关办理，查获地公安机关应继续配合。

公安机关对侦办跨区域毒品犯罪案件的管辖权有争议的，应本着有利于查清犯罪事实，有利于诉讼，有利于保障案件侦查安全的原则，认真协商解决。经协商无法达成一致的，报共同的上级公安机关指定管辖。对即将侦查终结的跨省（自治区、直辖市）重大毒品案件，必要时可由公安部商最高人民法院和最高人民检察院指定管辖。

为保证及时结案，避免超期羁押，人民检察院对于公安机关移送审查起诉的案件，人民法院对于已进入审判程序的案件，被告人及其辩护人提出管辖异议或者办案单位发现没有管辖权的，受案人民检察院、人民法院经审可以依法报请上级人民检察院、人民法院指定管辖，不再自行移送有管辖权的人民检察院、人民法院。

（二十二）毒品犯罪案件取证指引

对于毒品案件的取证，一般按照“明知是毒品 + 实施走私、贩卖、运输、制造行为”的主客观模式进行。

1. 主体证据

本罪主体为一般主体，对于走私、运输、制造毒品行为的主体须查明其是否年满十六周岁具有刑事责任能力，对于贩卖毒品的主体需要查明行为人是否年满十四周岁具有刑事责任能力。主体证据的具体内容可参考本书“组织、领导、参加黑社会性质组织罪”一章有关“主体证据”的内容。

2. 主观方面证据

主观方面证据是指证明行为人明知其走私、贩卖、运输、制造的是毒品而为之以及其实施行为的动机、目的等的证据。主要包括如下几种：

（1）犯罪嫌疑人、被告人供述和辩解以及同案人的供述，证明行为人走私、贩卖、运输、制造毒品的动机、目的，是否知道其走私、贩卖、运输、制造的是毒品等。此外，行为人的犯罪手段、交易方式等也可以体现其主观心态，如采用谎报、藏匿、绕关等手段走私毒品，或者采用违背惯常商业习惯的高度隐蔽方式交易等。

（2）证人证言，主要包括目击证人、知情人、执法人员、购毒者等证言，以证实行为人明知其走私、贩卖、运输、制造的是毒品以及营利等主观目的。

（3）其他证据，如证明行为人是否吸毒的鉴定意见，证明其是否有毒品犯罪前科的书证，等等。

此外，证明单位走私、贩卖、运输、制造毒品的主观故意时，还需要通过收集和提取单位的法定代表人及直接主管人员和其他负责人员的供述、单位集体讨论记录、有关负责人签署的文件、单位财务账目等书证及相关证人证言等证据材料，以证明其行为系由单位集体研究决定，或者由单位的负责人或被授权的其他人员决定、同意，谋取不正当利益或者违法所得大部分归单位所有等事实。①

---

① 最高人民检察院公诉厅编：《公诉案件证据参考标准》，法律出版社 2014 年版，第 565 页。

3. 客观方面证据

客观方面证据是指证明存在走私、贩卖、运输、制造毒品的行为以及该行为系行为人所实施的证据。若要认定恶势力犯罪，还应当查明走私、贩卖、运输、制造毒品的团伙是否经常纠集在一起，以暴力、威胁或者其他手段，在一定区域或者行业内多次实施违法犯罪活动。对于客观方面，主要通过如下证据证实：

（1）犯罪嫌疑人、被告人供述和辩解，可证实实施走私、贩卖、运输、制造毒品的时间、地点、参与人，毒品的来源、产地、种类、数量、价值、去向，犯罪方式、手段、具体经过，作案工具来源、数量、特征、下落，非法所得数额、去向、用途等。

（2）证人证言，包括知情人、见证人、关系人、中介人的证言，购买人、被利用人、被教唆人的证言，海关、国（边）境检查人员的证言等，证实实施行为的时间、地点、方式、经过等情况。

（3）物证、书证，包括走私、贩卖、运输、制造的毒品实物或照片，作案工具，货单、邮单、托运单、藏匿毒品的货物报关单，信件、电报、支票、汇票、发票等，以证实行为人走私、贩卖、运输、制造毒品的手段、方式、数量、地点、预谋经过、非法所得、赃款用途等情况。

（4）勘验、检查笔录，截获现场、走私现场、贩卖现场、运输现场、制造现场勘验、检查笔录及照片，物证的勘验、检查笔录及照片，人身检查笔录及照片等。

（5）其他证据，如视听资料、搜查、扣押、收缴、封存、销毁笔录等。①

对于实施毒品犯罪的团伙，还应当查明其是否经常纠集在一起，以暴力、威胁或者其他手段在一定区域或者行业内多次实施违法犯罪活动，以便认定恶势力犯罪。如果行为人只是以较为隐蔽的方式实施毒品犯罪，不存在上述情形，则不得认定为恶势力。对此可以通过收集犯罪嫌疑人、被告人的供述和辩解、同案人供述、知情者证言、手机等物证、相关书证、笔录等证据予以证实。

毒品犯罪案件在取证时，必须注意以下几点：首先，注意收集毒品和有关毒品的鉴定意见，从而做到人证合一、人赃并获；其次，要规范实物证据与书面证据的收集；最后，要规范技术侦查措施的运用和相关证据转化。按照规定对重大

---

① 最高人民检察院公诉厅编：《刑事公诉案件证据审查指引》，中国检察出版社 2015 年版，第 255－257 页。

毒品犯罪及嫌疑人采取了记录监控、行踪监控、通信监控、场所监控等技术侦查措施的，要请求技术侦查部门及时将有关情况转化成符合法定程序要求的书面材料、照片、录音录像资料等证据形式。在讯问和查证中需要使用技术侦查措施获取的证据材料且可能危及有关人员的人身安全，或者可能产生其他严重后果的，应当采取不暴露有关人员身份、技术方法等保护措施。①

（二十三）毒品犯罪案件公诉证据标准

《最高人民检察院公诉厅毒品犯罪案件公诉证据标准指导意见（试行）》（〔2005〕高检诉发第32号，2005年4月25日印发）

根据毒品犯罪案件证据的共性和特性，公诉证据标准可分为一般证据标准和特殊证据标准。一般证据标准，是指毒品犯罪通常具有的证据种类和形式；特殊证据标准，是指对某些毒品犯罪除一般证据种类和形式外，还应具有的特殊证据形式。

一、一般证据标准

一般证据标准，包括证明毒品犯罪的客体、客观方面、主体和主观方面的证据种类和形式。毒品犯罪侵犯的客体主要是国家对毒品的管理制度，在一些特殊的毒品犯罪中，还同时侵害了国家海关管理制度等。对此，一般可通过犯罪事实的认定予以明确。《指导意见（试行）》主要针对的是证明毒品犯罪的主体、主观方面和客观方面的证据种类和形式问题。

（一）关于犯罪主体的证据

毒品犯罪的主体既有一般主体，也有特殊主体，包括自然人和单位。关于犯罪主体（自然人）的证据主要参考以下内容：

1. 居民身份证、临时居住证、工作证、护照、港澳居民来往内地通行证、台湾居民来往大陆通行证、中华人民共和国旅行证，以及边民证；

2. 户口簿或微机户口卡；

3. 个人履历表或入学、入伍、招工、招干等登记表；

4. 医院出生证明；

5. 犯罪嫌疑人、被告人的供述；

6. 有关人员（如亲属、邻居等）关于犯罪嫌疑人、被告人情况的证言。

---

① 吴照美：《常见刑事案件取证指引》，中国人民公安大学出版社2018年版，第189－191页。

通过上述证据证明犯罪嫌疑人、被告人的姓名（曾用名）、出生年月日、居民身份证号、民族、籍贯、出生地、职业、住所地等基本情况。贩卖毒品罪的犯罪嫌疑人、被告人必须是年满 14 周岁的自然人；其它毒品犯罪的犯罪嫌疑人、被告人必须是年满 16 周岁的自然人。

收集、审查、判断上述证据需要注意的问题：

1. 居民身份证、工作证等身份证明文件的核实

对居民身份证、临时居住证、工作证、护照、港澳居民来往内地通行证、台湾居民来往大陆通行证、中华人民共和国旅行证，以及边民证的真实性存在疑问，如有其他证据能够证明犯罪嫌疑人、被告人真实情况的，可根据其他证据予以认定；现有证据无法证明的，应向证明身份文件上标明的原出具机关予以核实；原机关已撤消或者变更导致无法核实的，应向有权主管机关予以核查。经核查证明材料不真实的，应当向犯罪嫌疑人、被告人户籍所在地的公安机关、原用人单位调取证据。犯罪嫌疑人、被告人的真实姓名、住址无法查清的，应按其绰号或自报情况起诉，并在起诉书中注明。被告人自报姓名可能造成损害他人名誉、败坏道德风俗等不良影响的，可以对被告人进行编号并按编号制作起诉书，同时在起诉书中附具被告人的照片。犯罪嫌疑人、被告人认为公安机关提取的法定书证（户口簿、身份证等）所记载的个人情况不真实，但没有证据证明的，应以法定书证为准。对于年龄有争议的，一般以户籍登记文件为准；出生原始记录证明户籍登记确有错误的，可以根据原始记录等有效证据予以认定。对年龄有争议，又缺乏证据的情况下，可以采用“骨龄鉴定法”，并结合其他证据予以认定。

2. 国籍的认定

国籍的认定，涉及案件的审判管辖级别。审查起诉毒品犯罪案件时，应当查明犯罪嫌疑人、被告人的国籍。外国人的国籍，以其入境时的有效证件予以证明。对于没有护照的，可根据边民证认定其国籍；缅甸的个别地区使用“马帮丁”作为该地区居民的身份证明，故根据“马帮丁”也可认定其国籍。此外，根据有关国家有权管理机关出具的证明材料（同时附有我国司法机关的《委托函》或者能够证明该份证据取证合法的证明材料），也可以认定其国籍。国籍不明的，可商请我国出入境管理部门或者我国驻外使领馆予以协助查明。无法查明国籍的，以无国籍人论。无国籍人，属于外国人。

3. 刑事责任能力的确定

犯罪嫌疑人、被告人的言行举止反映他（她）可能患有精神性疾病的，应当尽量收集能够证明其精神状况的证据。证人证言可作为证明犯罪嫌疑人、被告人刑事责任能力的证据。经查不能排除犯罪嫌疑人、被告人具有精神性疾病可能性的，应当作司法精神病鉴定。

（二）关于犯罪主观方面的证据

毒品犯罪的主观方面为故意。关于主观方面的证据主要参考以下内容：

1. 犯罪嫌疑人、被告人及其同案犯的供述和辩解；

2. 有关证人证言；

3. 有关书证（书信、电话记录、手机短信记录）；

4. 其他有助于判断主观故意的客观事实。

通过证据1、证据2和证据3，证明毒品犯罪案件的起因、犯罪动机、犯罪目的等主观特征。当以上证据均无法证明犯罪嫌疑人、被告人在主观上是否具有毒品犯罪的“明知”时，可通过证据4，即根据一定的客观事实判定“明知”。

收集、审查、判断上述证据需要注意的问题：

1. 对于毒品犯罪中目的犯的认定，应注意收集证明犯罪嫌疑人、被告人主观犯罪目的之证据，例如，刑法第355条第2款规定的“以牟利为目的”。

2. 对于毒品犯罪中共同犯罪的认定，应注意收集证明共同故意的证据。

3. 推定“明知”应当慎重使用。对于具有下列情形之一，并且犯罪嫌疑人、被告人不能做出合理解释的，可推定其明知，但有相反证据的除外：（1）故意选择没有海关和边防检查站的边境路段绕行出入境的；（2）经过海关或边检站时，以假报、隐匿、伪装等蒙骗手段逃避海关、边防检查的；（3）采用假报、隐匿、伪装等蒙骗手段逃避邮检的；（4）采用体内藏毒的方法运输毒品的。对于具有下列情形之一的，能否推定明知还需结合其他证据予以综合判断：（1）受委托或雇佣携带毒品，获利明显超过正常标准的；（2）犯罪嫌疑人、被告人所有物、住宅、院落里藏有毒品的；（3）毒品包装物上留下的指纹与犯罪嫌疑人、被告人的指纹经鉴定一致的；（4）犯罪嫌疑人、被告人持有毒品的。

（三）关于犯罪客观方面的证据

毒品犯罪在客观方面表现为各种形式的毒品犯罪行为，如走私、贩卖、运输、制造毒品、非法持有毒品等。证明毒品犯罪客观方面的证据主要参考以下内容：

1. 物证及其照片，包括毒品、毒品的半成品、毒品的前体化学物、毒品原植物、毒品原植物的种子或幼苗、制毒物品、毒资、盛装毒品的容器或包装物、作案工具等实物及其照片；

2. 毒资转移的凭证，如银行的支付凭证（如存折、本票、汇票、支票）和记帐凭证，毒品、制毒物品、毒品原植物等物品的交付凭证（托运单、货单、仓单、邮寄单），交通运输凭证（车票、船票、机票），同案犯之间的书信等；

3. 报案记录、投案记录、举报记录（信件）、控告记录（信件）、破案报告、吸毒记录等能说明案件及相关情况的书面材料；

4. 毒品、毒资、作案工具及其它涉案物品的扣押清单；

5. 相关证人证言，包括海关、边防检查人员、侦查人员的证言，以及鉴定人员对鉴定所作的说明；

6. 辨认笔录、指认笔录及其照片情况的文字记录，包括有关知情人员对犯罪嫌疑人、被告人的辨认和犯罪嫌疑人、被告人对毒品、毒资等犯罪对象的指认情况；

7. 犯罪嫌疑人、被告人的供述和辩解；

8. 毒品鉴定和检验报告，包括毒品鉴定、制毒物品鉴定、毒品原植物鉴定、毒品原植物的种子或幼苗鉴定、文检鉴定、指纹鉴定、犯罪嫌疑人或被告人是否吸食毒品的检验报告，以及被引诱、教唆、欺骗、强迫吸毒的被害人和被容留吸毒的人员是否吸食毒品的检验报告；

9. 现场勘验、检查笔录及照片、录像、现场制图，包括对现场的勘验、对人身的检查、对物品的检查；

10. 毒品数量的称量笔录；

11. 视听资料，包括录音带、录像带、电子数据等。

通过上述证据证明：毒品犯罪事实是否存在；犯罪嫌疑人、被告人是否实施毒品犯罪行为；犯罪嫌疑人、被告人实施毒品犯罪行为的性质；犯罪的时间、地点、手段、后果；毒品的种类及其数量；共同犯罪中，犯罪嫌疑人、被告人之间的关系及其在共同犯罪中所起的作用和地位；犯罪嫌疑人、被告人的财产状况；是否具有法定或酌定从重、从轻、减轻或免除处罚的情节；涉及管辖、强制措施、诉讼期限的事实；其他与定罪量刑有关的事实。

收集、审查、判断上述证据需要注意的问题：

1. 毒品犯罪案件中所涉及的毒品、制毒物品，以及毒品原植物、种子、幼苗，都必须属于刑法规定的范围。

2. 收集证据过程中，应注意固定、保全证据，防止证据在转移过程中因保管失当而发生变化或灭失。

3. 公安机关对作为证据使用的实物应当随案移送检察机关，对不宜或不便移送的，应将这些物品的扣押清单、照片或者其他证明文件随案移送检察机关。

4. 注意审查犯罪嫌疑人、被告人的供述等言词证据，对于以刑讯逼供、诱供、指供、骗供等非法方法收集的言词证据，坚决依法予以排除。

5. 在毒品、制毒物品等物证灭失的情况下，仅有犯罪嫌疑人、被告人自己的供述，不能定罪；但是，当犯罪嫌疑人、被告人的供述与同案犯的供述吻合，并且完全排除诱供、刑讯逼供、串供等情形，能够相互印证的口供可以作为定罪的证据。

6. 毒品数量是指毒品净重。称量时，要扣除包装物和容器的重量。毒品称量应由二名以上侦查人员当场、当面进行，并拍摄现场照片。查获毒品后，应当场制作称量笔录，要求犯罪嫌疑人当场签字；犯罪嫌疑人拒绝签字的，应作出情况说明。

7. 审查鉴定时，要注意鉴定主体是否合格、鉴定内容和范围是否全面、鉴定程序是否符合规范（包括检材提取、检验、鉴定方法、鉴定过程、鉴定人有无签字等）、鉴定结论是否明确具体、鉴定报告的体例形式是否符合规范要求，以及鉴定结论是否告知犯罪嫌疑人、被告人。

8. 公安机关依法使用技术侦查手段秘密收集的证据，因为涉及保密问题，不能直接作为证据使用；必须使用技术侦查手段秘密收集的证据证明犯罪事实时，应将其转化为诉讼证据。

二、特殊证据标准

特殊证据标准主要包括主体特殊的毒品犯罪、有被害人的毒品犯罪、毒品犯罪的再犯，以及某些个罪所需的特殊证据形式。

（一）单位犯罪的特殊证据

刑法第347条走私、贩卖、运输、制造毒品罪，第350条走私制毒物品罪、非法买卖制毒物品罪，第355条非法提供麻醉药品、精神药品罪都规定单位可以构成本罪主体。单位毒品犯罪除一般证据标准外，还需要参考以下内容：

1. 证明单位犯罪主体身份的证据，例如，单位注册登记证明、单位代表身份证明、营业执照、办公地和主要营业地证明等；

2. 证明单位犯罪主观故意的证据，例如，证明单位犯罪的目的、实施犯罪的决定形成等证明材料；

3. 证明单位犯罪非法所得归属的证据，例如，证明单位、金流动、非法利益分配情况等证明材料；

4. 证明单位犯罪中直接负责的主管人员和其他直接责任人员的证据。

通过上述证据证明犯罪系单位行为，与自然人犯罪相区分。

收集、审查、判断上述证据需要注意以下问题：

1. 我国刑法中规定的单位，既包括国有、集体所有的公司、企业、事业单位，也包括依法设立的合资经营、合作经营企业和具有法人资格的独资、私营等公司、企业、事业单位。

2. 个人为进行违法犯罪活动而设立的公司、企业、事业单位实施犯罪的，或者公司、企业、事业单位设立后，以实施犯罪为主要活动的，以自然人犯罪论处。

3. 盗用单位名义实施犯罪，违法所得由实施犯罪的个人私分的，依照刑法有关自然人犯罪的规定定罪处刑。

（二）特殊主体的特殊证据

刑法第355条规定的非法提供麻醉药品、精神药品罪的主体是特殊主体，即依法从事生产、运输、管理、使用国家管制的精神药品和麻醉药品的单位和个人。该罪的特殊证据主要参考以下内容：

1. 国家主管部门颁发的生产、运输、管理、使用国家管制的精神药品、麻醉药品的“许可证”；

2. 有关单位对国家管制的精神药品和麻醉药品的来源、批号的证明及管理规定；

3. 特殊行业专营证；

4. 有关批文；

5. 有关个人的工作证、职称证明、授权书、职务任命书。

通过上述证据证明犯罪主体具有从事生产、运输、管理、使用国家管制的麻醉药品、精神药品的权力和职能。

（三）有被害人的毒品犯罪的特殊证据

刑法第353条规定的引诱、教唆、欺骗他人吸毒罪、强迫他人吸毒罪属于有被害人的毒品犯罪。这一类犯罪的特殊证据主要参考以下内容：

1. 被引诱、教唆、欺骗吸食、注射毒品的被害人的陈述；

2. 被强迫吸食、注射毒品的被害人的陈述；

3. 被引诱、教唆、欺骗、强迫吸食、注射毒品的未成年人的法定代理人及其亲属的证言。

通过上述证据证明被害人的客观存在，以及被告人引诱、教唆、欺骗他人吸毒、强迫他人吸毒的客观事实。

（四）毒品犯罪再犯的特殊证据

刑法第356条规定，因走私、贩卖、运输、制造、非法持有毒品罪被判过刑，又犯本节规定之罪的，从重处罚。毒品犯罪再犯的特殊证据主要是证明犯罪嫌疑人、被告人具有走私、贩卖、运输、制造毒品罪、非法持有毒品罪前科的生效判决和裁定。

收集、审查、判断这类证据需要注意以下问题：

1. 毒品再犯前科的罪名仅指走私、贩卖、运输、制造毒品罪和非法持有毒品罪；

2. 对于同时构成毒品再犯和刑法总则规定累犯的犯罪嫌疑人、被告人，一律适用刑法分则第356条关于毒品再犯的从重处罚规定，不再援引刑法总则中关于累犯的规定。

（五）走私、贩卖、运输、制造毒品罪的特殊证据

刑法第347条第2款（4）、（5）项规定：走私、贩卖、运输、制造毒品，以暴力抗拒检查、拘留、逮捕，情节严重的，或者参与有组织的国际贩毒活动的，应当处十五年有期徒刑、无期徒刑或者死刑，并处没收财产。符合这两项规定的走私、贩卖、运输、制造毒品罪的特殊证据主要参考下列内容：

1. 公安、海关、边检部门出具的证明犯罪嫌疑人、被告人暴力抗拒检查、拘留、逮捕的材料；

2. 证明犯罪嫌疑人、被告人参与有组织的国际贩毒活动的材料或者犯罪记录。

通过上述证据证明犯罪嫌疑人、被告人是否具有以暴力抗拒检查、拘留、逮捕的严重情节，是否参与有组织的国际贩毒活动。符合上述两种情形的，应依法适用加重的法定刑。

三、追诉量刑

（一）走私、贩卖、运输、制造毒品罪的追诉立案标准

1.《最高人民法院关于审理毒品犯罪案件适用法律若干问题的解释》（法释〔2016〕8号，2016年4月11日起施行）

第一条　走私、贩卖、运输、制造、非法持有下列毒品，应当认定为刑法第三百四十七条第二款第一项、第三百四十八条规定的“其他毒品数量大”：

（一）可卡因五十克以上；

（二）3，4-亚甲二氧基甲基苯丙胺（MDMA）等苯丙胺类毒品（甲基苯丙胺除外）、吗啡一百克以上；

（三）芬太尼一百二十五克以上；

（四）甲卡西酮二百克以上；

（五）二氢埃托啡十毫克以上；

（六）哌替啶（度冷丁）二百五十克以上；

（七）氯胺酮五百克以上；

（八）美沙酮一千克以上；

（九）曲马多、γ-羟丁酸二千克以上；

（十）大麻油五千克、大麻脂十千克、大麻叶及大麻烟一百五十千克以上；

（十一）可待因、丁丙诺啡五千克以上；

（十二）三唑仑、安眠酮五十千克以上；

（十三）阿普唑仑、恰特草一百千克以上；

（十四）咖啡因、罂粟壳二百千克以上；

（十五）巴比妥、苯巴比妥、安钠咖、尼美西泮二百五十千克以上；

（十六）氯氮卓、艾司唑仑、地西泮、溴西泮五百千克以上；

（十七）上述毒品以外的其他毒品数量大的。

国家定点生产企业按照标准规格生产的麻醉药品或者精神药品被用于毒品犯罪的，根据药品中毒品成分的含量认定涉案毒品数量。

第二条　走私、贩卖、运输、制造、非法持有下列毒品，应当认定为刑法第三百四十七条第三款、第三百四十八条规定的“其他毒品数量较大”：

（一）可卡因十克以上不满五十克；

（二）3，4-亚甲二氧基甲基苯丙胺（MDMA）等苯丙胺类毒品（甲基苯

丙胺除外）、吗啡二十克以上不满一百克；

（三）芬太尼二十五克以上不满一百二十五克；

（四）甲卡西酮四十克以上不满二百克；

（五）二氢埃托啡二毫克以上不满十毫克；

（六）哌替啶（度冷丁）五十克以上不满二百五十克；

（七）氯胺酮一百克以上不满五百克；

（八）美沙酮二百克以上不满一千克；

（九）曲马多、γ-羟丁酸四百克以上不满二千克；

（十）大麻油一千克以上不满五千克、大麻脂二千克以上不满十千克、大麻叶及大麻烟三十千克以上不满一百五十千克；

（十一）可待因、丁丙诺啡一千克以上不满五千克；

（十二）三唑仑、安眠酮十千克以上不满五十千克；

（十三）阿普唑仑、恰特草二十千克以上不满一百千克；

（十四）咖啡因、罂粟壳四十千克以上不满二百千克；

（十五）巴比妥、苯巴比妥、安钠咖、尼美西泮五十千克以上不满二百五十千克；

（十六）氯氮卓、艾司唑仑、地西泮、溴西泮一百千克以上不满五百千克；

（十七）上述毒品以外的其他毒品数量较大的。

第三条　在实施走私、贩卖、运输、制造毒品犯罪的过程中，携带枪支、弹药或者爆炸物用于掩护的，应当认定为刑法第三百四十七条第二款第三项规定的“武装掩护走私、贩卖、运输、制造毒品”。枪支、弹药、爆炸物种类的认定，依照相关司法解释的规定执行。

在实施走私、贩卖、运输、制造毒品犯罪的过程中，以暴力抗拒检查、拘留、逮捕，造成执法人员死亡、重伤、多人轻伤或者具有其他严重情节的，应当认定为刑法第三百四十七条第二款第四项规定的“以暴力抗拒检查、拘留、逮捕，情节严重”。

第四条　走私、贩卖、运输、制造毒品，具有下列情形之一的，应当认定为刑法第三百四十七条第四款规定的“情节严重”：

（一）向多人贩卖毒品或者多次走私、贩卖、运输、制造毒品的；

（二）在戒毒场所、监管场所贩卖毒品的；

（三）向在校学生贩卖毒品的；

（四）组织、利用残疾人、严重疾病患者、怀孕或者正在哺乳自己婴儿的妇女走私、贩卖、运输、制造毒品的；

（五）国家工作人员走私、贩卖、运输、制造毒品的；

（六）其他情节严重的情形。

第五条 非法持有毒品达到刑法第三百四十八条或者本解释第二条规定的“数量较大”标准，且具有下列情形之一的，应当认定为刑法第三百四十八条规定的“情节严重”：

（一）在戒毒场所、监管场所非法持有毒品的；

（二）利用、教唆未成年人非法持有毒品的；

（三）国家工作人员非法持有毒品的；

（四）其他情节严重的情形。

2.《最高人民检察院、公安部关于公安机关管辖的刑事案件立案追诉标准的规定（三）》（公通字〔2012〕26号，2012年5月16日印发）

第一条 ［走私、贩卖、运输、制造毒品案（刑法第三百四十七条）］走私、贩卖、运输、制造毒品，无论数量多少，都应予立案追诉。

本条规定的“走私”是指明知是毒品而非法将其运输、携带、寄递进出国（边）境的行为。直接向走私人非法收购走私进口的毒品，或者在内海、领海、界河、界湖运输、收购、贩卖毒品的，以走私毒品罪立案追诉。

本条规定的“贩卖”是指明知是毒品而非法销售或者以贩卖为目的而非法收买的行为。

有证据证明行为人以牟利为目的，为他人代购仅用于吸食、注射的毒品，对代购者以贩卖毒品罪立案追诉。不以牟利为目的，为他人代购仅用于吸食、注射的毒品，毒品数量达到本规定第二条规定的数量标准的，对托购者和代购者以非法持有毒品罪立案追诉。明知他人实施毒品犯罪而为其居间介绍、代购代卖的，无论是否牟利，都应以相关毒品犯罪的共犯立案追诉。

本条规定的“运输”是指明知是毒品而采用携带、寄递、托运、利用他人或者使用交通工具等方法非法运送毒品的行为。

本条规定的“制造”是指非法利用毒品原植物直接提炼或者用化学方法加工、配制毒品，或者以改变毒品成分和效用为目的，用混合等物理方法加工、配制毒品的行为。为了便于隐蔽运输、销售、使用、欺骗购买者，或者为了增重，对毒品掺杂使假，添加或者去除其他非毒品物质，不属于制造毒品的行为。

为了制造毒品而采用生产、加工、提炼等方法非法制造易制毒化学品的，以制造毒品罪（预备）立案追诉。购进制造毒品的设备和原材料，开始着手制造毒品，尚未制造出毒品或者半成品的，以制造毒品罪（未遂）立案追诉。明知他人制造毒品而为其生产、加工、提炼、提供醋酸酐、乙醚、三氯甲烷等制毒物品的，以制造毒品罪的共犯立案追诉。

走私、贩卖、运输毒品主观故意中的“明知”，是指行为人知道或者应当知道所实施的是走私、贩卖、运输毒品行为。具有下列情形之一，结合行为人的供述和其他证据综合审查判断，可以认定其“应当知道”，但有证据证明确属被蒙骗的除外：

（一）执法人员在口岸、机场、车站、港口、邮局和其他检查站点检查时，要求行为人申报携带、运输、寄递的物品和其他疑似毒品物，并告知其法律责任，而行为人未如实申报，在其携带、运输、寄递的物品中查获毒品的；

（二）以伪报、藏匿、伪装等蒙蔽手段逃避海关、边防等检查，在其携带、运输、寄递的物品中查获毒品的；

（三）执法人员检查时，有逃跑、丢弃携带物品或者逃避、抗拒检查等行为，在其携带、藏匿或者丢弃的物品中查获毒品的；

（四）体内或者贴身隐秘处藏匿毒品的；

（五）为获取不同寻常的高额或者不等值的报酬为他人携带、运输、寄递、收取物品，从中查获毒品的；

（六）采用高度隐蔽的方式携带、运输物品，从中查获毒品的；

（七）采用高度隐蔽的方式交接物品，明显违背合法物品惯常交接方式，从中查获毒品的；

（八）行程路线故意绕开检查站点，在其携带、运输的物品中查获毒品的；

（九）以虚假身份、地址或者其他虚假方式办理托运、寄递手续，在托运、寄递的物品中查获毒品的；

（十）有其他证据足以证明行为人应当知道的。

制造毒品主观故意中的“明知”，是指行为人知道或者应当知道所实施的是制造毒品行为。有下列情形之一，结合行为人的供述和其他证据综合审查判断，可以认定其“应当知道”，但有证据证明确属被蒙骗的除外：

（一）购置了专门用于制造毒品的设备、工具、制毒物品或者配制方案的；

（二）为获取不同寻常的高额或者不等值的报酬为他人制造物品，经检验是毒品的；

（三）在偏远、隐蔽场所制造，或者采取对制造设备进行伪装等方式制造物品，经检验是毒品的；

（四）制造人员在执法人员检查时，有逃跑、抗拒检查等行为，在现场查获制造出的物品，经检验是毒品的；

（五）有其他证据足以证明行为人应当知道的。

走私、贩卖、运输、制造毒品罪是选择性罪名，对同一宗毒品实施了两种以上犯罪行为，并有相应确凿证据的，应当按照所实施的犯罪行为的性质并列适用罪名，毒品数量不重复计算。对同一宗毒品可能实施了两种以上犯罪行为，但相应证据只能认定其中一种或者几种行为，认定其他行为的证据不够确实充分的，只按照依法能够认定的行为的性质适用罪名。对不同宗毒品分别实施了不同种犯罪行为的，应对不同行为并列适用罪名，累计计算毒品数量。

（二）走私、贩卖、运输、制造毒品“情节严重”的认定

《最高人民法院关于审理毒品犯罪案件适用法律若干问题的解释》（法释〔2016〕8号，2016年4月11日起施行）

第四条　走私、贩卖、运输、制造毒品，具有下列情形之一的，应当认定为刑法第三百四十七条第四款规定的“情节严重”：

（一）向多人贩卖毒品或者多次走私、贩卖、运输、制造毒品的；

（二）在戒毒场所、监管场所贩卖毒品的；

（三）向在校学生贩卖毒品的；

（四）组织、利用残疾人、严重疾病患者、怀孕或者正在哺乳自己婴儿的妇女走私、贩卖、运输、制造毒品的；

（五）国家工作人员走私、贩卖、运输、制造毒品的；

（六）其他情节严重的情形。

（三）走私、贩卖、运输、制造毒品罪的量刑

最高人民法院、最高人民检察院《关于常见犯罪的量刑指导意见（试行）》（法发〔2021〕21号，2021年7月1日起施行）

1. 构成走私、贩卖、运输、制造毒品罪的，根据下列情形在相应的幅度内确定量刑起点：

（1）走私、贩卖、运输、制造鸦片一千克，海洛因、甲基苯丙胺五十克或者其它毒品数量达到数量大起点的，量刑起点为十五年有期徒刑。依法应当判处

无期徒刑以上刑罚的除外。

（2）走私、贩卖、运输、制造鸦片二百克，海洛因、甲基苯丙胺十克或者其它毒品数量达到数量较大起点的，在七年至八年有期徒刑幅度内确定量刑起点。

（3）走私、贩卖、运输、制造鸦片不满二百克，海洛因、甲基苯丙胺不满十克或者其他少量毒品的，可以在三年以下有期徒刑、拘役幅度内确定量刑起点；情节严重的，在三年至四年有期徒刑幅度内确定量刑起点。

2. 在量刑起点的基础上，根据毒品犯罪次数、人次、毒品数量等其他影响犯罪构成的犯罪事实增加刑罚量，确定基准刑。

3. 有下列情节之一的，增加基准刑的10% –30%：

（1）利用、教唆未成年人走私、贩卖、运输、制造毒品的；

（2）向未成年人出售毒品的；

（3）毒品再犯。

4. 有下列情节之一的，可以减少基准刑的30%以下：

（1）受雇运输毒品的；

（2）毒品含量明显偏低的；

（3）存在数量引诱情形的。

5. 构成走私、贩卖、运输、制造毒品罪的，根据走私、贩卖、运输、制造毒品的种类、数量、危害后果等犯罪情节，综合考虑被告人缴纳罚金的能力，决定罚金数额。

6. 构成走私、贩卖、运输、制造毒品罪的，综合考虑走私、贩卖、运输、制造毒品的种类、数量、危害后果等犯罪事实、量刑情节，以及被告人的主观恶性、人身危险性、认罪悔罪表现等因素，从严把握缓刑的适用。

（四）定罪量刑对应表

表9 –1 走私、贩卖、运输、制造毒品罪定罪量刑对应表

走私、贩卖、运输、制造毒品罪	情节	刑期
第一档	鸦片不满二百克，海洛因、甲基苯丙胺不满十克或者其他少量毒品的	三年以下有期徒刑、拘役或者管制，并处罚金

续表

走私、贩卖、运输、制造毒品罪	情节	刑期
第二档	（一）向多人贩卖毒品或者多次走私、贩卖、运输、制造毒品的； （二）在戒毒场所、监管场所贩卖毒品的； （三）向在校学生贩卖毒品的； （四）组织、利用残疾人、严重疾病患者、怀孕或者正在哺乳自己婴儿的妇女走私、贩卖、运输、制造毒品的； （五）国家工作人员走私、贩卖、运输、制造毒品的； （六）其他情节严重的情形	三年以上七年以下有期徒刑，并处罚金
第三档	鸦片二百克，海洛因、甲基苯丙胺十克或者其他毒品数量达到数量较大起点的	七年以上有期徒刑，并处罚金
第四档	鸦片一千克，海洛因、甲基苯丙胺五十克或者其他毒品数量达到数量大起点的；集团的首要分子；具有武装掩护情节、暴力抗拒情节严重、参与有组织的国际贩毒活动的	处十五年有期徒刑、无期徒刑或者死刑，并处没收财产

第二节　非法生产、买卖、运输制毒物品、走私制毒物品罪

一、犯罪构成

（一）《刑法》（2020年12月26日修正）

第三百五十条　【非法生产、买卖、运输制毒物品、走私制毒物品罪】违反国家规定，非法生产、买卖、运输醋酸酐、乙醚、三氯甲烷或者其他用于制造毒品的原料、配剂，或者携带上述物品进出境，情节较重的，处三年以下有期徒刑、拘役或者管制，并处罚金；情节严重的，处三年以上七年以下有期徒刑，并处罚金；情节特别严重的，处七年以上有期徒刑，并处罚金或者没收财产。

明知他人制造毒品而为其生产、买卖、运输前款规定的物品的，以制造毒品罪的共犯论处。

单位犯前两款罪的，对单位判处罚金，并对其直接负责的主管人员和其他直接责任人员，依照前两款的规定处罚。

（二）学理解释

非法生产、买卖、运输制毒物品、走私制毒物品罪的主体是一般主体，责任形式为故意，行为表现为非法生产、买卖、运输、走私制毒物品等。

二、疑难问题

（一）制毒物品犯罪的认定

《最高人民法院、最高人民检察院、公安部关于办理制毒物品犯罪案件适用法律若干问题的意见》（公通字〔2009〕33号，2009年6月23日发布）

一、关于制毒物品犯罪的认定

（一）本意见中的“制毒物品”，是指刑法第三百五十条第一款规定的醋酸酐、乙醚、三氯甲烷或者其他用于制造毒品的原料或者配剂，具体品种范围按照国家关于易制毒化学品管理的规定确定。

（二）违反国家规定，实施下列行为之一的，认定为刑法第三百五十条规定的非法买卖制毒物品行为：

1. 未经许可或者备案，擅自购买、销售易制毒化学品的；

2. 超出许可证明或者备案证明的品种、数量范围购买、销售易制毒化学品的；

3. 使用他人的或者伪造、变造、失效的许可证明或者备案证明购买、销售易制毒化学品的；

4. 经营单位违反规定，向无购买许可证明、备案证明的单位、个人销售易制毒化学品的，或者明知购买者使用他人的或者伪造、变造、失效的购买许可证明、备案证明，向其销售易制毒化学品的；

5. 以其他方式非法买卖易制毒化学品的。

（三）易制毒化学品生产、经营、使用单位或者个人未办理许可证明或者备案证明，购买、销售易制毒化学品，如果有证据证明确实用于合法生产、生活需要，依法能够办理只是未及时办理许可证明或者备案证明，且未造成严重社会危害的，可不以非法买卖制毒物品罪论处。

（四）为了制造毒品或者走私、非法买卖制毒物品犯罪而采用生产、加工、提炼等方法非法制造易制毒化学品的，根据刑法第二十二条的规定，按照其制造易制毒化学品的不同目的，分别以制造毒品、走私制毒物品、非法买卖制毒物品的预备行为论处。

（五）明知他人实施走私或者非法买卖制毒物品犯罪，而为其运输、储存、代理进出口或者以其他方式提供便利的，以走私或者非法买卖制毒物品罪的共犯论处。

（六）走私、非法买卖制毒物品行为同时构成其他犯罪的，依照处罚较重的规定定罪处罚。

（二）制毒物品犯罪嫌疑人、被告人主观明知的认定

1.《最高人民法院、最高人民检察院、公安部关于办理走私、非法买卖麻黄碱类复方制剂等刑事案件适用法律若干问题的意见》（法发〔2012〕12号，2012年6月18日印发）

五、关于犯罪嫌疑人、被告人主观目的与明知的认定

对于本意见规定的犯罪嫌疑人、被告人的主观目的与明知，应当根据物证、书证、证人证言以及犯罪嫌疑人、被告人供述和辩解等在案证据，结合犯罪嫌疑人、被告人的行为表现，重点考虑以下因素综合予以认定：

1. 购买、销售麻黄碱类复方制剂的价格是否明显高于市场交易价格；
2. 是否采用虚假信息、隐蔽手段运输、寄递、存储麻黄碱类复方制剂；
3. 是否采用伪报、伪装、藏匿或者绕行进出境等手段逃避海关、边防等检查；
4. 提供相关帮助行为获得的报酬是否合理；
5. 此前是否实施过同类违法犯罪行为；
6. 其他相关因素。

2. 关于办理走私、非法买卖麻黄碱类复方制剂等刑事案件适用法律若干问题的意见的理解与适用①

本款对犯罪嫌疑人、被告人主观目的与明知的认定作出提示性规定，为办案人员提供分析、判断的切入点和方法。适用本款规定时，需要注意以下两点：第一，在认定犯罪嫌疑人、被告人的主观目的和明知时，物证、书证、证人证言及犯罪嫌疑人、被告人供述和辩解等证据往往能够起到最重要、最直接的证明作用，故应当作为认定的首要依据。第二，认定犯罪嫌疑人、被告人的主观目的和明知时，也要结合犯罪嫌疑人、被告人的客观行为表现综合判断，主要有以下几

---

① 高贵君、马岩、李静然：《〈关于办理走私、非法买卖麻黄碱类复方制剂等刑事案件适用法律若干问题的意见〉的理解与适用》，载《人民司法·应用》2012年第17期。

个主要的判断因素：1. 作为药品的麻黄碱类复方制剂有其正常的价格浮动区间，犯罪嫌疑人、被告人购买、销售麻黄碱类复方制剂的价格明显高于市场交易价格的，一般可排除经营药品目的，说明其对行为性质有一定认识。2. 犯罪嫌疑人、被告人采用虚假身份、地址等信息办理发货、提货手续，或者采用伪装、夹藏等手段运输、寄递、存储麻黄碱类复方制剂的，目的在于掩饰麻黄碱类复方制剂的性质及发货人、提货人的真实身份，说明其对行为性质有一定认识。3. 犯罪嫌疑人、被告人采用伪报、伪装、藏匿或者绕行进出境等手段逃避海关、边防等检查的，目的在于掩饰其所运输、携带物品的性质，说明其对行为性质有一定认识。4. 对于共同犯罪人，如果其实施相关帮助行为所获得的报酬明显超过正常劳务报酬，说明其对行为性质有一定认识。5. 犯罪嫌疑人、被告人此前实施过同类违法犯罪行为的，对其行为性质一般应当存在明知。鉴于实践中还存在其他可供判断的因素，故设置了兜底项。

3.《最高人民法院、最高人民检察院、公安部关于办理制毒物品犯罪案件适用法律若干问题的意见》（公通字〔2009〕33 号，2009 年 6 月 23 日发布）

二、关于制毒物品犯罪嫌疑人、被告人主观明知的认定

对于走私或者非法买卖制毒物品行为，有下列情形之一，且查获了易制毒化学品，结合犯罪嫌疑人、被告人的供述和其他证据，经综合审查判断，可以认定其“明知”是制毒物品而走私或者非法买卖，但有证据证明确属被蒙骗的除外：

1. 改变产品形状、包装或者使用虚假标签、商标等产品标志的；
2. 以藏匿、夹带或者其他隐蔽方式运输、携带易制毒化学品逃避检查的；
3. 抗拒检查或者在检查时丢弃货物逃跑的；
4. 以伪报、藏匿、伪装等蒙蔽手段逃避海关、边防等检查的；
5. 选择不设海关或者边防检查站的路段绕行出入境的；
6. 以虚假身份、地址办理托运、邮寄手续的；
7. 以其他方法隐瞒真相，逃避对易制毒化学品依法监管的。

（三）“非法买卖”毒害性物质并不需要兼有买进和卖出的行为

［最高法指导案例第 13 号：王某某等非法买卖、储存危险物质案］

“非法买卖”毒害性物质，是指违反法律和国家主管部门规定，未经有关主管部门批准许可，擅自购买或者出售毒害性物质的行为，并不需要兼有买进和卖出的行为。

（四）走私、非法买卖麻黄碱类复方制剂等行为的定性

1. 《最高人民法院、最高人民检察院、公安部关于办理走私、非法买卖麻黄碱类复方制剂等刑事案件适用法律若干问题的意见》（法发〔2012〕12号，2012年6月18日印发）

一、关于走私、非法买卖麻黄碱类复方制剂等行为的定性

以加工、提炼制毒物品制造毒品为目的，购买麻黄碱类复方制剂，或者运输、携带、寄递麻黄碱类复方制剂进出境的，依照刑法第三百四十七条的规定，以制造毒品罪定罪处罚。

以加工、提炼制毒物品为目的，购买麻黄碱类复方制剂，或者运输、携带、寄递麻黄碱类复方制剂进出境的，依照刑法第三百五十条第一款、第三款的规定，分别以非法买卖制毒物品罪、走私制毒物品罪定罪处罚。

将麻黄碱类复方制剂拆除包装、改变形态后进行走私或者非法买卖，或者明知是已拆除包装、改变形态的麻黄碱类复方制剂而进行走私或者非法买卖的，依照刑法第三百五十条第一款、第三款的规定，分别以走私制毒物品罪、非法买卖制毒物品罪定罪处罚。

非法买卖麻黄碱类复方制剂或者运输、携带、寄递麻黄碱类复方制剂进出境，没有证据证明系用于制造毒品或者走私、非法买卖制毒物品，或者未达到走私制毒物品罪、非法买卖制毒物品罪的定罪数量标准，构成非法经营罪、走私普通货物、物品罪等其他犯罪的，依法定罪处罚。

2. [刑事审判参考案例第803号：解某某等非法买卖制毒物品、张海明等非法经营案]

将麻黄碱类复方制剂拆借成粉末进行买卖的，应当认定为非法买卖制毒物品罪。

根据《刑法》第350条的规定，非法买卖制毒物品罪，是指违反国家规定在境内非法买卖醋酸酐、乙醚、三氯甲烷或者其他用于制造毒品的原料或者配剂的行为。我国对制毒物品实行列管模式，国务院2005年发布的《易制毒化学品管理条例》所附《易制毒化学品的分类和品种目录》共列举了23种制毒物品。其中，麻黄碱（亦称麻黄素）、伪麻黄碱、消旋麻黄碱、去甲麻黄碱、甲基麻黄碱、麻黄浸膏、麻黄浸膏粉等（包括盐类、原料药及其单方制剂）均系列管的制毒物品。国家对这些易制毒化学品进行严格控制，对它们的生产、经营、购买、运输、进出口实行分类管理和许可制度，禁止使用现金或实物进行交易。

麻黄碱类复方制剂是含有麻黄碱类物质和其他药物成分的药品复方制剂，是用于治疗感冒和咳嗽的常用药品，除新康泰克外，常见的还有白加黑感冒片、麻黄碱苯海拉明片、消咳宁等。麻黄碱类复方制剂具有双重属性：一方面，为日常生活中的常用药品，且大多为非处方药，故不属于国家列管的制毒物品范围。对于非法买卖麻黄碱类复方制剂的，不能直接将其作为非法买卖易制毒化学品的行为来处理。另一方面，通过物理提炼甚至手工分离的方法，可以从麻黄碱类复方制剂中提炼出麻黄碱类物质，而麻黄碱类物质是当前境内制造甲基苯丙胺等苯丙胺类合成毒品的主要原料。将麻黄碱类物质从复方制剂中剥离出来，改变了麻黄碱类复方制剂的药品属性，可以作为制毒物品处理。

根据《最高人民法院、最高人民检察院、公安部关于办理走私、非法买卖麻黄碱类复方制剂等刑事案件适用法律若干问题的意见》第 1 条第 3 款的规定，将麻黄碱类复方制剂拆除包装、改变形态后进行走私或者非法买卖，或者明知是已拆除包装、改变形态的麻黄碱类复方制剂而进行走私或者非法买卖的，依照《刑法》第350 条第1、3 款的规定，分别以走私制毒物品罪、非法买卖制毒物品罪定罪处罚。

3. ［刑事审判参考案例第 802 号：王某某、杨某某等非法买卖制毒物品案］

以非法贩卖为目的，利用麻黄碱类复方制剂加工、提炼制毒物品的，应当认定为非法买卖制毒物品罪。

利用麻黄碱类复方制剂提炼出麻黄碱类物质后，再用于制药或者工业生产不但有悖常理，而且成本过高，目前，实践中还不存在这样的个案。根据实践情况分析，利用麻黄碱类复方制剂加工、提炼麻黄碱类物质，其目的通常有 3 个：一是制造毒品；二是非法买卖制毒物品；三是走私制毒物品。行为人或是为本人制造毒品或走私、非法买卖制毒物品创造条件，或者是为他人制造毒品或走私、非法买卖制毒物品提供帮助。

（五）利用麻黄碱类复方制剂加工、提炼制毒物品行为的定性

1.《最高人民法院、最高人民检察院、公安部关于办理走私、非法买卖麻黄碱类复方制剂等刑事案件适用法律若干问题的意见》（法发〔2012〕12 号，2012 年 6 月 18 日印发）

二、关于利用麻黄碱类复方制剂加工、提炼制毒物品行为的定性

以制造毒品为目的，利用麻黄碱类复方制剂加工、提炼制毒物品的，依照刑法第三百四十七条的规定，以制造毒品罪定罪处罚。

以走私或者非法买卖为目的，利用麻黄碱类复方制剂加工、提炼制毒物品的，依照刑法第三百五十条第一款、第三款的规定，分别以走私制毒物品罪、非法买卖制毒物品罪定罪处罚。

2. 关于办理走私、非法买卖麻黄碱类复方制剂等刑事案件适用法律若干问题的意见的理解与适用①

利用麻黄碱类复方制剂加工、提炼制毒物品，属于为制造毒品或者走私、非法买卖制毒物品而创造条件、生产制毒物品的行为。因此，《最高人民法院、最高人民检察院、公安部关于办理走私、非法买卖麻黄碱类复方制剂等刑事案件适用法律若干问题的意见》规定，根据行为人实施此类行为的具体目的，分别按照制造毒品罪、走私制毒物品罪或者非法买卖制毒物品罪定罪处罚。麻黄碱类物质的性质特殊，仅限于以下3种特定用途：一是制药，二是合成苯丙胺类毒品，三是作为化工生产中的一种拆分剂（此类用途少之又少）。利用麻黄碱类复方制剂加工、提炼麻黄碱类物质后，再用于制药或者工业生产不但有悖常理，而且成本过高，实践中无一个案，故利用麻黄碱类复方制剂加工、提炼麻黄碱类物质的，可以推定系出于实施毒品犯罪的非法目的。对于其中有证据证明以制造毒品或者走私、非法买卖制毒物品为目的的，分别按照制造毒品罪、走私制毒物品罪或者非法买卖制毒物品罪定罪处罚。对于没有证据证明具体目的的，结合实践并从有利于行为人的角度，可以推定其存在非法买卖制毒物品的故意，按照非法买卖制毒物品罪定罪处罚。

（六）在互联网上散布关于特定犯罪方法的技术知识的行为认定

［刑事审判参考案例第688号：冯某某传授犯罪方法案］

传授犯罪方法并未限定为特定主体，在互联网上传授技能方法，应当结合社会通常观念予以判断是否属于犯罪方法的范畴，传授犯罪方法的，应以传授犯罪方法罪论处。

1. “中性方法”是否属于本罪中的“犯罪方法”。在司法实践中应当重点结合以下情况予以认定传授“中性”的方法是否构成犯罪：（1）行为人的个人情况；（2）向他人传授该种方法的原因；（3）在何种场合下或者利用何种途径传授该方法；（4）被传授人会基于何种原因向行为人学习该种方法；（5）行为人

① 高贵君、马岩、李静然：《〈关于办理走私、非法买卖麻黄碱类复方制剂等刑事案件适用法律若干问题的意见〉的理解与适用》，载《人民司法·应用》2012年第17期。

和被传授人言行的倾向性（如有无指明该种方法是实行某种犯罪的方法）等。

2. 如何评价网络传授对象的不特定性。首先，刑法并未限定传授犯罪方法罪的对象必须为特定主体。一般认为，传授犯罪方法罪中的“传授”，是指将犯罪的方法教给他人。该罪所强调的是“传”也即“教”的行为，至于学的人是多是少、特定或不特定、学会与否都不是该罪所强调的内容，不应影响该罪的成立。其次，从社会危害性的比较来看，利用互联网向不特定的人员传授犯罪方法比向特定的人员传授的危害性更大。最后，利用互联网传授犯罪方法不过是赋予了传授行为一种新的方式或途径，究其实质，与传统的传授行为无异。目前在网络环境下，传授犯罪方法主要表现为：（1）利用QQ等即时通讯软件或者电子邮件等方式进行一对一交流；（2）在BBS、论坛、微博等公共交流平台上发帖，讲解特定犯罪方法；（3）开设专门网站，讲授相关犯罪的技术知识等。对于第一种传授形式，其传授对象是特定的，依法应按照传授犯罪方法罪进行处理，对此已无异议。而对于第二、三种传授形式，虽然其传授对象是不特定的，但在本质上仍符合传统的传授行为的特征。

3. 构成本罪是否要求犯罪方法必须为被传授者所接受。虽然传授的程度是影响传授行为是否构成犯罪的一个重要因素，但不能过于夸大其对犯罪成立的作用。决定传授行为危害社会程度及是否成立犯罪的因素，不仅有传授的程度，还有传授的是何种犯罪的方法、传授的次数、行为人传授意志坚决的程度、被传授人是否接受传授，以及是否利用传授的犯罪方法实施具体的犯罪等因素。只有对这些因素进行综合考察，才能得出传授行为是否构成犯罪的正确结论。对于网络传授犯罪方法的行为，不能仅仅关注其现实危险性，而对于具有抽象危险性的行为就不予刑法规制。

4. 传授犯罪方法罪的主观方面是故意而不是过失，一般不论行为人的目的动机，这已是刑法学界的公论。就作为行为犯的传授犯罪方法罪而言，其故意的内容则不宜局限于直接故意。因为在网络环境下，由于信息接受者的不特定性以及传授者与接受者之间联系的非直接性等特点，要求传授者对他人接受其传授的内容全部持积极追求的心态，并不切合实际，必然会存在一些放任的情况。事实上，不限于直接故意构成犯罪，这也是传授犯罪方法罪与教唆犯罪的区别之一。一般认为，教唆犯罪是使无犯意者产生犯意或者使犯意不坚定者决意犯罪，故教唆行为人的主观方面只能是直接故意。而传授犯罪方法罪属于妨害社会管理秩序的行为，它会助长犯罪的发生，危害性在于其使他人犯罪变得易行，而非使他人决意犯罪。他人是否据此实施犯罪，并不影响传授犯罪方法罪的成立。

5. 网络空间亦应纳入法律调整范畴，而不能仅仅依靠技术及道德准则加以规范，对于在网络空间中实施的具有相当危害性的行为，应予刑罚处罚。当然，刑法作为最后、最有力的治理手段，在介入网络空间时，还应当处理好积极介入与适度介入的关系。所谓积极介入，即如果行为的社会危害性已达到一定的严重程度，通过行业治理、民事或者行政调整已不足以制止这种危害行为而需要刑法手段介入，且刑法手段的介入不致违背罪刑法定原则，符合社会公众的价值判断和心理预期时，刑法应当及时介入。所谓适度介入，即对于这类新型领域，不仅刑法介入的范围应适当控制，而且刑法介入的强度亦不宜过大。因为对于这些新型领域的刑法介入，主要是基于公平正义原则，基于对公共利益保护的考量，通过法律的扩张解释方法而作出的，其介入的程度显然不如传统领域。

6. 如何正确办理网络传授犯罪方法案件。在实际认定中，需要对案件坚持具体情况具体分析，并严格依照刑法规定慎重处理。首先，根据传授对象的特定与否，可分为向特定对象传授犯罪方法的“一对一”型和向不特定对象传授的“一对多”型。其次，根据行为人所传授的犯罪方法的性质，可分为传授自己编辑、加工的原创型的“犯罪方法”和转贴他人制作的“犯罪方法”。对于传授原创型的犯罪方法的行为，鉴于其是网上犯罪方法泛滥的源泉，应当在罪刑法定原则的范围内予以从严惩治，可认定为传授犯罪方法罪；对于转贴他人制作的“犯罪方法”的行为，应根据其传授行为的性质、途径、方法、次数及其客观危害后果等，综合衡量判断。如果确属情节显著轻微、危害不大的，可依照《刑法》第 13 条的规定，不作为犯罪处理。此外，在司法认定中，还应注意行为人转贴时的加工行为，如果原创者传授的某种实际技能、方法虽然可以不当地被运用于犯罪，但其并没有犯罪倾向，只是作为科学知识传授他人，行为人在转贴时通过加工，使该技能、方法与特定犯罪相连接，从而使其类型化为某种犯罪方法，则只能处罚转贴的行为人。最后，根据行为人是否具有牟利目的，可分为以牟利为目的的传授行为与不以牟利为目的的传授行为。前者如行为人提供有偿浏览、下载服务，利用网络售卖载有犯罪方法的软件、光盘等；后者如行为人提供免费浏览、下载服务。依照我国刑法规定，牟利并非传授犯罪方法罪的构成要件，该罪所关注的只是行为人是否具有传授的故意。因此，无论行为人是否出于牟利目的，也不论实际是否谋取到利益，只要其具有传授方法的故意，并且实施了向他人传授该犯罪方法的行为，就可以构成传授犯罪方法罪。当然，过失导致某种或某些犯罪方法被散布、传播的，应不构成该罪；如成立其他犯罪，则依法定罪处罚。

（七）毒品名称的规范表述

《最高人民法院、最高人民检察院、公安部关于规范毒品名称表述若干问题的意见》（法〔2014〕224 号，2014 年 8 月 20 日印发）

一、规范毒品名称表述的基本原则

（一）毒品名称表述应当以毒品的化学名称为依据，并与刑法、司法解释及相关规范性文件中的毒品名称保持一致。刑法、司法解释等没有规定的，可以参照《麻醉药品品种目录》《精神药品品种目录》中的毒品名称进行表述。

（二）对于含有二种以上毒品成分的混合型毒品，应当根据其主要毒品成分和具体形态认定毒品种类、确定名称。混合型毒品中含有海洛因、甲基苯丙胺的，一般应当以海洛因、甲基苯丙胺确定其毒品种类；不含海洛因、甲基苯丙胺，或者海洛因、甲基苯丙胺的含量极低的，可以根据其中定罪量刑数量标准较低且所占比例较大的毒品成分确定其毒品种类。混合型毒品成分复杂的，可以用括号注明其中所含的一至二种其他毒品成分。

（三）为体现与犯罪嫌疑人、被告人供述的对应性，对于犯罪嫌疑人、被告人供述的毒品常见俗称，可以在文书中第一次表述该类毒品时用括号注明。

二、几类毒品的名称表述

（一）含甲基苯丙胺成分的毒品

1. 对于含甲基苯丙胺成分的晶体状毒品，应当统一表述为甲基苯丙胺（冰毒），在下文中再次出现时可以直接表述为甲基苯丙胺。

2. 对于以甲基苯丙胺为主要毒品成分的片剂状毒品，应当统一表述为甲基苯丙胺片剂。如果犯罪嫌疑人、被告人供述为“麻古”“麻果”或者其他俗称的，可以在文书中第一次表述该类毒品时用括号注明，如表述为甲基苯丙胺片剂（俗称“麻古”）等。

3. 对于含甲基苯丙胺成分的液体、固液混合物、粉末等，应当根据其毒品成分和具体形态进行表述，如表述为含甲基苯丙胺成分的液体、含甲基苯丙胺成分的粉末等。

（二）含氯胺酮成分的毒品

1. 对于含氯胺酮成分的粉末状毒品，应当统一表述为氯胺酮。如果犯罪嫌疑人、被告人供述为“K 粉”等俗称的，可以在文书中第一次表述该类毒品时用括号注明，如表述为氯胺酮（俗称“K 粉”）等。

2. 对于以氯胺酮为主要毒品成分的片剂状毒品，应当统一表述为氯胺酮片剂。

3. 对于含氯胺酮成分的液体、固液混合物等，应当根据其毒品成分和具体形态进行表述，如表述为含氯胺酮成分的液体、含氯胺酮成分的固液混合物等。

（三）含 MDMA 等成分的毒品

对于以 MDMA、MDA、MDEA 等致幻性苯丙胺类兴奋剂为主要毒品成分的丸状、片剂状毒品，应当根据其主要毒品成分的中文化学名称和具体形态进行表述，并在文书中第一次表述该类毒品时用括号注明下文中使用的英文缩写简称，如表述为 3，4 - 亚甲二氧基甲基苯丙胺片剂（以下简称 MDMA 片剂）、3，4 - 亚甲二氧基苯丙胺片剂（以下简称 MDA 片剂）、3，4 - 亚甲二氧基乙基苯丙胺片剂（以下简称 MDEA 片剂）等。如果犯罪嫌疑人、被告人供述为“摇头丸”等俗称的，可以在文书中第一次表述该类毒品时用括号注明，如表述为 3，4 - 亚甲二氧基甲基苯丙胺片剂（以下简称 MDMA 片剂，俗称“摇头丸”）等。

（四）“神仙水”类毒品

对于俗称“神仙水”的液体状毒品，应当根据其主要毒品成分和具体形态进行表述。毒品成分复杂的，可以用括号注明其中所含的一至二种其他毒品成分，如表述为含氯胺酮（咖啡因、地西泮等）成分的液体等。如果犯罪嫌疑人、被告人供述为“神仙水”等俗称的，可以在文书中第一次表述该类毒品时用括号注明，如表述为含氯胺酮（咖啡因、地西泮等）成分的液体（俗称“神仙水”）等。

（五）大麻类毒品

对于含四氢大麻酚、大麻二酚、大麻酚等天然大麻素类成分的毒品，应当根据其外形特征分别表述为大麻叶、大麻脂、大麻油或者大麻烟等。

三、追诉量刑

（一）非法生产、买卖、运输制毒物品、走私制毒物品案件的定罪量刑

1.《最高人民法院关于审理毒品犯罪案件适用法律若干问题的解释》（法释〔2016〕8 号，2016 年 4 月 11 日起施行）

第七条　违反国家规定，非法生产、买卖、运输制毒物品、走私制毒物品，

达到下列数量标准的，应当认定为刑法第三百五十条第一款规定的“情节较重”：

（一）麻黄碱（麻黄素）、伪麻黄碱（伪麻黄素）、消旋麻黄碱（消旋麻黄素）一千克以上不满五千克；

（二）1－苯基－2－丙酮、1－苯基－2－溴－1－丙酮、3，4－亚甲基二氧苯基－2－丙酮、羟亚胺二千克以上不满十千克；

（三）3－氧－2－苯基丁腈、邻氯苯基环戊酮、去甲麻黄碱（去甲麻黄素）、甲基麻黄碱（甲基麻黄素）四千克以上不满二十千克；

（四）醋酸酐十千克以上不满五十千克；

（五）麻黄浸膏、麻黄浸膏粉、胡椒醛、黄樟素、黄樟油、异黄樟素、麦角酸、麦角胺、麦角新碱、苯乙酸二十千克以上不满一百千克；

（六）N－乙酰邻氨基苯酸、邻氨基苯甲酸、三氯甲烷、乙醚、哌啶五十千克以上不满二百五十千克；

（七）甲苯、丙酮、甲基乙基酮、高锰酸钾、硫酸、盐酸一百千克以上不满五百千克；

（八）其他制毒物品数量相当的。

违反国家规定，非法生产、买卖、运输制毒物品、走私制毒物品，达到前款规定的数量标准最低值的百分之五十，且具有下列情形之一的，应当认定为刑法第三百五十条第一款规定的“情节较重”：

（一）曾因非法生产、买卖、运输制毒物品、走私制毒物品受过刑事处罚的；

（二）二年内曾因非法生产、买卖、运输制毒物品、走私制毒物品受过行政处罚的；

（三）一次组织五人以上或者多次非法生产、买卖、运输制毒物品、走私制毒物品，或者在多个地点非法生产制毒物品的；

（四）利用、教唆未成年人非法生产、买卖、运输制毒物品、走私制毒物品的；

（五）国家工作人员非法生产、买卖、运输制毒物品、走私制毒物品的；

（六）严重影响群众正常生产、生活秩序的；

（七）其他情节较重的情形。

易制毒化学品生产、经营、购买、运输单位或者个人未办理许可证明或者备案证明，生产、销售、购买、运输易制毒化学品，确实用于合法生产、生活需要的，不以制毒物品犯罪论处。

第八条　违反国家规定，非法生产、买卖、运输制毒物品、走私制毒物品，具有下列情形之一的，应当认定为刑法第三百五十条第一款规定的“情节严重”：

（一）制毒物品数量在本解释第七条第一款规定的最高数量标准以上，不满最高数量标准五倍的；

（二）达到本解释第七条第一款规定的数量标准，且具有本解释第七条第二款第三项至第六项规定的情形之一的；

（三）其他情节严重的情形。

违反国家规定，非法生产、买卖、运输制毒物品、走私制毒物品，具有下列情形之一的，应当认定为刑法第三百五十条第一款规定的“情节特别严重”：

（一）制毒物品数量在本解释第七条第一款规定的最高数量标准五倍以上的；

（二）达到前款第一项规定的数量标准，且具有本解释第七条第二款第三项至第六项规定的情形之一的；

（三）其他情节特别严重的情形。

2.《最高人民检察院、公安部关于公安机关管辖的刑事案件立案追诉标准的规定（三）》（公通字〔2012〕26 号，2012 年 5 月 16 日印发）

第六条　［非法买卖制毒物品案（刑法第三百五十条）］违反国家规定，在境内非法买卖制毒物品，数量达到本规定第五条第一款规定情形之一的，应予立案追诉。

非法买卖两种以上制毒物品，每种制毒物品均没有达到本条第一款规定的数量标准，但按前款规定的立案追诉数量比例折算成一种制毒物品后累计相加达到上述数量标准的，应予立案追诉。

违反国家规定，实施下列行为之一的，认定为本条规定的非法买卖制毒物品行为：

（一）未经许可或者备案，擅自购买、销售易制毒化学品的；

（二）超出许可证明或者备案证明的品种、数量范围购买、销售易制毒化学品的；

（三）使用他人的或者伪造、变造、失效的许可证明或者备案证明购买、销售易制毒化学品的；

（四）经营单位违反规定，向无购买许可证明、备案证明的单位、个人销售易制毒化学品的，或者明知购买者使用他人的或者伪造、变造、失效的许可证明或者备案证明，向其销售易制毒化学品的；

（五）以其他方式非法买卖易制毒化学品的。

易制毒化学品生产、经营、使用单位或者个人未办理许可证明或者备案证明，购买、销售易制毒化学品，如果有证据证明确实用于合法生产、生活需要，依法能够办理只是未及时办理许可证明或者备案证明，且未造成严重社会危害的，可不以非法买卖制毒物品罪立案追诉。

为了非法买卖制毒物品而采用生产、加工、提炼等方法非法制造易制毒化学品的，以非法买卖制毒物品罪（预备）立案追诉。

非法买卖制毒物品主观故意中的“明知”，依照本规定第五条第四款的有关规定予以认定。

明知他人实施非法买卖制毒物品犯罪，而为其运输、储存、代理进出口或者以其他方式提供便利的，以非法买卖制毒物品罪的共犯立案追诉。

（二）制毒物品犯罪定罪量刑的数量标准

《最高人民法院、最高人民检察院、公安部关于办理制毒物品犯罪案件适用法律若干问题的意见》（公通字〔2009〕33号，2009年6月23日发布）

三、关于制毒物品犯罪定罪量刑的数量标准

（一）违反国家规定，非法运输、携带制毒物品进出境或者在境内非法买卖制毒物品达到下列数量标准的，依照刑法第三百五十条第一款的规定，处三年以下有期徒刑、拘役或者管制，并处罚金：

1. 1－苯基－2－丙酮五千克以上不满五十千克；

2. 3，4－亚甲基二氧苯基－2－丙酮、去甲麻黄素（去甲麻黄碱）、甲基麻黄素（甲基麻黄碱）、羟亚胺及其盐类十千克以上不满一百千克；

3. 胡椒醛、黄樟素、黄樟油、异黄樟素、麦角酸、麦角胺、麦角新碱、苯乙酸二十千克以上不满二百千克；

4. N－乙酰邻氨基苯酸、邻氨基苯甲酸、哌啶一百五十千克以上不满一千五百千克；

5. 甲苯、丙酮、甲基乙基酮、高锰酸钾、硫酸、盐酸四百千克以上不满四千千克；

6. 其他用于制造毒品的原料或者配剂相当数量的。

（二）违反国家规定，非法买卖或者走私制毒物品，达到或者超过前款所列最高数量标准的，认定为刑法第三百五十条第一款规定的“数量大的”，处三年以上十年以下有期徒刑，并处罚金。

（三）定罪量刑对应表

表9－2　非法生产、买卖、运输制毒物品、走私制毒物品罪定罪量刑对应表

非法生产、买卖、运输制毒物品、走私制毒物品罪	量刑情节		刑期
第一档	一般情节	A：（一）麻黄碱（麻黄素）、伪麻黄碱（伪麻黄素）、消旋麻黄碱（消旋麻黄素）一千克以上不满五千克； （二）1－苯基－2－丙酮、1－苯基－2－溴－1－丙酮、3，4－亚甲基二氧苯基－2－丙酮、羟亚胺二千克以上不满十千克； （三）3－氧－2－苯基丁腈、邻氯苯基环戊酮、去甲麻黄碱（去甲麻黄素）、甲基麻黄碱（甲基麻黄素）四千克以上不满二十千克； （四）醋酸酐十千克以上不满五十千克； （五）麻黄浸膏、麻黄浸膏粉、胡椒醛、黄樟素、黄樟油、异黄樟素、麦角酸、麦角胺、麦角新碱、苯乙酸二十千克以上不满一百千克； （六）N－乙酰邻氨基苯酸、邻氨基苯甲酸、三氯甲烷、乙醚、哌啶五十千克以上不满二百五十千克； （七）甲苯、丙酮、甲基乙基酮、高锰酸钾、硫酸、盐酸一百千克以上不满五百千克； （八）其他制毒物品数量相当的	三年以下有期徒刑、拘役或者管制，并处罚金
	特殊情节（五折标准）	B：（一）曾因非法生产、买卖、运输制毒物品、走私制毒物品受过刑事处罚的； （二）二年内曾因非法生产、买卖、运输制毒物品、走私制毒物品受过行政处罚的； （三）一次组织五人以上或者多次非法生产、买卖、运输制毒物品、走私制毒物品，或者在多个地点非法生产制毒物品的； （四）利用、教唆未成年人非法生产、买卖、运输制毒物品、走私制毒物品的；	

续表

非法生产、买卖、运输制毒物品、走私制毒物品罪	量刑情节	刑期
	（五）国家工作人员非法生产、买卖、运输制毒物品、走私制毒物品的； （六）严重影响群众正常生产、生活秩序的； （七）其他情节较重的情形	
第二档	（一）A≤数量<5A； （二）A≤数量，且具有B中第三项至第六项规定的情形之一的； （三）其他情节严重的情形	三年以上七年以下有期徒刑，并处罚金
第三档	（一）5A≤数量； （二）A≤数量<5A，且具有B中第三项至第六项规定的情形之一的； （三）其他情节特别严重的情形	七年以上有期徒刑，并处罚金或者没收财产

第十章　网络淫秽类罪名释义及定罪量刑标准

第一节　组织卖淫罪、强迫卖淫罪、介绍卖淫罪

一、犯罪构成

（一）《刑法》（2020 年 12 月 26 日修正）

第三百五十八条　【组织卖淫罪】【强迫卖淫罪】组织、强迫他人卖淫的，处五年以上十年以下有期徒刑，并处罚金；情节严重的，处十年以上有期徒刑或者无期徒刑，并处罚金或者没收财产。

组织、强迫未成年人卖淫的，依照前款的规定从重处罚。

犯前两款罪，并有杀害、伤害、强奸、绑架等犯罪行为的，依照数罪并罚的规定处罚。

【协助组织卖淫罪】为组织卖淫的人招募、运送人员或者有其他协助组织他人卖淫行为的，处五年以下有期徒刑，并处罚金；情节严重的，处五年以上十年以下有期徒刑，并处罚金。

第三百五十九条　【引诱、容留、介绍卖淫罪】引诱、容留、介绍他人卖淫的，处五年以下有期徒刑、拘役或者管制，并处罚金；情节严重的，处五年以上有期徒刑，并处罚金。

【引诱幼女卖淫罪】引诱不满十四周岁的幼女卖淫的，处五年以上有期徒刑，并处罚金。

第三百六十一条　【特定单位的人员组织、强迫、引诱、容留、介绍卖淫的处理规定】旅馆业、饮食服务业、文化娱乐业、出租汽车业等单位的人员，利用本单位的条件，组织、强迫、引诱、容留、介绍他人卖淫的，依照本法第三

百五十八条、第三百五十九条的规定定罪处罚。

前款所列单位的主要负责人，犯前款罪的，从重处罚。

（二）学理解释

本罪的主体为一般主体，即凡达到刑事责任年龄，具有刑事责任能力的自然人均可构成本罪。本罪侵犯的客体是国家对社会风尚的管理秩序和公民的人身权利。组织卖淫罪与强迫卖淫罪的主观方面均表现为故意。组织、强迫卖淫者通常以营利为目的，但刑法并未将营利目的规定为本罪的责任要素①。就组织卖淫罪而言，其客观方面主要表现为以招募、雇用、强迫、引诱、容留等手段，控制他人从事卖淫活动的行为。一般表现为两种情况：一是设置卖淫场所或者变相卖淫场所，控制卖淫者，招揽嫖娼者；二是没有固定的卖淫场所，通过控制卖淫人员，有组织地进行卖淫活动。所谓控制卖淫人员，是指通过对卖淫人员施加物理、心理的影响，进而左右卖淫人员的意志，使其难以摆脱行为人的影响。所谓卖淫，是指以营利为目的，与不特定的对方发生性交或者其他淫乱活动的行为。这里的“不特定的对方”，多数情况下是不特定的异性，但也不排除不特定的同性。就强迫卖淫罪而言，其客观方面主要表现为使用暴力、威胁、虐待等强制方法迫使他人卖淫的行为。即在他人不愿意从事卖淫活动的情况下，使用各种强制性手段迫使其从事卖淫活动。行为对象既包括妇女，也包括幼女，还包括男子。

组织、强迫卖淫罪是选择性罪名，如果行为人既实施组织卖淫行为又实施强迫卖淫行为的，应当以组织、强迫卖淫罪定罪处罚。其“情节严重”的标准，应当依照《最高人民法院、最高人民检察院关于办理组织、强迫、引诱、容留、介绍卖淫刑事案件适用法律若干问题的解释》关于组织卖淫罪“情节严重”、强迫卖淫罪“情节严重”的标准综合考虑。在组织卖淫、强迫卖淫分别均未达到“情节严重”标准的情况下，如果符合规定情形，依然能综合认定为组织、强迫卖淫“情节严重”。

对于利用网络、短信发布招嫖信息的行为，适用《刑法》第287条之一的规定，应以非法利用信息网络罪追究刑事责任。对于能够查实，同时线下实施了介绍卖淫活动，构成犯罪的，可适用介绍卖淫罪追究刑事责任。

---

① 张明楷：《刑法学》，法律出版社2016年版，第1160页。

二、疑难问题

（一）组织卖淫行为的定性

1.《最高人民法院、最高人民检察院关于办理组织、强迫、引诱、容留、介绍卖淫刑事案件适用法律若干问题的解释》（法释〔2017〕13号，2017年7月25日起施行）

第一条 以招募、雇佣、纠集等手段，管理或者控制他人卖淫，卖淫人员在三人以上的，应当认定为刑法第三百五十八条规定的“组织他人卖淫”。

组织卖淫者是否设置固定的卖淫场所、组织卖淫者人数多少、规模大小，不影响组织卖淫行为的认定。

第三条 在组织卖淫犯罪活动中，对被组织卖淫的人有引诱、容留、介绍卖淫行为的，依照处罚较重的规定定罪处罚。但是，对被组织卖淫的人以外的其他人有引诱、容留、介绍卖淫行为的，应当分别定罪，实行数罪并罚。

第七条 根据刑法第三百五十八条第三款的规定，犯组织、强迫卖淫罪，并有杀害、伤害、强奸、绑架等犯罪行为的，依照数罪并罚的规定处罚。协助组织卖淫行为人参与实施上述行为的，以共同犯罪论处。

根据刑法第三百五十八条第二款的规定，组织、强迫未成年人卖淫的，应当从重处罚。

2. 关于审理组织、强迫、引诱、容留、介绍卖淫刑事案件适用法律若干问题的解释的理解与适用①

《最高人民法院、最高人民检察院关于办理组织、强迫、引诱、容留、介绍卖淫刑事案件适用法律若干问题的解释》将组织卖淫罪中被组织人员的人数明确规定为3人以上，且基于一些不法之徒采取动态管理方式，即不建立固定的卖淫窝点，而是利用现代化的交通与通信设施，指挥、控制着多人从事卖淫活动，依然明显地体现出组织者的管理、控制行为，即卖淫者并非作为单个个体而存在，而是受制于组织者，随时接受他们的指令去办事，有一定的组织性和纪律性。基于以上理由，该司法解释明确规定，组织卖淫者是否设置固定的卖淫场所、组织卖淫者人数多少、规模大小，不影响组织卖淫行为的认定。

---

① 周峰、党建军、陆建红、杨华：《〈关于审理组织、强迫、引诱、容留、介绍卖淫刑事案件适用法律若干问题的解释〉的理解与适用》，载《人民司法·应用》2017年第25期。

（二）协助组织他人卖淫行为的认定

1.《最高人民法院、最高人民检察院关于办理组织、强迫、引诱、容留、介绍卖淫刑事案件适用法律若干问题的解释》（法释〔2017〕13号，2017年7月25日起施行）

第四条　明知他人实施组织卖淫犯罪活动而为其招募、运送人员或者充当保镖、打手、管账人等的，依照刑法第三百五十八条第四款的规定，以协助组织卖淫罪定罪处罚，不以组织卖淫罪的从犯论处。

在具有营业执照的会所、洗浴中心等经营场所担任保洁员、收银员、保安员等，从事一般服务性、劳务性工作，仅领取正常薪酬，且无前款所列协助组织卖淫行为的，不认定为协助组织卖淫罪。

2. ［刑事审判参考案例第768号：蔡某等组织卖淫、协助组织卖淫案］

应根据组织与协助组织行为的分工来认定“组织卖淫”与“协助组织卖淫”行为。

在组织卖淫活动中对卖淫者的卖淫活动直接进行安排、调度的，属于组织卖淫罪的行为人，应当以组织卖淫罪论处。其中起主要作用的是主犯，起次要作用的是从犯，从犯当然应当以组织卖淫罪论处。并且从犯的犯罪行为也是组织行为，即对卖淫者的卖淫行为直接进行策划、管理、指派，只是这种组织行为相对于主要组织者而言处于辅助地位。如果不是对卖淫者的卖淫活动直接进行安排、调度，而是在外围协助组织者实施其他行为，如充当保镖、打手、管账人或为直接组织者招募、雇用、运送卖淫者，为卖淫者安排住处或为组织者充当管账人、提供反调查信息等行为的，则都不构成组织卖淫罪，而仅构成协助组织卖淫罪。2011年5月1日起施行的《刑法修正案（八）》对协助组织卖淫罪的罪状作了一定修改，把以往的“协助组织他人卖淫，处……”修改为“为组织卖淫的人招募、运送人员或者有其他协助组织他人卖淫行为的，处……”，其中所列举的具体协助组织卖淫行为，与上述对协助组织卖淫的理解和认定标准基本是一致的。在具体案件中，组织他人卖淫场所中的老板、领班、直接管理人员一般系组织者，其行为应当以组织卖淫罪论处。而保镖、打手、管账人、服务生一般系协助组织者，应当以协助组织卖淫罪论处。

（三）组织卖淫罪、强迫卖淫罪“情节严重”的认定依据

［刑事审判参考案例第1054号：张某、冯某某组织卖淫案］以管理、控制卖淫的人数、造成被组织卖淫者伤亡后果及被组织者中是否有不满十四周岁的幼

女等来认定是否构成“情节严重”。组织卖淫的次数，可以作为量刑幅度内的量刑情节予以考虑，但不宜作为量刑升格的情节，因为组织卖淫的次数少，也可构成“情节严重”。

被组织的卖淫女人数，是认定“情节严重”的重要依据之一，而次数则不能成为认定“情节严重”的依据。一方面，次数问题取证困难，规定次数会给实际操作带来许多不便；另一方面，次数与人数相比，显然人数的危害比次数大得多。结合司法实践，我们认为，以下3种情形应当认定为组织卖淫罪“情节严重”的情形：一是从组织卖淫的人数看，组织卖淫入罪标准为3人，“情节严重”以基本犯起点人数的5倍即15人作为最低限度较为适宜；二是从被组织者是否因被组织卖淫造成伤亡的后果来考量，依照一般侵犯人身犯罪的标准，以是否造成重伤、死亡为界限确定是否构成“情节严重”；三是从被组织者中是否有幼女来考察。只要有幼女被组织卖淫的，一律以“情节严重”论，以切实严格保护幼女的安全。

（四）为卖淫嫖娼活动通风报信行为的定性

1.《最高人民法院、最高人民检察院关于办理组织、强迫、引诱、容留、介绍卖淫刑事案件适用法律若干问题的解释》（法释〔2017〕13号，2017年7月25日起施行）

第十四条　根据刑法第三百六十二条、第三百一十条的规定，旅馆业、饮食服务业、文化娱乐业、出租汽车业等单位的人员，在公安机关查处卖淫、嫖娼活动时，为违法犯罪分子通风报信，情节严重的，以包庇罪定罪处罚。事前与犯罪分子通谋的，以共同犯罪论处。

具有下列情形之一的，应当认定为刑法第三百六十二条规定的“情节严重”：

（一）向组织、强迫卖淫犯罪集团通风报信的；

（二）二年内通风报信三次以上的；

（三）一年内因通风报信被行政处罚，又实施通风报信行为的；

（四）致使犯罪集团的首要分子或者其他共同犯罪的主犯未能及时归案的；

（五）造成卖淫嫖娼人员逃跑，致使公安机关查处犯罪行为因取证困难而撤销刑事案件的；

（六）非法获利人民币一万元以上的；

（七）其他情节严重的情形。

2.《全国人民代表大会常务委员会关于严禁卖淫嫖娼的决定》(2009 年 8 月 27 日修正)

七、旅馆业、饮食服务业、文化娱乐业、出租汽车业等单位，对发生在本单位的卖淫、嫖娼活动，放任不管、不采取措施制止的，由公安机关处一万元以上十万元以下罚款，并可以责令其限期整顿、停业整顿，经整顿仍不改正的，由工商行政主管部门吊销营业执照；对直接负责的主管人员和其他直接责任人员，由本单位或者上级主管部门予以行政处分，由公安机关处一千元以下罚款。

（五）组织男性从事同性性交易行为的定性

1.《公安部关于对同性之间以钱财为媒介的性行为定性处理问题的批复》(公复字〔2001〕4 号，2001 年 2 月 28 日发布)

根据《中华人民共和国治安管理处罚条例》和全国人大常委会《关于严禁卖淫嫖娼的决定》的规定，不特定的异性之间或者同性之间以金钱、财物为媒介发生不正当性关系的行为，包括口淫、手淫、鸡奸等行为，都属于卖淫嫖娼行为，对行为人应当依法处理。

2.［刑事审判参考案例第 303 号：李某组织卖淫案］

组织男性从事同性性交易，构成组织卖淫罪。

组织卖淫罪，是指组织他人卖淫的行为。组织男性从事同性性交易，构成组织卖淫罪。我们认为，“卖淫”就其常态而言，虽是指女性以营利为目的，与不特定男性从事性交易的行为；但随着立法的变迁，对男性以营利为目的，与不特定女性从事性交易的行为，也应认定为“卖淫”；而随着时代的发展、社会生活状况的变化，“卖淫”的外延还可以也应当进一步扩大，即还应当包括以营利为目的，与不特定同性从事性交易的行为。

（六）拐卖妇女后致其被迫卖淫行为的定性

《最高人民法院、最高人民检察院、公安部、司法部关于依法惩治拐卖妇女儿童犯罪的意见》(法发〔2010〕7 号，2010 年 3 月 15 日印发)

18. 将妇女拐卖给有关场所，致使被拐卖的妇女被迫卖淫或者从事其他色情服务的，以拐卖妇女罪论处。

有关场所的经营管理人员事前与拐卖妇女的犯罪人通谋的，对该经营管理人员以拐卖妇女罪的共犯论处；同时构成拐卖妇女罪和组织卖淫罪的，择一重罪论处。

（七）引诱、容留、介绍他人卖淫行为的定性

《最高人民法院、最高人民检察院关于办理组织、强迫、引诱、容留、介绍卖淫刑事案件适用法律若干问题的解释》（法释〔2017〕13号，2017年7月25日起施行）

第八条 引诱、容留、介绍他人卖淫，具有下列情形之一的，应当依照刑法第三百五十九条第一款的规定定罪处罚：

（一）引诱他人卖淫的；

（二）容留、介绍二人以上卖淫的；

（三）容留、介绍未成年人、孕妇、智障人员、患有严重性病的人卖淫的；

（四）一年内曾因引诱、容留、介绍卖淫行为被行政处罚，又实施容留、介绍卖淫行为的；

（五）非法获利人民币一万元以上的。

利用信息网络发布招嫖违法信息，情节严重的，依照刑法第二百八十七条之一的规定，以非法利用信息网络罪定罪处罚。同时构成介绍卖淫罪的，依照处罚较重的规定定罪处罚。

引诱、容留、介绍他人卖淫是否以营利为目的，不影响犯罪的成立。

引诱不满十四周岁的幼女卖淫的，依照刑法第三百五十九条第二款的规定，以引诱幼女卖淫罪定罪处罚。

被引诱卖淫的人员中既有不满十四周岁的幼女，又有其他人员的，分别以引诱幼女卖淫罪和引诱卖淫罪定罪，实行并罚。

（八）通过互联网发布卖淫信息的行为定性

［刑事审判参考案例第193号：林某某介绍卖淫案］

通过电脑、利用互联网发布卖淫信息的行为构成介绍卖淫罪。

根据《刑法》第359条的罪状规定，介绍卖淫罪当属行为犯。对于行为犯既、未遂的判断，应以法定的犯罪行为是否完成作为区分标准，并不要求发生特定的结果，更不需要特定目的的实现。行为人利用家中电脑登录互联网上的黄色网站，并发布卖淫女信息，这些信息通过信号传输，使凡登录该网站的人都能接收到卖淫女的信息。随着他发布信息行为的完成，行为人介绍卖淫的行为亦已完成，并不存在因其意志以外的原因而导致犯罪停止在未完成形态上的情况。行为人的介绍卖淫行为是在互联网上完成的，互联网具有传播信息面大，可接受信息人员众多，人数不确定的特点，具有严重的社会危害性，应认定为情节严重。

（九）组织卖淫罪的取证指引

组织卖淫罪是指触犯《刑法》第358条第1款规定，以招募、雇用等手段，组织、策划、指挥多人卖淫的行为。

1. 证明犯罪客观方面的证据

（1）犯罪嫌疑人的供述与辩解。

①与卖淫人员之间的关系、接触联系的时间、地点、经过等。网络组织卖淫中，应问清采取何种方式招募卖淫人员，如何管理和控制卖淫人员，如何安排卖淫人员与嫖客交易。

②被查获的时间、地点、过程以及查获卖淫现场情况。

③涉案场所的法人代表、股东、投资者情况，以及上述人员是否明知该场所的用途等。

④组织卖淫团伙负责人的基本情况。

⑤团伙内部如何分工，组织者、指挥者、执行者的具体情况，相互之间是否认识，非法所得如何分配。网络卖淫中，应问清团伙成员在虚拟网络中账户及昵称。

⑥被组织者卖淫的起始时间、收费标准、卖淫次数等。

⑦何人负责联系卖淫场所、招募骨干成员，组织手段及管理制度订立的相关情况。

⑧招揽卖淫人员人数、时间、地点、方式以及如何管理，卖淫人员体貌特征、籍贯、口音、性别、年龄等基本情况，卖淫人员中有无不满14周岁的幼女或者未成年人、孕妇、智障人员、患有严重性病的人。

⑨收取卖淫费用以及如何分配的情况。

⑩是否存在招客拉嫖和引诱、容留介绍卖淫等行为。

⑪有无对卖淫人员伤害、强奸、杀害、绑架等犯罪行为；是否造成被害人伤亡或者感染性病、精神失常等情况。

（2）证人证言。

①卖淫人员的相关证言，与犯罪嫌疑人是如何认识的，如何安排其卖淫，证实组织者安排其从事卖淫活动有关情况；网络卖淫中，应问清QQ、微信等聊天软件号码及昵称等，采取何种方式与上线组织者取得联系，是否与上线见过面，如何接受其安排卖淫。

②卖淫人员卖淫的次数、时间、地点以及嫖客的相关情况。

③卖淫人员与涉案场所有无签订工作或劳务合同情况。

④涉案场所房间数、房间收费、卖淫者收入情况。

⑤卖淫人员如何应聘、如何培训、日常工作模式等情况。

⑥组织有无相关财务制度、管理制度，以及场所日常业务登记资料、收入、支出台账，统筹涉案场所卖淫收入，对收银员、财务、出纳人员进行日常管理。

⑦嫖资是由上线组织者收取还是由卖淫人员直接收取。若由上线收取，如何支付卖淫人员报酬，是通过微信、支付宝等移动支付，传统银行转账还是直接现金支付；若由卖淫人员收取嫖资，其通过何种途径将违法所得上缴上线组织者。

⑧犯罪嫌疑人基本情况，犯罪成员内部关系、具体分工。网络卖淫中，应问清上线组织者的微信、QQ或者其他聊天软件昵称及号码，联系规律等。

⑨卖淫人员卖淫时是否自愿卖淫情况。

⑩嫖客、看场子的人员、保安、收银员、服务员、出租车司机以及街坊邻居其他知情人等证言，证明卖淫时间、地点、次数、社会危害性等，以及行为人组织、管理、看管卖淫人员的方式。

（3）物证、书证。

①涉案场所营业执照、房屋租赁证明或承包证明。网络卖淫中，应调取卖淫嫖娼违法行为人的旅客登记簿、定金单等（可采取影印、拍照、录像等方式加以固定），以证明组织卖淫地点。

②扣押卖淫的管理规定、内部台账、利益分成记录，调取支付宝、微信及银行转账记录清单，证明卖淫交易记录，以确认非法获利情况。

③扣押吧台电脑及监控系统等、网络卖淫中使用的电脑、银行卡、手机等工具，证明存在组织行为。

④在涉案场所调取收集使用过的避孕套、淫秽图片或性爱视频等材料。

⑤调取组织者提供的性爱用具，向社会不特定群体发放的性服务广告卡等证据材料。

⑥其他相关物证、书证。

（4）勘验、检查笔录、鉴定意见、视听资料、电子数据及其他证据。

①犯罪现场、周围及相关场所的勘验、检查笔录。

②利用QQ、微信、网页发布淫秽信息招嫖以及利用支付宝、微信等移动支付嫖资或报酬的相关电子转账凭证等电子数据。

③收集涉案场所经营者以及其他犯罪嫌疑人的通话记录（包括移动电话、

固定电话、QQ、微信等）资料，审查其是否与组织他人卖淫犯罪活动有关联，并依法予以提取和拍照录像固定。

④其他证据。

2. 证明犯罪主观方面的证据

（1）犯罪嫌疑人的供述和辩解。

①在涉案场所是否见过使用过的避孕套等材料。

②是否知道以及如何在涉案场所播放性爱视频或淫秽图片的材料。

③是否知道以及如何组织卖淫人员进行性病检查等材料。

④是否知道以及如何对卖淫人员在例假期间不能卖淫等制度的材料。

⑤是否知道涉案场所卖淫人员的收费明显高于正常按摩收费事实材料。

⑥是否知道以及如何采取措施逃避公安机关查处的材料。

⑦是否在涉案场所营业时间去过涉案场所以及去涉案场所做什么的材料。

⑧全面查证涉案场所涉嫌组织他人卖淫犯罪的筹划、组织、实施、服务、管理以及赃款的数额和分配等全部犯罪事实。

（2）能够证明犯罪嫌疑人主观故意的其他证据。

（十）强迫卖淫罪的取证指引

强迫卖淫罪是指触犯《刑法》第358条第1款规定，以暴力、胁迫或者其他手段，迫使他人卖淫的行为。

1. 证明犯罪客观方面的证据

（1）犯罪嫌疑人的供述与辩解。

①与被害人之间的关系、接触或联系的方式、时间、地点与经过等。

②被查获的时间、地点、过程以及查获卖淫现场情况。

③涉案场所的法人代表、股东、投资者情况，以及上述人员是否明知该场所的用途等。

④卖淫人员开始卖淫的起始时间、收费标准、卖淫次数等。

⑤被强迫卖淫的人数、次数、每次强迫发生的时间、地点、强迫的方式、过程以及如何管理等。

⑥被害人人数、基本情况。被害人中有无不满14周岁的幼女或者未成年人、孕妇、智障人员、患有严重性病的人。

⑦以何种方式强迫被害人卖淫。对被害人有无强奸行为，是否强奸后迫使被害人卖淫或以强奸手段迫使被害人卖淫。

⑧团伙内部分工情况，组织者、指挥者、执行者的具体情况，非法获利数额及其分配情况。

⑨强迫卖淫造成的后果，是否造成被害人自残、自杀等伤亡情况或者感染性病、精神失常等。

⑩是否实施杀害、伤害、强奸、绑架等犯罪行为以及协助组织卖淫人员参与上述行为。

⑪旅馆业、饮食服务业、文化娱乐业、出租汽车业等单位人员，在公安机关查处卖淫嫖娼活动时，是否为违法犯罪人员通风报信，或者事前与违法犯罪人员通谋等情况。

（2）被害人陈述。

①犯罪嫌疑人与其接触联系情况，犯罪嫌疑人的基本情况，犯罪成员内部关系、具体分工情况。

②如何被带到卖淫场所卖淫的，周围地理环境等情况。

③卖淫是否被强迫，被强迫卖淫的时间、地点、次数及嫖客的情况，违法所得数额及分配情况；

④在自己不同意卖淫或达不到规定的卖淫次数等情况下，犯罪嫌疑人有无殴打、体罚、虐待等强迫行为；

⑤犯罪嫌疑人是否控制卖淫所得，是否有行动自由，钱财、身份证件或通讯工具等是否被扣押。

⑥是否受伤、感染性病，受伤、生病是否由卖淫行为引起的。

⑦其他被害人的基本情况及被强迫卖淫情况等与案件相关的情形。

（3）证人证言。

①犯罪嫌疑人强迫、控制被害人的次数，控制被害人的方法及时间、地点等。

②强迫被害人卖淫的时间、地点、次数，每次卖淫的价格。

③犯罪嫌疑人殴打、体罚、虐待被害人的具体情况，被害人有无受伤、生病等情况。

④被害人的年龄、文化程度、生病就诊情况。

⑤卖淫团伙的具体情况，内部如何分工，主犯、从犯的具体情况，卖淫所得如何分配。

⑥嫖客嫖娼的具体情况：通过何途径与犯罪嫌疑人或卖淫人员接触或联系，

联系的方式，嫖娼的时间、地点，犯罪嫌疑人和卖淫人员情况，嫖娼的具体过程及与犯罪嫌疑人强迫卖淫相关的情况等。

（4）物证、书证。

①扣押殴打、体罚被害人的工具，并拍照或录像，以确认是否存在强迫行为。

②扣留被害人身份证及通讯工具、拍摄的裸照及录音录像等证据，以确认有无强迫、要挟的行为。

③扣押卖淫的管理规定、利益分成记录、内部台账、电脑记载的相关电子数据等，以确认非法获利情况。

④扣押涉案场所的房屋租赁证明或承包证明。入住旅馆的，应调取旅客入住登记单或者押金单及相关视频资料，以确认强迫卖淫发生的场所。

⑤调取收集卖淫违法所得单据、会计账本、卖淫人员工资单据等证明材料。

⑥调取相关收入、支出凭证、银行账户资料、银行交易记录。

⑦其他相关物证、书证。

（5）勘验检查笔录、鉴定意见、视听资料、电子数据及其他证据。

①制作犯罪现场、周围及相关场所的勘验、检查笔录。

②调取利用QQ、微信、网页发布淫秽信息招嫖等电子数据。

③收集涉案场所经营者以及其他犯罪嫌疑人的通话记录（包括移动电话、固定电话、QQ、微信等）资料，审查其是否与组织他人卖淫犯罪活动有关联，并依法予以提取和拍照录像固定。

④其他证据。

2. 证明犯罪主观方面的证据

（1）犯罪嫌疑人的供述和辩解。

①犯罪团伙的人数，团伙成员各自的姓名、绰号，如何起意、策划、分工、分赃等情况。

②对被害人有无殴打、威胁、要挟行为，对被害人实施殴打、威胁、要挟的动机、目的。

③被害人有无离开的意思表示，是否同意被害人离开，禁止被害人离开的目的、动机。

④是否将被害人身份证件或者通讯工具等扣押，逼迫被害人按照其意图实施卖淫。

⑤全面查证涉案场所涉嫌组织他人卖淫犯罪的筹划、组织、实施、服务、管理以及赃款的数额和分配等全部犯罪事实。

（2）能够证明犯罪嫌疑人主观故意的其他证据。

三、追诉量刑

（一）组织卖淫、强迫卖淫案件的立案追诉标准

《最高人民检察院、公安部关于公安机关管辖的刑事案件立案追诉标准的规定（一）》（公通字〔2008〕36号，2008年6月25日印发）

第七十五条 ［组织卖淫案（刑法第三百五十八条第一款）］以招募、雇佣、强迫、引诱、容留等手段，组织他人卖淫的，应予立案追诉。

第七十六条 ［强迫卖淫案（刑法第三百五十八条第一款）］以暴力、胁迫等手段强迫他人卖淫的，应予立案追诉。

第七十七条 ［协助组织卖淫案（刑法第三百五十八条第三款）］在组织卖淫的犯罪活动中，充当保镖、打手、管账人等，起帮助作用的，应予立案追诉。

（二）组织卖淫、强迫卖淫案件“情节严重”“情节特别严重”的认定标准

《最高人民法院、最高人民检察院关于办理组织、强迫、引诱、容留、介绍卖淫刑事案件适用法律若干问题的解释》（法释〔2017〕13号，2017年7月25日起施行）

第二条 组织他人卖淫，具有下列情形之一的，应当认定为刑法第三百五十八条第一款规定的“情节严重”：

（一）卖淫人员累计达十人以上的；

（二）卖淫人员中未成年人、孕妇、智障人员、患有严重性病的人累计达五人以上的；

（三）组织境外人员在境内卖淫或者组织境内人员出境卖淫的；

（四）非法获利人民币一百万元以上的；

（五）造成被组织卖淫的人自残、自杀或者其他严重后果的；

（六）其他情节严重的情形。

第六条 强迫他人卖淫，具有下列情形之一的，应当认定为刑法第三百五十八条第一款规定的“情节严重”：

（一）卖淫人员累计达五人以上的；

（二）卖淫人员中未成年人、孕妇、智障人员、患有严重性病的人累计达三人以上的；

（三）强迫不满十四周岁的幼女卖淫的；

（四）造成被强迫卖淫的人自残、自杀或者其他严重后果的；

（五）其他情节严重的情形。

行为人既有组织卖淫犯罪行为，又有强迫卖淫犯罪行为，且具有下列情形之一的，以组织、强迫卖淫“情节严重”论处：

（一）组织卖淫、强迫卖淫行为中具有本解释第二条、本条前款规定的“情节严重”情形之一的；

（二）卖淫人员累计达到本解释第二条第一、二项规定的组织卖淫“情节严重”人数标准的；

（三）非法获利数额相加达到本解释第二条第四项规定的组织卖淫“情节严重”数额标准的。

（三）引诱、容留、介绍卖淫案件的定罪量刑标准

《最高人民法院、最高人民检察院关于办理组织、强迫、引诱、容留、介绍卖淫刑事案件适用法律若干问题的解释》（法释〔2017〕13号，2017年7月25日起施行）

第八条　引诱、容留、介绍他人卖淫，具有下列情形之一的，应当依照刑法第三百五十九条第一款的规定定罪处罚：

（一）引诱他人卖淫的；

（二）容留、介绍二人以上卖淫的；

（三）容留、介绍未成年人、孕妇、智障人员、患有严重性病的人卖淫的；

（四）一年内曾因引诱、容留、介绍卖淫行为被行政处罚，又实施容留、介绍卖淫行为的；

（五）非法获利人民币一万元以上的。

第九条　引诱、容留、介绍他人卖淫，具有下列情形之一的，应当认定为刑法第三百五十九条第一款规定的“情节严重”：

（一）引诱五人以上或者引诱、容留、介绍十人以上卖淫的；

（二）引诱三人以上的未成年人、孕妇、智障人员、患有严重性病的人卖淫，或者引诱、容留、介绍五人以上该类人员卖淫的；

（三）非法获利人民币五万元以上的；

（四）其他情节严重的情形。

第十条　组织、强迫、引诱、容留、介绍他人卖淫的次数，作为酌定情节在量刑时考虑。

（四）各罪罚金刑的适用标准

《最高人民法院、最高人民检察院关于办理组织、强迫、引诱、容留、介绍卖淫刑事案件适用法律若干问题的解释》（法释〔2017〕13号，2017年7月25日起施行）

第十三条　犯组织、强迫、引诱、容留、介绍卖淫罪的，应当依法判处犯罪所得二倍以上的罚金。共同犯罪的，对各共同犯罪人合计判处的罚金应当在犯罪所得的二倍以上。

对犯组织、强迫卖淫罪被判处无期徒刑的，应当并处没收财产。

（五）定罪量刑对应表

表10－1　组织卖淫罪定罪量刑对应表

<table>
<tr><th>组织卖淫罪</th><th>情节</th><th>刑期</th><th>备注</th></tr>
<tr><td>第一档</td><td>招募、雇佣、纠集等手段，管理或者控制他人卖淫，卖淫人员在三人以上</td><td>五年以上十年以下有期徒刑，并处罚金</td><td rowspan="2">判处犯罪所得二倍以上的罚金</td></tr>
<tr><td>第二档</td><td>（一）卖淫人员累计达十人以上的；
（二）卖淫人员中未成年人、孕妇、智障人员、患有严重性病的人累计达五人以上的；
（三）组织境外人员在境内卖淫或者组织境内人员出境卖淫的；
（四）非法获利人民币一百万元以上的；
（五）造成被组织卖淫的人自残、自杀或者其他严重后果的；
（六）其他情节严重的情形</td><td>十年以上有期徒刑或者无期徒刑，并处罚金或者没收财产</td></tr>
</table>

表 10－2　强迫卖淫罪定罪量刑对应表

强迫卖淫罪	情节	刑期	备注
第一档	强迫他人卖淫	五年以上十年以下有期徒刑，并处罚金	判处犯罪所得二倍以上的罚金
第二档	（一）卖淫人员累计达五人以上的； （二）卖淫人员中未成年人、孕妇、智障人员、患有严重性病的人累计达三人以上的； （三）强迫不满十四周岁的幼女卖淫的； （四）造成被强迫卖淫的人自残、自杀或者其他严重后果的； （五）其他情节严重的情形	十年以上有期徒刑或者无期徒刑，并处罚金或者没收财产	

表 10－3　引诱、容留、介绍卖淫罪定罪量刑对应表

引诱、容留、介绍卖淫罪	情节	刑期	备注
第一档	（一）引诱他人卖淫的； （二）容留、介绍二人以上卖淫的； （三）容留、介绍未成年人、孕妇、智障人员、患有严重性病的人卖淫的； （四）一年内曾因引诱、容留、介绍卖淫行为被行政处罚，又实施容留、介绍卖淫行为的； （五）非法获利人民币一万元以上的	五年以下有期徒刑、拘役或者管制，并处罚金	判处犯罪所得二倍以上的罚金
第二档	（一）引诱五人以上或者引诱、容留、介绍十人以上卖淫的； （二）引诱三人以上的未成年人、孕妇、智障人员、患有严重性病的人卖淫，或者引诱、容留、介绍五人以上该类人员卖淫的； （三）非法获利人民币五万元以上的； （四）其他情节严重的情形	五年以上有期徒刑，并处罚金	

第二节 传播淫秽物品牟利罪、传播淫秽物品罪、组织淫秽表演罪

一、犯罪构成

（一）《刑法》（2020 年 12 月 26 日修正）

第三百六十三条 【制作、复制、出版、贩卖、传播淫秽物品牟利罪】以牟利为目的，制作、复制、出版、贩卖、传播淫秽物品的，处三年以下有期徒刑、拘役或者管制，并处罚金；情节严重的，处三年以上十年以下有期徒刑，并处罚金；情节特别严重的，处十年以上有期徒刑或者无期徒刑，并处罚金或者没收财产。

【为他人提供书号出版淫秽书刊罪】为他人提供书号，出版淫秽书刊的，处三年以下有期徒刑、拘役或者管制，并处或者单处罚金；明知他人用于出版淫秽书刊而提供书号的，依照前款的规定处罚。

第三百六十四条 【传播淫秽物品罪】传播淫秽的书刊、影片、音像、图片或者其他淫秽物品，情节严重的，处二年以下有期徒刑、拘役或者管制。

【组织播放淫秽音像制品罪】组织播放淫秽的电影、录像等音像制品的，处三年以下有期徒刑、拘役或者管制，并处罚金；情节严重的，处三年以上十年以下有期徒刑，并处罚金。

制作、复制淫秽的电影、录像等音像制品组织播放的，依照第二款的规定从重处罚。

向不满十八周岁的未成年人传播淫秽物品的，从重处罚。

第三百六十五条 【组织淫秽表演罪】组织进行淫秽表演的，处三年以下有期徒刑、拘役或者管制，并处罚金；情节严重的，处三年以上十年以下有期徒刑，并处罚金。

（二）学理解释

本节各罪的主体均为一般主体，责任形式为故意。传播淫秽物品罪属于情节犯，要求具有传播淫秽物品的故意；传播淫秽物品牟利罪是行为犯，要求有牟利的故意。

实践中，还存在网络陷阱，即告知访问者要浏览淫秽电子信息，必须下载工具软件，而实际上，该软件是拨号软件，用户一旦下载并运行，计算机将自动切

断用户原来的本地互联网连接，改以长途电话线路重新拨号到国外的网站上，变成国际长话上网，以此赚取访问者的高额国际长途话费。这类案件，实际上是行为人用传播淫秽电子信息的手段实施诈骗行为，以达到骗取他人钱财的非法目的。这种行为符合刑法理论中牵连犯的构成要件，根据刑法理论关于处理牵连犯的处断方式，应当从一重罪论处。

二、疑难问题

（一）淫秽电子信息的界定

1.《最高人民法院、最高人民检察院关于办理利用互联网、移动通讯终端、声讯台制作、复制、出版、贩卖、传播淫秽电子信息刑事案件具体应用法律若干问题的解释》（法释〔2004〕11 号，2004 年 9 月 6 日起施行）

第九条　刑法第三百六十七条第一款规定的“其他淫秽物品”，包括具体描绘性行为或者露骨宣扬色情的诲淫性的视频文件、音频文件、电子刊物、图片、文章、短信息等互联网、移动通讯终端电子信息和声讯台语音信息。

有关人体生理、医学知识的电子信息和声讯台语音信息不是淫秽物品。包含色情内容的有艺术价值的电子文学、艺术作品不视为淫秽物品。

2. 关于办理利用互联网、移动通讯终端、声讯台制作、复制、出版、贩卖、传播淫秽电子信息刑事案件具体应用法律若干问题的解释的理解与适用

（1）淫秽电子信息的界定

①淫秽电子信息与淫秽物品的关系。随着互联网、移动通讯终端、声讯台的推出和不断升级换代，淫秽物品的载体形式开始多样化，主要表现为在线电影、动画、即时通信、电子刊物、图片、文章、短信息等非实物化的电子信息，这就与录像带、录音带等传统的实物载体有了很大的不同。《最高人民法院、最高人民检察院关于办理利用互联网、移动通讯终端、声讯台制作、复制、出版、贩卖、传播淫秽电子信息刑事案件具体应用法律若干问题的解释》将这些不借助于实物载体的淫秽电子信息作为淫秽物品的一种表现形式，解释为“其他淫秽物品”。从实质上讲，淫秽电子信息与传统实物型淫秽物品相比具有更大的社会危害性，并且从刑法立法技术上讲，设立“……及其他淫秽物品”的规定，就是为了避免因立法疏漏而造成对将来的新型淫秽物品无法适用的弊端。根据《刑法》第 367 条第 1 款的规定，具体描绘性行为或者露骨宣扬色情，并具有诲淫性，是判断淫秽物品的法定标准。该标准不因为淫秽物品的载体形式而有所区

别。无论载体形式是实物化的，还是电子化的，只要符合该法定标准，就应该属于淫秽物品。

②淫秽性的判定。淫秽性是所有淫秽物品的本质属性。根据《刑法》第367条第1款的规定，所谓淫秽物品是指具体描绘性行为或者露骨宣扬色情的诲淫性的书刊、影片、录像带、录音带、图片及其他淫秽物品。其本质特征即，与性欲有关、使一般人产生不正常的性冲动、违反所处时代一般的关于性的伦理道德观念的属性。淫秽性具体表现为“具体描述性行为或者露骨宣扬色情”，在具体如何界定一件物品是否具有淫秽性时，应该从整体上进行判断，即便有部分淫秽性的描写，如果从整体上看能够抵消淫秽性时，整体物品就不具有淫秽性。从整体上进行判断，就需要区别淫秽电子信息与色情电子信息。前者是从整体上宣传淫秽行为，挑逗人们的性欲，足以导致普通人腐化堕落，而又没有艺术、科学价值的电子信息。后者是指从整体上看不是淫秽电子信息，但其中一部分有淫秽内容，对人们的身心健康有毒害，而又缺乏艺术、科学价值的电子信息。对于通过手机短信的形式相互传阅的“黄段子”，如果是具体描绘性行为或者露骨宣扬色情的，应认定为是淫秽电子信息。否则，不应认定为是淫秽电子信息。

（二）实施淫秽电子信息犯罪的形式

1.《最高人民法院、最高人民检察院关于办理利用互联网、移动通讯终端、声讯台制作、复制、出版、贩卖、传播淫秽电子信息刑事案件具体应用法律若干问题的解释》（法释〔2004〕11号，2004年9月6日起施行）

第一条　以牟利为目的，利用互联网、移动通讯终端制作、复制、出版、贩卖、传播淫秽电子信息，具有下列情形之一的，依照刑法第三百六十三条第一款的规定，以制作、复制、出版、贩卖、传播淫秽物品牟利罪定罪处罚。

（一）制作、复制、出版、贩卖、传播淫秽电影、表演、动画等视频文件二十个以上的；

（二）制作、复制、出版、贩卖、传播淫秽音频文件一百个以上的；

（三）制作、复制、出版、贩卖、传播淫秽电子刊物、图片、文章、短信息等二百件以上的；

（四）制作、复制、出版、贩卖、传播的淫秽电子信息，实际被点击数达到一万次以上的；

（五）以会员制方式出版、贩卖、传播淫秽电子信息，注册会员达二百人以上的；

（六）利用淫秽电子信息收取广告费、会员注册费或者其他费用，违法所得一万元以上的；

（七）数量或者数额虽未达到第（一）项至第（六）项规定标准，但分别达到其中两项以上标准一半以上的；

（八）造成严重后果的。

利用聊天室、论坛、即时通信软件、电子邮件等方式，实施第一款规定行为的，依照刑法第三百六十三条第一款的规定，以制作、复制、出版、贩卖、传播淫秽物品牟利罪定罪处罚。

第四条　明知是淫秽电子信息而在自己所有、管理或者使用的网站或者网页上提供直接链接的，其数量标准根据所链接的淫秽电子信息的种类计算。

第七条　明知他人实施制作、复制、出版、贩卖、传播淫秽电子信息犯罪，为其提供互联网接入、服务器托管、网络存储空间、通讯传输通道、费用结算等帮助的，对直接负责的主管人员和其他直接责任人员，以共同犯罪论处。

2. 关于办理利用互联网、移动通讯终端、声讯台制作、复制、出版、贩卖、传播淫秽电子信息刑事案件具体应用法律若干问题的解释的理解与适用

（1）实施淫秽电子信息犯罪的形式。

①淫秽电子信息的传播途径。实践中，淫秽电子信息主要有电影、表演、动画、声音、照片、文章、短信息等表现形式。主要通过3个途径或者说3个平台实施。一是互联网；二是移动通讯终端，主要是手机和个人数字设备（PDA）；三是声讯台。利用互联网，犯罪分子可以贩卖、张贴、发送淫秽的电影、表演、动画、声音、照片、文章、短信息等各种电子信息。具体包括建立淫秽色情网站，向他人提供淫秽电子信息；利用个人主页传播淫秽电子信息；或建立淫秽电子信息超链接。利用移动通讯终端实施的淫秽物品犯罪，主要是发送淫秽短信，随着彩屏、彩铃、照相、录像手机的出现，现在又出现了利用手机发送淫秽彩信，即多媒体信息的现象。利用声讯台，犯罪分子主要是传播淫秽的语音信息。

需要注意的是，提供淫秽电子信息的链接，与提供淫秽电子信息没有本质区别，应该采用同样的定罪量刑标准。但是，互联网之所以发展速度惊人，日新月异，很重要的一个原因就是网站、页面之间的相互链接。如果没有链接，网站就要成为孤岛，互联网也会失去现有的特性和功能。同时，由于链接者可以任意改动自己网站和页面的内容，网站和网页的所有人或者管理人，无法做到随时确保与其链接的网站和页面的内容完全合法。再者，一般网站上都有搜索引擎，虽然

采取了过滤措施，可以将明显的淫秽内容过滤掉，但仍然难以保证搜索出来的内容完全合法，现有的技术水平也做不到这一点。为此，《最高人民法院、最高人民检察院关于办理利用互联网、移动通讯终端、声讯台制作、复制、出版、贩卖、传播淫秽电子信息刑事案件具体应用法律若干问题的解释》综合考虑了上述因素，加入了明知的主观要件。这种做法，既有力打击提供直接指向淫秽电子信息的链接的犯罪行为，又尽可能地缩小打击面，避免打击扩大化。

②实施淫秽电子信息犯罪的行为方式。该司法解释第1条规定了几种实施淫秽电子信息犯罪的行为方式，即制作、复制、出版、贩卖、传播等5种方式。实际上，利用互联网、移动通讯终端实施的淫秽电子信息犯罪的行为方式比较特殊，主要表现为对淫秽电子信息的合成、分拆、压缩、下载、上传、张贴、发送、发布等。该司法解释的规定体现了与《刑法》第363条第1款规定5种方式的一致性。其中，该司法解释中的“制作”，主要是指对淫秽电子信息进行加工、改编、分拆、压缩等操作，使其在内容和形式上与原有的淫秽电子信息有所不同。例如，将多部片段合成为一部电影，将一部电影分拆成多个部分，将若干淫秽图片加工成一部动画，等等。“复制”，主要是指将原有的淫秽电子信息在不改变原有形式和内容的情况下使其在数量上有所增加。例如，将淫秽电影、图片下载到自己的计算机或者其他存储空间等。“出版”，主要是指将自己创作或他人创作的作品经过选择和编辑加工，登载在互联网上或者通过互联网发送到用户端，供公众浏览、阅读、使用或者下载的在线传播行为。例如淫秽期刊每月向订户电子信箱发送淫秽期刊的行为等。“贩卖”，主要是指通过互联网出卖淫秽电子信息，以获取物质利益。例如，淫秽网站让用户交纳会员费成为注册会员，以便用户在线观看或者下载淫秽电子信息等。“传播”，主要是指将淫秽电子信息发送、张贴给他人或者公众，以扩大淫秽电子信息的影响范围。例如，将淫秽视频链接到互联网页面，将淫秽图片发送到论坛，在聊天室张贴淫秽文章，等等。实践中，绝大多数淫秽电子信息犯罪行为，都采用了传播方式，而且，同样的淫秽电子信息可以采用制作、复制、出版、贩卖、传播等不同的行为方式。

与声讯台有关的犯罪行为，主要是通过声讯台传播淫秽的语音信息。实践中，一些声讯台为了牟取暴利，以“两性学堂”“夫妻夜话”等名义，使用淫秽语言引诱他人拨打声讯电话，攫取高额话费，对拨打声讯电话者特别是未成年人的身心健康造成了严重危害，必须依法惩治。这种行为的牟利目的以及传播淫秽语音信息等特征，符合《刑法》第363条第1款的规定，应该以传播淫秽物品牟利罪追究刑事责任。

（2）淫秽电子信息犯罪的共犯问题。

①被传播者的刑事责任问题。传播淫秽物品（牟利）犯罪是刑法理论中的对向犯。实施传播淫秽电子信息犯罪，离不开传播者和被传播者（点击淫秽电子信息者）。我们认为，在淫秽电子信息犯罪中，一般情况下，被传播者是不可罚的。因为，对于成立这种犯罪所当然预想到的情形，或者说是必不可少的相关行为，既然立法者没有规定处罚该行为，就说明法律的意图是不处罚的。但是，如果传播者本来没有传播的意思，只是由于被传播者的积极劝诱才实施传播行为的，则对被传播者应当按照《刑法》总则规定的共同犯罪进行处罚。

②网络服务商等其他相关机构的刑事责任问题。网络服务商 ISP（Internet Service Provider）包括网络连接服务商 IAP（Internet Access Provider）和网络内容服务商 ICP（Internet Content Provider），因特网连接服务商在计算机网络传输中提供基础的通讯服务，只向用户提供接入服务。因特网内容服务商通过因特网为用户提供各种信息服务。该司法解释没有区分连接服务商和内容服务商，并且除网络运营商外，还规定了金融等机构帮助传播淫秽电子信息的刑事责任，但强调必须主观上存在明知时才负刑事责任。实际上，通过互联网、移动通讯终端、声讯台实施的淫秽电子信息犯罪行为，离不开电讯经营机构、金融机构的参与。电讯经营机构提供开办淫秽网站所需要的互联网接入服务、网络存储空间、服务器托管、通讯传输通道、手机代收费等帮助条件，金融机构提供银行转账、网上费用结算等帮助条件。一旦离开电讯经营机构、金融机构的帮助，淫秽网站几乎不可能收取费用，甚至不可能开办下去。电讯经营机构、金融机构明知淫秽网站实施淫秽电子信息犯罪行为，仍然提供上述帮助条件的，其帮助行为就成为淫秽电子信息犯罪行为的组成部分，应该按照共同犯罪的规定来追究直接责任人员的刑事责任。

（三）利用网络云盘制作、复制、贩卖、传播淫秽电子信息行为的定性

1.《最高人民法院、最高人民检察院关于利用网络云盘制作、复制、贩卖、传播淫秽电子信息牟利行为定罪量刑问题的批复》（法释〔2017〕19号，2017年12月1日起施行）

一、对于以牟利为目的，利用网络云盘制作、复制、贩卖、传播淫秽电子信息的行为，是否应当追究刑事责任，适用刑法和《最高人民法院、最高人民检察院关于办理利用互联网、移动通讯终端、声讯台制作、复制、出版、贩卖、传

播淫秽电子信息刑事案件具体应用法律若干问题的解释》（法释〔2004〕11号）、《最高人民法院、最高人民检察院关于办理利用互联网、移动通讯终端、声讯台制作、复制、出版、贩卖、传播淫秽电子信息刑事案件具体应用法律若干问题的解释（二）》（法释〔2010〕3号）的有关规定。

二、对于以牟利为目的，利用网络云盘制作、复制、贩卖、传播淫秽电子信息的行为，在追究刑事责任时，鉴于网络云盘的特点，不应单纯考虑制作、复制、贩卖、传播淫秽电子信息的数量，还应充分考虑传播范围、违法所得、行为人一贯表现以及淫秽电子信息、传播对象是否涉及未成年人等情节，综合评估社会危害性，恰当裁量刑罚，确保罪责刑相适应。

2. 关于利用网络云盘制作、复制、贩卖、传播淫秽电子信息牟利行为定罪量刑问题的批复的理解与适用①

（一）利用网络云盘制作、复制、贩卖、传播淫秽电子信息牟利行为的入罪标准。从实践来看，利用网络云盘制作、复制、贩卖、传播淫秽电子信息牟利案件所涉的淫秽视频往往数量较大（通常会远多于二十个视频的入罪标准），故适用《最高人民法院、最高人民检察院关于办理利用互联网、移动通讯终端、声讯台制作、复制、出版、贩卖、传播淫秽电子信息刑事案件具体应用法律若干问题的解释》《最高人民法院、最高人民检察院关于办理利用互联网、移动通讯终端、声讯台制作、复制、出版、贩卖、传播淫秽电子信息刑事案件具体应用法律若干问题的解释（二）》规定的入罪标准，并不存在问题。当然，对于此类案件，虽然达到这两个司法解释规定的入罪标准，但根据具体情况属于犯罪情节轻微的，也可以不起诉或者免予刑事处罚。

（二）利用网络云盘制作、复制、贩卖、传播淫秽电子信息牟利行为的量刑标准。对于利用网络云盘制作、复制、贩卖、传播淫秽电子信息牟利行为的量刑，基于网络云盘的特点，不应唯数量量刑、特别是升档量刑，而应综合考虑有关情节量刑，确保罪责刑相适应。主要考虑如下：

其一，这两个司法解释制定之时，无法预见到利用网络云盘制作、复制、贩卖、传播淫秽电子信息的情形，将其量刑标准、特别是升档量刑标准直接适用于相关案件，存在不妥。

---

① 周加海、喻海松：《〈关于利用网络云盘制作、复制、贩卖、传播淫秽电子信息牟利行为定罪量刑问题的批复〉的理解与适用》，载个人图书馆：http：//www. 360doc. com/content/21/0314/12/63287445_ 966911294. shtml，2020 年 10 月 2 日最后访问。

其二，从实践来看，由于网络云盘存储量大，利用网络云盘制作、复制、贩卖、传播淫秽电子信息的案件，涉案淫秽电子信息往往数量巨大，以淫秽视频为例，普遍在五百个以上，甚至成千上万个。但由于网络云盘系相对封闭的网络空间，利用其制作、复制、贩卖、传播淫秽物品，往往传播范围、获利数额又不大。特别是，有的案件传播人数、违法所得极少（仅限一两人传播，获利仅数百元甚至数十元）。如果适用这两个司法解释的量刑标准，则对于此类案件应当在10年以上量刑，明显畸重。

其三，《最高人民法院、最高人民检察院关于利用网络云盘制作、复制、贩卖、传播淫秽电子信息牟利行为定罪量刑问题的批复》明确，对利用网络云盘制作、复制、贩卖、传播淫秽电子信息牟利案件，量刑时，不应单纯考虑制作、复制、贩卖、传播淫秽电子信息的数量，还应充分考虑传播范围、违法所得、行为人一贯表现以及淫秽电子信息、传播对象是否涉及未成年人等情节，综合评估社会危害性，恰当裁量刑罚，确保罪责刑相适应。这为此类案件处理提供了量刑指引。根据规定，如行为人具有利用网络云盘传播淫秽电子信息范围广、获利多或者有前科等严重情节的，仍可判处重刑，不会导致轻纵犯罪。

（四）传播淫秽电子信息的数量或者数额的累计计算规则

1.《最高人民法院、最高人民检察院关于办理利用互联网、移动通讯终端、声讯台制作、复制、出版、贩卖、传播淫秽电子信息刑事案件具体应用法律若干问题的解释（二）》（法释〔2010〕3号，2010年2月4日起施行）

第九条　一年内多次实施制作、复制、出版、贩卖、传播淫秽电子信息行为未经处理，数量或者数额累计计算构成犯罪的，应当依法定罪处罚。

2. 关于办理利用互联网、移动通讯终端、声讯台制作、复制、出版、贩卖、传播淫秽电子信息刑事案件具体应用法律若干问题的解释（二）的理解与适用①

《最高人民法院、最高人民检察院关于办理利用互联网、移动通讯终端、声讯台制作、复制、出版、贩卖、传播淫秽电子信息刑事案件具体应用法律若干问题的解释（二）》第9条明确了多次实施制作、复制、出版、贩卖、传播淫秽电子信息行为，数量或者数额如何累计计算的问题。根据刑法规定和刑法理论，多

① 喻海松：《〈关于办理利用互联网、移动通讯终端、声讯台制作、复制、出版、贩卖、传播淫秽电子信息刑事案件具体应用法律若干问题的解释（二）〉的理解与适用》，载《人民司法》2010年第5期。

次实施制作、复制、出版、贩卖、传播淫秽电子信息行为构成犯罪，依法应当追诉的，数量或者数额依法应累计计算。此外，该条专门规定，一年内多次实施制作、复制、出版、贩卖、传播淫秽电子信息行为未经处理，数量或者数额累计计算构成犯罪的，应当依法定罪处罚。

（五）淫秽电子信息的实际被点击数的认定

1. ［刑事审判参考案例第723号：杨某某传播淫秽物品牟利案］

在所建网站上链接大量淫秽电子信息并在互联网和移动通信网络中传播，加入广告联盟后，其利用淫秽电子信息增加广告点击量，以实现牟利目的，应当以传播淫秽物品牟利罪追究刑事责任。区分普通电子信息与淫秽电子信息的被点击数认定淫秽电子信息实际被点击数。

1. 要区分包含淫秽信息的普通网站与淫秽网站。如果认定某个网站为淫秽网站，且该网站内的电子信息均为淫秽信息，那么，淫秽电子信息的实际被点击数就等同于截至案发当日该网站的实际被点击数。如果淫秽网站内的电子信息主要是淫秽信息，同时存在少量普通信息，那么淫秽电子信息的实际被点击数就可能略低于截至案发当日该网站的实际被点击数。相比之下，如果普通网站的某些板块存在淫秽电子信息，由于该网站同时存在普通信息与淫秽信息，在认定淫秽电子信息的实际被点击数时，就应当区分普通电子信息与淫秽电子信息的被点击数，不能笼统地将整个网站的实际被点击数认定为淫秽电子信息的实际被点击数。

2. 要区分"点击数"与"实际被点击数"。网站经营者出于牟利目的，通常会想方设法提高网站点击率，从而扩大网站影响，获取更多的广告费收入。因此，淫秽网站的点击数能够反映其社会危害性的大小。但在实践中，一些淫秽网站为了营造声势或者获取更多的非法利益，故意将点击率计数器的初始值设为10万次甚至更多，或者将点击率计数器计数办法设置为点击一次计数10次甚至更多，还有些网站管理者亲自或者指使、雇用少数人持续点击淫秽电子信息，从而导致网站的点击数呈现虚增状态，不能真实反映淫秽网站的实际危害。为贯彻罪责刑相适应原则，准确认定淫秽网站的实际危害，在计算淫秽电子信息的实际被点击数时，如查明确实存在虚增点击数的情况，就应当扣除上述虚增的点击数。

2. ［刑事审判参考案例第669号：罗某某等传播淫秽物品牟利案］

在计算实际被点击数时主要需要考虑的是排除人为设置的虚假计数、网站的自点击数、有证据证实的无效点击数以及因为手机WAP上网的特性导致的对同一电子文件设置的重复计数，从而得出实际被点击数。对于其他需要排除的计数方式，必须有必要和充分的证据证实才能予以排除，而且实践中这种排除的范围不能过大。一是排除的范围越精确，则法定的点击数越接近甚至等同于传播人数，这样定罪标准与传统介质相比显然过低，不利于对此犯罪行为的打击。二是计算的标准越复杂，越增加法律的适用成本，加大法律适用的难度，实践中难以把握，且易引起不必要的争议。

（六）利用互联网建立主要用于传播淫秽电子信息的群组行为的定性

1.《最高人民法院、最高人民检察院关于办理利用互联网、移动通讯终端、声讯台制作、复制、出版、贩卖、传播淫秽电子信息刑事案件具体应用法律若干问题的解释（二）》（法释〔2010〕3号，2010年2月4日起施行）

第三条 利用互联网建立主要用于传播淫秽电子信息的群组，成员达三十人以上或者造成严重后果的，对建立者、管理者和主要传播者，依照刑法第三百六十四条第一款的规定，以传播淫秽物品罪定罪处罚。

2.［刑事审判参考案例第671号：胡某某等传播淫秽物品案］

设立群组主要用于传播淫秽电子信息，群组成员超过30人或造成严重后果的，构成传播淫秽物品罪。

1. 该群组的设立主要用于传播淫秽电子信息。根据《最高人民法院、最高人民检察院关于办理利用互联网、移动通讯终端、声讯台制作、复制、出版、贩卖、传播淫秽电子信息刑事案件具体应用法律若干问题的解释》第9条的规定，淫秽电子信息包括具体描绘性行为或者露骨宣扬色情的诲淫性的视频文件、音频文件、电子刊物、图片、文章、短信息等互联网、移动通讯终端电子信息。其中，视频文件又包括电影、表演、动画等形式。群组受即时聊天特性和受众获取信息需求的影响，主要以传播淫秽图片和短信聊天沟通交流淫秽色情内容为主，形式相对简单。群组的设立要求主要用于传播淫秽电子信息，除传播淫秽电子信息这一主题，并不以议会话题、传播淫秽电子信息为主要内容，但后来又转移至其他主题，则必须综合判断，不能一概认定该群组的设立主要是用于传播淫秽电子信息。在具体判断一个群组是不是主要用于传播淫秽电子信息时，可以从申请加入该群组的留言、历史聊天记录、资源共享内容、群组内的通告等方式来判断。

2. 要求成员具有30人以上或者造成严重后果的。我们认为，建立主要用于传播淫秽电子信息的群组，其发展成员超过30人即具有较大的社会危害性。当然群的成员越多，意味着其社会危害性越大，实践中，以成员数作为评判该群社会危害性的一个标准，在量刑幅度内酌情从重处罚。此外，需要注意的是，30

人是法定下限标准，如果没有造成严重后果而低于此数则不构成犯罪。因为本罪侵犯的客体是社会管理秩序和社会主义道德风尚，其传播行为具备将淫秽信息在社会上广为散播的特征，如果向特定的人转移淫秽物品或者在小规模的群内如亲朋好友的群内散播则不构成犯罪。构成本罪的另一个选择性客观要件是“造成严重后果”。“造成严重后果”，是指利用群组传播淫秽电子信息对社会危害严重、需要追究刑事责任的情形。目前，已经发现一些以未满14周岁未成年人的淫秽信息为主要内容的群组。不法分子通过这些群组获取和交换淫秽图片，交流奸淫猥亵幼童的经验，刺激更多的人在现实社会中实施奸淫猥亵幼童的行为，对未成年人造成了严重的侵害。还有一些群组要求成员加入该群组的条件即为本人实施的性侵犯照片（即所谓的“原创图片”），对这些以本人现实犯罪或不法行为为前提条件的网络传播淫秽物品犯罪，更要予以严厉打击，构成数罪的，应当依法数罪并罚。

（七）淫秽电子信息类犯罪主观明知的认定

1.《最高人民法院、最高人民检察院关于办理利用互联网、移动通讯终端、声讯台制作、复制、出版、贩卖、传播淫秽电子信息刑事案件具体应用法律若干问题的解释（二）》（法释〔2010〕3号，2010年2月4日起施行）

第八条　实施第四条至第七条规定的行为，具有下列情形之一的，应当认定行为人“明知”，但是有证据证明确实不知道的除外：

（一）行政主管机关书面告知后仍然实施上述行为的；

（二）接到举报后不履行法定管理职责的；

（三）为淫秽网站提供互联网接入、服务器托管、网络存储空间、通讯传输通道、代收费、费用结算等服务，收取服务费明显高于市场价格的；

（四）向淫秽网站投放广告，广告点击率明显异常的；

（五）其他能够认定行为人明知的情形。

2. 关于办理利用互联网、移动通讯终端、声讯台制作、复制、出版、贩卖、传播淫秽电子信息刑事案件具体应用法律若干问题的解释（二）的理解与适用①

从司法实践看，明知的认定是打击淫秽电子信息犯罪中的难点，行为人往往

① 喻海松：《〈关于办理利用互联网、移动通讯终端、声讯台制作、复制、出版、贩卖、传播淫秽电子信息刑事案件具体应用法律若干问题的解释（二）〉的理解与适用》，载《人民司法》2010年第5期。

通过声称自己不明知以规避打击并牟取暴利。该司法解释第 8 条根据刑法理论和刑事司法实践的一贯做法，明确了明知的认定标准。该条根据实践中的具体情况设置了应当认定行为人主观上属于明知的情形，形成 4 项具体情形和 1 个兜底条款。第 1 项是指公安机关等行政主管机关，告知网站建立者、直接负责的管理者，他人在其所有、管理的网站或者网页上发布淫秽电子信息后，其仍然实施允许或者放任行为的，或者告知电信业务经营者、互联网信息服务提供者某一网站是淫秽网站后，其仍然提供服务的，应当认定为明知。第 2 项是指网站建立者、直接负责的管理者、电信业务经营者、互联网服务提供者，接到有关人员或者单位举报淫秽信息或者淫秽网站后，不履行《电信条例》《互联网信息服务管理办法》规定的法定管理职责的，应当认定为明知。第 3 项是指电信业务经营者、互联网信息服务提供者、第三方支付平台等，为淫秽网站提供互联网接入、服务器托管、网络存储空间、通讯传输通道、代收费、费用结算等服务，如果收取服务费明显高于市场价格，也应当认定为明知。第 4 项是指广告主、广告商投放广告，如果广告点击率明显异常，也应当认定为明知。淫秽网站在设置广告链接后，往往以点击广告作为获取淫秽电子信息的前提条件，从而其点击率明显高于投放到普通网站的广告。第 5 项是关于兜底条款的规定。考虑到司法实践中的情形比较复杂，可能存在虽然具有第 8 条规定的各种情形，但有证据证明行为人确实不知道的情况，本条特别规定了例外原则。

（八）网站及淫秽网站的界定

1.《最高人民法院、最高人民检察院关于办理利用互联网、移动通讯终端、声讯台制作、复制、出版、贩卖、传播淫秽电子信息刑事案件具体应用法律若干问题的解释（二）》（法释〔2010〕3 号，2010 年 2 月 4 日起施行）

第十二条　《最高人民法院、最高人民检察院关于办理利用互联网、移动通讯终端、声讯台制作、复制、出版、贩卖、传播淫秽电子信息刑事案件具体应用法律若干问题的解释》和本解释所称网站，是指可以通过互联网域名、IP 地址等方式访问的内容提供站点。

以制作、复制、出版、贩卖、传播淫秽电子信息为目的建立或者建立后主要从事制作、复制、出版、贩卖、传播淫秽电子信息活动的网站，为淫秽网站。

2. 关于办理利用互联网、移动通讯终端、声讯台制作、复制、出版、贩卖、传播淫秽电子信息刑事案件具体应用法律若干问题的解释（二）的理解与适用①

网站是指可以通过互联网域名、IP 地址等方式访问的内容提供站点。包括两个方面的要素：一是网站可以通过互联网域名、IP 地址等方式访问，即网站在互联网上是相对固定的，具有相对确定的互联网域名、IP 地址，司法机关可以据此调查取证、固定证据；二是网站是提供内容的站点，即网站可以提供文本、图片、视频、音频等类型文件的信息，人们可以通过访问网站来获取自己需要的资讯。实践中，网站包括门户网站、论坛、社区、博客、播客、群组等具体表现形式。

淫秽网站是以制作、复制、出版、贩卖、传播淫秽电子信息为目的建立或者建立后主要从事制作、复制、出版、贩卖、传播淫秽电子信息活动的网站，是淫秽网站。实践中，网站包括多个网页、栏目、频道或者板块，不宜仅因其中某一部分包含淫秽电子信息就认定整个网站为淫秽网站，而应结合其建立的目的和建立后主要从事的活动加以认定。同时，如果其中的某个网页、栏目、频道或者板块以制作、复制、出版、贩卖、传播淫秽电子信息为目的建立或者建立后主要从事制作、复制、出版、贩卖、传播淫秽电子信息活动，仍应就此认定该网页、栏目、频道或者板块为淫秽网站。此项规定，旨在防止把网站中不涉及淫秽内容的网页、栏目、频道或者板块等认定为淫秽网站，也避免把一个综合性的网站一并认定为淫秽网站。

（九）为提高浏览权限而担任淫秽网站版主行为的定性

［刑事审判参考案例第 769 号：陈某某等传播淫秽物品牟利案］

明知他人建立淫秽网站牟利，为提高浏览权限申请为版主，对网站进行管理、编辑和维护，应当构成传播淫秽物品牟利罪的共犯。

被告人主观上意识到其管理、编辑行为必然会吸引更多的网民进行点击和浏览，大大提升网站的“人气”，对陈某某利用网站牟利的行为起到积极帮助作用，仍积极申请成为网站管理人员，对淫秽网站进行管理、编辑和维护，符合传播淫秽物品牟利罪的构成要件，构成传播淫秽物品牟利罪的共犯。

---

① 喻海松：《〈关于办理利用互联网、移动通讯终端、声讯台制作、复制、出版、贩卖、传播淫秽电子信息刑事案件具体应用法律若干问题的解释（二）〉的理解与适用》，载《人民司法》2010 年第 5 期。

（十）传播淫秽物品的网站版主的刑事责任

［刑事审判参考案例第671号：冷某某传播淫秽物品案］

网站版主属于网站的直接管理者，明知是淫秽信息，又允许或放任其存在，涉及的淫秽信息数量达到法律规定的标准的，应当以传播淫秽物品罪认定。

普通网民利用网络传播淫秽电子信息的方式，主要是上传、下载、实时传送淫秽图片、视频、文字，或者创建淫秽电子信息的超链接。而对于版主来说，他们享有特殊的权限，能够接触到更广泛的资源，因此，他们可以通过对所管理网站、论坛、板块行使管理权限，为淫秽信息制造和维护传播环境。具体表现为：

明知所管理的网站、论坛、板块是淫秽网站、论坛、板块，仍从事管理工作，维护该淫秽网站、论坛、板块的正常运行；虽然其所管理的网站、论坛、板块并非专门的淫秽网站、论坛、板块，但其明知存在含有淫秽电子信息的主题帖，仍对该主题帖进行编辑、加精等操作，为淫秽信息的传播提供环境，鼓励淫秽信息上传者；明知所管理的网站、论坛、板块中存在淫秽电子信息，但对涉及淫秽信息的主题帖子不予及时删除，对淫秽信息的传播持纵容、默许的态度。

应当注意，计算淫秽电子信息的数量应有一定的时间、空间界限：空间上，应以行为人参与管理的板块为限。由于版主的级别不同，所管理的板块层次也有所差别。对于最低层次的版主，其所涉及的淫秽电子信息数量自然只计算其所实际参与管理的板块；而对于较高层次的版主、总版主，则应既计算其直接管理的板块，也计算其通过监督下设子版主工作而间接参与管理的子板块的淫秽电子信息数量。时间上，应以行为人担任版主的期间作为计算区间。既要计算行为人在此期间由其本人上传和编辑的淫秽电子信息数量，也要计算在此期间虽然不是其主动上传和编辑，但因其采取默许态度而上传到其管理论坛中的淫秽电子信息。

（十一）通过投放广告等方式向淫秽网站直接或者间接提供资金或提供费用结算服务行为的定性

1.《最高人民法院、最高人民检察院关于办理利用互联网、移动通讯终端、声讯台制作、复制、出版、贩卖、传播淫秽电子信息刑事案件具体应用法律若干问题的解释（二）》（法释〔2010〕3号，2010年2月4日起施行）

第七条　明知是淫秽网站，以牟利为目的，通过投放广告等方式向其直接或者间接提供资金，或者提供费用结算服务，具有下列情形之一的，对直接负责的主管人员和其他直接责任人员，依照刑法第三百六十三条第一款的规定，以制作、复制、出版、贩卖、传播淫秽物品牟利罪的共同犯罪处罚：

（一）向十个以上淫秽网站投放广告或者以其他方式提供资金的；

（二）向淫秽网站投放广告二十条以上的；

（三）向十个以上淫秽网站提供费用结算服务的；

（四）以投放广告或者其他方式向淫秽网站提供资金数额在五万元以上的；

（五）为淫秽网站提供费用结算服务，收取服务费数额在二万元以上的；

（六）造成严重后果的。

实施前款规定的行为，数量或者数额达到前款第（一）项至第（五）项规定标准五倍以上的，应当认定为刑法第三百六十三条第一款规定的“情节严重”；达到规定标准二十五倍以上的，应当认定为“情节特别严重”。

2. 关于办理利用互联网、移动通讯终端、声讯台制作、复制、出版、贩卖、传播淫秽电子信息刑事案件具体应用法律若干问题的解释（二）的理解与适用①

（1）隔地共同犯罪。在这种情况下，可能存在对实行犯的刑事管辖权实际无法行使的情况。经研究，以牟利为目的，通过投放广告等方式向淫秽网站直接或者间接提供资金，或者提供费用结算的行为具有较大社会危害性，在实行犯未归案的情况下，对其他犯罪人可以共同犯罪予以定罪处罚。（2）基于宽严相济刑事政策的考量，对于该司法解释第1条共犯的成立应设立单独的定罪量刑标准，只对情节严重的行为予以惩治。该司法解释第1条第1款对实施上述行为构成制作、复制、出版、贩卖、传播淫秽物品牟利罪的共同犯罪设置了独立的标准：第1项以提供资金的网站数量为标准，即向10个以上淫秽网站投放广告或者以其他方式提供资金的构成犯罪；第2项以投放广告数量为标准，即向淫秽网站投放广告在20条以上的构成犯罪；第3项以为淫秽网站提供费用结算服务的网站数量为标准，即向10个以上淫秽网站提供费用结算服务的构成犯罪；第4项以提供资金的数量为标准，即以投放广告或者其他方式向淫秽网站提供资金数额在5万元以上的构成犯罪；第5项以提供费用结算服务所收取服务费数额为标准，即为淫秽网站提供费用结算服务，收取服务费数额在2万元以上的构成犯罪；第6项是关于兜底条款的规定。第2款规定了情节严重和情节特别严重的认定标准。本条的起刑点、情节严重和情节特别严重的标准之间为5倍的倍数关系。

---

① 喻海松：《〈关于办理利用互联网、移动通讯终端、声讯台制作、复制、出版、贩卖、传播淫秽电子信息刑事案件具体应用法律若干问题的解释（二）〉的理解与适用》，载《人民司法·应用》2010年第5期。

3. ［刑事审判参考案例第667号：魏某某、戚某某传播淫秽物品牟利案］

为依法打击淫秽网站，切断淫秽网站的利益链条，《最高人民法院、最高人民检察院关于办理利用互联网、移动通讯终端、声讯台制作、复制、出版、贩卖、传播淫秽电子信息刑事案件具体应用法律若干问题的解释（二）》第7条规定，明知是淫秽网站，以牟利为目的，通过投放广告等方式向其直接或者间接提供资金，或者提供费用结算服务，符合特定情形的，依照《刑法》第363条第1款的规定，以制作、复制、出版、贩卖、传播淫秽物品牟利罪的共同犯罪处罚。

4. ［刑事审判参考案例第120号：何某某、杨某传播淫秽物品牟利案］

以赚取广告收入为目的，在互联网上刊载淫秽物品的行为，应当认定为"以牟利为目的"传播淫秽物品。

从我国互联网的发展现状来看，用户访问网站和网页一般是不支付费用的，网站、网页经营者的主要收入来自国内外公司支付的广告费用，而广告的多少、广告费用的高低又取决于用户对该网站、网页的访问量。因此，一些网站、网页的经营者为了获取广告收入，采用各种方法以吸引用户，增加访问人数，从而赚取广告收入。也就是说，网站、网页经营者的广告收入，实际上就是其经营所获得的利润。被告人何某某、杨某以获取广告收入为目的，在互联网上刊载淫秽物品吸引网民、增加访问人数的行为，应当认定为以牟利为目的传播淫秽物品。

（十二）刑法意义上淫秽表演的界定

1. ［刑事审判参考案例第770号：董某某组织淫秽表演案］

模特在不特定的摄影者面前暴露生殖器、摆出淫秽姿势供其拍摄属于刑法意义上的淫秽表演，该种拍摄活动的组织者应以组织淫秽表演罪认定。

刑法意义上的"淫秽表演"，是指公然以体态性的动作露骨宣扬色情，如跳脱衣舞、裸体舞、性交表演、手淫、口淫表演等。淫秽表演有两个特征：一是诲淫性，即行为必须具有客观上挑起他人不正常性刺激、性兴奋的作用。如果表演行为不具有这种作用，就不会危害社会的健康性风尚，也就没有运用刑罚进行惩治的正当根据。二是公开性，即必须在多数人或者不特定人面前进行表演。如果淫秽表演只在特定少数人面前进行，其所产生的危害也只局限于这些特定的少数人，就不会对社会的健康性风尚产生不良影响。相反，淫秽表演如果在多数人或者不特定人面前进行，其影响范围就会超出特定受众，危害社会的健康性风尚。本案中，模特在摄影者镜头前的表演，完全符合淫秽表演的上述两个特征。首先，从诲淫性看，模特在摄像过程中不仅有暴露性器官的行为，而且还当众作出很多淫秽的姿势，客观上能够引起他人的性刺激、性兴奋。属于以体态动作露骨宣扬色情，有关部门也因此将该表演鉴定为淫秽表演节目。其次，从公开性看，尽管模特进行淫秽表演的受众并非类似电影观众那样一般意义上的观众，而是拍摄淫秽图像的摄影者，但这些摄影者是董某某从互联网上公开招募而来，只要交纳拍摄费用，携带较为高端的相机，就能参与拍摄活动，成为该淫秽表演活动的受众。由此可见，参与摄影活动的人具有不特定性，且随着拍摄场次的增多，这类受众的人数也增多。因此，本案中的模特属于在不特定多数受众面前露骨宣扬色情，其表演行为属于刑法意义上的淫秽表演。

2. ［刑事审判参考案例第673号：重庆某某科技有限公司等单位及郑某某等人组织淫秽表演案］

以牟利为目的，利用网络视频多次组织淫秽表演的行为，构成组织淫秽表演罪，且情节严重。

组织淫秽表演罪和传播淫秽物品牟利罪同属妨害社会管理秩序类犯罪，但两罪在犯罪主体和客观方面均存在差异：组织淫秽表演罪的关注点在于组织行为和淫秽表演行为，追究的是淫秽表演组织者的刑事责任；而传播淫秽物品牟利罪的关注点则在于与淫秽物品相关的传播行为，追究的是淫秽物品传播者的刑事责任。在网络媒体发达的现代社会，犯罪手段和方法不断更新，许多犯罪分子开始利用网络实施相应的犯罪行为，这给网络犯罪罪名的准确认定带来了一定的挑战。实践中，对于新型网络犯罪，需要立足犯罪构成要件仔细甄别各类犯罪，确保定罪准确。本案中，被告单位和被告人通过网络视频组织淫秽表演的犯罪行为就属于组织淫秽表演的一种新型表现形式。伴随着娱乐场所管理的规范化，传统类型的组织淫秽表演犯罪很容易遭到查处，犯罪风险较大，而通过一对一收费型网络视频方式组织淫秽表演，仅针对网站付费会员提供服务，由于组织表演者、表演者和观看者均处于不同的场所和空间，向会员收费和相应的表演行为均通过网络进行，犯罪活动更加具有隐蔽性，因此这种犯罪手段颇受违法犯罪分子的青睐。无论是传统的组织人员进行“现场面对面式”淫秽表演，还是现代的借助网络媒体组织人员进行“视频面对面式”淫秽表演，均为组织淫秽表演的表现形式，均应构成组织淫秽表演罪。

（十三）以牟利为目的与多人进行网络视频裸聊行为的定性

1. ［刑事审判参考案例第641号：方某某传播淫秽物品牟利案］

淫秽物品的根本属性在于其淫秽性，随着时代的发展，淫秽信息与信息载体已相对分离，对淫秽物品的理解也不应只局限于淫秽信息载体，裸聊视频具备淫秽物品本质的属性，应合理扩张解释为淫秽物品。以牟利为目的，“点对面”地进行网络裸聊，将淫秽信息公开化，应当认定为传播淫秽物品牟利罪。

首先，同其他淫秽物品一样，网络裸聊行为所传递出来的信息具有强烈的淫秽性。淫秽性是淫秽物品的本质属性，在具体判断时可以参照国家新闻出版署1988年《关于认定淫秽及色情出版物的暂行规定》第2条的规定。网络裸聊是一种通过网络聊天室、摄像头，向特定或不特定的他人展示自己裸体的行为，由此向观众所传递出来的信息显然具有强烈的淫秽性。

其次，传播淫秽物品犯罪还要求犯罪行为符合“传播”的特点，将淫秽信息广为扩散，从而影响公众对于性的感情，具有严重的社会危害性，需要动用刑罚加以惩罚。所谓“传播”，一般是指散布或者使他人可以得到或获取；也就是说，传播必须具有一定范围的公然性，或者说必须使不特定多数人能够获取或使用。在此意义上，网络裸聊并不能一概视为传播行为。其中，对于“点对点”式裸聊，其最突出的特点就是私密性，裸聊在双方之间秘密进行，并不会影响到公众对于性的感情，这种行为不符合传播淫秽物品犯罪的要求，因而这种通常发生于夫妻、情侣之间或者为填补精神空虚的陌生人之间裸聊，仅仅是公民私德范畴内的行为，应该依靠道德约束而不应该动用刑罚调整。与之相反，对于“点对面”式的裸聊，情况有本质区别。这种裸聊方式使人类的各种性行为公开化，违背了人类的性羞耻感，严重侵害了社会风尚中的善良性风尚和性道德。

事实上，随着电子技术的发展，信息与信息载体的关系已经摆脱了传统模式的局限，二者之间产生了分离，信息对现实生活的作用无须借助载体，可以单独直接进行。在这种情况下，不应纠缠于信息有无载体这个问题，而应重点关注信息本身的内容是否具有淫秽性。某种行为，只要向社会大众传递出来的信息具有强烈的淫秽性，就应当以传播淫秽物品犯罪论处。

2. [检例第43号：骆某猥亵儿童案]

行为人以满足性刺激为目的，以诱骗、强迫或者其他方法要求儿童拍摄裸体、敏感部位照片、视频等供其观看，严重侵害儿童人格尊严和心理健康的，构成猥亵儿童罪。

猥亵儿童罪是指以淫秽下流的手段猥亵不满14周岁儿童的行为。刑法没有对猥亵儿童的具体方式作出列举，需要根据实际情况进行判断和认定。实践中，只要行为人主观上以满足性刺激为目的，客观上实施了猥亵儿童的行为，侵害了特定儿童人格尊严和身心健康的，应当认定构成猥亵儿童罪。网络环境下，以满足性刺激为目的，虽未直接与被害儿童进行身体接触，但是通过QQ、微信等网络软件，以诱骗、强迫或者其他方法要求儿童拍摄、传送暴露身体的不雅照片、视频，行为人通过画面看到被害儿童裸体、敏感部位的，是对儿童人格尊严和心理健康的严重侵害，与实际接触儿童身体的猥亵行为具有相同的社会危害性，应当认定构成猥亵儿童罪（既遂），依法应当从重处罚。

三、追诉量刑

（一）制作、复制、出版、贩卖、传播淫秽物品牟利案的立案追诉标准

《最高人民检察院、公安部关于公安机关管辖的刑事案件立案追诉标准的规定（一）》（公通字〔2008〕36号，2008年6月25日印发）

第八十二条　［制作、复制、出版、贩卖、传播淫秽物品牟利案（刑法第三百六十三条第一款、第二款）］以牟利为目的，制作、复制、出版、贩卖、传播淫秽物品，涉嫌下列情形之一的，应予立案追诉：

（一）制作、复制、出版淫秽影碟、软件、录像带五十至一百张（盒）以上，淫秽音碟、录音带一百至二百张（盒）以上，淫秽扑克、书刊、画册一百至二百副（册）以上，淫秽照片、画片五百至一千张以上的；

（二）贩卖淫秽影碟、软件、录像带一百至二百张（盒）以上，淫秽音碟、录音带二百至四百张（盒）以上，淫秽扑克、书刊、画册二百至四百副（册）以上，淫秽照片、画片一千至二千张以上的；

（三）向他人传播淫秽物品达二百至五百人次以上，或者组织播放淫秽影、像达十至二十场次以上的；

（四）制作、复制、出版、贩卖、传播淫秽物品，获利五千至一万元以上的。

以牟利为目的，利用互联网、移动通讯终端制作、复制、出版、贩卖、传播淫秽电子信息，涉嫌下列情形之一的，应予立案追诉：

（一）制作、复制、出版、贩卖、传播淫秽电影、表演、动画等视频文件二十个以上的；

（二）制作、复制、出版、贩卖、传播淫秽音频文件一百个以上的；

（三）制作、复制、出版、贩卖、传播淫秽电子刊物、图片、文章、短信息

等二百件以上的；

（四）制作、复制、出版、贩卖、传播的淫秽电子信息，实际被点击数达到一万次以上的；

（五）以会员制方式出版、贩卖、传播淫秽电子信息，注册会员达二百人以上的；

（六）利用淫秽电子信息收取广告费、会员注册费或者其他费用，违法所得一万元以上的；

（七）数量或者数额虽未达到本款第（一）项至第（六）项规定标准，但分别达到其中两项以上标准的百分之五十以上的；

（八）造成严重后果的。

利用聊天室、论坛、即时通信软件、电子邮件等方式，实施本条第二款规定行为的，应予立案追诉。

以牟利为目的，通过声讯台传播淫秽语音信息，涉嫌下列情形之一的，应予立案追诉：

（一）向一百人次以上传播的；

（二）违法所得一万元以上的；

（三）造成严重后果的。

明知他人用于出版淫秽书刊而提供书号、刊号的，应予立案追诉。

第八十三条　［为他人提供书号出版淫秽书刊案（刑法第三百六十三条第二款）］为他人提供书号、刊号出版淫秽书刊，或者为他人提供版号出版淫秽音像制品的，应予立案追诉。

（二）传播淫秽物品案的立案追诉标准

《最高人民检察院、公安部关于公安机关管辖的刑事案件立案追诉标准的规定（一）》（公通字〔2008〕36号，2008年6月25日印发）

第八十四条　［传播淫秽物品案（刑法第三百六十四条第一款）］传播淫秽的书刊、影片、音像、图片或者其他淫秽物品，涉嫌下列情形之一的，应予立案追诉：

（一）向他人传播三百至六百人次以上的；

（二）造成恶劣社会影响的。

不以牟利为目的，利用互联网、移动通讯终端传播淫秽电子信息，涉嫌下列情形之一的，应予立案追诉：

（一）数量达到本规定第八十二条第二款第（一）项至第（五）项规定标准二倍以上的；

（二）数量分别达到本规定第八十二条第二款第（一）项至第（五）项两项以上标准的；

（三）造成严重后果的。

利用聊天室、论坛、即时通信软件、电子邮件等方式，实施本条第二款规定行为的，应予立案追诉。

第八十五条　［组织播放淫秽音像制品案（刑法第三百六十四条第二款）］组织播放淫秽的电影、录像等音像制品，涉嫌下列情形之一的，应予立案追诉：

（一）组织播放十五至三十场次以上的；

（二）造成恶劣社会影响的。

（三）组织淫秽表演案的立案追诉标准

《最高人民检察院、公安部关于公安机关管辖的刑事案件立案追诉标准的规定（一）》（公通字〔2008〕36号，2008年6月25日印发）

第八十六条　［组织淫秽表演案（刑法第三百六十五条）］以策划、招募、强迫、雇用、引诱、提供场地、提供资金等手段，组织进行淫秽表演，涉嫌下列情形之一的，应予立案追诉：

（一）组织表演者进行裸体表演的；

（二）组织表演者利用性器官进行诲淫性表演的；

（三）组织表演者半裸体或者变相裸体表演并通过语言、动作具体描绘性行为的；

（四）其他组织进行淫秽表演应予追究刑事责任的情形。

（四）以牟利为目的，制作、复制、出版、贩卖、传播淫秽电子信息行为的定罪量刑标准

1.《最高人民法院、最高人民检察院关于办理利用互联网、移动通讯终端、声讯台制作、复制、出版、贩卖、传播淫秽电子信息刑事案件具体应用法律若干问题的解释（二）》（法释〔2010〕3号，2010年2月4日起施行）

第一条　以牟利为目的，利用互联网、移动通讯终端制作、复制、出版、贩卖、传播淫秽电子信息的，依照《最高人民法院、最高人民检察院关于办理利用互联网、移动通讯终端、声讯台制作、复制、出版、贩卖、传播淫秽电子信息刑事案件具体应用法律若干问题的解释》第一条、第二条的规定定罪处罚。

以牟利为目的，利用互联网、移动通讯终端制作、复制、出版、贩卖、传播内容含有不满十四周岁未成年人的淫秽电子信息，具有下列情形之一的，依照刑法第三百六十三条第一款的规定，以制作、复制、出版、贩卖、传播淫秽物品牟利罪定罪处罚：

（一）制作、复制、出版、贩卖、传播淫秽电影、表演、动画等视频文件十个以上的；

（二）制作、复制、出版、贩卖、传播淫秽音频文件五十个以上的；

（三）制作、复制、出版、贩卖、传播淫秽电子刊物、图片、文章等一百件以上的；

（四）制作、复制、出版、贩卖、传播的淫秽电子信息，实际被点击数达到五千次以上的；

（五）以会员制方式出版、贩卖、传播淫秽电子信息，注册会员达一百人以上的；

（六）利用淫秽电子信息收取广告费、会员注册费或者其他费用，违法所得五千元以上的；

（七）数量或者数额虽未达到第（一）项至第（六）项规定标准，但分别达到其中两项以上标准一半以上的；

（八）造成严重后果的。

实施第二款规定的行为，数量或者数额达到第二款第（一）项至第（七）项规定标准五倍以上的，应当认定为刑法第三百六十三条第一款规定的“情节严重”；达到规定标准二十五倍以上的，应当认定为“情节特别严重”。

第二条　利用互联网、移动通讯终端传播淫秽电子信息的，依照《最高人民法院、最高人民检察院关于办理利用互联网、移动通讯终端、声讯台制作、复制、出版、贩卖、传播淫秽电子信息刑事案件具体应用法律若干问题的解释》第三条的规定定罪处罚。

利用互联网、移动通讯终端传播内容含有不满十四周岁未成年人的淫秽电子信息，具有下列情形之一的，依照刑法第三百六十四条第一款的规定，以传播淫秽物品罪定罪处罚：

（一）数量达到第一条第二款第（一）项至第（五）项规定标准二倍以上的；

（二）数量分别达到第一条第二款第（一）项至第（五）项两项以上标

准的；

（三）造成严重后果的。

第四条 以牟利为目的，网站建立者、直接负责的管理者明知他人制作、复制、出版、贩卖、传播的是淫秽电子信息，允许或者放任他人在自己所有、管理的网站或者网页上发布，具有下列情形之一的，依照刑法第三百六十三条第一款的规定，以传播淫秽物品牟利罪定罪处罚：

（一）数量或者数额达到第一条第二款第（一）项至第（六）项规定标准五倍以上的；

（二）数量或者数额分别达到第一条第二款第（一）项至第（六）项两项以上标准二倍以上的；

（三）造成严重后果的。

实施前款规定的行为，数量或者数额达到第一条第二款第（一）项至第（七）项规定标准二十五倍以上的，应当认定为刑法第三百六十三条第一款规定的“情节严重”；达到规定标准一百倍以上的，应当认定为“情节特别严重”。

第五条 网站建立者、直接负责的管理者明知他人制作、复制、出版、贩卖、传播的是淫秽电子信息，允许或者放任他人在自己所有、管理的网站或者网页上发布，具有下列情形之一的，依照刑法第三百六十四条第一款的规定，以传播淫秽物品罪定罪处罚：

（一）数量达到第一条第二款第（一）项至第（五）项规定标准十倍以上的；

（二）数量分别达到第一条第二款第（一）项至第（五）项两项以上标准五倍以上的；

（三）造成严重后果的。

第六条 电信业务经营者、互联网信息服务提供者明知是淫秽网站，为其提供互联网接入、服务器托管、网络存储空间、通讯传输通道、代收费等服务，并收取服务费，具有下列情形之一的，对直接负责的主管人员和其他直接责任人员，依照刑法第三百六十三条第一款的规定，以传播淫秽物品牟利罪定罪处罚：

（一）为五个以上淫秽网站提供上述服务的；

（二）为淫秽网站提供互联网接入、服务器托管、网络存储空间、通讯传输通道等服务，收取服务费数额在二万元以上的；

（三）为淫秽网站提供代收费服务，收取服务费数额在五万元以上的；

（四）造成严重后果的。

实施前款规定的行为，数量或者数额达到前款第（一）项至第（三）项规定标准五倍以上的，应当认定为刑法第三百六十三条第一款规定的“情节严重”；达到规定标准二十五倍以上的，应当认定为“情节特别严重”。

第十条　单位实施制作、复制、出版、贩卖、传播淫秽电子信息犯罪的，依照《中华人民共和国刑法》、《最高人民法院、最高人民检察院关于办理利用互联网、移动通讯终端、声讯台制作、复制、出版、贩卖、传播淫秽电子信息刑事案件具体应用法律若干问题的解释》和本解释规定的相应个人犯罪的定罪量刑标准，对直接负责的主管人员和其他直接责任人员定罪处罚，并对单位判处罚金。

第十一条　对于以牟利为目的，实施制作、复制、出版、贩卖、传播淫秽电子信息犯罪的，人民法院应当综合考虑犯罪的违法所得、社会危害性等情节，依法判处罚金或者没收财产。罚金数额一般在违法所得的一倍以上五倍以下。

2.《最高人民法院、最高人民检察院关于办理利用互联网、移动通讯终端、声讯台制作、复制、出版、贩卖、传播淫秽电子信息刑事案件具体应用法律若干问题的解释》（法释〔2004〕11号，2004年9月6日起施行）

第一条　以牟利为目的，利用互联网、移动通讯终端制作、复制、出版、贩卖、传播淫秽电子信息，具有下列情形之一的，依照刑法第三百六十三条第一款的规定，以制作、复制、出版、贩卖、传播淫秽物品牟利罪定罪处罚。

（一）制作、复制、出版、贩卖、传播淫秽电影、表演、动画等视频文件二十个以上的；

（二）制作、复制、出版、贩卖、传播淫秽音频文件一百个以上的；

（三）制作、复制、出版、贩卖、传播淫秽电子刊物、图片、文章、短信息等二百件以上的；

（四）制作、复制、出版、贩卖、传播的淫秽电子信息，实际被点击数达到一万次以上的；

（五）以会员制方式出版、贩卖、传播淫秽电子信息，注册会员达二百人以上的；

（六）利用淫秽电子信息收取广告费、会员注册费或者其他费用，违法所得一万元以上的；

（七）数量或者数额虽未达到第（一）项至第（六）项规定标准，但分别达到其中两项以上标准一半以上的；

（八）造成严重后果的。

利用聊天室、论坛、即时通信软件、电子邮件等方式，实施第一款规定行为的，依照刑法第三百六十三条第一款的规定，以制作、复制、出版、贩卖、传播淫秽物品牟利罪定罪处罚。

第二条　实施第一条规定的行为，数量或者数额达到第一条第一款第（一）项至第（六）项规定标准五倍以上的，应当认定为刑法第三百六十三条第一款规定的“情节严重”；达到规定标准二十五倍以上的，应当认定为“情节特别严重”。

第三条　不以牟利为目的，利用互联网或者移动通讯终端传播淫秽电子信息，具有下列情形之一的，依照刑法第三百六十四条第一款的规定，以传播淫秽物品罪定罪处罚：

（一）数量达到第一条第一款第（一）项至第（五）项规定标准二倍以上的；

（二）数量分别达到第一条第一款第（一）项至第（五）项两项以上标准的；

（三）造成严重后果的。

利用聊天室、论坛、即时通信软件、电子邮件等方式，实施第一款规定行为的，依照刑法第三百六十四条第一款的规定，以传播淫秽物品罪定罪处罚。

第四条　明知是淫秽电子信息而在自己所有、管理或者使用的网站或者网页上提供直接链接的，其数量标准根据所链接的淫秽电子信息的种类计算。

第五条　以牟利为目的，通过声讯台传播淫秽语音信息，具有下列情形之一的，依照刑法第三百六十三条第一款的规定，对直接负责的主管人员和其他直接责任人员以传播淫秽物品牟利罪定罪处罚：

（一）向一百人次以上传播的；

（二）违法所得一万元以上的；

（三）造成严重后果的。

实施前款规定行为，数量或者数额达到前款第（一）项至第（二）项规定标准五倍以上的，应当认定为刑法第三百六十三条第一款规定的“情节严重”；达到规定标准二十五倍以上的，应当认定为“情节特别严重”。

第六条　实施本解释前五条规定的犯罪，具有下列情形之一的，依照刑法第三百六十三条第一款、第三百六十四条第一款的规定从重处罚：

（一）制作、复制、出版、贩卖、传播具体描绘不满十八周岁未成年人性行为的淫秽电子信息的；

（二）明知是具体描绘不满十八周岁的未成年人性行为的淫秽电子信息而在自己所有、管理或者使用的网站或者网页上提供直接链接的；

（三）向不满十八周岁的未成年人贩卖、传播淫秽电子信息和语音信息的；

（四）通过使用破坏性程序、恶意代码修改用户计算机设置等方法，强制用户访问、下载淫秽电子信息的。

（五）定罪量刑对应表

表 10－4　传播淫秽物品牟利罪定罪量刑对应表

传播淫秽物品牟利罪	情节	网站建立者、直接负责的管理者	刑期	备注
第一档	A：（一）制作、复制、出版、贩卖、传播淫秽电影、表演、动画等视频文件十个以上的； （二）制作、复制、出版、贩卖、传播淫秽音频文件五十个以上的； （三）制作、复制、出版、贩卖、传播淫秽电子刊物、图片、文章等一百件以上的； （四）制作、复制、出版、贩卖、传播的淫秽电子信息，实际被点击数达到五千次以上的； （五）以会员制方式出版、贩卖、传播淫秽电子信息，注册会员达一百人以上的； （六）利用淫秽电子信息收取广告费、会员注册费或者其他费用，违法所得五千元以上的； （七）数量或者数额虽未达到第（一）项至第（六）项规定标准，但分别达到其中两项以上标准一半以上的； （八）造成严重后果的	B：（一）第（一）项至第（六）项规定标准五倍以上的； （二）分别达到第一条第二款第（一）项至第（六）项两项以上标准二倍以上的； （三）造成严重后果的	三年以下有期徒刑、拘役或者管制，并处罚金	判处犯罪所得一倍以上五倍以下的罚金
第二档	数量或者数额≥5A	数量或者数额≥5B	三年以上十年以下有期徒刑，并处罚金	
第三档	数量或者数额≥25A	数量或者数额≥25B	十年以上有期徒刑或者无期徒刑，并处罚金或者没收财产	

表 10－5 传播淫秽物品罪定罪量刑对应表

传播淫秽物品罪	情节	刑期	备注
第一档	参照传播淫秽物品牟利罪追诉立案标准的二倍	二年以下有期徒刑、拘役或者管制	无罚金

表 10－6 组织淫秽表演罪定罪量刑对应表

组织淫秽表演罪	情节	刑期
第一档	（一）组织表演者进行裸体表演的； （二）组织表演者利用性器官进行诲淫性表演的； （三）组织表演者半裸体或者变相裸体表演并通过语言、动作具体描绘性行为的； （四）其他组织进行淫秽表演应予追究刑事责任的情形	三年以下有期徒刑、拘役或者管制，并处罚金
第二档	情节严重的	三年以上十年以下有期徒刑，并处罚金

第三编

程 序

一、网络犯罪案件办理的基本问题

（一）网络犯罪案件的范围

1.《最高人民法院、最高人民检察院、公安部关于办理网络犯罪案件适用刑事诉讼程序若干问题的意见》（公通字〔2014〕10号，2014年5月4日发布）

1. 本意见所称网络犯罪案件包括：

（1）危害计算机信息系统安全犯罪案件；

（2）通过危害计算机信息系统安全实施的盗窃、诈骗、敲诈勒索等犯罪案件；

（3）在网络上发布信息或者设立主要用于实施犯罪活动的网站、通讯群组，针对或者组织、教唆、帮助不特定多数人实施的犯罪案件；

（4）主要犯罪行为在网络上实施的其他案件。

2. 关于办理网络犯罪案件适用刑事诉讼程序若干问题的意见理解与适用[①]

《最高人民法院、最高人民检察院、公安部关于办理网络犯罪案件适用刑事诉讼程序若干问题的意见》第1条根据网络犯罪的案件特点，从预防和控制网络犯罪的需要出发，对网络犯罪案件的范围作了限定：一是危害计算机信息系统安全的犯罪，主要涉及《刑法》第285、286条规定的非法侵入计算机信息系统罪，非法获取计算机信息系统数据、非法控制计算机信息系统罪，提供侵入、非法控制计算机信息系统程序、工具罪，破坏计算机信息系统罪4个罪名。这类犯罪危害了计算机信息系统、网络和数据的保密性、完整性和可用性。二是主要犯罪行为与网络相关的犯罪，即以信息技术为犯罪方法并借助网络实施的盗窃、诈骗、敲诈勒索等犯罪。三是网络涉众型犯罪，包括以不特定多数人为犯罪对象的网络犯罪和组织、教唆、帮助不特定多数人实施的网络犯罪两种情形。四是主要犯罪行为在网络上实施的其他犯罪。该司法解释在将网络犯罪案件划分为以网络为对象的犯罪和以网络为工具的犯罪的基础上，又对以网络为工具的犯罪作了更细致的划分，将网络犯罪案件划分为4种类型，并将一般的涉网犯罪排除在该司法解释适用范围之外，如只是利用网络进行联系的抢劫犯罪案件。

---

① 吴孟栓、侯庆奇：《〈关于办理网络犯罪案件适用刑事诉讼程序若干问题的意见〉理解与适用》，载《人民检察》2014年第14期。

3. 最高人民检察院《人民检察院办理网络犯罪案件规定》（2021 年 1 月 22 日印发）

第二条　本规定所称网络犯罪是指针对信息网络实施的犯罪，利用信息网络实施的犯罪，以及其他上下游关联犯罪。

（二）网络犯罪案件的一般管辖原则

1.《最高人民法院、最高人民检察院、公安部关于办理网络犯罪案件适用刑事诉讼程序若干问题的意见》（公通字〔2014〕10 号，2014 年 5 月 4 日发布）

2. 网络犯罪案件由犯罪地公安机关立案侦查。必要时，可以由犯罪嫌疑人居住地公安机关立案侦查。

网络犯罪案件的犯罪地包括用于实施犯罪行为的网站服务器所在地，网络接入地，网站建立者、管理者所在地，被侵害的计算机信息系统或其管理者所在地，犯罪嫌疑人、被害人使用的计算机信息系统所在地，被害人被侵害时所在地，以及被害人财产遭受损失地等。

涉及多个环节的网络犯罪案件，犯罪嫌疑人为网络犯罪提供帮助的，其犯罪地或者居住地公安机关可以立案侦查。

3. 有多个犯罪地的网络犯罪案件，由最初受理的公安机关或者主要犯罪地公安机关立案侦查。有争议的，按照有利于查清犯罪事实、有利于诉讼的原则，由共同上级公安机关指定有关公安机关立案侦查。需要提请批准逮捕、移送审查起诉、提起公诉的，由该公安机关所在地的人民检察院、人民法院受理。

4. 具有下列情形之一的，有关公安机关可以在其职责范围内并案侦查，需要提请批准逮捕、移送审查起诉、提起公诉的，由该公安机关所在地的人民检察院、人民法院受理：

（1）一人犯数罪的；

（2）共同犯罪的；

（3）共同犯罪的犯罪嫌疑人、被告人还实施其他犯罪的；

（4）多个犯罪嫌疑人、被告人实施的犯罪存在关联，并案处理有利于查明案件事实的。

5. 对因网络交易、技术支持、资金支付结算等关系形成多层级链条、跨区域的网络犯罪案件，共同上级公安机关可以按照有利于查清犯罪事实、有利于诉讼的原则，指定有关公安机关一并立案侦查，需要提请批准逮捕、移送审查起诉、提起公诉的，由该公安机关所在地的人民检察院、人民法院受理。

6. 具有特殊情况，由异地公安机关立案侦查更有利于查清犯罪事实、保证案件公正处理的跨省（自治区、直辖市）重大网络犯罪案件，可以由公安部商最高人民检察院和最高人民法院指定管辖。

7. 人民检察院对于公安机关移送审查起诉的网络犯罪案件，发现犯罪嫌疑人还有犯罪被其他公安机关立案侦查的，应当通知移送审查起诉的公安机关。

人民法院受理案件后，发现被告人还有犯罪被其他公安机关立案侦查的，可以建议人民检察院补充侦查。人民检察院经审查，认为需要补充侦查的，应当通知移送审查起诉的公安机关。

经人民检察院通知，有关公安机关根据案件具体情况，可以对犯罪嫌疑人所犯其他犯罪并案侦查。

8. 为保证及时结案，避免超期羁押，人民检察院对于公安机关提请批准逮捕、移送审查起诉的网络犯罪案件，第一审人民法院对于已经受理的网络犯罪案件，经审查发现没有管辖权的，可以依法报请共同上级人民检察院、人民法院指定管辖。

9. 部分犯罪嫌疑人在逃，但不影响对已到案共同犯罪嫌疑人、被告人的犯罪事实认定的网络犯罪案件，可以依法先行追究已到案共同犯罪嫌疑人、被告人的刑事责任。在逃的共同犯罪嫌疑人、被告人归案后，可以由原公安机关、人民检察院、人民法院管辖其所涉及的案件。

2. 关于办理网络犯罪案件适用刑事诉讼程序若干问题的意见理解与适用①

《最高人民法院、最高人民检察院、公安部关于办理网络犯罪案件适用刑事诉讼程序若干问题的意见》第 2 条至第 9 条依照刑事诉讼法等有关规定，进一步明确了网络犯罪案件的管辖原则、管辖争议的处理办法、并案侦查和指定管辖情形。

1. 地域管辖的一般原则。该司法解释第 2 条第 1 款重申了刑事诉讼法关于地域管辖的一般原则，即以犯罪地管辖为主、以犯罪嫌疑人居住地管辖为辅。这一规定有利于与人民法院的审判管辖相衔接，确保刑事诉讼活动的顺利进行。第 2 款结合网络犯罪案件的特点，对网络犯罪案件的“犯罪地”作了合理界定，以适应实际办案需要。根据该款规定，犯罪地包括用于实施犯罪行为的网站服务器

---

① 吴孟栓、侯庆奇：《〈关于办理网络犯罪案件适用刑事诉讼程序若干问题的意见〉理解与适用》，载《人民检察》2014 年第 14 期。

所在地，网络接入地，网站建立者、管理者所在地，被侵害的计算机信息系统或其管理者所在地，犯罪嫌疑人、被害人使用的计算机信息系统所在地，被害人被侵害时所在地，被害人财产遭受损失地等。

2. 多个公安机关都有管辖权的网络犯罪案件的处理。依照刑事诉讼法和该司法解释第2条，有多个犯罪地的网络犯罪案件，各犯罪地公安机关都可以立案侦查。为解决多个公安机关都有权管辖的网络犯罪案件，具体应由哪个公安机关行使管辖权的问题。该司法解释第3条规定，对有多个犯罪地的，由最初受理的公安机关或者主要犯罪地公安机关管辖。这主要是考虑到由上述公安机关立案侦查，有利于及时查明案件事实，迅速侦破案件，故没有必要再行指定立案侦查。不同地方的公安机关对管辖权有争议的，可以按照有利于查清犯罪事实、有利于诉讼的原则，报共同的上级公安机关指定管辖。需要注意的是，为保证及时结案，避免超期羁押，上级公安机关指定管辖后，案件需要提请批准逮捕、移送审查起诉、提起公诉的，由侦查该案件的公安机关所在地的同级人民检察院、人民法院受理。

3. 可以"并案侦查"的情形。网络犯罪的分工合作特性尤其是经济领域网络犯罪呈现的"地下产业链"发展态势使网络犯罪在实践中的表现形态极为复杂多样，一是同一犯罪嫌疑人可能在不同地方实施多个网络犯罪；二是网络犯罪常以共同犯罪的形态出现并存在层级关系；三是网络犯罪涉及人员较多，并且经常存在关联。为了对存在关联的相关网络犯罪一并打击，提高案件侦破率，节约诉讼资源，该司法解释第4条参照2012年12月《最高人民法院、最高人民检察院、公安部、国家安全部、司法部、全国人大常委会法制工作委员会〈关于实施刑事诉讼法若干问题的规定〉》的有关规定，明确了并案侦查的具体情形。

4. 两类特殊案件的指定管辖。一是存在多层级链条、跨区域网络犯罪案件的指定管辖。为了强化侦查职能，提高侦查效率，该司法解释第4条规定，对因网络交易、技术支持、资金支付结算等关系形成多层级链条、跨区域的网络犯罪案件，共同的上级公安机关可以按照有利于查清犯罪事实、有利于诉讼的原则，直接指定有关公安机关一并立案侦查。此类案件需要提请批准逮捕、移送审查起诉、提起公诉的，由该公安机关所在地的人民检察院、人民法院受理。该条与第3条并案管辖的区别在于，可以并案侦查的网络犯罪案件之间具有直接的帮助、组织和交易等关系。而形成多层级链条、跨区域的网络犯罪案件不存在直接的关联，相互之间并无直接的帮助、组织和交易等关系。二是重大网络犯罪案件的指定管辖。该司法解释第5条明确了跨省（自治区、直辖市）重大网络犯罪案件的异地指定管辖问题。实践中，跨省（自治区、直辖市）重大网络犯罪案件有时会出现有管辖权的公安机关不宜行使管辖权的情况，如有的重大网络犯罪案件的犯罪嫌疑人与当地公安机关负责人、侦查人员有一定的利害关系或者其他关系。为了保证案件的及时、公正处理，这类网络犯罪案件有必要指定其他省（自治区、直辖市）的相关公安机关立案侦查。这类案件的指定管辖，可以由公安部与最高人民法院和最高人民检察院协商确定。此外，案件在侦查环节指定管辖后，为了确保侦查、起诉、审判的衔接，也为了保证及时结案，避免超期羁押，第8条规定，人民检察院对于公安机关提请批准逮捕、移送审查起诉的网络犯罪案件，第一审人民法院对于已经受理的网络犯罪案件，经审查发现没有管辖权的，可以依法报请共同的上级人民检察院、人民法院指定管辖。

5. 一人犯数罪被不同公安机关分别立案侦查案件的处理。根据修改后《刑事诉讼法》第24、25条以及相关司法解释的规定，此种情形的案件应当依法移送管辖或者报请指定管辖。该司法解释第7条规定，人民检察院对于公安机关移送审查起诉的网络犯罪案件，发现犯罪嫌疑人还有犯罪被其他公安机关立案侦查的，应当通知移送审查起诉的公安机关。经人民检察院通知，有关公安机关根据案件具体情况，可以对犯罪嫌疑人所犯其他犯罪并案侦查。需要说明的是，人民法院受理网络犯罪案件后，发现被告人还有犯罪被其他公安机关立案侦查的，也可以建议人民检察院补充侦查。人民检察院经审查，认为需要补充侦查的，应当通知移送审查起诉的公安机关。换言之，对人民法院的建议，检察机关应当根据案件情况具体决定，而不能一概通知公安机关补充侦查。

6. 网络共同犯罪案件可以先行追究已到案犯罪嫌疑人、被告人的刑事责任。为了及时追诉犯罪，保障刑事诉讼参与人的合法权益，该司法解释第9条明确了网络共同犯罪的先行追诉原则，即在案犯罪嫌疑人、被告人犯罪事实清楚，证据确实、充分，部分犯罪嫌疑人在逃并不影响对在案犯罪嫌疑人、被告人事实和证据认定的，可以依法先行追究已到案共同犯罪嫌疑人、被告人的刑事责任。同时，针对司法实践中对后到案的犯罪嫌疑人、被告人的管辖尤其是指定管辖较为混乱的情形，第9条同时规定，在逃的共同犯罪嫌疑人、被告人归案后，可以由原公安机关、人民检察院、人民法院管辖其所涉及的案件。

3. 关于办理网络犯罪案件适用刑事诉讼程序若干问题的意见的理解与适用①

1. 网络犯罪案件的管辖原则。一是用“用于实施犯罪行为的网站服务器所在地”替代“犯罪行为发生地的网络服务器所在地”，以使表述更准确。二是用“被侵害的计算机信息系统或其管理者所在地”替代“被侵害的计算机信息系统及其管理者所在地”，以强调二者均可，避免适用中引发歧义。三是考虑到网络犯罪案件的跨地域性特征，特别是犯罪嫌疑人与受害人、帮助犯与实行犯往往处于分离状态，特别明确被害人被侵害时所在地，以及帮助犯犯罪地或者居住地公安机关也可以立案侦查。

4. 涉众型网络犯罪案件的并案处理。从司法实践看，并案范围为两个案件之间具有直接帮助、组织和非法交易等关系。而网络犯罪的特性恰恰在于间接的帮助、组织和非法交易关系，犯罪形态一般呈金字塔结构，位于犯罪链顶端的嫌疑人（比如诈骗网站制作者、枪支生产者、计算机病毒等破坏性程序研发者等）往往会给多个不同的下游团伙提供犯罪帮助或支持，但是公安机关往往只对其中的某一犯罪链条（甚至只是链条中相互关联的环节）具有管辖权，不利于查清全部犯罪事实。经研究认为，上述情形实际也属于多个犯罪嫌疑人、被告人实施的犯罪存在关联的情形，理应允许并案处理。而且，基于网络犯罪案件的特性，并案处理有利于查明案件事实，有利于严厉惩治网络犯罪。为消除司法实践中的疑虑，确保对形成多层级利益链条的网络犯罪案件顺利并案处理，进一步提升对此类犯罪的打击实效，该司法解释对此类犯罪案件的并案处理作了专门强调。对因网络交易、技术支持、资金支付结算等关系形成多层级链条、跨区域的网络犯罪案件，共同上级公安机关可以按照有利于查清犯罪事实、有利于诉讼的原则，指定有关公安机关一并立案侦查，需要提请批准逮捕、移送审查起诉、提起公诉的，由该公安机关所在地的人民检察院、人民法院受理。需要注意的是，考虑到司法实践中的复杂情况，为确保后续诉讼程序的顺利进行，主办地公安机关在报请上级公安机关指定一并立案侦查前宜听取同级检察院法院意见，协商一致。而对于涉案人数特别多、涉及面特别广的涉众型网络犯罪案件，公安部在决定指定有关公安机关一并立案侦查前也宜通过适当方式同最高人民法院、最高人民检察院进行沟通，听取意见。

---

① 喻海松：《〈关于办理网络犯罪案件适用刑事诉讼程序若干问题的意见〉的理解与适用》，载《人民司法》2014 年第 17 期。

4.《公安机关办理刑事案件程序规定》(2020 年 7 月 20 日修正)

第十五条 刑事案件由犯罪地的公安机关管辖。如果由犯罪嫌疑人居住地的公安机关管辖更为适宜的，可以由犯罪嫌疑人居住地的公安机关管辖。

法律、司法解释或者其他规范性文件对有关犯罪案件的管辖作出特别规定的，从其规定。

第十六条 犯罪地包括犯罪行为发生地和犯罪结果发生地。犯罪行为发生地，包括犯罪行为的实施地以及预备地、开始地、途经地、结束地等与犯罪行为有关的地点；犯罪行为有连续、持续或者继续状态的，犯罪行为连续、持续或者继续实施的地方都属于犯罪行为发生地。犯罪结果发生地，包括犯罪对象被侵害地、犯罪所得的实际取得地、藏匿地、转移地、使用地、销售地。

居住地包括户籍所在地、经常居住地。经常居住地是指公民离开户籍所在地最后连续居住一年以上的地方，但住院就医的除外。单位登记的住所地为其居住地。主要营业地或者主要办事机构所在地与登记的住所地不一致的，主要营业地或者主要办事机构所在地为其居住地。

第十七条 针对或者主要利用计算机网络实施的犯罪，用于实施犯罪行为的网络服务使用的服务器所在地，网络服务提供者所在地，被侵害的网络信息系统及其管理者所在地，以及犯罪过程中犯罪嫌疑人、被害人使用的网络信息系统所在地，被害人被侵害时所在地和被害人财产遭受损失地公安机关可以管辖。

第十八条 行驶中的交通工具上发生的刑事案件，由交通工具最初停靠地公安机关管辖；必要时，交通工具始发地、途经地、目的地公安机关也可以管辖。

第十九条 在中华人民共和国领域外的中国航空器内发生的刑事案件，由该航空器在中国最初降落地的公安机关管辖。

第二十条 中国公民在中国驻外使、领馆内的犯罪，由其主管单位所在地或者原户籍地的公安机关管辖。

中国公民在中华人民共和国领域外的犯罪，由其入境地、离境前居住地或者现居住地的公安机关管辖；被害人是中国公民的，也可由被害人离境前居住地或者现居住地的公安机关管辖。

第二十一条 几个公安机关都有权管辖的刑事案件，由最初受理的公安机关管辖。必要时，可以由主要犯罪地的公安机关管辖。

具有下列情形之一的，公安机关可以在职责范围内并案侦查：

（一）一人犯数罪的；

（二）共同犯罪的；

（三）共同犯罪的犯罪嫌疑人还实施其他犯罪的；

（四）多个犯罪嫌疑人实施的犯罪存在关联，并案处理有利于查明犯罪事实的。

第二十二条　对管辖不明确或者有争议的刑事案件，可以由有关公安机关协商。协商不成的，由共同的上级公安机关指定管辖。

对情况特殊的刑事案件，可以由共同的上级公安机关指定管辖。

提请上级公安机关指定管辖时，应当在有关材料中列明犯罪嫌疑人基本情况、涉嫌罪名、案件基本事实、管辖争议情况、协商情况和指定管辖理由，经公安机关负责人批准后，层报有权指定管辖的上级公安机关。

第二十三条　上级公安机关指定管辖的，应当将指定管辖决定书分别送达被指定管辖的公安机关和其他有关的公安机关，并根据办案需要抄送同级人民法院、人民检察院。

原受理案件的公安机关，在收到上级公安机关指定其他公安机关管辖的决定书后，不再行使管辖权，同时应当将犯罪嫌疑人、涉案财物以及案卷材料等移送被指定管辖的公安机关。

对指定管辖的案件，需要逮捕犯罪嫌疑人的，由被指定管辖的公安机关提请同级人民检察院审查批准；需要提起公诉的，由该公安机关移送同级人民检察院审查决定。

5. 最高人民检察院《人民检察院办理网络犯罪案件规定》（2021 年 1 月 22 日印发）

第三条　人民检察院办理网络犯罪案件应当加强全链条惩治，注重审查和发现上下游关联犯罪线索。对涉嫌犯罪，公安机关未立案侦查、应当提请批准逮捕而未提请批准逮捕或者应当移送起诉而未移送起诉的，依法进行监督。

第四条　人民检察院办理网络犯罪案件应当坚持惩治犯罪与预防犯罪并举，建立捕、诉、监、防一体的办案机制，加强以案释法，发挥检察建议的作用，促进有关部门、行业组织、企业等加强网络犯罪预防和治理，净化网络空间。

第五条　网络犯罪案件的管辖适用刑事诉讼法及其他相关规定。

有多个犯罪地的，按照有利于查清犯罪事实、有利于保护被害人合法权益、保证案件公正处理的原则确定管辖。

因跨区域犯罪、共同犯罪、关联犯罪等原因存在管辖争议的，由争议的人民检察院协商解决，协商不成的，报请共同的上级人民检察院指定管辖。

6.《最高人民法院关于适用〈中华人民共和国刑事诉讼法〉的解释》（法释〔2021〕1号，2021年3月1日起施行）

第二条　犯罪地包括犯罪行为地和犯罪结果地。

针对或者主要利用计算机网络实施的犯罪，犯罪地包括用于实施犯罪行为的网络服务使用的服务器所在地，网络服务提供者所在地，被侵害的信息网络系统及其管理者所在地，犯罪过程中被告人、被害人使用的信息网络系统所在地，以及被害人被侵害时所在地和被害人财产遭受损失地等。

第三条　被告人的户籍地为其居住地。经常居住地与户籍地不一致的，经常居住地为其居住地。经常居住地为被告人被追诉前已连续居住一年以上的地方，但住院就医的除外。

被告单位登记的住所地为其居住地。主要营业地或者主要办事机构所在地与登记的住所地不一致的，主要营业地或者主要办事机构所在地为其居住地。

（三）网络犯罪案件的初查和提前介入

1.《最高人民法院、最高人民检察院、公安部关于办理网络犯罪案件适用刑事诉讼程序若干问题的意见》（公通字〔2014〕10号，2014年5月4日发布）

10. 对接受的案件或者发现的犯罪线索，在审查中发现案件事实或者线索不明，需要经过调查才能够确认是否达到犯罪追诉标准的，经办案部门负责人批准，可以进行初查。

初查过程中，可以采取询问、查询、勘验、检查、鉴定、调取证据材料等不限制初查对象人身、财产权利的措施，但不得对初查对象采取强制措施和查封、扣押、冻结财产。

2. 关于办理网络犯罪案件适用刑事诉讼程序若干问题的意见理解与适用①

网络犯罪案件的初查制度，包括初查的具体内容以及可以使用的调查措施。具体而言，公安机关对接受的网络犯罪案件或者发现的犯罪线索，在审查中发现案件线索或者事实不明，需要经过调查才能够确认是否达到犯罪追诉标准的，经办案部门负责人批准，可以在立案前进行初查。但初查不得采取强制措施。因为初查的目的只是查明是否符合立案条件、是否应当立案，因此只能使用一般性的、不限制被查对象人身、财产权利的调查措施，不能对被查对象采取刑事诉讼

---

① 吴孟栓、侯庆奇：《〈关于办理网络犯罪案件适用刑事诉讼程序若干问题的意见〉理解与适用》，载《人民检察》2014年第14期。

法规定的强制措施，也不能对被查对象的财物采取查封、扣押、冻结等措施。第10条规定的询问、查询、勘验、检查、鉴定、调取证据材料等措施，均不限制被查对象的人身权利和财产权利，也不带有任何强制性。

3.《最高人民法院、最高人民检察院、公安部关于办理刑事案件收集提取和审查判断电子数据若干问题的规定》（法发〔2016〕22号，2016年9月9日印发）

第六条　初查过程中收集、提取的电子数据，以及通过网络在线提取的电子数据，可以作为证据使用。

4. 关于办理刑事案件收集提取和审查判断电子数据若干问题的规定理解与适用①

初查是侦查机关依据《刑事诉讼法》第110条的规定在立案审查阶段采取的专门调查措施，初查的任务是收集必要的证据材料，确定是否有犯罪事实并需要追究刑事责任。目前在办理各类刑事案件中采取初查措施的做法已较为普遍。尤其是在网络犯罪案件中，大量的网上违法犯罪线索如不经过初查则很难确定是否达到立案标准。因此，在立案前赋予侦查机关采取一定调查措施的权力十分必要，但为了保护公民的人身、财产权利，这种立案前的调查措施又必须受到严格的限制，应当与立案后的侦查措施有所区别。根据规定，初查过程中不得扣押电子数据原始存储设备，也不得采取技术侦查措施，只能在勘验的过程中提取电子数据，或者通过网络在线提取电子数据，或者向有关单位和个人调取电子数据。经征求立法机关意见，全国人大常委会法工委认为，根据《最高人民法院关于适用〈中华人民共和国刑事诉讼法〉的解释》第65条的规定，只要依法进行初查，其间收集提取的电子数据即可在刑事诉讼中作为证据使用。即认为公安机关在立案前开展的初查活动属于行政机关的行政执法和查办案件活动，因此在初查过程中收集的物证、书证、视听资料、电子数据等证据材料，在刑事诉讼中可以作为证据使用；经法庭查证属实，且收集程序符合有关法律、行政法规规定的，可以作为定案的根据。需要注意的是，“冻结电子数据”属于证据保全的方法，而不是限制财产处分的强制措施，不同于对账户资金的冻结。因此，在初查阶段，为防止电子数据被篡改或者灭失，一般可以采取冻结电子数据的措施。涉案

① 万春、王建平、吴孟栓、高翼飞：《〈关于办理刑事案件收集提取和审查判断电子数据若干问题的规定〉理解与适用》，载《人民检察》2017年第1期。

电子数据具有虚拟财产属性的，侦查机关在初查阶段冻结电子数据应当十分慎重，严格按照有关司法解释和规范性文件关于在初查阶段不得限制初查对象财产权利的规定，及时采取其他方式固定证据或者在立案后依法采取冻结电子数据的措施。

5. 最高人民检察院《人民检察院办理网络犯罪案件规定》（2021 年 1 月 22 日印发）

第七条　人民检察院办理网络犯罪案件应当加强对电子数据收集、提取、保全、固定等的审查，充分运用同一电子数据往往具有的多元关联证明作用，综合运用电子数据与其他证据，准确认定案件事实。

第八条　建立检察技术人员、其他有专门知识的人参与网络犯罪案件办理制度。根据案件办理需要，吸收检察技术人员加入办案组辅助案件办理。积极探索运用大数据、云计算、人工智能等信息技术辅助办案，提高网络犯罪案件办理的专业化水平。

第九条　人民检察院办理网络犯罪案件，对集团犯罪或者涉案人数众多的，根据行为人的客观行为、主观恶性、犯罪情节及地位、作用等综合判断责任轻重和刑事追究的必要性，按照区别对待原则分类处理，依法追诉。

第十条　人民检察院办理网络犯罪案件应当把追赃挽损贯穿始终，主动加强与有关机关协作，保证及时查封、扣押、冻结涉案财物，阻断涉案财物移转链条，督促涉案人员退赃退赔。

第十一条　人民检察院办理网络犯罪案件应当重点围绕主体身份同一性、技术手段违法性、上下游行为关联性等方面全面审查案件事实和证据，注重电子数据与其他证据之间的相互印证，构建完整的证据体系。

第十二条　经公安机关商请，根据追诉犯罪的需要，人民检察院可以派员适时介入重大、疑难、复杂网络犯罪案件的侦查活动，并对以下事项提出引导取证意见：

（一）案件的侦查方向及可能适用的罪名；

（二）证据的收集、提取、保全、固定、检验、分析等；

（三）关联犯罪线索；

（四）追赃挽损工作；

（五）其他需要提出意见的事项。

人民检察院开展引导取证活动时，涉及专业性问题的，可以指派检察技术人员共同参与。

第十三条 人民检察院可以通过以下方式了解案件办理情况：

（一）查阅案件材料；

（二）参加公安机关对案件的讨论；

（三）了解讯（询）问犯罪嫌疑人、被害人、证人的情况；

（四）了解、参与电子数据的收集、提取；

（五）其他方式。

第十四条 人民检察院介入网络犯罪案件侦查活动，发现关联犯罪或其他新的犯罪线索，应当建议公安机关依法立案或移送相关部门；对于犯罪嫌疑人不构成犯罪的，依法监督公安机关撤销案件。

第十五条 人民检察院可以根据案件侦查情况，向公安机关提出以下取证意见：

（一）能够扣押、封存原始存储介质的，及时扣押、封存；

（二）扣押可联网设备时，及时采取信号屏蔽、信号阻断或者切断电源等方式，防止电子数据被远程破坏；

（三）及时提取账户密码及相应数据，如电子设备、网络账户、应用软件等的账户密码，以及存储于其中的聊天记录、电子邮件、交易记录等；

（四）及时提取动态数据，如内存数据、缓存数据、网络连接数据等；

（五）及时提取依赖于特定网络环境的数据，如点对点网络传输数据、虚拟专线网络中的数据等；

（六）及时提取书证、物证等客观证据，注意与电子数据相互印证。

第十六条 对于批准逮捕后要求公安机关继续侦查、不批准逮捕后要求公安机关补充侦查或者审查起诉退回公安机关补充侦查的网络犯罪案件，人民检察院应当重点围绕本规定第十二条第一款规定的事项，有针对性地制作继续侦查提纲或者补充侦查提纲。对于专业性问题，应当听取检察技术人员或者其他有专门知识的人的意见。

人民检察院应当及时了解案件继续侦查或者补充侦查的情况。

（四）网络犯罪案件的跨地域取证

1.《最高人民法院、最高人民检察院、公安部关于办理网络犯罪案件适用刑事诉讼程序若干问题的意见》（公通字〔2014〕10号，2014年5月4日发布）

11. 公安机关跨地域调查取证的，可以将办案协作函和相关法律文书及凭证电传或者通过公安机关信息化系统传输至协作地公安机关。协作地公安机关经审查确认，在传来的法律文书上加盖本地公安机关印章后，可以代为调查取证。

12. 询（讯）问异地证人、被害人以及与案件有关联的犯罪嫌疑人的，可以由办案地公安机关通过远程网络视频等方式进行询（讯）问并制作笔录。

远程询（讯）问的，应当由协作地公安机关事先核实被询（讯）问人的身份。办案地公安机关应当将询（讯）问笔录传输至协作地公安机关。询（讯）问笔录经被询（讯）问人确认并逐页签名、捺指印后，由协作地公安机关协作人员签名或者盖章，并将原件提供给办案地公安机关。询（讯）问人员收到笔录后，应当在首页右上方写明“于某年某月某日收到”，并签名或者盖章。

远程询（讯）问的，应当对询（讯）问过程进行录音录像，并随案移送。

异地证人、被害人以及与案件有关联的犯罪嫌疑人亲笔书写证词、供词的，参照本条第二款规定执行。

2. 关于办理网络犯罪案件适用刑事诉讼程序若干问题的意见理解与适用①

《最高人民法院、最高人民检察院、公安部关于办理网络犯罪案件适用刑事诉讼程序若干问题的意见》第11、12条结合侦查实践的需要，对网络犯罪案件的跨地域取证问题作了规定。一是对远程询（讯）问作了一般授权性规定。询（讯）问异地证人、被害人以及与案件有关联的犯罪嫌疑人的，办案地公安机关可以通过远程网络视频等方式进行询（讯）问。二是明确了远程询（讯）问的具体程序。远程询（讯）问的，办案地公安机关应当将询（讯）问笔录传输给协作地公安机关。协作地公安机关应当事先核实被询（讯）问人的身份。询（讯）问笔录应当交被询（讯）问人确认并在笔录上逐页签字，或者捺指印后，由协作地公安机关协作人员签名或者盖章，并将原件及时提供给办案地公安机关。办案地公安机关询（讯）问人员收到笔录后，应当在笔录上记明收到时间并签名或者盖章。三是远程询（讯）问的，应当对询（讯）问过程进行全程同步录音录像并随案移送。

3. 关于办理网络犯罪案件适用刑事诉讼程序若干问题的意见的理解与适用②

跨地域取证具体而言包括：（1）公安机关跨地域调查取证的，可以将办案

---

① 吴孟栓、侯庆奇：《〈关于办理网络犯罪案件适用刑事诉讼程序若干问题的意见〉理解与适用》，载《人民检察》2014年第14期。

② 喻海松：《〈关于办理网络犯罪案件适用刑事诉讼程序若干问题的意见〉的理解与适用》，载《人民司法》2014年第17期。

协作函和相关法律文书及凭证电传或者通过公安机关信息化系统传输至协作地公安机关。协作地公安机关经审查确认，在传来的法律文书上加盖本地公安机关印章后，可以代为调查取证。(2) 询（讯）问异地证人、被害人以及与案件有关联的犯罪嫌疑人的，可以由办案地公安机关通过远程网络视频等方式进行询（讯）问并制作笔录。远程询（讯）问的，应当由协作地公安机关事先核实被询（讯）问人的身份。办案地公安机关应当将询（讯）问笔录传输至协作地公安机关。询（讯）问笔录经被询（讯）问人确认并逐页签名、捺指印后，由协作地公安机关协作人员签名或者盖章，并将原件提供给办案地公安机关。询（讯）问人员收到笔录后，应当在首页右上方写明“于某年某月某日收到”，并签名或者盖章。远程询（讯）问的，应当对询（讯）问过程进行录音录像，并随案移送。异地证人、被害人以及与案件有关联的犯罪嫌疑人亲笔书写证词、供词的，参照上述规定执行。

4. 最高人民检察院《人民检察院办理网络犯罪案件规定》（2021 年 1 月 22 日印发）

第五十条　对跨区域网络犯罪案件，上级人民检察院应当加强统一指挥和统筹协调，相关人民检察院应当加强办案协作。

第五十一条　上级人民检察院根据办案需要，可以统一调用辖区内的检察人员参与办理网络犯罪案件。

第五十二条　办理关联网络犯罪案件的人民检察院可以相互申请查阅卷宗材料、法律文书，了解案件情况，被申请的人民检察院应当予以协助。

第五十三条　承办案件的人民检察院需要向办理关联网络犯罪案件的人民检察院调取证据材料的，可以持相关法律文书和证明文件申请调取在案证据材料，被申请的人民检察院应当配合。

第五十四条　承办案件的人民检察院需要异地调查取证的，可以将相关法律文书及证明文件传输至证据所在地的人民检察院，请其代为调查取证。相关法律文书应当注明具体的取证对象、方式、内容和期限等。

被请求协助的人民检察院应当予以协助，及时将取证结果送达承办案件的人民检察院；无法及时调取的，应当作出说明。被请求协助的人民检察院有异议的，可以与承办案件的人民检察院进行协商；无法解决的，由承办案件的人民检察院报请共同的上级人民检察院决定。

第五十五条　承办案件的人民检察院需要询问异地证人、被害人的，可以通过远程视频系统进行询问，证人、被害人所在地的人民检察院应当予以协助。远程询问的，应当对询问过程进行同步录音录像。

第五十六条 办理跨国网络犯罪案件应当依照《中华人民共和国国际刑事司法协助法》及我国批准加入的有关刑事司法协助条约，加强国际司法协作，维护我国主权、安全和社会公共利益，尊重协作国司法主权、坚持平等互惠原则，提升跨国司法协作质效。

第五十七条 地方人民检察院在案件办理中需要向外国请求刑事司法协助的，应当制作刑事司法协助请求书并附相关材料，经报最高人民检察院批准后，由我国与被请求国间司法协助条约规定的对外联系机关向外国提出申请。没有刑事司法协助条约的，通过外交途径联系。

第五十八条 人民检察院参加现场移交境外证据的检察人员不少于二人，外方有特殊要求的除外。

移交、开箱、封存、登记的情况应当制作笔录，由最高人民检察院或者承办案件的人民检察院代表、外方移交人员签名或者盖章，一般应当全程录音录像。有其他见证人的，在笔录中注明。

第五十九条 人民检察院对境外收集的证据，应当审查证据来源是否合法、手续是否齐备以及证据的移交、保管、转换等程序是否连续、规范。

第六十条 人民检察院办理涉香港特别行政区、澳门特别行政区、台湾地区的网络犯罪案件，需要当地有关部门协助的，可以参照本规定及其他相关规定执行。

（五）电信网络新型违法犯罪案件冻结资金返还

1.《中国银监会、公安部电信网络新型违法犯罪案件冻结资金返还若干规定》（银监发〔2016〕41号，2016年8月4日印发）

第二条 本规定所称电信网络新型违法犯罪案件，是指不法分子利用电信、互联网等技术，通过发送短信、拨打电话、植入木马等手段，诱骗（盗取）被害人资金汇（存）入其控制的银行账户，实施的违法犯罪案件。

本规定所称冻结资金，是指公安机关依照法律规定对特定银行账户实施冻结措施，并由银行业金融机构协助执行的资金。

本规定所称被害人，包括自然人、法人和其他组织。

第三条 公安机关应当依照法律、行政法规和本规定的职责、范围、条件和程序，坚持客观、公正、便民的原则，实施涉案冻结资金返还工作。

银行业金融机构应当依照有关法律、行政法规和本规定，协助公安机关实施涉案冻结资金返还工作。

第四条　公安机关负责查清被害人资金流向，及时通知被害人，并作出资金返还决定，实施返还。

银行业监督管理机构负责督促、检查辖区内银行业金融机构协助查询、冻结、返还工作，并就执行中的问题与公安机关进行协调。

银行业金融机构依法协助公安机关查清被害人资金流向，将所涉资金返还至公安机关指定的被害人账户。

第五条　被害人在办理被骗（盗）资金返还过程中，应当提供真实有效的信息，配合公安机关和银行业金融机构开展相应的工作。

被害人应当由本人办理冻结资金返还手续。本人不能办理的，可以委托代理人办理；公安机关应当核实委托关系的真实性。

被害人委托代理人办理冻结资金返还手续的，应当出具合法的委托手续。

第六条　对电信网络新型违法犯罪案件，公安机关冻结涉案资金后，应当主动告知被害人。

被害人向冻结公安机关或者受理案件地公安机关提出冻结涉案资金返还请求的，应当填写《电信网络新型违法犯罪涉案资金返还申请表》（附件1）。

冻结公安机关应当对被害人的申请进行审核，经查明冻结资金确属被害人的合法财产，权属明确无争议的，制作《电信网络新型违法犯罪涉案资金流向表》和《呈请返还资金报告书》（附件2），由设区的市一级以上公安机关批准并出具《电信网络新型违法犯罪冻结资金返还决定书》（附件3）。

受理案件地公安机关与冻结公安机关不是同一机关的，受理案件地公安机关应当及时向冻结公安机关移交受、立案法律手续、询问笔录、被骗盗银行卡账户证明、身份信息证明、《电信网络新型违法犯罪涉案资金返还申请表》等相关材料，冻结公安机关按照前款规定进行审核决定。

冻结资金应当返还至被害人原汇出银行账户，如原银行账户无法接受返还，也可以向被害人提供的其他银行账户返还。

第七条　冻结公安机关对依法冻结的涉案资金，应当以转账时间戳（银行电子系统记载的时间点）为标记，核查各级转账资金走向，一一对应还原资金流向，制作《电信网络新型违法犯罪案件涉案资金流向表》。

第八条　冻结资金以溯源返还为原则，由公安机关区分不同情况按以下方式返还：

（一）冻结账户内仅有单笔汇（存）款记录，可直接溯源被害人的，直接返还被害人；

（二）冻结账户内有多笔汇（存）款记录，按照时间戳记载可以直接溯源被害人的，直接返还被害人；

（三）冻结账户内有多笔汇（存）款记录，按照时间戳记载无法直接溯源被害人的．按照被害人被骗（盗）金额占冻结在案资金总额的比例返还（返还计算公式见附件4）。

按比例返还的，公安机关应当发出公告，公告期为30日，公告期间内被害人、其他利害关系人可就返还冻结提出异议，公安机关依法进行审核。

冻结账户返还后剩余资金在原冻结期内继续冻结；公安机关根据办案需要可以在冻结期满前依法办理续冻手续。如查清新的被害人，公安机关可以按照本规定启动新的返还程序。

第九条 被害人以现金通过自动柜员机或者柜台存入涉案账户内的，涉案账户交易明细账中的存款记录与被害人笔录核对相符的，可以依照本规定第八条的规定，予以返还。

第十条 公安机关办理资金返还工作时，应当制作《电信网络新型违法犯罪冻结资金协助返还通知书》（附件5），由两名以上公安机关办案人员持本人有效人民警察证和《电信网络新型违法犯罪冻结资金协助返还通知书》前往冻结银行办理返还工作。

第十一条 立案地涉及多地，对资金返还存在争议的，应当由共同上级公安机关确定一个公安机关负责返还工作。

第十二条 银行业金融机构办理返还时，应当对办案人员的人民警察证和《电信网络新型违法犯罪冻结资金协助返还通知书》进行审查。对于提供的材料不完备的，有权要求办案公安机关补正。

银行业金融机构应当及时协助公安机关办理返还。能够现场办理完毕的，应当现场办理；现场无法办理完毕的，应当在三个工作日内办理完毕。银行业金融机构应当将回执反馈公安机关。

银行业金融机构应当留存《电信网络新型违法犯罪冻结资金协助返还通知书》原件、人民警察证复印件，并妥善保管留存，不得挪作他用。

第十三条 银行业金融机构应当指定专门机构和人员，承办电信网络新型违法犯罪涉案资金返还工作。

第十四条　公安机关违法办理资金返还，造成当事人合法权益损失的，依法承担法律责任。

第十五条　中国银监会和公安部应当加强对新型电信网络违法犯罪冻结资金返还工作的指导和监督。

银行业金融机构违反协助公安机关资金返还义务的，按照《银行业金融机构协助人民检察院公安机关国家安全机关查询冻结工作规定》第二十八条的规定，追究相应机构和人员的责任。

第十六条　本规定由中国银监会和公安部共同解释。执行中遇有具体应用问题，可以向银监会法律部门和公安部刑事侦查局报告。

2. 中国银行业监督管理委员会办公厅、公安部办公厅《电信网络新型违法犯罪案件冻结资金返还若干规定实施细则》（银监办发〔2016〕170号，2016年12月2日印发）

第一条　根据《电信网络新型违法犯罪案件冻结资金返还若干规定》（以下简称《返还规定》）制定本实施细则（以下简称《实施细则》）。

第二条　《返还规定》目前仅适用于我国公安机关立案侦办的电信网络犯罪案件。外国通过有关国际条约、协议、规定的联系途径、外交途径，提出刑事司法协助请求的，由银监会和公安部批准后，可参照此规定执行。

第三条　《返还规定》第二条第二款所称的冻结资金不包括止付资金。

第四条　《返还规定》第五条第一款中的“真实有效的信息”，是指受害人应当提供本人有效身份证件、接受资金返还银行卡（卡状态为正常）原件及复印件，并在复印件上注明“此复印件由本人提供，经核对，与原件无误，此件只做冻结资金返还使用”。

第五条　被害人委托代理人办理资金返还手续时，委托代理人需提供本人有效身份证件、被害人有效证件以及被害人签名或盖章的授权委托书。

被害人为无民事行为能力或者限制民事行为能力的，由其监护人办理资金返还；被害人死亡的，由其继承人办理资金返还。被害人的监护人或继承人需提供相应证明文件。

第六条　《返还规定》第五条中的“公安机关”是指受理案件地公安机关。

第七条　受理地公安机关应当制作返还资金询问笔录，笔录中应详细记明被害人接收资金返还的银行账户、银行有无赔偿垫付等内容。告知被返还人应当承担的法律责任，对返还错误的款项应及时退回，如故意伪造证据材料或拒不归还的，将依法追究其法律责任。

第八条　《返还规定》第六条第一款中的“应当主动告知被害人”，是指受理案件地公安机关应当口头或书面告知被害人，告知应当包括以下内容：

（一）涉案资金的冻结情况；

（二）已冻结资金是否属于被害人，需公安机关进一步查证；

（三）资金返还工作一般在立案3个月后启动。

第九条　被害人原则上只能向受理案件地公安机关提出申请。《返还规定》第六条第二款中的“冻结公安机关或者受理案件地公安机关”是指“冻结公安机关和受理案件地公安机关为同一公安机关”情形。

第十条　《电信网络新型违法犯罪案件冻结资金返还申请表》应当一人一表、一卡（账户）一表，对多个申请人涉及一个账户或一个申请人涉及多个账户需要办理资金返还的，应当分别填表。

第十一条　《电信网络新型违法犯罪案件冻结资金返还申请表》中“返还银行账户”栏应当填写户名、账号、开户网点、所属银行。立案单位一栏中加盖的公章应与立案决定书的公章一致。冻结单位一栏中加盖的公章应与冻结通知书的公章一致。“冻结金额”栏应当填写返还金额。

第十二条　受理案件地公安机关与冻结公安机关不是同一机关的，由受理案件地公安机关负责核查各级转账资金流向，并负责制作《电信网络新型违法犯罪涉案资金流向表》（附件1）。

第十三条　《电信网络新型违法犯罪冻结资金返还决定书》应一式两份，一份由冻结地公安机关留存，一份交办理返还工作的银行。

第十四条　《呈请返还资金报告书》中“返还银行账号”栏应当填写户名、账号、开户网点、所属银行。“返还金额”栏金额应当用大写汉字填写（精确到分）。“审核意见”栏签字由冻结公安机关负责人审批并加盖单位公章；“领导批示”栏由设区的市一级以上公安机关负责人审批，并加盖公章。

第十五条　《返还规定》第六条第四款中的“移交”，是指受理案件地公安机关派2名民警持本人有效人民警察证，携带相关材料赴冻结地公安机关移交。移交证据材料时，除《返还规定》第六条第四款规定的材料外，还需出具冻结资金返还工作协作函（附件2）和涉案账户的交易流水明细（加盖公章）。冻结地公安机关收到材料后，应当填写回执交受理地公安机关。

第十六条　《返还规定》第六条第五款中的“如原银行账户无法接受返还”时，原则上应返还至本人的其他银行账户，如确需返还至非本人银行账户，需要由本人出具书面申请，详细说明原因、其与返还账户持有人的关系以及自愿要求返还至该账户的声明，并签字确认。

第十七条　按比例返还的，应当制作《按比例返还资金流向参照表》（附件3）。冻结公安机关通过其官方网站、微信公众号、官方微博、主流电视、广播、报纸等多种方式发出公告。已明确被害人的，冻结公安机关应当以电话、书面等形式通知所有被害人，并做好记录。

公告期间内被害人、其他利害关系人可就返还被冻结资金提出异议并提供相关证明材料，公安机关应当予以受理，制作书面记录并出具回执。公安机关应当对材料进行审核并作出异议是否成立的决定，同时通知被害人、其他利害关系人。异议成立的，公安机关应当中止冻结资金返还，重新确定返还比例。异议不成立或者公告期内被害人、其他利害关系人未提出异议的，公安机关应当按照原确定的比例返还被冻结资金。

第十八条　冻结资金返还的金额以冻结账户的实际到账金额为准。资金返还产生的手续费从返还金额中扣除。

第十九条　办理资金返还后账户仍有余额的，冻结地公安机关应当在冻结期满前办理续冻手续。

第二十条　被害人以现金通过自动柜员机或者柜台存入涉案账户内的，在返还资金时受理案件地公安机关除向冻结公安机关提供账户交易明细中的存款记录与被害人笔录外，还应当提供银行柜台、ATM 柜员机存（汇）款监控录像、存（汇）款底单等材料。

第二十一条　《返还规定》第十条中“公安机关”是指冻结公安机关。

第二十二条　办理冻结资金返还时，由两名以上冻结公安机关办案人员持本人有效人民警察证、《电信网络新型违法犯罪冻结资金返还决定书》原件和《电信网络新型违法犯罪冻结资金协助返还通知书》原件前往冻结银行办理返还工作，商业银行对相关手续材料内容进行形式审查，并可留存《电信网络新型违法犯罪冻结资金返还决定书》复印件。冻结公安机关在办理冻结资金返还时，应同时告知所在地省级反诈骗中心。

第二十三条　《电信网络新型违法犯罪冻结资金协助返还通知书》中“类型”栏一般填写“银行存款”；“所在机构”、“户名或权利人”、“被冻结账号”

栏均应填写被冻结账户的信息；“返还接受账号”栏应填写户名、账号、开户网点及所属银行；加盖公章应与原冻结通知书一致。

第二十四条 银行业金融机构应当指定各省的专门分支机构和人员，负责资金返还的办理工作（另件下发）。《返还规定》第十条中“冻结银行”指冻结账户的归属行在冻结地公安机关所在的省一级分支机构。如该银行在冻结地尚未设立分支机构的，冻结公安机关可就近选择该行公安机关所在地其他省一级分支机构办理。

第二十五条 冻结银行受理资金返还时，可以向冻结公安机关所在地的省级反诈骗中心（附件4）电话核实办案民警身份，并按照第二十二条、第二十三条规定，审核冻结公安机关提供的材料。身份有疑问或材料不齐全的，冻结银行有权拒绝办理资金返还工作。

第二十六条 资金返还时，冻结银行发现该冻结账户还有被其他司法部门冻结的，可暂停资金返还工作。协商一致同意并出具加盖司法部门公章函件后，方可启动资金返还工作。

第二十七条 银行业金融机构仅承担审核司法手续齐全性、完备性和核实民警身份的责任，不承担因执行公安机关返还通知书而产生的责任。

第二十八条 各级公安机关和银行业金融机构要认真贯彻落实《返还规定》，切实做好涉案冻结资金返还工作。银监会、公安部将对相关工作进行监督检查，对于不落实《返还规定》造成不良影响的，严肃追究责任，并进行通报。

（六）网络犯罪案件的一般证据问题

1.《最高人民法院、最高人民检察院、公安部关于办理网络犯罪案件适用刑事诉讼程序若干问题的意见》（公通字〔2014〕10号，2014年5月4日发布）

19. 采取技术侦查措施收集的材料作为证据使用的，应当随案移送批准采取技术侦查措施的法律文书和所收集的证据材料。使用有关证据材料可能危及有关人员的人身安全，或者可能产生其他严重后果的，应当采取不暴露有关人员身份、技术方法等保护措施，必要时，可以由审判人员在庭外进行核实。

20. 对针对或者组织、教唆、帮助不特定多数人实施的网络犯罪案件，确因客观条件限制无法逐一收集相关言词证据的，可以根据记录被害人数、被侵害的计算机信息系统数量、涉案资金数额等犯罪事实的电子数据、书证等证据材料，在慎重审查被告人及其辩护人所提辩解、辩护意见的基础上，综合全案证据材料，对相关犯罪事实作出认定。

2. 关于办理网络犯罪案件适用刑事诉讼程序若干问题的意见理解与适用①

明确了重大网络犯罪案件的技术侦查措施。依据《刑事诉讼法》第 148 条和《公安机关办理刑事案件程序规定》第 254 条的相关规定，对严重危害社会的重大网络犯罪案件，公安机关在立案以后根据侦查犯罪的需要，经过严格的批准手续，可以采取电子侦听、电子监控、秘密获取某些物证等技术侦查措施。《办理网络犯罪案件适用刑事诉讼程序意见》第 19 条进一步规定，采取技术侦查措施收集的材料作为证据使用的，应当随案移送批准采取技术侦查措施的法律文书和所收集的证据材料。使用有关证据材料可能危及有关人员的人身安全，或者可能产生其他严重后果的，应当采取不暴露有关人员身份、技术方法等保护措施，必要的时候，可以由审判人员在庭外进行核实。

对涉众型网络犯罪的有关证明标准作了规定。针对或者组织、教唆、帮助不特定多数人实施的涉众型网络犯罪案件，受犯罪嫌疑人或者被害人、证人人数众多，地域分布广泛等条件的限制，客观上有时无法逐一收集相关言词证据，如有的网络诈骗、盗窃、传销等犯罪案件，犯罪行为人的银行账号中可能有数万甚至数十万笔被害人、证人的汇款记录，难以逐一对被害人、证人进行调查核实。为依法准确打击涉众型网络犯罪，及时惩罚犯罪分子，《办理网络犯罪案件适用刑事诉讼程序意见》第 20 条予以了明确。实践中适用该条时应当注意和把握以下 3 个条件：一是只能适用于涉众型网络犯罪，即针对或者组织、教唆、帮助不特定多数人实施的网络犯罪案件，不能适用于其他的一般网络犯罪案件；二是必须是确因客观条件无法逐一收集言词证据；三是必须有电子数据、书证等证据材料，能够证明被害人数、被侵入的计算机信息系统数量、涉案资金数额等犯罪事实，并且相应的客观性证据能够相互印证。

3. 最高人民检察院《人民检察院办理网络犯罪案件规定》（2021 年 1 月 22 日印发）

第十七条　认定网络犯罪的犯罪嫌疑人，应当结合全案证据，围绕犯罪嫌疑人与原始存储介质、电子数据的关联性、犯罪嫌疑人网络身份与现实身份的同一性，注重审查以下内容：

（一）扣押、封存的原始存储介质是否为犯罪嫌疑人所有、持有或者使用；

---

① 吴孟栓、侯庆奇：《〈关于办理网络犯罪案件适用刑事诉讼程序若干问题的意见〉理解与适用》，载《人民检察》2014 年第 14 期。

（二）社交、支付结算、网络游戏、电子商务、物流等平台的账户信息、身份认证信息、数字签名、生物识别信息等是否与犯罪嫌疑人身份关联；

（三）通话记录、短信、聊天信息、文档、图片、语音、视频等文件内容是否能够反映犯罪嫌疑人的身份；

（四）域名、IP 地址、终端 MAC 地址、通信基站信息等是否能够反映电子设备为犯罪嫌疑人所使用；

（五）其他能够反映犯罪嫌疑人主体身份的内容。

第十八条 认定犯罪嫌疑人的客观行为，应当结合全案证据，围绕其利用的程序工具、技术手段的功能及其实现方式、犯罪行为和结果之间的关联性，注重审查以下内容：

（一）设备信息、软件程序代码等作案工具；

（二）系统日志、域名、IP 地址、WiFi 信息、地理位置信息等是否能够反映犯罪嫌疑人的行为轨迹；

（三）操作记录、网络浏览记录、物流信息、交易结算记录、即时通信信息等是否能够反映犯罪嫌疑人的行为内容；

（四）其他能够反映犯罪嫌疑人客观行为的内容。

第十九条 认定犯罪嫌疑人的主观方面，应当结合犯罪嫌疑人的认知能力、专业水平、既往经历、人员关系、行为次数、获利情况等综合认定，注重审查以下内容：

（一）反映犯罪嫌疑人主观故意的聊天记录、发布内容、浏览记录等；

（二）犯罪嫌疑人行为是否明显违背系统提示要求、正常操作流程；

（三）犯罪嫌疑人制作、使用或者向他人提供的软件程序是否主要用于违法犯罪活动；

（四）犯罪嫌疑人支付结算的对象、频次、数额等是否明显违反正常交易习惯；

（五）犯罪嫌疑人是否频繁采用隐蔽上网、加密通信、销毁数据等措施或者使用虚假身份；

（六）其他能够反映犯罪嫌疑人主观方面的内容。

第二十条 认定犯罪行为的情节和后果，应当结合网络空间、网络行为的特性，从违法所得、经济损失、信息系统的破坏、网络秩序的危害程度以及对被害人的侵害程度等综合判断，注重审查以下内容：

（一）聊天记录、交易记录、音视频文件、数据库信息等能够反映犯罪嫌疑人违法所得、获取和传播数据及文件的性质、数量的内容；

（二）账号数量、信息被点击次数、浏览次数、被转发次数等能够反映犯罪行为对网络空间秩序产生影响的内容；

（三）受影响的计算机信息系统数量、服务器日志信息等能够反映犯罪行为对信息网络运行造成影响程度的内容；

（四）被害人数量、财产损失数额、名誉侵害的影响范围等能够反映犯罪行为对被害人的人身、财产等造成侵害的内容；

（五）其他能够反映犯罪行为情节、后果的内容。

第二十一条　人民检察院办理网络犯罪案件，确因客观条件限制无法逐一收集相关言词证据的，可以根据记录被害人人数、被侵害的计算机信息系统数量、涉案资金数额等犯罪事实的电子数据、书证等证据材料，在审查被告人及其辩护人所提辩解、辩护意见的基础上，综合全案证据材料，对相关犯罪事实作出认定。

第二十二条　对于数量众多的同类证据材料，在证明是否具有同样的性质、特征或者功能时，因客观条件限制不能全部验证的，可以进行抽样验证。

第二十三条　对鉴定意见、电子数据等技术性证据材料，需要进行专门审查的，应当指派检察技术人员或者聘请其他有专门知识的人进行审查并提出意见。

第二十四条　人民检察院在审查起诉过程中，具有下列情形之一的，可以依法自行侦查：

（一）公安机关未能收集的证据，特别是存在灭失、增加、删除、修改风险的电子数据，需要及时收集和固定的；

（二）经退回补充侦查未达到补充侦查要求的；

（三）其他需要自行侦查的情形。

第二十五条　自行侦查由检察官组织实施，开展自行侦查的检察人员不得少于二人。需要技术支持和安全保障的，由人民检察院技术部门和警务部门派员协助。必要时，可以要求公安机关予以配合。

第二十六条　人民检察院办理网络犯罪案件的部门，发现或者收到侵害国家利益、社会公共利益的公益诉讼案件线索的，应当及时移送负责公益诉讼的部门处理。

4.《最高人民法院关于适用〈中华人民共和国刑事诉讼法〉的解释》(法释〔2021〕1号，2021年3月1日起施行)

第七十二条 应当运用证据证明的案件事实包括：

（一）被告人、被害人的身份；

（二）被指控的犯罪是否存在；

（三）被指控的犯罪是否为被告人所实施；

（四）被告人有无刑事责任能力，有无罪过，实施犯罪的动机、目的；

（五）实施犯罪的时间、地点、手段、后果以及案件起因等；

（六）是否系共同犯罪或者犯罪事实存在关联，以及被告人在犯罪中的地位、作用；

（七）被告人有无从重、从轻、减轻、免除处罚情节；

（八）有关涉案财物处理的事实；

（九）有关附带民事诉讼的事实；

（十）有关管辖、回避、延期审理等的程序事实；

（十一）与定罪量刑有关的其他事实。

认定被告人有罪和对被告人从重处罚，适用证据确实、充分的证明标准。

第七十五条 行政机关在行政执法和查办案件过程中收集的物证、书证、视听资料、电子数据等证据材料，经法庭查证属实，且收集程序符合有关法律、行政法规规定的，可以作为定案的根据。

根据法律、行政法规规定行使国家行政管理职权的组织，在行政执法和查办案件过程中收集的证据材料，视为行政机关收集的证据材料。

第七十七条 对来自境外的证据材料，人民检察院应当随案移送有关材料来源、提供人、提取人、提取时间等情况的说明。经人民法院审查，相关证据材料能够证明案件事实且符合刑事诉讼法规定的，可以作为证据使用，但提供人或者我国与有关国家签订的双边条约对材料的使用范围有明确限制的除外；材料来源不明或者真实性无法确认的，不得作为定案的根据。

当事人及其辩护人、诉讼代理人提供来自境外的证据材料的，该证据材料应当经所在国公证机关证明，所在国中央外交主管机关或者其授权机关认证，并经中华人民共和国驻该国使领馆认证，或者履行中华人民共和国与该所在国订立的有关条约中规定的证明手续，但我国与该国之间有互免认证协定的除外。

（七）本书涉及的其他技术法律术语解释

1. 电话实名制

根据《全国人民代表大会常务委员会关于加强网络信息保护的决定》《电信条例》《电话用户真实身份信息登记规定》，电话用户真实身份信息登记（以下称实名登记）于2013年9月1日起全面实施。电话用户真实身份信息登记，是指电信业务经营者为用户办理固定电话、移动电话（含无线上网卡，下同）等入网手续，在与用户签订协议或者确认提供服务时，如实登记用户提供的真实身份信息的活动。入网是指用户办理固定电话装机、移机、过户，移动电话开户、过户等。电信业务经营者为用户办理入网手续时，应当要求用户出示有效证件、提供真实身份信息，用户应当予以配合。用户拒绝出示有效证件，拒绝提供其证件上所记载的身份信息，冒用他人的证件，或者使用伪造、变造的证件的，电信业务经营者不得为其办理入网手续。

2. 绑定账号

包括手机号码绑定账号和邮箱绑定账号。是指网络服务提供商要求一个网络账号与一个手机号或邮箱账号形成一一对应关系。

3. 验证码（CAPTCHA）

是“Completely Automated Public Turing test totell Computers and Humans Apart”（全自动区分计算机和人类的图灵测试）的缩写，是计算机对自然人的识别和确认，在网页上显示为一张图片，图片上有以非规则形式暂时的文字、字母、数字、图像等。一般认为计算机程序无法自动识别验证码图片的内容，能识别出图片内容的用户被认为是自然人。设置验证码在于防止采用特定程序暴力破解方式进行的登录尝试，以杜绝计算机自动实施的恶意破解密码、刷票、论坛灌水等。

4. 手机验证码

手机验证码是用户在开通（或关闭）服务过程中，将手机号码输入到相关页面后，系统通过发送一串数字的验证信息到手机，用于识别该服务系该手机号码的拥有者开通（或关闭）的。手机验证码基于手机卡实名制，可以验证用户的准确性，保证当前用户使用服务环境的安全，是相对有效的验证码系统。只有用户将这条验证码再输入到页面上，系统通过验证后才可以开通（或关闭）相关业务。

5. 打码

是利用人工智能大量输入验证码的意思。专门从事打码的工作人员，被称为打码工作者、打码人或者码工。注册软件能模拟所有的网络操作，但不能完成图灵测试。这时候，注册软件将验证码图像输送到客户端，并等待输入。打码人通过识别验证码图像，输入正确的验证码，从而帮助软件完整注册操作。同时，随着科技的发展，自动打码平台应运而生，可支持数字、汉字、英文字母、图片、答题等各种形式的验证码的智能识别。

6. 猫池

是硬件设备商提供的主要硬件设备。猫池接入手机卡，可以模拟手机提供接打电话、收发短信，拨号上网，网页浏览等服务。可为恶意注册提供读取手机号码和网站发送到该手机号码上的短信内容，从而使其能完成注册过程。

7. 吸粉

网络用语，指增加粉丝数量，吸引人气。该词频繁被用于现代互联网社交平台中，主要形容用户“吸引粉丝”“粉丝数量增加”的方法或现象。既是一种方法又是一种现象的描述，以此来获取关注度的提升和自身知名度，达到自我推广的目的。

8. 访问操作日志

是指为审查电子数据是否被增加、删除或者修改，由计算机信息系统自动生成的对电子数据访问、操作情况的详细记录。

9. 最高人民检察院《人民检察院办理网络犯罪案件规定》（2021 年 1 月 22 日印发）

第六十二条　本规定中下列用语的含义：

（一）信息网络，包括以计算机、电视机、固定电话机、移动电话机等电子设备为终端的计算机互联网、广播电视网、固定通信网、移动通信网等信息网络，以及局域网络；

（二）存储介质，是指具备数据存储功能的电子设备、硬盘、光盘、优盘、记忆棒、存储芯片等载体；

（三）完整性校验值，是指为防止电子数据被篡改或者破坏，使用散列算法等特定算法对电子数据进行计算，得出的用于校验数据完整性的数据值；

（四）数字签名，是指利用特定算法对电子数据进行计算，得出的用于验证电子数据来源和完整性的数据值；

（五）数字证书，是指包含数字签名并对电子数据来源、完整性进行认证的电子文件；

（六）生物识别信息，是指计算机利用人体所固有的生理特征（包括人脸、指纹、声纹、虹膜、DNA 等）或者行为特征（步态、击键习惯等）来进行个人身份识别的信息；

（七）运行脚本，是指使用一种特定的计算机编程语言，依据符合语法要求编写的执行指定操作的可执行文件；

（八）数据镜像，是指二进制（0101 排序的数据码流）相同的数据复制件，与原件的内容无差别；

（九）MAC 地址，是指计算机设备中网卡的唯一标识，每个网卡有且只有一个 MAC 地址。

二、电子数据的收集、审查

（一）电子数据的界定

1.《最高人民法院、最高人民检察院、公安部关于办理刑事案件收集提取和审查判断电子数据若干问题的规定》（法发〔2016〕22 号，2016 年 9 月 9 日印发）

第一条 电子数据是案件发生过程中形成的，以数字化形式存储、处理、传输的，能够证明案件事实的数据。

电子数据包括但不限于下列信息、电子文件：

（一）网页、博客、微博客、朋友圈、贴吧、网盘等网络平台发布的信息；

（二）手机短信、电子邮件、即时通信、通讯群组等网络应用服务的通信信息；

（三）用户注册信息、身份认证信息、电子交易记录、通信记录、登录日志等信息；

（四）文档、图片、音视频、数字证书、计算机程序等电子文件。

以数字化形式记载的证人证言、被害人陈述以及犯罪嫌疑人、被告人供述和辩解等证据，不属于电子数据。确有必要的，对相关证据的收集、提取、移送、审查，可以参照适用本规定。

2. 关于办理刑事案件收集提取和审查判断电子数据若干问题的规定的理解与适用①

1. 电子数据的界定。《最高人民法院、最高人民检察院、公安部关于办理刑事案件收集提取和审查判断电子数据若干问题的规定》第1条采取“概括+列举+排除”的方式，对电子数据作了明确界定。之所以限定为“案件发生过程中”，是为了将案件发生后形成的证人证言、被害人陈述以及犯罪嫌疑人、被告人供述和辩解等电子化的言词证据排除在外。对“案件发生过程中”不应作过于狭义的把握，从而理解为必须是实行行为发生过程中。例如，性侵犯罪发生前行为人与被害人往来的短信、网络诈骗实施前行为人设立的钓鱼网站等，只要与案件事实相关的，均可以视为“案件发生过程中”形成的电子数据。需要注意的是，其一，以数字化形式存储的音视频属于电子数据而非视听资料，而以模拟信号存储的磁带、录像带等音视频仍然属于视听资料。其二，上述信息虽然都属于电子数据，但对不同类型的电子数据的取证程序要求可能存在差别，如对于通信信息的收集、提取可能涉及技术侦查措施，应当经过严格的批准手续。

电子数据是一种新的证据类型，我们认为，不宜单纯依据载体形式区分证据类型。以笔录形式记载的证人证言、被害人陈述以及犯罪嫌疑人、被告人供述和辩解等言词证据，虽然记载形式是笔录，但在证据分类上应纳入言词证据而非笔录的范畴。同理，以数字化形式记载的言词证据，虽然载体是电子数据，但在证据分类上也应纳入言词证据而非电子数据的范畴。更重要的是，根据刑事诉讼法的规定，不同类型的证据在取证方法、取证程序上有不同的要求，对有关证据审查判断的要点也不同。例如，对于以录像形式反映的犯罪嫌疑人供述，不仅要审查录像提取、保管、移送等是否符合相应要求，更要审查讯问的主体、方法、程序等是否符合法律规定。

（二）电子数据的取证与审查

1.《最高人民法院、最高人民检察院、公安部关于办理网络犯罪案件适用刑事诉讼程序若干问题的意见》（公通字〔2014〕10号，2014年5月4日发布）

13. 收集、提取电子数据，应当由二名以上具备相关专业知识的侦查人员进行。取证设备和过程应当符合相关技术标准，并保证所收集、提取的电子数据的

---

① 周加海、喻海松：《〈关于办理刑事案件收集提取和审查判断电子数据若干问题的规定〉的理解与适用》，载《人民司法》2017年第28期。

完整性、客观性。

14. 收集、提取电子数据，能够获取原始存储介质的，应当封存原始存储介质，并制作笔录，记录原始存储介质的封存状态，由侦查人员、原始存储介质持有人签名或者盖章；持有人无法签名或者拒绝签名的，应当在笔录中注明，由见证人签名或者盖章。有条件的，侦查人员应当对相关活动进行录像。

15. 具有下列情形之一，无法获取原始存储介质的，可以提取电子数据，但应当在笔录中注明不能获取原始存储介质的原因、原始存储介质的存放地点等情况，并由侦查人员、电子数据持有人、提供人签名或者盖章；持有人、提供人无法签名或者拒绝签名的，应当在笔录中注明，由见证人签名或者盖章；有条件的，侦查人员应当对相关活动进行录像：

（1）原始存储介质不便封存的；

（2）提取计算机内存存储的数据、网络传输的数据等不是存储在存储介质上的电子数据的；

（3）原始存储介质位于境外的；

（4）其他无法获取原始存储介质的情形。

16. 收集、提取电子数据应当制作笔录，记录案由、对象、内容，收集、提取电子数据的时间、地点、方法、过程，电子数据的清单、规格、类别、文件格式、完整性校验值等，并由收集、提取电子数据的侦查人员签名或者盖章。远程提取电子数据的，应当说明原因，有条件的，应当对相关活动进行录像。通过数据恢复、破解等方式获取被删除、隐藏或者加密的电子数据的，应当对恢复、破解过程和方法作出说明。

17. 收集、提取的原始存储介质或者电子数据，应当以封存状态随案移送，并制作电子数据的复制件一并移送。

对文档、图片、网页等可以直接展示的电子数据，可以不随案移送电子数据打印件，但应当附有展示方法说明和展示工具；人民法院、人民检察院因设备等条件限制无法直接展示电子数据的，公安机关应当随案移送打印件。

对侵入、非法控制计算机信息系统的程序、工具以及计算机病毒等无法直接展示的电子数据，应当附有电子数据属性、功能等情况的说明。

对数据统计数量、数据同一性等问题，公安机关应当出具说明。

18. 对电子数据涉及的专门性问题难以确定的，由司法鉴定机构出具鉴定意见，或者由公安部指定的机构出具检验报告。

2. 关于办理网络犯罪案件适用刑事诉讼程序若干问题的意见的理解与适用①

1. 电子数据取证人员资质与技术要求。电子数据的取证与传统物证的取证方式和过程有很大差别，需要取证人员具有一定的专业知识和技术水平，且取证设备和过程也要符合一定的技术规范和操作流程。基于此，《最高人民法院、最高人民检察院、公安部关于办理网络犯罪案件适用刑事诉讼程序若干问题的意见》明确，收集、提取电子数据，应当由二名以上具备相关专业知识的侦查人员进行。取证设备和过程应当符合相关技术标准，并保证所收集、提取的电子数据的完整性、客观性。需要注意的是，本条只是原则性规定，具体标准公安部将通过相关规范性文件作出详细规定。

2. 电子数据取证原则。《最高人民法院、最高人民检察院、公安部关于办理网络犯罪案件适用刑事诉讼程序若干问题的意见》明确电子数据取证以原始存储介质为原则、以直接提取电子数据为例外的规则。同其他证据种类不同，电子数据不存在"原始电子数据"的概念，但是有"原始存储介质"的概念。由于电子数据的电子性，电子数据不同于物证、书证等其他证据种类，其可以完全同原始存储介质分离开来。例如，存储于计算机中的电子文档，可以同计算机这一存储介质分开来，存储于移动硬盘、U 盘等存储介质之中。而且，对电子数据的复制可以确保与原数据的完全一致性，复制后的电子数据与原数据没有任何差异。与此不同，物证、书证等证据无法同原始存储介质完全区分开来，更无法采取确保与原物、原件完全一致的方式予以复制。例如，一封作为书证使用的书信，书信的原始内容无法同原始载体完全分离开来，只能存在于原始的纸张这一载体之上，即使采取彩色复印等方式进行复制，也无法确保复制后的书信同原件的完全一致。基于上述考虑，使用"原始电子数据"这个概念没有任何意义，对于电子数据而言，不存在"原始电子数据"的概念。但是，电子数据原始存储介质这个概念是有意义的，这表明电子数据是存储在原始的介质之中，即取证时是将存储介质予以扣押，并作为证据移送，而非运用其他存储介质将该电子数据从原始介质中提取。因此，可以将电子数据区分为电子数据是随原始存储介质移送，还是在无法获取原始存储介质的情况下通过其他存储介质予以收集。为保证电子数据的完整性，收集电子数据时应尽量获取电子数据原始存储介质。对于

① 喻海松：《〈关于办理网络犯罪案件适用刑事诉讼程序若干问题的意见〉的理解与适用》，载《人民司法》2014 年第 17 期。

无法获取或者封存原始存储介质的，应当通过见证人、录音录像等方式确保其完整性。具体而言：（1）收集、提取电子数据，能够获取原始存储介质的，应当封存原始存储介质，并制作笔录，记录原始存储介质的封存状态，由侦查人员、原始存储介质持有人签名或者盖章；持有人无法签名或者拒绝签名的，应当在笔录中注明，由见证人签名或者盖章。有条件的，侦查人员应当对相关活动进行录像。（2）无法获取原始存储介质的，可以提取电子数据，但应当在笔录中注明不能获取原始存储介质的原因、原始存储介质的存放地点等情况，并由侦查人员、电子数据持有人、提供人签名或者盖章；持有人、提供人无法签名或者拒绝签名的，应当在笔录中注明，由见证人签名或者盖章；有条件的，侦查人员应当对相关活动进行录像。从实践来看，无法获取原始存储介质的情形主要如下：（1）原始存储介质不便封存的。从实践来看，有些情况下难以将原始存储介质封存或者全盘复制、提取，如网络服务器一般采取集中存储的方式，其硬盘动辄成百上千 T，但其中很多内容与案件无关，不必收集，在这种情况下一般只提取与案件相关的部分数据。此外，银行、网络运营商、服务商等证据持有人，在配合公安机关调取注册信息、登录日志、交易流水等证据材料时，一般不便对原始存储介质进行封存，而是提供电子版材料。（2）提取计算机内存存储的数据、网络传输的数据等不是存储在存储介质上的电子数据的。由于这些数据不是存储在存储介质之上，自然无法封存原始存储介质。而且，这些信息必须在开机运行的状态下获取，一旦关机或者重新启动系统，电子数据就会消失，难以再次获取。（3）原始存储介质位于境外的。对位于境外的服务器无法直接获取原始存储介质，一般只能通过远程方式提取电子数据。（4）其他无法获取原始存储介质的情形。

3. 收集、提取电子数据的笔录制作要求。为保证获取的电子数据的完整性和真实性，应当对相关案件情况、对象信息以及取证过程、方法和获取的电子数据的完整性校验值等信息做出记录，以便必要时可以追溯。因此，《最高人民法院、最高人民检察院、公安部关于办理网络犯罪案件适用刑事诉讼程序若干问题的意见》要求电子数据取证应当制作笔录，并对笔录的具体内容作了规定。具体而言，收集、提取电子数据应当制作笔录，记录案由、对象、内容，收集、提取电子数据的时间、地点、方法、过程，电子数据的清单、规格、类别、文件格式、完整性校验值等，并由收集、提取电子数据的侦查人员签名或者盖章。远程提取电子数据的，应当说明原因，有条件的，应当对相关活动进行录像。通过数据恢复、破解等方式获取被删除、隐藏或者加密的电子数据的，应当对恢复、破解过程和方法作出说明。实践中应当特别注意的是，为了确保电子数据的真实性，应当按照要求在第一时间计算完整性校验值，并在笔录中注明，以确保其在分析前不会被修改。

4．电子数据的移送规则。关于电子数据的移送规则，《最高人民法院、最高人民检察院、公安部关于办理网络犯罪案件适用刑事诉讼程序若干问题的意见》主要明确了如下几个问题：（1）考虑到电子数据存在易丢失的问题，同时也为了便于审查电子数据是否被改动，该司法解释要求收集、提取的原始存储介质或者电子数据，应当以封存状态随案移送，并制作电子数据的复制件一并移送。（2）从司法实践看，电子数据可以分为两类：一类是可以直接展示的电子数据，如电子文档、图片等；另一类是无法直接展示的电子数据，如计算机病毒等破坏性程序等。对于前者，可以直接通过展示电子数据查看，没有必要移送打印件（特别是在电子文档等特别大，导致打印件的数量繁多的情况下）；而对于后者，则无法以打印件的形式予以展示，无法移送打印件。因此，《最高人民法院关于适用〈中华人民共和国刑事诉讼法〉的解释》未要求移送电子数据的打印件。此次征求意见过程中，有意见提出，当前少数基层法院的法庭设备尚无法展示诸多格式的电子数据，庭审中对关键电子数据的质证和审查仍通过打印件的形式进行。基于这一实际情况，《最高人民法院、最高人民检察院、公安部关于办理网络犯罪案件适用刑事诉讼程序若干问题的意见》专门规定："人民法院、人民检察院因设备等条件限制无法直接展示电子数据的，公安机关应当随案移送打印件。"同时，为了便于检察院法院审查，该司法解释专门规定对于可以直接展示的电子数据必须附有展示方法说明和展示工具。此外，对于计算机病毒等无法直接展示的电子数据，无所谓打印件的问题。为了便于检察院法院审查，该司法解释专门要求附有相关说明。（3）实践中，对于数据统计数量、数据同一性等问题的审查经常出现，且审查的难度较大，故该司法解释专门要求由公安机关出具说明。数据统计数量在网络赌博、网络传销等案件中经常涉及，不同网站对投注额与虚拟点数对应的算法不一致，同一网站对不同层级用户计算方法也会不同，侦查人员需要根据不同算法将虚拟点数折算成真实金额后再提交证据。数据同一性在网络侵犯知识产权犯罪案件中经常涉及，即认定盗版软件与正版软件的同一性，一般包括软件代码的相似度，安装软件后生成的文件对比，或者在使用过程中屏幕显示内容、功能设置等项目比对，通常情况下相似度达到一定程度的都会认定为侵权盗版。

5. 电子数据的鉴定与检验。电子数据鉴定难是困扰网络犯罪案件办理的难题。为解决这一实际困难，根据《最高人民法院关于适用〈中华人民共和国刑事诉讼法〉的解释》的相关规定，《最高人民法院、最高人民检察院、公安部关于办理网络犯罪案件适用刑事诉讼程序若干问题的意见》规定对电子数据涉及的专门性问题难以确定的，可以由司法鉴定机构出具鉴定意见，或者由公安部指定的机构出具检验报告，从而确立了鉴定与检验“两条腿走路”的原则。对于电子数据的检验机构（包括公安部门的检验机构和社会检验机构），公安部可以根据《最高人民法院、最高人民检察院、公安部关于办理网络犯罪案件适用刑事诉讼程序若干问题的意见》的规定进行指定。在对相关机构的确定过程中，宜综合考虑有关机构的技术、设备情况，并适度考虑区域平衡性。

3.《公安机关办理刑事案件电子数据取证规则》（2019 年 2 月 1 日起施行）

第二条　公安机关办理刑事案件应当遵守法定程序，遵循有关技术标准，全面、客观、及时地收集、提取涉案电子数据，确保电子数据的真实、完整。

第三条　电子数据取证包括但不限于：

（一）收集、提取电子数据；

（二）电子数据检查和侦查实验；

（三）电子数据检验与鉴定。

第四条　公安机关电子数据取证涉及国家秘密、警务工作秘密、商业秘密、个人隐私的，应当保密；对于获取的材料与案件无关的，应当及时退还或者销毁。

第五条　公安机关接受或者依法调取的其他国家机关在行政执法和查办案件过程中依法收集、提取的电子数据可以作为刑事案件的证据使用。

4.《公安机关办理刑事案件电子数据取证规则》的理解与适用①

（一）明确了电子数据取证的阶段划分。实践中，传统物证在侦查过程中一般只涉及两个阶段，即现场勘验、搜查、提取、扣押阶段以及鉴定阶段，一般工作在现场即可完成，对于专门性技术问题则可通过鉴定解决。而电子数据则不同，收集提取后往往需要公安机关进行恢复、破解、搜索、仿真、关联、统计、

---

① 田虹、翟晓飞、王艺筱：《〈公安机关办理刑事案件电子数据取证规则〉的理解与适用》，载《派出所工作》2019 年第 3 期。

比对等处理后，才能更好地展示。而这些处理仅是对收集提取电子数据的进一步整理，既不是收集提取电子数据，也不涉及专门性技术问题的鉴定，该特殊阶段在《最高人民法院、最高人民检察院、公安部关于办理刑事案件收集提取和审查判断电子数据若干问题的规定》中明确为对电子数据的检查。为此《公安机关办理刑事案件电子数据取证规则》第3条将电子数据取证划分为3个阶段，即收集、提取电子数据，电子数据检查和侦查实验，电子数据检验与鉴定。

5.《最高人民法院关于适用〈中华人民共和国刑事诉讼法〉的解释》（法释〔2021〕1号，2021年3月1日起施行）

第一百一十条　对电子数据是否真实，应当着重审查以下内容：

（一）是否移送原始存储介质；在原始存储介质无法封存、不便移动时，有无说明原因，并注明收集、提取过程及原始存储介质的存放地点或者电子数据的来源等情况；

（二）是否具有数字签名、数字证书等特殊标识；

（三）收集、提取的过程是否可以重现；

（四）如有增加、删除、修改等情形的，是否附有说明；

（五）完整性是否可以保证。

第一百一十一条　对电子数据是否完整，应当根据保护电子数据完整性的相应方法进行审查、验证：

（一）审查原始存储介质的扣押、封存状态；

（二）审查电子数据的收集、提取过程，查看录像；

（三）比对电子数据完整性校验值；

（四）与备份的电子数据进行比较；

（五）审查冻结后的访问操作日志；

（六）其他方法。

第一百一十二条　对收集、提取电子数据是否合法，应当着重审查以下内容：

（一）收集、提取电子数据是否由二名以上调查人员、侦查人员进行，取证方法是否符合相关技术标准；

（二）收集、提取电子数据，是否附有笔录、清单，并经调查人员、侦查人员、电子数据持有人、提供人、见证人签名或者盖章；没有签名或者盖章的，是否注明原因；对电子数据的类别、文件格式等是否注明清楚；

（三）是否依照有关规定由符合条件的人员担任见证人，是否对相关活动进行录像；

（四）采用技术调查、侦查措施收集、提取电子数据的，是否依法经过严格的批准手续；

（五）进行电子数据检查的，检查程序是否符合有关规定。

第一百一十三条　电子数据的收集、提取程序有下列瑕疵，经补正或者作出合理解释的，可以采用；不能补正或者作出合理解释的，不得作为定案的根据：

（一）未以封存状态移送的；

（二）笔录或者清单上没有调查人员或者侦查人员、电子数据持有人、提供人、见证人签名或者盖章的；

（三）对电子数据的名称、类别、格式等注明不清的；

（四）有其他瑕疵的。

第一百一十四条　电子数据具有下列情形之一的，不得作为定案的根据：

（一）系篡改、伪造或者无法确定真伪的；

（二）有增加、删除、修改等情形，影响电子数据真实性的；

（三）其他无法保证电子数据真实性的情形。

第一百一十五条　对视听资料、电子数据，还应当审查是否移送文字抄清材料以及对绰号、暗语、俗语、方言等不易理解内容的说明。未移送的，必要时，可以要求人民检察院移送。

（三）收集提取和审查判断电子数据的原则性要求

1.《最高人民法院、最高人民检察院、公安部关于办理刑事案件收集提取和审查判断电子数据若干问题的规定》（法发〔2016〕22号，2016年9月9日印发）

第二条　侦查机关应当遵守法定程序，遵循有关技术标准，全面、客观、及时地收集、提取电子数据；人民检察院、人民法院应当围绕真实性、合法性、关联性审查判断电子数据。

第三条　人民法院、人民检察院和公安机关有权依法向有关单位和个人收集、调取电子数据。有关单位和个人应当如实提供。

第四条　电子数据涉及国家秘密、商业秘密、个人隐私的，应当保密。

第五条　对作为证据使用的电子数据，应当采取以下一种或者几种方法保护电子数据的完整性：

（一）扣押、封存电子数据原始存储介质；

（二）计算电子数据完整性校验值；

（三）制作、封存电子数据备份；

（四）冻结电子数据；

（五）对收集、提取电子数据的相关活动进行录像；

（六）其他保护电子数据完整性的方法。

2. 关于办理刑事案件收集提取和审查判断电子数据若干问题的规定的理解与适用①

3. 保护电子数据完整性的方法。完整性是指收集、提取的电子数据保持未被篡改、破坏的状态。可以说，电子数据完整性是真实性的要素之一，甚至是最重要的要素。基于此，《最高人民法院、最高人民检察院、公安部关于办理刑事案件收集提取和审查判断电子数据若干问题的规定》第5条规定了完整性的保护方法。具体而言，对作为证据使用的电子数据，应当采取以下一种或者几种方法保护电子数据的完整性：（1）扣押、封存电子数据原始存储介质。存储介质，是指具备数据信息存储功能的电子设备、硬盘、光盘、优盘、记忆棒、存储卡、存储芯片等载体。原始存储介质即存储电子数据的原始载体。司法实践中，对于有条件扣押电子数据原始存储介质的，应当依法扣押并封存原始存储介质。（2）计算电子数据完整性校验值。完整性校验值，是指为防止电子数据被篡改或者破坏，使用散列算法等特定算法对电子数据进行计算，得出的用于校验数据完整性的数据值。实践中要求第一时间计算完整性校验值，并在笔录中注明。当需要验证电子数据是否完整、是否被增加、删除、修改时，便可以采用同一算法对电子数据再计算一次，将两次所得的值进行比较，如果一致则证明电子数据没有发生变化，如果不一致则证明电子数据发生了变化。（3）制作、封存电子数据备份。具体操作中，可以制作多个备份，封存其中部分备份件，将其余备份件用于进一步的侦查。（4）冻结电子数据。即通过技术手段，锁定相关电子数据，防止对其进行增加、删除、修改等操作。（5）对收集、提取电子数据的相关活动进行录像。鉴于录音相较于录像反映的信息量不足，此处要求录像，而非录音或者录像。（6）其他保护电子数据完整性的方法。需要强调的是，收集、提取

① 周加海、喻海松：《〈关于办理刑事案件收集提取和审查判断电子数据若干问题的规定〉的理解与适用》，载《人民司法》2017年第28期。

电子数据的情形复杂多样，实践中应当灵活掌握相应的完整性保护方法，至少采取一种，有条件的情况下应当采取多种。

3.《公安机关办理刑事案件电子数据取证规则》(2019 年 2 月 1 日起施行)

第六条　收集、提取电子数据，应当由二名以上侦查人员进行。必要时，可以指派或者聘请专业技术人员在侦查人员主持下进行收集、提取电子数据。

第七条　收集、提取电子数据，可以根据案情需要采取以下一种或者几种措施、方法：

（一）扣押、封存原始存储介质；

（二）现场提取电子数据；

（三）网络在线提取电子数据；

（四）冻结电子数据；

（五）调取电子数据。

第八条　具有下列情形之一的，可以采取打印、拍照或者录像等方式固定相关证据：

（一）无法扣押原始存储介质并且无法提取电子数据的；

（二）存在电子数据自毁功能或装置，需要及时固定相关证据的；

（三）需现场展示、查看相关电子数据的。

根据前款第二、三项的规定采取打印、拍照或者录像等方式固定相关证据后，能够扣押原始存储介质的，应当扣押原始存储介质；不能扣押原始存储介质但能够提取电子数据的，应当提取电子数据。

第九条　采取打印、拍照或者录像方式固定相关证据的，应当清晰反映电子数据的内容，并在相关笔录中注明采取打印、拍照或者录像等方式固定相关证据的原因，电子数据的存储位置、原始存储介质特征和所在位置等情况，由侦查人员、电子数据持有人（提供人）签名或者盖章；电子数据持有人（提供人）无法签名或者拒绝签名的，应当在笔录中注明，由见证人签名或者盖章。

（四）电子数据的收集与提取

1.《最高人民法院、最高人民检察院、公安部关于办理刑事案件收集提取和审查判断电子数据若干问题的规定》(法发〔2016〕22 号，2016 年 19 月 9 日印发)

第七条　收集、提取电子数据，应当由二名以上侦查人员进行。取证方法应当符合相关技术标准。

第八条 收集、提取电子数据，能够扣押电子数据原始存储介质的，应当扣押、封存原始存储介质，并制作笔录，记录原始存储介质的封存状态。

封存电子数据原始存储介质，应当保证在不解除封存状态的情况下，无法增加、删除、修改电子数据。封存前后应当拍摄被封存原始存储介质的照片，清晰反映封口或者张贴封条处的状况。

封存手机等具有无线通信功能的存储介质，应当采取信号屏蔽、信号阻断或者切断电源等措施。

第九条 具有下列情形之一，无法扣押原始存储介质的，可以提取电子数据，但应当在笔录中注明不能扣押原始存储介质的原因、原始存储介质的存放地点或者电子数据的来源等情况，并计算电子数据的完整性校验值：

（一）原始存储介质不便封存的；

（二）提取计算机内存数据、网络传输数据等不是存储在存储介质上的电子数据的；

（三）原始存储介质位于境外的；

（四）其他无法扣押原始存储介质的情形。

对于原始存储介质位于境外或者远程计算机信息系统上的电子数据，可以通过网络在线提取。

为进一步查明有关情况，必要时，可以对远程计算机信息系统进行网络远程勘验。进行网络远程勘验，需要采取技术侦查措施的，应当依法经过严格的批准手续。

第十条 由于客观原因无法或者不宜依据第八条、第九条的规定收集、提取电子数据的，可以采取打印、拍照或者录像等方式固定相关证据，并在笔录中说明原因。

第十一条 具有下列情形之一的，经县级以上公安机关负责人或者检察长批准，可以对电子数据进行冻结：

（一）数据量大，无法或者不便提取的；

（二）提取时间长，可能造成电子数据被篡改或者灭失的；

（三）通过网络应用可以更为直观地展示电子数据的；

（四）其他需要冻结的情形。

第十二条 冻结电子数据，应当制作协助冻结通知书，注明冻结电子数据的网络应用账号等信息，送交电子数据持有人、网络服务提供者或者有关部门协助办理。解除冻结的，应当在三日内制作协助解除冻结通知书，送交电子数据持有人、网络服务提供者或者有关部门协助办理。

冻结电子数据，应当采取以下一种或者几种方法：

（一）计算电子数据的完整性校验值；

（二）锁定网络应用账号；

（三）其他防止增加、删除、修改电子数据的措施。

第十三条　调取电子数据，应当制作调取证据通知书，注明需要调取电子数据的相关信息，通知电子数据持有人、网络服务提供者或者有关部门执行。

第十四条　收集、提取电子数据，应当制作笔录，记录案由、对象、内容、收集、提取电子数据的时间、地点、方法、过程，并附电子数据清单，注明类别、文件格式、完整性校验值等，由侦查人员、电子数据持有人（提供人）签名或者盖章；电子数据持有人（提供人）无法签名或者拒绝签名的，应当在笔录中注明，由见证人签名或者盖章。有条件的，应当对相关活动进行录像。

第十五条　收集、提取电子数据，应当根据刑事诉讼法的规定，由符合条件的人员担任见证人。由于客观原因无法由符合条件的人员担任见证人的，应当在笔录中注明情况，并对相关活动进行录像。

针对同一现场多个计算机信息系统收集、提取电子数据的，可以由一名见证人见证。

第十六条　对扣押的原始存储介质或者提取的电子数据，可以通过恢复、破解、统计、关联、比对等方式进行检查。必要时，可以进行侦查实验。

电子数据检查，应当对电子数据存储介质拆封过程进行录像，并将电子数据存储介质通过写保护设备接入到检查设备进行检查；有条件的，应当制作电子数据备份，对备份进行检查；无法使用写保护设备且无法制作备份的，应当注明原因，并对相关活动进行录像。

电子数据检查应当制作笔录，注明检查方法、过程和结果，由有关人员签名或者盖章。进行侦查实验的，应当制作侦查实验笔录，注明侦查实验的条件、经过和结果，由参加实验的人员签名或者盖章。

第十七条　对电子数据涉及的专门性问题难以确定的，由司法鉴定机构出具鉴定意见，或者由公安部指定的机构出具报告。对于人民检察院直接受理的案件，也可以由最高人民检察院指定的机构出具报告。

具体办法由公安部、最高人民检察院分别制定。

第二十九条　本规定中下列用语的含义：

（一）存储介质，是指具备数据信息存储功能的电子设备、硬盘、光盘、优盘、记忆棒、存储卡、存储芯片等载体。

（二）完整性校验值，是指为防止电子数据被篡改或者破坏，使用散列算法等特定算法对电子数据进行计算，得出的用于校验数据完整性的数据值。

（三）网络远程勘验，是指通过网络对远程计算机信息系统实施勘验，发现、提取与犯罪有关的电子数据，记录计算机信息系统状态，判断案件性质，分析犯罪过程，确定侦查方向和范围，为侦查破案、刑事诉讼提供线索和证据的侦查活动。

（四）数字签名，是指利用特定算法对电子数据进行计算，得出的用于验证电子数据来源和完整性的数据值。

（五）数字证书，是指包含数字签名并对电子数据来源、完整性进行认证的电子文件。

（六）访问操作日志，是指为审查电子数据是否被增加、删除或者修改，由计算机信息系统自动生成的对电子数据访问、操作情况的详细记录。

2. 关于办理刑事案件收集提取和审查判断电子数据若干问题的规定理解与适用①

（一）对取证人员和取证方法的要求

关于电子数据的取证人员，《最高人民法院、最高人民检察院、公安部关于办理网络犯罪案件适用刑事诉讼程序若干问题的意见》规定："收集、提取电子数据，应当由二名以上具备相关专业知识的侦查人员进行。"该规定主要是考虑到电子数据取证的技术性较强，故要求取证人员具有一定的专业知识和技术水平，但该规定只是原则性规定，对于"具备一定的专业知识"没有明确具体的标准。随着信息网络技术的发展，在侦查实践中，收集、提取电子数据已经成为一项基础性、普遍性的工作。在侦查人员是否具备专业知识的问题上纠缠，可能影响侦查取证工作的开展。事实上，只要取证过程符合法定程序和相关技术规范，能够保证收集、提取的电子数据的真实性、完整性即可，没有必要对侦查人员具备相关专业知识作硬性规定。鉴于此，《最高人民法院、最高人民检察院、

---

① 万春、王建平、吴孟栓、高翼飞：《〈关于办理刑事案件收集提取和审查判断电子数据若干问题的规定〉理解与适用》，载《人民检察》2017 年第 1 期。

公安部关于办理刑事案件收集提取和审查判断电子数据若干问题的规定》删去了“具备相关专业知识”的内容，规定“收集、提取电子数据，应当由二名以上侦查人员进行”。

关于电子数据取证方法，《最高人民法院、最高人民检察院、公安部关于办理网络犯罪案件适用刑事诉讼程序若干问题的意见》规定：“取证设备和过程应当符合相关技术标准，并保证所收集、提取的电子数据的完整性、客观性。”但是，实践中发现，随着科技的进步，取证设备的更新速度很快，相关技术标准很难跟得上取证设备的发展。在一些高科技犯罪案件的侦办过程中，甚至没有现成的取证设备，侦查人员只能自行开发取证工具。如果以新式取证设备和侦查人员自己开发的工具没有相关技术标准为由，将收集、提取的电子数据予以排除，显然不合适。因此，《最高人民法院、最高人民检察院、公安部关于办理刑事案件收集提取和审查判断电子数据若干问题的规定》没有再对取证设备的技术标准作出要求，仅要求取证方法应当符合相关技术标准。实践中，对相关取证设备有疑问，可以通过出具说明、侦查实验、程序功能检验或鉴定予以验证。

目前，国内关于电子数据取证的技术标准体系主要分为国家标准和行业标准，国家标准有：《GB/T 29360—2012 电子物证数据恢复检验规程》《GB/T 29361—2012 电子物证文件一致性检验规程》《GB/T 29362—2012 电子物证数据搜索检验规程》。行业标准是由司法鉴定主管部门、司法鉴定行业组织或者相关行业主管部门制定的行业标准和技术规范，主要有：《GA/T 754—2008 电子数据存储介质复制工具要求及检测方法》《GA/T 755—2008 电子数据存储介质写保护设备要求及检测方法》《GA/T 756—2008 数字化设备证据数据发现提取固定方法》《GA/T 757—2008 程序功能检验方法》《GA/T 825—2009 电子物证数据搜索检验技术规范》《GA/T 826—2009 电子物证数据恢复检验技术规范》《GA/T 827—2009 电子物证文件一致性检验技术规范》《GA/T 828—2009 电子物证软件功能检验技术规范》《GA/T 829—2009 电子物证软件一致性检验技术规范》《GA/T 976—2012 电子数据法庭科学鉴定通用方法》《GA/T 977—2012 取证与鉴定文书电子签名》《GA/T 978—2012 网络游戏私服检验技术方法》《GA/T 1170—2014 移动终端取证检验方法》《GA/T 1171—2014 芯片相似性比对检验方法》《GA/T 1172—2014 电子邮件检验技术方法》《GA/T 1173—2014 即时通讯记录检验技术方法》《GA/T 1174—2014 电子证据数据现场获取通用方法》《GA/T 1175—2014 软件相似性检验技术方法》《GA/T 1176—2014 网页浏览器历史数据检验技术方法》等。相关技术标准还在不断发展和完善之中。

（二）扣押电子数据原始存储介质

电子数据依赖于存储介质而存在。所谓存储介质，是指具备数据信息存储功能的电子设备、硬盘、光盘、优盘、记忆棒、存储卡、存储芯片等载体。在侦查过程中是否获取原始存储介质，对于审查判断收集、提取的电子数据是否全面、真实、完整，具有重要意义。这是因为，侦查机关可以在扣押原始存储之后提取其中存储的电子数据，只要原始存储介质未被损坏，提取的过程可以重复操作。因此，在侦查过程中，为保证电子数据的完整性，在收集电子数据时应尽量获取电子数据的原始存储介质。《最高人民法院、最高人民检察院、公安部关于办理刑事案件收集提取和审查判断电子数据若干问题的规定》对原始存储介质的封存作出了规范，要求封存电子数据原始存储介质，应当保证在不解除封存状态的情况下，无法增加、删除、修改电子数据。封存前后应当拍摄被封存原始存储介质的照片，清晰反映封口或者张贴封条处的状况。封存手机等具有无线通信功能的存储介质，应当采取信号屏蔽、信号阻断或者切断电源等措施。封存原始存储介质的方法灵活多样，既可以装入物证袋封存，又可以通过对电源接口以及机箱螺钉处加贴封条封存。对于手机等具有无线通信功能的存储介质，可以将手机装入屏蔽袋（盒），也可以拔出手机电池或者通过设置为“飞行模式”并关闭“寻回”功能等方式进行附加保护。实践中需要特别注意，对已扣押的原始存储介质应当按照涉案财物管理的有关规定予以妥善保管，采取必要措施防止原始存储介质发生损坏，以避免电子数据灭失或者发生改变。

（三）直接提取电子数据和通过网络在线提取电子数据

完整性校验值，是指为防止电子数据被篡改或者破坏，使用散列算法（又称哈希算法，英文为“Hash”）等特定算法对电子数据进行计算，得出的用于校验数据完整性的数据值。随着互联网的发展，电子数据与网络的关系越来越密切，收集、提取电子数据可以不受时空限制，并且能够保证电子数据的真实性和完整性。经征求全国人大常委会法工委的意见，其也认为，对于通过网络在线提取的电子数据，只要取证过程能够保证电子数据的真实性、完整性，即可以作为证据使用。为此，《最高人民法院、最高人民检察院、公安部关于办理刑事案件收集提取和审查判断电子数据若干问题的规定》第6条明确了通过网络在线提取的电子数据，可以作为证据使用。第9条第2款明确，对于原始存储介质位于境外或者远程计算机信息系统上的电子数据，可以通过网络在线提取。我们认为，对于原始存储介质位于异地，或者原始存储介质虽然位于本地，但案件尚在初查过程中，侦查人员不便进入现场，不及时提取电子数据可能造成证据灭失，且相关电子数据能够通过网络在线提取的，属于该款规定的“远程计算机信息系统上的电子数据”，可以通过网络在线提取。实践中，通过网络在线提取电子数据主要适用于下列案件：一是危害计算机信息系统安全犯罪案件；二是利用计算机实施的盗窃、诈骗、敲诈勒索等犯罪案件；三是在网络上发布违法信息的犯罪案件，如网络诽谤案件；四是设立主要用于实施犯罪活动的网站、通讯群组，针对不特定多数人实施犯罪或者组织、教唆、帮助不特定多数人实施犯罪的案件，如设立赌博网站，或者在网上组织传销活动；五是主要犯罪行为在网络上实施的其他案件。需要说明的是，《最高人民法院、最高人民检察院、公安部关于办理刑事案件收集提取和审查判断电子数据若干问题的规定》第 9 条第 1 款规定的直接提取电子数据和第 9 条第 2 款规定的通过网络在线提取电子数据可能使人产生误解，认为直接提取电子数据一般是在进行现场勘验、检查过程中通过犯罪现场的计算机设备直接提取，而通过网络在线提取电子数据则是通过任意一台计算机设备连接互联网在线提取电子数据。但实际上，在“原始存储介质位于境外”的情况下，无论从哪一台计算机设备上提取，都不是从原始存储介质上提取，而是通过网络进行操作，但从保证电子数据的真实性、完整性的效果上看，通过网络在线提取电子数据和从原始存储介质上直接提取电子数据又没有实质性差别。因此，直接提取电子数据和通过网络在线提取电子数据并不是并列关系，而是包含与被包含的关系，直接提取电子数据包括通过网络在线直接提取电子数据。

（四）网络远程勘验和技术侦查措施

网络在线提取和网络远程勘验都是通过网络进行操作，最终目的也都是提取电子数据，以往在司法实践中对二者并没有进行过明确区分，一般统称为远程勘验。但事实上，二者有明显的区别。所谓网络远程勘验，是指通过网络对远程计算机信息系统实施勘验，发现、提取与犯罪有关的电子数据，记录计算机信息系统状态，判断案件性质，分析犯罪过程，确定侦查方向和范围，为侦破案件、刑事诉讼提供线索和证据的侦查活动。网络在线提取，只是通过网络对网页、网上视频、网盘文件上的电子数据等进行提取，可以理解为从网络下载文件。实际上，网络远程勘验类似于对犯罪现场的勘验。在传统犯罪中，犯罪嫌疑人会在犯罪现场留下指纹、足迹、DNA、凶器等痕迹和物证。在网络犯罪等高科技犯罪中，犯罪嫌疑人使用计算机、网络、手机等智能终端设备时，在虚拟空间中也会留下相关的犯罪痕迹和侦查线索，与传统犯罪现场不同，遗留的线索和证据材料多以电子数据的形式存在。网络犯罪现场可能是一台计算机、一部手机、一个局域网甚至是一个大型网络，可能涉及多个地域。犯罪嫌疑人的物理活动范围和涉案电子设备的物理地址有可能是分离的，如犯罪嫌疑人在国内，赌博网站、淫秽色情网站的服务器托管地却在国外。网络远程勘验的目的就是进入虚拟空间去寻找与犯罪相关的证据，判断案件性质，分析犯罪过程。可见，网络远程勘验是一个相对复杂的过程，网络在线提取则相对简单得多。根据《刑事诉讼法》第 148 条的规定，公安机关在立案后，对于危害国家安全犯罪、恐怖活动犯罪、黑社会性质组织犯罪、重大毒品犯罪或者其他严重危害社会的犯罪案件，人民检察院在立案后，对于重大的贪污、贿赂犯罪案件以及利用职权实施的严重侵犯公民人身权利的重大犯罪案件，根据侦查犯罪的需要，经过严格的批准手续，可以采取技术侦查措施。根据《公安机关办理刑事案件程序规定》第 255 条的规定，技术侦查措施是指由设区的市一级以上公安机关负责技术侦查的部门实施的记录监控、行踪监控、通信监控、场所监控等措施。由于一些技术侦查措施也能够通过网络完成，因此，技术侦查措施和网络远程勘验、网络在线提取容易发生混淆。实际上，它们之间有着本质的区别。网络远程勘验和网络在线提取属于一般性的侦查活动，侦查机关均可以执行。而采取技术侦查措施应当依法经过严格的批准手续，通常只能由特定的部门如公安机关技术侦查部门来执行。实践中，确有多种侦查手段配合使用的情况，但只要涉及技术侦查措施，就必须符合刑事诉讼法规定的条件，并依法经过严格的批准手续。

（五）采取打印、拍照或者录像等方式固定证据

需要注意的是，这种固定证据的方式只能在无法扣押、封存原始存储介质，又不能提取电子数据的情况下使用，并在笔录中注明原因。

（六）冻结电子数据

为了解决云计算、大数据环境下难以将海量数据原始存储介质扣押、封存，以及难以提取海量数据的问题，《最高人民法院、最高人民检察院、公安部关于办理刑事案件收集提取和审查判断电子数据若干问题的规定》第 11、12 条创设性地规定了冻结电子数据的证据保全措施。这里的“冻结”与刑事诉讼法规定的针对财产的“冻结”在对象、程序、方法上均有不同。冻结电子数据的目的是在一定时间内（通常是诉讼期间内）使电子数据不被增加、删除或者修改，甚至不能被未经授权的人员查看。冻结电子数据应当采取以下一种或者几种方

法：一是计算电子数据的完整性校验值；二是锁定网络应用账号，如设置相应的访问控制权限；三是其他防止增加、删除、修改电子数据的措施。实践中，大部分网络服务提供商已经面向用户开展冻结服务，并且具备了内部的技术操作规范，能够在技术上保证安全可行。另外，公安部也正在就冻结的具体技术问题制定相应行业标准。《最高人民法院、最高人民检察院、公安部关于办理刑事案件收集提取和审查判断电子数据若干问题的规定》明确了电子数据冻结和解除冻结的程序。冻结电子数据，应当制作协助冻结通知书，注明冻结电子数据的网络应用账号等信息，送交电子数据持有人、网络服务提供者或者有关部门协助办理。解除冻结的，应当在3日内制作协助解除冻结通知书，送交电子数据持有人、网络服务提供者或者有关部门协助办理。另外，关于冻结电子数据的展示问题，按照《最高人民法院、最高人民检察院、公安部关于办理刑事案件收集提取和审查判断电子数据若干问题的规定》的要求，侦查机关应当要求网络服务提供者提供查看工具以及查看方法的说明。实践中，还可以请有专门知识的人协助进行展示。

（七）调取电子数据

《最高人民法院、最高人民检察院、公安部关于办理刑事案件收集提取和审查判断电子数据若干问题的规定》第3条和第13条对调取电子数据作出了规定。人民法院、人民检察院和公安机关有权依法向有关单位和个人收集、调取电子数据。有关单位和个人应当如实提供。调取电子数据，应当制作调取证据通知书，注明需要调取电子数据的相关信息，通知电子数据持有人、网络服务提供者或者有关部门执行。需要强调的是，根据《刑事诉讼法》第52条第4款的规定，凡是伪造证据、隐匿证据、毁灭证据的，无论属于何方，必须受法律追究。网络服务提供者在收到公安、司法机关协助冻结通知书或者调取证据通知书后，不履行或者不当履行相关协助义务，经监管部门责令采取改正措施而拒不改正，造成电子数据灭失，情节严重的，应当以该罪追究刑事责任。但如果网络服务提供者已经尽到了合理的注意义务，采取了必要措施，仍不能防止电子数据灭失，如遭到黑客攻击，不应追究网络服务提供者的刑事责任。网络服务提供者在收到公安、司法机关协助冻结通知书或者调取证据通知书后，故意帮助当事人删除、篡改相关电子数据的，应当依照《刑法》第307条第2款规定的帮助毁灭、伪造证据罪追究刑事责任。

（八）收集、提取电子数据的程序要求

《最高人民法院、最高人民检察院、公安部关于办理刑事案件收集提取和审查判断电子数据若干问题的规定》第 14 条对收集、提取电子数据制作笔录和录像作出了规范，要求收集、提取电子数据，应当制作笔录，记录案由、对象、内容，收集、提取电子数据的时间、地点、方法、过程，并附电子数据清单，注明类别、文件格式、完整性校验值等。因电子数据的“规格”概念不明确，各方对于应该记录何种内容认识不一致，为此，《最高人民法院、最高人民检察院、公安部关于办理刑事案件收集提取和审查判断电子数据若干问题的规定》不再要求记录电子数据的“规格”。收集、提取电子数据的笔录应当由侦查人员、电子数据持有人（提供人）签名或者盖章；电子数据持有人（提供人）无法签名或者拒绝签名的，应当在笔录中注明，由见证人签名或者盖章。有条件的，应当对相关活动进行录像。需要注意的是，在收集、提取电子数据的笔录中，一般只需要电子数据持有人（提供人）签字盖章即可，电子数据持有人（提供人）实际已经起到了见证的作用，只有当持有人（提供人）无法签名或者拒绝签名的情况下，才应由见证人签名或者盖章。在电子数据持有人（提供人）和见证人均不在场的情况下，必须对收集、提取电子数据的过程进行录像。

（九）对见证人的要求

《最高人民法院、最高人民检察院、公安部关于办理刑事案件收集提取和审查判断电子数据若干问题的规定》第 15 条对见证人作了集中规定，要求收集、提取电子数据，应当根据刑事诉讼法的规定，由符合条件的人员担任见证人。该条规定仅针对刑事诉讼法规定的勘验等需要有见证人在场的情形，而对于电子数据检查、侦查实验等不涉及见证人的问题。根据刑事诉讼法的规定，侦查人员对与犯罪有关的场所、物品、人身进行勘验或者检查时，对犯罪嫌疑人的身体、物品、住处进行搜查时，对用以证明犯罪嫌疑人有罪或者无罪的各种财物、文件进行查封、扣押时，都应当邀请见证人到场。《刑事诉讼法》第 131 条规定，勘验、检查笔录应当由参加勘验、检查的人和见证人签名或者盖章；第 138 条规定，搜查笔录应当由侦查人员和被搜查人或者他的家属，邻居或者其他见证人签名或者盖章；第 140 条规定，对查封、扣押清单由侦查人员、见证人和持有人签名或者盖章。在案件审理过程中，相关笔录、清单是否有见证人签名或者盖章是审判人员着重审查的内容之一。

关于见证人的资格问题。根据规定，在电子数据取证过程中，不得安排行使勘验、检查、搜查、扣押等刑事诉讼职权的公安、司法机关的工作人员或者其聘用的人员担任见证人。对于案件涉及国家秘密和违法信息的情形，刑事诉讼法并未明确规定可以没有见证人在场，不安排见证人没有法律依据，但安排见证人应当十分慎重，采取必要的保密措施，仅对勘验、检查和扣押、封存原始存储介质的过程进行见证，不得向见证人展示电子数据的内容。对于实践中找不到合适见证人的情况，《最高人民法院、最高人民检察院、公安部关于办理刑事案件收集提取和审查判断电子数据若干问题的规定》第 15 条规定，对确实由于客观原因，无法由符合条件的人员担任见证人的，应当在笔录中注明情况，并对相关活动进行录像。需要注意的是，对见证人不要求必须具备计算机、通信等领域的专业知识。首先，电子数据的收集、提取，通常是先扣押、封存原始存储介质之后，再由专业人员对原始存储介质中的电子数据进行筛选、甄别，发现有价值的线索和证据。在勘验、检查的现场，见证人仅仅是见证相关刑事诉讼活动的程序是否符合规定，并不见证相关活动的内容，因此，见证人是否具备相应专业知识意义不大。其次，如果要求由具备相应专业知识的人担任见证人，实践中可能存在难以找到适格见证人的情况，不利于相关案件的办理。尽管由具备相应专业知识的人见证，更能有效监督侦查活动，但不应作为硬性要求。

另外，鉴于实践中经常遇到需要对大量计算机信息系统收集、提取电子数据的情况，如一个网吧有上百台计算机需要进行现场勘验，如果每台计算机均需要见证人，实践中无法操作且没有必要。因此，《最高人民法院、最高人民检察院、公安部关于办理刑事案件收集提取和审查判断电子数据若干问题的规定》第 15 条第 2 款规定："针对同一现场多个计算机信息系统收集、提取电子数据的，可以由一名见证人见证。"争议较大的问题是，网络远程勘验是否应当有见证人在场？实践中强制要求网络远程勘验有见证人参与确有困难：一是对电子数据远程勘验涉及国家秘密、淫秽色情、宗教极端、民族分裂、暴力恐怖等内容时，存在难以寻找能够接触国家秘密的见证人或者侦查机关传播相关内容等问题；二是远程勘验有的耗时较长，很难有见证人愿意配合；三是电子数据极易灭失，在很多情况下存在同案犯对远程数据删除的隐患，寻找合适见证人可能会影响电子数据提取、固定的时效性，影响远程勘验效果。实践中，大量所谓"远程勘验"实为在线提取，如前文所述，网络远程勘验与通过网络在线提取电子数据属不同的概念，根据《最高人民法院、最高人民检察院、公安部关于办理刑事案件收集提取和审查判断电子数据若干问题的规定》第 15 条的规定，如果进行的是网络远程勘验，则根据刑事诉讼法应当有见证人见证，由于客观原因无法由符合条件的人员担任见证人的，应当在笔录中注明情况，并对相关活动进行录像；如果是通过网络在线提取电子数据，由于刑事诉讼法并未要求见证人见证，实践中对于见证人和录像的要求应当灵活把握，如对可重复提取的网页、视频等，可以通过再次提取进行验证，而对于已被网站删除、无法在线提取的，则可以优先审查其同步录像，而非优先审查是否有见证人在场。

3. 关于办理刑事案件收集提取和审查判断电子数据若干问题的规定的理解与适用①

7. 网络远程勘验与通过网络在线提取电子数据的关系。网络在线提取基本可以理解为是一个下载动作，既包括对公开的门户网站上的网页信息进行下载，也包括经网络远程勘验后下载。网络远程勘验是指通过网络对远程计算机信息系统实施勘验，发现、提取与犯罪有关的电子数据，记录计算机信息系统状态，判断案件性质，分析犯罪过程，确定侦查方向和范围，为侦查破案、刑事诉讼提供线索和证据的侦查活动。可以说，网络远程勘验的最终目的也是在线提取电子数据，它有一个勘验的过程，甚至涉及技术侦查措施的使用。需要注意的是，网络远程勘验如涉及技术侦查措施的适用，必须按照有关规定依法经过严格的批准手续。

（五）扣押、封存原始存储介质

1.《公安机关办理刑事案件电子数据取证规则》（2019年2月1日起施行）

第十条 在侦查活动中发现的可以证明犯罪嫌疑人有罪或者无罪、罪轻或者罪重的电子数据，能够扣押原始存储介质的，应当扣押、封存原始存储介质，并制作笔录，记录原始存储介质的封存状态。

勘验、检查与电子数据有关的犯罪现场时，应当按照有关规范处置相关设备，扣押、封存原始存储介质。

第十一条 对扣押的原始存储介质，应当按照以下要求封存：

（一）保证在不解除封存状态的情况下，无法使用或者启动被封存的原始存储介质，必要时，具备数据信息存储功能的电子设备和硬盘、存储卡等内部存储介质可以分别封存；

---

① 周加海、喻海松：《〈关于办理刑事案件收集提取和审查判断电子数据若干问题的规定〉的理解与适用》，载《人民司法》2017年第28期。

（二）封存前后应当拍摄被封存原始存储介质的照片。照片应当反映原始存储介质封存前后的状况，清晰反映封口或者张贴封条处的状况；必要时，照片还要清晰反映电子设备的内部存储介质细节；

（三）封存手机等具有无线通信功能的原始存储介质，应当采取信号屏蔽、信号阻断或者切断电源等措施。

第十二条　对扣押的原始存储介质，应当会同在场见证人和原始存储介质持有人（提供人）查点清楚，当场开列《扣押清单》一式三份，写明原始存储介质名称、编号、数量、特征及其来源等，由侦查人员、持有人（提供人）和见证人签名或者盖章，一份交给持有人（提供人），一份交给公安机关保管人员，一份附卷备查。

第十三条　对无法确定原始存储介质持有人（提供人）或者原始存储介质持有人（提供人）无法签名、盖章或者拒绝签名、盖章的，应当在有关笔录中注明，由见证人签名或者盖章。由于客观原因无法由符合条件的人员担任见证人的，应当在有关笔录中注明情况，并对扣押原始存储介质的过程全程录像。

第十四条　扣押原始存储介质，应当收集证人证言以及犯罪嫌疑人供述和辩解等与原始存储介质相关联的证据。

第十五条　扣押原始存储介质时，可以向相关人员了解、收集并在有关笔录中注明以下情况：

（一）原始存储介质及应用系统管理情况，网络拓扑与系统架构情况，是否由多人使用及管理，管理及使用人员的身份情况；

（二）原始存储介质及应用系统管理的用户名、密码情况；

（三）原始存储介质的数据备份情况，有无加密磁盘、容器，有无自毁功能，有无其它移动存储介质，是否进行过备份，备份数据的存储位置等情况；

（四）其他相关的内容。

2. 公安机关办理刑事案件电子数据取证规则的理解与适用[①]

（二）进一步强调了原始存储介质的扣押封存。《最高人民法院、最高人民检察院、公安部关于办理刑事案件收集提取和审查判断电子数据若干问题的规定》明确了“能够扣押原始存储介质，应当扣押、封存原始存储介质”的原则，

---

① 田虹、翟晓飞、王艺筱：《〈公安机关办理刑事案件电子数据取证规则〉的理解与适用》，载《派出所工作》2019 年第 3 期。

但实践中公安机关扣押手机、电脑、硬盘时，不封存或者封存不规范的问题仍然存在，造成电子数据来源不清，影响了电子数据的真实性。为此《公安机关办理刑事案件电子数据取证规则》专门对电子数据原始存储介质扣押封存进行了规定，对《最高人民法院、最高人民检察院、公安部关于办理刑事案件收集提取和审查判断电子数据若干问题的规定》中扣押封存要求进一步强调，并提示在执法中注意收集原始存储介质同相关人的关联性证据，比如相关证人证言、嫌疑人供述、指认材料、辨认笔录、生物检材等能够证明原始存储介质为相关人员所有、管理、使用的证据。

（六）现场提取电子数据

1.《公安机关办理刑事案件电子数据取证规则》（2019年2月1日起施行）

第十六条　具有下列无法扣押原始存储介质情形之一的，可以现场提取电子数据：

（一）原始存储介质不便封存的；

（二）提取计算机内存数据、网络传输数据等不是存储在存储介质上的电子数据的；

（三）案件情况紧急，不立即提取电子数据可能会造成电子数据灭失或者其他严重后果的；

（四）关闭电子设备会导致重要信息系统停止服务的；

（五）需通过现场提取电子数据排查可疑存储介质的；

（六）正在运行的计算机信息系统功能或者应用程序关闭后，没有密码无法提取的；

（七）其他无法扣押原始存储介质的情形。

无法扣押原始存储介质的情形消失后，应当及时扣押、封存原始存储介质。

第十七条　现场提取电子数据可以采取以下措施保护相关电子设备：

（一）及时将犯罪嫌疑人或者其他相关人员与电子设备分离；

（二）在未确定是否易丢失数据的情况下，不能关闭正在运行状态的电子设备；

（三）对现场计算机信息系统可能被远程控制的，应当及时采取信号屏蔽、信号阻断、断开网络连接等措施；

（四）保护电源；

（五）有必要采取的其他保护措施。

第十八条　现场提取电子数据，应当遵守以下规定：

（一）不得将提取的数据存储在原始存储介质中；

（二）不得在目标系统中安装新的应用程序。如果因为特殊原因，需要在目标系统中安装新的应用程序的，应当在笔录中记录所安装的程序及目的；

（三）应当在有关笔录中详细、准确记录实施的操作。

第十九条　现场提取电子数据，应当制作《电子数据现场提取笔录》，注明电子数据的来源、事由和目的、对象、提取电子数据的时间、地点、方法、过程、不能扣押原始存储介质的原因、原始存储介质的存放地点，并附《电子数据提取固定清单》，注明类别、文件格式、完整性校验值等，由侦查人员、电子数据持有人（提供人）签名或者盖章；电子数据持有人（提供人）无法签名或者拒绝签名的，应当在笔录中注明，由见证人签名或者盖章。

第二十条　对提取的电子数据可以进行数据压缩，并在笔录中注明相应的方法和压缩后文件的完整性校验值。

第二十一条　由于客观原因无法由符合条件的人员担任见证人的，应当在《电子数据现场提取笔录》中注明情况，并全程录像，对录像文件应当计算完整性校验值并记入笔录。

第二十二条　对无法扣押的原始存储介质且无法一次性完成电子数据提取的，经登记、拍照或者录像后，可以封存后交其持有人（提供人）保管，并且开具《登记保存清单》一式两份，由侦查人员、持有人（提供人）和见证人签名或者盖章，一份交给持有人（提供人），另一份连同照片或者录像资料附卷备查。

持有人（提供人）应当妥善保管，不得转移、变卖、毁损，不得解除封存状态，不得未经办案部门批准接入网络，不得对其中可能用作证据的电子数据增加、删除、修改。必要时，应当保持计算机信息系统处于开机状态。

对登记保存的原始存储介质，应当在七日以内作出处理决定，逾期不作出处理决定的，视为自动解除。经查明确实与案件无关的，应当在三日以内解除。

2. 公安机关办理刑事案件电子数据取证规则的理解与适用①

实践中，在刑事案件现场勘查时，统一使用《公安机关刑事案件现场勘验

① 田虹、翟晓飞、王艺筱：《〈公安机关办理刑事案件电子数据取证规则〉的理解与适用》，载《派出所工作》2019年第3期。

笔录》，若现场提取电子数据则还需制作《电子数据现场提取笔录》，两个笔录可以合并；同理，在搜查、逮捕、行政执法等执法活动中，若现场提取电子数据也需制作《电子数据现场提取笔录》，该笔录同搜查、逮捕、行政执法等有关笔录可以合并。

（四）明确了“拍照打印”方式的适用情形。《最高人民法院、最高人民检察院、公安部关于办理刑事案件收集提取和审查判断电子数据若干问题的规定》明确了“扣押原始存储介质为主、提取电子数据为辅、打印拍照为补充”的原则。基层公安机关反映，在实际侦办案件过程中广泛存在通过拍照打印方式固定电子数据的情形。此种情形同《最高人民法院、最高人民检察院、公安部关于办理刑事案件收集提取和审查判断电子数据若干问题的规定》确立的原则并不矛盾，实践中广泛存在的拍照打印方式是指能够扣押原始存储介质的情形下先行拍照打印，而非《最高人民法院、最高人民检察院、公安部关于办理刑事案件收集提取和审查判断电子数据若干问题的规定》所指的既不能扣押原始存储介质又不能提取电子数据的情形。拍照打印方式具有操作简单、及时固证等优点，部分案件能够省去检查、检验、鉴定等后续环节，有利于节约侦查成本。为此，《公安机关办理刑事案件电子数据取证规则》明确了在扣押原始存储介质前，可以通过拍照打印方式先行固定电子数据内容，并进一步明确“根据前款第二、三项的规定采取打印、拍照或者录像等方式固定相关证据后，能够扣押原始存储介质的，应当扣押原始存储介质；不能扣押原始存储介质但能够提取电子数据的，应当提取电子数据”。

（五）明确了无见证人时录像规范。按照《刑事诉讼法》规定，在扣押、勘验等环节中需要符合条件的见证人见证相关活动。同时，《最高人民法院关于适用〈中华人民共和国刑事诉讼法〉的解释》专门规定：“由于客观原因无法由符合条件的人员担任见证人的，应当在笔录材料中注明情况，并对相关活动进行全程录音录像。”但对“相关活动”过程采用全程录像还是关键步骤录像一直没有明确的规定。在征求最高人民法院、最高人民检察院意见的基础上，《公安机关办理刑事案件电子数据取证规则》进一步明确了录像的方式。一方面，对于现场执法环节，《公安机关现场执法音视频记录工作规定》规定需“全程不间断记录”，为此《公安机关办理刑事案件电子数据取证规则》明确在扣押原始存储介质及现场提取电子数据环节无见证人见证的情况下，应当全程录像。另一方面，对于网络远程提取的情形同现场情形存在较大区别，特别是在当网络带宽受限的情况下，网络远程提取所需时间可能是现场的十几倍甚至上百倍，并且大多数时间是无人工干预的数据传输时间，若“一刀切”地要求全程录像在实践中难以执行。为此《公安机关办理刑事案件电子数据取证规则》对此种情形的录像要求进行了区分，即对于重大案件、电子数据是关键证据等案件，应当全程录像；而对于一般性网络远程提取，则仅需对关键步骤录像。对于哪些内容是关键步骤，《公安机关办理刑事案件电子数据取证规则》也予以了明确，即人工操作的环节纳入关键步骤，而大量的下载等无人工干预的过程未纳入关键步骤，不再需要录像。

（六）明确了登记保存的适用情形。《公安机关办理刑事案件程序规定》第226条提出了登记保存的规定，《公安机关办理刑事案件电子数据取证规则》明确电子数据取证时同样适用此种措施。比如在某案件中，涉案服务器多达800余台，由公司自行建设维护，无法采取冻结措施（针对云服务），并且难以扣押，即使能够扣押，也难以重建整个系统，为此公安机关采取了登记保存的措施，在案件侦查中发挥了关键作用。同时，《公安机关办理刑事案件电子数据取证规则》对登记保存的时间也进行了规定，明确“对登记保存的原始存储介质，应当在七日以内作出处理决定，逾期不作出处理决定的，视为自动解除。经查明确实与案件无关的，应当在三日以内解除”。

（七）网络在线提取电子数据

1.《公安机关办理刑事案件电子数据取证规则》（2019年2月1日起施行）

第二十三条　对公开发布的电子数据、境内远程计算机信息系统上的电子数据，可以通过网络在线提取。

第二十四条　网络在线提取应当计算电子数据的完整性校验值；必要时，可以提取有关电子签名认证证书、数字签名、注册信息等关联性信息。

第二十五条　网络在线提取时，对可能无法重复提取或者可能会出现变化的电子数据，应当采用录像、拍照、截获计算机屏幕内容等方式记录以下信息：

（一）远程计算机信息系统的访问方式；

（二）提取的日期和时间；

（三）提取使用的工具和方法；

（四）电子数据的网络地址、存储路径或者数据提取时的进入步骤等；

（五）计算完整性校验值的过程和结果。

第二十六条　网络在线提取电子数据应当在有关笔录中注明电子数据的来

源、事由和目的、对象，提取电子数据的时间、地点、方法、过程，不能扣押原始存储介质的原因，并附《电子数据提取固定清单》，注明类别、文件格式、完整性校验值等，由侦查人员签名或者盖章。

第二十七条　网络在线提取时需要进一步查明下列情形之一的，应当对远程计算机信息系统进行网络远程勘验：

（一）需要分析、判断提取的电子数据范围的；

（二）需要展示或者描述电子数据内容或者状态的；

（三）需要在远程计算机信息系统中安装新的应用程序的；

（四）需要通过勘验行为让远程计算机信息系统生成新的除正常运行数据外电子数据的；

（五）需要收集远程计算机信息系统状态信息、系统架构、内部系统关系、文件目录结构、系统工作方式等电子数据相关信息的；

（六）其他网络在线提取时需要进一步查明有关情况的情形。

第二十八条　网络远程勘验由办理案件的县级公安机关负责。上级公安机关对下级公安机关刑事案件网络远程勘验提供技术支援。对于案情重大、现场复杂的案件，上级公安机关认为有必要时，可以直接组织指挥网络远程勘验。

第二十九条　网络远程勘验应当统一指挥，周密组织，明确分工，落实责任。

第三十条　网络远程勘验应当由符合条件的人员作为见证人。由于客观原因无法由符合条件的人员担任见证人的，应当在《远程勘验笔录》中注明情况，并按照本规则第二十五条的规定录像，录像可以采用屏幕录像或者录像机录像等方式，录像文件应当计算完整性校验值并记入笔录。

第三十一条　远程勘验结束后，应当及时制作《远程勘验笔录》，详细记录远程勘验有关情况以及勘验照片、截获的屏幕截图等内容。由侦查人员和见证人签名或者盖章。

远程勘验并且提取电子数据的，应当按照本规则第二十六条的规定，在《远程勘验笔录》注明有关情况，并附《电子数据提取固定清单》。

第三十二条　《远程勘验笔录》应当客观、全面、详细、准确、规范，能够作为还原远程计算机信息系统原始情况的依据，符合法定的证据要求。

对计算机信息系统进行多次远程勘验的，在制作首次《远程勘验笔录》后，逐次制作补充《远程勘验笔录》。

第三十三条　网络在线提取或者网络远程勘验时，应当使用电子数据持有人、网络服务提供者提供的用户名、密码等远程计算机信息系统访问权限。

采用技术侦查措施收集电子数据的，应当严格依照有关规定办理批准手续。收集的电子数据在诉讼中作为证据使用时，应当依照刑事诉讼法第一百五十四条规定执行。

第三十四条　对以下犯罪案件，网络在线提取、远程勘验过程应当全程同步录像：

（一）严重危害国家安全、公共安全的案件；

（二）电子数据是罪与非罪、是否判处无期徒刑、死刑等定罪量刑关键证据的案件；

（三）社会影响较大的案件；

（四）犯罪嫌疑人可能被判处五年有期徒刑以上刑罚的案件；

（五）其他需要全程同步录像的重大案件。

第三十五条　网络在线提取、远程勘验使用代理服务器、点对点传输软件、下载加速软件等网络工具的，应当在《网络在线提取笔录》或者《远程勘验笔录》中注明采用的相关软件名称和版本号。

2. 公安机关办理刑事案件电子数据取证规则的理解与适用①

（七）明确了网络在线提取和远程勘验的区别。《最高人民法院、最高人民检察院、公安部关于办理刑事案件收集提取和审查判断电子数据若干问题的规定》规定了两种远程收集提取电子数据的方式，即网络在线提取和远程勘验。其中，规定远程勘验是为进一步查明有关情况，通过网络对远程计算机信息系统实施勘验，发现、提取与犯罪有关的电子数据，记录计算机信息系统状态，判断案件性质，分析犯罪过程，确定侦查方向和范围，为侦查破案、刑事诉讼提供线索和证据的侦查活动。《公安机关办理刑事案件电子数据取证规则》对网络在线提取和远程勘验的区别进一步予以明确，二者类似传统现场勘验和痕迹物品提取，远程勘验兼具收集提取“电子数据”和进一步收集“有关信息”、查明“有关情况”的功能，侧重于侦查人员分析、判断、发现过程，是对虚拟现场、电子数据的客观描述，《远程勘验笔录》可以直接反映侦查人员观察到的电子数据

① 田虹、翟晓飞、王艺筱：《〈公安机关办理刑事案件电子数据取证规则〉的理解与适用》，载《派出所工作》2019 年第 3 期。

内容和相关信息，可以独立作为证据；而网络在线提取只有收集提取“电子数据”的功能，主要是对电子数据来源的说明，《网络在线提取笔录》证据主体仍然是电子数据，若不附电子数据，则不能作为证据使用。需要特别说明的是，由于《公安机关办理刑事案件电子数据取证规则》着眼点是电子数据，故仅明确了网络在线提取时应当进行远程勘验的情形，未对远程勘验的其他功能作过多规定，并不是用网络在线提取替代远程勘验。实践中，如果远程提取电子数据，则既可以把有关情况记录在《远程勘验笔录》中，又可以记录在《网络在线提取笔录》中，但如果仅收集有关信息不提取电子数据，则只能将有关情况记录在《远程勘验笔录》中。

（八）明确了网络在线提取的适用范围。《最高人民法院、最高人民检察院、公安部关于办理刑事案件收集提取和审查判断电子数据若干问题的规定》明确了可以对境外和远程计算机信息系统中的电子数据通过网络在线提取和网络远程勘验，根据我国尊重网络主权的一贯主张，按照实践中的一贯做法，《公安机关办理刑事案件电子数据取证规则》将网络在线提取范围规定在境内电子数据和境外公开发布的电子数据。对于境外非公开发布的电子数据，一是需通过国际条约或者合作机制、刑事司法协助、国际警务合作渠道调取证据；二是需通过勘验境内访问、下载过该信息的终端、间接获取该电子数据；三是需通过技术侦查措施获取有关电子数据；四是需转化为其他类型的证据。需要强调的是，对“公开发布的电子数据”宜作扩大解释，不能机械地将是否需要用户名密码访问作为条件，比如大量赌博、淫秽色情、诈骗等网站、论坛均位于境外，境内不特定对象注册、登录后均可以访问，对这类网站中的电子数据可以使用网络在线提取。

（八）冻结电子数据

1.《公安机关办理刑事案件电子数据取证规则》（2019年2月1日起施行）

第三十六条 具有下列情形之一的，可以对电子数据进行冻结：

（一）数据量大，无法或者不便提取的；

（二）提取时间长，可能造成电子数据被篡改或者灭失的；

（三）通过网络应用可以更为直观地展示电子数据的；

（四）其他需要冻结的情形。

第三十七条 冻结电子数据，应当经县级以上公安机关负责人批准，制作《协助冻结电子数据通知书》，注明冻结电子数据的网络应用账号等信息，送交电子数据持有人、网络服务提供者或者有关部门协助办理。

第三十八条　不需要继续冻结电子数据时，应当经县级以上公安机关负责人批准，在三日以内制作《解除冻结电子数据通知书》，通知电子数据持有人、网络服务提供者或者有关部门执行。

第三十九条　冻结电子数据的期限为六个月。有特殊原因需要延长期限的，公安机关应当在冻结期限届满前办理继续冻结手续。每次续冻期限最长不得超过六个月。继续冻结的，应当按照本规则第三十七条的规定重新办理冻结手续。逾期不办理继续冻结手续的，视为自动解除。

第四十条　冻结电子数据，应当采取以下一种或者几种方法：

（一）计算电子数据的完整性校验值；

（二）锁定网络应用账号；

（三）采取写保护措施；

（四）其他防止增加、删除、修改电子数据的措施。

2. 公安机关办理刑事案件电子数据取证规则的理解与适用①

（九）关于冻结电子数据的程序和期限问题。冻结是《最高人民法院、最高人民检察院、公安部关于办理刑事案件收集提取和审查判断电子数据若干问题的规定》提出的新的措施，《公安机关办理刑事案件电子数据取证规则》参考了冻结存款、汇款等财产等程序，将冻结期限限定为6个月，并且明确不需要继续冻结电子数据时，应当在3日内通知电子数据持有人、网络服务提供者或者有关部门执行。同时，按照实践中的常见做法，冻结方法增加了“写保护措施”。

（九）调取电子数据

1.《公安机关办理刑事案件电子数据取证规则》（2019年2月1日起施行）

第四十一条　公安机关向有关单位和个人调取电子数据，应当经办案部门负责人批准，开具《调取证据通知书》，注明需要调取电子数据的相关信息，通知电子数据持有人、网络服务提供者或者有关部门执行。被调取单位、个人应当在通知书回执上签名或者盖章，并附完整性校验值等保护电子数据完整性方法的说明，被调取单位、个人拒绝盖章、签名或者附说明的，公安机关应当注明。必要时，应当采用录音或者录像等方式固定证据内容及取证过程。

---

① 田虹、翟晓飞、王艺筱：《〈公安机关办理刑事案件电子数据取证规则〉的理解与适用》，载《派出所工作》2019年第3期。

公安机关应当协助因客观条件限制无法保护电子数据完整性的被调取单位、个人进行电子数据完整性的保护。

第四十二条　公安机关跨地域调查取证的，可以将《办案协作函》和相关法律文书及凭证传真或者通过公安机关信息化系统传输至协作地公安机关。协作地办案部门经审查确认后，在传来的法律文书上加盖本地办案部门印章后，代为调查取证。

协作地办案部门代为调查取证后，可以将相关法律文书回执或者笔录邮寄至办案地公安机关，将电子数据或者电子数据的获取、查看工具和方法说明通过公安机关信息化系统传输至办案地公安机关。

办案地公安机关应当审查调取电子数据的完整性，对保证电子数据的完整性有疑问的，协作地办案部门应当重新代为调取。

2. 公安机关办理刑事案件电子数据取证规则的理解与适用①

（十）明确了调证的异地协作流程。办理刑事案件常常涉及异地调证，实践中办案单位出差调证屡见不鲜，不仅耗费了大量人力、物力，而且严重影响了侦查效率。为方便基层办案，《公安机关办理刑事案件电子数据取证规则》明确“公安机关跨地域调查取证的，可以将办案协作函和相关法律文书及凭证电传或者通过公安机关信息化系统传输至协作地公安机关。协作地公安机关经审查确认，在传来的法律文书上加盖本地公安机关印章后，代为调查取证”。但对于调取证据如何反馈给办案地未明确。为此，《公安机关办理刑事案件电子数据取证规则》对于如何反馈进行了明确，即对于文书盖章后邮寄，对于电子数据通过信息化系统传回，同时简化了协作地审批流程，即由办案部门审批即可。需要注意的是，对于协助扣押原始存储介质的情形，《公安机关办理刑事案件电子数据取证规则》并不适用，仍需沿用扣押实物的有关规定。

（十）电子数据检查的要求

1.《公安机关办理刑事案件电子数据取证规则》（2019 年 2 月 1 日起施行）

第四十三条　对扣押的原始存储介质或者提取的电子数据，需要通过数据恢复、破解、搜索、仿真、关联、统计、比对等方式，以进一步发现和提取与案件相关的线索和证据时，可以进行电子数据检查。

---

① 田虹、翟晓飞、王艺筱：《〈公安机关办理刑事案件电子数据取证规则〉的理解与适用》，载《派出所工作》2019 年第 3 期。

第四十四条　电子数据检查，应当由二名以上具有专业技术的侦查人员进行。必要时，可以指派或者聘请有专门知识的人参加。

第四十五条　电子数据检查应当符合相关技术标准。

第四十六条　电子数据检查应当保护在公安机关内部移交过程中电子数据的完整性。移交时，应当办理移交手续，并按照以下方式核对电子数据：

（一）核对其完整性校验值是否正确；

（二）核对封存的照片与当前封存的状态是否一致。

对于移交时电子数据完整性校验值不正确、原始存储介质封存状态不一致或者未封存可能影响证据真实性、完整性的，检查人员应当在有关笔录中注明。

第四十七条　检查电子数据应当遵循以下原则：

（一）通过写保护设备接入到检查设备进行检查，或者制作电子数据备份、对备份进行检查；

（二）无法使用写保护设备且无法制作备份的，应当注明原因，并全程录像；

（三）检查前解除封存、检查后重新封存前后应当拍摄被封存原始存储介质的照片，清晰反映封口或者张贴封条处的状况；

（四）检查具有无线通信功能的原始存储介质，应当采取信号屏蔽、信号阻断或者切断电源等措施保护电子数据的完整性。

第四十八条　检查电子数据，应当制作《电子数据检查笔录》，记录以下内容：

（一）基本情况。包括检查的起止时间，指挥人员、检查人员的姓名、职务，检查的对象，检查的目的等；

（二）检查过程。包括检查过程使用的工具，检查的方法与步骤等；

（三）检查结果。包括通过检查发现的案件线索、电子数据、等相关信息。

（四）其他需要记录的内容。

第四十九条　电子数据检查时需要提取电子数据的，应当制作《电子数据提取固定清单》，记录该电子数据的来源、提取方法和完整性校验值。

第五十条　为了查明案情，必要时，经县级以上公安机关负责人批准可以进行电子数据侦查实验。

第五十一条　电子数据侦查实验的任务包括：

（一）验证一定条件下电子设备发生的某种异常或者电子数据发生的某种

变化；

（二）验证在一定时间内能否完成对电子数据的某种操作行为；

（三）验证在某种条件下使用特定软件、硬件能否完成某种特定行为、造成特定后果；

（四）确定一定条件下某种计算机信息系统应用或者网络行为能否修改、删除特定的电子数据；

（五）其他需要验证的情况。

第五十二条 电子数据侦查实验应当符合以下要求：

（一）应当采取技术措施保护原始存储介质数据的完整性；

（二）有条件的，电子数据侦查实验应当进行二次以上；

（三）侦查实验使用的电子设备、网络环境等应当与发案现场一致或者基本一致；必要时，可以采用相关技术方法对相关环境进行模拟或者进行对照实验；

（四）禁止可能泄露公民信息或者影响非实验环境计算机信息系统正常运行的行为。

第五十三条 进行电子数据侦查实验，应当使用拍照、录像、录音、通信数据采集等一种或多种方式客观记录实验过程。

第五十四条 进行电子数据侦查实验，应当制作《电子数据侦查实验笔录》，记录侦查实验的条件、过程和结果，并由参加侦查实验的人员签名或者盖章。

2. 公安机关办理刑事案件电子数据取证规则的理解与适用①

（十一）明确了电子数据检查的性质。《最高人民法院、最高人民检察院、公安部关于办理刑事案件收集提取和审查判断电子数据若干问题的规定》明确“对扣押的原始存储介质或者提取的电子数据，可以通过恢复、破解、统计、关联、比对等方式进行检查。必要时，可以进行侦查实验”。由此可见，电子数据检查仍然属于侦查性质，电子数据的检查主体仍然为侦查人员。《公安机关办理刑事案件电子数据取证规则》对此予以了明确，允许本案的侦查人员作为检查人员，并针对实践中办案人员交其他警种侦查人员检查的情形，规定涉案原始存储介质或者电子数据移交需要履行相应的手续。另外，鉴于检查阶段往往对侦查

① 田虹、翟晓飞、王艺筱：《〈公安机关办理刑事案件电子数据取证规则〉的理解与适用》，载《派出所工作》2019 年第 3 期。

人员的技术水平要求高于一般侦查人员，为此《公安机关办理刑事案件电子数据取证规则》对检查人员要求具有专业技术，实践中一般以公安机关警务技术任职资格为条件。此处需要强调的是，“具有专业技术”和“具有专门知识”是不同概念，前者侧重于公安机关内部技术人员资质，后者侧重于刑事诉讼活动的辅助人员资质，一名侦查人员可能同时满足“具有专业技术”和“具有专门知识”两个条件。

（十二）明确电子数据检查是否需要见证人。按照《最高人民法院、最高人民检察院、公安部关于办理刑事案件收集提取和审查判断电子数据若干问题的规定》，对电子数据检查未要求见证人见证。一方面，电子数据检查一般在备份件或者写保护的情况下进行，对于既无法备份又无法写保护的特殊情形，也要求全程录像；另一方面，电子数据检查的场所往往涉密，不便寻找符合法定条件的人员担任见证人，为此《公安机关办理刑事案件电子数据取证规则》同样未对电子数据检查见证人作硬性要求。

（十一）电子数据的鉴定与检验

1.《最高人民法院、最高人民检察院、公安部关于办理刑事案件收集提取和审查判断电子数据若干问题的规定》（法发〔2016〕22号，2016年9月9日印发）

第十七条　对电子数据涉及的专门性问题难以确定的，由司法鉴定机构出具鉴定意见，或者由公安部指定的机构出具报告。对于人民检察院直接受理的案件，也可以由最高人民检察院指定的机构出具报告。

具体办法由公安部、最高人民检察院分别制定。

2. 关于办理刑事案件收集提取和审查判断电子数据若干问题的规定理解与适用①

《最高人民法院、最高人民检察院、公安部关于办理刑事案件收集提取和审查判断电子数据若干问题的规定》进一步明确了电子数据鉴定与检验并行的原则。司法实践中，对电子数据涉及的专门性问题难以确定时，往往需要由司法鉴定机构出具鉴定意见。根据2005年全国人大常委会审议通过的《关于司法鉴定管理问题的决定》的有关规定，国家对从事下列司法鉴定业务的鉴定人和鉴定

① 万春、王建平、吴孟栓、高翼飞：《〈关于办理刑事案件收集提取和审查判断电子数据若干问题的规定〉理解与适用》，载《人民检察》2017年第1期。

机构实行登记管理制度：（1）法医类鉴定，包括法医病理鉴定、法医临床鉴定、法医精神病鉴定、法医物证鉴定和法医毒物鉴定；（2）物证类鉴定，包括文书鉴定、痕迹鉴定和微量鉴定；（3）声像资料鉴定，包括对录音带、录像带、磁盘、光盘、图片等载体上记录的声音、图像信息的真实性、完整性及其所反映的情况过程进行的鉴定和对记录的声音、图像中的语言、人体、物体作出种类或者同一认定；（4）根据诉讼需要由国务院司法行政部门商最高人民法院、最高人民检察院确定的其他应当对鉴定人和鉴定机构实行登记管理的鉴定事项。法医类、物证类、声像资料鉴定被称为“三大类”鉴定，除此之外，还有大量的鉴定活动，例如，电子数据鉴定作为一种新的鉴定种类，游离于“三大类”之外，只能归入第四类鉴定事项。但是，迄今为止，尚无相关规范性文件对“其他应当对鉴定人和鉴定机构实行登记管理的鉴定事项”作出具体规定。为了解决现实需要，司法机关进行了有针对性探索，《最高人民法院、最高人民检察院关于办理危害计算机信息系统安全刑事案件应用法律若干问题的解释》第10条规定：“对于是否属于刑法第二百八十五条、第二百八十六条规定的‘国家事务、国防建设、尖端科学技术领域的计算机信息系统’、‘专门用于侵入、非法控制计算机信息系统的程序、工具’、‘计算机病毒等破坏性程序’难以确定的，应当委托省级以上负责计算机信息系统安全保护管理工作的部门检验。司法机关根据检验结论，并结合案件具体情况认定。”《最高人民法院、最高人民检察院、公安部关于办理网络犯罪案件适用刑事诉讼程序若干问题的意见》第18条进一步规定：“对电子数据涉及的专门性问题难以确定的，由司法鉴定机构出具鉴定意见，或者由公安部指定的机构出具检验报告。”需要注意的是，在鉴定与检验并行的情况下，司法实践中可能会面临鉴定意见与检验报告的效力孰高孰低的争议问题。特别是当二者作出的结论性意见不一致时，应当如何取舍？鉴定意见是《刑事诉讼法》第48条规定的法定证据种类之一。检验报告是有关司法解释和《最高人民法院、最高人民检察院、公安部关于办理刑事案件收集提取和审查判断电子数据若干问题的规定》根据实践需要规定的作为定罪量刑参考的证据材料，属于书证的范畴。与其他证据一样，鉴定意见和检验报告都必须经过审查判断，查证属实的，才能作为定案的依据。我们认为，对于电子数据的有关专门性问题，既有鉴定意见，又有检验报告，二者的意见有所出入甚至截然相反时，不能因为鉴定意见是法定证据种类而当然采纳，应当对二者进行实质审查判断。对鉴定意见应当着重审查以下内容：（1）鉴定机构和鉴定人是否具有法定资质；

(2) 鉴定人是否存在应当回避的情形；(3) 检材的来源、取得、保管、送检是否符合法律、有关规定，与相关提取笔录、扣押物品清单等记载的内容是否相符，检材是否充足、可靠；(4) 鉴定意见的形式要件是否完备，是否注明提起鉴定的事由、鉴定委托人、鉴定机构、鉴定要求、鉴定过程、鉴定方法、鉴定日期等相关内容，是否由鉴定机构加盖司法鉴定专用章并由鉴定人签名、盖章；(5) 鉴定程序是否符合法律、有关规定；(6) 鉴定的过程和方法是否符合相关专业的规范要求；(7) 鉴定意见是否明确；(8) 鉴定意见与案件待证事实有无关联；(9) 鉴定意见与勘验、检查笔录及相关照片等其他证据是否矛盾；(10) 鉴定意见是否依法及时告知相关人员，当事人对鉴定意见有无异议。对于电子数据的检验报告，也应当参照电子数据鉴定意见的有关规定认真审查判断其真实性、关联性和合法性，对检验机构和检验人员的资质、检验对象的有关情况、检验过程的科学性、检验报告的形式等进行综合判断，经查证属实的，才能将检验报告作为定罪量刑的参考。鉴定人出庭作证是对鉴定意见质证的正当程序要求，不仅有利于保障公诉人和当事人对鉴定意见提出异议的权利，也有助于法官查明案件事实。此外，对电子数据涉及的专门性问题的报告，也适用上述规定。

《最高人民法院、最高人民检察院、公安部关于办理刑事案件收集提取和审查判断电子数据若干问题的规定》第 26 条第 3、4 款规定了申请有专门知识的人出庭制度。公诉人、当事人或者辩护人、诉讼代理人可以申请法庭通知有专门知识的人出庭，就鉴定意见和对电子数据涉及的专门性问题的报告提出意见。对电子数据的审查判断需要较强的科学技术和专业知识的支持，法官是法律的专家，而非技术的专家，在对专业性较强的鉴定意见、检验报告存有疑问的情况下，需要由具备相关领域知识的专家提出专业意见。具有电子数据专门知识的人出庭，就电子数据的鉴定意见或者检验报告发表意见，提供专业辅助，可以为审判人员审查判断鉴定意见、检验报告提供参考，有助于法庭对鉴定意见、检验报告的科学性作出判断，能够在一定程度上减少重复鉴定、重复检验的发生，节约诉讼资源，提高审判工作的效率。同时，增加了庭审中的对抗，打破了审判过分依赖鉴定意见、检验报告的局面，有利于防止错误的鉴定意见和检验报告对法官裁判造成影响，更好地维护当事人的合法权益。需要注意的是，有专门知识的人并不要求具备鉴定人资质，只要具备电子数据专业知识即可，并不限定为有关鉴定机构的鉴定人或者指定的电子数据检验机构的检验人。控辩双方原则上可以各申请二名具有电子数据专门知识的人出庭。

3.《公安机关办理刑事案件电子数据取证规则》（2019年2月1日起施行）

第五十五条 为了查明案情，解决案件中某些专门性问题，应当指派、聘请有专门知识的人进行鉴定，或者委托公安部指定的机构出具报告。

需要聘请有专门知识的人进行鉴定，或者委托公安部指定的机构出具报告的，应当经县级以上公安机关负责人批准。

第五十六条 侦查人员送检时，应当封存原始存储介质、采取相应措施保护电子数据完整性，并提供必要的案件相关信息。

第五十七条 公安部指定的机构及其承担检验工作的人员应当独立开展业务并承担相应责任，不受其他机构和个人影响。

第五十八条 公安部指定的机构应当按照法律规定和司法审判机关要求承担回避、保密、出庭作证等义务，并对报告的真实性、合法性负责。

公安部指定的机构应当运用科学方法进行检验、检测，并出具报告。

第五十九条 公安部指定的机构应当具备必需的仪器、设备并且依法通过资质认定或者实验室认可。

第六十条 委托公安部指定的机构出具报告的其他事宜，参照《公安机关鉴定规则》等有关规定执行。

（十二）电子数据的移送与展示

1.《最高人民法院、最高人民检察院、公安部关于办理刑事案件收集提取和审查判断电子数据若干问题的规定》（法发〔2016〕22号，2016年9月9日印发）

第十八条 收集、提取的原始存储介质或者电子数据，应当以封存状态随案移送，并制作电子数据的备份一并移送。

对网页、文档、图片等可以直接展示的电子数据，可以不随案移送打印件；人民法院、人民检察院因设备等条件限制无法直接展示电子数据的，侦查机关应当随案移送打印件，或者附展示工具和展示方法说明。

对冻结的电子数据，应当移送被冻结电子数据的清单，注明类别、文件格式、冻结主体、证据要点、相关网络应用账号，并附查看工具和方法的说明。

第十九条 对侵入、非法控制计算机信息系统的程序、工具以及计算机病毒等无法直接展示的电子数据，应当附电子数据属性、功能等情况的说明。

对数据统计量、数据同一性等问题，侦查机关应当出具说明。

第二十条 公安机关报请人民检察院审查批准逮捕犯罪嫌疑人，或者对侦查终结的案件移送人民检察院审查起诉的，应当将电子数据等证据一并移送人民检察院。人民检察院在审查批准逮捕和审查起诉过程中发现应当移送的电子数据没有移送或者移送的电子数据不符合相关要求的，应当通知公安机关补充移送或者进行补正。

对于提起公诉的案件，人民法院发现应当移送的电子数据没有移送或者移送的电子数据不符合相关要求的，应当通知人民检察院。

公安机关、人民检察院应当自收到通知后三日内移送电子数据或者补充有关材料。

第二十一条 控辩双方向法庭提交的电子数据需要展示的，可以根据电子数据的具体类型，借助多媒体设备出示、播放或者演示。必要时，可以聘请具有专门知识的人进行操作，并就相关技术问题作出说明。

2. 关于办理刑事案件收集提取和审查判断电子数据若干问题的规定的理解与适用①

14. 电子数据的移送。（1）考虑到电子数据存在易丢失的问题，同时也为了便于审查电子数据是否被改动，要求原始存储介质或者提取的电子数据以封存状态移送，并制作电子数据的备份一并移送。对于此处规定的备份，可以根据案件情况具体把握，不要求是全部电子数据，主要是与案件事实相关的电子数据。对于虽存储在已封存的存储介质中，但明显与案件事实无关的电子数据，可以不制作备份。而对于直接提取的电子数据，原则上应当全部制作备份。（2）对电子文档、图片等可以直接展示的电子数据，无须移送打印件。但是，人民法院、人民检察院因设备等条件限制无法直接展示电子数据的，侦查机关应当随案移送打印件，或者附展示工具和展示方法说明。（3）对冻结的电子数据，应当移送被冻结电子数据的清单，注明类别、文件格式、冻结主体、证据要点、相关网络应用账号，并附查看工具和方法的说明。（4）对侵入、非法控制计算机信息系统的程序、工具以及计算机病毒等无法直接展示的电子数据，应当附电子数据属性、功能等情况的说明。（5）对于数据统计数量、数据同一性等证据审查判断中经常出现，且审查的难度较大的问题，由公安机关出具说明。

---

① 周加海、喻海松：《〈关于办理刑事案件收集提取和审查判断电子数据若干问题的规定〉的理解与适用》，载《人民司法》2017 年第 28 期。

（十三）电子数据的审查与判断

1.《最高人民法院、最高人民检察院、公安部关于办理刑事案件收集提取和审查判断电子数据若干问题的规定》（法发〔2016〕22号，2016年9月9日印发）

第二十二条 对电子数据是否真实，应当着重审查以下内容：

（一）是否移送原始存储介质；在原始存储介质无法封存、不便移动时，有无说明原因，并注明收集、提取过程及原始存储介质的存放地点或者电子数据的来源等情况；

（二）电子数据是否具有数字签名、数字证书等特殊标识；

（三）电子数据的收集、提取过程是否可以重现；

（四）电子数据如有增加、删除、修改等情形的，是否附有说明；

（五）电子数据的完整性是否可以保证。

第二十三条 对电子数据是否完整，应当根据保护电子数据完整性的相应方法进行验证：

（一）审查原始存储介质的扣押、封存状态；

（二）审查电子数据的收集、提取过程，查看录像；

（三）比对电子数据完整性校验值；

（四）与备份的电子数据进行比较；

（五）审查冻结后的访问操作日志；

（六）其他方法。

第二十四条 对收集、提取电子数据是否合法，应当着重审查以下内容：

（一）收集、提取电子数据是否由二名以上侦查人员进行，取证方法是否符合相关技术标准；

（二）收集、提取电子数据，是否附有笔录、清单，并经侦查人员、电子数据持有人（提供人）、见证人签名或者盖章；没有持有人（提供人）签名或者盖章的，是否注明原因；对电子数据的类别、文件格式等是否注明清楚；

（三）是否依照有关规定由符合条件的人员担任见证人，是否对相关活动进行录像；

（四）电子数据检查是否将电子数据存储介质通过写保护设备接入到检查设备；有条件的，是否制作电子数据备份，并对备份进行检查；无法制作备份且无法使用写保护设备的，是否附有录像。

第二十五条 认定犯罪嫌疑人、被告人的网络身份与现实身份的同一性，可以通过核查相关 IP 地址、网络活动记录、上网终端归属、相关证人证言以及犯罪嫌疑人、被告人供述和辩解等进行综合判断。

认定犯罪嫌疑人、被告人与存储介质的关联性，可以通过核查相关证人证言以及犯罪嫌疑人、被告人供述和辩解等进行综合判断。

第二十六条　公诉人、当事人或者辩护人、诉讼代理人对电子数据鉴定意见有异议，可以申请人民法院通知鉴定人出庭作证。人民法院认为鉴定人有必要出庭的，鉴定人应当出庭作证。

经人民法院通知，鉴定人拒不出庭作证的，鉴定意见不得作为定案的根据。对没有正当理由拒不出庭作证的鉴定人，人民法院应当通报司法行政机关或者有关部门。

公诉人、当事人或者辩护人、诉讼代理人可以申请法庭通知有专门知识的人出庭，就鉴定意见提出意见。

对电子数据涉及的专门性问题的报告，参照适用前三款规定。

第二十七条　电子数据的收集、提取程序有下列瑕疵，经补正或者作出合理解释的，可以采用；不能补正或者作出合理解释的，不得作为定案的根据：

（一）未以封存状态移送的；

（二）笔录或者清单上没有侦查人员、电子数据持有人（提供人）、见证人签名或者盖章的；

（三）对电子数据的名称、类别、格式等注明不清的；

（四）有其他瑕疵的。

第二十八条　电子数据具有下列情形之一的，不得作为定案的根据：

（一）电子数据系篡改、伪造或者无法确定真伪的；

（二）电子数据有增加、删除、修改等情形，影响电子数据真实性的；

（三）其他无法保证电子数据真实性的情形。

2. 关于办理刑事案件收集提取和审查判断电子数据若干问题的规定理解与适用①

八、电子数据的审查与判断

（一）对电子数据真实性的审查

《最高人民法院、最高人民检察院、公安部关于办理刑事案件收集提取和审

① 万春、王建平、吴孟栓、高翼飞：《〈关于办理刑事案件收集提取和审查判断电子数据若干问题的规定〉理解与适用》，载《人民检察》2017 年第 1 期。

查判断电子数据若干问题的规定》第22条明确了对电子数据的真实性应当着重审查5个方面的内容：（1）是否移送原始存储介质；在原始存储介质无法封存、不便移动时，有无说明原因，并注明收集、提取过程及原始存储介质的存放地点或者电子数据的来源等情况。（2）电子数据是否具有数字签名、数字证书等特殊标识。数字签名，是指利用特定算法对电子数据进行计算，得出的用于验证电子数据来源和完整性的数据值。数字证书，是指包含数字签名并对电子数据来源、完整性进行认证的电子文件。电子数据所附带的数字签名或者数字证书具有验证电子数据真实性的作用。例如，从某黑客教学网站通过网络在线提取了一个公开下载的恶意软件，当审查该软件的真实性时，一般可以通过重复提取进行验证，但是可能出现该软件已经被网站删除、无法重复提取的情况，这时如果最初提取该软件时同时提取了该软件附带的数字签名（通常包含数字签名和网站证书，一般网站均带有证书），那么，即使在网站上的恶意软件被删除的情况下，通过验证数字签名仍然可以证明该软件来自该网站。实践中，对数字签名、数字证书的验证既可以通过特定的软件工具进行，也可以请具有专门知识的人协助，还可以请有关侦查人员进行演示。需要强调的是，并不是所有的电子数据都附有数字签名或者数字证书，不能因为电子数据没有数字签名或者数字证书就否定其真实性。（3）电子数据的收集、提取过程是否可以重现。电子数据可以同原始存储介质相分离，例如，存储在计算机中电子文档，可以从计算机中导出，存储于移动硬盘、优盘等存储介质之中。提取的电子数据是否与原数据完全一致，有时可以通过复现提取过程进行审查判断。例如，审查电子数据检查过程中从扣押的原始存储介质中恢复的电子数据的真实性时，除了审查扣押时的有关笔录和原始存储介质的封存状态外，还可以再次进行数据恢复，并比较两次数据恢复的内容是否相同。但是需要强调的是，实践中并非所有的电子数据收集提取过程都具有可复现性，例如，拒绝服务攻击案件中从网络截取的攻击数据包，或者从计算机内存中提取的电子数据，这些数据在拒绝服务攻击结束或者计算机关机后就会丢失，收集提取过程无法复现，不能因收集提取过程不能重现就否定电子数据的真实性。（4）电子数据如有增加、删除、修改等情形，是否附有说明。一般来说，电子数据发生增加、删除、修改，其真实性必然受到质疑。但实际上，电子数据发生增加、删除、修改并不必然导致不真实。例如，为了使部分损坏的视频文件能够正常播放，侦查人员通过给文件增加某些数据（通常是文件头）的方式来修复损坏的文件，使其能够正常播放；再如，为了查看某一乱码的电子文档，侦查人员删除文档的第一个字节（在计算机系统中，通常一个中文字符需要两个字节，比如AA显示为“甲”，BB显示为“乙”，CC显示为“丙”，某文档每个字节为AABBCC，则打开该文档显示为“甲乙丙”，如果该文档的第一个字节丢失，则其每个字节为ABBCC，打开该文档时计算机系统会将其组合为AB、BC，则会显示乱码，为了正常打开该文件，常见修复方法就是删除第一个字节A)；又如，某一电子图片文件部分损坏，为了打开该图片，对文件错误的字节进行修改（通常修改的数据很少，目的是正常展示图片，不会影响图片的内容)。因此，在审查电子数据真实性时，当发现电子数据有增加、删除、修改的情形时，应当具体分析是为了便于展示电子数据而作出的技术处理，还是有意篡改，对电子数据的改动是否影响电子数据所承载的内容或者证明的事实。侦查机关为了读取电子数据而对其进行必要的增加、删除和修改，属于数据恢复和修复，一般会在电子数据检查环节进行，《最高人民法院、最高人民检察院、公安部关于办理刑事案件收集提取和审查判断电子数据若干问题的规定》要求制作相关笔录，并注明检查方法、过程和结果。因此，在审查电子数据真实性时，发现电子数据有增加、删除、修改情形的，应当注意审查笔录中的相关说明。(5）电子数据的完整性是否可以保证。传统证据的证据能力包括真实性、合法性、关联性。对电子数据来说，电子数据的完整性是电子数据真实性的重要内容。如果电子数据完整性无法保证，则意味着电子数据可能被篡改或者破坏，其真实性也无法保证。鉴于此，《最高人民法院、最高人民检察院、公安部关于办理刑事案件收集提取和审查判断电子数据若干问题的规定》将对电子数据完整性的审查纳入了证据真实性审查的范畴，并规定了电子数据完整性的保护方法和验证方法。

需要说明的是，对电子数据真实性、完整性的审查判断并不要求全部满足《最高人民法院、最高人民检察院、公安部关于办理刑事案件收集提取和审查判断电子数据若干问题的规定》中的各项审查要点。在法庭审查过程中，审判人员应当通过听取控辩双方意见、询问相关人员等多种方式审查电子数据的内容和制作过程的真实性，必要时可以进行庭外调查，综合判断电子数据真实性。

（二）对电子数据合法性的审查

《最高人民法院、最高人民检察院、公安部关于办理刑事案件收集提取和审查判断电子数据若干问题的规定》第24条明确了对收集、提取电子数据是否合法，应当着重审查以下内容：(1）收集、提取电子数据是否由二名以上侦查人员进行，取证方法是否符合相关技术标准。由于电子数据的收集、提取具有较强的技术性，不仅要注意审查取证的程序是否符合法律规定，而且要注意审查取证的方法是否符合有关技术规范的要求，以确保电子数据在取证过程中未发生改变。（2）收集、提取电子数据，是否附有笔录、清单，并经侦查人员、电子数据持有人（提供人）、见证人签名或者盖章；没有持有人（提供人）签名或者盖章的，是否注明原因；对电子数据的类别、文件格式等是否注明清楚。为了确保电子数据的真实性、完整性，该司法解释要求以笔录形式记录现场提取电子数据的过程，以清单形式记录提取电子数据的结果。审查经侦查人员、电子数据持有人（提供人）、见证人签名的相关笔录或者清单，是核实电子数据取证过程合法性的必要手段。（3）是否依照有关规定由符合条件的人员担任见证人，是否对相关活动进行录像。审查见证人签名或者录像，是核实电子数据取证过程合法性的重要手段。需要强调的是，只有在刑事诉讼法规定需见证人见证的情况下，才应审查是否由符合条件的人员担任见证人，只有在没有见证人的情况下，才需要审查是否对相关活动进行了录像。（4）电子数据检查是否将电子数据存储介质通过写保护设备接入到检查设备；有条件的，是否制作电子数据备份，并对备份进行检查；无法制作备份且无法使用写保护设备的，是否附有录像。

（三）对网络身份与现实身份同一性和犯罪嫌疑人、被告人与存储介质关联性的审查

确定犯罪嫌疑人、被告人虚实身份的一致性和“人机对应”是达到证据确实充分、排除合理怀疑证明标准的必然要求，也是实践中认定的难点。实践中，侦查人员在扣押可移动的电子数据存储介质时，通常会提取该存储介质上的指纹、DNA 等痕迹和生物样本，对于审查判断犯罪嫌疑人、被告人与相关存储介质的关联性具有重要作用。

（四）瑕疵证据的补正与排除

《最高人民法院、最高人民检察院、公安部关于办理刑事案件收集提取和审查判断电子数据若干问题的规定》第 27 条列举了 4 种电子数据收集、提取程序存在瑕疵的情形：（1）未以封存状态移送的；（2）笔录或者清单上没有侦查人员、电子数据持有人（提供人）、见证人签名或者盖章的；（3）对电子数据的名称、类别、格式等注明不清的；（4）有其他瑕疵的。例如，2012 年公布的《最高人民法院关于适用〈中华人民共和国刑事诉讼法〉的解释》第 94 条规定的“制作、取得的时间、地点、方式等有疑问，不能提供必要证明或者作出合理解

释”的情形，属于来源不明的电子数据，在真实性方面存在疑问，不能作为定案的根据。上述情形经补正或者作出合理解释的，可以采用；不能补正或者作出合理解释的，不得作为定案的根据。

（五）不得作为定案根据的电子数据

《最高人民法院、最高人民检察院、公安部关于办理刑事案件收集提取和审查判断电子数据若干问题的规定》第 28 条规定了具有 3 种情形的电子数据不得作为定案的根据：（1）电子数据系篡改、伪造或者无法确定真伪的。结合证人证言、被告人供述、被害人陈述等其他证据材料，以及通过庭外调查核实、鉴定或者检验等方式综合审查后，能够认定电子数据确系篡改、伪造或者无法确定真伪的，应当排除。（2）电子数据有增加、删除、修改等情形，影响电子数据真实性的。但是，出于展示证据的客观需要而对电子数据进行增加、删除、修改等技术处理，不影响电子数据真实性的，对该电子数据不应予以排除。（3）其他无法保证电子数据真实性的情形。

3. 最高人民检察院《人民检察院办理网络犯罪案件规定》（2021 年 1 月 22 日印发）

第二十七条　电子数据是以数字化形式存储、处理、传输的，能够证明案件事实的数据，主要包括以下形式：

（一）网页、社交平台、论坛等网络平台发布的信息；

（二）手机短信、电子邮件、即时通信、通讯群组等网络通讯信息；

（三）用户注册信息、身份认证信息、数字签名、生物识别信息等用户身份信息；

（四）电子交易记录、通信记录、浏览记录、操作记录、程序安装、运行、删除记录等用户行为信息；

（五）恶意程序、工具软件、网站源代码、运行脚本等行为工具信息；

（六）系统日志、应用程序日志、安全日志、数据库日志等系统运行信息；

（七）文档、图片、音频、视频、数字证书、数据库文件等电子文件及其创建时间、访问时间、修改时间、大小等文件附属信息。

第二十八条　电子数据取证主要包括以下方式：收集、提取电子数据；电子数据检查和侦查实验；电子数据检验和鉴定。

收集、提取电子数据可以采取以下方式：

（一）扣押、封存原始存储介质；

（二）现场提取电子数据；

（三）在线提取电子数据；

（四）冻结电子数据；

（五）调取电子数据。

第二十九条　人民检察院办理网络犯罪案件，应当围绕客观性、合法性、关联性的要求对电子数据进行全面审查。注重审查电子数据与案件事实之间的多元关联，加强综合分析，充分发挥电子数据的证明作用。

第三十条　对电子数据是否客观、真实，注重审查以下内容：

（一）是否移送原始存储介质，在原始存储介质无法封存、不便移动时，是否说明原因，并注明相关情况；

（二）电子数据是否有数字签名、数字证书等特殊标识；

（三）电子数据的收集、提取过程及结果是否可以重现；

（四）电子数据有增加、删除、修改等情形的，是否附有说明；

（五）电子数据的完整性是否可以保证。

第三十一条　对电子数据是否完整，注重审查以下内容：

（一）原始存储介质的扣押、封存状态是否完好；

（二）比对电子数据完整性校验值是否发生变化；

（三）电子数据的原件与备份是否相同；

（四）冻结后的电子数据是否生成新的操作日志。

第三十二条　对电子数据的合法性，注重审查以下内容：

（一）电子数据的收集、提取、保管的方法和过程是否规范；

（二）查询、勘验、扣押、调取、冻结等的法律手续是否齐全；

（三）勘验笔录、搜查笔录、提取笔录等取证记录是否完备；

（四）是否由符合法律规定的取证人员、见证人、持有人（提供人）等参与，因客观原因没有见证人、持有人（提供人）签名或者盖章的，是否说明原因；

（五）是否按照有关规定进行同步录音录像；

（六）对于收集、提取的境外电子数据是否符合国（区）际司法协作及相关法律规定的要求。

第三十三条　对电子数据的关联性，注重审查以下内容：

（一）电子数据与案件事实之间的关联性；

（二）电子数据及其存储介质与案件当事人之间的关联性。

第三十四条　原始存储介质被扣押封存的，注重从以下方面审查扣押封存过程是否规范：

（一）是否记录原始存储介质的品牌、型号、容量、序列号、识别码、用户标识等外观信息，是否与实物一一对应；

（二）是否封存或者计算完整性校验值，封存前后是否拍摄被封存原始存储介质的照片，照片是否清晰反映封口或者张贴封条处的状况；

（三）是否由取证人员、见证人、持有人（提供人）签名或者盖章。

第三十五条　对原始存储介质制作数据镜像予以提取固定的，注重审查以下内容：

（一）是否记录原始存储介质的品牌、型号、容量、序列号、识别码、用户标识等外观信息，是否记录原始存储介质的存放位置、使用人、保管人；

（二）是否附有制作数据镜像的工具、方法、过程等必要信息；

（三）是否计算完整性校验值；

（四）是否由取证人员、见证人、持有人（提供人）签名或者盖章。

第三十六条　提取原始存储介质中的数据内容并予以固定的，注重审查以下内容：

（一）是否记录原始存储介质的品牌、型号、容量、序列号、识别码、用户标识等外观信息，是否记录原始存储介质的存放位置、使用人、保管人；

（二）所提取数据内容的原始存储路径，提取的工具、方法、过程等信息，是否一并提取相关的附属信息、关联痕迹、系统环境等信息；

（三）是否计算完整性校验值；

（四）是否由取证人员、见证人、持有人（提供人）签名或者盖章。

第三十七条　对于在线提取的电子数据，注重审查以下内容：

（一）是否记录反映电子数据来源的网络地址、存储路径或者数据提取时的进入步骤等；

（二）是否记录远程计算机信息系统的访问方式、电子数据的提取日期和时间、提取的工具、方法等信息，是否一并提取相关的附属信息、关联痕迹、系统环境等信息；

（三）是否计算完整性校验值；

（四）是否由取证人员、见证人、持有人（提供人）签名或者盖章。

对可能无法重复提取或者可能出现变化的电子数据，是否随案移送反映提取过程的拍照、录像、截屏等材料。

第三十八条　对冻结的电子数据，注重审查以下内容：

（一）冻结手续是否符合规定；

（二）冻结的电子数据是否与案件事实相关；

（三）冻结期限是否即将到期、有无必要继续冻结或者解除；

（四）冻结期间电子数据是否被增加、删除、修改等。

第三十九条　对调取的电子数据，注重审查以下内容：

（一）调取证据通知书是否注明所调取的电子数据的相关信息；

（二）被调取单位、个人是否在通知书回执上签名或者盖章；

（三）被调取单位、个人拒绝签名、盖章的，是否予以说明；

（四）是否计算完整性校验值或者以其他方法保证电子数据的完整性。

第四十条　对电子数据进行检查、侦查实验，注重审查以下内容：

（一）是否记录检查过程、检查结果和其他需要记录的内容，并由检查人员签名或者盖章；

（二）是否记录侦查实验的条件、过程和结果，并由参加侦查实验的人员签名或者盖章；

（三）检查、侦查实验使用的电子设备、网络环境等是否与发案现场一致或者基本一致；

（四）是否使用拍照、录像、录音、通信数据采集等一种或者多种方式客观记录检查、侦查实验过程。

第四十一条　对电子数据进行检验、鉴定，注重审查以下内容：

（一）鉴定主体的合法性。包括审查司法鉴定机构、司法鉴定人员的资质，委托鉴定事项是否符合司法鉴定机构的业务范围，鉴定人员是否存在回避等情形；

（二）鉴定材料的客观性。包括鉴定材料是否真实、完整、充分，取得方式是否合法，是否与原始电子数据一致；

（三）鉴定方法的科学性。包括鉴定方法是否符合国家标准、行业标准，方法标准的选用是否符合相关规定；

（四）鉴定意见的完整性。是否包含委托人、委托时间、检材信息、鉴定或者分析论证过程、鉴定结果以及鉴定人签名、日期等内容；

（五）鉴定意见与其他在案证据能否相互印证。

对于鉴定机构以外的机构出具的检验、检测报告，可以参照本条规定进行审查。

第四十二条　行政机关在行政执法和查办案件过程中依法收集、提取的电子数据，人民检察院经审查符合法定要求的，可以作为刑事案件的证据使用。

第四十三条　电子数据的收集、提取程序有下列瑕疵，经补正或者作出合理解释的，可以采用；不能补正或者作出合理解释的，不得作为定案的根据：

（一）未以封存状态移送的；

（二）笔录或者清单上没有取证人员、见证人、持有人（提供人）签名或者盖章的；

（三）对电子数据的名称、类别、格式等注明不清的；

（四）有其他瑕疵的。

第四十四条　电子数据系篡改、伪造、无法确定真伪的，或者有其他无法保证电子数据客观、真实情形的，不得作为定案的根据。

电子数据有增加、删除、修改等情形，但经司法鉴定、当事人确认等方式确定与案件相关的重要数据未发生变化，或者能够还原电子数据原始状态、查清变化过程的，可以作为定案的根据。

第四十五条　对于无法直接展示的电子数据，人民检察院可以要求公安机关提供电子数据的内容、存储位置、附属信息、功能作用等情况的说明，随案移送人民法院。

第四十六条　人民检察院依法提起公诉的网络犯罪案件，具有下列情形之一的，可以建议人民法院召开庭前会议：

（一）案情疑难复杂的；

（二）跨国（边）境、跨区域案件社会影响重大的；

（三）犯罪嫌疑人、被害人等人数众多、证据材料较多的；

（四）控辩双方对电子数据合法性存在较大争议的；

（五）案件涉及技术手段专业性强，需要控辩双方提前交换意见的；

（六）其他有必要召开庭前会议的情形。

必要时，人民检察院可以向法庭申请指派检察技术人员或者聘请其他有专门知识的人参加庭前会议。

第四十七条　人民法院开庭审理网络犯罪案件，公诉人出示证据可以借助多媒体示证、动态演示等方式进行。必要时，可以向法庭申请指派检察技术人员或者聘请其他有专门知识的人进行相关技术操作，并就专门性问题发表意见。

公诉人在出示电子数据时，应当从以下方面进行说明：

（一）电子数据的来源、形成过程；

（二）电子数据所反映的犯罪手段、人员关系、资金流向、行为轨迹等案件事实；

（三）电子数据与被告人供述、被害人陈述、证人证言、物证、书证等的相互印证情况；

（四）其他应当说明的内容。

第四十八条　在法庭审理过程中，被告人及其辩护人针对电子数据的客观性、合法性、关联性提出辩解或者辩护意见的，公诉人可以围绕争议点从证据来源是否合法，提取、复制、制作过程是否规范，内容是否真实完整，与案件事实有无关联等方面，有针对性地予以答辩。

第四十九条　支持、推动人民法院开庭审判网络犯罪案件全程录音录像。对庭审全程录音录像资料，必要时人民检察院可以商请人民法院复制，并将存储介质附检察卷宗保存。

图书在版编目(CIP)数据

网络犯罪办案手册 / 任留存, 戴奎编著. -- 北京 : 法律出版社, 2021(2021.12 重印)
ISBN 978 -7 -5197 -5569 -0

Ⅰ. ①网… Ⅱ. ①任… ②戴… Ⅲ. ①互联网络-计算机犯罪-刑事侦查-中国-手册 Ⅳ. ①D924.36 -62

中国版本图书馆 CIP 数据核字(2021)第 074971 号

网络犯罪办案手册
WANGLUO FANZUI BAN'AN SHOUCE

任留存　戴　奎 编著

责任编辑 董　昱
装帧设计 汪奇峰

出版发行 法律出版社
编辑统筹 法规出版分社
责任校对 张红蕊
责任印制 张建伟
经　　销 新华书店
开本 A5
印张 28.625　**字数** 900 千
版本 2021 年 8 月第 1 版
印次 2021 年 12 月第 3 次印刷
印刷 天津嘉恒印务有限公司

地址:北京市丰台区莲花池西里 7 号(100073)
网址:www. lawpress. com. cn
投稿邮箱:info@ lawpress. com. cn
举报盗版邮箱:jbwq@ lawpress. com. cn
销售电话:010 - 83938349
客服电话:010 - 83938350
咨询电话:010 - 63939796

书号:ISBN 978 - 7 - 5197 - 5569 - 0
定价:118.00 元
凡购买本社图书,如有印装错误,我社负责退换。电话:010 - 83938349